국역 성재집 省齋集

국역 성재집

省齋集

정재기 鄭在夔 지음

정우락·전일주·구본섭 옮김

역락

일러두기

1 이 책은 번역 대본은 성재(省齋) 정재기(鄭在夔, 1857~1919)가 지은 미간행 필사본 ≪성재집(省齋集)≫이다.

2 성재 사후 그의 삶을 기린 제문 41편, 만사 148수가 정리되어 있는데, 이 가운데 중요한 것을 골라 제문 20편, 만사 33편을 번역해 싣는다.

3 성재의 삶을 이해하는 데 도움이 되는 정종호(鄭宗鎬)의 <유사(遺事)>와 정재화(鄭在華)의 <묘도비명(墓道碑銘)>도 함께 번역해 싣는다.

4 <선석일기>, <도산일기>, <태학일기>는 별집의 형태로 남아 있는 바, 이를 권4 잡저(雜著)에 포함시켜, <행전문답>과 함께 연대별로 편차하였다.

5 번역 대본에 지은 연대가 명확한 경우 새롭게 연대를 밝혀두었으며, 대본 주석에서 마땅히 조정해야 한다고 표시한 부분은 지시에 따라 다시 편차하였다.

6 시(詩)나 명(銘) 등 운문은 원문을 먼저 제시하고 번역문을 뒤에 싣고, 서(書)나 통문(通文) 등 산문은 번역문만 싣는다.

7 서(書)의 경우, 인물별 연대순으로 배열하였으며, 같은 해에 여러 번 보낸 경우는 번호를 붙여 구분하였다.

8 전통적 글쓰기 방식에 따라 자(字)와 명(名)을 병기한 경우는 번역 대본을 존중해서 그대로 실었다. 예) 장순화(석영)에게 드림

9 일기에는 날짜마다 해당 날짜에 제목을 달아 전체적인 흐름을 알게 하였다.

10 번역은 한글 전용을 원칙으로 하고, 인명(人名), 고유명사, 서명(書名), 추상적 개념 등 한자 표시가 필요할 때는 괄호로 병기하였다.

11 주석은 인용 원전에 대한 전거, 인명, 방증 자료, 역사적 개념, 전문 용어 등을 중심으로 달았으며, 짧은 주석은 본문에 바로 제시하였다. 예) 서원(西原, 청주)

12 한글에 한자를 병기할 때 괄호 안의 말과 바깥 말의 독음이 다르면 [ ]를 사용하고, 번역어의 원문을 표시할 때는 ( )를 사용하였다. 또 괄호가 중복될 때도 [ ]를 사용하였다.

13 등장하는 인물은 가능한 대로 생몰 연대를 찾아 표기했고, 알 수 없는 것은 '?~?'로 표시하였다.

머리말

≪성재집≫은 조선 말기에서 일제 강점기에 이르는 격변의 시대 속에서 전통과 민족을 보전하고자 일생을 바친 성재(省齋) 정재기(鄭在夔, 1857~1919) 선생의 학문과 실천을 생생하게 전하는 문집이다. 선생은 한강(寒岡) 정구(鄭逑, 1543~1620)의 13대손으로서 가학적 전통을 바탕으로 심학(心學)과 의리론(義理論)을 깊이 탐구하였다. 위정척사의 입장에서 당대 사상적·사회적 변동을 예리하게 성찰하였으며, 그의 저작은 시대와 전통을 꿰뚫는 전형적인 선비의 기개를 보여준다. 본 문집에는 그의 생애에 걸쳐 남긴 시, 서간, 잡저, 통문, 제문, 만사, 일기 등이 포괄되어 있어, 한 선비의 학문과 삶, 나아가 한강학(寒岡學)의 정신이 온전히 담겨 있다.

선생의 일생은 조선 후기의 쇠미한 국세와 근대 초 제국주의 침략이 교차하는 혼란기 속에 전개되었다. 젊은 시절에는 벼슬과 문장 수련에 정진하였으나, 곧 성학(聖學)과 의리(義理)를 따르는 도학적 수양의 길을 선택하였다. 그는 을사늑약(乙巳勒約, 1905)에 항거하였고, 3·1운동과 파리장서운동(巴里張書運動, 1919)에 동참함으로써 민족의 독립의지를 분명히 하였다. 특히 파리장서에 서명한 뒤 일제의 출두 명령을 거부하고 자정순국(自靖殉國)한 그의 최후는 의리 실천의 극치라 하지 않을 수 없다.

≪성재집≫의 담긴 글들은 단순히 개인의 학문적 수양을 넘어, 급격한 사회변동 속에서 지식인이 안고 있던 문제의식과 실천적 모색을 내포한다. 선생은 전통 유학의 정수를 계승하면서도 새로운 시대의 도전에 응전하였

으며, 학맥 논쟁인 한려시비(寒旅是非)을 해결하기 위하여 온갖 노력을 기울였다. ≪한강문인록(寒岡門人錄)≫과 ≪봉산욕행록(蓬山浴行錄)≫을 편찬하여 학통과 유적을 정비한 것도 그 일환이었다. 이러한 노력 속에서 전통과 근대, 도덕적 자각과 민족적 자주성이라는 과제를 치열하게 성찰했다.

선생의 학문은 주리론(主理論)에 바탕하여 명덕(明德)을 실현하려는 심학 사상과 사회적 의리 구현을 중시한 위기지학(爲己之學)의 전통 위에서 전개되었다. 이와 같은 지향은 그를 단순한 이론가에 머물지 않게 하였으며, 인격적 수양과 공동체 윤리, 더 나아가 독립운동으로 이어지는 일관된 삶의 자세로 귀결되었다. ≪성재집≫은 이러한 정신의 표현이자, 당대 유학 지식인이 처한 현실적 곤경과 도덕적 결단을 가늠하게 하는 귀중한 증좌이다.

성재 선생이 타계한 이후, 조카 뇌헌(磊軒) 정종호(鄭宗鎬, 1875~1954)가 유고를 수습하였으며, 사종제 후산(厚山) 정재화(鄭在華, 1905~1978)가 필사본 ≪성재집≫을 정리·완성하였다. 이 문집을 신연활자로 간행하려는 시도가 1995년에 있었는데, 당시 선생의 손자 고 화식(華植)과 종숙 택락(宅洛)이 고 벽사(碧史) 이우성(李佑成) 선생을 찾아가 관련 문제를 논의하였으며, 그 경과는 본서의 <해제>에 기록되어 있다. 그러나 간행 작업은 성과를 거두지 못하였다. 이후 2020년 11월, 선생의 증손 안식(安植, 전 한국과학기술원 학장) 교수와 성주군 수성리의 주식(宙植) 이장 형제가 당시 경북대학교 도서관장을 맡고 있던 불초(不肖)를 찾아와 국역 사업을 상의하였다. 불초는 공무상 다소 부담이 되었으나, 어려서부터 조고(祖考, 후산 정재화)로부터 성재 선생에 관한 이야기를 자주 들었던 터라 방관할 수 있는 처지가 아니었다. 이에 그동안 고전 국역에서 주요 업적을 쌓아 온 전일주·구본섭 두 선생의 협력을 얻어 번역 작업을 추진하기로 하였다.

이번 국역본 간행은 성재의 학문과 삶을 새롭게 조명하고, 조선 후기 유학자이자 근대 지식인으로서 그의 위치를 확립하는 계기가 될 것이다. 나아가 격동의 시대를 헤쳐 나가며 전통과 근대, 도학과 현실, 의리와 민족의식을 결합시킨 그의 사유와 실천은 오늘을 살아가는 우리에게도 깊은 성찰을 제공한다. ≪성재집≫은 성재 선생의 학문적 가치를 재확인할 뿐 아니라, 근현대 지성사의 맥락 속에서 지식인이 담당해야 할 역할을 탐구하는 데 없어서는 안 될 중요한 자료가 될 것이다. 끝으로 전문 서적의 판로가 어려운데도 불구하고 출판을 맡아준 도서출판 역락의 이대현 사장과, 편집에 최선을 다한 권분옥 선생께도 감사드린다.

2025년 9월 9일

지촌와사(枝村蝸舍)에서

경북대학교 교수 정 우 락

차례

성재집 제2권

서書 _ 73

성재집 제 3 권

서書 _ 215

성재집 제 4 권

성재집 제 6 권

성재집 제7권

해제(解題)*

1

이 책은 경북 성주의 선학 성재(省齋) 정재기(鄭在夔, 1857~1919) 선생의 시문집(詩文集)이다. 원래 초고(草稿) 필사본 4책이었던 것을 1책으로 합편(合編)하여 신연활자(新鉛活字)로 인출한 것이다. 성재의 서세(逝世) 후 70여 년 동안 그의 지촌 고택(枝村故宅)에 고이 보존되어 있다가 이제 증손 화식(華植) 군의 성력과 그 종숙 택락(宅洛) 씨 형제의 협조로 세상에 널리 반포하게 된 것이다.

2

"조선인재(朝鮮人才) 반재영남(半在嶺南)"이라는 말이 있듯이 과연 영남에는 인재가 고금을 통해 배출하여 홍유철장(鴻儒哲匠)이 대를 이어 문운(文運)을 흥왕(興旺)케 하였다. 특히 영남은 유교문화의 본 고장이었으므로 조선 오백년 유학사의 결산기에 이르러서도 제제다사(濟濟多士)가 등장하여 그 출처에 따라 혹은 학문과 문장으로 사림의 전통을 이어 나가고 혹은 절의와 지조로 우리 민족의 정신을 진려(振勵)하여 후일의 독립과 발전에 기여

---

* 이 글은 고 이우성(李佑成) 선생이 1995년 7월에 쓴 것이다. 당시 성재 집안에서 신연활자(新鉛活字)로 ≪성재집(省齋集)≫ 발간을 준비하면서 받아둔 것이었으나 사정이 여의치 않아 진행되지 못했다. ≪국역 성재집≫ 발간에 즈음하여 이 글을 책머리에 다시 싣는다. 원래 국한문 혼용체로 작성되어 있었으나 이 책의 편집 방침에 따라 한글 위주로 개편하고 부득이한 경우 한자를 괄호 속에 병기한다.

해왔다.

성재(省齋)는 한강 선생(寒岡先生)의 13대손이다. 한강은 퇴계 학통(退溪學統) 중에서 영남의 성리학과 근기의 실학에 관한 가교자적 역할을 한 분으로 우리나라 학술사상사에서 독특한 위치를 점하고 있음은 새삼 췌언(贅言)할 필요가 없거니와 영남에 국한시켜 보더라도 17세기 이후 거대한 「한강학단(寒岡學團)」이 낙동강 중류 일대에 포진하여 그 학맥이 최근세에까지 이어져 내려왔다. 성재는 곧 한강의 자손으로 한강의 학맥을 이어받은 근세 순유(醇儒)의 한 분이다.

성재는 천성이 총오(聰悟)한데다가 소시적부터 독실한 공부를 쌓아, 15세에 이미 문사가 대진(大進)하여 영가(詠歌)에 격조가 높고 논술에 조리가 삼엄하니 선배장자들이 경이롭게 보았다. 성재는 백가문전(百家文典)을 두루 섭렵하면서 오직 사서(四書, 論孟庸學)를 귀숙처(歸宿處)로 삼았고 특히 ≪서경(書經)≫을 많이 읽어 그의 문장이 선진 고전(先秦古典)의 구기(口氣)를 갖추었다고 하였다. <독서잠(讀書箴)>과 <수제치평잠(修齊治平箴)>은 모두 이때 부지런히 글을 읽으면서 지은 좌우명이다. 그러나 성재는 어느 날 번연(幡然)히 깨달은 바가 있었다. 부지런히 읽기만 한다고 되는 것이 아니고 성리학의 진수를 투득(透得)해야 한다고 생각으로, 인심(人心) 도심(道心)의 변(辨)으로부터 시작하여 선철(先哲)의 오의(奧義)를 차제(次第)로 궁구 체험하기에 이르렀다. 구습을 제거한다는 뜻으로 '괄구습(刮舊習)'이란 이름을 헌두(軒頭)에 붙이고 또 맹자(孟子)의 말씀 속에 '자자위선(孜孜爲善)'이란 뜻을 취하여 '청순계(聽舜雞)'로써 거실(居室)의 이름을 삼았다.

당시 동향으로 선배인 한주(寒洲) 이공 진상(李公震相)이 심즉리설(心卽理說)을 제창하여 따르는 사람들이 많았는데 성재는 한주의 인품과 학문적 조예에 대하여 "공유간세호(公惟間世豪)", "직궁성명원(直窮性命源)" 등의 구절로써 높이 평가하면서도 그 학설에 동조하지는 않았다. 그만큼 성재는 퇴계 한강 이래의 정통 성리학의 이론에 확신을 두었던 것 같다.

경술국치(庚戌國恥) 뒤에 성재는 눈물을 흘리며 탄식하기를 선비가 초야(草野)에 있으나 묘당(廟堂)에 있으나 국가에 대한 의리는 마찬가지라고 하여 그날로부터 두문불출, 10년을 하루같이 보내면서 마치 미망인처럼 처신하였다. 그러다가 1919년 3·1운동[기미만세운동]이 일어날 무렵 성재는 동향인 김공 창숙(金公昌淑)의 비밀주획(秘密籌劃)으로 경상도·충청도 유림 130여명과 성기(聲氣)를 상통하여 왜노의 만행을 지탄하고 우리 민족의 독립을 요구하는 장문의 호소문을 파리만국평화회의(巴里萬國平和會議)에 보낸 바 있었는데 이 일로 일본 경찰이 성재를 사문(査問)하기 위하여 출두를 요청해왔다. 성재는 자기의 처지에서 더 이상 나라를 위해 할 일이 있을 수 없다는 것과 유의 유관(儒衣儒冠)으로 왜노의 법정에 서는 것이 곤욕스럽기만 하다고 판단하고 드디어 하루 전날 밤 임석(衽席)에서 약을 들고 유연히 자진(自盡)하였다. 일반 친척 지구(親戚知舊)는 물론이고 수하 자질(手下子姪)들도 미처 깨닫지 못하였다.

오호라! 고인이 말하기를 "강개살신이(慷慨殺身易)하되 종용취의난(從容就義難)이라"하여, 즉 강개한 격정으로 자결하기는 차라리 쉬울 수 있지만 조용히 의로운 일에 나아가기는 어려운 것이라고 한 바 있는데 성재야말로 종용취의(從容就義)의 극치를 이루었다고 하겠다.

3

이제 이 책의 내용을 대강 소개해둔다. 이 책의 체제는 영남문집(嶺南文集)의 일반적 편제에 따라 시(詩)·서(書)·서(序)·기(記)·발(跋)·잠명(箴銘)·상량문(上樑文)·제문(祭文)·통문(通文)의 순으로 되어 있고 별도로 잡저(雜著)가 한 책을 이루고 있다. 그리고 부록(附錄)이 붙어있다.

시(詩)는 조탁(雕琢)을 일삼지 않은 채 충담소산(沖澹蕭散)하여 속기(俗氣)가 전혀 없고 산문(散文)은 전아정치(典雅精緻)한 가운데 논지가 명창(明暢)하고 정리(情理)가 곡진하여 서사(敘事)와 논인(論人)에 독자의 공감을 얻고 있다.

잡저(雜著)는 모두 일기 형식으로 된 것인데 <선석일기(禪石日記)>·<도산일기(陶山日記)>·<태학일기(太學日記)>·<행전일기(杏田問答)> 등 네 편이다.

<선석일기(禪石日記)> : 1886년 성주 선석사(禪石寺) 부속 암자인 중암(中庵)에 부급면학(負笈勉學)하던 때의 일기. 유가의 자제들이 산사에서 독서하는 것은 얼마든지 볼 수 있는 일이지만 원래 승(僧)·속(俗)의 관계가 피차(彼此) 불편을 느끼는 경우가 적지 않고 또 양반의 권위를 배경으로 승도(僧徒)를 귀찮게 하는 일이 많아서 서로 알력(軋轢)이 생기는 일이 종종 있었는데 성재는 단방정직(端方正直)한 모습과 성의있는 접촉(接觸)으로 승도들의 존경과 환대를 받았고 성주·인동 일원의 인아친지(姻婭親知)들이 즐겁게 왕래강토(講討)하였다. 왕조 말엽의 지방 사원의 형편과 승도의 동향들이 재미있게 그려져 있다.

<도산일기(陶山日記)> : 1898년 성재는 선사(先事)를 위해 영남 각지의 명문들을 순방하게 되었는데 먼저 상주(尙州)를 둘러 안동(安東)에서 하회(河回) 금계(金溪) 등 유서 깊은 마을을 방문하고 예안(禮安)으로 가서 상계(上溪)·하계(下溪)·계남(溪南)·의인(宜仁)·부포(浮浦)·원촌(遠村) 등처를 두루 거쳐 도산서원의 향사에 참여하였다. 이 중에 암서헌(巖栖軒)에서의 유물 유적과 광명실(光明室)에서의 여러 보장(寶藏)들을 살피는 과정에서 감동적인 심정을 표현한 장면들은 대단히 인상적이다. 이 시기에 이미 외세가 국내로 깊

숙이 침투해 있고 왕조의 체제가 송두리째 흔들리는 상황인데도 영남지방에는 양반 가문이 그대로 각기 경내에 기포성열(棊布星列)하여 교양과 문염(文艶)을 자랑하면서 무슨 일이 생기면 또한 서원을 중심으로 사림의 여론을 좌우하고 연원의 차이에 따라 주의 주장을 달리하는 경우가 있음을 볼 수 있다. 그러니 영남 전체 유림의 정신적 종앙지(宗仰地)인 도산서원이 여러 서원 위에 군림하여 모든 여론을 주도하는 위치에 있었다. 이 <도산일기>는 그것을 잘 보여 준다고 하겠다.

<태학일기(太學日記)> : 1998년 봄에 선사(先事)를 위해 도산을 다녀왔던 성재는 같은 문제로 다시 그해 여름 서울 성균관(成均館)을 찾지 않으면 안 되었다. 일마일동(一馬一僮)으로 길을 나선 성재는 한여름 더위에 장마철을 만나 폭우 광란에 창일(漲溢)된 하천을 수없이 건너면서 도로에 전패(顚沛)한 것이 말할 수없는 형편이었다. 그러나 선사를 위한 일념에서 조금도 망설임이 없었다. 먼저 충청도의 명문인 연산 김씨(連山金氏, 김사계 후손)·회덕 송씨(懷德宋氏, 송우암 후손)를 찾아 그 문중의 대표들과 접촉을 벌여 모두 동조와 지원을 확보하였다. 연김(連金, 연안 김씨) 회송(懷宋, 회덕 송씨)은 모두 노론계 벌족으로 성재에게는 색다른 곳이며 상주 안동의 유림들과는 평소의 성향이 아주 달랐던 사람들이다. 그런데도 김씨 송씨 모두 한강에 대한 존경심과 성재의 언론풍의(言論風儀)에 감복한 탓으로 아낌없이 협조해 주었던 것이다. 서울에 올라와서는 더욱 어려움이 많았다. 영남 인사로서 서울에 와서 벼슬하는 사람, 또는 벼슬을 구하는 사람들이 다수 살고 있었지만 그 자신들도 양편(兩便)으로 갈라져 있어서 성재에게 합심 협력하기가 여간 곤란하지 않았다. 이미 반대편에 의해 태학(太學, 성균관)의 통문(通文)이 발표된 뒤여서 성재는 그것을 뒤엎고 새로운 통문을 작성하게 하여 널리 유

포(流布)시키는 것이 결코 쉬운 일이 아니었다. 당시 성균관에는 관장이 신두선(申斗善, 법무대신 申箕善의 형)이고 동서남북 사재(四齋)에 진사들이 머물고 있었는데 성재는 관장을 위시하여 사재 유생들에게 설득을 벌임으로써 우여곡절 끝에 의견을 귀일시키고 또 재경(在京) 영남 인사들 중 동조자를 규합하여 성명서를 내놓음으로써 승세를 굳히게 되었다. 이 과정에서 성재는 여러 족친들의 도움을 받기도 했지만 오직 자기의 정성과 설득력으로 목적을 관철시킬 수 있었던 것이다. 이 <태학일기>는 구한말 서울의 벼슬아치들과 성균관을 중심으로 한 유생들의 동태 특히 재경 영남 인사들의 삶의 자세 등이 잘 그려져 있어서 많은 점에서 흥미를 돋구어주는 귀중한 기록이라 할 만하다.

<행전답문(杏田問答)> : 1900年 43세 때에 향산(響山) 이공 만도(李公晩燾)와의 문답으로 ≪대학(大學)≫ <정심장(正心章)>에 존양(存養, 存心養性)을 말한 바가 있다는 향산의 주장에 대하여 성재는 수미일관 예리한 질문으로 노선배를 답변에 궁하게 하였다. 이 문제는 학문상의 견해차일 뿐 아니고 여헌(旅軒)의 이른바 구조문목(九條問目)과 관련되는 것으로 성재에게는 선사(先事)와 관계되는 일이어서 한 치의 후퇴도 허용될 수 없었던 것이다.

4

1993년 겨울 어느날 화식(華植) 군과 택락(宅洛) 씨가 ≪성재유고(省齋遺稿)≫를 들고 서울 강남의 실시학사(實是學舍)로 나를 찾아와 연전에 성재공에 대한 정부의 포창(褒彰)이 있었고 뒤이어 건국훈장애족장(建國勳章愛族章)이 나왔는데 이를 계기로 곧 유고(遺稿)를 출판할 터이니 성재공의 행장(行狀)을 지어달라고 하였다. 이미 자세한 유사(遺事)가 있어, 행장이 필요치 않고 또 이미 묘갈도 세웠으니 비문도 필요치 않은 형편이라 나는 생각한 끝에 문집의 해제(解題)를 쓰기로 하였다. 그리하여 이 책이 어떠한 의미를 지닌 것인가를 자손을 포함한 많은 사람들에게 알려드리고자 하였다.

회고하면 내가 10여 세에 이미 가장(家藏) ≪건연집록(巾衍輯錄)≫에서 나의 조고(祖考)에게 보내온 성재공의 수십 통의 서간을 읽으면서 두 분 사이의 돈독한 우의를 느꼈고 나아가 나의 선친에 대한 생재공의 극진한 사랑을 알게 되었다. 그때 이미 나의 조고와 성재공은 다 세상을 떠나신 후였다. 15세가 되어 지촌 외가에 처음 다니러 갔던바, 외조모 이씨(李氏)와 나란히 앉아계신 한 부인에게 인사를 드리고 보니 바로 성재공의 부인 권씨(權氏)였다. 권 부인(權婦人)은 나의 등을 어루만지며 "내 외손자에 진배없다."라고 하면서 무척 귀애해 주셨다. 지금 백발이 성성한 70 나이에 공의 유고(遺稿)를 대하여 옛일을 추억하니 감회가 끝이 없어 자연히 말이 길어졌다. 남자(覽者)의 양해를 바란다.

1995년 7월 31일
학술원회원 성균관대학교 명예교수
문학박사 여주(驪州) 이우성(李佑成) 삼가 씀

성재집

제 1 권

삼가 족조 고헌[1]옹의 <독서하는 제군에게 드림>을 차운함 2수

謹次族祖顧軒翁寄讀書諸君韻 二首

南移緗笈日繙書　책상자 지고 남으로 옮겨가서 날마다 책을 읽으니
書閣臨淵識字魚　장서각이 연못 곁에 있으니[2] 물고기도 글자를 아는 듯하네.
考亭貽訣三頭到　고정(考亭, 주자)의 남긴 가르침은 삼두양서(三頭兩緖)[3]가 되고
老杜還譏萬卷餘　노두(老杜, 두보)는 만권의 책을 도리어 비웃네.
山水名區藏史記　산수 아름다운 곳에 사기(史記)를 간직하고
烟霞此地正襟裾　자연 속 이곳에서 옷깃을 바로잡았네.
渴睡潛心勤勉意　잠을 참으며 잠심하고 부지런히 힘쓰는 마음이
那將一等別人居　어찌 특별히 별난 사람으로 살고자 하는 것이리.

聖遠千年道在書　성인은 천년으로 멀지만 가르침은 책에 있나니

1　고헌 : 정래석(鄭來錫), 1808~1893. 본관은 청주(淸州), 자는 치인(致仁)으로 호가 고헌(顧軒)이다. 한강 정구의 후손으로 가학을 계승해 어려서부터 학문에 매진했으며, 배운 것을 실천하도록 스스로 힘쓰고 노력했다. 한강의 ≪심경발휘(心經發揮)≫를 깊이 연구했으며 경학에도 많은 관심을 기울였다. 고종 때 천거로 벼슬에 올라 도정(都正)·대호군(大護軍)을 역임하였다. ≪고헌집(顧軒集)≫ 8권 4책이 전한다.

2　장서각이 …… 있으니 : 무흘정사 장서각 서운암(棲雲庵)이 무흘구곡 제7곡 만월담(滿月潭) 가에 있는 것을 말한다.

3　삼두양서(三頭兩緖) : 두서가 여러 갈래여서 하나로 되지 못하고 번잡하게 되는 것을 말한다.

南圖誰學北溟魚　남쪽 바다를 가려 하는 북해 물고기를 누가 배우겠나.[4]
腐儒敢自窺糟粕　썩은 선비는 글의 껍데기[5]만을 엿보지만
函丈從容聞緖餘　스승님은 조용히 가르침의 실마리를 들려주시네.
數句瓊章銘肺腑　몇 구절 보석같은 문장은 마음속에 새겨지고
一團和氣襲衿裾　단란한 화기(和氣)는 옷깃에 스미네.
願與諸公隨杖屨　원하노니, 여러 공들과 스승님 따르며
松篁梅菊卜幽居　소나무 대나무 매화 국화 그윽한 곳에 살겠네.

4　남쪽 바다를 …… 누가 배우겠나 : 노장 사상을 배우지 않겠다는 뜻이다. 북명(北溟)에 곤(鯤)이라는 물고기가 있는데 그 크기가 몇천 리인지 모른다. 그 물고기가 화하여 붕(鵬)이라는 새가 되는데 그 붕새의 등이 몇천 리나 되는지 모른다고 한다. ≪장자(莊子)≫ <소요유(逍遙遊)>에 이르기를 "붕새가 남쪽 바다로 옮겨 갈 때에는 물결을 치는 것이 삼천 리요, 회오리바람을 타고 구만 리를 올라가 여섯 달을 가서야 쉰다.(鵬之徙於南冥也 水擊三千里 摶扶搖而上者九萬里 去以六月息者也)"라고 하였다.

5　글의 껍데기[조박(糟粕)] : 원문의 '조박(糟粕)'은 술찌꺼기라는 뜻으로, 고인의 진면목을 추구하지 못하고 껍데기만 익힘을 일컫는 말이다.

삼가 고반동[6] 중수 시를 차운함 2수
謹次考盤洞重修韻 二首

翦荊將去種芝香 가시덤불 걷어내고 향기로운 지초를 심은 곳
留待賢孫肯構堂 어진 후손을 기다려 중수하였네.[7]
正脉高風餘感慕 정맥과 고풍은 경모하기에 충분하고[8]
仁山智水共輝光 요산요수 산과 냇물[9]은 함께 빛나네.
時來大道終難晦 시절이 도래하여 대도(大道)는 어두워지기 어려운 것
世遠遺墟轉可傷 세대가 멀어져 유허는 더욱 마음 아프게 하네.
好是年年追逐地 좋구나! 해마다 해마다 찾아가서
摩挲片石掃苔蒼 비석 어루만지며 푸른 이끼 쓸어낼 것이네.

6 고반동 : 성주군 금수면 고방산(考方山)에 있는 동천으로 동강(東岡) 김우옹(金宇顒)가 세운 고반정사(考槃精舍)가 있었다. 이 정사는 1578년(선조 11)에 지었다가 1592년(선조 25) 임란 병화로 무너졌다. 1845년(헌종 11)에 개간하던 밭에서 유허비를 찾아 다시 세웠고, 1877년(고종 14)에 고을의 선비들이 수계(修契)하고 사모하는 뜻을 붙이기 위하여 정사를 중건하였다. 관련 기록으로는 장복추의 <고반정사중건기(考槃精舍重建記)>가 있다.

7 어진 후손을 …… 중수하였네 : 어진 후손은 고반정사를 중건한 김우옹의 주손 김호림(金護林)을 의미한다. 원문의 '긍구당(肯構堂)'은 자손이 선대의 유업을 잘 계승하는 것을 뜻한다. 여기서는 고가(古家)를 자손들이 중수(重修)한 것을 가리키는 듯하다. ≪서경≫ <대고(大誥)>에, "만약 아버지가 집을 지으려 작정하여 이미 그 규모를 정했는데도 그 아들이 기꺼이 당기(堂基)를 마련하지 않는데 하물며 기꺼이 집을 지으랴.(若考作室 旣底法 厥子乃弗肯堂 矧肯構)"라는 구절이 있다.

8 정맥과 고풍은 …… 충분하고 : 한강 정구는 절친한 벗인 동강 김우옹이 죽자 "퇴도의 바른 맥 종신토록 기리었고, 산해의 높은 기풍 각별히 흠모했네.(退陶正脈終天慕 山海高風特地欽)"라며 만사를 지었다. 정사를 중건한 사람이 김우옹의 후손 김호림이기 때문에 이 같은 표현을 했다.

9 산과 냇물 : 원문의 '인산지수(仁山智水)'는 인자(仁者)가 좋아하는 산과 지자(智者)가 좋아하는 물이라는 뜻이다. ≪논어≫ <옹야(雍也)>에 "인자(仁者)는 산을 좋아하고 지자(知者)는 물을 좋아한다."라고 하였다.

正笏淸朝自弱冠 홀을 잡고 맑은 조정에 선 것은 약관부터였는데
暮年林壑角巾還 노년에는 산림에 각건(角巾)[10]으로 돌아왔네.
眞的淵源知有自 참된 연원(淵源)이 본래 있음을 알아
南遊冥海北陶山 남쪽 남명과 북쪽 도산의 가르침에 노닐었네.[11]

10 각건(角巾) : 은사(隱士)가 쓰는 두건(頭巾). 곽임종(郭林宗)이 썼기에 '임종건'이라고도 함. ≪후한서(後漢書)≫

11 남쪽 남명과 …… 노닐었네 : 동강 김우옹은 24세 때 김행(金行)의 딸 상산 김씨와 결혼하였는데 바로 남명 조식의 외손녀였다. 이로써 자연스럽게 남명의 제자가 되었다, 27세에는 한양에서 퇴계 이황을 만나 가르침을 받았다.

선석사[12] 독서[13]

禪寺讀書

春光冉冉鎭山東　봄빛 아른아른 산의 동쪽에 피어나는데
惟有孤僧起居同　오직 외로운 승려가 있어 함께 생활하였네.
前宵燈借更生月　지난 밤에는 등불을 빌려 갱생처럼 달을 보고[14]
半日身登禦寇風　반나절 몸소 언덕에 올라 열자처럼 바람을 쐬었네.[15]
客夢初回芳草際　나그네는 방초 사이에서 비로소 꿈을 깨니,
禪鍾忽落白雲中　선석사 종소리는 문득 흰 구름 속에 떨어지네.
此會綢繆無限意　이 모임은 끝없는 의취(意趣)를 엮어내니
參差木筆寫澄空　들쭉날쭉 나무는 붓이 되어 맑은 하늘에 글을 쓰네.

12 선석사 : 경상북도 성주군 월항면 인촌리 서진산(棲鎭山)에 있는 절이다. 692년에 의상(義湘)이 화엄십찰(華嚴十刹) 중 하나로 창건하고 신광사(神光寺)라 하였다. 그 후 1361년에 나옹(懶翁)이 새 절터를 닦고 절 이름을 선석사라 하였으며, 이후 세종의 왕자 태실(胎室)을 태실을 수호하는 사찰로 지정되어 영조로부터 어필을 하사받기도 하였다.

13 선석사 독서 : 이 시는 병술(丙戌, 1886)년에 지은 것으로, 당시 작자 나이 30였다. 독서 과정은 본서의 <선석일기(禪石日記)>에 자세하다.

14 갱생처럼 달을 보고 : 갱생처럼 달을 보고 천문을 관찰했다는 뜻이다. 갱생(更生)은 한(漢)나라의 학자 유향(劉向)의 본명(本名)이다. 밤에 성수(星宿)를 관찰하면서 음양(陰陽)의 휴구(休咎)를 가지고 정치의 득실(得失)을 논했다고 한다. ≪한서(漢書)≫ 권36.

15 열자처럼 바람을 쐬었네 : 원문의 '어구(禦寇)'는 열어구(列禦寇)로, 열자(列子)의 이름이다. ≪장자(莊子)≫ <소요유(逍遙遊)>에 "대저 열자는 바람을 타고 시원스럽게 돌아다니다가 보름 만에야 돌아오곤 한다."라고 하였다.

우연히 읊다
偶吟

午鷄聲裡日如年	낮닭 우는 소리에 하루는 한 해 같고
郊北郊南霽色千	교외 남북에 비 갠 풍경은 천 가지네.
忽見園花紅滿地	문득 보이는 동산의 꽃은 빨갛게 땅에 가득하고
新添野水碧連天	새로 불어난 들판의 물은 푸르게 하늘에 닿았네.
芳草前溪餘雨氣	방초 우거진 앞개울은 비 그친 뒤 불어나고
黃梅小屋饒春眠	황매 피어난 작은 집은 봄 잠에 취해 있네.
我有懷人終不到	내가 그리던 사람은 끝내 오지 않고
江樓閒望思悠然	강가 누각에서 우두커니 바라보니 생각만 아득하네.

숙야재[16]에 올라

登夙夜齋

勝日携襟濟勝遊	화창한 날 소매 끌고 즐거운 모임을 가졌더니
暮春春氣使人愁	늦봄 봄기운은 사람을 쓸쓸하게 하네.
青騾數月長爲客	푸른 나귀 타고 길이 나그네 되어
黃鳥一聲試倚樓	꾀꼬리 울음 소리에 누각에 기대어 보네.
碧嶂抵天多北地	하늘에 닿을 듯한 푸른 산봉우리 북쪽에 많고
大江通海杳南州	바다로 통하는 큰 강은 남쪽에 아득하네.
昔賢遺躅尋何處	옛날 어진 선비 남긴 자취 어디에서 찾을까?
窓竹園松獨自留	창가의 대나무 동산의 소나무 사이에 홀로 머뭇거리네.

16 숙야재 : 한강이 1603년(선조 36) 가을이 끝날 무렵 목천(木川)으로부터 성주(星州)로 돌아와 한강(寒岡)의 옛터 북쪽에다 작은 서재를 짓고 이름을 숙야재(夙夜齋)라 하였다. 이후 무너진 것을 1797년(정조 21) 옛터에 중건하였다가, 1857년(철종 8) 그 남쪽으로 이건하였다. 정교가 쓴 이건기와 정약용이 쓴 상량문 등이 있다.

고헌옹 만사[17] 3수
輓顧軒翁 三首

木稼山崩三百年　목가산붕(木稼山崩)[18] 돌아가신 지 300년
天生夫子豈徒然　하늘이 선생을 내신 것이 어찌 헛되었으리오?
吾家自有淵源正　우리 가문은 이로부터 정맥을 가져
泝接千秋河洛傳　천 년을 거슬러 하락(河洛)[19]의 가르침을 만났네.

金聲玉色渾然天　쟁쟁한 음성에 온화한 안색은 참으로 타고났는데
磨琢眞功老益堅　절차탁마 학문은 늙을수록 더욱 굳건하였네.
九十年來勤苦意　구십 평생 부지런히 애쓰시더니
何如當日武公篇　어쩌면 당일에도 무공의 시편[20]을 읽으셨나보다.

17 【원주】: 종숙을 대신하여 지음.

18 목가산붕(木稼山崩) : 목가는 나뭇가지에 고드름이 맺히고 산붕은 산이 무너진 것으로 현인이 죽을 때의 조짐으로 흔히 이해된다. 여기서는 선조 한강의 죽음을 의미한다. 한강이 죽던 1620년(광해군 12) 1월 5월 아침에는 사수(泗水) 가의 나뭇가지에 상고대가 끼었으며, 한강이 죽기 1년 전에 가야산의 북쪽 모서리가 무너졌다고 한다.

19 하락(河洛) : 하도낙서(河圖洛書)를 의미한다. 하도낙서(河圖洛書)는 ≪주역(周易)≫ 팔괘(八卦)의 모양이 나오게 된 근원과 ≪상서(尙書)≫ 홍범구주(洪範九疇)의 내용을 짓게 된 과정에 관한 전설이다. 복희씨(伏羲氏)가 황하(黃河)에서 나온 용마의 등에 그려진 무늬를 보고 팔괘를 만들었으며, 하우(夏禹)가 홍수를 다스릴 때 낙수(洛水)에서 나온 신구의 등에 박힌 무늬를 보고 구주의 내용을 썼다고 한다. 곧 고헌 정래석이 ≪주역≫과 ≪상서≫를 깊이 읽은 것을 나타낸 것이다.

20 무공(武公)의 시편 : 춘추 시대 위 무공(衛武公)이 95세의 나이에도 불구하고 나라 사람들에게 자신을 일깨우는 좋은 말을 해 달라고 당부했다는데, 그를 칭송했다고 전해지는 ≪시경≫ <위풍(衛風) 기욱(淇奧)>에 "저 기수 물굽이를 바라다보니, 푸른 대나무가 의의하도다. 아름답게 문채 나는 우리 님이여, 깎고 다듬은 위에 또 쪼고 간 듯하도다. (瞻彼淇奧 綠竹猗猗 有匪君子 如切如磋 如琢如磨)"라는 구절이 나온다.

丹旐翩翩鳳巖邊	붉은 명정 펄럭이는 봉비암 가에
士林相弔淚漣漣	사림 인사들 조문하며 눈물이 마르지 않네.
敬義堂深春草沒	경의당 깊은 곳 봄 풀도 시든 때
斯文從此在重泉	사문(斯文)은 이로부터 구천에 계시도다.

한주 이 공 만사 3수
輓寒洲李公 三首

南嶠多賢士	영남에는 어진 선비 많다지만
公惟間世豪	공이 오직 세상에 큰 선비였네.
平生尊仰處	평생 우러러 앙모하는 곳은
壁上揭雲陶	벽에 걸린 주자와 퇴계였네.[21]
星山古宅里	성주의 오래된 집에는
月老有賢孫	월봉(月峯)[22]의 어진 자손들이 있네.
包括儀文際	의례 문장을 포괄하고
直窮性命源	성명(性命) 연원을 오로지 궁리하였네.
愽洽存乎內	내면을 넉넉히 존양(存養)하고
汪洋發爲詞	문장을 드넓게 지어서 내었네.
門多執耑士	문하에 따르는 제자 많아
次第質疑私	차례대로 의문나는 마음을 질정하네.

21 주자와 퇴계였네 : 원문의 '운도(雲陶)'는 운곡(雲谷) 주자(朱子)와 퇴도(退陶) 이황(李滉)을 이른 말이다. 한주는 20세에 도산서원을 찾아 퇴계에 대한 숭모의 정을 표한 이래, 집에 돌아와 집안 서재의 이름으로 '조운헌도재(祖雲憲陶齋)'라는 현판을 걸었다. 운곡노인(雲谷老人)이라던 주자(朱子)를 조술(祖述)하고 도산(陶山)에 살았던 퇴계를 법받겠다는 자신의 각오를 천명한 것이다.

22 월봉(月峯) : 이정현(李廷賢, 1587~1612)의 호이다. 이정현의 본관은 성산(星山), 자는 원로(元老)로 한강 정구의 문인이다. 1612년 식년시(式年試) 병과로 문과에 급제하여 정자(正字)·성균관학유(成均館學諭) 등을 역임했다. 한주 이진상은 그의 후손으로, 묘지명도 이진상이 지었다.

윤3월 초7일

閏三月初七日

戶外江聲到底清　문 밖 강물 소리는 가는 곳마다 청아하고
東風顚倒柳絲橫　봄바람에 드리운 버들가지 실처럼 날리네.
大麥郊原新雨過　보리밭 교외에는 비가 막 지나가고
杏花村落午烟平　살구꽃 마을에는 한낮에도 안개가 걸렸네.
一春虛度京城滯　봄 한 철 부질없이 경성에서 지내다가
三月重逢天氣晴　3월을 다시 만나니 날씨가 맑구나.
竟日柴門人不到　종일 사립문에 사람은 오지 않는데
坐聽黃鳥語分明　앉아서 꾀꼬리 소리 분명하게 듣네.

다음 날
翌日

疎松脩竹滿庭栽	듬성한 소나무 길쭉한 대나무 뜰에 가득 가꾼 것은
爲愛淸陰强把盃	맑은 그늘에서 술잔 굳게 잡는 것 좋아하기 때문이네.
樓靜閒雲終日起	고요한 누각에는 한가한 구름 종일 일어나고
園深黃鳥好音來	깊은 동산에는 노란 꾀꼬리 소리 들려오네.
遠樹微茫依峀暗	먼 나무는 어두운 골짜기에 희미하고
淸波瀲灩抱村廻	맑은 물결은 마을을 휘돌며 찰랑거리네.
春氣惱人詩思倦	봄기운에 괴로운 사람 시상도 게을러져
憑欄不覺鼾如雷	난간에 기대어 어느새 천둥처럼 코를 고네.

완계재[23]에서 유천 이 어른께 올리는 시
浣溪齋奉和酉川李丈

浣溪亭子窈而清	완계정은 그윽하고도 맑으니,
老栢踈松隔水聲	늙은 잣나무 성근 소나무 너머 물소리 들리네.
雲晴海國山容靜	구름 걷힌 물가에는 산 그림자 고요하고
日暖沙頭鳥語生	햇살 따뜻한 모래벌에는 새들이 지저귀네.
高人管得烟霞氣	고결한 선비는 연하(烟霞)의 기운을 주관할 줄 알지만
年少何知珠目明[24]	젊은이가 어찌 여주(驪珠)와 어목(魚目)을 구분하리오.
不意偶同南下屐	뜻밖에 함께 남쪽으로 내려왔다가
登樓此日暫逢迎	누각에 올라 이날 잠시 그대를 만났네.

23 완계재 : 경상남도 산청군 신등면 단계리에 있었던 재사. 이곳이 완계서원(浣溪書院)이 있으며, 1614년(광해군 6)에 지방유림의 공의로 권도(權濤)의 학문과 덕행을 추모하기 위해 창건하여 위패를 모신 곳이다. 1788년(정조 12)에 '완계(浣溪)'라고 사액되었으며, 그 뒤 권극량(權克亮)을 추가 배향하였다.

24 【원주】: 원운에는 여주어목(驪珠魚目)의 비유가 있다. '여주어목(驪珠魚目)'은 좋은 시문과 나쁜 시문을 구분하지 못함을 비유하는 말이다. 여주(驪珠)는 검은 용(龍)의 턱 밑에 있다는 보주(寶珠)로, 여룡주(驪龍珠)라고도 하는데, 이것은 구하기가 매우 어려운 것이므로, 전하여 뛰어난 시문(詩文)을 비유하는 말로 쓰이기도 한다. 어목(魚目)은 고기 눈깔로서, 겉모양은 구슬 같지만 사실은 구슬이 아니라는 데서 진위(眞僞)가 혼동된 것을 말함. 어목혼주(魚目混珠). ≪문선(文選)≫ 권40 <도대사마기실전(到大司馬記室牋)>

회연서당 제우 창수 10수

檜淵書堂諸友唱酬 十首

磅礴奇巖枕碧流　거대한 기암 푸른 시내를 베고 있는 곳
十年重讀水西樓　물 서쪽 누각에서 십 년을 거듭 독서했네.
夫子宮深飛鳳鳥　선생의 사당 그윽한데 봉새가 날고[25]
桃花源僻學漁舟　복사꽃 떠오는 시내 외진 곳, 어부를 흉내내네.
松檜千尋猶舊色　천길 소나무 회나무는 옛 모습 그대로인데
江城四月却疑秋　사월 강마을은 도리어 가을인 듯하네.
永日晴窓觀玩地　긴 하루 밝은 창 아래 책을 보다가[26]
煩君笻屐數相求　지팡이 짚고 그대들 자주 찾았네.

層巒擁後大江前　뒤에는 겹겹 봉우리 에워싸고 앞에는 큰 강물 흐르는데
中有危樓泛似船　그 가운데 높은 누각은 배처럼 떠 있네.
好友重來歌不絶　좋은 벗 거듭 찾아오니 노래 끊이지 않고
仙菴一別思茫然　선암에서 한 번 이별하니 그리움만 아득하네.
鳥語相傳芳草岸　방초 우거진 언덕에는 새는 서로 지저귀고
漁舟獨上柳花川　버들솜 날리는 시내에 고깃배만 외롭게 오르네.
俎豆遺墟多感慨　제사 올리던 터에 슬픈 감회가 많으니
斯文顯晦摠由天　사문의 운명은 모두 하늘에 달렸구나.

---

25 봉새가 날고 : 회연서원 뒤쪽이 무흘구곡(武屹九曲) 가운데 제1곡 봉비암(鳳飛巖)이다.
26 책을 보는데 : 원문의 '관완(觀玩)'은 관광(觀光) 완미(玩味)의 뜻으로 독서를 뜻한다.

烟霞滿地一樓深　안개 가득 땅에 깔리고 누각 그윽한 곳
穿屐披林日日尋　낡은 신발로 수풀 헤치며 날마다 찾았네.
薄暮虛舟鷗鷺夢　해거름에는 빈 배에 물새가 졸고
趂晴喬木栗留音　맑은 날에는 높은 나무에 꾀꼬리[27] 울음 우네.
憐吾多病守窮巷　병 많은 나는 궁벽한 곳을 지키는 것이 가련하고
愛子看經惜寸陰　그대들이 시간을 아끼며 경전 읽는 것을 사랑하네.
此處團圓知有數　이곳 단란한 모임은 운수가 있음을 아나니
翁翁樽酒莫停斟　잘 익은 술독[28]에 잔을 멈추지 마시라.

夜色蒼凉小屋深　밤 빛이 서늘하고 작은 집이 그윽한데
書隣幸有日相尋　글읽는 이웃 고맙게도 날마다 찾아오네.
楊柳渡頭人舊面　버드나무 나루터 사람은 낯익은 얼굴인데
樓臺靜處燕新音　누대 고요한 곳 제비는 새로운 소리라네.
十里烟光芳草岸　십 리 연하 깔리고 방초 우거진 언덕에
數家松火石林陰　몇 집은 솔불 밝히고 바위 숲은 어둑하네.
半日清遊眞可樂　반나절 청유는 참으로 즐거웠으니
新詩讀盡復傾斟　새로 지은 시 다 읽고 잔을 다시 기울이네.

野社題詩石面輝　야외 모임에서 시를 지으니 바위가 빛나고
幽人訪我竹之扉　은자들이 나를 찾아 대나무 사립으로 오네.
永夜江聲芳草雨　긴 밤 강물 소리 들리고 봄비 내리는데

27 꾀꼬리 : 원문 율류(栗留)는 꾀꼬리의 이칭이다.
28 잘 익은 술독 : 원문의 '옹옹(翁翁)' 술이 익을 때 생기는 푸르고 흰 빛의 모양을 형용하는 말이다.

數羣漁火緣簑衣　몇몇 무리들 고기잡이 불 밝히고 비옷 걸쳤네.
禮樂詩書堪可讀　예악과 시서는 읽을 만하고
禽魚木石肯同歸　금어와 목석은 기꺼이 함께 돌아갈 만하네.
霽後烟郊多少景　비갠 후 안개 속 교외는 다양한 경관인데
劇乾鷗鷺向人飛　날개 젖은 해오라비 사람 향해 날아오네.

閒居無事竹爲隣　한가로이 살며 아무 일 없으니 대나무가 이웃이 되고
鳥語波聲日夕聞　새소리 물소리를 밤낮으로 듣는다.
遠客情懷東逝水　먼 데 손님 정회는 동으로 흐르는 물과 같고
浮生逢別北歸雲　떠도는 인생 만남과 이별은 북으로 돌아가는 구름과 같네.
午烟不動村容暗　한낮에도 안개는 걷히지 않아 마을은 어둑하고
宿雨初晴野色分　지난 밤 내리던 비 이제 개어 들판 빛깔이 선명하네.
懶病年來塵念小　게으르고 병들어 여러 해 전부터 세상 생각 적어지고
山麋山木與之羣　산중의 고라니며 나무와 한 무리가 되었네.

尋閒日日踏矼回　여유를 찾아 날마다 징검다리 돌아서
楊柳松篁此地臺　버드나무 소나무 대나무 우거진 이곳 누대.
遠峀南停高鳥過　먼 산줄기 남쪽에 멈추는데 새는 높이 지나고
平郊中斷大江來　넓은 들판 가로질러 큰 강이 흘러오네.
對景君應詩思湧　경관을 마주하면 그대는 저절로 시상이 솟아나고
臨流我欲病懷開　강가에 서면 나는 병든 정회를 풀고 싶어지네.
一曲命名留篆石　일 곡 이름이 바위에 전서로 남았지만[29]

29 일 곡 이름이 …… 남았지만 : 미수(眉叟) 허목(許穆)이 1681년(숙종 7) 87세에 전서로

年年風雨綠生苔　해마다 비바람에 푸른 이끼 생겼네.

黃驪喚我睡初回　나를 부르는 꾀꼬리 소리에 막 잠이 깨어나니
詩思悠悠更上坮　시상이 유유하게 일어 다시 누대에 오르네.
帆影遙依南浦去　배 그림자는 멀리 남쪽 포구로 가고
江流近護北樓來　강물은 가까이 북쪽 누각을 둘러 흘러오네.
畫角三聲官道遠　뿔피리 세 번 울리니 관도(官道, 큰길)는 아득하고
島烟數点夕陽開　섬 안개 몇 점 석양 속에 걷히네.
欲題晩景雲端壁　저녁 무렵 구름 끝 절벽에 시를 새기려니
墨葛煌輝暎碧苔　갈필로 쓴 글씨는 어른어른 푸른 이끼에 어리네.[30]

床頭書帙散難齊　책상 위 책들은 흩어져 정리하기 어렵고
睡起江村聽午鷄　잠 깨어난 강 마을에는 한낮 닭소리 들리네.
簾角風恬雙燕語　주렴 끝 부는 바람 편안한데 제비 한 쌍 지저귀고
柳邊日暖一鶯啼　버드나무에 햇살 따스한데 앵무새 한 마리 울음 우네.
烟光羃歷連雲盡　깔린 안개는 구름까지 이어져 끝나고
山色濛濃入戶低　몽롱한 산색은 인가에 들어 낮아지네.
佳節端陽明日至　좋은 절기 단오가 내일로 다가왔으니
秋千閃動樹陰西　그네가 나무 그늘 사이에 얼핏얼핏 움직이겠지.

野樹連天草色齊　들녘의 나무는 하늘에 닿아 풀빛과 가지런하고

쓴 "鳳飛岩"을 바위에 새긴 각자를 말한다. 이 각자의 잔편이 현재 회연서원에 남아 있다.

30 갈필 …… 빛나네 : 절벽에 시를 새겨넣는 상황으로 이해하여, 묵갈(墨葛)을 시를 적은 '글씨'로 풀었다.

南來詩格響雲鷄　남쪽에서 온 시의 격조는 운계[31]의 울음소리 같다네.
山房本爲藏書僻　산방[32]은 본래 서책을 보관하는 외진 곳이니
谷鳥猶知喚友啼　산새들도 오히려 짝을 불러 울 줄 아는구나.
千家砧杵端陽近　집집마다 다듬이소리, 단오 가까운 날에
五夜樓台銀漢低　밤이 다한 누대에는 은하수도 기울었네.
惟君最是仙緣重　생각건대 그대는 신선과 인연이 가장 깊어
点得名區水一西　시내 서쪽 이름난 구역을 차지한 것이라네.

31 운계 : 신선을 따라 하늘에 올라갔다는 상상 속의 닭으로 여기서는 기러기 소리를 말한다.
32 산방 : 무흘산방을 가리킨다. 일찍이 작자의 선조 한강 정구는 62세 되던 해에 무흘에 초가 3간을 세워 서책을 보관하고 편히 쉬는 장소로 삼았다. 서책을 보관한 곳은 '서운암(棲雲庵)'이라 명명하였고, 그 일곽을 무흘정사(武屹精舍)라 했다.

만구 이종기[33] 공 만사 3수
輓晩求李公種杞 三首

天相斯文惠我東	하늘이 사문을 도우셔서 우리 해동에 은혜를 베푸시니
吾州何幸有如公	우리 고을에 너무나 다행스럽게도 공과 같은 분이 계셨도다.
紛紛理說騰諸口	이기설(理氣說)을 여러 사람이 분분히 말하였으나
比到函筵始折衷	함장의 궤연에 이르러서 비로소 절충되었네.[34]

晩求亭子洛之濱	만구공의 정자는 낙동강 가에 있으니
衿佩爭趨侍燕申	선비들 다투어 나아가 스승으로 모셨네.[35]
顓蒙久阻桐師命	어리석어 오랫동안 스승의 명을 받잡지 못했더니,

33 이종기 : 이종기(李種杞, 1837~1902)의 본관은 전의(全義). 자는 기여(器汝), 호는 만구(晩求)·다원거사(茶園居士). 그의 학문은 가학(家學)을 통해 심화시켰으며 정재(定齋) 유치명(柳致明)과 대산(大山) 이상정(李象靖)의 학문을 사사(師事) 받았으며, 퇴계(退溪) 이황(李滉)의 이기설(理氣說)을 수용하고, 이(理)와 기(氣)에 치우친 이론의 획일화에 반발하는 개방적인 태도를 보였다. 이러한 그의 이기(理氣)에 대한 이론은 <사칠기발이승지변(四七氣發理乘之辨)>, <이기선후주종편전설(理氣先後主從偏全說)> 등의 문장에 잘 나타나 있다. 저서로는 ≪만구집(晩求集)≫이 있는데, 원집 10책과 속집(續集) 4책과 부록(附錄) 2책으로 구성되어 있다.

34 이기설(理氣說)을 …… 절충되었네 : 만구(晩求) 이종기(李種杞)의 이기설은 퇴계(退溪) 이황(李滉)의 이기설(理氣說)을 계승하여 이(理)와 기(氣) 어느 한쪽에 치우치지 않았고, 이런 입장은 「사칠기발이승지변(四七氣發理乘之辨)」, 「이기선후주종편전설(理氣先後主從偏全說)」 등에 잘 나타난다. [출처] 한국학중앙연구원 - 향토문화전자대전

35 스승으로 모셨네 : 원문의 '시(侍)'는 스승으로 모신다는 뜻이다. 원문의 '연신(燕申)'은 웃어른의 한거(閑居)를 이르는 말. ≪논어≫ <술이(述而)>에 "공자가 집에서 편히 쉬고 있을 적에는, 마음이 활짝 풀어진 듯하고 즐거운 듯하였다.(子之燕居 申申如也 夭夭如也)"는 말이 나온다.

痛切山樑漏滿巾　철인이 돌아가심[36]에 너무 애통하여 눈물이 수건에 흥건하네.

先君憂道費精思　선군[37]께서 우도(憂道)로 번민이 많으셨는데
麗澤資深孰有知　붕우 강습[38]이 깊은 줄 누군들 알았으리.
良玉精金珍重句　주옥과 순금같은 진중한 글귀
遺孤不忍讀哀詞　남겨진 고아는 차마 애사를 읽지 못하네.

36 철인이 돌아가심 : 원문의 '산량(山樑)'은 태산이 무너지고 들보가 부러진다는 말로써, 스승이나 철인의 죽음을 의미한다. 공자(孔子)가 자신이 별세할 꿈을 꾸고 아침에 일찍 일어나 뒷짐을 지고 지팡이를 짚고 문 앞에서 한가로이 거닐며 노래하기를 "태산이 무너지겠구나. 들보가 부러지겠구나. 철인이 죽게 되겠구나.(泰山其頹乎 樑木其壞乎 哲人其萎乎)" 하였다. ≪예기(禮記)≫ <단궁(檀弓) 상>

37 선군 : 작자의 아버지 정세용(鄭世容, 1834~1879)을 말한다. 자는 관언(寬彦), 호는 일우(一宇)로 어려서부터 학문에 전심하여 성리학에 일가견이 있었으며 효성과 우애가 남달랐다.

38 붕우 강습 : 원문의 '이택(麗澤)'은 붕우(朋友)가 함께 학문을 강습하여 서로 이익을 줌을 뜻한다. ≪주역(周易)≫ 태괘(兌卦)에 "두 못이 연결되어 있는 형상이 태(兌)이니, 군자가 이를 본받아 붕우 간에 강습한다."라는 말에서 유래하였다.

암하 송기선[39] 어른 만사 3수

輓巖下宋丈祺善 三首

倻翁古宅又賢嗣　야옹(倻翁)[40] 고택에 또 어진 후손이시니
端肅其儀簡整辭　거동이 단정하고 말은 간단하셨네.
莫道耄齡精力懈　나이가 많아서 정력이 떨어졌다고 말하지 말라
明窓靜對武公詩　밝은 창 아래 고요히 무공의 시[41]를 읽으셨다네.

西河一夕淚如泉　자식을 잃은 날[42] 저녁에는 눈물이 샘솟듯 하였으니
此理冥冥欲問天　이 이치는 깜깜하여 하늘에다 묻고 싶었네.
侃侃二卽馳譽早　강직한 두 번의 일[43]로 일찍이 명성을 날렸으니

39 송기선(宋祺善) : 1833(순조 33)~1917년. 조선 말기 유학자. 자는 문보(文甫)이고, 호는 암하(巖下)이다. 본관은 야로(冶爐)이고, 출신지는 경상북도 성주군(星州郡)이다. 학문과 효성으로 널리 알려진 인물로 송준필(宋浚弼, 1869~1943)은 그의 아들이다.

40 야옹(倻翁) : 송희규宋希奎, 1494~1558)를 가리킨다. 그의 본관은 야로(冶爐), 자는 천장(天章), 호는 야계(倻溪), 시호는 충숙(忠肅)이다. 1519년 별시 병과로 문과에 급제하여 사헌부와 사간원 등에서 관직을 역임하고 통정대부에 올랐다. 이언적(李彦迪)과 깊은 교분이 있었으며, 1547년 장령(掌令)으로 왕의 외숙인 윤원형(尹元衡)의 전횡을 탄핵하여 상소하다가 고산에 5년간 유배당하기도 했다.

41 무공(武公)의 시 : 춘추 시대 위 무공(衛武公)이 95세의 나이에도 불구하고 나라 사람들에게 자신을 일깨우는 좋은 말을 해 달라고 당부했다는데, 그를 칭송했다고 전해지는 ≪시경≫ <위풍(衛風) 기욱(淇奧)>에 "저 기수 물굽이를 바라다보니, 푸른 대나무가 의의하도다. 아름답게 문채 나는 우리 님이여, 깎고 다듬은 위에 또 쪼고 간 듯하도다.(瞻彼淇奧 綠竹猗猗 有匪君子 如切如磋 如琢如磨)"라는 구절이 나온다.

42 자식을 잃은 날 : 원문의 '서하(西河)'는 서하지통(西河之痛)의 줄임말로서 자식을 잃은 슬픔을 뜻한다. 공자(孔子)의 제자인 자하(子夏)가 서하(西河)에 있을 때 자식을 잃고 너무 슬픈 나머지 소경이 된 고사에서 온 말로 자식을 잃은 슬픔을 의미한다.

43 강직한 두 번의 일 : 송기선은 효성이 지극하여 모친상을 당해 장지를 구하지 못하여 식음을 폐하고 주야로 통곡하니 족조 정억(廷億)이 그의 효성에 감동하여 자신이 땅을 주어

南州名碩莫之先	남쪽 지방 이름난 선비라도 앞서지 못하였네.

清秋七月送丹輀	맑은 가을 7월에 붉은빛 상여를 보내었으니
從此吾林長德稀	이로부터 우리 사림에 덕 있는 어른이 드물어졌네.
鄕閈後生年迫暮	향리의 후생도 나이가 노년에 가까웠으니
窮途倀倀欲何之	험한 길 비틀비틀 어디로 가야하는가?

안장토록 한 일과 경술국치 이후 일제에 항거하며 문을 닫아 걸로 자정(自靖)하고자 하였으며 화를 당할 것을 알면서도 당시의 묘제법을 따르지 않았던 일을 말한다.

효산 이수형[44] 어른 만사 3수

輓曉山李丈壽瀅 三首

早擢詞源氣雄深 일찍이 글솜씨 뛰어나 그 기운 씩씩하고 깊었으니
豪鷹飛出萬鳥林 만 마리 새 중에서 새매가 날아오르는 듯하였도다.
終知直道難於世 끝내 바른 도는 세상에 용납되기 어려움을 알아서
十載江潭伴鵬吟 10년 동안 물가에서 붕새와 짝하며 시를 읊었도다.

晩暮祠官一何奇 만년에는 사관(祠官)[45]으로 얼마나 뛰어났던가?
林泉歸臥皓鬚眉 고향으로 돌아와 은거하니 수염과 눈썹이 모두 하얗게 세었다네.
亭構栗薇承考翼 율간정(栗澗亭) 자미정(紫薇亭)[46]을 중건하여 부형의 뜻을 받들었고
壇築陶錦景賢師 도산(陶山) 금양(錦陽)에 제단을 축조하여[47] 현사를 경모

44 이수형(李壽瀅) : 1837~1908. 본관은 재령(載寧). 자는 사징(士澄), 호는 효산(曉山). 이수형(李壽瀅)은 8세부터 족숙 이희영(李羲榮)에게 배웠다. 1861년 향시에 합격하고, 1864년 증광시 생원시에 합격하였다.

45 사관(祠官) : 1896년(고종 33) 순릉 참봉(順陵參奉)으로 부임하였다가 몇 달 후 귀향한 일을 두고 한 표현으로 보인다.

46 율간정(栗澗亭) 자미정(紫薇亭) : 경상도 함안군 산인면(山仁面) 모곡리 고려동 유적지에 있는 정자이다. 고려동 유적지는 고려 말 성균관 진사 이오(李午)가 고려가 망하자 고려왕조에 대한 충절을 지키기 위하여 살았던 곳이다. 여기에 율간정과 자미정이 있다. 율간정의 율(栗)은 중국 동진의 시인 도연명이 거처한 마을 이름에서 따온 것으로 보이며, 자미정의 자미는 백일홍으로서 조선에 항거하는 고려 유민이 자신의 충절을 드러내는 의미로 심었던 꽃나무이다.

47 도산(陶山) …… 축조하여 : 이황(李滉)과 이현일(李玄逸)의 유적지에 단(壇)을 만들어 선현을 추앙한 일을 말한다.

	하였네.
豚兒荷忝壁間獅	집 아이는 외람되이 사자처럼 되라는 격려를 받았고[48]
蒙陋叅緣獲愛私	누추한 저의 집을 찾으신 인연으로 사사로운 사랑도 받았었네.
屢速未能遂一往	여러 번 오라는 부름에도 한 번도 가지 못하였으니
不堪和淚寫哀詞	눈물이 흘러 애사를 차마 지을 수 없네.

48 사자처럼 되라는 격려를 받았고 : 원문의 '벽간사(壁間獅)'는 일찍이 주자(朱子)가 사위인 면재(勉齋) 황간(黃榦)에게 편지를 보내면서, 황간의 아들이자 자신의 외손(外孫)인 황로(黃輅)가 자신의 집 벽 사이에 걸려있던 사자 그림을 좋아했던 일을 상기하고는 이를 그려 보내며 황로가 사자와 같은 기상을 갖기를 바란 일에서 가져온 말이다. ≪주자대전(朱子大全)≫ 속집 권1 <답황직경(答黃直卿)>

교리 안순중효제 만사 2수 서문 있음
輓安校理舜仲孝濟 二首 幷序

옛 대한제국의 학사 수파 안 공은 직간한 일로 누차 쫓겨남을 당하고 시대에 용납되지 못하였는데, 기어이 종묘사직이 망하는 것을 보고 이 땅에서 금수와 섞여 살고 싶지 않아서 드디어 고결한 몸을 중국 안동현으로 피신하여 10년을 살다가 죽었다. 오호라 슬프도다. 그 아들 철상(喆相)이 모년 모월 모일에 현의 북쪽 산줄기 모좌 언덕에 장례하고 공의 뜻을 이어받았다. 나는 병들고 늙었는데 거리가 멀어서 장례 당일 상엿줄을 잡을 수 없었다. 늦게서야 거친 말 몇 수로 공사 간의 슬픔에 부쳤지만 참으로 공의 뜻을 저버렸도다.

龍灣雪積暮雲飛 용만(龍灣, 의주)에 눈 쌓이고 저녁에 구름 나는데
何處青山送子歸 그대를 돌려보낸 청산은 어느 곳인가?
懷抱一生經濟志 일생동안 품은 경세제민(經世濟民)의 뜻
空留名字動華夷 부질없이 남긴 이름 중화와 동이에 진동하네.

忠魂不共體骸藏 충성스러운 혼령은 유해와 함께 묻히지 않았으리
口吐紅霞萬丈光 입에서 붉은 기운 만 길이나 토해내었다지.[49]
知應上訴瑤臺下 응당 알겠도다, 천상[瑤臺]에 올라가
直倒天河洗舊疆 곧장 은하수 기울여 옛 나라의 치욕 씻어달라고 호소할 줄을!

49 【원주】: "들으니 공께서 돌아가실 때 하나의 뭉쳐진 붉은 빛이 목구멍에서 나와서 공중으로 날아갔다고 한다.(聞公之臨化也 有一團紅光出自喉中 向空而去云)"

홍류동 석각
紅流洞石刻

絶壁層崖多少客	절벽 층층 벼랑에 얼마의 나그네 이름!
前人磨滅後人留	앞 사람 이름 갈아서 없애고 뒤 사람이 이름 새기네.
堪憐沒世無名子	안타까워라! 죽어서 이름 없는 자들이여!
强借頑顔百歲流	억지로 두꺼운 얼굴을 백 년까지 남기려 하는구나.

계재[50]에서 벗을 보내며
溪齋送友

浣湖秋氣入廉清	완호(浣湖)의 가을 기운 주렴에 스며 맑은데
客坐江樓暮雨聲	객은 강가 누각에 앉아 저녁 빗소리 듣는다네.
南國高人逢勝地	남쪽 지방 고결한 사람 이 좋은 곳에서 만났지만
西風歸夢轉鄕城	가을 바람에 꿈은 점점 고향으로 향하네.
四朔聯衿詩話大	넉 달 동안 한 자리에 시 짓고 이야기 나눈 인연 크지만
一朝分手水雲輕	하루 아침에 헤어지니 물처럼 구름처럼 가볍네.
可使明年重作會	만약 내년에 다시 만난다고 하더라도
烟霞禽鳥摠關情	안개 낀 풍경 새 소리는 모두 마음에 남아있을 것이네.

50 계재 : 작자의 처가 마을인 경상남도 산청군 신등면 단계리에 있었던 완계재(浣溪齋)를 말한다. 이곳에는 한강 정구의 문인 동계(東溪) 권도(權濤, 1575~1644)의 후손들이 세거하였다.

여러 벗들과 작별하며

留別諸友

丹川烟柳碧遙遙	단천(丹川)[51]의 안개 속 버들은 푸른 빛 아득하고
遠道行人立馬朝	먼 길 가는 나그네는 아침에 말을 세워 놓았네.
西風笑向鄕關路	가을 바람에 웃으며 고향을 향하는데,
近日愁聽海國謠	요즈음 해국(海國, 일본) 노래 근심스럽게 들리네.
山寺雲霞眞境邈	산사의 구름과 놀은 아득한 신선 세상이요
杜陵花竹夢魂搖	두릉(杜陵)의 꽃과 대나무는 꿈속에서 흔들리네.
送我用情令病臥	아쉬움으로 나를 보내어 병으로 눕게하니
空令江樹遠含橋	부질없이 강 가 나무만 멀리 다리에 있네.

51 단천(丹川) : 경상남도 산청군 신등면 단계리를 말한다. 작자의 처가가 있는 마을이다.

손 첨절제사(僉節制使)의 만사[52] 3수

輓孫僉使 三首

公家世世不求媚 공의 가문은 대대로 아첨하기를 구하지 않았지만
肇錫當年荷主知 공이 태어나신 당년에는[53] 주상께서 알아주셨네.
賢孫克篤忠貞業 어진 후손은 충심과 덕업이 지극히 독실하고
堂宇深深揭八維 당우[인품]는 깊고 깊어 온 세상에 알려졌네.

金門昔日一箭飛 금문(金門)[54]에서 그 옛날 한 번 화살을 날리니
邦國干城衆共推 온 나라 간성(干城)들이 모두 함께 추앙하였네.
莫道邊城聲績著 변방에서의 명성과 업적으로만 뛰어났다고 말하지 말라
空將利器老明時 부질없이 뛰어난 능력 늙어서야 밝게 드러나는 때이로다.

山河擧目摠腥塵 눈을 들어 산하를 보니 모두 어지러운 세상
政是高人潔去辰 참으로 고인(高人)이 고결하게 떠난 때로다.
從此無緣承誨語 이로부터 가르침 받들 기회 없으니
哀詞一唱淚盈巾 애사 한 수에 눈물이 수건에 흥건하네.

52 【원주】: 종숙을 대신하여 지음.

53 공이 태어나신 당년에는 : 원문의 조석(肇錫)은 자식이 태어나 처음 좋은 이름을 지어 주는 것으로, 굴원(屈原)의 ≪초사(楚辭)≫에 "황고(皇考)께서 나를 낳으셨을 때에 헤아려 보시고 처음으로 나에게 아름다운 이름 지어 주셨네. (皇覽揆余于初度兮 肇錫予以嘉名)"라고 하였다. 위의 시에서는 '공이 태어난 당대'라는 의미로 풀었다.

54 금문(金門) : 원문의 '금문(金門)'은 미상이다. 손 첨사가 무위를 떨친 일을 언급하는 듯하다. 참고로 '금문'은 한나라 궁문인 금마문(金馬門)의 약칭으로 보통 대궐이나 조정을 가리키기도 한다.

한 유천의 등곡 권안소[55] 알성 시에 차운하다
次韓柳川藤谷權安所謁聖韻

龜城風雨勢危孤	구성(龜城)[56]에 비바람 불어 형세가 위태롭고 외로웠는데
衛聖當時賴一儒	성현을 지키는 일을 당시 사람들은 한 선비에게 의지했네.
腥塵已沒三千里	어지러운 세상, 이미 망한 삼천리 강토에
信道方知七十徒	이제야 70명 제자를 알았다고 참으로 말하겠네.
數仞宮墻餘惕界	공부자 사당[57]은 겁란(愓亂)을 만나서
八年樽俎托玆區	8년 동안 제사를 여기에서 지냈네.
至今板上韓公語	지금까지 판상에 걸린 한 공의 시
慚愧人間幾懦夫	인간 세상에 나부(懦夫)[58] 몇 사람을 부끄럽게 하네.

55 권안소 : 소실된 종묘를 재건하기 전, 신주를 임시로 모셨던 곳.

56 구성(龜城) : 경상북도 김천시 지례면의 옛 이름이다.

57 공부자 사당 : 원문의 '수인궁장(數仞宮墻)'은 자공(子貢)이 공자의 높고 큰 덕을 형용하여 이른 말이다. "부자의 담장은 몇 길 높이라 그 문을 찾아 들어가지 않으면 종묘(宗廟)의 아름다움과 백관(百官)의 성대한 모습을 볼 수 없다." 하였다. ≪논어(論語)≫ <자장(子張)> 여기에서는 공자의 사당인 대성전(大成殿)을 의미한다.

58 나부(懦夫) : 겁이 많고 나약한 사람이다. 맹자가 말하기를, "백이의 풍모를 들은 사람은, 완악한 사람은 청렴해지고, 나약한 사람은 뜻을 세움이 있게 된다.(聞伯夷之風者 頑夫廉懦夫有立志) 하였다. ≪맹자(孟子) 만장 하(萬章下)≫

성성진종호에게 준 시에 화운하다 5수 서문 있음
和贈成聲振鍾護 五首

이때 성진이 봉천에 살았다. 무오(戊午, 1918). 시를 부쳐왔을 때 병으로 다 화운할 수 없었습니다. 이제야 자조(自嘲)[59] 3수와 원위(遠慰) 1수[60]를 지어서 부족한 솜씨이지만 보내어 멀리서 보내주신 뜻에 답장합니다.[61]

자조 3수 自嘲 三首

欽君西渡浿江深	그대가 대동강 깊은 물을 지나서 서쪽[중국]으로 넘어간 것은
不是當年樂土尋	그 나이에 낙토를 찾아간 것은 아니었을 것이네.
十載邊霜添鬓白	십 년 세월에 머리 가에는 서리가 내렸을 테지만
一生猶得保丹心	한평생 오히려 붉은 마음을 간직하였으리라.

書農訓子又課孫	글 읽고 농사짓고 자식 훈육하고 또 손자 가르치고
朝出歸來到日暮	아침에 나갔다가 돌아오니 해가 이미 저물었네.
佇待河清期有立	우두커니 황하 물이 맑아지기를 기다리면 기약이 이루어질까?
忠經一部好開門	충경(忠經) 한 부로 문호를 잘 열었네.[62]

59 【원주】: 시의에 자조하는 것이 많으므로 歎을 嘲로 고쳤다.

60 원위(遠慰) 1수 : 원문은 2수이다. 오자로 판단됨.

61 ○ 時聲振寓居奉天 戊午 ○ 來詩 病不能盡和 遂拈出自嘲(詩意多自嘲 故改歎以嘲)中三絕 遠慰中一絕 忘拙次呈 以謝遠寄之意

我姑柔順性宜家　나의 고모님은 유순해도 집을 잘 다스리는 성품
從子平生歷險多　사촌은 평생 험한 일 많이도 겪었지.
愛極還憎憎且喜　사랑이 지나치면 도리어 미움이 되니 밉기도 하고 기쁘기도 한데[63]
二分閨月隔簾斜　두 분의 규방에 뜬 달은 주렴 너머로 기우네.

멀리서 위로함 2수 遠慰 二首

堪笑芝山一病翁　우습도다! 지산(芝山)의 병든 늙은이 하나
出門無路善其終　문을 나설 길 없으니 마지막을 잘 해야지.
搔頭每向西風立　머리 긁적이며 매양 가을바람에 섰으니
短髮蕭蕭奈已童　짧은 머리카락 쓸쓸한 모습은 어찌하여 아이 같으냐.

明時擬作太平翁　밝은 시절 태평스러운 늙은이가 되고 싶어
獨抱遺經與始終　처음부터 끝까지 혼자서 남은 경전만 앉고 있네.
萬事蹉跎今已矣　모든 일 어긋났으니 지금은 끝이로다
聊將宿計付孫童　애오라지 오랜 계획을 자손에게 부칠 뿐.

62 【원주】: "충경은 비록 보지는 못했지만 이름으로 그 내용을 추리하면 사군(事君)과 입신(立身)의 요체인 것을 알겠다.(忠經 雖不得見 而因名推義 知其爲事君立身之要)"

63 【원주】: 부쳐온 시에 희(喜)와 증(憎) 2자를 반복해서 말하여, 정의가 꼭 손에 잡힐 듯 하였다.(來詩 以喜憎二字 反覆言之 情誼藹然可掬)

최사언성규의 생신 축하시에 차운하다
次崔士彦性圭晬韻

美宅良田水一涯　아름다운 집 기름진 밭 냇물 가장자리에
地仙雙坐席生花　지상의 신선 같은 두 분의 자리에서 꽃이 피어나네.
耕樵事業稀今世　밭 갈고 나무하며 공부하는 사람 지금 세상에는 드문데
詩禮模楷自古家　시서예악(詩書禮樂)이 반듯하니 고가의 풍모로다.
直以謙恭裕後大　오로지 겸손하고 공손한 행실은 후손에게 끼친 가르침이 크니[64]
始知仁善得年遐　어질고 선한 이는 장수하는 것을 비로소 알겠네.
弟兄同榻雙兒舞　형제가 한 자리에 모이고 두 아이가 춤을 추니
驗得槐陰滿庭遮　'회나무 그늘이 뜰에 가득하리라'[65]는 말을 징험할 수 있네.

---

64 후손에게 끼친 가르침이 크니 : 원문의 '유후(裕後)'는 수유후곤(垂裕後昆)을 줄인 말로, 훌륭한 도(道)를 후손에게 물려줌을 뜻한다.

65 회나무 …… 가득하리라 : 입신양명한 자손이 많음을 빗대어 한 말이다. 소식(蘇軾)의 <삼괴당명(三槐堂銘)>에 송(宋)나라 병부시랑(兵部侍郎) 진국공(晋國公) 왕호(王祜)가 재상의 덕망이 있었으나 직언(直言)했던 까닭에 끝내 재상이 되지 못하자, 뜰에 세 그루의 회화나무[三槐]를 심고 "내 자손 가운데 반드시 삼공(三公)이 되는 이가 있을 것이다."라고 했는데 이윽고 아들 왕단(王旦)이 재상이 되었고, 손자 왕소(王素)와 증손자 왕공(王鞏)도 고위 관직에 올랐다. 그 글의 명(銘)에 "돌아와 그 집을 보니 회화나무 그늘이 뜰에 가득하네.(歸視其家 槐陰滿庭)"라고 하였다.

무흘에서 수령 김동만과 주고 받다

경자(庚子, 1900, 성재 44세) 武屹酬金侯東萬

勝日尋芳路轉幽	좋은 날 꽃을 찾아 가는 길, 길은 점점 깊어지는데
使君非是愛風流	사또는 풍류를 사랑하는 분이 아니겠는가?
溪因新雨添三尺	시냇물은 새로 내린 비에 세 자나 높아지고
天爲名區闢一樓	하늘이 내린 명승지에 누각이 하나 열렸구나.
萬樹濃陰黃鳥後	만 가지 나무 짙은 그늘에 꾀꼬리 나는데,
雙珂終日白雲頭	함께 종일토록 백운 끝까지 다니네.
此生圓果逢僧話	이 생의 좋은 인연으로 스님과 만나 이야기하니
滌盡胸中斗斛愁	가슴 속 가득한 근심 말끔하게 씻어지네.

어떤 이에 대한 만사 3수
輓或人 三首

隱眞林泉七十年 은자로 임천[자연]에 산 지 70년
那知天意竟茫然 하늘 뜻이 결국 아득하게 될 것을 어찌 알았으리.
生平不盡慈天淚 평생 아버지 눈물이 마르지 않더니
惟有諸孫孝且賢 다만 여러 자손들 효성스럽고 또 어질구나.

通家契誼老益堅 집안 사이[66] 계의는 늙을수록 더욱 단단해져서
每喜康强信息傳 언제나 편안하고 잘 있다는 소식에 기뻤었네.
固知情愛忘年歲 진실로 사랑하는 마음은 나이를 잊은 줄은 알았지만
其奈凋零有後先 어찌 돌아가시는 것에 선후가 있으리오.

新年薤露動新阡 새해에 해로가(薤露歌)[67]가 새 무덤에 울리는데
行路親朋涕泗漣 가는 길에 친지 붕우들은 눈물 흘리누나.
街亭幸有金烏近 가정(街亭)이 다행히 금오산(金烏山)에 가까우니
尚想淸風百世前 오히려 백세 전 청풍(淸風)[68]을 생각할 수 있네.

66 집안 사이 : 원문의 '통가(通家)'는 양쪽 집안 식구들이 모두 서로 알고 지내는 사이를 말한다.

67 해로가(薤露歌) : 부추 위에 맺힌 이슬처럼 덧없이 지는 인생을 슬퍼하는 노래로, 초상 때 부르던 만가이다. 한 고조(漢高祖)에게 반기를 들다 패망한 전횡(田橫)의 죽음을 두고 그 무리가 지은 만가 2장 중 1장에 "부추 위에 맺힌 이슬 어이 쉽게 마르나. 이슬은 말라도 내일이면 다시 내리지만, 사람은 죽어 한번 가면 언제나 돌아오나.(薤上朝露何易晞 露晞明朝更復落 人死一去何時歸)" 하였다. ≪고금주(古今注)≫ <음악(音樂)>

68 청풍(淸風) : 야은(冶隱) 길재(吉再)의 풍모를 말한다. 길재는 고려에 충절을 지킨 삼은(三

종조 지수공을 대신하여 쓴 족조 혜와호석[69]의 만사 2수 서문 있음
代從祖芝峀公輓族祖惠窩昊錫 二首 幷序

지난 중춘(음2월)에 나의 둘째 형이 병으로 집에서 돌아가셨다. 이어서 고헌옹이 갑자기 천상(川上)[70]에서 돌아가셨다. 공이 말하기를 "두 노인은 우리 집안의 원로이니, 조문을 하지 않을 수 없다."라고 하셨다. 드디어 서은(鋤隱)[71]과 함께 서쪽으로 갔다가 병을 얻어서 돌아왔다. 며칠이 지나지 않아서 공도 돌아가셨다. 오호라! 살았을 때는 서로 의지하다가 죽어서도 서로 따르니, 어찌 그것이 우연이겠는가? 나도 또한 조석 간에 죽을 사람이니 공을 따를 날도 멀지 않음을 알겠다. 공을 장례하는 날짜를 들었으니 한마디 말이 없을 수 없어서 그 마음을 말한다.

心無表裡性溫純　마음은 겉과 속이 다르지 않으시고, 성품은 온순하시니
叔季如公有幾人　말세에 공과 같은 분 몇 사람이나 될까?

隱) 가운데 한 사람으로 충남 금산군 부리면 불이리(不二里)에 있는 청풍서원(淸風書院)이 있고, 그 안에 백세청풍비(百世淸風碑)가 세워져 있다. 금오산은 야은(冶隱) 길재(吉再)가 숨어 살았고, 거기에 길재를 모신 사당과 금오서원이 있다.

69 혜와(호석) : 정호석(鄭昊錫, 1824~1893)을 가리킨다. 본관 청주, 자 성흠(聖欽), 호 혜와(惠窩), 배(配)는 풍산 류씨이다.

70 천상(川上) : 한강대 근처에 있었던 천상정을 말한다. ≪한강집(寒岡集)≫에 의하면, "선생은 산수의 경치를 매우 좋아하였다. 처음에는 한강정사(寒岡精舍)를 지었는데, 한강(寒岡) 뒤편에는 천상정(川上亭)·어시헌(於是軒)·유정당(幽靜堂)·세심대(洗心臺)가 있었다."라고 되어 있다. ≪한강집(寒岡集) 한강언행록(寒岡言行錄)≫

71 서은(鋤隱) : 정하(鄭墷, 1820~1902)를 가리킨다. 본관 청주, 자 지숙(支叔), 호 서은(鋤隱)으로 성주에 살았다. 성품이 순수하고 학문이 박식하였으며, 필법이 정묘하여 비판(碑版)에 많은 글을 남겼다. 고종 때 수직(壽職)으로 통정대부(通政大夫)에 증직되었다.

歲暮丹山幽竹裡　세모에 단산 대숲 깊은 곳에
修吾初服樂吾貧　내 처음 마음을 길러주시고 나의 안빈(安貧)을 즐거워하셨지.

今春笻屐過山東　올 봄에 지팡이 짚고 산동(山東)을 찾아서
哭我家兄又顧翁　나의 형을 조문하고 또 고헌옹을 조문하셨네.
那知感淚終成病　어찌 알았으랴. 슬픈 눈물이 결국 병이 되어
使我殘年又哭公　늙은 내가 또 공을 조문할 줄을.

숙야재에서 배서구주환과 함께 하다

夙夜齋同裵瑞久疇煥

倦上高抬日已中	느릿느릿 높은 한강대에 오르니, 해는 이미 중천인데
山僮喚酒水之東	산골 아이 불러 술은 마련하니, 냇물 동쪽이로다.
顧名敬佩南塘訓	이름의 뜻을 돌아보며[72] 삼가 남당(南塘)[73]의 가르침을 명심하고
對客寧論北海風	손님을 마주하면 어찌 북해(北海)의 풍류[74]를 논할 수 있으리요.
遺躅百年人盡仰	평생의 발자취는 사람들이 모두 우러르고
清流九曲道無窮	맑게 흐르는 구곡에는 선생의 도가 무궁하도다.
至今倻嶽微呈角	지금 가야산이 꼭대기를 조금 드러내니
欲問天機造化翁	조물주에게 천기를 묻고 싶네.[75]

72 이름의 뜻을 돌아보며 : 원문의 '고명(顧名)'은 고명사의(顧名思義)의 뜻으로 이름을 보며 뜻을 생각한다는 말이다. 사람의 이름을 지을 때에는 글자 하나하나에 좋은 뜻을 담아서 짓는데, 이름의 주인이 자신의 이름을 돌아보고 그 뜻을 생각하며 살아간다는 의미이다.

73 남당(南塘) : 남당(南塘) 진백(陳柏)을 말한다. 진백은 자가 무경(茂卿)이나, 어느 시대 사람인지는 알려지지 않았다. ≪退溪集 卷17 答奇明彦≫ 그는 <숙흥야매잠(夙興夜寐箴)>을 지었는데, 한강은 여기에 입각하여 재사를 짓고 숙야재라 하였으며, 작자 역시 선조의 숙야재를 중건하여 강학활동을 하였다.

74 북해(北海)의 풍류 : '북해풍류(北海風流)'로 후한(後漢) 때 북해 태수(北海太守) 공융(孔融)의 풍류를 말한다. 공융은 호방한 성격으로 좌중에는 손이 언제나 꽉 찼고 술동이에는 술이 빈 적이 없었다고 한다.

75 지금 가야산이 …… 천기를 묻고 싶네 : 선조 한강의 시 <숙야재에서 가야산을 바라보며(夙夜齋望倻山)>을 의식한 것이다. "전신의 참모습을 드러내지 않고, 미묘한 한 꼭대기 살짝 드러내. 조물주 뜻을 알겠노라, 천기를 모두 드러내려고 하지 않으니(未出全身面 微呈一角奇 方知造化意 不欲露天機)."

최 모의 생일 축하시[76]

崔晬韻

鳳山千古載長春　봉산(鳳山)은 천 년 동안 언제나 봄날이니
竹老賢孫有此人　죽노(竹老)[77]의 어진 자손에 이 사람이 있도다.
令蔭無窮垂業造　아름다운 음덕 끝없어 공업을 드리우도록
延年益復享來新　한 해 또 한 해 새해를 누리십시오.
鄕隣滿座詩傳品　자리 가득한 고을 인사들은 시를 짓고 선물을 전하고
遐祝登岡酒獻巡　산처럼 장수하시라[78] 크게 축수하고 잔을 드리네.
絃琴偕床蘭或在　거문고 가야금 함께 울리고 훌륭한 자식들 자리한 때는
天明二月百花辰　날씨 화창한 2월 백화 만발할 때이네.

---

76 【원주】: 대신해 지음.

77 죽노(竹老) : 죽헌(竹軒) 최항경(崔恒慶, 1560~1638)을 말한다. 본관 영천, 자 덕구(德久), 호 죽헌(竹軒)으로 한강의 문인이다. 1605년 증광시(增廣試) 3등으로 생원에 합격하여 제용감정(濟用監正)에 증직되었으며, 오암서원(鰲岩書院)에 제향되어 있다.

78 산처럼 장수하시라 : ≪시경(詩經)≫ <소아(小雅) 천보(天保)>에 "저 뫼부리처럼, 저 구릉처럼(如岡如陵)" 하는 식으로, 아홉 가지의 예를 들어 임금의 만수무강을 기원하는 이른바 '구여지축(九如之祝)'이 나온다.

성재집

제 2 권

족조 고헌 옹께 올림
上族祖顧軒翁

삼가 여쭙니다. 봄이 늦어가는데 덕체(德體)[1]는 근력이 줄지 않으셨는지요? 가까운 거리에서도 뵙지 못한 것은 정성이 부족한 것이 아니겠습니까? 마땅히 일찍이 문안 편지를 적어 충심(衷心)을 조금이라도 전하여야 할 것이었는데, 못난 공부를 핑계하면서 지금까지 미루었으니, 스스로 형편없음을 송구스럽게 생각합니다. 집안 사람에게도 이미 이러하였으니 영원히 당세의 군자들도 저와 함께하지 않을 것입니다. 그러므로 제가 사모하고 그리워하는 것은 안부를 여쭙는 것 이상이니, 더욱 깊고도 간절합니다.

저는 독서의 병폐가 거친 데 있음을 잘 알고 있습니다. 그러나 성품이 게으르고 재주는 부족한데 한결같이 대충하면서 간혹 맹렬하게 스스로 반성하고 힘써 노력하지만 어려운 부분에서는 곤란을 겪고 있습니다. 사서 읽기에 정미하고 무르익은 수준에 이르지 못하였는데도 망녕되게도 스스로 책을 묶어 넣어버리고 갑자기 ≪서경(書經)≫에 들어갔으니, 참으로 엽등(躐等)이라는 벗어날 수 없는 죄를 지었음을 잘 알겠습니다. 이 책은 삼대(三代)의 선왕이 바른 도(道)로써 다스림을 베푼 것인데, 선대의 성왕(聖王)께서 주고받은 치란흥망(治亂興亡)의 연유를 살피지 못하고 단지 문사(文辭)에만 마음을 치달려서 이해하기 어려워하던 중[2]에 헤매고 있으니, 흡사 주자

1 덕체(德體) : 서간문에서 기체후(氣體候)를 나타내는 용어의 일종으로, 덕망이 높은 존귀(尊貴)한 학자를 높여서 지칭하는 표현이다. 극존칭의 대상인 사부에게는 도체(道體)를, 연장자에게는 덕체(德體)를, 평교간에는 경체(經體)를, 아랫사람에게는 학리(學履)라고 각각 쓴다.

2 읽기 어려워하던 중 : 원문의 '길굴(佶屈)'은 길굴오아(佶屈聱牙)의 줄임말로, 글이 매우

[考亭]가 이른 바 '하남수주(河南數珠)'[3]와 같은 경우가 아니겠습니까? 이것이 두려울 뿐입니다. 근일에 ≪홍범(洪範)≫ 이하에 사색하여도 뜻이 통하지 않는 곳을 매일 뽑아서 기록하여 예닐곱 편 가운데 십여 조목을 얻었으니, 또한 일찍이 주부자의 풀이를 보고, 애매한 것을 면하고 단점을 보완되기를 바라는 것이 옳겠지만 이것으로 경전의 뜻을 질정한다고 말한다면 망녕된 것입니다. 이에 감히 적었으니 삼가 바라옵기는 조목에 따라 팔자(八字)로 열어젖히듯이[4] 분명하게 밝혀주신다면 어리석은 저에게 다행이겠습니다. 아직 읽지 못한 편들은 마땅히 이 글에 이어서 올리겠습니다.

의문점을 기록함 錄疑

(1) ≪홍범(洪範)≫의 '제내진노(帝乃震怒)'와 '천내사우(天乃錫禹)'에서, '제(帝)'라고 말하고 '천(天)'이라고도 말하니, 호문(互文)입니까? 진노하는 것은 곧 주재(主宰)로써 말하고, 내린다는 것은 이(理)로써 말한 것도 뜻이 있는 것입니까?

어려워 알기 힘들다는 뜻이다. 한유(韓愈)의 진학해(進學解)에 "주고(周誥) 은반(殷盤)이 길굴오아하다."란 말이 있다.

3 하남수주(河南數珠) : 글자에만 집중하고 대의를 놓치는 것을 이른 말이다. 하남(河南)은 정이(程頤)를 가리킨다. 정자가 말하기를 "군실이 항상 생각이 어지러움을 걱정해 더러는 밤중에 일어나 아침까지 자지 못했다고 하니 참으로 스스로 힘썼다고 하겠다. … 그러나 도리어 한 꾸러미의 구슬을 세는 것만 못하다. 밤이면 몸을 편히 하고 잠이 오면 눈을 감을 것이지 괴롭게 무엇을 생각하는지 알 수가 없다. 다만 마음으로 주를 삼지 못하기 때문이다(君實常患思慮紛亂 有時中夜而作 達朝不寐 可謂良自苦 … 却不如與一串數珠之愈也 夜以安身 睡則合眼 不知苦苦思量箇甚 只是不以心爲主)"라고 했다. 여기서 군실(君實)은 사마광(司馬光)이다. ≪심경부주(心經附註)≫ 권3 참조.

4 팔자로 열어젖히듯이 : 원문의 '팔자타개(八字打開)'는 팔자로 확 열은 것이며, 분명하게 해명하는 것이다. 주자가 유자징(劉子澄)에게 한 편지에, "성현이 팔자타개했거늘 사람이 스스로 깨닫지 못하고 오히려 밖으로만 허황하게 달린다.(聖人已是八字打開了 人自不領會 却向外狂走耳)" 하였다.

(2) 오행(五行) 구주(九疇) '금왈종혁(金曰從革)'의 소주(小註)에서 주자 말하기를, '종(從)'은 단련하여 만드는 것에 따르는 것이요, '혁(革)'은 또 혁신할 수 있어서 다른 것이 되는 것이라고 하였고, 또 말하기를, 은(銀)의 경우 두드려 하나의 잔이 되면 곧 이것이 종(從)이요 다시 별도로 하나의 가사(家事)가 되면 곧 이것이 혁(革)이라고 하였습니다. 그렇다면 금(金)이 혹은 종(從)이 되고 혹은 혁(革)이 되는 것은 사람에게 달려 있고 자연에 있지 않은 것입니다. 그런다면 이것은 수화목(水火木)이 아래로 적시고 위로 타올라, 굽거나 곧은 성질과는 같지 않은데, ≪채전(蔡傳)≫[5]에서는 모두 성(性)이라고 말하는 것은 무슨 뜻입니까?

(3) 오사(五事) 구주(九疇)에 '언왈종(言曰從)'이라 하고, 전(傳)에 '종(從)은 따른다'고 말하였습니다. 여쭙나니, 말은 반드시 순종으로서 주를 삼아야 한다는 것입니까? 이치를 따라 거스르지 않는다는 것을 말하는 것입니까?

(4) "밝음은 명철을 만들고, 총명함은 지모를 만든다(明作哲 聰作謀)"고 하였는데 지모(智謀)는 사려에서 나오는데 보고 듣는 것에 부속하니 무슨 뜻입니까?

(5) 황극(皇極) 구주(九疇) 가운데 "무릇 서민들이 사사로이 붕당을 짓는 일이 없고 지위에 있는 사람들이 아첨함이 없는 것은 임금이 표준이 되기

5 ≪채전(蔡傳)≫ : 채침(蔡沈)이 주석(註釋)한 ≪서전(書傳)≫. 채침은 남송(南宋)의 학자. 자(字)는 중묵(仲默). 주희(朱熹)에게 사사(師事)하였다. 평생(平生)을 구봉(九峰)에서 은거하였기 때문에 구봉 선생(九峰先生)이라 불려지고, 그 학파를 구봉 학파(九峰學派)라 일컬었다.

때문이다.(凡厥庶民無有淫朋 人無有比德 惟皇作極)"라고 하였으니, 일찍이 책읽기가 여기에 이르렀을 때 간간이 말하기를, "요임금이 법을 세움이 지극하지 않음이 없으면 음흉한 무리인 사흉(四凶)이 서민들 사이에도 있지 않을 것인데 하물며 조정에 서 있음은 왜인가?"라고 말하고, 답하여 말하기를, "이 한 구절은 곧 ≪맹자≫에서 이른바, 임금이 바르면 바르게 되지 않음이 없고, ≪대학≫에서 이른바 천하를 인(仁)으로 거느리면 백성이 그를 따른다는 뜻이다."라고 하였습니다. 만약 세상에서 종종 사람들이 자포자기(自暴自棄)하여 대덕군자(大德君子)의 가르침을 따르지 못하고 마침내 크게 미워하는 대악(大惡)[6]이 되고 만다면 성인도 어찌할 바를 알지 못할 것입니다. 이미 가까이 모시고 한 번으로 논할 수는 없는 일입니다만, 어떻게 하면 가르침 내려 주실 수 있을는지요?

(6) 홍범에, "내가 좋아하는 바가 덕이라고 말하거든 네가 그에게 복을 주노라(曰予攸好德 汝則錫之福)"[7]에 대하여, 전(傳)에는 '복(福)은 작록(爵祿)을 이른다'고 하였는데, 소주(小註)에서 주자는 '그들에게 주기를 선(善)으로써 한다.(與之以善)'라고 하였으니 마땅히 어느 설을 따라야 합니까? 한유의 글[8]에 이 구절 전체를 인용하여 결론을 지으면서 말하기를 '이것은 모두 선을 주는 말이다.(與善之辭)'라고 하였으니, 흡사 주자의 설과 일치합니다.

6 크게 미워하는 대악(大惡) : ≪서경≫ <강고(康誥)>에 "큰 죄악을 크게 미워하니, 하물며 불효하고 우애하지 않음에 있어서랴.(元惡大憝 矧惟不孝不友)"라고 하였다.

7 말하기를 …… 할 것이다. : ≪서경≫ <홍범>의 구오(九五)는 천하를 다스리는 아홉 가지 법칙 가운데 다섯 번째인 황극(皇極)을 말하며, "온화한 낯빛으로, 내가 좋아하는 바가 덕이라고 말하거든 네가 그에게 복을 주면 이 사람이 황극에 맞게 할 것이다.(而康而色 曰予攸好德 汝則錫之福 時人 斯其惟皇之極)"라고 하였다.

8 한유의 글 : 출전은 ≪당송팔대가문초≫ <후십구일복상서(後十九日復上書)>이다.

아마도 이 선(善) 자는 복(福) 자를 가리켜 말한 것이 아닌가 합니다.

(7) 가만히 생각건대 황극(皇極) 한 장은 곧 구주(九疇)의 핵심이며 원칙을 세우는 방법이니, 중요한 점은 인군(人君)의 일심(一心)일 뿐입니다. 그런데 지금 문장 내의 여러 조목을 보니 마음을 다스리는 것에 대하여 말하지 않고, 다만 남과 더불어 하는 것에 대하여 말하였으며, 용공(用功)을 설명한 곳은 적고, 공효(功效)를 설명한 곳은 많습니다. 어찌하여 그렇습니까?

(8) 계의(稽疑) 구주(九疇)에 '왈우(曰雨)'에서 '왈극(曰克)'까지에서 전(傳)에는 '역(驛)'은 '낙역불속(絡驛不屬)'[9]이라고 하였는데, 속(屬) 자의 의미가 무엇입니까?

(9) 서징(庶徵) 구주(九疇)에 '서민유성(庶民惟星)'에서 '즉이풍우(則以風雨)'까지 이 한 구절이 의심스럽습니다.

(10) 여오(旅獒)에 '유극상(惟克商)' 구절의 소주(小註)에 '장 씨가 말하기를, 상나라를 이기지 못한 상황이라면 왕은 반드시 이것을 받지 않았을 것이지만 이미 상나라를 이긴 상황에서 왕은 물리치지 않고 받았으니, 왕의 마음도 조금 느슨해진 것이다.'라고 하였습니다. 제가 살펴보건대, 무왕은 이때 이미 80여 세였으니, 대개 한 문제의 현명함으로도 오히려 천리마를 물리치는 것[10]이 의로운 일인 줄 알았는데, 하물며 대성(大聖)의 자질을 갖

9 낙역불속(絡驛不屬) : 연결이 끊어짐을 의미한다. 낙역(絡驛)은 낙역(絡繹)과 같은 말이다.
10 천리마를 물리치는 것 : 한(漢)나라 문제(文帝) 때 어떤 사람이 천리마를 바쳤더니, 문제가 말하기를, "앞에는 난기(鸞旗 : 천자의 기) 뒤에는 속거(屬車 : 천자의 부거(副車)가 있어

추고서, 마음이 하고 싶은 대로 해도 법도에 어긋나는 일이 없는 종심(從心, 70세)의 나이도 멀리 지난 분이 이렇게 여오(旅獒)[11]를 받았을 이치가 있겠습니까? 또한 성인은 천하를 다스리되 간섭하지 않는다고 한다면 상나라를 이겼기 때문에 갑자기 왕의 마음이 조금 느슨해졌을 것이라는 것은 참으로 마음에 수용되지 않습니다. 서산(西山)[12]이 이른바, '무왕이 처음에는 받지 않았는데, 소공이 미리 그것을 경계하였다'는 것은 참으로 잘못 논한 것입니까? 바로잡아 주시기 바랍니다.

(11) '왕내소덕(王乃昭德)'부터 '시용전친(時庸展親)'까지의 구절에서 위에는 덕치(德致)로써 말하고 아래는 보옥(寶玉)으로 말하였는데 또한 친소(親疏)를 나눌 수 있습니까? '완인상덕(玩人喪德)'에서 완(玩) 자는 친압(親狎)하다는 뜻으로 풀 수 있다면 아래 '완물상지(玩物喪志)'의 완(玩) 자와 같지 않습니까?

(12) 금등(金縢)에 대하여 혹자가 묻기를, "원손은 저처럼 재주가 많지 못하여 귀신을 제대로 모실 수 없습니다(元孫不若某多才多藝 不能事鬼神)라고 한 것은 주공의 말입니까?"라고 하니 혹자가 답하기를, "장남헌(張南軒)[13]이 금

서 매일 길행(吉行)은 50리, 사행(師行)은 30리를 가는데, 내가 천리마를 타고 홀로 어디로 갈 것인가?" 하고, 명령을 내려 천리마를 받지 못하게 하였다는 고사이다.

11 여오(旅獒) : 서려(西旅)에서 나는 개의 일종이다. 주 무왕(周武王) 때에 서융(西戎)인 여(旅)나라에서 주나라에 공물로 바친 큰 개를 말하는데, 태보(太保)의 직에 있던 소공(召公)이 그것을 좋아하지 말라고 간한 내용이 ≪서경≫ <여오>에 나온다.

12 서산(西山) : 진덕수(眞德秀, 1178~1235). 남송 때 학자이다. 자는 경원(景元) 또는 희원(希元)인데, 나중에 경희(景希)로 고쳤다. 호는 서산(西山), 시호는 문충(文忠)이며, 건녕부(建寧府) 포성(浦城) 출신이다. 주자학파(朱子學派)의 학자로, ≪대학연의(大學衍義)≫는 ≪대학장구(大學章句)≫에 비견한다는 평을 들었다. 경원당금(慶元黨禁) 이후 정주(程朱)의 이학(理學)이 다시 성행하는 데 공헌한 바 컸다.

등(金縢)의 일[14]은 있었지만 책축(冊祝)의 일은 잘못 전해진 것이다."라고 하였는데, 이 문답은 어떻습니까?

(13) '왕출교(王出郊)'의 소주(小註)에 주자가 말하기를, "만약 성왕이 끝내 깨닫지 못하였다면 주공은 모름지기 처신해야 할 바가 있을 것이다."라고 하였는데, 어떻게 처신하여야 하는지를 감히 여쭙니다.

(14) 대고(大誥)에 관숙(管叔)을 시켜 은(殷)나라를 감독하게 하였다고 하였는데 이것은 무왕의 일인데 맹자가 말하기를, '주공의 잘못은 또한 당연하지 않은가'라고 한 것은 무엇 때문입니까?

(15) '미령무도공(敉寧武圖功)'을 살펴보건대, 아래 글도 '미령왕대명(敉寧王大命)'이라 하였으니, 영왕(寧王)은 곧 무왕(武王)이라고 한다면, 혹시 이 글의 영무(寧武)도 영왕(寧王)이 아닙니까?

(16) 천자가 제후를 우방(友邦)이라고 부르는 것이 옳습니까?

---

13 장남헌(張南軒) : 장식(張栻, 1133~1180). 북송의 학자이다. 자는 경부(敬夫), 호는 남헌(南軒), 사천(四川) 광한(廣漢) 출신이다. 호굉(胡宏)의 학문을 이어받아 송나라 호상학파(湖湘學派)의 영수가 되었다. 주자는 장식의 학문이 높아 도저히 따라갈 수가 없다고 칭송하였으며, 유고집인 ≪남헌집(南軒集)≫을 편찬하였다. 남송(南宋) 이종(理宗) 때 화양백(華陽伯)에 봉하고 문묘에 종사하였다.

14 금등(金縢)의 일 : 금등(金縢)은 금띠로 봉함하여 비적(秘籍)을 간직한 궤. 무왕(武王)이 병이 들자 주공(周公)이 왕실(王室)이 편안하지 못하고 은(殷)나라 백성이 복종하지 않아 근본이 흔들리기 쉽다 하여 선조인 태왕(太王)·왕계(王季)·문왕(文王)에게 자기가 무왕 대신 죽기를 청하였는데, 무왕의 병이 곧 나았다. 이 축원한 말을 기록하고 그 일의 시말을 아울러 서술하여 1편을 만들어 금등의 궤 안에 간직하였는데, 이것이 ≪서경≫의 편명인 금등이다. ≪서경(書經)≫ <금등(金縢)>.

(17) '월여소자고익(越予小子考翼)'에서 여기 '소자(小子)'는 무왕(武王) 자신을 말하는 것이 아닙니까?

(18) '지금 하늘이 백성을 돕고 계시니 어찌 또한 점을 따라야 하겠는가(今天其相民 矧亦惟卜用)'에서 여기 복(卜) 자는 쓸데없는 말인 듯합니다.

(19) '내 어찌 자주 점쳐 볼 필요가 있겠으며 감히 따르지 않을 수가 있겠소(予曷其極卜 敢弗于從)'에 대하여 전(傳)에서는 '감히 점을 따르지 않고서 정벌하지 않는다'라고 풀었습니다. 저의 생각에는 아래 문장에 '솔녕인(率寧人)'에 연결하여 읽으면 좋을 듯합니다. 대의는 '내가 어찌 반드시 점을 모두 사용하여 그렇게 하겠는가? 대체로 따르지 않을 수 있겠는가? 이전의 영인(寧人)이 가리키는 것은 강토를 정한 공업(功業)인데, 하물며 지금 점이 또한 모두 이처럼 길함에서이랴!'라고 말합니다. 그런즉 위 문장 '어찌 옛날 영인(寧人)이 꾀하시던 일을 끝맺지 않을 수 있겠는가?(曷其不于前寧人圖功攸終)'라는 의미와 서로 비슷합니다. 만약 '감히 점을 따르지 않고 정벌하지 않는다'고 한다면 이 편(篇) 안에는 이러한 뜻을 가진 말이 없고 이 구절 위와 아래도 정벌하지 않는다는 말은 없는데, 어떠한지 모르겠습니다.

(20) '강고(康誥)'에서 미자(微子)와 강숙(康叔)은 동일하게 명을 내려 작위에 책봉하는데, 상편[미자지명]은 '명(命)'에 속하고 이 편[강고]은 '고(誥)'에 속하는데, 문체가 같지 않기 때문입니까?

(21) '애융은(殪戎殷)'에 대하여 전(傳)에서는 '대은(大殷)을 멸하게 하다(殪滅大殷)'이라고 하여 융(戎) 자를 대(大)로 풀었습니다. 그런즉 언해에 '융은

(戎殷)을 에(殪)케 ᄒᆞ야시늘'로 하지 않고 '은(殷)을 애융(殪戎)케 ᄒᆞ야시늘'로 한 것은 어찌해서입니까?

(22) '따로 구하여 옛 선왕의 일을 듣고(別求聞由古先哲王)'에는 '유고(由古)'라고 하고 '자고(自古)'라고 하지 않았습니다.

(23) '작신민(作新民)'에서 주자는 '스스로 새로워지는 백성을 진작한다(振起其自新之民)'라고 하였는데, 채침(蔡沈)[15]의 전에는 '백성을 진작하여 새롭게 한다(作新斯民)'고 하였으니 왜 그렇습니까?

(24) '적루미동(迪屢未同)'에서 위 문장에 이미 '교도하여 따르지 않음이 없다(罔迪不適)'라고 하였는데, 여기에 '교도함이 번거롭고 한결같지 않다(迪屢未同)'라고 말하는 것은 무엇 때문입니까?

(25) '고내덕(顧乃德, 너의 덕을 돌아보라)'은 곧 태갑(太甲)에서 이른바 '하늘의 밝은 명을 돌아보며 살핀다(顧諟天之明命)'이라는 것입니까?

(26) 주고(酒誥)의 '하늘이 명을 내리시어 우리 백성들에게 처음 술을 만들게 하신 것(惟天降命 肇我民)'에서 '술을 만들게 한 것은 하늘이 명을 내리

15 채침(蔡沈) : 1167~1230. 남송의 학자이다. 자는 중묵(仲默), 호는 구봉선생(九峰先生), 시호는 문정(文正)이다. 채원정(蔡元定)의 둘째 아들로, 젊어 가학을 이었고, 주희(朱熹)에게 배웠다. 아버지를 따라 도주(道州)로 유배를 갔다가 아버지가 죽은 뒤 구봉(九峰)에 은거하면서 주희의 명령으로 ≪상서(尙書)≫에 주를 달아, ≪서집전(書集傳)≫을 완성했다. ≪홍범황극(洪範皇極)≫, ≪채구봉서법(蔡九峰筮法)≫ 등을 남겼다. 명나라 헌종 때 숭안백(崇安伯)에 봉해졌다.

기 위한 것'이라고 하였는데 옳습니까? 그렇다면 우임금이 의적(儀狄)[16]을 멀리한 것은 왜입니까?

(27) '지보월원(祗保越怨, 주왕을 공경하고 보존하는 것이 원망을 받기에 이르렀다)'의 지(祗) 자는 무슨 뜻입니까?

16 의적(儀狄) : 우(禹) 임금 때에 술을 잘 빚었던 사람인데, 의적이 술을 만들어서 우 임금에게 바치자, 우 임금이 마셔 보고 이르기를 "후세(後世)에 반드시 술 때문에 나라를 망치는 자가 있을 것이다."라 하고, 마침내 의적을 멀리했다고 한다.

족조 고헌 옹께 올림

정축(丁丑, 1877, 성재 21세) 上族祖顧軒翁

겨울 날씨가 점차 추워지는데, 삼가 정양하시는 건강이 연일 만 가지로 좋으신지요? 구구한 저의 마음이 더욱 그립습니다. 족손(族孫)인 저는 부친의 병이 근래에 덧나서 속이 타고 눈물이 나는 마음을 형용하기 어렵습니다. 그러나 그것은 또한 사소한 일입니다. 저는 건강하지 못한 몸이 나태함에 일조하여 날마다 주어지는 학업에 잠심할 수 없으니 저의 고민을 어찌하겠습니까? 제가 거처하는 곳이 외지고 누추한데 서책도 구하기 어렵습니다. 우리 남명 부자(南冥夫子)의 도학 문장에 대해서는 일찍이 가언(嘉言)과 선행(善行)을 보지 못한 것이 저의 한입니다. 지금 들으니 유고(遺稿)가 서가에 있다고 하니, 바라기는 빌려주시어 한 번 받들어 보게 해 주신다면 백랑국(白狼國)[17] 사람이 중화(中華)의 언어를 듣는 것과 다름이 없을 것입니다.

17 백랑국(白狼國) : 한대(漢代)에 남서쪽에 있던 부족국가의 이름이다. 일설에는 돌궐의 시조로 풀이되기도 한다.

족조 고헌 옹께 올림

무인(戊寅, 1878, 성재 22세) 上族祖顧軒翁

어자(御者, 하인)의 말에 남쪽은 날이 춥고 길이 막혔다고 하니, 더욱 그리운 마음입니다. 알지 못하겠지만 행차가 돌아온 후 기력이 손상됨이 없으신지요? 저의 정성이 부족하여 다만 자리에 나아갈 길이 없는 것이 한스럽습니다. 빌려온 ≪남명집≫은 이미 돌려달라는 말씀이 있으셔서, 겨우 한 번 보고, 싸서 올려 보냅니다. 눈을 감고 생각해 보니, 꿈 속에서 '큰 도회지 이름난 성의 인물과 보화를 보는 듯'[18]하였는데, 까마득하여 기억할 수 없습니다. 다만 그 부록 가운데, 한 사람이 제멋대로 주장한 것은 붓을 대기를 어려워하지 않아서, 선생의 덕을 욕보이기에 알맞으니, 보는 사람의 유감이 없을 수 없습니다. 어찌하여 300년이 지나도 변함없이 이 지경에 이르렀습니까?

족손은 몸이 건강하지 못하여 약 먹는 것으로 일을 삼고 있습니다. 가까운 이웃의 아이들이 날마다 ≪논어[魯經]≫ ≪대학(大學)≫ ≪통사(通史)≫ 등의 책을 가지고 와서 함께 날을 보내고 있습니다만, 저 아이들은 모두 구두점을 떼는 정도의 배움이니 저에게 도움이 되는 것이 아닙니다. 몸 속에 가득한 의문은 누구에게 말하겠습니까? 양자운(楊子雲)[19]이 말하기를, "배우

18 큰 도회지 …… 보화를 보는 듯 : ≪남명집≫ <언행총록(言行總錄)>에, "대도시의 저자를 거닐면 금은 보배 등 없는 것이 없으나, 종일 그 가격만 흥정하다가 끝내 자기 집 물건으로 만들지 못하는 것보다, 한 필의 베를 팔아 한 마리의 고기라도 사 오는 것이 더 낫다. 오늘날의 학자는 성리설을 고담하기만 하여 자신에게 아무런 이익이 없으니 이와 무엇이 다르겠는가?"라는 대목을 가리킨다.

19 양자운(楊子雲) : 양웅(楊雄, B.C. 53~18). 중국 전한(前漢)의 유학자. 사마광(司馬光)은 그를 맹자, 순자도 어깨를 나란히 할 수 없는 대유(大儒)라 하였다. 역적 왕망 밑에서 대부

기를 힘쓰는 것은 스승에게 구하기를 힘쓰는 것보다 나은 것이 없다."라고 하였고 유자징(劉子澄)[20]이 말하기를, "경전이라는 스승은 만나기가 쉽지만 사람 스승은 만나기가 어렵다."라고 하였으니, 참으로 그렇습니다. 바라옵기는 때때로 글을 내려 주셔서 어리석은 저의 마음을 깨우쳐 주십시오.

벼슬을 하며 유흠(劉歆)의 죄에 연루되어 죽었다.

20 유자징(劉子澄) : 유청지(劉淸之, 1134~1190). 남송의 학자. 주자의 문인. 주자의 감수 아래 ≪소학(小學)≫을 편찬하였다.

외삼촌 농산 장선생[21]께 올림

기해(己亥, 1899, 성재 43세) 上內舅張農山先生

뵙고 가르침을 받들지 못한 것이 이미 오래되었습니다. 다만 늘 그리울 뿐만 아니라, 선생님 가르침의 힘[22]이 이미 다하고, 마음에 풀이 우거져 길이 막힐까 하는 근심[23]이 날로 깊어갑니다. 삼가 하늘이 높아지는 팔월에 선생님의 기후는 좋으신지요? 저는 학문은 잘 궁리하지 못하고 병은 완치하지 못하고 있으니, 시간은 빠르게 달려가고 뜻과 기개는 무너져서 결국에는 군자들에게 버림받고 소인으로 돌아갈 듯합니다.

도(道)가 있는 곳이면 고인은 백 년이 흘러가고 천 리가 떨어져도 멀다고

21 농산 장선생 : 장승택(張升澤, 1838~1916). 조선 말기 유학자. 자는 희백(羲伯)이고, 호는 농산(農山)이다. 본관은 인동(仁同)이다. 작자의 외삼촌이다. 정암(靜庵) 조광조(趙光祖)의 제자 죽정(竹亭) 장잠(張潛)의 후손으로, 부친은 장유량(張有良)이다. 사미헌(四未軒) 장복추(張福樞)의 문하에서 수학하였다. 함께 교유한 인물로 석우(石愚) 이석관(李碩瓘)·만성(晩醒) 박치복(朴致馥)·후산(后山) 허유(許愈)·유천(柳川) 이만규(李晩煃)·단계(端磎) 김인섭(金麟燮)·만구(晩求) 이종기(李種杞) 등이 있다. 조선 말기에 유학자로 사림들의 추중을 받았고, 1912년에는 뇌양정사(磊陽精舍)를 건립하여 후진 양성에 힘써 문하에 많은 제자들을 두었다. 저서로 ≪입농문답(笠農問答)≫·≪사례고증(四禮考證)≫·≪사유편(四維編)≫과 시문집 8권이 있다.

22 선생님 가르침의 힘 : 원문의 '오두지력(烏頭之力)'은 스승의 가르침을 비유적으로 이르는 말이다. 오두(烏頭)는 바곳의 덩이뿌리인데, 성질은 덥고 독성이 있는데 심복통(心腹痛)·치통(齒痛) 등의 치료제로 쓰인다. 뿌리의 모양이 까마귀 머리처럼 생겼다 하여 붙여진 이름이다. 토부자(土附子)·초오(草烏)·오훼(烏喙)라고도 한다. 사양좌(謝良佐)가 스승 정호(程顥)를 하직하고 돌아갈 때 말하기를 "우리들이 조석으로 선생을 따라 행실을 보면 배우고 말씀을 들으면 기억하였으니 비유하자면 사람이 오두(烏頭)를 복용하는 것과 같다. 그것을 복용할 때는 얼굴이 윤기가 나고 근력이 강성하지만 갑자기 오두의 힘이 없어지면 장차 어찌될 것인가." 하였다. ≪송원학안(宋元學案)≫ 권24 <상채학안(上蔡學案)>

23 마음에 풀이 우거져 길이 막힐까 하는 근심 : 원문의 '모색(茅塞)'은 길이 띠풀로 인하여 막힌다는 말로서, 마음이 욕심 등의 외물에 가려져서 어리석고 무지하게 됨을 비유하는 말이다.

여기지 않았는데, 하물며 지금은 한 자리에 붉은 깃발을 세우고[24] 끊어져서 밝히기 어려운 학문을 창도하여 세상에서 하늘과 사람을 담론하고 본성과 천명을 풀이하는 자에게 바른 가르침을 두고 의혹을 없애 줄 사람은 오직 우리 선생님이십니다. 그런데 저는 어쩌면 문장(門墻)[25]의 가르침 아래로 돌아가지 못할 듯하니 이것이 참으로 두려울 따름입니다.

선친의 유택(幽宅, 무덤)은 눈으로 보는 자라면 모두 선친의 넋이 편안하지 않을 것이라고 말하였지만, 집안에 사고가 연이어 일어나 십 수 년 동안이나 묘소를 옮길 경황이 없었습니다. 이에 장차 이번 달 25일 계묘(啓墓)하고, 27일 조부 선형 아래로 옮기기로 한 것은 참으로 어쩔 수 없는 일이었습니다. 그 일은 지극히 중요하니, 어떻게 하면 조심하고 삼가하여 유감이 없도록 하겠습니까?

오호라! 제 선친의 유광(幽光)과 잠덕(潛德)이 민몰(泯沒)되어 세상에 전해지지 않게 되는 것은 안 될 일입니다. 선친을 아는 사람은 우리 외삼촌과 같은 사람이 없습니다. 묘도비가 아직도 없는 것은 참으로 불초자의 죄이니, 지금 유골[玄和]을 다시 모시고 나오는 날에는 더욱 끝없는 서글픔을 이기지 못할 것입니다. 지금은 비록 묘소를 만들던 날에는 미칠 수 없지만 저

24 붉은 깃발을 세워 : 원문의 수적치(竪赤幟)는 스스로 어떤 분야에 일가를 이룬 것을 말한다. 한(漢)나라의 장수 한신(韓信)이 조(趙)나라를 치면서 조나라의 군사를 유인하여 성벽을 비우고 나와 싸우게 한 뒤에 재빠른 기병(騎兵)을 가려 성벽으로 달려 들어가 조나라의 깃발을 뽑고 한나라의 붉은 깃발을 세워 전쟁을 승리로 이끌었던 데서 유래하였다. ≪사기(史記)≫ 권92 <회음후열전(淮陰侯列傳)> 한편 소단적치(騷壇赤幟)란 말에는, 문단을 주도하는 문사(文士)를 군대의 장수가 세우는 붉은 기에 비겨 일컫는다. 영수(領袖) 또는 종장(宗匠)의 의미이다.

25 문장(門墻) : 스승의 문하를 말한다. 한(漢) 나라 때 양웅(揚雄)이 "어떤 자가 공자의 담장에 기대어 이단(異端)의 글을 읽고 있더라도 그를 안으로 끌어들이겠는가?"라는 혹자의 물음에 대하여 "그가 문장에 있으면 내쫓아 버리고, 오랑캐 땅에서 정도(正道)의 글을 읽고 있으면 끌어들일 것이다."라고 대답했던 데서, 문장((門墻)은 공자(孔子)의 문하를 가리키는 뜻으로 사용되었다. ≪양자법언(揚子法言)≫ <수신(修身)>

의 뜻은 감히 다른 곳으로 가지 않았습니다. 엎드려 바라옵건대 불쌍히 여겨주십시오.

전 달 초엿새 날 조카 종호(宗鎬)[26]가 득남을 했으니 4대 종사(宗嗣)를 전할 곳이 생겼습니다. 돌아가신 형님께서 이 손자를 기다린 지 오래되었습니다. 이 일로 축하함에 감회가 더하지 않을 수 없습니다. 개장할 때 의문 나는 점을 별지에 적어서 아룁니다.

별지 別紙

○ 혹자가 선영을 떠나서 다른 산으로 옮겨감에 조조(朝祖)[27]의 의례가 없을 수 없음에 대하여 물었는데, 신독재(愼獨齋)[28]가 말하기를, "예기에는 보이지 않지만 인정으로 보면 없을 수 없다."라고 하였습니다. [주 : 혹자가 말하기를, "만약 아버지의 묘소가 있으면 먼저 아버지의 묘소에 예를 행하고 할아버지의 묘는 뒤에 예를 행한다."라고 하였다.] 지금 다른 산에서 선영으로 가는데 어찌 옛 묘소에 고하는 예절이 없을 수 있겠습니까? 감히 고하는 글을 어떻게 하여야 합니까?

○ 구묘(舊墓)을 여는 것은 반드시 장례일 하루 전날에 할 필요가 없으

26 조카 종호(宗鎬) : 정종호(鄭宗鎬), 1875~1956. 본관은 청주(淸州), 자는 한조(漢朝), 호는 뇌헌(磊軒)이다. 아버지는 재설(在禼)로 작자의 조카이다. 1919년 3월 중순경 장석영(張錫英)이 쓴 파리장서를 윤상태에게 전달하였는데, 윤상태가 검거되자 같은 해 7월 31일 일경에게 체포되어 옥고를 치루었다. 1992년에 대통령표창을 추서 받았다.

27 조조(朝祖) : 조조전(朝祖奠). 장례 절차 중 영구가 장지로 떠나기 전에 마지막으로 사당에 올리는 제사이다.

28 신독재(愼獨齋) : 김집(金集, 1574~1656)의 호. 본관은 광산(光山). 자는 사강(士剛). 아버지는 김장생(金長生)과 함께 예학의 기본적 체계를 완비하였으며, 송시열(宋時烈)에게 학문을 전하여 기호학파 형성에 중요한 역할을 하였다.

니, 세속의 부류들은 흔히 토감(土龕)에 임시로 모시는데, 이것은 지극히 불편한 일입니다. 지금 빈소를 지키며 장례일을 기다리고자 하는데 옛 무덤 옆에서 합니까? 새로운 자리에서 합니까? 선조(先祖, 한강 정구)께서 말씀하시기를 "장사 지낼 때에 가서 묘를 열고 하루를 묵은 뒤 즉시 운구한다."[29] 라고 하였고, 풍속에서는 일가(日家, 풍수가)의 말을 믿고 이를 따르지 않습니다. 어찌 해야 하는지요?

○ 지난 겨울 외조부 면례(緬禮, 무덤을 옮겨 다시 지내는 장사) 때에 제가 늦게 가서 개관(改棺)의 절차를 직접 받들지 못한 것이 아직도 한스럽습니다. 대개 이러한 중요한 일은 평소에 경험이 있고, 성의가 지극하지 않으면 감히 쉽게 거동하지 못할 것입니다. 선조(先祖, 한강 정구)께서 말씀하시기를, "비록 백 세의 세월이 흘러 형체가 사라졌다고 하더라도 만약 정밀한 솜씨로 극도의 신중을 기한다면 털끝만큼도 차이가 없을 것이다."[30]라고 하였으며, 여헌(旅軒)[31] 선생이 말씀하시기를, "반드시 솜을 사용하여 수습하는 유골의 형태를 유지하도록 하여 그 차례가 흐트러지는 일이 없도록 한다."[32] 라고 하였습니다. 대체로 땅 속의 일은 미리 헤아릴 수 없는데, 물과 불에 닳아서 송장이 이미 그 차례를 상실하였다면 비록 정묘한 솜씨라도 장차

29 선조 …… 즉시 운구한다 : ≪한강집≫ 권6 <답배자장계장(答裵子章季章)>에 나오는 말이다.

30 비록 백 세의 …… 차이가 없을 것이다 : ≪한강집≫ 권7 <답임탁이(答任卓爾)>에 나오는 말이다.

31 여헌(旅軒) : 장현광(張顯光, 1554~1637)의 호. 경상북도 인동 출신. 본관은 인동(仁同). 자는 덕회(德晦), 호는 여헌(旅軒). 조선 중기 학자. 17세기 영남학파를 대표하는 유학자로 칭송이 높았다. 많은 남인계 학자들을 길러냈다.

32 반드시 …… 없도록 한다 : ≪여헌집≫ 권5 <답정역안별지(答鄭亦顔別紙)>에 나오는 말이다.

어떻게 조심한다고 차이가 나지 않겠습니까? 비록 솜을 사용하더라도 장차 어떻게 형태를 유지하여 흐트러지지 않겠습니까? 감히 가르침을 바랍니다.

○ 제물을 차리고 상식(上食)을 할 때에 자제에게 대신 드리게 하는데, 이것은 근거가 없는 듯합니다. 대체로 처음 장례를 지내기 전에는 얼굴이 몹시 더러워도 씻지 못하기 때문에 친히 드릴 수 없을 것입니다. 지금은 얼굴이 깨끗한데도 자제를 시켜 대신 드리면서 "오로지 초상의 예에 따라 한다."라고 하는 것은 어찌 말이 됩니까?

외삼촌 농산 장선생께 올림

병오(丙午, 1906, 성재 50세) 上內舅農山先生

지난 겨울 아림(娥林)[33]에서 돌아와 책상 위에 놓인 편지를 받았습니다. 곧 사촌이 가져와서 전한 것이었는데, 산상(山上)의 어수선한 자리에서 말씀을 하지 못한 것을 편지로 써서 주신 것은 이별할 때를 즈음하여 빠뜨릴 수 없으셨기 때문일 것입니다. 인편이 없어서 또 답장을 보내지 못하고, 새 달이 되고 다시 초승달이 떴으니, 저의 죄스러운 마음과 우러르는 마음이 교차합니다.

이즈음에 종구씨(從舅氏, 5촌 외당숙)께서 다녀가심에, 삼가 선생님의 안부가 좋으시다는 것을 알았습니다. 일본[天和]의 겁략(劫掠)이 근심스러운 때 학업은 이미 시운(時運)에 부쳤습니다만 함형(咸兄)[34]이 당한 일은 또한 심한 점이 있습니다. 듣고는 저도 모르게 두려워 기운이 꺾이었습니다.

저는 가는 세월을 아쉬워 하지만 세월은 더욱 멀리 달아나고 병을 돌보지만 병은 더욱 깊어갑니다. 배움은 이르지 못한데 육신은 시들어 떨어지니 저 자신을 불쌍히 여기기에도 부족합니다. 윤리강상이 끊어지고 종묘사직이 장차 황폐해져 가는 때에 이르러, 초야에 사는 몸으로서 피를 뒤집어쓰고 눈물을 삼키며[35] 싸우지 않는 것도 안 되는 일인데, 가장 통탄스러운

33 아림(娥林) : 경상남도 거창군의 다른 이름이다.

34 함형(咸兄) : 상대방에게는 조카이며, 자신에게는 형의 관계에 있는 사람을 지칭한 말이다.

35 피를 뒤집어쓰고 눈물을 삼키며 : 원문의 '매혈음읍(沫血飮泣)'은 얼굴에 피범벅이 되고 눈물을 삼킨다는 뜻이다. 전한(前漢) 때 이릉(李陵)이 흉노(匈奴)에게 포위되어 많은 군대가 죽고 화살도 다 떨어지자 피눈물을 흘리며 적진으로 들어가 사투한 고사에서 나온 말이다. ≪한서(漢書)≫ 권6 <제왕기(武帝紀)>

것은 근세의 어떤 인사들은 겉으로는 존화양이(尊華攘夷)[36]의 명분을 내세우면서 종종 그들 자제는 서양의 학문[37]을 하게 하여 자신을 온전히 하는 계책으로 삼으니, 그 죄악을 따지면 어찌 모두 읍사오적의 아래에 있겠습니까?

지난 번 문후드리러 나아갔을 때, 당연히 책망을 듣지 않음이 없었지만 변함없이 여기까지 온 것은 본래 저의 게으른 습관 때문이기도 하고 지금까지 더욱 인사(人事)에 뜻이 없었던 까닭이었습니다. 일[事]과 도(道)에 구별이 있으니, 일은 없앨 수 있지만 도는 닦지 않을 수 없습니다. 나아가 뵙는 것은 곧 도이며 일이 아니니 어찌 끝내 깜깜할 수 있겠습니까? 장차 봄에 찾아뵐 생각인데, 그것이 만약 종과 말[38]의 유무에 달려 있다면 도(道)는 도리어 일이 되어 저를 구속하게 될 것이니 어찌하겠습니까?

---

36 존화양이(尊華攘夷) : 중화(中華)를 높이고 이적(夷狄)을 배척한다.

37 서양의 학문 : 원문 '격설지학(鴃舌之學)'에서 격설(鴃舌)은 본래 남만격설(南蠻鴃舌)이라고도 하는데 남쪽 오랑캐가 지껄이는 까치의 혀놀림이라는 뜻으로 맹자(孟子)의 등문공상(滕文公上)에서 비롯된 말이다. 본문에서는 알아 들을 수 없는 외국인의 말과 그 학문을 의미한다.

38 종과 말 : 원문의 '지제(指蹄)'는 종과 말을 의미하는 용어이다.

권승지인□ 밀양인국 정언인□ 감역 여러 어른께

갑신(甲申, 1884, 성재 28세) 與權承旨仁□ 密陽仁國 正言仁□ 監役僉丈

제[재기]가 재배하고 말씀 올립니다. 선비 숙부인께서 갑자기 자식 곁을 떠나셨다는 부음을 받잡고 놀라고 두려운 마음을 어찌 다시 말하겠습니까? 제가 보았던 바, 타고나신 덕성이 뛰어나고 두터우며 기운은 온화하셨으며, 노년(癃年)에도 병으로 이부자리에 눕지 않으셨습니다. 게다가 여러 효성스러운 아드님께서 온갖 방법으로[39] 정성을 다하여, 선(善)과 녹(祿)으로 사랑스럽고도 기쁘게 4년 간 전성(專城)의 봉양[40]을 드렸으니 다만 몸만 받드는 봉양[41]이 아니었습니다. 이번 봄에 밀부[密府, 밀양]에 갔을 때 더욱이 기력이 강녕하신 것을 보고 신령과 하늘이 도우셔서 길이 장수하실 줄 알았는데, 구순을 넘지 못하시고 병[42]이 들어 돌아가셨다는 부고가 갑자기 관사(館舍)에서 전해질 줄을 어찌 알았겠습니까? 애통하고 애통합니다. 객지에서 부모의 상[43]을 당하였으니 더욱더 슬픔을 감당하고 견딜 수 있겠습

39 온갖 방법으로 : 원문의 무방(無方)은 '취양무방(就養無方)'에서 따온 말로서, 어버이 곁을 떠나지 않고 봉양하는 효자의 도리를 말한다. 어버이를 섬길 때에는 "좌우에서 가까이 모시면서 못하는 일이 없이 잘 봉양해야 한다.(左右就養無方)"라는 말이 ≪예기≫ <단궁(檀弓) 상>에 나온다.

40 전성(專城)의 봉양 : 고을 수령이 되어 녹봉으로 부모를 봉양하는 것을 전성지양(專城之養)이라 하여 매우 영화롭게 여겼다.

41 몸만 받드는 봉양 : 구체지양(口體之養). 어버이의 뜻을 받들어 봉양하는 양지(養志)의 효도와 상대되는 말로, 의식을 풍족하게 하는 등 육신만을 위해서 봉양하는 것을 말하는데, ≪맹자≫ <이루(離婁) 상>에 나온다.

42 병 : 원문의 '이수(二竪)'는 고칠 수 없는 중한 병을 말한다. 춘추 시대 진 경공(晉景公)이 병들었을 때, 두 아이[二豎子]가 고황(膏肓 : 심장과 격막의 사이)으로 들어가는 꿈을 꾸었는데, 그 후 의원을 데려왔으나 의원은 병이 고황에 들어 고칠 수 없다고 하였다. ≪좌전(左傳)≫ 성공(成公) 10년.

니까?

생각건대 장례[44]는 이미 마치고 영구를 모시고 고향으로 돌아가셨을 듯합니다. 모든 절차에 정성을 다하셨을 것이지만 유감이 없을 수 있겠습니까? 지금의 기력은 문안을 여쭙지도 못하였는데 세 분 상주[哀丈]께서 천 리 길에 종을 보내 주셨으니, 그 정리는 더욱 지극하여 끝이 없습니다. 죽은 사람 때문에 산 사람이 상하는 데에 이르지 않아야 하니,[45] 삼가 바라옵기는 억지로라도 미음과 죽[饘粥][46]을 드셔서 선왕의 예를 따르십시오.

저는 외람되게도 생관(甥館, 사위)이 되어 특별히 사랑을 받았는데 근년에는 제가 병으로 칩거하느라 비록 찾아뵙지 못하였지만 구구한 저의 정성은 지금까지도 그치지 않는다고 말할 수 있습니다. 자상한 가르침을 어느 곳에서 다시 받들겠습니까? 삼가 주검이 이 세상에 계신 날에 나아가 조문함으로써 돌아가신 분의 꾸중을 면하기를 바라지만 상중(喪中)에 있는 제가 또한 그 정성을 이룰 수 있을지는 모르겠습니다. 엎드려 바라옵건대 살펴 주십시오.

---

43 부모의 상 : 원문의 '거창(巨創)'은 부모의 상을 말한다.

44 장례 : 원문에는 '초종(初終)'은 본래 상례의 첫 절차를 뜻하였으나, 후대로 내려오면서 운명할 때부터 졸곡(卒哭)까지의 상례절차를 뜻하게 되었다. 본래 의미의 초종의 종(終)은 단궁(檀弓 : 예기의 편명)에서 "군자는 마침이 있다(君子有終)."는 데서 따온 말로 초종은 곧 처음 죽었을 때를 뜻한다. 그러나 후대에 쓰이는 초종은 처음[初]과 끝[終]을 뜻하는 것으로 일정한 상례절차의 시종을 뜻한다.

45 죽은 사람 …… 이르지 않아야 하니 : ≪예기(禮記)≫ <상복사제(喪服四制)>에 "상중(喪中)에 슬픔으로 몸을 손상할지라도 목숨을 잃는 데 이르지 않도록 하니, 이는 죽은 사람 때문에 산 사람을 해치지는 않기 위해서이다.(毁不滅性 不以死傷生也)" 하였다.

46 미음과 죽[饘粥] : 상중에 먹는 거친 음식을 이른 말이다. 목공(穆公)의 어머니가 죽자, 목공이 사람을 보내어 증자(曾子)에게 묻기를, "어떻게 해야 하는가?" 하니, 증자가 답하기를, "제가 아버지에게 듣건대, '곡읍(哭泣)으로 슬픔을 나타내고, 자최와 참최의 상복(喪服)으로 정을 나타내고, 전죽(饘粥)만 먹으면서 지낸다. 이것은 천자로부터 백성들에게 이르기까지 공통된 것이다.' 하였습니다." 하였다. - 예기 단궁 상 -

권 밀양 어르신께 드림

신사(辛巳, 1881, 성재 25세) 與權密陽丈

난봉(鸞鳳)이 가시숲에 깃들고 우도(牛刀)가 닭 잡는 주방에 있으니 이것은 곧 현철(賢哲)의 불우요 사우(士友)들이 탄식하는 것입니다. 그런즉 제가 구구하게 어르신을 위하여 축하드리는 것은 무엇 때문이겠습니까? 강절(江浙)[47]은 먼 지방이지만 매공(梅公)[48]은 노모를 모실 수 있었으므로 영광스럽게 여겼고, 회양(淮陽)은 작은 군이지만 안씨(顔氏)[49]는 집이 가까웠으므로 편하게 여겼습니다. 두 가지 경우는 고인이 사양하지 않는 것인데, 하물며 지금의 지방 수령직[50]은 두 가지를 함께 겸한 데이겠습니까? 진퇴(進退)와 고하(高下)는 군자가 마음을 쓰지 않는 것입니다. 현(縣)으로 가는 길에 먼저 여러 해 뵙지 못한 부모님을 뵈었다고 하시니 그 즐거움을 알 만합니다.

그리고 새로 부임하여 공무로 골머리를 앓지 않습니까? 정무를 시행함에는 너그럽고 온화해야 하니 아래 사람의 마음을 얻지 못하고 윗사람을 잘 섬기는 사람은 없습니다. 남쪽 지방 사람들은 기질이 유약하니 여유있게 하여야 하고 급하게 해서는 안 됩니다. 그리고 사랑으로 하여야 하며 위세로 해서는 안 됩니다. 예(禮)로써 인도하고 덕(德)으로 너그럽게 하여 외

---

47 강절(江浙) : 중국 강소성(江蘇省)과 절강성(浙江省)이다.

48 매공(梅公) : 매요신(梅堯臣, 1002~1060) 중국 송(宋) 나라의 대표적 시인·문신. 당시(唐詩)의 섬세하고 교묘한 폐풍을 버리고 고문운동(古文運動)과 관련된 시 형식을 개척하여 새로운 송시(宋詩)의 개조(開祖)가 되었다.

49 안씨(顔氏) : 미상.

50 지방 수령직 : 원문의 '일휘(一麾)'는 진(晉)나라 완함(阮咸)이 한 번 배척을 당해 수령으로 나갔다는 '일휘출수(一麾出守)'의 준말로, 외방의 관원을 가리키는 말이다. ≪문선(文選)≫ 권21 <오군영(五君咏) 완시평(阮始平)>

진 고을 여윈 백성들이 점잖은 군자의 교화를 입게 된다면 저 탐욕스러운 아전들도 덕을 본받으려 하지 않음이 없을 것이니 그 은혜가 또한 멀리 미치지 않겠습니까? 지금 사설(邪說)이 불처럼 일어나고 고속(古俗)이 무너짐을 보건대, 더욱 올바르게 거느리지 않을 수 없을 것입니다. 깊이 사랑하시는 마음을 믿고 감히 저의 마음을 아뢰니, 참람함을 감당하지 못하겠습니다.

권 밀양 어르신께 드림①

계미(癸未, 1883, 성재 27세) 與權密陽丈

인편이 있어도 문후 편지를 드리지 않는 것은 인정(人情)이 아니고, 위문할 것이 없는데 먼저 편지글을 보내는 것도 예(禮)가 아닙니다. 예(禮)는 인정보다 중요하지만, 인정이 있는 곳이라면 예는 때때로 얽매이지 않는 경우가 있습니다. 그런즉 이 편지글을 참으로 모든 다른 친구들에게 보내지 않고 어르신께 감히 보내는 것은 제가 받은 사랑이 깊기 때문입니다. 글을 씀에 예서(禮書)의 투식을 지킬 필요가 없이, 한편 그간 겁란(刦亂)을 겪은 사정을 말하고, 한편 그간 그리워하는 마음을 전할 뿐입니다.

저는 일찍이 고자(孤子)가 되어 남은 인생에 믿는 것은 오직 어머니였는데, 지금은 어디 가서 어머니를 뵙겠습니까? 밤이면 꿈속에서, 낮이면 갱장(羹墻)[51]에서 그리워하며 어찌할 줄 몰라 아득한 하늘만 바라보고 있으니, 이것이 무슨 사람이겠습니까? 또 돌림병이 불길처럼 퍼져 가는데, 이때 집의 형님[52]이 새로 중한 병에 걸렸습니다. 장례[初終][53]가 겨우 끝났는데, 부여잡고 가슴을 치며 슬퍼하는 것도 예법대로 하지 못하였고, 큰소리로 울부짖으며 슬퍼하는 것도 저의 마음처럼 못하였으면서, 오직 내가 죽을까봐 두려워서 동서로 피해 다니며 살기를 도모하였습니다. 그래서 하늘이 그렇

---

51 갱장(羹墻) : 죽은 사람에 대한 간절한 추모의 정을 말한다. 요(堯) 임금이 죽은 뒤에 순(舜)이 3년 동안 사모하는 정을 이기지 못한 나머지, 밥을 먹을 때에는 요 임금의 얼굴이 국그릇 속[羹中]에 비치는 듯하고, 앉아 있을 때에는 담장[墻]에 요 임금의 그림자가 어른거리는 듯했다는 고사가 있다. ≪후한서(後漢書)≫ 권63 <이두열전(李杜列傳)>

52 집의 형님 : 재설(在卨, 1854~1896) 자는 은노(殷老), 호는 노하(老下)이다.

53 장례[初終] : 운명할 때부터 졸곡(卒哭)까지의 상례절차를 뜻한다.

게 완악하고 모진 저를 미워하여 필경에는 이십여 일이나 저승문에 출입하면서 거의 죽을 지경에 이르렀습니다. 집의 형님이 온갖 노력을 다하여 보살펴 주신 덕에 모진 목숨이 예전처럼 먹고 쉴 수 있도록 하였으니, 천지 사이에 이것이 과연 사람의 자식이겠습니까? 시간은 흘러서 문득 장례 날이 다가와 황황한 저의 아픈 마음을 고할 곳이 없습니다. 산소 자리는 가까운 곳에 났지만 장례 날 소란이 없지 않았을 것이니, 또한 후환이 있을까 하여 이것이 슬픈 중에 저의 절박한 고민일 따름입니다.

권 밀양 어르신께 드림②

계미(癸未, 1883, 성재 27세) 與權密陽丈

부(富)를 사양하고 가난하게 사는 것은 군자가 녹을 받고 벼슬하는 도리입니다. 참으로 그렇지만 가까운 곳을 버리고 부모님으로부터 그렇게 멀리 떠나서 부모님을 보살피지 못하시니 어찌하겠습니까? 진퇴(進退)가 의(義)에 맞으면 비록 계속 부모님을 모시지 못하더라도 이것이 어찌 양지(養志)하는 큰 효가 아니겠습니까? 또 관동[江關]은 산수가 맑고 아름다우며 누각이 장엄하고 수려하니, 생각건대 공무를 처리하는 여가에 어자(御者)를 부려 사선봉(四仙峯)[54]과 삼일포(三日浦)[55]에서 소요하실 것이니, 그 한가로운 정취와 맑고 시원스러운 심정은 속된 관리들이 바랄 수 있는 것이 아닐 것입니다. 기운이 어찌 건강하고 편안하지 않을 수 있겠습니까. 아드님[胤兄][56]은 묘년(妙年, 20세)에 매우 훌륭하고 또한 그 문사(文辭)가 장하다고 할 만합니다.

---

54 사선봉(四仙峯) : 강원도 통천군 통천읍 총석정에 있는 산. 옛날 네 신선이 내려와 놀았다는 전설에서 비롯된 지명이다. 영랑봉, 술랑봉, 안상봉, 남석봉 등 네 봉우리가 나란히 솟아 있다.

55 삼일포(三日浦) : 강원도 고성군 삼일포리에 있는 호수이다.

56 아드님 : 원문의 '윤형(允兄)'은 상대방의 아들이며, 정재기에게는 형의 관계이다.

권 밀양 어르신께 드림
與權密陽丈

나아가 뵌 지가 이미 기억이 나지 않는데, 아이가 돌아온 지 또 한 해가 지났습니다. 우러러 그리워하는 마음이 간절하지 않은 것도 아닌데 어찌하다가 소식 막힌 것이 지금까지 이르렀습니다. 참척(慘慽)한 일[57]을 당하였는데 문상하지 못한 것은 인정(人情)이 아니지만 이미 지난 일이 되었습니다. 그러나 상욱(庠彧)[58]이 젊어서 아깝게 죽은 일에 대하여, 제가 지금 조모님과 모친께서 병중에 계시지만, 도량이 깊고 장래가 기대되는 군(君)의 불행에 대하여 오히려 한 마디 말이 없었으니, 애통한 마음으로 말하자면 어찌 인정이라고 하겠습니까? 비록 도량이 넓으시고 너그러우신 어르신께는 내침을 당하지는 않았지만 아드님은 곧 저를 가까이 할 수 없다 하고 관계를 끊을 것 같아서 다만 혼자 두려워 땀이 납니다.

뜻도 무너지고 몸도 늙은 제가 세상에 다시 희망을 두지 않지만, 세상도 끝이 났습니다. 신학문이 불일듯하고 옛 도학은 망했으니 어느 겨를에 제 한 몸을 걱정하겠습니까? 아이들은 아직 탈이 없지만 집사람은 내내 병으로 신음하고 있습니다. 막내 아이는 아직 혼처가 정해지지 않은 것도 하나의 고민거리입니다.

---

57 참척(慘慽)한 일 : 아들이나 딸이 부모보다 먼저 죽음을 이르는 말이다.

58 상욱(庠彧) : 성관균에 들어간 상대방의 아들을 이르는 말이다.

권 정언 어르신께 드림

신사(辛巳, 1881, 성재 25세) 與權正言丈

천 리 밖에서 그리워하는 마음이 평소보다 더욱 간절하지만 사는 곳이 멀어서 소식을 전하기가 어렵습니다. 편지 한 장으로 문후를 여쭙는 것을 대신하면서 성심을 다했다고 할 수 없겠지만 저의 마음이야 어찌 그렇겠습니까? 삼가 5월[榴夏] 객지에서 지내시는 어르신의 안부는 좋으시며, 고향 소식은 종종 듣고 계시는지요? 어르신의 백씨께서 홍문관의 관직[59]에 오르시니 참으로 모두 축하할 일입니다. 여러 번 실패한 끝에 이렇게 한 번 펴졌으니 앞날을 위하여 더욱 축하드립니다.

저는 모친의 건강이 늘 탈이 많고 아들과 조카들은 아직 천연두를 지나지 않았으니 위로나 아래로나 몹시 고민입니다. 다만 저의 병은 심해지지 않았습니다만 학업은 모두 중단하였으니 어찌합니까? 지금은 마흔 첩이나 되는 약을 복용하고 있을 뿐입니다. 상소 올리는 일은, 네 번이나 복합상소(伏閤上疏)[60]를 올렸다고 하니, 이것은 대의(大義)을 잡고 이전의 잘못을 고치는 일이라고 할 수 있습니다. 그러나 천의(天意)가 무엇이며 시운(時運)이 무엇이겠습니까? 다만 크게 탄식할 따름입니다.

59 홍문관의 관직 : 홍문관의 별칭이 영각(瀛閣)이니, 원문의 '등영(登瀛)'은 홍문관의 관직에 올랐다는 말이다.

60 복합상소(伏閤上疏) : 나라에 큰 일이 있을 적에 조신(朝臣) 또는 유생(儒生)이 대궐 문 밖에 이르러 상소하고 엎드려 청하는 일을 이른다.

이효산[61] 어르신께 답함

병신(丙申, 1896, 성재 40세) 答李曉山丈

천 리 거리에도 안부를 묻고 아래로 상대하여 주신 것도 고마운데 하물며 어르신의 편지를 받았음에랴. 삼가 읽고 또 읽으니 마치 면전에서 뵙는 듯하였습니다. 지난 번 받은 관직은 옛날의 은전(恩典)에서 나온 것이었으니, 전날 길에서 떠돌던 말들은 과연 진실이 아니며, 군자가 출처를 바르게 하는 것이 좋을 때나 나쁠 때나 한결같았음을 비로소 알겠습니다. 감히 하례드리지 않겠습니까?

지금 종묘사직이 위태롭고 윤리강상이 추락한 것을 보건대, 만약 제가 벼슬자리에 있으면서 강상을 세우고 세상을 널리 구하는 도를 생각하지 않는다면, 이것이 어찌 사우(士友)들이 바라는 것이며 어르신께서 스스로 기약하는 것이겠습니까? 말이 참람(僭濫)함을 넘었으니 도리어 송구합니다. 이 꽃피는 시절에 관직을 지키시는 체력은 건강하시며, 고향 소식을 종종 들으시면서 멀리서 그리워하는 마음에 위안을 삼고 계신지요?

저는 집안의 운세가 크게 막혀, 지난 달에는 숙부님이 세상을 떠나심에, 외롭게 남은 제가 또한 부모를 대신하여 섬기던 분을 잃었으니, 저의 통한을 누를 길이 없습니다. 돌림병[村警]이 크게 퍼져 들판의 불길처럼 번져서 집 전체가 이웃 마을로 피해 가고, 아이들은 책을 싸서 산사로 옮겨 가는 등, 위급한 상황을 다 말씀드리기가 어렵습니다. 그러나 지금은 조금 안정

61 이효산 : 이수형(李壽瀅, 1837~1908), 자는 사징(士澄), 호는 효산(曉山), 본관은 재령(載寧)이다. 경상남도 함안(咸安) 출신이다. 벼슬은 순릉 참봉(順陵參奉)이었다. 저서로는 ≪효산집≫이 있다.

이 되어 며칠 내로 거두어 돌아갈 계획입니다.

의병 격문은 사방에서 일어나 수령이 피살당하는 것이 잦고, 군사들은 흩어지고 성읍이 무너지는 일이 계속 일어납니다. 고을의 상황은 날로 두려움이 심해지는데, 자신은 바위굴에 살면서 저의 머리카락을 보존하고 저의 의복을 지키는 것을 어떻게 다행으로만 여길 수 있겠습니까? 둘째 아드님이 머지않아 부모님을 뵈러 간다고 들었으니, 어찌 멀리서 답장을 쓰는 일에 정성과 진심을 다하지 않겠습니까?

이봉우[62] 어르신께 드림

갑신(甲申, 1896, 성재 40세) 與李丈(鳳宇)

두 가문의 사이에 불화가 여러 번 겹쳤지만 10세의 우의는 마침내 잘 보존되었습니다. 회연(檜淵)에서 뵈었을 때, 충분히 말씀드리지 않은 것은 아니었지만 저의 마음에는 위로가 되지 못하였습니다. 알지 못하겠지만 당일 초저녁에 행차를 돌려 가셨으니, 곤란함은 없으셨는지요? 그 후 추위가 갑자기 심하여졌는데 몸 건강은 탈이 없으신지요?

저는 몸은 세상에 있지만 세상에 뜻이 없어진 지 오래되었습니다. 아버님을 여의고 남은 인생에 기댈 곳은 오직 형님[63]이었는데 형님도 이제 계시지 않아 어떻게 살아갈까 싶어 한밤까지 방황하니, 창자가 끊어지고 가슴이 막힙니다. 장례 기간은 형편이 겨울을 넘기기 어려운데, 추위가 이렇게 극심하고, 아직 묫자리를 구하지 못하고 있으니 어찌합니까? 이러한 때에 저는 병든 몸을 돌아보지 못하여 묵은 병과 감기가 안팎으로 번갈아 괴롭혀서, 밥도 제대로 먹지 못하고 잠도 편안하게 자지 못합니다. 대사가 눈앞에 있는데 어떻게 하면 잘 지나갈 수 있겠습니까?

62 이봉우 : 이봉우(李鳳宇, 1843~?), 본관 전주(全州), 자 응길(應吉), 호 농은(農隱), 고령(高靈)에 살았다. 향리에 은거하면서 마음과 힘을 다하여 친족을 다스려 고을사람들이 존경하였다. 농은 처사(農隱處士)라 불렸다.

63 형님 : 정재설(정在卨, 1854~1896), 자는 은노(殷老), 호는 노하(老下)이다.

이봉우 어르신께 답함

정유(丁酉, 1897, 성재 41세) 答李丈(鳳宇)

여러 곳에서 보내 온 통문이 하나 둘이 아닌데, 읽어보면 내용이 패려하고 비루하여 읽어볼 만한 것이 못됩니다. 또 저의 서안에 묵혀 두면 비난이 있을까 걱정스러워 진즉에 고지기에게 내어주었습니다. 지금 어르신의 편지를 받으니 도리어 송구합니다. 고령 통문은 지금 향교에 있다고 하고, 세밑에 보낸 회연의 통문은 또 어디에 있는지 알지 못하며, 또 합천에서 온 통문은 듣자니 어르신께 있다고 하는데 그렇습니까?

대저 우리 유림의 시비는 공의(公議)에 부치는 것이 옳은데, 전후의 통문은 말이 매우 거칠고 경솔할 뿐만 아니라 의미도 닿지 않는 것이 많습니다. 그것이 과연 공의에서 나왔는지 모르겠습니다. 다산(茶山)의 글과 사숙(社塾)의 글에는 이미 우리 고을의 정한 뜻이 있으니 어찌 반드시 그 글에 가감하여 초록을 어지럽히겠습니까? 고을의 명단도 반드시 공의(公議)가 있어야 하는데, 우리 문중만 어찌 홀로 그렇지 않겠습니까?

최칠호시교[64] 어르신께 드림

정유(丁酉, 1897, 성재 41세) 與崔漆滸時教

아드님이 죽었으니 그 슬픔을 어찌 차마 말하겠습니까! 어질고 선한 자가 반드시 장수하지는 못한 경우와 부모가 자식을 잃는 참변을 만나는 경우[65]는 예로부터 어찌 한정이 있겠습니까. 그러나 그런 일을 당한 사람은 마치 자기 홀로 그런 것 같고, 위로의 말을 하는 자는 위로할 말이 없습니다. 하물며 아드님은 사우(士友)들의 큰 촉망을 받았고 귀 문중의 훌륭한 자손[66]인데, 겨우 중년의 몸으로 갑자기 이렇게 되고 말았으니 원통하고도 애석합니다. 평소에 수양한 것은 반듯하였고 이치를 살핌에도 밝았습니다. 엎지른 물은 담을 수 없다는 것을 알지 못하는 것은 아니지만 가슴에 박힌 대못은 사라지지 않고 오래된 심화(心火)는 꺼지지 않고 타오를 것이니, 여든 나이[大耋]의 근력을 어떻게 온전히 보존할 수 있겠습니까? 모름지기 더

64 최칠호(시교) : 최시교(崔時教, 1844~1918), 본관 경주(慶州), 자 자순(子順), 호 칠호(漆滸), 최흥원(崔興遠)의 후손으로 옻골에 살았다. 1908년 대구 금연상채회(禁煙償債會)에 가입하여 국채보상운동을 전개하였다. 작자의 고모가 옻골의 최문교(崔文教)와 혼인하면서 자연스럽게 교유하게 되었다.

65 부모가 자식을 잃는 참변을 만나는 경우 : 원문의 '지자(止慈)'는 부모의 자식에 대한 사랑을 일컫는 말로써, ≪대학장구≫ 전 3장에 "≪시경≫에 이르기를 '심원하도다, 우리 문왕이시여. 아, 실로 계속해서 공경하는 덕을 밝히셨나니.' 하였으니, 문왕께서는, 임금이 되어서는 인에 그치고, 신하가 되어서는 공경에 그치고, 자식이 되어서는 효에 그치고, 아버지가 되어서는 인자함에 그치고, 나라 사람들과 사귈 때는 신에 그치셨다.(詩云 穆穆文王 於緝熙敬止 爲人君止於仁 爲人臣止於敬 爲人子止於孝 爲人父止於慈 與國人交止於信)"라고 한 데서 온 말이다.

66 훌륭한 자손 : 원문의 '유성(維城)'은 ≪시경(詩經)≫ <대아(大雅)>에 나오는 "임금님의 일가는 나라의 기둥이며(大宗維翰), 임금님의 자손은 성(城)이 된다.(宗子維城)"는 데서 유래된 말로, 왕족(王族)을 가리킨다. 여기서는 훌륭한 자손을 의미한다.

욱 잘 다스려 이겨내십시오. 정의 뿌리를 깨끗이 끊으셔서 사물이 있기 전에 마음을 두시면 외물을 접하여도 마음이 흔들리지 않을 수 있을 것입니다. 함부로 두터운 사랑을 믿고 외람됨이 여기에 이르렀으니 혹시 용서해 주시겠습니까?

저는 세상이 험난해진 이래로 뜻과 기개가 막히고 상했으며 몸은 병이 더 심해졌습니다. 이렇게 쇠퇴(衰頹)한 모습으로, 비록 감히 어르신과 같이 이야기할 수 없다 하더라도 가난한 제 집의 탄식은 또한 어찌하겠습니까? 고모부님이 돌아가신 지 이미 삼년상이 지났는데 결국 한 번도 곡을 못한 것은 오로지 이것 때문이었습니다. 지금 이 사촌을 만나보니 저도 모르게 얼굴이 붉어지고 마음이 움추러듭니다. 이 사촌이 지금 온 것은 또한 태어나서 처음 있는 일이니, 마땅히 여러 날 머물면서 가까운 친척을 만난 즐거움을 다하여야 할 것인데, 힘껏 만류해도 돌아가겠다고 고집하니, 아마도 저의 형편을 헤아려 그런 것인 듯합니다. 헤어질 때가 되니 더욱 망연(惘然)합니다.

이석하에게 답함

무오(戊午, 1818, 성재 62세) 答李錫夏

같은 세상에 태어나서 마침내 정신으로 벗이 되었으니, 10사(舍)[67] 거리가 비록 멀기는 하지만 한 집안 정의가 어디에 다시 있겠습니까? 살면서 언제나 우러러 그리워합니다. 뜻밖에 귀문(貴門)의 일가가 멀리까지 외진 저의 집을 찾아서 편지를 전해주었습니다. 편지 가득히 쓰인 곡진한 마음은 실로 저의 고마운 마음을 어떻게 말로 표현할 수 있겠습니까? 서신을 받은 후에 여러 날이 되었습니다. 삼가 여러 분들의 생활은 편안하신지요. 집안에서 서로 갈등하는 일에 대해서도 일찍이 들었습니다. 한 집안에 사는 사람으로서 마땅히 풀어진 머리카락을 부여잡은 채 갓끈을 매고 달려가서 구하기[68]에도 겨를이 없어야 하는데 그렇게 하지 못하는 것은 저의 사정이 있었기 때문이었습니다. 여러 어른들의 입장에서는 모름지기 각자가 화목한 정의를 다하여야 할 것이며, 정녕 반드시 다른 사람을 기다려 분란을 해결할 필요는 없을 것인데, 모르겠습니다만 사정이 어떠합니까?

저는 나이가 노경[69]에 가까워서 한 가지 일도 하지 않고 다만 문을 걸고 병이나 조리하면서 생을 마칠 생각을 하니 참으로 가련합니다. 이선당(二善

67 사(舍) : 옛날 중국의 군제(軍制)에서 군대의 하루 행정(行程)인 30리를 이르던 말. 우리나라의 50리에 해당한다.

68 풀어진 …… 구하기 : 본문의 '피영(被纓)'은 피발영관(被髮纓冠)의 준말이다. 다른 사람을 구원하는 것이 다급한 것을 가리킨다. "지금 한집안 사람이 싸우는 이가 있으면, 이를 구하는 데에 머리를 풀어헤친 채 갓끈을 매고 가서 구하더라도 가하다.(今有同室之人鬪者 救之 雖被髮纓冠而救之 可也)"라고 한 것에서 유래한다. ≪맹자(孟子)≫ <이루(離婁) 하>

69 노경 : 원문의 '상유(桑榆)'는 저녁해가 뽕나무나 느릅나무 위에 걸려 있다는 뜻으로, 노년을 뜻한다.

堂)을 중건하는 일은 참으로 우리 유림[斯文]에게 다행한 일입니다. 무릇 떳떳한 본성이 있는 자라면 기뻐하지 않는 자가 없을 것인데, 하물며 교분이 있는 집에서 본래부터 경모하는 마음을 가진 자에게 있어서이겠습니까?

상량문은 졸렬한 제가 감당할 수 있는 것이 아닌데, 여러 분의 부탁이 정중하여 거절하지 못하고, 부끄러워 땀을 흘리며 글을 지어 드립니다. 그러나 퇴도(退陶) 부자께서 "문장은 공적인 것이다."[70]라고 하셨으니 인정과 안면으로 해서는 안 될 것입니다. 부디 바라기는, 병필가(秉筆家)에게 글을 구하여 쓰시면 어떻겠습니까?

70 문장은 공적인 것이다 : 이황, ≪퇴계속집(退溪續集)≫ 권3, <답송태수(答宋台叟)>에 나오는 말이다.

배자인상우에게 답장함
答裵子仁相禹

한해가 다할 때 편지를 받았고 새봄이 시작될 때 아드님을 만났습니다. 해가 바뀌는 때에 받은 은혜가 큽니다. 거듭 고맙고도 송구합니다. 삼가 평상의 생활에 기력이 좋으시다니 저의 마음에 위로되고 기쁩니다. 저는 새해이지만 병은 예전 그대로여서 침상에 의지하여 벌레처럼 이불을 뒤집어쓰고 있습니다. 때때로 소식을 전해드려야 하는데 스스로 돌아봄에 여의치 못하니, 사람 축에 끼는 것을 다시 바랄 수 있겠습니까? 통문의 초안은 당신의 부탁을 거절하기 어려워 힘써 서둘러 지어서 올립니다. 언어는 졸렬하고 생각은 짧으니 쓰임에 합당하지 못할까 걱정입니다. 바라건대, 엄중히 첨삭하셔서 원근의 인사들에게 웃음거리가 되지 않도록 해 주십시오. 만약 그렇지 못한다면 다른 곳에 구하여 글을 지으시기를 간절히 바랍니다.

최문교 고모부께 드림①
與崔姑夫文教

덕망있는 집안에 화가 닥쳐 중씨(仲氏, 둘째 형님)께서 돌아가셨다니, 천만 뜻 밖의 일입니다. 사우들의 촉망을 받으시고 향리를 덕으로 훈도하셔서, 세속의 도도한 변화 속에서 의지할 곳이 되어 도의가 떨어지지 않도록 해 주셨는데, 하루 아침에 갑자기 이렇게 될 줄을 어찌 알았겠습니까? 삼가 타고난 지극한 우애가 노년에 이를수록 더욱 돈독하였는데 중도에 돌아가시니, 아픈 마음을 어떻게 견디겠습니까? 어느덧 장렛날은 가까워지고 죽은 사람[71] 또한 멀어질 것이니 쓸쓸한 마음을 더욱 어찌하겠습니까? 이때 상중에 계신 형제분의 건강이 크게 상하지는 않으셨는지 모르겠습니다.

저는 죄가 많고 우애가 깊지 못한 사람인데 봄에 장 씨 가문에 시집 간 누이[72]의 장례를 치렀습니다. 일찍 부모를 잃고 형제도 없는 사람이 오직 누이 하나만 있어서 늙을 때까지 서로 의지하였는데, 불행하게도 몇 해 전에 멀리 안협(安峽)[73]으로 떠나더니 지금은 또 죽었습니다. 슬픔이 어찌 끝이 있겠습니까?

저의 모습은 병이 해가 갈수록 더하여 문을 닫아걸고 세상과 멀어진 지 오래되었습니다. 지금 장례하는 날 나아가 영결할 수 없으니, 이것이 어찌 평소 우러러 그리워하던 사람의 마음이겠습니까?

71 죽은 사람 : 원문 '현화(玄和)'는 죽어서 무덤에 묻힌 지 오래된 사람의 흰 뼈를 말하나, 여기서는 죽은 사람을 의미한다.

72 장 씨 가문에 시집 간 누이 : 옥산인 개옹(夰翁) 장봉한(張鳳翰)의 후손인 장창현(張昌鉉)에게 시집간 누이를 말한다.

73 안협(安峽) : 강원도 이천군 안협면으로 본래 고구려의 아진압현인데 신라가 지금의 이름으로 고쳐서 토산군의 영현을 삼았다.

최문교 고모부께 드림②
與崔姑夫文敎

그리운 마음이 몇 년이나 쌓였는지 모르는데, 해가 또 시작되니 그리운 마음 더욱 간절합니다. 삼가 정월에 고모부님 기력은 만 가지로 편안하시며 사촌들이 잘 모시는지요? 저는 문을 닫아걸고 새해를 맞았으니 말씀드릴 만한 일이 없습니다. 그러나 온갖 감회가 안에서 일어나고 온갖 근심이 바깥에서 다가옵니다. 게다가 연전에 당한 참혹한 일[74]은 기운을 손상시키고 마음이 무너지게 합니다. 이제 머리카락은 서리를 맞은 듯하고 눈은 안개가 낀 듯하여 다만 거울을 보면 웃음이 나오고 책을 보면 탄식이 나옵니다. 사촌이 훤칠하게 변관을 쓴 모습은 항상 마음속에 있습니다. 그러나 저를 방문하지 않는 것은 저의 사정을 헤아려주는 것인 줄을 알기에 제가 어떻게 탓하겠습니까? 다만 그가 태어나서 외가[渭陽][75]를 보지 않았으니 만약 세상이 어지러워져서 끝내 오지 못한다면 그 잘못은 도리어 저보다 무겁지 않겠습니까? 저의 할머니 제삿날이 이번 달 20일에 있으니, 사촌 모두에게 명하여 보내주시면 어떠하겠습니까?

74 참혹한 일 : 누이의 죽음을 의미하는 듯하다.

75 외가[渭陽] : 본문의 '위양(渭陽)'은 외삼촌 혹은 외가를 뜻한다. '위양(渭陽)'은 춘추 시대 진 강공(秦康公)이 태자로 있을 적에 장차 본국인 진(晉)나라로 돌아가는 외삼촌 중이(重耳), 즉 진 문공(晉文公)을 전송하였던 곳으로, 그 당시 강공이 이별을 아쉬워하면서 읊은 노래가 ≪시경≫ <위양(渭陽)>이다.

고을 수령 허석[76]께 드림

무술(戊戌, 1898, 성재 42세) 與地主許襫

좌협(左峽, 영남좌도) 가는 길에 언실(偃室)[77]에 나아가 뵙고, 또 저의 여사(旅舍)에 왕림해 주신 것은 모두 공무 때문이었지만 개인적으로 고마운 마음이 지금까지 남았습니다. 공무 보시는 체후는 만 가지로 좋으시며 아드님은 그 사이에 고향 집에서 돌아와 부모님을 모시는지요? 지난 번에는 뵙지 못하여, 한스러운 마음은 헤아릴 수 없습니다.

저는 화동(華洞)[78]를 지나서 낙동강을 거슬러 올라가 명승지를 두루 둘러보고 부자의 사당을 참배하고 홍유(鴻儒) 석덕(碩德)의 말씀을 들을 수 있었으니 평생의 소원을 이루었다고 말할 수 있습니다. 그런데 돌아온 이후에 피로가 병이 되었으니 이것이 고민입니다. 도산서원은 통문으로 장씨(張氏)를 준엄하게 질책하였고, 화부(花府, 안동부)와 상산(商山, 상주)에서도 장차 차례대로 통문을 보낼 것이라고 하니, 이에 천도가 사라지지 않았으며 공의(公議)가 한가지임을 볼 수 있었습니다. 저들이 무고하는 말을 지어낸 것을 혹시 이것으로 바로잡을 수 있겠습니까? 통문을 부치니 살펴주십시오.

---

76 허석 : 허석(許襫, 1838~1911)의 호는 하촌(夏村) 혹은 갈천정(葛泉亭). 경상북도 김천시 개령면 동부리 출신으로 1884년, 의복 제도와 당오전에 대한 상소를 올려 '상소의 내용이 시의에 적절하니, 매우 가상하다.'라는 비답을 받은 적이 있다. 김천 청암사의 성명 각자에 그의 이름이 확인된다.

77 언실(偃室) : 언언(言偃), 즉 자유(子游)의 방이라는 뜻으로, 후대에는 지방 수령의 거처를 뜻하는 말로 쓰였다. 공자(孔子)가 무성(武城)의 수령인 자유에게 제대로 된 인재가 있느냐고 묻자, 자유가 담대멸명(澹臺滅明)을 거론하면서 "공무가 아니면 저 언(偃)의 방에 찾아온 적이 없습니다.(非公事 未嘗至於偃之室也)"라고 한 고사가 ≪논어≫ <옹야(雍也)>에 보인다.

78 화동(華洞) : 상주군 공검면 화동을 말한다. 작자는 한려시비 문제로 성주읍을 지나 낙동강을 거슬러 상주를 거쳐 안동의 도산서원을 찾았다.

고을 수령 허석께 답함
答地主許𥜥

가난한 집에 병으로 칩거하느라 수령[倨室]께 나아가지 못하였는데 내려주신 서찰을 받았습니다. 말씀이 겸손하고 뜻이 진지하시니 받들어 읽음에 고맙고 송구하여 어떻게 사례하여야 할지 모르겠습니다. 저는 배움이 보잘 것 없고 재주도 없어서 기꺼이 스스로 학업을 폐기하였으니, 무엇을 말씀드리겠습니까?

말씀하신 도장(道狀)[79]은 사안마다 선현에 관계되어 처음부터 유림의 정론이 있는 것인데, 저의 이름이 그간에 어떤 평가가 있었길래 하시는 말씀이 이와 같으십니까? 명단을 이에 기록하여 올립니다.

79 도장(道狀) : 도에서 올리는 장계

고을 수령 허석께 드림

與地主許禨

오랫동안 이웃 고을의 치적을 우러러 보았는데 너무나 다행스럽게도 이 고을에 부임하여 오심에 온 경내가 모두 소생하였으니 어찌 백성들이 갈망하는 마음에 부응한 것뿐이겠습니까? 다만 가난한 집에 병으로 칩거한 제가 언실(偃室, 수령의 거처)에 나아가 뵙지 못하고 다만 사모하는 마음만 간절하였습니다. 뜻밖에 안부를 물으시는 서찰이 저에게 왔으니 이것은 비록 어진 정사(政事)에서 나온 한 가지 일이지만 그 고맙고 송구함은 어찌 끝이 있겠습니까? 한 해 내내 텅빈 관아에 문서가 쌓였는데 날카로운 칼을 시험하듯 능력을 발휘하여 어려운 일[80]을 시원하게 해결하셨습니다. 그러나 손님을 응접(應接)하는 때에는 아마도 머리가 아픈 일이 많았을 것입니다.

저는 늙어서 형편없는데 병이 겹쳐서 마치 아침에 저녁을 알지 못할 지경이지만, 오히려 저를 지탱하는 것은 어진 수령의 은사를 입었기 때문입니다. 이로 인하여 다시 되살아났으니 즉시 관아의 문루로 달려가 은사에 사례하여야 마땅할 듯합니다.

80 어려운 일 : 원문의 '반착(盤錯)'은 반근착절(盤根錯節)의 준말로, 어려운 일에 비유된다. 주로 외직(外職)으로 나가 맡기 어려운 고을을 잘 다스리는 것을 뜻한다.

노치삼상익[81]에게 답함
答盧致三相益

한 번 뵙고 말씀을 나누는 것이 10년 편지를 하는 것보다 나은데, 한 통의 편지를 받고 이틀 밤 이야기를 나누었으니, 이것은 평소에 간절히 바라던 마음과 이별할 때 서운한 마음이 시원하게 풀려서 맺힌 것이 다시없게 되었습니다. 형이 한 번 돌아보심에 어리고 둔한 아이는 책을 지고 좇아가고 곧고, 향기로운 물건은 뿌리를 나누어 따르게 되었습니다.

아울러 정을 다 나누지 못한 우리 어진 조카며느리는 기일을 정하여 귀녕(歸寧, 친영)하도록 하겠습니다. 이것은 서운한 듯하지만 사람은 가르쳐 인도하는 꾸짖음이 있어야 하고, 물건은 심고 북돋우는 노력이 있어야 하는 것입니다. 사람에게는 지극히 엄하면서도 너그럽게 하고, 물건은 온전하게 사랑하면서도 소종래(所從來)를 공경한다면, 훗날 우리는 마땅히 편지를 써서 감사하고 시를 써서 화답하게 될 것입니다.

조카며느리는 본래부터 법도 있는 가르침을 받아 덕스러운 모습을 잘 갖추었습니다. 그리하여 다시 책려하고 바로잡아 가르칠 일이 없으니, 저는 다만 예뻐하는 마음을 놓기 어렵습니다. 이런 까닭으로 초여름에 한 번 나아가겠다는 계획을 지키지 않을 수 없음을 알겠습니다.

81 노상익(盧相益) : 1849~1941. 자는 치삼(致三), 호는 대눌(大訥), 본관은 광주(光州)이다. 성재(性齋) 허전(許傳, 1797~1886)의 문인이다. 1882년(고종 19) 별시 문과에 급제하여 사헌부 장령, 홍문강 시강 등을 지냈다. 1910년(융희 4) 국권을 일본에게 빼앗기자, 만주로 망명해서 안동현(安東縣) 접리촌(接梨村)에서 지내다가, 1922년 귀국한 뒤, 김해 한림면 금곡리에서 천산재(天山齋)를 짓고 두문불출하다가 세상을 떠났다. 저서로는 ≪대눌수권(大訥手卷)≫, ≪대눌수권속편(大訥手卷續編)≫ 등이 있다.

종이 와서 편지를 전해주어 살펴봄에, 형의 안부가 좋으시고 아드님은 시봉을 잘하며, 조카 종호(宗鎬)는 가르침 받기를 매일 부지런히 한다고 하니 이로써 기뻐합니다. 계씨[노상직]가 멀리서 돌아왔다고 하니 너무나 그립습니다.

저는 평생 학문을 함에 스스로를 속이는 것이 너무 많은데, 마침내 지우들 가운데 잘못 전해 들은 친구가 종종 한 번씩 만나서 의혹을 타파하려고 합니다. 형도 며칠 함께 있으면서 분명히 저의 속이 이와 같음을 훤하게 꿰뚫어 보셨을 것입니다. 지금부터는 그 전날 저를 잘못 인정해주시는 말들은 끊어버리시고 자주 경책해 주시기를 바랍니다.

노치삼상익 노치팔상직에게 드림

與盧致三相益致八相稷

6~7년 소식이 막혔는데, 그 허물이 누구에게 있는지 말하지 않겠지만, 말한다면 서글픈 마음만 더할 것입니다. 우리들은 평생 도의로써 서로 기약했지만, 지금 세상은 어지러움이 극에 이르러 종묘사직이 장차 무너져가고 오랑캐의 포로가 될 재앙이 또 닥쳤으니, 군자께서는 아마도 반드시 이러한 상황에 계시기 때문에 제가 한 마디 가르침을 얻을 길이 없었던 것입니다. 목을 빼고 그리워한 것은 다만 오래 소식이 막혔기 때문만은 아니었습니다. 삼가 늦더위에 두 분은 안부가 좋으신지요? 새로운 거처는 이전 은거하시던 곳과의 거리가 얼마이기에 함께 강론하고 연마하는 공부를 오가며 그치지 않으시는지요?

저는 지난 해에 여러 번 참혹한 일을 겪어 저절로 인간 세상에 뜻이 없어졌습니다. 지난봄에 당한 일은 제가 감당할 수 없는 일이었을 뿐만 아니라 또 형에게 차마 들려드릴 수 없는 일이었습니다. 그때 퇴로(退老) 이 생원과 함께 철도를 따라서 밀양에 닿았는데, 서쪽으로 당신의 집을 바라보니 지척에 있는 듯하였으나 나아가 뵙지 못하고, 당신의 사위 이 군에게 부탁하여 이 한(恨)을 전해달라고 여러 번 말하였습니다. 들으시고 용서해 주셨는지 모르겠습니다. 대개 그 여정은 유람을 하기 위한 것도 아니었고 친한 이를 방문하기 위한 것도 아니었습니다. 뜻밖에 나가서 바깥에 오래 머문 것도 그 뜻이 본래 그런 것이 아니었습니다. 이대로 돌아와서 문을 닫고 나가지 않고 지냈는데, 또 다시 여름이 왔습니다. 기르는 것은 병이고 지키는 것은 고집이니 달리 무엇을 말하겠습니까? 하나뿐인 손자[82]는 배움을 시작할 나이가 되었는데 소질이 제법 뛰어나니 잘 키워서 달려가게 할 수 있다면 훗날을 기약할 수 있을 것입니다. 전해 받은 기혈에 어찌 친가 외가의 구분이 있겠습니까? 생각건대, 한 번 보고 싶습니다. 그 아이가 아니더라도 나아가 뵈면 안 되겠습니까?

82 손자 : 노상익에게 외손자이면서 정재기에게는 조카의 아들인데 정수(鄭洙, 1899~1953)를 가리킨다.

이계도승희[83]에게 드림[84]

與李啓道承熙

형이 고국을 떠난 지 지금으로부터 거의 10년이 되어갑니다. 그간 아드님이 오가는 길에 안부를 물어 어려운 처지에서도 절의를 지키시며 지내시는 줄을 알았습니다. 그러나 각자 늘그막에 한자리에 모일 길이 없으니 마음이 우울하지 않을 수 없습니다. 삼가 가을이 한창인 때에 객지에서의 건강은 신령이 도우시며 생활은 활력이 왕성하신지요? 풍토에 이미 익숙하게 적응하였고 사람들의 풍습은 교화되었다고 하니 평생 쌓으신 학문의 힘이 여기에서 증명된 것입니다. 다만 부모와 헤어지고 선영을 떠나는 마음은 늙은 나이에 감당할 수 있는 것이 아니니 이것이 안타깝습니다.

지금 천하가 어찌 된 세상인지, 우리 도(道)의 한 줄기 명맥이 오히려 선생님[夫子]의 집에 있고, 형은 그 문에 들고 그 당에 올라[85] 성대한 조정의 백관들이 우러러 보는 분이시니, 일을 잘 완수할 수 있다고 말할 수 있습니다. 부럽고 부럽습니다.

---

83 이계도(승희) : 이승희(李承熙, 1847~1916)의 자(字)는 계도(啓道)이고 호(號)는 강재(剛齋), 대계(大溪)이다. 본관은 성산(星山)으로 한주(寒洲) 이진상(李震相)의 아들이다. 대한제국기 위정척사운동에 앞장 선 유학자로서 길림성 봉밀산 아래 황무지를 사들여 한흥동(韓興洞)을 건설하고 민중계도와 독립정신 고취에 심혈을 기울였다. 1977년 건국훈장 대통령장이 추서되었다.

84 【원주】: 종중을 대신해 지음.

85 그 문에 들고 그 당에 올라 : 스승의 문하에 들어서 학문 성취를 말한다. 마루에 오른다는 것은 '승당입실(升堂入室)'에서 따 온 말로, 마루에 올라가 방으로 들어간다는 뜻으로, 순서를 밟아 차근차근 학문을 닦으면 결국엔 심오한 경지에 이르게 됨을 비유한 말이다. ≪논어≫ <선진(先進)>에 공자(孔子)의 제자들이 자로(子路)를 공경하지 않는 것을 보고 공자가 "유(由)는 당에는 올랐고 아직 방에는 들어오지 못하였다.(由也 升堂矣 未入於室也)"라고 하였다.

우리 선조의 문집[86]을 반책(頒冊)한다는 말씀을 아드님에게 들었습니다. 참으로 천고에 드문 일이니 형이 아니면 어찌 이렇게까지 하였겠습니까? 또 만 리 길을 실어오는 것을 모두 노형의 집에 맡겼으니 이것이 어찌 자손된 도리이겠습니까? 너그러이 용서해 달라고 감히 바라지도 못하겠습니다.

86 선조의 문집 : 편지의 내용을 미루어보면 정재기의 선조 문집 발간을 대계에게 부탁한 듯하고, 책도 중국에서 만들어 들여오는 듯하다.

성공옥영찬에게 답함
答成公玉永燦

헤어진 후 훌쩍 한 해가 다해감에 바야흐로 덕있는 당신을 연모하는 마음이 간절하던 때에 당신의 편지를 받았습니다. 편지의 말씀이 애연(藹然)하시니 한 자 한 말 모두가 생활 속 실천하시는 중에 나오지 않은 것이 없었습니다. 이미 비교할 수 없는 두터운 정의도 이미 고마운데 평소에 체득하신 것이 이와 같으시다니 기쁩니다.

깨우쳐 주신 바 마음이 달아나는 주작(走作)의 병[87]은 고명하신 당신에게는 반드시 이런 병이 없을 것이지만 저는 참으로 고치기가 어렵습니다. 지금은 증세에 따라 병을 다스리느라 겨를이 없으니 어떻게 당신의 두터운 부탁을 감당할 수 있겠습니까? 이는 반드시 당신이 자신에 비추어 가르침을 베푸시는 것일 뿐입니다. 아마도 당신은 독실하여 설령 잠시 짧은 순간에 잃어버릴 수는 있지만 고칠 약이 없다고 근심하지 않을 것입니다. 하물며 면우(俛宇)[88]께서 ≪심경(心經)≫ 읽기를 권하는 것이 지극하였고, 퇴계선생 또한 이 일에 대하여 처음 감발하여 일어난 것은 이 책의 힘[89]이라고 하

87 주작(走作)의 병 : 마음이 다른 데로 달아나는 병을 이른다. 반대는 주일(主一)의 상태이다. ≪심경부주(心經附註)≫에, 어떤 사람이 주일무적(主一無適)의 뜻을 묻자, 주자가, "단지 마음이 딴 데로 달아나지 않게 하는 것이니, 지금 사람들은 한 가지 일이 끝나기도 전에 또 한 가지 일을 하려고 하여 마음속이 천 갈래 만 갈래이다."라고 한 바 있다.

88 면우(俛宇) : 곽종석(郭鍾錫, 1846~1919) 선생의 호이다. 구한말의 학자. 자는 명원(鳴遠). 호는 면우(俛宇). 1905년에 을사조약이 체결되자, 조약의 폐기와 조약 체결에 참여한 매국노의 처형을 상소하고, 3·1 운동 때는 파리의 만국 평화 회의에 독립 호소문을 보내어 옥고를 치렀다.

89 처음 …… 이 책의 힘 : 이황은 <심경후론(心經後論)>에서, "내가 젊어서 한성(漢城)에 유학할 적에 처음으로 이 책을 여관(旅館)에서 보고 구하여 얻었으니, 비록 중간에 병 때문에

셨으니, 마음을 구하는 방법은 이 책을 버리고 무엇으로 하겠습니까? '결단코 잠시도 놓치지 말라'는 한 말씀에서 당신의 과감하고 힘차게 나아가는 모습을 알 수 있습니다. 모름지기 극복하기 어려운 곳을 잘 이겨나가라는 뜻을 좇아 그대로 노력한다면 고인의 경지에 이르지 못할까 어찌 걱정하겠습니까?

저는 참으로 노둔하여 학문을 함에 일찍이 이 책을 읽었으나 체득하는 방도를 얻지 못하였고, 병의 뿌리가 있는 곳을 알지 못하였니, 요즈음 설문청(薛文淸)[90]이 '구습을 도려내라[刮舊習]'는 말에 느낀 바가 있어서 문미에 편액을 달고 스스로 경계하고 있습니다. 그러나 고질병이 지극히 깊으니, 끝내 어떻게 벗어날 수 있겠습니까? 삼가 고명한 당신께서 어리석고 비루한 저에게 바라시는 것을 당신께도 간절히 바랍니다.

포기하여 '늦게 깨달아 이루기 어렵다'는 한탄이 있었으나 처음 이 일에 감발(感發)하고 흥기한(興起)한 것은 이 책의 힘(功)이었다."라고 했다. 이황, ≪퇴계집≫ 권41, <심경후론>

90 설문청(薛文淸) : 1389~1464. 명(明)나라 학자로 이름은 선(瑄), 자는 덕온(德溫), 호는 경헌(敬軒), 문청(文淸)은 그의 시호다. 그의 학문은 정주학(程朱學)에 근본을 두었으며, 후세에 하동파(河東派)라 한다. 저서에 ≪독서록(讀書錄)≫·≪종정명언(從政名言)≫·≪설문청집(薛文淸集)≫이 있다. ≪명사(明史)≫ 권282 <유림열전(儒林列傳) 설선(薛瑄)> ≪명유학안(明儒學案)≫ 권7 <하동학안(河東學案)>

장순화석영에게 드림

정해(丁亥, 1887, 성재 31세) 與張舜華錫英

저는 일찍이 몸에 병을 안고 살면서 늦도록 학문에 성취가 없어서 지난 겨울에 다시 산사에 들어가 고문서 수십 편을 읽고, 돌아와서는 당세에 곧고 성실하며[91] 어진 덕을 더해줄 군자[92]를 찾으니, 어떤 이가 알려주기를, "추관(秋觀) 장자(張子)[93]가 은거하면서 학문을 독실히 하여 학식이 해박하고 행실이 고원하며, 얼굴에 보이는 것은 순후하여 옥처럼 온화하고, 말에서 나오는 것은 따뜻하여 봄처럼 훈훈하니, 그대가 만약 유익한 벗을 구하려고 한다면 어찌 가까이 있는 사람을 버리고 멀리서 구하는가?"라고 하였습니다. 내가 말하기를 "추관(秋觀)은 내가 약관 시절의 친구이니, 참으로 재주와 덕이 뛰어난 사람임을 잘 알고 있지만 그의 높고도 넓음을 꾀하지 않은 것이 이와 같습니다."라고 하였습니다. 형편없는 저를 돌아보니 아마도 사람을 사귐에 정성스럽지 못하여 이웃 고을에 있는 사람에게도 이미 이와 같으니, 당세의 현인 군자들에게 버림을 받을 뿐만 아니라 추관(秋觀)

91 곧고 성실하며 : 원문의 '직량(直諒)'은 유익한 벗을 표현한 말이다. ≪논어≫ <계씨(季氏)>에 "유익한 벗이 세 가지가 있고, 해로운 벗이 세 가지가 있으니, 벗이 정직하고 신실하고 문견이 많으면 유익한 것이다.(孔子曰 益者三友 友直 友諒 友多聞 益矣)"라고 하였다.

92 어진 덕을 더해줄 군자 : 원문의 '보인(輔仁)'은 상대방을 통해 자신의 인덕(仁德)을 보강하는 것이다. ≪논어(論語)≫ <안연(顔淵)>에 "군자는 학문을 통해서 벗을 모으고, 벗을 통해서 자신의 인덕을 보강한다.(君子以文會友 以友輔仁)"라는 말이 나온다.

93 추관(秋觀) 장자(張子) : 경상북도 칠곡의 녹리 출신 장석영(張錫英, 1851~1926)으로 자는 순화(舜華), 호는 추관(秋觀) 또는 회당(晦堂)이다. 장현광의 9대손으로 파리장서에 서명하여 대구감옥에서 옥고를 치뤘으며, 1977년에 건국공로 대통령 포창, 1980년에 건국훈장 국민장이 추서되었다.

도 역시 반드시 저를 사귈 만한 사람이 아니라고 여길 것이었습니다. 이제 스스로 책망할 따름이었습니다.

마침 이곳 태수의 모임에서 사냥을 즐기는 생각으로 시작하였다가 마지막에는 호랑이를 때려잡는 용기에까지 이른 것은 비록 식자의 꾸짖음을 면하기 어렵다는 여러 친구들 때문이었지만, 이때 추관(秋觀)은 많은 사람들[94] 가운데 놀이를 하고 있었는데, 조화를 이루되 휩쓸리지 않았고 바르게 하되 분리되지 않았으며, 모든 부류의 사람들의 마음을 흡족하게 하되, 중정의 도를 잃지 않았습니다. 또한 기른 것이 크고 지키는 것이 확고한 것을 볼 수 있었습니다.

이로부터 돌아가서 천리마 꼬리에 붙어 가려는 마음[95]이 더욱 간절하여졌습니다. 곧 한 번도 당신 집에 나아가지 않고도 여러 가지 이야기를 참고하면 높고도 넓은 학문이 사람들이 하는 말과 같은 것을 볼 수 있습니다. 그러나 묵은 병이 별안간 도져서 아직 나아가지 못하고, 평소 들은 것 본 것 바라는 것을 간략히 적어서 먼저 드립니다. 추관(秋觀)께서는 어떻게 여기시는지 알지 못하겠습니다. 학문에 힘쓰시고 보중하시기를 바랍니다.

---

94 많은 사람들 : 원문의 '조광(稠廣)'은 곧 조인 광좌(稠人廣坐)를 이르는 말이니, 넓은 자리에 사람이 빽빽하게 많이 모임을 의미한다.

95 천리마 꼬리에 붙어 가려는 마음 : '파리가 천리마 꼬리 뒤에 붙어서 멀리 치달릴 수 있는 것처럼, 안회(顔回)가 비록 학문에 독실하였다 하더라도 결국은 천리마와 같은 공자 때문에 후세에 더욱 이름을 전할 수 있게 되었다.(附驥尾而行益顯)'는 부기지사(附驥之思)의 고사를 인용한 것이다. ≪사기(史記)≫ 권61 <백이열전(伯夷列傳)>

족조 원영[96]께 답함
答族祖遠永

화동(華洞)의 병환 소식을 듣고 처음에는 너무 놀라고 걱정했는데, 어제 아이가 전하는 말을 듣고 또 지금 특별히 보내주신 편지를 받아보고는 걱정이 깊었던 만큼 위로됨이 컸습니다. 하물며 읽어보니 노심초사하면서도 체력은 상하지 않으셨다고 하니 더욱 축하할 일입니다.

저는 여러 날 객지 생활에 피곤하여 일어나지 못하고 있으니 참으로 고민스럽습니다. 일헌집(逸軒集)[97]은 대략 읽어보니 마치 페르시아 시장[波斯市]에 들어간 듯하여 무엇이 보물이고 무엇이 보물이 아닌지를 알지 못할 정도였습니다. 다만 너무 지나치게 깎아내면 수놓은 비단 옷이 도리어 조악한 옷보다 못한 것[98]이 되는 법이니, 어떤지 모르겠습니다. 6책은 말씀하신 대로 보냅니다.

---

96 원영 : 정원영(鄭遠永, 1849~1930)으로 자는 맹홍(孟弘), 문장(文章)과 행의(行誼)가 남달라 향내에 이름이 있었다.

97 일헌집(逸軒集) : 일헌(逸軒)은 정오석(鄭五錫)의 호이다. 자는 건숙(建叔) 순조(純祖) 26년(1826) 출생, 고종(高宗) 6년(1869) 사망. 향년 44세. 문집은 1930년에 나왔다.

98 수놓은 …… 못한 것 : 글을 지나치게 교정하면 원래의 글을 상하게 된다는 말이다. 당송팔대가문초(唐宋八大家文抄) 소순(蘇洵)의 <사론(史論)>에서 인용한 말이다. "지금 저 그림을 수놓은 비단은 의복 가운데 매우 아름다운 것인데 한 자 한 치씩 잘라 섞어서 이어 옷을 만든다면 깁비단만 못하게 된다. 사마천의 책이 이와 비슷하지 않겠는가!(今夫繡繪錦縠, 衣服之窮美者也, 尺寸而割之, 錯而紉之以爲服, 則綈繒之不若. 遷之書無乃類是乎.)"

문기서경종에게 답함

무오(戊午, 1918, 성재 62세) 答文奇瑞璟鍾

늙음은 헛되이 살아온 나이가 아니요, 함께 늙는다는 것은 이별할 때를 이르는 말이 아닙니다. 지난번 왕림해 주신 것은 비록 너무나 고마운 일이었으나 헤어질 때 탈이 나서 여러 달 낫지 않았습니다. 이런 즈음에 당신의 사촌이 편지를 가지고 찾아왔습니다. 살펴보니 멀리 행차를 하였다가 무탈하게 돌아왔으며 체력도 탈이 없다고 하니 이것은 평소의 확고한 힘이 평범한 사람이 이를 수 있는 것이 아닐 것입니다. 이것은 또한 선조를 위한 정성이 간절하여 신령이 도우신 결과일 것이니 축하드리고 축하드립니다.

저는 괴롭던 다리 통증도 이전보다 줄어들었지만 완전히 낫지는 못하였으니 늙은 사람의 몸이 본래 그렇습니다. 부탁하신 서문은 사람으로 보면 감당할 수 없지만 우의로 보면 사양할 수 없는 일이어서 외람되게도 글을 지었습니다. 혹시 가려진 덕을 드러내는 것이 부족한가 걱정스러우니 다시금 거장의 손을 빌어 쓸 수 있도록 다른 곳에 구해 주시기를 바라고 바랍니다.

여치약태회[99]에게 답함

무오(戊午, 1918, 성재 62세) 答呂致若泰會

지난 겨울에 편지를 보내어 저의 병을 걱정스럽게 물으심이 마치 아픔이 자신에게 있는 듯하였으니, 아직도 가슴 속에는 고마운 마음으로 남아 있습니다. 그러나 오래 답장을 드리지 못하였습니다. 가까운 일 사(一舍, 30리)의 거리에도 소식을 전하기 어려우니 이렇게도 서로 잘 맞지 않는군요.

삼가 늦봄에 정양하시는 생활이 좋으시며 덕업은 더욱 높아지고 깊어지며, 문하의 뭇 영재들이 날마다 일깨워 주는 즐거움[100]을 누리고 계시는지요? 저는 두문불출하며 병으로 정양하는 것이 벌써 반 년이나 지났습니다. 지금은 비록 마당에나 오가지만 늙은 몸이 평소대로 돌아오는 것이 쉽지 않습니다. 몸을 삼가지 못한 자책을 스스로 떨쳐버리지 못하니 어찌하겠습니까? 함께 노년의 시기에 시대 변란을 맞아 자주 보지 못한 것을 늘 안타까워 하였는데, 성약(誠若)[101]이 와서 이야기를 나누었습니다.

지금 공리(功利)가 유행하고 도의(道義)는 망실되고 오랑캐[鱗介]가 많아지고 우리의 의복이 바뀌고 있습니다. 후학을 장려하고 무너진 풍속을 진작

99 여치약(태회) : 여태회(呂泰會, 1854~1928). 본관은 성산(星山)으로 자는 치약(致若)이고, 호는 묵와(默窩) 또는 추당(秋塘)이다. 출신지는 경상북도 성주군(星州郡) 벽진면(碧珍面) 수촌리(樹村里)이다. 7세 때에 족조 율정공(栗亭公)에게서 ≪소학(小學)≫을 부지런히 배웠으며, 장석영(張錫英), 장승택(張升澤), 이종기(李種杞), 장석빈(張錫贇) 등과 종유하였다. ≪묵와선생문집(默窩先生文集)≫이 있다.

100 일깨워 주는 즐거움 : 원문의 '기여(起予)'는 공자의 제자 자하(子夏)가 ≪시경≫에 나오는 시를 잘 해석하며 평하자, 공자가 "나를 계발시켜 주는 사람은 바로 우리 상이로다. 이제는 너와 함께 시를 이야기할 수 있겠구나.(起予者 商也 始可與言詩已矣)"라고 칭찬한 대목이 ≪논어≫ <팔일(八佾)>에 나온다.

101 성약(誠若) : 미상. 여태회와 가까운 친척의 자로 보인다.

하여 우뚝하게 한 방면을 지키는 일에 대하여 형은 그 책임을 사양하지 못할 것입니다. 진실로 이 일에 힘쓴다면, 어찌 반드시 가까이 모여 남은 여생을 보내는 것으로 즐거움을 삼을 필요가 있겠습니까? 글을 쓰려니 저의 바람이 더욱 간절합니다.

이취오규희[102]에게 답함

임자(壬子, 1912, 성재 56세) 答李聚五奎熙

만남은 언제나 형이 나를 찾아 왕림하신 때였고, 편지도 내가 먼저 하지 않았으니, 편지를 받음에 고맙고 미안하여 어떻게 감사하여야 할지 모르겠습니다. 저는 어려서부터 병이 많았고, 늙을 때까지 학문을 이룸도 없는 것은 서로 아는 바입니다. 그러므로 마땅히 바로잡아 경계하고 꾸짖어야 할 것인데 옥척(玉尺)[103]이나 총귀(總龜)[104]라는 말로써 수준이 안 되는 저를 견주시는요. 이른바 늙을수록 더욱 독실하여진다고 하신 것은 안면 때문에 하신 말씀이고 마음으로 하신 말씀은 아닐 것입니다. 하물며 지금의 풍조가 뜻있는 선비는 분분히 강을 건너는 것인데, 이렇게 앉아서 하나의 말뚝에 매여 움직이지도 못하는 나를 돌아보건대, 어찌 만년의 보람[105]을 바랄

102 이취오(규희) : 이규희(李奎熙, 1852~1923). 본관은 성산(星山), 자는 취오(聚五), 호는 성서(星墅)로 성주 한개에 살았으며 이진상(李震相)의 문인이다. 사우들의 추중을 받았으며 문학과 행의(行誼)로 이름이 있었다. 작자의 딸을 이규희의 아들 기승(基承)에게 시집보냈다. 유고가 전하며 장석영(張錫英)이 묘갈명을 지었다.

103 옥척(玉尺) : 옥척은 옥으로 만든 자인데, 인재의 선발을 공평하게 하는 것을 말하며, 본문에서는 인재를 뜻한다.

104 총귀(總龜) : 총귀(總龜)는 오총귀(五總龜)를 말한다. 오총귀(五總龜)는 박학다식함을 비유한 말이다. 당 현종(唐玄宗) 때 은천유(殷踐猷)가 아주 박학다식하였으므로, 당시 하지장(賀知章)이 "거북은 천 년 만에 다섯이 함께 모이는데, 물으면 모르는 것이 없다.(龜千年五聚 問無不知)"는 전설에 의하여, 그를 일컬어 오총귀라 한 데서 온 말이다.

105 만년의 보람 : 원문의 상유지수(桑楡之收)는 마원(馬援)의 고사에서 나온 것이다. 마원은 "처음에는 비록 회계에서 날개를 드리웠지만 마침내 민지에서 날개를 떨칠 수 있었으니, 동우에서는 잃었지만 상유에서 거두었다 이를 만하다.(始雖垂翅回谿 終能奮翼黽池 可謂失之東隅 收之桑楡)" 하였다. ≪후한서(後漢書)≫ 권24 <마원열전(馬援列傳)> 동우(東隅)는 해가 뜨는 곳이고 상유는 해가 지는 곳이라 한다. 즉 동우는 인생의 초년을, 상유는 인생의 만년을 뜻한다.

수 있겠습니까?

사위를 맞는 날이 가까워졌으니 상평(向平)의 근심[106]을 이로써 면하게 되었습니다. 훗날 보리밥에 파국[107]을 먹으러 내가 가고 형이 온다면 마땅히 은근한 정의가 곱절이 될 것이니, 어찌 노경에 즐거워할 일이 아니겠습니까?

106 상평(向平)의 근심 : 자녀의 성혼을 다 마치는 일을 의미한다. 상평(向平)은 동한(東漢) 때 상장(向長)을 의미한다. 상장은 자가 자평(子平)인데, 자녀의 성혼을 다 마치고 명산을 찾아 놀았다고 한다. ≪후한서(後漢書)≫ <일민열전(逸民列傳)>

107 보리밥에 파국 : 주자기 지은 총맥시(蔥麥詩) <덕흥현 섭원개의 집에 들렀다가 우연히 짓다(過德興縣葉元愷家偶題)>를 말한다. 주자가 시집간 딸의 집을 방문하였는데 가난한 살림으로 소박한 밥상을 차려 내었는데, 주자가 딸의 마음을 살펴서 이 시를 지었다고 한다. 시의 전문은 다음과 같다. "파국과 보리밥은 잘 어울리니, 파는 단전을 따습게 하고 밥은 허기를 달래 주네. 학자의 풍미가 박하다 하지 말게, 이웃집엔 아직 밥 짓는 연기조차 오르지 않네.(葱湯麥飯兩相宜 葱暖丹田飯療飢 莫道儒家風味薄 隔鄰猶有未炊時)" ≪송시기사(宋詩記事)≫

이취오규희에게 드림

정사(丁巳, 1917, 성재 61세) 與李聚五奎熙

병 중에 있는 나의 마음은 애틋하게 서로 아껴주는 곳을 향하고 있는데, 하물며 한 해가 산의 구름 속에 저물고 봄이 강가 나무에 돌아옴에, 고인의 문주사(文酒社)[108]에 대한 생각이 참으로 저의 마음을 사로잡습니다. 삼가 평소 정양하시는 건강은 좋으신지 여쭙니다. 또 자부를 맞이하는 경사가 있어서 하나의 즐거움을 더하였다고 들었습니다.

노경에 형처럼 살림을 잘 갖춘 이가 몇 명이나 되겠습니까? 저는 반걸음도 떼지 못하고 넉 달 동안 자리에 누워서 문을 닫고 병치료만 하고 있으니, 이것 외에는 어찌 다시 사람들에게 말할 것이 있겠습니까?

108 문주사(文酒社) : 주연(酒宴)을 베풀고 글을 짓는 모임을 말한다.

내형 장진해상기에게 답함

정미(丁未, 1907, 성재 51세) 答內兄張鎭海相岐

아드님이 편지를 가지고 왔는데 그 얼굴을 거의 기억나지 않고, 그 편지도 삼 년 만이니, 넘어갈 듯이 기쁘고 고마운 마음은 이루 다 말할 수 없습니다. 말씀하신 '은후(隱侯)의 시 한 구절[109]은 그 맛을 알지 못하겠다'고 하신 것은 오히려 아직도 좋아하고, 하물며 그런 상황에 있지 않습니까? 다만 만남이 있으면 반드시 이별이 있는 법인데, 참으로 다른 날 만났을 때 무슨 방법으로 이것을 면하시겠습니까? 이것이 중국 사람들이 해를 넘겨 돌아오는 것을 탄식하는 까닭입니다.

편지를 받아, 형제분의 건강이 모두 좋으시다니 기쁩니다. 저는 형제간 우애하지 못한 죄가 쌓여 한 달 전에 안음(安陰)의 장실(張室)[110]에 대한 흉한 소식을 처음 들었습니다. 오호라! 일찍 부모를 잃고 형제도 없는 사람이 오직 누이 하나만 있어서 늙도록 서로 의지하였는데 불행하게도 지난 해에 멀리 가더니 지금은 또 죽었습니다. 우리 부모의 남긴 혈육을 생각하면 오직 이 늙고 병든 몸 하나이니, 어떻게 세상에서 살아가겠습니까? 다만 죽

109 은후(隱侯)의 시 한 구절 : 은후는 남조 양(梁)나라 심약(沈約)의 시호이다. 심약의 <별범안성(別范安成)>이 많이 알려져 있는데, 이를 말하는 것이 아닌가 한다. 그 내용은 "인생살이 젊을 때는, 헤어져도 만날 기약 하기 쉬웠네. 그대와 함께 늙은 지금은, 다시 헤어질 때가 아니라네. 한 잔 술은 말하지 마소, 내일 다시 이 술잔 잡기 어려운 것을. 꿈속의 길 알지 못하니, 어찌 상사의 그리움 달래 보리오.(生平少年日 分手易前期 及爾同衰暮 非復別離時 勿言一尊酒 明日難重持 夢中不識路 何以慰相思)"이다. ≪古今詩刪≫ 권9, 당시.

110 장실(張室) : 옥산인(玉山人) 개옹(介翁) 장봉한(張鳳翰)의 후손인 장창현(張昌鉉)에게 시집간 작자의 누이를 말한다.

고 싶을 따름입니다. 또 온 집이 전염되어 이미 병에 걸린 사람은 일어나지 못하고 지금 아픈 사람은 위험하다고 들었으니 이런 까닭에 빈소에 가서 조문하지 못하고, 또한 자식을 시켜 대신 조문할 수도 없습니다. 인륜의 정이 사라졌으니 찢어지는 아픔을 어찌하겠습니까? 누가 와서 알려주기를, '그 집이 일찍이 초상이 났는데 서글픈 모습은 잊을 수 없지만 지금 어떻게 정을 표하겠는가?'라고 하였습니다.

동국의 영토가 모두 오랑캐의 차지로 들어갔으니 어찌 산야(山野)를 따져서 선택할 수 있겠습니까? 비록 이것을 얻더라도 저것을 잃게 되니, 망한 나라에 보탬이 없습니다. 그런즉 어찌 엎어진 둥지에 온전한 알이 있을 수 있겠습니까? 다만 스스로 애통할 따름입니다.

내형 장진해상기에게 드림
무신(戊申, 1908, 성재 52세) 與內兄張鎭海相岐

만나서 얼굴을 마주하기는 바랄 수 없고 편지도 못한 지가 한 해가 지났습니다. 이렇게 함께 늙어가는 처지에 우러러 그리워하는 마음을 어찌 견디겠습니까? 삼가 여쭙건대, 가을 서늘한 기후에 형제분 건강은 좋으신지요? 저는 여름 내내 병으로 신음하였는데 가을이 되어도 낫지 않습니다. 또 집 밖의 가지가지 무서운 병환이 사람들의 놀란 마음이 가라앉는 날이 없게 합니다. 하늘이 장차 이 백성들을 누랍(膢臘)[111] 제사의 호루(狐螻)[112]로 삼으려 하시는 것이 아니겠습니까? 문중에서 선세의 묘갈명을 구하기 위하여 조카를 시켜서 외삼촌께 배알하였는데, 대질(大耋, 80세)의 정력으로는 글을 짓는 일을 감당할 수 없다는 사실은 참으로 잘 알겠지만 저의 마음으로는 어쩔 수 없는 일입니다. 부디 곁에서 아뢰어 반드시 은혜를 베풀어 주시도록 해 주시기를 간절히 바랍니다.

111 누랍(膢臘) : 제사의 명칭. 누는 8월에 곡신(穀神)에게 지내는 제사이고, 납은 섣달에 선조(先祖)께 지내는 제사임.

112 호루(狐螻) : '여우'와 '땅강아지'로, 여기서는 하잘 것 없는 희생 제물을 의미함.

내형 장진해상기에게 답함
정사(丁巳, 1917, 성재 61세) 答內兄張鎭海相岐

깊은 산에 버려져 세상과 오랫동안 떠나 살았는데 뜻밖에 아드님이 방문하여 편지를 받았습니다. 지금 세상에서 이렇게 나를 사랑하고 나를 보아주는 사람이 다시 있을지 알지 못하겠습니다. 일깨우는 한 마디 말씀은 더욱 가슴에 새겨집니다. 편지를 보고, 초여름 날씨에 복(服)을 입은 중에서도 건강이 만 가지로 좋으심을 알았습니다. 봉산(蓬山, 금강산)의 원유는 어찌 그렇게도 쉽게 마련하셨는지요. 우러러 부럽고도 축하드립니다. 저는 병으로 신음하면서 병세를 살피는 외에 다른 일이 없습니다. 하는 일이라고는 병을 살피는 일인데 오히려 그것이 병이 되는 일인 줄을 깨닫지 못하니 바로 이것이 밝지 못한 것입니다. 스스로 불쌍해 어찌해야 할지요?

묘갈명은 본래 저의 손에서 나왔지만 경솔하게 엮은 글이니 어찌 반드시 흠이 없다고 보장하겠습니까? 신노(莘老, 張相學)[113]의 여러 사촌들과 함께 충분히 토의하여 고칠 수 있으면 고치는 것이 좋을 듯합니다. 아드님이 겨우 하루를 머물러서 편안히 말도 나누지 못하고 헤어졌으니 다만 늙은이의 감회만 더합니다.

113 신노(莘老) : 장상학(張相學, 1872~1940). 본관은 인동(仁同), 자는 신로(莘老), 호는 화강(華岡)으로 칠곡군 각산에 살았다. 숙부인 농산(農山) 장승택(張升澤)의 문인이다.

내형 장진해상기에게 답함
무오(戊午, 1918, 성재 62세) 答內兄張鎭海相岐

예는 생략합니다. 형의 사촌 조카가 몹시 슬픔 중에 편지를 가지고 저를 방문하여 주었으니 고마운 마음에 눈물이 납니다. 살피건대 조섭하시는 중에 건강은 크게 손상됨이 없음을 알았습니다. 늙음은 같이 앓는 병이라 형과 같은 이는 오히려 그렇게 말할 수 있겠지만, 하물며 저처럼 물려받은 기운이 몹시 약하고 또 가는 곳마다 상심(傷心)하는 자에게 있어서이겠습니까? 큰 조카가 형을 잘 모시고 훌륭한 자식을 안았다고 하니 참으로 축하합니다.

제가 자비롭지 못해 재앙이 닥쳐 또 둘째 며느리[114]의 상을 당해 엊그제 장례를 치렀습니다. 죽은 며느리에 대한 슬픔이 아직 그대로이지만, 건호(健鎬)가 나이 마흔에 다시 이 슬픔을 당하였고, 문에서 맞아주는 자식도 없으니 이것을 어찌 부모가 차마 볼 수 있겠습니까? 둘째 외삼촌께서 하신 묘도 공사는 큰 일인데도 그 일을 완성하셨으니, 우리 유가의 영광입니다. 여러 효성스러운 자식의 지극한 정성이 아니라면 어떻게 이렇게 빨리 할 수 있겠습니까?

집안 사촌인 저는 늙은 나이에 글 짓는 일이 참으로 쉽지 않지만, 평소에 경모하는 마음을 헤아린다면 사양할 수 없는 일입니다. 그래서 이에 길을 나섭니다. 그러나 중간에 또 약속한 곳이 있으니 6,7일 후에 당도할 것

114 둘째 며느리 : 작자의 둘째 아들 건호(健鎬)는 8촌 숙부 재관(在寬)에게 양자를 들었는데, 여기서는 그의 두 번째 처 순천 박씨(順天朴氏)를 말한다. 1918년에 세상을 떠났다.

입니다. 명문(銘文)은 혹시 의논할 곳이 있습니까? 지금 돌에 새기는 날에는 아마도 작자에게 오고 갈 여가가 없을 듯하니 어찌 함부로 손을 대겠습니까? 다만 그 가운데 만사(輓詞)나 뇌문(誄文)에서 호평(湖坪)에 대하여 언급한 곳 한 구절을 지우려고 하는 사람이 있는데, 말이 긴밀하지 않은 것이 심하여 다만 후세 사람들의 의혹을 가질 수 있으므로 삭제하는 것이 어떻겠습니까? 기운이 빠지고 정신이 흐려져서 성좌(聖佐, 張相弼)[115]와 신노(莘老, 張相學)에게 각각 답장하지 못하니 이 편지를 보여주십시오.

115 성좌(聖佐, 張相弼) : 장상필(張相弼, 1858~1937)은 농산 장승택의 맏아들로 성좌(聖佐)는 그의 자이다.

권우약상락[116]에게 드림

신사(辛巳, 1881, 성재 25세) 與權禹若相洛

벼슬하여 녹을 받는 것은 옛부터 전해오는 도리이니 자식된 자는 그 부모를 빛나게 하고자 하지 않음이 없습니다. 하물며 중친(重親, 양대) 부모 슬하에서 친히 관직을 얻어서 부모를 빛나게 함에서이겠습니까? 당상(堂上)[117] 부절(符節)을 차고 남쪽 지방으로 오시게 되었으니 우리 형을 위하여 손 모아 축하드립니다. 그러나 대도(大道)는 어두워지고 사설(邪說)이 일어나며, 서쪽 오랑캐 무리는 도리를 배반하고 진실을 어지럽히고 있습니다. 천하에 도도하게 흐르는 저것을 장차 어찌 바꾸려 하십니까? 우리들은 마땅히 물러나 험준한 골짜기에 살면서 독서하고 강론한다면 만족할 것이니, 어찌 다시 영달의 길에 생각을 두겠습니까? 관직을 축하하는 글이 이어져서 암혈(巖穴)이 조정과 방불하게 되었으니, 부들부채[118]를 잡고 한바탕 웃고자 합니다.

116 권상락(權相洛) : 권상락(1852~?)의 본관은 안동으로 단성에 살았다. 1883년(고정 20)에 식년시(式年試) 을과(乙科) 4위로 입격하였으며, 우약(禹若)은 그의 자이다.

117 당상(堂上) : 문관(文官)은 정3품(正三品) 명선대부(明善大夫)·봉순대부(奉順大夫)·통정대부(通政大夫) 이상(以上), 무관(武官)은 정3품(正三品) 절충(折衝) 장군(將軍) 이상(以上)의 벼슬 계제(階梯). 이례(吏隷)의 상관(上官)에 대(對)한 칭호(稱號)이다.

118 부들부채 : 원문 '포선(蒲扇)'은 산림처사의 행색을 비유하는 말이다.

권우약상락에게 드림
與權禹若相洛

앞서 고향에서 축하 편지를 부쳤는데, 후에 서울에서 부쳐온 편지를 받았습니다. 보낸 것은 마음에 보탬이 되지 못했겠지만 보내 온 것은 마음에 감동이 되었습니다. 또 고향으로 돌아오시는 길에 방문하겠다는 약속을 하셨으니 날마다 간절히 기다려집니다. 지난번 들으니 당신께서 돌아와 부모님을 모신 지가 여러 날이 되었다고 하던데 그 울적한 마음은 어떠하십니까? 삼가 날씨가 점점 더워지는 이때에 당상(堂上)의 공무 보시는 안부는 만 가지로 평안하시고 부모님 모시는 형제분의 체후는 피곤으로 지치지 않으셨는지요? 선비가 불우한 것은 오래된 일이지만, 훌륭한 재능을 품고서 날카로운 실력을 지니신 형이 여러 번 시험을 보았으나 여러 번 좌절하였으니, 이것은 우리 당의 불행이요 유사(有司, 시험관)의 잘못입니다. 믿는 것은 형산(荊山)의 옥[119]이 마침내 보물이 되리라는 것이니 대붕의 만리 장정을 어찌 그만두겠습니까? 이는 분명히 크게 될 기약으로 성취가 늦어진 것입니다.

119 형산(荊山)의 옥 : 전국 시대의 보옥(寶玉)인 화씨벽(和氏璧)을 가리키는 것으로, 여기서는 권상락의 탁월한 재능을 의미한다.

권우약상락에게 답함
答權禹若相洛

지금 막 헤어진 것을 몹시 아쉬워하던 차에 편지가 갑자기 와서 뜯어서 여러 번 읽으니, 위로되는 마음보다 고마운 마음이 앞섭니다. 삼가 요즈음 객지에서의 도체(道體)는 편안하시며 하시는 일은 날마다 새롭다 하시니 저의 마음이 크게 위로됩니다. 시례(詩禮, 공부)를 실추시키는 것은 우리들이 함께 두려워하는 것으로 뜻을 세움이 굳건하지 못한 것입니다. 어찌 고명하신 당신에게 이런 점이 있겠습니까? 기억하고 외우는 것이 부족함은 독서하는 사람의 일반적인 병통입니다. 그러나 다만 생각건대, 날마다 천 줄의 글을 외우면서 단계를 뛰어넘기를 욕심내는 것은 재주가 아니요, 많은 서적을 얕게 훑어보고 글귀나 훔치는 것은 배움이 아닙니다. 그러므로 고인은 재주가 남보다 뛰어난 사람을 두려워한 것이 아니라 다만 깊이 생각하고 미루어 탐구하는 사람을 두려워하였습니다. 마음을 가라앉히고 실마리를 찾아서 궁구한다면, 오래되면 마땅히 흠뻑 젖어 들 것입니다. 이 방법으로 해나간다면 어찌 조금이라도 이르지 못하는 탄식이 있을 수 있겠습니까? 저와 같은 사람은 말할 것도 없지만, 언제나 다른 사람들이 뜻을 가지는 것을 볼 때마다 놀라 감발(感發)하는 마음이 일어나지 않은 적이 없으니, 여기서 도리어 저의 양심이 없어지지 않았음을 볼 수 있습니다. 그러나 지금부터 누가 다시 저의 어리석음을 고민하고 저의 완고함을 꾸짖어 주겠습니까? 저의 생각으로는 고명하신 당신같은 분을 좇아서 강마하여 저의 비루한 마음을 씻어내고 싶지만 이것도 또한 쉽게 할 수 없으니 어찌하겠습니까? 고향으로 돌아오시는 훗날 가난한 저의 집을 찾아주시기를 기다립니다.

권우약상락에게 드림

을사(乙巳, 1905, 성재 49세) 與權禹若相洛

저는 머리 조아리고 말씀을 올립니다. 선비 숙부인께서는 굳고도 곧은 덕성을 타고 나시고, 온화한 성품으로 이끌어 주신 분입니다. 당연히 장수하실 것이라고 여겼는데 팔순도 되지 않았는데 갑자기 자식[120] 곁을 떠나셨다는 부음을 듣고 놀라고 슬픈 저의 마음을 다시 어떻게 말하겠습니까? 삼가 지극히 효성스러운 여러 상주분께서 그리워하고 울부짖어 슬퍼하시기를 3년상을 마칠 때까지 하루같이 하셨습니다. 예법에는 기한이 있어 상복을 이미 벗었으나 애통한 마음은 끝이 없으니 그 마음을 다시 어찌하겠습니까?

저는 약관의 나이일 때부터 특별히 사랑을 받은 일은 헤아릴 수 없을 정도로 많았습니다. 그러나 살아계실 때에는 오래 동안 곁에서 모시지 못하였고, 부고를 받고서도 끝내 빈소에 나아가 조문하지 못하였습니다. 몸소 나아가지 못하였으면서 편지도 남보다 늦었으니, 어떻게 고인의 꾸짖음을 받을 것이며 어떻게 상주분의 용서를 조금이라도 바라겠습니까? 그러나 그렇게 된 것은 반드시 이유가 있습니다. 제 자신은 병이 깊이 들었고, 집에는 겁략(劫掠)을 당하는 근심이 있었습니다. 세상사에 얽매이고 게다가 자식의 상[121]을 당하여 여러 해 동안 하루도 마음 편안한 날이 없었습니다. 인간사를 보는 여가에 남쪽을 바라보면 목이 메는데 무슨 말로 제 마음을 표현하겠습니까? 다만 슬프고 부끄러울 따름입니다.

120 자식 : 원문의 '영양(榮養)'은 어버이를 영화(榮華)롭게 잘 모심, 혹은 그러한 자식을 의미한다.

121 자식의 상 : 원문의 '균참(菌慘)'은 조균(朝菌)의 참담함이란 말로, 일찍 죽는 일을 말한다. ≪장자≫ <소요유(逍遙遊)>에 "아침 버섯은 그믐과 초하루를 알지 못하고, 쓰르라미와 여치는 봄과 가을을 알지 못한다.(朝菌不知晦朔 蟪蛄不知春秋)"라고 한 데서 온 말이다.

권우약상락에게 드림
與權禹若相洛

저는 머리 조아리고 말씀 올립니다. 선대인(先大人) 부사공(府使公)은 순수하고 강직한 덕을 타고 나서서 팔순의 수를 누리시면서 우뚝하게 우리 당의 달존(達尊, 어른)으로 계셨습니다. 그런데 갑자기 관사(館舍)를 버리고 혼탁한 이 세상을 떠나셨으니, 후생이 우러를 곳을 잃어버린 슬픔은 어찌 다만 저 한 사람의 마음이겠습니까? 돌아보건대 평소 저를 알아주심이 두터웠고 보살핌을 받은 것이 깊었습니다. 길이 멀고 세상이 험하여 비록 항상 나아가 뵙지 못하였지만, 이 세계가 어둠으로 가라앉은 때를 만나 마치 하나의 신령한 빛이 홀로 있는 것을 우러러 보는 듯이 우러러 보기를 참으로 마음 속으로 하루도 줄어들지 않았는데, 지금은 끝났습니다. 다시 무엇을 말하겠습니까?

삼가 여러 상주님은 가슴을 치며 울부짖는 그 슬픔을 어떻게 견디십니까? 어느듯 예월(禮月)[122]이 되어 장례일이 가까웠는데 황황(皇皇)한 슬픔은 다시 이를 데가 없습니다. 저는 먼 길에 부고를 받고도 이미 염빈(斂殯, 입관해 안치하는 일)하는 날에 가지도 못하였는데, 제 몸이 병 중[憂窠]에 빠져 있어서 또 장삿날에도 상엿줄을 잡지 못할 듯합니다. 스스로 선대인을 우러러 사모하는 마음이 독실하다고 말하면서도 도리어 다른 사람보다 못합니다. 훗날 비록 침문(寢門)에 한 번 조문을 하여도 오히려 이 잘못을 씻기는 부족할 것입니다. 이것도 하물며 또 여의치 못하게 된다면 어찌하겠습니까? 남쪽을 바라보면 목이 메이고 이어서 얼굴에 땀이 맺힙니다.

122 예월(禮月) : 죽은 뒤에 장사(葬事)지내는 달을 이르는 말이다. 천자(天子)는 일곱 달, 제후(諸侯)는 다섯 달, 대부는 석 달, 선비는 한 달 만에 지낸다.

권주약상빈에게 답함
答權周若相彬

지난 번 보내주신 편지에는 정이 가득하였습니다. 다만 인편이 바빠서 곧바로 답장하지 못하여 지금까지 송구하였습니다. 삼가 묻나니, 부모님 모시는 형제분들의 체후는 여전히 좋으신지요? 생각건대 형은 부지런하고 삼가며 힘쓰며 민첩한 성품에 스승과 벗들과 함께 강론하고 연마하는 노력을 겸하시고, 아침 저녁으로 고인의 가르침을 일삼으시니, 이것은 어찌 쉽게 얻을 수 있는 것이겠습니까?

죄 많고 곤궁한 인생에 좋은 나이가 다해 가는 것을 문득 보노라니, 저는 심장이 떨어지고 간장이 끊어지는 듯하여 마음을 가눌 수 없습니다. 비록 서안(書案)에 침잠하고 싶어도 학업은 이미 이룰 수 없습니다. 하물며 거기에 더하여 묵은 체증이 회복되지 않는 상황에서이겠습니까? 부끄러운 것은, 어진 집사(執事, 당신)께서 저를 버리지 않았을 뿐만 아니라 매번 편지로 도리어 격려하여 함께 베풀며 힘쓰자고 한 것입니다. 그러나 어찌 고명한 당신의 불찰로 이러하겠습니까? 오히려 가르쳐 주시는 한 방도였을 것입니다. 편지를 받고 단정하게 앉아 읽어보니 저도 모르게 스스로 다짐하는 마음이 가득합니다. 오직 때때로 편지를 주셔서 저의 어리석음을 깨우쳐 주시기를 바랍니다.

권주약상빈에게 드림
與權周若相彬

인편이 있는데 서로 안부를 묻지 않는 것은 인정이 아닐 것입니다. 남들도 참으로 그렇게 하지 않는데 어찌 우리 양쪽에서 이런 일이 있을 수 있겠습니까? 과연 슬픈 마음이 없을 수 없습니다. 그러나 돌이켜 생각해보면, 정신으로 사귀는 자는 얼굴을 보아야만 하는 것이 아니요, 진실로 사랑하는 자는 반드시 편지를 하여야만 하는 것이 아닐 것이니, 형의 뜻이 바로 이것이 아니겠습니까? 삼가 부모님 모시는 형과 형제분의 안부는 좋으신지요? 읽으시는 것은 무슨 책이며, 즐기는 것은 무슨 일입니까? 경(經)입니까? 전(傳)입니까? 백가서(百家書)에 노닐고 계신지요? 여러 가지로 공부하여 편향되게 해서는 안 될 것입니다. 널리 배우는 것은 요점을 말하려 함이니[123] 무엇을 읽든지 우리의 마음과 몸에 보탬이 되고 일상에서 증명되는 것이 아니겠습니까? 부디 더욱 면려하여 저처럼 지리멸렬함이 없으시기를 바랍니다.

저는 참으로 지리멸렬해서 어쩔 수 없습니다. 죄를 지어 칩거하고 병 때문에 몸이 매였으니 독서를 하여도 한 권을 다 읽지 못하고, 사색을 하여도 하룻밤을 다하지 못합니다. 가슴 속은 쑥대밭이요 책상 위는 먼지와 좀이 쌓였습니다. 옛사람의 말에, "만약 사람이 3년 동안 해를 보지 않으면 눈이 반드시 멀고, 3년 동안 달을 보지 않으면 눈의 정기가 반드시 흐려질 것이

123 널리 …… 함이니 : 맹자에 "널리 글을 배우고 상세하게 그 이치를 설명하는 것은 돌이켜서 요약하여 설명하려고 하는 것이다.(博學而詳說之 將以反說約也)"에서 인용한 말이다. ≪맹자(孟子)≫ <이루(離婁) 하>

다"[124]라는 것이 있는데, 이 몸이 끝내 이와 같은 경우가 아닐는지요? 아니면 조물주가 일부러 근심하고 위축되게 하였다가 울분이 지극하기를 기다리고 슬픔이 독실하기를 기다렸다가 활연히 지혜가 열리게 하는 날이 있도록 함이겠습니까? 이것은 알 수 없는 일입니다.

124 옛 사람의 …… 흐려질 것이다 : ≪양자법언(揚子法言)≫ <수신(修身)> 제3에 나오는 말이다. "삼 년 해를 보지 않으면 눈은 반드시 멀 것이요, 삼 년 달을 보지 않으면 정(精)은 반드시 흐려질 것이다.(三年不目日 視必盲 三年不目月 精必矇)"

권주약상빈에게 드림

을사(乙巳, 1905, 성재 49세) 與權周若相彬

머리 조아리고 말씀을 올립니다. 선비 숙인(淑人)의 상사에 대하여 다시 무엇을 말하겠습니까? 평소 곁에서 지켜본 바, 타고난 덕성이 진중하시고 성품이 굳고 곧으신데, 연로한 나이에 병환을 앓는 중에서도 정신과 기력은 크게 손상되지 않으시고, 또 여러 집사 아드님의 봉양에 법도가 있어서 백수(百壽)를 누리실 복을 하늘이 반드시 내리실 것이라 여겼는데, 뜻밖에 칠순을 겨우 넘긴 연세에 갑자기 이렇게 되셨습니다. 시간이 흘러 문득 대상(大祥)이 다가옴에 아득히 추모하는 마음이 또다시 끝이 없습니다. 저는 어릴 때 사위가 되어 깊이 사랑을 받음이 자식이나 조카들과 다름없었습니다. 10여 년 뵙지 못한 잘못을 살아계실 때도 스스로 책망하였는데, 부고를 받은 이후 삼년상이 다 끝나도 아직도 조문하여 일곡(一哭)하지 못하였으니 가슴을 치며 슬프게 탄식하는 마음을 어찌 글로써 표현하겠습니까? 다만 제가 몇 해 전부터 겪은 일은 아마도 사람으로서는 감당하지 못할 것이었습니다. 여덟 달 병으로 누웠었고, 두 번이나 화(禍)를 당하여 신세는 매달린 표주박[125]과 같고, 힘은 다른 사람을 좇아 산에 들어 죽지도 못할 지경입니다. 게다가 이번 봄에는 자식의 죽음[126]을 당하여 간장이 끊어지고 기

125 매달린 표주박 : 세상에 쓸모 없는 사람이 되었다는 탄식이다. ≪논어≫ <양화> 편에 “내가 어찌 박처럼 있겠는가 어찌 식용이 안되면서 매달려만 있겠는가(吾豈匏瓜也哉 焉能繫而不食)”라는 구절이 있다.

126 자식의 죽음 : 원문의 ‘균참(菌慘)’은 조균(朝菌)의 참담함이란 말로, 일찍 죽는 일을 말한다. ≪장자≫ <소요유(逍遙遊)>에 “아침 버섯은 그믐과 초하루를 알지 못하고, 쓰르라미와 여치는 봄과 가을을 알지 못한다.(朝菌不知晦朔 蟪蛄不知春秋)”라고 한 데서 온 말이다.

운이 흩어져 기진맥진하여 날을 보내고 있습니다. 비록 정신을 차려 사람 구실을 하고자 하나 저의 형편이 그럴 수 없으니 어찌하겠습니까?

권공약상렬에게 드림

정유(丁酉, 1897, 성재 41세) 與權孔若相烈

제가 삼년상을 지났어도 한 번도 조문하지 못한 것은 무릇 일반 백성도 하지 않을 행동이거늘 하물며 집사(執事)에 대해서이겠습니까? 돌아가신 분께는 평소의 사랑을 저버리는 것이며, 살아계신 분께는 이십 년 돈독한 정을 끊는 행동일 것입니다. 비록 도량이 크고 넓으시지만 저를 장차 어떤 사람이라 여기시겠습니까? 만약 길이 멀고 몸에 병이 들어서 그렇다고 한다면 5사(舍)[127]의 거리가 이렇게도 닿기 어렵고, 3년 동안 하루도 편안한 날이 없었겠습니까? 곤궁한 살림살이와 세상 난리 때문에 그렇다고 한다면 비록 몸소 문상하지는 못하더라도 편지도 하지 못하였겠습니까?

대체로 저의 성품이 우유부단한 점이 많아서, 부음을 받은 날은 마침 세상에 난리가 나서 길이 막혀 문상을 가지 못하였고, 소상(小祥) 제삿날에는 또 형님의 병이 위중하여 편지 한 장으로 조문을 대신하였으니, 본의가 아니었습니다. 그리고 종상(終祥)이 앞에 다가오니 속죄할 날이 있을 것이라고 말하였습니다. 그러나 지난 가을부터 문중의 일이 위태롭고 아이의 초례로 머리가 아픈데 이어서 또 기년상(朞年喪, 期制)이 갑자기 닥침에, 슬픔을 가누지 못하여 마침내 그 말을 저버리는 지경에 이르렀습니다. 슬픕니다.

형이 만약 저를 따지는 것이 옳지 않는 것으로 여겨서 관계를 끊지 않으

127 사(舍) : 거리의 단위. 옛날 중국의 군제(軍制)에서 군대의 하루 행정인 30리를 이르던 말. 우리나라의 50리에 해당한다.

신다면 이것은 진실로 평소 서로 대하던 것이 아니시며, 사리로는 비록 마땅히 절교하여야 하지만 마음으로는 참으로 그럴 수 없다고 하신다면 어찌 이렇게까지 너그럽게 용서해주시기를 바라겠습니까? 거문고를 타던 아쉬움[128]은 고인들도 어찌하지 못하였습니다. 알지 못하겠지만, 체력을 잘 유지하셔서 지극한 효도를 끝까지 하여야 하지 않겠습니까?

128 거문고를 타던 아쉬움 : 원문의 '원금지사(援琴之思)'는 능력은 있으나 등용되지 못한 아쉬움을 나타내는 말이다. ≪고금악록(古今樂錄)≫에 이르기를, "공자가 제후들을 찾아갔으나 아무도 자신을 등용해 주지 않자, 위(衛)나라에서 노(魯)나라로 돌아오다가 깊은 골짜기에 무성히 핀 난초를 보고 탄식하기를 '난초는 의당 왕자(王者)의 향기가 되어야 하거늘, 지금 홀로 무성하여 뭇 풀들과 섞여 있구나.'라고 하고는 수레를 멈추고 거문고를 연주하여 때를 만나지 못한 자신의 신세를 안타까워하면서 <의란조(猗蘭操)>를 지어 마음을 의탁하였다.(孔子聘諸侯 莫能自任 自衛反魯 隱谷之中 見香蘭獨茂 喟然嘆曰 蘭當爲王者香 今乃獨茂 與衆草爲伍 乃止車援琴鼓之 自傷不逢時 作猗蘭操以託意.)"라고 하였다.

권공약상렬에게 드림

與權孔若相烈

제가 머리 조아리고 말씀드립니다. 뜻밖의 흉변으로 선부군께서 갑자기 세상을 떠나셨다는 부고를 받고 놀라고 애통함을 다시 무슨 말로 하겠습니까? 대질(大耋, 80세)의 수를 누리셨으니 연세가 높지 않은 것은 아니지만 저의 생각으로는 평소에 타고나신 덕이 강명(剛明)하시고, 연전에 나아가 뵈었을 때 법도가 있으신 모습이 기이(期頤, 100세)[129]를 누리실 듯하여, 앞으로 믿을 수 있고 두려워할 것이 없었습니다. 그런데 하직하고 물러난 지 얼마 되지 않아서 부고가 뒤따라 이르니, 사람의 일이란 헤아릴 수 없는 것이 이렇단 말입니까? 애통하고 애통합니다.

제사가 여러 번 지나가 대상(大祥)이 다음 달로 다가왔으니, 독실한 효자이신 당신께서 추모하는 마음을 어떻게 견디겠습니까? 부모를 여읜 슬픔[130]은 지나치기 쉬운 법이니, 쇠해가는 기력으로 예(禮)를 다하기가 어려울 것입니다. 부디 너무 슬퍼하지 마시어서 먼 곳에 있는 저의 바람에 답해 주시기 바랍니다.

저는 평소 고인이 덕을 우러르는 마음이 깊다고 스스로 말하였으니, 침문(寢門, 빈소)에 나아가 조문을 하는 것은 정리와 예의에 마땅한 일일 것입니다. 그러나 저는 늙고 또 병이 깊어져서 지난 해의 모습이 아니어서, 6사

129 기이(期頤, 100세) : 나이 백 세를 가리키는 말. ≪예기(禮記)≫ <곡례(曲禮) 상>에, "백 세가 되면 기(期)라고 하고 이때가 되면 부양된다.(百年曰期頤)" 하였다. 이(頤)는 양(養)을 의미한다.

130 부모를 여읜 슬픔 : 원문의 '종천지통(終天之慟)'은 몸을 마칠 때까지의 슬픔이라는 말로 보통 부모상을 가리킨다.

(舍)[131]의 거리를 직접 가지 못하고, 결국 40년 동안 두텁게 보살펴 주심을 저버린 것이 이와 같이 되었습니다. 어떻게 인척되는 벗에게 버림을 당하지 않겠습니까? 남쪽을 바라보면 슬픔과 부끄러움에 눈물과 식은땀이 번갈아 흐릅니다. 아이들의 입장에도 도리로는 마땅히 차례대로 나아가 조문하여야 하지만, 장남은 오래도록 고질병에 괴로워하고 있고, 차자는 지금 약을 달이는 데 골몰하고 있으며, 막내도 가난과 일에 매여 지금에야 겨우 간다고 말합니다. 그 아이도 자신의 허물을 메우기에도 여유가 없을 것인데, 저의 허물을 어떻게 하겠습니까?

131 사(舍) : 거리의 단위. 옛날 중국의 군제(軍制)에서 군대의 하루 행정인 30리를 이르던 말. 우리나라의 50리에 해당한다.

이맹연중화에게 드림

기해(己亥, 1899, 성재 43세) 與李孟然中華

상주의 학사[商黌]에서 헤어진 지 또 한 해가 지났습니다. 서로 알게 된 것도 너무나 늦었는데, 서로 소식이 막힌 것도 이렇게 오래되었으니, 어찌 서로 믿는 마음이 지극하지 않아 서 그러하겠으며, 길이 멀어 힘이 미치지 못하여 그렇습니까? 여름 초입에 집안 할아버지 편에도 편지가 없었으니, 참으로 형의 넓은 도량으로도 용납하기 어려웠을 것입니다. 그러나 만약 서로 따져본다면 어쩌면 서로 잘못한 것[132]도 없지 않았을 것입니다.

장마가 이제 물러가고 가을이 오는 즈음에 춘부장께서는 건강하시며 계절에 따라 받들어 모심에 잘 지내시는지요? 부모님을 모시는 아드님은 건강하며, 시례(詩禮, 학문)에도 날마다 진전이 있는지요? 저는 반 년 동안 바쁘게 다니며 시비에 골몰하였습니다. 유림 가운데는 참으로 옆에서 비방하는 자도 있었습니다. 저는 다행스럽게도 외진 고을 만학(晩學) 서생으로 이 일로 인하여 한 번 천연대(天淵臺)와 운영대(雲影臺)[133] 사이를 두루 돌아다

132 서로 잘못한 것 : 원문의 '제초지서실(齊楚之胥失)'은 제나라나 초나라가 서로 잘못이 있다는 말이니, 서로 잘못을 돌아보는 것이 좋겠다는 말이다. ≪사기(史記)≫ <사마상여열전(司馬相如列傳)>에 다음과 같은 내용이 보인다. 초나라의 자허(子虛)가 제나라로 사신 간 일이 있다. 제나라 왕은 나라의 모든 선비들을 모으고 엄청난 규모의 거마를 갖추어 자허와 사냥을 하였다. 제나라 왕이 자허에게 초나라의 사냥에 대해 묻자, 자허는 초나라의 사냥에 대해 다소 과장되게 말을 하면서 제나라가 초나라만 못하다고 대답하였다. 이에 제나라 왕은 아무 말도 하지 않았다. 이 이야기를 들은 무시공(無是公)이 "초나라의 이야기는 사리에 맞지 않지만, 제나라의 이야기 또한 당연하다고 할 수는 없다.(楚則失矣 而齊亦未爲得也)"라고 말한 일이 있다. 이는 초나라나 제나라 모두 사치를 가지고 자신의 우월함을 드러내려고 했기 때문에 비꼬아 말한 것이다.

133 천연대(天淵臺)와 운영대(雲影臺) : 도산서원 앞에 있는 천연대와 운영대를 말한다. '천연'은 ≪시경(詩經)≫ <대아(大雅) 한록(旱麓)>의 "솔개는 날아서 하늘에 오르고, 고기는 연

니며 선생의 높은 담장[134]을 우러러 보고 빛나는 도덕을 상상해 볼 수 있었습니다. 감히 스스로 깨달은 바가 있다고 말하지는 못하겠지만, 평생의 소원을 이루었다고 말할 수 있습니다. 일을 마친 이후에 두문불출하며 허물을 반성하는 한편 이전에 하던 학업에 다시 힘쓰니, 옛 선현들의 말씀이 내 몸에 적실한 것임을 더욱 깨닫게 되었습니다. 그러나 뜻과 기운이 허물어지고 온갖 병이 찾아들어, 벼락과 폭풍 같은 큰 소리도 귀머거리에게는 들리지 않듯이 가르침을 듣지 못할까 언제나 걱정하면서 이런 까닭으로 전전긍긍할 따름입니다. 오산당(吾山堂)[135]을 중건하는 일은 이미 마쳤는지요? 일찍이 들으니 저의 이름이 여러 현사(賢士)의 명단 끝에 적혔다니 참으로 숫자만 채운 줄 알겠습니다. 문장을 잘하는 사람은 세상에 본래부터 있는 법입니다. 공사가 이루어지는 자리에 나아가는 일은 감히 스스로 거절하지 못할 일이지만, 길이 멀고 일에 매여 갈 수 없으니, 어찌 하겠습니까?

선조의 문집을 바꿔가며 읽자고 한 약속은 모두 당신의 정성에서 나왔지만 저의 힘이 부족하여 미처 그렇게 하지 못하였습니다. 지금은 문집의 용지가 이미 갖추어졌고 인쇄가 지금 시작되었습니다. 그러나 문집을 전하

못에서 뛰어오르네.(鳶飛戾天 魚躍于淵)"라는 말에서 따왔고, '운영'은 주자(朱子)의 시 <관서유감(觀書有感)>의 "반 이랑의 네모난 연못이 한 거울처럼 열렸는데, 하늘빛과 구름 그림자가 함께 배회하네.(半畝方塘一鑑開 天光雲影共徘徊)"라는 말에서 따왔다.

134 선생의 높은 담장 : 원문의 '궁장지대(宮牆之大)'는 퇴계 선생의 학문이 높음을 의미한다. ≪논어(論語)≫ <자장(子張)> 편에, 자공이 말하기를, "대궐의 담장에 비유하면 나의 담장은 어깨에 닿을 정도여서 집 안의 좋은 모습을 들여다 볼 수 있지만, 선생님의 담장은 몇 길이나 되어서 그 문을 찾아 들어가지 못하면 아름다운 종묘와 수많은 백관들을 볼 수가 없다.(子貢曰 譬之宮墻 賜之墻也 及肩 窺見室家之好 夫子之墻 數仞 不得其門而入 不見宗廟之美 百官之富)"라고 하였다.

135 오산당(吾山堂) : 경상북도 봉화군에 있는 청량산 속의 청량정사(淸涼精舍)를 가리킨다. 일찍이 퇴계 이황이 청량산을 오가산(吾家山)이라 하며 오산당(吾山堂)을 지어 강학한 적이 있으며, 청량정사의 당호가 '오산당'이다. 퇴계의 후손 이만여(李晩輿)가 엮은 ≪오가산지(吾家山誌)≫가 있다.

여 보내는 일이 어려웠는데, 형께서도 이미 저를 위하여 한 질을 준비하여 두었음을 어떻게 생각하였겠습니까? 들으니 친구들을 이끌고 저를 찾으시려는 뜻이 있다고 하시던데 과연 그렇습니까? 이것이 만약 헛 말이 아니라면 지금의 편지는 크게 슬퍼할 필요가 없을 것입니다. 오직 일찍 도모해 오시기를 바랍니다.

이맹연중화에게 답함

신축(辛丑, 1901, 성재 45세) 答李孟然中華

서원의 변고라니 이 무슨 변고입니까? 우리 유림의 재액(災厄)이 오래 되었지만 그 화가 이렇게 심할 줄 어찌 알았겠습니까? 사는 곳이 외지고 먼 곳이어서 소식도 이미 늦고, 자세한 것은 또 알지 못합니다. 고을 수령이 갔으니, 죄인은 잡았습니까? 원수를 갚지 않으면 자리가 편안할 수 없습니다. 이것은 떳떳한 법칙이요 상통하는 의리입니다. 비상한 변고를 만나면 반드시 비상한 대응이 있어야 하니 어찌하여 한 집안 사람들에게 알려서 목욕재계하고 죄줄 것을 청하는 계책[136]을 세우지 않고 훌쩍 한 달을 넘겼습니까? 아니면 그러한 대응이 있었지만 멀어서 듣지 못한 것입니까?

중추에 보내주신 위로의 편지를 받았지만 아직도 슬픔이 절절한데 답장을 아직까지 미루고 있는 것은 집이 멀기 때문이었습니다. 저는 서원의 변고를 듣는 즉시 달려가서 변고를 어떻게 처결하는가를 보아야 할 것이나 병이 많은 몸이어서 찬 기운이 무서워서 감히 나서지 못하였고, 지금 통문을 가지고 가는 사람은 저의 사종(四從, 팔촌) 동생입니다. 상황이 어떠한지 자세히 알려주시기 바랍니다.

136 목욕하고 죄줄 것을 청하는 계책 : 원문에는 '목욕청토(沐浴請討)'로 표현하고 있는데, 이는 진성자(陳成子)가 제(齊)나라 간공(簡公)을 시해하자, 공자(孔子)가 목욕하고 노(魯)나라 애공(哀公)에게 진성자를 토주(討誅)할 것을 청한 것에서 인용한 것이다. ≪논어(論語)≫ <헌문(憲問)>

박자교해령[137]에게 드림

與朴子喬海齡

선비가 세상에 처신하면서 재앙이나 우환을 만난 것이 예로부터 어찌 한정이 있겠습니까마는 행실이 바르고 말씀이 겸손하신 형께서 오히려 이 화를 면하지 못할 줄 어찌 생각이나 하였겠습니까? 세상은 참으로 험악합니다. 우리 당(黨)의 운수는 이로 말미암아 다시 떨쳐 일어나지 못하는 것이 아닙니까? 옆에서 들으니 해를 넘겨야 비로소 풀려난다는 소식을 들었다고 하는데, 알지 못하지만 하늘이 장차 여러 공들을 시켜서 동인증익(動忍增益)[138]하게 하여 보옥(寶玉)을 이루게 하려 함입니까? 다만 환난에 서로 위문하는 것은 얼굴만 아는 친구도 오히려 그렇게 하는데, 우리들이 평소 서로를 돌아봄이 어떠하였기에, 몸은 힘써 달려가지 못하였고, 서찰은 인편을 찾지 못하여 지금까지 까맣게 전하지 못하였습니다. 가까이 있는 자도 오히려 이와 같은데, 하물며 우천(愚川) 사이와 멀리 있는 북계(北溪)의 사람들에 있어서이겠습니까? 비록 그렇다고 하지만 어찌 일찍이 함께 하는 마음이 없었겠습니까?

알지 못하지만, 한가롭게 생활하신 이후에 몸은 펴지고 학업은 높아지셨는지요? 아드님의 공부는 건실하며, 북계(北溪)와 우천(愚川)의 사람들은 종

137 박해령(朴海齡) : 1857~1920. 박해령은 경상북도 달성군 하빈면에서 태생으로, 1907년 2월 대동 광문회(大東廣文會) 회장으로 선출되어 국채 보상 운동에 참여하였다. 1908년 7월 칠곡 군수, 1910년 10월 경상북도 상주 군수 1914년 9월 경상북도 성주 군수로 임명되었으며, 1919년 12월 중추원 부찬의로 임명되었다가 다음해 3월 사망하였다.

138 동인증익(動忍增益) : ≪맹자≫ <고자(告子) 하>에 "마음을 분발시키고 참을성을 길러, 그 능하지 못한 바를 증익시킨다.(動心忍性 增益其所不能)"라고 한 데서 온 말이다.

종 만나는지요? 건일(楗一) 형은 불굴의 기운을 지닌 분으로 옛날에는 참으로 훌륭한 모습에 감복하였고 지금은 더욱 징험할 수 있으니, 이것은 나약한 자를 일어나게 하기에[139] 충분할 것입니다.

저는 반 년이나 병을 앓다가 거듭 집안의 큰 일을 겪고 백발은 말할 것도 없고 눈이 어두워져 책을 보는 데 방해됨에 깊이 탄식하고 있습니다. 만구옹(晩求翁)[140]의 고심과 노력이 유문(遺文)에 두루 퍼져 있는데, 지금 들으니, 동문(同門)의 하생(下生)이 각각 다른 방면으로 나아가서, 전습(傳習)에 힘쓰지 않고, 오로지 논쟁하는 것[操戈][141]만을 숭상하여, 도를 담은 선생의 글을 출간할 계획이 없는 지경에 이르게 되었다고 합니다. 이러한 일들이 지속되면 어찌 주문 말학(朱門末學)으로 초려(草廬, 吳澄)의 놀림을 받는 것이 아니겠습니까?[142] 그러니 노형께서 그 책임을 지지 않을 수 없을 것입니다. 요즈음 겁략(劫掠, 일제의 압박)의 우환은 옛날에는 한 번도 있지 않았던 일입

139 나약한 자를 일어나게 하기에 : '입나(立懦)'를 풀이한 말이다. 맹자가 "백이(伯夷)의 풍도를 들은 자는, 완악한 이는 청렴해지고 나약한 이는 홍기하게 된다.(聞伯夷之風者 頑夫廉懦夫有立志)" 하였다. ≪맹자(孟子)≫ <만장(萬章) 하>

140 만구옹(晩求翁) : 만구(晩求)는 이종기(李種杞, 1837~1902)의 호이다. 본관은 전의(全義), 자는 기여(器汝), 호를 다원거사(茶園居士)라고도 하였다. 14세 때 향시를 보면서 답안을 먼저 작성하고도 윗사람보다 먼저 쓸 수 없다는 이유로 마무리를 하지 않자, 이 덕행이 알려져 금오랑에 제수되었지만 부임하지 않았다. 유치명과 이상정의 학문을 사사하였으며, 고령군(高靈郡) 다산면(茶山面) 상곡(上谷) 마을에 서락서당(書洛書堂)을 만들어 많은 제자를 양성하였다. 문집에 ≪만구집≫이 있다.

141 논쟁하는 것[操戈] : 조과(操戈)란 그 사람의 설(說)로 그 사람을 반박하는 것을 뜻한다. 한(漢)나라 때 하휴(何休)가 공양학(公羊學)을 좋아하여 ≪공양묵수(公羊墨守)≫등의 책을 지었는데, 정현(鄭玄)이 이 책들에 대해 반박하는 저술을 내놓자 하휴가 읽어 보고 탄식하기를, "정강성(鄭康成)은 나의 실(室)에 들어와 나의 창을 잡고 나를 치는구나."라고 하였다 한다. ≪후한서(後漢書)≫ 권35, <정현열전(鄭玄列傳)>

142 어찌 주자(朱子) …… 않겠습니까? : 초려는 원(元)나라 오징(吳澄)의 호인데, 그는 주자학(朱子學)을 계승하였으면서도, 도문학(道問學)보다 존덕성(尊德性)을 중시하는 등 육학(陸學)의 본심론(本心論)에 기울어지는 경향이 있었다. 여기서는 이종기의 문하생들이 논쟁을 일삼고 실천을 하지 않고 있는 것을 비판한 것이다.

니다. 재종 동생 집은 이미 어른을 부축하고 아이들을 이끌고 산으로 들어갔으며, 또 우리 형[당신]도 이 일로 인하여 성시(城市) 사이에 숨으셨다고 들었습니다. 세상 길이 이와 같으니 어찌 한심하지 않습니까? 만나 뵙기가 쉽지 않아서 편지를 쓰려니 더욱 슬퍼집니다.

이미백수정[143]에게 드림

무오(戊午, 1918, 성재 62세) 與李眉伯壽鼎

봄에 만났는데 훌쩍 세 계절이 지났습니다. 낙동강의 구름과 가야산의 달은 어느 날인들 그리운 추억을 불러일으키지 않겠습니까? 전해 들으니 우리 형의 오늘은 곧 제가 지난 해에 맞이한 이 달이군요. 나이 육십의 생일 아침은 이렇게도 빨라서 우리들은 갑자기 칠십을 바라보는 늙은이가 되었단 말입니까? 색동옷 놀이는 자식들에게 부치고, 길러주신 고마움은 이 날에 곱절이 됩니다. 우리 형은 낙동강 밖[144]의 큰 인물로서 약관에 성균관 진사가 되어 명성이 자자하였습니다. 비록 닦은 것을 펼칠 수 없었지만 한 때나마 부모님 마음을 기쁘게 해드린 것은 호위(蒿蔚)[145]에 비유할 수 있을 것입니다. 그러나 재주도 없는 제가 일찍부터 부모님을 여읜 아픔을 안고 사는 것과는 차이가 있지 않겠습니까? 또 국화꽃이 마당에 가득할 때 진

143 이미백(수정) : 이수정(李壽鼎, 1858~1921). 조선 말기 칠곡 출신의 유생. 본관은 광주(廣州). 자는 미백(眉伯), 호는 매경(梅耕). 1885년(고종 22)에 생원시에 합격하였다. 경상북도 칠곡군 왜관읍 매원리에서 살았다.

144 낙동강 밖 : 원문의 강표(江表)는 강외(江外)의 뜻으로 낙동강을 중심으로 내외로 나누었을 때 서울에서 남쪽으로 볼 때, 강표는 강좌(江左) 즉 경상도 동부 지역을 지칭하는 말이다. 이수정은 칠곡 출신으로 강좌지역에 살았기 때문이다.

145 호위(蒿蔚) : '천한 쑥'을 가리키는 것으로, 부모의 은혜를 갚지 못한 것을 의미한다. ≪시경≫ <소아(小雅) 육아(蓼莪)>에서 온 말인데, 이 시는 이미 부모가 돌아가시어 하늘처럼 끝없는 은덕을 갚을 길이 없기에 부모를 몹시 그리워하여 부른 노래이다. <육아> 시에 "길고 큰 아름다운 쑥인 줄 알았더니, 아름다운 쑥이 아니라 저 천한 쑥이로다. 슬프고 슬퍼라 부모여, 나를 낳아 기르느라 수고하셨도다. 길고 큰 아름다운 쑥인 줄 알았더니, 아름다운 쑥이 아니라 저 제비쑥이로다. 슬프고 슬프다 부모여, 나를 낳아 기르느라 수고하셨도다.(蓼蓼者莪 匪莪伊蒿 哀哀父母 生我劬勞 蓼蓼者莪 匪莪伊蔚 哀哀父母 生我勞瘁)"라고 하였다.

(晋)나라 선비[146]의 감회는 피차가 같을 것이지만, 백발의 나이에 상을 나란히 하는 양 씨 형제의 즐거움[147]을 형께서 홀로 누리시니 이것이 어찌 축하하지 않을 수 있겠습니까? 저는 자애롭지 못하여 스스로 죄를 불러[148] 이번 여름 초에는 둘째 며느리의 상을 당하였고, 늙은이의 병은 점점 더해져서 가을이 되어도 낫지 않습니다. 지금 친구들과 어울려 연회하는 자리에서 마땅히 형의 회포를 위로하고 형의 자식들에게는 축하를 하여야 할 것인데, 저의 처지가 이러하여 직접 참석하지 못하고 몇 자 편지를 부쳐 백열(柏悅)의 마음[149]을 대신합니다.

---

146 진(晋)나라 선비 : 진사(晉士)는 동진(東晉)의 처사(處士) 도잠(陶潛)을 가리킨다. '동쪽 울밑에서 국화를 꺾어 들고, 멀리 남산을 바라본다'라는 뜻으로, 번잡한 세상사를 피하여 숨어 사는 은자(隱者)의 초연한 심경을 비유하는 말이다. 중국 진(晉)나라 때 도연명(陶淵明)이 지은 <음주(飮酒)>라는 시의 한 구절이다.

147 양 씨 형제의 즐거움 : 원문의 '양위지락(楊幃之樂)'은 양 씨(楊氏) 형제가 대청에 장막을 치고 함께 우애를 나눈 즐거움을 의미한다. 양 씨 형제란 북위(北魏)의 이름난 권문세가인 삼형제 양파(楊播), 양춘, 양진(楊津)으로, 우애가 돈독하기로 유명하였다. ≪소학≫ <선행>에 "양파(楊播)의 집안은 대대로 순후하고 의리와 겸양을 돈독히 하여, 형제가 서로 섬기는 것을 부자간에 섬기는 듯이 하였다. 양춘과 양진은 공손하여, 형제가 아침이 되면 대청에 모여서 종일 마주한 채 안에 들어가지 않았고, 맛있는 음식이 있을 경우 모이지 않으면 먹지 않았다. 대청에다 종종 가림막을 설치해서 잠자리를 만든 뒤, 가서 눕고 담소도 나누었다.(楊播家世純厚 竝敦義讓 昆季相事 有如父子 椿津恭謙 兄弟旦則聚於廳堂 終日相對 未嘗入內 有一美味 不集不食 廳堂間往往幃幔隔障 爲寢息之所 時就休偃 還共談笑)"라고 하였다.

148 죄를 불러 : 원문의 '속고(速辜)'는 죄를 자초한다는 뜻이다. ≪서경≫에 이르기를 "하늘이 은나라를 망하게 하시고 은나라를 사랑하지 않으셨다. 이는 안일한 탓인 것으로, 하늘이 사나운 것이 아니라 사람들이 스스로 허물을 부른 것이다.(天降喪于殷 罔愛于殷 惟逸 天非虐 惟民自速辜)"

149 백열(柏悅)의 마음 : '송무백열(松茂栢悅)'의 줄임말로서, 같은 무리끼리는 기운이 서로 통하여 상대가 잘 되면 같이 기뻐하고 하나가 못 되면 같이 슬퍼한다는 말이다. 육사형(陸士衡)의 <탄서부(嘆逝賦)>에, "진실로 소나무가 무성하매 잣나무가 기뻐하고, 지초(芝草)가 불에 타니 혜초(蕙草)가 탄식함을 한탄하도다.(信松茂而柏悅 嗟芝焚而蕙嘆)"라는 말이 있다. ≪문선(文選)≫ 권16

허경무채[150]에게 드림

무오(戊午, 1918, 성재 62세) 與許景懋埰

지난 해에 편지와 아울러 선친의 유찰(遺札)을 가려 뽑은 자료를 받고 감격한 마음에 눈물이 흘러서 무엇이라 말할 바를 알지 못했습니다. 매번 인편을 구하여 답장을 보내고 싶었지만 거리가 멀고 일이 많아 뜻대로 보내지 못하였습니다. 이어서 들으니 우리 형께서 거듭 상(喪)을 당하셨다고 하기에 다만 의례에 따라 조문 편지만 보내고 이전 편지에는 여전히 답장을 보내지 못하였습니다. 이와 같이 하고도 친구 자리에 나잇값을 하기를 바랄 수 있겠습니까?

삼가 초봄에 상 중의 형제분 체후는 만 가지로 좋으신지요? 조문 손님 맞이하고 보내는 사이에 책에서 얻은 가르침을 일상에서 실천하신다고 하던데 마음으로 계합하는 것이 있습니까? 삼년 상이 어느덧 종상(終祥, 大祥)에 가까워졌습니다. 거문고를 타고 싶은 마음[151]은 고인도 어찌하지 못하였으니, 아마도 가르치는 뜻이 있을 듯합니다.

저는 외진 집에 쓸쓸히 살면서 병이 찾아들고 망해가는 세상을 만나 뜻

150 허채(許埰) : 1859~1935. 조선 말기 학자. 자는 경무(景懋)이고, 호는 금주(錦洲)이다. 본관은 김해(金海)이다. 성재(性齋) 허전(許傳)·만구(晩求) 이종기(李種杞)의 문인이다. 덕행이 뛰어났으며, 주산서당(珠山書堂)을 짓고 후학 양성과 성리학 탐구에 힘썼다. 유고로 시문집 ≪금주집(錦洲集)≫이 전한다.

151 거문고를 타고 싶은 마음 : 부모 삼년상(三年喪)을 당했을 때 24개월째에 대상(大祥)의 제사를 지내는데 이때에는 탄주(彈奏)는 할 수 있어도 노래는 부르면 안 되며, 25개월이 지난 뒤에 탈상(脫喪)을 하고 나서야 평소의 생활로 되돌아간다고 하였다. ≪예기≫ <단궁(檀弓) 상>에, "공자가 대상(大祥)을 지내고 나서 5일 뒤에 거문고를 탔으나 성조(聲調)는 이루지 않았으며, 10일이 되자 생황(笙簧)을 불면서 노래를 하였다."고 하였다.

도 학업도 무너져서, 허약한 몸[152]이 초목과 함께 썩을 것이라 스스로 생각하니, 슬프고 애통한 마음이 어디까지 미치겠습니까? 선친의 글을 모아 3책 정도를 엮어서 길이 사모하는 마음을 담았습니다. 다만 제가 살아 있을 때에 간행하지 못하여서 길이 무한한 한을 안게 될까 걱정입니다. 세 편의 글은 삼가 이미 문집에 실었습니다. 막내 아들이 지금 문상하러 가니, 비록 늦었지만 오히려 스스로 자신의 허물을 씻을 수 있을 것입니다만 그 아비 된 자는 편지 한 장으로 대신하고 스스로 책임을 면했다고 어찌 말할 수 있겠습니까? 편지를 쓰려고 하니 더욱 슬프고도 부끄럽습니다.

152 허약한 몸 : 원문의 '포류지질(蒲柳之質)'은 갯버들처럼 연약한 모습이라는 뜻으로 체질이 허약함을 가리킨다.

이정필상진에게 답함①
答李廷弼相軫

예식은 생략하고 아룁니다. 제가 상을 당하고부터는 망연히 세상에 다시 뜻이 없어지고, 언제나 집의 형님과 평소에 교유하던 분들이 왕래하기를 멈추지 않았음[153]을 생각한다면, 하물며 도(道)로써 서로 기약하고 마음으로써 서로 허교(許交)하여 정의(情義)가 가깝고 취미(臭味)가 비슷한 집사(執事, 상대방)와 같은 분은 어떠하겠습니까? 아드님이 방문하는 차에 당신의 조문 편지를 받았습니다. 인정스러운 말씀은 슬퍼서 아우된 사람이 목이 메어 읽을 수 없게 만듭니다. 오호라. 저는 죄(罪)가 무거워서 화(禍)도 크게 받는 것입니다. 일찍이 부모를 여의고 의지할 곳은 오직 형밖에 없었는데 천륜의 지기인 형[154]이 홀연히 나를 버리고 갔으니, 지금부터는 어두운 거리에서 누가 다시 나를 이끌어 주겠습니까? 책상 위에 책이 있지만 차마 읽을 수 없고, 집에 일이 있으나 물어볼 곳이 없으니, 낮이면 쓰러져 있고 밤이면 일어나 헤매다닙니다. 예전에 당신께서 찾아오면 반드시 우리 형제의 손을 잡고 한강대(寒岡臺)와 회연서원(檜淵書院) 사이[155]를 다니다가 기울

153 왕래하기를 멈추지 않았음 : 원문은 '동동왕래(憧憧往來)'로, ≪주역≫ <함(咸) 구사(九四)> 효사에 나오는 구절이다. 끊이지 않고 왕래하는 모습을 가리킨다.

154 천륜의 지기인 형 : 원문의 '천륜지기(天倫知己)'는 정다운 형제를 이르는 말로서, 문맥으로 보면 자신의 형을 일컫는 말이다.

155 한강대(寒岡臺)와 회연사원(檜淵書院) 사이 : 원문에는 '도성백석지간(濤聲白石之間)'이라 되어 있다. '도성'은 작자의 선조 한강 정구가 <효기우음(曉起偶吟)>에서 "물결 소리 솔바람 소리 앞뒤에서 우렁차고(濤聲前後壯)"라고 한 데서, '백석'은 "흰 돌과 맑은 시내 종일토록 노니나니(白石淸川終日翫)"라고 한 데서 용사한 것이다. 이 두 시는 한강대와 회연서원의 암석에 새겨져 있다.

어진 움막집에서 해가 저물어도 돌아갈 줄 몰랐던 것을 생각하면 어제 일인 듯 또렷한데, 이제 옛날 일이 되고 말았습니다. 비록 다시 곤궁한 집으로 나를 찾아오신다고 하여도 이러한 즐거움은 다시 얻을 수 있겠습니까?

이정필상진에게 답함②
答李廷弼相軫

제가 통곡하며 아룁니다. 동생이 된 사람이 형제 사이의 사랑을 돈독하게 하지 못하였으니, 하늘이 벌을 내린 것이 참으로 당연합니다. 그런데 어찌하여 벌을 나에게 내리지 않고 형에게 옮겨서 강건한 덕과 자애로운 자질을 지니신 형을 중년에 이르기도 전에 갑자기 죽어서 돌아가게 한단 말입니까? 사랑하는 사이의 애통함은 형제와 같은 것이 없으니, 비록 재주도 같고 덕도 비슷한데 하나가 먼저 죽고 하나가 남아도 오히려 살이 베어져 나가는 아픔을 견디지 못하는데, 하물며 동생이 어리석어서 형이 아니면 살아갈 수 없는 경우에는 어떠하겠습니까? 반 년 동안 재사(齋舍)에서 고생스럽게 간병한 것은 정신을 상하게 하기에 충분하고 석 달 병석에 있을 때에는 구완함에는 마음을 따르지 못한 적이 많았습니다. 옛날부터 지금까지 다시 이런 아픔이 어디 있겠습니까? 집안 일을 정돈하고 남겨진 자식을 돌보는 것은 나의 힘이 미치지 못하니, 보이는 것마다 가슴에 못이 박혀서, 한밤중에 방황하며 하늘에 울부짖고 땅을 칩니다. 이것이 무슨 사람이겠습니까? 오직 우리 집사만 깊이 아시고 지극히 불쌍히 여기실 것입니다. 멀리서 보내준 편지에는 구구절절 옛이야기를 하여 저로 하여금 슬퍼 눈물을 흘리게 하니 어떻게 답장하여야 할지 모르겠습니다.

이응회병희에게 드림①

을사(乙巳, 1905, 성재 49세) 與李應晦炳熹

약속을 했지만 갈 수 없었고, 편지를 받았지만 또 답장을 하지 못하였으니, 지금 당장 해야 하는 일에 게으름이 많았기 때문입니다. 그 후 여러 달 동안 소식이 막혀 그리는 마음이 평소보다 배나 되었습니다. 삼가 부모님 모시는 형제분의 체후는 좋으신지요? 종질녀는 보살핌을 받아 잘 지내는지요? 어릴 때부터 사랑해 주심을 믿고 부녀의 일을 익히지 못하여 어두운데, 뜻밖의 재앙[156]을 다시 겪고 얼굴도 옛날의 모습이 아닐 것이니 어떻게 층층 시어른의 바람에 잘 따를 수 있겠습니까? 지금부터라도 가르침으로 함양한다면 그 아이의 나이가 아직 어리므로 어찌 변화의 도리가 없을 수 있겠습니까? 이것이 제가 깊이 바라는 것입니다.

저는 봄부터 병으로 하루하루를 보내면서 몸과 마음은 단속하지 못하고 서책은 전제(筌蹄)[157]와 같이 여기니, 이와 같이 하고서도 자포자기하는 삶에서 면할 수 있겠습니까? 크게 탄식합니다. 근래 가뭄은 옛날에도 경우가 드문 가뭄이라 말할 수 있습니다. 참으로 풍년이 들어도 백성들의 일이란 아침에 저녁을 생각하지 못하는데, 하물며 기근이 든 해는 어떠하겠습니까? 다만 당신 계신 곳은 어떠신지 알지 못하겠습니다.

156 무망(无妄) : 64괘(卦)의 하나. 건괘(乾卦)와 진괘(震卦)로 이루어짐. 하늘 아래에서 천둥이 치는 형상을 상징하며, 뜻밖에 일이 닥침을 의미한다. 아래 편지를 참고하면 아마도 병을 앓은 듯하다.

157 전제(筌蹄) : 사용하고 나면 잊어버려야 할 도구와 같은 것이라는 의미이다. '전'은 물고기를 잡는 통발이고, '제'는 토끼를 잡는 올무이다. 장자가 말하기를 "통발은 물고기를 잡는 도구인데 물고기를 얻으면 통발은 잊고, 올무는 토끼를 잡는 도구인데 토끼를 잡으면 올무는 잊는다." 하였다. ≪장자(莊子)≫ <외물(外物)>

이응회병희에게 드림②

을사(乙巳, 1905, 성재 49세) 與李應晦炳憙

가을 비가 하늘에 넘쳐 지극히 가까운 곳에서도 오히려 소식을 통하지 못하는데 하물며 백 리나 떨어지고 긴 강이 막힌 곳임에랴. 오랫동안 소식이 막힌 것은 사정이 그러해서이지, 어찌 일찍이 그리워 우러르는 마음이 부족해서이겠습니까?

삼가 가을이 무르익는 이때에 형제분께서는 위로 부모를 기쁘게 받들어 모시고 아래로는 자식의 과업을 독실하게 하시니, 아마도 즐거움만 있고 근심거리는 없으실 듯합니다. 질녀(姪女)의 병은 이제 마땅히 다 나았겠지요? 우러러 축원합니다.

저의 둔한 자질은 고인에게 미치지 못하고 완고한 성질은 시대를 따라가지 못하여, 진퇴에 근거를 잃었습니다. 다만 옛것을 싫어하고 새것을 기뻐하는 사람들만 보고 있으니, 이것은 자신의 오곡이 여물어 가지 않는 것은 걱정하지 않고 다른 사람의 피가 잘 익어가는 것을 부러워하면서 오랑캐의 문명을 이용하여 중화의 문병을 바꾸려고 하고, 그 가운데 자못 식견이 있는 사람은 오랑캐의 가르침을 조종(祖宗)이 왕성한 때에 비유하여 유가를 묵가로 끌어들이려는 듯[158]이 계획합니다. 그른즉 뜻밖에 큰 재앙이

158 유가를 묵가로 끌어들이려는 듯 : ≪맹자(孟子)≫ <등문공(滕文公) 상>에 맹자와 이지(夷之)의 대화에서 근거를 찾아 볼 수 있다. 이지(夷之)는 맹자와 동시대를 살았던 묵가의 인물이다. 그는 묵가의 겸애(兼愛)와 유가의 인(仁)이 다르지 않다고 주장하여, 유가의 논리를 가져와 묵가의 겸애와 같다고 하고, 묵가의 논리를 미루어 유가의 인과 다를 바 없다고 생각하였다. 그리고 이 주장을 가지고 맹자와 논쟁을 하려 하면서, '사랑에는 차등이 없고 베풂은 어버이로부터 시작한다.(愛無差等 施由親始)'라고 하였다. 그러나 맹자는 유가의 인은 친친애민(親親愛民)이라는 차등이 있는 것으로, 그것이 오히려 사람의 자연스런

천하에 퍼짐이 도도하니, 한 척 작은 배로 어떻게 막을 수 있겠습니까?

질녀(姪女)의 근친(覲親)은 날을 정하여 알려드리겠습니다. 그때 데리고 가면 이 마음을 말씀드릴 수 있을 것입니다.

감정이라고 하였다. 이어 이웃집 아들과 조카가 어찌 똑같이 느껴질 수 있는가 반문하고, 또 박장(薄葬)을 주장하는 묵가와 달리 아들로서 돌아가신 어버이의 장례에 최선을 다할 것을 주장하는 유가의 사상은 사람이면 누구나 가지고 있는 자연스런 천성에서 발로한 것이라고 하였다.

이응회병희에게 드림

무신(戊申, 1908, 성재 52세) 與李應晦炳憙

지난 해 한 번 사람을 보내어 문안하였을 뿐, 매번 슬픈 날을 당할 때마다 말을 하려고 해도 목이 메이고 틈이 날 때마다 마음이 답답해집니다. 지금 이후로 빈소도 거두어야 하는데 가련한 혼령은 어디에 부쳐야 할지 모르게 되었습니다. 슬프고도 슬픕니다. 모르겠습니다만, 형제분들께서는 자당의 병환은 잘 살피고 계신지요? 저는 삼 년이나 두문불출하며 세상을 잊고 있다가, 지난 달 스무 날 즈음에 둘째 며느리를 데리고 옥동 신 씨의 침문에 문상을 갔다가 곧 돌아왔는데 병이 나서 괴로운 것이 마치 여뀌 먹은 물고기 같으니, 무슨 일을 하겠습니까? 이렇게까지 심히 노쇠하였으니, 크게 탄식합니다. 또 옥동에서 당신 계신 곳과는 불과 반 나절이나 하루 거리에 지나지 않는데 제가 병이 들고 또 제사가 가까워서 나아가지 못하고 바라보며 탄식만하고 돌아왔습니다. 형께서 만약 들어서 알게 되더라도 저를 일에 따라 마음이 바뀌는 사람이라고 꾸짖지는 않으시겠지요?

이응회병희에게 답함①

기유(己酉, 1909, 성재 53세) 答李應晦炳憙

저는 외진 집에서 칩거하면서 병과 이웃하여 삽니다. 머리카락은 세고 치아는 흔들리고, 이전에 앓던 병이 지금은 깊어졌습니다. 다행스럽게도 태어나서 이 세상을 만났지만 다시 무엇을 하겠습니까? 우러러 생각건대, 우리 형께서는 발꿈치를 단단히 붙이고 쏟아지는 물결에도 흔들리지 않는 모습입니다. 성시(城市)에서 산림(山林)으로 다시 돌아오셨으니, 전원의 즐거움이 그중에 있을 듯합니다. 비록 자식을 훈도하는 방법에 어떤 때에는 새로운 것으로 하고 어떤 때에는 예전의 것으로 하시지만, 중요한 것은 모두 시대를 살피고 형세를 헤아리는 뜻에서 나온 것이며, 반드시 가라지[稊稗]를 좋아하여 오곡(五穀)을 버리려고 그런 것은 아닐 것입니다. 저처럼 고집스럽게 바뀌지 않고 앉은 채로 외부의 우환을 당하는 사람과 비교한다면 그 거리가 어찌 다만 30리에 그치겠습니까?[159] 만날 길이 없으므로 인편을 대하니 그리운 마음이 더욱 간절합니다.

159 그 거리가 …… 그치겠습니까 : 알고 모르는 것의 차이가 30리나 된다는 말이다. 동한(東漢)의 채옹(蔡邕)이 <조아비(曹娥碑)>에 '황견유부외손제구(黃絹幼婦外孫齏臼)'라는 여덟 글자의 은어를 써 두었는데 삼국 시대 조조(曹操)가 이 대목을 보고 주부(主簿) 양수(楊修)에게 "그 뜻을 알겠느냐?"라고 묻자, 양수가 안다고 하자, 조조가 "아직 말하지 말라." 하고 30리 가량 가서야 그 뜻을 알아차리고 양수에게 말해 보라고 하자, 양수가 파자(破字)하여 "황견은 색이 있는 실[色絲·이므로 절(絶) 자가 되고, 유부는 소녀(少女)이므로 묘(妙) 자가 되고, 외손은 딸의 아들[女子]이므로 호(好) 자가 되고, 제는 매운[辛] 부추이고 구(臼)는 받는 것[受]이니 사(辭)의 약자가 된다. 따라서 '절묘호사(絶妙好辭)' 즉 절묘한 좋은 글이란 뜻이 된다."라고 풀이하였다. 이에 조조가 "알고 모르는 것이 30리나 차이가 난다.(有智無智較三十里)"라고 하며 탄식하였다. ≪세설신어(世說新語) <첩오(捷悟)>

이응회병희에게 답함②

기유(己酉, 1909, 성재 53세) 答李應晦炳憙

저는 죄가 많고 자애롭지도 못하여 갑자기 둘째 며느리[160]의 안타까운 상사를 당하였습니다. 애통한 마음을 가누기가 어려웠는데, 곧바로 백 리 밖에서 사람을 보내어 글로써 위로하고 재물로 도와주시니 돈독한 계의(契誼)가 아니면 어떻게 하였겠습니까? 또 몇 해 전에 제가 형을 위문했던 것을 오늘 끄집어 내어, 남의 슬픔을 자신에게 돌이켜 슬퍼하시니, 더욱 저로 하여금 마음을 진정하지 못하게 하십니다. 그러나 형과 제가 오히려 위로할 수 있는 것은, 저의 집이 처한 이러한 슬픔이 제 한 몸에만 이르게 되었다는 것입니다. 비록 비유를 잘하는 사람이 있다고 하더라도 거기에 대하여 한마디도 할 수 없을 것이며, 직접 보지 않아도 오히려 그려볼 수 있고 직접 본다면 견디지 못할 것입니다. 엎드려 생각건대 가을날 어버이를 모시고 지내는 형제 분의 일상이 매우 좋으시다고 하니 저의 마음이 위로됩니다.

저는 병을 참고 슬픔을 누르면서 장례를 마치게 되었습니다. 죽은 사람은 무슨 죄이겠습니까? 참으로 그 시아비가 자애롭지 못해서 그렇게 된 것이니, 이는 의심할 수 없습니다. 묵은 병이 더 심해져도 또한 돌볼 수 없습니다. 둘째 자식은 내일 옥동으로 가서 그 아내를 묻을 것이니, 그 언덕에서 그를 위로함은 인정으로는 참으로 못할 일일 것이며, 아마도 위로할 말도 없을 것입니다. 가을걷이가 임박하여 나아가 문안 인사를 드리게 할 수 없으니, 혹시 용서해 주시겠습니까?

---

160 둘째 며느리 : 영산 신씨(靈山辛氏, 1882~1909)로 둘째 아들 건호(健鎬)의 처이며 신극성(辛極成)의 따님이다.

이응회병희에게 답함
경술(庚戌, 1910, 성재 54세) 答李應晦炳憙

죽을 지경에서 친구의 편지를 보게 되니 마치 다시 살아나는 듯하고, "눈을 들어 산하를 본다"는 구절은 저로 하여금 자신도 모르게 편지를 덮고 길이 애통하게 합니다. 삼가 여쭙노니, 당상(堂上)께서 병환이 있으시고, 보살펴드리는 형제분도 조섭할 때가 많으시다 하니 구구한 저의 마음에 우려러 염려가 됩니다. 이어서 맞이한 며느리가 아침저녁으로 기쁘게 하는지를, 저에게 편지를 보내어 위로하는 사람들이 모두 그렇게 말하는군요.

저는 몇 해 전부터 머리카락이 모두 세었고 왼쪽 어금니 하나가 빠졌으니, 이것은 참으로 저승사자의 기별일 것입니다. 그러나 오히려 늦게 올까 걱정스럽습니다. 둘째 며느리[161]는 저의 집안에 들어와 기대에 잘 호응하여 평소에 즐겁게 살 만합니다. 그러나 지금 세상에서 어찌 다시 즐거운 일이 있겠습니까? 이 수령(守令)은 부모의 상을 당하였지만 생명을 상하는 데까지 이르지는 않았습니다. 저는 병을 안고 깊숙이 칩거하며 인간사를 버린 지 오래되어, 한 번 몸소 조문하여야 하지만, 옛날에도 이미 할 수 없었는데, 지금 어찌 감히 그것을 바라겠습니까? 평소의 일을 더듬어 생각해보면 슬픔과 부끄러움이 깊습니다.

161 둘째 며느리 : 둘째 아들 건호(健鎬)의 세 번째 처로 장능헌(張能憲)의 따님 옥산 장씨(玉山張氏)를 말한다.

이응회병희에게 드림

신해(辛亥, 1911, 성재 55세) 與李應晦炳熹

바라던 중에 아드님이 봄이 되어 여기에 왔습니다. 비록 여기는 아무 생각 없이 있지만, 기뻐하지 않을 수 없어 사랑하는 마음으로 손을 잡았습니다. 하물며 훤칠하게 빼어난 용모와 분명하게 조리가 갖추어진 논리는 저의 눈을 크게 뜨게 하고 저의 마음을 열리게 함에 있어서이겠습니까? 물어보니 형제분께서는 지난해 병 중에 계셨다고 들었습니다. 평소에 몸가짐을 삼가는 분이 무엇 때문에 이렇게 되었는지요?

지금은 우리들이 편안히 쉴 날이 아니요, 형이 아래 사람을 받들어 모셔야 할 때입니다. 마땅히 자신을 두지 않아야 할 것이니, 더욱 잘 조섭하여 늙은이에게 걱정을 끼침이 오래 가지 않도록 해야 할 것입니다. 세상이 뒤집어졌습니다. 형과 나는 또 같은 병을 앓는 처지인지라 서로 불쌍히 여길 만합니다. 그러나 서로 손잡고 슬픔을 나눌 길이 없으니 어찌하겠습니까? 아드님은 처음에 이틀을 자고 돌아가려고 하였지만 늙은 저의 마음을 돌아보고 참으로 선뜻 떠나기가 어려웠을 것입니다. 굳이 만류하여 삼사 일을 머무르게 하였으니, 그 아이가 부친의 말씀을 어기지 않을 수 없었던 잘못은 참으로 저에게 있습니다. 돌아가는 날에 부디 용서해 주시기를 바랍니다.

이응회병희에게 답함

계축(癸丑, 1913, 성재 58세) 答李應晦炳熹

그 사이에 이미 상을 마쳤을 줄 압니다.[162] 그러나 저는 병으로 인간사를 폐하여 마침내 문상을 한 번도 하지 못하였으니 이것으로 저를 마땅히 당신의 마음 밖으로 내버려 두었을 것인데, 오히려 고마운 편지를 내려주셔서 속마음을 드러내 보여주시기를 평소와 다름없게 하시니, 고마운 마음을 어떻게 말하겠습니까? 또 상례는 함부로 지나칠 수 없는 것인데, 애통하게도 세월은 쉽게 흘러가고, 다하지 못한 슬픔이 절절하게 말씀에서 넘치니, 군자께서 평생 사모하는 효심은 하늘에서 타고난 것이며 사람마다 미칠 수 있는 것이 아님을 알겠습니다. 감히 감복하지 않을 수 있겠습니까?

삼가 살펴보니, 한 해가 다하고 찾아온 봄날에, 한가로이 수양하시는 형제분의 체후가 좋으신 것을 알았습니다. 저는 갯버들처럼 허약한 체질[163]에 노년의 성취[164]를 다시 바랄 수 없으며, 나이를 먹을수록 병은 더욱 깊어지고 도(道)가 쇠퇴할수록 저의 뜻은 더욱 무너집니다. 이것은 서로를 아끼는 사람으로서 함께 불쌍히 여기는 것이니 무엇을 말하겠습니까? 보내주신

162 그 사이에 …… 줄 압니다. : 원문의 '원금이독악(援琴而讀樂)'은 거문고를 연주하며 악장을 읽는다는 말로써 상기(喪期)를 마쳤다는 말이다. ≪예기(禮記)≫ <곡례(曲禮) 하>에 "상을 마치고 평상시로 되돌아오면 악장을 읽는다.(喪復常讀樂章)"라고 하였다.

163 갯버들처럼 허약한 체질 : 원문의 '포류지질(蒲柳之質)'은 허약한 체질을 일컫는 말이다.

164 노년의 성취 : 원문의 '상유지수(桑榆之收)'는 마원(馬援)의 고사에서 나온 것이다. 마원은 "처음에는 비록 회계에서 날개를 드리웠지만 마침내 민지에서 날개를 떨칠 수 있었으니, 동우에서는 잃었지만 상유에서 거두었다 이를 만하다.(始雖垂翅回谿 終能奮翼黽池 可謂失之東隅 收之桑榆)" 하였다. ≪후한서(後漢書)≫ 권24 <마원열전(馬援列傳)> 동우(東隅)는 해가 뜨는 곳이고 상유는 해가 지는 곳이라 한다. 즉 동우는 인생의 초년을, 상유는 인생의 만년을 뜻한다. 그러므로 상유지수는 노년의 성취를 뜻하는 것으로 풀이된다.

선집(先集, 부친의 문집[165]) 2부는 비록 다 읽어 볼 겨를이 없었지만, 문집을 열어보니 찬연하게 서안 가득히 금옥(金玉)이 가득한 듯하였습니다. 마치 파사국(波斯國) 시장[166]에 들어간 듯이 마음과 눈이 현란하고, 또 가난한 집 아이가 갑자기 부자가 되어서 먹지 않아도 배가 이미 부른 듯하였습니다. 이것은 선친께서 근실하게 쌓아 올린 학문과 우리 집사께서 선친의 덕을 드러내는 돈독한 정성이 없었다면 저처럼 고루한 사람이 어떻게 이 책을 얻을 수 있었겠습니까? 마땅히 저의 책상자에 보관하여 길이 보물로 삼겠습니다.

165 부친의 문집 : 이익구(李翊九, 1838~1912)의 ≪항재집(恒齋集)≫ 9권 5책을 말한다. 이익구의 본관은 여주(驪州)이며, 자는 능백(能伯), 호는 항재(恒齋)·서고산인(西皐散人)이다. 이익구는 한말 혼란기에 일찍부터 과거를 통한 벼슬의 뜻을 접고 학문과 교육에 힘을 쏟았다. 밀양시 단장면 무릉리(武陵里)와 고례리(古禮里)에 거주하다가, 1890년(고종 27) 두 아우 정존헌(靜存軒) 이능구(李能九) 및 이명구(李命九)와 함께 밀양시 부북면 퇴로리(退老里)로 이사하였다. 저서로는 ≪항재집≫ 외에도 ≪독서차기(讀書箚記)≫ 10권 4책이 더 있다.

166 파사국(波斯國) 시장 : 파사국(波斯國)은 페르시아이니, 화려함을 표현하는 관용적인 말이다.

이응회병희에게 드림

갑인(甲寅, 1914, 성재 58세) 與李應晦炳憙

인사는 생략합니다. 저의 집 아이가 정한 곳 없이 나갔는데, 처음에는 의령(宜寧, 宜春)에 갔다가 오겠다고 하였습니다. 그리고 돌아와서는 여소(廬所)에 계신 형의 안부를 매우 자세히 말하였습니다. 날이 오래된 것은 꾸짖을 만하지만 아들 편으로 한 해 동안 끊어진 우리 양 쪽의 소식을 알게 되었으니 얼마나 위로되던지요?

저는 노쇠하고 병든 것이 심하여 한갓 마른 나무처럼 되었으니, 만물과 더불어 봄을 함께 할 수 없음을 스스로 알아서 인사(人事)를 폐기하고 이미 허깨비[伎倆, 인형]가 되어, 평소 우러르는 선부군 같은 분에게도 아직 빈소에 찾아가 문상하지 못하였습니다. 비록 형께서는 저의 마음을 불쌍히 여기시지만, 저의 죄는 마음속에서 부끄럽지 않을 수 있겠습니까? 둘째 아이가 지금 가는 것도 이미 늦었으니 아마도 자신의 허물을 감당하기에도 부족할 것이거늘 어찌 그 아비의 허물을 덮기를 바랄 수 있겠습니까? 나머지는 그 아이가 다 말씀드릴 것이니, 이만 줄이겠습니다.

이응회병희에게 답함

병진(丙辰, 1916, 성재 60세) 答李應晦炳憙

새해에 아드님을 만나고 가져온 편지를 잘 받았습니다. 훤칠한 용모에 따뜻한 말은 사람의 마음과 눈을 열리게 하였습니다. 고마운 마음을 어떻게 헤아리겠습니까? 편지를 읽어보니, 한가로이 수양하시는 형제분의 체후는 좋으시며, 장자는 시봉을 잘하시고, 산 중의 집은 고요한데, 경사(經史)를 완미하시면서, 세상 근심을 잊으시고, 찾아오는 벗을 즐거워하시는 것을 알겠습니다. 어떻게 수양하면 이렇게도 맑은 양식을 얻을 수 있다는 말입니까? 부럽고도 축하드릴 일입니다.

저는 갯버들처럼 허약한 체질[167]에 이미 육순이 되어 병은 날로 더하고 뜻은 날로 무너집니다. 보내주신 편지글 '지난 허물을 점검한다' 이하의 말씀은 형께서는 반드시 그렇지 않으실 것이지만 저는 참으로 점검할 허물이 있으니 어찌하겠습니까? 아드님께 들으니 지금 ≪동사(東史)≫[168]를 찬집(纂輯)하고 계신다고 하니, 한가로이 지내시는 가운데 체득하신 것이 매우 많으신 줄을 알겠습니다. 책이 완성되는 날 한 부를 보내주셔서 이렇게 고루한 제가 박학함에 도움을 받을 수 있도록 하신다면 또한 남에게 덕을 미치는 한 가지 즐거운 일이 될 것이니 어떠하신지요? 아드님이 육 년 만에 찾아와서 닷새를 자고 돌아가려 하니, 이별에 임하여 슬픈 마음을 이 노인이 감당하지 못하겠습니다.

167 갯버들처럼 허약한 체질 : 원문의 '포류지질(蒲柳之質)'은 허약한 체질을 일컫는 말이다.
168 ≪동사(東史)≫ : 이병희가 지은 ≪조선사강목(朝鮮史綱目)≫을 말한다. 1392년 조선 건국에서 1680년(숙종 6)까지를 다루고 있는데 미완성이다. 조선을 통해 세계사를 지향하고 있었던 점, 전통 유학자가 편찬했음에도 불구하고 사실 소개에 치중한 점, 조선왕조사 서술에 전형적인 강목 형식을 채택한 점 등에서 중요한 의미를 지닌 사서이다.

이응회병희에게 답함
정사(丁巳, 1917, 성재 61세) 答李應晦炳憙

아드님이 한 해에 한 번은 오는데 오면 꼭 편지를 가지고 오니, 고맙고도 기쁜 마음을 감당할 수 없습니다. 삼가 읽어보니, 늦봄에 형제분 체후는 좋으시고 덕행과 학문이 높고도 밝으시다 하니 구구한 저의 마음에 위로됩니다. 저는 병을 안고 외진 산 중에 살면서 문득 예순 한 살이 되었습니다. 이미 지난 허물은 어찌하기가 어렵고 앞으로 다가오는 세월은 많지 않음에, 탄식이 크게 나오는 것을 어떻게 하겠습니까?

≪성호집(星湖集)≫ 간행은 사문(斯文)의 성대한 일입니다. 수백 년 이루지 못한 것을 귀 고을에서 이제야 능히 이루시니 도(道)를 지킨 공은 백 세가 흘러도 칭송하는 말이 있을 것입니다.[169] 감히 삼가 감복하지 않겠습니까? 다만 사람의 아름다움을 이루는 데는 결국 남의 단점을 논하는 것보다 좋은 것이 없다는 것은 세속의 통상적인 병폐입니다. 그러나 시비(是非)와 호오(好惡)는 속일 수 없는 것이니, 이것은 이번 도회(道會)에서 처음에는 서로 차이 났던 것이 마침내는 한 가지로 귀결된 경우입니다. 양 쪽의 책을 한 번 대조하여 교감하는 것은 마침내 막을 수 없는 일이므로, 아마도 도남(道南)[170] 모임에서 이 일이 있을 듯합니다. 형의 뜻은 어떠한지 모르겠습니

169 ≪성호집(星湖集)≫ 간행은 …… 것입니다 : 성호(星湖) 이익(李瀷)의 문집이 영남 밀양의 퇴로리(退老里)에서 간행된 것은 성호의 학통을 이어받은 성재(性齋) 허전(許傳)의 영향이 컸다. 허전의 문인이었던 노상직(盧相稷), 이병희(李炳憙)를 중심으로 스승의 숙원이었던 ≪성호집≫의 간행이 발의되었고, 중간에 이남규(李南珪) 산정본(刪定本)의 간행을 반대하는 세력의 방해와 재정의 부족 등 여러가지 어려움이 있었으나 1918년 초에는 반질(頒秩)한 것이 80~90부에 이르렀으며 책판의 보관을 위한 장판각(藏板閣) 천연정(天淵亭)까지 설치하였다.

다만, 아드님께 자세히 물어보니 형의 경개를 알 만하였습니다.

170 도남(道南) : 도남서원(道南書院)을 가리킨 말이다. 경상북도 상주시(尙州市) 도남동(道南洞)에 있던 서원이다. 1677년(숙종 3) '도남'이라는 액호를 받아 사액서원으로 승격하였으며, 흥선대원군의 서원철폐 조치로 훼철되어, 현재는 강당인 일관당(一貫堂)만 남아 있다.

이응회병희에게 드림

무오(戊午, 1918, 성재 62세) 與李應晦炳憙

지난 여름에 우편으로 편지를 받았지만, 오래도록 답장을 올리지 못한 것은 제가 게을러서가 아니라 사정이 그러하였습니다. 한 해가 또 바뀌었는데 삼가 초봄에 형제분의 조섭하시는 안부가 좋으시며, 큰 집도 길하시다고 하니 보잘것없는 제가 멀리서 축하드립니다. 저는 늙어 세상일에 간섭하지 않으므로 움직일 때마다 문득 잘못됩니다. 지난 봄 천연당(天淵堂)[171] 도회[省會]가 그 가운데 한 가지 일입니다. 처음부터 끝까지 스스로 시비의 숲 가운데서 벗어나려 하였는데, 마침내 시비를 면하지 못하였습니다. 이는 곧 장생(莊生)이 이른바 자신의 그림자를 두려워하여 달려가는 경우[172]가 아니겠습니까?

일은 비록 훌륭하지만 나에게서 나오지 않았고, 말은 비록 공정하지만 나에게서 나오지 않았는데도 질책이 돌아가니, 운명이 아니라는 것을 어찌 알겠으며, 운명이 시킨 것이라면 아이들의 판단과 향인(鄕人)들의 성토는

171 천연당(天淵堂) : ≪성호집≫을 간행한 밀양의 천연정(天淵亭)을 말한다. 1917년에 여기서 ≪성호선생문집≫ 27책본을 간행한 후, 1922년에 다시 전집 36책으로 간행되었다.

172 장생(莊生)이 …… 달려가는 경우 : 일을 쉬지 못하고 죽을 때까지 일에 매이는 경우를 말한다. 원문의 '외영(畏影)'은 ≪장자≫ <어부(漁父)>에서 언급되는 고사이다. "어떤 사람이 자신의 그림자를 두려워하고 자신의 발자국을 싫어하여 이것을 떨쳐내려고 달음질쳤는데, 발을 들어 올리는 횟수가 많아질수록 발자국도 더욱 많아졌고 달리는 것이 빠를수록 그림자가 몸에서 떨어지지 않았다. 자신의 달리기가 아직 더디다고 생각해서, 쉬지 않고 질주하여 마침내는 힘이 다하여 죽고 말았다. 이 사람은 그늘에 처하면 그림자가 사라지고 고요히 쉬면 발자국도 멈춰진다는 것을 몰랐으니, 어리석음이 또한 심한 것이다.(人有畏影惡迹而去之走者 擧足愈數而迹愈多 走愈疾而影不離身 自以爲尙遲 疾走不休 絶力而死 不知處陰以休影 處靜以息迹, 愚亦甚矣)"

마침 나에 대한 비방을 더하기에 충분합니다. 그러므로 금지시켜도 멈출 수 없습니다. 다만 간행하는 일을 이미 마쳤으니, 제 한 몸이 비방을 듣는 것 때문에 어찌 사문(斯文)의 축하를 받지 못할 수 있습니까? 인쇄하여 배포하지 못하였으니, 힘이 넉넉하지 못한 것을 알겠습니다. 그래서 지난해 장판(藏板)은 혹시 한편으로 사람들의 구설수에 오르지는 않았습니까? 바라기는, 속히 일을 도모하셔서 이전의 공로가 시기질투하는 자들이 무너뜨리지 못하도록 해주신다면 천만 다행이겠습니다. 막내 아이가 단정(丹亭)에 문상을 하기 위하여 출발하려고 할 때 형에게도 찾아가서 인사를 여쭐 것이라고 하기에 바쁜 틈을 내어 간단히 적습니다.

이응회병희에게 답함

무오(戊午, 1918, 성재 62세) 答李應晦炳熹

제가 부모로서 죄가 많아 아들 건호(健鎬)가 다시 짝을 잃었습니다.[173] 저의 아픈 마음은 갈수록 타들어 갑니다. 멀리서 보내주신 조문 편지를 받으니, 죽은 이를 애도하고 산 자를 불쌍히 여기시는 당신의 말씀이 측은하고 애처로워서 읽으면 감정이 북받치고 눈물이 납니다. 또 영교씨(令嬌氏, 따님)의 죽음 소식[174]을 받으니 저도 모르게 놀라서 어찌할 바를 모르겠습니다. 형처럼 어진 사람에게도 이런 일이 있단 말입니까? 봄에 단정(丹亭) 허 상사(許庠舍) 형이 슬하 자식의 상을 당하였는데, 짧은 기간에 흡사 제가 당한 일과 같은 일을 당하여, 그 일로 애가 탔지만, 애초에 형에게도 따님의 상[175]을 당하신 줄을 생각하지 못하였습니다. 어느덧 삼 년의 세월이 흘렀지만 한 번도 조문하지 못하였으니 매우 부끄럽습니다. 소루(疏漏)하고 우활(迂闊)한 성질이 늙을수록 더욱 심해지는데, 견줄 수 없이 넉넉한 당신의 마음에 더욱 감동하였습니다. 상중(喪中)에서 오래 병석에 계시니 걱정하는 마음을 이기지 못하겠습니다. 우리들은 모두 늘그막에 처해 있으니, 참으

173 다시 짝을 잃었습니다 : 아들 건호는 이 때 둘째 부인 순천 박씨를 잃었다. 1918년 4월 26일의 일이다.

174 따님의 죽음 소식 : 원문의 '옥절(玉折)'은 난최옥절(蘭摧玉折)의 준말로, 현재(賢才)가 요절(夭折)한 것을 비유하는 말이다. ≪세설신어(世說新語)≫ <언어(言語)>에 "모백성(毛伯成)이 자신의 재기(才氣)를 자부하면서 항상 '차라리 난초로 꺾이고 옥으로 부서질지언정, 쑥부쟁이처럼 더부룩하게 우거지지는 않겠다.(寧爲蘭摧玉折 不作蕭敷艾榮)'라고 했다."라는 말이 나온다.

175 따님의 상 : 원문의 '층봉지척(層峯之慽)'은 딸의 죽음을 이르는 말이다. 한유(韓愈)가 조주자사(潮州刺史)로 쫓겨나 임지로 가는 도중 어린 딸이 죽어, 층봉역(層峯驛) 근처에 임시로 묻었다. ≪한창려집(韓昌黎集)≫ 권10

로 반드시 외부에서 일어나는 자잘한 일 때문에 마음이 동요되어 기력을 상해야 하겠습니까? 저도 여름 내내 앓은 것은 반드시 이 일 때문에 그러한 것은 아니지만 자제할 수 없는 것은, 아들의 나이가 이제 서른이 넘었는데 아직도 문에서 기다리는 자식 하나 없다는 것입니다. 어찌 고민스럽지 않겠습니까?

≪성호집(星湖集)≫은 부디 보내 주셔서 외진 시골의 늙은 서생이 선생이 돌아가신 수백 년 뒤에 선생의 말씀을 친히 듣는 것처럼 하게 해 주십시오. 두세 분 군자의 도를 지키는 정성이 아니라면 어찌 이와 같이 민첩할 수 있겠습니까? 고맙고 고맙습니다.

신태중극성[176]에게 드림

정유(丁酉, 1897, 성재 41세) 與辛泰中極成

옛날부터 가까이 교유하기를 바랐더니 다행히 바라던 대로 이틀 밤 당신을 만나서 이야기를 나눌 수 있었습니다. 예를 차리는 자리의 번거로움이 없을 수 없었지만, 저는 비루하고 인색한 마음이 점점 사라지는 것을 느꼈습니다. 하물며 이후로 저의 그리움이 끊이지 않은 것에 있어서이겠습니까? 벅찬 저의 마음은 날이 지나도 그치지 않습니다.

여쭈옵나니, 삼가 춘부장께서는 건강하시며, 부모님 모시는 여가에 형제분도 좋으신지요? 새로 들어온 사람의 완숙(婉淑)함과 자태가 평범함을 뛰어넘습니다. 법문(法門)의 가르침이 참으로 이와 같으니, 저의 가문 경사를 제가 독차지하는 듯합니다. 저는 여러 날을 길 위에 있으면서 묵은 감기가 덧났지만 며느리를 본 후로 마음이 온통 편안하여 몸이 피곤한 것도 모릅니다. 사람의 마음이란 과연 이렇습니까? 난의(餪儀)[177]라고 하는 예법은 풍성하게 하거나 간략하게 하는 데에 있지 않으니, 마음이 과도하면 도리어 우리들 본래 모습에 흠이 되는 것입니다. 하하하! 모자란 자식이 특별히 처음으로 걸음하는 데에 피곤함이 없기를 바랄 뿐입니다.

176 신극성(辛極成) : 1862~1907. 작자의 사돈으로 본관은 영산(靈山), 자는 태중(泰中)이다. 1904년(고종 41)에 조경묘 참봉(肇慶廟參奉)에 임용되었으며, 장석영이 지은 묘갈명이 있다.

177 난의(餪儀) : 새색시가 혼인한 삼일 후에 시부모를 뵈러 갈 때 가지고 가는 상을 말한다.

신태중극성에게 답함①

기해(己亥, 1899, 성재 43세) 答辛泰中極成

누이 동생의 상사(喪事)는 꿈에서도 생각하지 못한 일이어서 참으로 놀랍습니다. 생각건대 우리 형께서는 누이 동생을 깊이 사랑하시어 지극한 그 슬픔을 어떻게 견디시는지요? 춘부장 어른의 병환은 더욱 무엇에 비유하리요? 지극히 가까운 관계에 조문 편지도 하지 못하였는데 뜻밖에 심부름꾼에게서 당신의 편지를 받으니 고맙고 송구합니다. 삼가 차가운 봄날씨에 부모님 모시는 형제분은 편안하신지요? 저는 여러 달 누워지내는데 치료할 수 있는 병이 아니니 다만 스스로 불쌍할 뿐입니다. 부락이 부정(不淨)한 모양이 있어 또한 염려스럽습니다. 아이는 말씀을 하지 않으셔도 마땅히 보내야 할 것이지만 지금은 부득이한 사정이 있습니다. 이 아이는 피가 부족하여 아비된 사람의 마음에는 언제나 걱정입니다. 지금 의원을 맞이하여 처방을 내어 약재를 달여 복용하고 있는데 절반을 복용하지 못하여 중도에 그만 둘 수 없고, 또 약재첩을 가지고 달려갈 수도 없습니다. 또 나이도 어려서 약을 복용하는 것에 더욱 조심해야 할 점이 있습니다. 백번 생각해도 마침내 보내주신 종과 말을 헛되이 돌려보내야 할 것이니, 아마도 우리 형께서는 사랑하는 마음에 반드시 크게 꾸짖으실 것이라 생각합니다.

신태중극성에게 답함②

기해(己亥, 1899, 성재 43세) 答辛泰中極成

내린 비가 불어나 하늘까지 넘쳐서 비록 멀지 않은 곳[178]에 있으면서도 가지 못하였는데 하물며 백 리 길[179]에 있어서이겠습니까? 그런데 잠시 날이 갠 지금 멀리서 형의 편지가 왔습니다. 옛사람이 '생각하지 않아서이지 어찌 멀어서이겠는가'[180]라고 말하지 않았습니까? 바로 이런 경우를 말하는 것이 아니겠습니까? 편지를 받아서 살펴보니, 부모님 모시는[181] 형제분의 안부가 좋으신 것을 알았습니다. 저는 여름 내내 병으로 신음하다가 가을이 되어 회복되려고 합니다. 집 밖으로 출타하는 것[182]을 크게 꺼려 인정상 반드시 해야 하는 일도 하지 못합니다.

다행스러운 것은 자식과 조카들이 예전과 같이 책을 읽고 있다는 것입니다. 둘째 아이는 여러 번 빨리 오라는 말씀을 어겼으니 비록 사정이 있어

178 멀지 않은 곳 : 원문의 '망창(莽蒼)'은 거리가 그리 멀지 않은 곳을 이르는 말이다. ≪장자≫ <소요유(逍遙遊)>에 "가까운 교외에 가는 자는 세 끼 밥만 가지고 갔다가 돌아와도 배가 여전히 부르고, 백 리를 가는 자는 전날 밤에 양식을 찧어서 준비해야 하고, 천 리를 가는 자는 삼 개월 전부터 양식을 모아야 한다.(適莽蒼者 三飡而反 腹猶果然 適百里者 宿舂糧 適千里者 三月聚糧)"라는 말이 나온다.

179 백 리 길 : 원문의 '숙용(宿舂)'은 백 리 길을 말한다. ≪장자(莊子)≫ <소요유(逍遙遊)>에 "백 리 길 여행을 떠나기 위해서는 하룻밤 묵고 갈 양식을 찧어서 가지고 가야 한다.(適百里者宿舂糧)"는 말이 나온다.

180 생각하지 …… 멀어서이겠는가 : ≪시경≫에 "어찌 너를 생각지 않으리오마는 집이 멀어서이다.(豈不爾思 室是遠而)"라고 한 것을 보고 공자가 "생각을 하지 않아서이지 어찌 멀어서이겠는가.(未之思爾 夫何遠之有)"라고 하였다. ≪논어(論語)≫ <자한(子罕)>

181 부모님 모시는 : 원문의 '이유(怡愉)'는 어버이를 옆에서 모시면서 기쁘고 즐겁게 해 드리는 것을 말한다.

182 집 밖으로 출타하는 것 : 원문의 '신경(晨經)'은 능신경야(凌晨經夜)의 뜻으로 새벽부터 밤중까지 밖으로 나다닌다는 뜻이다.

서 그렇다고 하지만 참으로 게으른 탓이 많았습니다. 또 말과 마부[183]가 번거롭게 하였으니, 감히 명하여 보내지 않을 수 없습니다만 불어난 물의 수위가 내려가지 않아서 험한 길을 뚫고 가자니 집에 있는 사람이 마음이 놓이지 않습니다. 등불을 가까이 하여 독서할 때이니 시간을 낭비하지 않도록 오래 붙잡아 두지 말아주시면 좋겠습니다.

183 말과 마부 : 원문의 '육족(六足)'은 발이 모두 여섯 개, 곧 말과 마부(馬夫)를 의미한다.

신태중극성에게 답함③

기해(己亥, 1899, 성재 43세) 答辛泰中極成

백 리 길을 함께 떠난 것은 심양강의 송별[184]에만 있는 것이 아니었으며, 지척의 초가집은 섬계(剡溪)의 뱃길[185]에만 있는 듯하였습니다. 우리 형께서 움직일 때마다 문득 고인을 사모하여 사람들이 흠모하게 하는데, 저의 구구한 이별의 슬픔은 속된 모습을 면하지 못하였습니다. 물 얼고 눈 오는 깊은 산 중에 바야흐로 세모의 그리움이 간절하던 중에 편지를 받았습니다. 정성스러운 마음이 편지에 넘쳐나니 세 번이나 거듭 읽어보고 크게 감동하였으며, 부모님 모시는 형과 형제분의 안부가 좋으심을 알았습니다. 저는 병으로 외진 초가집에 누웠으니 특별히 드릴 말씀은 없습니다. 다만 마음속은 온갖 생각이 가득하지만 어떻게 펼칠 수 있을까요? 봄이 지난 후에 뗏목을 타고 남쪽으로 가서 대양(大洋)에 올라 선정(仙井)에서 몸을 씻고 나의 흉금을 열어 저의 묵은 병을 떨쳐버린다면 숙원을 이루겠습니다.[186] 형은 저를 따르시겠다고 약속하셨지만 저는 진세(塵世)를 벗어날 길이 없으니

184 심양강의 송별 : 애틋한 이별의 마음을 말한다. 당(唐) 원화 10년(815), 구강군사마 (九江郡司馬)로 좌천된 백거이가 다음해 가을, 양자강 심양강두(潯陽江頭)에서 손님을 보낼 때 영락표박(零落漂泊)하는 기녀(妓女)의 얘기를 듣고, 그가 타는 비파에 감동하여 <비파행(琵琶行)>을 지은 고사를 끌어서 말하였다.

185 섬계(剡溪)의 뱃길 : 벗이 보고 싶을 때 언제든지 갈 수 있는 친구의 집을 말한다. 진(晉)나라 왕휘지(王徽之)가 눈 덮인 달 밝은 밤에 산음(山陰)에서 홀로 술을 마시다가, 불현듯 섬계(剡溪)에 있는 벗 대규(戴逵)가 보고 싶어지자, 밤새도록 배를 몰고 그 집 앞에까지 갔다가 그냥 돌아와서는, 흥이 일어나서 찾아갔다가 흥이 다해서 돌아왔다고 말한 고사가 있다. ≪세설신어(世說新語)≫ <임탄(任誕)>

186 봄이 지난 …… 이루겠습니다 : 작자의 선조 한강 정구처럼 동래 온천에 목욕을 하러 갈 계획을 세웠던 것이 아닌가 한다.

이것이 한스럽습니다.

둘째 아들은 마땅히 말씀하신 대로 나아가 인사드리도록 하겠습니다. 그러나 복용하던 약제를 겨울에는 복용하지 못하였으니, 아마도 다음달 초부터 복용을 시작하면 스무날 사이에는 마칠 듯합니다. 다 복용하고 나면 보내겠습니다.

신태중극성에게 답함
경자(庚子, 1900, 성재 44세) 答辛泰中極成

세모에 당신의 편지가 멀리서 저의 책상에 도착함에, 비로소 눈 덮인 고개가 비록 겹겹이 가렸어도 우리 두 사람의 마음을 갈라놓지 못함을 알았습니다. 받들어 살펴봄에 부모님 모시는 형제분이 모두 잘 계시고 아드님께서도 스승을 찾아 그 문하에 들어갔다고 하니, 그 즐거움이 손에 잡힐 듯 느껴집니다. 격조한 중에 무엇이 이것보다 좋은 소식이겠습니까?

저는 겨울 이래로 30일 동안 원유(遠遊)하고 반 달을 모임에 참여하였다가 지금에야 새로 이사한 집에 돌아와서, 금서(琴書)를 정리할 겨를도 가지지 못하였습니다. 다만 한 해가 다하여 가니, 온갖 일이 정신을 피곤하게 하고 온갖 감회가 마음속에 교차합니다.

둘째 아이의 집을 물 너머로 옮긴 것은 본래 가진 뜻이 아니었습니다. 부득이한 사정에서 나온 것이어서 말릴 수 없었습니다. 그렇지만 어찌 여기에서 오래 있겠습니까? 조만간에 데리고 올 것입니다.

며늘아기는 또 한해가 지났으니, 내행(內行, 부녀자의 나들이)을 할 수가 있습니다. 그러므로 정월달 12일로 택일하여 보내겠으니 다시 날짜를 물리지 말아주시면 좋겠습니다. 아이는 마땅히 내행(內行) 뒤에 명하여 보내겠습니다.

신태중극성에게 답함

신축(辛丑, 1901, 성재 45세) 答辛泰中極成

제가 상(喪)을 당함에 사람을 보내어 편지로써 애통한 저의 마음을 위문해 주시니 무어라 감사드릴 말씀이 없습니다. 삼가 생각건대, 이즈음에 부모님 시봉하시는 형제분 상중(喪中)의 안부가 조용하고 좋다고 하시니 참으로 크게 위로됩니다. 저는 죄가 너무 많아서 재앙이 중비[仲妣, 숙모[187]]에게 미쳤으니 마음이 찢어지듯 아파서 가눌 수가 없습니다. 그리고 무덤을 능히 조성하지 못하였으니 저의 애통한 마음을 또 어찌 말할 수 있겠습니까? 저는 수년 이래 일가친척의 초상[188]으로 몸을 빼낼 수가 없습니다. 제가 하늘에 무슨 죄를 지었기에 벌을 받음이 이렇게 심한지요? 이제 들으니 따님의 혼사가 임박했다고 하니, 생각건대, 고민이 한 두 가지가 아닐 것입니다.

187 숙모 : 중부 정태용(鄭泰容)의 처인 김해 허씨(金海許氏)를 말한다. 1901년(신축) 7월 14일에 세상을 떠났다.

188 일가친척의 초상 : 원문에는 '기공지복(期功之服)'으로 되어 있는데, 상제 가운데 기복(朞服)은 1년 동안 상복을 입는 일가친척의 상을 말하고, 공복(功服)은 9개월 상복을 입는 대공(大功)과 3개월 상복을 입는 소공(小功)을 통칭하는 말이다.

신태중극성에게 답함

갑진(甲辰, 1904, 성재 48세) 答辛泰中極成

한 번 왕림하시겠다는 약속을 여러 번 들었지만 번번이 어긋나고 다만 기다리는 마음만 간절합니다. 지난번에 친구 안(安)을 통해서 편지를 받았는데, 그 편지 속에 계획대로 되지 못하였고 아울러 그 약속도 없었던 것으로 한다는 것을 읽었습니다. 낙심한 저의 마음이 어떠하였겠습니까? 일명(一命)의 벼슬[189]은 비록 영화롭게 여기기에는 부족하지만 그 벼슬이 구하지 않았는데도 저절로 이른 것이라면 고인들이 귀하게 여긴 것이니, 이것을 어찌 축하하지 않을 수 있겠습니까?

삼가 음4월에 관직에 계시는 당신과 형제분의 안부는 좋으신지요? 모친 소식[闈信]은 종종 듣습니다. 새로 옮겨간 곳의 생활은 어려움이 없으신지요? 우러러 그리워하는 마음 그지 없습니다. 저는 예전의 병이 지금은 나았습니다. 이것은 약물의 힘인 줄 알겠습니다. 그런데 지금은 귀에 요란한 소리가 울리고 잘 들리지 않으니 이 걱정은 또 어떻겠습니까? 아들이 부녀자처럼 귀에 대고 말하지만, 한 칸 누추한 방에서 듣는 것이 사람들이 넓은 건물에서 듣는 것보다 알아듣기가 어렵습니다. 그래서 공부도 다 마치지 못하였는데 그만두었습니다. 답답한 저의 생각은 매번 이와 같으니, 참으로 가소롭습니다. 비록 꽃 피는 시절은 지났지만 녹음이 참으로 좋은 때이니, 어찌하여 지난 약속을 지켜서 이러한 때에 자연 속에서 소요하지 않으시겠습니까? 돌아가시는 날에는 마땅히 집 아이를 시켜서 모시고 가도록 하겠습니다.

189 일명(一命)의 벼슬 : 처음 내려진 낮은 벼슬이다. 신극성이 1904년(고종 41) 3월 8일 조경묘 참봉(肇慶廟參奉)에 제수된 것을 말한다.

신태중극성에게 드림

갑진(甲辰, 1904, 성재 48세) 與辛泰中極成

소식이 끊긴 지 문득 한 달이 지났습니다. 먼 곳이어서 사정이 참으로 그렇지만 어찌 일찍이 함께 그리워하면서도 편지조차 없겠습니까? 삼가 여쭙니다. 여름 더위에 부모님 모시는 형제분은 건강하게 계시며, 맏사위는 공부와 시봉을 잘 하고 있는지요? 우뚝하게 피변(皮弁)을 쓴 모습은 저의 마음속을 왔다갔다하며 떠나지 않는데, 한 번 만나 볼 길이 없으니 이것이 몹시 안타까운 일입니다.

저는 병은 해가 갈수록 더해지고 도(道)는 몸과 함께 가난하여집니다. 반평생을 세상일에 빠져 살면서 다만 귀밑머리가 하얗게 센 것만을 보노라니, 말라 비틀어 떨어진 늙은이의 탄식을 어떻게 말하겠습니까? 또 서재(書齋)에는 나가지 않아서 금서(琴書)도 정돈되지 못하였는데, 문에 가득 사람들이 찾아와서 날마다 정신을 피곤하게 합니다. 이것은 모두 다른 사람에게는 말하지 못하니 어쩔 수 없이 지극히 가까운 당신께만 말할 뿐입니다.

아들이 가는 일은 간곡한 부름을 누차 어겼습니다. 어떤 때에는 타고 갈 말이 없어서 가지 못하고 어떤 때에는 일이 많아서 가지 못하였는데, 지금에야 이렇게 가도록 하였습니다. 그러나 더운 날씨에 또 음습하니 특별히 집에 있는 사람에게 마음이 쓰이게 합니다. 오래 머물게 하지 마시고 그 아이가 돌아올 때 함께 왕림하시어 전날의 약속을 지키기를 간절히 바랍니다.

변우서희석[190]에게 드림

정미(丁未, 1907, 성재 51세) 與卞禹瑞熙錫

인사는 생략합니다. 반평생 칩거하느라 저절로 주변 고을의 어진 사우(士友)들과 끊어진 것이 오래되었습니다. 외람되게도 혼인의 은혜를 입었으니, 이미 형의 덕을 사모하는 저의 마음에 부응해 주셨습니다. 이어서 들으니 새로 들어온 사람은 의범(懿範)이 출중하여 환하게 명주(明珠) 대옥(大玉)이 온 방을 비추는 듯하다고 하니, 경사스럽게 여기는 저의 마음을 어떻게 다할 수 있겠습니까?

삼가, 궁호(窮冱, 음12월)에 상중의 형제분 모두 건강을 잘 지키시며 아드님도 잘 지내는지요? 며늘아기는 힘든 일을 면하여 능히 예쁜 모양을 유지하는지요? 보지 못하지만 마음속에 선합니다.

저는 어려서부터 병이 많아서 갈수록 더욱 무너지기만 할 뿐입니다. 세상에는 결함이 없는 사람도 없지만 보탬이 되지 않는 사람도 있음을 스스로 잘 알겠습니다. 하물며 세상의 도(道)가 다시 가망이 없으니 어찌하겠습니까? 오직 바라는 것은 집안 사촌이 위험을 넘기고 잘 돌아오고 나머지 식솔들도 사고가 없는 것뿐입니다. 막내아들은 나이를 먹어도 가르침이 없으니, 대개 그 아비의 잘못 때문입니다. 대방가(大方家)의 안목에 웃음거리가 될까 하여 몹시 부끄럽습니다. 두 번째 신행을 미룬 것은 풍속에서 편의를 취한 것이겠지만 올해 안에는 날이 없으니, 속히 돌아갈 수 있도록 해주시는 것이 어떠신지요?

---

190 변희석(卞熙錫) : 작자의 사돈으로 셋째 아들 경호(經鎬)의 장인이다.

변우서희석에게 답함

정미(丁未, 1907, 성재 51세) 答卞禹瑞熙錫

심부름꾼이 돌아가고 아이는 돌아오고, 편지가 오고 감에 넉넉한 정의(情誼)가 문장 속에 넘쳐납니다. 늘그막의 끈끈한 정은 멀리 떨어져 있는 어릴 적 사귄 친구보다 더 좋지 않겠습니까? 하물며 이러한 관계를 이어서 자리를 함께 한다면 그 기쁨을 가히 알 수 있을 것입니다.

삼가 살피건대, 빠른 세월 속에서 대석인(大碩人, 모친)이 노령에 원기가 손상되었다고 하시고, 집안의 극심한 근심[191]을 겪으셨다고 하시니, 위로도 아래로도 애타는 마음은 어찌 그렇지 않을 수 있겠습니까? 그리고 추운 계절이면 찾아오는 감기는 잘 나으셨는지요? 막내동생의 겁난(怯難, 죽음)은, 저도 일전에 그러한 사정을 겪었습니다. 이것 또한 통상적인 우환으로 생각한다면 어찌 겁난을 당한 자에게만 액운이 되며 당하지 않은 자에게는 행운이 되겠습니까? 상중에 있으신 분께서는 건강을 잘 지키시기를 간절히 바랍니다. 저는 세모를 당하여 온갖 감회가 가득하여 속이 답답하니, 말씀드릴 만한 즐거움이 어떻게 있겠습니까? 다만 아이들은 여전하고, 막내는 감기가 심하여져 몸이 마르고 먹는 음식도 줄었으니 이것이 고민스럽습니다.

191 가족을 잃은 슬픔 : 원문의 '곤우지침극(梱憂之沈劇)'은 집안 가족의 극심한 근심이다. 편지의 내용으로 보아 막내동생의 죽음과 관련된 것이 아닌가 한다.

변우서희석에게 드림

기유(己酉, 1909, 성재 53세) 與卞禹瑞熙錫

지난 번 형제분이 방문을 해주셨을 때 아울러 둘째 아드님[仲玉]을 만나서, 늙은이와 젊은이가 함께 여러 날 경계를 허물고 보낸 일은 특별히 쉽게 얻을 수 있는 자리가 아니었습니다. 헤어진 후 아쉬움은 시간이 갈수록 더욱 그치지 않습니다.

삼가 늦봄(음3월)에 대석인(大碩人, 모친)은 노령에 건강은 좋으시며, 부모님 모시는 형제분의 안부도 좋으신지요? 저는 병이 여전하며, 아들과 며느리는 모두 다른 일은 없으니, 다소 다행입니다. 가곡(家谷, 집실)에서 이야기하는 것 가운데 다만 우리 두 사람 사이에 알 수 있었던 것은 빼어난 신랑감이며 훌륭한 규수 재원이었다는 것입니다. 그 나머지 혼례 후의 범절은 세간 풍속에서 취한 것이니 다만 알지도 못할 뿐 아니라 저의 뜻이 아니므로 말하지 않겠습니다. 이미 이런 뜻을 생질들에게 말하였고 또 이 사실을 알려드리니, 설령 저쪽이 이쪽보다 나은 점이 있다고 하더라도 부디 그 잘못을 중매쟁이에게 돌리지 말아주시는 것이 어떻겠습니까? 하하하! 혼례는 저쪽 집에서는 비록 4월로 시기를 잡았지만 어찌 괴롭게 스스로 변례(變禮)[192]를 범하겠습니까? 마땅히 5월 열흘이나 보름 사이에 행한다면 다음달 초에 날을 받아서 사람을 보내겠습니다. 만약 4월 시행을 허락하신다면 이번 인편에 편지를 부쳐주시면 어떠하겠습니까?

192 변례(變禮) : 정상적인 예법에서 벗어나, 비상 사태에 임기응변하는 예법을 이른다.

안치행종창 익현종철에게 드림

갑진(甲辰, 1904, 성재 48세) 與安致行鍾彰益見鍾徹

10대의 계의(契義)가 돈독하고 이틀 밤의 대화가 소중하니, 서로 늦게 알게 된 것은 이미 지난 일에 부치더라도 헤어진 후의 슬픈 마음은 또다시 아쉽고 아쉬웠습니다.

삼가 생각건대, 한여름(음5월) 부모님 모시는 여러분은 건강하시고 배움의 재미는 날로 새로우신지요? 저는 병으로 두문불출하느라, 학업은 퇴보하고 나이만 많아지니 벗들에게 버림을 받을까 몹시 걱정입니다. 그 외에는 달리 무엇을 말하겠습니까?

선집(先集)의 발문은 부족한 제가 붓을 댈 수 있는 것이 아니지만 선대의 계의를 생각한다면 끝까지 사양할 수 없었습니다. 서문과 행장 묘지명 가운데 미흡한 부분 몇 가지를 적어서 후의에 답합니다. 이것이 어찌 빠진 것을 보충하고 가려진 것을 드러내기에 충분하겠습니까? 또한 집 아이의 방문이 여러 번 미루어져서 글을 전하는 시기가 미루어지는 것을 면하지 못하였습니다. 만약 문집을 판각하는 일이 이미 그 사이에 마쳤다면 굳이 쓰기에 적절한지를 말씀하실 필요가 없고, 만약 아직 판각하지 않았다면 당신의 뜻에 따라서 바로잡아 선집에 누가 되는 것을 면하게 해주시기를 천만 간절히 바랍니다.

이경오대형 답함

갑진(甲辰, 1904, 성재 48세) 答李慶五大馨

지난번에 아드님을 보고 지금 편지를 받았습니다. 편지에 가득한 자상하신 마음은 본래부터 익숙한 사람에게 인정을 베푸는 것과 같이 하시니, 그 고마움을 어찌 헤아릴 수 있겠습니까?

삼가 살피건대, 지한(至寒, 음11월)에 정양(靜養)하시는 안부가 만 가지로 좋으시다고 하니 저의 마음에 위로가 됩니다. 저는 외진 산골짜기에 엎드려 있으면서 뜻과 일이 모두 무너지고 허약한 체질[193]에 늙음이 갑자기 닥쳤습니다. 스스로 불쌍함을 어찌하겠습니까? 묘지명(墓誌銘)은 외람되게도 부탁을 받았지만 언사가 얕고 지식이 일천한 저 자신을 돌아보면 어떻게 넉넉히 가려진 덕을 드러내겠습니까? 당신의 간곡한 뜻을 저버릴 수 없어서 부족함을 잊고 글을 지어 드립니다. 이 글이 쓰임새에 반드시 합당하다고 감히 말씀드릴 수 없으니 다만 취사하여 쓰시면 어떠하겠습니까? 만나 볼 길이 없어서 편지를 쓰려니 슬퍼집니다.

193 허약한 체질 : 원문의 '포류지질(蒲柳)'는 강버들처럼 연약한 모습이라는 뜻으로 체질이 허약함을 가리킨다.

이정언상익 답함

정사(丁巳, 1917, 성재 61세) 答李廷彦相翼

병이 들어 가난한 마을에 누워서 세상과는 멀어졌는데, 뜻밖에도 아드님이 존형의 편지를 가져 왔습니다. 몇 번을 다시 읽어보는 사이에 저도 모르게 묵은 병이 사라지는 듯하였습니다. 동짓달[至沍]에 안부가 좋으심을 알았습니다. 저는 스스로 몸가짐이 조심스럽지 못하여 우연히 낙상을 하였는데 여러 달이 지나도 낫지를 않습니다. 오히려 악정자(樂正子)와 같은 죄인[194]이 되지 않을까 매우 걱정스럽습니다.

부탁하신 선적(先蹟, 조상의 문집)의 서문은 저의 졸렬한 재주를 돌아보면 어찌 감당할 수 있겠습니까? 고인이 이르기를 "말한 것이 문채가 나지 않으면 멀리 전해질 수 없다."[195]라고 하였습니다. 퇴계 선생께서 말씀하시기를, "문장은 공적인 도구이니 인정이나 안면으로 쓸 수 없는 것[196]이라고

194 악정자(樂正子)와 같은 죄인 : 증자(曾子)의 문인인 악정자춘(樂正子春)이 마루에서 내려오다가 발을 다친 뒤에, 부모님으로부터 받은 온전한 몸을 제대로 간수하지 못했다고 자책하면서 몇 달 동안이나 외출을 하지 않았다고 한다. 그때 악정자춘이 증자에게 들었다면서 문인들에게 일러 준 내용 가운데 "부모님이 온전히 하여 낳아 주셨으니, 자식도 온전히 하여 돌아가야만 효라고 말할 수 있다. 그리고 몸을 상하지 않게 하고 몸을 욕되게 하지 않아야만 온전히 했다고 이를 수 있다.(父母全而生之 子全而歸之 可謂孝矣 不虧其體 不辱其身 可謂全矣)"라는 말이 나온다. ≪예기(禮記)≫ <제의(祭義)>

195 말한 것이 …… 수 없다 : ≪춘추좌씨전(春秋左氏傳)≫ 양공(襄公) 25년과 ≪공자가어(孔子家語)≫ <정론(正論)>에 나오는 공자의 말이다. ≪춘추좌씨전(春秋左氏傳)≫ 양공(襄公) 25년에 공자가 "옛 기록에 '말로 뜻을 성취하고 문채로 말을 수식한다.' 하였다. 말을 하지 않으면 누가 그 뜻을 알 수 있겠는가. 말에 문채가 없으면 멀리까지 전해질 수 없다.(志有之 言以足志 文以足言 不言誰知其志 言之不文 行而不遠)"라고 하였다. '멀리까지 전해진다'는 것은 ≪춘추좌씨전≫에서는 본래 공간적인 의미 즉 '먼 오랑캐 지역까지'의 의미로 사용한 것이지만, 여기서는 역사적인 시간의 의미 곧 '먼 훗날까지'란 의미를 아울러 포함한다.

하셨으니, 어찌 대가에게 나아가 글을 구하지 않으셨습니까? 바쁘게 글을 지어 올리니 분명히 쓰임새에 합당할 것이라고는 말하지 못하겠습니다. 다만 취사하시기 바랍니다.

몇 해 전에 정자의 기문을 지어드린 것은 또한 다만 간곡하신 부탁에 책임을 때운 것이었는데, 애초에 그 기문을 문미(門楣)에 걸 줄을 어찌 생각이나 하였겠습니까? 그래서 더욱더 부끄럽고 궁색하였습니다. 그런데 그 글의 본문 가운데 '천석(泉石)'이라고 이름을 지은 것을 신구(新舊)가 서로 달라져서 몇 구절을 바꾸었다고 하였습니다. 그런데 당초에 글을 지을 때에는 도본(圖本)에 의거하였을 뿐인데 어떻게 천석정(泉石亭)이 그 이름을 추후에 고쳐질 줄 알았겠습니까? 만약 이것으로 인하여 함께 글을 고친다면 그 아래 몇 구절은 뜻이 연결되지 못하고 온전히 문리가 이루어지지 않을 것입니다. 어떻게 다른 사람이 보도록 걸어 둘 수 있겠습니까? 저의 마음에는 '탁탁연(濯濯淵)' 3자는 이름의 의미도 좋습니다. 비록 혹시 돌에 다시 새기시더라도 기문은 본래대로 걸어두신다면 정자에 손해가 없고 문장에도 흠이 없을 것입니다. 이렇게 하면 어떠하겠습니까? 만약 편액을 이미 걸어두었으니 다시 고칠 수 없다고 하신다면 이것은 말이 되지 않는 글 때문에 도리어 정자에 누를 끼치게 되는 것이니 어찌하면 좋겠습니까? 아드님께서 추위를 뚫고 와서는 이틀을 묵은 후에 돌아가려고 인사를 하니, 사람이 더욱 슬퍼집니다.

196 문장은 …… 없는 것 : ≪퇴계선생속집(退溪先生續集)≫ 권3 <답송태수(答宋台叟)>에 "문장은 공기(公器)이니 어찌 한 때의 인정으로 흘러서 후세에 나무람을 끼치겠습니까?(文章公器 豈可一時緣情遷就 貽譏後世乎)"라는 문장이 있다.

족조 돈영[197]께 답함

정사(丁巳, 1917, 성재 61세) 答族祖敦永

이상영(李商永)이 여러 현사들의 글을 편집하는 것은 그 뜻이 매우 좋지만 다만 지금의 사람들이 이 학문 보는 것이 큰 시장에서 평천관[198]을 파는 것과 같은 점은 없는지 알지 못하겠습니다. 우리 선조께서 평소에 저술하신 글은 일찍이 화재를 겪어 문집에 실린 글이 많지 않습니다. 발휘(發揮)[199]와 예설(禮說)[200] 등의 책이라면 도를 전할 만한 것으로서 자체로 한 질로 만들면 세상에 성행할 것입니다. 문집 가운데 실린 것에 근거하여 한 편을 취한다면 곧 천이(天彝)를 세우고 인륜[人紀]을 세우는 것에는 무년(戊年) 계년(癸年)의 봉사(封事, 상소문)와 같은 것이 없을 것입니다. 여기 올리는 계축(癸丑) 차자(箚子, 상소문) 한 폭의 글도 더욱 명백하고 통절한 것이니, 상영 씨의 부탁을 들어줄 만하지 않겠습니까? 들으니 그 사람은 택당(澤堂)[201] 선생의 후손으로 경전에 능통하고 학술(學術)을 갖춘 인물이라 합니다만, 서로 만날 수 없는 것이 한스럽습니다. 종전 서울을 여행하던 날에 선대의 우의를 이야기하고 그가 있는 곳을 물어서 이르고자 했던 것이 저의 뜻이었습니다.

197 정돈영(鄭敦永) : 1860~1918. 정구(鄭逑)의 후손으로 자는 복일(復一) 호는 화산(花山)이다.

198 평천관(平天冠) : 임금이 쓰던 위가 평평한 관(冠)의 한 가지이다. 그러므로 큰 시장에서 판다고 해도 살 사람이 없을 뿐만 아니라 산다고 해도 쓸 수가 없다. 여기에서는 그 책은 매우 좋지만 지금 사람들에게는 읽히지 않을 것 같다는 말을 하고 있다.

199 발휘(發揮) : 심경발휘(心經發揮). 조선 선조(宣祖) 3년(1570) 정구(鄭逑)가 엮은 것으로, 송나라 진덕수(眞德秀)의 심경(心經)에 제가(諸家)의 설을 첨가하였다. 정민정의 ≪심경부주≫ 체계에 대한 불만과 함께 이를 넘어서고자 하는 목표를 가지고 이 책이 편집되었다.

200 예설(禮說) : 오선생예설분류(五先生禮說分類). 조선 중기에 정구(鄭逑)가 중국 송나라의 정호(程顥)·정이(程頤)·사마광(司馬光)·장재(張載)·주희(朱熹) 등 다섯 유학자의 예설(禮說)을 분류하여 엮은 책이다.

201 택당(澤堂) : 이식(李植, 1548~1647)의 호. 조선 인조(仁祖) 때의 명신이다.

종숙 진용께 답함[202]

무술(戊戌, 1898, 성재 42세) 答從叔晉容

출발한 후 3일 만에 장마를 만나서 험하고 위험한 길을 지나면서 열 번 구르고 아홉 번 거꾸러졌습니다. 3일을 두화(杜花)에, 10일을 연산(連山)에, 2일을 회덕(懷德)에 머물렀습니다. 금년의 홍수는 예전에는 없던 장마로 비가 오지 않는 날이 없었고 비가 오면 반드시 물동이로 쏟아 붓는 듯하여 강물은 범람하고 냇물은 하늘에 닿으니, 무릇 건넌 강나루가 여섯이요 그 나머지 건넌 냇물과 도랑은 헤아릴 수 없는데, 이와 같이 840리 길을 27일이 걸려서 성문에 들어갔습니다. 이때 원행은 본래 때에 맞지 않지만 어찌 이렇게까지 될 줄을 알았겠습니까? 지금 원행이 무사히 도달할 수 있었던 것은 아마도 또한 하늘이 가만히 도와주셨기 때문일 것입니다.

회동(會洞)[203]의 수령(守令)은 일전에 그의 숙모상을 당하여 고향집으로 돌아갔고, 이 판윤(李判尹)은 직접 찾아갔지만 만나지 못하였습니다. 그 아들은 나이가 어리고 아는 것이 없어서 손님 맞는 예절을 알지 못하였습니

202 종숙 진용께 답함 : 한려시비(寒旅是非)를 해결하기 위하여 서울로 가던 중에 족숙 정진용(鄭晉容, 1853~1903)에게 보낸 편지이다. <태학일기(太學日記)>에 관련된 내용이 나온다. 한려시비(寒旅是非)는 정구의 제자(弟子)이자 질서(姪壻)인 장현광을 두고, 정구의 제자인가 아닌가 하는 문제로 후손들끼리 벌인 시비를 말한다. 1841년(헌종 7) 회연서원(檜淵書院)에서 ≪한강선생속집(寒岡先生續集)≫을 간행하면서 장현광이 정구에게 질문한 9가지, 즉 '문목 9조(問目九條)'를 실으면서 본격화되었고, 이후 작자의 시대에 이르기까지 지속되었다. 작자는 장현광이 정구의 제자라는 입장에서 이를 해결하기 위하여 백방으로 노력하였다.

203 회동(會洞) : 서울시 중구 회현동 1가, 회현동 2가, 충무로 1가, 남대문로 3가에 걸쳐 있던 마을이다. 조선 중종 때 정광필(鄭光弼)을 비롯한 어진 사람들이 많이 모여서 살았던 데서 회현동이란 이름이 나왔고, 이를 줄여 부른 데서 회동이란 이름이 유래되었다고 한다.

다. 재락(在洛)은 주선하는 수단이 서툴러서 방도를 알지 못하니 이것이 고민스럽습니다. 연산(連山)과 회덕(懷德) 두 곳은 명쾌하게 가려졌다고 할 수 있습니다. 이것은 조카인 저의 노력이 아니라 하늘이 정해놓은 것이 그러한 것입니다. 이것으로 미루어 본다면 태학(太學, 성균관)의 일도 또한 걱정이 없을 것입니다. 일이 밝게 가려지지 않는다면 돌아가지 않을 것이니, 고향에 돌아갈 날을 정확히 알 수 없습니다. 환전(換錢)할 방법은 아직 찾아보지 못하였는데 올라올 때 이 첨정(李僉正)에게 들으니 가히 완전히 막혀서 연락이 안 된다고 하니, 만약 그렇다면 어찌해야 하겠습니까?

돈암서원(遯岩書院)에서 보낸 두 번 통문과 연산 김씨(連山金氏)[204]가 장씨(張氏)에게 보내 우리 문중을 답변한 2회의 서신, 그리고 회덕 송씨(懷德宋氏)[205]가 장씨(張氏)에게 보내 우리 문중을 답변한 2회의 서신은 글의 뜻이 정직하고 명백합니다. 그런데 전날의 패려하고 과격한 글은 불과 한 두 사람이 속아서 한 말로서 문중 전체에서 합의된 것이 아니라고 말합니다. 태학(太學)의 일이 이렇게 명백하게 가려지지 않는다면 우리들이 무슨 면목으로 고향에 돌아가겠습니까?

이 아이[심부름하는 종]도 천 리 길에 함께 고생하면서 참으로 상하의 구분이 없어졌습니다. 그런데 그도 올 때 든 비용이 매우 많으니, 보기에 매우 민망합니다. 그 사이 도(道)의 통문은 아마도 고을마다 돌았을 것입니다. 이것을 만약 서로 미룬다면 선조에게 죄를 짓는 것일 뿐만 아니라 또한 반드시 우리 지방에서 웃음거리가 될 것입니다. 바라건대 각자 두려운 마음으

204 연산 김씨(連山金氏) : 충청남도 논산시 연산면 일대의 광산 김씨를 말한다. 연산 지역에는 서인 노론계를 대표하는 돈암서원(遯巖書院)이 있으며, 김장생(金長生)을 제향하고 있다. 이 서원은 1871년 서원 훼철령에도 훼철되지 않고 오늘에 이르고 있다.

205 회덕 송씨(懷德宋氏) : 충청남도 대전시 회덕(현 대덕구 회덕동)에 세거하는 은진 송씨를 말한다. 대표적인 인물로 송시열(宋時烈)이 있다.

로 한 곳도 모르는 곳이 없게 해야 할 것이며 다음 달 초순에 종중 사람 몇 명이 각 고을을 돌면서 모임을 돈독하게 하여주시기를 바랍니다. 이때는 참으로 성을 등지고 일전을 치러야 할 때[206]이니, 허술하게 하지 말아주시기를 천만 바랍니다.

206 성을 등지고 일전을 치러야 할 때 : 자기 성을 등지고 적과 최후의 일전을 하다, 적과 최후의 결전을 하다는 의미이다.

표제 허우에게 드림
무술(戊戌, 1898, 성재 42세) 與表弟許堣

통곡하고 말씀 올립니다. 우리 고모님 상사라니, 이 무슨 변고이며, 이 무슨 이치입니까? 정숙한 덕을 타고나시고 대질(大耋, 80세)의 삶을 사셨으니 하늘이 베풀어주신 은혜에는 마땅히 뜻이 있는 듯하였습니다. 그러나 중년에는 남편의 죽음[207]을 만났었고, 만년에는 숙수(菽水)[208]의 비용이 부족하여, 비록 여러 사촌들이 힘을 다하여 효도를 하여도 그 마음과 몸을 함께 잘 봉양할 수 없었습니다. 오히려 다행스러운 것은 기력이 크게 떨어지지 않으시고 병도 크게 심해지지 않으셔서 백수(百壽)를 앞에 두셨으니, 만수무강하시기를 바랐는데, 갑자기 돌아가셨다는 소식을 받았으니, 이치가 과연 그럴 수 있는지, 하늘은 과연 알 수 있는 것인지요? 애통하고 애통합니다. 백 리도 되지 않는 거리[209]에 십 년 동안 한 번도 문후드리지 못했으

207 남편의 죽음 : 원문은 '기화지통(杞華之慟)'으로 남편의 죽음을 말한다. ≪맹자≫ <고자(告子) 하>에 "화주와 기량의 아내가 그 남편의 상(喪)에 곡을 잘하여 나라의 풍속을 변화시켰다.(華周杞梁之妻 善哭其夫而變國俗)"라는 구절이 있는데, 그 주(註)에서 "화주와 기량 두 사람은 모두 제나라 신하이다. 거나라와의 전쟁에서 전사하자 그 아내들이 곡하기를 애통하게 하니, 나라의 풍속이 변화하여 모두 곡을 잘하게 되었다.(華周杞梁 二人皆齊臣 戰死於莒 其妻哭之哀 國俗化之 皆善哭)"라고 하였다. 여기서는 작자의 고모부 허소(許熽)의 죽음을 말한다.

208 숙수(菽水) : 가난한 생활 속에서도 어버이를 극진히 봉양하는 자식의 효도를 의미한다. 공자의 제자 자로(子路)가 집안이 가난해서 효도를 제대로 못한다고 탄식하자, 공자가 "콩죽을 끓여 먹고 물을 마시더라도 기쁘게 해드리는 일을 극진히 행한다면, 그것이 바로 효이다.(啜菽飮水盡其歡 斯之謂孝)"라고 위로했던 고사가 전한다. ≪예기(禮記)≫ <단궁(檀弓) 하>

209 백 리도 되지 않는 거리 : 원문의 '숙용지지(宿舂之地)'는 ≪장자(莊子)≫ <소요유(逍遙遊)>에 "백 리 길 여행을 떠나기 위해서는 하룻밤 묵고 갈 양식을 찧어서 가지고 가야 한다.(適百里者 宿舂糧)"는 말에서 용사했다.

니, 저의 죄는 참으로 지극히 사랑해주신 분께 용서받지 못할 일입니다. 그리고 흉한 소식을 늦게 들어서 때에 맞추어 장례도 참여하지 못한 것은, 제가 참으로 병 중에 있었기 때문이었습니다. 인편도 없어서, 지금까지 마치 길가는 사람처럼 되었으니, 이러한 사람에게 인사(人事)를 꾸짖고, 도리(道理)를 요구할 수 있겠습니까?

또 말씀드리고자 하는 가슴이 메는 소식은 막내 사촌이 죽었다는 소식입니다. 정말입니까? 꿈입니까? 전하는 사람이 잘못 전한 것입니까? 강명(剛明)한 자질의 막내 사촌은 이렇게 되지 않았어야 하고, 재앙을 당한 덕문(德門)은 거듭 참혹한 일을 당해서는 안 되는 것이었습니다. 그런데 한 집에 두 분의 죽음이 수십 일 사이에 생겼으니, 그때 상황은 비록 지극히 가까운 사이라도 어찌 달려가 알릴 겨를이 있었겠습니까? 만약 저에게 일찍이 사람을 보내게 했더라도 반드시 이 지경에 이르지 않았을까요? 깜깜하게 소식을 듣지 못하였지만 잘못은 참으로 저에게 있으니 애통한 마음을 어찌 말로 하겠습니까?

생각건대 효성스럽고도 돈독하신 형께서는 상사(喪事)가 겹쳐 애통한 마음도 첩첩하실 것인데 어떻게 마음을 누르시고 건강을 해치지 않으시며 대소 장례 절차를 차례대로 잘 지내셨는지요? 재물이 부족하여 예를 차릴 수 없고, 세상 변고를 만나도 마음을 털어놓을 수 없으니 효자의 슬픔이 어찌 끝이 있겠습니까? 다만 슬픔을 누르시고 예제를 따르시기를 간절히 바랍니다.

저는 늙지도 않았는데 쇠약한데다 병까지 있고, 게다가 세상일 때문에 뜻은 무너지고 기운은 상하여 문 밖에 한 걸음도 나가지 못한 것이 거의 10여 년이 되었습니다. 인사를 폐기하니 허물은 산처럼 쌓였는데 이번의 허물이 가장 큽니다. 저는 아마도 가을이나 겨울에 몸을 떨쳐 한 번 나아가 조금의 슬픔이나마 표하려 하는데, 비록 이러한 생각을 이루더라도 어찌 스스로 죄를 면할 수 있겠습니까? 슬프고 부끄럽습니다.

조기문에게 답함
答曺基文

한 번 찾아가고 한 번 편지하는 것은 먼 곳의 일로서 참으로 쉽지 않은 일인데, 거듭 먼저 베풀어주시니 후의에 감사한 마음은 이루 다 말씀드릴 수 없습니다. 봄날[春陰]에 형제분의 안부는 좋으신지요? 부탁하신 명문(銘文)은 처음부터 제가 감당할 수 없는 것인데, 부탁하신 말씀을 거절하기가 어려워서 행장을 근거로 글을 지어 드립니다. 돌아봄에 언사의 뜻이 평범하고 비루하여 우뚝한 행실과 뛰어난 자취를 어떻게 방불하게 그려낼 수 있겠습니까? 다시금 덕(德)과 말을 갖춘 이[210]를 구하여 불후의 문장을 구하시기를 바랍니다. 비석을 세우는 고유문(告由文)은 효성스러운 자식이 마땅히 지으셔야 합니다. 이에 부탁하신 말씀을 들을 수 없습니다.

210 덕(德)과 말을 갖춘 이 : ≪논어(論語)≫ <헌문(憲問)>에 "덕이 있는 사람은 반드시 훌륭한 말을 하거니와, 훌륭한 말을 하는 사람이 반드시 덕이 있는 것은 아니다.(有德者 必有言 有言者 不必有德)"라고 하였다.

조명문에게 드림
與曺命文

불어난 물이 하늘에 닿을 듯하여 가까운 거리도 오히려 왕래하지 못하는데 하물며 백 리나 되는 먼 곳임에랴! 오직 그리운 마음만 일찍이 끊어지지 않습니다. 삼가 여쭙니다. 삼복더위에 안부가 맑고 화목하신지요? 저는 온통 병으로 지리멸렬합니다. 여러 병증이 번갈아 일어나고, 눈은 어두워서 사물을 볼 수도 없고, 설사는 횟수를 헤아릴 수도 없습니다. 게다가 황달증세로 거의 스스로 지탱하지도 못한 지가 여러 달이 되었습니다. 지금은 비록 조금 차도가 있지만 기력이 쇠퇴하였음을 알겠습니다. 부탁하신 상량문은 저의 병 때문에 지금에야 겨우 지어서 드립니다. 글이 부족하여 쓸 수 없을 뿐만 아니라 시간을 지키지 못한 탄식도 있으니 만약 다른 곳에 구하여 쓴다면 다행이겠습니다. 만약 그렇게 하지 않으신다면 부족한 저의 원고를 엄중하게 다듬어 쓰시는 것이 어떠하겠습니까?

박욱재해붕에게 드림
與朴勗哉海鵬

요즘 날씨가 찬데 형제분의 체후는 좋으시며 아드님도 편안한지요? 우러러 그립습니다. 저는 옛날처럼 못나게 살고 있습니다. 행록(行錄)은 이미 받았습니다. 외람되게도 요청을 다시 받음에 부끄러움과 군색함이 더욱 깊은데 간절하게 부탁하신 것을 거절하기가 어려워서 부족함을 생각하지 않고 글을 지어서 드립니다. 삼가 취사(取捨)하시는 것이 어떻겠습니까?

이성재에게 답함
答李成載

지난 번 왕림해 주신 것도 이미 지극히 고마운데 또 아드님이 이어서 편지를 전해주니 어떻게 부지런하고 정성스러움이 이와 같습니까? 삼가 살펴보건대, 요즈음 양복(陽復, 음11월)에 형의 안부가 좋으심을 알았습니다. 저는 두문불출하며 겨우 생명만 보전하고 있으니 일찍이 목석이나 새 벌레보다 못합니다. 그러하니 친구들 사이에 기억되어 모임하는 자리에 참여하기를 어찌 바랄 수 있겠습니까? 종종 서로 아끼는 사람이 이 외진 초가집의 사정에 대하여 말을 한다고 하니 그 후의를 어찌 잊을 수 있겠습니까?

형숙(衡叔) 형은 이미 새집에 들어가서 사는 줄을 아는데, 아마도 즐거움을 온전히 누리시고 수고를 잊었을 것입니다. 집안 사촌은 새로 태어난 손자를 보기 위하여 며칠 전에 아림(娥林)으로 갔는데 눈 내린 골짜기를 오가는 일이므로 특별히 걱정스럽습니다. 아드님은 용모가 예쁘고 행동은 여유로우니, 아마도 집안의 가르침에서 나왔을 것입니다. 또 노성(老成)한 분의 뒤를 따르며 훈도를 받아 교화되고 미혹한 다른 학문을 끊어버린다면, 그가 얼마나 발전할 것인지 어찌 헤아릴 수 있겠습니까? 이러한 까닭으로 우러러 축하드립니다.

성재집

제 3 권

권치약상행에게 답함①

경진(庚辰, 1880, 성재 24세) 答權致若相行

현사(賢史, 상대방을 높인 말)께서는 배움에 부지런하지 못함을 근심하시면서, 전날에는 어리석고 잡되다고 하시더니, 지금은 마음이 달아나는 것이 날로 심하여진다고 말씀하십니다. 현사는 명민하고 과단성 있는 자질에 높고도 원대한 뜻을 가졌으니 무슨 일을 하시든지 잘 다스리지 못하겠으며, 무슨 일을 하든지 이루지 못하겠습니까? 그런데 겸손하여 물러나고 근심하여 두려워함이 이와 같으니 저처럼 참으로 이런 병이 있는 사람은 마땅히 다시 무슨 말을 하겠습니까? 바라기는 더욱 부지런히 애쓰셔서 때때로 자신에게 얻은 것이 있으면 편지로 가르쳐 주시기를 바랍니다.

제가 어찌 처음부터 이와 같았겠습니까? 일찍부터 배움에 뜻을 두었다고 감히 말할 수는 없지만 농공(農工)이나 장사판에 들어가지 않은 것이 여러 해가 되었습니다. 저는 재주가 참으로 미치지 못하지만 다만 전현(前賢)을 본받고자 하였고, 힘은 참으로 미치지 못하지만 다만 속된 기운을 제거하려고 힘썼습니다. 그러나 말은 능히 그 행실을 보완하지 못하였고, 행실은 능히 그 말을 실천하지 못하였습니다. 이것은 '위로는 감히 인의를 붙들지 아니하고 아래로는 감히 지나친 행위를 하지 않는다'[1]는 몽수(蒙叟)[2]의

1 위로는 …… 하지 않는다 : ≪장자(莊子)≫ 제8편 <변무(騈拇)>에 '위로는 감히 인의를 붙들지 아니하고 아래로는 감히 지나친 행위를 하지 않는다(上不敢爲仁義之操 而下不敢爲淫僻之行也)'라고 하였다. 이는 인의(仁義)의 규범에 얽매인 삶을 원하지 않고 그렇다고 외물(外物)에 탐닉·타락하여 자기상실자가 되지도 않겠다는 뜻으로 이해된다.

2 몽수(蒙叟) : 장주(莊周)를 가리킨다. 그는 원래 초나라 몽현(蒙縣) 출신이었기 때문에 붙여진 이름으로 몽장(蒙莊)이라고도 칭한다.

말에 가깝습니다. 어찌하여 무슨 하늘이 사람에게 그 성품을 주면서 그 재주는 빼앗고 뜻을 주면서 병으로 잡는 것입니까?

수 삼 년 이래로 저의 병이 점점 깊어져서 게으름도 따라서 늘어났으며, 시간은 멀리 달아나고 지업(志業)은 무너졌습니다. 신심(身心)은 스스로 계칙함이 없고, 서적은 오히려 전제(筌蹄)[3]와 같아서 앞으로도 감히 나아가지 못하고 아울러 얻은 것도 보존하지 못하고 있습니다. 정상(情狀)이 이미 드러나 진실로 가리기가 어려우니, 당세의 현인군자들에게 버림을 당할 것이 분명함을 스스로 알겠습니다. 어찌 감히 조금이라도 분발하는 뜻이 있겠습니까? 그러나 이 어리석고 흐리멍덩함은 내 마음에 병으로 여기고 두려워하기를 일찍이 밤낮을 이어서 합니다. 다행스럽게도 현사께서는 나와 오랫동안 함께 있었으니 마땅히 그 죄를 들어 크게 꾸짖고, 그 병을 고민하여 약을 처방하셔서 제가 곤몽(困蒙)의 부끄러움[4]에 이르지 않게 하셔야 할 것인데, 그렇게 하지 않으시고 도리어 저를 더욱 인정해 주셔서 제가 부끄러움에 땅을 뚫고 들어가게 하시니, 바로 형의 불찰이 아니겠습니까? 아니면 제가 사람을 사귐이 정성스럽지 못하여 우선 면전에서만 약간 인정해 주는 것을 면하지 못하는 것이 아닙니까? 저는 지금부터는 과장하는 버릇을 버리고 정직할 것을 생각하며, 도(道)로써 기약하고 의(義)로써 처한다면 고인

3 전제(筌蹄) : 가르침을 제대로 체득하지 못하고, 서적에 매여 있다는 말이다. 물고기를 잡는 통발과 토끼를 잡는 올무는 목적을 위한 방편(方便)이며, 통발과 올무는 결국 물고기와 토끼가 아니듯이, 언설(言說)은 진리를 말할 것이로되 끝내 진리가 아니므로 진리를 구하려면 언설을 잊어야 한다는 것이다. "통발은 물고기를 잡는 것이나 물고기를 얻고는 통발을 잊어야 하고, 올무는 토끼를 잡는 것이나 토끼를 얻고는 올무를 잊어야 하며, 말은 뜻을 나타내는 것이나 뜻을 얻고는 말을 잊어야 한다." 하였다. ≪장자(莊子)≫

4 곤몽(困蒙)의 부끄러움 : ≪주역≫ <몽괘(蒙卦) 육사(六四)>에 "몽매함에 빠진 것이니, 부끄럽도다.(困蒙 吝)" 하고, <몽괘 육사 상(象)>에 "곤몽의 부끄러움은 홀로 강명(剛明)한 자와 멀리 떨어져 있기 때문이다.(困蒙之吝 獨遠實也)" 하였다. 어리석고 몽매한 사람이 현자를 가까이하지 않아 몽매함을 계발할 길이 없어 부끄럽다는 것이다.

(古人)도 오히려 백 세(百世)나 떨어져 있어도 서로 감응하고 천 리나 떨어져 있어도 정신적으로 교유한 경우가 있었는데, 하물며 우리들은 한 세상에 살면서 약관의 나이부터 사귀어 끊이지 않고 만나지 않았습니까? 편지에 말씀하신 구산(龜山)의 학설[5]은 참으로 마땅히 명심[書紳][6]해야 할 것이니, 저는 배움은 음식보다 도리어 더 중요하다고 말하노니, 먹는 것은 때로는 잊어버리지만 학문은 잠시라도 몸에서 떨어질 수 없는 것이기 때문입니다. 그러므로 반드시 어쩔 수 없이 이 두 가지 가운데 버려야 한다면 마땅히 음식을 버려야 할 것입니다. 공자 말씀하시기를, 예로부터 사람은 다 죽지만 사람은 신의가 없으면 설 수 없다고[7] 하였는데, 신의도 오히려 그러한데 하물며 학문은 어떠하겠습니까?

보내주신 애약(艾藥)[8]으로 저를 버리지 않으심을 알았으니 매우 고맙습니다. 그러나 이전에 보내준 것은 겨우 5일을 복용하고 끝났는데, 이것으로 계산하면 이것은 한 달 복용할 양에 넘지 않을 것입니다. 어떻게 수 년 동안 앓아온 병이 한 달 동안에 나을 수 있겠습니까? 만약 낫지 않았는데 다시 끊는다면 그 증세가 나아져 가는 것을 두고 훌륭하다[9]고 말할 수 없습

5 구산(龜山)의 학설 : 중국 북송 말의 유학자로 정호(程顥)와 정이(程頤)의 도학을 전하여 낙학의 대종이 된 구산(龜山) 양시(楊時, 1053~1135)의 학설을 말한다. 저서로 ≪구산집(龜山集)≫(42권), ≪구산어록(龜山語錄)≫(4권), ≪이정수언(二程粹言)≫(2권) 등이 있는데, 권상행이 편지를 통해 구체적으로 어떤 학설을 제시하였는지 알 수가 없다.

6 명심[書紳] : 서신(書紳)은 서신명폐(書紳銘肺)의 줄임말. 잊지 않기 위하여 허리띠에 써놓고 마음에 깊이 새겨 둔다는 말이다.

7 공자 말씀하시기를 …… 없다고 : 자공(子貢)이 공자에게 정사(政事)에 대해 묻자 양식과 무기와 믿음이 있어야 한다고 답하고, 그 가운데에서도 믿음이 가장 중요하다고 하면서 사람은 누구나 다 죽지만 믿음이 없으면 살더라도 제대로 설 수가 없다고 한 데에서 인용한 구절이다. ≪논어(論語)≫ <안연(顔淵)>

8 애약(艾藥) : 약용으로 쓰이는 쑥잎을 말한다. 약재이다.

9 훌륭하다 : 원문의 '협을(挾乙)'은 호랑이의 양쪽 갈비와 꼬리의 끝에 을(乙) 자처럼 생긴 뼈를 이르는 말로서, 호위(虎威)라고 부른다. 당(唐)나라 단성식(段成式)의 ≪유양잡조(酉

니다. 비유하자면 한 자루의 칼과 한 개의 활로는 어지럽게 날뛰는 도적을 상대로 비록 힘써 꺾고 깨끗하게 쓸어버리려 하여도 또한 어렵지 않겠습니까? 반드시 튼튼한 갑옷과 날카로운 병기에 멀리까지 달려가는 말이 함께 나아간 후에야 바랄 수 있으니, 힘껏 주선하여 실효를 보게 하시는 것이 어떻겠습니까?

陽雜俎)≫ <모편(毛篇)>에 "호위는 을(乙) 자처럼 생겼고 길이가 한 치인데, 호랑이의 양쪽 겨드랑이 속에 있고 꼬리 끝에도 있다. 벼슬할 때 이것을 차고 근무하면 미워하는 사람이 없다."라고 하였다.

권치약상행에게 답함②

경진(庚辰, 1880, 성재 24세) 答權致若相行

옛날 한창려(韓昌黎)[10]가 스스로 말하기를, '삼대(三代)와 양한(兩漢)의 글이 아니면 감히 보지 않았다'고 하였습니다. 그런데 지금 그의 문장을 보니, 속으로는 큰 기상이 들어 있고 겉으로는 호방하여, 큰 물이 바야흐로 거침없이 흘러가는 듯한데, 글 속에는 주역(紬繹)[11]하여 실마리를 끌어내지 않은 것이 없었으니, 그의 노력이 높고도 먼 까닭이겠습니다. 지금 현사(賢史)께서 재능과 의지를 가지고 날마다 읽고 완미하는 것은 오로지 삼대(三代)의 글이니 양한(兩漢)은 또 말할 것도 없을 것입니다. 당연히 세상에서 다만 외우고 익히면서 얄팍하게 요행만 바라는 자와는 거리가 멀 것입니다. 그러므로 훗날 형의 성취를 가늠할 수 있을 것입니다.

저는 타고난 성품이 어리석고 고루하여 본래부터 큰 일[12]을 하기에는 부족한데 이러한 상황에서 안으로는 가장의 가르침이 부족하고 밖으로는 스승의 가르침이 없었습니다. 게다가 게으르고 여기에 더하여 병까지 있으니 어둡고 몽매하여 마침내 소인이 되고 말 것이 분명합니다. 비록 이 몸은 어찌되더라도 애석하지 않지만 부형의 바람은 어찌해야 하겠습니까? 이 때

10 한창려(韓昌黎) : 당나라의 대표적인 문장가이자 정치가인 한유(韓愈, 768~824)를 말한다. 그는 당송 8대가(唐宋八大家)의 한 사람으로 자는 퇴지(退之)인데, 창려(昌黎)는 그의 호이며 시호는 문공(文公)이다. 등주(鄧州) 하내군(河內郡) 남양(南陽) 출신이다.

11 주역(紬繹) : 실마리를 끌어 내어 찾아낸다는 말이다.

12 큰 일 : 원문의 '대수(大受)'는 큰 일을 의미한다. ≪논어(論語)≫ <위영공(衛靈公)>에, "공자께서 말씀하셨다. 군자는 작은 일로 그 사람됨을 알 수는 없으나 큰 일을 맡을 수 있고, 소인은 큰 일은 맡을 수 없으나 작은 일로 그 사람됨을 알 수 있다.(子曰 君子 不可小知而可大受也 小人 不可大受而可小知也)"라고 하였다.

문에 한밤중에 생각하노라면 저도 모르게 눈물이 뺨에 흘러내립니다. 지금 낡은 서안 묵은 글에 마음을 두려 하지만 고생 끝에 정신을 수습할 수 없으니 어찌하겠습니까?

권치약상행에게 드림③

경진(庚辰, 1880, 성재 24세) 與權致若相行

우리들은 함께 도(道)를 공부하는 사람이니, 만나고 헤어짐이 그 정(情)을 움직이기에는 부족하고, 생각하고 그리워하는 것은 그 속에 품은 마음보다 부족할 것입니다. 면전에서 마음에 들기를 구하지 않았고, 문사(文辭)에 꺼리끼지 않았습니다. 세상에서 저처럼 그립고 그리워서 금방 기뻤다가 금방 슬퍼하면서 마음이 가는 사람은 없을 것입니다. 그렇지만 이것은 본래 저의 성품이 그러한 것은 아닙니다. 아마도 서로 약속한 것이 원대하고 서로 처신함이 고상하고 서로 사귐이 담박하여, 한 번 만남으로 마음이 계합(契合)한 때문일 것입니다.

지금까지 여러 해 궁색하게 살면서 인간사를 끊어버리고 간혹 하루 종일 단정하게 앉아 있으니, 정신이 나른하고 밤이 지나도록 잠도 들지 못하고 가슴만 답답합니다. 이러한 때에는 오랜 벗을 생각하지 않은 적이 없으니, 고매한 기운과 침중한 도량과 도도한 문채를 어느 때에 만나서, 저의 해묵은 때를 씻어낼 수 있겠습니까? 그러나 끝내 보지 못하였으니 슬픈 마음은 멈출 줄 모릅니다. 이것은 곧 도(道)가 정(情)을 이기지 못해서 그러한 것입니까? 아니면 정(情)에도 또한 도(道)가 발현한 것입니까? 참으로 알지 못하겠습니다. 도를 아는 자가 본다면 도(道)를 떠나서 정(情)이 없고, 정(情)을 떠나서 도(道)가 없는 것인데, 어찌하여 도(道)를 배운다고 하면서 다시 정(情)에 끌려가는 것이 이와 같습니까? 가만히 생각건대 너그러우신 형께서는 아마도 웃으실 듯합니다. 그러나 정(情)이 있는데 숨기는 것도 도(道)와 어긋난 것일 겁니다. 이에 몇 자 부칩니다. 막 추워지는 이 때 보중하십시오.

권치약상행에게 드림④

경진(庚辰, 1880, 성재 24세) 與權致若相行

지난 번 올린 답장에는 바빠서 쌓아둔 마음을 다하지 못하였습니다. 다만 보내온 편지를 거듭 죄안으로 만들었으나 참으로 그만두지 못하겠습니다. 경학 공부에는 날이 갈수록 더욱 진전이 있는지요? 다만 현사(賢史)의 재능으로 생각해보면 장구(章句)의 말단에만 매달리는 저는 참으로 천박하기만 합니다. 고인들이 말하지 않았습니까? 영웅호걸의 자질을 가지고도 조심조심하며 깊은 물에 임한 듯이 얇은 얼음을 밟듯이 공부해야 한다고 말입니다. 현사께서는 밤낮으로 외우고 익히는 사이에 그 뜻을 강구함에 감히 혹시라도 황폐함이 없도록 하시니, 그런즉 세상에서 망령된 뜻으로 단계를 뛰어넘고 단지 자랑만을 일삼는 자들과 비교하면 알고 모르는 것이 다만 30리만 떨어진 것이 아닐 것입니다.[13] 저는 고루하여 무슨 일을 하기에는 부족한데 저를 인정으로 사랑하시는 까닭에 매번 현사께서 간곡하게 이끌어 주시는 은혜를 베풀어 제가 자포자기하는 사람이 되는 것을 면하게 하여 주셨습니다. 그러나 스스로 그 속을 돌아보면 언제나 두렵고 떨릴 따름입니다.

13 알고 …… 아닐 것입니다 : 동한(東漢)의 채옹(蔡邕)이 <조아비(曹娥碑)>에 '황견유부외손제구(黃絹幼婦外孫齏臼)'라는 여덟 글자의 은어를 써 두었는데 삼국 시대 조조(曹操)가 이 대목을 보고 주부(主簿) 양수(楊修)에게 "그 뜻을 알겠느냐?"라고 묻자, 양수가 안다고 하자, 조조가 "아직 말하지 말라." 하고 30리 가량 가서야 그 뜻을 알아차리고 양수에게 말해 보라고 하자, 양수가 파자(破字)하여 "황견은 색이 있는 실[色絲]이므로 절(絶) 자가 되고, 유부는 소녀(少女)이므로 묘(妙) 자가 되고, 외손은 딸의 아들[女子]이므로 호(好) 자가 되고, 제는 매운[辛] 부추이고 구(臼)는 받는 것[受]이니 사(辭)의 약자가 된다. 따라서 '절묘호사(絶妙好辭)' 즉 절묘한 좋은 글이란 뜻이 된다."라고 풀이하였다. 이에 조조가 "지혜가 있는 것과 없는 것이 30리나 차이 난다."라며 탄식하였다. ≪세설신어(世說新語)≫ <첩오(捷悟)>

권치약상행에게 답함⑤

경진(庚辰, 1880, 성재 24세) 答權致若相行

3년 상이 다 끝났지만 마침내 한 번의 문상도 하지 못하였는데, 백 리나 떨어진 먼 곳에서 도리어 편지를 주셨으니, 저의 도리를 저버린 허물이 너무 깊고 입은 은혜는 더욱 큽니다. 비록 저를 버리시고 관계를 끊으시더라도 저는 감히 말할 수 없을 것인데 도리어 굳은 인정을 나누어 주십니다. 흉년이 든 가난한 마을에는 병을 앓지 않는 자도 오히려 견디지 못하였으니, 근래 이렇게 위태롭고 험한 상황을 경험할 줄을 누가 알았겠습니까? 부모를 봉양할 양식이 떨어지고 병을 조리하기도 어려운 사정은 보지 않아도 알 수 있으니, 그 염려를 어떻게 더하겠습니까? 다만 뜻을 기르는 것이 몸을 기르는 것보다 큰 일이며, 가난을 걱정하는 것은 도(道)를 걱정하는 것보다 못합니다. 우리들의 가난함은 자신의 분수이니, 학업은 스스로 편안히 해야 할 것입니다. 참으로 이러한 일로 그 마음이 얽매여 걱정을 끼치는 일이 없다면 몸은 날로 윤택하게 되고 성찰은 날로 강(康)하게 될 것입니다.

태학(太學, 성균관)에 있던 종조카가 억울하게 죽었다니 사실입니까? 그 사람됨과 그 재주는 쉽게 얻을 수 있는 것이 아닌데, 어찌하여 크게 될 싹이 열매 맺기가 어렵단 말입니까? 멀리서나마 슬픈마음 간절합니다. 저도 오래 병을 앓는 사람으로 봄에 병 한 가지가 더하여 열흘이 지나서야 겨우 일어났습니다. 점차 깨닫는 것은 머리카락은 더욱 희어지고 눈은 더욱 어두워진다는 것입니다. 보내주신 편지에, '옛날에 서로 기약한 것이 과연 여기에서 멈추는가?'라고 하였지요? 그 사람이 이러하니, 그 사정을 알만 합니다. 초췌한 저의 모습은 갑자기 한 늙은이가 되어버렸습니다.

어찌 새로운 명령을 멀리서 들을 수 있었겠습니까? 날마다 그 듣지 못하는 것을 듣는 것은 북성(北省, 서울을 말함)일 터인데, 이 고을은 새 소식을 듣지 못하는 것이 가장 심합니다. 오랑캐 옷을 입고 새처럼 짹짹거리며, 중화가 오랑캐가 되고 사람이 짐승이 된 후에야 끝날 것입니다. 비록 뜻을 굽히지 않는 굳센 자가 있다고 하더라도 뜻을 빼앗기지 않는 자가 드뭅니다. 요즈음 아이들이 경전보기를 수단[14]으로 여기는 것은 바로 이 때문이 아니겠습니까? 고민스럽습니다.

지난 해 의춘(宜春)[15] 가는 길에 나아가 인사드리지 못하고 지나쳐 돌아왔습니다. 대개 종과 말은 제가 준비할 수 있는 것이 아니었고, 날짜가 처음 계산한 것보다 넘어서 어쩔 수 없었습니다. 이전에 오래 소식을 전하지 못한 것을 책망하신다면 참으로 사양하지 못하겠지만 이번 일로써 죄라고 하신다면 참으로 감당하기 어렵습니다. 어찌 아뢰는 자가 잘못하여 살피기를 제대로 하지 못한 까닭이 아니겠습니까? 훗날 만날 때에 한바탕 웃음거리에 부칠 만합니다.

---

14 수단 : 원문의 전제(筌蹄)는 통발과 올무라는 뜻으로 목적이 아닌 수단이나 도구를 의미한다.

15 의춘(宜春) : 경상남도 의령의 옛 이름이다. 신라 경덕왕 16년(757)에 행정 명칭 개혁으로 의령현(宜寧縣)으로 불리며 함안군에 소속되었다가, 고려조 현종 9년(1018) 의춘(宜春)으로 일시 개명해 진주목의 속현이 되기도 했다.

권치약상행에게 답함⑥

경진(庚辰, 1880, 성재 24세) 答權致若相行

저의 병은 해가 갈수록 더해지고 몸은 도(道)와 함께 시들어 가니, 정리(情理, 인정)도 덩달아 보잘 것 사라집니다. 어느 겨를에 그간의 잘못이 많고 적음을 따지겠습니까? 편지에 '마음으로 옛 성현에게 질정하라[心質前聖]'는 네 자, 이 말은 완고한 우리들에게 어울리는 말입니다. 저 도도하게 밀려오는 물결은 바야흐로 성현이 나를 속인다고 하니, 도대체 누가 이러한 말을 믿겠습니까? 집사람은 오래된 병으로 괴로워하고 아이들은 겨울 공부를 그만두었으니 모두 고민스럽습니다. 이전에 들으니 방문하실 뜻이 있다고 하시던데 저 때문에 그만두신 것입니까? 부탁드리건대 저의 얼굴은 보지 마시고 다만 공의 누이 얼굴을 보아 주십시오.

권치약상행에게 드림

무신(戊申, 1908, 성재 52세) 與權致若相行

저는 통곡하며 말씀을 올립니다. 장모님[16] 상사라니 이것이 무슨 말입니까? 노년의 질환은 참으로 다시 회복되기에는 어렵다는 것을 알았지만 가만히 지켜보건대 평소 덕성이 조용하시고 너그러우시고 겉으로는 걱정되는 지경에 이르지 않았으므로, 이에 백수를 누리실 것이라고 여겼습니다. 또한 집사께서는 효도와 봉양에 있어 숙수(菽水)의 봉양[17]을 어렵게 여기지 않으시고 지극히 정성을 극진히 하였으므로 마땅히 신명이 감동하여 원기를 회복할 것이라고 여겼습니다. 비록 세상이 험하고 도로가 막혀 나아가 병문안을 하지는 못했지만 건강을 축원한 것은 일찍이 빠뜨리지 않았는데 어떻게 오늘 갑자기 부음을 받을 줄을 생각이나 하였겠습니까? 슬프고 슬픕니다.

저는 귀문의 사위가 되어 30년이 지났지만 중년 이후로 한 번도 문후를 드리지 못하였습니다. 도리는 마땅히 실천해야 하고 은혜는 마땅히 갚아야 하는 것을 알지 못하는 것은 아니지만 제 자신이 온갖 겁란을 겪었고 세상은 많은 혼란 중에 놓였으니 정성은 있지만 이루지 못하여 죄가 산처럼 쌓였습니다. 아마도 속죄하는 날이 있을 것이라고 여겼지만 지금은 끝났으니

16 장모님 : 원문의 '선비외고주(先妣外姑主)'는 상대방에게 돌아가신 어머니인 동시에 본인에게는 장모님이라는 뜻이다.

17 숙수(菽水)의 봉양 : 가난하게 살면서 어버이를 극진하게 봉양하는 것을 말한다. 공자의 제자 자로(子路)가 집안이 가난해서 효도를 제대로 하지 못한다고 탄식하자, 공자가 "콩죽을 끓여 먹고 물을 마시더라도 기쁘게 해 드리는 일을 극진히 행한다면, 그것이 바로 효이다.(啜菽飮水盡其歡 斯之謂孝)"라고 위로했던 고사가 있다. ≪예기(禮記)≫ <단궁하(檀弓下)>

어찌하겠습니까?

삼가 효심이 지극하신 상주께서는 깊은 슬픔을 어찌 견디십니까? 집에는 장례를 치를 돈이 없으니 마땅히 얼굴에 먼지를 뒤집어쓰고 가지가지 절차를 집례하였을 것이니, 어찌 아쉬움이 없겠습니까? 하물며 열흘이 넘어서 장례를 지냈으니, 비록 좋은 때를 구하는 중에 나온 일이겠지만 슬픈 마음은 더욱 끝이 없었을 것입니다. 부디 슬픈 마음을 더욱 누르시고 상주의 건강을 잘 지키셔서 고인의 경계를 어기지 마시기를 바랍니다.

권치약상행에게 드림

경술(庚戌, 1910, 성재 54세) 與權致若相行

법식은 생략합니다. 한 해에 한 번 오가는 것도 쉽지 않은 것은 어찌 유독 인간사의 변고를 당했을 때에만 그러하겠습니까? 지금은 어떠한 때입니까? 말하려 하니 몹시 슬퍼집니다. 삼가 상주님께서는 잘 지내시는지요? 이 달[18]이 문득 다가왔으니, 효성스러운 자식의 그리움은 더욱 끝이 없을 듯합니다.

저는 바깥 일을 살피지 못한 지 여러 해가 되었습니다. 한 번 자세히 살피고 돌아와야 하나, 그렇지 못해 죽으려 해도 죽지 못하고 살려고 해도 부칠 만한 곳이 없습니다. 이 세상에 살아가는 사람들을 보면, 누군들 그렇지 않겠습니까? 가세가 기울고 몸이 늙은 것은 모두 마음에 걸리지는 않지만 다만 우리 장모님의 종상(終喪)이 가까운데 아직도 한 번 조문을 못한 것이 마음에 걸립니다. 삼 년이 끝나도록 하지 못한 걸음을 과연 수 십 일 사이에 반드시 조문할 수 있겠습니까? 이것이 두렵고 부끄럽고 또 슬픈 점입니다. 아이는 둘째와 막내가 함께 가서 겨우 허물을 씻었지만 그 아비에게는 무슨 관계이겠습니까? 나머지는 자세히 물어보시기 바랍니다.

18 이 달 : 탈상하는 달을 의미하는 듯하다.

권치약상행에게 답함

경술(庚戌, 1910, 성재 54세) 答權致若相行

백미(伯眉, 권상행의 형을 말함) 형이 먼 길을 찾아왔는데 이것은 지난 약속을 지킨 것이지만 저의 마음은 마치 뜻밖에 만난 것처럼 매우 기뻤습니다. 이어서 형의 편지를 열어서 서너 번 읽어보고 대략이나마 대의의 일부를 통하니, 저의 황홀한 마음은 마치 금옥(金玉) 같은 형제분께서 함께 오셔서 한 자리에서 이야기를 나누는 듯하였습니다. 지금 세상에도 이렇게 저를 돌아보시는 분이 있다는 말입니까? 소남(召南)의 슬픈 소식은 우편을 통하여 들었는데 오랫동안 슬펐습니다. 저는 그가 살았을 때 함께 한 일이 없었는데도 그가 죽었다는 소식을 듣고 더욱 슬퍼지는 것은 사람의 정으로 오히려 당연한 일인데, 하물며 집사(執事, 상대방)처럼 독실한 친구인 경우에는 어떠하겠습니까? 복중(服中)에 건강을 잘 지키십시오.

뜰에는 자식들 글 읽는 소리가 들리고 방에는 부인의 근심하는 모습이 없어서 즐거울 수 있고 편안할 수 있다면, 소위 다른 사람에게 자부할 만한 것이 달리 다시 있겠습니까? 글[翰墨]은 진부한 것을 없애려고 하지 않은 것은 아니지만 언제나 마음에 맞지 않은 것이 근심스럽고, 언어는 반드시 영달(榮達)을 구하는 것은 아니었지만, 곤궁(困窮)함이 곧 나의 본래 분수이며, 모범이 되는 것과는 참으로 거리가 머니, 자정(自靖)이 어찌 쉽겠습니까? 몸은 죽음을 두려워하면서도 입으로만 자정(自靖)을 말하니, 나는 그것을 믿지 못하겠습니다. 만나는 일마다 반드시 반드시 백이(伯夷)와 노중련(魯仲連)이 되기를 구한다면[19] 오릉 중자(於陵仲子)에 가깝게 되고,[20] 반드시 이단(異端)을 분별하고 사설(邪說)을 막기에 노력을 다한다고 평소에 말하지만 이것도 또한 진부한 이야기입니다. 다만 행실은 백이와 노중련을 사모하면서 이단의 사설에 물들지 않는 것도 자신을 반성하고 요점을 지킨다고 말할 수 있을 것입니다. 보내주신 글의 뜻이 높고 깊어서 저의 얕은 식견으로는 깨달아 알 수 있는 것이 아닌데, 함부로 답장을 올린 것은 과거를 보는 선비와 같이 일부만 끊어서 본 것이니, 웃어 넘겨 주십시오. 백미 형은 이틀을 머물다가 돌아가셨습니다. 은후(隱侯)의 시[21]를 읊조리니 한층 슬퍼집니다.

19 백이(伯夷)와 …… 구한다면 : 주나라의 곡식을 먹지 않고 수양산에서 고사리를 캐먹고 살다 죽은 백이와, 포악한 진나라가 중국의 제왕으로 군림하는 것을 보느니 차라리 동해에 빠져 죽겠다고 한 전국시대 제(齊)나라의 노중련(魯仲連)의 절의를 본받겠다는 말이다.

20 오릉 중자(於陵仲子)에 가깝게 되고 : 대의(大義)는 망각한 결벽함을 말한다. 오릉 중자는 중국 전국 시대 제(齊)의 은사인 진중자(陳仲子)이다. 그는 모친의 음식이나 형의 저택을 불의(不義)하다고 여겨 마다하고 은거하며 신을 삼아 팔고 아내를 시켜 길쌈하며 살았는데, 맹자는, 인륜을 돌아보지 않고 개인적인 결벽만을 편집(偏執)하는 존재라고 비난하였다. ≪맹자(孟子)≫ <등문공(滕文公) 하>

21 은후(隱侯)의 시 : 은후는 남조 양(梁)나라 심약(沈約)의 시호이다. 그의 <별범안성(別范安成)> 시에, "우리네 인생살이 젊을 적에는, 헤어져도 만날 기약 하기 쉽더니. 그대와 함께 늙은 지금 이 시절, 더 이상 헤어질 때 아니고말고. 한 잔 술 별거냐고 말하지 마소, 내일 다시 이 술잔 잡기 어렵네. 꿈속에 찾아갈 길 알지 못하니, 무슨 수로 그리움을 달래 보리오.(生平少年日 分手易前期 及爾同衰暮 非復別離時 勿言一尊酒 明日難重持 夢中不識路 何以慰相思)"라고 하였다. ≪고금시산(古今詩刪)≫ 권9 <양시(梁詩)>

권치약상행에게 드림①

계축(癸丑, 1913, 성재 57세) 與權致若相行

저의 집 경사에 함께 자리를 하시려고 천 리 먼 길을 몸소 오셨으니, 형에게는 곧 지극한 인정에서 나온 일이었지만 저에게는 고마움이 컸습니다. 다만 손님 자리가 번잡하여 형께서 사오 일을 머물러 계셨지만 하룻밤 정담도 나누지 못하였으니, 다만 이별할 때 마음에 걸려 어쩔 줄을 몰랐습니다. 하물며 행차가 신당(新塘)에 머물 때에는 비로 인하여 길이 막혔으니 행차의 어려움은 짐작할 수 있었습니다. 미안한 저의 마음은 한 해가 하루 같았습니다.

삼가 화창한 봄날에 형제분은 곤궁한 상황에서도 더욱 형통하신지요? 궁핍은 운명이니, 좋은 해에도 오히려 그러한데 이런 흉년을 만나서도 죽음을 면하였으니 다행한 일입니다. 도를 배운 지 여러 해가 되었으니 어찌 이런 상황 때문에 슬퍼하겠습니까? 이것은 지자(知者)와는 말할 수 있지만 속인과는 말하기 어려운 것이니, 도(道)가 혹시 마음으로 계합(契合)함이 있었는지요?

저는 어제나 오늘이나 다른 것이 없어서 드릴 말씀이 없습니다. 아내의 병과 아이들의 고생은 심했다가 나았다가를 무상하게 하니 이 늙은이의 걱정이 적지 않습니다. 이(李) 서방이 지금 와서 머물고 있어서, 사위와 회포를 풀고 있을 따름입니다.

권치약상행에게 답함②

계축(癸丑, 1913, 성재 57세) 答權致若相行

형의 숙부[22] 영감께서 갑자기 관사(館舍)를 버리셨다는 부음을 듣고 놀라고 슬픈 마음을 어찌 다시 말하겠습니까? 도(道)가 사라진 이래로 덕망이 높으신 어르신이 차례로 돌아가시고 지금은 원로[23]들이 모두 돌아가셨으니, 후생 소자(小子)들이 장차 덕업(德業)을 찾고 물을 수 없게 되었습니다. 하물며 저는 문하에 출입한 지가 40년이니, 은혜를 입어 가르침을 받은 것이 헤아릴 수 없는 사람은 어떠하겠습니까?

삼가 생각건대, 애통하고 사모하는 집사의 마음은 또한 양자[替事][24]된 처지에서는 한층 더할 것입니다. 6월 26일 부음을 받았고 7월 그믐에 집사의 편지를 받았습니다. 아마도 지정(至情)[25]의 부음은 전팽(專伻)[26]을 통하지 않고 우편(郵便)으로 하면 누락되는 경우가 없을 수 없는 것이어서, 지금 또 전팽을 통하여 편지로 거듭 알려주신 것이거나, 또한 이전 보낸 편지가 전해지지 못하였을지 몰라서 그렇게 하였을 것입니다.

22 숙부 : 원문의 '완부(阮府)'는 남의 아저씨를 말한다. ≪진서(晉書)≫ <완적전(阮籍傳)>에 "완함(阮咸)의 자는 중용(仲容)인데, 쾌활하여 세속에 구애를 받지 않고 숙부인 적(籍 : 자는 사종(嗣宗)과 함께 죽림 칠현(竹林七賢)이 되었다." 하였는데, 후인들은 남의 아저씨를 완장(阮丈), 남의 조카를 아함(阿咸)이라 한다.

23 원로 : 원문의 '영광(靈光)'은 국가의 원로를 의미한다. 영광은 한(漢)나라 궁전 영광전이다. 한 경제(漢景帝)의 아들 노 공왕(魯恭王)이 많은 궁전을 세웠으나, 오랜 세월이 흘러 한나라의 국력이 쇠약해지자 도적의 침해로 인해 다 무너지고 영광전만 남게 되었다고 한다. ≪문선(文選)≫ 권11 <노영광전부(魯靈光殿賦)> 여기에서 전하여 마지막 남은 국가의 원로를 비유하는 말로 쓰인다.

24 양자 : 원문의 '체사(替事)'는 양자로 들어가 어버이로 모시게 된 경우를 이른다.

25 지정(至情) : 가까운 친척을 이르는 말이다.

26 전팽(專伻) : 어떤 소식이나 물건을 전하기 위하여 특별히 사람을 보냄. 또는 그 사람.

저는 비록 세상 인정에 어둡지만 집사께서 그때 사정이 부득이하여 부음을 전하지 못하였다고 자책하신 것을 어찌 헤아리지 못하겠습니까? 집사께서 이렇게 번거로운 수고를 끼친 것은 부음을 받고 지금까지 듣지도 알지도 못하는 사람처럼 지낸 저의 잘못입니다. 험한 세상에 예로써 장례를 지낸 것에서 집사의 효성이 지극함을 볼 수 있으며 다른 무리[27]도 감동을 하였을 것입니다. 다만 그때 가을 곡식이 아직 여물지 않았을 것인데 가난한 집의 범절(凡節)이 군색하여 곤란하지는 않았는지요? 저는 비록 병중이었지만 마음으로나 예의로나 마땅히 무덤에서 영결하여야 할 것이었습니다. 그 사이에 많은 날이 있었지만 질정을 받지 못하고 뵙지 못한 것은 집 아이와 심부름꾼[伻人]으로 대신합니다.

27 다른 무리 : 원문의 '이류(異類)'는 일본 오랑캐를 의미한다.

권치약상행에게 드림③

계축(癸丑, 1913, 성재 57세) 與權致若相行

지난 번 답장을 할 때에도 일이 바빴는데 지금도 또 일이 어지러우니, 참으로 이와 같으면 어느 때에 쌓여있던 마음을 다하겠습니까? 말은 간략해도 내용은 자세할 수 있으니, 차라리 간단할지언정 번잡함이 없는 것이 좋습니다. 어느덧 장례일이 임박하여, 이에 따라 죽은 사람[28]과도 긴 하루 밤만 남았으니, 찢어지는 마음은 미체(靡逮)의 슬픔[29]을 더합니다. 삼가 상주 형제분의 안부는 좋으시며 아드님의 공부는 건실한지요?

저는 노쇠한 모습이 서리 맞은 갈대처럼 모든 것이 꺾이어 다시 떨쳐 일어날 가망이 없으니 무엇을 말하겠습니까? 실인(室人, 아내)은 술지게미나마 실컷 먹고 작년보다 살이 조금 쪘습니다. 다만 비증(痞證, 체증)이 줄었으니, 이것은 또한 기이한 일이라고 하겠습니다. 이것은 바로 상평(向平)의 빚[30]은 이미 다 갚았지만 극결(郤缺)의 농삿일[31]는 다하지 않은 것이 아니겠습니

28 죽은 사람 : 원문의 '현화(玄和)'는 죽은 사람의 흰 뼈를 이르는 말.

29 미체(靡逮)의 슬픔 : 따라가려고 해도 미치지 못하는 것처럼, 죽은 사람을 따라가지 못하는 슬픔인 미체지통(靡逮之痛)을 말한다.

30 상평(向平)의 빚 : 자녀들의 혼사를 모두 마쳤음을 말한다. 상평(向平)은 후한(後漢) 때의 은사(隱士)로 자가 자평(子平)인 상장(向長)을 가리킨다. 그는 일찍이 ≪노자(老子)≫와 ≪주역(周易)≫에 모두 정통했는데, ≪주역(周易)≫의 <손괘(損卦)>와 <익괘(益卦)>를 읽고서 "내가 부유한 것보다는 가난한 것이 더 좋고 귀한 것보다는 천한 것이 더 좋다는 것을 알았다마는, 단지 죽음이 삶과 비교해서 어떠한지는 아직 모르겠다.(吾已知富不如貧 貴不如賤 但未知死何如生耳)"라고 탄식하였다 하며, 자녀들을 모두 시집 장가보내고 나서는 "앞으로 내가 죽은 것처럼 생각하고 더 이상 상관하지 말라.(勿復相關 當如我死矣)"라고 하고는 뜻이 맞는 벗들과 오악(五岳) 등 명산을 유람하며 종적을 감췄다고 한다. ≪후한서(後漢書)≫ 권83 <향장열전(向長列傳)>

31 극결(郤缺)의 농사 : 시골에서 농사를 짓는 생활을 이른 말이다. 극결(郤缺)은 춘추 시대

까? 농삿일은 참으로 만약 대풍이어도 오히려 양식이 떨어질 것을 걱정하는데 하물며 사람들이 굶주리는[32] 올해는 병년(丙年)[33]에 비견되니, 앞으로의 살림살이를 가만히 앉아서 헤아릴 수 없습니다. 동병상련의 처지가 아니라면 누구와 함께 이야기하겠습니까? 처음에는 고을에라도 가보려 하였으나 결국 아이를 대신하여 보내게 되었습니다. 그것도 온갖 군색한 중에 애쓴 것이니 용서해 주시지 않겠습니까?

진(晉)나라 문공(文公)의 대부였다. 진(晉)나라의 중이(重耳)가 19년간의 오랜 유랑 생활 끝에 진나라로 돌아와 임금의 자리에 올라 문공(文公)이 되자, 당시에 대신으로 있던 극예(郤芮)가 반란을 일으켰다. 그 뒤에 극예의 아들인 극결(郤缺이 미천한 신분으로 지내면서 기(冀) 땅에서 밭을 갈 때 그 아내가 들밥을 내왔는데, 서로 공경하여 대하기를 손님처럼 하였다. 구계(臼季)가 그것을 보고는 문공에게 추천하자, 문공이 극결을 하군대부(下軍大夫)로 삼고 기 땅을 식읍으로 주었다. 그러자 극결은 문공을 위하여 충성을 다하였다. ≪소학(小學)≫ <계고(稽古)>

32 사람들이 굶주리는 : 원문의 '호경(呼庚)'은 굶어 죽기 일보 직전에 놓여 있다는 말이다. 옛날 춘추 시대 때에 군대의 식량이 다 떨어져 원조를 요청하자. 경계(庚癸)라고 부르면 곧바로 응하겠다.(呼曰庚癸則諾)고 대답한 고사에서 유래한 것으로, 경(庚)은 서방(西方)으로 곡식을 상징하고 계(癸)는 북방(北方)으로 물을 상징하기 때문에 사용했던 은어(隱語)였다. ≪춘추좌전(春秋左傳)≫ 애공(哀公) 13년

33 병년(丙年) : 을병(乙丙) 대기근을 말한다. 숙종 21년(1695, 을해)부터 25년(1699, 기묘)까지 있었던 대기근으로, 불과 5년만에 141만 6274명(당시 인구의 19.7%)이 희생되었다. 이 가운데 병자년(1696)이 가장 심각하여 병년(丙年) 기근이라 하기도 한다.

권천약상연에게 답함①

병진(丙辰, 1916, 성재 60세) 答權天若相淵

함께 늙어가는 처지에 십사(十舍)[34]나 멀리 떨어져 서로 바라보며 생각만 할 뿐이어서 다시 편지를 하거나 만나기를 바랄 수 없었는데, 형의 편지를 갑자기 받고 저 세상의 사람을 대하는 듯이 너무나 고마웠고 또 기쁘고도 슬펐습니다. 하물며 도(道)를 걱정하는 말씀과 세상을 개탄하는 마음이 글 속에 넘쳐나는데, 이미 추락한 도통의 실마리를 함께 일으키려는 그 뜻이 너무나 지극하였습니다. 그러나 저를 돌아보건대 제가 감당하기에는 부족하니 이것이 부끄럽습니다. 편지를 받은 후 두 달이나 지났습니다.

삼가 객지에 나가 계신 형의 안부는 좋으신지요? 농사일과 자식 교육은 늙은 나이에 즐거운 일이니 아이가 훌륭하여 농사에 수확이 있으면 그 즐거움을 장차 바꾸려 하지 않을 것입니다. 저는 허약한 체질로 이미 육순이 되었으니 거백옥(蘧伯玉)과 같은 변화[35]는 감히 바라지 못하고, 원양(原壤)처럼 해가 되는 사람[36]에 가깝게 되었습니다. 부디 공은 나이 차이가 적지만 나를 보고 전철로 삼으시기를 바랍니다.

---

34 십사(十舍) : '사'는 거리를 나타내는 단위로 30리를 뜻한다. 그러므로 십사는 300리로 먼 거리를 뜻한다.

35 거백옥(蘧伯玉)과 같은 변화 : 원문의 백옥지화(伯玉之化)는 춘추 시대 위(衛)나라 대부(大夫)인 거백옥(蘧伯玉)이 나이 50세 때에 49년 동안의 잘못을 깨달았다(年五十而知四十九年非)는 고사를 일컫는 말로서, 자신의 잘못을 뉘우치고 변화한다는 말이다. ≪회남자(淮南子)≫ <원도훈(原道訓)>

36 원양(原壤)처럼 해가 되는 사람 : 공자(孔子)가 "어려서는 공손하지 못하고, 장성해서는 일컬을 만한 일이 없고, 늙어서 죽지도 않으니, 이는 세상에 해만 끼치는 사람이다.(幼而不孫弟 長而無述焉 老而不死 是爲賊)"라고 하면서 친구 원양(原壤)을 경책(警責)한 고사가 있다. ≪논어(論語)≫ <헌문(憲問)>

큰 아이는 고개 너머에 사는데 생계 때문인데, 그 아이가 새벽과 저녁으로 왕래하는 것이 불쌍합니다. 며칠 전에 모든 아들과 집사람은 산모를 구완하기 위해서 갔으며, 나의 아침 저녁을 지어주는 사람은 오직 근친을 가야 하는 딸아이뿐이니, 신산(辛酸)한 생활을 짐작할 수 있을 것입니다. 계상(溪上)[37]에서는 종종 소식을 듣습니까? 공은 이미 형제를 떠났고, 저도 부자가 함께 살지 않고 있으니, 사람이 난세에 처하여 이렇게 곤고(困苦)할 수 있습니까? 문(文) 씨 두 분 형은 멀리까지 방문하기가 쉽지 않은데, 저로 말미암아 밖으로 나왔다가 저녁에 돌아가셨지만 정의(情誼)를 나누지도 못하고 헤어졌음에 슬프고 한스럽습니다.

37 계상(溪上) : 작자의 처가인 경상남도 산청군 단계(丹溪)를 말한다. 여기에는 권도를 추모하기 위한 완계서원(浣溪書院)이 있다.

권천약상연에게 답함②

병진(丙辰, 1916, 성재 60세) 答權天若相淵

일찍이 거리가 멀어서 닿을 수 없다고 말하였는데 가을이 든 이래로 연속하여 형의 편지를 받았습니다. '생각하지 않아서이지 어찌 멀어서이겠는가'[38]라는 말이 이 경우를 말한 것이 아닙니까? 위로되고 기쁜 마음을 헤아릴 수 없었습니다.

삼가 살피건대 겨울 날씨에 형의 체후는 좋으시고, 학문의 재미가 날로 새로우심을 알았습니다. 이어지는 고을의 소식에 아드님의 공부도 독실하다고 하니 얼마나 축하드려야 할지 모르겠습니다. 부패의 본 모습은 비난이 참으로 우연히 찾아와서 유독 위태로운 형세가 되는 것입니다. 같은 어려움을 겪는 사람들은 이것을 불쌍히 여겨서 모든 것을 운명에 부치고 나의 직분에 마땅히 해야 할 것만 합니다. 이것은 군자가 편안하거나 괴로우나 한결같이 처신하는 도리가 아니겠습니까? 도리를 지킬 책임을 세상에서 감당하는 자가 없다고 하신 것은 겸손이 지나치신 것이니 지나치게 인정해 주는 것보다 오히려 더한 것입니다. 삼가셔서 다시 그렇게는 말하지 말아주십시오. 저는 늙고 병든 것이 날로 심해져서 겨울 추위가 겁이 납니다.

선조의 문록(門錄)[39] 중에 누락된 제현(諸賢)들이 보이는데 연강(練江)의 문

38 생각하지 …… 멀어서이겠는가 : ≪시경≫에 "어찌 너를 생각지 않으리오마는 집이 멀어서이다.(豈不爾思 室是遠而)"라고 한 것을 보고 공자가 "생각을 하지 않아서이지 어찌 멀어서이겠는가.(未之思爾 夫何遠之有)"라고 하였다. ≪논어(論語)≫ <자한(子罕)>

39 선조의 문록(門錄) : ≪한강선생급문록(寒岡先生及門錄)≫을 말한다. 성재는 선조 한강 정구의 문인록을 230명 규모로 확대 편성한 바 있다. 이 문인록은 지애 정위가 편성한

공(文公)만이 아니었습니다. 간혹 추후에 기록되는 사람도 있는데 정확하게 근거할 글이 없으면 감히 기록할 수 없습니다. 지금 문 씨의 여러 서찰과 문집 가운데 몇 조목을 보면 아마도 의심할 것이 없는 듯하여 모두 신습니다. 문 형(文兄)이 추위를 뚫고 먼 길을 왔으니 노인의 일을 불쌍히 여겨 성가시게 돌려보내지 말아 주십시오.

170여인에서 60인을 추가한 것이다. 필사본이 계명대학교 동산도서관에 전한다.

죽사에게 답함

병진(丙辰, 1916, 성재 60세) 答竹史

사랑하지만 편지가 보내지 않는 경우는 있지만, 사랑하지 않는데 편지를 보내는 경우는 없습니다. 한 번 헤어져 흩어진 지가 문득 사 오 년이 지났으니, 어찌 인편이 없었다고 말하겠습니까만 편지가 없다고 마음이 그렇다고 하겠습니까? 사랑한다면 편지가 무엇이겠습니까? 이에 중춘[음2월]에 정이 가득한 오랜 친구의 편지를 받으니, 황홀하기가 마치 망천도(輞川圖)[40]를 펼쳐 완미하는 것과 같았습니다. 저를 사랑하지 않으신다면 어찌 이와 같을 수 있겠습니까? 배움을 부지런히 하지 못하고 학업에 진척이 없다고 탄식하신 것은 참으로 학업이 나아간다는 소식이니, 그 뜻을 훌륭하게 여길 만합니다.

저는 경전 등의 서책에 눈길을 주지 않는 것은 아니지만 성질이 게으르고 재주가 하품이어서 조금 전진하면 크게 퇴보하는 모습을 면하지 못하고 있습니다. 어찌하여 친구는 이렇게 헤아리지 못하고 도리어 재주와 지혜가 넘친다는 등의 말로 잘못 저를 인정하셨습니까?

어찌 만나서 이야기를 나누는 것만 하겠습니까만, 언덕 위 버들과 창 가의 매화는 어느 것도 저의 감상을 일으키지 않는 것이 없어서, 잠시 종이를 빌려 파초잎[蕉葉]을 그려봅니다.

40 망천도(輞川圖) : 당나라 때의 시인으로 산수화에도 아주 뛰어났던 왕유(王維)가 일찍이 망천(輞川)에 별장을 짓고 망천의 20곳의 승경(勝景)을 배경으로 하여 그린 그림이다. 망천은 장안 근처의 남전(藍田)에 있는 넓은 계곡으로, 왕유는 초당의 궁정시인 송지문(宋之問)의 별서(別墅)를 입수해서 여기에 망천장을 세워, 친구인 배적(裴迪) 등과 함께 풍아(風雅)를 즐기며 시집 ≪망천집≫을 남겼다.

족조에게 답함

신사(辛巳, 1881, 성재 25세) 答族祖

지난 번 드린 말씀은 사람들의 칭찬을 구하여 스스로 자랑한 것이 아니었습니다. 곧 저를 아는 사람들이 저를 용서하고 저를 가르치게 하고자 한 것이었습니다. 그런데 뜻밖에 고명하신 족조(族祖)께서 저의 허물을 생각하지 않으시고 도리어 과분한 칭찬을 종횡으로 자꾸하시니, 이것은 붕새의 깃털을 뽑아서 비둘기에게 주는 것과 같은 일로서, 또한 제가 바라던 바가 아니었습니다.

제가 강습하는 것은 시문(時文)이지만 옛 군자의 진학(進學)을 기약하게 하시고, 교유하는 사람은 세속의 무리이지만 옛 성현이 후학을 개도하는 학문을 하고자 하셨고, 일삼는 것은 놀이였지만 그것을 일러 선조의 남기신 뜻을 체득하여 이에 오르고 이에 힘쓰라 하셨습니다. 제가 힘쓰는 것이 어찌하여 지금을 살면서 옛 도를 행하는 것이며, 실행하는 것은 어찌하여 없는 것을 있다고 말하고 유사한 것을 바로 그것이라고 하십니까? 모든 다른 친구들도 참으로 그렇게 하지 않는데, 하물며 집사(執事, 족조를 말함)께서 저에 대하여 그렇게 말씀을 하십니까?

옛날 우리 선대의 부형들이 서로 좋음에 지나치게 칭찬하지도 않고 폄하하여 헐뜯지도 않았습니다. 잘못하면 바로잡아 주고 의심스러우면 질문하였습니다. 비록 안부 편지라도 세간 사람들이 종종하는 허튼 과장은 하지 않았으니 어찌 우리들이 마땅히 준수하고 잃어버리지 말아야 할 것이 아니겠습니까? 바라기는 고명하신 족조께서 밝게 살펴 주십시오. 지금 저의 병으로 지어 먹는 약이 40첩이나 되니, 여기에서도 볼 수 있는 것은 이 몸이 급급한 것은 병이지 학문이 아닙니다.

이형숙전희[41]에게 답함

임자(壬子, 1912, 성재 56세) 答李衡叔銓熈

옛날의 세의(世誼)를 이어서 새롭게 돈독한 관계를 맺었고,[42] 편지를 하고 이어서 얼굴을 마주하니, 이것을 계속해 나간다면 그 기쁨을 짐작할 수 있을 것입니다. 삼가 몹시도 추운 때에 정양하시는 안부는 좋으시며, 아드님은 시봉을 잘하고 있는지요? 원유를 간 사람[43]은 아직 돌아오지 않았으며 편지는 뜸하지 않은지요?

저는 두문불출 칩거하며 스스로 폐물이 된 것을 달게 여기고 있습니다. 아이와 손자들은 번갈아 탈이 생기니, 참으로 고민스럽습니다. 다만 딸아이는 보살핌 덕분으로 잘 지내고 있습니다. 아드님은 관사(館舍)에 수 십 일을 머물면서 거동에 일정한 법도가 있고 풍채도 뛰어나서, 빛나는 주옥이 방에 가득한 듯하고 기이한 꽃이 정원에 펼쳐진 듯합니다. 사랑스러워서 하루가 어떻게 가는지 모르겠으니, 형의 집 귀한 보석을 억지로 반을 저의 것으로 만들었습니다. 한 해가 저물어 돌아가기를 알리니 비록 울적한 듯하지만 공부를 시작할 날이 멀지않아 돌아올 기약이 있으므로 이것으로 스스로 위안을 삼습니다.

41 이전희(李銓熈) : 1862~1930. 자가 형숙(衡叔)으로 경산 이씨에게 장가들어 아들 셋과 딸 셋을 두었는데, 아들은 기환(基煥), 기병(基炳), 기승(基承)이고, 딸은 이석호(李錫祜), 최병곤(崔昞坤). 김기영(金驥永)에게 시집을 갔다. 작자 정재기는 셋째 기승을 사위로 맞았다.

42 옛날의 …… 맺었고 : 원문의 '구인신독(舊因新篤)은 구의(舊誼)을 통하여 새롭게 인척관계를 맺어 돈독한 관계가 되었음을 나타내는 말로 이해한다. 이는 월봉(月峯) 이정현(李廷賢)이 한강 정구의 제자가 되면서 세의를 맺었고, 후대에 이전희(李銓熈)의 셋째 아들 이기승(李基承, 1899~1936)을 사위로 삼아 새로운 인척 관계를 형성하며 세의가 더욱 돈독하게 되었음을 의미한다.

43 원유를 간 사람 : 뒤의 편지로 보아 이전희의 둘째 아들 이기병(李基炳, 1891~1952)을 지칭하며, 원유는 만주로의 여행을 말한다.

이형숙전희에게 드림①

계축(癸丑, 1913, 성재 57세) 與李衡叔銓凞

새해의 심회가 더욱 사돈을 향해 가는데, 그 마음이 그립고 그립습니다. 하물며 개정(開正, 정월) 초에 방문하겠다는 말씀을 하시고도 아직도 지팡이 소리는 적막하니, 밤낮으로 고대하는 마음이 어찌 조금이라도 줄어들겠습니까?

삼가 봄 추위에 정양하시는 안부가 좋으시며 둘째 아드님[44]은 그 사이 돌아왔는지요? 아직 돌아오지 않았다면 소식은 계속 듣고 계시는지요? 전해 들으니 서로 의지하여 강을 건넌 사람들이 함께 도(道)의 한 구역에 머물고 있다고 합니다.[45] 서도(西島, 서간도)[46]는 다시는 조용한 곳이 아니니 이런 까닭으로 걱정입니다.

저는 또 한 살을 더 먹으니 병도 노쇠함도 심해졌습니다. 이번 달 초순에 각산(角山)에 문상을 갔었는데, 오가는 길에 바람을 쐬고 감기가 덧났으니 스스로 불쌍하지만 어찌하겠습니까? 다만 아이들은 각자 직분에 안정되고 딸아이는 형의 보살핌을 받아서 여전히 잘 있습니다.

44 둘째 아드님 : 이전희의 아들 이기병(李基炳)을 말한다. 성산 여씨와의 사이에서 4자 2녀를 두었다.

45 전해 들으니 …… 합니다 : 여기에 나오는 강은 압록강이며, 만주 지역으로 떠난 것을 말한다. 1910년대 한인의 서간도 이주는 '온 나라가 텅 빌 것 같'다는 말이 있을 정도로 붐을 이루었다.

46 서도(西島) : 서간도를 말한다. 북간도에 대칭하는 개념으로, 백두산 서남쪽, 압록강 너머의 혼강(渾江) 유역을 중심으로 송화강(松花江) 중상류지역인 집안(集安), 통화(通化), 유하(柳下) 등지를 가리킨다. 이곳에는 황무지가 넓게 펼쳐져 있어 일찍부터 한인들의 이주가 끊이지 않았다.

아드님은 정이 끌리는 사람이니, 날마다 그가 오기를 바라고 있습니다. 그러나 참석하지 않은 것이 세 번이니, 가도록 명령하는 것도 예에 맞을 것입니다. 이에 종과 말을 보내어 맞이하려고 합니다. 바라기는 부디 명령하여 보내어 주시고, 아울러 함께 데리고 오셔서 초례 때에 못 다한 마음을 다하시면 어떠하겠습니까?

이형숙전희에게 드림②

계축(癸丑, 1913, 성재 57세) 與李衡叔銓凞

일사(一舍, 30리)의 가까운 거리에 있으면서도 이순(二旬, 20일)이나 소식이 막혔으니, 독실한 새 정의(情誼)는 도리어 옛날과 같지 않습니다. 사람을 보내지 못한 잘못은 저에게 있지만 오시겠다는 약속을 어기셨으니 형도 그 허물을 면하지 못할 것입니다. 삼가 봄이 다하고 녹음이 짙어가는 때에 정양하시는 체후는 좋으신지요?

저는 병으로 신음하면서 봄을 보내었습니다. 한 번 구들목에 든 이후로 헤어나오지 못하니 일찍이 벌레보다 못합니다. 달리 무엇을 말하겠습니까? 아이들 가운데 맏이는 건강하지 못하고, 막내는 외지로 나갔고, 가운데는 일과 공부를 반으로 나누어 하고 있으니 모두 고민스럽습니다. 아드님은 날마다 몇 줄의 글을 읽고 날마다 몇 십 자의 글을 쓰고 있으니, 그 재주 없음을 근심하지 않지만 부지런하지 못함이 걱정입니다. 그래서 날마다 꾸중을 듣는데, 그가 능히 이 늙은이가 자신을 무식하고 용렬한 지경에 두지 않을 것이라는 사실을 모른단 말입니까? 하하! 형의 행차를 감히 다시 부탁하지는 못하겠지만 혹시 한 번 왕림할 뜻이 있으시다면 기다리는 사람이 눈이 빠지고 목이 빠지도록은 하지 말아주십시오.

이형숙전희에게 드림③

계축(癸丑, 1913, 성재 57세) 與李衡叔銓熙

오지 않았을 때에는 마치 만나지 못할까 하는 듯이 하였다가, 이미 오셨을 때에는 편안하게 이야기를 나누지도 못하였고, 닭고기도 기장밥도 차리지 못하였고[47] 수레를 잡지도 못하였다가[48], 이별한 후에야 슬픈 심회가 날이 갈수록 길어집니다.

삼가 길게 내리던 비가 잠시 맑아졌습니다. 형의 안부는 만 가지로 좋으신지요? 둘째 아드님은 원유 중에 비록 장소는 알지만 그 곳이 너무 멀고 날짜도 또한 오래되었으니 자식을 사랑하는 부모의 마음[49]은 북쪽 변방[50]

---

47 닭고기도 기장밥도 차리지 못하고 : 원문의 '계서(雞黍)'는 친구를 기다려 후대함을 말하는데, 계서(雞黍)의 벗은 진정으로 자신을 알아주어 죽음도 함께할 수 있는 참다운 벗을 의미한다. 후한(後漢) 범식(范式)이 장소(張劭)와 헤어질 때, 2년 뒤 9월 15일에 시골집에 찾아가겠다고 약속을 하였으므로, 그날 장소가 닭을 잡고 기장밥을 지어 놓고는(殺雞作黍) 기다리자 과연 범식이 찾아왔으며, 또 장소가 임종(臨終)할 무렵에, "죽음까지도 함께할 수 있는 벗을 보지 못하는 것이 한스럽다.(恨不見死友)"고 탄식하면서 숨을 거두었는데, 영구(靈柩)가 꼼짝하지 않다가 범식이 찾아와서 위로하자 비로소 움직였다는 고사가 있다. ≪후한서(後漢書)≫ 권81 <독행열전(獨行列傳) 범식(范式)>

48 수레를 잡지도 못하였다가 : 원문의 '정할(井轄)'은 손님이 가지 못하게 손님이 타고 온 수레의 굴대빗장을 우물에 던져 넣는 것이다. 서한(西漢) 때 진준(陳遵)은 자가 맹공(孟公)인데 술을 몹시 좋아하여 빈객이 집에 가득 모이면 대문을 닫아 빗장을 걸고 손님들이 타고 온 수레의 굴대빗장을 우물에 던져 넣어 아무리 급한 일이 있어도 가지 못하게 하였다. 성어(成語)로는 진준투할(陳遵投轄)이라 한다. ≪한서(漢書)≫ 권92 <유협전(遊俠傳) 진준(陳遵)>

49 자식을 사랑하는 부모의 마음 : 원문의 '지자(止慈)'는 ≪대학장구≫ 전 3장에 "≪시경≫에 이르기를 '깊고 원대하신 문왕이여, 아, 광명하고 공경하여 그치시다.' 하였으니, 문왕께서는 임금이 되어서는 인에 그치고, 신하가 되어서는 공경에 그치고, 자식이 되어서는 효에 그치고, 아버지가 되어서는 인자함에 그치고, 나라 사람들과 사귈 때는 신에 그치었다.(詩云穆穆文王 於緝熙敬止 爲人君止於仁 爲人臣止於敬 爲人子止於孝 爲人父止於慈 與國人交止於信)"라고 한 데서 온 말이다.

까지 오가지 않을 수 있겠습니까? 이러한 일로 애가 타실 것입니다.

저는 늙음과 게으름이 날로 심해져서 간혹 서안에 앉아서는 졸기도 하고, 간혹 뜰에 서성거리는 것으로 긴 날을 보냅니다. 스스로 생각해도 할 것이 없는데 후배들이 저를 경계로 삼지 않고 도리어 본받을 것으로 여길까 걱정스럽습니다. 아드님은 강독(講讀) 수업을 받은 이래로 거의 하루도 헛되이 보내는 일이 없지만, 마땅한 수준에 나아가는 것을 보지 못하겠습니다. 이 늙은이의 가르침으로는 방법이 없으니, 장차 어떻게 하면 부탁에 부응할 수 있겠습니까? 다만 바라기는 형께서는 빨리 이루어지기를 기대하지 마시고, 효과가 없다고 스스로 멈추지 마시고, 아드님이 편안히 공부하고 중도에 그만두지 않도록 하여, 세월이 오래되면 이룰 수 있을 것이라고 기약하신다면 노둔한 자라도 이루지 못할 이치가 없을 것입니다. 다만 어린 나이에 부모를 그리는 마음으로 갑자기 여기의 거친 음식을 견디지 못할까 이것이 걱정입니다.

50 북쪽 변방 : 원문의 '궁발(窮髮)'은 불모지인 북쪽 끝 지방으로 북쪽 변방을 뜻한다. ≪장자≫ <소요유(逍遙遊)>에, "궁발의 북쪽에 바다가 있으니, 천지(天池)이다." 하였다.

이형숙전희에게 드림④

계축(癸丑, 1913, 성재 57세) 與李衡叔銓凞

새롭게 어학교(語學校)에 들어온 자는 부지런하며 게으름이 없습니까? 형께서는 축하할 만한 것이 있겠지만 또한 저의 마음에는 유감이 없을 수 없습니다. 저는 완고함과 어리석음이 날로 심해져서 사람들로부터 버림받아서 쓸모없는 물건이 되었으니, 시대의 형세를 살피시는 군자와 함께 의논하기에는 부족할 것입니다. 그러나 다만 한 가지 아뢸 말씀은 이른바 어학교(語學校)라는 것은 어찌하여 설립하신 것입니까? 선왕의 법언(法言)을 배반하고 오랑캐들이 지껄이는 말에 향해가면 눈앞의 화를 면할 수 있고, 문호(門戶)가 창대하기를 기약할 수 있다고 말씀하신다면, 화복(禍福)은 운명이 있어서 억지로 면하거나 억지로 구할 수 있는 것이 아닙니다.

옛날에는 옛 것을 배우고, 지금 시대에 살면 지금의 행실을 행해야 한다고 말씀하실 것입니다만, 도(道)는 두 가지가 없으니 어찌 시대에 따라 변하는 것이겠습니까? 또 14세의 뜻과 생각이 정해지지 않은 아이들을 오랑캐의 얼굴을 한 외국인이 새들이 지저귀는 듯한 외국어를 하는 학과에 들어가게 하는 것은 인자(仁者)가 할 수 있는 일이 아닙니다. 자기가 하지 않은 것을 자식에게 가르치는 것은 스스로 자기 자식을 해치는 것이요, 곁에서 꾀어서 권하는 자는 남의 자식을 해치는 것[51]입니다. 저는 완고하고 고

51 남의 자식을 헤치는 것 : 원문의 '적부인지자(賊夫人之子)'는 ≪논어≫ <선진(先進)>에 나온다. 자로가 자고로 하여금 비읍의 수령을 삼자, 공자께서 말씀하기를 "남의 아들을 해치는구나!"라고 하였다. 자로가 "백성이 있고 사직이 있으니, 하필 글을 읽은 뒤에야 학문을 하는 것이겠습니까?"라고 하였다. 공자께서 말씀하기를 "그러므로 말재주 있는 자를 미워하는 것이다."라고 하였다.(子路使子羔爲費宰 子曰 賊夫人之子 子路曰 有民人焉 有社稷

루하여 말은 믿음을 보여주기에 부족하고 행실은 실천하기에 부족합니다. 그런즉 우리 형께 꼭 이런 말을 하는 것은 아드님 때문입니다. 만약 저의 말을 받아주지 않으신다면 다시 하지 않겠습니다.

焉 何必讀書 然後爲學 子曰 是故惡夫佞者)

이형숙전희에게 답함⑤

계축(癸丑, 1913, 성재 57세) 答李衡叔銓凞

사람이 와서 편지를 받고 소식이 막혀 답답하던 마음에 크게 위로되었습니다. 삼가 살피건대 겨울 날씨가 따뜻한데 정양하시는 생활에 원기가 왕성하신지요? 아드님[梓房][52]은 부모님 모시고 잘 지내며, 둘째 아드님은 여러 해 두루 돌아보고 산방(山房)에 돌아와 독서를 하고 있다니, 그 가슴 속이 넓게 트이고 뜻을 세움이 독실해졌을 것이니 참으로 축하드릴 일입니다. 성재(成載) 형의 갑작스러운 죽음은 사람들을 슬프게 하는데 형은 인척(姻戚)의 처지에 있으시니 한층 더 슬플 것이라 생각합니다.

저는 여전히 노쇠하고 게으르니 달리 드릴 말씀이 없습니다. 아드님은 열심히 학업을 하고 있으니 다행스럽습니다. 살펴보니 그의 병근(病根)은 노둔함에 있지 않고 마음이 달아나는 데에 있습니다. 하루 종일 독서하면서 마음을 보존한 적이 거의 드물었는데 만약 이 병을 고쳐서 잘 제거한다면 재주는 채울 수 있고 뜻은 세울 수 있을 것입니다. 다만 가르칠 재주가 없는 것이 한스럽습니다. 비록 날마다 입으로 하는 말로 회초리[53]를 대신하고 있는데, 우선 효과를 보지 못하는 듯하지만 이것은 어린 아이들의 공통된 걱정거리이니, 세월이 오래 지나면 지각이 나아질 것이라고 기대하는

52 아들 : 원문의 '재방(梓房)은 아들을 의미한다. 교재(橋梓)라는 말에서 파생된 것으로, 교재는 부자(父子)를 의미한다. 옛날 주(周)나라 때 백금(伯禽)과 강숙(康叔)이 주공(周公)에게 세 번 회초리를 맞은 뒤 높이 올라가는 교목(橋木)을 보고서 부도(父道)를 깨닫고 겸손하게 고개 숙인 재목(梓木)을 보고서 자도(子道)를 깨달았다는 고사에서 유래한 것이다. ≪세설신어(世說新語)≫ <배조주(排調注)>

53 회초리 : 원문의 '가초(榎楚)'는 회초리를 의미한다. 가(榎)는 모양새가 둥글고, 초(楚)는 모양새가 네모지다.

것이 좋겠습니다. 신행(新行)에 공부를 하기로 약속하였으니 겨울에 한 번 오셔서 부모의 사랑을 전해보시지 않으시겠습니까? 가까운 때에 오시기를 날마다 바랍니다. 이러한 때에 대방(大方)[54]께서는 상복을 벗으셨는지[55] 다시 여쭈면서 답장 올립니다.

54 대방(大方) : 이전희를 지칭하며, 학문이 뛰어난 상대를 높여 부르는 말이다. ≪장자(莊子)≫ <추수(秋水)>에서 하백(河伯)이 자신이 다스리는 하수(河水)의 물이 불어나자 의기양양하다가 북해(北海)에 이르러서는 끝없이 펼쳐진 물을 보고는 그만 탄식하면서 "내가 길이 대방지가(大方之家)에 비웃음을 사겠다." 한 말에서 유래하였다.

55 상복을 벗으셨는지 : 원문의 '종길(從吉)'은 상복을 벗고 길복으로 갈아입는 것을 이른 말이다. 편지글 중에 언급된 성재(成載) 형의 상례를 말하는 듯하다.

이형숙전희에게 드림①

갑인(甲寅, 1914, 성재 58세) 與李衡叔銓熙

딸을 데리고 감에, 마치 돌아가기를 잊은 듯한 것은 정(情)에서 일어났지만 예(禮)와 의(義)에서 그친 것입니다. 형이 만약 이 점을 헤아리신다면 마땅히 아드님을 곧바로 따라오게 하여야 하는데 초승달이 두 번이나 보름달이 되었지만 오는 발소리는 아직도 더딥니다. 저의 그리움이 가득하니 어찌 그치겠습니까?

삼가 봄날을 맞아 조섭하시는 안부는 높고 왕성하신지요? 훈도[56]를 받은 여러 사람들은 독실하게 학문에 매진하며, 지학의 나이[15세]에 이른 사람들은 자못 발전이 기대되는 점이 있는지요? 딸아이는 좋은 모습으로 집에 있었지만, 사랑만 있고 가르침이 없는 아이가 어찌 시부모를 모시는 예절에 벗어나는 일이 없을 것이라고 보장하겠습니까? 참으로 자상하신 시부모님이 용납하지 않는 것이 없음을 잘 알겠습니다. 제가 부끄럽고 군색함이 깊습니다.

저는 두문불출하며 병을 조섭하고 있어서 친구들도 찾아오는 때가 드물고, 제자들도 많이 흩어졌습니다. 요즘에는 제법 한정의 정취를 깨닫고 상황에 맞추어 즐기고 때에 맞추어 행동하니, 이것이 참으로 저의 분수에 맞는 일입니다. 달리 무엇을 말하겠습니까? 아이들은 누이를 만나기 위하여 나란히 나아갔으니, 오래 붙들어 두지 마시고 아드님과 함께 보내주시면 좋겠습니다.

56 훈도[過庭] : 원문의 '과정(過庭)'은 공자의 아들 백어(伯魚)가 뜰을 지날 적에[過庭], 부친으로부터 가르침을 받았던 고사에서 유래하여, 어른의 훈도를 받는 것을 뜻하게 되었다. ≪논어(論語)≫ <계씨(季氏)>

이형숙전희에게 답함②

갑인(甲寅, 1914, 성재 58세) 答李衡叔銓熈

어제는 아침에 흐리더니 저녁에는 비가 왔습니다. 아드님의 여행이 갑자기 멈추었는데, 뜻밖에 심부름하는 종이 비를 맞고 수레를 갖추어 왔습니다. 처음에는 놀라서 편지를 뜯어보고는 그 특별히 기뻐할 일이 없음을 알았으며, 삼가 형의 안부도 좋으심을 알았습니다. 저는 가만히 있으면 혼곤하여지고 움직이면 번뇌가 일어납니다. 조금도 스스로 힘쓰지 못하는 것이 늙을수록 더욱 심해졌습니다. 아이는 또 노췌(勞悴, 피곤증) 병증이 작년 이맘 때와 같아서 음식을 거부하는 것이 심합니다. 이것이 큰 고민거리입니다.

아드님은 여기에 온 후에 비에 묶여 여러 날을 보내고 또 법산(法山)에서 붙잡아서 집으로 돌아가 모실 날을 넘긴 것이지, 제가 사랑하는 마음에 빠져서 과업(課業)에 방해되는 것을 생각하지 못한 것은 아닙니다. 또한 그 아이가 호방함을 즐겨서 부친의 말씀을 따르지 않는 것도 아닙니다.

대저 부모가 자식에 대하여 사랑하여 가르치고 싶은 마음은 참으로 다른 사람이 미칠 수 있는 것이 아니지만, 옛날 사람들이 자식을 바꾸어서 가르치는 것도 반드시 연유가 있을 것입니다. 지금 아드님이 이미 슬하를 오래 떠나고 싶어하지 않고 형께서도 오래 밖에 두고 싶어하지 않으시지만, 참으로 남은 힘으로 글을 배울 때[57]입니다.

57 남은 힘 …… 배울 때 : 원문의 '행유여력지일(行有餘力之日)'은 논어(論語) 학이편(學而篇)에 나오는 말이다. 공자께서 말씀하시기를, "제자(弟子)는 들어와서는 어버이에게 효도하고, 나가서는 어른에게 공손히 하며, 삼가서 미덥게 하고, 널리 여러 사람을 사랑하되

부모의 교육을 받아들이는 날을 기다려 간곡하게 타이르시고 급하게 구하지 마시고, 재목이 되지 않는다고 버려두지 않으신다면, 그리고 주변 사람의 지도를 받아 다른 길에 미혹되는 일이 없도록 한다면, 그렇게 오래도록 마땅히 스스로 나아간다면, 비록 자주 보지는 못하지만 저의 기쁜 마음은 참으로 아침저녁으로 저의 곁에 둔 것과 다름이 없을 것입니다. 참으로 혹시라도 편안함과 욕망에 마음이 끌리고, 재주를 부리는 자리에 마음을 노닐어 날이 갈수록 하류로 달려가는데도 그를 멈추게 할 줄 모르신다면 맹자(孟子)가 이른바 '어진 이와 불초한 이의 차이가 한 치도 되지 않을 것이다.'[58]는 말에 가까울 것입니다. 도리어 누실(陋室)에 있는 저를 좇아서 차가운 곳에 있으면서 고생을 맛보게 한다면 오히려 그의 지혜와 생각이 자랄 수 있을 것입니다.

어진 이를 친히 할 것이며, 행하고도 여력(餘力)이 있으면 곧 글을 배울 것이다.(子曰 弟子入則孝 出則弟 謹而信 汎愛衆而親仁 行有餘力 則以學文)" 하였다.

58 맹자가 이른 바 …… 않을 것이다.' : 맹자께서 말씀하시기를, "도에 맞는 이는 도에 맞지 않는 이를 길러 주고, 재주 있는 이는 재주 없는 이를 길러 준다. 그러므로 사람이 어진 부형(父兄)을 가진 것을 즐거움으로 생각하니, 만일에 도에 맞는 이가 도에 맞지 않는 이를 내버려 두며 재주 있는 이가 재주 없는 이를 버려둔다면, 어질고[賢] 못난 그 차이가 한 치[寸]도 못 될 것이다.(孟子曰 中也養不中 才也養不才 故人樂有賢父兄也 如中也棄不中 才也棄不才 則賢不肖之相去 其間 不能以寸)"라고 하였다. ≪맹자≫ <이루(離婁) 하>

이형숙전희에게 드림③

갑인(甲寅, 1914, 성재 58세) 與李衡叔銓熙

무흘서숙(武屹書塾)[59]에 갈 때에는 형이 앞서 가고 제가 뒤에 갔으며, 백천(百川)[60]으로 돌아가는 길에는 제가 오면 형은 갔습니다. 우리들이 산림 속에서 한 번 만나는 일이 참으로 쉬운 일이 아니어서 마침내 반나절의 담소도 나누지 못하였습니다. 이것은 분명히 선령(仙靈)이 허락하지 않으려는 것이니 그 아쉬움을 어찌하겠습니까? 저는 병이 채 낫기도 전에 억지로 어려운 나들이를 하였으니 이렇게 비실대는 것은 자연스러운 일입니다. 달리 무엇을 말씀드리겠습니까? 다른 일은 없습니다.

홍역[疹憂]은 가까이 오지 않았습니까? 이전에 드린 예방약 처방을 아마도 그 사이에 이미 시험해 보셨겠지요? 만약 아직 복용하지 않으셨다면 빨리 제조하여 복용하시면 좋겠습니다. 이 처방은 매우 신기하니 비록 민간의 의원이 무엇이라 운운하더라도 함부로 믿지 마시기를 신신당부합니다. 아드님은 지금 가는 종과 함께 명령하여 보내주시면 좋겠습니다. 비록 혹시 하루 이틀 공부에 방해가 되더라도 말입니다. 어찌 알겠습니까? 소득이 없는 것이 그 손실을 보충할 수 있을는지 말입니다.

59 무흘서숙(武屹書塾) : 무흘정사를 말한다. 이 정사는 1604년(선조 37) 한강 정구가 처음 건립하였고, 정구 사후 그의 제자들과 성주의 선비들이 중심이 되어 관리하였다. 장서각이 있어 많은 선비들이 오가며 강학독서하였다. 현재는 경상북도 기념물 '한강 무흘강도지(寒岡武屹講道址)'로 지정되어 있다.

60 백천(百川) : 성주군과 김천시에 걸쳐 있는 무흘구곡의 제6곡인 옥류동(玉流洞)으로 흐르는 내를 말한다. 여기에 백천교(百川橋)가 있다.

이형숙전희에게 답함④

갑인(甲寅, 1914, 성재 58세) 答李衡叔銓熙

중양(重陽) 좋은 시절[61]은 술을 가져와 서로 마시며 옛 고사를 다시 보는 때, 지금 편지를 받아서 꼼꼼히 읽으니 기쁜 마음이 마치 함께 술잔을 대하고 마음을 논하는 것 같습니다. 삼가 살펴보니 서울로 간 행차는 잘 돌아오시고 평소 정양하시는 안부는 좋으심을 알았습니다. 저는 늙은 목숨에 또 생일을 맞이하여 온갖 감회가 일어나지만 하나도 좋은 것이 없습니다. 외람되게도 친지(親知)의 축하를 받았지만 부끄러워 얼굴만 붉어질 뿐입니다.

---

61 중양(重陽) 좋은 시절 : 원문의 '낙모가신(落帽佳辰)'은 중양절을 달리 이르는 말로서, 낙모지신(落帽之辰) 이라고도 한다. 진(晉) 나라 맹가(孟嘉)가 중구일(重九日)에 환온(桓溫)을 따라 용산(龍山)에 올라가서 술을 마시고 노닐 적에 바람이 불어 맹가의 갓이 땅에 떨어지자, 환온이 좌우 사람들에게 시켜 글을 지어 이를 조롱하게 하니, 맹가가 이때 대답으로 지은 글이 매우 훌륭했다고 한다. ≪진서(晉書)≫ 권98 <맹가전(孟嘉傳)>

이형숙전희에게 드림
병진(丙辰, 1916, 성재 60세) 與李衡叔銓熙

나뭇잎 떨어지고 날씨는 차가운데 울타리의 국화는 빛나고, 형의 덕을 연모하는 마음이 사물을 볼 때마다 더욱 새롭습니다. 삼가 정양하시는 안부가 좋으시며 아드님도 모두 좋으신지요? 아드님은 이미 혼례를 올린 것은 알고 있는데 친영(親迎)은 언제로 정했습니까? 그리고 그 숙부는 공부에 게을리하지는 않는지요? 자세히 듣고 싶습니다.

저는 머리에 서리가 내려 가을을 맞은 듯하고, 게다가 눈은 안개가 낀 듯이 긴 밤처럼 어둡고 어둡습니다. 사정이 이와 같은데 오래 세상의 나그네가 될 수 있겠습니까? 다만 딸아이가 형의 보살핌을 받아 잘 있고, 월초에는 맏며느리에게서 손자를 얻었다 하니, 이로써 계절이 바뀜에 겨울옷[62]을 지어보냅니다. 심부름꾼이 출발한다고 집사람이 고하기에 바쁘게 쓰느라 다 쓰지 못합니다.

62 겨울옷 : 원문의 '수의(授衣)'는 옛날에 9월이 되면 미리 동의(冬衣)를 만들어서 주던 것을 말한다. ≪시경≫ <칠월(七月)>에 "칠월에 심성이 서쪽으로 내려가거든, 구월에 옷을 만들어 주느니라.[七月流火 九月授衣]"라고 하였다.

이형숙전희에게 답함

병진(丙辰, 1916, 성재 60세) 答李衡叔銓熙

한 해가 저무는 깊은 산중에 풍설(風雪)이 쓸쓸한데, 이즈음 형의 편지는 평소보다 곱절이나 고맙습니다. 삼가 살피건대, 형의 안부는 편안하시고 아드님도 잘 지내는 것을 알았습니다. 월정(月亭)[63]과 운재(雲齋)[64]에서 예(禮)를 배우고 시(詩)를 암송하는 소리는 모두 어진 가문 자제들[65]의 소리이니, 낮에 가서 저녁이 될 때까지 그 소리를 들으면서 늙음이 이르는 줄 알지 못하는 것은 늘그막의 지극한 즐거움이 아니겠습니까?

저는 고집하는 성질이 늙어도 변하지 않아서 지난번에 만류하는 것을 떨치고 길을 나서서 찬바람을 맞으며 수 리를 갔다가 말은 다리가 꺾이고 종은 겁에 질려서 대략 세 번이나 쉬었다가 집에 도착하였으니, 어찌 노쇠한 늙은이가 견딜 수 있는 것이겠습니까? 아직도 이렇게 비실거리니 참으로 이것은 스스로 부른 화[66]입니다. 다만 나머지 식솔들은 탈이 없습니다.

63 월정(月亭) : 월봉 이정현(李廷賢)이 강학을 하였던 월봉정(月峯亭)으로, 19세기 초에 건립되어 한천서당(寒川書堂)이란 편액을 걸어 놓고 강학을 이었다.

64 운재(雲齋) : 한주(寒洲) 이진상(李震相)이 문인들과 성리학을 강학하였던 조운헌도재(祖雲憲陶齋)로, 한수헌(寒水軒)이라는 현판도 게시되어 있다.

65 자제들 : 원문의 '보수(寶樹)'는 상대편의 아들을 두고 이르는 말이다. 진(晉)나라 때 태부(太傅)를 지낸 사안(謝安)의 집안에 자질이 우수한 자제가 많았다고 하여 사가보수(謝家寶樹), 보수생정(寶樹生庭) 등의 성어(成語)가 생겼다. 사안이 여러 자제에게 "왜 사람들은 모두 자기의 자제가 출중하기를 바라는가?" 하고 묻자, 조카 사현(謝玄)이 "이것은 마치 지란(芝蘭)과 옥수(玉樹)가 자기 집 정원에서 자라나기를 바라는 것과 같습니다."라고 한 것에서 유래하였다. ≪진서(晉書)≫ 권79 <사현열전(謝玄列傳)>

66 스스로 부른 화 : 원문의 '창랑자취(滄浪自取)'는 ≪맹자(孟子)≫ 7권 <이루(離婁)>에, "물이 맑으면 사람들이 갓끈을 씻고, 물이 흐리면 사람들이 발을 씻게 된다네"라는 노래에서 온 말로, 길흉(吉凶) 화복(禍福)은 모두 자초(自招)한 것이라는 뜻이다.

고개 너머 사는 사람은 학업을 그만두고 돌아가겠다고 말하니 이치가 그렇습니다. 아드님을 이미 신년에는 명하여 보내려고 하신다면 제가 고대하도록 하지 않도록 해주시는 것이 어떨는지요?

이형숙전희에게 답함①

정사(丁巳, 1917, 성재 61세) 答李衡叔銓熙

어렵습니다. 형의 행차가 한미한 저의 집을 찾는 것이여! 이미 포산(苞山, 현풍)을 다녀 갈 때에도 어긋났고, 또 형이 찾아오신 날에도 서로 어긋났습니다. 요사이 만날 기회는 한두 번이 아니었는데 만나지 못하였습니다. 비록 앞으로 있는 기약이 멀지 않으나 어찌 백 번을 찾는다 해도 싫어하겠습니까?

저는 허약한 체질로 어느덧 예순 한 살을 살았으니 비아(匪莪)의 아픔[67]과 상체(常棣)의 눈물[68]이 이날에는 배가 됩니다. 어찌 한 푼 좋은 것이 있겠습니까? 다만 중양절이 되어 친인척 친구들이 저의 외로움을 걱정하고 저의 마음을 불쌍히 여겨서 한 잔 술로써 위로하려고 하였는데, 하루 전만 해도 사양할 수 없는 것이었습니다. 형이 아니면 누구와 함께 이런 마음을 이야기하겠습니까? 다행히 딸아이는 잘 도착하였고 여러 식솔들도 다른 일이 없습니다. 아드님은 보면 볼수록 노성(老成)한 모습이 사랑스러워서 보내고 싶지 않은데 집안의 가르침이 엄하여 이틀을 자고 돌아가겠다고 고하니 문득 슬퍼집니다.

---

67 비아(匪莪)의 아픔 : 부모를 끝까지 봉양하지 못한 통한(痛恨)을 말한다. 아(莪)는 아름다운 나물인데 ≪시경≫에서 "예전에는 무성하게 자라는 좋은 나물로 여겼더니, 지금 와서 보니 아(莪)가 아니고 쑥 [蒿]이다."라고 하여, 부모가 나를 낳으시고는 아름다운 인재(人材)라서 의탁하여 평생을 마칠 수 있을 것으로 여겼는데 지금 도리어 봉양을 받지 못한다는 것을 비유하였다. ≪시경(詩經)≫ <소아(小雅) 육아(蓼莪)>

68 상체(常棣)의 눈물 : 형제 사이에 우애를 다하지 못한 눈물을 말한다. ≪시경≫ <소아(小雅) 상체(常棣)>에 "저 할미새 들판에서 호들갑 떨듯, 급할 때는 형제들이 서로 돕는 법이라오. 항상 좋은 벗이 있다고 해도, 그저 길게 탄식만을 늘어놓을 뿐이라오.(鶺鴒在原 兄弟急難 每有良朋 況也永歎)"라는 구절이 있는데, 물가에 있어야 할 할미새가 언덕에서 쏘다니며 자기의 짝을 찾듯, 그렇게 형제간에도 깊이 우애하는 마음을 발휘해서 서로 환난을 구하려고 급히 달려가야 한다는 뜻으로, 형제의 우애를 비유할 때 흔히 쓰는 말이다.

이형숙전희에게 답함②

정사(丁巳, 1917, 성재 61세) 答李衡叔銓凞

저의 생일이 육십갑자를 한 번 돌아오니 온갖 감회가 마음속에 가득합니다. 친지가 모여서 며칠 단란하게 지냈는데 술을 건네는 자리[69]에 한 사람이 없음을 탄식하니 모든 좌중의 마음을 아프게 하기에 충분하였습니다. 형께서도 아마 잘 아시겠지요? 아드님이 이틀을 자고 돌아가는 인사를 고하는데 마음에는 비록 아쉽지만 붙잡지 못한 것은 삼여(三餘)[70]에 촌음(寸陰)이라도 허비할 수 없기 때문입니다. 더욱 책려해 주시기를 바랍니다.

---

69 술을 건네는 자리 : 원문의 '수상(茱觴)'은 수유회(茱萸會)에서 나누는 술이란 뜻이다. 수유회(茱萸會)란 음력 9월 9일 중양절(重陽節)에 산에 올라가 산수유 열매를 따서 붉은 색 주머니에 담고 국화주(菊花酒)를 마시며 사기(邪氣)를 물리치는 세시 풍습의 일종이다. 왕유(王維)가 17세 때 객지에서 중양절을 맞아 산동(山東)에 있는 형제를 그리워하며 지은 시에 "홀로 타향에서 나그네 되니, 명절 때마다 어버이 생각 더욱 나누나. 멀리서도 알겠노니 형제들 높은 곳에 올라 두루 산수유 꽂는데 한 사람만 빠졌음을.(獨在異鄕爲異客 每逢佳節倍思親 遙知兄弟登高處 遍揷茱萸少一人)" 하였다. ≪왕마힐문집(王摩詰文集)≫ 권5 <9월9일억산동형제(九月九日憶山東兄弟)>

70 삼여(三餘) : "겨울은 한 해의 여가이며, 밤은 하루의 여가이며, 흐리고 비오는 것은 한 때의 여가이다.(冬者歲之餘 夜者日之餘 陰雨者時之餘)"에서 나온 말로, 한 해의 끝인 겨울, 하루의 끝인 밤, 때의 끝인 음우(陰雨)의 시간 등 잉여의 시간을 이용하여 독서에 매진하는 것을 이른 말이다.

이형숙전희에게 드림①

무오(戊午, 1918, 성재 62세) 與李衡叔銓熙

서로 만났지만 이야기를 나누지도 못하고 돌아온 후 또 여러 날이 지났습니다. 장마가 그치고 무더위가 찾아왔습니다. 삼가 정양하시는 안부는 좋으신지요? 다만 속히 회복되시기만을 바랄 뿐입니다.

저는 참담한 일을 당한 후에 쇠병(衰病)이 더 심해졌는데, 이치가 본래 그러한 것입니다. 그외 다른 일은 없습니다. 딸아이는 멀리 계신 형의 보살핌으로 변함없이 잘 지내고 있습니다. 아드님은 ≪논어≫를 읽고 있는데 <향당편>을 마쳤습니다. 날마다 마을의 수재들과 함께 사율(四律, 율시)을 지어 재주를 시험하니, 자못 심심하지는 않습니다. 내일은 부친의 생일이므로 집으로 돌아가야겠다고 고집하니, 막을 수 있는 처지가 아닙니다. 3일 후에 다시 오겠다고 하는데 그 아이가 비록 약속을 하지만 저는 이미 믿지 못합니다. 다만 부친의 마음에 달려있을 것입니다.

이형숙전희에게 드림②

무오(戊午, 1918, 성재 62세) 與李衡叔銓熙

애통하고 애통합니다. 말을 하고 싶어도 차마 할 수 없고 말을 하지 않으려고 해도 또한 차마 말하지 않을 수 없습니다. 현명하고 효성스러운 장자(長子, 이기환)[71]가 이렇게 슬프게 죽다니요? 형의 문중처럼 덕을 베푸는 집에서 이런 이치에 맞지 않는 일을 당하다니요? '선(善)한 사람이 반드시 복을 받는 것은 아니라는 것'이 자고로 있어 온 일이니, 반드시 애도하고 탄식할 일도 아닙니다. 그러나 지금 일을 당한 사람에게는 마치 자기 혼자 당한 것과 같을 것이니 말하는 사람은 위로할 말도 없습니다. '성인은 감정을 잊는다'[72]고 하였지만 누가 슬픔을 잘 다스릴 수 있겠습니까? 다만 십분 너그럽게 슬픔을 누르시고 억지로라도 기력을 보존하셔서 여러 손자들을 어루만지셔서 그 아이들이 스스로 설 수 있기를 기다리신다면, 오늘 변고를 당한 그 손자들이 훗날 동량(棟樑)이 될지 어떻게 알겠습니까? 슬퍼하면서 또 그렇게 되기를 바랍니다.

저는 즉시 병든 몸을 이끌고 조문을 가서 슬픈 마음을 부치고 자식을 잃

71 장자(長子, 이기환) : 이기환(李基煥, 1885~1818)을 말한다. 사돈 이전희의 맏아들로 자는 문경(文卿)이다. 원문의 주기(主器)는 사당(祠堂)이나 종묘(宗廟)의 제기를 맡아서 돌보는 것을 의미하며, 이 일은 장자(長子)가 맡았던 까닭에, 전(轉)하여 장자나 후사(後嗣)의 뜻으로 쓰인다. ≪주역≫ <서괘전(序卦傳)>에 관련 기록이 보임. 주사(胄嗣)라 하기도 한다.

72 성인은 감정을 잊는다 : 이 내용은 진(晉)나라 왕연(王衍, 256~311)이 "성인은 감정을 잊고, 가장 하등의 사람은 감정에 미치지도 못한다. 그렇다면 감정이 모이는 곳은 바로 중등인 우리들에게 있습니다.(聖人忘情 最下不及於情 然則情之所鍾 正在我輩)"라고 한 말을 원용한 것이다. 왕연이 어린 아들을 잃고서 슬픔을 가누지 못하니, 조문하러 간 산간(山簡)이 왕연이 지나치게 슬퍼하는 것을 탓하자, 왕연이 위와 같이 대답하였다고 한다. ≪진서(晉書)≫ 권43 <열전(列傳)> 제13

은 형의 슬픔을 위로하여야 할 것이지만 마침 부모님의 제삿날이 가까워서 뜻을 이룰 수 없었습니다. 기대를 저버리는 일이 많습니다. 다음달 초순에 저의 병세에 차도가 있으면 나아가 조문하겠습니다.

이형숙전희에게 드림③

무오(戊午, 1918, 성재 62세) 與李衡叔銓凞

좋은 계절이 어찌하여 이렇게 찾아왔을까요? 마침 사람의 슬픔을 돋우기에 알맞습니다. 삼가 중추에 상주님의 생활에 큰 탈은 없으신지요? 저는 지리한 숙병이 가을이 되어서도 낫지 않고 감기까지 겹쳐 신음하면서 날을 보내고 있습니다. 참으로 세상에 산다는 것이 고생인 것을 깨달아 알겠습니다. 사위[倩君, 이기승][73]가 공부를 포기하였습니까? 만약 그렇다면 매우 안타까운 일입니다. 고인들은 상(喪)을 당하였다고 영원히 학업을 폐하지 않았습니다. 하물며 부친의 일을 계승하는 책임[74]은 둘째[仲氏]에게 있는데[75] 그렇다면 그는 어리석은 아이에 지나지 않습니다. 삼가 세상일을 부담하게 하지 마시고 이 일[학업]에 전념하도록 하시는 것이 어떠하겠습니까? 이것은 참으로 사람이 되느냐 짐승이 되느냐의 갈림길이니, 그에게는 어찌 큰 일이 아니겠습니까? 한번 나아가 조문한다는 것이 병 때문에 지금까지 미루어졌습니다. 글을 쓰려고 하니 더욱 슬프고 부끄럽습니다.

---

73 사위[倩君, 이기승] : 여기서는 이기승(李基承, 1899~1936)을 말한다. 이전희(李銓凞)의 셋째 아들로 작자의 사위이다. 이 때문에 이 편지에서, "고인들은 상(喪)을 당하였다고 영원히 학업을 폐하지 않았습니다."라고 말할 수 있었다.

74 부친의 일을 계승하는 책임 : 원문의 '간고(幹蠱)'는 간부지고(幹父之蠱)의 준말로, 아들이 부친의 뜻을 계승 발전시키는 것을 말한다. ≪주역(周易)≫ <고괘(蠱卦) 초6>

75 하물며 …… 있는데 : 둘째는 이기병(李基炳)을 말함. 부친의 일을 계승하는 것은 둘째에게 맡기고, 셋째인 사위 이기승(李基承)은 학업에 전념할 수 있도록 해달라는 당부를 하고 있다.

이형숙전희에게 답함④

무오(戊午, 1918, 성재 62세) 答李衡叔銓熙

지난달 인편이 돌아왔는데, 존형의 행차가 피접하여 산사에 계셨기 때문에 답장을 받지 못하여, 지금까지 아쉬웠습니다. 망망한 대지에서 우리들이 돌아갈 곳이 없게 된 지가 오래인데, 산사는 유독 인간 세상이 아닌 모양이지요? 뜻밖에 편지를 받고, 여러 번 보면서 나도 모르게 편지를 접고 크게 탄식을 하였습니다. 사람 중에서 이런 경우를 당한 자는 옛날부터 헤아릴 수 없지만, 그 사람이 가석(可惜)하고 그 마음이 참절(慘絶)한 것은 어찌 다시 이와 같은 경우가 있겠습니까? 슬픔을 누르는 방법은 오래 살고 빨리 죽는 것을 한가지로 보는 것[76]보다 나은 것이 없습니다. 그렇지만 피차를 잊어버리고 이렇게 권면하여 올립니다. 저는 여름의 병이 가을이 되어도 낫지 않더니 지금 겨울이 또 왔습니다. 어찌 털고 일어나기를 바라겠습니까?

76 오래 살고 …… 보는 것 : 원문의 '제팽상(齊彭殤)'은 장수와 단명을 한가지로 본다는 말이다. 팽은 상고 시대 선인(仙人)으로 800세의 장수를 누렸다는 팽조(彭祖)를 가리키고, 상은 19세가 못 되어 죽은 단명(短命)한 소년을 가리킨다. ≪장자≫ <제물론(齊物論)>에 "요절한 소년보다 더 장수한 이가 없고, 팽조가 요절했다고 할 수도 있다.(莫壽乎殤子 而彭祖爲夭)"라는 말이 나오는데, 진(晉)나라 왕희지(王羲之)의 <난정기(蘭亭記)>에 이와 관련하여 "죽음과 삶을 하나로 본다는 말도 허황된 것이요, 오래 살고 빨리 죽는 것을 같게 본다는 말도 함부로 지어낸 것이라는 사실을 잘 알고 있다.(固知一死生爲虛誕 齊彭殤爲妄作)"라고 하였다. ≪고문진보후집(古文眞寶後集)≫ 권1.

이형숙전희에게 답함⑤

무오(戊午, 1918, 성재 62세) 答李衡叔銓熙

남에게 병이 있으면 자기에게 병이 있는 듯[77]이 하시고, 허물을 기억하지 않으시고 고맙게도 몸소 병을 살펴주시고 이어서 편지로 안부를 물어주시니, 충(忠)을 다한 것이요 서(恕)를 두텁게 한 것입니다. 고맙고 부끄러운 마음을 어찌 다 말하겠습니까? 계절이 변해감에 따라 눈에 보이는 것마다 마음이 아픈 것은 인정이 참으로 그러하기 때문입니다. 쌓인 눈이 문에 가득하여 마을 집은 산사 암자와 다름이 없으니 어찌 반드시 이곳을 버리고 저곳으로 가겠습니까? 부디 이익도 없는 마음을 속에 담아 두지 말아주십시오.

저는 이전에 복용하던 약이 며칠 전에 끝났는데, 약효도 충분하지 못하고 노력도 이미 다하였습니다. 게다가 온갖 마음이 교대로 저를 공격하니 병을 앓지 않는 사람도 견디기 어렵거늘 하물며 미약한 몸에 안팎으로 적을 맞이하는 자는 어떠하겠습니까?

사위[婿君]가 학업을 다시 돌아본다고 하니 미리 몹시 기쁘고 기대됩니다. 그러나 만약 전날처럼 중도에 그만둔다면 저의 힘이 미칠 바가 아닙니다. 그러므로 고인이 내린 성남(城南)의 가르침[78]으로 신신당부하여 보내어

77 남에게 병이 …… 있는 듯 : 원문의 '환통(瘝痌)'은 ≪서경≫ <강고편(康誥篇)>에 나오는데, 무왕이 아우 봉(封)에게 백성의 불안을 보기를 마치 질통(疾痛)이 자신의 몸에 있는 듯이 하라(瘝恫乎乃身)고 당부한 말에서 나왔다.

78 고인이 …… 가르침 : 성남(城南)은 한유(韓愈)가 아들 부(符)가 공부하는 것을 돕기 위해 성밖 남쪽에 따로 마련해둔 집[別墅]을 가리킨다. 한유는 아들 한부(韓符)에게 권학시(勸學詩) <부독서성남(符讀書城南)>를 지어 주었다.

주십시오. 조카와 아드님에게는 모두 편지를 받았지만 병으로 답을 하지 못합니다. 한편 오래지 않아 만날 것이고, 한편 다음 인편을 기다린다고 말해 주십시오.

대부(大夫)와 사(士)가 제후를 위하여 참최복(斬衰服)을 입는 것은 예입니다. 지금 종묘사직이 비록 폐허가 되었지만 우리들이 여전히 대한의 신민이니 어찌 그 상복을 입지 않을 수 있겠습니까? 편지로 말씀하신 기년제(朞年制)는 드러내어 내리신 말씀을 아마도 적절하게 헤아리지 않을 수 없습니다. 존형의 뜻은 어떠한지 모르겠습니다.

이형숙전희에게 드림

기미(己未, 1919, 성재 63세) 與李衡叔銓熈

소식이 막힌 것은 사정이 그러하였습니다. 가만히 생각해보니 서울로 간 행차는 이미 돌아왔을 듯한데, 건강에 여독은 없으신지요? 저는 병이 다 낫지 못하니 기력이 떨어진 결과입니다. 뜰에서만 움직이며, 날이 해결해 주기만 기다립니다. 다만 나머지 일은 여전합니다.

아드님은 읽던 책을 처음부터 가지고 오지 않았으므로 그가 머물지 않으려는 마음을 알 수 있었습니다. 그래서 백방으로 타이르고 꾸짖어도 끝내 말을 듣지 않고 결국 가을 겨울 사이에 물러갔습니다. 참으로 이른바 '금년에 배우지 않고 내년이 있다'[79]고 생각하는 격입니다. 삼사 년 집에 거처하면서 얻은 것이 과연 이것입니까? 이렇게 힘이 넘치는 젊은 날에 뜻은 오히려 이와 같으니 훗날 따르는 후회를 어찌 헤아릴 수 있겠습니까? 안타까운 마음이 깊습니다. 그러나 부형은 자식을 편달하여 가르칠 수 없으니 누가 능히 가르치겠습니까? 부디 다시 잘 타일러 주시기를 바랍니다.

79 '금년에 …… 내년이 있다' : 주희의 <권학문(勸學文)>에, "오늘 공부하지 않고 내일이 있다고 말하지 말고, 올해 공부하지 않고 내년이 있다고 말하지 말라.(勿謂今日不學而有來日 勿謂今年不學而有來年)"이라 하였다.

장백일능헌[80]에게 답함①

무오(戊午, 1918, 성재 62세) 答張百一能憲

집은 가깝고 사람은 멀리 있었는데, 오랜 계의로 사돈이 되었습니다. 이로부터 계속하여 우의를 이어 나간다면 또한 늘그막의 즐거운 일일 것입니다. 고마움을 어찌 말할 수 있겠습니까? 아들이 돌아옴에 편지를 받고, 겨울 따뜻한 날씨에 정양하시는 생활이 만 가지로 좋으심을 알았습니다. 새사람의 정숙한 거동을 칭찬하는 말은 귀에 천둥 소리처럼 울린 지가 오래되었는데, 조카의 입을 통해서 자세히 들었습니다. 새 사람이 낭간(琅玕)[81] 옥이 온 방 안에 빛나는 듯하다 하셨다고 하니, 훗날 문중에 들어오는 사람은 무슨 보물에 비유하여 말씀하실지 모르겠습니다. 경사스럽고 기쁜 마음은 저보다 누가 더 클 수 있겠습니까? 저는 허약한 체질로 가을이 되었지만 병은 언제나 그대로여서 병석을 떠나지 못한 지가 이미 여러 달이 되었습니다. 다시 인간 세상의 나그네가 될 수 있을지 알지 못하겠습니다. 다만 여러 식솔들이 험한 세상에 탈 없이 지내기를 바랄 뿐입니다.

80 장능헌(張能憲) : 관향은 옥산(玉山), 자는 백일(百一)로 작자의 둘째 아들 정건호(鄭健鎬)를 사위로 맞았다.

81 낭간(琅玕) : ≪포박자(抱朴子)≫ <거혹(袪惑)>에 "곤륜산(崑崙山)에 주옥(珠玉)이 열리는 나무가 있으니, 사당(沙棠)과 낭간(琅玕)과 벽괴(碧瑰)의 나무가 그것이다."라는 말이 나온다.

장백일능헌에게 답함②

무오(戊午, 1918, 성재 62세) 答張百一能憲

오랫동안 침상에 붙은 듯이 누워서 세상에 뜻이 없었지만, 때때로 오직 신호(新好, 사돈)[82]만 생각하던 중에 그리던 편지가 홀연히 저에게 내려왔습니다. 편지의 말씀이 간곡하여 두 번 세 번 다시 읽는 중에 말끔하게 저의 병이 나은 듯하였습니다. 삼가 살피건대 추운 계절에 형의 정양하시는 안부가 좋으심을 알았습니다. 저는 옛날의 병이 지금도 낫지 않으니 노쇠한 몸이 참으로 그렇습니다. 며칠 전에 장질부[맏조카며느리]의 상을 당하여, 저의 마음도 슬프고 쓰려서 진정하기 어려우니 어찌 하겠습니까? 다만 여러 가솔들이 모두 큰 일이 없을 뿐입니다. 한 번 만나는 일에 어찌 초청을 기다리겠습니까? 다만 저의 병과 당한 처지가 위와 같아서 우선 학업이 시작되기를 기다린 후에 도모하려고 합니다.

82 신호(新好) : 구의신호(舊誼新好). 세의를 맺던 가문끼리 혼인관계를 맺은 경우를 신호(新好)라고 한다. 본문에서는 사돈인 상대방을 이른다.

이순성소구[83]에게 답함

정사(丁巳, 1917, 성재 61세) 答李舜成韶久

복잡한 좌중에서 만났다가 이미 한 해가 흘렀습니다. 멀리서 보내주신 편지는 마치 그때를 이어서 마주하는 듯합니다. 삼가 살피건대, 늦봄에 부모님 시봉하시는 생활과 집안 여러 일들이 모두 좋으심을 알겠습니다. 생각건대 응접하는 여가에 진덕수업(進德修業) 공부를 게을리하지 않으시니, 일마다 징험하여 더욱 여유로우실 듯합니다.

저는 늙어서 세상일에 간섭하지 않아도 비방이 날로 치솟아, 봄부터는 문을 닫아걸고 두려움에 떠는 사람이 되었습니다. 허물을 돌아보아도 그 까닭에 닿지 못하여, 참으로 어리석고도 완고한 사람이 되었습니다. 다만 귀 문중의 족친(族親)이 고집하는 일에 대하여 떠도는 소문을 듣고 제가 속으로 강개(慷慨)한 지가 오래 되었습니다. 지금 형의 편지와 통문 사실 각 1통을 받으니, 한 쪽으로 치우친 행동이 마땅함을 잃어, 사람이 놀라 탄식하게 합니다. 한 집안에 사는 사람이라면 마땅히 급히 달려가서 구해야 할 일입니다.[84] 지난 번 귀 문의 족친을 만났을 때 말씀하시기를, '회연서원 통문에 대한 답통은 마땅히 이번 회의 모임을 통해 발송할 것'이라고 하였습

83 이소구(李韶久) : 1870~1937. 자는 순성(舜成), 호는 갈천(葛泉), 본관은 여주(驪州)인데 이언적(李彦迪)의 12대 손이다. 편저인 ≪변정록(辨正錄)≫ 등을 남겼는데, 이 책에서는 이이(李珥)가 ≪경연일기≫를 통해 이언적의 학문과 처신을 비판한 바 있어 그 비판이 근거가 없다는 것을 ≪조선왕조실록≫ 등 다양한 문헌을 통해 밝히려 했다.

84 한 집안에 …… 할 일입니다. : 원문의 '피영(被纓)'은 피발영관(被髮纓冠)의 준말이다. 사람을 구원하는 것이 다급한 것을 가리킨다. "지금 한집안 사람이 싸우는 이가 있으면, 이를 구하는 데에 머리를 풀어 헤친 채 갓끈을 매고 가서 구하더라도 가하다.(今有同室之人鬬者救之 雖被髮纓冠而救之 可也)"라고 한 것에서 유래한다. ≪맹자(孟子)≫ <이루(離婁) 하>

니다. 이 회의 자리에서 향중이 의견을 모아 말하기를 "개김(開金)[85]의 신구 다툼은 오로지 도남서원(道南書院)의 패문(牌文, 공문서) 한 가지 일에서 비롯된 것이지만, 그것은 본디 대개 도산문록(陶山門錄)의 시비(是非)[86]에서 나온 것이다."라고 하였습니다. 우리 고을은 시종 이 일에 대하여 침묵하고 있었는데, 갑자기 사변(事變)이 거듭 생겨난 후에 함부로 들어가게 된다면, 훗날 질책을 장차 어떻게 하겠습니까? 대개 회연의 통문은 한두 사람이 마음대로 할 수 있는 것이 아니요, 중론(衆論)도 아마 이치가 있을 것입니다. 이것 때문에 그만둔다면 경솔하게 한 이전의 말이 매우 부끄러우실 것입니다.

제가 개인적으로 말씀드릴 것은, 무릇 천하의 일에 옳은 것이 없으면 그른 것도 없게 되며 굽은 것이 없으면 곧은 것도 없게 되는 법이니, 저들이 옳고 내가 잘못되었다고 하기보다는 잘못이 저들에게 있다고 하는 것이 낫지 않겠는가 하는 점입니다. 부디 노여움을 잊고 이치를 관조하라는 훈계의 말씀을 유념하시어 서로 다투던 형제라도 밖에서 모욕을 당하면 함께 막는다는 도리[87]를 따르십시오. 그리고 항상 최선을 다하고 자신을 미루어 남을 이해하는 마음으로 그간의 일을 처리한다면 굽은 것을 곧다고 여기는 저들도 스스로 마땅히 복종할 것이며 일은 끝이 없음을 걱정하지 않아도

85 개김(開金) : 개녕(開寧), 즉 지금 김천에 살았던 김씨를 가리킨다. 행정(杏亭) 정여강(鄭汝康) 후손의 세거지에 김 씨(金氏)가 강제로 점거한 바 있는데, 이와 관련하여 회연서당에서 통문을 띄워 도산서원의 의견을 묻기도 했다.

86 도산문록(道山門錄)의 시비(是非) : 이황의 문인 가운데 김성일(金誠一)계와 류성룡(柳成龍)계의 세력 다툼이 ≪도산급문제현록≫을 통해 전개되었다. 이황 사후 김성일계가 4번에 걸친 집성 과정을 거쳐 1914년 ≪도산급문제현록(陶山及門諸賢錄)≫을 제작하자, 류성룡계 유생들이 이에 반발해 ≪도산급문제현록변정(陶山及門諸賢錄辨訂)≫으로 시비를 일으켰다. 이에 도산서원 측은 이것이 사문을 어지럽히는 행위라며, 풍산류씨 일족을 규탄함과 동시에 여러 서원이 ≪변정록≫ 훼판에 동참해 줄 것을 호소하고 있다.

87 서로 다투던 …… 막는다는 도리 : ≪시경(詩經)≫ <소아(小雅) 당체(棠棣)>에 "형제가 담 안에서 싸우지만 밖의 수모가 있을 때에는 함께 막아낸다.(兄弟鬩于墻 外禦其侮)"라고 한 말에서 따온 것이다.

될 것입니다. 함부로 두터운 정을 믿고 어리석은 의견을 올립니다. 혹시라도 늙은이의 패악이라고 너무 나무라지 말아주시기 바랍니다.

신공익정식[88]에게 답함

정사(丁巳, 1917, 성재 61세) 答辛公翊廷植

형의 종조부 상사공(上舍公) 상사는 꿈 속에서도 생각하지 못한 일입니다. 노성한 분의 죽음으로 우리 당은 날로 외로워졌습니다. 오호라 슬픕니다. 오가는 인편에 마땅히 조문 서신을 보내어야 하지만 병든 몸이어서 할 수 없었습니다. 그런 중에 먼저 보내주신 편지를 받고 또 답장도 하지 못하였으니 겉으로 보면 어찌 태만하다고 하지 않겠습니까? 고맙고 송구한 마음이 갈수록 끝이 없습니다.

삼가 여쭈오니, 봄비가 잠시 갠 날에 상 중에 계신 형의 안부는 좋으신지요? 저는 병이 해가 갈수록 더해지는데 봄이 든 이래로 병의 증상이 한둘이 아닙니다. 조금만 추워도 진기(眞氣)가 바닥나서, 의원이 원기를 보완해야 한다고 말하지만 보완할 힘이 없고, 사람들이 기운을 차려야 한다고 말하지만 억지로라도 기운을 차릴 수 없습니다. 줄곧 쓰러져서 조물주의 처분만 기다리다가 며칠 전부터 정신이 조금 차려지고 입맛이 돌아오니 이로부터 다시 인간 세상의 나그네가 될 수 있을는지 알지 못하겠습니다.

따님인 종질부가 우리 문중에 들어온 지 여러 달이 되었는데 한두 번 보았습니다. 예쁜 얼굴과 덕스러운 목소리는 귀와 눈을 놀라게 하니 참으로 이 사람은 천구(天球)[89]와 완염(琬琰)[90]과 같은 보물이니 그를 얻어서 보물로

88 신정식(辛廷植) : 1863~1950. 영산에 거주하였으며 자는 공익(公翊), 호는 해파(海坡)다. 1901년(고종 38) 의릉 참봉에 제수되었다. 작자의 둘째 아들 건호(健鎬)의 처족으로, 족친인 정세호(鄭世鎬)의 장인이다.

89 천구(天球) : ≪서경≫ <고명(顧命)>에 나오는 보옥(寶玉)의 이름이다. 소리를 내게 하는 옥[鳴球]이라고 한다.

삼는 사람은 한량없는 복전(福田)을 차지하는 것이고, 수년 동안 길러서 이것을 남에게 주는 사람은 마땅히 쓴웃음이 나는 것입니다. 제가 일찍이 경험한 것으로 볼 때, 사람의 인정은 크게 다르지 않음을 아는데, 하물며 남보다 유별나게 대하신 형은 어떠하겠습니까? 지금은 근친을 가게 되었으니 그 기쁨은 손에 잡힐 듯할 것입니다.

90 완염(琬琰) : 주(周)나라 성왕(成王)이 붕어하자 서서(西序)에 진열해 둔 보물의 한 가지로 규(圭)의 이름이라고 한다. ≪서경(書經)≫ <고명(顧命)>

신공익정식에게 드림

정사(丁巳, 1917, 성재 61세) 與辛公翊廷植

편지를 받고 답장을 하지 못하였는데 또 찾아주셨습니다. 왕래가 끊어진 지가 오래되었지만 형만 유독 외진 산 중의 한 폐물(廢物)을 돌아보아 주시니, 이것은 어째서입니까? 뭇사람들이 싫어하는 곳이라도 반드시 살핀다[91]고 말하신다면 형은 과연 잘못하는 것이며, 능금과 배, 귤과 유자는 오히려 각각 취할 만한 것이 있다[92]고 말씀하신다면 저는 이러한 것도 없답니다. 다만 보답이 없어도 그만두지 않는 것은 고인들의 일인데 형은 오늘 그것을 실천하시니, 이런 까닭으로 고맙습니다.

모르겠습니다만, 돌아가시는 행차는 잘 도착하시고, 병환은 더함이 없는지요? 저는 날이 풀림에 따라 뜰에서 움직여 봅니다만 비틀거리는 모양은 사람들이 입을 가리고 달아나게 하기에 충분합니다. 얼음이 풀리면 제 몸도 함께 풀릴는지요? 따님이 고생하는 것은 깊이 근심할 것이 없습니다. 병이 떨어져 나가고 그 증세도 보이지 않습니다. 이치가 혹시 그러한가 합니다. 올해는 이미 다 가고 봄이 되어 따뜻해졌습니다. 우리들이 물소리와 산빛 사이에서 서로 좇으며 고금을 이야기하고 마음을 풀어놓던 때가 바로 이맘 때였습니다. 병자는 바랄 수 없지만 건강한 사람은 마음이 없을 수 있

91 뭇사람들이 …… 살핀다 : ≪논어(論語)≫ <위령공편(衛靈公篇)>에 나오는 말이다. "많은 사람들이 미워하더라도 반드시 살펴볼 것이요, 많은 사람들이 좋아하더라도 반드시 살펴볼 것이다.(衆惡之 必察焉 衆好之 必察焉)"

92 능금과 배 …… 것이 있다 : 사(樝)는 능금으로 하찮은 과실을 뜻하고 귤(橘)은 귀한 과일로 보통 삼왕오제(三王五帝)의 예의(禮義) 법도(法度)를 비유한다. 장자(莊子)가 "능금과 배, 귤과 유자는 그 맛이 상반된다.(樝梨橘柚 其味相反)"라고 하였다. ≪예문유취(藝文類聚)≫ 권80.

겠습니까? 올봄에는 다시 한 번 오셔서 격의 없는 좋은 일을 만들어 주시기를 간절히 바랍니다.

신공익정식에게 답함

무오(戊午, 1918, 성재 62세) 答辛公翊廷植

제가 십 년이 안 되어 이런 슬픈 일을 거듭 당한 것은 오로지 제가 자애롭지 못한 때문입니다. 아들 건호(健鎬)는 나이가 마흔에 가까운데 문에서 기다리는 자식이 없는 가운데 또 홀아비[93]가 되었습니다. 그 아이는 무슨 죄입니까? 눈에 보이는 것마다 마음이 아프니, 다만 죽은 이만 애도할 것이 아닙니다. 저의 꼴은 노쇠한 것도 부족하여 거듭 병이 더하여 날마다 한 번씩 한기(寒氣)가 일어나는데 밤낮을 가리지 않습니다. 기운이 점점 빠지고 입맛이 전혀 없습니다. 이렇게 수 십일이 지났으니 세상에 살 날이 짧음을 스스로 알겠습니다. 어찌 스스로 애닯아 하겠습니까? 경기(敬幾)[94]가 며느리를 보기 위하여 갔으니, 며칠간 단란한 모임을 할 수 있을 것이고 아울러 여기의 모습도 자세히 말해 줄 것입니다.

93 홀아비 : 원문의 '궁민지수(窮民之首)'는 사궁 중의 첫머리라는 뜻으로, 늙어서 아내가 없는 홀아비를 이르는 말이다.

94 경기(敬幾) : 정재철(鄭在哲, 1883~1934)의 자이다. 신정식은 정재철과 사돈 관계이며 정재철의 아들인 정세호(鄭世鎬)의 장인이다.

신공익정식에게 드림
무오(戊午, 1918, 성재 62세) 與辛公翊廷植

병이 많은 이래로 고인(故人, 친구)과 소원해졌을 뿐만 아니라 저도 세상과 절교한 지가 오래되었습니다. 다만 집사께서 저를 사랑하심이 특별히 두터우시니, 이 마음을 어떻게 말할 수 있겠습니까? 가야산 눈 덮힌 봉우리 영축산(靈鷲山) 구름 아득한 하늘[95]은 바라볼 수는 있지만 닿을 수 없어서 사람들이 부질없이 꿈 속에서 그리게 합니다. 흉년이 들고 날도 추워졌는데 존형의 안부는 좋으신지요? 들으니 따님께서는 용과 같은 남편을 얻었고[96] 부인께서는 상서로운 기린(麒麟) 꿈을 얻었다고 하니, 어진 가문에 경사가 이로부터 클 것이니 축하의 말을 이루 다할 수 없습니다.

저는 두문불출하고 세월을 보내고 있으니 곧 목석처럼 완고하여 새나 벌레보다 못한 인간이 되었습니다. 벌레가 칩거하면 오히려 몸을 보존할 수 있겠지만 나무가 마르면 어찌 다시 봄을 보겠습니까? 정기(精氣)가 속에서 날로 줄어드는데 초상이 또 따라와 기운을 벗겨냅니다. 10월부터 기년복[期降] 상이 하나요, 대공[大功] 상이 하나요, 기타 원근의 족친과 친구들의 소식도 사람의 기운을 상하게 하지 않는 것이 없는데 이것을 어찌 견딜 수 있겠습니까?

---

95 가야산 …… 아득한 하늘 : 작자가 가야산이 바라보이는 경상북도 성주 지촌에 살았으므로 가야산을 떠올렸고, 신정식이 경상남도 창녕군 영산에 살았으므로 영축산(靈鷲山)을 떠올린 것이다.

96 용과 같은 남편을 얻었다 : 원문의 '승룡지희(乘龍之喜)'는 용과 같은 사위를 얻었다는 뜻인데, 딸을 주체로 하였으니 여기서는 남편을 의미한다. 후한(後漢)의 손준(孫雋)과 이응(李膺)이 함께 태위(太尉) 환현(桓玄)의 딸을 아내로 맞으니, 당시 사람들이 "환숙원(桓叔元)의 두 따님이 모두 용을 탔다'라고 하였다. 숙원(叔元)은 환현의 자이다. ≪초국(楚國)≫ <선현전(先賢傳)>

이성조한의[97]에게 답함

병신(丙申, 1896, 성재 40세) 答李聖祚漢儀

급하게 오고 급하게 가는 것[98]은 군자가 경계할 바인데, 향해 가는 것이 불행하게도 그것과 비슷하니 지극히 부끄럽습니다. 장맛비가 한 달을 넘었으니 소식도 따라서 끊어지고 그리움이 바야흐로 깊어지는 이때, 아들이 돌아오면서 함께 편지를 받게 되어서 크게 위로되고 후련합니다.

삼가 살피건대 더운 날씨에 춘부장(春府丈) 사장 어르신의 기력은 좋으시며 부모님 모시는 형의 체후는 평안하심을 알았습니다. 저는 변함없이 게으르며, 달리 드릴 말씀이 없습니다. 나머지 가족도 여전하니 이것을 다행으로 여깁니다. 못난 아들을 오래 당신 아래 두면서 둔한 자가 예리한 자로 변화되기를 바라지만 그렇지 못한 것은 귀머거리에게 벼락소리와 같기 때문입니다. 비록 공부하는 모습은 훌륭하지만 또한 무엇을 말하겠습니까?

재사(齋舍)를 짓는 일은 이미 마쳤고 책 인쇄는 지금 시작하였으니, 우리 형과 같은 사람이 한번 오셔서 참여하지 않을 수 없을 것입니다. 만약 이런 뜻이 있으면 빨리 도모하시는 것이 어떻겠습니까?

---

97 이한의(李漢儀) : 장자 정광호(鄭光鎬)의 장인인 이규의(李圭儀)의 형으로 전주 이씨이다. 청휘당(晴暉堂) 이승(李承)의 후손이다.

98 급하게 오고 급하게 가는 것 : ≪예기≫ <소의(少儀)>에 "급하게 오지도 말고, 급하게 가지도 마라.[毋拔來 毋報往]"라는 말이 나온다. ≪예기집설(禮記集說)≫에 주희(朱熹)가 주석을 달기를, "발(拔)은 오는 것, 보(報)는 가는 것이다. 발은 저쪽 편에서 이쪽으로 급하게 오는 것이고, 부(赴)는 저쪽으로 돌아가기를 급하게 가는 것이다.[拔來報往 拔是急走倒從這邊來 赴是又急再還倒向那邊去]"라고 하였다. ≪예기집설(禮記集說) 소의(少儀)≫ ≪소학(小學) 경신(敬身)≫

이맹원기형[99]에게 답함

정사(丁巳, 1917, 성재 61세) 答李孟遠[100]基馨

지난 번 춘부장의 방문에 편지도 함께 받았습니다. 문장이 명랑하고 의리가 깊어서 달려가고 달려옴이 마치 가벼운 수레가 익숙한 길에 나아가는 듯하였으니, 평소 체득한 것이 이와 같이 깊다는 것을 알 수 있었습니다. 참으로 부럽습니다. 다만 그때 즐거운 담소에 빠져서 답장을 빠뜨린 것이 지금까지 미안하고 한스럽습니다. 삼가 국화 피는 9월에 당상(堂上, 부친)의 기력은 늘 왕성하시며 부모님 모시는 형제들은 즐거우시며, 중청재(重淸齋)께서 안석에 기대고 조용히 사물을 보며 완미(玩味)하는 것은 날마다 훌륭한 정취가 있으신지요? 저는 뜻은 무너지고 나이는 먹어 어느덧 육십갑자가 한 번 돌아온 생일날이 되니 부끄럽기만 할 뿐 기뻐할 일이 아닙니다. 하물며 어버이 여읜 슬픔이 이날에는 백배나 더합니다.

보내주신 편지에서 말씀하신 것은 참으로 감당할 수 없습니다. 외람되게도 사칠이기설(四七理氣說)을 물으셨는데, 우리들은 마땅히 주자와 퇴계의 정론을 지키고 존성(存省)[101] 공부를 더할 뿐입니다. 어찌 한쪽으로 치우친 견해를 말하는 여러 학설에 현혹되어 말단을 다투는 일에 길들여지겠습니까? 대개 기고봉(奇高峯)이 굉박(宏博)한 재주와 학문으로 시작하였으니 분

99 이기형(李基馨) : 1875~1946. 본관은 성산, 자는 맹원(孟遠), 호는 성와(惺窩)로 월항면 대산동 한개 출신이다. 장복추의 문인이며 1919년 유림의 파리 장서 운동에 연서해 옥고를 치렀다.

100 李孟遠 : 원문에는 '源'으로 되어 있으나, '遠'로 바로잡는다.

101 존성(存省) : 존양성찰(存養省察)의 준말로, 본성을 함양하고 마음에서 일어나는 선악(善惡)의 기미를 살핀다는 뜻이다.

개(分開)의 설에 의문을 품어 힘써 분별하지 않을 수 없었습니다. 후설(後說)[102]에 이르면, 맹자가 사단(四端)을 논하면서 말하기를, '모두 확충할 줄 알아야 한다(知皆擴而充之)'고 하였고[103], 정자가 칠정(七情)을 논하면서 말하기를, '깨달은 자는 자기의 감정을 단속하여 중도에 합치되게 한다(覺者 約其情 使合於中)'고 한 말[104]을 통해서 본다면 전설(前說)[105]이 잘못되었다는 것을 비로소 인정하게 됩니다. 이것은 퇴계가 분명[通透]하고 명확[脫灑]하다고 깊이 인정하신 것입니다. 만약 그 칠정(七情)이 발(發)하여 절도에 맞는 것은 사단(四端)과 처음부터 다르지 않다며 운운했다면, 곧 노 선생께서 이른바 본래 한 가지인데 나아간 것이 다르다는 것입니다. 전에 이미 여러 번 분별하였으므로 여기에서는 다시 논하지 않겠습니다. - 세 번째 글 답변조

102 후설(後說) : 사단칠정에 대한 이황의 후기설을 말한다. 기대승과의 8년간의 논쟁 끝에 스스로의 입장을 정리하며 "사단은 이가 발하여 기가 따르는 것이며, 칠정은 기가 발하여 이가 타는 것(四端 理發而氣隨之 七情 氣發而理乘之)"으로 수정하였다. 이것은 이기불리(理氣不離)의 입장에서 이발(理發)을 인정하기 어려워 하는 기대승의 입장은 이(理)를 무력(無力)한 개념으로만 보는 이허설(理虛說)로 빠질 위험이 있음을 경고한 것이다.

103 맹자가 사단(四端)을 …… 하였고 : 맹자가 "사람이라면 모두 사람을 차마 해치지 못하는 마음을 갖고 있다.(人皆有不忍人之心)"라고 전제한 뒤에, 사단(四端)을 설명하면서 "우리에게 있는 사단을 모두 확충할 줄 알면, 마치 불붙기 시작하고 샘솟기 시작하는 것과 같을 것이니, 제대로 확충한다면 사해를 보전할 수 있을 것이요, 확충하지 못한다면 부모도 섬길 수 없을 것이다.(凡有四端於我者 知皆擴而充之矣 若火之始然 泉之始達 苟能充之 足以保四海 苟不充之 不足以事父母)"라고 말하였다. ≪맹자(孟子)≫ <공손추(公孫丑) 상>

104 정자가 칠정(七情)을 …… 한 말 : 정이(程頤)는 사람은 모두 인의예지신(仁義禮智信)의 다섯 가지 본성을 구비하고 있는데, 외물과 접촉하는 과정에서 희로애락애오욕(喜怒哀樂愛惡欲)의 일곱 가지 감정이 발동하여 그 본성을 해칠 우려가 있다고 전제한 뒤에, "이것을 깨달은 자는 자기의 감정을 단속하여 중도에 합치되게 하면서 그 마음을 바르게 하고 그 본성을 기른다.(覺者 約其情 使合於中 正其心 養其性)"고 하였다. ≪근사록≫ 권2 <위학류(爲學類)>

105 전설(前說) : 사단칠정에 대한 이황의 초기설을 말한다. 이황이 53세 되던 해 10월 정지운의 <천명도>에 "사단은 이에서 발하고 칠정은 기에서 발한다(四端 發於理 七情 發於氣)"로 되어 있는 것을 "사단은 이가 발한 것이고 칠정은 기가 발한 것(四端 理之發 七情 氣之發)"으로 수정을 하였다. 여기에 대하여 사우(士友)들 사이에 논란을 불러일으켰다.

에 말하기를, '비록 기(氣)가 발(發)하더라도 이(理)가 타서 주(主)가 되므로 그 선함은 같다'는 종류의 주장과 같습니다. - 저들이 여기에 근거하여 말하는 것인데 선생에게 무슨 잘못이 있겠습니까? 정자의 호학론(好學論)[106]에 감정이 이미 성해져 더욱 방탕해지면 그 본성을 잃게 된다고 하였으니, 기(氣)가 아니면 무엇이겠습니까? 예(禮)가 칠정(七情)을 부리는 것을 배우지 않으면 능히 하겠습니까? 오직 이(理)와 기(氣)를 겸한다고 말할 수 없겠습니까? 아마도 이와 기를 둘이라고 하지 못할 것입니다.

고맙게도 저의 뜻을 물어보기에 함부로 장님처럼 턱없는 주장을 펼쳤는데 다시금 가르쳐 주시기를 바랍니다. 손님으로 피곤하여 이만 줄입니다.

106 정자의 호학론(好學論) : ≪논어≫ <옹야>에 애공(哀公)이 공자에게 제자 중에 누가 학문을 좋아하느냐고 묻는 구절이 나오는데, 이것이 바로 호학론이다. 주자는 그 주에서 성인이 되는 도에 이르는 방법을 언급한 정자(程子)의 말을 인용하여 "천지가 정기를 쌓아 만물을 낳았는데 오행의 빼어난 정기를 얻은 것이 사람이니, 그 본체는 참되고 고요하다. 이것이 미발했을 때는 오성이 구비되어 있으니, 인의예지신이다. 형체가 이미 생기고 나면 외물이 그 형체에 접촉되어 마음이 움직인다. 그 마음이 움직여 칠정이 나오니, 희로애구애오욕(喜怒哀懼愛惡欲)이다. 감정이 이미 성해져 더욱 방탕해지면 그 본성을 잃게 된다.(天地儲精 得五行之秀者爲人 其本也眞而靜 其未發也 五性具焉 曰仁義禮智信 形既生矣 外物觸其形而動於中矣 其中動而七情出焉 曰喜怒哀懼愛惡欲 情既熾而益蕩 其性鑿矣)"라고 하였는데, 여기에 '정이 성대하여 더욱 방탕하면 그 본성을 잃게 된다'라는 말이 나온다.

이노중지성에게 답함

정사(丁巳, 1917, 성재 61세) 答李魯仲之性

행차가 당도하여 아드님을 만나고 형의 편지를 받았으니, 병든 저의 심회가 기쁘고 후련하기가 마치 망천도(輞川圖)[107]를 감상하는 듯하였습니다. 그러나 직접 만나지 못하여 마음속 울적함이 없을 수 없었습니다. 삼가 살펴보니 부모님 받드는 형제분의 안부가 즐겁고 진중하신 것을 알았습니다. 저는 허약한 체질[108]로 문득 예순 한 살의 생일을 지났습니다. 다만 서리 맞은 갈대가 꺾이지 않아서 세상의 재앙이 될까 걱정스럽습니다.[109] 절기가 중양절이 되어 친구들이 와서 함께 이야기를 나누며 며칠간 단란한 시간을 보내었지만 저의 뜻이 아니었습니다. 지금은 두문불출하며 잘못을 반성하면서 지내는데 지난달 스무날 쯤에 갑자기 당(堂)을 내려오다가 발을 다쳐서 왼쪽 다리가 상해서 돌아누우려고 해도 사람의 도움이 필요합니다. 지금부터는 아마도 완전하게 회복될 수 없을 듯합니다. 재앙이 찾아온 것은 참으로 마땅한 것이지만 이미 그 행실을 잘못하고 또 그 몸까지 손상시켰으니 어찌 악정자(樂正者)와 같은 죄인[110]이 아니겠습니까? 이런 까닭으로

107 망천도(輞川圖) : 당나라 때의 시인으로 산수화에도 아주 뛰어났던 왕유(王維)가 일찍이 망천(輞川)에 별장을 짓고 망천의 20곳의 승경(勝景)을 배경으로 하여 그린 그림이다. 망천은 장안 근처의 남전(藍田)에 있는 넓은 계곡으로, 왕유는 초당의 궁정시인 송지문(宋之問)의 별서(別墅)를 입수해서 여기에 망천장을 세워, 친구인 배적(裵迪)등과 함께 풍아(風雅)를 즐기며 시집 ≪망천집≫을 남겼다.

108 허약한 체질 : 원문의 '포류지질(蒲柳之質)'은 강버들처럼 연약한 모습이라는 뜻으로 체질이 허약함을 가리킨다.

109 서리 맞은 …… 걱정스럽습니다 : 늙으면 죽는 것이 순리인데 오히려 죽지 않음을 부끄러워하는 말이다.

110 악정자(樂正者)와 같은 죄인 : 증자(曾子)의 문인인 악정자춘(樂正子春)이 마루에서 내려

두려워하고 있습니다.

생일날 소회를 짓는 일은, 고인(古人) 가운데는 간혹 있었지만 지금은 유행이 되었습니다. 다만 제가 시를 짓는 재주[111]가 없으니, 또 졸렬한 시가 한 번 나옴에 화운(和韻)하는 자가 많으면 외람되게도 실질이 없는 말만 더 하게 될 것입니다. 이로써 불초한 저의 잘못만 더 할 것입니다. 그래서 애초에 그것을 하지 않았습니다. 그런데 아이들과 조카들이 이 마음을 생각하지 않고 그 아이들 생각대로 경사에 아쉬움이 없도록 하려고 운자를 정하여 원근의 여러분께 알렸으니 부끄럽습니다. 형의 시 3수는 청담온아(淸澹溫雅)하여 완미하자니 손에서 떨어지지 않습니다.

오다가 발을 다친 뒤에, 부모님으로부터 받은 온전한 몸을 제대로 간수하지 못했다고 자책하면서 몇 달 동안이나 외출을 하지 않았다고 한다. 그때 악정자춘이 증자에게 들었다면서 문인들에게 일러 준 내용 가운데 "부모님이 온전히 하여 낳아 주셨으니, 자식도 온전히 하여 돌아가야만 효라고 말할 수 있다. 그리고 몸을 상하지 않게 하고 몸을 욕되게 하지 않아야만 온전히 했다고 이를 수 있다.(父母全而生之 子全而歸之 可謂孝矣 不虧其體 不辱其身 可謂全矣)"라는 말이 나온다. ≪예기(禮記)≫ <제의(祭義)>

111 시를 짓는 재주 : 원문의 '성병(聲病)'은 시를 지을 때 평(平), 상(上), 거(去), 입(入) 등 사성(四聲)을 조합하여 구성하는데, 그 구성이 일정한 규칙에 들어맞는 것을 성(聲)이라 하고 그렇지 못한 것을 병(病)이라 한다.

장신로상학[112]에게 드림

정사(丁巳, 1917, 성재 61세) 與張莘老相學

선비(先妣)이신 외숙모님 상사에 통곡하고 통곡합니다. 무슨 말씀을 하겠습니까? 무슨 말씀을 하겠습니까? 춘추가 높으시지만 언제나 기력이 강건하시고, 지난해 나아가 뵈었을 때에는 질환이 심하다는 말을 듣지 못하였으며 또한 상주이신 사촌의 효성스러움으로 신명이 감동하여 오히려 위기를 넘기고 건강을 회복하실 것으로 생각하였는데, 외숙부님께서 여러 해 계속된 병환 중에, 하늘로부터 타고난 효자라도 신령의 도움을 받지 못하시고, 어머니께서 뜻밖의 일을 당하실 줄 어찌 알았겠습니까? 슬프고 슬픕니다. 멀리서 생각하니, 갑자기 큰 일을 당하셔서 가슴을 치며 통곡할 하는 슬픔을 어떻게 견디시는지요? 상주는 슬픔에 있어서 오로지 슬퍼만 한다면 경직되기에 쉬울 것입니다. 이것은 돌아가신 분의 뜻을 받드는 것이 아닐 뿐만 아니라, 아마도 병든 부친께도 염려를 끼치는 일을 터입니다. 하물며 재력이 부족하여 예식에 체면을 구길 수 있겠지만 집사께서는 다만 고인의 경계를 어기지 마시기를 바랍니다. 이것이 아쉬움이 없는 것이니, 십분 슬픔을 누르시기 바랍니다.

저는 어려서부터 어른이 될 때까지 특별한 사랑을 받기를 마치 어린아이가 자애로운 어미에게 사랑을 받는 듯이 사랑을 받았습니다. 병들고 늙은 몸이 비록 계속하여 문후를 드리지 못한 중에 그리운 마음은 오래 갈수

112 장상학(張相學) : 1872~1940. 본관은 인동(仁同), 자는 신로(莘老), 호는 화강(華岡)으로 칠곡군 각산에 살았다. 숙부인 농산(農山) 장승택(張升澤)의 문인이다.

록 더욱 깊어졌지만 부음을 듣고 찾아가 곡을 할 수 없었습니다. 널을 부여잡고 한 번 영결하는 것은 정(情)으로나 예(禮)로나 그만 둘 수 없는 것이지만, 저의 선비 제삿날이 며칠 남지 않아서 또 저의 뜻을 이루지 못하겠습니다. 평소의 은혜를 생각하면 그 은혜를 저버린 죄가 참으로 큽니다.

장신로상학에게 답함

정사(丁巳, 1917, 성재 61세) 與張莘老相學

지난달 초에 친척 최 군을 통하여 두 차례나 편지를 전해 주었는데 대개 생일이 돌아옴에 축하하실 필요가 없는데도 병든 저의 안부를 물어주시고, 지극하고 두터운 정은 차례로 읽어 봄에 후련한 마음이 마치 아픈 몸이 다 나은 듯하였습니다. 지금 또 아드님이 방문하였으니 세모를 맞아 외로운 저의 마음에 더욱 위로가 되었습니다. 살펴보건대 정양하시는 생활이 좋으시며 도덕 학문은 높아지고 깊어졌음을 알았습니다. 지금부터 가문의 책무와 사우들의 기대가 그 한 몸에 모아졌으므로 참으로 크고 굳세어지도록 더욱 힘쓸 때이니, 소중하지 않을 수 있겠습니까?

저는 재주가 없는데 장수하였으니 이미 좋은 모습이 아닙니다. 올해 들어서부터 산처럼 많은 비방을 들었고, 끝내 낙상사고를 당하여 문을 나서지 못한 것이 이미 여러 달입니다. 이후에 비록 낫더라도 장차 그 허물을 어떻게 하겠습니까? 한밤중에 생각할 때마다 등줄기에 땀이 흘러 옷을 적십니다. 둘째 외숙부님 소상(小祥) 날에는 몸을 돌아누우려고 해도 사람의 도움이 필요한 지경이었으며, 아이도 잠시라도 곁을 떠나기 어려운 형편이어서 마침내 모르는 사람처럼 처신하였습니다. 평소 경모하던 마음은 어디에 있습니까?

유문(遺文)은 이미 탈고하셨다니 어찌 그렇게 일을 민첩하게 하십니까? 교정하는 일은 다른 사람에게 달려있고 인쇄하는 일은 경제력에 달려 있습니다. 두 가지가 모두 쉬운 일이 아닌데 스스로 돌아보니 저에게는 도와드릴 만한 조금의 힘도 없으니 어찌하겠습니까?

최직구우동에게 답함
정사(丁巳, 1917, 성재 61세) 答崔直久羽東

지금 더위를 먹어 신음하던 중에 편지를 전하는 사람이 왔습니다. 편지를 열어 몇 번을 읽어보니 시원스럽기가 마치 맑은 바람을 쐬는 듯하고 차가운 물에 씻는 듯하였습니다. 삼가 살피건대 무더위에 정양하시는 생활은 좋으신지요? 저는 늙을수록 운수가 더욱 기구합니다.

대개 향도(鄕道, 우리 도내)에서 발생한 일에 대하여 말하자면, 일은 저 때문이 아닌데 비방은 반드시 저에게 돌아오니, 이른바 움직이든 움직이지 않든 번번이 구덩이에 떨어지는 경우가 아니겠습니까? 크게 탄식할 따름입니다. 도남서원(道南書院)의 패문(牌文, 공문서)은 한바탕 웃음거리도 되지 않으니, 저는 불문에 부치고자 하는데 아이와 조카들이 반드시 사실을 가리려고 합니다. 비록 그것을 금지할 수 없지만 저들이 이미 스스로 그 마음을 속이고 그 말을 뒤집으니, 뉘우치는 날이 있기를 감히 바라겠습니까? 조카와 아이들에게 들으니, 향론이 아직 모아지지 않았기 때문에 답변과 보낼 패문은 아직 작성하지 않았다고 합니다. 그래서 전날 회연에서 보낸 통문을 베껴서 드릴 뿐입니다. 앞서 선생의 묘갈문을 다시 수정한 것은 집안 조카가 일찍이 밀양[密州]에 편지하여 깊이 언급했다고 합니다. 기존의 글은 이와 같습니다. 또 도의(道議)가 정중하다면 아마도 이론(異論)이 있을 염려는 없을 것입니다. 조만간 사실을 알아서 알리겠습니다.

송공례천익에게 답함

병진(丙辰, 1916, 성재 60세) 答宋孔禮天翼

뜻밖에도 서신이 멀리 외진 산 속에까지 닿았네요. 펼쳐서 여러 번 다시 읽으니 문득 병든 저의 마음이 열리는 듯하였습니다. 살펴보건대, 외지에 나가서 계시는 공의 안부는 좋으시며 살피고 즐기시는 정취도 좋으신지요? 세월이 빨리 흘러서 지업(志業, 학문)에 나아가기가 어려우니 이것이 우리들이 함께 근심하고 탄식하는 것입니다. 그러나 지금 세상에서 참으로 그 걱정을 아는 사람이 몇 명이나 될까요? 모름지기 때가 되었을 때 힘써 노력하여 우리처럼 늙어서 성취한 것이 없는 이가 없기를 간절히 바랍니다.

저는 저의 학문이 시대에 맞지 않고, 늙음을 좇아 병이 찾아드는데, 평생을 돌아보니 참으로 세월을 헛되이 보낸 듯합니다. 크게 탄식한들 어찌하겠습니까? 부탁하신 기문은 솜씨 좋은 분을 버려두고 반드시 저처럼 곤궁한 사람에게 부탁하고자 하시니, 졸렬한 저의 글솜씨[113]를 어찌하겠습니까? 저와 개인적으로 친분이 있다고 말씀하신다면, 문장은 공적인 도구이니 인정이나 안면으로 해서는 안 된다고 공께서 즐겨 하시던 말씀과 다릅니다. 그런즉 능금과 배 귤과 유자[114]는 오히려 코를 찌르고 혀가 오므라들

113 졸렬한 저의 글솜씨 : 원문의 '혈지한안(血指汗顔)'은 문장 솜씨가 졸렬함을 뜻한다. 한유(韓愈)의 <제류자후문(祭柳子厚文)>에 "서투른 목수가 나무를 깎으면 손가락에 피가 흐르고 얼굴에 땀이 흐른다.(不善爲斲 血指汗淡)"라고 한 말에서 유래하였다.

114 능금과 배 귤과 유자 : 원문의 '사리귤유(樝梨橘柚)'는 능금과 배, 귤과 유자인데. 사(樝)는 능금으로 하찮은 과실을 뜻하고 귤(橘)은 귀한 과일을 뜻한다. 장자(莊子)가 "능금과 배, 귤과 유자는 그 맛이 상반된다.(樝梨橘柚 其味相反)"라고 하였다. ≪예문유취(藝文類聚≫ 권80

게 하는 등 취할 만한 맛이 있지만 저에게는 이러한 맛이 없습니다. 부탁을 비록 여러 번 받았지만 끝내 붓을 대지 못한 것은 당(堂)에 기록할 만한 것이 없음을 걱정해서가 아니라 기록하는 사람이 적절한 사람이 아님을 걱정하였기 때문입니다. 하물며 공의 뜻은 다만 문사(文辭)에만 있는 것이 아니라 장차 경계하는 뜻을 부쳐 기록을 갖추어 두려고 하시니[115], 더욱더 부족한 제가 감당할 수 있는 것이 아닙니다. 용서해 주시기 바랍니다.

115 기록하여 두려고 하시니 : 원문의 '서신(書紳)'은 잊지 않기 위해 큰 띠[帶]에 적어둔다는 말이다. ≪논어(論語)≫ 위령공(衛靈公)장에 자장(子長)이 공자의 말을 잊지 않기 위해 커다란 띠에 기록하여 차고 다닌 것에서 유래하였다.

장경희에게 드림①

병진(丙辰, 1916, 성재 60세) 與張景希

미업(美業, 학업)은 집에 있으면 독실하지 못하게 됨은 이 자리에 가만히 앉아서도 알 수 있습니다. 서늘한 기운이 일어나는 초가을에 어찌 일찍이 계획을 세우지 않으시고 한결같이 지난해처럼 안일하게 지내십니까? 이런 까닭으로 저의 마음이 편안하지 못합니다.[116]

저는 변함없이 지내고 있으니 말씀드릴 것이 없습니다. 형이 떠나시고부터 서책은 날이 갈수록 저와 멀어졌으니, 지금에야 저에게는 형이 없어서는 안 되고 또한 형도 저를 떠나서는 안 된다는 것을 알게 되었습니다. 근간의 몇 가지 세상일은 사람의 마음을 안정하지 못하게 하니, 참으로 괴롭고 불쌍함을 알겠습니다. 다만 빨리 오셔서 경전의 뜻을 풀이하고 연구하시기를 바랄 뿐입니다.

116 마음이 …… 못합니다 : 원문의 '동동(憧憧)'은 마음이 안절부절하지 못하는 상태를 형용한 말이다.

장경희에게 드림②

병진(丙辰, 1916, 성재 60세) 與張景希

제가 머리 조아리고 말씀을 올립니다. 불의에 흉변을 당하여 선부군께서 갑자기 세상을 버리셨다고 하니 부음을 받고 놀란 마음을 어떻게 말하겠습니까? 무슨 말을 말하겠습니까? 평소의 모습을 보건대 강건한 덕을 타고 나셔서 병환으로 고생한 일이 없으셨으며, 연세도 아주 높지 않으신데 기력은 오히려 더욱 강건하셨습니다. 불행하게도 분란(紛亂)을 만나서 거처가 일정하지 못하셨습니다. 천(泉, 천창)에서 죽(竹, 죽리)으로, 성(星, 성주)에서 안(安, 안동)으로 그 사이를 오가는 노고와 마음과 힘의 소모가 없을 수 없을 것이었지만, 타고난 백수의 수명은 줄어드는 것이 없을 것이라고 말씀하셨습니다. 그런데 어찌 오늘 갑자기 이렇게 될 줄을 생각이나 하였겠습니까? 애통하고 애통합니다.

삼가 생각건대, 효심이 독실하신 상주께서는 사모하는 마음과 애통한 그 슬픔을 어떻게 견디시는지요? 누이동생이 집에서 성주로 달려왔으니, 또한 이것은 인간 도리에서 지극한 곳입니다. 내가 형편이 없어서 이렇게 평생의 한이 된 것입니까? 어느 사이에 장례 날이 다가왔으니, 황황(皇皇)한 슬픔이 더욱 이를 곳이 없습니다. 이때에 상주의 기력은 손상되지 않으셨는지요? 생명을 상하는 데에 이르지 말라는 경계는 늘 말씀하신 것입니다. 부디 슬픈 마음을 더욱 절제하셔서 저의 바람에 부응해 주십시오.

저는 인척이 된 이래로 특별히 사랑을 받은 지 어언 10년입니다. 근년에 뵙지 못한 것은 모두 형편이 그러하였기 때문입니다. 이미 고향에 행차를 하신 것도 듣지 못하였는데 어떻게 오래 병환 중에 계셨음을 알 수 있었겠습니까? 부음을 듣고도 문상하지 못하였고, 장례[117]에도 또 참여하지 못하였으니, 평소의 은혜를 돌아보면 도리를 저버린 것이 참으로 많습니다. 어떻게 만의 하나라도 상주의 용서를 바라겠습니까?

117 장례 : 원문의 '봉수(奉樹)'는 '양수(襄樹)를 받들다'는 뜻으로 장례를 말한다. 양수(襄樹)는 묘지에 나무를 심어 표시하는 것을 이른 말이다.

이서경충호[118]에게 드림

병진(丙辰, 1916, 성재 60세) 與李恕卿忠鎬

세상이 상전벽해로 변해가니 소식이 막히는 것도 참으로 당연합니다. 그러나 늙어도 죽지 못하는 사람이 평소에 서로 따르던 그곳을 잠시라도 잊을 수 있겠습니까? 삼가 생각건대, 봄추위에 생활하시는 안부는 좋으시며, 아드님은 부모 모시고 잘 지내는지요? 저의 바람입니다.

저는 세상이 어지러워짐에 따라 저의 뜻도 더욱 무너지고, 해가 더해감에 따라 병은 더욱 깊어졌습니다. 저의 분수는 빼먹지 않는 것이 없고 보탬이 되지 못한 것만 있을 뿐, 무엇을 말씀 드리겠습니까?

행정(杏亭) 정공(鄭公)[119]은 일찍이 우리 선조를 좇아서 배웠는데, 선조의 만시(輓詩)를 보면 그분의 학문과 행적에 뿌리가 있음을 알 수 있습니다. 그분이 살던 곳인 구성(龜城)[120]에 손수 은행나무를 심어 그것으로 호를 삼은 것이 거의 300년이 되었습니다. 그런데 뜻밖에 지금 더부살이하던 김 씨(金氏)가 강제로 점거하는 바가 되었습니다. 무릇 우리 당(黨) 사람이라면 어찌 분개하지 않겠습니까? 자세한 것은 이미 회연 통문에 다 말씀드렸습니

118 이충호(李忠鎬) : 1872~1951. 퇴계 이황의 3대 종손. 자는 서경(恕卿), 호는 하정(霞汀)이다. 안동시 도산면 상계에 살았으며, 1907년(고종 44) 왜병의 방화로 불탄 종택을 1926년에서 1929년 사이에 다시 지었다.

119 행정(杏亭) 정 공(鄭公) : 정여강(鄭汝康, 1541~1593)을 말한다. 그의 본관은 동래(東萊), 호는 행정(杏亭)이다. 임진왜란이 발발하자 의병을 일으켜 여러 전투에서 공을 세우고 1593년 금호진(琴湖陣)에서 순절하였다. 사후 가선대부병조참판에 추증되고 원종공신(原從功臣)으로 녹훈되었다. 경상북도 칠곡군 지천면 연호리에 있는 존경당(尊敬堂)과 대구광역시 만촌동의 충의당(忠義堂)에 배향되었으며, 칠곡군 동명면 학명리에 묘소가 있다. 그 후손들이 김천에도 살았다.

120 구성(龜城) : 경상북도 김천시 지례면의 옛 이름이다.

다. 도산서원은 으뜸되는 서원이니 한 마디 말씀이 없을 수 없을 것입니다. 그러므로 정 씨(鄭氏)가 수백 리 길을 걸어서 갔으니, 부디 생면부지라고 하여 괄시하지 말아주시기 바랍니다.

최성문종응[121]에게 드림

병진(丙辰, 1916, 성재 60세) 與崔聲聞鍾應

통곡하고 말씀 올립니다. 선부군께서는 크고 씩씩한 덕을 타고 나시고 아울러 내면의 수양에 법도가 있어서 당연히 장수를 하시면서 후인을 이끌어 주시고, 세교(世敎)를 바르게 세울 것이라고 생각하였는데 어찌하여 겨우 육순을 넘어 갑자기 세상을 버리신 것입니까? 다난(多難)했던 이래로 비록 계속 안부를 여쭙지 못했지만 지난해 나아가 뵈었을 때 평소와 같이 건강이 줄지 않았던 것을 알고 가만히 기뻐하였습니다. 그런데 마침내 하늘이 선부군을 남겨 두지 않으셨으니,[122] 흉보를 접하고 놀라고 슬픈 마음은 어찌 통곡하는 저의 마음뿐이겠습니까? 가만히 생각하건대, 효심이 독실하신 상주께서 애통한 마음이 끝이 없을 것인데 어떻게 슬픔을 누르시고 건강을 상하지는 않으셨는지요? 더욱이 어떻게 우리 종고모님의 종천지통(終

121 최종응(崔鍾應) : 1871~1943. 본관은 경주, 자는 성문(聲聞), 호는 금전(琴田)으로 대구에 살았다. 1920년 대한민국 임시정부의 경북선정사(慶北宣政使)로 임명되어 고정일(高政一)·윤철(尹喆)·이태훈(李泰勳) 등과 함께 독립운동자금 조달기반을 조성하였으며, 같은 해 9월 경상·충청·전라도 등지를 순방하며 자산가들의 자산명부를 작성하여 군자금 조달을 위해 노력하였다. 이일로 인하여 일경에 체포되어 1922년 3월 30일 소위 공갈 및 제령 제7호 위반으로 대구지방법원에서 징역 3년형을 언도받아 옥고를 치렀다. 1990년 건국훈장 애족장을 추서 받았다.

122 하늘이 …… 않으셨으니 : 원문의 '천불은유(天不憖遺)'는 하늘이 원로를 이 세상에 남겨 두려 하지 않는다고 한탄한 말 말인데, ≪시경≫ <소아(小雅) 시월지교(十月之交)>의 "원로 한 분을 아껴 남겨 두어서 우리 임금을 지키게 하지 않는구나.(不憖遺一老 俾守我王)"라는 말에서 유래한 것이다. 또 공자(孔子)가 죽었을 때에 노(魯)나라 애공(哀公)이 내린 조사(弔辭)에도 "하늘이 나를 불쌍히 여기지 않는구나. 나라의 원로를 조금 더 세상에 있게 하여 나 한 사람을 도와 임금 자리에 있게 하지 않는구나.(旻天不弔 不憖遺一老 俾屛余一人以在位)"라고 탄식한 구절이 있다. ≪춘추좌씨전(春秋左氏傳)≫ 애공(哀公) 16년

天之痛)[123]을 위로하여 통곡하는 중에 건강을 크게 상하지는 않으셨는지요? 어느덧 장례 달이 다가와 장례가 임박하였으니 황황한 슬픔은 아마도 더욱 지극할 듯합니다. 옛 가르침은 따르지 않을 수 없고 모친의 마음도 헤아리지 않을 수 없으니 더욱 슬픔을 절제하시고 대효(大孝)를 온전하게 하십시오.

저는 평소 경모하는 마음으로는 빈소를 마련하는 날에 즉시 기어가서 조문하여야 하는데 그렇게 하지 못하였고 지금 또 장례를 지내는 날에 상엿줄을 잡지 못하게 되었습니다. 이 모든 것은 연래에 세상이 어렵고 몸도 병들어서 인사를 끊은 지가 오래되었기 때문입니다. 한 장의 편지로 대신하지만 어찌 그 마음을 나타내어 죽은 분에 대한 도리를 다할 수 있겠습니까? 붓을 잡으니 목이 메어 무슨 말을 하여야 할지 모르겠습니다. 다만 장례를 잘 치르시기를 바랍니다.

123 종천지통(終天之痛) : 비통(悲痛)함이 무한히 오래 간다는 말이다. 일반적으로 부모의 초상에 참최복(斬衰服)과 자최복(齊衰服)으로 3년이라는 기한은 있지만 자식된 자의 비통한 생각은 이 세상이 다하도록 끝이 없다는 뜻으로 사용된다.

이현가정기[124]에게 드림

정사(丁巳, 1917, 성재 61세) 與李現可貞基

외진 저의 집에 문병을 오셨으니 두터운 정을 어찌 잊을 수 있겠습니까? 다만 제가 조섭을 잘 하지 못하여 밤에는 베개를 나란히 하지 못하고 이야기 자리에는 좌석을 나란히 하지 못하여, 헤어질 때의 울적한 마음은 지금까지 그치지 않습니다. 어느덧 한해가 다해 가는데, 삼가 당상[堂上, 어르신]의 생활은 왕성하시며, 부모님 모시면서 경전 공부하시는 당신의 안부는 여전히 좋으신지요? 뭇 수재들이 문전에 가득하니 날마다 사람들과 함께하는 즐거움이 있으신지요?

저에게는 평소 말씀드릴 만한 공부[125]가 없고 또 사람 축에도 끼이지도 못하니, 지금 이후로 몸도 행실도 모두 이지러졌습니다. 항상 고인(古人)이 내리신 연빙(淵氷)[126]의 경계를 생각하면 나도 모르게 한밤중에 베개를 어루만지며 잠을 제대로 이루지 못하고, 이어서 등에 땀이 흥건하여 옷을 적시게 됩니다.

---

124 이정기(李貞基) : 1872~1945. 본관은 벽진(碧珍) 자는 현가(現可, 見可), 호는 제서(濟西)로 성주 명곡(椧谷) 출신이다. 장복추와 김홍락의 문인으로 저술로는 ≪제서집(濟西集)≫, ≪성리휘편(性理彙編)≫이 있다. 후학들이 제강서당(濟岡書堂)을 창건해서 존모지소로 삼았다.

125 공부 : 원문의 '존족(尊足)'은 발보다 중요한 것, 즉 하늘로부터 받은 본성을 의미하는 것으로, 평소의 존심양성하는 공부를 가리킨다. ≪장자(莊子)≫ <덕충부(德充符)>에서, 죄를 짓고 형(刑)을 받아 발이 잘린 숙산무지(叔山無趾)가 공자를 찾아가 배우기를 청하면서 "지금 제가 온 것은 아직 발보다 중요한 것이 남아 있어서이니, 저는 이 때문에 그것을 온전히 하는 데 힘쓰고자 합니다.(今吾來也 猶有尊足者存 吾是以務全之也)"라고 하였다.

126 연빙(淵冰) : 조심스러운 마음으로 매사를 신중히 처리하는 것을 말한다. ≪시경(詩經)≫ <소아(小雅) 소민(小旻)>의 "전전긍긍하여 심연에 임하듯 얇은 얼음을 밟듯 한다.(戰戰兢兢 如臨深淵 如履薄氷)"라는 말에서 나온 것이다.

선집(先集, 선대의 문집) 인쇄는 두 질(帙)을 모두 마쳤습니까? 백 년 동안 이루지 못한 일을 지금에야 하였으니 지극한 정성이 아니면 어떻게 여기에 미치겠습니까? 외람되게도 발문을 부탁하셨지만 저는 본래 재주가 부족하고 게다가 병중으로 정신이 어지러워 참으로 부탁에 부응하기가 어렵습니다. 그러나 의리에 감히 거절할 수 없어서 이에 부끄러움을 무릅쓰고 졸렬한 글을 보냅니다. 그러나 용도에 적합하지 못함을 스스로 알고 있으니 다시 필가(筆家)를 찾아서 글을 구하는 것이 어떠하겠습니까? 아드님[127]도 자주 왕래하면서 인쇄하는 일을 함께 도왔는지요? 각각 편지를 쓰지 못하니 이것으로 함께 보시기 바랍니다.

127 아드님 : 원문의 '옥여(玉汝)'는 송(宋)나라 장재(張載)의 <서명(西銘)>에 "빈궁과 걱정 속에 처하게 함은, 그대를 옥으로 이루어 주려 함이로다.(貧賤憂戚 庸玉汝於成也)"라는 말이 있으니, 여기에서는 상대방의 아들을 이르는 말로 사용되었다.

이성옥봉희[128]에게 답함

기미(己未, 1919, 성재 63세) 答李聲玉鳳凞

새해에 문득 편지를 받았습니다. 제가 당한 슬픔을 위문하고 아울러 의문점을 질의하였으니, 고마움과 부끄러움이 저의 마음에 넘칩니다. 물어주신 복제(服制)는 옛날에도 증거할 만한 것이 없었는데 어찌 견문과 학식이 부족한 제가 감히 억측하여 대답하겠습니까? 옛날에 군상(君喪)을 방상(方喪)[129]이라고 일렀으니, 참으로 부모의 상(喪)과 같이 하여야 합니다. 지금 나라의 사직이 문을 닫아서[130] 3개월 복제로 줄이고자 합니다. 인가(人家)에서 불행하게도 그 아비의 상을 당한 집이 있다면 그 아들은 3년 복을 입지 않습니까? 의례(儀禮)에 이른바 옛 임금을 위하여 자최(齊衰) 3개월을 입는다는 것은 대부로서 벼슬에서 물러난 자가 옛날의 덕을 잊지 않음을 말하는 것이니, 그것을 인용하여 오늘의 근거로 삼아서는 안됩니다.

또 심상(心喪)[131]이라는 명칭은 스승에 대하여는 옳지만 임금에 대해서는 옳지 않습니다. 어머니 상에 부친을 위하여 강복(降服)하는 것은 옳지만 임

128 이봉희(李鳳熙) : 1878~1960. 본관은 성산, 자는 성옥(聲玉), 호는 인와(忍窩)로 성주에 살았다. 파리장서에 유림 대표의 한 사람으로 서명하였으며, 1919년 4월 2일 성주읍 장날을 이용한 독립만세시위를 주동하였다. 이후 일제에 의해 체포되어 10개월 형을 받고 옥고를 치렀으며 1990년 건국훈장 애족장을 추서 받았다.

129 방상(方喪) : 임금의 상을 당했을 때 부모상을 당한 경우에 견주어 참최 삼년(斬衰三年)으로 복을 입는 것을 말한다. ≪예기(禮記)≫ <단궁(檀弓) 상>

130 나라의 …… 문을 닫아서 : 원문에는 '國社旣屋'이라 하였는데, 여기서의 사옥(社屋)은 토지신(土地神)을 제사 지내는 곳에 지붕을 덮는다는 뜻으로, 전하여 망국(亡國)을 의미한다. ≪예기(禮記)≫ <교특생(郊特牲)>에 "망국의 사에는 지붕을 만들어 덮어서 하늘의 양기를 받지 못하게 한다.(喪國之社 屋之 不受天陽也)"라고 한 데서 온 말이다.

131 심상(心喪) : 상복을 입지 않고 마음으로 슬퍼하는 것을 말한다.

금은 강복(降服)할 곳이 없으니 옳지 않습니다. 대개 우리나라에서 임금의 상복은 조정에서부터 서인과 아전 군졸에 이르기까지 강등하는 것이 없이 모두 3년복을 행하는데, 정도가 지나칩니다. 퇴계 선생도 그렇게 말씀하셨습니다. 그러나 이미 한 시대 시왕(時王)의 제도[132]를 만들어 행한 지 오래되었습니다. 지금 갑자기 3개월 복을 행하면서 우리는 고례(古禮)를 따르고, 우리는 충심(衷心)을 다한다고 말하는데, 사람들이 누가 그것을 믿겠습니까? 저들이 금하든 금하지 않든 논할 바가 아니며 반드시 예를 잘 아는 사람에게 널리 물어서 처리하는 것이 어떠하겠습니까?

132 시왕(時王)의 제도 : 당시의 제도를 말한다.

안좌언철상에게 드림

무오(戊午, 1918, 성재 62세) 與安佐彦喆相

머리 조아리고 말씀 올립니다. 선대인 학사공(學士公)께서 먼 변방 황폐한 물가에서 갑작스럽게 세상을 버리셨음에, 서쪽을 바라보며 통곡하니, 다시 무슨 말을 하겠습니까? 나라가 있을 때에는 곧은 도(道)가 수용되지 못하였고, 나라가 망했을 때는 고결한 몸은 길이 떠나셨습니다. 아마도 과감하게 세상을 잊지 못하시고, 정충(貞忠)과 특절(特節)을 세워 윤리 강상의 일맥을 얻으셨으니, 은연 중에 퇴파지주(頹波砥柱)[133]의 공이 있음을 알겠습니다. 그러나 지금은 끝났으니 어찌합니까, 어찌한답니까?

멀리서 생각건대 효심이 독실하신 상주께서는 처신이 사람들과 매우 다를 듯합니다. 망극한 애통함은 사람마다 견딜 수 있는 것이 아닌데 땅이 외지고 풍습이 비루한 곳, 친지들도 드문 곳에서 상례(喪禮)[134]는 어떻게 예법에 맞고 또 유감이 없도록 하셨는지요? 시간이 빨리 흘러 문득 종상(終祥)이 다가왔습니다. 탈상을 한다는 생각[135]에 절절한 슬픔은 마치 지금 상을 당하신 듯할 것입니다. 부디 십분 슬픔을 억제하시고 대효를 온전하게 하

133 퇴파지주(頹波砥柱) : 흔히 난세에 지조를 지키는 선비의 비유로 쓰인다. 퇴파(頹波)는 거세게 흘러내려 가는 물살로 무너져 가는 세상의 풍속을 비유한다. 지주산은 황하의 중류에 있는 바위산으로, 황하의 물결이 아무리 거세게 흘러도 이 산을 무너뜨리지 못하고 이 지점에 와서 갈라져 산을 감싸고 흐른다. ≪문선(文選)≫ 권19 <고당부(高唐賦)>

134 상례(喪禮) : 원문의 '이척(易慽)'은 형식적으로나 내용적으로 모두 훌륭하게 상례를 치르는 것을 말한다. ≪논어≫ <팔일(八佾)>에 "상례는 형식적으로 잘하기보다는 차라리 슬퍼하는 마음이 가득해야 한다.(喪 與其易也 寧戚)"라고 하였다.

135 탈상을 한다는 생각 : 원문의 '원금지사(援琴之思)'는 거문고를 연주하고자하는 생각으로, 상중에 멀리하던 음악을 탈상을 맞아 다시 음악을 가까이 할 수 있음을 말하는 것이다. 여기에서는 탈상을 맞이하는 심회를 뜻한다.

시기를 바랍니다.

저는 평소의 계의(契誼)를 생각하면 스스로 남보다 뒤지지 않는다고 말할 수 있을 것이니, 높은 의기를 흠모하는 마음은 늙을수록 더합니다. 이번 부음을 받았던 날에는 늙은이의 병이 온몸을 얽어매어 감히 몸소 문상하지 못하였고[136] 게다가 초상이 겹쳐 정신을 수습하지 못한 까닭에 한 장의 편지로 문상을 대신하였습니다. 이제 25개월 시간[137]이 흘렀으니, 비록 상주께서 만의 하나라도 용서해 주시더라도 돌아가신 분을 저버린 죄스러움은 무슨 말로 변명하겠습니까? 다만 목이 메일 뿐입니다.

136 몸소 문상하지 못하였고 : 원문의 '근력지례(筋力之禮)는 직접 몸으로 행해야 하는 예를 의미하므로, 여기에서는 직접 문상하지 못하였음을 나타낸 말이다.

137 25개월 시간 : 대상(大祥)을 이른다. 대상(大祥)은 돌아가신 후 25개월에 지내는 제사이다.

도군약에게 답함

무오(戊午, 1918, 성재 62세) 答都君若

한번 맑은 모습을 만난 후에 다시 오래 소식이 막혔더니, 지금 막 이 늙은이의 마음에 잊혀지지 않던 때에 차가운 눈이 문에 가득 쌓인 날에 문득 편지가 날아들었습니다. 편지를 열어서 읽고 또 읽으니 나도 모르게 오래된 병이 나은 듯하였습니다. 살펴보니 빠른 세월 속에 정양하시는 당신의 안부가 매우 좋으심을 알았습니다. 저는 넉 달이나 병상에 있으면서 겨우 야윈 피부만 남았을 정도입니다. 참으로 약의 힘으로 살아가는데 만물과 함께 봄을 맞지 못할까 걱정이니 달리 무엇을 말하겠습니까?

둘째 아드님은 여러 달 적막한 저를 좇아 학업을 게을리 하지 않았으니 참으로 가상합니다. 그러나 다만 가르치는 사람이 재주가 없어 저로 인하여 남의 재목을 상하게 할까 염려됩니다. 한 해가 다하여 부모님 곁으로 돌아갔다가 오는 봄에 다시 공부한다면, 근본에 힘쓰는 것과 남은 힘으로 학문에 힘쓰는 것 두 가지 모두 잘할 것이라고 말할 수 있습니다. 들판의 물오리[138]가 끝내 집 닭보다 귀할 수 없는 것은 왜이겠습니까? 어찌하여 마치 서로 서먹한 사이에 있는 사람처럼 여러 가지 선물을 주십니까? 집사께서 사람을 대하시는 것이 조금 야박한 것 아닙니까? 즉시 돌려보내고 싶지만 공손하지 못하다고 하실까봐 그렇게 하지 못합니다. 후에는 다시 그렇게 하지 마십시오.

138 야생의 물오리 : 원문의 '야목(野鶩)'은 야목산계(野鶩山雞) 즉 물오리와 꿩이라는 뜻으로, 성미가 거칠고 사나워서, 제 마음대로 하여 다잡을 수 없는 사람을 비유하여 이르는 말로 쓰인다. 여기에서는 정재기에게 공부하러 온 상대방 아들을 의미하는 것으로 보인다.

이순재호섭에게 답함

무오(戊午, 1918, 성재 62세) 答李淳在顥燮

지난 번 만났을 때 인사를 드리지 못하였고, 편지를 받고서도 또한 답장을 지금까지 미루었습니다. 겸손하게 과문(寡聞)한 사람에게 물으시는 그 마음은 고맙지만, 저의 늙고 병들어 게을러진 모습은 더욱 도망할 곳이 없고, 부끄러움은 마음속에 다 담을 수 없을 지경입니다. 다만 글을 보낼 때에 과분하게 칭찬을 하시고 그 격에 벗어나게 말씀하시니, 이것은 서로 아껴주는 사이에서 간절히 권하는 도리[139]가 전혀 아닐 것입니다. 한 마디 말의 지혜[140]에 손상이 될까 걱정스럽습니다. 도체(道體)나 선생(先生) 등의 말을 전배(前輩, 선배)에게 합당한 말이니, 참으로 귀를 막고 도망가고 싶어집니다. 하물며 만에 하나라도 비슷하지 않은 사람에게 그 말을 더하겠습니까? 천 번 만 번 신중하십시오.

삼가 생각건대, 중하(仲夏, 음5월)에 학업을 하시는 생활을 좋으신지요? 묘년(妙年)에 배우기를 힘써 거센 물살 중에서 스스로 설 수 있고, 또 급급하게 다른 사람을 본받아 선(善)을 행하고 계시니, 이러한 방법으로 더욱 힘쓴다면, 고인의 경지에 오르지 못할 것을 어찌 근심할 것이며, 도술(道術)이 분열될 것을 어찌 걱정하겠으며, 참벌(斬伐)의 화(禍)를 어찌 두려워하겠습

139 간절히 권하는 도리 : 원문은 '절시지도(切偲之道)'로 매우 깊이 생각하고, 선을 권하는 도리를 말한다. ≪논어≫ <자로(子路)>에 "붕우는 절절(切切)하고 시시(偲偲)하게 대해야 한다.(朋友 切切偲偲)"는 말에서 따왔다.

140 한 마디 말의 지혜 : 자공(子貢)의 말에, "한 마디 말로 지혜롭게 여겨지기도 하며, 한마디 말로 지혜롭지 못하다고 여겨지기도 한다. 말은 신중히 하지 않으면 안 된다.(子貢曰 一言以爲智 一言以爲不智 言不可不愼也)" ≪명심보감≫

니까? 편지 중에 종신토록 마음에 새겨 잊지 않을 것을 운운하셨는데, 성현의 천 마디 만 마디 말 가운데 어떤 것이 마음에 새기지 않을 수 있으며, 실천하지 않을 수 있는 것이겠습니까? 당신의 학문은 이미 박학하여 아마도 그 요체를 얻어서 마음에 깊이 새긴 것이 있을 것인데 다시 어찌 귀머거리 같은 저에게 빌려 들으려 하십니까?

저는 어려서부터 일찍이 이 일에 뜻을 두었지만 견문이 좁고 병으로 고생하여 어리석고 게으르며 신중하지 못한 사람이 되어 마침내 성취한 것도 없는 가운데 갯버들 같은 저의 몸에 가을이 이미 찾아들었습니다. 비록 혹시 하늘이 저에게 나이를 더한다고 하더라도 어찌 다시 노년의 성취를 바라겠습니까? 현명하신 당신께서는 마땅히 보시고 경계로 삼으십시오.

정자의 기문은 애초에 감당할 수 없는 것이었는데 거듭 간절하게 요청하시는 것을 거절하기가 어려워서 저의 졸렬함을 드러내는 것을 면하지 못하게 되었습니다. 그렇지만 저의 문장은 비근하고 의미가 천박하여, 강산의 뛰어난 경치를 잘 그려서 주인옹(主人翁)의 한가로운 정취를 더욱 잘 드러나게 하기에는 부족합니다. 바라건대 부디 다시 훌륭한 장인에게 구하여 글을 받아 먼 후손들에게까지 전해지도록 하는 것이 어떠하겠습니까?

안영복에게 답함

무오(戊午, 1918, 성재 62세) 答安永墣

백 리 길을 찾아주고 다달이 편지를 주셨습니다. 도의(道義)로 기약하고 문자로 이었으니, 보내주신 말씀이 지나치시고 보내주신 뜻이 무겁습니다. 거기에 더하여 덕과 말씀을 함께 갖춘 사람으로 여기시다니요.[141] 당신은 유익한 벗을 구하는 마음이 급하고 선조를 천양하기를 정성스럽게 하지만 저의 부족함을 헤아리지 못함이 [… 결락 …] 두텁습니다. 그러나 졸렬하고 비루한 제가 감당할 수 있는 것이 아닙니다. 한편 고맙고 한편 부끄러워 어떻게 말씀드려야 할지 모르겠습니다. 편지를 받은 후 여러 날이 지났습니다. 부모님 모시고 사시는 생활은 화목하신지 모르겠습니다.

지금은 이설(異說)이 요란하여 백성들이 도탄에 빠지고 천하가 망했으니, 학문에 뜻을 둔 자 중에서 그 뜻을 빼앗기지 않은 자가 드뭅니다. 당신은 묘령(妙齡, 20살)의 나이에 굳게 자신을 지키고 가문의 바른 가르침을 떨어뜨리지 않고 또 사우의 어진 행실을 좇으시니, 옛것을 좋아하는 자가 이렇게 절차탁마한다면 그 효과는 어찌 자신의 덕을 완성하는 것에만 그치겠습니까? 이 성품을 함께 가졌지만 오랑캐로 변절된 자도 장차 번연(幡然)히 뉘우치고 우리들을 믿고 따를 것이니, 또한 위대하지 않겠습니까?

저는 옛날의 학문을 배웠지만 체득한 것이 없고 지금의 시대를 살지만 행동이 시대에 미치지 못합니다. 저는 거꾸러져 혼미하고 게으른데 늙기까

141 덕과 말씀을 …… 여기시다니요 : ≪논어≫ <헌문(憲問)>에 "덕이 있는 사람은 반드시 합당한 말이 있지만, 말이 있는 사람이라고 해서 반드시 덕이 있는 것은 아니다.(有德者 必有言 有言者 不必有德)"라고 한 말이 나온다.

지 하였으며, 세상도 끝났으니, 다만 고인(古人)을 바랄 수 없을 뿐만 아니라 마침 새로운 학설을 말하는 자들이 몰래 웃으며 욕하는 바가 됨을 면하지 못하는 것을 스스로 압니다. 그런즉 어떻게 어진이의 요청하는 뜻에 부합할 수 있겠습니까? 당신은 이것을 보시고 경계하시고 때에 미쳐서 더욱 힘쓰시면 어떠하겠습니까?

서문(序文)은 이미 거절하지 못하여 글을 지은 지 오래되었지만 송부는 일이 많아 생각대로 되지 않았습니다. 억지로 부치고자 한다면 소중한 책자가 중도에 분실될 염려가 있어서 부득이하게 믿을 만한 인편을 기다려 간절한 바람을 이루려고 하였습니다. 먼 지역을 찾는 일이라 안타까웠는데, 마침 사촌이 창산(昌山, 창녕)에 갈 일이 있어 계시는 곳을 지나게 되었으니 이 편으로 부쳐드립니다. 소루(疎漏)하게 대하지 말아주시기 바랍니다. 다만 부모 모시고 진중히 잘 지내시기를 바랍니다.

(추신)

이전에 보낸 상량문 가운데 한 두 자를 바꿀 곳이 있어서 이에 적어서 보냅니다. 만약 물리치지 않는다면 오히려 고치지 않는 것보다 나을 것입니다. 대개 문자에 둔한 사람이 갑자기 글을 지으려니 경솔하게 이런 잘못이 많아서 부끄럽습니다. 누관지미(樓觀之美)의 '누(樓)'를 '유(遊)'로 고치고, 원이동비(遠邇同悲)의 '비(悲)'를 '연(然)'으로 고치고 입아손(立兒孫)의 입(立)을 사(似)로 고쳤습니다.

최선필종경에게 드림①

무오(戊午, 1918, 성재 62세) 與崔善必鍾慶

통곡하고 통곡합니다. 선부군이신 고모부[142]께서는 강명(剛明)한 체질과 [… 결락 …]의 덕을 타고나시어 한가로이 생활하시면서 정신을 편안히 하시고 본성을 잘 수양하신 분으로서 장수하실 수 있을 것이라 생각하였습니다. 또한 상주이신 사촌의 효심은 하늘로부터 타고나서 능히 공경하면서 부친의 몸과 뜻을 봉양함에 지극하지 않음이 없었으니, 이는 신명이 강림하여 끝없는 복을 누리기에 넉넉한 것이었습니다.

저는 병에 걸리고 또 어지러운 세상을 만나 비록 때때로 뵙거나 인편을 구하여 안부를 묻지는 못하였지만, 마음에는 참으로 백 수 이전에는 돌아가시지 않도록 축원을 드렸습니다. 그런데 뜻밖에도 병환 소식을 듣지도 못했는데 돌아가셨다는 소식이 갑자기 전해지니, 우리 당은 날로 외롭게 되었고 후생들은 의지한 곳이 없어졌으며 새로운 설을 이야기하는 자는 꺼릴 것이 없어졌으며 선을 행하는 자는 믿을 곳이 없어졌습니다. 가만히 생각하건대, 상주이신 사촌은 약관에 부친을 잃었으니 오직 애통해하기만 하고 예로써 절제하지 않는다면 목숨을 상하기 쉬울 것입니다. 또 우리 고모님께서 당한 노경의 지극한 슬픔은 돌이라도 변화시킬 수 있고 성이라도 무너뜨릴 수 있을 것이니 장차 어떻게 말하겠습니까? 장례를 때에 맞게 하지 못한 것은 시운(時運)에 부치더라도 종신토록 사모하는 저의 마음은 오

142 고모부 : 작자의 고모는 백불암(百弗庵) 최흥원(崔興遠)의 후손인 최문교(崔文敎)에게 시집을 갔다.

직 몸과 뜻의 봉양에만 그치지 않습니다. 이로써 축원을 드립니다.

저는 허약한 체질로 많은 나이가 아님에도 예를 행할 만한 근력을 바랄 수 없게 되었습니다. 부음을 듣고 길을 나설 시기는 길사(吉事)와 서로 겹쳤고, 편지도 전하지 못하였습니다. 이것은 곧 오히려 변명할 만하지만 그 후 허다한 시간에도 아득하게 마치 듣지도 알지도 못한 사람처럼 지냈으니 또한 장차 무슨 말로써 설명하겠습니까? 대개 힘이 마음을 좇아가지 못하는 사람이 하나가 아니겠지만 돌아가신 분을 저버리고 지극히 사랑하는 사람에게 배척을 당한 것은 스스로 초래한 것이니 어찌 감히 큰 용서를 바라겠습니까?

최선필종경에게 드림②

무오(戊午, 1918, 성재 62세) 與崔善必鍾慶

어느 사이에 돌아가신 고모부님 종상(終祥)이 지나가고 27월제[143]가 되었습니다. 저는 이번에도 돌아가신 분을 저버렸습니다. 비록 우리 사촌이 지극한 정리를 미루어 늙고 병든 저를 헤아려서 몸소 예를 표하지 않음을 책망하지 않으신다고 하더라도 홀로 마음속으로 자책하는 것이 없겠습니까? 가만히 생각건대 효심이 무궁한 상주께서 거문고를 연주하는 날[144]에도 간절히 슬퍼하는 것은 [··· 결락 ···] 중월의 제사[145]에는 담담할 것입니다. 다만 예(禮)는 지나치게 할 수 없으니, 현자(賢者, 상대방)께서는 마땅히 예제를 낮추어야 할 것입니다. 모르겠습니다만 이때에 고모님 근력은 상하지 않으셨는지, 그리고 모친 모시고 상중에 잘 지내시는지요?

저는 추위가 무서워서 칩거하다가 봄이 왔지만 길을 나서지 못하고 일찍이 새나 벌레보다 못한 사람이 되었으니 이 고민을 어찌하겠습니까? 집안에 여러 가지 편안하지 못한 일이 있는 것도 마음에 걸립니다. 둘째 조카와 막내 아들이 담제에 참여할 것이니, 그것도 이미 늦었는데 오히려 저보다 낫습니다. 물어보시면 여기 사정을 자세히 알 수 있을 것입니다.

143 27월제 : 담제(禫祭)를 이른다. 담제는 초상으로부터 27개월 만에, 곧 대상(大祥)을 치른 그 다음 다음 달 하순(下旬)의 정일(丁日)이나 해일(亥日)에 지내는 제사이다. 부(父)가 생존한 모상(母喪)이나 처상(妻喪)의 경우에는 초상 후 15개월 만에 지낸다.

144 거문고를 연주하는 날 : 탈상을 의미한다. 상기(喪期)를 마치면 비로소 음악을 연주할 수 있다.

145 중월의 제사 : 원문의 중월지제(中月之制)는 27개월째 지내는 담제(禫祭)를 말한다.

도산회중에 드림[146]

무오(戊午, 1918, 성재 62세) 抵陶山會中

오호라! 우리 도를 잃은 지 오래되어, 강학하는 강당에는 화재나 전쟁을 겪으면서 서적이 없어졌지만 우뚝한 도산은 마치 노나라 영광전(靈光殿)[147]처럼 건재할 뿐만 아니니, 그런즉 우리들이 의지하고 높이 경모하는 곳은 이 도산을 제외하고 어디에 있겠습니까? 뜻밖에 높은 담장 안[148]에서 또 이처럼 천고에 없던 변란이 생겼으니, 오호라! 하늘이 공부자의 도를 우리 동방에 다시 진작시키지 않으시려 하는 것입니까? 무슨 도적 무리가 앞뒤로 연이어 일어났으니, 저희들이 이 소식을 듣고 머리카락이 서고 가슴이 놀라서 밤낮으로 머리를 맞대었지만 어찌할 바를 알지 못했습니다.

전해 들으니 지방 수령이 몸소 왔다고 하지만 결국 어찌되었는지 자세히 알지 못하겠습니다. 또한 이상한 것은 여러 어른들이 이런 변고를 당하고도 바쁘게 같은 집안에 알리고 함께 대궐에 호소하여 그 무리를 엄하게

146 원주 : 문중을 대신해 씀.

147 영광전(靈光殿) : 전한(前漢) 시대에 경제(景帝)의 아들로 노왕(魯王)이었던 공왕(恭王)이 산서성(山西省) 곡부현(曲阜縣)에 세운 궁전 이름이다. 한(漢)나라 중엽에 도적들이 출몰하여 서경(西京)의 미앙궁(未央宮)이나 건장궁(建章宮) 등은 다 파괴되었는데 이 궁전만은 우뚝이 남아 있었다고 한다. 한나라 왕연수(王延壽)의 <노영광전부(魯靈光殿賦)> 서문에 나온다. ≪문선(文選)≫ 권11 <노영광전부(魯靈光殿賦)>

148 높은 담장 안 : 원문의 '궁장수인(宮墻數仞)'은 공자의 학문이 매우 심오함을 표현한 말이다. ≪논어(論語)≫ <자장(子張)>에 다음과 같은 내용이 있다. 숙손무숙(叔孫武叔)이 자공(子貢)이 공자보다 더 뛰어나다고 하자, 이 말을 듣고 자공이 말하기를, "대궐의 담장에 비유하자면, 나의 담장은 어깨에 미치므로 집 안의 좋은 것들을 들여다볼 수가 있지만, 부자(夫子)의 담장은 몇 길이나 되어서 문 안으로 들어가지 않으면 종묘의 아름다움과 백관의 성대함을 볼 수가 없다.(譬之宮墻 賜之墻也及肩 窺見室家之好 夫子之墻數仞 不得其門而入 不見宗廟之類 百官之富)"라고 하였다.

조사하고 벌주지 않으신 것입니다. 돌아보니 곧 조용히 있으면서 천지에 용납되기 어려운 도적들을 한 달 가까이 살아있게 함은 무엇 때문입니까? 오호라! 죄인인 우리가 어쩔 수 없이 원수를 갚지 못한다면 우리들은 마땅히 갓을 부수고 도포를 찢어버리고 감히 세상에 서지 못할 것입니다. 타고난 떳떳한 마음은 같으니 어찌 원근이 있겠습니까? 지금 문중의 한 사람을 보내어 저의 마음을 말씀드리도록 하겠습니다. 삼가 헤아려주시기 바랍니다.

부용당 어르신들께 드림[149]

무오(戊午, 1918, 성재 62세) 與芙蓉堂僉座

삼가 초봄에 도를 보위하시는 여러 분의 체후가 만중(萬重)하시기를 우러러 빕니다. 저희들은 분수에 맞추어 살아갈 뿐, 달리 드릴 말씀이 없습니다. 지금 변해가는 세상의 물결을 보노라니 무릇 선비된 자들이 어진 이를 높이고 덕을 숭상하기 위하여 무슨 일을 해야 할지를 알지 못한 지가 오래되었습니다. 가만히 듣건대, 귀 고을 여러 군자들은 곧 세찬 물살 속에서도 스스로 설 수 있는 분들로서, 선정(先正)의 훌륭한 제자이면서 후학들의 사표가 되시는 부용당(芙蓉堂) 성 선생(成先生)[150]을 위하여 뜻을 모으고 계(契)를 결성하여 선생을 사모하는 뜻을 영원히 부치셨다고 하니, 이것은 사람들을 감복하게 할 만합니다. 그런데 석계공(石溪公)[151]은 선생의 후예로서 가학(家學)을 훌륭하게 계승하여 덕과 문장을 갖춘 분으로서, 인몰(湮沒)되어 전하지 못하게 되면 안 되기 때문에 부용정[152] 옆에 정사를 세웠는데,

149 【원주】: 문중을 대신해 쓴 것이며, 이에 대한 완문(完文)이 있다.

150 부용당(芙蓉堂) 성 선생(成先生) : 성안의(成安義, 1561~1629)를 말함. 본관은 창녕(昌寧). 자는 정보(精甫), 호는 부용당(芙蓉堂). 성익동(成翼仝)의 증손으로, 할아버지는 성윤(成胤)이고, 아버지는 참봉 성적(成績)이다. 어머니는 노사영(盧士英)의 딸이다. 정구(鄭逑)의 문인이다.

151 석계공(石溪公) : 조선 중기의 문신 부용당(芙蓉堂) 성안의(成安義)의 9대손 성종극(成鍾極, 1816~1869)을 말한다. 그는 정재(定齋) 유치명(柳致明)의 문인으로서 한평생 초야에 묻혀서 경학(經學)을 연구하였다. 석계집책판은 경상남도 창녕군 성산면 냉천리의 성준기가 소장하고 있으며, 보존상태가 양호하다.

152 부용정 : 경상남도 창녕군 성산면 냉천리에 있는 조선 중기의 정자. 1582년(선조 15) 창녕현감이던 한강(寒岡) 정구(鄭逑)가 강학도장으로 창건하였다. 성안의(成安義)에게 이양되었다가 1727년 불에 탄 뒤 1780년(정조 4)에 중건하였다. 6·25전쟁 때 불에 탄 것을 1955년 복원하였다. 1998년 1월 15일 경상남도 문화재자료로 지정되었다.

여러분의 힘을 보탠 것이 많다고 하니 이것은 모두 조상을 높이고 유적을 지키려는 지극한 뜻에서 나온 것입니다. 저희들은 비록 늙고 못나서 형편없는 사람이지만 타고난 본성이 같으니 어찌 감히 풍도를 듣고 따르기를 바라지 않겠습니까? 이에 저희들의 마음을 적어서 드리니 삼가 살펴주십시오.

백동 이씨 문중에 드림[153]

무오(戊午, 1918, 성재 62세) 與白洞李氏門中

삼가 한여름 날씨에 여러분의 일은 만 가지로 좋으신지요. 우러러 그립고 그립습니다. 청휘 옹(晴暉翁, 李承)[154]이 집을 지은 시냇가 언덕은 우리 선조께서 노닐던[155] 구곡(九曲)이니, 모두 양가의 자손이 마땅히 지켜야 할 곳입니다. 그런즉 여러 집사께서 갑자기 글자[156]를 새겨 마치 자기집 물건처럼 독차지하려 하시니 어찌 다툼이 일어날 일이 아니겠습니까? 이것은 저희들이 이전에 편지를 드리고 그 후에 통문을 보내고, 만정(晩亭)[157]에서 의논을 시작하여 회연(檜淵)에서 숙의하면서 확정하는 등 멈추지 않고 논의를 지속하였습니다. 다만 생각건대, 다툼에서 이기려고 애쓰는 것은 선대의 우의를 닦는 것보다 못하며, 길고 짧음을 비교하는 것은 선조의 뜻을 체득하는 것이 아닙니다. 그런즉 어찌하여 반드시 이미 새긴 글자를 깎아내는

153 【원주】: 종중을 대신해 지은 것이며, 이에 대한 완문이 있다.

154 청휘 옹(晴暉翁, 李承) : 1552~1598. 본관은 전주(全州). 자(字)는 선술(善述), 호는 청휘당(晴暉堂). 효령대군의 6세손이다. 퇴계(退溪) 이황(李滉)과 남명(南冥) 조식(曺植)에게 수학하였고, 한강(寒岡) 정구(鄭逑), 동강(東岡) 김우옹(金宇顒) 등과 교유하고, 임진왜란 때는 의병 활동을 하였다.

155 노닐던 : 원문의 '장수(藏修)'는 장수유식(藏修遊息)의 줄임말로서, 학문을 할 때 조금도 변함없이 열심히 한다는 의미이다. ≪예기(禮記)≫ 학기(學記)에 '군자는 학문할 적에 장하고 수하고 식하고 유한다.(君子之於學也 藏焉 修焉 息焉 遊焉)'라고 하였다.

156 글자 : 무흘구곡의 입암에 '청휘당이선생유허(晴暉堂李先生遺墟)'라고 새긴 각자가 있다. 이 각석으로 인하여 시비가 생긴 것이다.

157 만정(晩亭) : 성주군 가천면에 있는 정자인 만귀정(晩歸亭)을 의미하며, 조선 후기에 공조판서를 역임한 응와(凝窩) 이원조(李源祚, 1792~1871)가 만년(1851)에 귀향하여 독서와 자연을 벗 삼으며 여생을 보낸 곳이다. 2004년 3월 11일 경상북도의 문화재자료 제462호로 지정되었다.

것이 어렵다는 이유로 끝내 고집스러운 견해를 고수하시고 좋은 관계를 유지하는 길을 생각하지 않으시겠습니까? 부디 여러분께서는 마음을 가라앉혀 입장을 돌이켜 보시고 빨리 글자를 깎아내어 천백 세 뒤에 지나가면서 그것을 보는 사람이 흠모하면서, '저 우뚝한 입석(立石, 선돌)은 구곡의 하나이며, 시냇가 소쇄(瀟灑)한 곳은 정자의 옛터'라고 말하는 것을 상상해보시기 바랍니다. 계산(溪山)의 한 부분을 예전 그대로 도덕(道德)의 광휘(光輝)를 띠게 하여 예전처럼 수호한다면 다만 우리 두 집안에게만 다행스러운 일이 아닐 것이니 어찌 우리 유가(儒家)에게 크게 다행한 일이 아니겠습니까? 다만 널리 살펴주시기를 바랍니다.

교동에 답함[158]

무오(戊午, 1918, 성재 62세) 答校洞

연명한 편지를 받아서 살펴보고, 제위(諸位)들이 만중하심을 알고 우러러 위로되고 위로되었습니다. 저희들은 모두 여전합니다. 다만 지난번 드린 귀 고을의 통문은 곧 그날 도회(道會) 자리에서 작성한 글이며, 벌목(罰目)은 곧 귀 향교에서 부쳐준 항목인데, 무슨 글자 무슨 글귀를 저희들이 사사로이 마음대로 고친 것이 있는지 모르겠지만, 여러분의 편지에는 편지에 가득 억지로 죄목을 만들어 놓았습니다. 통문은 이세숙(李世叔) 형의 손에서 나왔으며, 원본은 그의 손 안에 있으니, 이것으로 저것을 맞추어 보아 과연 한 자라도 같지 않은 것이 있습니까? 만약 고친 곳을 안다면 어찌하여 어떤 글자 어떤 글귀를 지적해서 말하지 않고 유독 이미 7, 8할을 고쳤으며 너무 심하다고 말하시고, 또 전혀 당일 한 것이 아니라고 말하십니까?

저희들은 비록 못났지만 또한 도회 자리는 문자가 정중하고 근엄하다는 것은 알고 있습니다. 참으로 마음에 들지 않는 것이 있으면 어찌 당일에 고쳐 달라고 청하지 않고 사사로이 고쳐서 비방을 듣는단 말입니까? 여러 집사께서는 장 씨(張氏)가 당일 한 일에 분개하여 그 글을 읽고 그 말이 그 심함을 알지 못하다가, 그 일이 지나간 날이 한참이나 된 후에 개인적인 친분이 점점 생겨서 말이 박절(迫切)한 곳에 이르러서는 이렇게 앞뒤가 같지 않게 된 것이 아닙니까? 이것은 곧 세숙(世叔) 형이 있으면 시비를 가리기가 어렵지 않을 것입니다.

158 【원주】: 이에 대한 완문이 있음.

삼계(三溪, 삼계서원)와 군위(軍威, 군위향교) 두 벌목(罰目)은 여러 집사께서 들어서 알지 못하십니까? 저 통문의 대표 1, 2인은 장 씨(張氏)와 속마음이 서로 잘 통하고 소리와 기운이 서로 잘 호응하는 사람으로 우리 선조의 문집을 헐뜯음에 이르지 않는 곳이 없으니 오직 도회 자리의 죄인입니다. 이러한 까닭으로 부공사원(副公事員)[159] 이하 함께 있었던 도석(道席)의 선비들이 반드시 성토하여 반수(班首, 반열의 대표)에게 고하려 하였습니다. 이것은 저희들이 사사로이 함부로 벌하는 것이 아닙니다. 지금 귀 고을 통문의 끝에 부치는 이 벌목(罰目)이 만약 여러분의 눈에 거리끼는 것이 있다면 어찌하여 그 사실을 자세히 말하여 저희들에게 그 정상(情狀)을 비난하는 죄를 더하지 않으십니까? 만약 여러분의 한 마디 말 때문에 장씨가 함부로 구실로 삼아서 이미 끝난 쟁송을 일으켜서 우리 선조 모함하기를 마치 하늘의 해를 비난하듯이 한다면 여러분의 입장에서 사문(斯文)을 지키시는 정성은 어떻게 되겠습니까? 삼계(三溪)와 군위(軍威)의 벌목(罰目)은 즉시 되돌려 보내시기를 간절히 바랍니다.

159 부공사원(副公事員) : 향교나 서원에 딸린 임원의 하나이다.

성재집

제 4 권

이충부기정[1]에게 드림

을묘(乙卯, 1915, 성재 59세) 與李忠夫基定

지난번 찾아 주셔서 참으로 고마웠습니다. 그러나 마침 제가 병이 있어 편안히 이야기를 나누지 못하여 아직도 서운합니다. 삼가 몹시도 추운 때에 생활은 좋으시며 배움의 재미는 날로 새로운지요? 숙부 형은 건강하시며, 우리 사위는 수업을 받는 일에 게으르지는 않는지요? 그립습니다. 저는 손가락 하나에 병이 나서 십여 일을 끌었는데, 치료를 여러 방법으로 하여 이제 겨우 차도가 있습니다. 맹자가 이른 바, 진초(秦楚)의 길이 멀지 않다는 말[2]을 지금 이후에야 더욱 믿게 되었습니다. 두려운 것은 마음을 다스림이 남과 같지 않은데 스스로 경중을 알지 못하는 사람이 됨을 면하지 못하는 것입니다.[3]

계(契)의 일은 각 문중의 명함이 이미 당도하였으니 이제 글을 발송할 수

1 이기정(李基定) : 1883~1953. 본관은 성산(星山), 자는 충부(忠夫), 호는 이재(彛齋)로 이승희(李承熙)의 문인이다. 1919년 4월 2일 성주 읍에서 있었던 독립만세시위를 주동하였으며, 독립청원서인 파리장서에 서명하여 일경에게 체포되어, 징역 1년형을 선고 받았으나 복심법원에서 무죄 선고를 받았다. 이후 비밀리에 군자금 모금 활동을 벌이다가 일경에게 체포되어 3개월간 수감되기도 했다. 1990년 건국훈장 애족장을 추서 받았다.

2 진초(秦楚)의 길이 멀지 않다는 말 : ≪맹자≫ <고자(告子) 상> 12장에 "무명지가 굽어서 펴지지 않는 것이 아프거나 일에 방해가 되지 않더라도 사람들은 만일 이것을 펴주는 자가 있으면 그곳이 진초처럼 먼 길이라도 찾아갈 것이니, 이것은 손가락이 남들과 다르기 때문이다.(今有無名之指 屈而不信 非疾痛害事也 如有能信之者 則不遠秦楚之路 爲指之不若人也)"라고 한 데 인용한 말이다.

3 마음을 …… 것입니다. : ≪맹자≫ <고자(告子) 상> 12장에 "손가락이 남들과 같지 않으면 이것을 싫어할 줄 알되 마음이 남들과 같지 않으면 싫어할 줄 모르니, 이것을 일러 유를 알지 못한다고 하는 것이다." 하였는데, 주희의 주(注)에 "유를 알지 못한다는 것은 그 경중(輕重)의 등급을 알지 못함을 말한다." 하였다.

있을 것입니다. 다만 저는 만생(晩生)으로 공께서 수립한 바를 경모함이 오래되었지만 자세한 것은 듣지 못하였습니다. [… 결락 …] 일을 입에 올리는 것이 참으로 안 되는 것은 아니지만 글을 작성할 때에는 [… 결락 …] 다시 생각해서, 끝내 행장과 묘갈문의 의거하여 적절하게 헤아리는 것이 더 나을 것입니다. 이에 또 부탁을 드리니 제가(諸家)의 저술을 인편에 베껴서 보내어 주시는 것이 어떠하겠습니까? 재실의 종은 새해가 임박하여 많은 일로 괴로움을 호소하니 글은 비록 완성되었지만 아마도 다음달 초순에 윤문(輪文)을 돌릴 듯합니다.

이충부기정에게 답함

을묘(乙卯, 1915, 성재 59세) 答李忠夫基定

한 번 편지를 보내었는데 두 번의 편지를 받았습니다. 그 가운데 하나는 앞서 보낸 편지였습니다. 제가 족하를 생각하는 것이 족하께서 저를 늘 생각하는 것에 미치지 못함을 비로소 알았습니다. 살피건대 이 해가 다해가는데 고요한 가운데 관완(觀玩)[4]하시는 공부는 좋으신지요? 가르치면서 배우는 교학상장(敎學相長)의 즐거움은 어찌 쉽게 얻겠습니까? 주자서를 읽고 존심(存心) 궁리(窮理)의 요체에 재미가 있으시니, 여기에서 내면으로 향함이 날로 독실해짐을 볼 수 있으며, 세상에서 입으로 말하고 귀로 듣는 것과는 거리가 멉니다. 이에 깊이 축하드립니다.

대개 함양(涵養) 공부는 근본을 세우기 위함이요, 치지(致知) 공부는 힘써 행하기 위함입니다. 알아서 좋아하는 것은 좋아해서 즐기는 것보다 못합니다. 즐긴다면 아마도 거의 완전할 것입니다. 보내주신 편지 가운데 '수렵(搜獵)' 문구 이하의 말씀은 속학(俗學)의 병에 매우 잘 맞는 말씀이니, 사람들에게 깊이 반성하도록 하기에 충분합니다. 파사시(波斯市)[5]에 들어가 온갖 물건을 감상하되, 비록 자기 집의 베 한 필 질그릇 하나보다 못하다라도 감상하기를 그만두지 않으면 안목이 더욱 높아질 것입니다. 그런즉 마치 태산에 오른 듯 모든 산봉우리가 언덕에 지나지 않음을 알게 될 것입니다. 박학하지 않으면 장차 어떻게 다시 요약하겠습니까? 이것은 반드시 알아야

4 관완(觀玩) : 주역의 관상(觀象)과 완사(玩辭)의 줄임말로, 상(象)을 잘 살피고, 글귀를 잘 음미하라는 의미이다. 여기는 사물을 관찰하며 독서 완미하는 것을 말한다.

5 파사시(波斯市) : 파사국(波斯國 : 페르시아)의 시장. 화려하기로 유명하다.

할 것입니다.

저의 배움은 병과 함께 늙어가면서 성취한 것이 없습니다. 다만 이 전철(前轍)을 후진들이 경계로 삼을 뿐이니 한스럽고 부끄럽습니다. 보내주신 비갈(碑碣, 비문)은 아직 살펴보지 못하였으며 부탁하신 통문은 마땅히 말씀하신 대로 하겠습니다.

이충부기정에게 답함

정사(丁巳, 1917, 성재 61세) 答李忠夫基定

생일이 돌아옴에 그 감회가 기쁘지 않은데, 친인척과 붕우들이 몸소 오거나 편지를 보내어 마치 축하할 것이 있는 듯이 하여 사람을 더욱 부끄럽게 합니다. 편지 가득 옛 기운이 있어 [… 결락 …] 정이 뱃속에 가득하고 산수도 볼만한 것이 있어 사람을 말할 때는 종종 [… 결락 …] 어찌 한 마디 말의 지혜[6]에 손상됨이 없겠습니까?

삼가 살피건대 경전을 보시는 체후는 늘 좋으시며, 세상 사무가 뜻을 빼앗는 것을 걱정하시고 말단의 재주를 버리고 근본으로 나아가시니, 가히 그 병을 알면 그 약을 얻는 경우라고 말할 수 있습니다. 부디 더욱 애쓰십시오. 저는 허약한 체질[7]로 우연히 쓸모없이 수명만 길어서[8] 평생 후회할 행동만 마음속에 가득 쌓였습니다. 올해 들어서는 저를 비방하는 말이 산처럼 쌓여 이 몸을 지탱하는 것을 다른 사람과 함께 하는 것이 오래되었습니다. 창을 든 자가 방에 들어오고[9] 돌로 누르는 자가 에워싸서 묻고 있으

6 한 마디 말의 지혜 : 자공(子貢)의 말에, "한 마디 말로 지혜롭게 여겨지기도 하며, 한마디 말로 지혜롭지 못하다고 여겨지기도 한다. 말은 신중히 하지 않으면 안 된다.(子貢曰 一言以爲智 一言以爲不智 言不可不愼也)" ≪명심보감≫

7 허약한 체질 : 원문의 '포류지질(蒲柳之質)'은 갯버들과 같은 체질이라는 뜻으로 허약한 체질을 말한다.

8 쓸모없이 수명만 길어서 : 원문의 '저력지수(樗櫟之壽)'는 참나무와 가죽나무가 누리는 장수라는 뜻으로, 쓸데없는 물건이나 무능한 사람이 오히려 장수를 누린다는 것을 이르는 말이다. ≪장자≫ <소요유(逍遙遊)>와 <인간세(人間世)>에서 언급하고 있다.

9 창을 든 …… 들어오고 : 원문의 '조과자(操戈者)'는 그 사람의 설(說)을 가지고 그 사람을 반박하는 사람을 뜻한다. 한(漢)나라 때 임성(任城) 하휴(何休)가 공양학(公羊學)을 좋아하여 ≪공양묵수(公羊墨守)≫, ≪좌씨고황(左氏膏肓)≫, ≪곡량폐질(穀梁廢疾)≫을 지었는데, 정현(鄭玄)이 이 책들에 대해 반박하는 저술을 내놓자 하휴가 읽어 보고 탄식하기를,

니[10] 어찌 좋은 정황이 있겠습니까?

계(契)의 서문은 아직 짓지 못하였지만 아마도 곧 지어서 드릴 수 있을 것입니다. 그러나 사람됨이 가볍고 언사가 졸렬하여 우뚝한 절개를 드러내어 어진 자손의 바람을 위로할 수 없을까 걱정입니다. 여러 날 손님맞이로 정신이 흐려서 이만 줄입니다. 감사합니다.

"정강성(鄭康成)은 나의 실(室)에 들어와 나의 창을 잡고 나를 치는구나." 하였다 한다. ≪후한서(後漢書)≫ 권35 <정현열전(鄭玄列傳)>

10 돌로 …… 묻고 있으니 : 원문의 '하석자(下石者)'는 위급한 상황에 놓인 사람을 보고 구해 주기는커녕 더욱 곤경에 빠뜨리는 자를 비유한 말로, 당(唐)나라 한유(韓愈)가 지은 <유자후묘지명(柳子厚墓志銘)>에, "사람들이 작은 이해에 걸리면 그것이 아무리 하찮은 것일지라도 안면을 몰수하는 경우가 있고, 함정에 빠졌을 경우에 손을 내밀어 구제해 주는 것이 아니라 더욱 밀어 넣고 돌을 던진다." 하였다.

이충부기정에게 답함

기미(己未, 1919, 성재 63세) 答李忠夫基定

새해 전후로 두 번이나 편지를 보내어서 슬픈 일을 당한 저를 위로하시고 아울러 문병을 해주셨으니 슬픔과 고마움이 참으로 깊습니다. 삼가 중춘[2월]에 정양하시는 생활은 좋으시며 덕업(德業)과 학업(學業)은 모두 왕성하신지요?

저는 반년이나 고질병을 앓았고 게다가 종종 슬픈 일을 겪어 스스로 껍질뿐인 몸이 세상에 오래 살지 못할 것을 스스로 알겠으니 어찌하겠습니까? 말씀하신 국상(國喪) 복제(服制)에 대한 논의는 참으로 저의 견해와 다름이 없습니다. 이것은 하늘의 이치[天理]와 백성의 양심[民彝]에 용납되지 못할 것이니, 저 독서 사족(讀書士族)들은 무슨 근거로 그러한 것인지 복을 입지 않겠다고 고집을 합니다. 만약 종묘사직이 이미 문을 닫았으니 복을 입지 않겠다고 한다면 40년 재위하신 고종황제의 은택은 장차 어떻게 갚겠습니까? 세상의 이른바 글을 잘한다는 사람이 심지어 원수에게 왜 복을 입느냐고 하는 등의 말을 하면서 거리낌이 없으니, 이와 같이 독서가 자신의 행실에 무익한 것입니까?

당초 나라를 팔아먹은 도적은 모두 세신(世臣)과 귀족(貴族)의 집에서 나왔으니, 이른바 사족(士族)을 어찌 믿을 수 있겠습니까? 독서는 이치를 밝히기 위함인데 도리어 함부로 간사한 짓을 합니다. 사족(士族)은 서민(庶民)이 우러러 보는 사람인데 행실이 그렇지 못한 것이 참으로 애통합니다. 3월복 기년복을 말하는 자는 제가 [… 결락 …] 금지해 하지 않는 것을 알지 못하겠습니다. 맹자가 비유하여 말씀하신, '형의 팔을 좀 살살 비틀어라'[11]

라고 한 것이 이런 종류의 사람을 말하는 것이 아니겠습니까? 충정(衷情)이 북받쳐서 함부로 억측하여 대답하였습니다. 다만 예를 아는 가문에 죄를 얻을까 이것이 두려울 따름입니다. 저의 병은 가래 천식이 중심이 되는데, 조금이라도 생각할 일이 있으면 번번이 다시 발작을 합니다. 부탁하신 글은 이것 때문에 아직 짓지 못하고 있습니다.

---

11 맹자가 비유하여 …… 살살 비틀어라 : 적극적으로 잘못을 밝히지 않고 오히려 동조하고 있음을 비유적으로 표현한 말이다. ≪맹자≫ <진심(盡心) 상>에, 3년상을 단축하려고 한 제 선왕(齊宣王)에게 공손추(公孫丑)가, "기년(朞年) 정도의 복을 입는 것도 아주 만 것보다는 낫다." 하자, 맹자는, "어떤 이가 그 형의 팔을 비틀거든 자네는 서서히 비틀어라 하겠네.(紾其兄之臂 子謂之姑徐徐)" 하여 공손추를 나무란 내용이 있다.

이명여원효에게 드림

무오(戊午, 1918, 성재 62세) 與李明汝源斅

저를 찾아 주신 것이 참으로 고맙고, 헤어진 슬픔은 더욱 깊습니다. 삼가 무사히 돌아가신 후 건강은 좋으시며, 경전의 의미를 살피는 공부는 날로 좋은 경계가 있습니까? 저는 늙고 아는 것이 없으며, 질병이 따르는데, 언제나 친구들이 나이로 저를 우대하니 나도 모르게 두렵고 부끄러워집니다. 아마도 당신께서 저의 형편없는 모습을 이미 다 아실 것입니다. 장조카가 협종(頰瘇) 때문에 열흘이나 고생하다가 지금 겨우 나아지기 시작했습니다. 조카의 병을 살피느라[12] 정신을 차리지 못하여 부탁하신 상량문은 이렇게 미루었습니다. 혹시 때에 늦은 탄식이 없겠습니까? 만약 다른 곳에 글을 구하여 쓰신다면 다행이겠습니다. 돌아가신 조부의 묘지명은 마땅히 이것에 이어서 지어 드리겠습니다만 문장이 가려진 덕을 드러내기에 부족할까 걱정입니다.

12 조카의 병을 살피느라 : 원문의 '십기(十起)'는 오륜십기(五倫十起)를 말한다. 후한 제오륜(第五倫)이 형의 아들이 병을 앓자 밤중에 열 번이나 찾아가서 살펴보았던 '오륜십기(五倫十起)'의 고사가 있다. ≪후한서(後漢書)≫ 권41 <제오륜열전(第五倫列傳)>

이명여원효에게 답함
무오(戊午, 1918, 성재 62세) 答李明汝源斅

지난 달 27일 편지와 상량문을 부쳤는데, 이번 달 2일에 보내주신 편지를 받아보니 제가 편지를 보낸 날과 같은 날에 보낸 것이었습니다. 이것으로 미루어 볼 때 아마도 저의 글은 오지 않았다는 탄식이 없을 것입니다. 이에 거듭 편지를 받은 일은 다만 저의 글에 말이 분명하지 못한 것이 있어서 이렇게 염려를 끼쳤으니, 송구하고 부끄러운 마음을 견딜 수 없습니다.

삼가 살피건대, 글공부 하시는 체후는 늘 좋으신지요? 저는 줄곧 혼미할 뿐입니다. 상량문에 흠이 있는 곳은 아마도 두 구(句)에 그치지 않을 것이며, 그 나머지 오류도 더 바로잡아야 할 것인데, 분명히 안면에 막혀 하나하나 지적하려고 하지 않으시니 부끄럽고 군색하여 땅을 파고 들어가고 싶습니다. 두 가지는 말씀하신 대로 고쳐 드립니다. [… 결락 …] 또 잘못된 곳이 없을지 어찌 알겠습니까? 또 상량식을 하는 날은 너무 임박하여 그 전에 [… 결락 …] 그런즉 어찌 너무 미안하지 않겠습니까? 한 마디로 말씀드리면, 미리 다른 데에 구해서 사용한다면 못난 저를 위해서는 다행일 것이니 어떠합니까?

이문경기환[13]에게 답함①

무오(戊午, 1918, 성재 62세) 答李文卿基煥

혼인을 맺은 이래로 오고 감이 있는 것이 합당한데 그러한 것이 없었으니, 게으름은 비교할 수 없습니다. 막내 동생이 와서 마침 먼저 보내주신 편지를 받았으니 고마움을 헤아릴 수 있겠습니까? 삼가 늦가을[高秋, 음9월]에 당상(堂上, 부친)의 서울 여정은 이미 여러 날이 흘렀는데 노경(老境)에 떠난 먼 길은 특별히 염려됩니다. 하물며 우리 현좌(賢座)께서 아우를 그리워하는 마음[14]은 조금 풀렸겠지만, 어버이를 그리워하는 마음[15]은 끊임없이 간절함에 있어서이겠습니까? 삼가 형제분의 안부는 좋으시며, 모시는 모친은 평안하시고, 독실한 아드님은 학업을 잘하고 있는지요? 이것이 참으로 제가 듣고 싶은 소식입니다.

저는 늙음이 날로 심해지고 심지(心志)는 날로 가라앉음에 가난한 집에 사는 하나의 버려진 물건임을 알고 있으니, 젊은이를 향하여 무슨 말을 하겠습니까? 사위[倩君]를 기다린 끝에 기쁘게 만났습니다만, 맡기신 마음을

13 이문경(기환) : 원문에는 '文景'으로 되어 있으나, 족보에 의거해서 文卿으로 바로잡는다.

14 아우를 그리워하는 마음 : 원문의 '간운지회(看雲之懷)'는 아우를 그리워하는 마음을 뜻한다. 두보(杜甫)의 <한별(恨別)> 시에, "고향 집 생각하며 달 아래 거닐다 맑은 밤에 서 있고, 아우를 그리워하며 구름 보다가 한낮에 조노라.(思家步月淸宵立 憶弟看雲白日眠)" 하였다. 여기에서 낮에는 구름을 보고 밤에는 달빛 아래를 거닌다는 뜻의 '간운보월(看雲步月)'이란 말이 나왔으며, 합하여 객지에서 고향을 그리워하는 마음을 나타낼 때 쓴다.

15 어버이를 그리워하는 마음 : 원문의 '척호(陟岵)'는 어버이를 그리워하는 자식의 간절한 심정을 비유한 말이다. 본래 ≪시경≫ <위풍(魏風)>의 편명으로, 그 첫째 장에 "저 민둥산에 올라가서 아버님 계신 곳을 바라본다. 아버님은 아마도 이렇게 말씀하시겠지. '아, 내 아들이 부역에 나가서 밤낮으로 쉬지 못할 터인데. 부디 몸조심해서 죽지 말고 살아서 돌아오기만 해라.'라고.(陟彼岵兮 瞻望父兮 父曰嗟予子行役 夙夜無已 上愼旃哉 猶來無止)" 한 데서 온 말이다.

제가 어떻게 감당할 수 있겠습니까. 제가 매우 사랑하는 사람이니 거절은 하지 못하겠습니다만 또한 그 사람의 부지런함과 게으름에 달려 있으니 그것을 잘 헤아려 주시겠습니까?

이문경기환에게 답함②
무오(戊午, 1918, 성재 62세) 答李文景基煥

중춘(仲春, 음2월)에 편지를 받고 오래 답장을 못한 것을 인편이 없었다고 말한다면 믿을 만한 인편이 많았었고, 내가 너무 늙어서 그렇다고 말한다면 동작은 오히려 남과 같으니, 소원했다는 질책은 무슨 말로도 면할 수 없습니다.

사람이 옴에 편지를 받았습니다. 부모님 모시고 사는 생활은 맑고 화목하다고 하시니 위로됨을 헤아릴 수 있겠습니까? 저는 목석처럼 완고한 사람으로 늙고 병들었으니 세상에 보탬이 되지 못하고 세상도 나와 함께 하지 않음을 스스로 알고 있습니다. 막내 동생같은 사랑스러운 사람이 외지고 누추한 저의 집을 싫어하여 다른 곳을 바라보고 달려가니, 오히려 무슨 말을 하겠습니까?

아들은 어떤 때에는 병으로 부모의 일을 이어가지 못하고, 어떤 때에는 게으름으로 배우기를 부지런히 하지 않으니 모두 고민스럽고 미워지는 일입니다.

귀 댁의 막내 동생은 저를 떠나서 부모님 곁으로 돌아갔음에, 부모님을 모시는 마음을 얻었으니, 글을 배우는 순서[16]는 그렇기는 하지만 그 아이의 나이가 지금 지학(志學, 15세)이니, 배워야 할 것에는 사(邪)와 정(正) 이(利)와

16 글을 배우는 순서 : 원문의 '행문지서(行文之序)'는 먼저 효제를 다한 후에 글을 배우라는 순서를 말한다. ≪논어(論語)≫ <학이(學而)>에 "자제들은 집안에 들어가선 효도하고, 밖에 나와선 공손하며, 행실은 삼가고, 말은 미덥게 하며, 널리 대중을 사랑하면서도 인자(仁者)를 가까이 해야 한다. 이를 행하고 여력이 있으면 그것으로 글을 배울 일이다.(弟子入則孝 出則弟 謹而信 汎愛衆而親仁 行有餘力 則以學文)"라고 하였다.

의(義)의 갈림길과 사람과 짐승의 경계가 여기에 다 있습니다. [… 결락 …] 형이 마땅히 아주 조심하여 마음을 움직이야 할 것입니다. 어찌 다른 사람의 말을 기다리겠습니까? [… 결락 …] 그러므로 쓸데없는 말을 하였습니다.

신주선영휘에게 드림

무신(戊申, 1908, 성재 52세) 與辛珠先泳徽

머리 조아리고 말씀 올립니다. 세월이 빠르게 흘러 어느덧 선부군(先府君) 사형(査兄)의 중상(中祥, 소상)이 다가왔습니다. 평상시 돈독한 계의(契誼)가 있고 서로 깊이 아는 자도 오히려 옛날을 돌아보고 애통해 하면서 흐르는 눈물을 멈추지 못하는데, 하물며 효성스러운 아드님의 그리움이 선부군 돌아 가신 날[17]처럼 커지는 날에는 어찌 슬퍼하는 그 마음이 끝이 있겠습니까? 가만히 생각하건대, 이때 상주께서는 슬픔을 절제하시면서 건강을 유지하고 계신다고 하니 위로됩니다. 모친은 기력이 크게 상하지 않으시고 며느리 모녀도 병이 나지 않았습니까?

저는 병이 옛날과 같고 늙음도 심해져서 스스로 직접 예를 차리는 것에는 마음을 낼 수 없으니, 이런 까닭으로 제사 자리에 참석할 수 없었습니다. 봄에 한 번 문상을 간 것으로써 저의 마음을 전하고 도리를 하였다고 생각하지 않습니다. 슬픔과 부끄러움을 어찌 말하겠습니까? 며느리는 지금 이미 여름이 지났고 또 제사도 지났으니 곧 이번 달 24일에 돌아갈 수 있도록 지시해 주십시오. 다시 부탁을 물리치지 말아 주십시오.

17 돌아 가신 날 : 원문의 '단괄(袒括)'은 부모의 초상(初喪)에 소렴(小斂)을 마치고 상주가 왼쪽 어깨를 드러내고 풀었던 머리를 묶는 일을 이른 말이다.

신주선영휘에게 드림

을묘(乙卯, 1915, 성재 59세) 與辛珠先泳徽

서울에서나 향리에서나 한 번 만나기가 어려운 것은 같습니다. 돌아오신 소식을 듣고부터는 저의 마음이 기뻐서, 마치 앞으로 아침저녁으로 서로 만날 듯하였습니다. 마음이란 것이 참으로 이와 같습니다.

모르겠지만, 새로 돌아온 이후에 형제분의 생활은 좋으시며 모든 일들이 안정되었는지요? 거처가 비록 옛날 집이 아니지만 지친(至親)들이 둘러 있고 노성(老成)하신 분들이 곁에 있어서, 잘못이 있으면 바로잡을 수 있고 의심스러운 것이 있으면 질문할 수 있으니 이로써 더욱 축하합니다.

저는 묵은 병도 부족하여 또 한 가지 병이 더하였습니다. 봄부터 이불을 뒤집어 쓰고 자리에 누운 것이 거의 몇 달이 되었는데 지금 겨우 집안에서 움직이는 것이 이 늙은이의 일상사이니 어떻게 자신을 돌보겠습니까? 아이들은 각자 일에 골몰하고 짐짓 책을 보기를 마치 버려야 할 통발과 올무[筌蹄][18]처럼 보니 이것이 큰 고민거리입니다. 현교(玄嬌, 손녀)가 지금 열 살이 되었으니, [… 결락 …] 모습은 비록 죽지 않았다고 하는 것이 옳겠지만 그 시아버지 된 자는 [… 결락 …] 바랍니다.

18 통발[筌蹄] : 버려야 할 것이란 의미로 쓰였다. 원문의 '전제(筌蹄)'는 고기를 잡는 통발과 토끼를 잡는 올무[蹄]로서, 궁극적인 목적이 아닌 방편(方便)을 뜻한다. "통발은 고기를 잡는 것이나 고기를 얻고는 통발을 잊어야 하고, 제(蹄)는 토끼를 잡는 것이나 토끼를 얻고는 발굽을 잊어야 하며, 말은 뜻을 나타내는 것이나 뜻을 얻고는 말을 잊어야 한다." 하였다. ≪장자(莊子)≫

이덕부재형에게 답함①

경술(庚戌, 1910, 성재 54세) 答李德夫載衡

슬픈 일에 위문하지 않으며 좋은 일에 축하하지 않았으니 현자(賢者, 상대방)에게 절교를 당함이 당연할 것인데, 도리어 이렇게 곡진한 편지를 주셨으니, 비로소 현자의 도량이 미치기 어렵고 불민한 제가 더욱더 그 꾸짖음을 면할 수 없음을 알게 되었습니다.

삼가 살피건대 동짓달 추위에 춘부장의 환후는 한 해가 지나도 회복되지 않았으니 속이 어찌 타지 않을 수 있겠습니까? 부모님 모시는 형제분의 생활은 여전히 좋으신지요? 이미 새 부인을 맞이하여 분가를 하였다고 들었습니다. 새 사람은 매우 훌륭하며, 즐거움은 예전과 같을 것입니다. 다만 사람의 마음에 옛날을 생각하면 잊지 못하는 것이 있는 것은 없을 수 있겠습니까? 아들 건호(健鎬)를 보면, 현좌(賢座, 상대방)의 마음도 알 수 있습니다.[19]

저는 사람이지만 짐승이며, 살았지만 죽었습니다. 오랑캐의 조정[虜庭]이 지척이니 여러 가지 일에 구속을 받아 비록 스스로 죽기를 도모할 수는 없지만 이 몸뚱아리를 굶주린 호랑이에게 던져준 지가 오래되었습니다. 오히려 다시 무엇을 말씀드리겠습니까? 오는 정월에는 한 번 오신다고 하니 미리 기쁜 마음으로 기다립니다.

19 아들 건호(健鎬) …… 있습니다 : 작자의 둘째 아들 정건호(鄭健鎬)는 정재관(鄭在寬)에게 양자를 들었는데, 영산 신씨(靈山辛氏), 순천 박씨(順天朴氏)에게 장가들었으나 모두 죽어 옥산 장씨(玉山張氏)에게 다시 장가들었기 때문이다.

이덕부재형에게 답함②

경술(庚戌, 1910, 성재 54세) 答李德夫載衡

세모에 한 통 편지는 오래 못 만난 얼굴을 대하는 듯하니 위로됨을 헤아릴 수 있겠습니까? 살펴보니, 추운 날씨인데도 당상(堂上, 부친)의 기력은 여전히 좋으시며, 부친 모시는 중에 상중(喪中)의 생활은 잘 견디시는지요? 세월의 감회는 참으로 어찌할 수 없으니, 글 공부[20]는 부지런히 해야 할 것입니다. 하물며 현사(賢史, 상대방을 높인 말)는 뜻에 정한 바가 있고 재주도 많이 떨어지지 않는 분이니 말입니다. 또한 어진 부형이 위에 계시니, 어찌하여 학업이 정밀하지 않고 행실이 완성되지 못한다고 근심하겠습니까? 부디 겸손하게 물러나지만 마시고 더욱더 독실하게 하시기 바랍니다.

저는 해가 갈수록 뜻은 퇴보하니 장차 앞으로 나아가는 사람에게 말하기에는 부족한 사람입니다. 한번 서로 만나는 것도 현사(賢史)의 복제(服制)가 끝나지 않으면 만날 길이 없는 것입니까? 편지를 쓰려고 하니 늙은이의 마음이 더욱 간절합니다.

20 글 공부 : 원문의 '여력지공(餘力之工)은 ≪논어(論語)≫ <학이(學而)>에 "자제들은 집안에 들어가선 효도하고, 밖에 나와선 공손하며, 행실은 삼가고, 말은 미덥게 하며, 널리 대중을 사랑하면서도 어진 이를 가까이 해야 한다. 이를 행하고 여력이 있으면 그것으로 글을 배울 일이다(弟子入則孝 出則弟 謹而信 汎愛衆而親仁 行有餘力 則以學文)."이라고 한 것에서 나온 말이다.

생질 장윤거준승[21]에게 답함①

계축(癸丑, 1913, 성재 57세) 答張甥允車浚升

연 전에 한 통의 편지를 받았더니 또 세모에 편지가 이어졌음에, 늙은이의 심회를 위로할 만하고 [… 결락 …] 형제들의 생활은 여전히 무탈하시며 여러 가지 일도 모두 여유롭다고 하니 몹시 위로되고 기뻤다. 내숙(內叔, 숙부로 본인을 말함)은 따뜻한 햇살 덕분에 다행스럽게 쓰러지지 않고, 아이들도 여전하다. 이 서방[22]은 수개월 머물며 독서를 하였지만 두드러진 효과를 보지는 못하고 한 해가 다하여 며칠 전에 이미 책을 가지고 돌아갔다. 딸아이가 가는 일은 과연 초이틀로 잡았는가? 여러 일들이 손에 들어오지 않아서 고민스럽다.

극(克)이는 제멋대로 돌아 다니는 것이 오늘까지 이르렀으니, 서로 틀어지는 근심이 생긴 것은 참으로 당연하다. 장차 어떻게 가정에서 평소 너희들의 바람에 부응하겠는가? 매번 나의 옆에 불러두고 싶다만 거친 음식뿐만 아니요, 그 아이가 견딜 수 없는 것만이 아니고, 또한 나도 그 아이에게 이어줄 것이 없다. 그러하니 꼭 내가 여기에 앉아서 우선 시험해 볼 필요가 없을 것이다. 이해하여라. 정신이 흐려져서 이만 줄인다.

21 장준승(張浚升) : 작자의 누이는 장창현(張昌鉉)에게 시집을 가서 준승(浚升), 준채(浚采), 준문(浚文)과 변영희(卞永喜)에게 시집간 딸 하나를 두었다. 따라서 장준승은 작자의 생질이다.

22 이 서방 : 사위 이기승(李基承)을 말한다.

생질 장윤거준승에게 답함②

계축(癸丑, 1913, 성재 57세) 答張甥允車浚升

극(克)이가 돌아온 후 한 번 뵙겠다고 말하더니, 지금에야 편지를 받았으니 그 슬픈 마음에 위로가 되지 않는구나. 읽어보니 형제가 조금 아프다고 하니 무슨 병인지 알지 못하지만 걱정이 깊구나. 이장(移葬)하는 큰 일은 부득이한 사정에서 나온 것일 터이니, 과연 십분 신중히 살펴서 효성스러운 자식의 마음에 유감이 없도록 하였는가? 말을 하려니 슬프고 애통하구나.

극(克)이는 일과(日課)를 폐하지 않지만 전혀 방향이 없으니 안타깝구나. 종전의 허다한 시간을 포기한 것도 또한 그 아이의 수준이다. 너희들과 비교하면 많이 떨어지니 또한 고민스럽다. 그러나 어찌 부지런히 하면 얻지 못하겠는가? 빨리 효과를 볼 것이라고 바라지 말아라. 한 번 찾아온다고 하니 과연 가까운 시일에 오려는가? 빨리 오기를 바라고 바란다.

생질 장윤거준승에게 답함③

계축(癸丑, 1913, 성재 57세) 答張甥允車浚升

세모에 몹시 그립던 중에 인편이 와서 편지를 받아보고 형제들의 안부가 좋고 여러 일들이 모두 좋음을 알고 얼마나 위로되었는지 모르겠다. 숙부는 늙음과 지병이 심해져서 백 가지 증세가 번갈아 찾아드니, 고민스러움을 어찌 말하겠나?

극(克)이는 본래 우둔한 자질에, 겸하여 또 배움을 잃었으니 갑자기 깨달아 알기가 어려운 것은 사정이 그러한 까닭이다. 여기에서 한 해를 머물러도 두드러진 효과를 보지 못하였지만 왔을 때와 비교하면 소득이 없었다고 말할 수 없을 것이다. 새해가 된 후에 다시 보내어 다음을 보는 것이 좋을 것이다. 나도 감히 성공과 실패를 단언하지 못하는 것은 그 아이의 성의가 어떠하냐에 달려있기 때문이다. 헤아려 주기 바란다.

생질 장윤거준승에게 답함①

정사(丁巳, 1917, 성재 61세) 答張甥允車浚升

가까이 있지만 오랫동안 서로 안부를 묻지 못하고, 언제나 늙은이의 마음만 간절하였는데, 뜻밖에 편지를 받고 보니 새해에 얼굴을 직접 보는 듯함에 그 기쁨을 알 수 있을 것이다. 살펴보니 이 봄추위에 형제들의 생활이 여전히 좋다고 하니 기쁘구나. 아이에 대한 걱정을 지나가는 사람에게 들었는데, 처음에는 놀라고 끝에는 기뻤다.

극(克)이가 우둔한 것을 나는 이미 잘 알고 있지만 독서하지 않으면 할 수 있는 일이 없다. 반드시 성공을 기약할 필요는 없으나 그에게 날마다 ≪소학(小學)≫을 받아 몇 줄이라도 읽어 자주 그 뜻을 깨우치게 한다면 어쩌면 사람이 되는 방도를 알게 될 것이다. 그런즉 부디 소홀히 하지 말아라.

숙부는 또 나이 한 살을 더하여 머리카락은 백발이고 치아는 빠지고 그 외에 말할 것이 없다. 큰 아이는 예전에 분가하였다가 지금 합가했으니 비록 기뻐할 듯 하지만 그 아이가 오고 가는 것에 모두 의미가 없다. 다만 주변 사람들의 웃음거리만 더하였을 뿐이다.

생질 장윤거준승에게 답함②

정사(丁巳, 1917, 성재 61세) 答張甥允車浚升

너의 누이가 억울하게 갔으니 애통하고 애통하다. 그 사람은 단명할 상황이 아니었는데 갑자기 아침 이슬이 되었구나. 너의 모친이 평생 지극히 사랑한 것을 저승에서도 알 것이니 어찌 울음을 삼키면서 방황하지 않겠는가? 지난번 너의 동생을 보고 지금 또 너의 편지를 봄에, 옛날을 돌아보고 애도하는 마음에 나도 모르게 늙은이의 눈에 눈물이 흥건하구나. 눈에 백태가 끼여 여러 달 고생한 것을 알았다. 어린 나이에 이런 병은 소홀히 할 수 없는데 하물며 글공부[23]에 매우 방해가 되니 반드시 의원에 나아가 병의 뿌리를 제거하여야 한다. 글을 잘 하다가 병을 더하는 것을 어찌 이렇게도 무겁게 겪는 것인가? 염려가 그치지 않는다. 내숙(內叔, 숙부)은 [… 결락 …] 아비를 잃은 죄는 죽어도 오히려 씻을 수 없으니 가슴을 치며 탄식할 뿐이다.

23 글공부 : 원문의 '심수(尋數)'는 심항수묵(尋行數墨)의 줄임말로 서적의 항간(行間)을 찾아 글자를 헤아린다는 뜻으로 공부하는 것을 가리킨다.

이규동에게 답함

정사(丁巳, 1917, 성재 61세) 答李奎東

잠깐 뵙고 곧 헤어져서 아쉬운 마음이 바야흐로 깊어지는 때에 편지가 이어서 왔으니, 기쁘고 고마운 마음을 어찌 헤아리겠습니까? 알지 못하겠지만 돌아가시는 행차가 언제쯤 도착하셨으며 학문하시는 체후에 피곤이 풀리시고 매우 좋으신지요?

회연의 답통(答通)은 망령되게도 저의 견해로 대중의 마음을 함부로 헤아리고 말을 너무 쉽게 하였으며, 공문을 회람하는 날이 되어서는 의논한 것이 동일하지 않은 것은, 대개 이 일의 뿌리가 도산문록(陶山門錄)의 시비(是非)[24]에서 연유하였기에 우리 고을에서는 시종 함구한 때문이었습니다. 창졸간의 견해가 미치지 못함이 여기에 이르렀으니, 경솔하게 처신한 책임을 어찌 면할 수 있겠습니까?

24 도산문록(道山門錄)의 시비(是非) : ≪도산급문제현록(陶山及門諸賢錄)≫을 둘러싸고 김성일(金誠一)계와 류성룡(柳成龍)계 사이에서 벌어진 갈등을 말한다. 이와 관련된 것이 앞의 <이순성(소구)에게 답하다(答李舜成韶久)>에도 나온다.

이문재수철에게 답함①

정사(丁巳, 1917, 성재 61세) 答李文哉洙澈

방문을 해 주신 지 오래되지 않았는데 또 편지를 받으니 감사와 위로가 번갈아 찾아듭니다. 삼가 봄추위에 부모님 모시는 형제분의 생활은 화목하시며 글공부[25]는 날로 독실하신지요. 외람되게도 부탁하신 명문(銘文)은 초고를 구상하여 두었는데 자리가 소란하고 마음이 번거로워 깨끗하게 베끼지 못하였습니다. 조금만 기다리시면 며칠 후에 보내드릴 생각이니, 찾아온 심부름꾼은 이에 먼저 돌려보냅니다.

25 글 공부 : 원문의 '여력지공(餘力之工)은 ≪논어(論語)≫ <학이(學而)> 편에, "제자가 들어가서는 효하고 나와서는 공손하며, 행실을 삼가고 말을 성실하게 하며, 널리 사람들을 사랑하되 어진 이를 친히 해야 하니, 이것을 행하고 나서도 여력이 있을 경우에는 학문을 하라.(弟子入則孝 出則弟 謹而信 汎愛衆 而親仁 行有餘力 則以學文)"는 글에서 인용한 말이다.

이문재수철에게 답함②

정사(丁巳, 1917, 성재 61세) 答李文哉洙澈

지난 번 편지는 바빠서 자세히 읽어보지 못하고 급하게 답장을 하였습니다. 그 후에 세 번이나 편지를 보내주셨습니다. 그 편지에 '도(道)를 향한 마음이 간절하다.'라고 하신 것을 보고 가만히 탄식하였습니다. 말씀을 주실 때에 칭찬이 너무 지나쳐서 잘못 말을 허비하여 그 사람을 전혀 비슷하지도 않은 사람으로 말씀하신 것입니다. 처음에는 현사(賢史)께서 유익한 벗[益友]을 구하는 사람으로 알았는데, 지금에야 그렇지 않다는 것을 알게 되었습니다. 우리들이 사귐에 서로 충고하고 권면하며[26] 바로잡고 경계하는 것을 귀하게 여기는데, 도리어 잘못 권면하는 말로써 내키는 대로 말하고 마음대로 글을 썼으므로 그 말씀이 마땅함을 잃어, 자신에게는 한 마디 말의 지혜[27]가 손상되었고 다른 사람에게는 잘못을 지적받는 좋은 기회를 없애는 경우가 되어 다만 주위 사람들의 비웃음만 사게 되었습니다. 비록 글이 화려하여 사람들의 이목을 끈다고 하여도 무슨 이익이 있겠습니까? 후에는 다시 이렇게 하지 마십시오.

삼가 중춘(仲春, 음2월)에 부모를 봉양하고 학문을 하시는 안부가 더욱 좋으신지요? 남은 서책과 어지러운 글은 어느 것인들 치지(致知)와 진덕(進德)

26 충고하고 권면하며 : 원문의 '절시(切偲)'는 절절시시(切切偲偲)의 줄임말로 간곡하게 충고하고 자상하게 권면하는 것으로, 친구 간에 책선(責善)하는 것을 말한다. ≪논어≫ <자로(子路)>에 "붕우는 절절(切切)하고 시시(偲偲)하게 대해야 하고, 형제는 이이(怡怡)하게 대해야 한다."라는 공자(孔子)의 말이 나온다.

27 한 마디 말의 지혜 : 자공(子貢)의 말에, "한 마디 말로 지혜롭게 여겨지기도 하며, 한마디 말로 지혜롭지 못하다고 여겨지기도 한다. 말은 신중히 하지 않으면 안 된다.(子貢曰 一言以爲智 一言以爲不智 言不可不愼也)" ≪명심보감≫

공부의 바탕이 아니겠습니까? 읽은 것이 어떤 책인지를 말하지 않으면 듣는 자는 무슨 수로 나아간 바의 깊이와 달려간 바의 순수함을 알겠습니까? [… 결락 …] 저는 늙고 멸렬하여 지금 막 나아가는 자를 향하여 말할 만한 것이 없습니다. 집 밖에 처음 보는 일은 날로 사람의 마음을 무너지게 하니, 참으로 지리멸렬한 세상에 살고 있음을 깨닫습니다.

비문[銘文]은 간곡한 부탁을 거절하기 어려워 함부로 글을 지어 드립니다. 후세에 전하기에는 부족한 줄을 스스로 잘 아니, 만약 다시 글을 잘하는 사람에게 구하여 쓰신다면 다행이겠습니다. 그렇지 않다면 마음에 들지 않는 곳은 꺼리지 마시고 수정하셔서 편지로 알려주시면 좋겠습니다.

이수영에게 답함

정사(丁巳, 1917, 성재 61세) 答李洙英

연초에 한 번 만났을 때에는 깊이 안부를 묻지도 못하였는데 이어서 받은 긴 편지는 헤어진 아쉬움을 위로하기에 충분하였습니다. 듣건대, 현자(賢者, 상대방)께서는 법도 있는 집안과 교유해 오신 것이 오래되었다고 하더니, 직접 만나봄에 거동이 단정하고 문사(文辭)가 찬연하니, 교육하는 중[28]에 체득한 것을 알 수 있으니, 어떤 위로가 이만하겠습니까? 편지 중에 '게으름이 병이 되었다'다고 하시니 이것은 학자들의 공통된 병환이니 저도 일생 고치려고 하였지만 제거할 수 없었던 것입니다. 사람들을 위한 좋은 약제나 좋은 처방이 어찌 있겠습니까? 주 부자께서 이렇게 하는 것이 병통인 것을 알았다면 이렇게 하지 않는 것이 약이 된다고 말씀하셨으니, 이 말씀에 따라서 공부한다면 거의 되지 않겠습니까? '덕망 있는 원로는 돌아가시고 자제들은 방탕하고 사설(邪說)은 넘쳐나서 우리 도가 일어날 희망이 없다'는 등의 말씀에는 근심하고 탄식하는 마음이 넘쳐나서 나약한 사람을 일깨우십니다. 다만 그 일을 맡을 사람은 늙은 폐물에 있지 않고 젊고 발전하는 사람이 그 일을 맡을 수 있을 것입니다. 현사(賢史)께서는 이미 기댈 곳을 얻었고 그 뜻도 이와 같으니, 이 점이 우리들이 훗날에 희망을 깊이 둘 수 있는 것입니다.

28 교육하는 중 : 원문의 '도용(陶鎔)'은 가마에서 도자기를 굽고 용광로에서 쇠를 녹이는 것처럼 인재를 배양해서 육성한다는 뜻이다.

최운경봉곤에게 답함

정사(丁巳, 1917, 성재 61세) 答崔雲卿鳳坤

여름에는 오시고 가을에는 편지를 하시니, 고맙고 위로됨이 하나 둘이 아닙니다. 삼가 겨울에 당상(堂上, 부친)의 기력은 여전히 좋으시며, 부모님 모시는 형제분은 화목하시고, 겨울 학업에 읽고 있는 책은 무슨 책입니까? 크게 격조를 얻었을 것이니 연화구품(蓮花九品)[29]은 절대로 다른 사람에게 양보하지 않았을 것입니다. 퇴계 선생의 시[30]에,

最愛少年山寺樂　소년 시절 산사의 즐거움 가장 아끼느니,
碧窓深處一燈明　푸른 창 깊은 곳에 등불 하나 밝았었지.

라고 하였으니, 현자(賢者)는 여기에 해당될 수 있을 것입니다. 부디 더욱 노력하십시오.

저는 서리맞은 갈대가 백 번 꺾인 것과 같아서 늙어도 성취한 것이 없으니 이것이 젊은이들에게 경계가 될 수 있을 뿐입니다. 부탁하신 존당(尊堂, 모친)의 수운(晬韻, 생신 축하 시)은 본래부터 시에 재주가 없는 사람이 어떻게 여러분의 시편 사이에 손을 댈 수 있겠습니까? 그러나 병으로 버려진 사람

29 연화구품(蓮花九品) : '구품연화'라고도 한다. 불교에서 9품 연꽃은 극락세계를 대표하는데, 여기서는 최고의 학문 경지를 말한다.

30 퇴계선생의 시 : 이 시는 퇴계 이황이 손자에게 준 시로 류성룡(柳成龍)이 애송하며 그의 아들에게 주기도 했다. 시는 다음과 같다. "소년 시절 산사의 즐거움 가장 아끼느니(最愛少年山寺樂), 푸른 창 깊은 곳에 등불 하나 밝았었지(碧窓深處一燈明). 평생의 허다한 그 모든 사업이(平生許多事業盡), 이 한 등불 아래에서 발원하여 나왔다네(自此一燈下發源)."

이 이미 당일 잔치에 초대받은 것을 지키지 못하였는데, 아울러 이것도 거절하면 효자의 지극한 마음을 채워 줄 수 없을 듯하여 졸렬함을 잊고 시를 지어 드립니다. 웃으며 받아 읽으신 후 없애 주시면 좋겠습니다.

송윤화인집[31]에게 답함
을묘(乙卯, 1915, 성재 59세) 答宋允和寅輯

이미 영민한 눈을 만나보았는데 이어서 긴 편지를 받았으니, 서로 함께 하려는 후의에 깊이 감사드립니다. 그러나 보내주신 말씀에는 칭찬이 지나치고, 특별히 권면하는 뜻[32]이 부족합니다. 나는 늙고 병들어 사람들에게 버림을 받았는데, 현자(賢者, 상대방)는 무엇을 취하시겠습니까? 타산지석(他山之石)이라고 하더라도 반드시 모두 옥을 다듬을 수 있는 것은 아닐 것이며, 창잠(昌歜)[33]과 양조(羊棗)[34]도 모든 사람들의 입맛에는 맞지 않을 것이니, 한마디 말로써 지혜롭지 못하게 되는 경우[35]를 군자는 마땅히 조심하여

31 송인집(宋寅輯) : 1896~1961. 공산(恭山) 송준필(宋浚弼)의 문인으로, 1919년 유교계의 독립 청원 운동인 파리장서운동 및 3.1 운동에 참여하였으며, 이름을 송인철(宋寅轍)로 바꾸어 활동하였다. 경성중동학교, 연희전문학교를 졸업하고 일본으로 건너갔다가 광복 후 귀국하여 원불교재단 원광중·고등학교에서 교사로 재직하기도 했다.

32 간절하게 권면하는 뜻 : 원문의 '절시(切偲)'는 절절시시(切切偲偲)의 줄임말로 간곡하게 충고하고 자상하게 권면하는 것으로, 친구 간에 책선(責善)하는 것을 말한다. ≪논어≫ <자로(子路)>에 "붕우는 절절(切切)하고 시시(偲偲)하게 대해야 하고, 형제는 이이(怡怡)하게 대해야 한다."라는 공자(孔子)의 말이 나온다.

33 창잠(昌歜) : 창포로 담근 김치이다. 주 문왕(周文王)이 이를 좋아하였는데, 공자가 문왕을 사모하여 창잠(昌歜)을 먹었다고 한다. ≪춘추좌씨전(春秋左氏傳)≫ 희공(僖公) 30년에 "겨울에 왕(王)이 주공(周公) 열(閱)로 하여금 노(魯)나라에 와서 방문하게 하였는데, 그를 접대하는 상에 창잠(昌歜)과 흰쌀과 검은 기장과 형염(形鹽)이 올랐다.(冬 王使周公閱來聘 饗有昌歜白黑形鹽)"라고 하였다.

34 양조(羊棗) : 공자(孔子)의 제자 가운데 한 사람인 증석(曾晳)이 즐긴 음식이다. 그의 아들 증삼(曾參)은 효성스럽기로 이름난 사람이다. 증삼이 일찍이 몸이 병들어 죽게 되었을 때 제자들에게 "몸을 온전히 보전하여 죽는 것도 효도의 하나인데, 이를 실천하기가 쉽지 않다." 하였으며, 아버지 증석(曾晳)이 대추[羊棗]를 즐겼는데, 증삼은 증석이 죽은 뒤 어버이를 생각하는 마음에 차마 대추를 먹지 못하였다고 한다. ≪논어≫ <태백(泰伯)>, ≪맹자≫ <진심(盡心) 하>

35 한마디 …… 되는 경우 : 자공(子貢)의 말에, "한마디 말로 지혜롭게 여겨지기도 하며, 한

야 할 것입니다.

편지를 받은 후에 달이 두 번 바뀌어 한 해가 또 저뭅니다. 삼가 조부모의 건강은 좋으시며, 두 분을 모시는 현자(賢者)의 근황은 좋으시며, 글공부에는 날마다 오직 독실하게 정진하는지요? "의리(義理)는 무궁한데 시간은 한정이 있다"는, 다만 이 한마디 말은 혼미한 마음을 일깨우기에 충분할 것입니다. ≪서경(書經)≫에 말하기를 "민첩하게 배우기를 힘써야 하는 것이니 그렇게 하면 학문이 자연히 닦여질 것이다."[36]라고 하였고 경(經, ≪논어≫를 말함)에 말하기를 "배움은 미치지 못할 듯이 하고, 오히려 잃을까 두려워한다."[37]라고 하였습니다.

현자(賢者)는 나이가 아직도 어린데 학문은 이미 진척이 있으며, 오히려 개연(慨然)히 미치지 못하였다고 탄식하는 마음을 가지고 계시고, 또 그 병이 자신에게 있음을 잘 아는 사람으로서 절박하게 그 병을 제거하고자 하시니, 이미 병을 제거할 수 있는 약을 얻은 것입니다. 그러므로 훗날의 성취가 어느 정도인지를 어찌 짐작할 수 있겠습니까?

저는 어려서부터 일찍이 학문에 뜻을 두었지만 늙어서도 성취가 없습니다. 참으로 실행할 때가 말할 때와 같지 않은 처지입니다.[38] 지금은 비록 옛

마디 말로 지혜롭지 못하다고 여겨지기도 한다. 말은 신중히 하지 않으면 안 된다.(子貢曰 一言以爲智 一言以爲不智 言不可不愼也)" ≪논어≫ <자장(子張)>

36 ≪서경(書經)≫에 …… 닦여질 것이다. : ≪서경(書經)≫ <열명(說命) 하>에 부열이 고종에게 "학문이란 우선 뜻을 겸손하게 하고 민첩하게 배우기를 힘써야 하는 것이니, 그렇게 하면 학문이 자연히 닦여질 것이다.(惟學遜志 務時敏 厥脩乃來)"라고 하였다.

37 배움은 …… 두려워한다 : ≪논어≫ <태백(泰伯)>에 "배움을 미치지 못할 듯이 하고, 오히려 잃을까 두려워한다.(學如不及 猶恐失之)"라는 공자의 말을 인용한 것이다.

38 실행할 때가 …… 처지입니다 : 이 말은 주자가 진동보(陳同父)에게 답한 편지에 나오는 구절로, "실행(實行)할 때가 말할 때와 같지 않고, 남의 마음이 나의 마음과 같지 않다.(做時不如說時 人心不如我心)"라고 하였다. ≪회암집(晦庵集)≫ 권28, <답진동보서(答陳同父書)>

것을 혁신하고 새로운 것을 꾀하려고 해도 뜻이 다시 강건해지지 않으니 어찌하겠습니까? 심성이기(心性理氣)에 대해서는 처음부터 참으로 깨달음이 없으며, 간혹 이전의 말을 답습하고 간혹 미루어 짐작하여 말을 하였으니, 어찌 [… 결락 …] 다만 이것이 여러 사람의 입에 올랐으며, 그것에 대한 공부는 이미 잊어버렸습니다. 그런데 뜻밖에 현자(賢者)께서 [… 결락 …] 다시 제기하셔서 사람을 부끄럽게 하였습니다.

명덕주리(明德主理)에 대한 학설은 저도 어찌 일찍이 그렇지 않다고 생각하였겠습니까? 다만 주리(主理)라고 이르는 것은 이(理)가 주(主)가 될 뿐이고 기(氣)가 없다고 말하는 것은 아닙니다. 보내온 글에 따르면, 대개 상수지의(相須之義)[39]의 논에서 '허령(虛靈)'은 이(理)와 기(氣)가 묘하게 결합하여 이루어진 것이며, 명덕(明德)의 설명에서 '허령(虛靈)'은, 곧 이것은 본래 밝은 체단(體段)을 말하는 것으로 기(氣)와 함께 말할 필요가 없는 것이라고 하였습니다. '허령(虛靈)'은 하나일 따름인데 잘라서 두 개의 뜻으로 보는 것은 무엇 때문입니까? 본래 밝은 체(體)는 묘합(妙合)하여 이루어졌다고 할 수 없습니다.

또 정(情)과 심(心)을 논한 것에 대하여 말한다면, 이기(理氣)의 승수(乘隨)에 적용하여, 선(善)한 측면을 끄집어낸 것을 '사단(四端)'이라고 말하고 절도에 맞는 것을 가리켜 '달도(達道)'라고 말하였는데, 승수(乘隨) 외에 별도로 사단(四端)과 달도(達道)가 있는 것이 아닙니다. 심(心)은 참으로 이(理)와 기(氣)의 합이며, 순선무악(純善無惡)한 것을 도심(道心)이라고 하고, 인의(仁義)의 마음이라고 하니, 이(理)와 기(氣)의 합 이외에 별도로 하나의 마음이

39 상수지의(相須之義) : 이(理)와 기(氣)가 서로 의지한다는 뜻이니, 이(理)를 기(氣)와 상대적인 의미에서 파악하는 말이다.

있는 것은 아닙니다. 다만 이(理)가 주(主)가 되기 때문에 리로써 말할 수 있습니다. 지금 보내준 편지에 이미 정(情)에는 승수(乘隨)의 기(氣)가 있고 심(心)에는 상자(相資)의 기(氣)가 있다고 말하면서 이어서 특별히 사단(四端)과 달도(達道) 같은 것을 운운하였으니, 그 의미가 마치 이 정(情)과 이 심(心)은 애초부터 승수(乘隨)와 관련이 없고 상자(相資)에 의지하는 것이 없는 것이라고 말하는 듯합니다. 이것이 곧 의심스럽습니다. 또 달도(達道)에는 현우(賢愚)의 구분이 없다고 말씀하시니, 그렇다고 하면 중화위육(中和位育)[40]의 공은 어리석은 저와 같은 사람도 모두 가능하다는 것입니까?

그 아래 또 심통성정론(心統性情論)에 명덕(明德)은 곧 또한 이(理)와 기(氣)를 겸한다는 하나의 증거이며, 이기(理氣)를 겸하는 곳에는 반드시 리가 주(主)가 되는 까닭으로 이것은 곧 저의 견해와 다르지 않습니다.

그러나 거듭 온 편지에도 끝내 기(氣) 한 글자를 버려두는 잘못[병폐]을 벗어나지 못하므로 외람된 말이 여기에까지 미쳤습니다. 혹시 말이 난삽하여 배척을 당하지는 않겠는지요? 오직 더욱 학문에 힘쓰고 덕을 쌓아서 멀리 있는 저의 바람에 부응해 주시기를 바랍니다.

40 중화위육(中和位育) : 중화를 이루면 천지가 제자리에 위치하고 만물이 다 제대로 육성된다는 말로, ≪중용(中庸)≫에 "중화를 이루면 천지가 제자리에 있게 되고 만물이 육성된다.(致中和天地位焉萬物育焉)"라고 하였다.

송강숙수근[41]에게 답함
答宋康叔壽根

찾아주신 날에 참으로 법도 있는 거동이 남달랐습니다. 진중한 편지가 이어서 왔고 편지의 말씀은 실천 중에 체득하신 것이었습니다. 다만, 자신을 낮추고 남을 인정할 때에 말이 지나치고 사실에서 벗어남을 면하지 못하였고, 자신의 일상 절도에 대해서 성찰하는 것은 정밀하게 살피면서 꾸짖는 것을 무겁게 합니다. 이러한 행실을 남에게 보이니, 누군들 좋은 말로 칭찬하는 것을 즐겨하지 않겠습니까? 편지는 인편을 구하기 어려워 오래도록 보내지 못하였습니다.

알지 못하겠습니다만, 빠른 세월 속에 연로한 조부모님께서는 철에 따라 건강하시며 혼정신성(昏定晨省)하시는 형제분께서도 잘 계신지요? 겨울 공부는 지금 무슨 책을 읽고 계십니까? 반복입신(反復入身)[42]하여 깨달아 얻은 뜻은 자별(自別)하신요?

---

41 송수근(宋壽根) : 1896~1969. 본관은 야성(冶城). 자는 강숙(康叔), 호는 은포(隱圃). 조선 성종 때 문신 야계(倻溪) 송희규(宋希奎)의 16세손이다. 아버지는 송준필(宋浚弼), 어머니는 성산 여씨(星山呂氏)이다. 1919년 4월 2일 오후 성주읍 시장 장날에 송인집(宋寅輯)·송훈익(宋勳翼) 등과 함께 만세운동을 전개하였다. 이로 인해 4월 5일 일본 경찰에게 체포되어 성주경찰서로 연행되었다. 1919년 4월 30일 보안법 위반 혐의로 기소, 5월 20일 대구지방법원에서 징역 10월을 선고받았다.

42 반복입신(反復入身) : 놓친 마음을 단속해서 다시 사람의 몸 안으로 들어오게 함을 말한다. ≪근사록≫ <존양(存養)>에 "성현의 수많은 말씀도 그 요점을 살펴보면 단지 사람으로 하여금 놓친 마음을 단속해서 다시 사람의 몸 안으로 들어오게 하려는 것일 뿐이다. 그리하여 스스로 그 마음을 찾아서 위를 향해 나아간다면 그것이 곧 공자가 말씀하신 대로 아래로 인간의 일을 배우면서 위로 하늘의 이치를 체득하는 일이 될 것이다.(聖賢千言萬語 只是欲人將已放之心 約之 使反復入身來 自能尋向上去 下學而上達)"라는 정명도의 말이 나온다.

현사(賢史)께서는 좋은 자질에 겸하여 재중(才中)의 길러줌[43]이 있어서 풍조가 무너져 있음에도 더욱 굳건하게 서고, 지금 이적(夷狄)의 현실에도 상황에 맞게 처신하면서[44] 우리의 도철(塗轍, 길)[45]을 잃지 않으십니다. 사람들이 현명한 부형이 있음을 즐거워한다는 것은 이것을 말하는 것이 아니겠습니까?

저는 병을 안은 채 외진 산 중에 살면서 뜻[志]과 기(氣)가 함께 시들어 구이지학(口耳之學)[46]으로 얻은 약간의 학식은 손이 닿는 대로 흩어지니, 매번 친구들로부터 질문을 받으면 나도 모르게 얼굴이 뜨거워지고 땀이 흘러내립니다.

편지에 말씀하신 정신이 어두워지고 마음이 달아나는 병은 학자들의 공통된 병입니다. 저도 그 속에 떨어져 있으면서 벗어나지 못하고 있으니, 이른바 약처방은 나를 위하여 구하기에도 틈이 없는데 어느 겨를에 다른 사람을 위해 도모할 수 있겠습니까? 그러나 묻기를 좋아하는 마음에 감사드

43 재중(才中)의 길러줌 : ≪맹자≫ <이루(離婁) 하>의 "중도를 행하는 사람은 그렇지 못한 사람을 길러 주고, 재주 있는 사람은 그렇지 못한 사람을 길러 주는 법이다. 그러므로 사람들은 어진 부형을 둔 것을 즐거워하는 것이다.(中也養不中 才也養不才 故人樂有賢父兄也)"라는 말을 의미한다.

44 지금 …… 처신하면서 : 원문의 '소이행이(素夷行夷)'는 오랑캐의 상황에 있으면 오랑캐의 상황에 맞게 행동하여야 한다는 뜻으로 ≪중용(中庸)≫에서 인용한 말이다. ≪중용장구≫ 제14장에 "군자는 현재 처한 위치에 알맞게 행동할 뿐이요, 그 이외의 것은 바라지 않는다. 현재 부귀하면 부귀한 처지에 알맞게 행동하고, 현재 빈천하면 빈천한 처지에 알맞게 행동하며, 현재 이적의 가운데에 있으면 이적의 상황에 알맞게 처신하고, 현재 환난 속에 있으면 환난의 상황에 알맞게 처신한다. 따라서 군자는 어느 때 어느 곳에 있든 간에 자득하지 못하는 경우가 없는 것이다.(君子素其位而行 不願乎其外 素富貴 行乎富貴 素貧賤 行乎貧賤 素夷狄 行乎夷狄 素患難 行乎患難 君子無入而不自得焉)"라 하였다.

45 도철(塗轍) : 수레바퀴 자국에 따라 행하는 길[軌道]이라는 의미로, 아버지의 사랑이나 자식의 효도처럼 드러나지 않아도 이미 그 이치가 갖춰져 있는 도리나 법칙, 혹은 규범 등을 비유한다.

46 구이지학(口耳之學) : 들은 것을 그대로 남에게 알릴 뿐 조금도 자기에게는 이익이 없는 학문을 말한다.

리며, 시험삼아 평소에 들은 저만의 비결을 현사(賢史)를 위하여 말씀드리겠습니다. 상법(常法)을 이야기하는 것으로 바꾸지 말기를 바랍니다.

일찍이 들으니, 경(敬)은 성학(聖學) 시종의 요체이며 상하를 꿰뚫고 동정(動靜)에 일관하는 것으로서, 옛날부터 성현이 자신을 수양하고 타인을 교육하는 것에 이것을 버리고 다른 것을 구하는 자가 없습니다. 효과적인 방법은 조목이 비록 많지만 대요(大要)는 주일무적(主一無適)[47]이라고 말하고 정제엄숙(整齊嚴肅)[48]이라고 말하고 성성법(惺惺法)[49]이라고 말하는 것에 불과합니다. 항상 단속하면 이 마음이 밝아지니, 성성(惺惺)한 이 법은 혼미한 정신을 일깨우고 흩어진 정신을 모을 수 있습니다. 정신을 수렴하여 안정시켜 여기에 있게 하면 이 주일무적(主一無適)의 효과로 마음이 저절로 날아가버리거나 흩어져버리는 것에 이르지 않을 것입니다. 두 개의 공력은 상호 작용하여 효과를 더합니다. 정제엄숙(整齊嚴肅)은 곧 하수(下手)의 자리입니다. 알지 못하겠지만 현사(賢史)는 이와 같이 [… 결락 …] 부자(夫子)의 말에 지경공부(持敬工夫)는 처음에는 반드시 억지로 힘써야 하는데, 오래 지낸 후에 저절로 익숙하게 됩니다. [… 결락 …] 공경하지 않음이 없게 되면 자연스럽게 이 마음은 청명(淸明)하게 되고 의리(義理)는 밝게 드러나게 되고, 일이 다가오면 만 가지 변화에 대응하되 저절로 어긋남이 없게 됩니다.

정자(程子)가 이른바 '내가 한 번 약을 복용하였으니, 사람마다 모두 복용

---

47 주일무적(主一無適) : 정주 학파(程朱學派)에서 경(敬)을 설명하는 철학 용어(哲學用語). 정이(程頤)가 처음 주장한 것인데, 곧 마음을 하나에 집중하여 잡념을 없애는 것을 말한다.

48 정제엄숙(整齊嚴肅) : 정이(程頤)는 "정제하고 엄숙하면 마음이 절로 한결같아진다.(整齊嚴肅則心自一)"라고 하였다. ≪이정전서(二程遺書)≫ 권18 ≪근사록(近思錄)≫ 권4 <존양류(存養類)>

49 성성(惺惺法) : 사양좌(謝良佐)는 "경은 항상 마음이 깨어 있게 하는 법이다.(敬是常惺惺法)"라는 하였다. ≪심경부주(心經附註)≫ 권1

할 수 있고, 복용하면 곧 효과가 있는 것이다.'라고 하였는데, 어찌 나를 속인 것이겠습니까? 현사(賢史)는 침잠(沈潛) 명민(明敏)하고 또 가정에서 가르침을 받은 것이 있으니, 아마도 여기에 힘을 쓴 지 오래되었을 것입니다. 그런데도 오히려 기량(伎倆, 재주)이 예전과 다르지 않는 것은 왜입니까? 보낸 편지 중에 '중간에 끊어지고 이어지지 않는다'는 한마디 말은 비록 뜻을 제대로 살피지 못하고[50] 하는 말이지만 바로 그것이 병의 뿌리가 있는 곳이 아니겠습니까? 여기를 잘 살피고 더욱 노력하신다면 다행이겠습니다. 저에게 없는 것을 남에게 구하다니 참으로 부끄럽고 부끄럽습니다.

50 뜻을 제대로 살피지 못하고 : 원문 '심수(尋數)'는 심항수묵(尋行數墨)의 준말로, 모두 글을 읽기만 하고 그 뜻을 제대로 모른다는 의미의 겸사로 쓰인다.

신태성에게 답함
答愼台晟

찾아주신 것도 이미 고마운데 전팽(專伻, 심부름꾼)으로 보내신 편지는 더욱 고맙습니다. 삼가 살피건대, 겨울 날씨에 춘부장 건강은 좋으시며 부모님 모시는 아드님의 안부는 좋으신지요? 학업에 진척이 없다는 근심은 겸손에서 나온 말인 줄 압니다. 그러나 겸손하면 이익을 얻게 되는 법[51]이니, 그 진척을 알 수 있어서 위로되고 기쁩니다.

저는 쇠병(衰病)이 점점 심해지고 추위가 또 닥쳐 칩거하는 것으로 몸을 보존하고 있습니다. 모르겠습니다만, 정자의 기문은 문장이 졸렬하고 뜻도 천박하여 애초에 붓을 들지 않으려고 하였지만 현사(賢史)의 부모님를 위하는 애쓰는 마음을 생각하여 비루함을 생각하지 않고 글을 지어 드리니, 만약 쓰기에 적합하지 않다면 부디 던져버리시기 바랍니다.

51 겸손하면 …… 되는 법 : ≪서경≫ <대우모(大禹謨)>에 "자만하면 손해를 자초하고, 겸손하면 이익을 얻게 되니, 이것이 바로 하늘의 도이다.(滿招損 謙受益 時乃天道)"라는 말이 나온다.

사위 이기승에게 답함①

계축(癸丑, 1913, 성재 57세) 答女婿李基承

한 번 성대한 모습을 보고 사랑하는 마음 바다와 같았네. 사위로 백년 손님을 맞았으니 그 기쁨을 알 만할 것이네. 한미한 나를 돌아보건대 한 고장에서 어떻게 이런 경사를 얻을 수 있겠는가? 헤어진 후에 해가 바뀌었는데 모르겠지만 춘부장[이전희(李銓凞)]의 기력은 여전히 쇠하지 않으실 듯하고 부모님을 모시는 형제들의 일상도 백 가지 복을 받아 넉넉한가?

간혹 다른 사람들의 편지 몇 편을 읽고 지금 고가(古家) 자제들을 보니, 왕왕 구학문[舊學]을 싫어하고 신학문[新語]을 즐겨하고 있으니, 참으로 입지(立志)가 독실하게 않은 자라면 세속에 물들지 않은 자가 드물 것이네. 경계하고 노력하시게.

나는 어려서부터 병이 많았는데 늙어서도 [… 결락 …] 뜻은 더욱 무너졌으니, 겨우 목숨을 보전하고 있는 내가 보탬이 되지 못함을 잘 알겠네.

이기승에게 답함②

계축(癸丑, 1913, 성재 57세) 答李基承

군(君)이 떠나간 후 군(君)을 생각하지 않은 날이 없다네. 들으니 군은 구학(舊學)을 버리고 신어(新語)을 배운다고 하는데 부디 졸업하는 날에는 완고한 늙은이 같은 사람도 앉아서 그 이로움을 누릴 수 있기를 바라네. 다만 선비가 세상에 살아감에 평탄함과 험준함에 따라 도(道)를 달리하지 않고 현명함과 우매함에 따라 배움을 달리하지 않아야 할 것이네. 상급(上級)에서 법을 취하는 자는 겨우 그 중급(中級)을 얻고 중급(中級)에서 법을 취하는 자는 하급(下級)을 면하지 못하네. 그런데 군은 나이가 지학(志學, 15세)에 미치지 않았는데 하우(下愚)도 배우지 않는 것을 배우고 있으니, 이것이 어찌 이 늙은이가 평소에 바라던 것이겠는가? 다만 바라는 것은 일찍 어진 스승을 만나서 수레를 돌려 돌아온다면 비록 항상[52] 볼 수는 없지만, 이것은 아침저녁으로 나의 곁에 있는 것과 다르지 않을 것이네.

모르겠지만, 늦가을[음9월]에 당상(堂上, 부모님)의 건강은 늘 좋으시며, 체리(棣履)[53]도 변함없이 좋으신가? 둘째 형이 해를 넘겨 집으로 돌아왔다고 하니 그 기쁨은 아마도 넘칠 듯하네. 이 늙은이는 예전에 생긴 병이 가을이 되어도 낫지 않으니 걱정스럽네.

52 항상 : 원문의 '원원(源源)'은 근원이 깊어서 끊어지지 않은 모양을 말한다.

53 체리(棣履) : 형제들과의 일상생활을 가리킨다. 체후(棣候)·체황(棣況)·체환(棣歡) 등으로 사용하기도 한다. 체(棣)는 형제를 상징하는 용어이며, 이 때문에 형제간의 우애를 말할 때는 체악(棣鄂) 혹은 체악(棣蕚)·체우(棣友)라고 한다.

이기승에게 드림③

계축(癸丑, 1913, 성재 57세) 與李基承

내가 군(君)을 사랑함이 끝이 없지만, 군(君)은 나와 함께 오래 있으려 하지 않으시니, 이것은 반드시 나의 쓴소리가 싫어서 그러할 것이네. 만약 군(君)이 책을 읽음에 전일하게 하고 마음을 다잡아 정신이 달아나는 근심이 없다는 소식을 듣는다면, 어찌 고인들이 이른바 나는 이응(李膺)[54]을 사위로 얻었다고 하는 것과 같지 않겠는가? 비록 나의 이 마음을 돌아볼 수는 없더라도 기쁜 마음은 조석으로 나의 곁에 둔 것과 다름이 없을 것이네.

54 이응(李膺) : 110~169. 중국 동한 때의 정치가. 이응이 강직한 기풍에 명성이 높았으므로 그의 접대를 받은 사람을 용문에 올랐다고 이름을 붙였다."라고 하였다. ≪후한서≫ 권97 <당고열전(黨錮列傳) 이응(李膺)>. 여기서는 이응과 같은 훌륭한 사위가 되기를 바라는 작자의 마음이 담겨 있다.

이기승에게 답함④

계축(癸丑, 1913, 성재 57세) 答李基承

보지 못한 지가 오래 되었으니 나의 그리움이 어찌 끝이 있겠는가? 묻노니 만추[음9월]에 춘부장의 건강은 좋으시며 부모 모시는 군(君)의 형제들도 화목하게 잘 계시는가? 여름에 지은 것은 몇 수나 되며 가을에는 읽은 것이 무슨 책인가? 모름지기 참으로 힘써 노력해야 할 것이며 쓸데없는 생각과 경박한 습관을 끊어버린 연후에야 그 진척을 바랄 수 있을 것이네. 나의 말을 [… 결락 …] 마땅히 듣는 사람은 싫어하겠지만 오히려 멈출 줄을 알지 못하는 사람은 멈추고자 하되 [… 결락 …] 이해할 수 있겠는가? 이 늙은이는 쇠퇴한 모습은 여전한데 온갖 걱정이 마음에 걸리니 괴롭고 고민스럽기만 하다네.

이기승에게 답함

을묘(乙卯, 1915, 성재 59세) 答李基承

편지를 보니, 형제가 공부에 매진하면서, 위로는 부모님을 모시고 잘 있는 것을 알았으니 너무나 위로가 되네. ≪맹자≫ 7편을 읽었다고 들었는데 ≪맹자≫의 대지(大旨)는 '알인욕(遏人慾)' '존천리(存天理)'에 있다네. '존심(存心)' '구방심(求放心)' 등의 말은 군(君)에게는 병의 증세에 잘 맞는 처방일 것이니 자신을 돌이켜 체험하여 보았는가?

이 늙은이는 오래된 담기(痰氣, 가래)도 낫지 않고 손가락 부종(浮腫)으로 밤새도록 아파서 눈을 붙일 수가 없게 된 것이 여러 날이네. 어찌 늙은이가 견딜 수 있는 일이겠는가?

이기승에게 답함

병진(丙辰, 1916, 성재 60세) 答李基承

한 장의 편지는 군(君)의 모습을 보는 것과 같으니, 문득 세모(歲暮)의 울적한 심회가 시원하게 풀리는 듯하네. 살펴보니, 당상(堂上, 부모)은 무강한 수를 누리시고, 부모님 모시는 형제들도 좋음을 알았네. 여러 사람들과 함께 강습하면서 조금씩 향상하는 마음이 있다고 하니 이렇게 그치지 않고 한다면, 이를 수 없는 곳에 이르러 장차 연화구품(蓮花九品)[55]을 볼 수 있을 것이네. 이 모든 것이 자신의 경계일 것이네.

온다는 말을 듣고 기뻐서 잠을 잘 수가 없네. 이 늙은이는 나이 육십이 되었는데 거원(蘧瑗)의 깨달음[56]도 보지 못하였고, 늙어서도 죽지 않고 있으니 도리어 원양(原壤)처럼 세상의 도적[57]이 되었다네. 나의 전철은 후학들의 경계가 되기에 충분할 것이네. 오는 새해에 한번 온다고 하니 부디 빨리 도모해 주기를 바라네.

---

55 연화구품(蓮花九品) : '연대구품(蓮臺九品)', 혹은 '구품연대(九品蓮臺)'라고도 한다. 불교에서 말하는 수행이 깊은 자가 사후에 서방극락 세계에 가서 몸이 연화대(蓮花臺)에 앉는 것이다. 연화대는 생전 수행의 깊이에 따라 9등급이 있는데 연화구품은 가장 높은 최고의 경지를 말한다.

56 거원(蘧瑗)의 깨달음 : 거원은 춘추 시대 위(衛)나라의 대부 거백옥(蘧伯玉)의 본명이다. 춘추 시대 위(衛)나라 대부(大夫)인 거백옥(蘧伯玉)이 나이 50세 때에 49년 동안의 잘못을 깨달았다(年五十而知四十九年非)고 한 고사를 인용하여, 작자 스스로가 나이 50에도 거백옥과 같은 깨달음을 얻지 못했음을 말하고 있다. ≪회남자(淮南子)≫ <원도훈(原道訓)>

57 세상의 도적 : 공자(孔子)가 친구 원양(原壤)을 도적이라고 하면서 경책(警責)한 고사가 있다. 공자는 원양을 평하여 "어려서는 공손하지 못하고, 장성해서는 일컬을 만한 일이 없고, 늙어서 죽지도 않으니, 이는 세상에 해만 끼치는 도적이다.(幼而不孫弟 長而無述焉 老而不死 是爲賊)"라고 하였다. ≪논어(論語)≫ <헌문(憲問)>

이기승에게 답함

정사(丁巳, 1917, 성재 61세) 答李基承

매번 군(君)의 편지를 보면 배움에 발전이 없음을 걱정을 심히 하는데, 이것은 큰 발전을 이룰 소식이네. 참으로 걱정할 만한 것을 알아서 걱정한다면 마침내 즐거운 날이 있을 것이니, 그것이 늙은이가 다행스럽게 생각하는 까닭이라네. 어찌 이응(李膺)과 같은 훌륭한 사위를 얻었다고만 하여 기뻐하겠는가?

≪논어(論語)≫ 한 책에 대하여 구산(龜山)[58]은 모든 내용이 절실하고 요긴하다고 하였지만, 사람은 기품이 같지 않으니 초학자는 자기에게 요긴한 것에 나아가 힘쓴다면 더욱 절실하고 긴요한 것이 될 것이네. 어리석고 게으른 자의 경우에는 재여(宰予)의 낮잠[59]을 경계로 삼고, 빨리 이루고자 하는 자는 궐당동자(闕黨童子)[60]를 경계로 삼을 것이며, 자로(子路)처럼 성난 얼굴이 될 때는 진실로 궁할 때 지키기가 어렵다[61]는 것을 알고, 자공(子貢)의

58 구산(龜山) : 중국 송나라의 유학자 양시(楊時, 1053~1135)이다. 이정자(二程子 : 정호와 정이)의 도학을 전하여 낙학(洛學 : 이정자의 학파)의 대종이 된 인물이다. 어떤 사람이 구산에게 ≪논어≫에서 절실하고 요긴한 말이 무엇이냐고 물은 데 대해 모두가 요긴하고 절실하다고 대답하였다.

59 재여(宰予)의 낮잠 : ≪논어≫ <공야장(公冶長)>에 "재여가 낮잠을 자자 공자께서 '썩은 나무는 조각할 수 없고 거름흙으로 쌓은 담장은 흙손질을 할 수 없다'라고 하셨다.(宰予晝寢 子曰 朽木不可雕也 糞土之墻 不可杇也)"라고 하였다.

60 궐당동자(闕黨童子) : 궐당 즉 공자(孔子)의 고향 궐리(闕里)에서 온 동자라는 말이다. 공자가 그에게 주인과 손님의 말을 전달하는 일을 맡기자, 어떤 이가 배움을 구하는 자 인지 묻자, 공자가 "배움을 구하는 자가 아니라, 빨리 이루어지기를 구하는 자이다.(非求益者也 欲速成者也)"라고 대답한 고사가 있다. ≪논어(論語)≫ <헌문(憲問)>

61 자로(子路)처럼 …… 어렵다 : ≪논어≫ <위령공(衛靈公)>에 "자로가 성난 얼굴로 [공자를] 뵙고, '군자도 궁할 때가 있습니까?'라고 묻자, 공자가 '군자는 진실로 궁할 수 있으니,

무첨무교(無諂無驕)[62]에서 [… 결락 …]

부(富)가 쉽지 않다는 것을 알아야 할 것이네. 위엄[威重]있게 질정하면 경박한 습관을 바로잡을 수 있고, 능히 안포(安飽)를 구하지 않으면 연안(宴安)의 독(毒)[63]을 제거할 수 있을 것이네. 이와 같은 종류는 반드시 자신에게 점검해서 고칠 것이 있으면 고치고 없으면 더욱 노력한다면 자연스럽게 말이 충성스럽고 행실이 독실하고 공경스럽게 될 것이니 오랑캐 나라에서 행할 수 없다고 어찌 근심하겠는가?[64]

장차 새해가 되려고 하는데, 다만 당상(堂上, 부모)의 건강이 산과 같이 강건하시고, 부모 모시는 군(君)의 형제는 더욱 복받기를 바라네.

소인은 궁하면 넘친다.'라고 하였다.(子路慍見曰 君子亦有窮乎 子曰 君子固窮 小人窮斯濫矣)"라고 한 것을 말한다.

62 자공(子貢)의 무첨무교(無諂無驕) : '무첨무교(無諂無驕)'는 가난해도 비굴하지 않고 부유해도 교만하지 않는다는 뜻이다. 자공이 "가난해도 비굴하게 굴지 않고 부유해도 교만하게 굴지 않으면 어떻습니까?(貧而無諂 富而無驕 何如)"라고 묻자, 공자가 "그것도 괜찮기는 하다. 그러나 가난해도 즐거워하고 부유해도 예를 좋아하는 것만은 못하다.(可也 未若貧而樂 富而好禮者也)"라고 대답한 말에서 온 것이다. ≪논어(論語)≫ <학이(學而)>. 이에 대해서 주희의 주에 "즐거워하면 마음이 넓어지고 몸이 펴져서 그 가난함을 잊을 것이요, 예를 좋아하면 선에 처함을 편히 여기고 도리를 따르기를 즐거워해서 또한 그 부유함을 스스로 알지 못할 것이다.(樂則心廣體胖 而忘其貧 好禮則安處善樂循理 亦不自知其富矣)"라고 해설하였다.

63 연안(宴安)의 독(毒) : 연안(宴安)은 일하지 않고 유흥에 빠져 있는 것을 가리키며, 독(毒)은 짐독(酖毒)으로 짐(酖)이라는 새가 지닌 강한 독이다. 부지런히 일하지 않고 유흥에만 젖어 있으면 마치 맹독을 마시는 것이나 마찬가지로 마지막에는 일신에 파멸이 온다는 뜻이다. ≪춘추좌씨전(春秋左氏傳)≫

64 말이 충성스럽고 …… 어찌 근심하겠는가 : ≪논어(論語)≫ <위령공(衛靈公)>에 "말이 충성스럽고 믿음직하며 행실이 독실하고 공경스러우면, 어떤 오랑캐 나라라도 가서 제대로 행할 수가 있다.(言忠信 行篤敬 雖蠻貊之邦 行矣)"는 공자의 말이 나온다.

이기승에게 답함

무오(戊午, 1918, 성재 62세) 答李基承

백미(伯眉)[65]의 원통한 죽음을 어찌 차마 말하겠가? 두 노인이 집에 계시고 어린 자식 가운데 어떤 자식은 관례를 하고, 어떤 자식은 강보에 있는데, 살아 있다면 그 즐거움이 무궁할 것이지만, 죽고 없으니 그 마음이 참혹하기 짝이 없네. 가깝게 지내는 사람으로 말하더라도 가슴이 막히는데 하물며 천륜의 형제야 마음이 어떠하시겠는가? 그 후에 두 달이 지났지만 나는 편지 한 장을 보내지 못하였네. 이러던 중에 뜻밖에 사람이 와서 편지를 받았네. 백여 마디 누누이 이른 말씀은 글자 한 자에 눈물 한 방울 흘리지 않음이 없어서 차마 읽을 수 없었네.

살펴보니 춘부장의 체력은 크게 상하지 않으셨고 부모님 모시는 형제분도 상 중에 자중(自重)하시고, 조카는 약관의 나이에 부친의 상을 당하여 병이나 나지는 않았는지 건강을 상할까 염려되네. 살아 있는 사람이야 괴로움이 비록 덜하겠지만 어찌 염려가 없을 수 있겠는가? 이내 몹시 슬퍼진다네.

이 늙은이는 지난달 초순에 감기가 덧나서 비록 가끔 세수하고 움직이지만 머리가 부서지는 듯하여 참으로 견딜 수 없으니 어찌하겠는가? 지금 심부름꾼이 나의 생일 때문에 심부름으로 달려왔다고 하니 이 늙은이의 마음이 너무나 편치 못하다네.

65 백미(伯眉) : 상대의 형을 높여서 부르는 말. 여기서는 사위 이기승의 형 이기환(李基煥)을 말한다. 그는 자가 문경(文卿)으로 1885년에 태어나 무오년인 1918년에 세상을 떠났다. 향년 33세였다.

광호[66]와 석길에게 부침

병신(丙申, 1896, 성재 40세) 寄光鎬錫吉

고요하고 외진 산사(山寺)에서 독서하는 근황이 늘 좋으냐? 재종숙과 두응(斗應) 팔근(八根) 용출(龍出)은 모두 잘 있느냐? 증술(曾述) 무리도 무사하냐? 집안일은 너희들이 염려할 것이 아니다. 거처와 음식도 뜻을 가진 사람이 관심을 가질 것이 아니다. 일념으로 공부하여 기필코 실효가 있도록 한다면 지금 간 것이 어찌 꼭 병을 피하여 간 것만 되겠느냐?

아비는 숙부님 상을 당하여 애통한 마음이 지극하니 어찌 다시 다른 생각을 조금이라도 하겠느냐. 온 집이 이미 동산(東山)으로 피해갔으니 좁고 군색한 집의 모양을 말로 할 수 없구나. 너의 종형이 우연히 낙상을 당하여 지금에야 겨우 올라갔지만 오히려 걸을 수가 없어서 지게에 실려 올라갔는데 저녁 전에 도착했느냐?

66 정광호(鄭光鎬) : 1881~1924. 자는 한명(漢明)으로 작자의 장자이다. 배(配) 전주 이씨 사이에 원(源)과 염(濂), 그리고 장태진(張泰軫)과 장한규(張漢奎)에게 시집간 두 딸이 있다.

광호에게 부침

경자(庚子, 1900, 성재 44세) 寄光鎬

복더위가 이렇게 혹심한데 객지의 생활에 병이 없는지 모르겠구나. 주인집은 고루 좋으시냐? 여름 공부는 하루에 1수의 시를 짓고 1편의 고시를 읽고 있느냐? 시문(時文, 과거 문장)은 옛 것이 아니며 또 오늘날의 쓰임에도 적절하지 않으니, 여기에 힘쓸 필요가 없음은 뜻있는 선비를 기다리지 않아도 알 것이다. 그러나 어찌하여 강구(講究)하는 공부를 고인(古人)이 스스로 성인되기를 기약하는 것[67]에 오로지 힘쓰지 않고, 이런 하류에 빠지는 것을 달갑게 여기느냐?

들으니 지난달 사형(査兄)이 또 서울로 가시고, 너는 허술한 재주인 데다가 이미 꾸짖어 줄 어른이 없다고 하니, 도리어 집에 있으면서 여러 동생들과 함께 서로 도우는 것만 못하다. 어찌하여 주인집에 폐(弊)만 끼치고 있느냐? 이 종과 함께 돌아오는 것이 좋겠다. 아비는 숙병(宿病)에 또 더위를 먹어 정신이 가물가물한 상태로 날을 보내니 고민스럽다. 너의 동생들과 집안은 탈이 없으니 다행이다.

67 고인(古人)이 …… 기약하는 것 : 원문의 '고인자기(古人自期)'는 성현의 경지에 오를 것이라고 다짐하여 뜻을 세우는 것을 말한다. 안연(顏淵)이 말하기를 "순 임금은 어떤 사람이며 나는 어떤 사람인가? 순 임금이 되려고 노력하는 자는 또한 순 임금같이 될 것이다.(舜何人也 予何人也 有爲者亦若是)" 한 데서 온 말이다. ≪맹자(孟子)≫ <등문공(滕文公) 상>

건호[68]에게 부침

정유(丁酉, 1897, 성재 41세) 寄健鎬

너를 보낸 후 추운 날씨가 점점 심해져서 비록 무사히 도착했다는 기별을 받았지만 나의 마음은 답답하여 경각에도 잊을 수 없었다. 묻노니 객지생활은 편안하고 주인집도 평안한가? 책 읽기와 글쓰기를 전혀 하지 않는 상황에 이르지는 않았는가? 사위로서 처가에 있는 것은 본디 공부하는 곳이 아닌데 하물며 너는 게을러서 집에 있을 때에 비록 어른의 꾸짖음을 들으면서도 오히려 독실하게 공부를 못한 사람이지 않느냐? 모름지기 스스로 두려운 마음으로 혹시라도 사랑을 믿고 헛되이 노는 일이 없도록 하여라.

아비와 어미는 별 탈이 없고 집안도 모두 편안하니 다행이다. 네가 돌아올 날은 마땅히 다음 달 초순일 것인데, 멀리 강을 건너오는 여정이어서 특별히 집에 있는 사람이 걱정하는 마음을 놓지 못하게 하는구나. 네가 만약 이 마음을 잘 안다면 비록 천 리를 가더라도 내가 무슨 걱정을 하겠느냐. 따뜻한 날을 잡아서 출발하고 하인은 반드시 건장한 자를 쓸 것이며 방한 도구는 허술하게 하지 말아라. 또 배를 탈 때 만약 얼음이 두껍게 어는 일이 있으면 비록 길을 돌아가더라도 조심하여 위험한 데를 건너지 말아라. 내가 밤낮으로 걱정하는 것이 이것이다. 마침 홍생원 편이 있어 이렇게 잠시 몇 자 부친다. 사형에게는 편지를 쓸 겨를이 없으니 이 뜻을 말씀드려라. 다만 빨리 돌아와 문에 기대어 기다리는 마음[69]에 부응해주기 바란다.

68 정건호(鄭健鎬) : 1883~1960. 작자의 둘째 아들로 자는 한중(漢仲), 호는 지암(芝庵)인데, 재관(在寬)에게 출계(出系)하였다. 성품이 온화하고 노기를 드러내지 않았으며 학문이 깊었다. 슬하에 보(溥), 연(淵), 환(渙)과 최목영(崔穆永), 윤천수(尹芊洙), 최수동(崔守東)에게 시집간 세 딸을 두었다.

경호[70]에게 부침

경술(庚戌, 1910, 성재 54세) 寄經鎬

지난 달에 우편으로 너의 편지를 받아보고 네가 편안하게 도착한 정황과 만류한 연유를 알게 되었다. 그리고 그 편지를 보낸 날을 헤아려보니 이미 40여 일이 지났구나. 그 후에 끝없는 무더위를 겪었으니 마음이 어찌 답답하지 않겠느냐? 묻노니, 늦더위에 객지에서 잘 지내느냐? 독서하는 것은 무슨 책이며 집에 있을 때처럼 소홀하지는 않느냐? 너의 누이는 아이들을 거느리고 잘 있느냐? 나음을 둘 곳이 없구나. 아비는 여름 내내 병을 앓았으니 전혀 사는 재미가 없다. 하지만 어린 애들이 책을 들고 찾아오니 이것으로 제법 울적한 마음이 풀리는구나.

무흘(武屹)의 일은 이른바 대운(大運)이 스스로 재판정에서 물러가므로 청암(靑庵)의 주지승에게 추천하여 맡겼다. 그래서 너의 종형이 내일 장차 다시 걸린 소송 건으로 들어갈 작정이다. 비록 만약 일이 해결될 수 있더라도 오고가는 피곤함과 계속하기 어려운 비용은 매우 고민스럽다.

너는 이미 진즉에 돌아오지 않았으니 더위를 무릅쓰고 큰물을 건너온다고 집에 있는 사람을 걱정하게 할 필요가 없다. 서늘한 기운이 돌고 수위가 떨어지기를 기다려 돌아오너라. 그런데 단계(丹溪) 가는 일은 그만 둘 수 없으니 집에 돌아온 후에 가려고 하면 너무 어려우니 비록 주인집에 폐를 끼

69 문에 기대어 …… 기다리는 마음 : 원문은 '의려지망(倚閭之望)'으로, 부모가 자식이 돌아오는 것을 마을 입구의 문[閭]에 기대어 마음을 졸여가며 기다리는 지극한 애정을 말한다.

70 정경호(鄭經鎬) : 1892~1962. 자는 제숙(濟叔), 호는 오와(鼇窩)로 작자의 셋째 아들이다. 재교(在敎)에게 양자들었으며 밀양 변씨 사이에 택락(宅洛)과 준(準)을 두었다.

치더라도 그 곳에서 갔다가 오면 좋을 것 같다. 그러나 이것도 장마가 물러가기 전에 위험하게 함부로 움직이면 안 될 일이니 조심하고 조심하여라. 나머지는 정신이 흐려 이만 줄인다.

책 표지에 글을 쓰다

을해(乙亥, 1875, 성재 19세) 題卷匣

君子之讀書	군자의 독서는
將以	장차
明天理遏人欲	천리(天理)를 밝히고 인욕(人欲)을 막으며,
繼往聖開來學	선성(先聖)을 이어 후학(後學)을 열어 주려는 것이지만,
小人之讀書	소인의 독서는
將以	장차
飾詞章干祿爵	문장(文章)을 꾸미고 작록(爵祿)을 구하며
計利害要名譽	이해를 따지고 명예를 구하려는 것이다.
君子之學	군자의 학문은
成己而成物	자신을 완성하고 다른 사람을 완성시키는 것[71]이지만
小人之學	소인의 학문은
自欺而欺人	자신을 속이고 다른 사람을 속이는 것이다.
爲學則一	학문을 하는 것은 같지만
用心則殊	마음을 쓰는 것은 다르니,
毫釐之差	털끝만큼의 차이가
千里之謬	천 리의 차이가 된다.

71 자신을 …… 완성시키는 것 : 원문의 '성기성물(成己而成物)'은 자신의 인격을 완성시키고 나아가서는 다른 사람의 인격도 원만하게 이루어 주는 것을 말한다. ≪중용장구≫ 제25장에 "성(誠)의 의미는 자기 자신만 완성시키는 것이 아니라, 다른 사람까지도 이루어 주는 것을 뜻하는바, 성기(成己)는 인(仁)에 속하고 성물(成物)은 지(智)에 속한다." 하였다.

춘첩

정축(丁丑, 1877, 성재 21세) 春帖

나라 중에 천지의 동쪽을 양곡(暘谷)[72]이라 하고, 한해 중에 사시의 시작을 양춘(陽春)이라고 하니, 군자의 도가 마땅하도다. 우리 동방 수백 년 기간에 광명(光明) 강건(剛健)하고 대중(大中) 지정(至正)한 선비가 천하에서 가장 많지만 나는 오히려 시골뜨기를 면하지 못하고 있다. 그 까닭이 무엇인가? 오늘 또 양(陽)이 돌아오는 날에, 과거의 봄을 생각해 보건대 나는 대개 뜻이 없었도다. 오늘 이후부터 어찌 세시와 함께 새로워지지 않겠는가? 기원하여 말한다.

有所不讀讀之 읽지 못한 책이 있으면 모두 읽게 하소서.
天下之書無不博洽 천하의 책은 넓고 깊지 않은 것이 없다네.
有所不行行之 행하지 못한 것이 있으면 모두 행하게 하소서.
千聖之訓罔敢或越 천성(千聖)의 가르침은 감히 혹시라도 빠뜨림이 없다네.
求於理 이치를 구함에 있어서는
無有登天然之歎 하늘에 오르지 못하는 탄식을 없게 하며
發乎言 말로 드러낼 때는
沛然若江河之決 패연히 장강과 황하가 터지는 듯이 할 것이며
文辭出 문장을 지을 때는
而鬼怖而神驚 귀신이 두려워하고 신령이 놀라게 하며

72 양곡(暘谷) : ≪서경≫ <요전(堯典)>에 나오는 전설 속의 해 뜨는 곳을 말한다.

筆力動　붓으로 써내려 갈 때는

而蛇騰而龍活　뱀이 하늘을 오르는 듯 용이 살아 움직이는 듯 하소서.

惟茲數事　생각건대 이 몇 가지 일은

若或起之　마치 누가 일으켜 주며

若或相焉　마치 누가 도와 주는 듯이 하소서.[73]

人一己百　남이 한 번 해서 하면 나는 백 번이라도 하고

人十己千　남이 열 번 해서 하면 나는 천 번이라도 할 것입니다.[74]

則自其取科第　그러한즉 내가 급제하는 것은

如拾草芥　마치 지푸라기 줍는 듯 쉬울 것이며

而他日之用　훗날의 쓰임도

將無窮矣　다함이 없을 것이리라.

其他口腹之產業　나머지 생계를 위한 일은

與生靈同之　다른 사람들과 같이 하리이다.

73 오직 이 …… 하도록 하리니 : 소순(蘇洵)의 <상전추밀서(上田樞密書)>에 나오는 말이다. "마음속으로 사색을 하게 되면 마치 누가 이끌어 일으켜 주는 듯 하며 마음속으로 그것을 터득하여 그것을 종이에 쓰게 되면 마치 누가 도와주는 듯이 됩니다.(方其致思於心也 若或起之 得之心而書之紙也 若或相之)"라고 하였다.

74 남이 열 번…… 할 것이다 : ≪중용≫ 20장에, "남이 한 번에 능숙하게 하면 나는 백 번이라도 하고, 남이 열 번에 능숙하게 하면 나는 천 번이라도 해서 능숙해지도록 해야 할 것이다.(人一能之 己百之 人十能之 己千之)"라고 하였다.

선석일기

병술(丙戌, 1886, 성재 30세) 禪石日記

성주의 북쪽에 절이 있는데 중암(中菴)이라고 한다. 선석사(禪石寺)의 뒤에 있으며 깊고 한적하여 독서하는 사람 가운데 많은 이들이 그곳에 머물기를 원한다.

1월 15일, 매형과 책상자를 지고 중암에 가다

나는 매형 장창현(張昌鉉)[75] 군과 함께 독서를 하러 가고자 종 한 명에게 책 두 상자를 짊어지도록 명하였다. 오시(午時)에 명간(明澗)[76]에 쉬었다가 저녁에 각산(角山)에 도착하여 묵었다. 이곳은 중암과 10리도 되지 않는 거리였다. 내종(內從, 외사촌) 성좌(聖佐)[77]에게 함께 가자고 요청하였는데, 그곳 승려와 인연이 있기 때문이었다. 3일 후 세 사람이 서치(西雉)를 지나다가 외할아버지 선영에 성묘하고, 저물녘에야 암자에 도착하였다. 향주(香周)라는 승려는 예전에 해인사에서 살다가 지난 겨울에 이 암자를 맡았는데, 성좌도 생면부지였다. 이에 찾아온 뜻을 말하니 크게 싫어하지 않고 허락하

75 장창현(張昌鉉) : 개옹(夼翁) 장봉한(張鳳翰, 1566~1644)의 후손으로 성주군 벽진면 명간(明澗)에 살았다.

76 명간(明澗) : 성주군 벽진면 봉계리에 있었던 마을로, 정재기의 매형이 살았던 곳이다. 지역의 사람들은 '발간이(發澗里)'라고 한다. ≪성산지(星山誌)≫에 "가정(嘉靖) 무오년(1558)에 목사 노경린(盧慶麟, 1516~1568)이 천곡서원(川谷書院)을 창건하고 암회(巖回)와 명간(明澗)의 2개 방(坊)을 합하여 명암으로 하였다."라는 기록이 있다. 1914년 3월 행정 구역 개편 때 운곡면(雲谷面)과 명암면(明岩面)을 통합하여 벽진면(碧珍面)이라고 하였다.

77 성좌(聖佐) : 장상필(張相弼, 1858~1937)의 자이다. 그는 농산(農山) 장승택(張升澤, 1838~1916)의 맏아들로 1931년 ≪농산문집(農山文集)≫을 편집하였다.

였다. 저녁밥을 지어오므로 함께 먹고 법당에서 잤다.

1월 18일, 서쪽 상방에 책상자를 들이다

맑음. 식후에 집에 보낼 편지 한 통을 적어서 돌아가는 동복(童僕) 편에 부쳤다. 이울러 명간(明澗)에 한글 편지를 보냈다. 세 사람이 큰 절 선석사(禪石寺)로 내려갔는데, 한 승려가 앉아서 ≪법화경(法華經)≫을 읽고 있다가 일어나 우리를 맞았다. 스스로 해인사 백련암(白蓮庵)에 살다가 이 절에 와서 산다고 하였다. 법명을 물어보니 용성(蓉城)[78]이라 하였다. 나이는 서른일곱으로 유불(儒佛)에 대하여 함께 담론하니 제법 총명하고 민첩하였다. 또 한 사람의 승려가 있었는데 곧 해명(海明) 승려의 제자 창오(昌五)였다. 그 스승이 세자 저하를 위하여 원당(願堂)을 절 옆에 새로 세우고 또 그 옆에 어필각(御筆閣)을 옮겨 건축하였는데 공사를 마쳤지만 단청은 아직 하지 않았다. 시간이 지나서 성좌는 집으로 돌아가고, 나와 장 군은 암자로 올라왔다. 승려 용성이 애틋하게 이별을 아쉬워하여 해인사에 만날 것을 미리 약속하였다.

이날 ≪서전(書傳)≫ 서문 한 편을 읽었고, 장 군에게는 ≪소학(小學)≫을 주었다.

서쪽 상방에 책상자를 들이니 깨끗하였으며 세 사람을 수용할 만하였다.

1월 19일, 명간에서 양식과 음식이 오다

맑음. 납자(衲子, 승려) 한 사람이 와서 배알하니, 곧 승려 용성의 제자 성

78 용성(蓉城) : <선석일기>에는 '용성(龍成)'이라는 인물도 나오는데, 같은 사람의 다른 표기로 보인다. 같은 편지에 함께 나타나기도 하는데, 문맥상 같은 인물임에 틀림이 없다.

민(性玟)이라고 부르는 자였다. 어제 읍내에서 일을 보고 돌아와 스승에게 보고하였다. 와서 절하며 말하기를,

"나이는 열아홉입니다."

라고 하는데, 외모가 매우 단정하고 제법 글도 알았다. 큰절 승려가 산의 목재를 단속하기 위하여 날마다 암자에 올라와서 인사하였다. 명간(明澗)에서 양식과 음식이 왔다.

<요전(堯典)> 한 편을 읽었다.

1월 20일, 승려 경우가 와서 배알하다

맑음. 향주(香周)의 제자 경우(璟優)가 해인사에서 와서 배알하였다.

1월 21일, 내종숙이 와서 이야기를 나누다 돌아가다

맑음. 경우(璟優)가 막 대구로 가면서 말하기를,

"승려 수룡(繡龍)이라는 자는 단청을 잘하기로 이름이 나서 개금불사(改金佛事)를 위하여 지금 양산 통도사에 가 있는데, 경우가 그 승려의 법을 얻었으니, 지금 온 것도 단청을 하기 위한 것입니다."

라고 하였다. 각산의 내종(內從, 장상필)이 일꾼 세 명을 거느리고 왔다. 아마도 지난 겨울에 산의 나무를 사서 암자에 쌓아 둔 것인데, 와서 보니 이미 과반이나 없어졌지만 남은 것을 가지고 돌아갔다. 내종숙이 작촌(鵲村)[79]에서 와서 몇 마디 말을 나누고 돌아갔다.

<순전(舜典)>을 마쳤다.

---

79 작촌(鵲村) : 경상북도 성주군 월항면 인촌(仁村)을 말한다. 부인(扶仁)과 작촌(鵲村)에서 한 글자씩 따와 '인촌(仁村)'이라고 이름하였다. 인촌은 작촌과 함께 신기(新基), 부현(扶峴), 선석(禪石)을 포괄한다.

1월 22일, 승려 경호 편에 집으로 편지를 부치다

맑음. 승려 향주가 그의 제자 경호(璟湖)를 일요암(日耀菴)[80]과 해인사에 보냈는데, 그 길에 부탁하여 본가와 명간(明澗)에 편지를 부쳤다.

<대우모(大禹謨)>를 읽었다.

1월 23일, 나무꾼이 들어오지 못하게 하다

바람과 비가 종일토록 그치지 않았다. 향주 승려에게 엄중히 요청하여 모든 나무꾼을 금지하고, 쌓아둔 나무를 흩고 산에 있는 나무는 다시 암자의 문 안에 들일 수 없도록 하였다. 도끼를 잡은 자가 법당에 왕래하는 일이 없도록 하라고 하였다. 책을 읽는 데에 방해가 되었기 때문이다.

<대우모(大禹謨)>를 마쳤다.

1월 24일, 재봉이 책상자를 지고 오다

맑음. 재종 동생 재봉(在鳳)[81]이 책상자를 지고 수레를 끌고 왔다. 예전부터 한 약속이 있었기 때문이다. 그에게서 집의 편지를 받아 매우 기뻤으며 속이 후련하였다.

<익직(益稷)>을 나누어 <고요모(皐陶謨)>와 합쳐서 읽었다.

---

80 일요암(日耀菴) : 보현암(普賢菴) 및 미타암(彌陀菴), 백운암(白雲菴) 등과 함께 청파면 가야산 남쪽에 있었던 절이다. 지금은 터만 남아 있다. 일요암지엔 현재 4단의 축대가 남아 있다. 제1단 축대에서 주춧돌 흔적은 찾을 수 없으나 토기편과 와편이 산재해 있어 건물의 존재를 짐작하게 한다. 성재 정개기가 이곳에서 ≪서전≫을 읽기도 했다.

81 재봉(在鳳) : 1872~1949. 정진용(鄭晉容)의 아들로 자는 경소(敬韶) 호는 아산(我山)이다.

1월 25일, 수레꾼 편에 집으로 편지를 부치다

맑음. 집 편지의 답장을 수레꾼이 돌아가는 길에 부쳤다. 큰절 승려를 불러서 나무꾼을 경계하도록 엄중하게 일렀다.

<익직(益稷)>을 읽고 <우서(虞書)>를 마쳤다. 재봉(在鳳)은 <동한기(東漢紀)>를 받았다.

1월 26일, 각산에서 책을 빌려 오다

맑음. 재봉(在鳳)이 소풍탕(消風湯)[82] 청담탕(淸痰湯)[83]을 각 10첩씩 지어 오늘부터 달여 먹는다. 향주 승려가 굳이 그 일을 스스로 맡았다. 새벽과 저녁으로 산골짜기까지 가서 물을 길어와 불상 앞에 치성을 드리니 지극한 마음씨가 아름다웠다. 경호(璟湖)가 일요암(日曜菴)에서 오는 길에 집 편지와 명간(明澗)의 편지를 가지고 왔다. 바깥 각산(角山)의 척숙(戚叔)이 와서 잠시 안부를 나누고는 산으로 올라가 나무를 사서 해가 기울어 돌아갔다.

경호(璟湖)를 시켜 ≪서전(書傳)≫ 첫 2책을 각산(角山)에 돌려주고 다시 그다음 4책을 빌려왔다.

1월 27일, 승려 경호 편에 집으로 편지를 보내다

잠시 눈이 오고 잠시 개다. 경호가 다시 해인사로 가는 길에 집으로 보내는 편지를 부탁하여 부쳤다. 그 승려는 정성이 지극하여 그의 집으로 돌아가 부모님께 인사를 드리는데, 집은 성주 북쪽 소암촌(紹岩村)에 있다고 하였다.

82 소풍탕(消風湯) : 풍사(風邪)가 육부(六腑)에 침범하여 손발이 마비된 것을 풀어주는 효험이 있는 약이다.

83 청담탕(淸痰湯) : 가래가 많을 때 이를 치료하기 위해 먹는 약이다.

<우공(禹貢)>을 읽기 시작하였다. 이 부분부터 일정한 차례를 두지 않고 읽었다.

1월 28일, 큰절의 승려가 글을 요청하다

맑음. 큰절 승려가 읍의 아전에게 추심(推尋)을 당하는 일이 있는데, 나에게 와서 글을 요청하였지만 거절하였다.

1월 29일, 승려 경호가 집 편지를 갖고 오다

맑음. 경호(璟湖)가 오는 길에 집 편지를 가져와 받았다. 경우(璟景)는 간 곳의 공사가 끝나지 않았으므로 단청을 할 곳이 없어서 선산 등지로 떠돌다가 왔다. 경호가 그 스승을 위하여 읍으로 갔다.

2월 1일, 장 군의 생일을 맞이하다

맑음. 아침밥을 들고 오며 장 군이 말하기를,

"오늘은 곧 저의 생일이니, 집에 있었으면 마땅히 부모님께 기쁨을 드렸을 것인데, 지금은 슬하를 떠나 있으니 음식이 좋지 못합니다. 참선을 하느라 음식에는 고기가 없으니 정말로 괴롭습니다."

라고 하였다. 내가,

"어려움을 당하여 고생하면서도 학문을 게을리 하지 않아서 부모님의 바람에 부응한다면 기쁨을 드리는 것이 이것보다 큰 것이 없을 것인데, 낳아 주신 날에 도리어 고기를 생각하다니!"

라고 말하면서, 서로 함께 크게 껄껄 웃었다.

기흔(琦昕)이라는 승려가 해인사에서 왔는데 외모가 공손하고 말이 매우 조심스러웠다.

<우공(禹貢)>을 마쳤다.

2월 2일, 승려 경우가 금오산 약사암으로 가다

맑음. 경우(璟優)가 금오산(金烏山) 약사암(藥師菴)으로 갔다.

<감서(甘誓)> <오자지가(五子之歌)>에서 <윤정(胤征)>까지 읽었다.

2월 3일, <하서>를 마치다

밤에 비가 오다가 한낮이 되어서 갰다.

<하서(夏書)>를 마쳤다.

2월 4일, 승려 경우와 행옥이 돌아오다

맑음. 경우(璟優)가 행옥(幸玉) 승려와 함께 돌아왔다.

<탕서(湯誓)>에서 <중훼지고(仲虺之誥)>까지 읽었다.

2월 5일, 승려 용성이 불존이 되고자 하다

맑음. 처음에는 용성(龍成)이 이 암자의 불존(佛尊)이 되고자 하였다. 향주(香周)는 여기에 먼저 왔다는 것으로 승려들에게 억지로 부탁하였지만, 승려들은 그의 거듭된 요청을 들어주지 않았다. 향주는 용성에게는 불문의 조카가 되므로 더욱 거역할 수 없어서, 장차 약사암(藥師菴)으로 옮기려고 하였다. 그 절의 불존(佛尊) 행옥(幸玉)은 또 향주의 사제이니 드디어 사형에게 그 거처를 양보하고 해인사로 들어간다고 한다. 이날 향주는 제자 경호(璟湖)로 하여금 의발을 금오산에 보내도록 하였다. 십 수일[84] 함께 지낸 주

84 십 수일 : 원문에는 '수십(數十)'이라고 되어 있으나 실제 만난 기간은 보름 정도이다.

객의 정회가 심히 서글펐다.

저녁 후에 단병(團餠)을 만드는 소리가 들렸다. 물어보니 선산 관아에서 일찍이 약사암에 제를 올려야 하는데 맡을 승려를 만나지 못하였으므로 장차 이것으로 폐물을 삼으려 한다고 하였다.

재봉(在鳳)이 약 먹기를 마치고, 50문을 향주에게 약을 달여준 수고비로 주니 향주는 고사하다가 받았다.

2월 6일, 산중의 맛 송피 떡을 먹다

맑음. 향주(香周)가 떡 6개를 주었는데, 곧 어제저녁 만든 것으로 온통 송피(松皮)로 만들었는데 모나고 둥근 떡살 무늬가 있었다. 내가 먹으면서 말하기를,

"담박하고 정갈한 것이 참으로 산중의 맛이다"

라고 하였다.

<탕고(湯誥)>에서 <이훈(伊訓)>까지 읽었다.

2월 7일, 도윤필과 허교하다

흐림. 종숙부가 도윤필(都允弼) 군과 함께 묵산(墨山)[85]에서 왔다. 자리하여 온 집이 평안하다고 전해주었다. 그리고 재종제 재선(在善)[86]이 와서 독서할 뜻이 있다고 하였다. 윤필은 순가(舜歌)와 종형제로 나와는 본래 안면이 없었는데, 드디어 동갑으로 허교하였다. 윤필이 말하기를,

85 묵산(墨山) : 성주군 월항면에 있는 자연부락으로 '먹뫼'라 하기도 한다. 성주 도씨 도형(都衡, 1480~1547)의 후손들이 주로 산다.

86 재선(在善) : 정재선(鄭在善, 1871~1922). 자는 덕민(德民)으로 정규용(鄭圭容)과 교하 노씨 사이에서 맏아들로 태어났다.

"이 암자는 내가 일찍이 독서하기를 원하였지만 하지 못하였던 곳이네. 형이 지금 독서하니 어찌 선연(仙緣)이 무겁지 않은가?"
라고 하였다. 나는
"아닐세. 암자의 규칙이 전후가 같지 않기 때문이라네."
라고 하였다.

종숙부는 묵산으로 행차를 돌려가려고 하는데, 또한 조만간 재선 일행을 데리고 오겠다고 약속하였다. 나는 감히 말리지 못했다. 윤필도 종숙부를 따라 돌아갔다.

2월 8일, 증조부 제사에 참여하지 못해 안타까워하다

아침에 일어나니 눈이 땅에 덮혔다. 날은 개였고 바람이 불었다. 이날은 곧 증조부의 제삿날이다. 바깥에 있으니 추모하는 마음을 억누르기 어렵다. 집의 백형이 이미 주손[87]이 되었으니 나는 감히 공부를 멈추고 제사에 참여할 수가 없었다. 그러나 참으로 양성자(陽城子)가 충효를 배웠던 고사[88]에 부끄럽다. 양식이 떨어져 부목 사문(士文)을 시켜 편지를 써서 명간(明澗)으로 보냈다.

<태갑(太甲)> 상편과 중편을 읽었다.

87 주손 : 원문의 '주창(主鬯)'은 종묘의 제기(祭器)를 맡은 사람으로 곧 맏아들을 일컫는다.
88 양성자(陽城子)가 충효를 배웠던 고사 : 양성(陽城, 736~805)은 중국 당나라의 관리로 자는 항종(亢宗), 정주(定州) 북평(北平, 지금의 하북성 완현) 사람이다. 집이 가난하여 책을 얻을 수 없자 서리가 되어 관서(官書)를 훔쳐 6년동안 밤낮을 가리지 않고 읽어 모르는 것이 없게 되었다. 그는 "학자가 공부하는 것은 충과 효를 위함이니 어찌 오래도록 부모를 찾아뵙지 않는 것이겠는가?"라고 했다가 폄적당하기도 했다. 이후 중조산(中條山)에 숨어 살았지만 원근에서 그의 덕행을 사모해 수많은 사람들이 모여들었다. 이후 간의대부(諫議大夫)가 되었다. 여기서는 정재기가 모든 것을 잊고 독서할 수 없음을 말한다.

2월 9일, 승려 용성과 대화를 나누다

맑음. 용성(龍成)이 무리 두세 명과 함께 정해진 날에 와서 나에게 말하기를,

"해인사의 약속이 미치지 않았는데 갑자기 이 암자를 맡게 된 인연은 참으로 뜻밖입니다."

라고 하였다. 내가 말하기를,

"법계(法界)의 일은 참으로 원만한 것입니다."

하니, 용성이 말하기를,

"유종원(柳宗元)과 한유(韓愈)의 문장이 그 사람을 통창(通暢)하게 한다는 것은 참으로 어떠합니까? 지금까지 없어지지 않은 것은 함께 좋아하는 사람들의 힘이 아니겠습니까? 저도 은근히 바랍니다."

라고 하였다. 내가 말하기를,

"스님[師]은 참으로 고인에게 부끄러움이 없겠습니다. 내가 어찌 두 고인의 문장을 바랄 수 있겠습니까? 다만 우리들이 바라는 마음을 저버리지 못할 뿐입니다."

라고 하였다. 용성(蓉城)은 향주(香周)가 자리에 없기 때문에 신구 암주(菴主) 교체를 할 수 없어서 선석사로 내려가고 성민(性玟)을 암자에 남겨두었다.

2월 10일, 승려 쾌옥이 ≪팔양경≫을 염송하다

맑음. 경우(璟優)는 그의 스승이 때가 지나도 돌아오지 않으므로 새벽에 사문을 금오산으로 보냈다. 용성(蓉城)은 제자 쾌옥(快玉)을 시켜 ≪팔양경(八陽經)≫[89]을 종일토록 쉬지 않고 염송하도록 하였다. 이것은 재앙을 소멸

89 ≪팔양경(八陽經)≫ : 불경의 하나로, 천음지양(天陰地陽)의 여덟 가지 양(陽)을 언급하면

시키고 복을 크게 할 수 있다고 한다.

<태갑(太甲)> 하편에서 <함유일덕(咸有一德)>까지 읽었다.

2월 11일, ≪법화경≫ 읽는 소리가 청량하다

맑음. 성민이 그 스승으로부터 ≪법화경(法華經)≫을 받고, 가사를 바르게 하고 단정하게 앉아 염불을 하는데 가락이 청량하였다.

나는 장 군과 재봉(在鳳)에게 가르쳐 말하기를,

"오곡이 익지 못한 것은 피가 익은 것보다 못하니, 너희들은 잘 살펴라." 라고 하였다. 향주(香周)가 금오산에서 왔다. 여러 날이 걸린 이유를 말하고, 또 그 절이 높고 넓은 것이 이 암자와 견주어서 한층 더하다고 하였다. 저녁에 큰 절로 내려가 잤다. 경우(璟優)도 그 스승을 따라갔다. 해명(海明)의 제자 창오(昌五)가 와서 만났다.

2월 12일, 책 머리에 선군자가 기록한 현토를 보다

흐리다가 한낮에 시작한 비가 저녁까지 왔다. 쾌옥(快玉)과 성민(性玟)이 스승의 심부름으로 읍에 갔다. 계속하여 읽은 이상의 여덟 편 가운데 3책과 4책 두 책의 책 머리에 적힌 토(吐)를 보니 자세하고 단정하며 분명한 것이, 곧 나의 선군자(先君子)께서 기록한 것이었다. 봉독하고 어루만지며 차마 손에서 놓지 못하였다. 이 책은 우리 위양(渭陽, 외숙)[90]의 집에 소장하

서 혼인과 해산, 그리고 장례 등에 관한 미신적 행동을 타파하는 것을 내용으로 하고 있다. 속담에 "중이 팔양경(八陽經)을 뜻도 모르면서 공연히 소리내어 읽는다."라고 하는 것이 있다.

90 위양(渭陽, 외숙) : ≪시경≫ <진풍(秦風)>의 위양(渭陽)은 조카가 외삼촌을 배웅하며 작별의 아쉬움을 표현한 시이다. 이 시는 진(秦) 강공(康公)이 진(晉) 문공(文公)을 전송하며 어머니를 그리워하는 마음을 담고 있다.

고 있었으니, 선군자의 필적이 우연히 있게 된 것은 이상하지 않다고 생각하였다. 책의 끝에 '을묘(1855) 2월 15일 현토를 마침. 이때 선석사에 있었음.(乙卯二月十五日 懸吐終 時則在禪石寺也)'이라는 17자가 있었다. 오호라! 세월이 흐른 것이 30여 년인데 불초자가 또 이 책을 이 절의 뒤편 암자에서 읽는데, 달도 서로 비슷하고 날도 가까우니 참으로 우연이 아니다. 이미 감동하고, 또 배움이 늦고 둔하고 못난 내가 가정을 잘 다스리지 못하니 이것이 두렵다. 이를 일기에 기록하여 스스로 경계하고 두려워한다.

2월 13일, 승려 용성과 법담을 나누다

맑음. 형님[91]과 종숙부님이 저녁 무렵에 오셨다. 재빨리 나가서 절하고 맞이하였다. 온 집안의 안부를 여쭙고, 승려를 불러 저녁밥을 올렸다. 식사를 마친 후 용성(龍成)과 함께 법담(法談)을 나누는 자리를 가졌다. 인도하는 법어(法語) 한 소절을 들으니 참으로 선가(禪家)의 청정한 즐거움이었다.

<반경지고(盤庚之誥)>를 읽기 시작하였다.

2월 14일, 여러 불상을 살펴보다

맑음. 장 군과 재봉이 종숙과 형님을 모시고 큰절로 내려갔다. 용성(龍成)이 따랐는데, 여러 불상을 두루 살펴보았다. 향주(香周)를 불러 보고, 함께 절의 문을 나섰다. 종숙은 집으로 돌아가시고 형님은 각산으로 갔다. 나와 장 군은 암자로 올라왔다. 쾌옥(快玉)과 성민(性玟)이 읍에서 돌아왔다. 향주(香周)가 구운 김을 아래위로 잘라서 선물로 재봉에게 보내주었는데, 모두 고마운 마음을 가졌다.

91 형님 : 정재설(鄭在卨, 1854~1896)을 말한다. 그의 자는 은로(殷老), 호는 노하(老下)이다.

승려 덕기(德琦)도 용성(龍成)의 제자였는데 동화사(桐華寺)에서 와서 살면서 아울러 공양간에서 음식하는 일을 돕기로 하였다.

2월 15일, 저녁에 발을 삐다

흐리다가 저녁에는 비와 눈이 번갈아 내렸는데 밤이 새도록 그치지 않았다. 향주(香周)가 떠난다고 인사를 하였다. 내가 말하기를,

"여기서 금오산까지 거리가 20리이니 계속하여 볼 수 있겠지요?"

라고 하였다. 그가 말하기를,

"감히 명령을 따르지 않겠습니까?"

라고 하였다. 저녁 후에 발을 삐었는데, 승려들에게 번갈아 주무르게 하였다. 다음 날 아침이 되니 조금 나았다.

2월 16일, 걸립패들이 절에 오다

비. 도리(闍梨)[92] 승 13인이 와서 용성(龍成)에게 문안을 여쭈었는데, 곧 용연사(龍淵寺)의 걸군(乞軍)[93]이었다. 30여 명이 지금 큰절에 머물러 있다고 한다.

2월 17일, 배움은 일상에서 벗어나지 않는다

맑음. 이전의 부목(負木)[94] 사문(士文)이 와서 향주(香周)에게 문안을 하였

92 도리(闍梨) : 절에 들어가 승려가 된 총각을 높여 부르는 말이다.

93 걸군(乞軍) : 걸립(乞粒)패를 이르는 말로 추정한다. 걸립패는 굿패를 꾸미어 집돌이를 하며 돈과 쌀을 걷는 굿패를 말한다. 조선후기에는 전문적인 놀이패들로 조직되어 집집마다 다니며 고사를 지내주고 돈과 쌀을 받는 전문적인 걸립패들도 나타났다.

94 부목(負木) : 절에서 땔감을 담당하는 승려를 지칭하는 용어로도 사용되었다. 불목지기(不木只器), 시두(柴頭), 화목한(火木漢)이라 부르기도 한다.

다. 부(府)의 남녀가 날을 정하여 암자에 제를 올렸다. 성민(性玟)이 읍에 가서 나물과 과일 여러 가지를 사서 왔다. 재(齋)을 올리는 사람 이태인(李泰仁)이 와서 보고 말하기를,

"저는 아전인데, 일찍 배움을 잃었습니다. 신유(辛酉, 1861)년에 태어나 ≪대학(大學)≫을 읽기 시작하였는데,[95] 어찌 감히 글짓기를 바라겠습니까? 일상에서 사용할 수 있을 정도가 되기를 바랍니다."

라고 하였다. 내가 말하기를,

"배움은 본래 여기에 그치는 것이네. 일용을 벗어나 어찌 문사(文辭)라고 할 것이 있겠는가?"

라고 하였다.

2월 18일, 이태인이 재봉에게 글씨를 배우다

비. 이태인이 재봉을 만나서 글씨 쓰는 것을 배웠다. 그의 옆에서 글 한 줄을 썼는데 글자에 법도가 있었다.

2월 19일, 승려 성문이 발원문에 대한 시주금을 요청하다

흐리고 흙비 오다. 태인과 부(府)의 사람들이 함께 돌아갔다. 약사암(藥師菴) 승려 성문(聖文)이 발원문을 가지고 와서 각자 시주금 10문을 요청하였다. 재봉이 반을 주었다.

95 신유 …… 시작했는데 : 원주에 '生辛酉부터 大學까지는 의심스럽다(生辛酉至大學可疑)'라고 하였다. 문맥이 어색하기 때문이다. '신유년에 태어났으며, ≪대학≫도 제대로 읽지 못했는데' 정도로 이해하는 것이 좋겠다.

2월 20일, 〈열명〉 상·중을 읽기 시작하다

흐리고 가끔 맑음.

<열명(說命)> 상 중을 읽기 시작했다.

2월 21일, 승려 영수 편에 집으로 편지를 부치다

바람 불고 눈이 내림. 승려 영수(永壽)가 해인사로 심부름 가는 길에 집에 편지를 부쳤다.

2월 22일, 〈열명〉 하를 읽다

바람 불고 비가 내림.

<열명(說命)> 하편에서 고종융일(高宗肜日)까지 읽었다.

2월 23일, 맑다

맑음.

2월 24일, ≪상서≫ 읽기를 마치다

맑음. 영수(永壽)가 그의 사형 인기(仁琦)와 함께 해인사에서 왔다. 이에 집에서 부친 편지를 받았다.

<서백감려(西伯戡黎)>에서 <미자(微子)>까지 읽었다. ≪상서(尙書)≫를 마쳤다.

2월 25일, ≪서경≫ 마지막 편을 빌려오다

맑음. 인기(仁其)를 각산(角山)에 보내어 ≪서경(書經)≫ 마지막 편을 빌려

왔다. 장 군은 ≪소학(小學)≫을 마쳤다.

2월 26일, 내종의 집안에 천연두가 만연하다

맑음. 일꾼 한 사람이 각산에서 와서 내종의 편지를 전해주었다. 집안에 천연두가 만연하니 직접 올 수 없다고 여러 번 말하였다.

2월 27일, 서책과 이부자리를 부치다

맑음. 돌아가신 어머니 제삿날이 가깝다. 서책과 이부자리 등을 성민(性玟)이 편에 부쳤다. 일찍 밥을 먹고 장 군과 재봉이와 함께 하산하였다. 여러 승려들이 암자 문 밖까지 전송해주었다. 정오 무렵 명간(明澗)에 도착하여 매제와 회포를 풀며 술을 마시고 밥을 먹었다. 드디어 대산령(大山嶺, 대실령)으로 나아갔는데 재봉이 몹시 지쳐서 나서지 못했다. 몇 리를 가서 바라보니 마을 밖 숲이 점점 가까워졌다. 나도 모르게 고개를 들고 걸음을 재촉하였다. 지나는 길에 큰 집에 여러 종조부와 종숙부와 집안 형님들이 모두 계시므로 두루 안부 인사를 드리고 집으로 왔다. 도연명(陶淵明)이 이른바 '기쁘게 정담을 나누었다.[96]'라는 것이 이것이 아니겠는가? 나도 피곤하여 베개를 베고 누워서 앓았다.

2월 28일, 집으로 돌아와 가묘에 배알하다

맑음. 일찍 일어나 가묘(家廟)에 배알하고 물러 나와 아들과 조카들의 학업을 살펴주었다. 명간(明澗)에서 제사에 쓸 고기와 쌀을 보내왔다.

96 기쁘게 정담을 나누었다 : 도연명의 <귀거래사(歸去來辭)>에 '친척 이웃들과 기쁘게 정담을 나누고(悅親戚之情話)'라는 구절이 나온다.

2월 29일, 고헌 어르신께 ≪서전≫과 ≪소학≫의 의문처를 질문하다

맑음. 새벽에 제사를 지내고 밥을 먹은 후에 양정(陽亭)에 내려가서 고헌(顧軒) 어르신께 안부를 여쭙고 ≪서전(書傳)≫과 ≪소학(小學)≫에서 의문 나는 뜻을 물었다. 사종제 재관(在寬)이 나를 따라가겠다고 약속했었는데, 그 사람이 빙가(聘家)를 맞이하는 일 때문에 재선(在善)이 지금 나를 따라가겠다고 한다.

3월 1일, 비가 내리다

비.

3월 2일, 재봉과 명간에 투숙하다

맑음. 오후에 종숙부가 재선(在善)을 데리고 묵산(墨山)으로 가고, 나와 재봉은 명간(明澗)에 투숙했다. 다음날 암자에서 만나자고 약속했다.

3월 3일, 두통으로 밤새 앓다

흐림. 장중문(張仲文)은 매형의 종형인데, 가곡(家谷, 집실)에서 와서 자리를 함께 하자고 부탁하였는데 거절할 수 없었다. 매형은 지금 ≪맹자(孟子)≫를 시작하였는데 책이 없어서 편지를 써서 큰집에 사람을 보냈다. 오후에 네 사람이 나란히 지팡이를 짚고 가서 저녁에 암자에 도착했다. 승려가 나와서 맞이하고 이어서 저녁밥을 내어왔다. 두통 때문에 밤이 새도록 앓았다.

3월 4일, 〈태서〉를 읽기 시작하다

흐리고 가끔 비. 영수(永壽)와 인기(仁琦)가 스승을 위하여 해인사로 가는 길에 편지를 써서 집에 부쳤다. 중문(仲文)이 종숙을 모시고 묵산(墨山)에서 왔다. 명간(明澗) 사람이 중문의 책상자와 빌린 ≪맹자(孟子)≫ 책을 싣고 왔다. 종숙부가 묵산으로 돌아갔다. 용성(龍成)과 그 제자 혜주(惠珠, 쾌옥)가 읍에 갔다.

<태서(泰誓)>를 읽기 시작했다.

3월 5일, 거처하는 곳이 좁아 상방을 터다

흐림. 중문(仲文)은 <만장(萬章)>편을 읽고, 매형은 <양혜왕(梁惠王)>편을 배웠다. 헌문(憲文)은 ≪소학(小學)≫을 배웠고, 재봉(在鳳)은 하던 과제를 계속했다. 거처하는 곳이 좁아서 상방을 터서 나누어 독서하였다.

3월 6일, 동자가 ≪통감≫과 ≪사기≫를 가지고 오다

맑음. 동자 두 사람이 큰절에서 ≪통감(通鑑)≫과 ≪사기(史記)≫를 가지고 왔다. 한 사람은 부상(扶桑)[97]에 사는 서만봉(徐萬鳳)인데 그의 부모님이 장수를 빌며 그를 승려께 맡긴 것이었다. 나이는 11세인데 단정하고 총명하였다. 한 사람은 재준(再俊)이라는 도리(闍梨, 승려)인데 나이가 15세이다. 함께 공부거리를 받아서 물러갔다. 향주(香周)가 와서 재봉을 보고 허리에 차는 주머니 한 개와 미역 네 줄을 주었다. 전날 음식을 보내준 고마움에 대한 답이었다. 명간(明澗)에서 등불 기름과 멍석[孟席]과 차조빗자루[秫篲]와 반찬 도구가 왔다. 부(府)의 여인 4명이 제를 올린다며 유숙했다. 용성(龍成)이 읍에서 돌아왔다.

97 부상(扶桑) : ≪성산지≫ 권1에, "[읍기에서] 북쪽으로 대야현(大也峴)을 넘으면 대마시장(大馬市場)의 초전면사무소를 지나 부상(扶桑)의 김천 경계에 닿는데, 70리를 가면 곧장 김천역에 닿는다."라고 하였다. 현재의 경상북도 김천시 남면 부상리에 해당한다.

3월 7일, 비가 내리다

비.

3월 8일, <태서> 중·하편에서 <목서>까지 읽다

흐림. 부(府) 여인이 돌아갔다. 성민(性玟)이 일이 있어서 함께 갔다. <태서(泰誓)> 중편에서 하편, <목서(牧誓)>까지 읽었다.

3월 9일, 은암 어른께 답장을 쓰다

흐림. 현풍(玄風) 사람 전사인(全士仁)이 와서 묵었다. 용성(龍成)이 글을 도와달라고 요청하였기 때문이다. 용성이 그가 오래 머물러야 하는 것을 고민하다가 나에게 와서 부탁하였다. 어쩔 수 없이 승낙하고 응해주었다. 중문(仲文) 집 심부름꾼이 양식을 지고 왔다. 은암(隱巖) 어른[98]이 나에게 편지를 보내왔기에 답장을 썼다.

3월 10일, 기이한 차림의 처사를 보다

맑음. 성민(性玟)이 읍에서 돌아왔다. 한 처사가 몸에는 두루마기를 입고 목에는 염주를 두르고 머리에는 조건(造巾)을 썼는데 두건이 대단히 괴이하고 비루하였다. 제군들이 입을 막고 요절복통하지 않음이 없었다. 용성(龍成)이 말하기를,

"처음에는 승려였는데 중간에 속인으로 물러나 마침내 이 꼴이 되었습니다."

라고 하였다. 내가 말하기를,

98 은암(隱巖) 어른 : 은암(隱巖)이라는 호를 가진 사람으로 보이나 누구인지 알 수가 없다.

"한 사람의 몸에 세 가지 변화가 있군요."
라고 하였다.

3월 11일, 기이한 행자승 한 사람을 만나다

맑음. 행자승이 수염과 눈썹이 모두 하얗게 세었는데 지팡이를 끌면서 왔다. 용성(龍成)에게 절한 다음 나에게 왔다. 내가 용성(龍成)에게 물으니 말하기를,

"본래 호남 남원 사람으로 기질이 뛰어나고 정신이 빼어나 시장에서 장사를 하기도 하고 승려에게 의탁하기도 하다가 결국에는 행자승이 되어 숨었으니, 이것도 평범한 사람이 하지 못할 것입니다. 나이가 이제 예순 하나가 되어갑니다."
라고 하였다.

<무성(武成)>을 읽었다.

3월 12일, 진암당의 재일에 사람들이 모이다

맑음. 돌아가신 승려 진암당(鎭菴堂)의 재일(齋日) 때문에 성민(性玟)이 읍의 시장에서 가서 나물과 과일을 샀다. 승려로 해인사에서 온 자가 둘이고, 속인으로 작촌(鵲村)에서 온 사람이 셋인데, 속인은 그의 조카와 손자였다. 향주(香周)도 금오산에서 왔다.

3월 13일, 거처가 좁고 인원이 많아 불편하다

맑음. 승려들이 재(齋)를 올리고 남은 떡과 과일을 주었다. 중문(仲文)의 동생이 책상자를 지고 도착하였다. 거처가 좁고 인원이 많았으므로 과업(課業)에 매우 방해가 되었지만 이것도 거절할 수 없었다. 이어서 가곡(家谷, 집

실) 사장어른께 답장을 썼다.

3월 14일, 〈홍범〉을 읽기 시작하다

맑음. 서울에 사는 이영배(李榮培)가 자신을 교리(校理) 이영숙(李榮肅)의 동생이라고 말하며 용성(龍成)을 방문하고 이어서 면식이 없는 처지에 나에게 서울 소식과 지나온 길을 대충 이야기했다. 문아(文兒)[99]는 그의 누이와 약속이 있다면서 오후에 묵산으로 내려갔다.

<홍범(洪範)>을 읽기 시작하였다.

3월 15일, 부의 여자가 재를 준비하다

맑음. 부(府)의 여자와 인동(仁同)에 사는 시주가 차례대로 재(齋)를 준비했다.

3월 16일, 노부인이 읍에서 오다

맑다가 가끔 흐림. 문아(文兒)가 돌아왔다. 성민이 부(府)의 여자들과 함께 가고, 또 두 사람의 노부인이 읍에서 왔다. 풍채가 빛나고 깨끗하였는데, 그 가운데 한 사람은 곧 옛 이방[100] 류(柳)의 처였다. 늦도록 손자를 안지 못하여 지금 재(齋)를 크게 올리는데, 주지 승려와 미리 와서 의논하였다고 한다. 그 노부인이 나에게 담배를 빌리면서 말하였다. 여러 해 전 해인사 가는 길에 대가(大家)의 집안 법도를 보았는데 지금도 잊지 못한다고 하였다. 그 말이 매우 조심스럽고 너그러웠으니 부(府)에서 온 여자와 같은 부

---

99 문아(文兒) : 정재기의 매형 장창현(張昌鉉)의 셋째 아들 준문(浚文)일 수도 있지만 명확하지 않다.

100 이방 : 원문에는 수리(首吏). 이방은 지방 아전의 대표자로서 이렇게 불렸고, 호방(戶房)·형방(刑房)과 함께 3공형(三公兄)으로 통칭되어 지방행정의 실권을 장악하였다.

류가 아니었다.

3월 17일, 승려 성민 부친의 감동적인 편지를 읽다

맑음. 부(府)에 사는 이(李)씨 성을 가진 이가 와서 여러 날 유숙하다가 낮에 재(齋)를 올리고 갔다. 승려 경오(璟旿)가 풍기(豐基) 명봉사(鳴鳳寺)에서 와서 성민(性玟)에게 집의 편지를 전해 주었다. 성민(性玟)의 집은 풍기(豐基) 독죽동(獨竹洞)에 있다고 한다. 성민이 출가한 이래로 그 아버지가 산과 들로 두루 찾아다니다가 3년이 지나서 비로소 그의 행적을 듣고 편지를 하였는데, 편지글에는 자식이 돌아오기를 기다리는 부모[101]의 간절함과 찾아다니며 겪은 고생과 은혜가 무겁다는 책망이 있었다. 읽는 자가 눈물을 흘리기에 충분하였다.

3월 18일, 승려 성민이 부친의 편지를 읽고 눈물을 흘리다

맑음. 혜주(惠珠)에게 성민(性玟)을 불러오게 했다. 성민이 돌아와 부친의 편지를 보았다. 흥건히 땀을 흘리며 눈물을 줄줄 흘리니, 이것도 측은한 마음을 일으키는 것이었다. 큰집 종숙(從叔)이 명간(明澗)을 거쳐 왔다. 자리하여 두 곳의 안부를 전해주었다. 보령단(保靈丹)[102] 한 제를 재봉(在鳳)에게 주고 내일부터 복용하기 시작하라고 일렀다. 잠시 후 명곡(椧谷, 홈실)으로 가셨다. 그 집의 상기(祥期)가 다가왔기 때문이었다.

3월 19일, 명간에서 한글 편지가 오다

맑음. 성민(性玟)이 가을에는 찾아뵙겠다는 뜻으로 편지를 써서 경오(璟

101 자식이 …… 부모 : 원문의 '의망(倚望)'은 의려지망(倚閭之望)의 줄임말로 문에 기대어 자식이 돌아오는지를 바라본다는 뜻이다.
102 보령단(保靈丹) : 여러 가지 독(毒)을 치료하는 데 쓰이는 한약이다.

昨)가 돌아가는 편에 부쳤다. 아마도 중한 것은 스승에 있었던 것 같다. 혜주(惠珠)가 읍에서 돌아왔다. 이(李) 모도 따라왔다. 까닭을 물으니 혜주(惠珠)가, 그 사람은 관책(官責) 때문에 피신하여 숨으려고 여기에 왔다고 하였다. 동자 4인이 혜주(惠珠)와 함께 왔다가 오시(午時, 낮12시)에 돌아갔다. 중문(仲文)의 집 종이 명간(明澗)의 한글 편지를 가지고 왔다. 답장을 썼다.

3월 20일, 오후에 매형과 각산으로 가다

맑음. 이날은 곧 외할머니와 외삼촌의 재(齋)를 지내는 날이다. 오후에 매형[장창현(張昌鉉)]과 각산으로 내려갔다. 둘째 외삼촌[장승택(張升澤)]을 뵈었는데 둘째 외사촌[장상비(張相飛)]이 마음에 병이 나서 행동거지가 보통 사람과 달랐다. 걱정하면서 막 ≪의감(宜鑑)≫[103]을 보고 있었다. 대가(大家)에 이르러 내종(內從, 외사촌)과 회포를 풀었다. 마침 집 형님이 왔다. 대개 임은(林隱)[104]에 위문가는 길에 겸하여 제사에 참석하려는 것이었다.

3월 21일, 비에 막혀 머물다

비에 막혀 머물렀다.

3월 22일, 내종이 나들이를 준비하다

맑음. 일찍 셋째 외삼촌[장규택(張奎澤)] 집에서 밥을 먹고, 집의 형님[정재설(鄭在卨)]은 임은(林隱)으로 가고 나와 매형[장창현]은 암자로 올라왔다. 내

103 ≪의감(宜鑑)≫ : 중국의 역사서로 ≪당의감(唐宜鑑)≫이라 하기도 한다. 송나라 인종(仁宗) 연간에 강휴복(江休復)이 지었다.

104 임은(林隱) : 경상북도 선산군 임은(林隱)으로, 현재는 경상북도 구미시의 남부에 있는 임오동(林吳洞)에 속한다.

종(內從, 외사촌)이 나에게 말하기를,

"내가 너무 바쁘고 걱정에 싸여, 한 번도 음식을 크게 차려 선방에서 고생하는 사람을 배불리 먹이지 못했네. 내가 자네를 위하여 청유(淸遊, 나들이)를 준비하려는데 드는 비용 가운데 그대는 반을 부담할 텐가?"

라고 하였다. 나는

"좋습니다."

라고 하였다. 불인(佛隣) 고개를 지나서 큰절에 들어갔다. 도리(闍梨) 승 여러 명이 나와서 맞이해 주었다. 그 스승은 일이 있어서 산을 내려갔다고 한다. 사시(巳時, 오전 9~11시 사이)가 되어서 암자에 도착했다. 중문(仲文)은 입이 헐고 문아(文兒)는 눈썹에 종기가 나서 모두 학업에 매진하지 못하겠다고 한다. 문아의 양식과 반찬이 묵산에서 왔다.

3월 23일, 사돈이 음식을 갖고와 나누어 먹다

맑음. 3민(緡)의 돈을 마련하여 편지를 써서 각산에 보내어 비용으로 사용하도록 하였다. 성민(性玟)에게 심부름을 시켰는데, 돌아와서 말하기를,

"이번에 가서 사군자(士君子)의 사랑을 많이 입었으나 술과 고기를 먹게 하여 놀림을 면하지 못하였습니다."

라고 하였다. 내가,

"못난이같이 어찌 마음을 상해하느냐? 너를 놀린 것은 너를 사랑하기 때문이다."

라고 하였다. 내종(內從)의 편지를 열어보니,

"불인촌(佛隣村)은 큰절의 동쪽에 있는데 그곳과 이곳의 중간에 있는 맑은 시내와 울창한 숲은 술 마시고 시 읊을 만하다. 내일 함께 가자."

라고 하였다. 명간(明澗)의 사장어른이 양식과 반찬과 한 소쿠리의 떡을 신

고 와서 승려들과 나누어 먹였다. 허(許), 이(李) 두 서생은 큰 절에 머물고 있었는데 찾아와서 저술(著述)을 요청하기에 없다고 거절하였다.

3월 24일, 불인촌으로 가서 시회를 열다

맑음. 제군과 함께 불인(佛隣)에 갔다. 마침 암자 문밖 수십 보를 나갔을 때 종 한 명이 말을 끌고 오는 것을 보고 놀라서 물었다. 둘째 집 종숙이 지금 여질(沴疾, 콜레라)에 걸려 여러 날 다급한 상황이라고 하며 문아(文兒)를 불러 돌아가고자 했다. 이어서 상사(上舍, 진사) 종숙(從叔)의 편지를 보니, 나와 재봉(在鳳)이는 꼭 돌아오지 않아도 된다고 하는 종조부(從祖父)의 신신당부가 있었다. 그래서 큰절에 들어가 승려를 불러 밥을 지어 억지로 문아에게 먹이고 절문 밖으로 나가서 보냈다. 참으로 울적하고도 서글프다.

모임에 갈 마음이 없었는데 음식이 이미 차려졌고 모이는 사람들도 이미 왔을 것을 생각하고 게다가 제군(諸君)들의 강권도 있어 절에서 동쪽으로 갔다. 불인촌(佛隣村) 뒤를 올라 고개의 동쪽을 멀리 바라보니 관동(冠童) 열 명이 줄지어 왔다. 외삼촌과 내종(內從) 형제 3인, 우주(于洲) 서덕일(徐德一), 장성립(張聖立), 척숙(戚叔) 권사문(權士文), 동자(童子) 차갑(次甲)과 조갑(祖甲) 그리고 장성립의 조카 장원술(張元述)이었다. 인사를 마치고 마을 밖 계정으로 가니 개를 잡고 술을 가져오고 자리를 깔아서 기다리고 있었다. 집의 형님[정재설(鄭在卨)]은 임호(林湖)[105]에 모임 약속이 있어서 이 자리에 오지 못하였다. 여러 벗들이 아쉬워하지 않는 이가 없었다. 술이 세 순배가 돌고 운자를 내어 함께 시를 지었다.

105 임호(林湖) : 경상북도 구미시 도개면 월림리에 속하는 자연부락의 이름이다.

春光冉冉鎭山東	봄빛은 아련히 진산의 동쪽으로 펼쳐지는데
惟有孤僧起居同	오직 외로운 승려가 있어 기거를 함께 하네
前宵燈借更生月	전날 밤에는 등불을 빌려 갱생의 달[106]을 보고
半日身登禦寇風	반나절 몸소 올라가며 열자의 바람[107]을 쐬네
客夢初回芳草際	객의 꿈은 방초 우거진 곳으로 처음 돌아오고
禪鍾忽落白雲中	선석사 종소리는 흰 구름 속으로 홀연히 내려앉네
此會綢繆無限意	이 모임은 끝없는 의취(意趣)를 엮어내니
參差木筆寫澄空	삐죽삐죽한 나무 붓은 맑은 하늘에 글을 쓰는 듯하네

— 성재(省齋)

緣君留約晩來東	그대와의 약속으로 늦게나마 동쪽에 왔으니
身是居閒石木同	몸은 한가하게 살지만 목석과 한 가지라네
人事傷心芳草雨	인간사 상심할 때 방초에 비 내리고
天時如夢落花風	시절은 꿈 같은데 꽃 지는 바람 부네
群山歷亂浮雲外	산들은 구름 밖에 어지러이 펼쳐있고
遠水縈廻落照中	먼 물길은 낙조 중에 휘돌아 흐르네
一醉未醒春又暮	술이 깨지 못하였는데 봄은 또 저물고
塵愁萬斛散遙空	수심이 만 섬이라도 먼 하늘로 흩어버리겠네

— 우주(于洲)

106 갱생의 달 : 갱생(更生)은 한(漢) 나라의 학자 유향(劉向)의 본명(本名)이다. 갱생처럼 달을 관찰했다는 뜻으로 이해된다.

107 열자의 바람 : 겨드랑에서 날개가 돋아 바람을 타고 날아다니는 신선이 된 듯하다는 말이다. 어구(禦寇)는 열어구(列禦寇)로, 열자(列子)의 이름이다.

山僮煖酒石林東	산동이 술을 데우는 석림의 동쪽에
辦得茲遊昨約同	이 모임 마련함은 지난 약속을 함께 하기 위함이라네
晝閴遙傳雲裡磬	낮은 고요한데 멀리 구름 속 경쇠 소리 들려오고
春寒猶愛澗邊風	봄 날씨 차가워도 시냇가 바람이 오히려 사랑스럽네
白衲僧歸芳草外	백의 납자는 방초 밖으로 돌아가고
靑藜客踏落花中	청려장 나그네는 떨어진 꽃을 밟고 가네
更向孤菴搜絶勝	다시 외딴 암자로 멋진 경치 찾아가니
數聲啼鳥夕陽空	몇 마리 울음 우는 새는 석양 중에 날아가네

— 소국(小菊)

幾年談道隱墻東	몇 년이나 도(道)를 논하며 담장 동편[108]에 숨어지내다가
芳草長堤勝宴同	긴 제방 방초 피어난 때에 훌륭한 연회 자리에 동참했네
酒到三巡然後醉	술은 세 순배 돌아간 이후에야 취하고
談窮千古以前風	이야기는 천고 이전의 풍습을 다하였네
歸心初望靑山外	돌아가고 싶은 마음에 처음에는 청산 밖을 바라보지만
尋眞更入白雲中	진리를 찾아서 다시 흰 구름 속으로 들어가네
多謝諸君勤用意	제군들의 부지런한 마음 참으로 고마워하며
强括詩腸不覺空	마음 속 텅 빈 줄 모르고 억지로 시를 짜내네

— 최(崔)

108 담장 동편 : 성(城)의 담장 동쪽으로, 깊은 산속으로 들어가지 않고 시정(市井)에서 은자처럼 사는 것을 말한다. 중국 동한(東漢)의 왕군공(王君公)이 난리 통에도 시내를 떠나지 않고 소 매매의 거간을 하면서 숨어 살자, 사람들이 '피세장동왕군공(避世牆東王君公)'이라 불렀던 고사를 인용한 것이다.

勝日尋芳峽以東　좋은 날 꽃을 찾아 골짜기 동쪽으로 와서
偶然筇屐與君同　우연히 지팡이 짚고 제군들과 함께 했네
千疊雲煙藏別界　천 겹 구름 속에 별천지를 감추고
數株楊柳帶番風　몇 그루 버들은 바람에 나부끼네
詩語團圓樽酒裡　시어는 술 자리에서 단란하고
鍾聲來自碧山中　종소리는 푸른 산속에서 들려오네
昭光似解遊人意　햇살은 유객의 마음을 아는 듯이
留得殘蘂未全空　지는 꽃잎 남겨두어 완전히 없어지진 않았구나

— 중문(仲文)

점심을 먹고 다시 불인촌 뒤로 올라가서 제공들과 헤어졌다. 내종인 소국(小菊), 서우주(徐于洲), 최척숙(崔戚叔), 조갑(祖甲)은 데리고 돌아왔다. 다시 큰절을 지나면서 승려 벽담(碧潭)의 방에 들어가서 허 생(許生)과 이 동(李童)이 지은 벽상시(壁上詩)를 보았다. 포시(晡時, 오후 4시)가 되어서야 암자에 도착했다. 용성(龍成)이 나와서 맞이하면서,

"불인(佛隣)에서의 놀이는 즐거웠습니까?"

라고 하기에, 나는,

"소선(蘇仙, 소식)의 맑은 놀이에는 도사(道士)가 왔었지만 오늘의 모임에는 존사(尊師)께서 맞아 주셨으니, 그 일은 같은 경우입니다. 그러니 '꿈인가 아닌가?'[109]라는 소식의 말과는 도리어 무게가 다릅니다."

라고 말하였다. 우주(于洲)가 말하기를,

109 꿈인가 아닌가 : 소식의 <후적벽부>에는 꿈에 도사가 나타나 적벽의 놀이가 즐거웠는가 묻는 구절이 있다. 그러므로 이 글에서는 꿈속에 도사가 나타나 즐거웠는가를 묻는 적벽의 놀이보다 현실에서 용성이, 놀이가 즐거웠는가를 물어주는 것이 더 낫다는 말이다.

"선사의 높은 명성을 들은 지 오래되었는데 다행히도 반나절의 한가함을 같이 할 수 있었습니다."

라고 하였다. 선사가 말하기를,

"저를 이야기 한 사람이 지나쳤습니다."

라고 하면서 나를 돌아보고 웃었다. 성민(性玟)에게 물어 말하기를,

"일로 읍에 갔다가 서로 낙담하였지?"

라고 하였다. 혜주(惠珠)를 시켜서 한 동이 술을 사오게 하고, 설법을 들으면서 밤에 시 한 수를 지었다.

點綴春星帶樹微　점점이 박힌 봄날의 별은 가지에 희미하게 걸렸고
老僧洗鉢碧泉飛　노승은 떨어지는 푸른 샘물에 발우를 씻네
殘雲護石當簷繞　옅은 구름은 바위를 덮고 처마를 에워싸는데
流水濺花穿竹歸　흐르는 물은 꽃을 적시고 대숲을 뚫고 가네
楊柳千絲深佛宇　천 가닥 버들가지는 불전 깊이 하늘거리고
桃花萬片點人衣　만 떨기 복사꽃은 사람들 옷에 점점이 떨어지네
此生圓果逢君說　이 생은 원만한 과보로 그대의 설법을 만났으니
山夜閒閒息衆機　산사의 밤은 한가로워 모든 생각을 쉬게 하네

— 우주(于洲)

一路孤菴入翠微　외딴 암자로 가는 한줄기 길은 푸른 산빛 속으로 들고
身留半偈出塵飛　나는 반게(半偈)[110]를 짓노라고 세속 밖으로 벗어났네
鍾殘人對山花醉　남은 종소리에 사람은 산 꽃을 마주하여 취하고

110 반게(半偈) : 게는 본디 불가의 찬송사(贊頌詞)로서 보통 사구(四句)를 일게(一偈)로 삼는데, 여기서 반게라고 한 것은 곧 자기의 시(詩)를 겸사(謙辭)로 일컫는 말이다.

橋斷僧尋別逕歸　끊어진 다리에 승려는 다른 길을 찾아 돌아가네
半日參禪談妙法　반나절 참선에 미묘한 법담을 나누고
孤村賒酒典春衣　외딴 마을에 봄옷을 잡히고 술을 사왔네
芳草湖山無限意　녹음방초 우거진 자연은 의취가 무궁하고
龕燈就睡頓忘機　감실 등불은 꺼지려 하는데 문득 기심(機心)을 잊었네

— 소국(小菊)

夕陽迎客語玄微　저녁 햇살에 손님 맞아 현묘한 이치를 말하고
遠樹依依獨鳥飛　멀리 나무는 바람에 흔들리고 새 한 마리 날아가네
芳草湖山佳句得　녹음방초 우거진 산수에서 좋은 시구를 얻고
落花天地惜春歸　꽃 지는 천지에 봄이 가는 것을 아쉬워하네
名區可愛流雲水　이 명승지의 흐르는 구름과 물이 사랑스러우니
勝會何放入緇衣　이 좋은 자리에 중이 끼어도 무슨 방해 되리
夜靜山房巡酒煖　고요한 밤 산방에 따뜻한 술 한 순배 돌아가니
參儒學佛未知機　유불을 함께 배우며 기심(機心)을 알지 못하네

— 승려 용성(龍成)

呼兒沽酒暮春風　늦은 봄바람 부는데 아이를 불러 술을 사서
弟勸兄酬山水中　산수 속에서 동생이 권하고 형이 다시 권하네
山房偈破孤僧夢　산방에 게송 그치자 승려는 잠들고
夜久詩燈一點紅　깊은 밤 시 짓는 등불 한 점이 붉구나

— 장군(張君)

春衣始試立山風　봄옷 입고 비로소 산속 풍광 속에 서 보고

盡日靑嵐酒氣中　하루 종일 푸른 이내가 취기 속에 있었네
把弄幽期須盡醉　좋은 모임 즐긴다면 마땅히 모두들 취해야지
晩來手折杜鵑紅　늦게 와서 손수 붉은 두견화를 꺾는다네

— 조갑(祖甲)

3월 25일, 승려 용성과 모임을 갖기로 하다

우주(于洲)가 내종(內從, 외사촌)과 함께 돌아가며, 나에게 말하기를,

"용성(龍成)은 승려 가운데 시를 잘하는 사람이니, 자네가 돌아가기 전에 다시 한번 이 암자에서 모임을 하는 것이 가능하겠는가?"

라고 하였다. 나는

"좋다."

라고 하였다. 집의 형님이 임호(林湖)에서 돌아와서, 어제 모임에 함께 하지 못한 것은 그 집에서 굳이 만류하여 그렇게 되었다고 하였다. 표종(表從, 고종사촌) 성필(成弼)이 나에게 편지를 했다. 중문(仲文)과 매형(妹兄)이 모두 건강이 좋지 못하여 집 형님과 함께 명간(明澗)으로 돌아갔다.

3월 26일, 승려 영수가 스승의 쌀을 훔치다

맑음. 인기(仁基)가 해인사에서 돌아와서 말하기를,

"영수(永壽)가 그 스승의 쌀을 훔쳤는데 일이 발각되어 도망갔습니다."

라고 하였다. 나는,

"사람이란 참으로 알기가 쉽지 않다. 그리고 도리(闍梨) 승이 이와 같다면 스승도 그 책임을 면하지 못할 것이다."

라고 하였다.

- 이하는 없어짐 -

도산일기

무술(戊戌, 1898, 성재 42세) 陶山日記

1월 24일, 천창에 유숙하다

맑음. 식후에 출발해서 천창(泉倉)[111]에 도착하여 유숙했다.

1월 25일, 성주를 배알하다

흐림. 용포(龍浦)[112]의 이사길(李士吉) 집에서 점심을 먹고 포시(晡時, 오후 4시)에 읍 주인(邑主人)[113]의 집으로 들어갔는데, 척숙 허형숙(許馨叔), 족숙 남건(南建) 씨, 친구 이맹로(李孟路), 친구 박우현(朴禹賢), 척(戚) 이경희(李敬熙)가 모두 있었다. 여사(旅舍)도 단란하여 또한 즐거웠다. 저녁 후에 성주(城主)께 나아가 배알하였는데, 산송(山訟)[114] 때문이었다. 몇 마디 말을 나누고 물러나왔다.

---

111 천창(泉倉) : 경상북도 성주군 가천면에 있다. 이 마을은 큰 냇물이 있어 토지가 비옥하고 넓어 나라에 바칠 곡식을 보관하는 큰 창고가 있었기에 '천창(泉倉)'이라 불리다가, 일제강점기에 '창천(倉泉)'으로 변경되었다.

112 용포(龍浦) : 성주군 대가면 용포동(龍浦洞)을 말한다. 1914년 군면 폐합 시 대가면에 편입된 지역이다.

113 읍주인(邑主人) : 조선 후기에 외읍(外邑)에서 진상(進上) 납부를 책임지던 사람을 지칭하는 용어이다. 각 군현의 진상물을 현물로 직접 납부하거나, 현물에 상응하는 쌀이나 포(布)로 감영이나 경각사에 대신 납부하는 역할을 담당했다. 주로 상인 출신이나 읍내 부유층 중에서 차출되었다. 무비인(貿備人) 또는 공물부로(貢物父老)라고도 불렸다.

114 산송(山訟) : 분묘 및 분묘 주변의 산지를 대상으로 하는 소송이다. 일명 '묘지 소송'으로, 노비·전답 소송과 함께 조선시대의 3대 사송(詞訟)의 하나이다.

1월 26일, 군수께 산송과 원행에 대해 말하다

비. 아침에 일어나 동헌(東軒)에 보내는 편지를 썼다. 비가 와서 가서 뵙지 못한다는 뜻을 알리고 또 강(姜)을 잡아달라고 요청하기 위해서였다. 명령없이 멀리 간 것이 지체되어 저녁 후에 통인(通引)[115]이 동헌의 편지를 가지고 왔다. 나는 또 답장을 써서 보냈다. 잠시 후 성주(城主, 군수)[116]께서 나오셨다. 산송(山訟)의 일과 원행(遠行)에 대하여 간략하게 말하였다. 용전(龍田) 숙부님이 마침 옷을 벗고 잠자리에 들었으므로 피하여 뵙지 않았다.

1월 27일, 송이열이 장씨의 일에 대해 말하다

맑음. 집에 편지를 써서 남건 씨에게 부치고 행장을 꾸려 길을 나섰다. 허(許) 척숙이 간단히 술상을 마련하여 이별했다. 부상점(扶桑店)에서 점심을 먹고 저물녘에야 작동(鵲洞)[117]에 도착했다. 송(宋) 어르신의 집에 묵었다. 석사(碩士) 송이열(宋而悅)은 석정(石亭)에서 이 동리로 와서 살았는데, 나와는 어린 나이에 헤어진 것이 거의 스무 해나 되었다. 서로 손을 잡고 매우 기뻐했다. 이어서 장씨(張氏)의 일[118]에 대해서 물어보고, 또 말했다.

"새해 전에 귀 집안에서 남산(南山)[119]에 답장한 것을 본 사람은 모두 훌

115 통인(通引) : 일반적으로 지방 아전의 말단으로 가장 많았으며, 관아에서 보고 업무나 인신을 맡아보는 등의 사환 업무를 담당했다.

116 성주(城主, 군수) : 허석(許禥, 1838~1911)으로 그의 호는 하촌(夏村) 혹은 갈천정(葛泉亭). 경상북도 김천시 개령면 동부리 출신이다. 1897년 5월에 성주군수로 부임하여 1899년에 교체된 인물로, 작자는 여러 차례 서신을 보낸 바 있다. 신경균의 후임으로 부임하여 1999년 ≪성주군읍지≫를 편찬하였다. 김천 청암사의 성명 각자에 그의 이름이 확인된다.

117 부상점(扶桑店) …… 작동(鵲洞) : '부상점'은 김천시 남면의 부상리(扶桑里)에 있었으며, '작동'은 김천시 아포면 봉산리(鳳山里)의 자연마을 중 하나이다.

118 장씨(張氏)의 일 : 한려시비(寒旅是非)를 말한다.

119 남산(南山) : 여헌 장현광은 남산에서 태어나 성장했으며, 그의 5대조인 장우(張俁) 때부터 인동 장씨 남산파가 남산 아래에 자리 잡았다. 남산은 인동현 인선방(仁善坊)에 있었으며,

륭하다고 칭찬하기를, 장씨(張氏)는 싸워보지도 못하고 패배한 것이라고 말할 수 있습니다."

1월 28일, 김천 봉곡에 투숙하다

맑음. 개녕부(開寧府)를 지나서 산태점(山汰店)에서 점심을 먹고 저녁에 봉곡(鳳谷)[120]에 투숙했다. 봉곡은 용전(龍田) 숙부님의 외가이다. 그 외사촌 동생 치삼(致三)의 대접이 매우 정성스러웠다.

1월 29일, 송씨의 여러 친구들과 장씨의 일을 논하다

맑음. 밥을 먹은 후 여러 송씨(宋氏) 친구들이 모두 모여서 장씨(張氏)의 일을 물었다. 또 사실과 전후 문적(文蹟)을 열람하고 분개하지 않은 이가 없었다. 말하기를,

"우리 고을 각 문중의 이름이 모두 있는데, 유독 우천 류씨(愚川柳氏)[121]만 빠졌으니 의아합니다. 만약 다시 고을 통문을 쓴다면 우리 문중에서는 의리에 있어 감히 거절할 수 없을 것입니다."
라고 하였다. 그곳에서 유숙하였다.

1월 30일, 상주의 통문 내는 일에 대해 논의하다

흐리고 추움. 탑동(榻洞)을 지나는 길에 친구 송화중(宋華仲) 집을 방문하였다. 어제 봉곡(鳳谷)에서 만났을 때 약속한 때문이었다. 송씨는 지금 그의

현재 경상북도 구미시 인동동에 해당한다. 이곳에 사는 인동 장씨를 남산파(南山派)라고 한다.

120 봉곡(鳳谷) : 경상북도 김천시 농소면 봉곡리를 말한다.

121 우천(愚川) : 낙파(洛坡) 류후조(柳厚祚)를 위시한 풍산 류씨(豊山柳氏)의 집성촌.

선조 우곡(愚谷)[122]의 유고를 정리하고 있었는데, 부록 중에 우리 선조[할아버지]의 만장(輓章) 7언 장편시가 있었다. 그런데 선조의 원집과 속집에 들어가 있지 않았으므로 베껴서 간직하였다. 잠시 후 술을 내어오면서 간절히 붙잡았다. 점심을 먹고 출발하였다. 10리를 가서 유천(酉川) 이성칠(李成七) 씨의 집[월간(月澗)의 후손]을 찾아가서 일의 전말을 대략 말하고 통문을 띄울 의사를 말하였다.

성칠(成七)이 말했다.

"우리 집에는 다만 <장씨변파록(張氏辨破錄)>은 있지만 <변무록(辨誣錄)>이라고 말하는 것은 보지 못했습니다. 지금 형의 말을 들으니 참으로 소문과 다릅니다. 만약 고을의 통문(通文)이 있다면 우리 문중에서 어찌 빠질 이치가 있겠습니까?"

그 때 한여(漢如) 씨[월간(月澗)[123] 후손]와 창석(蒼石, 이준)[124]의 주손이 자리에 있었는데 모두 다른 말이 없었다. 한여(漢如) 씨가 말했다.

"이시좌(李時佐 世叔)는 곧 나의 종제(從弟)로 꽤 문명(文名)이 있으니, 형이 물었던 시우(時宇)가 확실히 이 사람입니다."

이어서 5명의 이름을 기록하여 주었다.

저녁에 옥성(玉城) 승지 정천필(鄭天必) 영공 집에 도착했다. 주인 영공은

122 우곡(愚谷) : 송량(宋亮, 1534~1618)을 가리킨다. 본관은 여산(礪山). 자는 경명(景明), 호는 우곡(愚谷)으로 상주 출신이다. 후계(后溪) 김범(金範), 서대(西臺) 김충(金冲), 석천(石川) 김각(金覺) 등과 상주의 남촌(南村)에서 일찍이 학문을 열었던 인물이다. 상주의 효곡서원(孝谷書院)에 봉향되어 있으며, 저서로는 ≪우곡문집(愚谷文集)≫ 4권 2책이 있다.

123 월간(月澗) : 이전(李㙉, 1558~1648)의 호. 본관은 흥양(興陽), 자는 숙재(叔載), 호는 월간(月澗)으로 상주 출신이며, 류성룡(柳成龍)의 문인이다. 창석(蒼石) 이준(李埈)의 형이다. 저서로는 ≪월간선생문집(月澗先生文集)≫ 5권 4책이 있다.

124 창석(蒼石) : 이준(李埈, 1560~1635)의 호, 본관은 흥양(興陽), 자는 숙평(叔平), 시호는 문간(文簡). 류성룡(柳成龍)의 문인이다. 저서는 ≪창석집(蒼石集)≫ 원집 18권, 속집 8권, 14책이 있다.

곧 지난 해에 인산(因山, 장례)에 참석하였는데 돌아오지 않았고, 그의 부친 남평(南平) 어른이 나에게 말했다.

"무신(戊申, 1848)년의 일[125]은 내가 직접 목도한 일이네. 이 고을 도남(道南)의 통문이 발송되지 않고 우천 류씨(愚川柳氏)가 빠진 것은 자네는 분명히 모를 것이네. 그때 장씨(張氏)와 유촌(柳村) 사람 몇 명이 먼저 우천(愚川)에 도착해서 창기(倡起)했는데 고을 사람들은 모두 도남(道南)에 모여서 바야흐로 장씨의 일로 통문을 보내려고 할 때, 영공의 재종증조(再從曾祖) 어른(원영 元永)과 양정(陽亭) 사람 1명이 와서 한바탕 풍파가 일게 되었다네. 재종 종조 어른에게 우천 류씨(愚川柳氏) 존장(尊丈)의 수중에 있던 명첩(名帖) 종이를 빼앗도록 하니 류씨(柳氏) 젊은이들이 일제히 위협하며 소리질렀네. 모임이 드디어 깨어지고 일은 중지되었고, 상주의 통문이 불발된 것은 이 때문이라네. 도장(道狀)에 기록된 이 고을의 각 문중 명단은 곧 동당시(東堂試) 읍회(邑會)의 명단이지 이 고을 향회(鄕會)의 명단이 아니네. 우리 형님[伯氏]의 함자도 그 중에 있으니 우리 문중이 어찌 다른 의견이 있겠는가? 그러나 이번 통문에 내가 참여할 수 없는 것은 우천 류씨(愚川柳氏)가 우리 선조의 연보에 서애(西厓) 선생을 쓰지 않았던 일로 문중으로 편지를 보내 왔는데 말이 매우 과격하였네. 지금 서로 맞서고 있는 중이니, 이런 상황에서 어찌 남의 집 시비에 간섭할 수 있겠는가?"

내가 말했다.

"존문(尊門)의 일은 집에 있을 때에도 대략 들었지만 자세한 내용은 알

125 무신(戊申, 1848)년의 일 : 장씨(張氏) 수십 명이 회연서원 안으로 들어와 목판을 훼판한 일을 말한다. 이에 대하여 상주 사람 강시보(姜時甫)는, "지난 밤에 장씨(張氏) 댁 사람 수십 명이 서원 안으로 돌입하여 목판을 부수고 외양간으로 가서 여러 마리 말에게 곡식 한 섬을 다 먹였습니다."라는 종의 말을 전했다.

수 없었습니다. 감히 여쭙니다. 스승과 제자 사이에 선생이라고 호칭하지 않았던 것은 무엇 때문입니까?"

말하기를,

"연보는 곧 동춘당(同春堂, 송준길)[126]이 지은 것이네. 서중(西中, 노론) 선비들이 우리 남쪽[영남] 제현에 대하여 선생이라고 부른 적이 있는지 들어보았는가?"

라고 하였다.

또 계 이씨(溪李氏)의 일[127]을 물으니, 이렇게 말했다.

"이것은 곧 이미 끝난 일이네. 예학(禮學)의 깊고 넓음은 퇴도(退陶, 이황)보다 낫다는 말이 우암(尤庵, 송시열)이 지은 시장(諡狀)에 있으므로 부록에서도 그대로 따랐네. 지금 들으니 ≪우암집(尤庵集)≫ 가운데 '예학의 정묘함은 근세에 우옹(尤翁, 송시열)보다 앞서는 사람이 없다.'는 말이 있었는데, 당시에 비방하는 말이 있어서 고친 것이네. 이와 같다면 고치는 것을 어찌 꺼리겠는가? 류씨(柳氏)의 일도 또한 문적에 근거할 수 있다면 다행이겠네. 그렇지 않다면 어찌 후인들이 가볍게 손을 댈 수 있겠는가? 들으니 하회류씨(河回柳氏)가 오는 10일에 도남(道南)에서 도회(道會)[128]을 열기로 결정했다고 하니 다만 결과를 볼 따름이네."

말하였다.

126 동춘당(同春堂) : 송준길(宋浚吉)의 호. 송준길(宋浚吉)은 1606년(선조 39)~1672년(현종 13), 자 명보(明甫), 호 동춘당(同春堂), 시호 문정(文正). 조선후기 대사헌, 병조판서, 이조판서 등을 역임한 문신. 학자.

127 계 이씨(溪李氏)의 일 : 아래 문장에 퇴계 이황이 등장하므로, 상계의 퇴계 후손을 의미하는 듯하다.

128 도남(道南)에서 도회(道會) : 1849년(기유년) 도남서원 도회소에서 ≪한강선생속집≫을 새로 간행하면서 제기된 한려시비를 가리기 위해 도회를 개최한다고 옥산서원에 통고하는 내용이 있다.

"금번 우리 문중의 일은 마땅히 도남(道南)에서 통문이 있어야 하는데, 들으니 류 자인(柳慈仁)[129]을 단장(壇長)으로 삼는다고 하는데, 곧 지난 날 참여 명단에서 빠진 문중입니다. 또 장씨(張氏)와 새로 돈독한 관계를 맺은 일이 있으니, 분명히 우리 문중의 일은 성사하지 못할 것입니다. 그러므로 어쩔 수 없이 향교에서 통문을 내려 합니다. 그런데 귀 문도 빠진다면 아마도 원만하지 못하게 될 것입니다."

이에 말하였다.

"자네는 봉대(鳳垈)[130]로 가서 강시보(姜時甫) 씨와 상의해보게. 당일 도장(道狀)에 실린 것을 본 사람 가운데 생존해 계신 분은 바로 이 어른뿐이네. 나이가 지금 여든이지만 기력이 강건하니 함께 일을 의논할 수 있을 것이네."

저녁 후에 낙중(樂中) 및 경순(景淳)과 함께 행록속집(行錄續集)을 보았는데 왕복한 통서(通書) 부분에 이르러 마쳤다. 술과 다과를 먹고 새벽닭이 울 때 잠자리에 들었다.

2월 1일, 정시보에게 도움을 구하다

아침에 일어나니 진눈개비가 부슬부슬 내렸다. 경순(景淳)의 집에서 밥을 먹었다. 한참 있으니 잠시 개었다. 오가리점(五街里店)에 닿으니 해는 벌써 서쪽으로 기울었다. 술을 몇 잔 사서 마시고 봉대(鳳垈) 옛 참판의 증손인 강경기(姜敬奇) 씨의 집에 들었다. 사유를 대강 설명하고 갈평(葛坪) 어른[강시보(姜時甫)를 말한다]의 거처를 물었다. 주인이 손자 신변(新弁)에게 데리고

129 류 자인(柳慈仁) : 류도석(柳道奭, 1828~1908)을 가리킨다. 본관은 풍산(豐山), 자는 태필(太弼), 호는 해사(海史)이며, 자인현감(慈仁縣監)을 지냈다. 수암 류진(柳袗)의 9대 종손이고, 낙파 류후조(柳厚祚)의 맏손자이며, 계당 류주목(柳疇睦)의 맏아들이다.

130 봉대(鳳垈) : 경상북도 상주시 신봉동에 위치한 봉대(鳳垈)마을을 지칭한다. 이곳은 임진왜란 때 진주 강씨(姜氏)들이 피난 와 형성되기 시작한 마을이다.

가도록 하면서,

"나도 잠시 후에 가겠습니다."

라고 말하였다. 그 집의 문 안에 들어가니 강(姜) 어른이 일어나서 친절하게 맞아주면서 말씀하셨다.

"옛날 지촌(枝村)에 왕래하던 날을 생각하면 아무개 어른 아무개 어른과 친분이 깊었는데 지금은 모두 돌아가시고, 뜻밖에 자네들이 멀리서 찾아주니 참으로 드문 일이네."

또 말씀하셨다.

"나의 나이가 지금 여든인데, 4대가 함께 사네. 자손 남녀가 수십 명인데, 새해 전후로 혼례를 올린 손자가 셋이고, 혼인을 한 손녀가 다섯이며, 지금 천연두를 겪은 손자가 열 명이고, 겪지 않은 손자가 아홉 명이라네. 저절로 한가할 날이 없다네. 또 나의 기력은 크게 줄지 않았지만 어떤 사람이 권하기를 인삼과 부자 각 1냥을 닭을 삶은 물에 달여서 한 두 사발을 복용하면 노인의 근력을 보완할 수 있는데, 고을 여러 노인들이 모두 이것으로 효과를 보았다고 하기에, 그 말대로 복용하였네. 그런데 반도 먹기 전에 열기가 위로 치솟고 가슴과 배는 당기고 아프며, 눈이 보이지 않는 것이 밤 샐 때까지 계속되었네. 만약 구토를 하지 않았다면 거의 살아나지 못했을 것이네. 비로소 내가 받은 기운이 평범하지 않았음을 알게 되었네."

이어서 말씀하셨다.

"옛날 무신(戊申, 1848)년에 시읍(試邑)[131]에서 돌아가는 길에 회연(檜淵)에 들르게 되었는데, 백매원(百梅園) 마당에 말의 분뇨와 나락[벼]이 흥건하게 흩어져 있었네. 마음속으로 이상하게 생각되어 서원의 종에게 물어보니,

131 시읍(試邑) : 조선(朝鮮) 시대(時代)에 도에서 향시를 보일 곳으로 정(定)한 고을.

지난 밤에 장씨(張氏) 댁 사람 수십 명이 서원 안으로 돌입하여 목판을 부수고 외양간에 가서 여러 말에게 곡식 한 섬을 다 먹였다고 하였네. 양심이 치솟아 분한 마음을 이기지 못하여 이웃에 사는 당신의 일족 한 사람을 청해서 물어보니, 과연 그러하였네. 이 사람의 이름이 이러한 까닭에 통문에 앞뒤로 적혀 있게 되었고, 목판을 보수하는 날[補板之日]에 미쳐서는 나와 김헌락(金獻洛)[132]이 좌우 도유사(道有司)[133]가 되었는데, 지금 생각하여도 어제 일처럼 또렷하다네."

나는 꿇어앉아 나아가 말하였다.

"저희들이 온 것은 바로 이 일 때문입니다. 지금 50년이 지났는데 장씨(張氏)가 노성(老成, 원로)이 돌아가셨기 때문에 지난 행적은 근거가 없다고 말하고, 이미 결정이 난 송사에 대하여 문제를 제기하면서 이미 고쳐진 목판을 파기하려 합니다. 저희 문중이 믿는 것은 오직 도(道)와 향리(鄕里)의 유론(儒論)인데, 아득한 후생이 존장을 뵙고 당일의 일을 자세히 들을 수 있으니 기쁨을 이기지 못하겠습니다."

강(姜) 어른이 놀라며 말씀하셨다.

"장씨의 거친 기질은 아직도 제거하지 못했는가? 그대 문중에서 만약 다시 상주의 통문을 요청한다면 나는 정 밀양(鄭密陽) 류 자인(柳慈仁, 류도석), 조 경주(趙慶州, 조준구)[134] 세 사람과 상의해서 도모하겠네."

---

132 김헌락(金獻洛) : 1826~1877. 본관은 의성, 자는 중현(仲賢), 호는 용암(慵庵)이며, 경상북도 안동시 서후면 출신으로 학봉 김성일의 후손이다. 저서로는 ≪용암유고(龍巖遺稿)≫가 있다.

133 좌우 도유사(道有司) : 전통 사회의 각종 모임이나 조직에서 행정 및 실무를 담당하는 직책으로, '소임(所任)'이라고도 불렸다. 여기서는 당시 경상도 좌우도를 나누어 유림 관련 소임을 맡았던 사람을 이렇게 불렀던 것으로 보인다.

134 조 경주(趙慶州) : 조준구(趙駿九, 1823~1902)를 말한다. 그의 본관은 풍양(豊壤)이며 자는 여관(驪寬)이다. 상주에서 태어났으며, 1887년에 경주부윤으로 부임하여 밀양부사를

내가 말했다.

"정 밀양(鄭密陽)은 선대의 일이므로 핑계를 대고 거절을 할 것이고, 류자인(柳慈仁)은 지금 오산(吳山)[135] 집과 정혼을 하였으므로 두 집안은 반드시 호응하여 따를 이치가 없을 것입니다. 조 경주(趙慶州)는 비록 장(張) 대감 집과 결혼을 하였으나 본래 우리 선조 문인[136]의 후손이므로 서로 상의할 만합니다."

강(姜) 어른이 말씀하셨다.

"정 밀양(鄭密陽)은 나의 외종질이네. 그는 선대의 일이라고 핑계대며 거절하여도 세상 일에 단련되지 않은 것이 없어서 장씨(張氏)의 뜻을 돌아볼 것이네. 류 자인(柳慈仁)은 비록 새로 맺은 우의는 있을지라도 그 사람은 반드시 이것 때문에 의리를 배반하고 뜻을 굽혀 따르지는 않을 것이네. 들으니 오늘 나를 방문하는 길이 있을 것이라고 하니, 내가 마땅히 힘써 말해 보겠네."

내가 말했다.

"지금 일정은 도곡(道谷)[137]으로 가려는데, 거기에서 조(趙) 어른께 힘껏 말하여 그 가부를 들으려고 합니다. 류(柳)·정(鄭) 두 집에는 본래 의향이 없었으니, 어찌 반드시 이렇게 억지로 다그치겠습니까?"

대신 맡기도 하였다. 만년에는 상주에서 형편이 어려운 백성을 도와주는 '의장소(義庄所)'를 만들어 운영하기도 하였다.

135 오산(吳山) : 구미시 원남동에 있는 마을이다. 또한 구미시 오태동에 오산서원이 있어 장현광은 오산서원의 봉안 의식을 정하고 향례에 참석했다. 장현광의 위패도 길재 사당에 봉안되었다. 오산 마을은 여헌 집안과 혼인 관계에 있기도 했다.

136 우리 선조 문인 : 조정(趙靖, 1555~1636)과 조익(趙翊, 1556~1613)을 말한다. 이들의 본관은 풍양으로, 조정의 자는 안중(安中), 호는 검간(黔澗)이고, 조익의 자는 비중(棐仲), 호는 가휴(可畦)이다. 모두 한강 정구(鄭逑)의 문인이다. 저서로는 ≪검간집(黔澗集)≫ 4권 4책, ≪가휴집(可畦집)≫ 10권 5책이 있다.

137 도곡(道谷) : 현재 경상북도 상주시 공성면에 위치한다.

이로 인해 유숙하였다.

1898년 2월 2일, 도곡와 어헌동에서 한려의 관계에 대해 이야기를 나누다

맑음. 경기(敬奇) 씨가 찾아왔다. 밥을 먹은 후 도곡(道谷)으로 출발하였다. 이별할 때, 강(姜) 어른이 말씀하셨다.

"내 말을 하면서 조(趙) 영공(令公)에게 이름을 많이 받아 보내달라고 하게."

십 리를 가니 도곡(道谷)에 닿았다. 계의(啓儀) 영공 집에 들어갔다. 주인 영공은 서울에 있으면서 돌아오지 않았고 상사(上舍, 진사) 아들은 나이가 이제 스물인데 나아가고 물러나는 처신이 영민하고 예의에 맞았다. 술과 다과를 내어오기에 이를 먹은 후, 별실(別室, 첩)이 사는 외당(外堂)에서 왕대인(王大人, 할아버지)께 절을 올렸다. 문안 인사를 마치고 종가(宗家)의 안부를 물으니, 자못 불편한 기색이 있었다. 그것은 또한 안타까운 마음과 연계되어 있기 때문일 것이다. 이어서 장씨(張氏)의 일에 대하여 말하였다.

"오산(吳山) 대감은 곧 나의 사형(查兄)이네. 일찍이 나와 이 일에 대하여 말하면 한 바탕 풍파가 일지 않은 적이 없었네. 이번 태학 통문이라는 것도 나의 사위 공유(公裕, 장승원)[138]가 한 일이 아니던가? 나의 이름이 만약 향통(鄉通)에 더해지면 그는 반드시 나와 관계를 끊을 것이네. 문중 안의 모든 이름은 내가 또한 담당하여 써서 보낼 것이네."

점심을 먹은 후에 계환(啓煥)을 위로하고 출발하였다. 주인이 극구 만류하면서 말하였다.

"기왕에 출발한다면 여기에서 어헌동(魚軒洞)[139]까지 십 리인데 저의 일

138 공유(公裕) : 장승원(張承遠, 1852~1917)을 말한다. 그의 본관은 인동(仁同), 자는 공유(公裕), 호는 운정(雲庭)이다. 청송군수(青松郡守), 경상북도관찰사(慶尙北道觀察使) 등을 역임하였다. 대지주로서 많은 재산을 모았으나, 1917년 대한광복회에 의해 처단되었다.

족이 사는 곳과 가깝습니다. 집이 소박하고 누추하지만 기장 밥에 닭 잡아 드릴 정도는 됩니다. 또 함께 이 일을 의논할 수도 있으니, 부디 방문하여 주시기 바랍니다."

어헌동(魚軒洞)에 이르니 해가 벌써 저물었다. 촌동을 만나서 봉대댁(鳳垈宅)을 찾아갔다. 주인 원칠(元七)이 나와서 맞아주었다. 빈주(賓主)의 인사를 마친 후 말하였다.

"몇 해 전에 도곡(道谷)의 사촌누이[從妹]를 데리고 양정(陽亭)에 갔는데, 그 때 행사가 너무 바빠서 지촌(枝村)에 인사를 드리지 못한 것이 지금도 한스럽습니다."

저녁을 먹은 후에 상사(上舍) 조성유(趙聖愈)와 그의 재종(再從) 성좌(聖佐)가 소식을 듣고 찾아왔다. 모두 나보다 서너 살 적고 또 대여섯 살 적었다.

성좌(聖佐)가 말하였다.

"존문(尊門)의 일은 비록 대략 들었지만 저에게는 의아한 점이 있습니다. 당초에 류촌(柳村)이 의견이 다른 까닭은 무엇이며 오늘 장씨(張氏)가 다시 제기하는 까닭은 무엇입니까?"

나는 전후 전말을 상세히 설명하고 오고 간 통문과 편지를 보여주었다. 세 사람이 모두 말하기를,

"반도 읽지 않았는데 시비를 가릴 수 있겠습니다."

라고 하였다. 장씨(張氏)가 다시 쓴 글을 읽다가 사서(沙西)[140]가 우리 선조

139 어헌동(魚軒洞) : 경상북도 상주에 있었던 동이다. 1914년 내담리(內畓里), 병상리, 신기리(新基里), 어헌동(魚軒洞) 등을 통합하여 헌신리(軒新里)가 되어 상주면(尙州面)에 편입되었다. 지금은 상주시 헌신동(軒新洞)이다.

140 사서(沙西) : 전식(全湜, 1563~1642) 본관은 옥천(沃川). 자는 정원(淨遠), 호는 사서(沙西). 전팽조(全彭祖)의 증손으로, 할아버지는 전혼(全焜)이고, 아버지는 이조판서 전여림(全汝霖)이며, 어머니는 월성 이씨(月城李氏)로 참봉 이신(李信)의 딸이다. 류성룡(柳成龍)의 문인이다.

의 문도(門徒)였다는 구절에 이르러서 성좌(聖佐)가 말하였다.

"이것은 또 장씨(張氏)의 망언입니다. 사서(沙西)는 곧 우리 고을의 선배이니, 그의 출처와 이력은 우리들이 어찌 모르겠습니까? 곧 서애(西厓)의 문인이며 여헌(旅軒)의 문인이 아닙니다."

원칠(元七)이 자신의 집에서 소장하고 있던 ≪사서집(沙西集)≫[141]을 내어 와서 보여주면서 말하였다.

"제목에 <만장여헌(輓張旅軒)>이라고 하였으니 이것이 과연 문인이 스승을 높여 부르는 것입니까? 만약 사서(沙西) 자손이 본다면 또 시비가 생길 것입니다."

내가 말하였다.

"사서(沙西)의 자손을 보려면 어디에 있습니까?"

"다만 한 집이 있는데 형편이 없습니다."

성유(聖愈)가 말하였다.

"사서(沙西)의 덕업(德業)과 문장(文章) 작위(爵位)는 세상이 추앙하는 바인데 그 한 마디가 어찌 준칙이 되지 않겠습니까? 이 만시를 보건대 한강·여헌은 사제 관계가 분명합니다. 만약 입설(立雪)[142]과 반풍(攀風)으로 자기의 감정을 기록하였다면 그 아래 연원은 모두 도맥의 구절이니 또한 스스로 지은 말이 아니겠습니까? 장씨(張氏)의 억측은 이를 미루어보면 알 수 있습니다."

141 사서집(沙西集) : 조선 중기의 문신 전식(全湜)의 시문집으로 총 4권 2책으로 구성되어 있다. 상주 사림이 편찬한 것을 1862년(철종 13) 7대손 종한(宗漢) 등이 수집·편차하여 간행했다.

142 입설(立雪) : 눈을 맞고 서 있는 것은 정성을 다하여 스승을 모심을 표현한 말로, 정호(程顥)의 수제자였던 양시(楊時)와 유작(游酢)이 정호의 사후(死後)에 배움을 청하러 정이(程頤)를 찾아갔을 때, 마침 정이가 문밖에 눈이 한 자나 쌓일 동안 눈을 감은 채 앉아 있었으나 감히 떠나가지 못하고 시립해 있었다고 하는 고사에서 나왔다.

세 사람이 말하였다.

"이 고을에 통문이 있다면 우리 문중의 명첩은 거론할 것도 없을 것입니다. 만약 그렇지 않다면 장천(長川)에 양진당(養眞堂)[143]이 있는데 곧 우리의 선재(先齋)[144]입니다. 마땅히 이곳에서 문중의 통문을 엄중히 발송할 것입니다."

내가 말하였다.

"이와 같으면 매우 좋겠습니다."

원칠(元七)이 말하였다.

"나는 장씨(張氏)가 또한 매우 가까운 친척이지만 대의가 있는 곳에 어찌 반드시 개인의 정리에 구애되겠습니까?"

성좌(聖佐)가 말하였다.

"내가 선산(善山) 사람에게 가서 보고 채미정(採薇亭)[145]에서 통문을 발송한 일을 꾸짖으면 그 사람들은 난처하게 말하면서, '우리의 본의가 아니었다. 상황이 어쩔 수 없었다. 이후에는 장씨(張氏)가 비록 백번 와서 부탁하더라도 결단코 이렇게 하지는 않을 것'이라고 할 것입니다."

내가 말하였다.

"선산(善山) 통문 가운데 '생지(生知)'부터 '우한강(友寒岡)'까지의 말 등은 결코 사림(士林)의 말이 아닙니다."

143 양진당(養眞堂) : 경상북도 상주시 낙동면 승곡리(양진당길 27-4)에 위치한 조선시대의 전통 가옥으로, 풍양 조씨(豊壤趙氏) 장천파(長川派) 문중의 종택(宗宅)이다. 2008년 7월 10일 대한민국의 보물 제1568호로 지정되었다. 이 집은 검간(黔澗) 조정(趙靖, 1555~1636)이 1626년(인조 4) 안동 임하(천전동)에 있던 그의 처가인 의성 김씨(義城金氏) 문중의 99칸 가옥을 해체하여 뗏목으로 낙동강을 통해 옮겨 지은 것이다.

144 선재(先齋) : 선조의 집이다.

145 채미정(採薇亭) : 고려 말 학자 야은(冶隱) 길재(吉再, 1353~1419)의 충절과 학문을 기리기 위해 1768년(영조 44)에 건립한 정자로 경상북도 구미시 남통동 249번지(금오산로 366)에 있다.

성유(聖愈)가 말하였다.

"제가 통문을 지은 사람에게 들으니, 통문의 말은 다만 시비를 조정(調停)한 말이지 원래 이쪽을 위하여 저쪽을 공격하는 말은 없었다고 합니다. 이것은 곧 장씨(張氏)가 중간에 고친 것이 아니겠습니까?"

내가 물었다.

"정(鄭)·류(柳) 두 집의 일은 누가 옳고 누가 잘못입니까?"

성좌(聖佐)가 말하였다.

"귀문(貴門)과 장씨(張氏) 사이의 일로 미루어 알 수 있습니다. 그 뜻은 아마도 정씨(鄭氏)가 스스로 연원을 끊어내려 하는 것은 장씨(張氏)와 다름이 없습니다."

말을 마치고 세세대대의 우호를 설명하여 말하였다.

"저는 귀문(貴門)에 대하여 비단 사문(師門)으로서만 말하는 것이 아닙니다. 저의 6대조 할머니 휘 광제(匡濟)의 따님은 문목공(文穆公)의 후손으로 서천군(西川君)[146]의 제사를 받들고 있습니다. 두 집은 모두 저의 외가입니다."

밤이 깊도록 술잔을 들고 다과를 먹었다. 성유(聖愈)와 성좌(聖佐)가 집으로 돌아가고 난 후에 잠자리에 쓰러졌다.

2월 3일, 조성유와 이별하고 약포의 후손들을 만나다

바람 불고 추움. 밥을 먹은 후에 출발하려고 하는데, 성유(聖愈)가 말하였다.

146 서천군(西川君) : 정곤수(鄭崑壽)의 봉호. 조선 선조 때의 문신(1538~1602). 본관 청주(淸州). 자 여인(汝仁). 호 백곡(柏谷)·경음(慶陰)·조은(朝隱). 초명 규(逵). 곤수는 선조(宣祖)의 하사명(下賜名). 초시(初諡) 충민(忠愍). 개시(改諡) 충익(忠翼). 이황(李滉)의 문인. 1587년 황해도관찰사로 나가 기근을 잘 극복하여 서천군(西川君)에 봉해지고, 1604년 서천(西川)부원군에 추봉, 영의정이 추증되었고 성주(星州)의 유계서원(柳溪書院)에 배향되었다. 문집에 ≪백곡집(栢谷集)≫이 있다.

"할 일이 참으로 여기에 있으니 지금 통문을 지어도 되겠습니다."

내가 말하였다.

"그렇다면 마지막에는 용전(龍田) 숙부님과 원칠(元七)이 사본을 한 통씩 나누어야 할 것입니다."

세 사람과 함께 성좌(聖佐)의 집에 가서 몇 잔을 마셨다. 세 사람이 드디어 청동(靑銅) 2관(貫)을 내어서 노자로 주었다. 고사하지 못하고 함께 마을 입구까지 왔다.

성유(聖愈)가 말하였다.

"속수원(涑水院)[147]에서 위판(位版)을 묻은 이후에 우천 류씨(愚川柳氏) 한 사람이 투장(偸葬)[148]하였는데 3년이 지나도 아직 파가지 않은 것은 세상이 소란하였기 때문이다. 오늘 장천(長川)의 여러 일족과 함께 정부(呈府, 부에 제출하는 정장)할 약속이 있어서 이제 막 읍으로 출발하여야 하므로 만류할 수 없습니다. 참으로 아쉽습니다."

내가 말하였다.

"이번 행차에 날을 많이 허비하였습니다. 비록 잡는다고 하더라도 사정상 머무를 수가 없습니다."

성좌가 말하였다.

"우리들이 가까이 살면 한 집안이지만 서로 떨어져 살면 다만 수고롭게 꿈 속에서만 그리워하게 됩니다. 부디 인편이 있는 대로 편지를 보내어 잊지 않고 있음을 보여주시는 것이 어떻겠습니까?"

---

147 속수원(涑水院) : 경상북도 의성군 단밀면 속암리에 있는 속수서원(涑水書院)으로 신우(申祐), 손중돈(孫仲暾), 김우굉(金宇宏), 조정(趙靖), 조익(趙翊) 등 다섯 선현을 배향하고 있다.

148 투장(偸葬) : 남의 눈을 속여 타인의 묘지 또는 산림에 매장하는 행위.

내가 말하였다.

"그리합시다. 서로 슬프게 이별하니, 용전 숙부님께서 말씀하셨듯이, 고인의 '경개여고(傾蓋如故)'[149]가 이것을 말한 것이로다."

10리를 가서 도남(道南)을 지났다. 물으니 7선생 서원 터[150]가 건너편 동쪽 언덕에 있다고 한다. 오래도록 바라보노라니 감개한 마음을 이길 수 없었다. 회동(檜洞) 나루[151]를 건너 장천(長川) 고개를 넘었다. 삼거리(三巨里)에서 점심을 먹었다. 참최복(斬衰服)[152] 입은 3인이 와서 말하였다.

"우리는 약포(藥圃)[153] 후손으로, 지금 삼강(三江)에 살면서 여기에 산소를 살피러 왔습니다. 종에게 물어보니, 곧 성주의 족친이라고 하니 어찌 희한한 일이 아니겠습니까?"

이어서 함께 삼강에 가서 유숙하자고 하였으나 도산(陶山)으로 갈 길을 미룰 수 없다고 사양하였다. 세 사람이 술을 사서 굳이 권하면서 아쉽게 이별하였다. 자(字)를 물으니 장자는 맹함(孟咸), 둘째는 중청(仲淸), 막내는 계

---

149 경개여고(傾蓋如故) : ≪사기(史記)≫ 권83<추양열전(鄒陽列傳)>에 "흰머리가 되도록 오래 사귀었어도 처음 본 사람처럼 느껴질 때가 있고, 수레 덮개를 기울이고 잠깐 이야기했지만 오랜 벗처럼 느껴지는 경우도 있다.[白頭如新 傾蓋如故]"라는 말이 나온다.

150 7선생 서원 터 : 도남서원(道南書院) 터를 말한다. 이 서원은 1606년(선조 39)에 창건되었으며, 1676년(숙종 2)에 '도남(道南)'이라는 편액을 하사받아 사액서원이 되었다. 1871년(고종 8) 흥선대원군의 서원철폐령으로 훼철되었으나, 1992년부터 지역 유림들이 복원을 시작하여 현재의 모습을 갖추게 되었다. 1871년(고종 8) 훼철 당시 정몽주, 김굉필, 정여창, 이언적, 이황, 노수신, 유성룡, 정경세 등 8인을 배향하였다. 작자가 7선생이라 한 것은 착오가 있는 듯하다. 이후 2005년에 이준을 추향하였다.

151 회동(檜洞) 나루 : 상주 회동진은 현재의 경상북도 상주시 중동면 회상리와 도남동을 연결하던 낙동강 나루터의 옛 이름이다. 회골나루, 회촌진(回村津)이라고도 불렸다.

152 참최복(斬衰服) : 외간상(外艱喪)에 입는 상복(喪服). 거친 베로 짓는데, 아랫도리 가장자리 끝을 꿰매지 않은 상복임.

153 약포(藥圃) : 정탁(鄭琢, 1526~1605)의 호이다. 그의 본관은 청주, 자는 자정(子精), 시호는 정간(貞簡)이다. 선조 때 좌의정을 지냈으며, 임진왜란 당시 이순신을 구명하는 데 큰 역할을 했다. 저서로는 ≪약포집≫이 있는데, 원집은 7권 4책, 속집은 4권 2책이다.

리(李璃)라고 하였다. 고개를 반쯤 넘었을 때 날이 저물어 다인점(茶仁店)[154]에 잤다.

2월 4일, 예천을 거쳐 하회로 들어가다

맑음. 바람의 찬 기운이 어제보다 매우 심했다. 밥을 먹은 후 불억진(佛億津)을 건너서 20리를 가서 구담(龜潭)[155]에 닿았다. 하회(河回) 가는 길을 물으니 현지 사람이 말하였다.

"비록 멀고 가까움의 차이는 있지만 다리를 따라가면 위험하니, 길을 따라 안전하게 가는 것보다 못할 것입니다."

또 20리를 가서 큰 마을을 바라보았는데, 산에 기대어 이어진 집들이 낙동강 물돌이 안쪽에 우뚝하게 있는 것이 하회(河回)인 줄 알았다. 강 건너 언덕 하나가 평평한 모래벌에 엎드려 있는데 마치 머리를 들고 있는 형상의 산꼭대기에는 바위가 층층이 쌓여있고 바위 동쪽에는 정자가 날아갈 듯한데 곧 옥연정(玉淵亭)[156]이었다. 3면이 강으로 막혀있고, 소쇄(蕭灑)한 것이 속세와 떨어져 참으로 즐길 만한 곳이었다.

촌의 서쪽 산자락에 또 몇 간 기와집이 숲 속에 숨은 듯이 있었는데 곧 겸암정(謙庵亭)[157]이었다. 그 곳의 청절(淸絶)함은 비록 옥연정에 미치지는

154 다인점(茶仁店) : 과거에는 예천군에 속했던 다인면은 현재 의성군 다인면으로 편입되었다.

155 구담(龜潭) : 안동시에 속한 구담리는 예천군 지보면 암천리와의 접경지에 있다. 마을 주변에 낙동강의 흐름에 의해 생긴 아홉 개의 소[潭]가 있어 구담(九潭)이라 하기도 한다.

156 옥연정(玉淵亭) : 서애(西厓) 류성룡(柳成龍, 1542~1607)이 학문 연구와 후진 양성을 위해 1586년에 건립한 것으로, 그가 임진왜란의 경험을 바탕으로 ≪징비록(懲毖錄)≫(국보 제132호)을 저술한 곳으로 알려져 있다. 국가민속문화재 제88호로 지정되어 있다.

157 겸암정(謙庵亭) : 안동 하회마을에 위치한 겸암정사는 겸암(謙庵) 류운룡(柳雲龍, 1539~1601)이 학문 연구와 제자 양성을 위해 1567년(명종 22)에 건립한 정사이다. 국가민속문화재 제89호로 지정되어 있다.

못하지만 고요하고 아담한 것이 사람이 돌아갈 마음을 잊게 하기에 충분하였다. 때가 추운 계절이고 행사도 갑작스러워 선현의 발자취가 남은 곳에 한 번 올라보고 평소에 경모하는 마음을 부치지 못한 것이 한스러웠다.

류 도사(柳都事)[158]의 집을 찾아가니 여든의 고령에도 백 세의 모친이 계셨다. 이것은 곧 땅이 신령하면 그 수명을 얻는 것이 아니겠는가? 절을 하고 문안 인사를 간단히 마치고 이어서 이번 길이 도산으로 가려한다는 점을 설명하였다. 류장(柳丈)이 말하였다.

"한 달 전에 오산(吳山)의 한 젊은이가 여기에 와서 통문을 구하였으나 얻지 못하고 갔다네. 이 문적의 일을 보건대 큰 길과 같으니[159] 이번 길에 도산서원의 통문은 얻을 수 있을 것이네. 도산 통문이 만약 나오면 그 나머지는 있든지 없든지 무슨 관계이겠는가?"

내가 말하였다.

"지난번 안동의 모임에서 여러 문적을 살펴볼 수 있으셨을 터인데 오늘 유독 한 마디 말씀도 없으십니까?"

류장(柳丈)이 말하였다.

"도산에서 통문이 있으면 자연스럽게 호응할 것이네."

물러나서 체인(體仁)과 함께 이야기를 나누었다. 체인(體仁)이 말하였다.

"장씨의 일은 의아한 점이 있네. 지난날 오산(吳山) 사람이 문권을 가지고 왔는데 그 문권 첫머리 글에 가친(家親)의 함자가 있었는데, 가친께서 원

158 류 도사(柳都事) : 류도성(柳道性, 1823~1906)을 가리킨다. 본관은 풍산(豊山), 자는 선여(善汝), 호는 석호(石湖)이다. 류성룡의 후손으로, 1864년(고종 1)에는 중요민속자료 제84호로 지정된 하회 북촌택을 건립하였다. 그는 류도성은 경상도도사를 지냈으며, 1862년(철종 13)에 하회에 북촌택(北村宅)을 창건했다. 경상도도사(慶尙道都事)를 역임하였다.

159 큰 길과 같으니 : 일이 분명하다는 말이다. 맹자가 "도는 큰길과 같으니 어찌 알기 어려우리오.(夫道若大路然 豈難知哉)" 하였다. ≪맹자(孟子) 고자 하(告子下)≫

래 이런 일은 없었다고 말씀하셨네. 또 그 아래 글에는 재종조의 함자가 있었는데 어찌 조카가 숙부보다 먼저 있는 이치가 있겠는가?"

나는 빙그레 웃고 대답하지 않았다. 용전(龍田) 숙부님이 말하기를, 이것은 본래 저쪽 집이 재주를 부린 것이니 어찌 이상할 것이 있겠나? 도정(道亭)에 사는 서흥군(西興君)의 둘째 손자 자(字) 치중(致中)은 체인(體仁)에게 고종(姑從)이 되는데 마침 그의 외가에 왔기에 함께 하루 저녁 담소를 나누었다. 그의 부친이 족보 일로 봄에 장차 성주로 걸음을 할 것이라고 하였다.

2월 5일, 차가운 바람이 뼈를 파고 들다

아침에 일어나니 얼어 붙은 눈이 땅에 깔렸고 차가운 바람이 뼈를 파고 들었다. 류교영(柳教英)을 방문하고 안주인께 인사를 드렸다. 또 겸암(謙庵) 종가를 방문하려 하였는데 주인이 병으로 사양하였다. 밥을 먹고 10리를 가서 풍산시점(豊山市店)에 닿았다. 눈 온 뒤 매서운 바람은 사람이 견디기 어려운 것이었다. 데운 술을 마시고 점심을 먹었다. 눈이 또 내리고 바람이 더욱 맹렬하게 불었다. 사방 산이 모두 검어졌다. 각자 우산을 가지고 몇 리를 갔으나 더 나아갈 수 없어서 권산정점(權山亭店)[160]에서 묵었다.

2월 6일, 금계에서 서산 김흥락과 집안 일에 대하여 의논하다

맑음. 밥을 먹은 후 눈을 밟고 추위를 뚫고 10여 리를 갔다. 정오 무렵에 금계(金溪)에서 명령을 받고 온 자가 앞길을 인도하여 들어갔다. 스승님[函

160 권산정점(權山亭店) : 권산정에 있는 가게이다. 이는 경상북도 안동시 풍산읍 상리리에 위치한 정자(亭子)와 관련된 지명으로, 1500년경 안동 권씨가 마을을 이루고 살다가 떠나간 후, 그들이 세운 정자가 남아 권산정이라 불리게 되었다고 전해진다.

席, 김흥락(金興洛)[161]]께 재배하였다. 사례하며 말씀드렸다.

"10년 경모하던 끝에 선대의 일로 와서 인사드리니, 감히 덕을 흠모하는 정성어린 마음으로 오래 전부터 바라던 소원을 이루었다고 말하지 못하겠습니다."

어르신이 말씀하였다.

"피차 서로 그리운 마음은 한 집안이나 다름없는데 멀리 떨어져 서로 바라보며 다만 몹시 한스러워하였네."

용전(龍田) 숙부님이 이어서 인척 관계를 자세히 말씀하였다. 어르신이 또 말씀하였다.

"선대의 일이라고 하는 것도 대략 들었네. 지난 번 장씨 한 사람이 동락서당(東洛書堂)[162] 통문[임천서당에 보낸 것이다]과 시비를 가린 문적(文籍)을 가지고 와서 중신(重臣)의 서찰을 전하면서 말하기를, 임천서당(臨川書堂)[163]의 답통을 받기를 원한다고 하였네. 나는 대답하기를 임천서당에서는 본래 통문을 낸 선례가 없고 오로지 호계서원(虎溪書院)의 뜻을 따르는데 좌우 첨위들이 호계서원의 논의를 장차 어떠할지 알 수 없다고 하였네."

또 말하였다.

161 김흥락(金興洛) : 1827~1899. 조선 말기 영남 유림을 대표하는 대학자이자 의병장이었다. 자는 계맹(繼孟), 호는 서산(西山)이며, 본관은 의성(義城)이다. 학봉 김성일(金誠一)의 11대 또는 12세 종손이다. 저서로는 ≪서산집(西山集)≫ 본집 13책, 속집 3책이 있다.

162 동락서당(東洛書堂) : 조선 중기의 학자 여헌(旅軒) 장현광(張顯光 1554~1637)과 만회당(晩悔堂) 장경우(張慶遇 1581~1656)를 배향하는 서당으로, 경상북도 구미시 임수동 373번지에 있다. 1871년 서원철폐령으로 훼철되었다가 1932년 사당을 복설하였고, 1971년 건물 6동을 서원으로 복원하면서 장경우(張慶遇)도 함께 배향하기 시작하였다.

163 임천서당(臨川書堂) : 안동의 임천서원은 1607년(선조 40) 지방 유림들이 김성일의 학문과 덕행을 추모하기 위해 창건되었으며, 1618년(광해군 10) '임천(臨川)'이라는 사액을 받았다. 1620년(광해군 12)에는 김성일의 위패가 안동의 여강서원(廬江書院)으로 옮겨지면서 임천서원은 쇠퇴했으나, 19세기 재건되었다. 고종 5년(1868) 서원 철폐령으로 훼철되었다가, 이후 서당으로 복원되었다가 다시 서원으로 승격되었다.

"당시 유촌(柳村)에는 홍유석덕(鴻儒碩德)이 많았는데 의견이 다른 것은 어째서인가?"

내가 그 연유를 자세히 설명하고 장통(狀通) 한 축과 오고 간 편지를 드렸다. 어르신이 간단히 살펴보시고 말씀하였다.

"유촌(柳村)의 휘 교자(墧字)[164]는 본래부터 중망이 있었는데 거기에 참여했다니 참으로 뜻밖이었네."

또 말하였다.

"홍 좨주(洪祭酒)는 본래 좋은 사람[好人]으로 비록 글을 고쳤다는 말이 있기는 하지만, 먼저 한 쪽 말을 듣고 장씨(張氏)를 위하여 고쳤다니 이 얼마나 경솔한가?"

그때 하계(下溪)에 사는 이중집(李中執, 一初)[165]이 좌중에 있다가 나에게 인사하면서 말했다.

"돌아가신 할아버지[고 승지 이휘준(李彙濬)[166]]의 삼 형제분[167] 함자가 모두 통문 중에 있었습니다. 장씨가 이렇게 기만하니 누군들 분노하지 않겠습니까?"

내가 말하였다.

---

164 휘 교자(墧字) : 진암 정교(鄭墧, 1799~1879)를 말한다. 본관은 청주(淸州)로, 자는 중교(仲喬), 호는 진암(進菴) 또는 하하재(下下齋)이다. 한강(寒岡) 정구(鄭逑, 1543~1620)의 8세손으로, 조부는 증 이조참의(贈吏曹參議) 정동박(鄭東璞, 1732~1792), 아버지는 소소와(笑笑窩) 정흡(鄭熻)이다. 저서로는 ≪진암집(進菴集)≫ 8권 4책이 있다.

165 이중집(李中執, 一初) : 본관은 진성(眞城)으로 자는 일초(一初)이다. 부친은 향산 이만도(李晩燾)이며, 형은 이중업(李中業)이다.

166 이휘준(李彙濬) : 1806~1867. 본관은 진성(眞城), 자는 심보(深父), 호는 복재(復齋)이다. 아버지는 홍문관응교 이가순(李家淳)이다. 저서로는 ≪복재집(復齋集)≫ 6권 3책이 있다.

167 삼 형제분 : 이가순은 다섯 아들을 두었는데, 이휘연(李彙淵), 이휘준(李彙濬), 이휘택(李彙澤), 이휘발(李彙潑), 이휘철(李彙澈)이 그들이다. 이 가운데 3명이 장씨의 통문에 서명되어 있었는데, 당시 이들은 이미 사망한 상태였다. 이 때문에 "장씨가 이렇게 기만하니 누군들 분노하지 않겠습니까?"라고 하였다.

"장생(張生)이 지금 귀문으로 갔다고 하는데 귀문의 공의(公議)가 어떠합니까?"

일초(一初, 이중집)가 말하였다.

"그가 길을 떠난 것이 이미 오래되었으니 비록 듣지는 못했습니다. 그러나 어찌 장씨를 위하는 이치가 있겠습니까? 어르신이 지금 가면 마침 도산서원 춘계 향사 일에 맞을 것이니 이 향사 모임에서 상의할 수 있을 것입니다."

점심을 먹은 후 여러 선비들이 물러가고 풍뢰헌(風雷軒)[168]에서 쉬었다. 최숙도(崔叔度)[169]라는 자가 있었는데, 본래 해평(海坪)[인재(訒齋)[170]의 후손]에 살면서 함장께 오가며 종유한 지가 오래되었는데, 갑오년(甲午年, 1894)에 함장을 좇아 가르침을 받고 왜놈을 피하여 여기에 산다고 했다. 한 번 만나 보았는데 관대히 대해 주었다. 나도 이전에 그의 이름을 들은 적이 있었다. 드디어 마음으로 사귀는 벗이 되었다. 숙도(叔度)가 말하였다.

"지난번 장성초(張聖初)[171]도 단아한 선비였는데, 나와는 구면이어서, 나에게 통문을 구하는 뜻을 말하였네."

168 풍뢰헌(風雷軒) : 학봉(鶴峯) 김성일(金誠一) 종택의 별채 당호(堂號)이다. 풍뢰(風雷)는 주역의 풍뢰익(風雷益) 괘에서 따온 것이다. "선한 것을 보면 바람이 몰아치듯 즉시 실행하고, 허물이 있으면 우뢰처럼 신속히 고쳐야한다"는 뜻이라고 한다.

169 최숙도(崔叔度) : 최헌식(崔憲植, 1846~1915)으로 본관은 전주(全州), 자는 숙도(叔度), 호는 식헌(息軒)이다. 김흥락(金興洛)의 문인으로 선산 출신이다. ≪식헌집(息軒集)≫ 4권 2책이 있다.

170 인재(訒齋) : 최현(崔晛, 1563~1640)을 가리킨다. 원문에는 인재(忍齋)로 잘못 기록되어 있다. 그의 본관은 전주(全州), 자는 계승(季昇), 호는 인재(訒齋)이며, 시호는 정간(定簡)이다. 구미 해평 출신으로, 고응척, 김성일, 정구 등의 문하에서 수학했다. 저서로는 ≪인재집(訒齋集)≫ 20권 10책이 있다.

171 장성초(張聖初) : 장명상(張命相, 1865~1937)이다. 본관은 인동(仁同)으로 자는 성초(聖初), 호는 견산(見山)이며 장형원(張馨遠)의 아들이다. 사미헌(四未軒) 장복추(張福樞)의 문인으로 예학(禮學)에 밝았다. ≪견산집(見山集)≫이 전한다.

나는 대답했다.

"자네는 또한 그만두시게. 무릇 우리 유림 가운데 누가 선선히 선현의 문집을 훼손하여 부수고 정씨(鄭氏)를 공격하고 배척하겠는가? 자네가 여러 곳을 다니며 그 일에 대하여 말하고 뜻을 보인다면 괜찮겠지만, 장차 통문을 구하려 한다면 반드시 이루지 못할 것이네."

그도 마음으로는 그렇게 생각했다. 김범초(金範初)[172][어르신의 지친(至親)이다]가 말하였다.

"그때 좌도에서 보판(補板)을 담당한 유사는 곧 우리 백부 모함(某啣)이었습니다. 지난번에 들으니 장씨(張氏)의 말은 의아한 점이 없지 않았더니, 지금 형의 말을 듣고보니 시비가 분명해졌습니다."

창녕 조긍섭(曺兢燮)[173]이 도산(陶山)으로부터 와서 어르신을 배알하고, 이어서 나와 인사하고 말하였다.

"일찍이 국동(菊洞)[174]에서 영공(令公)의 조카와 알고 지냈는데, 부친상을 당했다고 들었지만 아직도 한 마디 위로의 말을 전하지 못하였으니 참으로 송구합니다."

내가 말하였다.

"이십 대의 화려한 명성이 귀에 천둥소리처럼 울리던 것이 어제인 듯한데, 뜻밖에 여기에서 뵙네."

172 김범초(金範初) : 학봉 김성일의 후손으로 경상북도 안동시 금계리 출신이다. 자는 백원(伯元), 호는 척와(拓窩)이다.

173 조긍섭(曺兢燮) : 1873~1933. 조선 말기의 학자. 본관은 창녕(昌寧). 자는 중근(仲謹), 호는 심재(深齋). 저서에 ≪곤언(困言)≫, ≪암서집(巖西集)≫, ≪조명록(措明錄)≫ 등이 있다.

174 국동(菊洞) : 노상익의 아버지 노필연(盧佖淵)이 1880년에 김해에서 창녕 국동으로 거처를 옮겨 살았다. 극기재(克己齋)도 이곳으로 이건했다.

이어서 물었다.

"자네가 도산으로부터 왔으니 반드시 장씨(張氏)의 거취를 알 것이네."

대답을 했다.

"하계(下溪)에서 만났습니다."

내가 말하였다.

"하계(下溪)의 물의(物議)는 어떠하던가?"

대답했다.

"장씨의 일은 낭패(狼狽)라고 할 수 있습니다."

내가 말하였다.

"지금, 어디에 있는가?"

답하여 말하였다.

"지금 유해(酉海)[175] 등지에 있는데 향사를 모실 때에 다시 온다고 했습니다."

용전 숙부님이 말씀하였다.

"우리 일에 서로 방해되는 일이 없겠는가?"

내가 말하였다.

"이것은 공의(公議)가 어떠하냐에 달려있으니 무슨 방해됨이 있겠습니까?"

모두 함께 사실 기록 및 편지와 통문을 보다가 밤이 깊어서 잠자리에 들었다. 하계(下溪) 두 사람이 저녁 무렵에 도착하였다. 한 사람은 곧 일초(一初)의 사촌이었고, 한 사람은 초산(楚山) 영공의 손자라고 하였다. 장씨(張氏)의 일을 물으니 모두 조 생(曺生)이 말한 것과 같았다.

175 유해(酉海) : 유곡(酉谷) 해저(海底)를 말한다. '유곡'은 봉화군 봉화읍 유곡리로 안동 권씨의 집성촌이다. 닭실이라고도 불린다. '해저'는 봉화군 봉화읍 해저리로 의성 김씨의 집성촌이다. 바래미라고도 불린다.

2월 7일, 두루마을의 뚝향나무를 보고 예안으로 들어가다

맑음. 아침에 어르신께 배알하고 선생[176]의 사당에 전배(展拜, 엎드려 절함)하였다. 아침에 소찬(素饌)을 마련하였는데 주인집에서 재계하는 날이었기 때문이다. 도산으로 나서면서 내가 말하였다.

"우리 유림의 일은 유론(儒論)이 아니면 정할 수 없으니, 곡직(曲直)을 살피고 시비(是非)를 가려서 저의 문중을 꾸짖을 만하면 꾸짖고, 장씨(張氏)를 책망할 만하면 책망할 일입니다. 만약 양쪽에 난처하여 침묵하는 것만 같지 못하다고 하신다면, 이것은 아마도 사론(士論)이 아닐 것입니다."

어르신이 말씀하셨다.

"어찌 이러한 이치가 있겠는가? 이번 일정에 허비한 날이 비록 많겠지만 닭실[酉谷]과 해저(海底)로 가는 것은 아마도 그만둘 수 없을 듯하네. 호계서원의 여론은 여기에서 많이 나온다네. 또한 도산서원은 가장 으뜸되는 위치이니 이곳에서 통문이 있으면 어찌 호응하는 것이 없겠는가?"

드디어 인사를 드리고 물러나왔다. 여러 벗들과도 헤어졌다. 일초(一初)는 문밖까지 전송해 주며 말했다.

"그들이 돌아갈 날이 내일이니 우리 집안 여러 분들이 만약 한개[大浦]의 일을 물으시면 부디 십분 신중하십시오. 일에 방해될까 걱정입니다."

내가 말하였다.

"사실대로 말할 것입니다."

수십 보를 가다가 정언(正言) 김진의(金鎭懿)[177][미경(美卿)]을 길에서 만났

176 선생 : 학봉(鶴峯) 김성일(金誠一)을 말한다. 김흥락(金興洛)이 학봉의 불천위를 모신 11대 종손이었기 때문에 작자가 사당에 들어가 알현할 수 있었다.

177 김진의(金鎭懿) : 1855~1930. 본관은 의성, 자는 미경(美卿), 호는 학운(鶴雲)으로 경상북도 안동 출신이다. 1896년 김도화 의병부대 척후장(斥候將)으로 활동했다.

는데, 마치 옛 친구처럼 반겨주었다. 집안 사촌과는 매우 가까운 사이[178]라고 한다. 김제경(金濟卿)도 집안 사촌과는 안면이 있는데 마침 와서 함께 모였다. 스스로 몇 해 전에 천전(川前, 내앞)에서 영양(英陽)으로 이사해서 산다고 한다. 지나는 길에 범초(範初)를 방문하여 그 어른[경락(景洛) 씨]께 인사드렸다. 범초(範初)가 말하였다.

"호계(虎溪) 통문은 제가 또 힘써 도모하고 있습니다."

이어서 그의 사촌 조카[헌락(獻洛) 씨의 손자]를 조문하였다.

20리를 가니 작은 정자가 있었는데, 산에 의지하고 시내 옆에 위치하여 그윽하고 고요한 정취가 사랑할 만하였다. 편액의 제명이 '석탄정사(石灘精舍)'였다. 점인(店人)에게 물으니,

"이것은 주촌(周村)[179] 진성 이씨(眞城李氏)의 정자입니다."

라고 하였다. 10여 보를 가니 산을 등지고 길에 임한 집이 있었는데 매우 웅장하였다. 문미의 편액에 경류정(慶流亭)[180]이라고 하였다. 곧 퇴계선생 종가의 후손 집이었다. 지팡이를 짚고 들어가서 둘러보았다. 문미에는 노선생[퇴계를 말함]이 지은 7언절구 3수[181]가 새겨져 있었고, 정원에는 늙은 소나무가 있었다. 반석모양[盤形]을 이루었는데 높이는 한 길이 넘지 않고, 둘레는 수십 명을 수용할 만하였다.[182]

178 매우 가까운 사이 : 원문에는 '단금계(斷金契)'으로 표현되어 있다. 단금계(斷金契)는 단금지교(斷金之交)와 같은 말로써 '이인동심(二人同心) 기리단금(其利斷金)'에서 나왔다.

179 주촌(周村) : 경상북도 안동시 와룡면 주하리(周下里)이다.

180 경류정(慶流亭) : 안동 와룡면 주하리에 위치해 있다. 진성 이씨(眞城李氏)의 대종택인 주촌종택(周村宗宅)의 별당으로, 그 역사적, 건축적, 문화적 가치를 인정받아 많은 관심을 받고 있다.

181 7언절구 3수 : 퇴계 이황이 지은 <제경류정(題慶流亭)> 세 수를 말한다. 경류정 주인에게 선을 쌓아 복과 경사가 넘쳐나도록 문호를 잘 지키기를 당부하며, 위씨 가문처럼 종친 간의 화목을 다지는 모임을 해마다 따르겠다고 다짐한다는 내용으로 되어 있다.

182 소나무는 …… 만하였다 : 경류정 앞마당에는 수령 약 600년의 뚝향나무(천연기념물 제

어제 금계(金溪) 어른과 함께 있을 때, 일초(一初, 이중집)가 이 나무에 대하여 말하였다.

"예안(禮安) 온혜(溫惠) 마을 앞에도 이 나무가 있는데, 전해오는 말에 이 두 나무는 두 집안의 흥망을 점친다고 합니다. 지금 주촌(周村)에 있는 것은 바야흐로 왕성한데 온혜(溫惠)에 있는 나무는 이미 말라 떨어졌으니, 곧 온혜(溫惠)의 운수가 장차 떨쳐 일어서지 못할 것이 아닌지?"

어르신께서 말하였다.

"어찌하여 이 나무의 가지 하나를 온혜에 옮겨 심지 않았는가?"

일초가 말하였다.

"지난 번 주촌(周村)의 나무가 말라 죽었던 날에도 온혜(溫惠)에서 옮겨심었습니다."

어른이 말하였다.

"번갈아 서로 오가는 것은 오래 되었네."

또 말하였다.

"이것은 함주(咸州)의 배롱나무[紫微花][183]와 비슷합니다."

서로 크게 웃고 마쳤다.

지금 이 나무를 보니, 가지와 잎이 무성하니, 과연 일초(一初)가 말한 것과 같았다.

초라한 미복(微服) 차림이라 하여 주인을 만나보지 못했다.

314호)가 있어 경류정과 함께 주촌종택의 상징으로 여겨진다. 조선 세종 때 선산부사를 지낸 이정(李楨)이 1430년경 평안도 정주판관으로 있을 때 약산성을 쌓고 귀향하면서 가져와 심은 세 그루 중 하나라고 전해진다. 이정은 퇴계 이황의 증조부이다.

183 함주(咸州)의 배롱나무[紫微花] : 경상남도 함안군 산인면 모곡리에 위치한 고려동 유적지는 고려 말 성균관 진사였던 이오(李午)가 고려에 대한 충절을 지키기 위해 은거한 곳이다. 이오는 이곳에 처음 왔을 때 자미화(紫薇花), 즉 배롱나무가 숲속에 만발한 것을 보고 정착지를 결정했다고 전해진다. 여기에는 자미단(紫微壇), 자미정(紫微亭) 등이 있다.

10여 리를 갔다. 점막(店幕)에는 점심을 먹을 수가 없어서, 사람과 말이 모두 지쳤다. 도진(道津, 도나리)[184]을 물으니 이미 거기에 도착해 있었다. 몇 리를 간 후에 마주 보고 혀를 차며 탄식했다. 저녁이 되어 예안부(禮安部)에 묵었다. 도산과는 겨우 10리 거리란다.

2월 8일, 애일당과 도산서원을 거쳐 퇴계 종택으로 가다

흐림. 밥을 먹은 후 7리를 가서 송현(松峴)[185]을 넘으니, 낙동강 한 줄기가 나무 숲 사이에 은은히 비치는 것이 보였다. 이곳은 도산의 하류이다. 점막에 들어가 집안에 편지 한 통을 보내고 드디어 걸음을 재촉하여 나아갔다. 애일당(愛日堂)[186]을 지나서 골짜기 입구 바위에 오르니, 산줄기는 둘러 있고, 강물은 고요하였다. 올려 보면 몇 길 담장이요, 내려다 보면 만 이랑 잔잔한 물이었다. 산천의 정채(精彩)와 도덕(道德)의 광휘(光輝)가 마치 수백 년 후에도 직접 가르침을 받는 듯하였다.

진도문(進道門)[187]으로 들어가서 전교당(典敎堂)[188]에 올라서 오랫동안 배

---

184 도진(道津, 도나리) : 안동시 북후면의 도진리(道津里)를 말한다. 본래 칼로 풀을 베어 논을 만들었다고 해서 '도답촌'이라 불렸으며, '내가 흐른다.'하여 '나리'라고도 불렸다. 이후 나루 진(津)자를 써서 도진리(道津里)가 되었다고 한다.

185 송현(松峴) : '솔티고개'가 있어 붙여진 이름으로, '솔티' 또는 '솔고개'를 한자로 옮긴 것이다.

186 애일당(愛日堂) : 농암(聾巖) 이현보(李賢輔, 1467~1555)가 연로하신 부모님을 기쁘게 해 드리기 위해 지은 별당이다. '애일(愛日)'이라는 이름은 '부모를 모실 날이 얼마 남지 않았음을 안타까워하며 하루하루를 아낀다.'는 의미를 담고 있다. 일제강점기에 도로 개설로 인해 영지산(靈芝山) 위쪽으로 옮겼다가, 1975년에는 안동댐 건설로 인해 도산면 분천리 산11-17번지로 다시 옮겼다가, 2005년에는 농암유적지를 정비하면서 현재의 위치인 도산면 가송리로 이건되었다.

187 진도문(進道門) : 도산서원의 서원 영역으로 들어가는 정문으로, 도산서당 영역과 서원 영역을 구분하는 경계 역할을 한다. '학문을 하여 도(道)로 나아간다.'는 의미를 지니고 있다.

188 전교당(典敎堂) : 도산서원의 강학 공간으로, 유생들이 학문을 배우고 익히던 강당 건물이다. 보물 제210호로 지정되어 있으며, 1574년(선조 7)에 처음 건립되었고, 현재의 건물은

회하였다. 또 암서헌(巖棲軒)에 들어가니 곧 암서헌은 노선생께서 강학하시던 공간이다. 우리 선조께서 약관의 나이에 가서 배알하던 날에 '학문에 뜻을 두고 선을 좋아한다(志學好善)'[189]라고 권면하시는 말씀을 크게 들으시고, 뒷날 적전(嫡傳) 제자가 되신 일을 돌이켜 생각하니, 지금 여기에 온 것이 어찌 한 층 감회가 더하지 않겠으며, 불혹의 나이를 넘었지만 진학(進學)의 방도에 어두운 나 자신을 돌아봄에 또 어찌 숙연히 조심하고 놀라지 않을 수 있겠는가?

사당을 지키는 종이 대향(大享)이 며칠 남지 않아서 외출한 까닭에 알묘(謁廟)를 하지 못하였다. 점심을 먹은 후 상계(上溪)에 갔다. 문밖에는 '퇴계선생고택(退溪先生古宅)' 6자가 크게 씌어져 있었다. 나아가 추월한수정(秋月寒水亭)에 들어가니 문미에는 '도학연원방(道學淵源坊)'이 걸려 있고, 마루의 북쪽에는 '산남궐리(山南闕里)', '해동고정(海東考亭)'[190]이 걸려 있었다. 주인 서경(瑞卿)[충호(忠鎬)[191], 선생 13대손]이 중랑(中廊)으로 안내해서 들어갔다. 인사를 마치고 양 가의 세의(世誼)를 이야기하고, 이어서 말하였다.

"얼마 전 장씨(張氏) 한 사람이 나를 방문하였는데 소란한 일의 실마리에

1969년에 보수한 것이다. '전교당'은 '인간이 살아가는 법을 가르치고 배우는 집'이라는 의미를 담고 있다.

189 학문에 …… 좋아한다(志學好善) : 퇴계가 이정에게 편지하여 "나는 그[한훤당]의 증손자인 정곤수(鄭崑壽)와 그의 아우 정구(鄭逑)를 만난 적이 있습니다. 그들은 모두 학문에 뜻을 두고 선행을 좋아하는 선비였습니다. 그 외 다른 후손들에게도 어찌 남은 풍모가 없겠습니까?"라고 한 것이 있다. ≪퇴계집(退溪集)≫ 권22, <답이강이(答李剛而)>

190 산남궐리(山南闕里) 해동고정(海東考亭) : 궐리(闕里)는 중국 산동성(山東省) 곡부(曲阜)에 있는 마을로, 공자(孔子)가 살던 곳이다. 고정(考亭)은 주자(朱子)의 호이다. 퇴계의 종택에 '산남궐리(山南闕里)', '해동고정(海東考亭)'이라는 현판이 있으므로, 퇴계가 공자와 주자의 도학(道學) 연원(淵源)을 계승하였음을 말한 것이다.

191 충호(忠鎬) : 1872~1951. 본관은 진성, 자는 서경(瑞卿), 호는 하정(霞汀)이다. 퇴계 이황의 13대 종손으로 이만인(李晩寅) 문하에서 수학하였으며, 1900년 장릉참봉(章陵參奉) 역임하였다.

대하여 대략 들었습니다. 어른께서 찾아온 것도 바로 이 일 때문이 아니신지요?"

내가 말하였다.

"마침 이 일 때문에 저의 오랜 소원을 이루었습니다. 그러나 그들의 수작을 듣고 싶습니다."

서경(瑞卿)이 말하였다.

"그들은 후생(後生)이므로 당시의 일을 상세히 알지 못하였고, 증조부[192]께서 감독을 맡아 보판(補板)[193]을 주관하셨으니 이 일에 대해서는 들었습니다. 저들이 말하는 사실(事實) 1책은 본래 보려고 하지 않았습니다. 그래서 책을 덮고 말하기를, 요즈음 세상의 사건이 자주 발생하여, 혹 '승사퇴도(勝似退陶)[194]'라 말하기도 하고 혹은 '학산도수(鶴山陶水)[195]'라고 말하기도 하는데, 귀 문중의 일도 이러한 종류일 것입니다. 저들은 불쾌하게 가서 향사 때에 와서 참여하고 아울러 통문을 부탁하겠다고 말하였습니다. 이런 즈음에 귀문에서 행차를 하였으니, 매우 다행스럽습니다."

내가 문중의 편지를 전달하고 지난 행적을 내어 보였다. 서경이 다 보고는 말하였다.

192 증조부 : 이휘녕(李彙寧)을 말한다.

193 보판(補板) : 목판을 보완하는 것을 말한다.

194 승사퇴도(勝似退陶) : '우복(愚伏)의 예학이 퇴계(退溪)의 예학보다 뛰어난 듯하다.'는 말로써, 논란이 야기된 문장이다. ≪운창선생문집(芸窓先生文集)≫ 권5 <예설차록(禮說箚錄)>에, "우암(尤菴)이 정안숙(鄭晏叔)에게 보낸 답장 편지에 말하기를, 우복(愚伏)의 예학(禮學)은 퇴계보다 나은 듯하다고 하였으니 이것은 나의 주장이 아니요, 곧 사계(沙溪) 노선생의 주장이다.(尤菴答鄭晏叔書曰 愚伏禮學勝似退陶 非愚說 乃沙溪老先生說也)"라고 언급하고 있다.

195 학산도수(鶴山陶水) : 학봉종택이 있는 금계에서 지은 해상고유문(海上告由文) 중, "학산은 높이 삐죽삐죽 솟아있고, 도산의 강물은 끝없이 흐른다(鶴山矗矗 陶水渾渾)"라는 구절이 있다. 이 어구는 학봉을 오히려 퇴계보다 높임으로서 퇴계와 학봉의 사승관계를 해친다는 지적을 받았다.

"일찍이 이와 같은 줄 알았으면 저 사람들이 다시 오는 일이 없도록 하는 것이 좋았을 것을."

저녁을 먹은 후에 서경(瑞卿)이 ≪고계집(古溪集)≫[196] 3책을 내어와서 보여주면서 말하였다.

"이것은 저의 증조부 유집(遺集)입니다. 책상자에 보관한 지가 오래 되었는데, 난리를 겪은 나머지 힘에 부쳐서 목판에 새기지 못하고 활자본으로 인쇄하였습니다. 세의가 있는 집에 대강 나누었는데, 귀 문중은 멀어서 전할 수 없었습니다. 받아 가시기 바랍니다."

대충대충 넘겨보니 그 학문이 나온 바를 볼 수 있었다. 이어서 지난해에 있었던 힘들었던 일에 대하여 말하였다.

"이 집은 곧 증조부께서 지어서 대대로 전해 온 오래된 집으로, 개울 너머에 있었는데, 병신년(丙申年) 난리[197] 중에 소장하던 서적 수십 권을 모두 보관할 수 없어서 애통함을 이길 수 없었습니다. 바야흐로 그때 이 땅을 그대로 지킬 수 없어서 잠시 원촌(遠村) 친척에게로 가서 살았습니다. 어느 날 병사들이 들판을 덮고 포성이 하늘에 진동하는데 일시에 마을은 모두 텅비게 되었습니다. 나도 속으로 스스로 결정하지 못하다가 사당에 모셔진 5대 선조 위판을 대나무 상자에 넣어 등에 지고 산골짜기로 달아났다가 대략 나흘 후에 돌아왔는데 아내를 먼저 다른 곳으로 보냈다. 자고로 전쟁이 이번보다 심한 것이 어찌 있겠습니까? 선생의 문집도 그때 불길 속에 들어가

196 ≪고계집(古溪集)≫ : 후기 학자 이휘녕(李彙寧, 1788~1861)의 시문집이다. 8권 4책으로 구성되어 있다. 이휘녕의 본관은 진성(眞城). 자는 군목(君睦), 호는 고계(古溪). 아버지는 이승순(李承淳)이며, 어머니는 경주 최씨(慶州崔氏)이다. 종가의 이지순(李志淳)에게 입양하여 이황의 10세 종손이 되었다.

197 병신년(丙申年) 난리 : 퇴계 종택은 1896년(병신) 의병진압부대가 지른 불로 소실되었고, 1907년에는 의병 활동을 지원했다는 이유로 일본군에 의해 다시 방화된 바 있다. 여기서는 전자를 말한다.

없어졌습니다. 바라건대 문집 한 질을 보내주시기 바랍니다."

내가 말하였다.

"이것은 의리에 있어 거절할 수 없는 일입니다. 돌아가면 문중에서 의논하겠습니다."

2월 9일, 이만현 등 여러 퇴계 후손들로부터 호응을 얻다

맑음. 사당에 알묘하고, 원촌(遠村)을 향하여 출발하였다. 내가 서경(瑞卿)에게 말하였다.

"이번 향사 후에 마땅히 대당회(大堂會)가 있을 것이고, 그대는 반드시 참석해야 할 것입니다."

대답하여 말하였다.

"굳이 하교를 기다리지 않아도 갈 것이지만, 원규(院規)에는 몸소 중복(重服, 상복)[198]을 입은 자는 서원에 들어올 수 없게 되어 있습니다. 또 13일은 곧 증조부의 제삿날이어서 형편이 모임에 나아가 참석하기 어렵습니다. 그러나 모두의 뜻이 반드시 다름이 없을 것이니, 제가 참석하든 참석하지 않든 무슨 관계가 있겠습니까? 만약 갈라지는 주장이 있어서 통지하면 마땅히 당중(堂中)에서 전갈할 것입니다."

내가 말하였다.

"좋습니다."

산을 따라 동쪽으로 1리 쯤 가서 작은 고개 하나를 넘어서 청량산(淸凉山)을 바라보니, 육육봉(六六峯)이 앞쪽에 다가와 우뚝한 것이 마치 지척에

198 중복(重服) : 상례(喪禮) 복제(服制)에서 대공(大功) 이상(以上)의 상복(喪服)으로 중제(重製)라고도 한다.

서 잡힐 듯하였다. 선생의 남긴 향기를 상상하니 나도 모르게 공경하는 마음이 불러 일으켜졌다. 오산당(吾山堂)[199] 창건은 고계공(古溪公, 이휘녕) 숙질이 주창한 것인데, 불행하게도 병란으로 불타버리고 말았다. 그렇게 한 것도 또한 연원가의 후예였다. 세도(世道)와 인심(人心)이 이렇게 극단에 이르렀는가?

언양(彦陽) 어른[이만현(李晚鉉)[200] 씨, 이때 도산동주(陶山洞主)를 맡았다.]께 나아가 배알하고 찾아온 까닭을 간략하게 말씀드리니, 대답하여 말하였다.

"지난번에 장씨(張氏)가 왔다고 들었는데 나는 보지 못했다. 그러나 외람되게도 수임(首任)으로 있으면서 어찌 저들을 위하여 통문을 낼 이치가 있겠는가? 회의가 며칠 앞에 있으니 자네는 부디 여러 곳을 두루 다니며 공의(公議)를 두루 돌려야 할 것이네. 집에 돌림병 걸린 이가 있어서 나는 지금 인근 집으로 옮겨 가려고 하니, 자네를 붙잡아 함께 점심을 할 수 없는 것이 한스럽네."

이어서 술을 내어오게 하고, 또 말하였다.

"나의 사촌 영감(令監)[만유(晚由)[201] 씨]과 나의 백씨와 중씨 그리고 응교(應教) 족형[만정(晚正)[202] 씨]도 일찍이 수임(首任)을 지냈으니, 자네가 두루 찾아

199 오산당(吾山堂) : 청량산에 위치한 청량정사에 딸린 초당으로, 퇴계 이황의 오가산(吾家山)에서 이름을 따왔다. 퇴계 이황이 숙부인 송재 이우로부터 학문을 배운 곳이며, 이후 퇴계 이황이 성리학을 공부하고 후진을 양성한 곳으로 알려져 있다. 1896년에는 청량의진(淸凉義陣)이 조직되어 의병 투쟁의 근거지로 활용되기도 했다.

200 이만현(李晚鉉) : 1832~1876. 퇴계의 11대손으로 고종 때 언양현감과 홍문관 교리를 지낸 인물이다. 1882년 임오군란 이후 혼란한 정세로 인해 고향인 안동 원촌동으로 낙향했다. 1910년 경술국치를 통분해 병을 얻어 이듬해 세상을 떠났다.

201 만유(晚由) : 이만유(李晚由, 1822~1904)는 이황의 후손으로 자는 도여(道汝), 호는 목재(穆齋)이다. 영해부사를 역임하였기에 택호를 '영감댁'이라 하였다.

202 만정(晚正) : 이만정(李晚正, 1830~1902)은 이황의 후손으로 자는 계행(啓行), 호는 언물대(言勿臺)이다. 홍문관 응교를 지냈다.

보게.”

아들을 불러 데려가게 했다. 드디어 영해(盈海) 수령 집에서 점심을 먹고, 감역(監役) 어른[만인(晩寅)[203] 씨, 전 판서의 손자]께 나아가 조문하였다. 여러 곳을 찾아가서 전말을 대략 설명하니, 듣는 사람은 분개하지 않음이 없었다. 인간의 떳떳한 성품이 다르지 않음을 볼 수 있었다. 언양(彦陽) 어른은 중씨(仲氏) 집에 계셨는데, 나를 다시 보자고 하셨다. 여러 노소가 모두 자리에 있었는데, 언양(彦陽) 어른이 사촌 조카 무형(懋亨) 씨에게 말하였다.

“사실을 간추리면 통문의 초고는 쓸 수 있겠지만 행사가 너무 급하니 어찌하겠나?”

내가 말하였다.

“여러 곳에 두루 보이고, 그 후에 마땅히 정장(呈狀, 訴狀)을 낼 것입니다.”

조카에게 그때의 벌목(罰目)을 베끼게 하였다. 이맹연(李孟然)[204]이 부포(扶浦)[205]로부터 와서 나에게 인사하고 말하였다.

“저의 생각으로는 인동 통문도 답을 해야 할 것입니다. 저들이 답통을 구하는 것은 자기에게 도움이 되게 하려고 할 터인데, 우리의 답장하는 말에서 엄히 꾸짖는다면 저들이 감히 다시 소란을 일으키지 못할 것입니다.”

좌중이 크게 웃었다. 언양(彦陽) 어른이 말하였다.

“성주의 통문은 감히 다른 의견이 있을 수 없다. 만약 인동을 꾸짖고 싶

---

203 만인(晩寅) : 이만인(李晩寅, 1834~1897)은 이황의 후손으로 자는 군택(君宅), 호는 용산(龍山)이다. 이황(李滉)의 학설을 금과옥조로 여겨 이와 배치되는 이이(李珥)의 사칠주기설(四七主氣說)과 이진상(李震相)의 심즉리설(心卽理說)에 대해 조목조목 비판하였다.

204 이맹연(李孟然) : 이중화(李中華, 1859~1919)을 말한다. 이황의 후손으로 자가 맹연(孟然)으로 이만응(李晩鷹)의 아들이다.

205 부포(扶浦) : 안동시 예안면 부포리(浮浦里)를 말한다. 안동댐 건설로 일부 지역이 수몰되었으며, 부포저수지가 위치해 있다.

다면 아마도 한두 군데 막히는 곳이 있을 것이다.”

내가 말하였다.

“맹연(孟然)의 말이 매우 합당합니다. 저희 고을의 통문으로 남겨두는 것은 훗날의 기록[文蹟]을 위한 것입니다. 장씨(張氏)가 눈으로 보게 할 방법이 없으니 저들이 어떻게 뉘우칠 줄 알겠습니까?”

맹연(孟然)이 말하였다.

“물었으니 답이 없을 수 없습니다.”

무형(武亨) 씨가 말하였다.

“속집(續集) 한 항목은 정씨(鄭氏)의 일만이 아니니, 본래 도산(陶山)에서 맡아야 합니다.”

내가 말하였다.

“참으로 그렇습니다. 참으로 그렇습니다.”

언양(彦陽) 어른은 다만 공의(公議)가 어떠한가를 지켜보기만 하였다.

해가 질 무렵에 건지산(搴芝山)[206]을 지나는 길에 선생의 묘소에 참배하였다. 스스로 생각하되, 선생보다 수백 년 후에 태어나서 수백 리 밖에 살면서 다만 간절하게 책 속에서만 그리워하였는데 이미 선생의 당(堂)에 오르고 또 선생의 사당에 알묘하고 또 그 묘소에 참배하였으니 지금의 방문이 어찌 우연이겠는가? 작은 비석에 ‘퇴도만은진성이공지묘(退陶晩隱眞城李公之墓)’라고 씌어있고, 그 곁에는 선생이 직접 지으신 명문과 고봉(高峰, 기대승)의 후서(後敍)가 새겨져 있는데, 선생의 가르침을 따르는 뜻을 서술했다.

저녁에 하동(霞洞)의 양산(梁山) 수령 집에 들었다. 주인은 지금 산재(山齋)

---

206 건지산(搴芝山) : 경상북도 안동시 도산면 토계리에 퇴계 이황의 묘소가 있는 산이다다. 퇴계는 1571년 건지산 남쪽 기슭에 묻혔다.

에 있으면서 병으로 약을 먹는 중이고, 그 아들 광초(廣初)[207][일초(一初)의 형]는 나와 나이가 비슷한데, 나와서 맞이해 주고 환대를 해 주었다. 나에게 말하였다.

"지난번에 장씨(張氏)의 말을 들으니 도무지 어수선하고, 이른바 문적(文蹟, 기록)이라는 것도 너무 모호하여 사람들로 하여금 보고 싶지 않게 하였습니다."

형의 말은 들을수록 통쾌하였다. 그 시비를 밝히려고 하지 않아도 판별할 수 있었다. 일초(一初)가 금계(金溪)에서 돌아와서 밤이 깊도록 서로 이야기를 나누었다.

2월 10일, 섬촌에서 통문에 관한 이야기를 나누다

맑음. 아침에 마을 안에 인사를 드리고 밥을 먹은 후 참의(參議) 이중두(李中斗)[208] 씨와 진사(進士) 이강호(李康鎬)[209] 및 여러 어른과 젊은이들이 모두 모여 함께 문적을 열람하고, 분개하지 않음이 없었다. 광초(廣初)가 말하였다.

"장(張) 대감의 편지가 우리 문중의 생각을 흔들 수 있습니까? 오산당(吾山堂)의 화재는 누가 사주하여 그런 것이겠습니까?"

계남(溪南)을 지나면서 이 참봉을 방문하고, 도산 아래에서 배에서 내려 다리를 따라 갔다. 섬촌(剡村)[210]에 도착하여 교리 이순칙(李舜則) 씨를 찾아

207 광초(廣初) : 이중업(李中業, 1863~1921)을 가리킨다. 그의 자는 광초(廣初), 호는 기암(起巖), 본관은 진성(眞城)이다. 아버지는 향산(響山) 이만도(李晩燾)이며, 김흥락(金興洛)의 문인이다.

208 이중두(李中斗) : 1836~1914. 자는 운경(運卿), 호는 소계(素溪), 본관은 진성(眞城)이다. 퇴계의 후손으로 우부승지(左右副承旨), 이조참의(吏曹參議) 등을 역임했다.

209 이강호(李康鎬) : 1851~1923. 자는 제경(濟卿), 호는 함산(菡山), 본관은 진성(眞城)이다. 퇴계의 후손으로 하계(下溪)에 거주했다. 생원시에 합격했다.

갔으나 만나지 못하고, 번남(蕃南) 주인어른[만윤(晩胤)[211] 씨]을 우연히 만났다. 곧 장지영(張志永)의 장인이다. 내가 전말을 갖추어 말씀드리고 또 문적을 보이니, 주인어른이 말씀하였다.

"자네 말이 명쾌하고 조리가 있으니 듣는 사람이 자연스럽게 심복하게 된다. 어찌 문적의 있든 없든 무슨 관계이겠는가?"

내가 또 문중의 서찰을 전해 드렸다. 다 보시고 말씀하셨다.

"글도 진중하고 명백하니, 지난날 장씨(張氏)의 글과 다르다."

드디어 아이를 시켜 마을 안 모든 사람을 불러오게 하였다. 잠시 후 그 족질 세경(世卿)이 와서 인사를 한 후 도산(陶山)의 통문을 여러 번 읽어보고 말하였다.

"이것을 보니 충분하다. 그 외 무엇을 족히 말하겠는가?"

주인어른이 말하였다.

"내가 통문의 초고를 지어보려 하는데 전말을 자세히 알지 못하니 어찌 할까?"

내가 말하였다.

"사실을 기록한 통문 한 통이 여기에 있습니다. 보신 후에 부포(扶浦)에 전해 주시는 것이 어떻겠습니까?"

잠시 후 출발하여 저녁에 청동(靑洞) 이무경(李武卿, 이건호)[212]의 집에 들어

210 섬촌(剡村) : 경상북도 안동시 도산면 의촌리(宜村里)에 있다. 낙동강이 두 갈래로 갈라져 흐르면서 마을이 섬처럼 보인다 하여 섬촌이라 불리게 되었다. 의촌리는 1914년 행정구역을 개편하면서 의인리(宜仁里)와 섬촌을 합쳐서 만들어진 이름이다.

211 이만윤(李晩胤) : 1834~? 자는 계조(繼祖), 호는 좌산(左山), 본관은 진보(眞寶)다. 익위사 익찬, 삼척부사 등을 역임하였다.

212 이무경(李武卿) : 이건호(李健鎬, 1864~1937)을 가리킨다. 자는 무경(武卿·武京), 호는 우석(友石), 본관은 진성(眞城)으로 이중연(李中淵)의 아들이다.

갔다. 지난 을묘(乙卯)에 전례소(典禮疏)의 소수(疏首)가 그의 증조[213]였고, 신사(辛巳)에 척사소(斥邪疏)의 소수(疏首)가 그의 조부[214]였다. 자리의 수십 인은 모두 당내 일족이었다. 번화(繁華)함은 의인(宜仁)이나 원촌(遠村)에 미치지는 못하지만 유아(儒雅)함은 뛰어났다. 인사를 마치고 무경(武卿)이 말하였다.

"오신다는 소식은 들은 지가 여러 날이 지났습니다. 먼 길에 피곤하지 않으십니까?"

이어서 시비의 전말을 묻기에 처음부터 설명하여 나갔다. 듣고 나서 모두 말했다.

"일찍이 우리집 영감께서 그 일을 힘써 주도하셨는데 자세한 것은 알 수 없었습니다. 그래서 지난번 장씨(張氏)가 왔을 때 다만 의리상 답을 하였지만, 조목조목 따지지는 못하였습니다."

경빈(景賓)[215][충호(忠鎬)의 숙부]이 말하였다.

"지난번 의인(宜仁)에서 장씨(張氏)를 만났는데 문적(文蹟)이라고 하는 책을 한 권 주어 가지고 있네."

213 그의 증조 : 이휘병(李彙炳, 1819~1855)을 말한다. 자는 문칙(文則), 호는 괴와(槐窩), 본관은 진성(眞城)으로 이이순(李頤淳)의 아들이다. 1855년(철종 6), 이휘병은 영남 지역 유학자들을 대표하여 사도세자(장헌세자)의 신원(伸冤)을 요청하는 상소를 올렸다. 당시 10,094명이 연명한 이 상소는 이휘병을 소수(疏首)로 하여 봉헌되었다.

214 그의 조부 : 이만손(李晩孫, 1811~1891)을 말한다. 조선시대의 유학자이며, 본관은 진성(眞城), 자는 가술(家述), 호는 돈와(遯窩)이다. 퇴계 이황(李滉)의 후손이며, 이휘병(李彙炳)의 아들이다. 1880년, 김홍집이 일본에서 황준헌의 ≪조선책략≫을 가져오자, 이만손은 척사 운동을 펼치며 만인소를 올리는 데 주도적인 역할을 했다. 1880년 11월, 안동향교에 모인 경상좌도의 유생 800명이 이만손을 소수로 선출했고, 그는 ≪조선책략≫을 비판하고 통상 거부를 요청하는 상소문을 고종에게 올렸다.

215 경빈(景賓) : 이중인(李中寅, 1857~1944)의 자이다. 그의 본관은 진성, 호는 노산(老山)이다. 저서로는 ≪노산집(老山集)≫이 있다. 현대의 학자 이가원(李家源, 1917~2000)의 조부이다.

내가 말하였다.

"보고 싶지 않습니다."

그가 억지로 보게 하므로 어쩔 수 없이 몇 문장을 대략 살펴보았다. 그 가운데 도장(道狀) 한 통이 있었는데, 명단에는 우리 문중 사람의 이름도 너댓 명 있었다. 내가 이상히 여겨 살펴보니, 한 분은 돌아가신 후 10년이 되었고, 한 분은 삼부자가 함께 기록되어 있었다. 돌아보면서 장씨(張氏)를 일러 말하였다.

"이것은 날조된 기록이 아닙니까? 돌아가신 분이 어떻게 기록되어 있습니까?"

그 사람이 무안하여 말하였다.

"혹시 두 사람이 이름이 같은 것이거나, 혹은 만년에 이름을 바꾼 것인지 알 수 없습니다."

내가 말하였다.

"한 집안 안에서 어찌 이름이 같은 사람이 있겠습니까? 만년에 개명을 한다는 것은 더욱 말이 되지 않습니다."

급기야 소매를 떨치고 가버렸다. 그의 아들과 조카에게 말하여 이름을 삭제하려 할 즈음에, 이미 유곡(酉谷)과 해저(海底)로 갔다고 하였다. 그러므로 정일(丁日)의 회의를 기다려 다시 와야 했다.

내가 말하였다.

"장씨(張氏) 일은 종종 이런 일들이 많습니다. 지난번 하회(河回)에 있을 때 체인(體仁)의 말을 들으니 이러이러하였고, 어제는 하동(霞洞)에서 또 광초(廣初)의 말을 들었습니다. 유곡(酉谷) 권 도정(權都正)은 곧 자신의 외종조부인데, 그분의 이름이 도장(道狀)의 첫머리에 적혀 있었는데, 맨 아래에 스무 살이나 연장인 종숙의 이름이 적혀 있으므로, 장씨(張氏)에게 묻기를, 어찌하여 이렇게 거꾸로 적혀 있는가 하니, 그가 말하기를 이것은 혹시 기록할 때에 잘못 쓴 것일 수 있다고 하였습니다. 이것은 의심에 불과하지만, 지금 만약 이렇게 이름을 구한다면 장씨(張氏)의 일은 낭패가 아니겠습니까?"

좌중이 모두 크게 웃었다. 저녁 후에 맹연(孟然, 이중화)이 역동(易東)에서 와서 말했다.

"원촌(遠村)에서 한 번 헤어지고 어찌 이렇게도 늦게 왔습니까?"

또 그 아들 상사(上舍)로 하여금 와서 인사하도록 하였다. 아들은 나이가 이제 스물넷인데, 갑오년(1894) 응제(應製)에 방문(榜文)에 들었다고 한다. 주인이 말하였다.

"오늘 저녁은 곧 우리집의 재일(齋日)이니 서로 새벽닭이 울 때까지 이야기를 나누는 것이 어떻습니까?"

어떤 이가 말하였다.

"힘든 일을 하시느라 피곤하지는 않으신지요?"

내가 말하였다.

"하룻밤 단란한 자리는 또한 쉬운 일이 아니니 무엇이 방해되겠습니까?"

이에 한 사람을 시켜서 차례로 왕복한 서신과 통문을 읽게 하고 둘러 앉아 들었다. 듣기를 마친 후에 고금의 이야기를 나누느라 어느덧 새벽이 되었다.

2월 11일, 역동을 지나 용계로 가다

맑음. 식후에 여러 벗들과 이별하였다. 내가 말하였다.

"이 중에서 통문의 초(草)를 지을 것을 생각해 두시겠는가?"

모두 그러겠다고 말하였다.

무경(武卿, 이건호)과 함께 덕승(德承) 씨[회양(淮陽) 수령의 손자]를 방문하여 참화를 당한 것을 위문하고 아울러 인척(姻戚)의 친분을 나누었다.

역동(易東)을 지나가니, 곧 맹연(孟然, 이중화)이 사는 곳이다. 대개 10여 년 전 서원터 밑에 나아가 살았는데, 몇 해 전에 집 건축 일을 크게 벌였다가 난리를 만나 잠시 멈추었다가 지금 계속하여 완성하였다. 공사가 매우 거창하여 6, 70간이 되었고, 그 남쪽에는 또 여러 칸의 정사가 있었는데, 곧 그의 서재이다. 동네 안 땅 한 조각 초목 하나도 본래 그의 소유가 없었는데 10년 사이에 살림살이가 크게 일어났다. 세상에 전하기를, 이 터는 조월천(趙月川)[216]이 살던 곳이라고 한다. 맹연(孟然)이 뒤따라왔다. 오후에 용계(龍溪)[217]로 향했다. 맹연(孟然)이 말하였다.

"나는 향사의 제관으로 오늘 저녁에는 입재(入齋)를 해야 합니다. 형은 부디 이른 아침에 모임에 오시기 바랍니다."

내가 그렇게 하겠다고 하였다.

수십 보를 가니 강물이 얕아져서 옷을 걷어 올리고 건널 만했다. 종 2명의 등에 업혀 물을 건넜다. 몇 리를 가서 고개를 넘어 북으로 갔다. 물으니 이곳이 용계(龍溪)란다. 이중린(李中麟)[218] 씨의 집에 들었다. 몇 해 전 대중의 추대로 의병장이 되었다가 근근이 화를 면했다고 한다. 저녁을 먹은 후

216 조 월천(趙月川) : 조목(趙穆, 1524~1606)을 말한다. 본관은 횡성(橫城), 자는 사경(士敬), 호는 월천(月川)이다. 그는 퇴계 이황의 문하에서 수학하며, 스승을 가장 가까이에서 모신 팔고제(八高弟) 중 한 명으로 꼽힌다. 특히 퇴계 사후 도산서원 건립과 문집 간행을 주도하며 퇴계학파를 이끌었다.

217 용계(龍溪) : 안동시 도산면에 위치한 마을이다. 퇴계 이황의 조부인 이계양(李繼陽, 1424~1488)이 처음 자리를 잡은 곳으로, 퇴계 이황이 태어난 집이 있는 곳이기도 하다.

218 이중린(李中麟) : 1838~1917. 본관은 진성(眞城), 자는 진백(振伯), 호는 운포(雲圃) 혹은 황산(潢山)이다. 안동 도산면 온혜리 용계마을 출신이다. 1895년 을미사변 이후 이만도(李晩燾)를 의병장으로 추대하여 선성의진(宣城義陣)에 부장(副將)으로 참여하였고, 1896년 2월, 선성의진 해산 후 사재를 털어 청량산(淸凉山)을 근거지로 의병 재규합하였으며, 김도현(金道鉉)을 중군으로 삼아 7읍 연합의병진 구성, 태봉 전투 참여하였다. 2007년 건국훈장 애족장에 추서되었다.

에 나도 모르게 잠이 들었다.

2월 12일, 도산서원 향사에 축관으로 참여하다

맑음. 주인어른이 통문을 받아서 살펴보고 말씀하였다.

"지난 무신(戊申, 1848)에는 조부와 선친이 모두 안성(安城)의 임지에 있었는데, 나는 나이가 겨우 열 살이었네. 이런 까닭에 우리 집 이름만 유독 여기에서 빠져있네."

내가 말했다.

"이번 당회(堂會)에 참석하지 않으려 하십니까?"

대답했다.

"사정이 있어 나가기에 어렵네. 대개 참화를 겪은 후 세상에 뜻이 없어졌네."

임우준(任禹準) 노인을 찾아가니, 곧 용담(龍潭)[219][휘 흘(屹)]의 후손이다. 이곳에 대대로 살면서 운수가 매우 쇠락하였다. 상자에서 선조의 편지 1권을 꺼내어 보여주면서 말하였다.

"이것은 스승과 제자[220] 사이 오고 간 편지라네. 보물처럼 간직한 것이 300년이라네."

내가 받들어 여러 번 읽어보고 감격스러움을 이기지 못하였다. 그에게 말했다.

---

219 용담(龍潭) : 임흘(任屹, 1557~1620)의 호이다. 그는 본관이 풍천(豊川), 자는 탁이(卓爾), 호는 용담(龍潭)을 비롯해서 나부산인(羅浮山人), 만회재(晩悔齋), 구방재(求放齋), 양심재(養心齋), 주일헌(主一軒) 등이 더 있다. 한강 정구의 문인이다.

220 스승과 제자 : 한강 정구와 용담 임흘을 말한다. 한강은 용담이 질문한 ≪심경(心經)≫과 예학에 대해 답하며, 자신의 학문적 깊이를 드러냈다. 임흘이 보낸 문목(問目)은 ≪심경≫과 관례(冠禮), 국휼(國恤) 중 제사, 상례와 제례, 오례의(五禮儀) 등 예학에 집중되어 있었다.

"우리 선조의 손수 쓴 글이 세상에 전해지는 것이 거의 없는데 오직 귀댁에서 이렇게 많이 모아서 이렇게 오래 전해지게 되었습니다. 사람이라면 누군들 존경하여 감복하지 않겠습니까? 자손된 자라면 더욱 어떠하겠습니까?"

거듭거듭 고맙다는 인사를 드리고 일어났다.

주인이 말하였다.

"이번 당회(堂會)는 다른 일과는 다르네. 그 사람도 가서 참석할 것이네."

내가 말하였다.

"깊이 감사드립니다."

노송정(老松亭)[221]에 들르니 주인[찬화(燦和) 씨]가 일어나 맞아주며 말하였다.

"통문 중에 모(某) 함자는 곧 우리 선친의 함자입니다. 마침 개인적인 일로 당회(堂會)에 참석하지 못하지만 저의 이름은 적지 않을 수 없습니다."

수십 보를 가서 삼백당(三柏堂)[222] 터를 들렀는데, 곧 온계(溫溪) 종택이었다가 병화에 불타고 사당만 남아서 지나는 사람들이 탄식하지 않음이 없었다.

고개 하나를 넘으니 도산 뒷편 산자락이었다. 오시가 되기 전에 서원에 들어갔다. 재관(齋官)으로 모인 사람이 수십 명이었는데 대개 기한에 여러 날 앞서 수석(首席)과 재임(齋任)이 본손(本孫)과 향원(鄕員) 몇 사람을 선별하여 초청하였으며, 초청 명단에 없는 사람은 참석하지 못하게 하였다. 서원의 살림이 넉넉하지 못하기 때문이었다. 도객(道客)[223]은 이 경우에 매이지

221 노송정(老松亭) : 퇴계 이황의 조부인 이계양(李繼陽, 1424~1488)이 1454년에 건립한 종택으로, 안동시 도산면 온혜리에 위치해 있다. 이곳은 퇴계가 태어난 곳이라 하여 '퇴계태실(退溪胎室)'이라고도 불린다.

222 삼백당(三柏堂) : 퇴계 이황 선생의 형님 온계 이해(李瀣, 1496~1550)의 종택이다. 1520년경에 지은 집으로, 이해가 20세 되던 해에 노송정 본가에서 분가하여 이곳에 정착했다. 1896년 일본 관군이 온계종택(三柏堂)을 의병소로 사용했다는 이유로 방화하여 사당을 제외하고 전소되었다. 2005년 복원추진위원회가 결성되어 2011년 5월 5일 복원 낙성식을 가졌다.

않는다고 하였다. 수석(首席) 어른이 웃으며 나에게 말하였다.

"장씨(張氏) 손님은 어찌하여 오지 않는가. 내가 고대한 지 여러 날인데."

내가 말하였다.

"어찌하여 고대하셨는지요?"

"자네와 한바탕 대질하면 또한 기이한 일일 것이네."

내가 말하였다.

"선생께서 강학하시던 강당에서 저들과 다투게 되었으니, 어찌 부끄러운 일이 아니겠습니까?"

"연원을 가리기에는 이곳이 매우 적합하네."

이어서 술을 내어오게 하였다.

오후에 본손 한 사람과 함께 사당에 알묘하였다. 재노(齋奴)가 강당에 자리를 마련하고 여러 사람이 나이에 따라 앉았다. <파임록(爬任錄)>[224]에 이름을 적는 것은 엄숙하여 법도가 있었다. 나는 축(祝)을 맡았고 용전(龍田) 숙부님은 찬인(贊引)이 되었다.

류도민 경안(柳道民 景顔)은 몇 해 전에 우천(愚川)에서 왜(倭)를 피해서 청량산 근처에 정착했다. 이때 재임(齋任)이 되었다. 아헌(亞獻)은 정하진(鄭河鎭) 씨이니, 곧 매창(梅窓)의 후손이었다. 전작(奠爵)은 우산(愚山) 승지(承旨) 정우묵(鄭佑默)[225]의 아들이었다. 모두 도객(道客)의 반열이었다. 고산(高山)의 송 우(宋友) 두 사람이 늦게서야 도착했다. 그래서 소임자 명단에 들지 못하였다. 하진(河鎭) 씨는 나와 일족의 친분을 말하고 자리를 마쳤다. 삼헌(三

223 도객(道客) : 도산서원과 밀접한 관련이 있는 사람들을 말한다.

224 ≪파임록(爬任錄)≫ : '파임(爬任)'은 업무 분장을 뜻하는데, 헌관 등 향사에 따른 임무를 나누고 그 아래 담당자의 이름을 적는다.

225 정우묵(鄭佑默) : 정경세(鄭經世)의 후손으로 1882년 문과(文科)에 급제하였다. 선산군수, 상주군수 등을 역임하였다. 상주에서 선정을 베풀어 백성들이 송덕비를 세우기도 했다.

獻)과 분헌관(分獻官)[226]이 한존재(閑存齋)[227]에 들어가고, 그 나머지는 물러나 박약재(博約齋)[228]에서 쉬었다. 내가 맹연(孟淵, 이중화)에게 말하였다.

"내일 당회(堂會)의 뜻을 글로 돌립니까?"

맹연(孟淵)이 말하였다.

"이틀 후로 정하였습니다."

내가 말하였다.

"무슨 까닭인지요?"

맹연(孟淵)이 말하였다.

"일이 부득이 해서 그런 것입니다."

내가 말하였다.

"인동의 답통은 어떻게 작정하십니까?"

맹연(孟淵)이 말하였다.

"우리들은 이미 확정하였지만 다른 곳의 의향이 어떤지를 알지 못합니다."

경안(景顔, 류도민)이 말하였다.

"형이 상주를 지날 때 여러 곳에 인사를 드렸는데 유독 우리 집안만 빠뜨렸으니, 공정하지 못하다는 혐의[229]가 없겠습니까?"

내가 말하였다.

---

226 분헌(分獻) : 본위(本位)에 종헌의(終獻儀)를 마치고 분헌관(分獻官)이 배향위(配享位)와 동서무위(東西廡位)에 각위(各位) 일헌지례(一獻之禮)를 분헌이라 한다.

227 한존재(閑存齋) : 도산서원의 중심 건물인 전교당 서쪽에 위치한 온돌방이다. 전교당은 유생들을 가르치는 강당으로 사용되었으며, 한존재는 도산서원의 원장이 거처하는 공간으로 사용되었다.

228 박약재(博約齋) : 도산서원의 원생이 기숙하던 곳으로, 강당인 전교당 앞 동쪽에 위치해 동재(東齋)라고도 불린다. 마당을 중심으로 서재인 홍의재(弘毅齋)와 마주보고 있으며, 동재에 거처하는 원생이 서재의 원생보다 선배이다.

229 공정하지 못하다는 혐의 : 원문의 '반박지혐(斑駁之嫌)'은 편파적이고 불공정한 것에 대한 한탄을 의미한다.

"우천(愚川)은 지나는 길에 있지 않아서 허비되는 날이 많음을 고민하다가 돌아가는 길에 방문할 계획이었습니다."

경안(景顔)이 말하였다.

"바로 태필(泰弼) 씨가 오산(吳山)과 정혼하였기 때문이 아닌가? 지난번 내가 고리(故里)로 걸음하였을 때 여러 일족들의 말이 존문(尊門)의 일에 미쳤는데, 모두 말하기를, '성주의 정씨는 사람이 없는가? 어찌 전후 사실을 가지고 도내 각 문중에 밝혀 장씨(張氏)를 성토할 계책으로 삼지 않는가?'라며 분개하지 않은 이가 없었네. 이것은 곧 의리를 같이 하는 바이니, 어찌 그 사이에 사사로움을 용납하겠는가? 돌아가는 길에는 삼가서 그냥 지나치지 마시게."

내가 말하였다.

"그렇게 하겠습니다."

저녁 후에 마당에 자리를 펼치고 재관은 원장 이하 동서로 나누어 차례대로 서서 제수가 들어오는 것을 부복해서 맞이하였다. 한밤중에 향례를 행했다. 나는 수조(受胙)의 절차를 익히지 못하여 매사를 유사에게 물어서 시행하였다.

2월 13일, 광명실에서 ≪사문수간≫을 보다

맑음. 아침에 전교당(典敎堂)에서 준례(餕禮)[230]를 행하였다. 부포(夫浦) 친구 이은숙(李殷叔)이 와서 나에게 말하였다.

"지난번 저의 마을로 왔을 때 마침 외출하여 만나지 못했다가, 또 일신에 중복(重服)[231]이 있어 부득이 재석(齋席)에 참여하지 못하였습니다. 지난

---

230 준례(餕禮) : 제삿밥을 나누어 먹는 의식.

번에 들으니 장씨(張氏)의 무신(戊申, 1848) 도장(道狀) 가운데 잘못 기록된 이름이 있었는데, 하나는 우리 숙부였다. 울분을 이기지 못하고, 즉시 찾아내고자 하였으나, 그 사람은 이미 유해(酉海, 닭실과 바래미) 지역으로 가버렸습니다. 들으니 그 사람이 향사 자리에 참석한다고 하여 내가 이를 위하여 왔습니다."

내가 말하였다.

"장씨(張氏)가 오지 않은 것은 반드시 내가 온다는 것을 들었기 때문일 것입니다."

은숙(殷叔)은 분하고 한스러워하다가 갔다.

식후에 여러 친구들과 암서헌(巖棲軒)에 올라갔다.

마루와 방은 좁아서 겨우 무릎이 닿을 정도였다. 마루의 동쪽에 나무로 만든 평상 두 개가 마루의 부족한 곳을 메우고 있었다. 세상에 전하기는, 우리 선조 문목공(文穆公)께서 안동부사로 계실 때에 선생의 유지를 좇아서 장인(匠人)을 시켜 만들어 보낸 것이라고 한다. 한참을 배회하니 감동이 한층 더하였다. 안석과 지팡이 및 선생이 만드신 선기옥형(璇璣玉衡)[232]을 살펴보았다. 광명실(光明室)에 들어가서 서책을 살펴보았는데, 서궤에 봉함하여 나무로 만든 방에 보관하고 있었다. 북쪽 벽 서가 위에 둔 것은 곧 ≪사문수간(師門手簡)≫[233] 8책에 어제(御製) 서문을 한 것이었다. 서문은 별도로

231 중복(重服) : 상례(喪禮) 복제(服制)에서 대공(大功) 이상(以上)의 상복(喪服) 중제(重製)

232 선기옥형(璇璣玉衡) : 천문관측도구이다. 선(璇)은 미주(美珠), 기(璣)는 기(機), 형(衡)은 횡(橫)으로 횡소(橫簫)를 이름. 즉 선(璇)을 기(璣)로 하고 옥(玉)을 형(衡)으로 한 천문관측의 용기이다. 선기옥형(璿璣玉衡). 혼천의(渾天儀)라고도 한다.

233 ≪사문수간(師門手簡)≫ : 퇴계 이황이 그의 제자 월천(月川) 조목(趙穆, 1524~1606)에게 보낸 편지들을 모아 엮은 첩이다. 조목은 퇴계의 문하에 15세에 입문하여 30년 이상 스승의 가르침을 받았으며, 스승이 세상을 떠나기까지 가까이에서 학문을 닦았다. 모두 8책이다.

1책을 만들었다. 선왕의 귀중한 글과 선현의 필적[心畫]이 수백 년 후에도 빛나고 있었다. 나는 살펴보느라 손에서 차마 놓지 못했다. 재임(齋任)이 말하였다.

"이 문은 오래 열어둘 수 없습니다. 몇 해 전에 아무개가 재임(齋任)이 되었을 때 2권의 책을 여기에서 잃어버렸는데, 뭇사람들의 질책이 계속하여 이르므로, 그는 책임을 면할 수 없음을 알고 백방으로 찾아서 수백 전의 돈을 들여서 여러 달 후에야 찾았습니다. 그 사람은 그것으로 병을 얻어 일어나지 못하였습니다. 그때 이후로 세 사람의 재임(齋任)이 모일 때가 아니면 이 문은 열 수 없게 되었습니다."

내가 말하였다.

"내가 온 것이 마침 향사 때여서 이 방에 들어와 귀중한 소장품을 보게 되었으니 아마도 하늘이 도우신 것입니다."

서원의 종에게 명령하여 그 자리에 받들어 놓기를 다하고 물러났다.

나와 용전(龍田) 숙부님과 우산(愚山)의 친구 정(鄭)은 청금안(靑襟案)에 이름을 적었다. 여러분들은 각기 돌아가고 다만 원장 재임(齋任)과 우리 두 사람은 내일 서원 모임[院會] 때문에 유숙하였다. 도산의 뒷산에 올라서 직접 그림을 그려서 훗날 그리움의 소재로 삼으려 했다.

2월 14일, 결락

결락

2월 15일, 도진에서 묵다

출발하여 도진(道津)에서 묵었다. 이날은 40리를 갔다.

2월 16일, 금계를 거쳐 권산점에서 묵다

흐림. 밥을 먹은 후 눈이 내림. 저녁에 맑아짐.

15리를 가서 금계(金溪)에서 점심을 먹고, 권산점(勸山店)에서 묵었다. 이날은 30리를 갔다.

2월 17일, 풍산을 지나 우천에서 묵었다

맑음. 새벽에 출발하여 풍산(豐山)을 지나서 구담(龜潭)에 이르러 잠시 쉬었다. 20리를 가서 불억진(佛億津)을 건너서 다인(茶仁)에서 점심을 먹고 반정현(半程峴)을 넘어 우천(愚川)에서 묵었다. 이날은 90리를 갔다.

2월 18일 토진을 지나 석현점에서 묵다

맑음. 토진(兎津)[234]을 건너고 또 낙동(洛東)을 건너서 석현점(石峴店)에서 묵었다.

2월 19일, 새벽에 출발하다

맑음. 새벽에 출발했다.

이후 결락.

---

234 토진(兎津) : 상주시 중동면 신암리에 있다. 마을 뒷산의 모양이 토끼와 같다고 하여 "토진"이라 불리게 되었다고 한다. 문경새재로 가는 길목이기도 했다.

태학일기

무술(戊戌, 1898, 성재 42세) 太學日記

6월 2일, 전송을 받으며 천창을 향하여 길을 나서다

오후에 천창(泉倉)[235]을 향하여 길을 나서니, 마을 안의 노소(老少)가 다리가에 나와서 전송해 주었다. 용전(龍田) 숙부님과 순옥(舜玉), 중극(仲極)이 전송하러 장항점(獐項店)[236]까지 왔다. 한 참봉(韓參奉) 진명(晉明)을 만나 각자 술 몇 잔을 마시고 이별하였다. 명로(命老)를 방문하고 경희(敬熙) 집에서 잤다. 저녁 먹은 뒤에 태경(泰卿) 씨와 중문(仲文)이 내방하였다.

6월 3일, 폭염 속에서 살티를 넘다

밥을 먹은 뒤에 길을 나서니, 경희(敬熙)와 중문(仲文) 형제가 전송하는 술자리를 북촌점(北村店)에서 간소하게 마련하여 주었다. 20리를 가서 시현(矢峴, 살티)[237]을 넘으니, 산길이 험준하고 찌는듯한 폭염으로 사람들이 견딜 수가 없었다. 물을 건너서야 비로소 나무 그늘 아래에서 쉴 수 있었다. 마침 첨정(僉正) 이순명(李舜明)을 만나니 서울에서 온다고 하였다. 서로 악수하며 몹시 기뻐하였다.

---

235 천창(泉倉) : 지금의 가천면 창천리로 715년(숙종) 목사 윤헌주(尹憲柱)가 관곡(官穀)을 보관하기 위하여 이곳에 천야창(泉野倉)을 설치하였고, 이후 1845(헌종 11)에는 가천(伽泉)으로 개명되었다.

236 장항점(獐項店) : 성주군 수륜면 수성리의 자연 마을인 노루목[노루미기]의 다른 이름이기도 하다. 가천으로 가는 길목에 있다.

237 시현(矢峴) : 성주군 금수면 후평리에 위치한 '살티'로 는 살현(乷峴), 전현(箭峴), 시현(矢峴), 사현(沙峴) 등으로 다양하게 표기된다.

이어 말하기를, '귀 문중과 장씨 집안 일은 서울에 있을 때에 들었는데, 성균관[泮中]의 물의(物議)에 어떤 이는 귀 문중을 위하는 자도 있고, 어떤 사람은 장씨를 위하는 자도 있었으나, 대략 이쪽이 저쪽보다 조금 나았다.' 고 하였다.

얼마 후에 삼종숙 규백(圭伯)이 나와서 억지로 만류하여 오찬을 먹으라고 하기에, 나와 순명(舜明)은 시냇가 바위에서 보리밥과 산나물을 먹었는데 또한 하나의 별미(別味)였다. 순명(舜明)과 아쉬워하며 이별하였는데, 순명이 자루 속에서 소주를 꺼내 석 잔을 나누어 먹었다. 환약 세 개를 꺼내어 전별 선물로 주었다. 날이 저물어 김천점(金泉店)에서 투숙하였다.

6월 4일, 소고령을 넘어 영동에 도착하다

아침에 명로(命老) 형의 표(標)를 고운사(孤雲寺) 승려 포명(抱明) 처소에 전하니, 승려가 20냥의 돈을 가지고 왔다. 또한 환약 3개를 먼 길의 행자(行資)로 주었다.

출발하여 황간(黃澗)[238] 미륵당점(彌勒堂店)에 이르러 잠시 쉬었다가, 또 길을 나서 신성점(晨星店)에 이르렀다. 타는듯한 폭염에 걷는 사람이나 말을 탄 사람 모두 마실 물 몇 잔도 얻지 못하였다. 괘방령(掛坊嶺)[239]을 넘어 몰연(沒烟) 매시점(埋市店)에서 점심을 먹었다. 고개 하나 넘으니 크게 높지는 않았으나 인가가 없었다. 수십 리를 가서 물으니, '소고령(小姑嶺, 싀누재)'이라고 하였다. 서손점(西遜店)에서 잠시 쉬었다가 어둡기 전에 영동에 도

238 황간(黃澗) : 1906년 황간군 남면이 김산군(현재의 김천)으로 편입되었다가, 1914년 행정구역 개편 때 김천군에 통합되었다. 충북 영동과 김천으로 연결되는 교통의 요충로다.

239 괘방령(掛坊嶺) : 경상북도 김천시 대항면과 충청북도 영동군 매곡면을 잇는 고개로, 백두대간에 위치하며 황악산과 가성산 사이에 자리 잡고 있다. 고개 높이는 약 300m입니다.

착하였다. 미륵당에서 유숙하였다. 옥천(沃川) 원천(遠川) 송 함장(宋函丈)의 거처를 물으니 40여 리가 남았다고 한다.

6월 5일, 활산에서 송병순을 만나 한려 관계에 대하여 대화를 나누다

10리를 가서 영동읍에 이르니, 노복(奴僕) 재근(再根)이 복통이 나서 전진할 수 없기에 소주 몇 잔과 생강을 구하여 먹였다. 조금 안정이 된 후에 출발하였다. 곧장 북쪽으로 향해 6, 7리 길을 가서 작은 가게 하나를 지나면서 원천(遠川) 가는 길을 물으니, 길을 잘못 들었다고 하였다. 읍에서 서쪽으로 가면 30리를 못 가서 다다를 수 있을 것이라고 하였다. 재근이 이곳에서 빨리 갈 수 있는 지름길이 있느냐고 물으니, 있기는 하지만 산길이 험하고 가팔라서 다시 읍길로 다시 향하는 것보다 못할 것이라고 하였다. 재근이 다시 돌아가는 길을 싫어하며 기어이 지름길로 가고자 하였다.

마침내 산길 옆 띠풀로 막힌 길을 10여 리 가니 어제곡(於諸谷)이라는 마을이 있었다. 마을 꼭대기에 정자가 있고 정자 아래에 촌 늙은이 5, 6인이 다리를 드러내고 누워 있었다. 내가 길을 잃은 까닭을 갖추어 말하고 원천(遠川)으로 가는 길을 물었다.

"이 작은 고개를 지나 몇 리를 가면 큰길이 나오고, 묘항동(猫項洞)이란 점포가 있는데, 원천과의 거리는 20리도 되지 않습니다."

묘항동에서 이르러 소주 몇 잔을 구해 재근에게 마시게 하고, 또 10리를 가서 원덕동점(遠德洞店)에서 밥을 먹고 말에게도 여물을 먹여서 출발하였지만, 얼마[240] 가지 못해서 소나기를 만나 작은 가게에서 비를 피하니 잠깐 사이에 날이 개었다.

240 얼마 : 원문 '수궁(數弓)'의 '궁(弓)'은 여덟 자(길이의 단위(單位)를 말한다.

옥천(沃川) 활산(活山)[241] 송 도사(宋都事)[242] 집을 들어가니 주인은 정관(程冠)[243]을 쓰고 짧은 옷을 입고 일어나 맞이하였다. 예를 마치고 온 까닭을 말하고 아울러 사실을 진술하니, 주인어른이 말하였다.

"일찍이 벗이 와서 양가의 시비를 간략하게 전한 것을 들었는데, 지금 자세히 듣고 보니, 장씨의 일이 참으로 망녕되고 패려합니다."

또 말했다.

"연산(連山)[244]과 회덕(懷德)[245]은 한쪽의 말만 듣고 회문을 발송했으니, 무식함에 스스로 빠진 것을 면하지 못할 것입니다. <속집혹문(續集或問)>의 답왈(答曰)의 말을 보면 여헌(旅軒)이 인용하여 물음을 청한 것을 알 수 있고, 우리 선조[246]와 동춘(同春, 송준길)의 편지를 보면 경연(經筵)의 말이 명확하게 근거가 있는 것을 알 수 있으니, 조금이라도 학식이 있는 자라면 어찌 그것을 의심할 수 있겠습니까?"

내가 말했다.

"원하건대 백씨 어른[247]의 한마디 말을 얻어서 연산(連山)과 태학(太學) 간

---

241 옥천(沃川) 활산(活山) : 오늘의 영동군 학산면이다. 송병선(宋秉璿)의 동생 송병순(宋秉珣)이 1910년 한일합방 경술국치로 나라를 잃자, 이곳에서 자결한 곳이기도 하다.

242 송 도사(宋都事) : 송병순(宋秉珣, 1839~1912)을 말한다. 자는 동옥(東玉), 호는 심석재(心石齋)이며, 본관은 은진(恩津)이다. 그는 을사늑약에 반대하며 자결한 송병선(宋秉璿)의 아우이다. 1888년, 묘당의 천거로 의금부 도사에 임명되었으나 나아가지 않았다.

243 정관(程冠) : 정자(程子), 즉 북송 시대의 유학자인 정호(程顥)와 정이(程頤) 형제가 쓰던 관에서 유래되었다고 전해진다. 일반적으로 안쪽에 사각형의 높은 내관(內冠)이 있고 바깥쪽에 '山'자형의 뿔이 2단 또는 3단으로 덧붙여진 형태이다.

244 연산(連山) : 충청남도 논산시 동부 지역(연산면, 양촌면, 벌곡면, 부적면)과 계룡시 일부 지역을 포함하는 옛 고을이다. 김장생(金長生)은 연산 지역을 기반으로 둔 학자로, 그의 학문적 영향력은 이후 노론 형성에 중요한 역할을 했다.

245 회덕(懷德) : 현재의 대전광역시 중구, 동구, 대덕구 일대를 관할했던 군이다. 노론의 영수(領袖)인 송시열(宋時烈)이 거주했던 곳으로, 노론 세력의 중심지 역할을 했다.

246 우리 선조 : 송시열(宋時烈, 1607~1689)을 말한다. 본관은 은진(恩津), 자는 영보(英甫), 호는 우암(尤庵)이다. 송병순은 송시열의 9세손이며, 송면수(宋勉洙)의 아들이다.

에 오간 편지를 변별했으면 합니다."

주인어른이 말했다.

"집의 형님은 마침 피서하기 위하여 무주(茂朱) 수성산정(水城山亭)에 가서 머무르고 있습니다. 이곳과는 50리 거리입니다. 또 형님은 유장(儒狀)[248]이 오더라도 일찍이 한 마디의 제미(題尾)[249]를 하지 않는 것을 원칙으로 삼고 있습니다. 그대가 비록 가서 뵙고 일의 전말을 대강 말하고 문자를 얻고자 하더라도 허락하지 않을 것입니다. 또 이 속집(續集)이나 대전(大全)과 당일의 초고와 전후의 문건을 보면 연산(連山)과 회덕(懷德) 양가는 반드시 후회하지 않을 수가 없으니, 이미 후회한다면 이전의 편지는 저절로 환수될 수 있을 것이니, 어찌 형님 말이 있고 없는 것에 달려 있겠습니까?"

송씨 어른이 또 말했다.

"장씨가 스스로 연원을 여헌에서 끊어서 나누어 올리면 과연 이익이 있겠습니까? 설령 장씨가 그 선조를 높이고자 하는 마음이 있다고 하더라도 제자는 반드시 스승보다 못할 필요가 없으니 어찌 반드시 연원을 끊고 난 뒤에야 조상을 높이는 것이겠습니까? 주자가 스승인 연평(延平)[250]과 적계(籍溪)[251]에게 한 것을 보면 알 만합니다."

247 백씨 어른 : 송병순의 형 송병선(宋秉璿, 1836~1905)을 말한다. 그의 본관은 은진(恩津), 자는 화옥(華玉), 호는 연재(淵齋) 또는 동방일사(東方一士)이며, 시호는 문충(文忠)이다. 우암 송시열(宋時烈)의 9대손이다. 1962년 건국훈장 독립장이 추서되었다.

248 유장(儒狀) : 선비들이 올리는 진정서를 말한다.

249 제미(題尾) : 끝부분에 결정이나 자신의 의견을 표시함을 말한다.

250 연평(延平) : 송나라 학자이며, 주희의 스승인 이동(李侗)의 호이다. 자는 원중(願中), 시호는 문정(文靖)이며 검남(劍南) 사람이다. 나종언(羅從彥)이 양시(楊時)에게 낙학(洛學)을 전수받았다는 이야기를 듣고 나종언에게 가서 배워 양시와 나종언과 함께 검남 삼선생(劍南三先生)으로 불렸다. 이정(二程)의 학문이 주희에게 이어지는 교량 역할을 하였다.

251 적계(籍溪) : 송나라 학자이며, 주희의 스승인 호헌(胡憲)의 호이다. 숭안(崇安) 사람으로, 일찍이 태학(太學)에서 공부하고 있던 중 이락(伊洛)의 설을 익혔으며, 그 뒤로는 학문 공부를 하는데 오로지 마음을 두어 부지런히 학문을 닦으면서 후학을 가르쳤다. 주희가

또 말했다.

“장 도사(張都事) 복추(福樞)[252] 씨는 명망이 있는 분[253]이니, 또한 끌어다 증거로 삼은 예(例)를 알지 못하고 9조를 날조라고 하였겠습니까?”

내가 말했다.

“도사 어른은 그 본의가 아니라, 다만 그 문중의 자제들을 제지하지 못했을 것입니다.”

송씨 어른이 말했다.

“저승에 계신 여헌께서 만약 아신다면, 또한 ‘장차 나에게 후손이 있는가?’라고 말하실 듯합니다.”

잠시 후 폭우가 다시 내렸다. 미리 노비와 말을 주막으로 보내어 유숙하게 하였다.

6월 6일, ‘덜걱’에서 비를 맞으며 물을 건너다

식후에 물을 퍼붓듯이 큰비가 내렸다. 마음이 몹시 우울하여 ≪우암연보(尤庵年譜)≫를 요청하여 잠시 몇 권을 보았다. 날씨가 개어 출발하니 주인은 작별에 임하여 매우 아쉬워하였다. 여산(礪山)[254]을 가리키며 가는 길을 매우 상세하게 일러주었다. 또 회덕에 있는 승지(承旨) 송종오(宋鍾五)[255]와

초년 시절 숭안에 있을 적에 부친의 유언에 따라 그의 문하에 나아가 사사하였다. ≪송사(宋史) 도학열전(道學列傳) 주희(朱熹)≫

252 장복추(張福樞) : 1815~1900. 자(字)는 경하(景遐), 호(號)는 사미헌(四未軒)이다. 본관은 인동(仁同)이다. 여헌(旅軒) 장현광(張顯光, 1554~1637)의 8대손으로 예천군 용궁현 개산리(開岸里) 외가에서 3형제 중 장남으로 태어나 백부에게 출계(出系)하였다. 경상도 도사(慶尙道都事)에 제수되었다.

253 명망이 있는 분 : 원문의 ‘패망(佩望)’은 덕망을 가진 분이라는 뜻이다.

254 여산(礪山) : 지금의 전라북도 익산시 여산면 일대에 위치했던 옛 고을 이름이다. 1400년(정종 2)에 여량현(礪良縣)과 낭산현(朗山縣)을 통합하여 낭산현을 여량현의 속현으로 삼았고, 1404년(태종 4) 여량의 ‘礪’자와 낭산의 ‘山’자를 따서 여산현(礪山縣)으로 칭하였다.

연산에 있는 감역(監役) 김지수(金志洙)[256]는 제법 문학과 덕행이 있으니, 함께 이 일을 말할 만하다고 하였다. 20리를 가서 양산(梁山) 임두점(林頭店) 이르러 점심을 먹고 비가 지난 뒤에 출발하였다. 강물이 새로 불어나 누런 물이 땅에 가득하였다. 수궁(數弓)[257]을 가니 돌길이 강에 잠겨 사람과 말이 갈 수 없었다. 말에서 내려 산을 오르며 나가니 참으로 위험하였다. 모리점(某里店)에 이르니 그곳 사람이 말했다.

"여기서 가서 십 리가 못 되는 곳에 소위 금산(錦山) '덜걱'이란 곳이 있는데, 장마 때는 물이 깊고 돌이 솟아올라 비록 말에서 내리더라도 말이 가지 못할 것입니다."

내가 말하기를,

"어찌하겠는가?"

라고 하면서, 마침내 말을 채찍하여 나아갔다. 우레소리 크게 나고 비가 또 내려 길가의 주막에 들어가니, 주막 사람이 말했다.

"이곳이 덜걱입니다. 급히 건너시기를 바랍니다. 만약 비가 더하여 물이 불어나면 건널 수 없을 것입니다."

내가 곧장 바지를 걷고 앞으로 나아가고, 말을 끌고 뒤따라오게 하여, 간신히 험한 물을 건넜다. 옷은 모두 젖었고, 말도 다리가 거의 부러질 지경이었다. 저물녘에서야 낙안평(落鴈坪) 나루를 건너서 유숙하였다.

255 송종오(宋鍾五) : 1828~1904. 조선 후기의 문신으로, 본관은 은진(恩津), 자는 경준(景俊), 호는 한창(漢蒼)이다. 1892년 좌부승지(左副承旨)와 우부승지(右副承旨)에 임명되었으나 나아가지 않았다.

256 김지수(金志洙) : ?~? 충청남도 논산 지역 출신으로 1910년 8월 22일 경술국치 이후 일제가 내놓은 회유책인 노인 은사금 수령을 거절하였다. 헌병대의 회유와 압박에도 불구하고 저항하다가 1911년 칼로 자결하였다. 감역을 지냈다.

257 수궁(數弓) : '궁(弓)'은 여덟 자를 이르는 거리의 단위이다.

6월 7일, 큰 비를 맞으며 금산의 진산을 지나다

아침에 일어나 보니 강물이 또 불어났다. 과연 주막 사람이 말한 바와 같았다. 재근(在根)이 말했다.

"어제 저녁에 그 사람의 말을 듣지 않았다면 오늘의 일은 어찌 낭패가 아니었겠습니까?"

밥을 먹은 뒤에 길을 나서니 하늘은 흐리고 길은 축축하여 마치 큰 비가 올 형상이다. 강을 따라 10리를 가서 제원점(濟院店)[258]에 이르러 술을 마시고 조금 쉬었다. 다시 20리를 가서 금곡점(金谷店)에서 잠시 쉬었다가, 송내현(松內峴)에 이르러 큰비가 또 내려 주막에 들어가 잠깐 비를 피했다가 하늘이 개이지 않아 기름칠한 적삼과 관모(冠帽)를 쓰고 말에 올라 10여 리를 갔다. 진산(珍山) 방축점(防築店)[259]에 이르러 점심을 먹고, 몇 리를 비를 맞으며 갔다. 주막에서 잠시 쉬었다가 또 1리를 가니 양쪽 산이 에워싸고, 나무가 울창한데, 큰비가 물동이로 붓듯이 내려 곧장 옷을 파고들었다. 마침 작은 주막이 산을 기대 엎드려 있기에 들어갔으나, 사람과 말을 수용하지 못하였다. 방현(房峴)을 넘어 염정점(染靜店)에 이르렀다. 비가 계속 내리고 그치지 않아서 사람은 옷을 벗고 말은 짐을 내렸다.

포시(晡時, 오후 4시)가 되어서 날이 개었으나 시냇물이 불어나고 길은 미끄러워 앞으로 나갈 수 없었다. 이날 밤엔 머리가 몹시 아프고, 모기 빈대가 번갈아 물어서, 밤새도록 혼곤하게 잠을 이룰 수 없었다.

---

258 제원점(濟院店) : 지금의 충청남도 금산군에 위치해 있다. 제원역은 역승(驛丞)이 소재했으나 나중에 찰방(察訪)으로 승격되었으며, 금산에서 영동 방면, 금산-용담-진안 등으로 이어지는 역로를 관할하였다.

259 진산(珍山) 방축점(防築店) : 진산(珍山)은 현재 충청남도 금산군 진산면 일대를 가리키는 지명이며, 과거 진산군의 읍치(邑治)가 있던 곳이다. 방축점(防築店)은 진산군에 있었던 장터로, 동학농민운동 당시 동학농민군과 관련되어 중요한 역할을 했다.

6월 8일, 진산으로부터 60리를 가다

닭이 운 뒤에 비가 다시 내렸는데, 늦게서야 잠시 개었다. 두통이 아직 아직 멈추지 않았으나 식후에 억지로 일어나 두건을 씻고 출발하였다. 하염정(下染靜)에 이르러 술 한잔을 마시고 무난령(無難嶺)을 넘었다. 고개의 동서는 십여 리 정도인데, 높고 험난하였다. 비가 지난 뒤 시냇물이 불어나 산길은 도랑이 되어 걸음이 몹시 어려웠다. 지난날 송 도사(宋都事)가 이 고개에 대하여 나를 놀려 말하기를, '이름에는 비록 험난함이 없다[無難]지만 그 실상은 험난하다.'고 하였는데 과연 그러하였다. 인천시점(仁川市店)에 이르러 점심을 먹고 말에게도 여물을 먹였다. 잠시 비가 내리고 잠시 날이 개었다. 말을 타기도 하고 걷기도 하면서 저녁에 두화촌(杜花村)[260]에 이르렀다. 참봉(參奉) 족조(族祖)께서 서울에서 돌아온 것이 이미 수개월이 되었는데, 정성스럽게 맞아 주셨다. 이어서 아드님 되시는 숙부 형제들과 정겹게 얘기하니 몹시 즐거웠다. 금강(金岡) 족조께서 말씀하셨다.

"봄 사이에 만나기로 굳은 약속을 했었는데, 무슨 연유로 약속을 어기고 이처럼 무더운 장마철에 멀리서 찾아왔는가?"

내가 말했다.

"형편이 그렇게 되었습니다."

몹시 피곤하여 쓰러져 누웠다. 이날은 대략 60리를 갔는데, 지나온 고을은 진산(珍山, 충남 금산), 연산(連山, 충남 논산), 전주(全州, 전북 전주), 고산(高山, 전북 완주), 은산(恩山, 충남 부여), 여산(礪山, 전북 익산) 여섯 고을의 땅이었다.

260 두화촌(杜花村) : 전북 임실군 운암면에 있는 마을 이름이다. 두화촌(豆花村)이라 쓰기도 한다.

6월 9일, 족조에게 연산과 회덕으로 함께 가기를 요청하다

머물면서 금강(金岡) 족조에게 연산(連山)과 회덕(懷德)으로 함께 가주시기를 요청하니 이렇게 말했다.

"이때는 출입이 매우 어렵기는 하지만 의리상 감히 사양할 수 없구나."

오후에 주인집에서 술을 사 와서 서로 수작하였다. 족조께서 말씀하셨다.

"집에 마침 걸러 둔 술이 없어 안타깝구나."

6월 10일, 족조의 집에서 함께 술을 마시다

또 참봉 족조집에 머물렀다. 족조의 네 번째 동생이 안심동(安心洞)[261]에 살고 있는데, 소문을 듣고 찾아왔다. 내가 말했다.

"네 형제분이 모두 각각 떨어져 계시는지요?"

말씀하셨다.

"우리 일족은 이전부터 이와 같았으니, 인력으로 어쩔 수 없네."

서로 크게 웃었다. 잠시 후에 소주를 내오며 말하기를,

"지금 막 달인 것이네."

라고 하셨다. 이로부터 하루에 세 번이나 술을 마셨다. 포시(晡時, 오후 4시)에 소낙비가 또 내렸다.

6월 11일, 우암의 어록과 동춘당 경연설을 보다

아침에 일어나니 비가 아직 그치지 않아 부득이 또 머물렀다. 연일 우암(尤庵)의 어록(語錄)과 동춘당(同春堂)의 경연설(經筵說)[262]을 열람하였다.

261 안심동(安心洞) : 전북 여산군 피제면에 '안심리' 또는 '안심동'이라 불리던 지역이 있었다. 1914년 행정구역 폐합에 따라 안심리라 하고 익산군 황화면에 편입되었다가, 1963년 충남 논산군 연무읍에 편입되었다.

6월 12일, 인천의 하류를 건너다

또 비가 오니 마음이 몹시 울적하였다. 밥을 먹은 뒤에 날씨가 조금 개었다. 마침내 연산(連山)에 보내는 편지를 쓰고, 행장을 꾸려 출발하려고 하니, 참봉 족조가 크게 술상을 차려 권하였다. 오늘 그대의 행차가 쉽지 않았고, 닭과 기장이 몹시 궁색하니, 가난의 탄식[263]이 절실하다며, 내년 봄에 내가 마땅히 성묘하러 갈 것이니, 이때 서로 만날 수 있을 것이다 라고 하였다. 소은(小銀) 8원을 전별금으로 주며 말했다.

"혹 하루 이틀간의 술값이나 되겠는가?"

고사하였으나 거절하지 못하였다. 금강(金岡) 족조와 함께, 옷을 걷고 몇 리 떨어져 있는 안심동(安心洞)에 가서야 토시[264][吐手]를 두화(杜花) 연갑(硏匣, 벼루 상자) 속에 넣어 두고 잊어버린 것을 비로소 깨달았다. 마침내 주인집의 토시를 빌려 끼고, 또 10여 리에 있는 죽곤동(竹昆洞)으로 가서 점심밥을 먹었는데, 금강(金岡) 족조 별실(別室, 첩)의 친가였다. 또 10여 리를 가서 큰 내를 만났는데, 곧 인천(仁川)의 하류였다. 지역민에게 배삯으로 10전을 주고 같이 내를 건넜다. 고정(高井)[265]의 삼가(三嘉, 삼가 현령) 김영구(金永

---

262 경연설(經筵說) : 송준길의 《경연일기(經筵日記)》를 의미한다. 송준길이 직접 승정원일기에서 경연 관련 기사를 발췌하여 작성한 것으로, 당시 경연의 내용과 쟁점을 파악하는 데 중요한 자료로 활용된다.

263 가난의 탄식 : 원문의 '상재지탄(傷哉之歎)'은 가난을 탄식한다는 말이다. 자로(子路)가 "서글퍼라, 가난함이여! 살아 계실 때는 봉양하지 못하였고, 돌아가신 뒤에는 예를 갖추지 못하였네."라고 한탄했던 고사를 인용한 것이다. 《예기(禮記) 단궁 하(檀弓下)》

264 토시 : 여름에 땀이 배지 않도록 끼는 도구이다.

265 고정(高井) : 충청남도 논산시 연산면에 위치한 마을로, 지명은 1400년대 초 광산 김씨 동족 촌락이 형성된 이후 조선시대를 거쳐 현재까지 사용되고 있다. 대표적인 인물로는 김국광(金國光, 1415~1480)을 들 수 있다. 그는 1467년(세조 13) 이시애의 난 진압에 공을 세워 적개공신 2등에 책봉, 광산군(光山君)에 봉해졌다. 김장생(金長生)은 김국광의 5대손이다.

耉)[266] 씨 집에 들어갔으니, 사계(沙溪)의 사손(嗣孫)이었다. 주인이 때마침 초점(草痁, 학질)을 앓고 있고, 그의 아들 승지(承旨)는 담양의 수령으로 나갔다고 하였다. 외당(外堂)에서 숙박하였다.

6월 13일, 김심일과 이야기를 나누었으나 뜻을 이루지 못하다

아침에 나아가 주인어른을 만나보니 주인도 장씨의 일 때문에 온 것임을 알고 있었다. 내가 전말을 갖추어 말하고 또 지난번의 통문이 경솔하게 발송된 것을 책망하였다. 주인어른이 말하였다.

"나는 분명히 속임을 당하였습니다. 지금 지난번 통문을 환수하고 다시 장씨를 꾸짖고자 하는 통문을 만들 수 있겠습니다만, 이는 한 사람이 독단으로 할 것이 아닙니다. 장암(莊岩)에 친족 심일(心一)이 있으니, 이 일을 함께 말할 만하고, 의곡(義谷)에도 족인 경교(敬敎, 金永學)가 지금 돈암서원(遯巖書院)[267]의 수임(首任)을 보고 있으니, 두 곳을 방문하여 상의할 수 있을 것이며, 이곳에서 자리를 함께하면 통문을 보낼 수 있을 것입니다."

이어 편지 두 통을 써서 소매에 넣어 주었다. 소위 장암촌(壯岩村) 앞 주점에 이르니 때는 이미 정오를 지났다.

감역(監役) 어른 집에 들어가 안부 인사를 드리고, 여기에 온 까닭을 말하고, 삼가(三嘉, 김영구를 말함)의 편지를 전하였다. 주인어른이 말했다.

"9조사(九條事)는 작년 가을에 장씨가 왔는데, 나는 이미 그것을 끌어 증거로 삼은 것을 알고 질문하고, 짐짓 꼭 그렇게 해야만 할 필요가 없다고

266 김영구(金永耉) : 경남 합천군 삼가의 현령을 지낸 인물로 사계 김장생(金長生)의 후손이다.

267 돈암서원(遯巖書院) : 조선시대의 성리학자 김장생(金長生, 1548~1631)의 학문과 덕행을 기리기 위해 1634년(인조 12)에 창건된 서원이다. 2019년 7월 6일 유네스코 세계문화유산으로 등재되었다. 충청남도 논산시 연산면에 있다.

말하니, 장씨는 의를 들먹이며 나에게 서명을 요구하였습니다.[268] 나는 거절하여, 나는 5, 6년간 문밖의 일은 간여하지 않고 마치 마른 나무나 꺼진 재와 같은 자가 된 지 오래이니, 고정(高井)에 가서 의논하라고 하니, 그 사람이 노기를 품고 갔습니다. 그 후에 들으니, 통문을 낸 일이 있다고 하였으나 통문을 나는 아직 보지 못하였습니다."

나는 통장(通章)과 서초(書草)를 내어 보였다. 본 뒤에 마침내 땅에 내던지며 말했다.

"어찌 이와같이 심하고 과격함에 이르렀는가?"

또 말했다.

"우리 종숙(宗叔)도 내가 바깥 일에 간여하지 않는 것을 알기 때문에 일부러 편지를 써서 준 것입니다. 당초 통문을 낸 사람은 지금 이미 의혹이 해결되었으니 어찌 시비를 분별하는 일에 어려움이 있겠습니까?"

내가 말하였다.

"귀 문중이 주인어른의 말을 엄중하게 여긴다면 장씨의 무고를 분명하게 알았을 것인데, 끝내 한마디의 말을 아낀 것은 무엇 때문입니까?"

주인어른이 말하였다.

"내가 만약 세상사에 간섭했다면, 당초 통문을 보낼 적에 힘껏 막았을 것입니다. 이미 지난 일을 금하지 못하였는데, 어찌 지금에야 반드시 발언하겠습니까? 이 일은 비록 나의 말이 없더라도 저절로 마땅히 판명이 날 것입니다."

내가 말했다.

268 서명을 요구하였습니다 : 원문의 '책아(責我)'는 나에게 통문에 이름을 올려 서명할 것을 요구하는 것으로 풀이된다.

"한쪽 말을 잘못 듣고 망측한 지경에 사람을 빠뜨리고, 저로 하여금 300리를 건너 오게 한 것은 모두 존문(尊門)의 일입니다. 지금은 비록 서로 간섭하지 않았다고 하시지만, 제가 어찌 한마디 말을 얻지 못하고 가겠습니까?"

주인어른이 말하였다.

"이 일은 반드시 분별해야 끝나겠군요. 다만 의실(義室)로 가서 서로 상의합시다."

또 말하였다.

"선조 선생[한강 정구]의 ≪연혁도(沿革圖)≫[269]를 내가 일찍이 남에게 빌려서 한 번 본 적이 있습니다. 그러나 우리 집에서 평소에 가지지 못함을 항상 개탄하였습니다."

내가 말하였다.

"마땅히 유념하겠습니다."

이어서 국수를 조금 들이며 말하기를,

"선비 대접이 이렇게 소홀합니다."

라고 하였다. 나는 어제부터 복통과 설사가 나서 음식을 먹지 못하고, 오직 생강과 마늘 환약 등만 먹었다. 이 때문에 음식은 마부에게 미루어 주었다.

얼마 뒤에 큰비가 퍼붓더니 한 식경이 지나서야 그쳤다. 도랑이 모두 넘쳐 진퇴양난이었다. 이에 주인에게 인사하고 나와서 주막에서 묵었다. 주인도 굳이 만류하지 않았으니 불편한 마음이 있는 듯 하였다.

269 ≪연혁도(沿革圖)≫ : 한강 정구의 저술 ≪오복연혁도(五服沿革圖)≫를 말한다. 이 책은 다섯 가지 상복(喪服)에 관한 연혁을 그림으로 나타낸 예학서이다. 즉 이 책에서 참최(斬衰), 자최(齊衰), 대공(大功), 소공(小功), 시마(緦麻)의 다섯 가지 상복에 대한 역대 연혁을 정리했다.

6월 14일, 주인 김영학 등과 한려시비에 대하여 이야기하다

밥을 먹고 나서 출발하여 고개 하나 넘어 한천(漢泉) 김사옥(金士玉)을 방문하였다. 이 사람은 금강(金岡) 족조의 종생질이다. 안부 인사를 마친 뒤에 금강 족조께서 내례(內禮)[270]를 행하셨다. 나는 사옥의 형제에게 장씨의 일을 간략하게 말하고 아울러 문적(文籍)을 보여 주었다. 사옥이 말했다.

"장씨가 한 것은 참으로 미친 아이 짓입니다. 나는 봄 사이에 우리 종숙을 보고, 통문을 발송한 것이 경솔하고 갑작스러웠다고 말은 했는데, 아직 그 사실을 알지 못했기 때문에 귀문(貴門)이 와서 변론하기를 기다렸습니다."

점심을 먹은 뒤에 의실(義室)에 가는 길을 물으니, 여기서는 겨우 10리 되는 거리인데, 세 번 큰 내를 건너야 한다고 하였다. 행장을 꾸리고 앞으로 가니 큰 시냇물이 불어나고 돌이 미끄러워 재근에게 부축해 달라고 하여 건넜다. 이와 같이 3번을 건너서 의실(義室)에 이르러 김 상사(金上舍) 집을 방문하니, 주인 경교(敬敎)【이름은 영학(永學)이다】가 일어나 예를 마치었다. 내가 온 까닭을 말하니, 주인이 말했다.

"그때 발송한 통문은 종형(宗兄)이 주도하였고, 나는 돈암서원 소임자의 이름으로 참석하였습니다. 찾아온 장씨는 몸에 심의(深衣)를 입고 언어는 순실(純實)하여 결코 사람을 기만할 부류는 아니었습니다. 또 그가 가지고 온 2책이 있었는데, 1책은 옛것을 베낀 것이었고, 1책은 새로 찍어 장황(粧黃)한 것이었습니다. 그 사람이 말하기를, '이것은 모두 ≪한강속집(寒岡續集)≫이며, 예전 자료는 곧 50년 전 시비가 있을 때 저희 집안에서 베껴서 간직한 것입니다. 새 책은 곧 작년에 정씨가 몰래 간행한 것입니다. 이것과 저것은 한 글자도 차이가 없습니다.'라고 하며 예전 자료를 꺼내 보였습니

270 내례(內禮) : 안주인에게 하는 인사나 예절.

다. 내가 나아가 살펴보니, 과연 율사(栗沙, 율곡과 사계)의 말로써 한려(寒旅, 한강과 여헌)를 말한 것[271]이었습니다. 더 이상 새로 찍은 책을 자세하게 살펴보지는 않았습니다. 지금 이 ≪한강속집(寒岡續集)≫을 보니, 인용한 것이 분명합니다. 일찍이 만약 이 책을 보았다면 어찌 속임을 당하였겠습니까? 다행히 우리를 위해 영남에서 사실을 밝혀 준다면, 영남 사람들은 반드시 우리 문중을 무식하다고 여길 것입니다."

또 말했다.

"천하의 소인배가 어찌 끝이 있겠는가마는, 어찌 지난날의 장씨와 같이 간교함이 있겠습니까?"

또 말했다.

"홍 좨주(洪祭酒)[272]가 당일에 속임을 당했다면 우리들도 또한 부끄러움이 없겠습니까?"

또 말했다.

"장씨가 말하기를, '이것은 50년 전에 이미 깨뜨린 판각이나 근래 갓말[支村] 정씨가 갑오년(1894) 이후에 사기(士氣)가 사라짐에 이 틈을 타서 괴이한 짓을 하였으나 춘추필법이 없을 수 없다.'라는 등의 말을 하였습니다. 장씨가 또 말하기를, '그때 유촌(柳村) 정씨가 같은 할아버지의 손자로서 이치를 들추어 책망하고 삭제하고자 하였으나, 유독 갓말의 한 두 사람이 주장하여 그렇게 하였습니다. 지금은 유촌 집안이 가난하고 마을을 떠나 흩

271 율사(栗沙)…… 말한 것 : 율곡과 사계가 사제 관계인 것처럼 한강과 여헌을 사제 관계로 인정한 것이다.

272 홍 좨주(洪祭酒) : 매산 홍직필(洪直弼, 1776~1857)을 지칭한 말이다. 본관은 남양(南陽)이고, 초명은 홍긍필(洪兢弼)이며, 자는 백응(伯應) 또는 백림(伯臨), 호는 매산(梅山)이다. 저서로는 ≪매산집(梅山集)≫ 52권이 있다. 성균관 좨주(成均館 祭酒)를 비롯하여 여러 관직에 제수되었으나, 실제 관직 생활은 거의 하지 않았다.

어지고 인품 또한 낮아서 어떻게 하지 못하지만, 갖말 정씨는 가세가 부유하여 재물을 많이 축적하였습니다. 이에 감히 다시 이 일을 하였던 것입니다. 또 갖말 정씨가 이것을 한 것은 선조를 위한 정성에서 나온 것이 아니라, 그 부조(父祖)를 가두고 유배 보낸 원수에게 앙갚음하려고 한 것입니다.'라는 등의 말을 하였으니, 이와 같이 교묘한 말에 누구인들 속지 않겠습니까?"

내가 웃으면서 말했다.

"장씨가 백 가지로 모함을 하니 참으로 사람의 마음은 헤아릴 수가 없는 것이지만, 귀문(貴門)의 경솔한 잘못도 피할 수 없습니다."

금강(金岡) 족조께서 말했다.

"성주는 멀어서 올 수가 없었지만, 이곳은 저의 집과 불과 일사(一舍, 30리) 정도 거리이니 장씨가 올 때 어찌하여 기별을 내지 않아 이처럼 착오가 있게 하였습니까?"

주인이 말했다.

"장씨의 말에 갖말 몇 사람 이외의 전체 문중은 모두 삭제해야 한다는 등의 말을 하니, 누구인들 여산(礪山)에 사는 사람이 갖말과 같은 일족임을 알았겠습니까?"

내가 말했다.

"유촌(柳村)의 한 두 사람 때문에, 장씨의 입을 빌려 남을 모함한 것이 이 지경에 이르렀으니, 참으로 남들에게 소문을 나게 할 수 없습니다."

주인이 말했다.

"상심하지 마십시오. 집집마다 패려한 후손들이 허다하게 있으니, 유독 당신 문중뿐이겠습니까?"

또 말했다.

"한강 선생은 우리들이 존모(尊慕)하고 경앙(景仰)하기를 서중(西中, 영서 중부 지역) 선배와 차이를 두지 않습니다. 이와 같은 문집을 만약 일찍이 호중(湖中) 서너 집에 반질하였다면 금번 일은 애초에 일어나지 않았을 것입니다."

내가 말했다.

"참으로 그렇습니다. 참으로 그렇습니다."

저녁에는 가끔 비가 오다가 가끔 맑기도 하였다.

6월 15일, 한천에 가서 김사옥 형제를 만나다

닭이 운 뒤에 또 큰비가 내렸다. 금강(金岡) 족조는 시냇물이 불어 건너지 못할까 염려하여 잠을 설치며 잠을 이루지 못하였다. 아침에 일어나니 보슬비가 아직도 내리었고, 대낮이 되어서야 조금 개었다. 점심을 먹고 출발하기 전에 주인에게 말했다.

"내일 고정(高井)에서 만날 수 있는지요?"

주인이 대답했다.

"저 또한 갈 것입니다. 만약 비에 길이 막혀 갈 수 없으면, 여기에 두 통의 편지가 있습니다. 한 통은 종형(宗兄)에게 전해 주고, 한 통은 동곡(東谷) 유사 집에 전해 주십시오. 제가 비록 서원에 있지는 않더라도 통문(通文)과 문찰(門札)은 얻을 수 있을 것입니다."

내가 말했다.

"주손 어른에게 만약 노형이 오지 않아서 원만하지 못하다고 여긴다면 어찌하겠습니까?"

말했다.

"반드시 이런 일은 없을 것입니다. 만일 이와 같다면 심부름꾼을 보내어 기별해 주시면 비를 무릅쓰고 제가 가겠습니다."

내가 말했다.

"알겠습니다."

길을 출발하여 한천(漢泉)에 이르니, 해는 이미 어둑하였다. 사옥(士玉) 형제가 나와 맞이하였다. 이에 유숙하였다. 저녁 후에 사옥의 숙부인 태경(泰卿)과 옥천(沃川)에 사는 송 장수(宋長水)[273]의 손자와 함께 얘기하였다. 친구 송 장수가 장씨의 일을 듣고 분한 마음을 이기지 못하였다.

6월 16일, 고정으로 가는 길에 삼가 어른을 만나다

식후에 여러 벗들과 작별하고, 고개 하나를 넘어, 고정(高井)에 일궁(一弓) 쯤 미치지 못하여 비를 만나 김씨 재사(齋舍)에 들어가 잠시 비를 피하였다. 점심에 삼가(三嘉) 어른 댁에 도착하니, 주인어른은 마침 이웃 마을에 갔다고 하였다. 동자를 시켜 전갈을 보냈다. 잠시 큰비가 또 내렸고 시간이 흘러 비가 그쳤다. 주인어른이 돌아와서 장암(壯岩)과 의실(義室)의 의논이 어떠한지를 물었다. 내가 여차여차하다고 대답하였다. 마침내 두 곳에 전할 답장 편지를 전하니, 꺼내 보고, 또 두 편의 편지를 써서 원임(院任)과 작문을 할 수 있는 자에게 통기하였다.

6월 17일, 큰 비로 시냇물이 불어 진퇴양난을 겪다

아침에 주인어른이 또 편지를 써서 장암으로 보내어 통찰(通札)을 짓게 하고, 장암은 또 의실에게 말하도록 하였는데, 아마도 애초에 간섭하지 않고자 하였기 때문일 것이다. 주인어른은 또 비록 비가 오더라도 오지 않으

273 송 장수(宋長水) : 송시열의 후손 송명규(宋明圭)를 말한다. 본관은 은진인데 장수는 그의 호이다. 노론의 영수였던 우암 송시열이 태어난 곳으로 그의 유허비가 있다.

면 안 된다는 뜻으로, 의실에 전인(專人, 심부름꾼)을 보냈다. 정오에 이르러 큰비가 연달아 세 차례 쏟아붓더니, 오후에도 큰비가 내렸다. 저녁에 재근이 밖에서 와서 말했다.

"시냇물이 하늘에까지 불어나 지척이라도 건널 수 없습니다."

내가 금강 족조에게 말했다.

"집에서부터 여기까지 거의 400리에 이르는데, 수없이 넘어지고 거꾸러지면서 위험을 무릅쓰고 왔습니다. 앞길도 여기까지 온 것보다 멀어, 장강대천을 헤아릴 수 없습니다. 사정이 이와 같이 진퇴양난이니 어찌해야 합니까?"

이 석사(李碩士)【성문(聖文) 이름은 원식(元植)】는 공주 유천(柳川) 사람으로 목은(牧隱)의 18세손인데, 비에 막혀 여기에 머문 지 수일이 되었다. 그와 함께 문자에 대하여 얘기하니 객지의 근심을 삭일 만하였다.

6월 18일, 김영수가 아픈 몸으로 통문과 편지를 써주기로 하다

식후에 또 큰비가 내리다가 얼마 지나지 않아서 개였다. 의실(義室)에서 돌아온 기별을 들으니, 경교(景敎, 김영학)의 답장 편지가 물에 막혀 올 수 없으면 두화(杜花)에 돌아가 머물면서 날이 맑고 물이 줄기를 기다려 다시 도모하는 것만 못하다고 하였다. 내가 주인어른에게 말했다.

"만약에 통문과 편지를 얻는다면 앞으로 나아갈 수 있을 터인데, 어찌 일보라도 물러날 이치가 있겠습니까?"

주인어른이 말했다.

"지난 날 글을 쓴 사람은 지금 모두 병으로 누웠고, 이 사람 외에는 생각할 만한 사람이 없으니 어찌하겠습니까?"

또 한 통의 편지를 쓰고 아울러 사실 몇 조목을 요약하여 임리(林里)에 전인(專人, 심부름꾼)을 보내면서 말했다.

"비록 병이 심하더라도 기어코 초고를 작성해 보내도록 하라."

내가 임리(林里)의 누구인지를 물으니, 주인어른이 대답했다.

"곧 우리 집안 사람인데, 공부가 심일(心一)보다 못하지 않습니다. 어제 오기를 요청하니 병이 나서 움직일 수 없었기 때문에 이와같이 하였을 따름입니다."

내가, 거리가 여기서 몇 리쯤 되는 지를 물으니, '10리'라고 하였다. 내가 말했다.

"제가 마땅히 직접 가서 일의 전말을 상세히 말하겠습니다."

주인어른이 '좋다.'고 하였다.

금강 족조께서 말했다.

"나는 동곡(東谷)으로 가서 유사를 만나 서원 통문을 상의하는 것이 어떻겠느냐?"

내가 '그렇게 하시라.'고 하였다. 마침내 빨리 달려 동쪽으로 6, 7리를 가니 원우(院宇) 한 채가 보이기에 물어보니, 돈암서원(遯巖書院)이라고 하였다. 해는 저물고 길은 바빠서 배알할 수 없었으므로 다만 나의 한스러움만 간절하였다.

임리(林里)에 이르니, 주인 김영수(金盈洙)【신재(愼齋)[274]의 후손】가 병으로 몸을 부축받아 일어났다.

내가 말했다.

"기호와 영남은 서로 떨어져 서로 알지 못하였습니다. 고정(高井)에 있으

274 신재(愼齋) : 신독재 김집(金集, 1574~1656)을 말한다. 그의 본관은 광산으로, 자는 사강(士剛), 호는 신독재(愼獨齋), 시호는 문경(文敬)이다. 김장생(金長生)의 아들로 예학의 체계를 세웠다.

면서 존장께서 숙병이 있으시다는 것을 들었는데, 지금은 어떠하십니까?"

주인이 말했다.

"어제 주손으로부터 편지를 받고 당신이 멀리서 온다는 것을 알았으나, 저의 병이 이와 같아 가서 만나볼 길이 없어 송구하고 안타까워 심부름꾼을 시켜 편지를 올리게 했습니다."

내가 말했다.

"날이 또 저물어가고, 문적을 다 보지는 못하였을 것입니다. 전말을 간략하게 말을 해도 괜찮겠는지요?"

주인이 '좋다.'고 하였다. 내가 한번 이야기하니, 주인이 말했다.

"병중에 실로 붓을 잡기 어려우나 주손 어른의 부탁이 이와같이 간절하니 억지로 거절하지 못하겠습니다. 귀문에 보낼 답서와 장씨에게 보낼 편지는 마땅히 사실에 근거하여 글을 지어 보내고, 서원 통문은 본래 사림의 일이니 이를 맡아 할 유사(有司)가 있을 것입니다. 병든 사람이 억지로 할 바가 아닙니다."

내가 말했다.

"답장 편지와 인동(仁同)의 서찰은 소홀히 하여 빠뜨리지 마십시오."

주인어른이 말했다.

"정신이 혼미하지만, 잘 생각하여 절대로 그렇게 하지는 않을 것입니다."

이별에 임하여 나의 이름과 자, 생년을 물었다. 나도 물어보니, 신해생(辛亥生, 1851)이라고 한다. 해가 저물녘에 고정(高井)으로 돌아오니, 주인어른이 어떻게 되었냐고 하셨다. 내가 여차여차 하다고 하니, 주인어른이 말했다.

"이 사람이 만약 병이 나지 않았다면, 금번의 일은 이처럼 날을 허비하지 않았을 것입니다."

또 말했다.

"이 사람은 연전에 나를 따라 삼가(三嘉) 임소에 가서 허유(許愈)[275], 정재규(鄭載圭)[276]와 종유하고 돌아왔습니다."

내가,

"서원 통문은 어찌 되었는지요?"

라고 하니, 말하기를,

"내일 유사가 오면 자연스럽게 방법이 있을 것입니다."

라고 하였다. 인하여 나의 생년을 묻기에, '금년 나이가 42세'라고 말하니, 주인어른이,

"우리 담양(潭陽, 담양 군수)과 같은 나이입니다."

라고 했다. 얘기가 밤늦게까지 이어진 후에야 잠이 들었다.

6월 19일, 김영수가 지은 초안이 도착하다

식후에 동곡서원(東谷書院)[277] 유사(有司)인 김지현(金芝鉉) 씨가 와서 먼 길을 온 나를 위로하였다. 또 비가 내려 일찍 찾지 못했다고 하였다. 내가 서원 통문의 일로 책망을 하니, 대답하였다.

"지난날 글을 지었던 사람은 지금 모두 병들어 누웠고, 나머지는 글을

---

275 허유(許愈) : 1833~1904. 본관은 김해로, 자는 퇴이(退而), 호는 후산(后山) 및 남려(南黎)이다. 합천군 삼가현(三嘉縣) 출신이다. 38세에 한주(寒州) 이진상(李震相)에게 주리설(主理說)을 배웠고, 그를 스승으로 섬겼다. 진주 청곡사(靑谷寺)에서 ≪남명집(南冥集)≫을 교정하기도 했다.

276 정재규(鄭載圭) : 1843~1911. 원문에는 정재규(鄭在奎)로 되어 있어 바로잡는다. 합천 출신의 노론 유학자로 본관은 초계(草溪), 자는 영오(英五), 호는 노백헌(老柏軒)·애산(艾山)이다. 노사(蘆沙) 기정진(奇正鎭)의 문인으로, 노사학파의 중심 인물이다.

277 동곡서원(東谷書院) : 충청남도 부여군 세도면에 있는 조선후기 제25대 철종 당시 조신(趙愼)을 추모하기 위해 창건한 서원이다. 흥선대원군의 서원철폐령으로 1868년(고종 5)에 훼철되었다가, 유림들의 지속적인 노력으로 1928년 복원하여 '상절사(尙節祠)'로 현판을 달았다.

지을 만한 자가 없어 지금 고민되고 답답하였습니다. 얼마 전 삼가(三嘉) 어른의 말을 들으니, 여기에 있는 공주(公州) 이 석사(李碩士, 이원식)[278]가 적임자라고 하기에 왔습니다."

내가,

"마침 여기에 있습니다."

라고 말했다. 지현(芝鉉) 씨가 성문(聖文)에게 인사하고 간절하게 요청하니, 고사하였으나 거절하지 못하였다. 오후에 외성(外城) 유사 이태회(李泰會)가 내방하였는데, 또한 지현 씨와 같은 말을 하였다.

또 말하기를.

"올 때 임리(林里) 김영수(金盈洙)에게 들렀더니 ≪한강속집≫ 보기를 원하였습니다."

라고 하기에, 내가 꺼내어 부쳐 보냈다. 저녁 뒤에 임리(林里)에서 글 초안이 도착하였는데, 삼가 어른은 나에게 등불 아래에서 일람하게 하고,

"의미와 체제가 어떠하냐."

고 물으셨다. 내가,

"말이 아름답고 뜻도 분명하며, 문체도 단정하고 씩씩합니다. 병중에도 문장이 이와 같다면, 그 사람의 가진 바를 알만 합니다."

라고 하니, 삼가(三嘉) 어른이 말했다.

"이 사람의 공부는 심일(心一)에 뒤처지지 않는다네."

278 이석사(李碩士) : 이원식(李元植)을 말한다. 그의 자는 성문(聖文)이다. 공주의 유천(柳川) 사람으로 목은(牧隱)의 18세손이다. 6월 17일 비로 인해 고정에서 우연히 만나기도 했던 인물이다.

6월 20일, 개태령을 넘어 구봉산 아래서 유숙하다

아침에 주인어른이 집안의 젊은이 하나를 불러 집안의 편지 두 통을 쓰게 하고, 이성문(李聖文, 이원식)에게는 서원 통문을 쓰게 하였다. 식후에는 사계 선생 묘소에 나아가 배알하고, 정홍명(鄭弘溟)[279]이 지은 비문을 읽었다. 마침내 주인과 이별하고, 또 성문(聖文)과도 서로 이별하였다. 십 리에 있는 연산읍에 이르니, 시장은 형편없어 마실 만한 술이 없었다. 서쪽 지방의 흉작은 영남보다 걱정이 심하였다. 개태령(開泰嶺)[280]을 넘으니, 계룡산이 손에 잡힐 듯 지척에 있었다. 금강(金岡) 족조가 전해져 오는 말을 낱낱이 말씀하셨는데, 대략 모두 조참설(祖讖說)[281]이었다. 내가 말했다.

"이러한 것을 믿을 수는 없으나, 산세의 형국이 넉넉하여 유람하러 온 자는 한 번 둘러볼 만합니다. 이번 행차에서 한가로이 거닐며 둘러보지 못한 것이 한스럽습니다."

해가 저물어 진잠(鎭岑) 관적동점(官赤洞店)에서 유숙하였는데, 주막은 구봉산(九峯山) 아래였다. 금강 족조께서 말했다.

"옛날 임진왜란 때 왜장이 이 산 아래에 이르러 자기도 모르게 통곡하며, 우리들이 반드시 이 땅에 조공하게 될 것이라고 말하였다고 한다."

주막집 사람이 말했다.

"이 봉우리의 옛날 이름은 다장사(多壯士)인데, 십 수년 전에 이 주막에

279 정홍명(鄭弘溟) : 1582~1650. 본관은 연일, 자는 자용(子容), 호는 기암(畸庵) 및 삼치(三癡), 시호는 문정(文貞)이다. 정철(鄭澈)이 아들로 송익필(宋翼弼)·김장생(金長生)의 문인이다. ≪기옹집≫, ≪기옹만필≫ 등을 저술이 있다.

280 개태령(開泰嶺) : 원문에는 '開台嶺'으로 되어 있다. 개태령은 충청남도 논산시 연산면 천호리와 계룡시 두마면 사이에 위치한 고개이다. 이 고개의 이름은 936년 고려 태조가 창건한 개태사(開泰寺)에서 유래되었다.

281 조참설(祖讖說) : 전국시대 음양가에서 시작되어 민간에 퍼져있던 음양오행설과 같은 신비사상과 결합하여 모든 변화를 설명하고 천의 의지를 예언할 수 있다고 믿는 속신이다.

사는 이씨 성을 가진 사람의 며느리가 아들을 잉태하였는데, 열 달쯤 되자 갑자기 어느 날 밤에 배가 아프고, 자신도 모르는 사이에 몸이 구봉산 꼭대기에 있었답니다. 정신이 혼미한 가운데 살펴보니 아이가 왼쪽 옆구리를 가르고 나왔는데, 한 노인이 곁에 있다가 말하기를, '너는 돌아가도 된다. 네가 만약 너의 아들을 보고자 하면, 부부가 서로 가까이하지 않으면 십 년 뒤에 만날 수 있게 될 것이다. 그렇지 않으면 너의 아들을 보지 못할 것이다.'라고 했는데, 잠깐만에 몸이 집 옆에 있었답니다."

내가 말했다.

"말이 매우 허황되지만 또한 반드시 이런 이치가 없다고 말할 수도 없습니다."

6월 21일, 송씨 문중 사람들에게 장씨 통문사를 따져 묻다

10리를 가서 가수원진(假水原津)[282]을 건너니 공주(公州) 땅이었다. 웅천점(雄川店)에 이르러 회덕(懷德)의 송촌(宋村)[283]을 물으니, 20리 거리라고 하였다. 계곡길이 거칠고 길이 중간에 끊어져 걸어가기가 몹시 어려웠다. 정오에 송촌점(宋村店)에 도착하여 점심을 먹고 그 문중으로 보낼 편지 1통[284]을 썼다.

삼가 무더위에 여러분의 몸은 건강히 두루 잘 지내시는지요. 지역이 남북으로 갈리어 만나 뵐 기회가 없어 늘 간절히 그리웠습니다. 저희들은

282 가수원진(假水原津) : 공주시 가수원에 있었던 진이다. 현재 대전시 서구 가수원동이 있으며 가수원초등학교, 가수원시장, 가수원도서관 등도 이 지역에 있다.

283 송촌(宋村) : 대전시 대덕구의 행정동, 법정동이다. 송촌동이라는 지명은 은진 송씨 가문이 대대로 집성촌을 이루어 살았던 것에서 유래되었다. 동춘당 송준길의 후손들이 살고 있다.

284 편지 1통 : 이 편지는 송씨 문중에 보낸 것인데, 원문에는 협주의 형태로 제시되어 있다.

각기 못난 모습 그대로 지내니, 족히 우러러 말씀드릴 것이 없습니다. 삼가 생각건대, 우리 선조 문목공(文穆公) 언행록(言行錄)을 간행하여 세상에 배포한 것이 백여 년이 되었습니다. 대개 그 원본은 문하의 여러 제자들이 생존하실 때 나온 것입니다. 이 때문에 여헌(旅軒, 장현광) 선생이 지은 문목공 선조의 행장에서, '마침내 여러 기록에 감히 나아가서 엮어 완성하였다.'고 말한 것이 있고, 학사(鶴沙, 김응조)[285] 선생이 지은 선조 묘지에서 "언행록, 행장 등의 책에서 그 큰 요점을 뽑았다."라고 말하였으니, 언행록의 책이 만들어진 것은 오래 전입니다. 다만 그 부록 가운데 선선생(先先生, 송준길)께서 추증을 건의한 한 조목은 곧 당시 선배들이 함께 전하는 말입니다. 그러므로 여헌의 아들인 청천당(聽天堂, 장응일)이 지은 선조의 신도비에서, '효종대왕이 정유년(1657)[286]에 경연에 참석하여 신하들의 건의를 받아 영의정에 추증하였다.' 하였고, 우암 선생이 선선생에게 드리는 편지[287]에서, '들으니 한로(寒老, 한강 정구)를 형(兄, 송준길)이 추증해 줄 것을 특별히 청했다고 한다.'고 하였으니, 이는 믿을 만하고 분명함이 이와 같은 것은 없을 것입니다. 그런데 오직 저 인동 장씨는 선선생의 문집 속에 있지 않으니, 후인들이 날조하여 원근에 퍼뜨린 것이라고 말하면서, 여러분을 속여서 여러분이 장씨를 위하여 저희들을 성토하는 편지를 쓰게 하는 지경에 이르게 되었습니다. 저희들은 글의 뜻이 어떠한지는 아직 모릅니다만, 저는 분한 마음을 가누지 못하겠습니다. 대

285 학사(鶴沙, 김응조) : 김응조(金應祖, 1587~1667)의 호이다. 김응조(金應祖)의 자는 효징(孝徵)이며, 본관은 풍산이다. 17세 때 류성룡을 사사하였으며, 1613년에 생원시에 합격하였으나 당시 광해군의 어지러운 정치를 보고 문과응시를 포기하고 장현광의 문하에서 학문연마에 힘썼다. 저서로는 ≪학사집≫·≪사례문답(四禮問答)≫·≪산중록(山中錄)≫ 등이 있다.

286 정유년(1657) : 왕조실록 효종 8년 정유(1657) 10월 19일(무자)의 기사에 한강의 영의정 추증에 대한 기록이 있다.

287 선선생에 드리는 편지 : <송명보에게 보냄(與宋明甫)>이라는 편지가 그것이다. 여기서 송시열은, "듣건대 한로(寒老, 한강 정구)의 증직을 형이 특별히 청하셨다고 하는데……"라고 하였다. ≪송자대전≫ 권30, <여송명보(與宋明甫)>

개 장씨가 저희들에게 일방적으로 모함하고 해를 입힌 것은 그 뜻이 연원을 끊고자 하여 대현(大賢)의 글과 선조의 말에는 일절 눈을 가린 것입니다. 과실(過失)의 사정이 그러한데 여러분들이 이것에 대하여 우연히 잘못 살피신 것이 아닙니까? 이것은 저희들이 시비를 가리지 않을 수 없는 것입니다. 아! 고금 천하에 어찌 선현의 글을 날조하고 경연의 말을 위조할 수 있습니까? 선선생께서 조정에 선 지 이미 여러 해 전이어서 추증을 건의한 것은 경전을 강설한 것과는 다르니 문집 가운데 빠진 것은 이치로 보아 혹시 그럴 수 있다고 하더라도, 어찌 본래 없는 일을 우암 어른이 말할 수 있겠습니까? 바라건대 부디 여러분은 지난 자취와 대전(大全)[288]을 고증하여 전일의 의혹을 깨뜨려 주시고, 다시 편지를 써서 장씨들이 무고한 죄를 성토하셔서 선현의 문자가 끝내 민몰(泯沒) 되는 지경에 귀결되지 않도록 해주시기를 천번 만번 간절히 바랍니다.

송 승지(宋承旨) 종오(鍾五)[289] 씨 집에 들었다. 주인은 나이가 올해 71세였다. 내가 멀리서 온 뜻을 말하고, 또 장씨에게 보낸 통문에 관한 일을 물으니, 주인 영공이 말하기를, '본래 이런 일이 없었다.'고 하여, 내가 말했다.

"영감님께서는 과연 그것을 잊으셨습니까? 귀문의 문자가 있는데 영감님은 어찌 알지를 못하십니까?"

주인이 말했다.

"작년 가을에 장씨 한 사람이 선조의 일로 와서 나를 만나본 적은 있으나, 통문을 보낸 것은 나는 알지 못하네."

---

288 대전(大全) : 송자대전(宋子大全)을 가리키는 말이다.

289 종오(鍾五) : 송종오(宋鍾五, 1828~1904)로 본관은 은진(恩津), 자는 경준(景俊), 호는 한창(漢蒼)이다. 1867년(고종 4) 선공감역(繕工監役)에 제수되면서 관직생활을 시작하였으며, 1892년 6월 좌부승지(左副承旨)가 되고, 12월에는 우부승지(右副承旨)가 되었으나 나아가지 않았다.

내가 말하였다.

"거창 영감【기로(綺老)[290] 씨】이 글의 수장이라고 하였습니다."

주인이 말했다.

"나의 종숙부님은 그 일인즉 반드시 나로 하여금 모르게 할 리가 없네. 그러나 불행하게 종숙은 금년 봄에 돌아가셨네. 재종제 승선(承宣)【종억(鍾億)[291]】도 마침 하중(夏中)에 있으니, 자네는 그곳에 가서 물어보게."

내가 금강 족조와 함께 가서 문상하고 그 일을 물으니, 주인 영감이 말했다.

"반년 동안 객지에서 지내다가 집에 돌아오자마자 부친상을 당하였습니다. 설령 이런 일이 있다고 한들 아득하여 아는 바가 없습니다. 또 가친은 평소 일이 크고 작은 것 가리지 않고 재종씨와 서로 의논을 하는데, 하물며 온 가문이 연명한 편지이니 알게 하지 않았겠습니까?"

내가 말했다.

"그렇다면, 이 일은 어디에 가서 따져 물어야 하겠습니까? 내가 일찍이 김영학(金永學)에게 들으니, 그때 장씨는 회덕으로부터 연산에 와서 귀하의 일족인 승지(承旨) 종규(鍾奎)[292]가 그[장씨]에게 편지를 부쳤다고 하니, 이 영감을 아십니까?"

---

290 기로(綺老) : 송기로(宋綺老, 1830~1898)로 본관은 은진(恩津), 자는 중호(仲皓), 호는 송석(松石)이다. 1892년(고종 29) 거창부사(居昌府使)로 임명되었다가 다시 공조참의에 제수되었다. 1895년(고종 32) 명성황후(明成皇后)가 시해당하는 일이 발생하자, 유성에서 문석봉(文錫鳳)이 의병(義兵)을 일으켰는데, 이에 연루되어 재판을 받기도 했다. 저서로는 ≪송석집(松石集)≫ 5책이 전한다.

291 종억(鍾億) : 송종억(宋鍾億, 1854~?)로 본관은 은진(恩津), 송기로(宋綺老)의 아들이다. 1893년 8월 승정원 우부승지, 1894년 4월 사간원 대사간 등을 역임하였다.

292 종규(鍾奎) : 송종규(宋鍾奎, 1856~1910)로 본관은 은진(恩津), 자는 계필(季弼), 호는 취정(翠庭)이다. 1888년(고종 25) 무자 식년시 진사 3등 162위 합격하였으며 우부승지 역임하였다. 을미사변 이후 관직에서 물러나 대구에서 거주하였다.

주인은 '알지 못한다.'고 하면서, 그곳에 가서 물어보라고 청하였다. 나와 금강 족조는 용전(龍田)에 가서 종규(鍾奎) 영감을 방문하고 일의 상황을 물었다. 주인 영감이 말했다.

"장씨가 올 때 나는 마침 일이 있어 송촌(宋村)에 가서 한 번 본 일은 있으나 통문을 보냈는지를 실로 나는 알지 못합니다."

내가 말했다.

"귀문의 일에 대하여 세 영감님께서 다시 누가 아는지를 모른다고 하는 것은 마치 귀문에서 끝내 의혹을 돌이키지 않으려 하시는 것 같습니다. 사실대로 말하면 좋겠지만, 만약 모른다고 하며 서로에게 미루어 버리면, 삼백 리를 물 건너 멀리 온 사람에게 어찌 성과 없이 빈손으로 돌아가게 하십니까?"

주인이 극구 변명하며 말하였다.

"나이가 적고 사리에 어두운 자는 본래 종중 일에 간섭하지 않기 때문입니다. 어찌 알면서도 모른다고 말할 이유가 있겠습니까? 날이 이미 저물었으니 이곳에서 유숙하시고 내일 저와 함께 송촌에 가서 상의하면 어떠하겠습니까?"

내가

"좋습니다."

라고 말하고, 비복과 말을 주막으로 보냈다.

6월 22일, 마침내 장씨에게 보낼 편지 초안을 받다

식후에 주인과 같이 송촌(松村) 승지【종억(鍾億)】의 집에 갔다. 주인 영공이 말했다.

"오늘 아침에 부친의 초고를 찾아 살펴보니, 과연 장씨에게 보내는 편지와 장씨가 보내온 편지 초본을 얻고서야 비로소 당일 속아서 그런 것임을 알게 되었습니다. 이미 그 속은 것을 알았다면 금일의 도리로서는 편지를 써서 장씨를 꾸짖고, 예전의 편지를 되찾는 것이 의리에 마땅할 것입니다. 그러나 선인이 세상에 계실 적의 일로써 짐을 지우는 것은 불가합니다."

내가 말했다.

"영공의 말씀은 매우 타당합니다."

주인이 또 말했다.

"경연일기(經筵日記)는 문집에 수록하지 않은 것은 흔합니다. 비록 선조와 관련된 문자는 혹 추후에 승정원에서 등초한 것이 있으면, 문집 중에서 누락되었다 하더라도 본래 이런 일이 없었다고 말할 수 없습니다. 더구나 우옹(尤翁, 송시열)의 설명은 증거가 있으니, 다시 어찌 그 일에 의심할 수 있겠습니까?"

용전(龍田) 영공이 말했다.

"동춘(同春, 송준길)이 임금을 독대한 경연의 말도 또한 애초에 문집에 들어가지 않았던 것이 이후 승정원으로부터 등초한 것입니다."

주인 영공이 말했다.

"승정원은 옛날처럼 복원되지 않았으므로, 근거를 살필 곳이 없으니 안타깝습니다."

또 말했다.

"금번의 문자는 마땅히 재종씨 영감댁에서 같이 모여 충분히 의논하여 후일의 의혹이 없도록 해야 할 것입니다. 청컨대 노형은 먼저 가시고, 나도 막 족제 진사(進士) 종필(鍾畢)과 주서(注書)【종민(鍾民)[293] 갑술생】 형제에게 통지

293 종민(鍾民) : 송종민(宋鍾民, 1874~1911)은 본관은 은진, 자는 순초(順初)이고, 거주지는

기별하여 그들이 오기를 기다렸다가 함께 가겠습니다."

그리하여 나와 금강 족조는 먼저 종오(鍾五) 씨 집으로 갔다.

주인 영공이 말하기를,

"실적(實蹟, 사실 기록)을 보았습니까?"

라고 하기에 내가

"그렇습니다."

라고 하고서 좀 전에 주고받은 말을 진언하였다. 주인 영공이 말했다.

"종숙이 이미 이와 같이 하였다면, 나는 다시 문자를 작성할 수가 없습니다. 그 아들 조카도 감히 하지 않을 것입니다."

내가 정색하고 대답했다.

"종숙 영감이 한때의 속임을 당한 일을 의리(義理)로 돌리려 하십니까? 또 이전의 편지는 종숙이 독단으로 쓴 편지가 아니라 한 가문이 연명하여 쓴 편지이니, 종숙이 살아 계시지 않기 때문에 그 잘못된 것을 알고도 끝내 돌아보지 않으려 하십니까?"

주인 영공이,

"참으로 연명한 편지입니까?"

라고 하여, 내가,

"그렇습니다."

라고 하니, 주인 영공이,

"나의 이름도 있었습니까?"

라고 하였다. 나는,

회덕(懷德)이다. 동춘당 문정공파(同春堂文正公派)이며, 비서원승(秘書院丞)과 원임규장각직각(原任奎章閣直閣)을 역임하였다.

"불참할 이치가 전혀 없습니다."

라고 하니, 주인이 대답하지 않고 다시 우리 문중의 연명 편지를 가져다 읽고, 말하기를,

"참으로 훌륭한 글입니다."

라고 하였다. 또 돈암서원의 통문을 읽고 훌륭한 글이라고 칭찬하였다. 시간이 오래 지난 후에 두 영공과 주서(注書) 형제가 모임에 왔다. 종억(鍾億) 씨가 그 선친의 초고를 드리며 말했다.

"이것은 속임을 당한 일에 불과하니, 구태여 고집하지 말고 다시 편지를 써서 지난번의 의혹을 깨뜨리고 이전의 편지를 다시 찾아오는 것이 뒤를 좋게 하는 방도가 될 것입니다."

주인 영공이 말했다.

"좋네."

마침내 장씨에게 보낼 편지와 우리 문중에 보낼 답서의 초안은 종억 씨가 작성하여, 나에게 보여 주면서 말했다.

"편지의 뜻은 다만 속인 것을 변별하여 타파할 뿐이지, 구태여 장씨가 한 것처럼 준엄하고 격렬할 필요는 없습니다."

내가, 그렇다고 하면서, 주서(注書)에게 두 통을 함께 쓰라고 하였다. 종억 씨가 말했다.

"나는 늙어서 그 사이에 이름을 동참할 수 없으나, 내 아들 이름 겸순(秉淳)은 편지 끝에 적어서 후일의 증명으로 삼았으면 합니다."

종규(鍾奎)가 말했다.

"주손 대감【판서 도순(道淳)[294]】은 비록 여기에 살지 않으나, 이것은 문중의

294 도순(道淳) : 송도순(宋道淳, 1857~1910)은 본관은 은진(恩津), 자는 윤명(允明), 동춘당

서찰이기에 이름을 쓰지 않을 수 없습니다."

모두 '그렇다.'고 하였다. 쓰기를 마치니, 주인 영공이 한 본을 베껴서 명단첩과 함께 궤안에 갈무리하고 모임을 마쳤다.

나와 금강 족조는 주인 영공과 인사하고 헤어지려니, 주인이 말했다.

"두화촌(杜花村)은 백 리 정도의 거리[295]에 불과하니, 혹여 다시 만날 수도 있을 것입니다. 그러나 영남은 아득히 머니, 비록 후일에 다시 방문하는 길이 있어도 팔질(八耋, 80세) 노인이 바랄 바가 아닐 것입니다."

내가 말했다.

"영감님의 기력으로 마땅히 장수하실 겁니다."

주인 영공이 만성보(萬姓譜)를 내어 보이며 말하였다.

"두 사람 선조의 함자가 여기에 있습니까?"

내가 받아 열람하니, 청하군(淸河君, 정책)[296] 이후는 종고조에 그치고, 충렬공파는 과천 영감(果川令監)에서 그쳤다. 이것은 70년 전의 책이라고 하며 붓을 내밀어 나에게 주며 말했다.

"그대가 그 가계를 그대의 이름까지 써 주시오."

내가 꿇어앉아 글을 쓰고 인사하고 물러 나왔다.

종억 씨 집에 이르러 또 두 어른과 서로 이별하였다. 내가 말했다.

"금번의 일은 영공의 아량이 아니었다면 어찌 이와같이 쉽게 할 수 있었

송준길(宋浚吉)의 후손이다. 1895년 문석봉(文錫鳳)이 의병을 일으키자 군향관(軍餉官)으로 참여하여 의병부대를 지원하였고, 1910년 경술국치 소식을 듣고 자결하였다. 1995년 건국훈장 애족장을 추서하였다.

295 백리 정도의 거리 : ≪장자(莊子)≫ 소요유(逍遙遊)에 "백 리 길 여행을 떠나기 위해서는 하룻밤 묵고 갈 양식을 찧어서 가지고 가야 한다.(適百里者 宿舂糧)"는 말이 나온다.

296 청하군(淸河君, 정책) : 정책(鄭幘, ?~?)을 말한다. 시조 정극경(鄭克卿)의 6세손로 통헌대부(通憲大夫) 판선공사(判繕工事)를 지내고 청하군(淸河君)에 봉해진 것에서 유래한다. 청하는 청주의 옛 이름이다.

겠습니까?"

대답했다.

"나는 그 일을 사사로운 마음으로 한 것이 아닙니다. 글 속에 이른 바, 다만 의리를 따라서 한 것뿐입니다."

종규(鍾奎)가 말했다.

"양가의 세의(世誼)는 증직을 건의한 일에서 알 수 있습니다. 이제부터는 부디 전과같이 소원하지 말고, 지나는 길이 있으면 그냥 지나치는 일이 없기를 바랍니다."

종억 씨가 웃으면서 말했다.

"증직을 건의한 세의(世誼)는 마땅히 귀 문중부터 먼저 강구해야 할 것입니다. 금번에 일이 있었기에 한 것이니 만약 뒤에 이 가까이 오는 길이 있으면 조용히 방문하는 것이 좋을 듯합니다. 그러나 어찌 쉽게 올 수 있겠습니까?"

내가 말하였다.

"영공들께서 만약 남쪽 지방에 수령으로 나오면 이것이 서로 만나는 길이 될 것입니다. 그때는 저에게 가서 따져야 할 의리[297]는 없을 것입니다."

대답했다.

"수령이 되는 것이 어찌 쉬운 일이겠습니까?"

말을 마치고 일어나니, 내가 무더위에 먼 길을 가는 일로 더욱 마음이 안타까웠다. 소주를 각각 몇 잔을 드리고 주막을 나왔다. 금강 족조와 서로 이별하려고 하니, 열흘 간 함께 고생한 마음에 슬픔을 비할 데가 없었다.

297 가서 따져야 할 의리 : 원문의 '왕견지의(往見之義)'는 단순히 인사로 만나는 것이 아니라 의리의 문제로 만나는 것을 이른다.

5리를 가서 회덕읍에서 잤다.

6월 23일, 신탄진을 건너 연기 삼거리로 가다

아침에 일어나니 가랑비가 땅에 뿌렸다. 아침밥을 재촉하여 먹고 서둘러 출발하여 20리를 가서 신탄진(新灘津)[298]을 건넜다. 또 20리를 가서 문의(文義) 부강(芙江) 삼류점(三柳店)에서 점심을 먹었다. 몇 리를 가니 빗줄기가 점점 세차게 내려 위아래 옷이 모두 젖었다. 연기(燕岐) 삼거리에 이르니 큰비가 연달아 쏟아부어 갈 수가 없었다.

6월 24일, 큰비가 내려 우마를 분별할 수 없었다

닭이 울기 전부터 큰비가 내리더니 정오가 되어서야 이에 그쳤다. 주막 사람이 말했다.

"강물이 앞까지 밀려 와서 배가 있어도 건널 수 없으며, 그 나머지 하천과 시내도 이루 헤아릴 수 없습니다."

내가 재근에게 일렀다.

"어찌하리오. 조금이라도 나아가서 수세(水勢)가 어떠한지를 살펴보는 것이 좋겠다."

5리를 가서 청주(淸州) 밋구지나루에 이르니, 흙탕물이 흐르는 물가는 우마(牛馬)를 거의 분별하지 못할 정도였다. 다리 공인(工人)이 금번의 큰비는 옛날에 비할 바가 아니라고 한다. 이 강의 상하류 피해 상황은 사람들을 두렵게 하였다. 이미 내를 건너 수십 걸음을 가니 평지[平蕪, 거친 평지]에는 물

298 신탄진(新灘津) : 대전시 대덕구 북쪽에 위치한 지역이다. 갑천을 경계로 유성구와 인접하며, 북쪽으로는 금강을 끼고 청주시와 접경하고 있다.

이 가득 차서 소(沼)가 되고 못[池]이 되었다. 깊거나 얕은 곳[299]을 걸음걸음 위태롭게 나아가니 위기를 몇 번이나 겪었다. 조추원(早秋院)에 이르니 앞내가 범람하여 시장으로 가는 자는 헤엄을 쳐서 건너가기에, 우리는 부득이 작은 길을 따라가서 정려동(旌閭洞)에 이르렀다. 마을 앞에 도롱이 삿갓을 걸친 자가 나무 아래에 비스듬히 있길래, 전의(全義)로 가는 길을 물으니, 모두 말했다.

"이리로 가면 돌길이 있는데, 사람은 지나가도 말은 갈 수 없습니다. 또 병마령(甁磨嶺)이라고 하는 작은 길이 있는데, 이것을 따라가면 됩니다."

그 말대로 수 리를 가니 길이 좁고 풀이 우거져 있고 여러 물줄기가 도랑을 이루었다. 도랑을 건너 수 리를 가니 비로소 평지 길이 되었으나 둔덕이 아니면 더러운 못이라서 그 고통은 이루다 형언할 수 없었다. 전의(全義) 갈거리(葛巨里)[300]에 이르러 숙박하였다. 행상들이 모두 말하기를, '이달 16일의 수해는 진천(鎭川)·목천(木川)과 청주(淸州) 땅이 유독 심하다.'고 하였다. 청주는 강을 따라 있는 여덟 개 면이 본래 곡창지대라고 일컬어져서, 다른 지역 사람들이 모두 여기에 의지하는데, 모두 물에 잠겨 그 참상은 이루 말할 수 없었다.

6월 25일, 말이 실족하여 넘어지고 나도 물에 거꾸러지다

밥을 재촉하여 먹고 비를 무릅쓰고 구항현(狗項峴)[301]을 넘어가서 전의읍(全義邑)에 이르니 이따금 평지이기도 하지만, 땅은 무너지고 언덕은 끊어

299 깊거나 얕은 곳 : 원문의 '혹려혹게(或厲或揭)'는 ≪논어(論語) 헌문(憲問)≫에 "물이 깊으면 옷을 벗어서 들고 건너고, 물이 얕으면 옷을 걷고 건넌다.(深則厲 淺則揭)"는 구절을 인용한 것이다.

300 갈거리(葛巨里) : 지금의 세종특별자치시 전의면에 해당한다.

301 구항현(狗項峴) : 충청남도 천안시 북면에 있는 고개 이름이다. '개목이'라고도 불린다.

지고 돌은 솟고 물은 깊어 잔도(棧道)에 오르는 듯하고 구당(衢塘)[302]을 건너는 듯하였다. 지난번의 비는 여기가 더욱 심하였음을 비로소 알게 되었다. 가깝게는 다섯 걸음을 가고 한번 말에서 내리며, 열 걸음을 가고 한번 말에서 내리면서 또 한 고개를 넘어 금계역촌(金溪驛村)에 가서야 비록소 큰길이라는 것을 만나 거의 헤매거나 길을 잃는 탄식이 없게 되었다. 그러나 물이 훑기고 간 곳은 줄곧 위험하였다. 목천 도리현(道里峴)을 지나, 천안 원거리(遠巨里)에서 점심을 먹었다.

직산(稷山)[303] 삼거리를 지나니 소나기가 또 내리기에 점포에 들어갔다. 삽시간에 도랑물이 모두 찼다. 몇 리를 가니 시내가 길을 가로막았다. 물길이 한길 남짓 되지만 흙탕물이어서 바닥이 보이지 않았다. 말이 실족하여 넘어졌고 나도 몸이 뒤집혀 물에 거꾸러졌다. 일어나서 말을 모니 실은 짐상자는 모두 물에 잠겼다. 이번은 참으로 하늘이 참으로 나를 곤고하게 하는 것이라고 생각했다. 만약 이런 일이 일어나지 않았다면 크게 생각할 바가 아니지만 다만 상자 속의 문권이 모두 젖었다면 어찌해야 하나? 빨리 달려 몇 리를 가니 실음소(失音所)라는 점포가 있기에 내가 지명과 마땅치 않아 들어가지 않았다. 또 10리를 가서 성환역(成懽驛)[304]에 머물렀다. 급히 짐을 풀어 서책과 통문 편지를 점검하니 모두 묶은 한쪽의 끈만 젖었기에 방안에서 펼쳐 말리었다. 포시(晡時, 오후 4시)에 또 큰비가 내리니 모두 말하기를, 소사(素沙)와 진위(振威)[305]의 물이 가장 위험하다고 하였다.

302 구당(衢塘) : 중국 사천성(四川省) 삼협(三峽)의 하나인 구당협(瞿塘峽)으로 강 양쪽 언덕이 가파르고 골짜기 어귀의 강 가운데 큰 바위가 솟아 있어 물살이 몹시 사나운 염예퇴(灩澦堆)라는 곳이 있기 때문에 이곳을 지나는 배들이 많이 전복된다 한다.

303 직산(稷山) : 충청남도 천안시 서북구에 위치한 읍으로, 현재 시가지, 공단, 농촌 지역이 혼재된 천안의 근교 지역이다.

304 성환역(成懽驛) : 지금의 충청남도 천안시 서북구 성환읍에 위치한 역이다.

6월 26일, 빗속을 걷느라 비복과 말이 모두 지치다

먹구름이 사방에 모이니 또 큰비가 내릴 모양이다. 밥을 먹은 뒤에 물길을 걸어서 10리를 가서 안성진(安城津)을 건넜다. 또 5리를 가서 양성(陽城)에 이르니, 소사천(素沙川) 물이 겨드랑이에 이르렀다. 마침 다리를 수리하고 있으나 완성되지 않아서 다리 수리자로 하여금 등에 지고 건너게 하고 말도 짐을 풀고 나아갔다. 수고비 6전을 지불하였다. 또 10리를 가서 칠원점(漆原店)에 이르니 소낙비가 잠깐 지나가기에 점심밥을 먹고, 출발하여 10여 리를 가니 또 비가 내렸다. 기름칠한 겉옷을 걸치고 진위읍(振威邑)에 이르니 불어난 물은 소사천(素沙川)보다 깊었다. 장정 4, 5명을 고용하였는데, 항상 물가에 머물러서인지 믿고 잘 건넜다. 고용비 1냥 4전을 지불하였다. 해가 아직 저물지 않았으나 비복과 말이 모두 지쳤으므로, 읍저[邑邸, 객사]에 유숙하며 다 말리지 않은 서책을 다시 꺼내어 펼쳐 말리었다.

6월 27일, 짐 상자가 모두 물에 빠지다

새벽에 일어나 짐을 꾸려 10리를 가서 오산점(鰲山店)에서 아침밥을 먹었다. 수원(水原) 대행교(大行橋)에 이르러 사람을 고용하여 물을 건넜다. 또 수십 걸음을 가니 물이 그다지 많지 않아 말을 타고 건너갔다. 건너편 둑에 닿기도 전에 거의 말의 목까지 물에 잠겼다. 내가 뛰어서 언덕에 오르니, 말도 따라 왔다. 짐 상자는 모두 물에 빠졌다. 당초에 내가 말에서 내리고자 하였으나, 재근이 억지로 권한 일이었기에 원망이 그에게로 돌아갔다. 그도 처음에는 무안해 하였으나, 마지막에는 대드는 소리를 하였다. 내가

305 소사(素沙)와 진위(振威) : 삼남대로가 지나는 요충지로 역(驛)과 원(院)이 많이 설치되었다. 길은 진위현(振威縣), 대백치(大白峙), 갈원(葛院), 가천(加川), 소사점(素沙店)으로 이어진다.

준엄하게 꾸짖으니, 그도 마침내 복종하였다. 급히 수원부(水原府)에 이르러 짐을 풀고 의복과 서적을 보니 모두 젖어 있어 햇빛 아래에 널려 말리었다. 조금 지나니 또 비가 내리기에 짐을 거두어 묶고 길을 나서며, 동문에서부터 서쪽으로 가니 성첩(城堞)[306]이 굳건하고 웅장하며, 관청이 장대 화려하였다. 조종(祖宗)을 창업할 때의 꿈을 생각하니 유구할 뿐만 아니라 원대하였다. 그러나 하루아침에 오랑캐에게 더럽혀졌으니, 나도 모르게 팔짱을 끼고 탄식하는 소리가 나왔다. 날이 저물어 과천읍(果川邑)에서 잤다.

6월 28일, 서울로 들어가 회동 조두현의 집에 숙소를 정하다

식후에 비를 무릅쓰고 길을 나서 남태령(南泰嶺)[307]을 넘어 동작진(銅雀津)[308]을 건넜다. 성문 밖의 점포에서 비를 피하고 정오에 성문 안으로 들어가 회동(會洞, 회현동)의 조두현(趙斗賢) 집에 숙소를 정하였다. 승지(承旨) 족조(族祖) 집을 방문하니, 안성에 사는 김 석사(金碩士)【극현(極鉉)】라는 사람이 있어서, 주인 영감은 숙모상을 당하여 고향집으로 돌아가셨는데, 다음 달 초삼일에 올라온다고 하므로 몹시 낙심하였다.

또 서문 밖 평동(平洞) 이 판윤(李判尹)[309]의 집을 방문하여, 그 아들을 보

306 성첩(城堞) : 수원화성(水原華城)을 말한다. 수원은 정조가 아버지 사도세자를 기리기 위해 건설한 성곽 도시이다. 정조는 사도세자의 묘를 화산으로 옮기고, 그 주변을 새로운 도시로 조성하고자 하였다. 화성은 군사적 방어 기능뿐만 아니라 정치적, 경제적 기능도 수행하는 신도시로 계획되었다.

307 남태령(南泰嶺) : 서울특별시 관악구 남현동, 서초구 방배동과 경기도 과천시 사이에 있는 고개이다. 해발 183m이며, 관악산의 북동쪽 능선을 넘는 위치에 자리 잡고 있다.

308 동작진(銅雀津) : 조선시대 한강의 동작에 있던 나루터로, 서울에서 과천, 수원 이남으로 가는 길목에 위치해 있었다. 현재의 동작대교 부근, 반포 아파트 서편 이수천 입구 쪽에 있었던 것으로 추정된다.

309 이 판윤(李判尹) : 이채연(李采淵, 1861~1900)일 가능성이 많다. 본관은 광주(廣州), 자는 명오로 경상북도 칠곡 출신이다. 한성판윤을 6차례 역임하였으며 도시 개조 사업을 주도했다. 간선도로 확장, 전차 부설, 가로 정비 등을 통해 서울을 근대 도시로 변모시키는 데

고 서신을 전달하며, 그 대인(大人)을 뵙겠다고 요청하니, 그가 대답했다.

"가친(家親)께서는 마침 동료들 모임에 가셔서 내일 이른 아침 이후에나 틈을 봐서 돌아오실 것 같습니다."

마침내 내일 아침에 오겠다는 약속을 남기고 돌아왔다.

6월 29일, 미동에서 한성판윤을 잠깐 만나다

하인과 말을 고향에 보내면서 편지를 써서 부치었다. 식후에 또 평동(平洞)에 갔으나, 판윤은 또 집에 있지 않았다. 그 집의 가동(家僮)과 함께 한성부로 가서, 주사 이문조(李文肇)를 만나서 사유를 차근히 말하니, 문조(文肇)는 전혀 알지 못한다고 하면서 말하기를,

"판윤을 만 보셨습니까?"

라고 하였다. 내가,

"아직 만나보지 못했습니다."

라고 하니, 말하기를,

"지금 미동(美洞)에 계십니다."

라고 하고, 부리(府吏)를 명하여 함께 가게 하였다. 즉시 미동(美洞)으로 가니 빈객과 다른 나라 사람들이 자리에 가득하였는데, 주인 대감은 마침 가마를 타고 모임에 도착하고 있었다.

내가 말하기를,

"대감은 저를 기억하십니까?"

라고 하니, 말하기를,

"누구인지 자세히 알지 못하겠다."

기여했다.

하기에, 여차여차하다고 하니, 주인 대감이 놀라서 말했다.

"장마에 먼 거리를 어떻게 여기에 왔는가?"

내가,

"선조의 일 때문에 왔습니다."

라고 하니, 대감이 말하기를,

"마침 공무로 대궐에 들어가야 하니, 다른 날을 기다려 조용히 얘기하면 좋겠다."

라고 하였다. 나는

"그렇게 하겠습니다."

라고 하였다. 대감이 먼저 출발하고 나도 뒤를 따라 다시 한성부에 들어가 문조(文肇)와 함께 얘기를 나누었다. 문조가 말했다.

"지금 관학(館學)에는 한 사람도 얼굴을 아는 사람이 없습니다. 들으니 칠곡에서 온 송 석사(宋碩士)가 마침 재(齋)에서 지낸다고 하니, 이 사람을 찾아가서 상의할 만합니다."

내가 말했다.

"재종 씨 명윤(明允) 영감이 만약 있다면 이 일을 의논할 만하지만, 이미 미칠 수 없는 일입니다. 순명(舜明)도 역시 자리에 계시지 않아 안타깝습니다."

문조가 말했다.

"일전에 전보를 들으니, 재종 씨는 이미 길을 났다고 하니, 일간에 아마도 들어올 것입니다."

내가 그렇다면 다행이라고 하고, 이어 여관으로 돌아왔다. 오후에 비가 내려 출입하지 못했다.

7월 1일, 성균관장 신두선을 만나 찾아온 이유를 말하다

식후에 김 석사가 내방하였는데, 내가 마침 태학에 들어간다고 하니, 김 석사가 '나도 동소문(東小門) 밖에 일이 있으니 같이 갈 수 있느냐?'고 하기에, 나도 '좋다.'고 하고서, 종로 거리부터 어깨를 나란히 하고 나갔다. 외국인의 말이나 풀과 같은 옷, 기이하고 괴이한 물건들이 온 눈에 들어와 참혹하였다. 처음에는 배나 수레도 통하지 않던 곳이었는데, 지금은 스스로 혼란스럽게 되어[310] 500년 문물이 온통 남아 있는 것이 없으니, 슬프도다.

박석(礡石)고개[311]를 넘어서 김 석사는 동소문을 향해 가고, 나는 성균관으로 향해 동재에 들어갔다. 두 명의 유생이 있는데 오명근(吳明根), 이병문(李炳文)이라 하였다. 남재(南齋)에도 한 사람이 있으나 독서하고 있었다. 내가 오명근, 이병문 두 사람에게 말하였다.

"작년 겨울에 재중에 장씨가 발문(發文)을 만든 일이 있는데, 아시는가?"

"그런 일이 있었습니다."

라고 하여 내가 말했다.

"그 곡직(曲直)을 명확하게 아시는가?"

대답하였다.

"까마득한 말석에서 제가 감히 그 일을 주장할 수 있겠습니까만, 대개 장씨의 전후 문적은 분명하고 정확한 것이었습니다."

---

310 스스로 혼란스럽게 되어 : 원문은 '소장지내(蕭牆之內)'라 되어 있다. ≪논어(論語)≫ <계씨(季氏)>의 "계손의 걱정거리가 전유에 있지 않고 담장 안에 있을 것 같다.(吾恐季孫之憂不在顓臾而在蕭墻之內也)"라는 공자의 말에서 연유한 것으로, 자중지란(自中之亂)을 뜻한다.

311 박석(礡石)고개 : 원문에는 '전석현(磚石峴)'으로 되어 있다. 지금의 박석고개를 지칭하며, 서울시 은평구 불광동과 갈현동, 진관동에 걸쳐 있는 고개이다. 이 고개는 통일로가 지나가는 자리에 위치하며, 수도권 전철 3호선 연신내역과 구파발역 사이에 있다.

내가 그 전말을 갖추어 설명하니 두 사람은 말없이 있다가 말했다.

"그때의 장의(掌議)는 심(沈) 아무개였는데, 이미 교체되었고, 지금 관장은 신두선(申斗善)[312]【상촌(象村) 후손】인데, 마침 상당에 계시니 나아가 뵐 수 있습니다."

마침내 명륜당에 올라가니, 관장의 풍채와 모습은 침착하였고, 하얀 수염에 몸에는 도포를 입고 손에는 한 권의 책을 가지고 베개에 기대 누워 있었다.

나를 보고 일어나 맞이하기에, 내가 절하며 나아가 말했다.

"소생은 영남에 사는데, 선조의 문집 일이 재중(齋中)과 관계가 되었기에, 물을 건너 멀리까지 왔습니다."

관장이 말했다.

"내가 여기서 소임을 맡은 지 몇 달이 되지 않아서, 당초 발문이 유래한 바를 알지 못하니 그 자세한 것을 듣고자 하네."

내가 또 일통(一通)으로 설명하니, 신 장(申丈, 신두선)이 말했다.

"과연 말한 바와 같다면 밝히지 않을 수 없겠네."

내가 말했다.

"전후 문적과 저희 고을에서 통문에 답한 것을 관사에 가져 와서, 내일 재중(齋中) 사람들에게 한 번 보이고자 합니다. 만약 저의 죄가 은미한 가운데 조금이라도 말을 꾸며대는 흔적이 있다면, 재중에서 저를 성토하더라도 사양하지 않겠습니다. 만약 그렇지 않다면, 저희 문중에서 당한 무고는 밝

312 신두선(申斗善) : 본관은 평산(平山), 자는 앙여(仰汝), 호는 이산(梨山)으로 성균관장을 지냈으며 전재(全齋) 임헌회(任憲晦)의 문인이다. 1881년 신사척사운동 당시 척사만인소를 작성하였으며, 1883년 삼가현감으로 부임하여 1885년 허유(許愈), 정재규(鄭載圭) 등과 함께 뇌룡정을 중건했다. 1885년 뇌룡정 중건기를 썼다.

히지 않을 수 없으며, 장씨의 죄과(罪過)는 성토하지 않을 수 없습니다."

관장이 그렇게 하라고 하였고, 내가,

"태학의 발문을 비록 반수(班首)가 주도하지만, 하고 하지 않는 권한은 관장에게 있을 것입니다."

라고 하니, 관장은 또 그렇다고 하였다. 신 장(申丈)은 성균관의 하인에게 기사책을 가져오라고 하여 정유년(1897)조를 살펴보더니, 과연 장씨가 가져온 통문과 태학이 우리 고을에 보낸 통문 초고가 있다고 하며 한번 보기를 마쳤다.

내가 신장 어른께 일러 말했다.

"저희 고을에 보낸 통문에는 연월일 아래에 장의(掌議) 심(沈), 유사(有司) 이(李)가 쓰여있습니다. 그런데 여기에는 곧 유사 장(張)이라 쓰였으니, 장이 누구인지는 알지 못하며, 베낀 책과 통본에 차이가 있음은 무엇 때문입니까?"

신 장과 자리에 있는 사람들이 모두 말했다.

"남재(南齋) 진사 장병조(張炳祚)[313]로 여헌의 후손이네. 이 사람은 그때 유사 직함이었고, 자기의 선조 일로써 피혐(避嫌)하여 통문을 발송할 때 자기 대신 타인의 이름을 쓴 것이네."

신 장이 또 말했다.

"금번에 만약 다시 통문을 보내면 이 사람은 반드시 논란을 일으킬 것이네."

내가 말했다.

"어찌 다만 논란를 야기할 뿐이겠습니까? 반드시 사력을 다해 막을 것입니다."

내가 또 말했다.

313 장병조(張炳祚) : 1874~? 1894년(고종 31) 식년시 3등 750위로 합격하였다.

"장씨 통문 말 가운데 '나라를 속이는 난적(亂賊)'이라는 것은 무슨 말입니까?"

신 장이 크게 웃었다. 내가 말했다.

"저의 이번 원행은 연산(連山)과 회덕(懷德)으로부터 왔는데, 김 송 양쪽 문중도 또한 속임을 당한 것을 알고서 발명(發明)한 통문이 있고, 돈암서원에서 재차 보낸 통문은 지극히 엄준하니, 이것을 보시면 가히 알 수 있을 것입니다."

신 관장이 말했다.

"내가 지금 마침 집에 돌아갈 일이 있고, 초 5일이면 마땅히 들어올 것이네. 그 전에 합의하기가 어려울 것 같으니 어찌하면 좋겠는가?"

내가 말했다.

"천 리 먼 여정 험난한 길에 비를 무릅쓰고 온 자가 며칠 허비하는 것을 따지겠습니까?"

신 장이 "좋네."

라고 하였다. 또 내가 말했다.

"내일 마땅히 문적을 싸서 본댁으로 가서 뵙는 것이 어떻겠습니까?"

신 장이

"매우 좋네. 하지만 왕래하는 수고를 해서 어찌하겠는가?"

내가,

"왕래하는 수고를 또 어찌 말할 수 있겠습니까?"

라고 하고, 이어 사는 동네 이름을 물으니, 대답했다.

"나의 집은 향곡(鄕曲)에 있는데, 남촌 창동(倉洞)에 사는 법부대신 신기선(申箕善)이 나의 아우라네. 내가 마침 아우 집에 살고 있으니 이곳을 찾아오면 좋겠네."

내가 말하기를,

"제가 회동(會洞)에 여관을 정하였기에 창동과는 멀지 않습니다."

라고 하니, 신 장이 말하기를,

"그렇다면 아주 편리하겠네."

라고 하였다. 내가 마침내 서방(西房)에 들어가 교수 이○○와 북반수(北班首) 진사 이인표(李寅杓)를 보고 또 전말을 이야기하니, 모두 말하였다.

"홍 좨주(洪祭酒, 홍직필)가 다시 쓴 글이 있으면, 이는 변론하기가 어렵지 않을 것입니다."

내가 각 제(齋)에서 두루 찾아보고자 하니, 이 반수(班首)가 말했다.

"삼재(三齋)의 반수와 여러 선비는 지금 모두 외출하였습니다. 내일 다시 오면 방문할 수 있을 것입니다."

내가 '그렇게 하겠다.'고 하고서 마침내 신 장과 이별하고 물러 나와 동재(東齋)에 들어갔다.

하늘에서 또 비가 내리더니, 오우(吳友)가 담배를 피우며 기다리다가 이동할 때 잠깐 맑았다. 걸음을 재촉하여 여관으로 돌아오니 해가 이미 기울었다. 이날 밤에 큰비가 내렸고, 나는 토하고 설사하여 가슴과 배가 당기듯이 아팠다. 환약과 생강 소주 석 잔을 먹었지만 통증이 점점 심해져서 새벽까지 이어졌다. 공주에 사는 이씨 성을 가진 사람이 있었는데, 곁에서 손으로 문질러 주었고, 또 의원에게 가서 약 2첩을 지어와 직접 약을 달여서 마시게 하니 그의 뜻이 가상하였다.

7월 2일, 어젯밤의 토사로 몸이 아파 미음을 먹다

아침이 되니 비로소 증상이 줄었으나 혼곤하여 일어나지 못하니, 주인이 말하였다.

"청컨대 미음이라도 조금씩 먹는 것이 어떻겠습니까?"

내가 '그렇게 하겠다.'고 하였다. 김 석사가 방문하였고 족조 일화(日和)씨도 와서 문병하였다. 이날 밤에 또 큰비가 내렸다.

7월 3일, 아픈 몸으로 승지 족조를 만나다

아침에 처음으로 삶은 밥을 먹었다. 김 석사(碩士)가 와서 영감이 어제 저녁에 비로소 왔다고 하였다. 조금 지나서 승지 족조께서 심부름꾼에게 편지를 보내서 내가 멀리서 한양에 온 수고를 위로하면서, 또 병세에 차도가 있는지를 물었다. 아울러 누누이 나의 집을 거두어 되돌려 주었다는 뜻을 전하였다.

내가 정신과 기력을 수습하여 나아가 뵙겠다는 뜻으로 답장하여 적어 보내니, 얼마 뒤에 또 심부름꾼을 보내 나를 보고자 하기에 두건 쓰고 세수하고 갔다. 오랜만에 만난 나머지 기쁨을 이루 헤아릴 수 없었다. 족조께서 말했다.

"어찌 이곳에서 머물지 않고 이렇게 세상을 놀라게 하는가?"

내가 말했다.

"이것은 걱정할 것이 없습니다. 안으로 주부가 안 계시는데, 어찌 반드시 이렇게 하겠습니까?"

이어 장씨(張氏)의 일을 말하니, 족조께서 말했다.

"법부대신 신모(申某, 신기선)가 나와는 매우 긴밀하고 그의 백씨가 성균관장이 되었으니, 내가 또 힘껏 말을 하겠네."

해가 기울어 여관에 돌아와 잠을 자는데, 이날 밤에 또 비가 내리고, 복통 설사가 또 생겼다. 이전에 비해 조금 잦아들었으나 기력이 다해 견딜 수가 없었다.

7월 4일, 의국에 가서 약 두 첩을 지어 복용하다

아침에 직접 의국(醫局)가서 물으니, 의원의 말에, 체증이 아직 쾌차하지 않았기에 닭을 삶은 물을 복용하면 도리어 해롭다고 하고, 또 약 두 첩을 지어 주기에, 성이 이(李)씨라는 사람에게 달이게 하여 복용하였다. 이날은 비가 오기도 하고 날이 맑기도 하여 바깥 출입을 할 수 없었다. 마음이 몹시 우울하였다. 족조 집에 가서 잠깐 얘기를 나누다가 돌아왔다.

7월 5일, 법부대신 신기선과 관련 자료를 검토하다

승지 족조와 함께 문적을 싸서 창동(倉洞)으로 가니, 성균관장 어른은 안방에 병으로 누워 있었다. 그리하여 그의 아우 법부대신 어른을 찾아 뵙고 온 까닭을 말하였다. 법부대신이 말하기를, '그 사실을 듣기를 원한다.'고 하기에, 내가 한 편을 외우고 문적을 드리니, 법부대신이 무신년의 성균관 통문과 금번의 돈암서원(遯巖書院) 통문을 가져다 살펴보았다. 또 속집(續集)의 9조(九條)[314]를 열람하고 물었다.

"율곡(栗谷)과 사계(沙溪)의 문답 아래에 여헌(旅軒)의 결어(結語)는 없는가?"

314 속집(續集)의 9조(九條) : 여기에 대한 논란은 홍직필의 ≪매산집≫ 권30, <제한강속집후(題寒岡續集後)>, ≪매산집≫ 권9, <답정덕옹(答鄭德翁)>에서 정리해 두었다. <답정덕옹>에서는 "존선조(尊先祖)이신 문목공(文穆公)의 ≪속집(續集)≫ 중에, 장여헌(張旅軒)의 아홉 가지 문목 중의 여덟 조목에 대한 명론(名論)은 모두 율곡(栗谷)과 사계(沙溪)가 문답한 내용 및 사계가 혹자에게 답한 편지에 나옵니다."라고 한 후 이렇게 된 이유를 다음과 같이 밝히기도 했다. "한강(寒岡)과 여헌(旅軒) 두 현자가 문답한 초고를 삼가 받아서 공경히 백번을 읽어 보니, 이것은 옛 종이가 쌓여 있는 곳에 묻혀 있었던 것으로, 책의 장수(章數)가 끊기고 글자 획이 마멸되어 있었습니다. 이와 같은 것에 어찌 거짓으로 지어 넣은 바가 있다고 할 수 있겠습니까. 이 일이 있은 뒤로 여러 의심이 뱃속에 가득하고 여러 의문이 가슴에 꽉 차 있었는데, 원본을 보게 되자 저절로 눈과 얼음이 녹아 사라지는 듯하였습니다. 제가 삼가 생각건대, 여옹(旅翁 장현광)이 물으실 적에 사계의 명리(名理)를 원용하여 한강에게 가서 물으셨는데 그 내력을 여기에 밝히지 않았기 때문에 이렇게 된 듯합니다. 어찌 다른 일이 있겠습니까."

내가 등덕수(滕德粹)[315]와 김잠재(金潛齋)[316]의 일로써 대답하였다.[317] 법부 어른이 고개를 끄덕였다.

또,

"그 아래 제3조 혹문자(或問者)는 누구인가?"

라고 묻기에, 내가 대답했다.

"이 또한 여헌이 인용하여 온 것인데, 혹자가 누구인지는 알지 못합니다."

법부 어른이,

"이 조목은 결어(結語)가 있다."

라고 말하므로, 내가 말했다.

"있기도 하고 없기도 하니 반드시 하나의 예에 구속될 필요는 없습니다."

법부 어른이 또

"여헌 후손 가운데 장석유(張錫裕)[318], 장석조(張錫祚)[319]도 이것을 논하였

---

315 등덕수(滕德粹) : 등린(滕璘, 1150~1229)으로, 자는 덕수(德粹), 호는 계재(溪齋)이다. 휘주(徽州) 무원(婺源, 현재의 강서성에 속함) 사람으로 주자의 문인이다. 저서로는 ≪계재유고(溪齋類稿)≫ 30권이 있었으나 현재는 전해지지 않는다.

316 김잠재(金潛齋) : 퇴계(退溪)의 문인 김취려(金就礪, 1526~?)이다. 본관은 경주이고, 자는 이정(而精)이며, 호는 잠재(潛齋) 혹은 정암(靜庵)이다. 퇴계가 서울 건천동 집에 있던 매화 화분을 두고 떠나자, 김취려가 손자에게 부탁해 배에 싣고 보내주기도 했다. 이에 퇴계는 기쁜 마음을 시로 표현했다. 퇴계가 세상을 떠나자 김취려는 장례를 감독하는 직책을 수행하였다.

317 등덕수(滕德粹)……대답하였다 : 등린(滕璘, 등덕수)는 주자에게 수업을 받았다. 스승의 상을 당했을 때 등린은 연포건(練布巾)과 심의(深衣)를 입고 졸곡을 치렀다. 사승관계에 있었기 때문이다. 여헌 장현광은 한강 정구가 서거하자 백관(白冠)으로 입곡했다. 문인들은 묵립(墨笠)을 착용하였다가 지건(紙巾)으로 바꾸었고, 장례가 끝나고 반혼할 때는 백관(白冠)으로 곡종했다.

318 장석유(張錫裕) : 1838~1894. 본관은 인동, 자는 회백(晦伯), 호는 춘담(春潭)으로 1883년 별시(別試)에 병과(丙科) 1위로 급제했다.

319 장석조(張錫祚) : 1839~1889. 본관은 인동(仁同), 자는 양중(揚仲), 호는 소정(小亭)으로 본관은 인동(仁同), 자는 양중(揚仲), 호는 소정(小亭)으로 1865년(고종 2) 식년문과에 병과로 급제하여 승문원 부정자, 성균관 전적을 거쳐 호조참의, 우부승지 등을 지냈다. 장석

는가?"

라고 하여, 내가 말했다.

"지금은 모두 작고하였습니다."

"장석신(張錫藎)[320]도 그러한가?"

라고 하기에, 내가 말했다.

"그는 세론(世論)을 위한 것이니 어찌 그러하지 않았겠습니까?"

내가 또 말했다.

"이 문적은 마땅히 중씨(仲氏)께서 한 번 열람하여야 할 것인데, 마침 병환 중에 있기 때문에 이 뜻을 이루지 못하였습니다. 이러한 뜻을 품의해 주심이 어떻겠습니까?"

법부 어른이 '그렇게 하겠다.'고 응낙하였다.

족조께서 말했다.

"이 사람의 저의 족손(族孫)입니다. 만약 선조를 위한 것이 아니라면 어찌 하루라도 기꺼이 경성에 발을 들이겠습니까?"

이어서 아름다운 말들이 넘쳐났다. 법부 어른이 나의 생년을 묻더니, 과분한 칭찬을 더하기에 내가 머뭇거리며 사양하였다. 또 내가 말했다.

"오늘 글을 가져가서 태학에 들어가 여러 반수와 재사 유생에게 보여주어도 되겠습니까?"

법부 어른은 '중형이 재사에 들어가는 것을 기다린 뒤에 가서 보여 주는 것이 좋을 듯하다.'고 하기에, 내가 '그렇게 하겠다.'고 하고 마침내 물러나

유의 동생이다.

320 장석신(張錫藎) : 1841~1923. 본관은 인동, 자는 순명(舜鳴) 혹은 춘관(春觀), 호는 과재(果齋) 혹은 일범(一帆)이다. 사미헌(四未軒) 장복추(張福樞)의 문인으로 1900년 비서원승(祕書院丞)을 역임하였다. 국권이 상실되자 이름을 장동한(張東翰)으로, 호를 일범(一帆)으로 바꾸고 가야산에 은거하며 후학 양성에 힘썼다.

돌아왔다.

식후에 또 큰비가 내려 하천물이 범람하고 정오가 되어서야 조금 그쳤다. 내가 족조 집에 가서 참봉 족조 돈영(敦永)[321] 씨의 행차 소식을 물었는데, 어제 사람을 보내 만나기를 청하였기 때문이다. 족조가 답했다.

"진흙길로 반드시 갈 필요는 없을 것이네. 내일 아침에 마땅히 다시 사람을 시켜 오라고 청할 것이네."

7월 6일, 족조 집에서 내일 성균관에 들어갈 준비를 하다

아침에 족조 집에 가서 조금 있으려니 돈영 씨가 전동(箭洞)에서 와서, 쌓인 회포를 풀었다. 이어 그로 하여금 창동으로 가서 관장 어른 병세의 차도와 성균관에 언제 들어가는지를 알아보도록 하였다. 식후에 또 큰비가 내리더니 저녁이 되어서야 날씨가 맑아졌다.

또 족조 집에 가서 마음이 몹시 울적하여 옷을 벗고 누웠다. 얼마 지나지 않아 돈영 씨가 창동에서 와서 하는 말이, 관장 어른은 오후에 성균관에 들어갈 계획이며, 내일 문적을 가지고 들어오라고 하였다고 한다. 이어 관장 어른은 장씨를 몹시 꾸짖었으며, 자리에 있는 자에게도 그러하였다고 한다. 내가 말했다.

"내일 재사 안에서 장병조(張炳祚)가 반드시 악행을 저지를 것입니다."

참봉 족조가,

"염려가 없지는 않다."

라고 하니, 승지 족조가

321 돈영(敦永) : 정돈영(鄭敦永, 1860~1918)은 본관은 청주, 자는 복일(復一), 호는 화산(花山)이다. 소릉 참봉(昭陵參奉)을 역임하였다.

"문적이 □□□[322] 가져가면 훼방해도 걱정되지 않는다."

라고 했다. 주사 강봉조(姜鳳朝)는 한사(寒沙, 姜大遂)[323]의 후손인데, □□□[324] 나에게 말하기를,

"□□□[325] 정 주서(鄭注書)[326]는 보지 못하고 돌아왔다."

라고 하기에, 내가

"정 주서는 나의 종씨(從氏)입니다."

라고 말하였다. 그때 형과 이 교리가 우리 집에 들어오다가 '지금 종씨가 없다'는 말을 듣고 곧장 발길을 돌려 떠난 것이 지금 이미 몇 년이 되었습니다. 그러니 서로 알지 못하는 것이 당연하다. 강 주사가 말했다.

"나도 또한 영남 선비인데, 양가의 시비를 듣고자 합니다."

내가 간략히 전말을 말하고 문적을 내어 보이니, 봉조가 절반도 보지 않고 말했다.

"비록 백 명의 장씨가 있더라도 한 명의 정씨를 이길 수 없겠습니다. 나

322 □□□ : 탈락된 부분이 있다.

323 강대수(姜大遂, 1591~1658) : 자는 학안(學顔)이며 성은 강씨(姜氏)이다. 그 선대는 본관이 진양(晉陽)인데 여러 세대를 합천에 살아서 합천 사람이 되었다. 장현광(張顯光)의 문하에서 수학했으며 생원·진사시를 거쳐 증광문과에 을과로 급제하여 세자시강원의 설서(說書)·사서(司書)를 역임하였고, 이듬해 사간원정언이 되었다. 광해군이 영창대군을 죽이자 정온(鄭蘊)이 간언하다가 유배되었는데, 정온을 구하는 상소를 올렸다가 평소에 반목하던 정인홍(鄭仁弘)의 모함으로 삭직당하고 회양(淮陽)에 유배되었다. 인조반정으로 풀려났고 그 뒤 호조좌랑·예조정랑·홍문관 부수찬 겸 경연검토관·우승지·병조참의 등을 역임하였다. 관직에서 물러나 여러 차례에 걸친 임금의 소명에도 불구하고 관도(官途)에 오르지 않았다. 저서로 ≪한사집(寒沙集)≫ 7권 3책)이 있다. 합천의 도연서원(道淵書院)에 제향되었다.

324 □□□ : 탈락된 부분이 있다.

325 □□□ : 탈락된 부분이 있다.

326 정 주서(鄭注書) : 정재교(鄭在教, 1854~1920)로 보인다. 그의 자는 성회(聲繪), 호는 삼소재(三素齋)다. 홍문관 시독 겸 지제교(弘文館侍讀兼知製敎)로서, 1920년에 건립된 배덕문 신도비(裵德文神道碑)의 전액(篆額)을 쓴 인물이다. 배덕문은 임진왜란 당시 의병장으로 활약하였다.

또한 성균관장에게 특별히 말하고, 장씨를 본다면 준엄하게 꾸짖을 것입니다."

오후에 참봉 족조와 강 주사가 나와 함께 여관에 와서 각각 몇 잔의 술을 마시고 돌아갔다. 참봉 족조가 말했다.

"내일 새벽에 내가 먼저 가서 탄평(坦平) 비석거리에서 쉬고 있을 것이니, 그대도 일찍 와서 관학(館學)에 함께 들어가세."

내가

"그렇게 하겠습니다."

라고 하였다. 오후에 또 족조 집에 가니 광주(廣州) 종인(宗人) 관화(寬和) 씨가 자리에 있기에 나와 함께 얘기를 나누었다. 일족이 말했다.

"관동(關東) 지역에서 15년을 떠돌며 살다가 작년에 서울에 객이 되었다가 금년 봄에 주사(主事)가 되었습니다."

승지 족조가,

"이 사람은 함께 관학에 들어가는 것이 좋겠다."

라고 하였다. 저녁 뒤에 일화(日和) 씨와 관화(寬和) 씨는 내가 묵는 숙소에 방문하여 밤이 깊도록 이야기하다가 돌아갔다.

7월 7일, 성균관장 신두선이 한려 문제로 회의를 열다

새벽에 일어나 일화(日和) 씨, 관화(寬和) 씨와 함께 태학으로 향하였다. 수동(壽童)에게 문적을 짊어지게 하고 김 석사가 가까이 따라갔다. 탄평(坦平) 비석거리 아래에 이르니 참봉 족조가 이미 먼저 도착하였기에 함께 들어가서 관장 어른을 뵈었다. 문적을 꺼내어 펼치니 신 관장 어른이 대충 살펴보고 말했다.

"장씨가 한 것이 매우 경솔하다. 이제 가서 여러 반수(班首)와 재사 유생들에게 보이기 바라네. 식후에 마땅히 회의를 하도록 하겠네."

드디어 아래 서재(西齋) 반수인 진사(進士) 이수봉(李秀鳳)[327] 씨가 일어나 예를 마치고 말했다.

"저는 한강선생에 대하여 높이고 보위하려는 정성이 더욱 각별합니다. 이전에 충주에 있을 때 운곡서원(雲谷書院)[328]의 서원 땅 찾는 일을 앞장서서 시작하고 힘을 쓴 것이 오래되었습니다."

내가 공손하게 감사하며 말했다.

"현인을 존숭하는 의리는 누구인들 감복하지 않겠습니까마는, 후손된 자로서 더욱 감사합니다."

또 말했다.

"지난번 회동(會洞) 족조 집에서 음죽(陰竹) 박 참봉(朴參奉) 용하(龍河) 씨를 보았는데, 운곡서원 땅이 세도가의 핍박을 당한 일로, 임금의 전교(傳敎)를 얻어 뒷날의 폐단을 막고자 했으나, 아직 윤허를 얻지 못하였고, 전후의 비용도 매우 많이 들었기에, 바야흐로 도움을 청하고자 영남에 내려가 선조 문인의 각 집을 두루 방문하였습니다."

이수봉 어른이 말했다.

"연전에 강문숙(姜文叔)이 이것 때문에 갔다가 결국 헛걸음하고 돌아왔고, 타던 나귀도 중도에서 폐사하였다. 그 후에 서원 일에 주력하다가 세도가에게 거슬려서 여러 번 형벌을 받고 감옥에도 갔으니, 그의 정성이 참으

327 이수봉(李秀鳳) : 1894년(고종 31) 갑오 식년시에 진사로 합격했다. 그의 본관은 전주이며, 거주지는 한성이다.

328 운곡서원(雲谷書院) : 충청북도 음성군 삼성면에 있는 서원이다. 1602년(선조 35)에 정구(鄭逑)가 충주목사로 부임하자 이곳 유림의 건의로 기존의 백운서당을 운곡서원으로 개편하고 주자(朱子)의 위패를 모셨다. 그 뒤 1661년(현종 2)에 정구를 추가배향하였으며, 1676년(숙종 2)에 '운곡(雲谷)'이라 사액되었다.

로 감동할 만하였다. 이번에 이 사람이 또 반드시 내려가면, 혹시라도 이전과 같은 안일함[329]이 없이, 각자 돈을 내어 춘추 향사와 현인 존숭에 쓰자고 거듭 애를 쓸 것이다. 조상을 위한 노력이 어찌 다른 사림들과 비교할 수 있겠습니까?"

내가 말했다.

"연전의 일은 비록 문중의 힘이 쇠락하였기 때문입니다만, 말을 하시니 몹시 부끄럽습니다. 여러분의 뜻이 이와같이 정성스러우니 어찌 힘껏 받들지 않겠습니까?"

이어서 장씨의 일을 말하였다. 이수봉 어른이 문적을 열람하고 말했다.

"작년에 통문을 발송할 때 나도 몹시 신중하며 시간을 끈 것이 수개월이었습니다. 결국에는 중론을 이기지 못하였으나, 본디 이번 일이 있을 줄 알았습니다. 대개 그때 교체된 관장 서상봉(徐尙鳳)과 여러 임원들이 장병조(張炳祚)의 말을 듣고 ≪매산집(梅山集)≫에 의거할 만한 것이 있다고 말했기 때문에 감히 억지로 반대하지는 못하였습니다."

내가 말했다.

"저는 연산(連山)의 김지수(金志洙)에게 듣기로는 장씨의 글은 원래 간행된 책에는 실리지 않은 것으로, 다시 지은 것이라고 합니다. 모르겠습니다만 그렇습니까?"

이수봉 어른이 말했다.

"장씨의 일은 원래 통탄할 만합니다. 우리들이 들은 바는 모두 여헌이 한강의 문하가 되는 것으로 알았으나, 장씨가 결사적으로 그것을 부정하였

329 안일 : 원문의 '완게(玩愒)'는 완세게일(玩歲愒日)의 준말로, 안일한 일상에 빠져 세월을 허비하는 것이다.

습니다. 대저 살아서 스승을 배반한 죄도 용서할 수 없는데 하물며 죽어서이겠습니까? 자신이 스승을 배반한 것도 죄가 막중한 것인데 자손이 되어서 선조가 스승을 배반하게 해서야 되겠습니까? 지금 만약 통문을 낸다면 나도 마땅히 스스로 글을 지어 엄하게 잘못을 묻겠습니다."

설득이 통쾌하였다. 듣기를 마치고 또 북재(北齋)로 갔다. 반수(班首) 인표(寅杓) 씨에게 가니, 말했다.

"만약 ≪매산집≫을 보고 장씨의 거짓됨을 알게 된다면 다시 통문을 발송할 수 있을 것입니다."

또 동재(班首)를 방문하니, 반수(班首) 이 진사(李進士)【기헌(起憲)】는 본가로 나갔으며, 본가는 재사 옆 얼마 안 되는 거리에 있었다. 재유(齋儒)들과 □□□[330] 잠시 얘기를 하고 또 남재(南齋)를 방문하였다.

반수 이 진사(李進士)【득녕(得寧)】도 역시 본가에 간 것이 며칠이 되었다. 이기묵(李基默), 이도흥(李道興), 송(宋) □□□[331] 덕희(德熙), 이병준(李炳埈), 이경고(李景高), 홍정유(洪正裕), 홍대중(洪大中)과 서로 얘기를 나누었다. 어떤 이는 같은 고향이기도 하고 어떤 이는 세의(世誼)로써 첫 만남에도 매우 정성스러웠다. 진사 장병조(張炳祚)도 자리에서 일어나 나에게 읍을 하였다.

나는 말했다.

"근일 우리 양가가 대대로 잘 지내왔던 것을 지킬 수 없음을 그대도 알 것입니다."

그가 말했다.

"제가 여기에 머문 것이 1년이 되었습니다. 처음 그 말을 듣고, 개탄을

330 □□□ : 탈락된 부분이 있다.
331 □□□ : 탈락된 부분이 있다.

이기지 못하였습니다."

또 말했다.

"양가 모두 선조의 본의를 체득하지 못한 것입니다."

내가,

"선조의 뜻을 체득하지 못한 책임은 누구에게 있는가?"

라고 하니, 병조가,

"이미 깎아낸 판을 50년 후에 보완하니, 잘못이 어찌 우리 집안에만 있겠습니까?"

라고 했다. 내가,

"깎아낸 판각을 당일 보완하지 않았던 것을 자네는 아는가?"

라고 하니, 그가

"제가 들은 것은 그렇습니다."

라고 했다. 내가,

"사실을 알지 못하면서 어찌 그렇게 묻는가?"

라고 하니, 그가,

"당일의 일을 알지 못하는 것은 어른이요, 어르신도 저와 같습니다."

라고 하였다. 내가,

"자네와 그만하세. 이것은 나와 그대가 다툴 만한 것이 아니네."

라고 하였다. 관장이 마침내 여러 반수들과 정당(正堂, 대청)에서 회의를 하였다. 우리들도 회의에 참여하였다. 관장이 말했다.

"한강(寒岡)과 여헌(旅軒) 양가의 시비는 사문(斯文, 유학)의 거사(巨事)는 아니지만, 재중에서 곡직을 변별하여 분란이 없도록 합시다. 좋습니까?"

동반수가 호응하여 대답했다.

"지금 정씨가 가져온 통문과 지난 문적을 보니, 정(鄭)이 옳고, 장(張)이 잘못되었습니다. 그러므로 병조(炳祚)를 불러서 속인 죄를 물어야 합니다. 그가 말하기를, '우리집에 있는 고증할 만한 간행 문적이 있다'하고 하였으니 전보로 통기하여 속히 올려보내어, 양쪽의 문적을 합하여 함께 고증한 연후에 정씨를 위해 통문을 낸다면 다시 원망함이 없을 것입니다. 이와같이 하면 일은 비록 더디겠지만 후일 분란이 일어나는 폐단은 없을 것입니다."

내가 말했다.

"동반수의 말씀은 이치에 합당하지 않습니다. 작년 겨울 통문을 낼 때 반드시 장씨 문적을 보았을 것이니, 이밖에 어찌 다시 별도로 고증할 만한 것이 있겠습니까? 이미 저 문적을 보고 또 이 문적을 봄이 양가의 문적을 합하여 살피는 것입니다. 시비곡직은 여기서 변별될 것이며, 다시 양가 문적을 합하자고 말하는 것은 저는 감히 믿지 못하겠습니다. 아마도 병조가 몸소 이 재에서 생활하며 장차 재중이 그 집을 성토하는 것을 보았기에 일부러 이렇게 궁하여 회피하는 말로써 시간을 끌려는 계책을 세운 것입니다. 그리고 동반수가 뜻을 왜곡하여 순종하려고 하는 것은 바로 면식(面識)에 구애되어 그런 것이 아니겠습니까?"

동반수가 말했다.

"저는 사사로움을 따른 것이 아니라 다시 후일의 폐단을 없애고자 함이었습니다."

관장도 말했다.

"동반수의 말도 신중하게 하자는 것이었습니다."

서반수가 말했다.

"설령 장씨가 간행한 글이 있다고 하더라도 정씨의 것과 같은 것에 지나지 않습니다. 금일 재중이 중요하게 취한 것은 오직 매산(梅山, 홍직필의 호)의 한마디 말일 뿐이니, 이 책을 빌려 고증한 연후에 통문 발송 여부를 결정할 수 있을 것입니다."

내가 말했다.

"양가 문적이 ≪매산집≫에 모두 누락 되었다면 어찌하겠습니까?"

북반수가 말했다.

"양가가 누락 되었다면 장씨가 잘못한 것입니다. 지난 겨울의 말은 곧 재중의 사람들을 속인 것입니다."

내가, "양가가 모두 있다면 어찌하겠습니까?" 하니,

말하기를,

"양가가 있어도 정씨가 옳습니다. 뒤에 발제한 것이 정론(定論)입니다. 정씨의 글만 있으면 거론할 필요가 없고, 만약 장씨의 글만 있은 뒤에야 장씨의 설이 비로소 근거가 될 수 있습니다."

라고 하였다. 내가,

"그렇습니다."

라고 하였다. 회의를 마치고 동재(東齋)로 물러나니, 동재의 반수가 문적을 열람하고, 병조가 밖에서 왔기에, 반수가 불러 나를 시켜 그 집에 있는 문적을 따져 묻게 하였다.

병조가,

"≪구조변파록(九條卞破錄)≫이 있습니다."

라고 하였다. 내가,

"이것이 소위 집에 있다던 문적인가?"

라고 하니, 병조가 또 허다한 근거 없는[332] 말로써 언쟁이 점점 격렬해졌다.

332 근거 없는 : 원문의 '몰파비(沒巴鼻)'의 '파'는 자루이고 '비'는 꼭지인데 파악(把握)이 없는 것을 말함. '몰파비'라는 글자는 본시 뱀이 서린 형상으로, 머리는 감추고 꼬리만 드러났다는 것이다.

내가 몸을 일으켜 피하고자 하니, 재중에서 억지로 만류하였다.

병조가 말했다.

"저는 나이가 적어 홀로 감당하지 못하겠습니다. 문중의 노성한 분이 성중[한양]에 많이 계시니, 내일 반드시 들어올 것입니다."

해가 기울어 족조 집에 돌아가 경개(景槪)를 간략하게 설명하고 숙소에서 잤다. 돈영(敦永) 씨가 전동(箭洞)으로 가서 여러 곳에 ≪매산집≫을 찾았다고 한다.

7월 8일, 관장이 문적을 상세히 살피고 장씨의 말이 허황되다고 하다

아침에 편지를 써서 전동(箭洞)으로 보내서 ≪매산집≫을 구했는지를 물었는데, 답서에 구하지 못했다고 한다. 탄평 비석 앞에서 모이기로 약속하였다. 식후에 일화(日和) 씨와 함께 갔는데, 수동(壽童)도 문적을 지고 따라왔다. 성균관 앞에 오니 돈영 씨는 아직 오지 않았다. 명륜당에 들어가니 서북(西北) 두 반수(班首)가 듣고 모임에 왔다.

관장이 말했다.

"≪매산집≫을 보았는가?"

내가,

"구하는 것이 너무 어렵습니다."

라고 하니, 서반수가 말했다.

"어제 이직원(李直元)에게 들으니, 홍 영천(洪永川)【매산의 손자】에게 있다고 하니 잠시 가서 빌려오는 것이 어떻습니까?"

내가 좋다고 하고, 일화 씨를 영천의 집으로 보냈다.

관장이 ≪속집(續集)≫과 ≪변무록(辨誣錄)≫을 상세히 열람하고 나에게 일러 말했다.

"내가 ≪변무록≫을 끝까지 읽지 않아도 장씨의 추악하고 허황된 습관을 알 만하네. 오직 사제문(賜祭文) 한 가지를 살핀다면, 장씨의 말을 보면 장씨가 옳고, 정씨가 지은 말을 보면 정씨가 옳네. 기타 여러 조목은 장씨의 말은 모두 미치고 망녕된 것이네."

내가 말했다.

"사제문 속에 이미 연원(淵源)의 말이 있는데, 저들이 이른바 생이지지(生而知之)를 얻었다고 하니, 어찌 망녕됨이 심하지 않습니까?"

관장이 말하기를,

"그렇네."

라고 하였다. 시간이 흘러, 일화 씨와 돈영 씨가 ≪매산집≫을 빌려오니, 관장과 여러 반수들이 함께 열람하였다. 과연 뒤에 적은 글이 있었는데,[333] 한 글자도 차이가 없었다. 모두 말했다.

"양가의 시비는 여기에서 결판이 났습니다."

서반수가 말했다.

"재중으로부터 마땅히 병조(炳祚)를 불러서 기만한 죄를 엄하게 문책한 뒤에 통문을 발송해야 할 것입니다. 여러분들은 숙소에 돌아가 쉬어도 될 것 같습니다."

내가 말했다.

"내일 장석신(張錫藎)[334]이나 장승원(張承遠)[335] 등 여러 사람이 반드시 와

---

333 과연 뒤에 …… 있었는데 : 홍직필의 ≪매산집≫ 권30, <제한강속집후(題寒岡續集後)>를 말한다. 여기서 홍직필은, "내가 원본을 가져다 검토해보니, 종이는 찢어져 문드러졌고 먹은 변하고 글자는 닳아서 왕왕 변별할 수가 없었다. 그러니 이와 같은 것을 어찌 후세 사람이 두찬(杜撰)하였다고 할 수 있겠는가. 손 가는 대로 제멋대로 만들어낸 것이 아님이 분명하다."이라고 하였다.

334 장석신(張錫藎) : 1841~1923. 본관은 인동(仁同), 자는 순명(舜鳴), 호는 과재(果齋) 혹은 일범(一帆)으로 회당(晦堂) 장석영(張錫英)의 형이며, 장복추(張福樞)의 문하에서 수학하

서 다투어 비난할 것인데, 어찌하겠습니까?"

서반수가 말했다.

"비록 장 정승(張政承)이 오더라도 어쩔 수가 없으니 염려하지 마십시오."

내가 알겠다고 대답하였다. 동재를 방문하니 반수가 제사가 있어 집으로 돌아갔다. 도흥(道興)과 함께 동반수의 집을 찾아가니, 이 진사가 나와서 맞이하며 말했다.

"누추한 집에 왕림해주시니 영광입니다."

내가 말했다.

"어찌 이렇게 과분한 말씀을 하시는지요?"

주인이,

"오늘 재중의 의논이 어떠하였습니까?"

라고 물었다. 내가 말하기를,

"≪매산집≫을 본 뒤부터 재중에서 장씨의 무고를 탄식하지 않은 이가 없었습니다."

라고 하니, 주인이

"그렇군요."

라고 하였다. 내가 말했다.

"지금 이후부터 통문 발송이 더디냐 빠르냐는 동반수의 합의 여부에 달려 있습니다."

주인이 말했다.

"공부자(孔夫子) 말씀에 '나는 대중을 따르겠다'[336]고 하셨으니, 모든 일이

였다. 저서로는 ≪과재문집(果齋文集≫ 11권 5책이 있다.

335 장승원(張承遠) : 1852~1917. 본관은 인동(仁同), 자는 공유(公裕), 호는 운정(雲庭)이다. 청송군수(青松郡守), 경상북도관찰사(慶尙北道觀察使) 등을 역임하였다.

또한 그러하거늘, 하물며 일이 선현과 관계되고 의리에 관계된 것에 있어서겠습니까?"

내가 말했다.

"공부자께서 또한 이르기를 '여러 사람이 미워하더라도 반드시 살펴보고 좋아하더라도 반드시 살펴본다'[337]고 하셨으니, 오직 의리를 헤아림이 어떠한가에 달려 있습니다."

주인이 말했다.

"참으로 그러하고 그러합니다."

도흥(道興)이 말했다.

"이왕에 통문을 발송해야 한다면 반드시 세월을 끌어 멀리서 온 사람을 객중에 오래 머물게 할 필요는 없습니다."

마침내 주인과 이별하고 도흥(道興)이 박석고개에 이르러 나에게 일러 말했다.

"지난 겨울에 장씨가 통문을 구한 것이 마침 내가 고향으로 돌아갈 때였습니다. 만약 나를 여기에 있게 하였더라면 결코 이와같이 쉽게 하지는 못했을 것입니다. 병조(炳祚)와 나는 한 방에 살며 정의가 긴밀하여 형제와 같은데 이런 일이 있은 이래로 종종 담소하는 사이에도 서로 힐난하는 일이 있었습니다. 젊은이의 말은 재중에서 경중이 없기 때문에 침묵했을 뿐입니다. 그러나 그 심중(心中)은 어찌 그러했겠습니까? 병조가 재중에서 말하기

336 나는 중론을 따르겠다 : ≪논어≫ <자한(子罕)> 편에, "삼베로 짠 관(冠)이 예(禮)이지만, 지금은 명주실로 만드니 검소하다. 나는 대중들의 방식을 따르리라.(麻冕 禮也 今也純 儉 吾從衆)"라는 구절이 있다.

337 여러 사람이 …… 살펴본다 : ≪논어≫ <위영공> 편에, "여러 사람들이 다 그를 미워하더라도 반드시 살펴보아야 하며, 여러 사람들이 다 그를 좋아하더라도 반드시 살펴보아야 한다.(衆惡之 必察焉 衆好之 必察焉)"이라고 하였다.

를, '내가 지금 연기와 회덕으로 사람을 보내고 인동 본가에도 통기를 하겠다'고 했으나, 이는 모두 헛된 말이며, 시간을 끌고자 한 것입니다. 바라건대 그 계교에 빠지지 마시고 조속히 도모하십시오."

또 말했다.

"조금 전에 내가 방외(方外)에서 나오다가 길에서 장 교리(張校理)를 만났는데, 그가 묻기를, '재중 사람들의 논의는 어떠한가' 하므로, 내가 답하기를, '모두 정씨가 옳고 장씨가 그르다'고 하니, 장 교리가 말하기를, '우리 집에도 또한 믿을 만한 문적이 있다'고 하였으며, 또 말하기를,[338] '장병조는 나이가 어리니, 어찌 그 일을 맡을 수 있겠는가? 나는 교리의 장(長)이니 어찌 재중(齋中)에 들어가 정씨와 상대하여 시비를 가리지 않겠는가?'라는 등의 말을 하였습니다. 교리가 '나도 내일 아침에 재중에 들어가고, 먼저 변파록을 재중에 보내겠다.'고 하므로, 답하기를, '정씨만 유독 무변록이 없겠습니까?'하니, 장 교리 어른은 말이 없었습니다. 내일이면 장씨 제인들이 반드시 들어올 것이니 어떻게 처리하겠습니까?"

내가 말했다.

"비록 백 명의 장씨가 있다고 한들 어찌하겠습니까?"

1리를 가서 송덕희(宋德熙)를 만났는데, 밖에서 오기에 돌다리 가에 서로 앉았다. 덕희가 말했다.

"나와 장병조는 한 방에서 동고동락(同苦同樂)하는지라 지금은 감히 시비를 드러내어 말하지 못합니다. 말을 해도 무익하고 한갓 저와는 감정만 상하기 때문에 참고 침묵하고 있는 것입니다. 서반수도 저와 친밀하기에 누

338 또 말하기를 : 원문에는 '答曰'로 되어 있으나, 맥락을 보면 장 교리의 말이 이어진 것으로 볼 수 있다. 그러므로 '答曰'은 연문이다.

차 언급을 하였습니다. 통문 발송은 지체하지 말고 속히 도모하십시오. 장씨는 계교가 많아서 예측할 수가 없습니다."

내가 말했다.

"그대는 나를 위하여 서반수에게 오늘 밤에 통문 초록을 구성하여 내가 내일 아침에 들어가겠다고 말해 주십시오."

덕희(德熙)가,

"알겠습니다."

라고 하였다. 또 말했다.

"조금 전에 한성판윤 댁에 가서 이승선(李承宣)【명윤(明允)】 영감을 뵈었는데, 형이 오기를 고대하고 있습니다."

내가 놀라서 말했다.

"명윤 영감이 올라오셨습니까?"

돈영 씨가 말했다.

"올라오신 것이 며칠 되었습니다. 지금 가서 홀로 방문해도 됩니다."

돈영씨가 또 말했다.

"어제 모사랑(某舍廊)에 가니 어떤 사람의 말에, 장씨 제인들이 장준원(張駿遠)을 보고 모두 호형 호숙(呼兄呼叔)하면서, 태학의 일은 반드시 이루어지지 않을 것이니, 상(上)께 급히 품의(稟議)해 주시기를 바란다고 하니, 자리에 있는 사람들이 모두 크게 웃었습니다."

말했다.

"장씨의 사람됨이 비루하여 죽일 만하지만, 장준원(張駿遠)은 어떤 사람이기에 저들이 곧 친족으로 부르는 것입니까? 이로써 본다면 장씨는 반드시 상소를 올리는 일이 있을 것이니 어찌하겠습니까?"

내가 말했다.

"장씨가 상소를 올리면, 나만 홀로 올리지 못하겠는가?"

돈영(敦永) 씨는 전동(箭洞)에 들어가고, 일화(日和) 씨는 수동(壽童)과 함께 집으로 돌아갔다. 나는 돈의문(敦義門) 밖으로 나오니 해가 져서 어둑하였다. 한성판윤 집에 들어가니, 주인이 말했다.

"숙부님께서 마침 문 안에 들어왔습니다."

내가 말하기를,

"어찌하여 마땅히 돌아가겠습니까?"

라고 하니, 주인이 말했다.

"내일 아침에 오면 뵐 수 있을 것입니다."

내가,

"당신이 나를 위해 숙부 대감에게 말을 해주셨으면 합니다."

라고 말하고, 어두워서 숙소로 돌아왔다.

7월 9일, 성균관장 등과 한려시비에 대하여 대화를 나누다

아침에 평동(平洞)으로 가서 이 승지를 보았는데, 서로 손을 맞잡고 몹시 기뻐하였다. 이 영감이 말했다.

"들으니, 형은 숙소를 회동(會洞)에 정했다고 하지만, 누구 집인지 알지 못해서 심부름꾼을 보낼 수 없어 마음이 몹시 우울했습니다. 형은 그 상황을 자세히 말씀해 주십시오."

나는 올 때 고생한 정황과 연산(連山) 회덕(懷德)에서 변파(卞破)한 일, 태학에서 주고받은 말을 갖추어 말하니, 이 승지가 이를 듣고 몹시 기뻐하였다. 내가 또 돈영(敦永) 씨가 전한 장준원(張駿遠)의 일을 말하니, 이 승지가 말했다.

"이것은 염려하지 마십시오. 내가 대처하겠습니다."

한성 판윤이 이르자 이 승지가 귀에 대고 여차여차 하다고 하니, 한성 판윤이 고개를 끄덕이였다. 이 승지가 나에게,

"내가 이미 대감에게 말하였습니다."

라고 하였고, 이 승지가 또,

"무여(茂汝) 씨도 형이 올라온다는 말을 듣고 여러 번 만나고 싶다는 뜻을 말하였습니다."

라고 하였다. 내가,

"무여 씨는 어느 동네에 삽니까?"

라고 하니. 이 대감이 말했다.

"영남 사람은 경약소(京約所)[339]에 많이 모이니, 태학에서 돌아오는 길에 들러서 전말을 상세히 말한다면 도움이 없지 않을 것입니다."

내가 말하기를,

"형도 또한 함께 가시는 것이 어떨까요."

라고 하니, 말했다.

"어젯밤에 내가 도둑[340]을 맞아 관망(冠網)·탕건(宕巾)·주의(周衣, 두루마기)가 모두 잃게 되었습니다. 관과 탕건은 대감으로부터 빌린 것이지만, 망건은 갑자기 구하기 어려워 출입을 할 수가 없습니다."

가동에게 소주를 올리게 하였다. 내가 말했다.

"식후에 바로 태학에 들어갔다가 마땅히 틈을 보아 다시 오겠습니다."

승지 족조와 함께 돌아오는 길에 이현(泥峴) 소로를 따라 가서, 유근문(逌

339 경약소(京約所) : 지방의 유향소(留鄕所)를 통제하기 위해 서울에 설치된 행정 기구가 경재소(京在所)인데, 이 기구가 폐지된 후 경약소가 생겨 이와 비슷한 기능을 담당하였다.

340 도둑 : 원문의 '거협(胠篋)'은 상자를 여는 것이고, 탐낭(探囊)은 자루를 더듬는 것으로 도둑질을 뜻하니, ≪장자≫ <거협>에 "상자를 열고 자루를 더듬고 궤짝을 터는 도적을 위해 수비한다.(將爲胠篋探囊發匱之盜而爲守備)"라고 하였다.

覲門)[341] 앞에서 교수 경현수(慶賢秀)[342]를 만났다. 당직을 교대하고 나와서, 승지 족조와 우의(友誼)를 나누고 헤어졌다. 남재(南齋)에 들어가서 여러 벗들과 잠시 얘기를 나누었다. 도흥(道興)이 말했다.

"장 교리(張校理)와 장 참봉(張參奉)이 지금 관장 처소에 있으니 한번 대하여 시비를 가리는 것이 어떠합니까?"

내가 말했다.

"우연히 만나면 그러겠지만, 내가 찾아가서 다투고 싶지 않습니다."

동재에 들러 반수와 함께 앉아 이야기를 나누고, 시간이 지난 후 관장에게 나아가 뵈니, 장씨는 이미 남재(南齋)로 나갔다. 내가 물었다.

"장씨는 무슨 말이 있었습니까?"

관장이 말했다.

"장씨가 이르기를, '매산(梅山)이 이전에 적은 글은 장씨의 요청에 의한 것이 아니며, 일찍이 속집을 읽고 난 후 의심을 일으킨 것이고, 다시 지은 발문은 곧 정씨가 무흘산방(武屹山房)의 초본(本草)을 가지고 와서 요청하였기 때문인데, 대개 무흘은 곧 정씨의 서당이다. 어찌 초고에 실린 것이 있는데도 수백년 동안 간행하지 않았겠는가? 이는 곧 매산이 정씨에게 속임을 당한 것이다.'라고 하였네."

내가,

"관장 어른은 어떻게 답변하셨습니까?"

341 유근문(逌覲門) : 유근문(逌覲門)은 경모궁(景慕宮)의 북문이다. 사도세자(思悼世子)의 사당이 있던 자리로, 현재 서울대학교 의과대학 부속병원 부근 일대에 해당한다. 원래 이 지역에는 함춘원(含春苑)이라는 정원이 있었으며, 현재는 경모궁지와 함춘원지를 합하여 서울 경모궁지로 관리하고 있다. 서울 경모궁지는 1973년 사적 제237호로 지정되었다.

342 경현수(慶賢秀) : 1861~1928. 본관은 청주(淸州), 자는 희백(希伯), 호는 오암(悟庵)으로, 1897년 성균관 교수, 1898년 박사를 제수받았다. 성균관 교수 재직 중 민비 시해사건 후 의병을 일으켰다.

라고 하니, 관장이 말했다.

"'물론 어떻게 다만 간행한 문자만으로 기준을 삼을 수 있겠는가?'라고 하였네."

내가 말했다.

"이는 장씨의 교묘한 말입니다. 산림(山林)을 기망하고 문자를 구한 것이 통문과 사실 속에 자자한데, 어찌 그들이 요청하지 않았는데 스스로 적었을 리가 있겠습니까?"

관장이 말했다.

"장씨가 또 말하기를, '50년 전에 이미 삭제된 판을 작년에 비로소 보충했으니, 금번의 시비는 정씨가 만든 것'이라고 하더군."

내가 말했다.

"이것 또한 장씨가 무고하는 것입니다. 당일 보충한 목판의 문적(文籍)은 지금도 분명하게 고증할 수 있습니다. 그러므로 이번 도산 통문에도 '생등(生等)'이라는 말이 있으니, 곧 집에서 물려받은 무신년(1848)의 보판(補板)입니다. 또 그때 보판 유사 한 분은 안동 김헌락(金獻洛)[343] 씨이며, 다른 한 분은 상주 강복(姜福) 씨인데, 강복 씨는 지금 생존해 계십니다."

관장이,

"내가 어떻게 그 일을 알아서 대답하겠는가?"

라고 하였다. 관장이 또 말하기를,

"장씨 한 사람은 유촌(柳村) 정 씨의 외손이었네."

343 김헌락(金獻洛) : 1826~1877. 본관은 의성, 자는 중현(仲賢), 호는 용암(慵庵)으로 경상북도 안동시 서후면 출신이다. 학봉(鶴峰) 김성일(金誠一)의 후손이다. 1868년(고종 5) 서원 철폐령으로 인해 임천서원(臨川書院)이 훼철되자, 서울로 올라가 서원 재건을 상소했으나 받아들여지지 않고 강원도 금성(金城)으로 유배되었다. 저서로는 ≪용암유고(慵庵遺稿)≫가 있다.

라고 하므로, 내가 그렇다고 하였다. 마침내 북재로 가니, 승지 족조와 이반수(李班首)가 마치 오랜 친구[344]같이 대하며 얘기를 하고 있었다. 해가 기울도록 서반수(西班首)가 오지 않기에 전할 말을 부탁하고 다시 들어와 관장과 헤어졌다. 동재를 들르니, 반수도 집으로 나갔다. 또 남재를 들르니 도흥(道興)이 문밖까지 전송하며, 나에게 말했다.

"관장의 말은 어떠하였습니까?"

내가,

"단지 매산의 글로써 기준으로 삼았습니다."

라고 하니, 도흥(道興)이,

"장 교리 말 속에 관장의 뜻이 이미 풀어져 들어가 있습니다."

라고 하므로, 내가 말하기를,

"아닙니다. 만일 나를 믿지 못하시면, 그대가 관장에게 물어보십시오."

라고 하였다. 도흥(道興)이 말했다.

"관장이 장씨에게, 유촌 정씨에게 분명히 여기(戾氣, 사특한 기운)가 모였다고 말하니, 장 교리가 이른바 사특한 기운이 모인 것은 곧 저의 외숙이라고 하였습니다."

서로 함께 크게 웃었다. 또 동반수(東班首)를 찾아 그 집으로 갔다. 이승지(李承旨)【의덕(義悳)】가 새로 안악(安岳) 고을에 제수받았는데, 그의 집은 성균관 안[泮中]에 있었다. 승지 족조가 지나는 길에 가서 축하할 것이라며, 나에게 함께 가자고 했다. 몇 마디 얘기를 하고 헤어졌다. 이별하였다. 길

344 오랜 친구 : 원문의 '경개(傾蓋)'는 경개여고(傾蓋如故)의 준말이다. ≪사기(史記)≫ 권83 <추양열전(鄒陽列傳)>에 "흰머리가 되도록 오래 사귀었어도 처음 본 사람처럼 느껴질 때가 있고, 수레 덮개를 기울이고 잠깐 이야기했지만 오랜 벗처럼 느껴지는 경우도 있다.(白頭如新 傾蓋如故)"라는 말이 나온다.

을 나서 종가(鐘街)에 나오니 점포를 밝힌 불이 별과 같아 대낮 같았다. 장교(長橋)에 이르러 승지 족조는 내무대신 박정양(朴定陽)[345] 집에 들어가서 긴밀한 대화를 나누었다. 나는 수동(壽童)과 함께 숙소에 돌아와 저녁을 먹은 뒤에 수동에게 촛불을 가지고 장교로 가게 하고, 나는 몸이 몹시 피곤하여 잠이 들었다.

7월 10일, 서반수가 지은 통문의 초안을 보다

비가 밤부터 아침까지 내리더니 저녁이 되어서야 날이 맑았다. 일화(日和) 씨와 함께 또 성균관에 들어가니, 관장이 말했다.

"통문 초고를 보았는가?"

내가,

"아직 보지 못하였습니다."

라고 하니, 관장이 말했다.

"서반수(西班首)가 초안한 것을 장씨가 크게 노여워하며 서반수를 급박하고 욕을 하였네. 서반수가 지금 탈이 났다고 휴가[346]를 청할 계획이라고 하네."

내가 말했다.

"당당한 태학이 어찌 이처럼 무례 당돌한 무리를 용인할 수 있습니까?"

관장이 말했다.

"저들이 비록 분노하지만 또한 장차 어찌하겠는가?"

내가 서재에 가니 반수가 통문 초록을 내어 보여주었다. 내가 보기를 마

345 박정양(朴定陽) : 1841~1905. 본관은 반남(潘南), 자는 치중(致中), 호는 죽천(竹泉)이다. 1866년 문과에 급제하여 관직 생활을 시작했으며, 1881년에는 조사시찰단의 일원으로 일본을 방문하여 근대 문물을 접했다. 이후 성균관대사성, 이조참판 등을 거쳐 1887년에는 주미전권공사에 임명되어 미국에 파견되었다.

346 휴가 : 원문의 '정단(呈單)'은 휴가를 청한다는 뜻이다.

치니, 반수가 말하기를,

"말뜻이 어떠합니까?"

라고 하므로, 내가 말했다.

"완곡하고 명백하여 흠결이 없으나, 경연(經筵)의 일을 말하지 않은 것은 무엇 때문입니까?"

반수가 말했다.

"사제(師弟)의 호칭은 장씨가 매우 꺼리는 것이기 때문에 빠뜨렸습니다."

내가 말했다,

"이는 그렇지 않습니다. 장씨가 태학에 통문 보내고, 태학에서 우리 고을에 통문 보내면서 모두 그 설을 실었는데, 이번 글에서 단독으로 누락하면 저들이 이른바 위조한 말이라 할 것인데, 어떻게 반박하여 깨뜨리겠습니까?"

반수가,

"그렇다면 마땅히 말씀대로 하겠습니다."

라고 하고 마침내 글을 보완하였다. 대개 우암(尤庵, 송시열) 옹의 편지와 본손의 서찰을 증거로 삼았다. 반수가 말했다.

"내가 마침 바깥에 일이 있으니, 내일 마땅히 정본(正本)을 쓰겠습니다."

또 말했다.

"장병조(張炳祚)가 이미 나를 책망하고, 또 관장을 비난하였습니다. 게다가 말이 매산(梅山, 홍직필)을 질책하였으니, 그 끝이 없습니다. 통문을 발송한 뒤에 저는 재중에 휴가를 낼 것입니다."

이어서 단자초본(單子草本)을 내어 보여주었다. 그 글에, 장병조(張炳祚)가 서반수의 수뢰(受賂)와 채송(債訟, 빚에 관한 소송)에 대하여 말하였으나, 돈 있는 자에게는 해당할 수 없는 것이며, 관장은 사실을 의심하는 생각이 먼저 들어 매산이 정씨의 부탁으로 제발(題跋)을 지었다는 등의 말을 하였다고 한다.

내가 말했다.

"이 무리를 재중(齋中)에서 축출하지 않으면 태학은 무엇으로서 태학이라 하겠습니까?"

반수가 말했다.

"겨우 끄트머리만 보았을 뿐입니다."

반수가 이미 밖으로 나가고, 나도 인사하고 돌아왔다. 남재를 들러니, 송덕희(宋德熙)가 나에게 말했다.

"서반수(西班首)가 이 일에 크게 공이 있습니다."

내가,

"그것을 잘 알고 있습니다."

라고 하였다. 도흥(道興)이 또 문밖에 이르러 눈으로 가리키며 말했다.

"저 장병조(張炳祚)가 지금 밖으로부터 왔습니다. 내일 장씨 여러 사람들은 반드시 재중에 소란을 일으킬 것입니다. 통문을 부디 속히 작성하십시오."

내가 그렇게 하겠다고 하였다. □동을 지나면서 일화 씨에게 홍 영천 집에 ≪매산집≫을 전하도록 하였다. 홍씨 또한 장씨를 매우 책망하였다고 한다. 돌아오니 밤은 이미 깊었다.

7월 11일, 서반수가 방문하다

비가 내리더니 오후에 잠시 개었다. 서반수가 객사로 나를 방문하고 말했다.

"어젯밤 비에 막혀 법부대신 집에서 자고, 지금 마침 성균관에 들어가는데, 지나칠 수 없었습니다."

마침 박용하(朴龍河) 씨가 모임에 왔기에 서로 함께 태학의 일과 운곡서원(雲谷書院)의 일을 말하고, 함께 승지 족조 집에 갔다가 포시(晡時, 오후 4시)에 각자 돌아갔다.

7월 12일, 장씨 여러 명이 연명으로 성균관에 투서하다

아침에 돈영 씨가 와서 말했다.

"조금 전에 법부대신을 만났는데 손에 책 한 권을 가지고 보다가 저에게 말하기를, '여헌(旅軒)은 한강(寒岡) 문인이 아니라는 설이 아마도 맞는 것 같다.'고 하였는데, 저는 대답할 바를 알지 못하였습니다."

내가,

"본 책은 무슨 책입니까?"

라고 하니, ≪변파록(辨破錄)≫이라 하였다. 내가 ≪변무록(辨誣錄)≫을 꺼내서 주니, 말하기를

"빨리 가서 보여주십시오."

라고 하였다. 돈영 씨가 소매에 넣고 가서 잠시 뒤에 돌아와서 말했다.

"법부대신 어른이 ≪변무록≫ 몇 조목을 보시고 미소를 지으며 말씀하시기를, '내가 다 보고 싶으니 잠시 머물다 가라'고 하였습니다."

내가 무방하다고 했다. 식후에 배성초(裵聖初)가 관학으로부터 와서 말했다.

"어제 장씨 여러 사람들이 연명으로 관학에 투서하고, 심지어 본손(本孫) 등도 가세하였는데, 말이 패악하고 욕됨이 자심하여, 동재(東齋)와 남재(南齋)에서 두렵고 꺼려하지 않는 사람이 없었습니다. 통문 초록 중에 횡거(橫渠), 남헌(南軒) 등의 조항을 기필코 빼고자 하거늘 서반수 북반수가 감당하지 못하고 지금 의견이 분분하여 결정하지 못한다고 합니다."

내가 말했다.

"횡거(橫渠), 남헌(南軒) 조항은 나도 취하지 않았지만, 다만 장씨가 힘으

로써 일을 도모하니, 어찌 너무 통탄스럽지 않습니까? 또 재중 사람들이 장씨를 호랑이같이 두려워한 것은 어째서입니까? 만약 통문의 말이 나의 뜻에 차지 않으면 내가 어찌 받을 수 있겠습니까?"

성초가,

"형이 거기에 들어가 보십시오."

라고 하여, 내가 "또한 생각해서 처리하겠습니다."고 말했다. 성초가 이미 가고, 나는 승지 족조 집에 가니 족조도 집에 없었다. 이에 앉아서 재중의 처리를 기다리는 것이 좋겠다고 생각하였다. 저물녘이 되어 관학의 종이 통문과 서반수의 쪽지 서찰을 가지고 왔기에, 나아가 통문의 글을 살펴보니, 과연 횡거와 남헌의 조항을 빼고 그 아래에 '당시 들은 것을 가려두지 않으면 후세의 공론(公論)이 저절로 있게 될 것이다.'라는 등의 말을 첨가하였다. 내가, '만약 장씨가 그것을 보면 이 말은 횡거 남헌 조항보다 심하다고 할 것이니 일간에 가서 얘기하겠다.'는 뜻을 적어 답장으로 보냈다.

7월 13일, 평동의 명윤 형을 찾아 통문과 서찰 등을 보이다

아침에 수동(壽童)에게 관학 통문과 연산, 회덕, 돈암서원 통문 서찰을 들게 하여, 평동(平洞)에 가서 명윤(明允) 형을 뵙고, 꺼내어 보였다. 다 보고 말했다.

"통쾌하도다. 천 리 장마 폭염에 이번 행로가 헛되지 않았습니다."

또, "돈암 통문의 말이 극히 준엄하니, 영남 사람도 가히 방불(髣髴)할 바가 아닙니다."

또, "장병조가 반드시 쫓겨나서야 끝이 날 것입니다."라 하였다.

내가 말했다.

"장씨를 누가 감히 축출하겠습니까?"

명윤(明允)이 곁에 있는 자에게 통문 서찰을 등사하게 하고 말했다.

"내가 만나는 사람마다 보게 할 것입니다."

또,

"건의(建義),[347] 경약(京約) 두 곳은 가서 이 통문을 보인다면 장씨로 하여금 다시 교만하게 속일 곳이 없게 할 수 있을 것입니다."

라고 하였다. 내가, 알겠다고 하니, 명윤이 말했다.

"형은 모름지기 4, 5일을 머물면서 장씨의 변동을 살펴본 연후에 천천히 길을 나서도 될 것입니다."

내가,

"여비가 모자라면 어찌하겠습니까?"

라고 하면서 환전(換錢)할 방법을 물으니,

"내가 마땅히 유념하겠습니다."

라고 하였다. 판윤은 성문 안에 있는데 아프다는 소식을 듣고 명윤이 가서 증상을 알아보고자 하기에, 나도 숙소로 돌아왔다. 식후에 족조 집에 가니 박용하(朴龍河) 씨가 와서,

"내일 고향으로 돌아가고자 합니다."

라고 말하며,

"원유(院儒)로 하여금 영남에 가서 귀문과 선생 문도 여러분을 방문하고자 하니, 영감님 서찰 두어 통을 얻기를 원합니다."

라고 하여 족조가 그렇게 하도록 허락하였다. 용하 씨는 나와 서로 이별하며 몹시 슬퍼하였다.

347 건의(建義) : 건의소(建義所)를 말한다. 이는 의병을 일으키기 위한 의병 부대의 조직 장소로, 혹은 억울함을 호소하기 위해 소원을 제기하는 장소로 활용되었다.

7월 14일, 건의소에 가서 영남 사람들을 만나다

아침에 공동(公洞)으로 신주서(辛注書)【영학(泳學)[348]】를 방문하여 장 교리 집에 보내는 편지 봉한 것을 전하고, 통문과 연산, 회덕에 보낼 통문 간찰을 내어 보였다. 식후에 승지 족조와 함께 건의소(建義所)에 가니, 영남 사람은 오직 김운락(金雲洛)[349]과 도진(道津) 족인 뿐이었다. 무여(茂汝)씨는 어디에 있느냐고 물으니, 말하기를, 남학(南學)에 있다고 하였다. 또 허위(許蔿)[350]를 물으니 외출하였다고 하였다.

사영(士榮)이 말했다.

"장씨가 재경 영남 유생들로 하여금 통문을 내어 성토하고 태학을 독책(督責)하게 하였으니, 나는 힘을 다하여 기필코 직책에서 물러나게 할 것입니다."

내가 말했다.

"선비가 되어 선현(先賢)을 훼손하고자 모여서 성토하니 서울[首善之地][351]에 있는 자가 어찌 차마 할 수 있는 것입니까?"

관학 통문과 호서(湖西) 통문 서찰을 내어 보이니, 같은 자리에 있던 사람

---

348 영학(泳學) : 신영학(辛泳學, 1853~1920)으로, 본관은 영산(靈山), 자는 무형(懋馨), 호는 이운(怡雲)이다. 비서감낭(秘書監郎), 홍문관시강(弘文館侍講), 규장각직각(奎章閣直閣), 궁내부특진관이조참판(宮內府特進官吏曹參判) 등을 역임하였으며, 1910년(융희 4) 경술국치 후 단발령 거부하고 낙향 은거하였다.

349 김운락(金雲洛) : 1850~1902. 본관이 의성으로, 자는 사영(士英), 호는 추당(追堂)이다. 김흥락의 문인으로 1898년 송수만(宋秀晩) 등과 함께 상소를 올려 명성황후 시해에 대한 복수를 청하고, 외부대신 이완용과 법부대신 한규설의 탄핵을 요청했다.

350 허위(許蔿) : 1855~1908. 구한말의 의병장이자 독립운동가이다. 본관은 김해로, 자는 계형(季馨), 호는 왕산(旺山)이다. 1899년 원구단 참봉을 시작으로 성균관 박사, 중추원 의관, 평리원수반판사, 평리원재판장, 의정부참찬, 비서원승 등을 역임하였다. 대한민국 건국훈장 대한민국장이 추서되었다.

351 서울[首善之地] : 서울을 말함. ≪한서(漢書)≫ <유림전(儒林傳)>에, "교화를 행할 때 수선(首善)을 서울에 세워야 된다."고 하였는데, 수선은 교화의 근원을 말한다.

이 모두 열람하였다.

나는 숙소로 돌아오고 승지 족조는 심상훈(沈相薰)[352] 집으로 향했다. 저녁에 승지 족조가 돌아와 말했다.

"내가 안 울산(安蔚山)【종덕(鍾德)[353]】을 만났는데, '장씨가 통문을 내고자 이름을 빌리고자 왔으나 허락하지 않았다.'라고 하였다."

7월 15일, 장씨가 성균관을 비방하며 어지럽히다

식후에 내가 태학에 들어가니 관장이 말했다.

"통문 글이 나온 뒤로부터 장씨가 재중(齋中)을 공갈함이 이르지 않는 데가 없으니 참으로 통탄스럽네."

내가,

"장씨가 욕한 통문을 볼 수 있는지요?"

라고 하니, 관장이 말했다.

"서반수에게 있는데, 이것은 통문이 아니라 곧 장씨의 개인 편지라네."

내가 말했다.

"당초 장씨가 관학을 기만하며 통문을 구한 것은 관학의 으뜸으로 유론(儒論)의 무게를 빌리기 위함이었습니다. 그 정황이 탄로 나니 이에 도리어 관학을 비방하고 배척함에 조금도 거리낌이 없습니다. 한 도(道)에서는 도산서원에서 스스로 끊어지고, 한 나라에서는 관학에서 스스로 끊어지니,

352 심상훈(沈相薰) : 1854~1907. 본관은 청송(青松), 자는 순가(舜歌), 시호는 충숙(忠肅)이다. 이조판서, 탁지부 대신, 군부대신, 내부대신, 참정대신, 중추원 의장 등을 역임했다. 수구당의 일원으로서 활동하며 개화당과 대립하였으며, 을사조약이 체결되려 하자 민영환, 조병세 등과 함께 고종에게 반대 상소를 올렸으나 뜻을 이루지 못했다.

353 종덕(鍾德) : 안종덕(安鍾德, 1841~1907)을 말한다. 밀양(密陽) 출신으로, 본관은 광주(廣州), 자는 태로(兌老), 호는 석하(石荷)이다. 선공감(繕工監) 가감역(假監役)으로 출사하여, 금부도사(禁府都事), 문경현감(聞慶縣監), 영덕현감(盈德縣監)을 거쳐, 양산군수(梁山郡守) 및 울산부사(蔚山府使) : 1889년(고종 26) 등을 역임하였다.

이것이 장씨의 장난이다."

관장이,

"장병조는 이미 재중에서 나와서 가버렸다고 하네."

라고 하므로, 내가,

"저가 무슨 면목으로 여기에서 잠시라도 머무르겠습니까?"

라고 하니, 관장이 말했다.

"인정에 따르면 과연 불편하네. 그러나 병조(炳祚)의 마음은 이것으로 재중을 협박하고자 한 것은 아닐 것이네."

또 말하기를,

"장씨와 재경 영남인의 성토를 듣고 관학은 그 조치를 어떻게 할지를 알지 못하겠네."

라고 하였다. 내가 말하였다.

"제가 한양에 머물면서 가지 않은 것은 또한 이것 때문입니다. 서울에 살고 있는 영남의 아무개 가문은 반드시 기꺼이 따를 이유가 없을 것이고, 그중에 무뢰하고 협잡하는 부류들은 협박 때문에 통문을 발송하게 될 것입니다. 이는 비록 태학에는 별일이 없을지라도, 저의 도리로는 마땅히 그 이름을 기록하여 8월 상산(商山, 상주) 도회(道會)의 자리에서 성토하여, 태학에서의 잘못을 징계할 것입니다."

관장이,

"상주 도회에 도산서원도 오는가?"

라고 묻기에, 내가 도산서원에서 주관한다고 대답했다. 관장이,

"그렇구나."

라고 했다. 서·북재 반수에게 가니, 모두 출타하고 아직 돌아오지 않았다. 성초(聖初)와 잠시 이야기를 하고 나왔다. 동·남재 두 반수가 말했다.

"근일 재중에서 생긴 일은 너무 심하다고 할 것입니다."

내가 말했다.

"저희 가문의 일로 이같이 모욕을 받게 했으니 참으로 미안합니다."

동반수가 말했다.

"의(義)를 행하는데 비방을 받은 것을 어찌 말을 하겠습니까?"

도흥(道興)이 마침 통문과 편지를 읽고, 이어서 몇 가지 조목을 묻기에, 해가 기울어져서야 돌아왔다. 도흥이 또 전송하여 문밖에 이르러,

"서울의 모모처를 두루 찾아가 보는 것이 좋겠습니다."

라고 하기에, 내가

"그렇게 하겠습니다."

라며 응락하였다. 홍화문(弘化門) 아래에 이르러 서반수를 만났는데, 외출해서 돌아오는 길이었다. 나에게 말했다.

"지금 숙소를 방문했는데 공교롭게 어긋나서 만나지 못했고, 또 응오(應五) 영감을 방문했는데 또한 집에 있지 않아서, 울적한 마음으로 돌아오는 길입니다."

내가,

"장씨의 욕된 통문과 태학의 응답 통문을 보고자 하였으나 보지 못하였습니다."

라고 하니, 말하기를,

"응오 영감집에 보관해 두었습니다."

라고 하였다. 반수가 또,

"내일 식후에 마땅히 배성초(裵聖初)와 함께 나가서 처리할 방도를 상의하겠습니다."

라고 하기에, 내가

"알겠습니다."

라고 하였다. 또 몇 리를 가니 또 종로에서 북반수를 만났는데, 반수가,

"장씨가 만약 통문을 얻었다면 노형이 유독 얻지 못하겠습니까?"

라고 하니, 내가,

"형편을 봐가면서 하겠습니다."

라고 하였다. 숙소에 돌아와 잠시 쉬었다가 족조 집에 가니, 선산 해평에 사는 최상사(崔上舍)【봉기(鳳基)】가 나를 찾아 왔는데, 승지 족조와 함께 문적을 열람하고, 나에게,

"우리들이 오늘 처음 면대한 것은 참으로 소문을 내면 안 될 것입니다."

라고 하면서, 이어 말했다.

"나와 이경주(李慶州)【현주(玄澍)[354]】는 관학 동기인데, 조금 전에 장 교리가 와서 현주와 나에게 요청을 하기에, 내가 '무엇 때문이냐?'고 물으니, 장 교리가, '지촌 정씨와 서로 실랑이하는 일이 있는데, 태학이 통문의 글을 잘못 작성해서, 그것 때문에 서울에 사는 영남 선비와 함께 통문을 내어 태학을 공격해야 된다는 것'이었습니다. 내가 대답하기를, '나는 의리상 갈 수 없다.'고 하니, 장 교리가 '무슨 까닭이냐?'고 물어서 내가, '교리 어른이 나의 말을 이해하고 듣지 못한다면 그만이다. 어찌하여 반드시 번거롭게 하느냐?'라고 하자, 마침내 이현주와 함께 가버렸습니다. 잠시 후에 이현주가 돌아와 말하기를, '나의 이름이 통문 첫머리에 적혀 있다.'고 하기에, 내가 준엄하게 꾸짖어 말하기를, '이 경주는 과연 망령이 났구나. 정씨는 유독 계의(契誼)를 맺은 집이 아닌가?' 하였습니다. 이현주가 말하기를, '사람

354 현주(玄澍) : 이현주(李玄澍, 1845~1910)로 1896년 경주군수를 역임하였다. 1906년 대구 광학회 회원으로 활동, 1907년 대구에서 시작된 국채보상운동 주도하며 금연상채회(禁煙償債會) 의장에 선출되었고, 1909년 대한협회 대구지회 부회장에 선임되었다.

의 본성은 같은 것'이라고 하기에, 내가, '이 경주는 어디서 나온 사람의 본성이란 말인가?'라고 대답하며, 서로 한바탕 크게 다투었습니다."

내가,

"어찌하여 이 경주가 유림 통문의 우두머리가 되었는가? 장씨의 일도 또한 안타깝구나."

라고 하니, 상사(上舍)가,

"그렇습니다."

라고 하고, 또 말했다.

"승지(承旨) 정우묵(鄭佑默)은 의리를 아는 사람이라고 할 만합니다. 장석신(張錫藎), 장승원(張承遠) 2인이 집안 젊은이에게 편지를 가지고 정 대감에게 서명을 요청하라고 하였는데, 정 대감이 말하기를, '나는 정씨의 말을 듣지 않고서는 서명을 허락할 수 없다.'라고 하였다고 하니, 형이 가서 뵐 수 있겠습니까?"

내가 말했다.

"하늘이 반드시 나로 하여금 한번 방문하기를 바란 것이 오래되었으나, 단지 사관(舍館)이 있는 곳을 알지 못합니다."

상사(上舍)가,

"수진궁(壽進宮)[355] 집과 가까운 골목에 있습니다."

라고 하여, 내가,

"내일 아침에 가보겠습니다."

라고 하였다. 상사와 헤어졌다.

355 수진궁(壽進宮) : 조선시대 후사(後嗣)가 없이 죽은 왕의 자녀 및 후궁 등의 제사를 관리하던 제사궁(祭祀宮)이다. 지금의 서울시 종로구 수송동에 있었다.

7월 16일, 정우묵의 집에서 여러 사람들과 대화를 나누다

아침에 경춘(景春) 씨와 함께 수진궁(壽進宮)으로 가면서 수동에게 문적을 가지고 따라오게 하였다. 정 대감과 인사를 마치니, 정 대감이 말하였다.

"형께서 도성에 들어온 지 오래되었다고 들었습니다. 내가 마침 병이 더하여 몸소 방문하지 못했습니다."

내가 말했다.

"저도 형의 사관(舍館)을 알지 못하여 이렇게 인사가 늦어졌습니다."

이어 장씨의 일을 말하니, 정 대감이 말했다.

"어제 장씨 문관(文官) 2인이 글을 써서 나에게 서명을 요청하기에 내가 여차여차하다고 대답하였습니다."

내가,

"대감께서는 전후의 사실을 아십니까?"

라고 하니, 답하기를,

"간략하게 들었으나 아직 자세히는 모릅니다."

라고 하였다. 내가 대략 말하고 문적을 꺼내어 보이니, 정 대감이 사람을 시켜 그의 종질(從姪)을 불러 함께 열람할 수 있도록 했다. 무신(戊申) 시험 읍도소(邑道所) 유장(儒狀)에 그의 숙부인 교리공 함자가 있는 것을 보고, 그의 종질에게 말했다.

"너는 급히 장씨 처소에 가서 절대로 우리 숙질의 이름을 쓰지 못하도록 하여라."

내가 말했다.

"저들이 만약 이름을 도용하여 기록한다면 어찌 다시 색출하지 않을 수 있겠습니까?"

정 대감이,

"절대로 서명하였을 리가 없습니다."

라고 하였다. 앉아서 한참을 이야기하다가 내가 인사하고 돌아오려고 하니, 정 대감이 말했다.

"나는 병중이니, 비록 가서 인사할 수 없지만 따지지 말고 종종 방문해 주십시오."

내가 그러겠다고 하였다. 그 종질은 일간에 와서 인사하겠다고 하였다.

식후에 서반수와 배성초(裵聖初)가 와서 말했다.

"어제 장씨가 말하는 도(道)의 통문(通文)이는 문건이 왔는데, 등본을 꺼내어 보니, 그 말이 패려하고 허황된 것이었습니다. 분명 이것은 장씨의 손에서 나온 것인데, 이현주(李玄澍)가 과연 첫머리에 있고, 그 아래에 20인 안에 있는 도진구(都鎭九)는 오늘 아침에 이미 이름을 삭제하였다고 합니다. 소위 영남 선비란 자는 이름을 아는 사람은 한 사람도 없고 단지 이승구(李昇九)가 지난번에 혼자 나를 방문하고 우의를 얘기하였고, 또 장씨의 일을 물으면서 공분을 이기지 못한다고 했는데, 지금 그의 이름이 두 번째에 있으니 무슨 까닭입니까? 우리도 탐문해 보아야 되겠습니다."

성초가 말했다.

"만약 이름이 도용된 것이라면 삭제하도록 하는 것이 좋겠습니다."

마침내 반수와 함께 족조 집에 가서 몇 마디 말을 나누고 다시 사관(舍館)에 이르니 반수가 나에게 말했다.

"내일 건의소(建義所)에서 모임이 있다고 하는데, 나도 가는데 그대도 참석하여 회공(恢公)[356]의 도가 있기를 바랍니다."

---

356 회공(恢公) : 사건의 결정을 중의(衆議)에 구하는 일을 말한다.

나는

“알겠습니다.”

라고 하였다. 반수 어른이 이미 가고, 나와 성초가 문을 나오다가 마침 이근영(李根英) 씨를 만나 여차여차 말씀을 드리니, 이 어른도 매우 분개하였다.

지례(知禮) 방초정(芳草亭)[357] 이 석사(李碩士)【현봉(鉉琫)】도 그에 대한 말을 듣고 분개함을 이기지 못하였으니, 역시 타고난 양심이 같은 바였다. 또 성초와 헤어져서 이어 평동(平洞)으로 가니, 무여(茂汝) 씨와 안 울산(安蔚山), 손 진사(孫進士)가 모두 자리에 있었다.

명윤(明允) 영감이 일어나며,

“누차 지촌 사람에 대하여 말했는데, 지금 과연 왔구려.”

라고 하기에, 내가

“바로 무여 씨겠지요.”

라고 하니, 그렇다고 하면서,

“내가 그대가 온 것을 듣고 항상 만나보려고 했으나, 숙소를 알지 못해서 가보지 못하였습니다.”

라고 하였다. 내가,

“저도 방문하고 싶었으나 건의소에 물어도 아는 사람이 없었습니다.”

라고 하니, 이 어른이,

“만약 나를 보고자 하였으면서 어찌하여 경약소(京約所)로 오지 않았습니까?”

라고 하였다. 내가 손 진사에게,

357 방초정(芳草亭) : 경상북도 김천시 구성면 상원리(상좌원1길 41)에 위치한 조선시대의 정자 건축물로, 방초(芳草) 이정복(李廷馥, 1575~1637)이 1625년(인조 3) 선조를 추모하기 위해 처음 건립하였다. 2019년 12월 30일 보물 제2047호로 지정되었다.

"존함은 무엇입니까?"

하니, 종현(宗鉉)[358]이라 하였다. 내가 장씨의 통문을 꺼내어 보이니,

"이것이 잘못된 것입니까?"

하니, 경약(敬若, 손종현)이 말하기를

"그렇습니다."

라고 하였다. 내가,

"그대는 의리를 분별할 줄 아는데도 이렇게 합니까?"

라고 하였다. 경약(敬若)이,

"나는 사실 알지 못하고, 다만 장씨가 억지로 요청하기에 허락한 것입니다."

라고 하였다. 내가.

"선비의 거취가 이렇게도 분명하지 못하십니까?"

라고 하니, 명윤 영감과 무여 씨가 곁에 있다가 그를 책망하였고, 경약(敬若)이 겸연쩍어하였다. 안 울산이 말했다.

"나의 잘못입니다. 손 진사는 바로 나의 사돈으로, 일찍이 나에게 물었는데, 내가 답하기를, '스스로 헤아려 처리하는 것이 어떤가' 하고 나는 결코 이름을 허락하지 않았습니다. 아마 경약(敬若)은 장씨에게도 사돈이어서 괄시하기가 어려웠을 것입니다. 그러므로 이와같이 했을 뿐입니다."

내가 천필(天必)[359] 영감의 일을 말하니, 무여 씨가,

"그대도 유림 통문을 도모하여 대처하는 것이 좋겠습니다."

라고 하기에, 내가 말했다.

358 종현(宗鉉) : 손종현으로 본관은 밀양, 자가 경약(敬若), 이름은 종현이다. 고종 28년(1891) 신묘(辛卯) 식년시(式年試) 진사 3등 14위로 합격한 인물이다.

359 천필(天必) : 작자의 ≪도산일기(陶山日記)≫에 "저녁에 옥성(玉城) 승지 정천필(鄭天必) 영공 집에 도착했다."라는 대목이 나온다.

"어찌 이 마음이 없겠습니까? 다만 영남 사람으로 서울집에 사는 자를 보면 장씨에게 이름을 허락하지 않는 자를 또한 매우 보기가 어렵습니다. 하물며 저를 따라 기꺼이 장씨를 성토하는 일에 있어서이겠습니까? 지금 만약 통문을 보냄에 이 좌석에 있는 두 분 영감과 천필(天必) 영감께서 기꺼이 따라 주신다면 도모할 만합니다."

자리에 있는 사람들이 아무 말도 하지 않았다.

내가 또,

"이승구(李昇九)도 과연 모록(冒錄)[360]이 아닙니까?"

라고 하니, 무여 씨가.

"어제 승구를 보았는데, 역시 부득이하여 허락했다고 하였습니다."

라고 하기에, 내가 말했다.

"장씨가 올바르지 않은 것을 모르지 않으면서 감히 반대하지 않았고, 우리 문중이 억울하다는 것을 모르지 않으면서도 감히 우리를 따르지 않았습니다. 세상의 도가 이와 같으니 어찌 한심하지 않겠습니까?"

울산 어른이,

"말이 매우 진실합니다."

라고 하였다. 명윤 대감이 말하였다.

"언어가 이와 같을 뿐만 아니라, 그 붓끝도 뛰어납니다. 한 사람의 성노(成老)[361]가 여러 명의 장씨를 감당할 만합니다."

울산 어른이 말했다.

"그대의 언변을 들으니 내 마음이 몹시 기쁩니다. 지난 일을 생각함에,

---

360 모록(冒錄) : 본인의 동의없이 기록되는 것을 의미한다.

361 성노(成老) : 작가 성재(省齋) 정재기(鄭在夔)의 자이다.

계미년(癸未年, 1883)에 승무(陞廡)[362]를 요청하던 날 종대부(從大父) 교관(敎官) 어른[363]과 함께 시종 주선한 사람은 나와 명윤 대감 두 사람입니다. 내가 상소 초안을 지었는데, 그 글에 '동방의 도학은 문순공 신(臣) 이(李, 이황) 모에서 대성하였고, 한번 전하여 문목공 신(臣) 정(鄭, 정구) 모가 되고, 두 번 전하여 문강공 신(臣) 장(張, 장현광) 모가 되었다.'는 등의 말을 한 부분이 있습니다. 장씨가 일찍이 그때에는 한마디 말도 없다가 지금에서야 이같이 하면, 전후는 무슨 마음입니까?"

소주 두 순배를 돌리고 나니 해가 저물고 모두 술에 취하여 각각 귀가했다. 명윤 영감과 울산 어른이 나의 귀에 대고 말했다.

"그대는 모름지기 천필(天必) 영감을 움직이면, 중론이 모두 따라 올 것입니다."

내가,

"지금 그렇게 하겠습니다."

라고 하였다. 숙소에 돌아오니 송덕희(宋德熙)가 와서 기다린 지 이미 오래되었다. 이야기를 잠깐 나누다가 돌아갔다. 또 족조 어른 집에 가서 조금 있으니 서반수가 왔다. 장차 관사에 들어가려고 하니 밤이 깊어서 묵을 예정이라고 하였다. 나도 돌아가 잤다.

7월 17일, 다음날 건의소에 가기로 하다

비. 아침에 서반수가 왔다. 술을 내어 왔다. 한참을 있다가 가면서 나에게 일러 말했다.

362 승무(陞廡) : 학덕 있는 사람을 문묘에 올려 합사(合祀)하던 일을 가리키는 말이다.
363 교관(敎官) 어른 : 정건화(鄭建和, 1826~1894)를 말한다. 본관은 청주, 자는 치극(致極), 호는 지수(芝峀)로 동몽교관(童蒙敎官)을 역임하였다.

"오늘 건의소(建義所) 모임은 반드시 비 때문에 못할 것이니, 청컨대 내일 가도록 합시다."

내가 그러겠다고 했다. 오후가 되어 날이 맑았다. 승지 족조 집에 가서 해가 저물어 숙소에 돌아왔다.

7월 18일, 정천필 등에게 서명을 당부하다

아침에 천필(天必) 대감을 방문하여 이현주(李玄澍) 무리들이 작성한 통문 초안을 보이면서 말했다.

"제가 바야흐로 영남 선비 가운데 의리를 아는 사람들과 함께 모여 통문을 발송할 계획을 갖고 있는데, 영감님 함자를 더하지 않을 수 없습니다."

천필(天必)이 웃으면서 말했다.

"내가 참으로 예상하였습니다. 그러나 형이 생각해 보십시오. 나에게 장씨는 외손이며 사이가 돈독합니다. 지난번에 와서 나의 이름을 요청하기에 고집하여 허락하지 않았니, 여기서 나의 본성을 알 수 있을 것입니다. 그런데 지금 만약 귀 통문에 참여한다면 장씨들이 나를 어떤 자리에 두겠습니까?"

내가 말했다.

"형의 말씀을 저도 예상했습니다. 그러나 선비들의 중론은 거의 하나로 귀결되었으나 오직 관료 몇 사람은 형의 거취를 관망하고 있습니다. 만약 형이 나서지 않으면 형의 의리가 이와 같음을 누가 알겠습니까?"

천필이 또 웃으면서 말하기를,

"나의 처지는 다른 사람들과 다릅니다. 나는 마땅히 종질(從侄)을 시켜 참여하도록 하겠습니다."

라고 하기에, 내가 알겠다고 하였다.

장교(長橋)에 가서 안 울산(安蔚山, 안종덕) 어른을 뵈니, 안 어른이 말했다.

"통문 발송하는 일은 어떻게 합니까?"

내가 대답했다.

"하지 않을 수 없습니다."

또 묻기를,

"천필의 말은 어떠합니까?"

라고 하기에, 내가 여차여차하다고 말하니, 안 어른이 빙그레 웃고 이어 말하기를,

"나의 뜻이 시비를 조정하는 방도가 되면 매우 다행이겠습니다."

라고 하였다. 내가 말하기를,

"조정하는 방법은 장씨가 통문을 발송하기 전에 있었다면 가능하겠지만, 지금은 어찌할 방법이 없습니다."

라고 하니, 안 어른[안종덕]이 말했다.

"나는 비록 장씨에게 배척이 되더라도 참여하지 않을 수 없지만, 모임의 일은 모름지기 정중하게 해야 합니다. 만약 사사로운 장소에서 하면 이는 장씨가 한 것과 다를 바가 없습니다. 지금 경약소는 우리 영남인들이 모두 모이는 장소이니, 이곳에 모인다면 매우 좋을 것입니다. 장씨들도 경약소 사람입니다. 지금 보니, 사람들의 마음이 두렵고 약하여 반드시 회피하고자 하는 자가 많아서 원만하게 이루기는 어려울 것 같습니다. 나의 마음에 곧 한 가지 방도가 있으니, 태학에서 먼저 경약소에 통문을 보내어 이현주(李玄澍) 무리들의 통문이 과연 모든 영남인의 의리에서 나온 것인지를 물어보는 것입니다. 만약 그렇지 않다면, 어찌하여 경약소에서 처벌을 내려 전 영남인의 치욕을 면하게 하지 않는가 등으로 이야기 하면 영남 사람들이 부득불 원만하게 모여 통문에 답을 할 것입니다. 이와 같이 한다면 매우 좋을 것 같습니다."

내가 말했다.

"말씀하신 바가 매우 합당합니다. 청컨대 의논하여 주시기 바랍니다."

안 어른이 말했다.

"장씨의 통문은 수치를 면하지 못할 것입니다. 한 사람이 이미 자신의 이름을 파내어 갔고, 그 나머지도 이름을 도용하여 쓴 것이 많습니다. 어제 정현재(鄭顯載)[364]가 나를 방문했기에, 내가 그에게 '자네의 이름이 장씨의 통문 속에 적혀 있으니 과연 허락하였는가' 물으니, 그가 알지 못한다고 하였습니다. 내가 '자네가 비록 나이가 젊어도 유독 성명 세 글자를 보존하지 못하는가'라면서 책망하니, 그 사람 눈이 휘둥그레졌습니다. 또 정진화(鄭鎭華),[365] 박재화(朴在華)도 모두 허락하지 않았다고 합니다."

우리는 서로 함께 크게 웃었다.

내가 안 어른과 헤어지고 경약소(京約所)에 가니, 영산 부곡 사람인 이상화(李相和)가 있었다. 나에게 일러 말했다.

"형이 올라온다는 소문을 듣고 마침 가서 만나려고 했는데 여기에서 상봉하였으니 얼마나 다행인지 모르겠습니다. 저도 귀 문중의 일에 있어서 본손(本孫)보다 못지 않습니다. 어제 정진화(鄭鎭華)를 보고, 장씨 통문에 이름을 허락한 것을 나무랐더니, 그 사람은 극구 변명하며 말하기를, '실제 이러한 일이 없다', '나는 공유(公裕, 장승원) 대감과는 6촌 친척이다', '공유 대감이 쪽지 편지로 부르기에 나는 일부러 가지 않았다', '길에서 장병조(張

364 정현재(鄭顯載) : 1860~? 본관은 영일로 1892년(고종 29) 임진별시(壬辰別試)에 병과(丙科) 25위로 합격하여 관직에 진출했다. 승정원(承政院)의 임시직인 가주서(假注書)를 지냈으며, 이후 승문원(承文院) 부정자(副正字)를 거쳐 비서원 낭(秘書院郎)과 홍문관 시독(弘文館侍讀)을 역임했다. 1905년에는 봉상사 전사(奉常司典事)를 지냈다.

365 정진화(鄭鎭華) : 1873~1945. 예천군 풍양 출신으로 1910년 경술국치 이후 국권 회복을 도모하며 독립운동에 헌신했다. 풍기광복단, 대한광복단 등에 참여하여 독립운동을 전개하였다.

炳祚)를 만났는데, 장병조가 같은 관학에 영남사람이 있는가 하고 묻기에, 대답하기를, 청도 사람 박재화(朴在華)가 있다는 말만 했을 뿐이다', '지금 들으니, 나와 박재화가 모두 통문 속에 참여한 것으로 되었지만, 나의 이름을 허락하지 않았는데, 하물며 박재화의 이름을 내가 어찌 허락했겠는가?' '장씨의 일은 가히 망녕된 것이라고 할 만하다'는 등의 말을 하였습니다."

내가,

"밀양(密陽) 조 도사(曺都事)【희영(喜永)[366]】는 어디에 있습니까?"

라고 하니, 재화가,

"방금 밖으로 나갔습니다."

라고 말을 하자, 조 도사가 밖에서 오거늘, 첫 대면에도 몹시 관대하였다. 희영(喜永)이,

"정진화의 일은 나도 들었는데, 한 번 웃을 만합니다."

라고 했다. 내가,

"손정간(孫廷侃)[367] 씨는 여기에 있습니까?"

라고 물으니,

"외당(外堂)에 있습니다."

라고 하였다. 조희영, 이상화 두 벗과 함께 손 어른을 가서 뵈니, 말씀이 매우 준엄하였다. 잠시 뒤에 정진화가 오기에 그의 말이 과연 친구 이상화가 전한 바와 같았다. 조 도사가,

"형은 모름지기 이름을 삭제한 연후에 변명할 수 있을 것입니다."

366 희영(喜永) : 조희영(曺喜永)으로 광무 3년(1899)에 김휘병(金輝柄) 등과 함께 연명으로 국가의 역신에 대해 응분의 벌을 내리라는 상소를 올리기도 한 인물이다. 당시 전도사(前都事)였다.

367 손정간(孫廷侃) : 본관은 일직(一直), 자는 성간(聖侃)으로 대구 수성(水城) 출신이다.

라고 하니, 정진화가,

"그렇습니다."

라고 했다. 내가 말했다.

"저도 지금 도회(道會)에 안건으로 부칠 계획이지만 영남 사람이 누가 와서 경저(京邸)에 머무는지 모르니, 형들께서 가르쳐 주십시오?"

모두 그렇게 하겠다고 응락하였다.

나는 여러 벗들과 헤어져 소룡동(小龍洞)[368]으로 가서 김 감역(金監役)【규형(奎衡) 씨】 어른을 방문하였다. 김 어른이,

"자네가 온 지 몇 일이나 되었는데, 지금에야 비로소 나를 찾아오시는가?"

라고 하시므로, 내가,

"계시는 집을 알지 못했기 때문입니다."

라고 하였다. 김 어른이,

"내가 한강(寒岡)의 일에 대하여 어찌 본손보다 뒤쳐지겠는가? 다만 여헌은 나에게 선조가 되니, 나의 처지를 돌아보면 참으로 당신들보다 어렵다."

라고 했다. 내가,

"이 일은 여헌에게 추호도 손해 되는 것이 없지만, 저의 선조에게는 크게 누를 끼치게 되는 일입니다. 이번의 도회에 어르신이 만약 간여하지 않으신다면[369] 남들이 어떻게 생각하겠습니까?"

라고 하니, 김 어른이 말하기를,

"어찌 간여하지 않을 이치가 있겠는가? 연산, 회덕의 통문과 관학의 글

368 소룡동(小龍洞) : 조선시대 한성부 남부 명례방에 소룡동(小龍洞)이 있었다. 명례방은 지금의 서울 중구 명동 일대에 있던 행정 구역이다.

369 간여하지 않으신다면 : 원문의 '자외(自外)'는 스스로 외인(外人)으로 여겨 간여하지 않는 것이다.

이 이와같이 쾌활하니, 귀 문중의 일은 승기(勝機)를 탔다고 말할 수 있을 것이네. 또 장씨의 금번 통문은 도리어 수치가 될 것이네. 이현주가 첫머리에 이름을 적은 것도 모양이 아닌데, 하물며 그 아래에 이름을 삭제한 자가 종종 있으니, 이것을 가히 유림의 통문이라 하겠는가? 나의 뜻은 거기에 두는 것이 좋겠네."
라고 하였다. 내가 말하기를,
"이것은 그런 것이 아닙니다. 장씨의 전후 문적은 모두 이러한 종류입니다. 명색이 유림 통문이라고 한다면 어떠한 것을 막론하고 족히 저쪽에서 입속의 칼자루처럼 쓸 것이니, 어찌 그들이 하는 대로 맡겨 두겠습니까?"
라고 하니, 김 어른이 말하기를,
"가볍게 처리하지 말고 다시 생각해 보시게. 일간에 내가 마땅히 가서 인사할 것이네."
라고 하였다. 나는 마침내 헤어져서 돌아왔다. 해가 아직 저물지 않았으나, 두통이 크게 생겨 다시 다른 곳으로 갈 수가 없었다.

7월 19일, 상주 도회의 일로 돌아갈 마음이 날로 조급해지다

두통이 그치지 않았다. 족조의 집에 가니 무여(茂汝) 씨가 방문하였다. 나는 태학에서 먼저 경약소에 통문을 보내라는 안(安) 어른의 말을 전하니, 무여 씨가 말하기를,
"이 말은 매우 합당합니다. 그대는 속히 태학으로 가서 이렇게 안내하십시오."
라고 하기에, 내가,
"그렇게 하겠습니다."
라고 하고, 무여 씨와 함께 나섰다. 거리에서 마침 안 어른을 만났는데, 내

가 태학에 들어가는 이유를 말하니, 안 어른[안종덕]이 말하기를,

"어제 내가 이 일로써 □□□[370] 서로 친해진 사람이 그 사람 □□□[371]. 이 말도 또한 이치가 있으니, 다시 생각을 해보게 됩니다."

라고 했다. 내가 말하기를,

"저의 뜻도 역시 그러합니다."

라고 하였다. 무여 씨가 말하기를,

"명윤(明允)이 어제 비서승(秘書丞)에 제수되어 내일 입직(入直)한다고 하기에, 내가 마침 가서 만나보려고 합니다."

라고 하므로, 내가 말하기를,

"나 또한 함께 가서 이 일을 상의하겠습니다."

라고 하였다. 마침내 안 어른과 헤어지고 서문가는 길로 다시 향하였다. 평동(平洞)에 이르니, 명윤 대감은 얼마 전에 성내(城內)로 들어갔으니 오래지 않아 돌아올 것이라고 하였다. 무여 씨와 함께 베개에 기대어 누웠다. 한참을 지나니 이 대감이 과연 돌아왔다. 내가 정 대감과 안 어른의 말로써 상세히 말하니, 명윤이 말하기를,

"나의 뜻은 곧, 급급해하지 말고 널리 물의(物議)를 돌려서 25일 생일[372]을 기다린 뒤에 날을 정하여 회(會)를 돈독하게 한다면 아마도 소략함이 없을 것 같습니다."

라고 했다. 내가 말하기를,

"그렇지 않습니다. 지금 장씨가, 우리들이 도회에 부친다는 것을 듣고 죽을 힘을 다해 저지하는 모습을 보건대, 반드시 일이 원만하지 않을 것입니

370 □□□ : 탈락된 부분이 있다.
371 □□□ : 탈락된 부분이 있다.
372 25일 생일 : 1852년 7월 25일은 고종의 탄신일이다.

다. 또 상주(尙州) 도회(道會) 일이 멀지 않았는데, 지방의 일은 어떻게 될지 알지 못합니다. 이런 까닭에 돌아갈 마음이 날로 조급하여 밤에도 잠을 이루지 못합니다."

라고 하니, 명윤이 말하기를,

"그렇다면 한 가지 방법이 있습니다. 진신(搢紳, 관료)들은 모두 세상살이에 익숙하여 장씨를 돌아보고 꺼리지 않는 사람이 없습니다. 형께서 모름지기 모처에서 먼저 이름을 올리시면 돈회(敦會)하는 날을 정할 수 있을 것이며, 비록 통문이 이르지 않더라도 원만하게 될 것입니다."

라고 하였다. 무여 씨가 말하기를,

"성사시키는 방법은 이보다 더 좋을 수 없을 것입니다."

라고 하니, 내가 말하기를,

"지금부터 형이 만약 입직하면 비록 공무에서 퇴근하는 때가 있더라도, 우리들이 어떻게 그것을 알고 반드시 오겠습니까?"

라고 하니, 명윤이 말하기를,

"내일 들어가면 모레 신시(申時 하오 3시경) 초에는 반드시 퇴근할 것입니다. 해가 질 무렵에 무여 씨와 함께 문안[門內]으로 다시 들어오십시오."

라고 했다. 이별할 적에 무여 씨가 나에게 이르기를,

"조 승지(趙承旨)【남식(南軾)[373]】가 방문하지 않는다고 여러 번 말하던데, 내일은 가서 볼 수 있겠습니까?"

라고 하기에, 내가 그러겠다고 말하였다.

373 남식(南軾) : 조남식(趙南軾, 1845~1920)이다. 그의 본관은 풍양(豐壤), 자는 계의(季擬)로 상주 출신이다. 1873년 문과에 급제하여 승정원가주서가 되었으며, 사간원사간, 형조참의, 승정원동부승지 등을 역임하였다.

7월 20일, 장씨의 통문에서 정현재 등 여러 사람들이 이름을 삭제하다

식후에 배성초(裵聖初)가 와서, 어제 정현재(鄭顯載)가 와서 이름을 삭제하고 갔다고 한다. 장씨는 낭패라고 말할 만하다. 내가 성초와 같이 성 밖으로 나서 류도빈(柳道彬)을 만나니, 스스로 이름을 삭제하고 왔다고 했다. 성초가 크게 웃으며

"세상에 어찌 이런 통문이 있습니까?"

라고 말했다. 성초는 인사하고 가고, 나는 공실(公實) 씨와 함께 경약소(京約所)에 가서 조익근(曺益根)【희영(喜永)】, 이문관(李文寬)【상화(相和)】과 잠시 이야기를 나누고, 조종(棗洞)의 조 승지(趙承旨, 조남식)를 방문하였다. 조 대감이 말하기를,

"형이 일이 있어 서울에 들어온 지 오래되었다고 들었으나 항상 만나지 못한 것을 애석하게 여겼습니다. 나는 한강(寒岡)의 일에 있어서 보통 다른 선비[士林]와는 다릅니다. 또 나의 딸이 편안하다는 소식을 듣고 싶으니, 참으로 아비의 사랑하는 마음에 걸리는 것입니다."

라고 하였다. 내가 말하기를,

"서울에 들어온 이후 날마다 관학에 들어갔고, 게다가 저의 병으로 수일간 몹시 고생하였습니다. 또 계시는 집이 어디인지를 알지 못해 인사드리는 것이 늦었습니다."

라고 하니, 말하기를,

"내가 만약 그대의 숙소를 알았다면 내가 마땅히 먼저 방문했을 것입니다. 어제 무여에게 사실을 상세하게 들었는데, 존문(尊門)의 이 거사는 또한 이미 늦었습니다. 지금 노형이 수고와 힘을 꺼리지 않고 천리 길을 건너와서 잘못을 판명하여 바로잡는 데에 이르렀으니, 이로 인하여 감동하였습니다."

라고 했다. 내가 말하기를,

“장씨가 말하는 영남 유림의 통문이란 것은 지극히 분하고 통탄스러워 지금 대응을 하고자 하는데, 영감의 의중은 어떠하십니까?”

라고 하니, 조 대감이 말하기를,

“어찌 반드시 번거롭게 묻습니까? 어제 공유(公裕, 장승원)가 나에게, ‘당신의 이름이 무여가 이미 허락한 정씨에게 있다는 말을 들었는데, 당신의 이름이 무여에게 달려있느냐?’고 하면서 말에 매우 화가 나 있었습니다. 내가, 그대는 우리 가친(家親)의 사위이고, 정씨의 종손은 곧 우리의 사위입니다. 사사로운 정으로 말하면, 이쪽이 저쪽보다 무겁습니다. 나는 한강(寒岡)의 일에는 의리가 단단하니,[374] 어찌 무여 씨의 허락과 불허에 달려있겠습니까? 이렇게 답하였습니다. 귀문에서 만약 도회(道會)가 있다면 하필 나에게 물어볼 필요가 있겠습니까?”

라고 하였다. 내가 말하기를,

“영감의 말이 이와 같으니 절대로 다시는 번거롭게 하지 않겠습니다.”

라고 하며 물러 나왔다. 계동(桂洞)의 여참봉(呂參奉)【영근(永根)】을 방문하여 일의 전말을 간략하게 설명하였다. 여 어른이 말하기를,

“나도 들었습니다. 다만 나와 같이 미약한 사람이 그 사이에 참여하기가 실로 어려우니, 부디 널리 용서해주기 바랍니다.”

라고 하기에, 내가 말하기를,

“선조의 일에 귀하의 문중이 불참합니까?”

374 단단하니 : 원문의 ‘단단무타(斷斷無他)’는 다른 볼만한 재능은 없어도 오직 마음만은 성실하다는 말이다. ≪서경(書經)≫ 태서(泰誓)의 “어떤 신하가 그저 정성스럽기만 할 뿐 다른 재능은 없다 할지라도(斷斷兮無他技), 그 마음만은 아름다워서 남을 용납할 줄을 안다.”는 말에서 나온 것이다.

라고 하니, 여 어른이 말하기를,

"나의 이름이 어찌 무게가 있겠습니까? 모임 날에 나도 당연히 가서 참여하겠으나, 이름자는 함부로 내지 못하겠습니다."

라고 하였다. 내가 웃고 돌아왔다.

재동(齋洞)을 지나다가 허 진사를 찾아갔으나 만나지 못하였다. 또 순학교(順學橋)를 지나다가 최진사를 방문했으나 역시 출타하였다. 관사로 돌아오니 이날 최진사와 조진사(曺進士)【세환(世煥)】이 역시 나를 찾아왔다고 하였다.

7월 21일, 서울 도회에 대한 글을 재영남 선비들에게 돌리다

승지 족조 집에 가서, 회동(會洞) 정승지 집에서 23일에 도회(道會)를 한다는 내용의 통문을 서울에서 머무는 영남인들 각처에 돌렸다. 수교(水橋)에 사는 이 승지(李承旨)【용구(容九)】【연흥군(延興君) 후손】가 방문하여 나와 함께 우의를 얘기하며 문적을 고열(考閱)하였다.

7월 22일, 통문에 올린 명단을 논의하다

아침에 평동(平洞)으로 가니 명윤(明允)이 말하기를,

"내일은 사진(私進)[375] 때문에 참석하지 못합니다. 우리 문중은 나와 무여(茂汝) 씨 두 사람이면 족할 것입니다. 문조(文肇)는 구태여 이름을 쓰지 않아도 됩니다."

라고 했다. 조금 있으니 주사(主事) 이이경(李以璟)이 왔다. 명윤이 웃으며 말하기를,

"이 사람은 장씨 통문에 있는 사람입니다. 그가 광주 이씨가 되는 것을

375 사진(私進) : 윗사람에게 사사롭게 물건을 바치는 것을 말한다. 즉, 사사로운 진상이다.

누가 알겠습니까?"

라고 했다. 내가 말하기를,

"존함이 과연 그 가운데 들어 있습니까?"

라고 하니, 이 주사가 말하기를,

"일개 주사가 무슨 영향을 미칠 수 있겠습니까? 일의 형세를 전혀 몰라서 이런 착오가 있었으니, 변명할 길이 없습니다."

라고 하였다. 명윤이 말하기를,

"이름을 삭제한 뒤에 속죄할 수 있을 것입니다."

라고 했다. 참봉 이건호(李建鎬)가 마침 모임에 도착하였다. 명윤이 말하기를,

"이번의 도회(道會) 자리에 다만 퇴계 후손이 없는 것이 한이었는데, 지금 얻었습니다."

라고 하고, 나에게 대면해 이야기하도록 했다. 내가 전말을 간략하게 설명하고, 내일 모임에 참석할 것을 약속하였다.

족조의 집에 가니, 조 도사(曺都事, 조희영)와 돈영(敦永, 정돈영) 씨가 함께 있었다. 관사로 나를 찾아갔다가 만나지 못하여 여기에 왔다고 했다. 익근(益根, 조희영)이 말하기를,

"어제 회문(回文)을 보니, 후록(後錄) 가운데 영남인의 관사(館舍)가 빠져서 쓰지 못한 것이 많이 있습니다."

라고 하고, 이어서 모처 모처를 말하므로, 내가 그 아래 기록하여 첨부하였다. 식후에 김 감역(金監役, 김규형)이 방문하고 갔다.

나는 승지 족조와 함께 조 대감(조남식)의 관사에 가니, 한 소년이 피하여 협실로 들어갔다. 조 대감이 말하기를,

"이 사람은 나의 생질이며 장지영(張志永)의 아우입니다."

라고 하였다. 승지 족조가 조 대감에게 명함을 요구하니, 대답하기를,

“나의 경우인즉, 몸이 참여하느냐 불참하느냐와 명함을 허락하느냐 불허하느냐에 대하여, 의리는 결단코 다름이 없습니다. 그렇지 않다면 선조를 배신하는 것입니다. 어제 장승원(張承遠)이 이미 나와 관계를 끊고 갔습니다.”
라고 하였다. 내가 말하기를,

“영감께서는 내일 참석하십니까?”
라고 하니, 조 대감이 말하기를,

“당연히 참석합니다.”
라고 하였다. 족조가 말하기를,

“참석하지 않으면 어떻게 합니까?”
라고 하니, 말하기를,

“혹시 연고가 있어 불참하면, 나의 이름을 써도 됩니다.”
라고 하였다. 내가 말하기를,

“그렇게 하겠습니다.”
라고 하였다. 안 울산(安蔚山)을 방문했으나 만나지 못했다. 또 수동(壽洞) 정승지(鄭承旨)를 방문하니, 정 대감이 나를 돌아보며 웃고 말하기를,

“회문(回文) 가운데 ‘연원가절(淵源可絶)’ 이하의 몇 구절은 그대가 지은 것입니까?”
라고 하기에, 내가 말하기를,

“그렇습니다. 서울의 여론은 모두 존함(尊啣)으로 기준을 삼으니, 형은 장차 어찌하려고 하십니까?”
라고 물었다. 정 대감이 말하기를,

“이미 지난 날에 다 말하였습니다. 의리에 있어서는 다름이 없지만 형적(形迹)을 어찌 꺼리는 것이 없겠습니까? 형은 역지사지(易地思之)할 수 있을 것입니다.”

라고 하였다. 족조가 말하기를,

"형은 우리 문중 일을 이렇게 괄시하십니까?"

라고 하고, 내가 말하기를,

"의리가 있는 곳에 구구하게 사적인 혐의로 피할 수는 없습니다."

라고 하였다. 족조가 말하기를,

"여러분은 지필묵(紙筆墨)을 가져오기 바랍니라."

라고 하였다. 요구가 매우 급박하니, 그의 종질인 재덕(在悳)이 옆에 있다가 말하기를,

"일이 이미 여기까지 왔으니, 허락하지 않으면 안 됩니다."

라고 하였다. 정 대감이 그의 종질을 시켜 성함을 쓰게 하였다. 쓰기를 마치고 말하기를,

"내일 장씨의 절교하는 글이 반드시 올 것입니다."

라고 하고, 또 말하기를,

"통문의 말은 신중히 하여 과격하게 하지 마십시오."

라고 하였다. 내가 말하기를,

"단지 이것은 이현주(李玄澍)를 변파(辨破)할 뿐이며, 장씨의 말[口氣]을 따라하고자 함이 아닙니다."

라고 하였다. 정 대감이 말하기를,

"통문 초록을 보여주는 것이 어떠합니까?"

라고 하기에, 내가 응락하였다. 정 대감이 종질에게 말하기를,

"너의 이름도 쓰면 좋겠다."

라고 하므로, 내가 말하기를,

"이 사람은 내일 반드시 올 것이니, 어찌 반드시 쓰라고 하겠습니까?"

라고 하였다. 말하기를,

"비록 가지만 선조를 위하여 이름을 쓰는 것도 무방할 것입니다."
라고 하였다. 소매에 함께 넣어 돌아왔다. 용동(龍洞)에 들어가니, 방금 김감역(金監役) 어른이 밖에서 돌아왔다. 드디어 정 대감에게 요구한 것처럼 그의 서명을 요구했다. 김 어른이 말하기를,

"나의 이름이 영향을 미칠 수 없지만 처지가 참으로 어렵습니다."
라고 하였다. 강청한 후에야 허락하였다.

또 조 대감을 찾아가서 두 사람의 함자를 꺼내 보여주고, 서명을 요구하니, 조 대감이 말하기를,

"내가 선조를 저버리겠다고 말을 했는데도 어찌 반드시 이렇게 강박합니까? 내일 마땅히 일찍 가겠습니다."
라고 하였다. 해질 무렵[晡時, 오후 4시]에 관학에 돌아가니, 신주서(辛注書)가 내방하여 말하기를,

"내일 집안일 때문에 모임에 갈 수 없습니다. 모르는 사람처럼 태연할 수 없어서 이에 서글픈 마음을 말씀드립니다. 몸은 비록 참여하지 못하지만 이름은 당연히 허락하며, 우리가 새로 교분을 맺은 것을 돌아보면 몹시 미안합니다. 형은 반드시 이해해 주시기 바랍니다."
라고 하였다. 내가,

"우리들이 의를 고집함에는 어찌 차이가 있겠습니까? 지난번 장씨의 모임에는 극구(極口) 사양하였습니다."
라고 하였다. 내가,

"형이 이렇게까지 말씀을 하시니 내가 감히 억지로 청하지 못하겠습니다."
라고 말했다. 족조 집에 가니 허계형(許季馨)도 내방하였다고 했다. 저녁을 먹은 뒤에 공실(公實)과 함께 불을 들고 안 울산(安蔚山, 안종덕) 관사에 가니, 안 어른이 아침에 나가서 아직 돌아오지 않았다. 손경약(孫敬若, 손종현) 처소

에 들어가니, 얼마 지나지 않아 안 어른이 이르렀다. 오늘 친구의 초청을 받아 서문밖 신교(新橋)에 나가서 종일 술을 마시고 크게 취하여 돌아왔다고 한다. 이어서 내일 모임은 어떻게 되는지를 물었다. 내가 말하기를,

"지금 예측으로는 반드시 원만하게 될 것 같습니다."

라고 하였다. 안 어른이 말하기를,

"정천필(鄭天必), 김문옥(金文玉)은 모두 허락은 했습니까?"

라고 하므로, 말하기를,

"명단첩이 여기에 있습니다."

라고 하였다. 또 묻기를

"조계의(趙啓義)도 그러합니까?"

라고 하므로, 내가 말하기를,

"명함은 받아내지 못했으나 그의 말은 여차여차하다."

라고 하니, 안 어른이 웃으며 또 묻기를,

"통문 초록은 작성했습니까?"

하였다. 내가 말하기를,

"도의 통문은 당연히 도의 사람으로 하여금 초안을 작성했으나, 저의 마음에는 곧 영감님이 적합한 사람입니다."

라고 하니, 안 어른이 말하기를,

"윤색을 하는 것은 되지만, 어찌 창졸간에 글을 구성하겠습니까?"

라고 하였다. 내가 말하기를,

"그렇다면 저기서[376] 마땅히 초안을 낼 것입니다."

라고 하였다. 안 어른이 또 말하기를,

376 저기서 : 다음날 정 승지의 집에 모일 사람들을 말한다.

"명윤의 말은 어떠하던가?"
라고 하여, 내가 말하기를,

"명윤은 내일 사진(私進)이 있어 다만 명함을 허락했습니다."
라고 하였다. 안 어른이 말하기를,

"사진(私進)으로 나가면 정오에 물러날 수 있다. 내일 모임 자리는 종일 걸려서 마칠 것이니, 어찌 이런 일로 불참하겠는가?"
라고 했다. 내가 몸을 일으켜 인사하고 가려고 하니, 안 어른이 눈짓하여 만류하기에 내가 다시 앉았다. 잠시 뒤에 경약(敬若)이 밖으로 나가니, 안 어른이 말하기를,

"손 진사는 바로 나의 친사돈(親査頓)[377]이니, 이 일에 대하여 마음을 통하지 않을 수 없었습니다. 지난날 나와 순명(舜明)이 변파(辨破)하는 말다툼이 조금 있었는데, 순명이 매우 유감스러워했습니다. 또 어떤 사람이 나의 말을 장씨에게 전하였고, 이런 연유로 여러 장씨들이 모두 나와 절교하려고 했습니다. 그러나 내가 어찌 이것 때문에 나의 마음을 바꾸겠습니까? 금일 나도 명윤을 만나보았는데, 그가 사진(私進)으로 모임에 오지 않는다고 말하기에, 내가 그를 책망하여, 그대가 만약 참석하지 않으면 나도 가지 않겠다고 말했더니, 명윤이 비로소 허락했습니다."
라고 하여, 내가 말했다.

"그렇다면 다행입니다."

안 어른이 말하기를,

"영남의 선현들 고가(古家)에 빠뜨리는 집안이 없어야 통문이 원만할 것

377 친사돈(親査頓) : 남편과 아내 각각의 양(兩) 부모 사이에 서로를 이르는 말이니, 사장어른을 달리 말이다.

이다.”

라고 하므로, 내가 말하기를,

“회재(晦齋), 퇴계(退溪), 한훤당(寒暄堂), 우복(愚伏) 집안은 모두 있고, 그 나머지도 모두 연원이 있는 후예가 아님이 없습니다.”

라고 하였다. 한밤중이 되어 관사로 돌아와서 잤다.

7월 23일, 충분한 논의를 거쳐 통문을 작성하다

식후에 승지 족조의 집에 가니 무여(茂汝) 씨가 이미 먼저 도착해 있었다. 내가,

“명윤 영감은 오지 않았는가?”

라고 물으니, 무여 씨가 말하기를,

“내가 방금 평동(平洞)으로 가다가 조 승지(趙承旨) 관사를 들렀는데, 조 영감이 나와 함께 모임에 같이 가자고 요청하였다. 그래서 돌아오는 길에 김 감역(金監役) 관사에 들어가니, 김 어른이 말하기를, ‘어제 나의 이름을 비록 허락했지만, 장씨의 공갈이 너무 심하여 실로 모임에 참석하기 어렵다. 그래서 마침 일이 있어 성문 밖으로 나오는 길이라’고 하고, 조 영감이 말하기를, ‘나 역시 함께 가기로 했는데 두 사람이 이미 갔으니, 나는 혼자 가야 하기에 여기에 왔다’고 하였다. 명윤의 거취를 알 수 없다.”

라고 하였다. 얼마 지나지 않아 여러 사람들이 차례로 모였는데, 온 사람이 모두 30여 명이며, 명함을 써서 보낸 자가 십여 명이었다.

서로 의론하여 통문을 작성하고 있는데 갑자기 장씨 2인이 회의하는 자리로 돌입하였다. 한 명은 장병조(張炳祚)이며, 한 명은 장지영(張志永)의 서제(庶弟)였다. 장병조가 모임 중에서 큰 소리로 말하기를,

“금일의 모임은 우리 문중을 공격하여 배척하고자 함이 아닙니까?”

라고 하기에, 명윤 대감이 말하기를,

"아니다. 양가의 시비는 이미 단안(斷案)이 이루어졌는데 유독 이현주(李玄澍)의 통문이 전체 영남의 의논이 아니기 때문에 이것을 태학(太學)에서 밝히고자 하는 것이다."

라고 하였다. 장병조가 말하기를,

"어제 정 승지, 김 감역의 이름은 정씨가 놀랄만한 일을 벌여 이름을 받들어서 여기에 온 것이니, 이름을 도용한 것이나 다름이 없습니다."

라고 하기에, 내가 말했다.

"자네는 정 대감, 김 어른의 이름을 삭제하러 왔는가? 정 대감의 이름은 마땅히 정 대감이 찾아야 하는데, 자네가 여기에 온 것은 참으로 사리에 맞지 않다."

라고 하였다. 병조가 손으로 주머니를 뒤지며 말하기를,

"정 대감이 이름을 찾아 삭제하라는 편지가 여기에 있다."

라고 함에, 내가 말하기를,

"자네는 우체사(郵遞使)가 아닌데, 정 대감의 편지를 어찌하여 가지고 왔는가? 자네가 이 통문을 저해하는 농간을 하고자 한다면, 정 대감을 독책(督責)하여 그로 하여금 이름을 삭제하는 것이 옳을 것이다. 자네의 이 행동은 이치에 천만 부당한 것이다. 또 금일 통문 속에는 반드시 이름을 삭제한 자는 없을 것이니, 자네는 걱정하지 말라."

라고 하였다. 지영(志永)의 서제가 나와서 말하기를,

"서반수(西班首) 이수봉(李秀鳳)은 누구입니까? 이 사람을 위해서 이 모임을 하는 것입니까?"

라고 하므로, 내가 말하기를,

"당초에 통문을 구하고자 하여 서반수를 중(重)하게 여긴 것은 귀 문중의

일이었으나, 금일 통문을 내고 서반수를 공격하고 배척하는 것도 역시 귀문중의 일이다. 나는 대응하는 것에 지나지 않는다."
라고 하였다. 장병조가 말하기를,

"정 대감, 김 어른 및 이 승지가 억지로 서명하게 한 것은 안 울산 체면을 돕고자 함에 불과합니다. 이 세 어른의 이름이 만약 통문에 들어 있으면 이것은 모두 이름을 도용한 것입니다."
라고 하므로, 내가 말하기를,

"정 대감과 김 어른은 이름을 허락한 분이며, 이 승지는 참석한 분이다. 자네가 비록 도용이라고 말하지만, 남들은 어찌 도용이라고 하겠는가?"
라고 하였다. 장씨 두 사람은 군색하여져서 돌아갔으며, 좌중에서 크게 웃지 않는 사람이 없었다. 내가 말했다.

"장병조는 나이가 적고 식견이 얕으니 책망하기에 부족하나, 장 교리의 처사는 매우 몰지각합니다."

이어서 충분히 논의하여 통문을 작성하였다. 명윤 영감이 말하기를,

"금일의 통문은 다시 양가의 장황한 시비를 말할 필요가 없고, 다만 이 현주를 성토한다면 시비가 자연히 판결이 날 것입니다."
라고 하니, 여러 사람이 말하기를,

"그렇습니다."
라고 했다. 안 어른이 초안을 잡아 친척 사촌 허민(許㪲)으로 하여금 필사하게 하니, 말은 부드러웠으나 뜻은 갖추어지지 않음이 없었다. 보는 자마다 훌륭함을 칭찬하지 않는 이가 없었으니, 말하기를,

"참으로 걸작이다. 장씨에게 보이더라도 감히 지적하여 억울하다고 말하지 못할 것이다. 억양여탈(抑揚與奪)의 뜻이 환하게 어구 사이에 드러났으니, 시비가 결판나고 선비들의 의논이 결정 났다."

라고 하였다. 여러 임원들이 서로 등초(謄抄)하여 갔다. 해가 져서야 모임이 끝났다. 석식 후에 공실(公實)과 함께 다시 조 대감 관사에 가니, 조 대감이 마침 밖에서 돌아와서 말하기를,

"오늘 모임에 결단코 참석하려고 했으나 마침 긴급히 주관할 일이 있어 참여하지 못한 것이 아쉽습니다. 그러나 나의 이름은 참석하지 않아도 반드시 서명할 것입니다."

라고 하였다. 내가 말하기를,

"명단첩에 한 줄을 비워두었으니, 다시 말씀드린 뒤에 빈 줄을 메우려고 합니다. 때문에 해 저문 밤에 특별히 왔습니다."

라고 하니, 조 대감이 놀라서 말하기를,

"어찌 이렇게까지 하십니까? 속히 가서 이름을 쓰십시오."

라고 하기에, 내가 마침내 인사하고 돌아왔다.

7월 24일, 모임에 참석하지 않은 강봉조에게 사정을 듣다

식후에 수동(壽童)을 시켜서 태학에 통문을 전달하게 하였다. 나는 피곤이 심하여 족조 집에서 쓰러져 자리에 누웠다. 강봉조(姜鳳朝)가 내방하였기에, 내가 말하기를,

"어제 모임을 꺼려서 오지 않은 것은 무엇입니까?"

라고 하니, 봉조가 말하기를,

"이에 앞서 나는 이미 주인 영감에게 나의 마음을 말했는데 형은 듣지 못하였습니까? 한사(寒沙, 강대수)[378] 선조께서 여헌(旅軒)에게 수업을 했지만,

378 한사(寒沙) : 강대수(姜大遂, 1591~1658)로, 본관은 진주 자는 면재(勉哉)·학안(學顏), 호는 춘간(春磵)·한사(寒沙)·정와(靜窩) 등이다. 장현광(張顯光)의 문하에서 수학하였으며, 저서로는 ≪한사집(寒沙集)≫ 7권 3책이 있다. 합천의 도연서원(道淵書院)에 제향되었다.

지난날 장씨의 모임에도 굳이 나를 청하였으나, 나는 고집스럽게 허락하지 않았습니다. 장씨를 만나 종종 옳지 않은 일에 대하여 말하여, 이로써 장씨들이 나를 매우 불쾌하게 여겼습니다. 그러나 의리로 보아, 귀하의 통문에 감히 참여하지 못하였습니다."

라고 하기에, 내가,

"그랬군요."

라고 했다. 배성초(裵聖初)가 관사로 내방하여 어제 모임이 원만하게 되었음을 듣고 매우 기뻐하였다.

7월 25일, 이규락 등이 장병조를 힐난하다

강봉조(姜鳳朝)가 또 내방하였다. 이규락(李圭洛)이 와서 말하기를,

"어제 장병조를 모처(某處)에서 만났는데, 병조가 손수 초록한 홍매산(洪梅山, 홍직필)의 문집 속에 논한강의소처(論寒岡擬疏處)를 꺼내 보이니, 좌중 사람들이 말하기를, '매산(梅山)이 이와같이 한강(寒岡)을 핍박하니, 한강 자손은 매산을 귀중하게 여기겠습니까? 또 통문 속에 서명한 여러 사람들을 놈[漢]이라고 부르지 않는 사람이 없었으니, 도리에 어긋나는 모욕이 끝이 없었습니다."

라고 하였다. 내가 웃으며 말하기를,

"저들이 당초에 학관(學館)을 속였습니다. 매산의 말을 중요한 근거로 의지하는 까닭에 나는 변별하여 깨뜨렸을 뿐이니, 어찌 귀중하게 여김이 있겠습니까? 또 저들이 손수 초록한 핍박하는 말은 저절로 패려하고 망녕된 결과로 돌아갈 것이니, 어찌 말할 필요가 있겠습니까?"

라고 하였다. 저녁을 먹은 뒤에 경춘(景春), 군강(君剛), 공실(公實), 여러 족조와 함께 고종황제의 탄신괘등(誕辰掛燈)을 보고, 밤이 깊어 돌아왔다.

7월 26일, 임금이 차를 마시다 중독되었다는 말을 듣다

아침에 평동(平洞)에 갔다. 명윤 대감이 말하기를,

"경중(京中)에서는 지난번의 도회(道會) 통문(通文)에 대하여 어떻게 말하고 있습니까?"

라고 하시므로, 내가 말했다.

"듣건대, 관장 형제[신두선, 신기선]에게 들으니, 통문에 쓰인 말과 명단의 첩을 보고 감탄하며, '참다운 선비의 통문이로다. 영남 명가가 이 속에 모두 있구나.' 하였다고 합니다."

라고 하였습니다. 명윤이 말하기를,

"환전하는 일은 전주(錢主)가 아직 올라 오지 않아서 아직 성사 여부를 알지 못합니다. 그리고 문조(文肇)가 일간에 고향으로 돌아갈 계획인데, 형과 함께 가려고 합니다. 내가 형의 노자(路資)를 부탁하였으니, 가서 보고 상의하는 것이 좋겠습니다."

라고 하였다. 내가 이 말을 듣고 곧바로 미동(美洞)으로 가서 문조를 보고 함께 동행하기로 약속하고, 일수전(一數錢)[379]을 끌어 쓸 뜻으로써 단단히 부탁하고 돌아왔다. 식후에 조 승지가 내방하여 장공유(張公裕, 장승원)가 크게 공갈하며 나와는 대대로 원수가 되었다고 하기에, 내가 '의(義)에 근거하였노라.'고 답했다. 그러나 그의 기세 또한 두려워할 만한 것이었다.

포시(晡時)에 문조가 내방하여 말하기를,

"부탁한 일은 모레 아침에 방도가 있을 것입니다."

라고 하였다.

379 일수전(一數錢) : 불교 용어에서 온 것으로 '뒷돈'을 의미한다. ≪화엄경합론간요(華嚴經合論簡要)≫에, "한 돈을 세고 뒤의 돈을 세지 않으면, 뒤의 두 번째가 없으므로 하나도 성립되지 않는다.(數一錢不數後錢 無後二錢者 一亦不成)"라 한 데서 유래한 것이다.

저녁에 임금께서 차를 마시다가 중독되어 몸이 아팠는데, 동궁 세자도 역시 그러하고, 시자(侍者) 6, 7인도 모두 받아 마시고 일어나지 못했다[380]고 한다. 이날 밤에 주상의 상태는 크게 심하고, 동궁은 거의 위태로운 지경이 되니, 궁중은 발칵 뒤집히고 여러 대신들도 분주하며 어찌할 바를 알지 못했다. 이튿날 임금의 증상은 조금 평정되었으나, 동궁 세자는 줄곧 증세의 차도가 없었다. 성안에 소요가 일어나 시장을 철수할 지경에 이르렀다. 아! 함부로 역모하는 무리들이 옛날부터 어찌 한량이 있겠는가마는, 어찌 우리나라에서 패역의 무리들이 다시 나올 줄을 생각했겠는가? 음식을 들인 자 5, 6인을 체포하여 추국(推鞫)하여 죄인을 잡았다[381]고 한다.

7월 27일, 성균관장과 작별 인사를 하다

아침에 복일(復一, 정돈영) 씨가 와서 말하기를,

"김병용(金秉鏞)이 장씨의 협박 공갈에 의해 마침 이름을 삭제하고자 한다고 하니 어찌해야 합니까?"

라고 하기에, 내가 말하기를,

"그가 스스로 허락하고서 그가 스스로 삭제하고자 하니, 이는 망녕된 사람

380 저녁에 …… 일어나지 못했다 : 1898년 고종 커피 독살 미수 사건을 말한다. 고종은 커피를 즐겨 마셨는데, 저녁 식사 후 평소와 다름없이 커피를 마시려다 맛이 이상한 것을 느끼고 곧바로 뱉어냈다. 그러나 황태자(순종)는 커피 맛에 익숙하지 않아 고종보다 많은 양을 마셨고, 이후 구토와 실신 증세를 보였다. 이 사건의 범인은 김홍륙이다. 그는 러시아어 통역관으로 활동하며 고종의 신임을 얻었으나, 이후 비리 문제로 유배를 가게 되자 앙심을 품고 범행을 계획했다. 그는 궁중 요리사 공홍식과 김종화를 매수하여 커피에 아편을 넣도록 지시했다. 이 사건으로 김홍륙과 공홍식, 김종화는 사형을 선고받았고, 김홍륙의 아내는 유배형을 받았다.

381 죄인을 잡았다고 한다 : 원문의 '죄인사득(罪人斯得)'은, ≪서경(書經)≫ <금등(金縢)>, "주공이 동쪽에 산 지 이년 만에 죄인들이 잡히게 되었다.(周公居東二年 則罪人斯得)"에서 인용한 것이다.

일 뿐입니다. 나에게도 어쩔 도리가 있겠습니까? 내가 마땅히 가서 만나보고 이치에 의거하여 말해 보겠습니다. 그가 만약 듣지 않으면 그만입니다."
라고 하였다. 복일 씨가 말하기를,

"저도 함께 가겠습니다."

라고 하였다. 식후에 내가 공실(公實)과 함께 전동(箭洞)을 들러 복일 씨에게 전갈(傳喝)하여 3인이 함께 사동(寺洞)으로 가니 김병용이 이미 밖에 나와 있었다. 복일 씨는 돌아가고, 공실과 함께 태학에 들어가 관장을 뵈었다. 관장이 말하기를,

"지난날 도통(道通)을 얻어 보니 회의 자리가 매우 원만하였네."

라고 하므로, 대답하여 말하기를,

"공의(公議)가 남아 있는 까닭입니다."

라고 하였다. 관장이 말하기를,

"장씨의 도통(道通)에 이름을 삭제한 사람이 종종 있는 것은 무엇 때문인가?"

라고 하므로, 내가 웃으면서 대답하지 않았다. 관장이 말하기를,

"귀문의 통문에는 반드시 이와 같은 자가 없을 것이네."

라고 하므로, 내가 말하기를,

"이 또한 아직 알지 못합니다."

고 하니, 관장 또한 웃었다. 서재(西齋)로 가니, 반수가 양쪽 집안의 도통답초(道通答草)을 보여 주며 말하기를,

"금일 동반수는 병[382]으로 귀가하였기 때문에 정서하여 보내지 못합니다."

라고 하였다. 내가 말하기를,

382 병 : 원문의 '태병(駄病)'은 병든 몸을 말에 실려 가는 것을 만한다.

"김병용(金秉庸)은 곧 반수 어른이 천거한 사람입니다. 그 사람이 장씨의 위협을 두려워하여 이름을 삭제한다는 말을 하니 이는 통탄할 만하지 않습니까?"

라고 하였다. 반수가 말하기를,

"이 사람은 참으로 어리석은 사람입니다. 그가 만약 나에게 편지라도 하였으면, 내가 베껴 기록한 뒤라서 손을 댈 수 없다는 뜻으로 답장을 하였을 것입니다."

라고 하였다. 내가 말하기를,

"답통을 모름지기 속히 내어 보내어 주십시오."

라고 하니, 반수가 말하기를,

"동반수가 들어온 뒤에는 시각을 지체하지 않겠습니다."

라고 하였다. 또 북재에 가서 성초(聖初)와 잠시 얘기를 나누고, 또 관장에게 가서 작별하며 말했다.

"선조 일을 인연하여 여러 번 가르침을 받게 되어 감사함을 이기지 못하겠습니다."

관장이 말했다.

"여러 번 말을 나누며 간직한 바가 깊다는 것을 알게 되었으나, 한 번 이별한 후에는 다시 자익(資益)할 길이 없으니 매우 섭섭하네."

내가 감당하지 못하겠다고 사례하며 절하고 물러 나왔다.

남재(南齋)에 들르니, 이병준(李炳埈)이 맞이하여 들어오게 하더니, 십세보(十世譜)를 써 주시면 후일 우의를 다지는 바탕으로 삼겠다고 청하므로, 내가 가상하게 여겨 허락하였다. 또 도흥(道興)과 함께 이야기를 나누었다. 마침 이순소(李舜韶)를 만났다. 내가 말하기를,

"내가 그대를 방문하고자 한 것이 오래되었으나 관사를 알지 못하고, 또

일에 골몰하느라 경황이 없었습니다. 그대 집에서 보낸 편지는 인편으로 전하게 하였는데, 받아 보았습니까?"

라고 하니, 순소가 말하기를,

"받아 보았습니다. 그곳에 마땅히 한번 가려고 하였습니다만, 들으니 정승지(鄭承旨) 집에서 머무신다고 하시는데 주인 영감과는 친분이 없어서 나아가지 못하였습니다."

라고 하므로, 내가 말하기를,

"아닙니다. 저는 조두현(趙斗賢)의 집에 머뭅니다."

라고 하였다. 순소가 말하기를,

"그렇다면 내일 마땅히 나아가 보겠습니다."

라고 하였다. 순소가 또 말하기를,

"지난번 도회의 자리에 나아가 참여하고자 하지 않은 것은 아니지만, 꺼리는 것이 없을 수는 없었습니다."

라고 하였다. 내가 말하기를,

"춘부장의 함자는 회연통문(檜淵通文)에 들어 있습니다."

라고 하니, 도홍이 말하기를,

"또한 형 집안은 대대로 의리를 지켰습니다."

라고 하였다. 순소가 말하기를,

"어찌 의리야 여부가 있겠습니까? 금번의 장씨 일은 만길 낭떠러지로 낙하했다고 말할 수 있습니다. 지난번 통문의 말에 비록 장씨를 드러내어 배척하는 것은 없지만, 속담에 이른바 따로 상처난 곳은 없으나 머리가 부수어진 것과 같습니다."

라고 하니, 자리에 있는 사람들이 모두 크게 웃었다. 돌아감에 날이 이미 어둑하였다.

7월 28일, 아버지의 기일을 맞아 슬퍼하다

비가 종일 그치지 않았다. 이날은 곧 내 아버지의 기일이다. 이때 밖에 있으니, 사람의 자식으로서 슬픔을 어찌 감당하겠는가? 단지 절절히 슬퍼하며 울뿐이다. 오후에 무여 씨가 내방하였다.

7월 29일, 하인으로부터 회답 통문 두 통을 전달 받다

아침에 비가 내리고 저녁에는 맑았다. 식후에 서반수와 성초(聖初)가 왔는데, 얼마 지나지 않아 하인이 회답 통문 두 통을 가지고 왔다. 한 통은 이현주에게 보내는 답통(答通)이었는데, 말의 뜻이 통쾌하기가 지난번 통문보다 더하였다. 오후에 순소가 와서 집에 편지를 부탁하였다.

7월 30일, 서울에 있는 여러 사람들과 작별하다

밤부터 오한과 두통이 있었다. 낮에 억지로 일어나 망건을 쓰고 세수하였다. 이 주사(李主事)【근영(根英)】과 김 석사(金碩士)【성원(性元)】, 성초(聖初)가 내방하여 족조 집에 가니, 문조(文肇)가 초 2일에 길을 떠나겠다는 내용으로 심부름꾼의 전갈이 왔기에 답장을 써서 보냈다. 도흥(道興), 덕희(德熙)가 내방하여 간단히 전별주를 마련하였다. 헤어짐에 임하여 도흥이 나에게 말하기를,

"객사의 가을 등불은 고향 생각을 더욱 간절하게 하고, 또 돌아가는 어르신을 전송하는 이때의 감회는 사람을 견디지 못하게 합니다. 다만 수개월 고생한 나머지 다행히 일을 잘 마치고 가게 되어 참으로 상쾌합니다. 오직 가는 길이 순조롭기를 바랄 뿐입니다."

라고 하였다. 내가 말하기를,

"일찍 박사관(博士官)[383]을 얻어서 돌아가게 되었으니 이 감회를 얘기하

면 어떠하겠습니까?"
라고 하니, 도흥이 말하기를,
"박사관은 고향에서 영광스럽게 여깁니까?"
라고 하여, 내가 말하기를,
"관직 이름은 근고(近古)에서 취할 만한 것입니다."
라고 하니, 말하기를,
"주사(主事)와 비교하면 오히려 낫지 않습니까?"
고 하므로, 말하기를,
"아마도 그럴 것입니다."
라고 하였다. 마침에 아쉽게 이별하였다.

8월 1일, 장씨 통문의 서명자 이현주에게 절교하는 편지를 보내다

아침에 학관(學館)의 통문을 장씨에게 보내고, 또 이현주에게도 절교한다는 편지를 보냈다.

8월 2일, 승선 이명윤에게 서울 일을 부탁하고 떠나다

식후에 이현주의 답장 글이 왔다. 승지 족조와 이별하고, 행장을 꾸려 돈의문(敦義門)을 향하니, 복일(復一)[384] 씨와 군강(君剛), 경춘(景春), 공실(公實) 등 여러 족조가 전송하였다. 종로 거리에 이르러 미동(美洞)에 들어서니 문조(文肇) 형이 일찍이 행장을 꾸리고 기다린 지 오래되었다고 한다. 명윤(明

383 박사관(博士官) : 한 무제(漢武帝)가 처음으로 태학을 일으켜 박사관(博士官)을 두고 18세 이상인 자로 품행이 단정한 50명을 박사제자로 뽑은 데서 비롯된 말이다.
384 복일(復一) : 본문에는 '福一'로 되어 있으나, 이 일기에 자주 등장하는 '復一'의 오기로 보인다. 소릉 참봉(昭陵參奉)을 지낸 정돈영(鄭敦永, 1860~1918)이다.

允) 영감이 마침 모임에 왔다가 또한 나를 기다리며 출발하지 않았다. 세 사람이 나란히 말을 타고 남문 밖에까지 나왔다. 내가 명윤 형을 이별하며 말하기를,

"차후에 서울 일은 대소를 가릴 것 없이 오직 형만 믿습니다."

라고 하니, 명윤이 알았다고 했다. 길을 나서 나루 끝에 이르러, 술을 사서 두어 잔을 마셨는데, 문조는 본디 술을 마시지 못한다고 하였다. 날이 저물어 광주(廣州) 신원점(新院店)[385]에 투숙하였다.

8월 3일, 해가 저물어 직동점에 투숙하다

새벽에 출발하여 다르내 고개[386]를 넘으니, 촌사람이 비적을 살피는 사람이 되어 교대로 지키고 있기에 물어보니 대답하여 말하기를,

"일전에 용인(龍仁) 등지에 화적떼들이 행인들을 겁박하고 노략질하며 기세가 대단하여, 우리들이 고을 수령의 명을 받들어 여기를 지킨다."

라고 하였다. 문조 형이 나에게 일러 말하기를,

"우리들이 비록 가진 벽옥은 없으나 어찌 매우 경계하지 않겠습니까? 일찍이 이와 같을 줄 알았다면, 배를 이용하는 것이 나았을 것입니다."

라고 하였다. 점포에 들어가 아침밥을 먹고 몇 리를 가니, 매원(梅院)의 이칠곡(李漆谷)을 만나서, 문조가 타고 온 말을 서로 바꾸니 돌아감이 순조롭고 힘을 덜게 되어 매우 편하였다. 용인읍에서 점심밥을 먹고, 해가 저물어

385 신원점(新院店) : 경기도 고양시 덕양구 원신동 지역에 있었다. 원신동은, 원당동(元堂洞)의 '원'자와 신원동(新院洞)의 '신'자를 따서 지은 이름으로 1992년 시 승격과 함께 두 법정동을 관할하는 행정동의 이름이 되었다.

386 다르내 고개 : 원문에는 '다르닉'로 표기하였다. 경기도 성남시 수정구 상적동과 금토동을 잇는 고개이다. 경부고속도로 부산 방향의 첫 번째 고개이자, 경부고속도로에서 서울과 경기도를 구분하는 역할을 한다.

직동점(直洞店)에 투숙하였다. 친척 이경신(李敬信)이 산소 일로 서울에 가다가 마침 여기에서 만나 그와 함께 투숙하였다.

8월 4일, 별미점에서 아침을 먹고 광암점에 투숙하다

아침에 경신(敬信)과 이별하였는데, 경신이 문조에게 이르기를, 형은 이 일을 주선할 수 있으니 길을 되돌리라고 억지로 요청하였으나, 문조가 고사하였다. 별미점(別味店)에서 아침을 먹고, 낮에는 죽산 백암(竹山 白岩)에서 쉬고, 광암점(廣岩店)에 투숙하였다.

8월 5일, 조원의 저자에서 투숙하다

식후에 길을 나서 용안(龍安)[387]에 이르러 말에게 여물을 먹이고 조원(棗院, 대추원) 저자에서 투숙하였다.

8월 6일, 조령을 넘어 동하원에 투숙하다

새벽에 출발하여 단월진(斷月津)에서 아침밥을 먹고 신주점(新酒店)에 도착하여 기장밥에 술을 마셨다. 날이 저물어 조령을 넘어 동하원(東下院)에 투숙하였다.

8월 7일, 말을 바꿔 타고 가다

아침에 출발하여 초곡점(草谷店)에서 밥을 먹고, 낮에는 문경 신원(新院)에서 쉬었다. 말이 넘어져 앞으로 갈 수 없어, 말을 세내어 바꿔 타고 해가 저물어 유곡(幽谷)에서 투숙하였다.

---

387 용안(龍安) : 전라북도 익산시 용안면과 용동면 지역이다. 과거 용안군으로 1914년 일제에 의해 함열군과 함께 익산군에 통폐합되었다.

행전문답

경자(庚子, 1900, 성재 44세) 杏田問答

경자(庚子 1900) 10월 22일 포시(晡時, 오후 4시 경) 행전(杏田)[388]을 넘어서 납닥촌이라고 하는 곳에 이르러 승지 이만도(李晩燾)[389]를 산사(山舍)에서 뵈었다. 인사를 마치고 말하였다.

내가 말했다.

"연전에 영공께서 우리 문중에 편지를 보내신 적이 있으십니다."

영공이 말했다.

"그렇네."

내가 말했다.

"어언 한 해가 지났지만 답장이 없는 것은 영공께서 돌이켜 깨달아서 다시 찾으시기를 바랐기 때문일 것인데, 아직도 시비가 가려지지 않았으니 부득불 한 번 와서 가릴 수밖에 없었습니다. 영공께서는 과연 ≪퇴계집≫에서 ≪대학≫ 정심(正心)장이 존양(存養)을 겸(兼)하였다고 말씀하신 것을 보셨습니까?"

영공이 말했다.

388 행전(杏田) : 영양군 청기면 당리에 있는 마을이다. 입구에 석문이 있는데 향암(響巖, 대답바우)이라고도 한다. 밭마다 살구나무가 많아서 행전이라고 하였다는 설과 영양 김씨(英陽金氏) 시조 묘의 형국이 행화낙지형(杏花落地形)이기 때문에 행전이라고 하였다는 설이 있다. 이곳에 향산 이만도의 증조부인 참봉공(參奉公) 이귀서(李龜書)의 묘소가 있었는데, 나중에 일월산 북쪽의 와운천(臥雲川) 가로 이장(移葬)하였다.

389 이만도(李晩燾) : 1842~1910. 본관은 진성(眞城). 자는 관필(觀必), 호는 향산(響山)이다. 퇴계 이황의 11세손이며, 만화공(晩花公)의 현손이다.

"겸(兼) 자는 지나치네."

내가 말했다.

"겸(兼) 자가 지나치다면 마땅히 무슨 자를 써야 하겠습니까? 이미 오로지 말한 것[專言]도 아니고 또 함께 말한 것[兼言]도 아니라면 곧 말하지 않은 것[不言]이 아닙니까?"

영공이 말했다.

"자네 목소리가 높구나. 경전의 뜻을 강론하여 확정하는 것은 혈기를 더해서는 안 되는 것이네."

내가 말했다.

"논변할 때 어쩔 수 없이 말이 명백해야 하므로 그런 것이지 혈기 때문에 그런 것이 아닙니다."

영공이 말했다.

"겸(兼) 자는 당연히 우(又) 자로 바꾸어야지."

내가 말했다.

"우(又) 자는 겸(兼) 자와 다른 점이 있습니까?"

영공이 말했다.

"선조의 가르침 가운데 어찌 존양(存養)을 말한 곳이 없겠는가?"

내가 말했다.

"어느 곳에서 존양(存養)을 말씀하셨습니까?"

영공이 말했다.

"<답율곡서(答栗谷書)> 가운데 '존(存) 자 경(敬) 자를 끌어 내어'[390]라고

390 존(存) 자 경(敬) 자를 끌어 내어 : ≪퇴계집≫ 권14, <답이숙헌문목(答李叔獻問目)>에 보인다.

이른 것이 존양(存養)이 아니면 무엇이겠는가?"

내가 말했다.

"영공께서는 문자의 대의를 궁구하지 않으시고 문장과 구절을 끊어서 취하여 다만 말재주로써 남의 말을 막는 것입니까? 그 글에서 말하기를, '≪대학≫에서는 본래 계구(戒懼)[391]는 말하지 않았습니다. 그러므로 주자도 정심장(正心章)의 주(注)에서 '찰(察)' 자만을 들어서 본문의 바른 뜻을 곧바로 해설하였을 뿐입니다. 다만 '시불견(視不見)'의 주에서 비로소 '존(存)' 자와 '경(敬)' 자를 끌어내어 말하고, 또한 세주(細注)를 통해 무심(無心)의 병통을 말했으므로, 이것으로 그 문제를 해결하여 '계구'의 공(功)이 은연중에 말하지 않은 가운데 들어 있을 뿐입니다. 운봉 호씨(雲峯胡氏)의 전념후사(前念後事)에 대한 설도 그 뜻은 이와 같으니, 모두 정심장에서 '계구'를 설명하였다고 말한 적이 없습니다. 그런데 지금 보내온 편지에서 바로 정심장을 '계구'에 해당시킨 것은 잘못입니다.'라고 하였습니다. 그리고 또 말하기를, '어찌 말하지 아니한 바를 억지로 이미 말한 것처럼 만들 필요가 있겠습니까.'라고 하였습니다. 그런즉 상하 전체 글에서 다만 허다하게 '불언(不言)'이라는 자만 있을 뿐이며 털끝만큼도 '겸언(兼言)'의 뜻은 보이지 않습니다."

영공이 말했다.

"은연(隱然) 중에 있는 것이 존양(存養)이 아니겠는가?"

내가 말했다.

"은(隱) 자는 바로 언외(言外)의 의미이니, 하물며 중간에 분명히 불언(不言)

391 계구(戒懼) : 계신공구(戒愼恐懼)의 줄임말로, 조심하고 두려워한다는 말이다. ≪중용(中庸)≫에 나오는 "도라는 것은 잠시도 떠날 수가 없는 것이니, 보이지 않고 들리지 않더라도 조심하고 두려워해야 한다.(道不可須臾離 戒愼恐懼)"는 구절에서 나온 말이다.

2자가 있는데도 영공께서는 그것을 제거해 버리시고 다만 처음과 끝만 들어서 존양(存養)의 증거로 말을 만드시니, 안(案)이 어찌 군색하지 않습니까?"

영공이 말했다.

"자네는 선조의 잡저(雜著) 가운데 체(體)와 용(用)을 분변(分辨)하는 글을 보지 못했는가?"

내가 말했다.

"보았습니다."

영공이 말했다.

"그 가운데도 존양(存養)을 말한 부분이 없던가?"

내가 말했다.

"그 설에 주극리(朱克履)[392]가 오로지 용(用)으로써만 말한 것은 그 뜻을 정확하게 파악하였다고 하였고,[393] 정휘암(程徽庵)[394]이 혹자의 설을 강력히 비판한 것도 타당하다고 하면서, 운봉(雲峯)[395]과 정암(整庵)[396]은 모두 잘못

392 주극리(朱克履) : 원(元)의 학자 주공유(朱公儒)로, 주공천의 백형(伯兄)이다.

393 오로지 용(用)으로써만 …… 파악하였다고 하였고 : <여이군보(與李君輔)>에 "주극리(朱克履)가 '경문(經文)에서 정심(正心)이라 한 것은 체(體)와 용(用)을 겸하여 말한 것이고, 전문(傳文)에서 정심을 하는 방도를 말함은 전적으로 용을 가지고 말한 것이다.' 하였는데, 퇴계가 이에 대해 '주극리가 한 말은 그 뜻을 정확하게 파악하였다.'라고 하였습니다.(朱克履曰 經言正心 是兼體用言 傳言所以正心之道 是專以用言 退溪謂朱克履所言 正得其意)"라고 하였다.

394 정휘암(程徽庵) : 정약용(程若庸)을 말한다. 자는 봉원(逢原), 호는 물재(勿齋) 또는 휘암으로 남송 때 학자이다. 주자의 학문을 종주로 하여 남송의 정단몽(程端蒙)이 편찬한 ≪성리자훈(性理字訓)≫을 재편집하여 ≪성리자훈강의(性理字訓講義)≫를 편찬하였다. 그 외 저술로 ≪태극홍범도설(太極洪範圖說)≫이 있다.

395 운봉(雲峯) : 운봉은 호병문(胡炳文, 1250~1333)의 호. 원(元)나라 때의 학자. 특히 주희(朱熹)의 학문에 정진했던 사람으로 자는 중호(仲虎)이고, 세상에서 운봉 선생(雲峯先生)이라 불렀다. ≪역본의통석(易本義通釋)≫·≪서집해(書集解)≫·≪춘추집해(春秋集解)≫·≪예서찬술(禮書纂述)≫ 등 많은 저서가 있다.

396 정암(整菴) : 명나라 때의 학자인 나흠순(羅欽順 : 1465~1547)의 호이다. 자는 윤승(允升)이며, 시호는 문장(文莊)이다. 벼슬을 사양하고 20여 년간 시골에서 격물치지학(格物致知

이라고 운운하였으니, 여헌(旅軒)[397]의 물음은 이 설에 대하여 곧장 가리키는 것인데, 어찌 이른바 '겸존양(兼存養)'이란 것이 있겠습니까?"

영공이 말했다.

"하단에 '드러나지 않는다고 하여 가벼이 여길 수 없다'[398]고 말한 뜻을 조존(操存)의 설로 풀이하였는데, 조존(操存)이 존양(存養)이 아니겠는가?"

내가 말했다.

"이 문단에서 논한 바는 다만 (마음에 있지 않다는 것이) 몸의 형체에 있는지, 보고 듣는 것에 있는지를 분별한 것이지, 애초에 정심(正心)에 대한 일은 아니었습니다. 하물며 그 설에, '본문의 언외(言外)의 뜻을 미루어' 운운하였으니, 또한 이른바 '불언(不言)'을 말한 것은 아니지 않습니까? 또 영공께서 조존(操存)[399]을 존양(存養)이라고 생각하십니까?"

영공이 말했다.

"나도 전날에는 같지 않은 줄 알았다. 후에야 고찰해 보니 과연 같지 않은 것이 없었네."

내가 말했다.

"조존(操存)은 사망(捨亡)과 반대말이니, 곧 이것은 이발(已發) 후의 공부이

學)에 전념하고 ≪곤지기(困知記)≫를 지었으며, 문집으로는 ≪정암존고(整菴存稿)≫가 있다. ≪명사(明史)≫ 권282 <나흠순열전(羅欽順列傳)>

397 여헌(旅軒) : 장현광(張顯光, 1554~1637)의 호. 조선시대 인조(仁祖) 때의 성리학자로 자(字)는 덕회(德晦), 관향은 인동(仁同)이다.

398 드러나지 …… 수 없다 : ≪퇴계집≫ 권41, <득기정(得其正)과 정기심(正其心)을 체와 용으로 나누는 설과 심부재언(心不在焉)이 구각(軀殼)에 있는지, 시청(視聽)에 있는지에 대한 변론(得其正正其心 分體用之說 心不在焉 在軀殼在視聽之辯)>에 나온다.

399 조존(操存) : 인간의 본연(本然)한 선심(善心)을 단단히 잘 잡고 있음을 이름. ≪맹자(孟子)≫ <고자(告子) 상>에 "꽉 잡으면 있지만 버리면 없어지고, 때가 없이 출입하고 어느 곳에 있는지도 모른다고 하였으니, 생각하건대 이것은 마음을 두고 한 말이 아니겠는가?(操則存 舍則亡 出入無時 莫知其鄕 惟心之謂)"라고 하였다.

며, 정(靜)하여 존양(存養)하는 일은 아닙니다.”

영공이 말했다.

“이발(已發) 후에는 유독 존양(存養)이 없단 말인가?”

내가 말했다.

“영공께서는 다만 존양(存養)이 동정(動靜)을 겸하였다는 것만 알고 존양(存養)은 성찰(省察)을 상대적으로 말한 것을 알지 못하신 것입니다. 말하자면 존양(存養)은 정(靜)에 속하고 성찰(省察)은 동(動)에 속한단 말입니까?”

영공이 말했다.

“그렇네.”

내가 말했다.

“지금 여헌(旅軒)이 물었던 것[400]이 바로 성찰(省察)의 상대가 존양(存養)인데, 그렇다면 어찌 이발(已發) 후로 볼 수 있겠습니까?”

영공은 답변이 없었다.

내가 말했다.

“정심장(正心章)에서는 본래 존양(存養)을 말하지 않았습니다.”

영공이 말했다.

“경(敬)은 동정(動靜)을 일관하는데 마음에 어찌 경(敬)이 없는 때가 있겠는가?”

내가 말했다.

“다만 마음에 경(敬)이 있으면 일에도 경(敬)이 있는 것 아니겠습니까?”

400 여헌(旅軒)이 물었던 것 : ≪한강속집(寒岡續集)≫에 실린 여헌 장현광과 한강 정구가 주고받은 이른바 ‘구조 문목(九條問目)’을 말한다. 그 진위 여부에 대하여 논란이 있었다. 최정기(崔正基, 1846~1905)의 ≪가천집(可川集)≫ 권3 <답이향산관필(答李響山觀必)> 및 이중균(李中鈞, 1861~1939)의 ≪잠사유고(潛士遺稿)≫ 및 이만여(李晩輿, 1861~1904)의 ≪봉강집(鳳岡集)≫ 등에 관련 내용이 두루 보인다.

영공이 말했다.

“그렇네. 집사경(執事敬)[401]이 이것이네.”

내가 말했다.

“집사경(執事敬)도 존양(存養)이라고 할 수 있습니까?”

영공이 말했다.

“일[事]에도 존양(存養)이 있네.”

내가 말했다.

“제가 후생으로서 식견이 없어서 일[事]에도 존양(存養)이 있다는 것을 듣지 못하였습니다. 감히 어디에 있는지 여쭙니다.”

영공은 답변이 없었다.

내가 말했다.

“≪대학(大學)≫에서 존양(存養)을 말하지 않은 것은 다만 노 선생의 설이 그럴 뿐만 아니라 퇴계 앞에는 주자(朱子)와 회재(晦齋)의 주장이 있고 퇴계 이후에 갈암(葛庵)과 대산(大山)의 말이 있으니, 이는 곧 우리 유가에서 법으로 서로 전하여 오는 지결(旨訣)입니다. 이것 외에 곧 운봉(雲峯, 胡炳文)의 분체용(分體用), 정암(整庵)의 전언체(專言體), 율곡(栗谷)의 당계구(當戒懼), 또 여헌(旅軒)의 겸존성(兼存省)이 있는데, 지금 영공께서는 선현의 말씀을 저버리고 도리어 다른 설을 부치시기를 그치지 않으시니, 심하십니다.”

영공이 말했다.

“내가 선현의 가르침에 무엇을 저버렸다는 것인가? 선조의 말에 ‘존(存)

---

401 집사경(執事敬) : 번지(樊遲)가 인(仁)을 묻자, 공자가 “집에 거처하기를 공손히 하고, 일을 행하기를 조심스럽게 하며, 남을 대할 때 성의를 다해야 한다. 이 세 가지는 비록 오랑캐의 땅에 가더라도 버려서는 안 된다.(居處恭 執事敬 與人忠 雖之夷狄 不可棄也)”라고 답한 내용이 ≪논어≫ <자로(子路)>에 나온다.

자 경(敬) 자를 끌어 내었다'고 하였고, 한강(寒岡)은 선조의 적전(嫡傳)으로 그 답하는 말에 '경직(敬直)[402]의 공을 더한다'[403]고 하였네. 나는 나의 선조와 적전 제자의 가르침을 좇는데 자네는 저버렸다고 하니 어째서인가?"

내가 말했다.

"염출존경(拈出存敬, 존 자와 경 자를 끌어 내다)의 아래에는 은연재불언중(隱然在不言中, 은근히 말하지 않는 중에 있다)라는 구절이 있고, 가경직지공(加敬直之功, 경직의 공을 더한다) 위에는 전재어찰기심지용(專在於察其心之用, 오로지 그 마음의 용을 살피는 데에 있다)라는 구절이 있습니다. 영공께서는 상하의 문세를 살피지 않으시고 내내 문장 구절을 떼어 내어 말씀을 하시니 궁색한 듯합니다."

영공이 말했다.

"내가 배운 것[404]에는 체득하여 앎을 얻은 것이 그리 없으니 감히 경전의 뜻을 함부로 말하지 못하겠네. 그러나 나의 견해로는 정심장(正心章)에는 존양(存養)이 없다고 말할 수 없네. 다만 율곡(栗谷)이 오로지 계구(戒懼)만 말하였기 때문에 선조께서 잘못이라고 한 것이네."

내가 말했다.

"존양(存養) 공부는 다만 불언(不言) 가운데 있으며 본문에서 말한 것이 아닙니다. 그러므로 주자장구에 경직(敬直) 운운한 것은 빠진 부분을 뜻을 메워주는 데 불과한 것이지 본문의 바른 뜻이 아닙니다. 주자가 일찍이 용

402 경직(敬直) : ≪주역≫ <곤괘(坤卦) 문언전(文言傳)>의 "군자가 공경하여 안에 있는 마음을 바르게 하고 의로워 밖에 있는 일을 방정(方正)하게 한다.(敬以直內 義以方外)" 한 내용을 축약하여 경직의방(敬直義方)이라고 한다. 경직(敬直)은 경직의방(敬直義方) 가운데 내면을 수양하는 경직(敬直)을 지칭하는 말이다.

403 경직(敬直)의 공을 더한다 : ≪한강속집≫ 권9 <답문(答問)>에 나온다. 장현광과의 문답이다.

404 내가 배운 것 : 원문의 '유염(濡染)'은 보고 들어 몸에 젖어 들다는 의미로 스승이나 가정에서 좋은 행실을 이어받는 것을 말한다.

(用)이 바른데 체(體)가 바르지 못한 경우는 없다고 말하였고, 대산 선생은 체(體)는 바르게 하려 하지 않아도 스스로 바른 것이라고 말하였으며, 또 이른바 경이직지(敬而直之)라는 것도 동처(動處)와 용처(用處)에 나아가 공부하는 것이니, ≪중용≫의 '미발(未發) 가운데 계구(戒懼)하는 것'과는 같지 않다고 말하였습니다. 대개 바깥을 제어한 것은 안을 함양한 까닭이지만, 바깥을 제어한다고 하여 그 안을 함양한다고는 볼 수 없을 것입니다."

내가 말했다.

"무신년(戊申年, 1848) 장 씨(張氏)의 변란은 무릇 우리 정(鄭) 가들로서는 몹시 가슴 아픈데 너무나 다행스럽게도 도회(道會)에서 여론이 엄중히 일어나 성토하여 보판(補板)하였습니다. 그 일을 주관한 분이 귀 문중의 돌아가신 부로(父老)였으며, 선공의 형제 4분의 휘함(諱啣, 죽은 사람의 이름)가 모두 통문에 있어 지금까지도 살펴볼 수 있습니다. 영공께서는 참으로 선조의 논의를 배신하고 장 씨(張氏)를 위하여 몸소 가서 참여하여 이름을 허락하셨습니다. 어찌 환란(患亂)도 부족하여 반드시 선현의 문자를 배척하고 심학(心學) 종지(宗旨)를 훼손하려 하셨습니까? 입에 올릴 뿐만 아니라 또 글로 쓴 연후에야 마음이 후련하였던 것은 무엇 때문이었습니까?"

영공이 말했다.

"아니네. 마침 ≪한강속집(寒岡續集)≫을 보니 여헌(旅軒)의 '이해하지 못하겠다는 물음'에 한강(寒岡)도 이유를 알지 못하겠다고 답한 것이 있는데, 과연 온당하지 못한 일이었네. 어찌 두 선생께서 우리 선조의 가르침에 이러한 말이 있을 수 있겠는가? 우리 선조께서 예를 논한 글에 한강(寒岡)이 구단(句斷)[405]한 것이 많았다고 하는데 이러한 말은 보지 못하였네."

405 구단(句斷) : 한 문구로 결단을 내림.

내가 말했다.

"여헌(旅軒)의 겸체용(兼體用) 설은 이미 노 선생[퇴계]과는 부합하지 않으므로 이해하지 못할 물음에 스스로 부득불 그러하였겠지만 어찌 다만 이것뿐이겠습니까? 사단칠정론과 이기설이 이것이 어떤 종지(宗旨)입니까? 그런데 오히려 같지 않은 것에 거리낌이 없는데, 하물며 정심장(正心章)에 대해서는 어떠하겠습니까? 이것은 곧 후생이 감히 말씀드릴 것은 아니지만 다만 '우리 선조께서 까닭을 알지 못하겠다고 운운했다는 말'은 '이해할 수 없는 물음'과 똑같이 온당하지 못한 것이란 말입니까?"

영공이 말했다.

"같지 않은가?"

내가 말했다.

"'까닭을 알지 못하겠다고 말한 것'은 바로 감히 질정하지 않으려는 뜻이니, 그 아래 달린 말은 모두 선생의 뜻을 밝힌 것인데, '일호부동처(一毫不同處)'가 있음을 보지 못하였으니 이 5자에 어찌 온당하지 않은 점이 있겠습니까?"

영공이 말했다.

"5자 어의(語意)의 변화와 이해할 수 없음이 비록 깊이의 차이는 있지만 그러나 이어지는 말이 과연 우리 선조의 가르침과 다르지 않는데, 위에 5자를 더하면 문장의 흐름에 상반된 것이 없겠는가?"

내가 말했다.

"참으로 영공의 말씀과 같다면 이 5자는 마땅히 삭제해야 하지 않겠습니까?"

영공은 묵묵히 있을 뿐 응답하지 않았다.

영공이 말했다.

"아홉 조목에서 이 한 조목을 삭제한다면 여덟 조목을 쓸 수 없을 것이네."

내가 말했다.

"영공께서 이 무슨 말씀입니까? 참으로 영공의 말씀처럼 아홉 조목을 삭제한다면 속집에는 쓸 수 없을 것입니다. 속집에서 삭제한다면 원집에도 쓸 수 없을 것입니다."

영공은 답변이 없었다.

영공이 말했다.

"전언성찰 불언존양(專言省察 不言存養) 위에 왈(曰) 자를 더하면 그 말이 마치 우리 선조의 문집 가운데 이 여덟 글자가 있을 듯하지만 없으니 무엇 때문일까?"

내가 말했다.

"문집 속에 이른바 '오로지 용(用)으로써 말한다.'와 '다만 찰(察) 자를 쓴 것'은 모두 오로지 성찰(省察)에 대한 말을 한 것이며, '불언계구(不言戒懼)'와 '미상언계구(未嘗言戒懼)'는 모두 존양(存養)에 대한 말을 한 것이 아닙니다. 그러므로 왈(曰) 자 위에 '지언(之言)' 두 자를 더하여 그 의미가 마치 '퇴계 선생의 말씀에 이르되'라고 한 것과 같습니다. 이렇게 본다면 의미의 소재를 알 수 있을 것이니 어찌 반드시 8자를 문집 중에서 구하겠습니까?"

영공이 말했다.

"왈(曰) 자 위에 과연 '지언(之言)' 두 자가 있던가?"

내가 말했다.

"영공께서는 모르셨습니까?"

영공은 대답이 없었다.

성재집

제 5 권

용강유고 서문
龍岡遺稿序

배워서 내외와 경중을 구분할 줄 아는 자는 비로소 상(上)을 말할 수 있을 것이다. 저 헌상규조(軒裳珪組)[1]는 사람들에게 영광스러운 것이지만 바른 도를 통하지 않으면 그 몸에 허물이 되고, 언어와 문장은 마음이 드러나는 바이니 말에 뛰어난 자라고 하여 반드시 덕이 있는 것은 아니다. 오직 몸으로 덕을 닦고 마음으로 행동을 온전히 하며, 인의(仁義)의 설(說)에 침잠하고 성명(性命)의 근원을 탐구하면, 훼예(毁譽)가 그 마음을 흔들지 못하고 궁통(窮通)이 그 지조를 바꾸지 못한다. 산림에서 늙어 죽음에 이르더라도 후회하지 않을 것은 어찌 마음을 중시하고 외면을 가볍게 여긴 것에서 드러난 것이 아니겠는가?

용강(龍岡) 안 공(安公)은 어려서부터 위기지학(爲己之學)에 뜻을 두고 주자의 가르침을 마음에 새겼으며, 궁리(窮理)와 수신(修身)이 자신의 일로 삼을 줄 알았다. 드디어 과거를 포기하고 사자(四子)의 육경(六經)에 전심하였다. 차근차근히 나아감에 멈추지 않았으니, 그 뜻이 굳고, 그 재주가 민첩하고, 그 배움이 곧았다. 문장은 꾸미기를 일삼지 않았으니 순후함이 유덕 군자(有德君子)의 말이 되었고, 시(詩)도 담담하게 성정의 바름에서 나왔으니 기

1 헌상규조(軒裳珪組) : 고관(高官)이 타는 수레와 관복, 인수(印綬) 등을 말한다. 구양수(歐陽脩)의 <육일거사전(六一居士傳)>에, "다섯 가지 물건을 소유한 뒤에 편안한 것은 미혹된 것이요, 다섯 가지 물건을 버린 뒤에 편안한 것도 미혹된 것이다. 또 물건은 애당초 사람을 얽맬 수 없으니, 헌상규조(軒裳珪組)도 누(累)가 될 수 없는데, 하물며 이 다섯 가지 물건이겠는가?"라고 하였다. 여기서의 다섯 가지 물건은 장서(藏書) 1만 권, 금석유문집록(金石遺文集錄)이 1천 권, 거문고 하나, 바둑판 하나, 술 한 병을 가리킨다.

이한 재주를 다투는 모습이 없었다. 공과 같은 이를 마음을 돈독하게 하니, 그 뿌리를 안다고 말할 수 있을 것이다. 멀리는 문성공(文成公)[2]과 문열공(文烈公)[3]을 잇고, 가까이는 노계(蘆溪)[4]와 뇌곡(磊谷)[5]을 이었으며, 오월(梧月)을 할아버지로 삼고 졸재(拙齋)를 아들로 삼았으니, 이것은 아마도 가학(家學)을 전수받아 후손들에게 물려 줌으로써 그러한 것이리라.

들으니 대산(大山) 이 선생(李先生)께서 도산(陶山)의 지결을 강의하며 강호에서 깃발을 날릴 때에 편지를 보내어 질문을 청함에 깨우쳐 놀라게 함이 많았었다. 또 정 입재(鄭立齋),[6] 김 칠암(金七巖),[7] 최 두와(崔蠹窩)[8]와 우리

---

2 문성공(文成公) : 안향(安珦, 1243~1306)을 가리킨다. 본관은 순흥(順興), 초명은 유(裕), 자는 사온(士蘊), 호는 회헌(晦軒)이며, 문성(文成)은 그의 시호이다. 1260년 문과에 급제하여, 상주 판관(尙州判官) 국자 사업(國子司業) 등을 역임었으며, 원나라에서 ≪주자전서(朱子全書)≫와 공자와 주자의 화상을 가져옴으로써 주자학을 처음 도입하였다. 저서로는 ≪회헌실기(晦軒實記)≫가 전한다.

3 문열공(文烈公) : 안원린(安元璘)을 가리킨다. 문열(文烈)은 그의 시호이다. 안원린은 고려조(高麗朝)에서 문과에 급제하여 정당문학(政堂文學)과 검교중추원사(檢校中樞院事)를 역임하였으며, 나라에 공을 세워 탐진군(耽津君)에 봉해졌다. 이후 안원린의 후손들이 순흥 안씨에서 분적하여 탐진을 본관으로 삼아 세계(世系)를 이어 왔다고 한다.

4 노계(蘆溪) : 안우(安遇, 1449~1527)를 가리킨다. 본관은 탐진(耽津), 자는 시숙(時叔), 노계(蘆溪)는 그의 호이다. 안음 현감을 지냈으며, 초계(草溪)의 송원서원(松原書院)에 제향되었다.

5 뇌곡(磊谷) : 안극가(安克家, 1547~1614)를 가리킨다. 본관은 탐진(耽津), 자는 의지(宜之), 뇌곡(磊谷)은 그의 호이다. 이정(李楨)의 문인이다. 1591년(선조 24) 사마시에 합격하여 사직서 참봉, 삼가 현감 등을 역임하였다. 저술로 ≪뇌곡일고≫가 ≪탐진세고≫에 수록되어 있다.

6 정 입재(鄭立齋) : 정종로(鄭宗魯, 1738~1816)를 가리킨다. 그의 본관은 진양(晉陽), 자는 사앙(士仰)으로 입재(立齋)는 무적옹(無適翁)과 함께 그의 호이다. 정경세(鄭經世)의 6대손이며 이상정(李象靖)의 문인이다. 어릴 때 가학을 전수받았으며, 영남학파의 학통을 계승하였다. 52세 때 광릉참봉(光陵參奉)을 제수 받았으며, 사포서별제(司圃署別提)·강령현감(康翎縣監)·함창현감(咸昌縣監) 등을 역임하였다.

7 김 칠암(金七巖) : 김몽화(金夢華, 1723~1792)를 가리킨다. 그의 본관은 선산(善山), 자는 성신(聖臣)으로 칠암(七巖)은 그의 호이다. 1754년 증광시(增廣試) 3등으로 생원에 합격하고 같은 해 증광시 병과로 문과에 급제하여 예문관검열(藝文館檢閱)·설서(說書)·승지(承旨)·가선대부(嘉善大夫) 한성좌윤(漢城左尹) 등을 역임함. 문집이 전하며, 류심춘(柳尋春)

지애(芝厓)[9] 할아버지와 취미가 서로 맞아 도의로써 서로 탁마하였다. 깊이 공부하여 나아가 스승과 붕우들이 서로 돕는 것이 또한 이와 같았다.

만년에 팔계(八溪) 복룡강(伏龍岡) 아래 서실을 짓고, 서실의 이름을 자호로 삼고, 죽을 때까지 노닐었다. 가훈을 지어 돈목(敦睦)한 가풍을 내려 주었고, 자손을 위하여 공부하는 방법을 써 주었다. 지금까지 그 자손들이 빛나는 문행(文行)을 지닌 것에서 자손들에게 미친 가르침을 넉넉히 볼 수 있다. 공께서는 고상하여 저술을 즐겨하지 않았고 보관된 글도 화재를 겪어서 남은 것이 거의 없는데, 4세손 찬(璨)이 시문 몇 편을 수습하여 문집을 만들어 전하려 하였다. 그 아들 영복(永璞)을 달려가게 하여 나에게 서문을 구하였는데, 나는 공의 행실이 글에 다 드러나지 못하였고, 공의 글도 말하지 않아도 저절로 전해질 것이라 여겼다. 평소 깊이 우러러 사모하는 마음을 돌아봄에 끝까지 사양할 수 없어서 결국 이렇게 글을 지음으로써 자손의 요청에 갈음하고, 또 세상에서 내면을 버리고 겉치레만 힘쓰며, 화려한 모습을 자랑하고 근본과 실질을 잊어버리는 사람들을 경계하게 한다.

이 묘지명을 지었다.

8 최 두와(崔蠹窩) : 최흥벽(崔興璧, 1739~1812)을 가리킨다. 그의 본관은 경주(慶州) 자는 사경(士敬)으로 두와(蠹窩)는 국옹(菊翁)과 함께 그의 호이다. 최흥원(崔興遠)과 이사정(李象靖)의 문인이며, 저서로는 ≪산중문답(山中問答)≫, ≪심학이편(心學邇編)≫, ≪세한만록(歲寒謾錄)≫ 등이 있다.

9 지애(芝厓) : 정위(鄭煒, 1740~1811)를 가리킨다. 그의 본관은 청주(淸州), 자는 휘조(輝祖)로 지애(芝厓)는 그의 호이다. 최흥원(崔興遠)과 이상정(李象靖)의 문인이다. 1796년 효행과 학문으로 조정에 천거되었으나 병으로 사양하였고, 온릉참봉(溫陵參奉)을 제수 받았으나 얼마 안 되어 사직하고 귀향하였다. 한강 정구(鄭逑)의 8대손으로 작자의 5대조이다. 저서로는 문집과 ≪가례휘통(家禮彙通)≫이 있다.

성산이씨추선록 서문
星山李氏追先錄序

이 씨의 관향은 성산으로 대성(大姓) 가문이 된 것은 그 가문에 여섯 인물이 있었기 때문이다. 광평군 휘 능(能)이 곧 그 한 분이다. 공은 고려조에 출사하여 이름이 종정(鍾鼎)[10]에 드러났다. 세대가 멀어지고 사적이 없어짐에 따라 당대에는 혁혁하게 빛나는 공의 자취가 인몰(湮沒)됨을 면하지 못하고 전함이 없는 것은 한탄할 만하지만 오직 다행스러운 것은 묘소의 모습이 이미 황폐한 가운데 다시 묘갈을 세운 것이다. 세월이 오래 흘러 이제 여헌(旅軒) 장 선생(張先生, 여헌 장현광)의 명문(銘文)을 그 돌에 새기고, 우리 선조 문목공(文穆公, 한강 정구)의 글로써 그 일을 도왔다. 묘소에 제사 올리고 의식절차를 고할 때 투장의 해를 입어 소장을 올려 다시 파가도록 요청한 일은 모두 두 선생의 성의(誠意)에서 나온 것이었다.

대현의 사업은 백 세가 지나더라도 없어지지 않는 것이니, 이에 공의 덕행과 훈업은 잊혀지는 듯하지만 사실은 드러나고, 멀어질수록 더욱 보존되는 것이다. 구양공(歐陽公)이 이른바, '돌은 닳아 없어질 수 있지만 명문은 없어질 수 없다'[11]고 한 것이 이것을 이른 것이 아니겠는가? 가업이 전해짐[12]에 자손이 크게 번창하였다. 2대를 내려와 호군공(護軍公)이 있으니 또

10 종정(鍾鼎) : 동(銅)으로 주조한 종과 솥을 합칭한 말인데, 옛날에 공훈을 표하는 문자(文字)를 대부분 이 종과 솥의 겉면에 새겼던 데서 온 말이다.

11 돌은 닳아 …… 없어질 수 없다 : 구양수가 윤수(尹洙, 1001~1047)를 위해 쓴 <윤사로묘지명(尹師魯墓誌銘)>에 보인다.

12 가업이 전해짐 : 원문의 '신화상전(薪火相傳)'은 선조의 유업(遺業)이 영원토록 면면히 계승됨을 비유한 말이다. ≪장자(莊子)≫ <양생주(養生主)>에 "손으로 섶을 계속하여 밀어 넣으면 불길이 전해져서 끝날 줄을 모른다.(指窮於爲薪 火傳也 不知其盡也)"라고 한 데서

한 이미 세대가 멀고 자취는 없어졌지만 오히려 비석[片石]이 있어서 말할 수 있다. 정무공(靖武公)[13]과 같은 분의 무용(武勇)과 청렴한 절도공(節度公)의 충효(忠孝)는 나라의 간성(干城)이 되고 향당의 표준(標準)이 되기에 충분하였다. 도학이 순정하기로는 황곡(篁谷)[14] 선생같은 이가 있고, 학문의 조예가 정심(精深)하기로는 매죽헌(梅竹軒)[15] 같은 분이 계시니, 이미 모두 제사상에 높이 보답한 것이었다. 주지(州誌)에 실린 것에는 독촌공(獨村公)[16]의 연상정매(聯床征邁)[17]가 있고, 향리에 정표가 된 것은 충순당(忠順堂)[18]의 적개순절(敵愾殉節)이 있으니 얼마나 장한가? 구암공(耉巖公)[19]은 넓은 학식과

온 말이다.

13 정무공(靖武公) : 이호성(李好誠, 1397~1467)을 가리킨다. 그의 본관은 광평(廣平)으로 정무(靖武)가 시호이다. 1427년(세종 9) 무과에 급제하였다. 1457년(세조 3) 경상우도 병마절도사·경상좌도 병마절제사를 거치면서, 왜인의 변란 대비책으로 연변제읍(沿邊諸邑)의 제색군인(諸色軍人)을 동·서 양계(東西兩界)처럼 각기 본 읍에 소속해 수비하게 하고, 영진군(營鎭軍)은 내지(內地) 군사로 소속시켜 불의의 일에 임하도록 하였다.

14 황곡(篁谷) : 이칭(李偁, 1535~1600)을 가리킨다. 그의 본관은 광평(廣平), 자는 여선(汝宣)으로 황곡(篁谷)은 그의 호이다. 외삼촌 임훈(林薰)과 임운(林芸)에게 배웠고, 뒤에 이황(李滉)과 조식(曺植)의 문하에서 수학하였다. 1558년(명종 13) 생원시에 입격하고, 1583년(선조 16) 유일(遺逸)로 천거되어 남부 참봉(南部參奉)에 제수되었다. 1592년(선조 25) 임진왜란이 일어나자 이정(李瀞)과 창의하였다.

15 매죽헌(梅竹軒) : 이명호(李明怘, 1565~1624)를 가리킨다. 그는 본관이 광평(廣平), 자는 양초(陽初)로 매죽헌(梅竹軒)은 그의 호이다. 함안 검암리(儉巖里)에서 태어났다. 아버지는 조식의 문인인 이칭(李偁)이다. 1605년에 진사가 되었다. 저서로는 ≪매죽헌집≫이 있다.

16 독촌공(獨村公) : 이길(李佶, 1538~?)을 가리킨다. 그는 본관이 광평(廣平)으로 자는 여한(汝閒), 처음의 호는 검계(儉溪)이며, 이후에는 독촌(獨村)이라는 호를 사용했다. 병조 판서(兵曹判書)를 지낸 정무공(靖武公) 이호성(李好誠)의 현손이다.

17 연상정매(聯床征邁) : 형제끼리 책상을 나란히 하고 학문에 매진하는 모습을 일컫는 말이다.

18 충순당(忠順堂) : 이령(李伶, 1541~1592)를 가리킨다. 그는 1592년(선조 25) 임진왜란 당시 평민을 주축으로 한 의병장으로 김해 읍성에서 전사하였다. 1869년(고종 6) 영남 사림의 제청으로 정려(旌閭)가 내려졌다. 1880년 통훈대부(通訓大夫) 사헌부 감찰(司憲府監察), 1885년 통정대부 이조 참의(吏曹參議)에 증직되었다. 후손들이 그를 기리기 위하여 충순당(충순당)을 세웠으며, 별묘인 성인사(成仁祠)가 있다.

뛰어난 재주를 지니고 어두운 조정에서 소인배 가까이에 있었지만 늠름하게 범할 수 없는 기개가 있었으니, 공경할 만하였다. 오호라! 이것은 광평군(廣平君)이 끼친 은택이 명문(銘文) 중에 말한 것과 같음을 증험할 수 있는 것이 어찌 아니겠는가?

이 씨 몇 명이 공의 묘갈과 비갈을 세우는 전말을 모아서 호군 이하 제공의 실록에 붙여서 한 책으로 만들어 이름하여 ≪추선록(追先錄)≫이라고 하였다. 옛글에 이르기를, '선조에게 아름다움이 있는데 전하지 않는 것은 불인(不仁)이다.'[20]라고 하였고, 전(傳)에 이르기를, '먼 조상은 사람들이 잊기 쉬운데 능히 추모한다면 후하게 하는 방법이다.[21]'라고 하였으니[22], 이 ≪추선록≫이 완성되는 것은 한 가문이 인으로 돌아가는 것일 뿐만 아니라 또한 민덕(民德)이 두터워지는 것에 보탬이 될 것임을 나는 안다.

공의 주손(冑孫) 익달(益達)과 그 족질(族姪) 준곤(俊坤)이 와서 나에게 책머리에 둘 말을 부탁하였다. 나는 문목공(文穆公)의 후손으로서 마침내 사양하지 못하고 쓴다.

---

19 구암공(耉巖公) : 이삼성(李三省, 1564~1624)을 가리킨다. 본관은 광평(廣坪)으로 자는 희성(希聖), 구암(耉巖)은 그의 호이다. 아버지는 직장 이춘란(李春蘭)이다. 1599년(선조 32) 별시에 을과로 합격하여 형조 좌랑, 울산 판관 등을 지냈다.

20 선조에게 …… 불인(不仁)이다 : ≪한유전집(韓愈全集)≫ 권34 <고 패주 사법참군 이군 묘지명(故貝州司法參軍李君墓誌銘)>에, 이고(李翺)가 조상의 기록을 정리해 실록(實錄)을 만들며 "선조에게 미덕이 있는데 모르는 것은 현명하지 못한 것이고, 알면서도 전하지 않는 것은 불인한 것이다.(先祖有美而不知 不明也 知而不傳 不仁也)"라고 하였다.

21 전(傳)에 이르기를 …… 방법이다 : 이 말은 주희가 ≪논어집주≫ <학이(學而)>의 "증자가 말하기를 '윗사람이 정성스럽게 장례를 치르고 제사를 지내 조상을 추모하면 백성들의 마음이 점점 후덕하게 될 것이다.(愼終追遠 民德 歸厚矣)'라고 하였다."라는 구절에 붙인 주석이다. ≪논어집주(論語集註)≫ <학이(學而)>

22 옛글에 …… 하였으니 : 같은 내용이 이상정(李象靖)의 ≪대산집≫ 권45, <평성세고발(平城世稿跋)>에 나온다. 작자는 이 글을 인용한 것이다.

합천이씨효행록 서문
陜川李氏孝行錄序

사람의 효심은 하늘에서 타고난 것이며 성품으로 갖추어진 것이다. 인이 시작하는 곳이요 백 가지 행실이 나오는 곳이다. 그 일은 자식의 직분을 하는 것에 지나지 않는다고 하지만 그 효험은 천지의 상서(祥瑞)에 이르고 이류(異類)의 감응(感應)을 불러오니, 그 도가 위대하다. 옛날 도정절공(陶靖節公, 도잠)이 오 효자(五孝子)를 칭찬한 일[23]이 수천 년이 지났지만 겨우 십 수 인을 얻었을 뿐이다. 어찌하여 그렇게 어려운가? 대저 이렇게 어려운데 오직 합천 이 씨 형제 3인과 부인 이 씨는 모두 효자라는 칭호를 한 집안에서만 소유하는 듯하다. 어찌 하늘이 주는 것이 이 집만 유독 두텁게 한 것인가? 아니면 이 씨가 천성을 온전히 하여 그 성품을 잃어버리지 않아서 그런 것인가?

이 공의 장자 휘 광수(光叟), 둘째 휘 현수(顯叟), 막내 휘 창수(昌叟)는 모두 어려서부터 향당에서 지행(至行)으로 두드러졌다. 부인 이씨가 맏이에게 시집옴에 그 덕이 합치되고 그 행실이 일치하였다. 형제와 부부가 양친을 모심에 사랑과 공경을 다하였으니, 사람들은 군말이 없었다. 가난 때문에 맛있는 음식을 빠뜨리지 않았고 병 때문에 봉양을 게을리 하지 않았다. 힘써 모시고 봉양하는 것은 대개 대수롭지 않은 일이었다. 단지(斷指)하여 모친의 명을 연장하거나, 종기를 입으로 빨아 부친의 병을 낫게 하거나, 시묘 삼 년을 마침에 영험한 약초 뿌리[24]가 빛을 내고, 산꿩이 효자의 부엌으로

23 도정절공이 …… 칭찬한 일 : 도연명이 지은 <오효자전(五孝子傳)>이 있다.

날아들고, 호랑이[25]가 여묘를 지키는 일이 있었다. 오호라! 괴이하도다. 행실은 거짓으로 사물을 감응하게 하고 정성스럽지 않은 것으로써 이루는 것은 내가 보지 못하였다. 또 부모를 모시고 남은 힘으로 글을 배우기를 지극히 독실하게 매진하였고 형제 간에 화목하니[26] 밝게 빛나는 모습이었다. 짧은 순간에도 의리를 구분하였으며 위급한 상황에서도 경중을 헤아렸다.

무신(戊申)년 역변[27]이 그 같은 군에서 일어남에 늙은 부모가 당에 계시므로 적에게 맞서는 의리를 펼칠 수 없어서 지조를 지키면서 멀리 갔다. 원흉이 죽임을 당하고 나머지 빠져나간 잔당들이 아직도 있을 때, 공의 삼 형제가 같은 군의 강지은(姜趾殷) 형제와 함께 향교 강당에 들어가서 향적유안(鄕籍儒案)에서 그 이름들을 파내었다. 안찰사 김진상(金鎭商)[28]이 '이(李) 강(姜)이 유독 청직(淸直)하였다'는 계문이 있고 단암(丹巖) 민문충공(閔文忠公)[29]이 척사부정(斥邪扶正)의 공훈을 주어야 한다는 구절이 있으니, 그가 여

24 영험한 약초 뿌리 : 원문의 '영근(靈根)'은 신목(神木)의 뿌리를 가리키는데 약초의 뜻이다.

25 호랑이 : 원문의 '오도(於菟)'는 호랑이의 별칭이다. ≪춘추좌씨전≫ 선공(宣公) 4년에 "초나라 사람들은 젖을 곡이라 하고, 호랑이를 오도라 한다.(楚人謂乳穀 謂虎於菟)"라는 말이 나온다.

26 형제 간에 화목하니 : 원문의 '훈지(壎篪)'는 형제 혹은 친구 사이의 화목과 조화를 비유할 때 쓰는 표현으로, ≪시경(詩經)≫ <소아(小雅) 하인사(何人斯)>의 "맏형은 훈을 불고 둘째형은 지를 분다.(伯氏吹壎 仲氏吹篪)"는 말에서 나온 것이다.

27 무신(戊申)년 역변 : 1728년(영조 4)에 노론 정권에 불만을 품은 소론 과격파와 남인들이 연합하여 영조와 노론을 제거할 목적으로 전국적인 규모로 기병(起兵)을 한 사건이다. 무신년에 일어나 무신란(戊申亂)이라 하거나, 이인좌(李麟佐)의 난이라고도 한다.

28 김진상(金鎭商) : 1684~1755. 본관은 광산, 자는 여익(汝翼), 호는 퇴어(退漁)다. 김장생의 현손이며, 할아버지는 참판 김익훈(金益勳)이다. 아버지는 김만채(金萬埰)이며, 어머니는 이항(李杭)의 딸이다. 과격한 노론의 입장을 고수하였으며, 글씨에 능하여 많은 비문을 썼다. 문집으로 ≪퇴어당유고(退漁堂遺稿)≫가 있다.

29 단암(丹巖) 민문충공(閔文忠公) : 민진원(閔鎭遠, 1664~1736)을 가리킨다. 그의 본관은 여흥(驪興)으로 자는 성유(聖猷)이고, 단암(丹巖)은 세심(洗心)과 함께 그의 호이다. 시호는 문충(文忠)이다. 영조의 탕평책을 반대하였으며 경종때와 영조 때 노론의 영수로서 활약하였다. 민영익, 순명효황후(순종황제의 정비)의 6대조이며, 명성황후의 종 5대조가 된다.

러 공들에게 추앙받는 것이 이와 같았다. 대체로 공의 훌륭한 행적은 읍지에서 살펴볼 수 있고, 원근의 인사들이 거듭 지방 방백들에게 고하였지만 조정의 포상을 받지 못한 것이 이제 백여 년이 되었다.

하루는 막내 공의 5세 손 상익(相翼)이 유림의 통문과 문서를 모아서 한 권의 책을 만들어 그 아들 호섭(顥燮)을 시켜 멀리 백 리 길을 건너와 나에게 말하였다. "선조에게 훌륭한 행적이 있는데 끝내 없어지게 한다면 후손들이 명철하지 못하고 어질지 못한 점이 큽니다. 지금 나라가 망하여 다시 나라의 포상을 바랄 수 없으니, 오히려 당세 군자들의 말씀에 의지하여 후손들에게 전할까 합니다." 그의 부탁을 참으로 감당할 수 없지만, 가만히 마음에 감동하는 바가 있어서, 그만두지 못하고 삼가 이 글을 써서 보낸다.

동천집 서문
東泉集序

옛날 우리 호상(湖上) 선생[30]은 추로(鄒魯)의 문명을 만나서 동남(東南) 지방의 끊어진 학문을 이끌었다. 당시 문하에 이른 여러 현사들은 육예(六藝)에 있지 않음이 없고 몸소 효제를 행하였으며, 성명의 근원에 대하여 강론할 때에는 빈빈(彬彬)한 낙민(洛閩)의 풍모가 있었으니, 동천(東泉) 선생 문공(文公) 휘 정유(正儒)[31]가 그 가운데 한 분이다. 공은 어려서부터 재주가 많고 영민하여 견해가 샘솟 듯하였다.[32] 독서는 번거롭게 감독하지 않아도 날마다 수천 언을 외웠으니 이미 널리 경사(經史)를 섭렵하였다. 약관에 도학의 문에 올랐으니, 마음을 다스리는 요결을 한번 보고 들으면 선생은 또 손수 써서 권장하였다. 문장의 번뜩이는 생각은 모두 좋아하고 인정하였다. 서림(西林)의 슬픔[33]을 만남에 높은 덕을 더욱 간절히 추모하였다.[34] 남기신

30 호상(湖上) 선생 : 이상정(李象靖, 1711~1781)을 가리킨다. '호상'은 안동시 일직면(一直面) 소호리(蘇湖里) 일대로, 대산 이상정이 이곳에서 고산정사(孤山精舍)를 짓고 후진을 양성하였다.

31 동천(東泉) …… 정유(正儒) : 1761~1839. 본관은 남평(南平), 자는 경명(景明), 호는 동천(東泉)으로, 이상정(李象靖)과 정종로(鄭宗魯)의 문하에서 수학하였다. 만년에 동천정사(東泉精舍)를 지어 후진을 교육하였고, 저서로 ≪동천집(東泉集)≫이 있다.

32 샘솟 듯하다 : 원문의 '천달(泉達)'은 ≪맹자≫ <공손추(公孫丑) 상>에 "마치 불이 처음 타오르고 샘이 처음으로 솟아나는 것과 같다.(若火之始然 泉之始達)"라고 한 것에서 인용하였다.

33 서림(西林)의 슬픔 : 스승 이상정의 죽음으로 인한 이별의 슬픔을 말한다. 중국 산서성 여산(廬山)에 있는 서림원(西林院)이라는 절이 있는데, 이곳의 달관헌(達觀軒)에서 주자가 그의 스승 이통(李侗)에게 수학한 적이 있다.

34 높은 덕을 …… 추모하였다 : 원문의 '추양강한지사(秋陽江漢之思)'는 추양(秋陽)과 강한(江漢)의 생각이란 말로서 높은 도덕을 추모하는 것을 뜻한다. 공자(孔子)의 도덕은 강수(江水)와 한수(漢水)의 물로 씻어내고 가을 하늘의 따가운 햇볕으로 말린 것처럼 청정하고

가르침을 깊이 새기고 실천함에 게으르지 않았다. 입으로는 잠경(箴警) 암송하기를 그치지 않았고 손으로는 성리서를 놓지 않았다. 부지런함은 팔십 년이 하루같았다. 공이 죽음에 하계(霞溪) 이가순(李家淳) 공이 묘비명을 지었는데 정부자(程夫子)의 '천 년 동안 진유(眞儒)가 없었다'[35]는 말을 인용하고 저승에서 다시 살아오지 못함을 탄식한 것에서도 당시의 사람들이 공을 추앙했음을 볼 수 있다.

공의 천성이 지극히 효성스러웠다. 과거 시험장에 있을 때 부친이 병이 있음에 놀라서 흘린 땀이 온몸에 흥건하였다. 삼년 상을 지내면서 입에는 푸성귀도 가까이하지 않았으며, 기일(忌日)에는 행소(行素)[36]하기를 월 초하루부터 월 그믐까지 하였다.

마음으로 맺은 친구에는 전(田)과 여(廬)가 있고 장획(臧獲, 노복)은 동생에게 많이 주고 자기는 적게 가졌다. 선조를 받드는 성심은 비록 먼 할아버지라도 반드시 재물을 들여 제물을 갖추어 제사하였고, 돈목의 교화는 종족 사이에 이루었고, 가르치고 배우는 분위기는 향당에서 일으켰다.

만년에 정사를 사는 곳 옆에 지어 동천(東泉)이라고 편액을 걸었다. 화훼를 심고 거문고와 서책을 가지런히 갖추어 날마다 그곳에 생활하면서 늙음이 다할 때까지 편안히 노닐었다. 교유한 사람은 모두 한 시대의 현준(賢俊)으로, 정입재(鄭立齋, 鄭宗魯), 김귀와(金龜窩, 金埅), 이묵헌(李默軒, 李萬運), 최두와(崔蠹窩, 崔興璧), 이하계(李霞溪, 李家淳), 이면암(李俛庵, 李㙖), 이간암(李艮巖,

결백하다는 말에서 인용한 것이다. ≪맹자(孟子)≫ <등문공(滕文公) 상>

35 천 년 동안 진유(眞儒)가 없었다 : 송대의 학자 진력(陳櫟)이 허승상(許丞相)에게 올린 글에 "주공(周公) 이후 백세 동안 선치(善治)가 없고, 맹자가 죽은 뒤 천 년 동안 진유(眞儒)가 없습니다.(周公往 百世無善治 孟子沒 千載無眞儒)"라는 말이 있다. ≪정우집(定于集)≫ 권10 <상허좌승상서(上許左丞相書)>

36 행소(行素) : 비통한 생각에 고기는 먹지 않고 채식만 하는 것을 말한다. 소반(素飯) 혹은 소식(素食)이라고도 한다. 소식만 올리는 제사를 소제(素祭)라고 한다.

李埦), 류호곡(柳壺谷, 柳範休)과 우리 지애(芝厓, 鄭煒) 할아버지와 같은 분이었으니, 모두 도의로서 서로 공(公)을 인정하신 분이었다.

도백(道伯, 관찰사)이 조정에 공을 행의(行誼)로 천거하였으나 마침내 공이 돌아가실 때까지 오르지 못하였다. 사림에서 외루(畏壘)[37] 건립 논의를 내었으나 일은 드디어 묻히고 말았다. 애석하구나, 그 천명(天命)이여! 대저 또 평일에 저술한 것이 매우 많았으나 화재로 모두 없어졌다.

공의 증손 경종(璟鍾) 씨가 친구 친인척의 집에 널리 구하여 시문과 잡저를 모아서 몇 권의 책으로 만들어 멀리 백 리 길을 와서 나에게 보이며 말하였다.

"우리 할아버지의 훌륭한 말과 선한 행실은 거의 인몰되었으니 불초자의 허물입니다. 지금 모두 이렇게 전함이 없으면 불인(不仁)의 죄는 더욱 피할 곳이 없게 됩니다. 지금 서둘러 문집간행을 도모하고자 합니다. 원하옵건대 선생께서 권두에 한 말씀을 해 주시기를 바랍니다."

나는 손을 씻고 공경하는 마음으로 대강 시와 문을 보니 충담아건(沖澹雅健, 깨끗하고 우아하면서도 씩씩함)한 것이 꾸미기를 일삼지 않았고, 빛나는 사(詞)는 참으로 덕스러운 말이었다. 고기 한 점으로도 솥 전체의 맛을 알 수 있으니,[38] 어찌 반드시 많아야 할 것인가? 서문은 못난 내가 감당할 수 있는 것이 아니지만 선대의 계의가 무거움을 생각하면 사양할 수 없는 사정이 있으므로 이에 소감을 써서 자손의 부탁에 답한다.

37 외루(畏壘) : 지방에서 사사로이 그 지방 출신의 현인을 모시고 제향하는 사당을 가리키는 말로 쓰인다. 본래 외루(畏壘)는 노자(老子)의 제자인 경상초(庚桑楚)가 들어가 산 곳이다. 이곳에 들어가 산 지 3년 만에 풍년이 드니, 백성들이 경상초를 성인으로 여겨 제사하고자 하였다. ≪장자(莊子)≫ <경상초(庚桑楚)>

38 고기 …… 알 수 있으니 : 조금의 글로도 충분히 공의 학문을 알 수 있다는 말이다. ≪위서(魏書)≫ 권35 <최호열전(崔浩列傳)>에 "병의 물이 언 것을 보고 천하의 추위를 알고, 고기 한 조각을 맛보아도 솥 안의 맛을 안다.(見甁水之凍 知天下之寒 嘗肉一臠 識鑊中之味)"라고 하였다.

귀암재 서문
龜庵齋序

취령(鷲嶺)[39]의 남쪽 낙동강의 서쪽에 있는, 귀암(龜庵)이라고 편액한 재사는 고 처사 성산(星山) 이공(李公) 휘 원흥(元興)이 학문하고 수양하던 곳이다. 이수(伊水)가 오른쪽을 지나고 도산(道山)이 위로 임하고, 토양은 비옥하고 부드러우며, 샘물은 달고 차갑다. 높이 올라갈 수 있는 큰 산 험한 바위는 없지만, 깊이 들어가면 그윽하고 고요함은 세속의 먼지를 끊기에 넉넉하고, 사람들의 눈과 귀를 즐겁게 할 수 있는 기이한 언덕 괴이한 바위는 없지만, 상쾌하고 명랑함은 울적한 마음을 풀기에 넉넉하다. 은거해 살면서 도를 구하는 자가 즐거워할 만한 곳이다. 공은 은거에 과감했던 것은 아니었다. 큰 재목에 큰 그릇이었지만 세상과 맞지 않아서 물러나 농사짓고 독서한 것이 오십 년이었다. 들어오면 시례(詩禮)를 읽고 나가면 상마(桑麻)를 키우고, 당(堂)에 오르고 부엌(廚)에 들어가며 동생(董生)의 효성[40]을 그리워하고, 자손에게 남긴 것은 방공(龐公)의 안거(安居)[41]를 본받는 것이었다. 붕우들과 강습을 폐하지 않았지만 일찍이 학문으로 자부하지는 않았다. 실

39 취령(鷲嶺) : 가야산(伽倻山) 취령봉(鷲嶺峯)을 가리킨다.

40 동생(董生)의 효성 : 당(唐)나라 안풍(安豊) 사람 동소남(董邵南)을 가리킨다. 일찍이 진사(進士)가 되었으나 뜻을 얻지 못하자 은둔하여 살면서 주경 야독(晝耕夜讀)하며 어머니를 효성(孝誠)으로 모셨다 한다. 한유(韓愈)가 동생행(董生行)이란 글을 지어 보냈다고 한다.

41 방공(龐公)의 안거(安居) : 후한(後漢) 방덕공(龐德公)의 고사를 가리킨다. 방덕공은 방공(龐公) 또는 방거사(龐居士)라고 부르기도 한다. 원래는 남군(南郡)의 양양(襄陽)에 살았는데, 형주 자사(荊州刺史) 유표(劉表)가 초빙하자 나아가지 않고 가솔을 모두 거느리고 녹문산(鹿門山)에 들어가 다시는 세상에 나오지 않았다. ≪후한서(後漢書)≫ 권83 <일민열전(逸民列傳) 방공(龐公)>

천궁행을 독실히 하고 저술은 즐기지 않았다. 그러므로 당시에 이르러서는 '미발(未發)'로 불리었다. 오호라! 이것이 귀(龜)로써 재사의 이름한 까닭이 아니겠는가! 오총귀(五總龜)[42]의 지식을 갖고 있으면서도 상자 속에 간직해 둔다는 것이 공의 마음이었으며, 진흙 속에서 꼬리를 끌며 살지언정 묘당(廟堂)에 모셔져 있기를 원하지 않는다[43]는 것이 공의 고집이었다.

재사의 이름을 보고 그 실상을 구한다면 그 사람을 상상하여 볼 수 있다. 지금은 공이 살던 때와 백여 년 거리가 있으니 재사도 낡았다. 그런데 후손 모모(某某) 씨가 재사를 확장할 것을 생각하고 사는 곳 옆에 개축하였다. 지붕과 처마가 날아갈 듯하고 방과 마루는 정갈하다. 기와를 사용하여 띠풀을 바꾸었고, 화훼를 두루 심어 뜰 가를 채웠다. 꾸미되 사치하지 않고 단출하되 누추하지 않았다. 공사 일을 이미 마치고 문중 아이 기홍(基洪)을 보내어 나에게 글을 지어 기록해 달라고 부탁한 것이 예닐곱 번에 이르는데 멈추지 않았다.

내가 말하였다. 선조가 이전에 터를 잡았고 자손이 뒤를 이었으니, 이것을 계술(繼述)을 잘한다고 말한다. 계술(繼述)이라고 말하는 것은 어찌 유독 원림(園林)과 정자(亭子)만 말하겠는가? 오히려 그것보다 큰 것이 있으니, 그 배운 것을 배우고 그 행한 것을 행하는 것이다. 마루와 방에 오르면서

42 오총귀(五總龜) : 박학다식함을 비유한 말이다. 당 현종(唐玄宗) 때 은천유(殷踐猷)가 아주 박학다식하였으므로, 당시 하지장(賀知章)이 "거북은 천 년 만에 다섯이 함께 모이는데, 물으면 모르는 것이 없다.(龜千年五聚 問無不知)"는 전설에 의하여, 그를 일컬어 오총귀라 한 데서 온 말이다.

43 진흙 속에서 …… 원하지 않는다 : 세속적인 출세나 명예에 구속됨이 없이 소요자재(逍遙自在)하는 것을 말한다. 초(楚) 나라에서 죽은 지 3천 년 되는 신령스러운 거북이의 뼈를 묘당(廟堂)에 모셔 놓았는데, 장자(莊子)가 이를 빗대어 "죽어서 뼈다귀로 남아 귀하게 되려 하겠는가. 아니면 살아서 흙탕물 속에 꼬리를 끌고 싶어 하겠는가.(寧其死爲留骨而貴乎 寧其生而曳尾於塗中乎)"라고 한 내용이 추수편(秋水篇)에 실려 있다.

말씀을 듣는 듯하고, 선영을 바라보면서 그 가르침을 가까이하였다. 행의(行義)로써 그 뜻을 구하고 효우(孝友)로써 그 집에 대물림하였다. 정돈된 꽃밭 구역을 보건대 장씨(張氏)의 영벽(靈壁)[44]과 허군(許君)의 해릉(海陵)[45]과 더불어 그 아름다움이 같으니, 모두 오래도록 전해질 것이다. 나는 이미 거절하지 못하고 이렇게 써서 돕는다.

44 장씨(張氏)의 영벽(靈壁) : 소식(蘇軾)이 영벽(靈壁)의 장씨(張氏) 원정(園亭)에 적은 기문(記文)인 <영벽장씨원정기(靈壁張氏園亭記)>에서 장씨의 원정에 대한 내용을 확인할 수 있다. 영벽(靈壁)은 진(鎭)의 이름으로 지금의 안휘성(安徽省) 영벽현(靈壁縣)이다. ≪동파전집(東坡全集)≫ 권36 <영벽장씨원정기(靈壁張氏園亭記)>

45 허씨(許氏)이 해릉(海陵) : 구양수(歐陽修)가 해릉(海陵)의 허씨(許氏) 남원(南園)에 적은 기문(記文)인 <허씨남원기(海陵許氏南園記)>에서 허씨(許氏)의 해릉(海陵)에 대한 내용을 확인할 수 있다. 해릉(海陵)은 태주(泰州)의 치소(治所)가 있는 곳이다. 허씨(許氏)는 <진주동원기(眞州東園記)>에 등장하는 허원(許元)이다. ≪송대가구양문충공문초(宋大家歐陽文忠公文抄)≫ 권20 <해릉허씨남원기(海陵許氏南園記)>

임호정기[46]

林湖亭記

강양(江陽, 합천)은 남방에서 산수로 이름난 곳이다. 뒤로는 소학산(巢鶴山)[47]을 등지고 앞으로는 금강(錦江)을 본다. 가운데는 특이한 곳이 있는데 바로 그 땅에 임호(林湖)라고 편액한 정자는 나의 친구 이정언(李廷彦)[48]이 유식하는 곳이다. 정자가 완공되자 군의 아들 호섭(顥燮)이 수려한 강산과 숲이 우거진 골짜기와 구슬처럼 빛나는 바위 언덕을 그린 그림을 나에게 와서 보여주며 기록할 글을 나에게 부탁하였다.

나는 말하였다. "산림 강호에서 이렇게 그윽하고 깊은 곳은 은둔하는 선비들이 좋아하는 곳이다. 그러나 언제나 두 가지를 겸비하기가 어렵다는 것에 근심이 있다. 깊숙함에 알맞은 곳은 넓음에 맞지 않고, 가까운 곳에서 얻고자 하는 것은 먼 곳에 떨어져 있다. 저 구강(九江)[49]과 삼협(三峽)[50]은 천하에서 말하는 명승지이지만 경관을 거두어 자리에 이르도록 하는 정자가

46 임호정기 : 김택영이 1919년에 쓴 <임호정기(臨湖亭記)>가 한 편 더 있다. 이 글은 "옛 대한제국 의관(議官) 합천(陜川) 이군(李君) 호섭(灝燮)이 편지를 보내와 교제를 청하고, 그 대인 호범(湖帆) 처사가 마련한 임호정(林湖亭)에 기문을 지어 줄 것을 부탁하면서 처사가 지은 임호정 잡영(雜詠)을 보여 주었다."로 시작한다. ≪소호당문집≫ 권5 <임호정기>

47 소학산(巢鶴山) : 경상남도 합천군 율곡면 항곡리 서쪽에 있는 주봉이다. 동쪽으로 황강(黃江)이 흐른다.

48 이정언(李廷彦) : 이상익(李相翼)을 가리킨다. 본관은 합천(陜川) 호는 호범(湖帆)인데 정언(廷彦)은 그의 자이다. 아들 이호섭(李顥燮)은 대한제국의 의관(議官)를 지냈다.

49 구강(九江) : 중국 강서성(江西省) 구강현(九江縣)으로, 이곳에 여산(廬山)이 있다. 전한(前漢)의 은사(隱士)인 매복(梅福)이 경학(經學)에 뛰어나 군(郡)의 문학(文學)이 되고 남창 현위(南昌縣尉)를 지냈으나, 왕망(王莽)이 정권을 전횡하자 처자를 버리고 구강(九江)으로 가서 은둔하였다는 고사가 있다. ≪한서(漢書)≫ <매복전(梅福傳)>

50 삼협(三峽) : 중국 장강(長江) 상류의 험난하기로 유명한 세 협곡인 구당협(瞿塘峽), 무협(巫峽), 서릉협(西陵峽)을 말한다.

하나라도 있다는 것을 듣지 못하였다. 이 정자야말로 큰 산 긴 골짜기 속에 있지만 돛배와 물새가 있는 승경을 함께 가졌으니 호연히 중류(中流)에 떠 있는 듯하고 그윽히 깊은 암혈에 들어온 듯하다. 문을 나서지 않아도 원숭이의 굴을 볼 수 있고 물새떼를 찾을 수 있으니 매우 기이한 일이라 하겠다. 정자가 임호(林湖)라는 이름을 얻은 것은 어찌 이것 때문이 아니겠는가?"

산이 있으니 방주(方舟)라 하고 바위가 있으니 범암(帆巖)이라 한다. 정자가 산에 있으면서 물에서 이름을 취했으니, 산이 물과 떨어지지 않았고 물이 산을 벗어나지 않았음을 볼 수 있다. 샘물이 산골짜기로 쏟아져 나오는 것을 탁탁연(濯濯淵)이라고 하니 청탁은 저절로 취해지고, 돌구멍에서 나온 것을 옥류천(玉溜泉)이라고 하니 높은 곳에 있으면서 아래로 물을 보낸다. 어떤 것은 덕(德)으로 어떤 것은 모양으로, 군이 명명한 것은 각각 잘 어울렸다. 대에는 영귀대(詠歸坮)가 있고 물가에는 세심정(洗心汀)이 있으니, 이것은 모두 군이 옛 것을 좋아하고 여유롭게 노닐던 곳이다. 정자의 대략이 그러하다.

대개 인자(仁者)가 아니면 산을 좋아할 수 없고, 지자(智者)가 아니면 물을 좋아할 수 없다. 좋아한다는 이름은 있지만 좋아하는 실(實)이 없으면 그것은 외면이요 내면이 아니다. 어찌 그럴 수 있나? 내가 일찍이 군의 형제들과 교유하던 중에 군이 돈후하고 옛것을 좋아하는 인물임을 알았다. 가정에서는 효도하고 공손하며 향리에서는 충신(忠信)하였으니, 누가 그의 어짊[仁]과 같겠는가? 난세에 처하여 자신을 깨끗이 하고 부화한 세속을 싫어하여 본질을 두텁게 하니 지혜[智]는 누가 그보다 더 크겠는가? 군이 이 정자를 아끼고 버리지 못하는 것은 당연하도다. 그리고 내가 전에 알던 것이 잘못 된 것이 아님을 더욱 알겠도다. 내가 이미 군의 형제들과 오래된 계의에 고마워하고 또 호섭(顥燮)이 부친의 뜻을 잘 계승하는 것을 기뻐하며, 이에 쓴다. 군의 이름은 상익(相翼)이고, 호범(湖帆)은 그의 호이다.

일신정기
日新亭記

내가 일찍이 '괄구(刮舊)'로 내가 사는 방을 명명한 적이 있다. 대개 설문청(薛文淸)[51]의 신주(辰州) 탄식[52]에 느낀 바가 있었으나 배울 수가 없었다. 아림(娥林) 거사 신종국(愼宗國) 군은 자신이 사는 대학동(大學洞)에 일신대(日新臺)를 쌓고 대 위에 정자를 지어서 편액을 걸기를 일신정(日新亭)이라고 하고, 그 아들 태성(台晟)을 보내어 나에게 기문을 부탁하였다. 나는 생각하니, 신(新) 자는 옛 것을 혁신한다는 말이니, 일신(日新)을 하게 되면 더욱 나아가게 된다. 내가 구습을 도려내고자 하여도 할 수 없었던 것을 보면, 공부의 깊이가 어떠한가를 돌아보게 된다. 이에 드디어 글을 지어 말한다.

사람이 외물로 몸을 받드는 일에 있어서는 낡은 것을 싫어하고 새 것을 도모하지 않은 이가 없다. 옷이 더러워지면 빨고 그릇이 깨지면 바꾸고 궁실이 무너지면 수리하기를 도모하는 것은 천하가 모두 그러하다. 그런데 유독 나의 한 조각 마음은 물욕이 번갈아 가리고 뭇 사특한 마음이 따라와서, 밝던 것이 어두워지고 맑던 것이 흐려져서, 마치 거울의 먼지와 물속의

51 설 문청(薛文淸) : 명나라 설선(薛瑄, 1392~1464)을 말한다. 문청은 시호이다. 자는 덕온(德溫)이고, 호는 경헌(敬軒)이다. 영종(英宗)이 복위하자 예부우시랑 겸 한림원학사(禮部右侍郎兼翰林院學士)로 입각(入閣)하여 기무(機務)에 참여하였다. 그의 학술은 일체 정주(程朱)에 뿌리를 두고 복성(復性)에 힘쓰면서 함양(涵養)을 위주로 하였는데, 주자(朱子)가 나온 이후로 사도(斯道)가 크게 밝아졌으니 굳이 저작(著作)을 할 필요가 없다고 말하기까지 하였다. 저서에 ≪독서록(讀書錄)≫과 ≪설문청집(薛文淸集)≫ 등이 있다.

52 신주(辰州) 탄식 : 설문청(薛文淸)이 어사대(御史臺)의 분국(分局)인 신주분사(辰州分司)에 있을 때 자신의 덕이 크게 진취하지 못하는 까닭은 바로 옛 버릇에 얽매여 벗어나지 못함이라 생각하고 탄식한 일이 있다.

찌꺼기와 같이 되었는데도 도려내고 닦아내어 맑게 할 줄 모른다면 어찌되겠는가? 겉치레에 힘쓰고 진실한 마음을 버리며, 중요한 것을 버리고 하잘것없는 것을 좇으면, 맹자가 이른바 유(類)를 알지 못한다[53]는 것에 가깝지 않은가?

지금 군은 옛날 마을의 이름을 잇고, 탕(湯)의 반명(盤銘)[54]에서 이름을 취하여 문미에 걸어두고 항상 보니, 마음을 보존하고 본성을 기르는 것을 알 수 있겠다. 참으로 이를 통하여 계속 이어가면서 시종 마음에 조금의 티끌도 이르지 못하게 하여 덕성이 높아지고 광휘가 빛나게 되면 성현이 되기를 바라는 지극한 공부도 이것 밖에 있지 않을 것이다. 나는 이미 군이 옛사람의 가르침을 잘 행하는 것을 훌륭하게 여기고 있으나, 더욱 면려하고자 하여 나의 부족함을 잊고 이렇게 글을 써서 고한다. 수려한 계산(溪山)과 임학(林壑), 오고 가는 어조(魚鳥)와 나왔다가 사라지는 연운(煙雲)은 완상할 만하고 즐길 만한 것이지만 군이 스스로 시를 짓고 화운한 것이 많으니 여기에서는 다시 말하지 않겠다.

53 유(類)를 알지 못한다 : 경중을 알지 못한다는 말이다. ≪맹자≫ <고자(告子) 상>에 "지금 어떤 사람의 무명지가 굽어 펴지지 않는다고 할 때, 그것이 아프거나 일에 방해가 되는 것이 아닌데도, 만약 그 무명지를 펼 수 있는 사람이 있다고 하면 진(秦)나라나 초(楚)나라까지의 먼 길도 마다 않고 가는 것은 손가락이 남과 같지 않기 때문이다. 손가락이 남과 같지 않은 것은 부끄러운 줄 알면서 마음이 남과 같지 않은 것은 부끄러워할 줄 모르니, 이를 일러 경중을 모른다고 하는 것이다.(今有無名之指屈而不信 非疾痛害事也 如有能信之者 則不遠秦楚之路 爲指之不若人也 指不若人 則知惡之 心不若人 則不知惡 此之謂不知類也)"라는 말에서 따온 말이다.

54 탕(湯)의 반명(盤銘) : 은(殷)나라 탕왕(湯王)의 <반명(盤銘)>에 "나날이 새롭게 하고 또 나날이 새롭게 하라.(日日新 又日新)"는 잠언이 새겨져 있었다. ≪대학(大學)≫

오사재기
五思齋記

묘제(墓祭)는 옛 것이 아니다. 풍속을 따르되 의를 해치지 않으므로 송(宋)의 선배들은 일찍이 허락하였다. 또한 제사의 법도에 선왕의 제사 제도는 4세에 그치니, 비록 독행무본(篤行務本)하는 군자라도 감히 친진(親盡)한 조상의 사당에서는 그 마음을 펴지 못한다. 그러나 오직 묘제(墓祭)는 그 제도에 얽매이지 않으니, 그러므로 군자가 할 수 있는 것 가운데 마음을 다하지 않을 수 있겠는가? 박해붕(朴海鵬) 군은 돈후하고 정성스러운 사람으로, 무릇 집에 있을 때나 종족 사이에 처할 때에는 반듯하게 질서가 있었다. 여러 대 종(宗)을 이었으니 선조를 받드는 일에 더욱 조심하였다. 이에 같은 파(派)의 여러 일족들과 함께 사는 곳인 계산(鷄山) 가에 재실을 짓고 오사(五思)라고 편액을 걸고, 5세 조부터 위로 10세 조에 이르기까지 매년 묘사를 지내면서 의식의 도구들은 모두 여기에서 취하였다. 하루는 그 아들 모(某)를 보내어 나에게 그 일에 대한 기문을 부탁하였다.

오호라! ≪서경≫에, 제사는 가까운 사당에만 풍성하게 하지 말라[55]고 하였으며, 증자(曾子)는, 신종추원(愼終追遠)하면 민덕(民德)이 두터워질 것[56]이

---

55 가까운 …… 말라 : 자신에게 가까운 조상에게만 풍성한 제사를 지내서는 안 된다는 말이다. ≪서경≫ <고종융일(高宗肜日)>에 "아, 왕은 백성을 공경하는 일을 맡으셨으니, 하늘의 아들 아님이 없으니 제사를 주관하매 가까운 사당에만 풍성하게 하지 마소서.(嗚呼 王司敬民 罔非天胤 典祀無豐于昵)"라고 하였다.

56 신종추원(愼終追遠)하면 …… 것이다 : 상례와 제례에 예법과 정성을 극진히 한다는 뜻으로, ≪논어≫ <학이(學而)>에 "어버이 상을 당했을 때 신중히 행하고 먼 조상들을 정성껏 제사 지내면 백성들의 덕성이 한결 돈후해질 것이다.(愼終追遠 民德歸厚矣)"라고 한 증자(曾子)의 말이 보인다.

라고 하였다. 대개 가까운 조상에게 풍성하게 제사 지내고 먼 조상에 대해 추모하기 어려운 것은 보통 사람의 마음이다. 지금 제군이 백행의 근원을 돈독하게 하고 먼 10세 할아버지까지 추모하여 ≪예기≫ <제의(祭儀)> 가운데 '제지일 사기거처(齊之日 思其居處) 이하 다섯 구절[57]을 취하여 재사를 명명하였으니, 그 뜻이 참으로 공경스럽다. 바야흐로 마음에 그리움을 다하여 신명(神明)과 사귄다. 거처와 웃음과 말소리 등 소박한 것에서부터 지의(志意)와 좋아하고 즐기는 것 등 정밀한 것에 이르기까지 마치 친히 보는 듯하고 마치 장차 잃어버릴 듯 동동촉촉(洞洞燭燭)[58]하여 감히 게을러짐이 없도록 하니, 양웅(揚雄)[59]이 이른바, '돌아가신 분의 모습을 간직하고, 끊어지려는 인연을 잇는 것'[60]이 이것을 이르는 것이 아니겠는가? 또 한 가지 설(說)이 있으니 대저 생각[思]은 마음이니, 생각[思]이 가는 곳은 닿지 않는 곳이 없다. 오사(五思) 가운데 지의(志意)가 크니, 생각할 뿐만 아니라 또 체

57 ≪예기≫ <제의(祭儀)> …… 다섯 구절 : ≪예기≫ <제의(祭儀)>에 "재계하는 날에는 그분의 거처를 생각하고, 그분의 웃음과 말소리를 생각하고, 그분이 뜻하던 바를 생각하고, 그분이 좋아하던 바를 생각하고, 그분이 즐기시던 바를 생각한다.(齊之日 思其居處 思其笑語 思其志意 思其所樂 思其所嗜)"라고 하였다.

58 동동촉촉(洞洞燭燭) : 조심하는 모양. ≪예기≫ <제의(祭義)>에 "효자는 마치 옥기를 손에 쥔 것처럼, 물이 가득 찬 그릇을 받들고 가는 것처럼 해야 한다. 그리하여 조심조심 경건하게 감당할 수 없는 것처럼 하고 잘못되면 어쩔까 하는 자세를 항상 유지해야 한다.(孝子如執玉如奉盈 洞洞屬屬然如弗勝 如將失之)"라고 하였다.

59 양웅(揚雄) : 한(漢)나라 성도(成都) 사람으로 자(字)는 자운(子雲)이다. 성제(成帝) 때에 경전(經典)의 장귀(章句)에 훈고(訓詁)를 찍어 훈고학(訓詁學)의 길을 열었다. 저서에 ≪태현경(太玄經)≫·≪양자법언(揚子法言)≫·≪방언(方言)≫·≪훈찬(訓纂)≫ 등이 있다.

60 돌아가신 분의 …… 잇는 것 : ≪양자법언(揚子法言)≫ <효지편(孝至篇)>에서 인용한 말이다. "효자가 제사를 지냄에 있어 마땅히 재계(齋戒)하여야 한다. 대개 돌아가신 분의 모습을 간직하고, 끊어지려는 인연을 잇는 것이 재계(齋戒)이다. 그러므로 효자는 재계에 즈음하여 부모가 계신 듯이 뵙는다. 이러한 까닭에 제사를 지낼 때는 빈객(賓客)을 초대하지 않는다. 인간이면서 제사를 지내지 않으면 승냥이나 수달만도 못하다.(孝子有祭乎 有齊乎 夫能存亡形 屬荒絶者 惟齊也 故孝子之於齊 見父母之存也 是以祭不賓 人而不祭 豺獺乎)"

득하고, 체득할 뿐만 아니라 또 계술(繼述)하니, 이것이 효의 지극함이다. 충효로 가문을 이은 심경당(心敬堂)과 문학으로 명망이 있는 일직헌(一直軒)과 같은 분은 계술(繼述)하는 자라고 할 수 있다.

자손이 되어 이 재사에 출입하는 자는 어렵게 이룬 선세의 기업(基業)을 생각하고 오늘 지키기가 쉽지 않음을 생각하며, 그릇되고 사특한 생각[61]을 끊고, 바르고 곧은 행실을 따르며, 들어가면 효도하고 나오면 공손하며, 여름에는 현송(絃誦)하고 겨울에는 시를 읊으며,[62] 그 가르침을 받들어 언제나 생각함으로써, 오르내리는 신령(神靈)으로 하여금 기쁘게 '나에게도 기업을 버리지 않는 후손이 있도다.'라고 말하게 한다면, 생각하는 바의 세대가 멀더라도 하루라도 생각하지 않는 날이 없게 될 것이다. 어찌 유독 재계한 지 사흘째에 그 재계하는 대상이 보이는 것뿐이겠는가?[63] 원하건대 제군은 더욱 힘쓰라.

---

61 그릇되고 사특한 생각 : 이천(伊川) 정이(程頤)가 말하기를 "정제하고 엄숙하면 마음이 절로 한결같아지니, 한결같아지면 그르거나 나쁜 생각이 일어나지 않을 것이다.(整齊嚴肅則心自一 一則無非僻之干矣)" 하였다.

62 여름에는 …… 시를 읊으며 : ≪예기≫ <문왕세자(文王世子)>에 "봄에는 시를 외우게 하고 여름에는 현악을 익히게 하되 대사가 고종에서 가르쳐 주고, 가을에는 예를 배우게 하되 집례자가 일러 주며, 겨울에는 서를 읽게 하되 전서자가 일러 준다.(春誦夏弦 大師詔之瞽宗 秋學禮 執禮者詔之 冬讀書 典書者詔之)"라고 하여, 옛날 학교에서 춘하추동으로 과목을 달리하여 가르친 내용이 나온다.

63 재계한 지 …… 것뿐이겠는가 : ≪예기≫ <제의(祭儀)>에 "재계한 지 사흘째 되는 날에 그 재계하는 대상이 보이는 듯하다.(齊三日 乃見其所爲齊者)"라고 하였다.

선조욕행록 발문
先祖浴行錄跋

지난 만력(萬曆) 정사년(1617, 광해군 9)에 우리 선조 문목공(文穆公, 한강 정구)께서 봉산(蓬山, 동래)의 온천에 목욕을 가셨는데, 이것은 그날의 기록이다. 봉산(蓬山)은 나라의 동남쪽 바닷가에 있는 고을이다. 그 땅이 궁벽한 까닭에 그 샘이 매우 영험하여, 목욕을 하면 풍습증(風濕症)[64]을 멎게 하고 혈기(血氣)를 돌게 할 수 있으며, 무릇 피부와 근골에 관계하여 불편한 것이 있으면 효험을 보지 못하는 경우가 없다고 한다. 이때 선생께서는 마침 풍비(風痺)[65]를 앓아서 이러한 행차가 있었다. 그러나 당시 혼조(昏朝)[66]를 만나 윤리가 무너지고 간사한 사람이 뜻을 얻어 올바른 도가 행해지지 않았으므로, 이 행차에 또한 부해(浮海)의 뜻[67]을 부친 것인가! 여러 현사(賢士)들이 배종(陪從)하고 동자가 명을 받들며, 흔연히 누대(樓臺)에서 바람을 쐬고 배에서 시를 읊조렸으니, 흔연히 기수(沂水)에서 목욕하던 기상[68]이 있었다. 아! 세도(世道)의 무너짐과 천리(天理)의 흐름을 이 기록에서 모두 볼 수 있

64 풍습증(風濕症) : 습한 곳에서 사는 까닭으로 습기(濕氣)를 받아서 뼈마디가 저리고 아픈 병(病)

65 풍비(風痺) : 중풍. 풍사(風邪)가 침입하여 몸과 팔다리가 마비되고 감각과 동작이 자유롭지 못한 병.

66 혼조(昏朝) : 임금이 혼미하여 국사를 잘 다스리지 못하는 조정으로, 광해군 때를 지칭한다.

67 부해(浮海)의 뜻 : ≪논어(論語)≫ <공야장(公冶長)>에서 "도가 행해지지 않으니 뗏목을 타고 바다로 떠나가련다(不行 乘桴浮于海)"라고 하였다.

68 기수(沂水)에서 목욕하던 기상 : 공자가 제자들에게 각기 포부를 묻자, 다른 사람들과 달리 증점(曾點)이 "늦봄에 봄옷이 이미 이루어지면 관을 쓴 어른 대여섯 명과 동자 예닐곱 명과 함께 기수에서 목욕하고 무우에서 바람 쐬고 노래하면서 돌아오겠습니다.(浴乎沂 風乎舞雩 詠而歸)"라고 하다. ≪논어(論語)≫ <선진(先進)>

다. 어찌 유독 온천의 영험함 때문이겠는가!

기록은 선생이 명령한 것이 아니라 여러 선비들이 행차를 적은 것에서 나왔기 때문에 우리 집에 소장된 것이 없었다. 몇 년 전에 ≪석담집(石潭集)≫[69] 가운데서 처음으로 한 판본을 얻었고, 근래 또 초고 1책이 응천(凝川) 노 학사(盧學士)[70]의 집에서 와서, 앞의 판본과 비교하니 서로 자세한 것과 소략한 것이 있었으며, 또 글자도 간혹 같은 것과 다른 것이 없지 않았다. 이에 오래 갈수록 더욱 와전될까 두려워서, 두 판본을 참고하여 소략한 것은 자세하게 하고 같은 부분은 취하였으며, 서로 다른 부분은 남겨두어 정본(定本)을 만들어 활판으로 인쇄하였다. 이 책을 보는 원근의 동지들은 숙연히 마치 제자(諸子)의 뒤를 따라 스승님의 자리에 오르는 듯하여, 스스로 세대가 떨어진 것을 알지 못하게 될 것이다. 하물며 기록에 오른 제현(諸賢)의 후손들이야 어찌 더욱 이 글에서 모습을 생각하고 느껴 사모하지 않겠는가!

만력(萬曆) 정사년(1617) 후 296년(1912) 봄 3월

13대손 재기(在夔) 삼가 적다.

---

69 ≪석담집(石潭集)≫ : 이윤우(李潤雨, 1569~1634)의 문집이다. 이윤우의 자는 무백(茂伯), 호는 석담(石潭), 본관은 광주(廣州)로, 벼슬은 이조 참의(吏曹參議)에 이르렀다.

70 응천(凝川) 노 학사(盧學士) : 소눌(小訥) 노상직(盧相稷, 1855~1931)을 가리킨다. 그는 한강의 봉산욕행을 배행한 노극홍(盧克弘)과 그의 손자 노해(盧垓)의 후손으로 당대의 저명한 학자였다. 밀양시 단장면 무릉리의 자암서당(紫岩書堂)에서 강학했다. 응천은 밀양의 옛 이름이다.

도곡집 발문
道谷集跋

도곡(道谷)[71] 선생 안 공(安公)은 어려서부터 배우기를 부지런히 하고 묻기를 좋아하였다. 우리 선조 문목공 문하에서 17년을 있으면서 훈도를 깊이 입었다고 일컬어진다. ≪중용≫을 읊은 시를 올리니 공부가 이미 일곱에 다섯은 넘었다고 인정하셨고, 학문의 요체를 청하니 <성학십도(聖學十圖)> 가운데 심학도(心學圖)로써 권면해 주셨으며, 잠명(箴銘)을 청하니 범준(范浚)의 <심잠(心箴)>[72] 한유(韓愈)의 ≪오잠(吳箴)≫[73]을 주셨다. 재사가 완공되자 지경(持敬) 두 자로 명명하니, 대개 경(敬)이란 것은 성학(聖學) 시종의 요체이며 우리 유도(儒道) 상전(相傳)의 지결(指訣)이며, 지경(持敬)은 또 한강선생[泗上]께서 평소 생활하시던 당(堂)이기도 하다. 그 이름으로 명명하였으니, 부친 뜻의 무거움이 이와 같았다.

사문(師門)을 존숭하고 신뢰하는 것이 더욱 독실하였다. 숙야재(夙夜齋)에서 배움을 청하고[74] 무흘정사(武屹精舍)에서 스승님을 모셨다.[75] 용화사(龍華

71 도곡(道谷) : 안정(安侹, 1574~1636)을 가리킨다. 본관은 광주(廣州), 자는 자장(子長)으로 도곡은 그의 호이다. 한강의 제자로 경상남도 함안군 출신이며, 도곡정사(道谷精舍), 지경재(持敬齋), 무양정사(武陽精舍)를 지어 학문을 연마하였다. 저서로는 ≪도곡집(道谷集)≫ 5권 2책이 있다.

72 범준(范浚)의 <심잠(心箴)> : 범준(范浚)은 남송 무주(婺州) 난계(蘭溪) 사람. 자는 무명(茂明)이고, 호는 향계(香溪)다. 범준이 지은 <심잠(心箴)>을 주자가 일찍이 ≪맹자집주(孟子集註)≫ <고자(告子) 상>의 주석에 수록하였다. ≪심경부주(心經附註)≫에도 수록되어 있다.

73 한유(韓愈)의 ≪오잠(吳箴)≫ : 한유가 지었다. 오잠은 <유잠(遊箴)>, <언잠(言箴)>, <행잠(行箴)>, <오호잠(好惡箴)>, <지명잠(知名箴)>이다. 이 때문에 오잠(五箴)이라 하기도 한다.

74 배움을 청하고 : 원문의 '구의(摳衣)'는 옷섶을 걷고 공경하는 모습으로 스승님께 나아가는

寺)의 놀이[76]와 온천 행차[77] 때에는 일찍이 곁을 잠깐이라도 떠나지 않았다. 대들보가 무너지는 일[78]을 당함에 서림(西林)의 애통한 슬픔[79]은 이외재(李畏齋)의 글 속에 지극히 드러났다. 삼 년이 지난 후에 영귀정(咏歸亭) 앞에 대를 쌓고 비석을 세웠으니, 고인 실장(室場)의 뜻과 추향하는 바의 바름을 볼 수 있다.

행적에서 드러난 것은 곧, 부모님께 효도하기를 손가락 피로써 병을 낫게 하였고, 동생들과 우애하기를 죽음으로써 싸워 적을 감복하였으며, 강화도[江都]를 지키지 못함에 비분강개한 것을 시로 지어 뜻을 보였다. 비록 타고난 자질이 남보다 뛰어난 점이 있지만 도를 믿기를 돈독하게 하여 마음에 체득하지 않았다면 능히 이와 같을 수 있겠는가? 애석하도다. 세대가 멀어지고 남겨진 문묵이 누차 화재를 겪어 가언(嘉言)과 선행(善行)이 거의 전하는 것이 없어서, 사승 관계에서 얻은 선생의 학문이 이와 같이 확실한 것인지를 알지 못했다. 이에 금년 봄 공의 16세 손 종창(鍾彰)·종철(鍾徹)과 여러 족손들이 친구와 인척 집에 공의 유적을 널리 찾아서, 비로소 삼열(三

모양이다.

75 스승님을 모셨다 : 원문의 '입설(立雪)'은 정성을 다하여 스승을 모심을 표현한 말로, 정호(程顥)의 수제자였던 양시(楊時)와 유작(游酢)이 정호의 사후(死後)에 배움을 청하러 정이(程頤)를 찾아갔을 때, 마침 정이가 문밖에 눈이 한 자나 쌓일 동안 눈을 감은 채 앉아 있었으나 감히 떠나가지 못하고 시립해 있었다고 하는 고사에서 나왔다.

76 용화사(龍華寺)의 놀이 : 1607년(선조 40) 한강 정구, 망우당 곽재우, 여헌 장현광 등 선비 30 여인이 용화산 아래 낙동강을 선유(船遊)하면서 강회(講會) 열었다. 이 놀이에 안정이 참여하였고, 이에 대한 기록의 초안을 안정이 만들었다.

77 온천 행차 : 한강이 1617년 7월 20일부터 같은 해 9월 4일까지 45일간 신병 치료를 위해 부산 동래에 온천욕을 다녀왔던 것을 말한다. 이에 대한 기록은 작자의 <선조욕행록발(先祖浴行錄跋)>에 자세하다.

78 대들보 무너지는 일 : 공자가 죽기 전에 스스로 노래하기를, "태산이 무너진다, 대들보가 무너진다. 철인(哲人)이 죽는다." 하였다.

79 서림(西林)의 애통한 슬픔 : 스승의 죽음으로 인한 이별의 슬픔을 말한다.

悅) 이 공(李公)이 지은 연보와 ≪무릉동유록(武陵同遊錄)≫과 사우들 사이에 왕복한 편지 몇 편을 얻어서, 수백 리 길을 건너와서 나에게 보여주며 말하였다.

"우리 선조께서 노 선생께 가르침을 받기를 오로지 하고 오래 하였으나 증명할 문헌이 없어서 언제나 한스러웠습니다. 남긴 글과 편지가 만약 오늘을 기다렸다면 드러나거나 숨겨지는 것에는 운수가 있는 것이 아니겠습니까? 지금 문집을 만들어 세상에 내려 함에 당신께 후지를 부탁합니다."

나는 적당한 사람이 아니라고 누차 사양하였으나 양해를 얻지 못하여, 삼가 대략을 모아 공의 쌓은 학문의 차례와 연원의 바름을 드러낼 따름이다.

두암집 발문
竇巖集跋

누항의 선비로서, 인의(仁義)이 행실을 닦고 경제(經濟)의 재능을 쌓으며 도(道) 있는 사문(師門)에 오르고 당세의 현사와 교육하며 가정에서 효우(孝友)를 행하며 밖에서 명성이 드러나니 기대할 만하였다. 그러나 종종 떠돌고 막혀서 수명을 재촉하는 것은 무엇인가? 군자들은 그것을 운명이라고 말한다. 비록 모든 일을 처리하여 한 시대를 빛나게 하지는 못하였지만 남긴 말씀을 살피고 사우들의 말을 참고하면 백 세에 이르도록 없어지지 않을 것이다. 그런즉 성심(誠心, 정성)을 덮을 수 없는 것이 이와 같다.

대저 두암(竇巖) 이 공(李公)[80]은 타고난 자질이 돈후하고 지기(志氣)가 원대하였다. 일찍이 우리 선조의 문하에서 공부하여 대도의 요체를 들었고, 동강(東岡) 선생을 좇아서 관북의 귀양지에서 의리학(義理學)을 강론하였다. 쫓겨났지만 재앙은 그 마음을 흔들 수 없었고, 전란의 와중에도 예악은 일찍이 잠시라도 몸에서 떨어지지 않았으니, 조문석가(朝聞夕可)의 뜻[81]이 있었고 조차전패(造次顚沛)의 상황[82]에서도 어긋남이 없었다. 대개 타고난 것

80 두암(竇巖) 이 공(李公) : 이기옥(李璣玉, 1566~1604)을 가리킨다. 본관은 전의(全義), 자는 의보(儀甫)로 두암(竇巖)은 그의 호이다. 청도에 살았으며, 동강 김우옹과 한강 정구의 문인이며, 여헌 장현광과 교유하였다. 1589년 정여립(鄭汝立)의 옥사에 연루되어 함경도 경성으로 유배되었고, 1596년 학행으로 천거되어 공릉 참봉(恭陵參奉)을 제수 받았으며, 1599년 집경전 참봉(集慶殿參奉)으로 옮겼다가 얼마 뒤 귀향하였다. 청도의 도림사(道林祠)에 제향되었다. 저서로는 1912년 목활자로 간행된 ≪두암선생문집(竇巖先生文集)≫ 4권 3책이 전한다.

81 조문석가(朝聞夕可)의 뜻 : ≪논어≫ <이인(里仁)>에 나오는, "아침에 도를 들으면 저녁에 죽어도 좋다(朝聞道夕死可矣)"에서 인용한 말이다.

82 조차전패(造次顚沛)의 상황 : ≪논어(論語)≫ <태백(泰伯)> 집주에 나오는, "배우는 사람

이 이미 두터웠고 배운 것이 더욱 깊어, 일찍 성상의 은혜를 입어 문득 사관(祠官)의 직을 받았으니, 장차 배운 것을 크게 펼칠 것이라고 말하였으나 불행히 일찍 죽었다.

오호라! 안연(顏淵)과 백풍(伯豐)[83]처럼 요절한 일은 옛날부터 그러하였으니 그것을 일러 무엇하겠는가? 공이 죽자 우리 선조 한강(寒岡) 선생이 슬퍼하며 세상에 이런 사람이 다시 없다고 하셨고, 약포(藥圃) 상공[84]은 이 사람의 조행(操行)은 옛 현인들과 다른 것이 없다고 말하였고, 백천(白川) 이공(李公)[85]은 동량(棟樑)의 재목으로 경세(經世)의 학문을 갖추었으니, 향리 인사들이 도의 유림에 제향한다고 말하였고, 강고(江皐) 류 공(柳公)[86]은 공의 축문을 지어, 경(敬)과 의(義)의 함양은 참 공부의 실제(實諦)였다고 말하였으니, 여기에서 공의 학문 경지를 볼 수 있다. 문사(文辭)에 드러난 것이 우아하고 씩씩하며 침중하니, 참으로 유덕군자의 말이며, 상자에 간직한 글이 삼백 년 후에 비로소 나오니, 이것은 또한 현회(顯晦)에 운수가 있음이다. 구양공(歐陽公)이 금옥(金玉) 같은 문장은 버려지고 매몰되더라도 분토(糞土)가 사라지게 할 수가 없다[87]고 한 것이 이것을 말함일 것이다.

들이 마땅히 조존과 성찰해야 하는 것으로, 경황이 없거나 위급한 상황이라 하더라도 여기에서 벗어나는 일이 있어서는 안 된다.(學者所當操存省察 而不可有造次顚沛之違者也)"라는 것을 의미한다.

83 백풍(伯豊) : 주자의 수제자로서 일찍 죽은 오필대(吳必大)를 이른다.

84 약포(藥圃) 상공 : 정탁(鄭琢, 1526~1605)을 가리킨다. 정탁(鄭琢)은 조선 중기 때의 문신. 예천 출신. 본관은 청주(淸州). 자는 자정(子精), 호는 약포(藥圃)·백곡(柏谷)이다.

85 백천(白川) 이공(李公) : 이천봉(李天封, 1567~1634)을 가리킨다. 자는 숙발(叔發), 본관은 경산(京山), 삼익재(三益齋) 이천배(李天培)의 아우이다.

86 강고(江皐) 류 공(柳公) : 유심춘(柳尋春, 1762~1834)을 가리킨다. 본관은 풍산(豐山), 자는 상원(象元)이며, 강고는 그의 호이다. 류성룡의 후손으로 돈녕부 도정(敦寧府都正)을 지냈다. 성리학에 조예가 깊었으며 시문에도 뛰어났다.

87 구양공(歐陽公)이 …… 없애지 못한다 : 구양수(歐陽脩)가 소순흠(蘇舜欽)이 죽은 후 4년 되던 해에 그의 유문(遺文)을 모아 10권으로 만들고 이 서문인 <소씨문집서(蘇氏文集序)>

어느날 공의 후손 달로(達魯) 성로(成魯) 씨가 나에게 발문을 써달라고 부탁하였다. 나는 참으로 감히 할 수 없는 일이었지만 그 정의를 돌아보면 끝내 거절할 수 없어서 소감을 위와 같이 간략하게 쓴다.

에서, "이 글은 금옥(金玉)과 같은지라 버려져 매몰되더라도 분토(糞土)가 사라지게 할 수 없고 어느 때인가 드러나게 될 것이니, 반드시 후세에 거두어져 보배로 삼을 사람이 있을 것이다.(斯文 金玉也 棄擲埋沒 糞土不能銷蝕 其見遺于一時 必有收而寶之于後世者)"라고 하였다. ≪당송팔대가문초(唐宋八大家文抄)≫

오계집 발문

梧溪集跋

대저 살피건대, 사람은 출처의 절의와 의리(義利)의 분변에서 가려질 뿐이니, 궁통(窮通)과 득실(得失)은 군자가 논하지 않는다. 국가가 혼조(昏朝)의 때를 당하여, 군주는 이미 무도하고, 간사한 사람은 뜻을 얻었다. 동기를 모두 죽이고,[88] 재앙이 자전(慈殿)에 미치니[89] 정권 잡고 그 논의를 주장하는 자는 이이첨(李爾瞻)[90]과 그의 무리였고, 결탁하여 회유된 자는 야정(倻鄭, 정인홍)[91]일 뿐이었다. 이때 우리 선조가 전은설(全恩說)[92]을 가장 앞장서 주장하였으나 그 글은 마침내 불태워지고, 온 나라는 금수(禽獸)의 지경으로 달려갔다. 하물며 야정(倻鄭)은 강하고 편협한 성격을 지닌 사람으로 산림의 신망을 저버리고 붕당을 세우고 무리를 만드니, 간사한 무리가 조정에 가득하였다. 동류와 이류에 따라서 여탈(與奪)이 정해지고, 추종하느냐 위

88 동기를 모두 죽이고 : 광해군이 임해군과 영창대군을 유배 보내고 이들을 죽인 것을 의미한다.

89 재앙이 자전(慈殿)에 미치니 : 1618년 선조의 계비 인목대비(仁穆大妃) 폐모론을 의미한다.

90 이이첨(李爾瞻) : 1560~1623. 선조 때 대북의 영수로서 광해군이 적합함을 주장했다. 광해군 즉위 후 조정에서 소북파를 숙청했다. 영창대군을 죽게 하고 김제남을 사사시켰다. 폐모론을 주장하여 인목대비를 유폐시켰다. 인조반정 뒤 참형되었다.

91 야정(倻鄭) : 정인홍(鄭仁弘, 1535~1623)을 말한다. 정인홍이 합천의 가야에 살았기 때문에 '야정'이라고 한다. 자는 덕원(德遠), 호는 내암(來菴), 본관은 서산(瑞山)이다. 저서로는 ≪내암집≫이 있다.

92 전은설(全恩說) : 부자나 동기간 등 가까운 사이에는 설령 죄가 있다 하더라도 생명을 해치지 않음으로써 은혜를 온전히 한다는 설이다. 광해군 즉위년에 임해군(臨海君)이 유배된 뒤, 조정의 일방에서 임해군에게 중벌을 가해야 된다는 논의가 있자, 정구(鄭逑)가 대사헌을 사직하는 차자를 올리면서 광해군이 형제간의 은의(恩義)를 온전하게 하는 쪽으로 처리해야 된다고 주장하였다. ≪한강집(寒岡集)≫ 권2 <대사헌 사직차(大司憲辭職箚)>

배하느냐에 따라 영욕이 가려졌으니, 참으로 취사(取捨)가 일정한 것이 아니었다. 떠나고 물러남을 살펴보건대 우뚝하게 화복(禍福)에 따라 흔들리지 않는 자는 화를 면하기 어려웠다.

오계(梧溪) 선생 조 공(曺公)[93]과 같은 분은 분별함이 어려서부터 있었고 지킴이 굳건하여, 대절(大節)에 임하여 뜻을 빼앗을 수 없는 자일 것이다. 공은 일찍이 문장에 힘써 우수하게 과거로 발탁되어 높은 벼슬에 올랐으니, 장차 그 온축한 바를 펼칠 듯하였다. 그러나 혼란한 시대를 만나 윤리강상이 무너짐에 드디어 글을 보내 악을 끊고, 글을 올려 인륜을 세웠으며, 거듭 배척당하고 몇 번이나 불측한 지경에 빠졌지만 후회하지 않았다. 이 백사(李白沙)[94] 정 동계(鄭桐溪)[95] 등 제현들과 그 의리를 함께 하였다. 대개 타고난 자질이 순수하여 선을 즐거워하고 악을 미워하였으니, 추우(騶虞)가 산 생물을 죽이지 않고 콩새[竊脂]가 곡식을 먹지 않는 것도[96] 오히려 또한

93 오계(梧溪) 선생 조 공(曺公) : 조정립(曺挺立, 1583~1660)을 가리킨다. 본관은 창녕(昌寧), 자는 이정(以正)으로 오계는 그의 호이다. 경남 합천 출신으로 부친은 도촌(陶村) 조응인(曺應仁)이다. 저서로는 ≪오계집(梧溪集)≫ 6권 3책이 있다.

94 이 백사(李白沙) : 이항복(李恒福, 1556~1618). 조선시대 이조판서, 예문관대제학, 우의정 등을 역임한 문신. 서인에 속하였다.

95 정 동계(鄭桐溪) : 정온(鄭蘊, 1569~1641)을 말한다. 본관은 초계(草溪)로, 자는 휘원(輝遠), 호는 동계(桐溪)·고고자(鼓鼓子)이다. 지금의 경상남도 거창군 북상면 출신이다. 한강의 문인으로 과거에 급제하여 벼슬이 경상도 관찰사와 부제학에 이르렀다. 병자호란 때 김상헌(金尙憲, 1543~1652)과 함께 척화를 주장하다가 화의가 이루어지자 자결을 시도하였고, 이것이 실패하자 모든 관직을 버리고 낙향해서 은거하다가 죽었다. 후일 영의정에 추증되었고, 남계서원에 배향되었다. 저서로는 ≪동계집≫이 있다. 시호는 문간(文簡)이다.

96 마치 추우가 …… 하였다 : ≪주자어류(朱子語類)≫ 권122에 "옛 제왕은 반드시 선을 행하기를 불이 반드시 뜨거운 듯이 물이 반드시 찬 듯이 하였고, 선하지 않은 것을 행하지 않기를 추우가 산 생물을 죽이지 않고 콩새가 곡식을 먹지 않듯이 하였다.(古之帝王 其必爲善 如火之必熱 水之必寒 其不爲不善 如騶虞之不殺 竊脂之不穀)"라고 하였다. 추우(騶虞)는 산 생물을 죽이지 않는 전설상의 동물이고, 절지(竊脂)는 콩새의 별명으로, 곡식을 먹지 않고 포육(脯肉)의 기름을 훔쳐 먹고 살기 때문에 붙여진 이름이다.

할 수 있었다. 가정 학문 연원의 바름이 본래 유래가 있는 것이었다. 집안을 다스림에는 효도와 우애를 돈독하게 하고 여러 번 고을 수령이 되었을 때에는 명성과 공적이 군주에게 드러났다. 유궁(儒宮)[97]을 결집하고 선비들을 권면함이 많았다. 만년에 임천으로 옮겨서, 자족하여 스스로 즐겁게 살았다. 여기에서 진퇴를 처음부터 끝까지 오로지 정도(正道)로서 하고 변하지 않았음을 볼 수 있다.

공의 저술은 매우 많지만 재앙과 전란을 겪은 끝에 열 가운데 하나도 보존하지 못하고, 다만 시문과 잡저 약간만 남아있을 뿐이다. 후손이 지금 문집을 간행하고자 석팔(錫八), 계익(啓益), 석용(錫鏞)을 시켜서 나에게 후지(後識)의 말을 부탁하였다. 부족한 나를 돌아보면 어찌 이 부탁을 감당하겠는가? 다만 공의 부친 도촌(陶村) 선생[98]이 일찍이 우리 선조에게 일을 부탁하였고, 대대로 내려오는 계의가 두터우니, 문장이 부족하다고 사양할 수 없어서 삼가 위와 같이 대략을 적었다.

97 유궁(儒宮) : 서원(書院) 또는 향교(鄕校)를 가리킨다.

98 조응인(曺應仁, 1556~1624)을 가리킨다. 본관은 창녕(昌寧), 자는 선백(善伯), 도촌(陶村)은 그의 호이다. 경남 합천 출신으로 한강 정구와 내암 정인홍 등에게 수학하였다. 1609년 처음으로 벼슬에 나아가 세자 사부로 임명되어 왕자를 가르쳤다. 공조 좌랑, 용담 현령, 온양 군수, 대구 부사 등을 역임하였다.

구주집 발문
鷗洲集跋

군자의 학문은 행(行)을 근본으로 삼고 문(文)을 말단으로 삼는다. 참으로 행(行)을 힘쓰고 마땅히 문(文)을 기다리지 않아야 하니, 공자가, '문이 없으면 멀리 전해질 수 없다. 문은 전하지 않을 수 없다'고 말한 것[99]이 이것일 뿐이다. 구주(鷗洲) 선생 강 공(姜公)[100]은 돌아가신 지 삼백 년에 남긴 글이 도와 인륜이 무너진 날에 비로소 나왔으니, 이것이 어찌 인력(人力)이겠는가?

공은 당암(戇庵)[101]의 아들이요 한사(寒沙)[102]의 동생으로, 아름다운 자질을 타고났으며, 바른 가학을 이어받았으니, 근본한 것은 충효(忠孝)요 강마한 것은 의리(義理)일 뿐이었다. 혼조(昏朝)의 정사가 어지러워져서 아비가

99 문채가 없으면 …… 말한 것 : ≪춘추좌씨전(春秋左氏傳)≫ 양공(襄公) 25년에 공자가 "옛 기록에 '말로 뜻을 성취하고 문채로 말을 수식한다.' 하였다. 말을 하지 않으면 누가 그 뜻을 알 수 있겠는가. 말에 문채가 없으면 멀리까지 전해질 수 없다.(志有之 言以足志 文以足言 不言誰知其志 言之不文 行而不遠)"라고 하였다.

100 구주(鷗洲) 선생 강 공(姜公) : 강대적(姜大適, 1594~1678)을 말한다. 합천 출신으로 본관은 진양(晉陽), 자는 학중(學仲), 호는 구주(鷗洲)이다. 한사(寒沙) 강대수(姜大遂)의 동생이다. 계축옥사 이후 아버지와 형이 유배를 가게 되어 출사하지는 못했다. 이후 고향에서 은거하며 학문과 후진 양성에 주력하였다. 병자호란 때는 의병을 일으켰다. 저서로는 ≪구주집(鷗洲集)≫ 2책이 있다.

101 당암(戇庵) : 강익문(姜翼文, 1568~1648)을 말한다. 합천 출신으로 본관은 진양(晉陽), 자는 군우(君遇), 당암(戇菴)은 그의 호이다. 강대수와 강대적의 아버지로서 예조좌랑, 정언·헌납·지평 등을 역임하였다.

102 한사(寒沙) : 강대수(姜大遂, 1591~1658)를 말한다. 합천 출신으로 본관은 진양(晉陽), 자는 면재(勉哉)·학안(學顔), 호는 춘간(春磵)·한사(寒沙)·정와(靜窩) 등이다. 장현광(張顯光, 1554~1637)의 문인이다. 과거에 급제하여 벼슬이 병조 참의와 전주 부윤에 이르렀다. 저서로는 ≪한사집(寒沙集)≫ 7권 3책이 있다.

갇히고 형이 유배 감에, 피를 토하며 억울을 호소하며 비록 자신이 쫓겨나더라도 돌아보지 않았다. 밝은 시대를 만나서는 지난 재앙에 대하여 진언한즉 순(舜) 임금이 상(象)을 처결하신 뜻[103]을 진술하여 왕자를 구하였다.[104]

기질(耆耋, 7,80세)의 나이는 상 중의 집례를 하지 않던 때인데 시묘(侍墓)를 마칠 때까지 한결같이 하였다. 대개 공이 부모를 섬김은 사람들이 할 수 없는 행실을 행하였고, 임금을 섬김은 사람들이 감히 말할 수 없는 것을 말하였으니, 이것은 비록 그 품부 받은 자질의 뛰어남이 있더라도 학문 연원의 바름이 없었다면 참으로 이와 같을 수 있겠는가? 이러한 까닭에 '오로지한 절개가 어제와 같음에 삼강(三綱)이 끊이지 않았도다(一節如昨 三綱不絶)'라는 임금의 교지는 백 세의 광영으로 삼기에 충분하다. 당암(戇庵) 집안 삼 부자가 고난을 겪은 일은 당시에 칭송이 자자하였다. 저 병자년의 전란에 적개(敵愾)의 의리를 일으켰으나 결국 의를 이루지 못하고 돌아와서는 강호(江湖)에 구주정사(鷗洲精舍)를 짓고 후학을 지도하면서 생을 마쳤다.

오호라! 천하의 순수하고 강직한 기운이 이 한 가문에 모였으니, 시대와

103 순(舜) 임금이 상(象)을 처결하신 뜻 : 순(舜) 임금이 자신을 죽이려던 이복동생 상(象)을 관대히 처결한 것을 이른다. ≪맹자집주(孟子集註)≫ <공손추(公孫丑) 하>의 '종이위지사장(從而爲之辭章)'에 보이는 주자의 집주에 "혹자가 '주공이 관숙을 조처한 것이 순 임금이 상(象)을 조처한 것과 같지 않음은 어째서입니까?' 하고 묻자, 유씨(游氏 유조(游酢)가 대답하기를 '상의 악은 이미 드러났고 그의 뜻이 부귀를 탐함에 불과했을 뿐이다. 그러므로 순 임금이 이로써 그를 봉해 주어 온전히 할 수 있었고, 관숙의 악으로 말하면 아직 드러나지 않았고 그의 뜻과 그의 재주가 모두 상에 비할 바가 아니었으니, 주공이 어찌 차마 그 형의 악함을 미리 탐지하여 버릴 수 있었겠는가.' 하였다.(或曰 周公之處管叔 不如舜之處象 何也 游氏曰 象之惡已著 而其志不過富貴而已 故舜得以是而全之 若管叔之惡則未著 而其志其才皆非象比也 周公詎忍逆探其兄之惡而棄之邪)"라고 하였다. 상(象)은 순 임금의 이복동생으로 부모와 함께 날마다 순 임금을 죽일 것을 도모하였으나, 순 임금이 천자가 되어 그를 처벌하지 않고 나라를 봉해 주었는바, 이 내용은 ≪맹자≫ <만장(萬章) 상>에 자세히 보인다.

104 왕자를 구하였다 : 병신년(1656, 효종7)에 주상이 특별히 동생인 징(澂)·숙(潚) 두 왕자를 사면한 일을 의미한다.

백성을 위하여 인물을 내신 듯하였다. 그러나 마침내 내면에 온축한 덕을 펼치지 못하였으니, 삼가 공의 풍모와 절개는 후세 사람들이 광감(曠感)[105]의 회포와 추모의 마음을 가지게 하는 것이다.

애석하도다. 선생은 평소 저술을 즐기지 않았고, 저술도 또 많이 흩어져서 모으지 못하였다. 지금 여러 형제들이 약간의 글을 찾고 모아서 판각하려고 하여, 손자 성조(聖祚)를 시켜 백 리 길을 건너와 나에게 보이고 발문을 부탁하였다. 생각건대, 까마득한 후생이 어찌 이 부탁을 감당할 수 있으리오. 여러 번 사양하였으나 허락을 얻지 못하였다. 조심스럽게 받들어 보니, 태산과 화산의 작은 티끌일 뿐이었다. 생각건대 채국시(採菊詩)와 진언소(進言疏) 등의 글은 공의 기상과 풍모를 방불하게 볼 수 있는 것이니 이것을 어찌 전하지 않을 수 있겠는가? 소감을 간략히 적어 고산경행(高山景行)[106]의 마음에 부칠 따름이다.

105 광감(曠感) : '광세지감(曠世之感)'의 준말로, 동시대에 태어나지 못해 서로 만나지 못한 것에 대한 감회이다.

106 고산경행(高山景行) : ≪시경(詩經)≫ <거할(車舝)>에 "높은 산처럼 우러르고 큰 길처럼 따라간다.(高山仰止 景行行止)"라는 구절에서 온 말로, 고인의 큰 덕행(德行)을 흠모한다는 뜻이다.

모암집 발문
慕巖集跋

옛부터 소인이 군자를 모함하는 것은 기회를 틈타고 헛점을 공략하여 거짓으로 과장하고 현혹함이 이르지 않은 곳이 없다가 마침내 그 말이 실행되지 못한다. 이것은 아마도 군자의 문하에 바른 사람이 나타남에 도끼와 같은 그의 구설(口舌)이 간사한 도둑놈의 간담을 깨뜨리기에 충분하기 때문일 것이다. 이런 까닭으로 자공(子貢)의 현명함이 없었다면 숙손씨(叔孫氏)의 비방을 그치게 하지 못하였을 것이고,[107] 악정자(樂正子)가 군주에게 고함이 없었다면 장창(臧倉)의 비방은 장차 방자하게 거리낌이 없는 듯이 하였을 것이다.[108] 하물며 그 말이 훼방하는 것에 그치지 않고 반드시 불측한 지경으로 밀어 넣고자 하니 선유들이 이른바 위로는 천자에 고하고 아

107 자공의 …… 못하였을 것이고 : 노(魯)나라의 대부 숙손무숙(叔孫武叔)이 조정의 대부들에게 "자공(子貢)이 중니(仲尼)보다 어질다."라고 하자, 이를 들은 자공이 "대궐의 담장에 비유하면 나의 담장은 어깨에 미쳐 집 안의 좋은 것들을 들여다 볼 수 있지만, 부자(夫子)의 담장은 여러 길이나 되어 문 안으로 들어가지 못하면 종묘의 아름다움과 백관의 많음을 볼 수가 없다."라고 하였다. 또 숙손무숙이 중니를 헐뜯자, 자공이 "그러지 말라. 중니는 헐뜯을 수 없다. 다른 어진 자는 구릉과 같아 넘을 수 있지만 중니는 해와 달과 같아 넘을 수 없다. 사람들이 비록 스스로 관계를 끊고자 하여도 어찌 해와 달에 해가 되겠는가. 다만 자기의 분수를 알지 못함을 보일 뿐이다."라고 하였다. ≪논어(論語)≫ <자장(子張)>

108 악정자(樂正子)가 …… 하였을 것이다 : 맹자(孟子)의 제자 악정자(樂正子)의 주선으로 노(魯)나라 평공(平公)이 맹자를 찾아가려고 하였는데, 폐인(嬖人) 장창(臧倉)이, 맹자가 어머니의 초상은 후하게 치르고 아버지의 초상은 박하게 치른 것을 들어 현인이 아니니 만나러 가지 말라고 하여 마침내 평공이 맹자를 찾아가지 않았다. 악정자가 맹자에게 가서 그 사실을 보고하니, 맹자가 말하기를, "길을 가게 하는 것은 누가 혹 시켜서이며, 멈춤은 혹 저지해서이다. 그러나 감과 그침은 사람이 능히 시킬 수 있는 것이 아니다. 내가 노나라 임금을 만나지 못한 것은 천운(天運)이니, 장씨(臧氏)의 아들이 어찌 나로 하여금 만나지 못하게 할 수 있겠는가." 하였다. ≪맹자(孟子)≫ <양혜왕(梁惠王) 하>

래로는 방백(方伯)에 고하여 토벌하기를 청하여 원수 갚기를 어찌 그만둘 수가 있겠는가?

옛날에 우리 선조께서 박이립(朴而立)에게 무고를 입었는데,[109] 어리석은 임금[昏君]이 위에 있고 뭇 소인배가 조정에 가득하여 우리 유학의 도가 바야흐로 매우 위태로웠을 때, 모암(慕巖) 이 공(李公)[110]이 분연히 일어나 김 둔봉(金遯峯)[111] 박 도곡(朴陶谷)[112] 등과 함께 천리 길을 가서 상소를 올리고 억울함을 변호하니, 죄인이 쫓겨나고 흉악한 말이 그쳤다. 공께서 도를 지키는 공과 스승을 높이는 의리는 임금의 잘못된 마음을 바로잡는 정성과 더불어 백 세가 지나도록 칭송함이 있을 것이라 할 수 있다.

공은 천성이 지극히 효성스러웠다. 6세에 고자(孤子)[113]가 됨에 상(喪)에

109 우리 선조께서 …… 무고를 입었는데 : 한강이 68세 때인 1610년(광해군 2)에 같은 고을 사람 박이립(朴而立)으로부터 참소를 당하였다. 이때 그는 장차 정씨(鄭氏)가 왕이 될 것이라는 참언(讖言) 등을 끌어대며 한강이 대역 모의를 꾀했다고 모함하는 상소를 하였다. 그러자 성주의 생원 정준민(鄭俊敏)과 송원기(宋遠器) 등이 연이어 상소하여 박이립을 처벌할 것을 청하였고 한강은 경상 감영에 나아가 80여 일 동안 머무르며 억울한 사정을 밝혀 줄 것을 진정하였다. 그 결과 조정에서는 박이립이 무고를 하기는 하였으나 나이 70세가 넘은 정신 나간 노인이니 어떻게 처벌할 수 있겠느냐고 비답하면서 마무리되었다. ≪한강선생연보(寒岡先生年譜)≫ 권1, ≪광해군일기(光海君日記)≫ 2年 7月 28日 및 9月 18日 참조.

110 모암(慕巖) 이 공(李公) : 이충민(李忠民, 1588~1673)을 가리킨다. 경북 칠곡 출신으로 본관은 벽진(碧珍), 자는 여직(汝直), 모암(慕巖)은 그의 호이다. 한강 정구의 문인으로, 관찰사 김시양(金時讓)이 유일로 천거하였다. 저서로는 ≪모암집(慕巖集)≫이 있다.

111 김 둔봉(金遯峯) : 김녕(金寧, 1567~1650)을 말한다. 본관은 선산(善山), 자는 여화(汝和)로 둔봉(遯峯)은 그의 호이다. 한강과 여헌의 문인이며, 최현(崔晛), 노경임(盧景任) 등과 교유하였다.

112 박 도곡(朴陶谷) : 박종우(朴宗祐, 1587~1654)를 말한다. 본관은 순천(順天), 자는 군석(君錫)으로 도곡(陶谷)은 하빈조수(河濱釣叟)와 함께 그의 호이다. 한강의 문인이다. 1637년(인조 15) 이후 자칭 숭정처사(崇禎處士)라고 하고서 종신토록 세상에 나아가지 않았다. 달성 10현(達城十賢) 중의 한 사람이다. 저술로 ≪도곡집(陶谷集)≫과 편저인 ≪병자록(丙子錄)≫이 있다.

113 고자(孤子) : 주희의 ≪가례(家禮)≫ 권4 <상례(喪禮)2 치장(治葬) 제주(題主)>에, 아버지의 상에는 '고자(孤子)'라 칭하고 어머니의 상에는 '애자(哀子)'라 칭한다.

임하여 슬퍼함이 사람을 감동시키기에 충분하였다. 어머니를 섬김에 스스로 부족함을 알고 과거 공부를 그만두고 어머니의 곁을 떠나지 않고, 축원하는 말을 지어 밤이면 반드시 하늘에 빌었다. 스승의 문하에 올라 도를 믿는 것이 독실해지고 덕업이 날로 나아가서, 마음에 온축하고 말로 나온 것은 비록 일에는 베풀어 질 수는 없었지만 모든 것이 세상에 모범으로 드리울 수 있는 것이었다. 원종추숭(元宗追崇)[114]의 은전을 논한 것은 계통을 중시하고 예의(禮意)의 바름을 깊이 얻은 것이니, 인조께서 구언(求言)하는 조서의 대책(對策)에는 본말을 들어 당시의 폐해를 구제하기를 지극히 하였다. 공의 가르침을 받는 생도들은 훌륭하여 호학(湖學)[115]의 풍모가 있었으니, 논어에 '근본이 서면 도가 생긴다'[116]라고 말한 것은 거의 공의 말에 가까운 것이었다. 이 정재(李靜齋)[117] 공은 그의 절개와 효를 칭찬하였고, 정

114 원종추숭(元宗追崇) : 조선 인조(仁祖)의 아버지이며, 선조의 다섯째 아들인 부(琈)를 추존하여 원종(元宗)으로 올린 일을 말한다.

115 호학(湖學) : 경의(經義)와 치사(治事)를 주로 하는 학풍을 말한다. 송(宋)나라 호원(胡瑗)이 호주(湖州)에서 교육을 관장하면서 경의(經義)와 사무(事務) 두 과(科)로 나누어 교육을 하였는데, 그 제자가 수천 명에 이르렀다고 한다. 송나라 장자(張鎡)가 지은 ≪사학규범(仕學規範)≫의 <호안정언행록(胡安定言行錄)>에, "안정(安定) 선생이 경력(慶曆) 연간부터 소주(蘇州)와 호주(湖州)에서 20여 년간 교육을 하였는데, 제자의 예를 갖춘 자가 전후로 수천 명이었다. 당시에 모두들 사부(辭賦)를 숭상했었는데, 호학만은 경의와 사무를 우선으로 하였다. 학교 안에 경의재(經義齋)와 치사재(治事齋)를 두었는데, 경의재에는 경학에 소통하고 기국(器局)이 있는 자가 기거하였고, 치사재에서는 사람마다 각각 한 가지 일을 전공하고 또 한 가지 일을 겸하였다. 그렇게 하였기 때문에 천하에서 호학에 인재가 많다고 하였고, 실제로 과거에서 높은 점수를 많이 맞았으며 정치에 기용된 자가 많았다."라고 하였다.

116 근본이 서면 도가 생긴다 : 공자의 제자 유약(有若)이 말하기를 "군자는 근본을 힘쓰니, 근본이 확립되면 도가 생긴다. 효도와 공경은 인을 행하는 근본일 것이다.(君子務本 本立而道生 孝弟也者 其爲仁之本與)"라고 한 데서 온 말이다. ≪논어(論語)≫ <학이(學而)>

117 이 정재(李靜齋) : 이담명(李聃命, 1646~1701)을 가리킨다. 칠곡 출신으로 자는 이로(耳老), 정재(靜齋)는 그의 호이다. 이언영(李彦英)의 외손이며 허목(許穆)의 문인이다. 1670년 별시(別試) 을과로 문과에 급제하여 홍주 목사(洪州牧使) 등을 역임하였다. 경신대출척으로 파직되어 아버지 원정의 유배지인 초산에 따라갔다. 저서로는 ≪정재집(靜齋集)≫이

문장(鄭文莊)[118] 공은 예를 안다고 인정하였으며, 안찰사 김시양(金時讓)[119] 공을 현량(賢良)의 으뜸으로 천거하였으니, 여러 현사들로부터 중히 여김을 받음이 이와 같았다.

지금 공이 돌아가신 지 삼백여 년에 외루(畏壘)[120]의 건립 논의가 순묘(純廟) 연간에 있었으나 나라의 명에 막혔다. 유문(遺文)이 거의 모두 없어지고, 남은 것은 다만 단혈(丹穴)[121]의 깃털일 뿐이어서, 공의 후손 □□ 씨가 끝내 없어질 것을 염려하여, 타고 남은 약간의 글을 수습하고 여러 공(公)의 글을 합쳐 한 책으로 엮어 판각하고자 하였다. 내가 선사(先師, 한강)의 후손이므로 권말에 한 마디 말을 부탁한다고 하니 내가 어찌 감히 사양하겠는가?

전한다.

118 정 문장(鄭文莊) : 정경세(鄭經世, 1563~1633)를 가리킨다. 본관은 진주(晉州), 자는 경임(景任), 호는 우복(愚伏)으로 문장(文莊)은 그의 시호이다. 상주 출신으로 유성룡(柳成龍)의 문인이다.

119 김시양(金時讓) : 1581~1643. 본관은 안동(安東)으로, 자는 자중(子中), 호는 하담(荷潭)이다. 인조 때 병조 판서, 이조 판서를 지냈으며 청백리로 뽑혔다. 저서에 ≪하담파적록(荷潭破寂錄)≫, ≪하담집(荷潭集)≫, ≪부계기문(涪溪記聞)≫ 등이 있다.

120 외루(畏壘) : 노자(老子)의 제자인 경상초(庚桑楚)가 들어가 산 곳이다. 이곳에 들어가 산 지 3년 만에 풍년이 드니, 백성들이 경상초를 성인으로 여겨 제사하고자 하였다. ≪장자(莊子)≫ <경상초(庚桑楚)> 뒤에는 지방에서 사사로이 그 지방 출신의 현인을 모시고 제향하는 사당을 가리키는 말로 쓰인다.

121 단혈(丹穴) : 단산(丹山)에 있는 굴이며 이곳에 사는 새가 단혈조로 곧 봉황이다. ≪산해경(山海經)≫ 권1 <남산경(南山經)>

삼열당집 발문
三烈堂集跋

≪서경(書經)≫에 '오직 효(孝)하여야 형제간에 우애(友愛)하고 정치에까지 베풀 수 있다.'[122] 하였으니, 정사에 나아가는 것은 임금을 섬기는 것이다. 대개 이 세 가지는 모두 우리 본성에 본래 있는 것인데 오직 효(孝)가 근본이 된다. 그러나 사람 가운데 한 가지 행실로도 이름이 난 자는 드물다. 하물며 열(烈)을 겸하여 칭송을 받는 것임에랴.

삼열당(三烈堂) 감 공(甘公)[123] 같은 분은 있는 곳에 따라서 그 도를 다한다고 말할 수 있다. 공의 재주는 문무(文武)를 겸하였고 공의 뜻에는 가문과 국가가 있었다. 섬오랑캐의 변란이 일어남에 적에 맞서 분전하였으며,[124] 대질(大耋, 80세)의 나이에도 상을 마칠 때까지 여모살이를 하였고, 계공(季公, 막내)의 병을 만나서는 손가락 피를 흘려 병을 낫게 하였다. 조정에서는 그

122 오직 효(孝)하여야 …… 수 있다 : ≪서경≫ <군진(君陳)>의 "임금이 말씀하시기를, 군진이여, 그대는 아름다운 덕으로 효도를 하고 공손하였소. 효성이 있어야만 형제에게 우애를 다하여 그것을 정사에까지 베풀 수 있는 것이요.(王若曰 君陳 惟爾令德 孝恭 惟孝友于兄弟 克施有政)"에서 인용했다.

123 삼열당(三烈堂) 감 공(甘公) : 감경인(甘景仁, 1569~1648)을 말한다. 본관은 회산(檜山), 자는 여일(汝一), 호는 관술정(觀術亭), 죽은 뒤 충훈부로부터 삼렬(三烈)이라는 사호(祠號)를 받고, 삼렬사에 봉안되었다. 창원 출신이며, 창원 반룡산의 남동쪽 끝에 위치한 군사시설 안에 회산 감씨 삼열공파의 재실인 창원 관술정(觀術亭)이 있다. 1936년 관술정 뒤에 삼열사(三烈祠)를 지어 감경인과 동생 감경륜을 봉향하였다. 임진왜란 때 충무공 이순신의 선봉장으로 공을 세워 선무원종공신(宣武原從功臣)에 올랐다. 저서로는 ≪삼열당문집≫이 있다.

124 섬오랑캐의 …… 분전하였으며 : 감경인은 1606년(선조 39) 전계신(全繼信) 등과 함께 대마도에 파견되어 1년간 머물면서 도주(島主) 소 요시토시[宗義智]와 교섭하여 그들의 국서를 고치게 하고, 두 명의 왕릉범(王陵犯)과 다치바나 도모마사[橘智正]을 잡아오는 한편, 잡혀간 포로 150여 명을 데리고 오는 등 전후 수습에 힘쓴 것을 말한다.

행실을 가상히 여기시고 사림(士林)에서는 그 덕행을 사모하였으며, 향리에서는 사당을 세우고 충훈부(忠勳府)에서는 삼열(三烈)의 호칭을 하사하였다.

대개 효(孝)로써 근본을 삼고, 충(忠)으로 옮기고, 우(友)에까지 미루어 나갔다. 그것을 쌓으니 덕행이 되고, 그것을 드러내니 문장이 되고, 그것을 시행하니 사업이 되었다. 열렬(烈烈)하다고 일컬을 수 있는 것이 하나로서는 충분하지 않았다. 저술한 시와 문장은 누차 재앙을 겪은 나머지 다만 약간의 글만 남아 있어서 보는 자의 아쉬움이 없을 수 없다. 그러나 고기 한 점으로도 온 솥의 맛을 알 수 있으니, 하물며 팔 조목의 상소[125]와 전대(專對)의 기록,[126] 격즙(擊楫)의 맹세,[127] 까마귀보다 못하다는 탄식[128] 등은 오히려 능히 백세 후에도 충신 효자들이 감격하고 감복하게 하는 것이다.

공의 후손 재순(在淳), 재원(在元), 재규(在奎), 재진(在鎭)이 가장(家藏)을 더 찾아서 덧붙여 속편을 만들어 지금 중간하려고 함에, 아들 제현(濟鉉)을 시켜 나에게 발문을 부탁하였다. 졸렬한 나를 돌아보면 어찌 감히 이 부탁을 감당할 수 있으리오! 또 여러 분들의 글이 이미 갖추어져 덧붙일 말이 필요 없으므로 누차 사양하였다. 그러나 부탁하기를 더욱 힘쓰므로 마음속에 느낀 바를 대략 써서 부탁에 대한다.

---

125 팔 조목의 상소 : 감경인이 1628년(인조 6) 상소를 올려, 민심을 바르게 하고(正民心), 재해에 대비하고(備災害), 부역을 관대히 하고(寬賦役), 농사와 양잠을 권장하고(勸農桑), 무비를 닦고(修武備), 속오를 분명히 하고(明束伍), 기예를 힘써 익히고(專技藝), 인재를 등용할 것(用人才) 등 8개 조목의 일을 진달하였다.

126 전대(專對)의 기록 : 감경인이 인조를 독대하여 자유로이 응답(應答)한 일을 이른다.

127 격즙(擊楫)의 맹세 : 감경인이 왜에 가면서 한 맹세를 의미한다. 진(晉) 나라 조적(祖逖)이 군사를 거느리고 북방을 치러나가는데 중류(中流)에서 뱃전을 치며 맹세하기를, "중원을 맑히지 못하면 다시 이 강을 건너지 않겠다." 하였다. ≪진서(晉書)≫ <조적전(祖逖傳)>

128 까마귀보다 못하다는 탄식 : 감경인이 효를 다하지 못한 것을 까마귀보다 못하다며 탄식한 것을 말한다. 까마귀는 새끼가 커서 그 어미에게 먹이를 물어다 먹인다하여 새 중의 효조(孝鳥)라 한다.

권부인효행록 발문
權夫人孝行錄跋

최천극(崔千極) 군이 부인 권 씨(權氏)가 허벅지 살을 베어 부친을 구한 일에 감동하여 행장(行狀)과 비갈(碑碣) 전문(傳文) 발문(跋文)과 입언(立言)[129]하는 선비의 시 몇 편을 모아서 책 한 권을 만들어, 나에게 보이며 "이것은 장차 대대로 전할 것이어서 비록 많아도 부족합니다. 원하건대 당신께 한 마디 말씀을 구합니다."라고 하였다. 내가 다 읽고 말하였다. "기이하도다. 부인의 일이여! 시부모의 병이 깊어짐에 손가락의 피와 허벅지의 살은 성효(誠孝)의 일이거니와 신이 꿈에 알리고 비둘기가 집에 날아드는 것은 누가 시켜서 그러한 것입니까? 병이 곧 치유되어 장수하고 건강하였으니 이것은 명(命)이 곧 하늘에 있음을 말하는 것입니다."

전(傳)에, '성(誠)은 하늘의 도이며, 성지(誠之)는 사람의 도'[130]라고 말하였으니, 성(誠)이 있으면 곧 감응함이 있다. 효는 백행의 근원이며 인(仁)을 행하는 근본이다. 그러므로 감응의 빠름이 지극한 것이다. 부인과 같은 사람은 세상에 사람의 자식이 되어 자식의 직분을 다하지 못한 자를 부끄럽게 하니, 이것을 전하지 않을 수 있겠는가? 어떤 이는 살을 베어 목숨을 구하는 것이 부인에게는 어려운 일이며, 사군자(士君子) 중행(中行)의 도가 아니라고 말한다. 슬프도다! 사람들은 성(誠)이 부족함을 근심할 것이지, 일이 의심스럽다고 말할 필요가 없다. 일이 참으로 의심스럽다면 신령(神靈)이

129 입언(立言) : 훌륭한 글을 후세에 남기는 것을 이른다.

130 성(誠)은 …… 사람의 도 : ≪중용장구(中庸章句)≫에 "성(誠)은 하늘의 도이고, 성하려고 하는 것[誠之]은 사람의 도이다.(誠者天之道也 誠之者人之道也"라고 하였다.

반드시 알리지 않았을 것이고 사물(事物)은 감동하지 않았을 것이고, 병이 치유되기는 기약할 수 없었을 것이다.

부인이 하늘에 자신의 목숨으로 대신하여 달라고 기도하는 날에 어찌 털끝만큼이라도 자신의 몸을 보존하고자 하는 마음이 있었겠는가? 하물며 한 덩이 살점은 오히려 그 몸을 보존하는 것임에랴. 시부모의 병이 신명에게 명세하여 회복될 수 있다면 참으로 어진 군자의 일이니, 다만 부인이기 때문에 특별히 인정하는 것이 아니다. 옛날의 군자는 참으로 비상한 일로써 남에게 요구하지 않으며, 능히 비상한 일을 행하는 것도 보통 사람이 능히 이를 수 있는 것이 아니다. 그가 오히려 무슨 말을 하는 것인가? 그대의 구구한 말을 이렇게 기록하는 것은 아내의 행실을 세상에 자랑하고자 함이 아니다. 아내의 시부모는 곧 나의 부모이니, 부모님의 병환이 이것으로 말미암아 회복되고 오래 사셨으니 군이 죽을 때까지 잊지 않는 것이 마땅하다. 이에 이렇게 써서 부탁에 대한다.

인심이 곧 도심이다

人心便是道心論

논한다.

성현(聖賢)이 천하 후세를 염려한 것이 지극하다. 사람이 하나의 마음이 있는데, 인의예지(仁義禮智)를 통하여 발현하면 천지와 더불어 삼재(三才)가 되고, 성색취미(聲色臭味)를 통하여 발현하면 금수와의 거리가 멀지 않게 된다. 사람들은 이 두 가지가 모두 마음에서 일어나는 것을 보지만, 자신을 수양하기를 꺼리고 편안히 즐거운 곳에 안주한다. 여기에서 식욕과 색욕이 본성이라는 이론이 나와서 형의 팔을 비틀고 담장을 넘는 근심이 있게 되고,[131] 선악이 혼재되어 있다는 설이 만들어져서 자포자기하는 병폐가 있게 된다. 정욕을 따르고 천리를 멸하여 천하가 걷잡을 수 없는데, 순(舜)은 큰 성인이라, 후세의 환란을 걱정함이 이와 같았다. 그러므로 의논이 일어나지 않았을 때, 제위를 물려주고 받는 때에 간절히 알려주신 것이 위미정일(危微精一) 16자[132]를 벗어나지 않았다. 형기(形氣)에서 발현한 것을 가리켜 인심(人心)이라 하고, 성명(性命)에서 근원한 것을 가리켜 도심(道心)이라고 한다. 이 두 가지가 만나는 지점에서 두 가지로 분리하고자 하여, 한편으로는 힘들여 능히 다스리고, 다른 한편으로는 마음에 새기고 지켜서 위태로운 인심을 안

131 여기에서 …… 있게 되고 : 일을 처리함에 있어서는 경중을 잘 참작해서 처리하여야 한다는 뜻이다. 맹자(孟子)가 예절과 식색(食色)의 가볍고 중함을 말하여 "아내를 얻고 싶다고 담을 넘어 남의 처녀를 겁탈이라도 하겠는가? 음식이 먹고 싶다고 형의 팔을 비틀고 음식을 빼앗아 먹겠는가?" 하였다. ≪맹자(孟子)≫ <고자(告子) 하>

132 위미정일(危微精一) 16자 : ≪서경(書經)≫ <대우모(大禹謨)>의 "인심은 위태롭고 도심은 은미하니, 오직 정밀하게 살피고 전일하게 지켜야 진실로 중도를 잡을 수 있다.(人心惟危 道心惟微 惟精惟一 允執厥中)"라고 16자를 가리킨다.

정시키고 은미한 도심을 드러내어 방촌(方寸) 사이에 섞이지 않도록 함으로써 비로소 인심과 도심의 나누어짐이 하늘과 땅의 거리만큼 확연히 드러난다. 그래서 우리 공부자(孔夫子)의 극기복례(克己復禮)와 추(鄒) 땅 맹씨(孟氏)의 과욕존심(寡慾存心)은 앞뒤가 같은 견해로써 조술(祖述)하여 서로 계승한 것이다. 이것이 아마도 만세(萬世) 심학(心學)의 근원이 되는 까닭일 것이다.

비록 그렇지만 사람이란 형기(形氣)가 있으므로 인심이 없을 수 없으며, 반대로 또한 천성(天性)이 있으므로 도심이 없을 수 없다. 참으로 인심이 도심의 통제를 받게 하여, 마치 졸개가 주장의 명령을 받고, 자제가 부형에게 달려 가듯이 한다면 일찍이 인심을 어찌 좋아하지 않겠는가? 저 청정적멸(淸淨寂滅)의 무리들은 마음이 어떤 것인지와 도(道)가 도가 되는 바를 알지 못하고 음식에 대한 욕망을 미워하여 육류 음식을 끊어버리고, 남녀간의 욕망을 미워하여 부부의 도를 버렸다. 명분은 인욕을 미워하기 때문이라고 하면서 천리를 함께 제거하였으니, 아! 병폐가 오래 되었다. 이에 주부자(朱夫子)께서 ≪중용≫ 서문에서 인심과 도심 두 가지를 이미 나누어 설명한 것이다.

또 합하여 말한다면, 배고프면 먹고 싶고 목마르면 마시고 싶은 것은 인심이지만, 마시고 먹는 것이 바르면 도심이라 하고, 또 희로(喜怒)는 인심이지만 마땅히 기뻐하여야 할 것에 기뻐하고 마땅히 성내어야 할 것에 성내면 도심이라 한다. 또 인심은 본래부터 제거할 수 없는 것이라고 하면서, 또 도심 인심의 이론에서는 사람들에게 일찍이 인심을 제거하고 이른바 도심을 구하게 하니, 마치 결신난윤(潔身亂倫)[133]하는 자의 행위와 같다. 이것

133 결신난윤(潔身亂倫) : 자기 한 몸 깨끗하게 하고자 윤리를 어지럽히는 것을 말한다. ≪논어(論語)≫ <미자(微子)>에 "자로(子路)가 말하기를, '벼슬하지 않는 것은 의(義)가 없으니, 장유(長幼)의 예절을 폐할 수가 없거늘 군신(君臣)의 의를 어떻게 폐할 수가 있겠는가. 이는 자신의 몸을 깨끗하게 하기 위하여 큰 윤리를 어지럽히는 것[潔身亂倫]이다.'라 하였다."라고 하였다.

은 북계(北溪)[134]의 설에서 나온 것인데, 비록 대순(大舜)의 가르침과는 다른 점이 있는 듯하지만 사실은 일찍이 같지 않음이 없다. 대개 이를 미루어 논한다면, 지극히 위태로운 것은 인심이며 없을 수 없는 것도 또한 인심이다. 지극히 은미한 것이 도심이며 숨길 수 없는 것이 또한 도심이다. 하나의 마음에서 둘로 나눔이 있으며, 두 가지는 서로 돕는 작용이 있다. 나누지 않으면 상이한 성질을 드러낼 수 없고, 합치지 않으면 함께 작용하는 묘리를 알 수 없다. 군자는 이러한 점에서 미루어 마땅히 경(敬)으로써 내면을 바르게 하고 지기(志氣)를 청명(淸明)하게 하며, 기미(幾微)를 밝게 살펴 털끝만큼이라도 공사(公私)와 사정(邪正)을 구분한다. 인심(人心)에 대하여는 항상 수렴하기를 생각하고, 도심(道心)에 대해서는 감히 놓쳐버리지 않도록 하니, 인심(人心)이 일어나는 순간에 나아가면 도체(道體)의 흐름을 볼 수 있다.

그렇다면 어떻게 하여야 바름을 얻을 수 있는가? 단사두갱(簞食豆羹)[135]도 사양하고 수납하는 법도에 분별이 있으면 그 음식은 바름을 얻게 되고 금슬종고(琴瑟鐘鼓)[136]도 부부의 자리를 조심한다면 그 남녀는 바름을 얻게 되고, 자로(子路)처럼 자신의 허물에 대하여 듣기를 기뻐한다면 기쁨은 바름을 얻게 되고, 안연(顔淵)처럼 성냄을 옮기지 않는다면 그 성냄은 바름을 얻게 되는 것이다. 이 밖에 음식과 남녀와 희로가 바름을 얻는 도리에 대하여 말한다면 나는 믿지 못하겠다.

---

134 북계(北溪) : 북계 진씨(北溪陳氏)인 진순(陳淳, 1159~1223)을 이른다. ≪대학장구≫에 진순(陳淳)이 "인생이 천지의 이(理)를 받고 또 천지의 기(氣)를 받아 태어나는데, 이와 기가 합쳐진 것이 허령하게 되는 소이이다."라고 하였다.

135 단사두갱(簞食豆羹) : 변변치 못한 음식이다. 두갱(豆羹)은 제기(祭器)에 담은 소량의 국이다.

136 금슬종고(琴瑟鐘鼓) : 부부간의 화락함을 이르는 말이다. 금슬우지(琴瑟友之)와 종고락지(鍾鼓樂之)를 결합한 말이다. ≪시경(詩經)≫ <관저(關雎)> 시에 나오는 말이다.

독서를 권하는 잠언

을해(乙亥, 1875, 성재 19세) 勸讀箴

戒之哉	경계할지어다
勿怠勿放	게으르지 말고 방심하지 말라.
怠則心昏	게으르면 마음이 혼미해지고
放則情蕩	방심하면 정이 방탕해진다.
莫歎才魯	재주가 둔한 것을 한탄하지 말고
患志不篤	뜻이 돈독하지 못한 것을 근심하라.
昔者子輿	옛날에 자여(子輿)[137]는
竟以魯得	마침내 노둔함으로써 터득하였네.
矧茲讀書	하물며 이 독서란
不待聰明	총명함을 기다리지 않아도 되니
心誠求之	마음으로 정성껏 구한다면
何患不成	어찌 이루지 못할까를 근심하랴.
蒙養不端	어려서 기름이 바르지 못하면
長益浮靡	자라서는 더욱 경박해지고
少時不讀	젊은 시절 책 읽지 않으면
老大悔追	늙어서 후회가 따르게 된다.

137 자여(子輿) : 공자의 제자인 증삼(曾參, B.C. 505~436)의 자이다. 노나라 무성(武城)사람이다. 공자의 제자 가운데에서 나이가 가장 어리고 노둔하였으나 학문의 뜻이 가장 성실하였기 때문에 공자의 도통(道統)을 이어받았다. 특히 '효(孝)'의 실천으로 유명하며, ≪효경(孝經)≫은 그와 공자의 대화로 구성되어 있다.

勗哉小子	힘쓸지어다, 소자여!
念茲在茲	이것을 생각하고 이것을 간직하라.
非予冲言	나의 빈 말이 아니라
先哲遺題	선철이 남기신 글이니라.

서첨에 쓴 명

을해(乙亥, 1875, 성재 19세) 書籤銘

斐然爾文	빛나도다, 너의 문채여!
純乎爾質	순수하도다, 너의 바탕이여!
堅剛潔白	굳세고 결백함은
君子之德	군자의 덕이로다
不由切磋	절차탁마하지 않으면
斯焉取斯	어디에서 이 덕을 취할까
嗟哉學子	아, 배우는 이여!
用此求之	이로써 덕을 구하라

'격물치지성의정심'에 관한 명[138]

格致誠正銘

我有神明	나에게 신명(神明)이 있으므로
衆物之宰	모든 사물을 주재할 수가 있나니
惟其不至	다만 지극하지 못하므로
厥或昏蔽	그것이 혹 어두워지고 가려지네
肆惟初學	이에 처음 배우는 사람은
必先窮格	반드시 먼저 궁리하여
即顯而微	드러난 것에서 은미한 것으로
自一而十	하나에서 열로 나아가야 하네
表裏俱到	겉과 속에 모두 닿고
體用洞徹	체(體)와 용(用)에 확연히 관통하니
所貴大人	대인을 귀히 여기는 까닭은
知周萬物	만물을 두루 알기 때문이라네
念慮之發	마음에서 생기는 생각은
有好有惡	좋은 것도 있고 나쁜 것도 있으니
屢省乃誠	여러 번 살피고 정성스럽게 하기를
如色如臭	미인 좋아하고 악취 싫어하듯 해야 하네[139]

138 격물치지성의정심 : ≪대학(大學)≫의 팔조목(八條目) 가운데 격물(格物)·치지(致知)·성의(誠意)·정심(正心)을 말한다. 사물의 이치를 끝까지 연구하여 나의 지식을 극대화하고, 뜻을 성실하게 가져 마음을 바르게 하는 것을 말한다.

139 미인을 …… 듯하네 : ≪대학≫에 "'그 뜻을 성실히 한다[誠意]'는 것은 자신을 속이지 않는 것이니, 악을 미워하기를 나쁜 냄새를 싫어하는 것처럼 하며, 선을 좋아하기를 아름다

主宰于身	몸을 주재함에
無偏無係	치우침도 없고 얽매임도 없이 하나니
四有不察	사유(四有)[140]를 살피지 못하면
欲動情熾	욕망이 일어나고 감정이 타오르게 되네
君子愼之	군자는 삼가고
克念于玆	이를 잘 숙고하여
旣極其知	그 앎을 지극히 하고
又力行之	또 힘껏 실천해야 할 것이라네
孰夢不覺	누가 꿈만 꾸고 깨어나지 못하며
孰鬼非人	누가 귀신으로 사람 되지 못하랴
透此二關	이 두 관문을 통과하면
天德其尊	하늘의 덕이 높아질 것이라네

운 여색을 좋아하는 것처럼 하는 것이다. 이를 일러 스스로 만족하는 자겸(自謙)이라고 한다. 그러므로 군자(君子)는 반드시 혼자만 아는 곳을 삼간다[愼獨].”라고 하였다.

140 사유(四有) : ≪대학(大學)≫의 사유소(四有所). 마음을 올바르게 함에 있어 해가 되는 네 가지를 말하는 것으로, “마음에 분노하는 것이 있으면 그 바름을 얻을 수 없고, 두려워하는 것이 있으면 그 바름을 얻을 수 없고, 좋아하고 즐기는 것이 있으면 그 바름을 얻을 수 없고, 걱정하는 것이 있으면 그 바름을 얻을 수 없다.(身有所忿懥則不得其正 有所恐懼則不得其正 有所好樂則不得其正 有所憂患則不得其正)”는 뜻이다.

'수신제가치국평천하'에 관한 찬
修齊治平贊

家有主翁	집에 주인이 있으면
門戶整潔	문호가 단정하고 깨끗하니
玉由琢磨	옥은 갈고 닦아야 하고
弓乃奠發	활은 안정되어야 쏠 수 있다네
肆古哲王	옛날의 현철한 선왕들은
修身爲本	수신으로 근본을 삼았다네
操約施博	간략함을 잡아서 널리 베풀었고
自邇而遠	가까운 데로부터 먼 데까지 나아갔네
家國雖衆	가정과 국가가 비록 많지만
措之則是	마음 둘 것은 이것뿐이며
天下雖大	천하가 비록 크지만
達之無二	도달하는 것은 둘이 아니라네
明明聖謨	밝고 밝은 성인의 가르침
斯學之大	이 배움이 위대하니
謂予不信	나에게 믿지 못하겠다 말한다면
請視三代	청컨대 삼대(三代)를 보시게

경산강당 중건상량문
景山講堂重建上梁文

사문에 흥폐의 운수가 있어, 희녕(熙寧)[141] 연간에 황폐하여진 것 슬퍼하였더니, 많은 선비들 경모하는 마음이 간절하여, 이에 힘입어 높은 누각에 옛 모습을 회복하였도다. 어찌 점괘가 길함을 기다려서 일하리! 훌륭하게 새로 완성한 건물을 축하드린다.

삼가 생각건대 무첨당 이 선생[142]은 자옥산(紫玉山)[143]의 적전 후손이요, 사상(泗上)[144]의 고족 제자로다. 원조오잠(元朝五箴)[145]의 가르침을 이었으니 이 부자[이언적] 가의 후손에 어울리고, 서산(西山) 선생[146]의 경전을 강론하니 그 스승의 그 제자를 알만 하다.[147] 죽림(竹林)에서 선성(先聖)을 받들었

141 희녕(熙寧) : 희녕은 송(宋)나라 신종(神宗)의 연호로 1068년에서 1077년까지인데, 이 시기에 유교가 매우 위축된 시기이다.

142 무첨당 이 선생 : 이의윤(李宜潤, 1564~1597)을 가리킨다. 본관은 여주(驪州), 자는 수연(晬然)로 무첨당(無忝堂)은 그의 호이다. 조부는 회재(晦齋) 이언적(李彦迪, 1491~1553)이고 부친은 판관(判官) 이응인(李應仁)이다. 일찍이 한강 정구의 문인이 되어 관직에 나아가지 않고 독서와 효행을 독실히 행하다가 34세에 요절하였다. 사림에서 그를 추도하여 사원을 세웠고 저서로는 ≪무첨당선생문집(無忝堂先生文集)≫이 있다.

143 자옥산(紫玉山) : 경주(慶州) 자옥산(紫玉山)에 은거하였던 회재(晦齋) 이언적(李彦迪)을 가리킨다.

144 사상(泗上) : 사상(泗上)은 한강이 만년에 생활한 사양정사(泗陽精舍)를 이른 말로, 본문에서는 한강(寒岡) 정구(鄭逑)를 가리킨다.

145 원조오잠(元朝五箴) : 한 해의 첫날, 스스로 경계하고자 하는 다섯 가지의 일을 적은 글이다. 회재 이언적이 27세 되던 해(1590)의 첫날에 <원조오잠>을 지었는데, 그 후 여러 학자들이 이를 본받아 새해 첫날 <원조오잠>이라는 제목의 글을 지었다.

146 서산(西山) 선생 : 진덕수(眞德秀). 송(宋)나라의 유학자. 주자 학파(朱子學派)의 학자로서 서산선생(西山先生)이라 일컬었으며, 저서는 ≪대학연의(大學衍義)≫·≪서산문집(西山文集)≫ 등이 있음.

147 서산(西山) …… 알만 하도다 : 이의윤이 한강 정구에게 진덕수의 ≪심경≫을 배웠던 것을

으니 작은집 어린 시절의 놀이 평범하지 않았고, 회연(檜淵)에서 예경(禮經)을 질정하였으니 평소 일상의 거동에 절도가 있었다. 경정합일(敬靜合一)[148]의 묘리를 찾는 공부는 시에서 이루어지듯 재계(齋戒)함으로 나아갔고, 계구(戒懼) 신독(愼獨)을 더하는 공부는 잠(箴)에서 드러나듯 옥루(屋漏)[149]에서도 부끄럽지 않았다. 가학의 바른 연원 떨어뜨리지 않았고, 사문의 칭찬하는 말을 여러 번 들었네. 부모를 섬김에는 재물이 없음을 생각하지 않고 뜻과 몸을 모두 잘 봉양하였고, 상을 치름에 성신(誠信)을 지극히 하되 이척(易戚)[150]에 모두 맞게 하였다. 여묘살이는 슬픔을 다하여 예법을 능히 행하였으니, 장례 치르는 날에는 구덩이를 파고 거적에서 지낸 것은 곧 전란으로 혼란스러웠던 때에 처했기 때문이었다.[151] 병석에서도 석류를 보시고 부친을 생각하여 눈물 흘렸으니, 어찌 다만 차마 양조(羊棗)를 먹지 못하는 증자의 경우만 있으리오.[152] 남긴 사랑에 힘입어 어려운 시절에도 능히 장례 지내고, 언제나 반포(反哺)의 효에 정성이 없었음을 탄식하였다. 이에 김 송

말한다. 한강은 ≪심경발휘(心經發揮)≫를 지어 ≪심경≫의 의미를 더욱 깊이 하기도 했다.

148 경정합일(敬靜合一) : 경(敬)과 정(靜)을 하나로 볼 수 있는가에 대한 논쟁을 의미한다.

149 옥루(屋漏) : 집에서 가장 어두운 서북쪽 방구석을 가리키는데, 아무도 모르는 자기의 마음속이라는 의미로 쓰인다. ≪시경≫ <억(抑)>에 "혼자 방 안에 있는 그대의 모습을 살펴볼 때에도, 어두운 방구석에 부끄러움이 없도록 할지어다.(相在爾室 尙不愧于屋漏)"라는 말이 나온다.

150 이척(易戚) : 상례에 슬픔을 다하여 법도에 맞게 치르는 것을 말한다. ≪논어(論語)≫ <팔일(八佾)>에 "상례는 형식적으로 잘하기보다는 차라리 슬퍼하는 마음이 가득해야 한다.(喪與其易也寧戚)"고 하였다.

151 구덩이를 …… 지냈네 : 부친이 돌아가셨을 때, 왜적의 침입으로 장사를 치를 수 없게 되자 땅을 파고 초빈(草殯)을 숨긴 다음 그 곁에서 거적을 깔고 잤다.

152 다만 차마 …… 경우만 있으리오. : 양조(羊棗)는 작은 대추의 일종으로 부모가 즐기던 음식을 말한다. 증자(曾子)의 아버지 증점(曾點)이 일찍이 양조를 좋아했는데, 증자는 부친이 별세한 뒤에 양조를 보면 아버지 생각이 간절하여 차마 양조를 먹지 못하였다. ≪맹자(孟子)≫ <진심(盡心) 하>

암(金松庵)이 공경하며 문에 이르러 향리의 선배로서 모습을 바르게 하고 추대하였다. 시로써 여러 아우들의 음주를 경계하기를, 주고(酒誥)[153]의 경계가 갑자기 없어진다고 말하지 말라 하였고, 꿈에 선고(先考)를 뵈었으니 심법(心法)을 전수하는 것과 꼭 같았다.

어찌하여 거상[154] 삼 년이 병이 되어, 마침내 병이 들어 돌아가셨는가! 천도는 어찌 그렇게도 아득한가? 안연처럼 짧은 명을 슬퍼하고 남긴 가르침은 적적하지 않으니, 증자처럼 온전히 돌아감[155]을 사모한다. 건연(巾衍)[156]은 거의 없어지고 고택은 난리를 겪었으며, 여론은 답답하였지만 뜻대로 이루지 못하여 곡강에 좇아서 모시려 하였지만 결국 경산(景山)의 구장(舊庄)에 나아가 성대한 예절로 제사를 받들었다. 형제 자손이 둘러 살고 좌우에 집들이 늘어선 곳, 고향은 아늑하였고, 선비들이 달려와 춘추로 제사를 올리는 곳, 제향의 술향기 그윽하였다. 중간에 유교의 운이 쇠퇴하니 문득 어진 이의 사우(祠宇)에 제사를 그치게 되었도다. 현송(絃誦)하는 모습 없었으니 백육(百六)의 재액을 만났음이요,[157] 갱장(羹牆)[158]의 그리움은 어디

153 주고(酒誥) : ≪서경≫ <주서(周書)> '주고(酒誥)'의 술에 대한 경계를 말한다. 여기서 주(周)나라를 세운 문왕은 "제사 때만 술을 쓰고, 평소에는 마시지 말라"고 했다. 나라가 망한 것은 술이 그 원인이 되지 않은 경우가 없다고 보았기 때문이다. 문왕의 말을 아들 무왕(武王)이 전했는데, 그것이 ≪서경≫의 '주고(酒誥)'이다.

154 거상 : 원문의 '초토(草土)'는 상중(喪中)에 상주가 풀 자리를 깔고, 흙덩이를 베고 자므로 그 거처를 일컫는 말이다.

155 증자처럼 온전히 돌아감 : 군자는 죽을 때 온전한 몸으로 죽는다는 의미이다. ≪논어≫ <태백(泰伯)>에 나오는 "증자가 병이 나자, 제자들을 불러 말하기를 '오늘 이후에야 내가 면한 것을 알겠구나. 젊은이들아.'라고 했다.(今而後 吾知免夫 小子)"라는 구절에 대해 정호(程顥)는 ≪정씨경설(程氏經說)≫ 권6에 "군자에게는 종(終)이라고 하고, 소인에게는 사(死)라고 한다. 군자는 자신의 몸을 보전하여 죽음으로써 그 일을 마치기 때문에 온전하게 돌아가는 것을 '면한다.'고 한다.(君子曰終 小人曰死 君子保其身以歿爲終其事也 故以全歸爲免矣)"라고 했다.

156 건연(巾衍) : 천을 바른 서상(書箱)을 말한다.

157 백육(百六)의 재액을 만났음이요 : 횡액을 만나는 것을 뜻한다. ≪명의고(名義考)≫ 권2

에 있는가? 세월이 지금까지 오십 년이 지났구나.

물가에서 오리와 학이 노니니, 비록 풍경은 바뀌지 않았지만 토규(兎葵)와 연맥(燕麥)[159]이 우거진 것은 오래되었다. 초동목부의 탄식은 올봄의 큰 모임에까지 미침에 선비들이 옛 터를 살펴보고 강당을 다시 세웠다. 지붕과 들보는 훗날 못 보는 일이 없고 전날보다 사치한 모습이 없게 하였으니,[160] 마루와 방은 꾸미되 화려하지 않고 소박하되 누추하지 않았다. 옥산서원을 올려다보고 선령과 짝이 되어 넓고 넓으며 영귀정을 앞으로 마주하니 유허지의 감회가 슬프고 슬프도다. 산천이 정채를 더하니 초목들이 밝아짐을 다시 보고, 금슬이 길이 들리니 완연히 스승과 시를 주고받던 날과 같구나. 두 들보 드는 것을 도우고자 육위(六偉)의 글[161]을 멀리 부치노라.

<백육양구(百六陽九)> 조에, “1원(元)에 해당하는 4617년 중에는 아홉 번의 횡액이 있는데, 양액(陽厄) 다섯 번이 한해(旱害)가 되고, 음액(陰厄) 네 번이 수해(水害)가 된다. 처음 원(元)에 들어가는 106년에 액이 있으니, 이전 원의 여기(餘氣)이다. 그러므로 무릇 재이(災異)를 말할 경우에는 혹은 ‘세제양구(世際陽九)’라고 하기도 하고, 혹은 ‘백육지회(百六之會)’라고도 한다.” 하였다.

158 갱장(羹牆) : 옛날 요(堯) 임금이 죽은 뒤 순(舜) 임금이 3년 동안 지극히 앙모(仰慕)한 나머지 국그릇에서도 요 임금을 보고 담장에서도 요 임금을 보았다는 고사에서 연유한 단어로, 여기서는 무첨당을 그리워하는 마음을 나타낸 것이다.

159 토규(兎葵)와 연맥(燕麥) : 야맥(野麥)과 야초(野草)로, 가슴 아픈 황량한 정경을 말할 때 쓰는 표현이다. 당(唐)나라 유우석(劉禹錫, 772~842)의 <재유현도관(再遊玄都觀)> 해설에 “지금 14년 만에 다시 주객낭중이 되어 거듭 현도를 거닐어 보니, 옛날 도사가 심었다는 선도 나무는 한 그루도 남아 있지 않고, 오직 토규와 연맥만이 봄바람에 흔들리고 있을 따름이었다.(今十有四年 復爲主客郎中 重遊玄都觀 蕩然無復一樹 爲兎葵燕麥動搖於春風耳)”라고 한 데서 비롯된 것이다.

160 전날보다 …… 하였으니 : 820년(원화 15)에 왕중서가 강서 관찰사로 부임하여 등왕각을 중수하고 당대의 문장가 한유(韓愈)를 불러서 기문을 짓게 했다. 이때 지은 글이 <신수등왕각기(新修滕王閣記)>인데, 그 가운데 “전인(前人)보다 사치한 모습이 없고 후세 사람이 못 보게 되는 일도 없게 되었다.(無侈前人 無廢後觀)”라는 표현이 나온다.

161 육위(六偉)의 글 : 상량문에 아랑위(兒郎偉)라는 상투어가 여섯 번 들어가기 때문에 상량문을 육위송(六偉頌)이라고 부르기도 한다.

抛樑東	들보 동쪽으로 떡을 던지세.
大海茫茫接遠空	큰 바다 아득하여 멀리 허공에 닿은 곳이로다.
魯聖乘桴齊士踏	공자께서 오고 싶어하던 곳,[162] 선비들이 찾아오니
誰人能辦障川功	누가 장천(障川)의 공[163]을 만들 수 있겠는가?
抛樑西	들보 서쪽으로 떡을 던지세.
活水澄澄紫玉溪	활수(活水)가 맑고 맑은 자옥산 시내로다.
寶匣瑤琴重理韻	보갑(寶匣)의 거문고는 시운을 거듭 연주하고
堂成夜月露凄凄	완공된 강당은 한밤 달빛에 처연한 모습 드러내었네.
抛樑南	들보 남쪽으로 떡을 던지세.
古都王氣鎖烟嵐	옛 도읍지 왕기가 안개에 싸인 곳이로다.
緣何陋俗延邦運	무슨 까닭으로 누속(陋俗)이 방운(邦運)으로 이어졌는가?
揖讓千年傳姓三	삼성(三姓)이 읍양(揖讓)하며 천년을 전하였도다.
抛樑北	들보 북쪽으로 떡을 던지세.
杉松鬱鬱歲寒色	소나무 울창하여 세한의 빛이로다.
大賢冠屨藏於斯	위대한 현자의 행적이 이곳에 간직되었으니

162 공자가 …… 싶어하던 곳 : 원문의 '노성승부(魯聖乘桴)'는 '노나라 성인이 뗏목을 타다'라는 말로, 공자가 세상에 도가 행해지지 않자 뗏목을 타고 바다를 항해하고 싶다는 의미이다. 본디 세상을 피해 바다를 건너 멀리 떠나고 싶다는 뜻을 말한 것인데, 여기서는 우리나라의 산천이 아름답기 때문에 우리나라로 오고 싶어했다는 뜻으로 인용한 듯하다. ≪논어(論語)≫ <공야장(公冶長)>

163 장천의 공 : 원문의 '장천공(障川功)'은 '장천주(障川柱)의 공'이라는 뜻으로, 멋대로 흐르는 황하수(黃河水)를 막는 지주산(砥柱山)이라는 말로써, 세상을 어지럽게 하는 이단을 막아 바른 유도의 길로 가게 하는 것을 의미한다.

吾道千秋石不泐　우리 유도는 천년이 지나도록 닳아 없어지지 않겠도다.

抛樑上　들보 위로 떡을 던지세.
想像風儀星斗仰　북두를 우러르는 풍의(風儀)를 상상하도다.
屋漏昭昭箴戒垂　옥루(屋漏)[164]를 밝히는 잠(箴)으로 경계를 주셨으니
隱微寧或須臾放　은미한 도심을 어찌 잠시라도 놓치리오.

抛樑下　들보 아래로 떡을 던지세.
禾稼穰穰被四野　사방 들판을 덮은 곡물이 무성하도다.
此學亦從勤苦成　이 학문도 부지런함을 좇아서 완성되는 것이니
試看今日服田者　시험삼아 오늘 밭에서 일하는 자를 보아라.

삼가 바라건대 상량한 후에는 건물이 길이 일신하고 귀신이 길이 보호해 주시며, 다북쑥이 침범하지 못하여 산수에 도덕의 빛을 띠도록 해 주시고 시례를 대대로 전승하여 자손이 가업에 힘쓰도록 해 주소서.[165] 다만 많은 선비들이 돌아오는 곳일 뿐만 아니라 우리 당이 이곳에서 분발하기를 바라노라.

164 옥루(屋漏) : 방의 서북 모퉁이로 중류(中霤)의 신에게 제사를 지내는 곳인데 집안에서 가장 깊숙한 곳이다. 본문에서는 남의 눈에 잘 안 띄는 으슥한 곳으로 신독(愼獨)하는 마음을 의미한다. ≪시경≫ <대아(大雅) 억(抑)>에 "네가 방 안에 있음을 보건대, 거의 옥루에 부끄럽지 않게 해야 한다. 밝지 않다고 해서 나를 보는 이가 없다고 말하지 말라.(相在爾室 尙不愧于屋漏 無曰不顯 莫予云覯)"라고 하였다.

165 가업에 …… 주소서 : 원문의 '기구지업(箕裘之業)'은 선대의 가업을 계승한다는 말이다. ≪예기≫ <학기(學記)>에 "훌륭한 야공(冶工)의 아들은 그 아버지가 하는 일을 보고 배워 반드시 갖옷[裘]을 만들 줄 알고, 활을 만드는 궁인(弓人)의 아들은 그 아버지가 하는 일을 보고 배워 반드시 키[箕]를 만들 줄 안다."라고 하였다.

매산재 상량문
梅山齋上梁文

이름난 조상의 훌륭한 모습은 이미 아득하지만 사모하는 마음을 부칠 곳은 오직 묘소[166]이니, 어진 후손이 이곳에 재사(齋舍)를 지음은 아름다운 경치를 보고자 함이 아니다. 백 년 동안 끼친 유범(遺範)이 눈에 선하니 몇 칸 재사가 나는 듯 화려하다. 삼가 생각건대, 뇌곡(磊谷)[167] 안 선생은 설월(雪月)과 같은 바탕, 호련(瑚璉)[168]과 같은 도량을 가졌네. 노계(蘆溪)[169]를 계승하고 문열공(文烈公)을 이었으니 가문은 대대로 맑은 기풍을 이었으며, 구암(龜巖)[170]을 따르며 퇴도(退陶)를 접하였으니 학문 연원은 정맥을 이었다. 침중(沈重)한 기도(器度)는 공정한 오리(梧里)[171] 선생의 칭찬을 받았었고

166 묘소 : 원문은 '의리지장(衣履之藏)'이라 하였다. 옷과 신을 간직한 곳이니 묘소를 의미한다.

167 뇌곡(磊谷) : 안극가(安克家, 1547~1614)를 가리킨다. 본관은 탐진(耽津), 자는 의지(宜之), 뇌곡(磊谷)은 그의 호이다. 이정(李楨)의 문인이다. 경상남도 경남 합천군 청덕면 송기리에 있는 송원서원(松原書院)에 노계(蘆溪) 안우(安遇), 묵재(墨齋) 노필(盧玔), 매죽와(梅竹窩) 노극성(盧克誠) 등과 제향되었다. 저서는 ≪뇌곡일고(磊谷逸稿)≫로 ≪탐진세고(耽津世稿)≫에 수록되어 있다.

168 호련(瑚璉) : 종묘(宗廟)에 곡식을 바쳐 올리는 제기(祭器)로서, 보통 인재를 비유한다.

169 노계(蘆溪) : 안우(安遇, 1449~1527)을 가리킨다. 본관은 탐진(耽津), 자는 시숙(時叔), 노계(蘆溪)는 그의 호이다.

170 구암(龜巖) : 이정(李楨, 1512~1571)을 가리킨다. 본관은 사천(泗川), 자는 강이(剛而), 구암(龜巖)은 그의 호이다. 송인수(宋麟壽)·어득강(魚得江)·이황(李滉)의 문인이다. 1536년(중종 31) 문과에 장원급제한 후 삼사(三司)의 요직을 두루 역임하였으며, 1568년(선조 1) 홍문관부제학 겸 지제교에 제수되었으나 취임하지 않았다. 성리학에 조예가 깊었으며, 한훤당 김굉필(金宏弼)의 유집(遺集)을 모아 간행하였다. 저서에 ≪구암집≫을 비롯해 ≪성리유편(性理遺編)≫ 등이 있다.

171 오리(梧里) : 이원익(李元翼, 1547~1634)을 가리킨다. 본관은 전주(全州), 자는 공려(公勵), 오리(梧里)는 그의 호이다. 시호는 문충(文忠)이다.

순심(純深)한 도학(道學)은 한강(寒岡)[172] 선생과 탁마[173]한 것이었다. 학문은 일찍부터 내외와 경중을 모두 아울렀고 도덕은 강직함이나 관대함에 치우치지 않았다. 안탑(鴈塔)[174]에 오름을 제생이 우러러 보았으나 명성을 구함은 본래 뜻이 아니었고, 응병(鷹屛)[175]에 임명되지 못하고 태수로 옷깃을 여미었으나 특출한 기개는 아주 어릴 때부터 지니고 있었다. 권간(權奸)이 공의 의(義)를 사모하여 왔지만 두 구절 엄중한 말로 사양하였고, 오랑캐 우두머리가 공의 효를 보고 감동하니 마을에 충효리(忠孝里) 석 자가 있다.[176] 봄이 늦은 정금당(淨襟堂)[177]에는 탱자나무 숲에 깃든 난봉(鸞鳳)을 근심하지만,[178] 이끼 벗겨진 낚시 바위에는 강호에서 구로(鷗鷺)와 짝하여 살려는 맹

172 한강(寒岡) : 원문의 '회연(檜淵)'은 회연초당을 지어 강학하고, 사후 회연서원에 제향된 한강(寒岡) 정구(鄭逑)를 가리킨다.

173 탁마 : 원문의 '이택(麗澤)' 붕우가 서로 도와 절차탁마(切磋琢磨)하는 것을 말한다. ≪주역≫ <태괘(兌卦) 상(象)>의 "두 개의 못이 서로 이어져 있는 것이 태이니, 군자는 이를 보고서 붕우와 함께 강습한다.(麗澤兌 君子以朋友講習)"라는 말에서 유래한 것이다.

174 안탑(雁塔) : 중국의 섬서성 장안현 남쪽 자은사(慈恩寺)에 있는 탑이다. 당(唐)나라 때 진사가 이 탑 위에 이름을 적었다는 고사가 있는데, 여기에서 유래하여 후대에 진사에 급제하는 것을 '안탑제명(雁塔題名)'이라고 한다.

175 응병(鷹屛) : 용감한 관찰사라는 뜻이다. '병(屛)'은 '번병(藩屛)'이니, 울타리와 병풍이란 뜻으로 도백(道伯)을 가리킨다. 관찰사로 추천이 되었으나 낙점을 받지 못한 것으로 추측된다.

176 마을에 충효리(忠孝里) 석 자가 있네 : 임진왜란 때에는 부형이 적병과 싸우다가 학살을 당함에 진중에 돌입하여 시신을 거두고 결사 대항하니 왜병이 그의 충효에 감복하여 마을 앞에 '충효리(忠孝里)'라는 세 글자를 써놓고 물러갔다고 한다.

177 정금당(淨襟堂) : ≪신증동국여지승람≫ 권31 <경상도 삼가현(三嘉縣)> 조에 의하면 관수루(觀水樓)의 서편에 있었다고 하는데, 그 위치는 현 합천군 삼가면 사무소 내 광장이 있는 곳이다.

178 탱자나무 숲에 …… 근심하지만 : 현사(賢士)가 낮은 지위에 있어 자신의 역량을 제대로 발휘하지 못하는 것을 안타까워한다는 말이다. 후한(後漢) 때 고성 영(考城令) 왕환(王渙)이 냉혹한 정사를 숭상하다가, 그 고을 포(蒲)의 정장(亭長)인 구람(仇覽)이 덕으로 사람을 교화한다는 말을 듣고, 그를 주부(主簿)로 삼은 다음 그에게 말하기를 "주부는 진원(陳元)이란 사람의 죄과를 듣고도 처벌하지 않고 그를 교화하였다 하니, 응전(鷹鸇) 같은 맹렬한 뜻이 적은 게 아닌가?" 하니, 구람이 "응전이라는 것이 난봉만 못합니다." 하므로, 왕환이 사과하고 그를 보내면서 말하기를 "가시나무는 난봉이 깃들 곳이 아니거니, 백 리의 작은

세가 깊었다. 이에 두 척 모전(毛氈, 융단)처럼 가벼운 배를 타고 세 갈래 국화 무성한 길로 돌아왔다.[179] 머리를 젖혀서 사색하고 굽혀서 독서하나니 초당의 서적은 아직도 남아있고, 아침에 가서 저녁에 돌아오니 호숫가 정자[180]의 풍경은 바뀌지 않았다. 당세의 현사와 준재를 탁마함에 있어도 없는 듯이 실하여도 빈 듯이 하였고, 학업을 청하는 생도를 거절하여 물리치니 덕은 더욱 높아지고 마음은 더욱 낮추었다. 무릇 이 뛰어난 행실에는 근본이 있으니 어찌 돌아가셨다고 하여 전함이 없겠는가? 이에 묘소에 제향하는 일에 조손이 한 몸이 되었고, 문득 희녕(熙寧)[181]의 황폐한 슬픔은 원근이 같았다. 조상을 추모하는 별사(別祠)는 참으로 후손들의 사모하는 의리에서 나왔으며, 조상의 시문과 많은 간찰은 여러 공들이 찬술하신 말에 요약하여 붙였다.

우러러 보건대, 매산 구역은 길이 체백(體魄)에 어울리고 만세토록 원근에 산봉우리 둘러져 있다. 삼가 자손(子孫)이 좌우에 늘어서니 형세가 주변을 둘러 싼 모습이요, 빈주(賓主)가 읍하고 다가오니 묘소와 멀지 않는 곳[182]이다. 이에 분암(墳庵, 재사) 네 칸 집을 지었으니 형제 자손들이 뜻을 모은 지 오래였다. 경영하는 마음은 공수(工倕)[183]를 우대하니 재주를 다해

고을이 어찌 대현이 맡을 곳이리오.(枳棘非鸞鳳所棲 百里豈大賢之路)"라고 하고서 자신의 한 달 봉급을 그에게 주어 태학으로 보냈다고 한다. ≪후한서(後漢書)≫ 권106 <순리열전(循吏列傳) 구람(仇覽)>

179 세 갈래 …… 돌아왔다 : 진(晉)나라 도잠(陶潛)의 <귀거래사(歸去來辭)>에 "세 오솔길이 거칠어졌으나, 솔과 국화는 아직 남아 있네.(三逕就荒 松菊猶存)"라는 표현이 있다.

180 호수 정자 : 낙동강변에 지은 정자 호호정(浩浩亭)을 가리킨다. 안극가는 1607년 권문세가와 파당에 치우침이 없이 충직과 실천을 지표로 삼아서 벼슬에서 물러나 향리로 돌아와 호호정(浩浩亭)을 건립하여 경전을 연구하면서 후진 양성에 전념하였다.

181 희녕(熙寧) : 희녕은 송(宋)나라 신종(神宗)의 연호로 1068년에서 1077년까지인데, 이 시기는 유교가 매우 위축된 시기이다.

182 묘소와 멀지 않는 곳 : 원문의 '수궁(數弓)'은 활 쏘는 거리의 두 배 되는 거리로 멀지 않는 곳을 말한다.

지어 아름답고 우뚝하게 눈앞에서 섰다. 간략하되 누추하지 않고 장식하되 화려하지 않고 높고 높은 재사는 제자리에 세워졌으니, 이 당에 오르고 이 방에 들어오는 자는 효제(孝悌)의 마음이 넉넉히 생기리라. 서리와 이슬을 밟으면 슬픈 마음이 일어나[184] 봄가을에 정갈한 제사[185]를 올리고, 묘소를 바라보면 엄숙한 마음이 일어나 조석으로 오르내리는 혼령을 모신다. 이것을 일러 추원보본에 정성을 다한다고 할 것이며, 계술(繼述)을 잘하는 일이라고 말하지 않겠는가? 멀리서 짧은 글을 부쳐 상량하는 일을 돕는다.

抛樑東	들보 동쪽으로 떡을 던지세.
玉斗亭亭際碧空	북두처럼 우뚝한 모습은 푸른 하늘에 닿았구나.
我欲躋攀不可得	나는 오르고자 하나 오를 수 없어
到頭須着琢磨工	결국은 절차탁마 공부해야 하리라.

183 공수(工倕) : 수(倕)는 고대 교장(巧匠)의 이름이다. 요(堯) 임금의 부름을 받고 백공(百工)의 우두머리가 되었기 때문에 공수라 칭했다 한다. 공수(公輸), 공수반(公輸班) 혹은 노반(魯班)이라고도 한다. ≪장자(莊子)≫ <달생(達生)>에 “공수가 줄을 그으면 그림쇠와 곱자를 쓴 것 같았다. 그의 손가락은 줄을 긋는 재료와 하나가 되어 사심으로 분별하는 일이 없었다. 그래서 마음이 전일해서 막히는 일이 없는 것이다.(工倕旋而蓋規矩 指與物化而不以心稽 故其靈臺一而不桎)”라는 말이 나온다.

184 서리와 …… 일어나 : ≪예기(禮記)≫ <제의(祭義)>에 “군자는 천도에 맞추어 봄에는 체제사를 지내고 가을에는 상제사를 지낸다. 가을에 서리와 이슬이 내리거든 군자가 그것을 밟아 보고 반드시 슬픈 마음이 생기나니 이는 날이 추워져서 그런 것이 아니다. 또 봄에 비와 이슬이 내려 땅이 축축해지거든 군자가 그것을 밟아 보고 반드시 두려운 마음이 생겨 마치 돌아가신 부모를 곧 만날 것 같은 생각이 들게 된다.(君子合諸天道 春禘秋嘗 霜露既降 君子履之 必有悽愴之心 非其寒之謂也 春雨露既濡 君子履之 必有怵惕之心 如將見之)”라고 한 말을 조합한 것이다.

185 정갈한 제사 : 원문의 ‘빈조(蘋藻)’는 법도에 따라 선조의 제사를 경건히 지냄을 말한다. ≪시경≫ <소남(召南) 채빈(采蘋)>에 “이에 마름을 뜯기를 남쪽 시내에서 하도다. 이에 마름을 뜯기를 저 흘러가는 도랑에서 하도다.(于以采蘋 南澗之濱 于以采藻 于彼行潦)”라고 하였다.

抛樑西	들보 서쪽으로 떡을 던지세.
葱瓏秀色入簾低	푸른 산 수려한 빛이 주렴 밑으로 드는구나.
山名吾道方知道	산 이름에서 우리 도를 바야흐로 알겠으니
奈此昏衢擿埴迷	어찌하여 이렇게 어두운 거리에서 헤매는가!

抛樑南	들보 남쪽으로 떡을 던지세.
彌陀一株碧如藍	미타봉 한 줄기가 쪽빛처럼 푸르도다.
惺惺自是吾家用	성성(惺惺)함은 본래 우리 유가의 공부이니
莫向虛無至理探	허무(虛無)를 향하여 지극한 이치 찾지 말아라.

抛樑北	들보 북쪽으로 떡을 던지세.
淵上寒梅依舊色	회연 한매의 빛깔이 여전하구나.
杖屨當年麗澤資	당년에는 붕우로 면려한 것을
後人方向卷中識	후인들은 지금 책 속에서 안다네.

抛樑上	들보 위쪽으로 떡을 던지세.
邱隴楸杉百歲仰	추삼(楸杉) 심은 묘소를 백세토록 우러르네.
忠孝里中淸白家	충효리(忠孝里) 속 청백한 가문
子孫世世受其貺	자손들은 대대로 음덕을 받네.

抛樑下	들보 아래로 떡을 던지세.
長江一帶圍平野	긴 강 한 줄기 넓은 들을 둘렀네.
湖亭雲物古猶今	호숫가 정자와 풍경은 옛날과 같으니
陟降精靈應不捨	오르내리는 선령은 마땅히 떠나지 않으시리.

삼가 상량한 후에는 골짜기는 변하지 않고 집은 길이 새로워져 산고수장(山高水長)[186]은 선생의 풍모일 것이요, 봄에 거문고 타고 여름에 시 읊으며 그 소리 끊이지 않게 하고 자손들이 시례(詩禮)를 서로 전승할 것이며, 참으로 선조에 욕됨이 없으며 길이 후손들에게 칭송을 듣길 바라노라.

186 산고수장(山高水長) : 영원히 전해질 고결한 인품을 표현할 때 쓰는 말이다. 송(宋)나라 범중엄(范仲淹)의 <엄선생사당기(嚴先生祠堂記)>에 "구름 낀 산 푸르고 푸르듯, 저 강물 곤곤히 흐르고 흐르듯, 선생의 풍도 역시 산고수장이로세.(雲山蒼蒼 江水泱泱 先生之風 山高水長)"라는 말이 나온다.

증통정대부 예조참의 춘당 조공 유허비각 상량문

贈通政大夫禮曺參議春堂曺公遺墟碑閣上樑文[187]

땅이 봉산(鳳山)이라 이름하니 천 길로 날아올라 덕을 내보고, 비각은 이수(螭首)를 보호함이니 화려한 건물 한 칸이 우뚝하게 섰도다. 이것으로 후손들의 긍구긍당(肯構肯堂)[188]하는 지극한 정성을 알겠으니, 선대에 닦아 놓은 유범(遺範)은 이미 너무 멀어졌다고 말하지 말아라. 삼가 생각건대, 춘당 조공[189]은 도오(陶梧) 세가(世家)[190]로 시례(詩禮)를 익혀 모범이 되었다. 겨우 열 살이었으나 거상을 잘하니 조문하는 사람들이 감동하였고, 촌음(寸陰)을 아껴서 학업에 부지런하니 뜻은 입신양명에 두었다. 잠시 서울[191]에 있을 때, 이름난 벼슬아치들이 객관을 비워두고 자리를 마련하였으나, 산택(山澤) 중에 살리라 마음을 돌리니 태수가 찾아와 치도(治道)를 물으며 수레를 낮추었다. 이것을 일러 골짜기에 있는 유란(幽蘭)이 향기가 퍼지게 하는 것과 같은 것이니, 대저 어찌 좋은 옥을 궤 속에 감추어 두고 팔리기를 바라겠는가?[192] 세상에 쓰이거나 버려지는 것이 어찌 자기에게 달려있는 것이겠나?

187 유허비각을 건립한 후 그 고유문은 심산 김창숙이 썼다. <춘당조공유허수비고유문(春堂曺公遺墟竪碑告由文)>이 그것이다. ≪심산유고(心山遺稿)≫ 권3.

188 긍구긍당(肯構肯堂) : 원문의 당구(堂搆)는 '긍구긍당'을 의미한다. ≪서경≫ <대고(大誥)>에, "만약 아버지가 집을 지으려 작정하여 이미 그 규모를 정했는데도 그 아들이 기꺼이 당기(堂基)를 마련하지 않는데 하물며 기꺼이 집을 지으랴.(若考作室 旣底法 厥子乃弗肯堂 矧肯構)" 한 대목에서 온 말로, 자손이 선대의 유업을 잘 계승하는 것을 뜻한다. 여기서는 유허비각을 자손들이 건축하는 것을 가리킨다.

189 춘당 조공 : 조한범(曺漢範, 1751~1830)을 가리킨다. 본관은 창녕, 자는 자범(子範), 춘당의 그의 호이다. 유허비명은 회당 장석영이 지었다.

190 도오(陶梧) 세가(世家) : 도촌(陶村) 조응인(曺應仁, 1556~1624), 오계(梧溪) 조정립(趙挺立, 1583~1660)의 후손이기 때문에 이렇게 말한 것이다.

191 서울 : 원문의 '경낙(京雒)'은 낙양(洛陽)을 지칭하는 말로, 서울을 의미한다.

다스림은 모범의 가문에서 벗어나지 않는 것을! 궁통(窮通)은 오로지 천명을 들을 뿐! 즐거움은 은거구지(隱居求志)[193]에 저절로 있었다.

예속(禮俗)을 흥기시키고 향약을 만들었으니, 옛날의 남전여씨향약(藍田呂氏鄕約)[194]이며, 종족(宗族)과 화목하고 의장(義庄)을 세웠으니, 문정공(文正公)[195] 남기신 규범이었다. 드디어 압호(鴨湖)에 나아가니 한가로운 곳이며, 춘당(春堂)을 지으니 편안히 쉬는 집이었다. 춘풍암을 차지하고 하남(河南) 한 개 달빛 아래 앉고,[196] 태화구를 읊으며 돌아가니 기수 가에서 예닐곱 명과 함께 하기 원하였다.[197] 벽에 가득한 도서는 얼굴의 속세 먼지 서말[198]을 털어낼 수 있었고, 끝없는 광제(光霽)[199]는 가슴 속 일반청의(一般淸

192 좋은 옥을 …… 바라겠는가 : ≪논어≫ <자한(子罕)>에 자공(子貢)이 공자에게 묻기를 "여기에 아름다운 옥이 있다면, 상자에 넣어 두시겠습니까, 아니면 좋은 값을 구하여 파시겠습니까?"라고 하니, 공자가 "팔아야지, 팔아야지! 나는 좋은 값을 기다리는 사람이다.(有美玉於斯 韞櫝而藏諸 求善賈而沽諸 子曰 沽之哉 沽之哉 我待賈者也)"라고 하였다. 여기에서 '옥돌을 자랑하여 좋은 값에 팔려고 한다.'라는 '현옥구수(衒玉求售)'의 고사가 나왔다.

193 은거구지(隱居求志) : 출사보다는 은거를 택했다는 의미이다. ≪논어≫ <계씨(季氏)>의 "세상에서 물러나 숨어 살면서 자신의 뜻을 추구하고, 세상에 나아가 의를 행하여 자신의 도를 펼친다.(隱居以求其志 行義以達其道)"라는 말에서 나온 것이다.

194 남전여씨향약(藍田呂氏鄕約) : 송(宋)나라 때 섬서성(陝西省) 남전현(藍田縣)에 살고 있던 여대균(呂大鈞)이 제정했으며, 문중과 향리 사람들이 지켜야 할 규약으로 '좋은 일을 서로 권장한다.(德業相勸)', '잘못을 서로 고쳐준다. (過失相規)', '서로 사귐에 있어 예의를 지킨다.(禮俗相交)', '환난을 당하면 서로 구제한다.(患難相恤)' 등을 정하였다. 후세 향약의 기준이 되었다. ≪소학(小學)≫ <선행(善行)>

195 문정공(文正公) : 미상.

196 춘풍암 …… 아래 앉고 : '하남'은 송나라의 유학자 정호(程顥)의 고향이며, '춘풍'은 주광정(朱光庭)이 그를 비유한 말이다. ≪근사록≫ 권40에 주공섬(朱公掞)이 여주(汝州)에 가서 명도(明道) 선생을 뵙고 돌아와서는 사람들에게 말하기를 "내가 한 달 동안이나 봄바람 속에 앉아 있었다.(某在春風中坐了一箇月)"라고 하였다. 이 구절의 '춘풍'과 '하남'은 바로 여기서 따온 것이다.

197 기수 가에서 …… 원하였다 : 공자의 제자 증점(曾點)이 "늦은 봄에 봄옷이 만들어지면 관을 쓴 벗 대여섯 명과 아이들 예닐곱 명을 데리고 기수에 가서 목욕을 하고 기우제 드리는 무우에서 바람을 쏘인 뒤에 노래하며 돌아오겠다.(暮春者 春服旣成 冠者五六人 童子六七人 浴乎沂 風乎舞雩 詠而歸)"라고 자신의 뜻을 밝히자, 공자가 감탄하며 허여한 내용이 ≪논어≫ <선진(先進)>에 나온다.

意)[200]를 헤아릴 수 있었다. 다만 세월이 흘러서 마침내 건물이 무너지게 되었다. 건물 터에 당호만 부질없이 전해지니 끝없이 흥망이 서로 찾아들고, 책상자 남긴 책들은 모두 없어지니 앞으로 덕업을 확인할 길 없었다. 언덕과 시내가 있는 곳은 비록 군지(郡誌)에 있는 것으로도 확인하기에 충분하지만, 갱장(羹墻)의 그리운 마음[201]은 어찌하여 후손들이 부칠 곳이 없는가. 이에 한산(寒山) 한 조각 돌[202]을 가지고, 백년 옛 자취 남은 터를 표하여 드러내었다. 함께 하기를 약속하지 않아도 함께 도모하니 장인들은 교묘한 재주를 바치고, 정한 날에 공사를 마치니 손님과 주인이 모두 금상(琴觴)의 기쁨을 다하였다. 호수와 산은 광채를 더하니 원학(猿鶴)과 맺은 옛 약속을 묻고, 기와와 처마에 윤기 흐르니 이귀(螭龜, 비석) 새로워진 모습 완연도 하다. 다만 육위(六偉)의 글을 지어서, 두 들보 드는 일을 돕고자 한다.

198 먼저 서 말 : 송(宋)나라 진여의(陳與義)의 <송왕주사부발운사속관(送王周士赴發運司屬官)> 시에 "차라리 서 말의 먼지를 먹을지언정 시 없는 사람에겐 손으로 읍도 안 하고, 차라리 서 말의 식초를 마실지언정 재미없는 시구는 귀로 듣지도 않는다.(寧食三斗塵 有手不揖無詩人 寧飮三斗醋 有耳不聽無味句)"라는 구절이 나온다.

199 광풍제월(光風霽月) : 광제(光霽)는 광풍제월(光風霽月)의 준말인데, 청랑(淸朗)한 기상과 인품을 비유한 것이다. 송나라 때 황정견(黃庭堅)의 ≪산곡집(山谷集)≫ 권1의 <염계시(濂溪詩)> 병서(幷序)에 "용릉 주무숙은 인품이 매우 높아서 흉중이 씻은 듯함이 마치 광풍제월과 같다.(舂陵周茂叔 人品甚高 胸中灑落 如光風霽月)"라고 한 말에서 유래한다. 용릉은 중국의 호남성(湖南省) 영원현(寧遠縣) 서북쪽에 있는 지명인데 주돈이(周敦頤)가 살았던 곳이다. 주돈이의 자는 무숙(茂叔), 호는 염계(濂溪)이다.

200 일반청의(一般淸意) : 이와 같은 청랑한 경지라는 뜻으로, 소옹(邵雍)이 <청야음(淸夜吟)>이라는 오언절구(五言絶句)에서 "달은 하늘 한복판에 이르고, 바람은 물 위에 불어오누나. 이와 같은 청랑한 경지를, 아는 사람 아마도 많지 않으리라.(月到天心處 風來水面時 一般淸意味 料得少人知)"라고 말한 것을 발췌한 것이다.

201 갱장(羹墻)의 그리운 마음 : 조상을 그리워하는 마음을 표현한 말이다. ≪후한서(後漢書)≫ <이고전(李固傳)>에, "순(舜)이 요(堯)를 사모하여, 앉아 있을 적에는 요 임금을 담에 뵙는 듯하고, 밥 먹을 적에는 요 임금을 국에서 뵙는 듯했다." 하였다.

202 한산(寒山)의 한 조각 돌 : 깔끔하고 뚜렷한 모양. 수(隋)의 설도형(薛道衡)의 한산일편석(寒山一片石)을 인용한 것이다.

兒郎偉 抛樑東　어영차 들보 동쪽으로 떡을 던지세.
智水方塘一鑑空　거울 같은 지수 방당(方塘)[203]에 하늘이 비치구나.
陶老裕昆垂正學　퇴계의 정학을 드리워 유곤(裕昆)[204]의 덕을 전하니
眞源遠自檜川通　진원(眞源)은 회연(檜淵)을 통하여 멀리서 흘러오도다.

抛樑西　들보 서쪽으로 떡을 던지세.
望日山頭風雨凄　산꼭대기 해를 바라보니 비바람이 쓸쓸하도다.
歎息吾生長夜坐　우리들이 긴 밤에 앉았음을 탄식하노니
回車愼勿及行迷　수레 돌려 부디 길을 잃지 마시라.

抛樑南　들보 남쪽으로 떡을 던지세.
古城頹堞鎖烟嵐　오랜 성 무너진 성벽에 안개 자욱하도다.
紹先牖後梧溪宅　선조를 잇고 후손을 열어주는 오계의 집
世世雲仍遺澤涵　대대로 후손들이 선조의 은택에 젖도다.

抛樑北　들보 남쪽으로 떡을 던지세.
道山壁立蒼然色　도산이 창연하게 벽처럼 우뚝 솟았도다.
大賢風韻垂無極　대현의 풍모 끝없이 드리우니
鄕黨家家弟子職　향당의 집집마다 <제자직(弟子職)>[205]을 실천하네.

---

203 방당(方塘) : 네모진 못. “반 이랑 네모진 못의 거울 하나가 열렸나니, 하늘빛과 구름 그림자가 다 함께 배회하네.(半畝方塘一鑑開 天光雲影共徘徊)”라는 주희의 시에서 인용한 것이다. ≪주자대전(朱子大全)≫ 권1 시 <관서유감(觀書有感)>

204 유곤(裕昆) : 후손에게 덕행을 많이 남겨 준다는 뜻으로, ≪서경≫ <중훼지고(仲虺之誥)>에 “의로 일을 바로잡고 예로 마음을 바로잡아 후세에 덕행을 남겨 주소서.(以義制事 以禮制心 垂裕後昆)” 한 데서 나온 말이다.

抛樑上	들보 위쪽으로 떡을 던지세.
邱壟松杉臨碧嶂	묘소 가 송삼(松杉)은 푸른 산에 닿아 있네.
也識精靈終不忘	알겠노라, 선령은 마침내 잊지 않고
堂墟夜月頻來往	달밤에 건물 자리를 자주 오고 갔음을!

抛樑下	들보 아래로 떡을 던지세.
滾滾長江流不舍	도도하게 장강이 쉬지 않고 흐르도다.
千載爲陵君莫言	천년 후에는 연못이 언덕이 될 것이라 그대 말하지 말라.
峴山笑指沈碑者	현산이 비석 가라앉힌 자를 비웃으며 가리키고 있나니.[206]

삼가 상량한 후에는 마을이 더욱 빛나고 임천(林泉)은 경관이 바뀌기를 바라고, 비석은 명성과 함께 사라지지 않아 이끼 끼고 부스러지는 근심이 없으며, 땅은 사람 때문에 더욱 알려져 풍우에 무너지는 재앙 면하기를 바란다. 고산경행(高山景行)[207]이라, 많은 선비들이 더욱 간절히 사모하고, 야노(野老)와 촌수(村叟)가 유부사(幼婦辭)[208]를 서로 전하게 되기를 바란다.

205 제자직(弟子職) : 춘추 시대 제(齊)나라 관중(管仲)이 지었다고 전해지는 ≪관자(管子)≫의 편명으로서, 학생들이 지켜야 하는 법도에 대해 기술하고 있다.

206 현산이 …… 가리키고 있나니 : 진(晉) 나라 두예(杜預)가 명예를 좋아하여 비석 두 개에 자기의 공적을 새겨서 하나는 만산(萬山) 아래에 있는 연못 속에 던지고, 다른 하나는 현산(峴山) 위에 세운 다음 "차후에 이 연못이 다시 능곡(陵谷)이 되지 않을지 어찌 알겠는가?" 한 고사를 말한다.

207 고산경행(高山景行) : ≪시경(詩經)≫ <거할(車舝)>에 "높은 산처럼 우러르고 큰 길처럼 따라간다.(高山仰止 景行行止)"라는 구절에서 온 말로, 고인의 큰 덕행(德行)을 흠모한다는 뜻이다.

208 유부사(幼婦辭) : 후한(後漢) 때 채옹(蔡邕)이 조아비문(曹娥碑文)을 보고 그 비석의 뒷면에 은어(隱語)로 '황견유부외손자구(黃絹幼婦外孫齏臼)' 여덟 글자를 새겨 놓았는데, 뛰어난 문장의 비문을 말한다. ≪세설신어(世說新語)≫ <첩오(捷悟)>

삼우당 상량문
三友堂上樑文

선대를 받들어 효도하기를 생각하니 이 대(二代)의 신령이 밝고 그 땅에 나아가 집을 지으니[209] 삼 형제의 건물이 날아갈 듯하다. 그 가르침을 가까이하니 삼가 형제가 화목하며 서로 따지는 일이 없었다.[210] 조종께서 백 년 동안 덕을 쌓으신 일 생각해보니, 후손들에게 온 집안에 가득한 경사를 전해 주셨다. 아비가 전함에 자식이 받아 연원이 스스로 일가에서 이루어지고, 형은 반드시 우애하고 아우는 반드시 공경하니 학문은 곧 나머지 일[211]이었다. 붕정만리(鵬程萬里)를 비로소 시작하니 숙조고(叔祖考, 작은 할아버지)는 시대에 드문 인재였고, 봉모(鳳毛)[212]가 특별히 보이니, 장자(長子)가 일찍 성균관에 올랐다. 이것을 불식지보(不食之報)[213]라고 이르니, 또한 부지런함으로 말미암아 이루었다. 오세(五世)에 종(宗)을 나누었어도 오히려 끊이지

209 집을 지으니 : 원문의 '긍당(肯堂)'은 긍구긍당(肯構肯堂)의 준말로, ≪서경≫ <대고(大誥)>의 "아버지가 집을 지으려 하여 이미 설계까지 끝냈다 하더라도, 그 자손이 집터도 닦으려 하지 않는다면 어떻게 집이 완성되기를 기대할 수 있겠는가.(若考作室 旣底法 厥子乃不肯堂 矧肯構)"라고 한 대목에서 온 말로, 자손이 선대의 유업을 잘 계승하는 것을 뜻한다.

210 형제간에 …… 없었다 : ≪시경≫ <소아(小雅) 사간(斯干)>에 "형이여 아우여, 서로 화목하게 지낼 것이요, 서로 따지지 말지어다.(兄及弟矣 式相好矣 無相猶矣)"라고 한 데서 따온 말이다.

211 학문은 곧 나머지 일 : ≪논어≫ <학이> 편에, "제자가 들어가서는 효하고 나와서는 공손하며, 행실을 삼가고 말을 성실하게 하며, 널리 사람들을 사랑하되 어진 이를 친히 해야 하니, 이것을 행하고 나서도 여력이 있을 경우에는 학문을 하라.(弟子入則孝 出則弟 謹而信 汎愛衆 而親仁 行有餘力 則以學文)"이라고 하였다.

212 봉모(鳳毛) : 부조(父祖)처럼 뛰어난 재질을 소유한 자손을 가리키는 말이다. ≪세설신어(世說新語)≫ <용지(容止)>

213 불식지보(不食之報) : 부조(父祖)의 음덕으로 자손이 잘 되는 보응(報應)을 말한다.

않은 유택(遺澤)이 있었으니, 한 몸같이 화목함은 참으로 대조(大祖, 시조)가 내린 계책을 좇았기 때문이다. 시례(詩禮) 소리[214]를 서로 전하니 지원(芝園)의 고택(古宅)이요, 송추(松楸, 묘소)의 그리움이 더욱 간절하니, 사동(寺洞)의 선영이다.

계를 맺어 재원을 모으는 논의는 보본추원(報本追遠)하는 마음에서 나왔다. 세월을 기약하니 거의 모든 형제들 힘과 정성을 다하고, 기둥을 세우니 조상님들 훈호처창(焄蒿悽愴)[215]한 모습을 보는 듯하구다. 기축년 재앙을 차마 말할 수 없으니 어머니의 눈물이 마르지 않았고, 갑오년 우환을 문득 만났으니 풍수지탄의 슬픔이 아프게 더욱 죄어왔다. 옛사람들의 간고(幹蠱)[216]의 일을 생각하니, 오늘날 술사(述事)[217]하는 현손이 있다네. 고아를 거두고 책을 지고 스승을 따르니 그 재주는 청전(靑氈)[218]의 구업을 지킬 만하였고,

---

214 시례(詩禮) 소리 : 대대로 시와 예로 훈육하는 시례지가(詩禮之家)를 의미한다. 공자가 일찍이 홀로 뜰에 서 계셨는데, 아들인 이(鯉)가 종종걸음으로 그 앞을 지나가자, 그를 불러 세워 "시(詩)를 배웠느냐?" 하고 묻고, 또 한 번은 "예(禮)를 배웠느냐?" 하고 물어서, 이가 시와 예에 관한 가르침을 받은 고사에서 유래한 것이다. ≪논어(論語)≫ <계시(季氏)> 이후로 유교 경전에 대한 지식과 예의범절을 이어오는 가문을 '시례지가(詩禮之家)'라 한다.

215 훈호처창(焄蒿悽愴) : 향냄새 나는 백물의 정기가 증발해 나오는 모양을 말한다. ≪예기≫ <제의(祭義)>에, "신의 기는 하늘로 올라가서 영험이 밝게 드러나고 그 향기가 사람을 엄습하여 정신이 송연해지나니, 이것이 바로 온갖 물건의 정이요 신의 드러남이다.(其氣發揚于上 爲昭明焄蒿悽愴 此百物之精也 神之著也)"라고 하였다.

216 간고(幹蠱) : 간부지고(幹父之蠱)의 준말로, 아들이 아버지의 뜻을 계승 발전시키는 것을 말한다. ≪주역(周易)≫ <고괘(蠱卦)>

217 술사(述事) : 계지술사(繼志述事)의 줄임말로, 계지는 어버이의 뜻을 잘 계승하는 것을 말하며, 술사는 어버이의 일을 잘 따라서 하는 것을 말한다. 공자가 말하기를, "문왕(文王)과 주공(周公)은 세상 사람들이 모두 칭찬하는 효자일 것이다. 효란 것은 어버이의 뜻을 잘 계승하며, 어버이의 일을 잘 따라 행하는 것일 뿐이다." 하였다. ≪중용장구(中庸章句)≫ 제19장

218 청전(靑氈) : 선대(先代)로부터 전해진 귀한 유물을 가리킨다. 진(晉)나라 왕헌지(王獻之)가 누워 있는 방에 도둑이 들어와서 물건을 모조리 훔쳐 가려 할 적에, 그가 "도둑이여, 그 푸른 모포는 우리 집안의 유물이니, 그것만은 두고 가는 것이 좋겠다.(偸兒 靑氈我家舊物 可特置之)"라고 하자, 도둑이 질겁하고 도망쳤다는 고사가 있다. ≪진서(晉書)≫ 권80

묘도는 당당한데 상석을 앉히고 비갈을 세우니 황견(黃絹)[219]이라는 말을 부치는 것이 외람되지 않네. 티끌 속세를 싫어하여 스스로 전원에 몸을 부쳤으니 저력(樗櫟)[220]처럼 무용(無用)하기를 바라고, 난세를 만나 진탕(震蕩)을 여러 번 겪었으니 빈조(蘋藻)[221]가 정성스럽지 못할까 마음으로 걱정하였다.

이에 선영 구역 내에 드디어 후손들이 장수유식(藏修遊息)[222]하는 곳을 두게 되었다. 십 년을 경영하여 비로소 완공하니 어찌 물력(物力)의 많고 적음을 말할 것인가? 다섯 기둥 건물을 지음에 겨우 무릎을 들일 만하니[223], 제도가 소박한 것을 싫어하지 않았네. 가을 서리 봄 비에 군자는 놀라고 슬픈 마음이 일어나니,[224] 좌우에 도서(圖書)가 있으니 자제들이 학문 정진에 힘

<왕희지열전(王羲之列傳) 왕헌지(王獻之)>

219 황견(黃絹) : 뛰어난 문장의 비문을 의미한다. 후한(後漢) 때 채옹(蔡邕)이 조아비문(曹娥碑文)을 보고는 그 비석 배면(背面)에다 은어(隱語)로 '황견유부외손자구(黃絹幼婦外孫齏臼)' 여덟 글자를 새겨 놓은데서 유래한다.

220 저력(樗櫟) : 가죽나무 같은 쓸모없는 나무를 일컫는 말로써, 쓸모가 없는 사람의 비유한다.

221 빈조(蘋藻) : 제수(祭需)를 올려서 제사 지내는 것을 말한다. ≪시경≫ <소남(召南) 채빈장(采蘋章)>에 "개구리밥을 뜯으러 남쪽 시냇가로 가세. 마름풀을 뜯으러 저 길가 도랑으로 가세.(于以采蘋 南澗之濱 于以采藻 于彼行潦)"라고 하였는데, 이는 부인이 사당에 제사 지내려고 제수를 장만하기 위해 나물을 캐는 것이다.

222 장수유식(藏修遊息) : 한결같은 마음으로 학업에 매진한다는 뜻으로, ≪예기≫ <학기(學記)>에 "군자는 배움에 있어 장하고, 수하고, 식하고, 유한다.(君子之於學也 藏焉 修焉 息焉 遊焉)"라고 하였는데, 공영달(孔穎達)의 소(疏)에서 "장은 마음속에 항상 학업을 품는 것이고, 수는 닦고 익히기를 그만두지 않는 것이다.(藏謂心常懷抱學業也 修謂修習不能廢也)"라고 풀이하였다. ≪예기정의(禮記正義)≫ 권36 <학기(學記)>

223 겨우 무릎을 들일 만하니 : 도연명의 <귀거래사(歸去來辭)>에 "남창에 기대어 오연(傲然)히 즐거워하니, 무릎이나 들어갈 작은 집이 편안하기 쉬움을 알겠노라.(倚南窓以寄傲 審容膝之易安)"라고 한 것에서 인용하였다.

224 가을 서리 …… 일어나니 : ≪예기(禮記)≫ <제의(祭義)>에 "군자는 천도에 맞추어 봄에는 체제사를 지내고 가을에는 상제사를 지낸다. 가을에 서리와 이슬이 내리거든 군자가 그것을 밟아 보고 반드시 슬픈 마음이 생기나니 이는 날이 추워져서 그런 것이 아니다. 또 봄에 비와 이슬이 내려 땅이 축축해지거든 군자가 그것을 밟아 보고 반드시 섬뜩하게 두려

쓰게 하였다. 이미 거북점을 쳐서 길한 때를 잡았고 문득 축하 연회를 열어 건물을 완공하였다. 재사는 삼우당으로 이름하였으니 생사(生死) 간에 감회가 깊고, 처마에 유훈을 편액으로 거니 받들어 계승함에 감히 태만함이 없었다. 상(床)을 나란히 하고 함께 거처하니[225] 모두가 금옥(金玉)같은 형제라고 말하고, 당(堂)에 오르고 실(室)에 들어가니 누가 효도하고 자애하는 자손이 아니겠는가? 이에 부족한 글을 엮어 들보를 올리는 일에 돕고자 하노라.

抛樑東 들보 동쪽에 떡을 던지세.
霧罷楸岑曉日紅 안개 걷힌 선산에 아침 해가 붉도다.
安得此心皦若彼 어찌하면 이 마음이 저와 같이 밝을 수 있나?
滓査渾化理昭融 더러운 마음 모두 밝게 되리라.

抛樑南 들보 남쪽으로 떡을 던지세.
磅礴千尋飛鳳巖 크고 높은 비봉암이로다.
緬憶當年留彩地 당년에 빛나는 모습 남아 있는 곳이라 생각하니
一輪秋月照寒潭 둥근 가을달 차가운 못에 비치도다.

抛樑西 들보 서쪽으로 떡을 던지세.
伽倻高出白雲齊 가야산 높이 솟아 흰구름과 나란하구나!

운 마음이 생겨 마치 돌아가신 부모를 곧 만날 것 같은 생각이 들게 된다.(君子合諸天道 春禘秋嘗 霜露旣降 君子履之 必有悽愴之心 非其寒之謂也 春雨露旣濡 君子履之 必有怵惕之心 如將見之)"라고 한 말을 인용한 것이다.

225 상을 …… 거처하니 : 북위(北魏)의 이름난 권문세가인 삼형제 양파(楊播), 양춘, 양진(楊津)의 고사를 인용한 말이다. 양파(楊播)는 중국의 북조(北朝) 사람으로 집안이 대대로 순후(純厚)한 기풍을 지녔고 두 아우 양춘(楊椿)·양진(楊津)과 함께 우애가 지극하였다. 청당(廳堂)에 휘장으로 막아 공간을 마련하여 항상 그곳에서 형제들이 종일토록 같이 지냈다.

登時不禁遊人恨　당에 오를 때면 나그네는 한을 금할 수 없으니
吾道千秋北角低　우리 도는 영원히 북쪽 봉우리 아래에 있도다.

抛樑北　들보 북쪽으로 떡을 던지세.
芝軒古宅山之側　지헌(芝軒) 고가가 산 옆에 있도다.
晴窓竟日讀書人　밝은 창에 온종일 독서하는 사람은
博帶峨冠蒼健色　넓은 띠 높은 관의 창건(蒼健)한 모습이도다.

抛樑上　들보 위로 떡을 던지세.
脩棟層軒臨碧嶂　높은 건물이 푸른 산봉우리에 접해 있도다.
密邇先靈晨夕陪　선령(先靈)을 가까이서 조석으로 모시니
秋霜春露增悽愴　봄가을 상로(霜露)에 추모하는 마음 더하도다.

抛樑下　들보 아래로 떡을 던지세.
活水前溪流不舍　활수(活水)가 앞내에 멈추지 않고 흐르도다.
一曲櫂歌天氣淸　일곡[226] 뱃노래에 천기가 맑아지니
行人到此留征馬　행인이 이곳에 이르면 가던 말을 멈추도다.

삼가 상량한 후에는 골짜기가 변하지 않고 건물은 늘 새로워서 학문을 서로 전하기를 바라며, 자손들은 선영을 버리지 말고, 신령(神靈)에 크게 힘입어 더욱 훌륭해지기를 바라노라.

226 일곡 : 무흘구곡 제1곡 봉비암(鳳飛巖)을 말한다. 봉비암은 삼우당의 아래쪽에 있기 때문이다.

소종 정침 상량문
小宗正寢上樑文

이곳에 터를 잡아 이미 사세(四世)[227]를 이었으니, 유업이 훌륭하고 여경(餘慶)[228]이 다하지 않았다. 옛 터에 다시 열 칸 건물을 세우니, 아름다운 건물 규모가 자못 광대하다. 여기에서 어버이의 뜻을 계승해 이으리니,[229] 어찌 유업을 잘 계승한다[230]고만 말하랴. 삼가 생각건대 우리 고조부 부군[231]께서는 대종가에서 처음으로 나누어졌으니, 문호는 충분히 갖추고 충분히 모았으며[232] 집안을 잘 다스렸지만 외물은 가벼이 여겼고, 매우 검약하고

---

227 사세(四世) : 정구의 8대손 정위(鄭煒)는 네 아들을 두게 되는데, 규석(奎錫), 용석(龍錫), 기석(箕錫), 귀석(龜錫)이 그들이다. 이 가운데 용석부터 소종을 이루는데 바로 성재의 고조부이다. 이 때문에 '사세'는 고조부 정용석(鄭龍錫), 증조부 정보영(鄭輔永), 조부 정민화(鄭民和), 부 정세용(鄭世容)을 말한다.

228 여경(餘慶) : 남에게 좋은 일을 많이 한 보답(報答)으로 뒷날 그의 자손(子孫)이 받는 경사(慶事)이다.

229 어버이의 …… 이으리니 : 원문 선계선술(善繼善述)은 어버이의 뜻을 잘 계승하며, 어버이의 일을 잘 따라서 하는 것을 말한다. 공자가 "문왕(文王)과 주공(周公)은 세상 사람들이 모두 칭찬하는 효자일 것이다. 효란 것은 어버이의 뜻을 잘 계승하며, 어버이의 일을 잘 따라 행하는 것일 뿐이다.(武王周公 其達孝矣乎 夫孝者 善繼人之志 善述人之事者也)"라고 하였다. ≪중용장구(中庸章句)≫ 제19장

230 유업을 잘 계승한다 : 원문 긍구긍당(肯構肯堂)은 자손이 선대의 유업을 잘 계승한다는 뜻이다. ≪서경≫ <대고(大誥)>에 "만약 아버지가 집을 지으려 작정하여, 이미 그 규모를 정했는데도, 그 아들이 기꺼이 당기를 마련하지 않는데, 하물며 기꺼이 집을 지으랴.(若考作室 既底法 厥子乃弗肯堂 矧肯構)"라고 한 데서 유래한다.

231 고조부 부군 : 정용석(鄭龍錫, 1771~1834)을 가리킨다. 정구의 9대손으로 자는 남중(南仲)이다.

232 충분히 …… 모았으며 : ≪논어≫ <자로(子路)>에, "공자가 위(衛)나라 공자(公子) 형(荊)을 평가하기를, '그는 집안 살림을 아주 잘하는 사람이다. 처음 살림을 나서 재물을 소유하게 되자, '이만하면 모였다'라고 하였고, 조금 더 장만하게 되자, '이만하면 충분히 갖추었다'라고 하였고, 부유하게 되자, '이만하면 충분히 훌륭하다' 하였다.(子謂衛公子荊 善居室 始有曰 苟合矣 少有曰 苟完矣 富有曰 苟美矣)"라고 하였다. 즉, 공자는 맹목적으로 부귀

매우 부지런히 하여 후세에 넉넉하게 물려 주되[233] 조상의 기업을 실추함이 없었다. 숙조고(叔祖考)의 동관(童官) 직함은 비록 조상이 덕행을 쌓은 때문이라고 하지만, 종숙부(從叔父)의 금오(金吾) 직함도 또한 아마도 조상의 은덕[234]이 미친 것이었다.

아들이 아니면 조카들이니 지붕과 처마는 동서로 서로 만나고, 벗을 취하고 스승을 따르니, 현송(絃誦)하는 소리는 사철 끊이지 않았다. 저 재종(再從) 대에 와서는 약관에 부친의 뒤를 이었는데, 참으로 사대를 지나 소종(小宗)을 받들어 제사드리게 되었다. 선조를 추모하는 정성이 간절하니 선영의 상석이 이미 갖추어지고, 제사에는 풍예(豐昵)[235]함이 없었으니 봄가을 제사에 일정함이 있었다. 언제나 기일이 닥쳐서 신주를 옮겨오는 때면 참으로 축관(祝官)은 아픈 마음을 감당하지 못했다.

땅에 맞추어 집을 지으니 비록 전당(前堂)은 제도에 어긋남이 있지만, 제사상을 진설하고 신위를 맞이함에 또한 정침(正寢)이라고 통용하여 말할 수 있다. 기와 굽고 나무 벤 지 오래되어 마음의 경륜 일으키고, 옛것을 시원하게 혁신하니 눈앞에 우뚝한 건물을 완성하였다. 큰 것은 들보로 삼고 작은 것은 서까래로 삼아 목수들은 재주를 발휘하였고, 탕탕 쌓아 올리고 펑펑 깎아 내리며[236] 인부들이 힘을 다하였다. 오래된 마을 빼어난 영지(靈

를 추구하지 않고 항상 현재에 만족하며 겸허한 태도를 지닌 공자 형을 칭찬한 것이다.

233 후세에 …… 물려 주되 : 원문의 '유후곤(裕後昆)'은 ≪서경≫ <중훼지고(仲虺之誥)>의 "의로 일을 바로잡고 예로 마음을 제어하여 후세에 넉넉하게 남겨 주어야 한다.(以義制事 以禮制心 垂裕後昆)"라는 말에서 온 것이다.

234 조상의 은덕 : 원문의 '여경(餘慶)'은 남에게 좋은 일을 많이 한 보답(報答)으로 뒷날 그의 자손(子孫)이 받는 경사(慶事)를 이른 말이다.

235 풍예(豐昵) : 다른 선조들은 염두에 두지 않고 자기 부친만 존숭하는 것을 말한다. ≪서경(書經)≫ 고종융일(高宗肜日)에, "제사를 거행함에 있어 오직 아비 사당에만 풍성하게 하지 마소서.(典祀無豐于昵)"라고 하였다.

236 탕탕 …… 내리며 : ≪시경≫ <면(緜)>에 '그릇에 흙을 담기를 많이 많이 담으며, 흙을

芝)[237]를 다시 보고, 주산은 다락(多樂)[238]이라는 이름에 잘 어울린다. 깊은 곳에 실(室)을 짓고 빈 곳은 당(堂)을 지으니 완연히 신명이 오르내리는 듯하며, 왼쪽에는 뜰을 두고 오른쪽에는 회랑을 두니 많은 사람들이 두루 돌아보는구나. 이에 육위(六偉)의 글을 지어 두 들보 올리는 일을 돕고자 하노라.

兒郎偉 抛樑東　어영차 들보 동쪽으로 떡을 던지세.
寺洞楸杉暮靄中　사동(寺洞, 절골) 묘소가 저녁 안개 속에 잠겼도다.
小子能思邇訓義　소자는 그리워하며 유훈을 가까이 하니
碧牕深夜一燈紅　푸른 창 깊은 밤 붉은 등불 하나 밝도다.

兒郎偉 抛樑西　어영차 들보 서쪽으로 떡을 던지세.
伽倻一株與天齊　가야산 한 줄기 하늘처럼 높도다.
潔身長往非吾事　길이 몸을 고결히 하는 것이 우리 일 아니지만
欲訪崔仙路轉迷　최선(崔仙)[239]을 찾고자 하나 길은 더욱 혼미하네.

판자에 던져 넣으면서 어울려서 하는도다. 담장의 흙을 다지면서 영차영차 소리 내며, 높은 곳을 깎아 다듬으면서 단단하게 다지도다.(捄之陾陾 度之薨薨 築之登登 削屢馮馮)'라고 하였다.

237 영지(靈芝) : 지촌(枝村) 혹은 지촌(芝村)으로 표기하는 갓말을 의미한다. 현재 경상북도 성주군 수륜면 수성2리에 있다. 여기에 한강 불천위 사당과 종가, 숙야재(夙夜齋), 중매댁(中梅宅), 후산고택(厚山古宅) 등이 있다.

238 다락(多樂) : 성주군 대리면, 즉 현재의 수륜면에 다락산(多樂山)이 있다. '다락'은 월락(月樂)으로 표기하기도 한다. 한강 종가와 성재의 소종가는 창평산 기슭에 있는데, 이 산은 다락산의 맥이 흘러 이룩된 산이다.

239 최선(崔仙) : 최치원(崔致遠)을 말한다. 그는 만년에 가족을 이끌고 가야산으로 들어가 은거하였으며, 해인사 중창 불사의 기문과 화엄 승전을 찬술하여 신라 국가 재건의 호국 의지를 주장하다가 908년 이후 어느 시기에 삶을 마쳤다.

兒郞偉 抛樑南　어영차 들보 남쪽으로 떡을 던지세.
蒼然老檜傍寒潭　창연히 오래된 회연 곁 차가운 못이로다.
熙寧茂草何須說　희녕(熙寧)[240]의 황폐함을 어찌 말하랴!
九曲溪山道氣涵　구곡 산수[241]는 도의 기운을 머금었도다.

兒郞偉 抛樑北　어영차 들보 북쪽으로 떡을 던지세.
道山峭崒參天極　도산(道山) 산줄기 하늘에 닿았도다.
南州淑氣於斯窮　남쪽 고을 맑은 기운 여기에서 끝나니
鍾得魁奇材且德　걸출한 인재와 덕인을 모을 것이다.

兒郞偉 抛樑上　어영차 들보 위쪽으로 떡을 던지세.
星斗垂垂天宇曠　북두성 빛나고 하늘이 넓도다.
神理洋洋如在玆　신리(神理, 영혼)가 양양하게 여기에 있는 듯하니
齊明肅敬心悽愴　재계하고 공경하는 마음이 처창하도다.

兒郞偉 抛樑下　어영차 들보 아래로 떡을 던지세.
滿室兒孫勤讀寫　방에 가득한 자손들이 부지런히 공부하도다.
遺澤千年名祖家　조상 은택 천년을 이어온 이름난 조상가이니
肯將蠻俗變華夏　오랑캐 풍속을 중화의 풍속으로 바꾸려 하셨도다.

240 희녕(熙寧) : 희녕은 송(宋)나라 신종(神宗)의 연호로 1068년에서 1077년까지인데, 이 시기에 유교가 매우 위축된 시기이다.

241 구곡 산수 : 성주군의 봉비암(鳳飛巖)에서 김천시의 용추(龍湫)까지 이어지는 무흘구곡을 말한다.

삼가 상량한 후에는 산수는 여전하고 건물은 길이 새로워지길 바라며 지초와 예천 같은 자손[242]은 멀리 조상 기업을 날로 쌓고 달로 쌓아 가고[243] 난새와 고니 같은 자손[244]은 시례(詩禮)를 이어오는 후손임을 증거할 수 있기를 바라며, 진실로 그대 선조에게 욕됨이 없고 길이 후손들에게 칭송하는 말이 있기를 바라노라.

---

242 지초와 예천 같은 자손 : 원문의 '지근예원(芝根醴源)은 지란의 뿌리와 예천의 근원이니, 훌륭한 자손을 비유적으로 일컫는 말이다.

243 날로 쌓고 달로 쌓아 가고 : 원문의 '적루(積累)'는 일적월루(日積月累)의 줄임말로, 날로 쌓고 달로 쌓아 잠시라도 그만두지 않는 공력을 의미한다.

244 난새와 고니 같은 자손 : 원문의 '난정곡치(鸞停鵠峙)'는 난새와 고니처럼 훌륭한 자손을 비유하는 말이다. 당(唐)나라 한유(韓愈)의 <전중소감마군묘명(殿中少監馬君墓銘)>에 "물러나와 소부를 보건대 푸른 대와 벽오동에 난새와 고니가 우뚝 서 있는 듯하였으니, 가업을 제대로 지킬 만한 분이었다.(退見少傅 翠竹碧梧 鸞鵠停峙 能守其業者也)"라고 한 데서 유래하였다. ≪한창려집(韓昌黎集)≫ 권33

축문祝文

주산 축문①
祝主山文

伏以　　삼가

惟民生厚　　오직 백성이 태어남에 본성이 후하며

擇里于仁　　마을을 선택함은 인으로 하니

相協厥居　　그 거처가 서로 어울리고

有佑自神　　신령이 도우심이 있도다.

惟我主山　　오직 우리 주산은

爲鎭一方　　한 지방을 압도하니

靈芝古洞　　영지(靈芝, 지촌)는 오래된 마을이요

多樂崇岡　　다락(多樂)은 높은 산이로다.

神守鬼護　　귀신이 수호하여

呵禁不祥　　상서롭지 못한 것을 꾸짖어 금하니

人無疾苦　　사람들은 질병의 괴로움이 없고

家用平康　　가정은 이로써 평안하도다.

何以弄之　　무엇으로 노는가

是瓦是璋　　실패와 구슬이라네.[245]

乃承詩禮　　이에 시례(詩禮)를 받들고

245 무엇으로 …… 구슬이라네 : 농와(弄瓦)와 농장(弄璋)을 말하는 것으로 딸과 아들을 낳아 기르는 것을 의미한다. ≪시경≫ <사간(斯干)>에 "아들을 낳으면 …… 구슬을 가지고 놀게 하고(乃生男子 …… 載弄之璋)"라는 말과 또 "딸아이를 낳으면 …… 실패를 가지고 놀게 한다.(乃生女子 …… 載弄之瓦)"라는 말에서 유래한 것이다.

乃勤績紡　이에 부지런히 길쌈을 하는도다.

坐淸淨界　맑은 세상에 앉고

躋仁壽域　인수(仁壽)의 영역에 오르니

人安其業　사람들은 사업에 편안하고

物賴以殖　산물은 그로써 늘어나도다.

放之于野　들판에 방목하니

衛騋周犉　위래(衛騋)[246]와 주순(周犉)[247]이요

納之于圃　밭으로 들이니

漢倉府秦　한창(漢倉)과 진부(秦府)[248]로다.

氓俗熙熙　백성의 풍속은 화락하고

絃誦洋洋　거문고 소리 시 읊는 소리 양양하도다.

歲首辰良　새해 첫머리 좋은 때에

載潔犧牲　희생을 정갈히 하니

仰答神休　우러러 신령께서는 답하시어

惟永其寧　오직 길이 편안케 하소서.

246 위래(衛騋) : 위 문공(衛文公)의 커다란 말이란 뜻으로, 국력을 크게 신장시킨 것을 뜻한다. 춘추 시대 위나라의 문공은 농업과 상업, 공업을 발전시키기에 힘쓰고, 학문을 장려하여 국력을 크게 신장시켰는데, 이에 대해 ≪시경≫ <정지방중(定之方中)>에서 "사람의 마음가짐 성실할 뿐만이 아닌지라, 우람한 말이 삼천 마리가 들어찼도다.(匪直也人 秉心塞淵 騋牝三千)"라고 칭찬하였다.

247 주순(周犉) : 주나라 제사에 바치는 희생. ≪시경(詩經)≫ <주송(周頌) 양사(良耜)>에, "잡아놓은 커다란 황소, 구부정한 그 뿔. 길이길이 제사 모시어 옛사람들의 뜻 이어가리라.(殺時犉牡 有捄其角 以似以續 續古之人)"라고 했다.

248 한창(漢倉)과 진부(秦府) : 한나라의 창고와 진나라의 곳집이니 부유함을 상징한다.

주산 축문②
祝主山文

恭惟我神	공경하게 생각건대 우리 신령께서
爲鎭一區	우리 구역에 지키시니
一區之人	우리 지역 사람들은
咸戴神休	모두 신령의 도움을 받았도다.
越自肇基	터를 잡을 때부터
其寧惟永	그 평안함이 영원하니
人皆仁壽	사람은 모두 어질고 장수할 것이며
地保淸淨	땅은 맑고 조용함을 보존할 것이네.
每歲之春	매년 봄에
用薦羲牲	희생을 올려
齊明盛服	재계하고 복장을 갖추니[249]
如見洋洋	양양한 모습 눈에 보는 듯하네.
云胡比日	어찌하여 요즈음에
沴氣流熾	나쁜 기운 치열하여
炎炎之像	타오르는 듯한 모습이라.
不可向邇	가까이 갈 수 없네
驚惶奔走	놀라서 달아날 뿐

249 재계하고 복장을 갖추니 : 원문의 '제명성복(齊明盛服)'은 ≪중용장구≫ 제20장에 "재계하고 깨끗이 하며 복장을 갖춰 입고서 예가 아니면 움직이지 않음이 몸을 닦는 것이다.(齊明盛服 非禮不動 所以修身也)"라고 한 것에서 인용한 것이다.

莫知其因	그 원인을 알 수 없구나.
神豈降災	신령이 어찌 재앙을 내렸을까?
咎或在人	허물이 혹시 사람에게 있는 것을까?
合辭攸同	같은 의견을 모으고
更擇辰良	좋은 날을 다시 택하여
翰音淸酌	닭고기[250] 맑은 술을 올리니
非物惟誠	물건이 아니라 오직 정성으로 하네.
改之爲貴	고치는 것이 귀하니
矧可斁思	하물며 생각하지 않겠는가?[251]
惟靈有賜	오직 신령이 복을 내리시어
復見熈熈	화락한 모습 다시 보게 하소서.

250 닭고기 : 원문의 '한음(翰音)'은 닭고기를 의미한다.

251 고치는 …… 않겠는가 : ≪논어≫ <자한(子罕)>에 "바른 소리로 일러 주는 말을 따르지 않을 수 있겠는가. 그러나 그 뒤에 잘못을 고치는 것이 귀중하다. 완곡하게 이끌어 주는 말을 좋아하지 않을 수 있겠는가. 그러나 그 뒤에 그 말을 추슬러 보는 것이 귀중하다. 좋아하기만 하고 추슬러 보지 않거나 따르기만 하고 잘못을 고치지 않는다면 나도 그런 사람은 어떻게 할 도리가 없다.(法語之言 能無從乎 改之爲貴 巽與之言 能無說乎 繹之爲貴 說而不繹 從而不改 吾末如之何也已矣)"라는 공자(孔子)의 말이 나온다.

족조 고헌선생 제문①

계사(癸巳, 1893, 성재 37세) 祭族祖顧軒先生文

天降殷師	하늘이 은사(殷師)[252]를 내리사
與道俱東	도(道)와 더불어 동방(東邦)으로 오셨으니
聖朝休明	성조(聖朝)가 밝았고
五賢攸同	오현(五賢)[253]과 같았습니다.
亦越我祖	또한 우리 한강 선조께서는
獨得其傳	홀로 전함을 받았으니
先生是裔	선생도 후예로서
克肖克賢	능히 본받고 능히 현명하였습니다.
淵源一家	도학연원 일가는
紹述千載	천년을 이어가니
天資純粹	타고난 자질이 순수하고
志氣英邁	지기(志氣)는 출중하였습니다.
早脫科臼	일찍이 과거공부 마다하고
歸宿正學	정학(正學)으로 돌아왔으니
功加琢磨	공부에 더욱 탁마하고
動惟繩墨	거동은 먹줄을 댄 듯 반듯하였습니다.

252 은사(殷師) : 은(殷)나라 태사(太師)였던 기자(箕子)를 가리킨다.

253 오현(五賢) : 조선시대 유림(儒林)에서 받들어 모신 어질고 학덕(學德)이 높은 다섯 사람. 곧 김굉필(金宏弼), 정여창(鄭汝昌), 조광조(趙光祖), 이언적(李彦迪), 이황(李滉)을 일컫는다.

邇之孝悌　　가까이로는 효제(孝悌)요

遠之忠信　　멀리는 충신(忠信)하고

敬義夾持　　경의(敬義)를 아울러 지니고

知行兩進　　지행(知行)이 함께 나아갔습니다.

蘊之爲德　　쌓으면 덕이 되고

發之爲辭　　표현하면 문사가 되며[254]

菽粟布帛　　곡식이나 포백[255]은

各適其宜　　각각 마땅하게 하였습니다.

噫彼俗學　　아! 저 속학은

文辭而已　　문사뿐로다.

迷方灑掃　　쇄소응대(灑掃應對)는 모르면서

妄談天理　　함부로 천리(天理)를 말합니다.

辭雖工麗　　말은 비록 유려하지만

載道則無　　도(道)를 담은 것은 없으니

譬諸先生　　여러 선생을 비유하자면

不啻碔砆　　무부(碔砆)[256]일 뿐만 아닙니다.

瞻彼夙齋　　저 숙야재(夙夜齋)를 우러르니 보니

---

254 쌓으면 …… 되며 : 주돈이(周敦頤)의 ≪통서(通書)≫ <누편(陋篇)>에 “성인의 도를 귀로 듣고 마음속에 간직하여 그것을 몸에 쌓으면 덕행이 되고, 밖으로 행하면 사업이 된다. 저 문사만을 일삼는 사람은 비루하다.(聖人之道 入乎耳 存乎心 蘊之爲德行 行之爲事業 彼以文辭而已者 陋矣)”라는 말이 나온다. ≪근사록(近思錄)≫ <위학(爲學)>에도 실려 있다.

255 곡식이나 포백 : 원문의 ‘숙속포백(菽粟布帛)’은 의식(衣食)의 주요 물품으로서, 일상생활의 쓰임을 말한다.

256 무부(碔砆) : 무부는 붉은 바탕에 흰 무늬가 있는 옥 비슷한 돌로서, 곤륜산(崑崙山)에서 나는 매우 좋은 옥인 곤옥(崑玉)과 상대적인 말이다.

先祖遺基	선조의 남긴 곳입니다.
濤聲前後	물결 소리 전후에 들리고[257]
伽嶽呈奇	가야산 봉우리가 묘하게 드러납니다.[258]
興思寓慕	그리운 마음이 일어나면
端坐終日	종일토록 단정이 앉았으니
靜中下功	고요한 중의 공부가
比前益篤	전날보다 더욱 독실하여졌습니다.
猗歟陳氏	아아, 진씨(陳氏)는
有箴親切	잠(箴)[259]을 지어 친절하였으니
齋因是名	재사도 이것으로 이름을 짓고
圖貼于壁	도첩을 벽에 걸어 두었습니다.
竊附己意	가만히 나의 마음을 부쳐
常目觀省	언제나 성찰하였으며
優游涵泳	마음껏 노닐고 함영(涵泳)하여
日造高明	날마다 선생께 나아갔습니다.

257 물결 소리 …… 들리고 : 한강 정구는 ≪한강집≫ 권1 <효기우음(曉起偶吟)>에서, "밤엔 솔숲 사이 집에서 잠들고, 새벽이면 물가의 누각에서 일어나네. 솔바람 소리 물결 소리 앞뒤에서 우렁찬데, 때때로 고요 속에서 듣는다네.(夜宿松間屋 晨興水上軒 濤聲前後壯 時向靜中聞)"라고 하였다. 작자는 이를 염두에 둔 것이다.

258 가야산 …… 드러나네 : 한강 정구는 ≪한강집≫ 권1 <숙야재 망야산(夙夜齋望倻山)>에서, "전신의 참모습을 드러내지 않고, 미미하게 봉우리만 살짝 드러내. 바야흐로 조물주의 뜻을 알겠네, 천기를 모두 드러내지 않으려는 뜻을(未出全身面 微呈一角奇 方知造化意 不欲露天機)"라고 하였다. 작자는 이를 염두에 둔 것이다.

259 진씨(陳氏)가 지은 잠(箴) : <숙야잠(夙夜箴)>이다. <숙야잠>은 송나라 진백(陳柏)이 지은 사언의 운문(韻文)으로, <숙흥야매잠(夙興夜寐箴)>의 약칭이다. 본디 ≪시경≫ <소아(小雅) 소완(小宛)>의 "아침 일찍 일어나고 밤늦게 잠자서 널 낳으신 부모님을 욕되게 하지 말라.(夙興夜寐 無忝爾所生)"라는 시구에서 인용한 것으로 자신의 정신을 수양하기 위한 목적으로 지었다.

顧此川上	돌아보건대 이 천상정(川上亭)[260]은
俎豆之墟	제사지내는 곳이니
暮年移卜	모년에 이사온 것은
非直樵漁	다만 나무하고 고기잡기 위함만은 아니었습니다.
園梅百樹	백매원의 매화 백 그루와
松檜千年	소나무 회나무 천년 고목
晴川白石	청천(晴川) 백석은
保我丹田	나의 단전(丹田)을 지켜줍니다.[261]
圖書一室	도서가 방에 가득하니
仰思俯讀	우러러 생각하고 굽혀 독서하며
三愼有戒	삼신(三愼)의 경계[262]와
五必有目	오필(五必)의 조목[263]을 두었습니다.
游戲翰墨	여유로운 한묵(翰墨, 글)은
粹然以正	순수하게 정도로써 지었으며
取義名楣	뜻을 취하여 이름한 편액은
顧天明命	천명을 돌아보고 밝히는 것입니다.
査滓渾化	마음의 찌꺼기는 모두 없어지고

260 천상정(川上亭) : 한강 정구는 62세 때(1604) 한강대에 오창정(五蒼亭)과 천상정(川上亭)을 지었다. 고헌 정래석이 만년에 한강대 천상정으로 와서 활동한 것을 말한다.

261 청천(晴川) …… 지켜주도다 : 한강 정구의 ≪한강집≫ 권1, <회연우음(檜淵偶吟)>, "가천은 나에게 깊은 인연이 있도다, 한강과 회연을 얻었으니. 흰 돌과 맑은 시내에서 종일토록 노니나니, 세간의 무슨 일이 나의 마음에 들어올까.(伽川於我有深緣 占得寒岡又檜淵 白石淸川終日翫 世間何事入丹田)"라고 하였다. 작자는 이를 염두에 둔 것이다.

262 삼신(三愼)의 경계 : 고헌 정래석이 <삼신도명(三愼圖銘)>에서 세 가지 삼가야 하는 것을 말한다. '신구(愼口)', '신수(愼手)', '신족(愼足)'이 그것이다.

263 오필(五必)의 조목 : 미상.

德性常尊	덕성은 언제나 높았으며
背盎面粹	등에 넘치며 얼굴이 환하였으니[264]
望儼卽溫	바라보면 엄숙하고 나아가면 온화하였습니다.[265]
輝光所曁	광휘가 미치는 곳마다
遠邇同師	원근이 모두 스승으로 섬기니
儒林山斗	유림의 태산북두요
邦國蓍龜	나라의 시귀(蓍龜)[266]셨습니다.
謂享無彊	무강한 수를 누리시면서
牖啓後生	후생을 열어 달라고 말하였지만
那知今日	어찌 알았으리오, 오늘
德星淪精	오늘 덕성(德星)이 정기를 잃게 됨을
天之惠民	하늘이 백성을 사랑함이
一亂一治	한 번 어지러워지고 한 번 다스려지니
當今之世	지금 세상에
舍德其誰	덕인(德人)을 버리고 누구를 말하겠습니까?
九旬大耋	구순 높은 나이에

264 등에 …… 환하니 : 원문의 배앙면수(背盎面粹)는 ≪맹자≫에서 인용한 말로서, 인(仁), 의(義), 예(禮), 지(智)의 네 가지 덕성이 몸에 성대하게 쌓여서 외면으로 발휘되는 것을 말한다. ≪맹자≫ <진심(盡心) 상>에 "군자의 본성은 인의예지가 마음에 뿌리박고 있기 때문에, 그것이 밖으로 드러날 때에는 환하게 얼굴에 드러나고 등에 넘쳐흐르며 온몸에 퍼져서 굳이 말하지 않아도 온몸이 저절로 그 뜻을 알고 움직인다.(君子所性 仁義禮智根於心 其生色也 睟然見於面 盎於背 施於四體 四體不言而喩)"라는 말이 나온다.

265 바라보면 …… 온화하였도다 : 원문의 '망엄즉온(望儼卽溫)'은 ≪논어≫ <자장> 편의 자하(子夏) 말로 "군자는 세 가지 변함이 있으니, 멀리서 바라보면 엄숙하고, 그 앞에 나아가면 온화하고, 그 말을 들어 보면 명확하다.(君子有三變 望之儼然 卽之也溫 聽其言也厲)"라고 한 것에서 인용하였다.

266 시귀(蓍龜) : 점을 칠 때 쓰는 시초(蓍草)와 거북으로, 국가에서 그처럼 믿고서 의지할 수 있는 원로를 비유할 때 쓰는 표현이다.

二品崇資	이품(二品) 높은 자급을 받으셨지만
不克有爲	능히 큰 일을 이루지 못하였으니
曷云報施	어찌 하늘이 은혜를 베풀었다고 하겠습니까?
念我先君	우리 선군을 생각하면
遯世懷寶	세상을 피하여 보배를 품은 분이었으나
遭時陽九	양구(陽九)의 때[267]를 만나서
奄棄不肖	갑자기 저희들을 버렸습니다.
函筵暇日	선생님 모시던 날이
語及涕泗	말에 미치면 눈물이 쏟아지니
是以眷愛	선생님 사랑이
偏重小子	소자에게 특별했던 까닭입니다.
提撕警覺	가르침에 놀라 깨달았으니
冀勿墜業	가업(家業)을 실추함이 없기를 바라며
雖此滅裂	비록 이처럼 멸렬하지만
敢不佩服	감히 가르침을 명심하지 않겠습니까?
請問質疑	의문을 질정 청하기를
自幼及壯	어려서부터 어른이 될 때까지 하였으니
山頹此日	산이 무너진 이날에
安仰安放	어디를 우러르고 누구를 의지하리오!
世衰道微	세상은 쇠퇴하고 도는 미미하여
邪說橫熾	사설(邪說)이 횡행하고

267 양구(陽九)의 때 : 양구(陽九)의 액운을 말하는데, 1백 6년마다 온다고 한다. ≪한서(漢書)≫ <율역지(律曆志)>

一種新學	일종의 신학문이
反道自恣	도를 뒤집고 스스로 방자하였습니다.
先生在世	선생이 세상에 계실 때
猶不敢肆	오히려 감히 함부로 하지 않다가
云亡未幾	돌아가신 지 얼마 후에
彈冠相喜	갓을 털며[268] 서로 기뻐한다고 합니다.
殘民禍國	피폐한 백성 화를 당한 나라에
嘯聚徒黨	도적떼들이 모이니[269]
誰能闢廓	누가 능히 물리치고
爲斯道倡	이에 창도(唱導)할 수 있겠습니까?
先生存沒	선생의 생사(生死)에
道與興衰	도(道)의 흥쇠(興衰) 함께 하니
以公以私	공적이든 사적이든
我涕交頤	나의 눈물이 끊임없이 흐릅니다.
攀和薦觴	제사상을 부여잡고 제주를 올림에
詞短意長	말은 짧으나 뜻을 유장하니
伏惟尊靈	삼가 선령께서는
昭假洋洋	밝게 이르러 왕림하소서.

268 갓의 털며 : 원문의 '탄관(彈冠)'은 갓의 먼지를 터는 것으로, 장차 벼슬길에 나아갈 준비를 하는 것이다. 한(漢)나라 왕길(王吉)이 익주(益州)의 자사(刺史)가 되자 친구인 공우(貢禹)가 갓을 털었는데, 과연 그 후 왕길의 추천을 받아 대부가 되었다 한다. ≪한서(漢書)≫ 권72 <왕길전(王吉傳)>

269 도적떼들이 모이니 : 원문의 '소취도당(嘯聚徒黨)'은 '휘파람을 불어 무리들을 불러 모으다'라는 뜻으로, 도적 떼에게 사용하는 말이다.

족조 고헌선생 제문②[270]

계사(癸巳, 1893, 성재 37세) 祭族祖顧軒先生文

自木之稼	목가(木稼)[271] 생긴 이래로
大道其塞	대도가 막혔나니
歲歷三百	삼백 년 세월에
孰繼孰述	누가 능히 이어받을까?
爽惟先生	공경히 선생을 생각하니
挺生是宅	이 집에서 태어나
有濬其源	그 근원을 깊게 하고
有的其脉	그 맥을 적실하게 하였습니다.
天資秀異	타고난 자질이 뛰어나고
充養又到	충양(充養)[272]도 하였으니
不厭不怠	싫어하지도 않고 게으르지도 않아
功貫稚耄	공부는 어릴 때부터 늙을 때까지 한결같았습니다.
固天降任	참으로 하늘이 임무를 내리고자
窮乏于身	그 몸을 궁핍하게 하시니[273]

270 【원주】: 사림을 대신하여 지음.

271 목가(木稼): 한강 선생의 죽음을 말한다. 한강이 세상을 떠기 "전해에 가야산(伽倻山)이 무너졌고, 세상을 마치던 날은 사수(泗水) 가의 나뭇가지에 상고대[木稼]가 내렸다."라고 하였다. 목가는 극심한 추위 때문에 나무에 얼어붙은 고드름으로, 현인(賢人)이나 고관(高官)에게 재앙이 있을 때 나타나는 조짐이라고 한다. 송(宋)나라 왕안석(王安石)이 지은 한기(韓琦)의 만사(輓詞)에 "나무 고드름에 고관이 떨었다는 말 들었는데 산이 무너진 오늘 철인이 돌아갔네.(木稼曾聞達官怕 山頹今見哲人萎)"라고 하였다. ≪석림시화(石林詩話)≫

272 충양(充養): 본성을 확충하여 양성하는 것이다.

三愼十勿　　삼신(三愼) 십물(十勿)[274]로

克配前人　　전대 위인과 능히 짝하였습니다.

巋然岡舍　　우뚝한 한강정사는

夫子宮墻　　부자의 궁장(宮牆)이니

仰思俯讀　　우러러 사색하고 굽어 독서하며

于焉徜徉　　이곳에서 배회하였습니다.

晩卜川上　　만년에야 천상정에 이사하여

密邇遺躅　　선조 자취를 가까이 하고

丹田之訓　　마음속의 가르침을

諷咏佩服　　읊조리고 명심하였습니다.

有揭于楣　　문미에 편액을 걸어

顧天明命　　밝은 천명을 돌아보았으며

有扁于堂　　당에 편액을 걸어

直方義敬　　경의재(敬義齋)[275]이라 하셨습니다.

凡所用功　　모든 공부는

實遵先業　　실로 선조의 유업을 따랐으니

遠邇承風　　원근이 모두 가르침을 받듦에

有喜親炙　　친히 가르침을 받는 것[276]을 기뻐하였습니다.

273 참으로 하늘이 …… 궁핍하게 하시니 : ≪맹자≫ <고자(告子) 하>에, “하늘이 장차 큰 임무를 맡기려 할 때에는 …… 몸을 굶주리게 하고 생활을 궁핍하게 하여(天將降大任於斯人也 …… 餓其體膚 窮乏其身)”라고 하였다.

274 삼신(三愼) 십물(十勿) : 삼신은 고헌 정래석이 <삼신도명(三愼圖銘)>을 지어 ‘신구(愼口)’, ‘신수(愼手)’, ‘신족(愼足)’한 것을 말한다. 십물(十勿)은 미상.

275 경의재(敬義齋) : 고헌 정래석은 경의재라 편액하고, <경의재명도(敬義齋銘圖)>를 그리고 <경의재명도설(敬義齋銘圖說)>을 썼다. ‘경의’는 “경으로 안을 곧게 하고 의로 밖을 바르게 한다(敬以直內 義以方外)”는 뜻으로, ≪주역≫ <곤괘(坤卦) 문언(文言)>에 나온다.

幽蘭遠播　　그윽한 난향은 멀리 퍼지고

鳴鶴上徹　　학 울음소리는 하늘에 사무치니

位躋八座　　지위는 팔좌(八座)[277]에 올랐고

尊兼三達　　존귀함은 삼달존(三達尊)[278]을 겸하였습니다.

人所同榮　　사람들이 모두 영화롭게 여기는 것을

我則銖泥　　자신은 하찮은 것으로 여겼으며

道尊心下　　도를 높이고 마음을 낮추어

惟日孜孜　　오직 날마다 힘써 노력하셨습니다.

鄕有規約　　향당의 규약을

先生是正　　선생께서 바로잡으셨고

爰及洲上　　한주(寒洲)에 이르러

參互講定　　서로 참조하여 강정(講定)하셨습니다.

二老儼然　　두 원로[279]가 우뚝하여

實惟作式　　실로 법이 되어 주셨는데

相繼云亡　　서로 잇달아 돌아가시니

276 가르침을 받는 것 : 훈자(薰炙)는 친자(親炙)와 같은 말로, 선생(先生)이나 장자(長者)로부터 직접 교화(敎化)를 받음을 말한다.

277 팔좌(八座) : 재신급(宰臣級) 8명의 고위 관료로, 각 시대마다 지칭하는 바가 약간씩 다른데, 동한(東漢) 시대에는 육조(六曹)의 상서(尙書)와 영(令), 복야(僕射)를 말하였다.

278 삼달존(三達尊) : 천하를 통하여 어떤 시대에나 존중되는 세 가지. 곧 관작(官爵)과 연치(年齒)와 학덕(學德)을 이른 말이다. 맹자(孟子)가 제(齊)나라 왕을 만나지 않는 것에 대해 경자(景子)가 따지자 맹자가 답한 내용에, "천하에 달존(達尊)이 세 가지인데, 작(爵)과 치(齒)와 덕(德)이다. 조정에서는 작만 한 것이 없고, 고을에서는 연치만 한 것이 없고, 세상을 보도(輔導)하고 백성을 기르는 데는 덕만 한 것이 없다."라고 하였다. ≪맹자(孟子)≫ <공손추(公孫丑) 하>

279 두 원로 : 고헌 정래석과 한주 이진상을 기리키는 듯하다. 한주는 1886년(고종 23)에, 고헌은 1893년(고종 30)에 세상을 떠났기 때문에 아래에서 "서로 잇달아 돌아가시니"라고 하였다.

誰復導迪	하니 누가 다시 이끌어 주실까?
屬茲重會	이 다시 만나는 자리에 부쳐
思切羹墻	갱장(羹墻)의 그리움이 간절히 하며
敢薦泂酌	감히 멀리 잔을 올리오니
庶格洋洋	부디 이르시길 선연히 하소서.

응와[280] 이공 제문[281]

祭凝窩李公文

猗歟先生	아아! 선생은
間世賢英	세상에서 드문 어질고 뛰어난 분이었으니
儒林山斗	유림의 태산북두요
王國之楨	나라의 기둥이셨도다.
晩退林泉	만년에 자연으로 물러나
南士幪屛	남쪽 선비들의 가림막이 되었으니
岡翁古塾	한강 선생 옛 학숙에서
絶學重明	끊어진 학맥이 다시 밝으셨습니다.
矧茲淵堂	하물며 이 회연서당에
約舊規新	규약을 일신하셨으니
非公孰倡	공이 아니면 누가 이끌어
餘澤在人	은혜가 사람에게 미치게 하리오?
玄和再世	고인이 세상에 계실 때에
青衿駿赴	유생들이 달려왔으니
檜川之南	회연 남쪽에
靈輀暫住	상여가 잠시 머물렀습니다.

280 응와(凝窩) : 이원조(李源祚, 1792~1871)의 호이다. 자는 주현(周賢), 본관은 성산(星山)이다. 1809년(순조 9)에 문과에 급제하고, 관직은 공조 판서에 이르렀다. 저서로는 ≪응와집≫이 있다. 시호는 정헌(定憲)이다.

281 【원주】: 개장할 때 회연 유생을 대신해서 지음.

風儀宛陪	공의 모습을 완연히 모시는 듯
山仰彌崇	산처럼 높아 우러러 볼수록 더욱 높았습니다.
敬奠一觴	삼가 술 한 잔 올리오니
庶鑑誠衷	저의 마음을 헤아려주소서.

종조고 교관부군[282] 제문

祭從祖考教官府君文

오호라! 우리 문중이 떨쳐 일어나지 못한 것이 오래입니다. 은거하여 뜻을 구하고[283] 수신하며 의를 실천하는 자는 하늘이 반드시 그를 궁핍하고 곤고하게 하고 일찍부터 과거 시험을 공부하고 벼슬길에 몸을 맡긴 자는 또 반드시 그를 가로막고 억누르니 이 두 가지가 있으면서 그러한 근심이 없는 자는 오직 부군이었습니다. 부군께서는 학문과 도덕이 있는 가문에 태어나 온량(溫良)하면서도 씩씩하고 강건한 덕을 타고 나셨으며 멀리는 문목공 선조의 조업을 계승하고 가까이는 징사(徵士) 부군[284]의 학행을 조술하셨도다. 색동옷 입고 춤추면서 상체(常棣) 시[285]를 읊조리고 능히 효도하고 능히 우애하니 사람들이 군말이 없었습니다. 자신을 위한 일에는 낮추고 남에게 베푸는 일에는 즐거워하니 원근이 모두 기쁜 마음을 얻었습니다. 온 가문의 동량이요 향당의 표준이었습니다.늙은 나이에 성균관에 올라서 십 년동안 견디기 힘든 고생스러운 생활은 평소 수양으로 감당할 수

282 교관부군 : 정건화(鄭建和, 1826~1894)를 가리킨다. 그는 자가 치극(致極), 호가 지수(芝峀)인데, 1874년 중사마(中司馬), 1884년 서사동몽교관(筮仕童蒙教官)을 역임하였다.

283 은거하여 뜻을 구하고 : 본문의 '은거구지(隱居求志)'는 출사보다는 은거를 택했다는 의미이다. ≪논어≫ <계씨(季氏)>의 "세상에서 물러나 숨어 살면서 자신의 뜻을 추구하고, 세상에 나아가 의를 행하여 자신의 도를 펼친다.(隱居以求其志 行義以達其道)"라는 말에서 나온 것이다.

284 징사(徵士) 부군 : 정위(鄭煒, 1740~1811)를 가리킨다. 그의 본관은 청주(淸州), 자는 휘조(輝祖)로 지애(芝厓)는 그의 호이다. 정조가 세 차례 벼슬로 불렀으나 나아가지 않았다. 한강 정구(鄭逑)의 8대손으로 작자의 5대조이다. 저서로는 ≪지애집(芝厓集)≫ 7권과 ≪가례휘통(家禮彙通)≫ 4권이 있다.

285 상체(常棣) 시 : ≪시경(詩經)≫ <소아(小雅)>에 나오는 상체(常棣)를 가리키는데, 형제간의 우애를 읊은 시다.

있는 것이 아니었지만 처신함이 여유로웠습니다. 일명(一命)[286]의 직함이지만 이것은 성주(聖主)께서 현덕(賢德)한 이를 존숭하는 마음에서 나왔으니 드디어 호연(浩然)히 남쪽을 내려와 작은 땅에 농사짓는 즐거운 생활을 다시 하였습니다. 이것이 부군의 출처의 대략이니 구하되 얻지 못한 것이 없었습니다. 하늘이 보답이 두텁지 않다고 말할 수 없으나 오직 서하의 한 줄기 눈물[287]은 만년의 흠이었습니다. 그런즉 비록 혹시 자고로 성현의 처소에서도 복이 온전하지 못함을 면하지 못하는 것이 과연 이와 같았습니다.

오호라! 우리 부친께서 불초자식을 버리신 지 지금으로부터 16년이 되었으니 불초(不肖)가 의지하고 사모하는 분은 오직 부군과 회연의 어르신들이 계신 것이었습니다. 엄연히 어르신들은 태산북두처럼 높았으며 들어오면 가르침을 받들고 나오면 의심을 판별하니 경솔함을 교정하고 게으름을 경계하며 훈도하고 변화시켰습니다. 그렇게 학문을 하면 구습을 도려내고 새로운 길을 도모하게 되고, 그렇게 일을 처리하면 믿는 것이 있게 되고 두려운 것이 없어지게 되었습니다.불행하게도 지난 봄에 우리 유림의 애통한 일이 있었는데 지금 또 부군께서 이렇게 되었으니 하늘은 소자에게 성취가 있는 것을 원하지 않았던 듯합니다. 어찌 부군을 빼앗아 감는 것이 급하여 조금도 머무르게 하지 않으시는 것입니까? 허물이 있어도 바로잡아 주는 분이 없고 선행으로 이끌어 주는 분이 없고 의심이 있어도 질정할 곳이 없으니, 곧 난실을 나와서 생선가게에 들어온 것과 같이 내 몸도 그처럼 변할

286 일명(一命) : 가장 낮은 벼슬을 말한다. 주(周)나라 때 관직을 아홉 등급으로 나누었는데, 최하는 일명(一命), 최고는 구명(九命)이었다.

287 서하의 한 줄기 눈물 : 공자의 제자 자하(子夏)가 공자가 돌아가신 뒤 서하에 살면서 제자들을 가르쳤는데, 하나뿐인 아들이 먼저 죽어 너무 슬피 울어 시력을 잃었다. 여기에서 유래하여 자식 잃은 슬픔을 뜻한다. 여기서는 아들 회용(晦容)이 정견화보다 5년 먼저 세상을 떠난 것을 말한다.

까 걱정스럽습니다. 하물며 소자의 근심은 또 이것보다 큰 것이 있으니 세상이 어려지워지고 시대가 위태로워짐에 사설을 일삼는 무리가 떼지어 일어나니 부추(負芻)[288]의 근심이 무성(武城)에 미침에 성문 화재의 재앙은 모두 못 속의 고기가 입게 되었고,[289] 선비 가운데는 입산할 뜻을 가진 사람도 있었으니 백성들은 손을 댈 방법이 없었습니다. 이 때를 해결할 대책은 지모(智謀)가 천근한 소자가 미칠 바가 아니니 누가 능히 그것을 위하여 선후를 정할 수 있겠습니까? 지난 여름 종손의 액운은 곧 백육(百六)의 재액[290]을 만났음이도다. 부군이 아니었다면 끝났을 것을 갇힌 자 돌아오고 절의를 지킨 자는 드러나고 원수진 자는 섬멸되었습니다.[291] 우리 종중이 삼가 지금까지 쇠퇴하지 않은 것은 모두 평소에 정력이 미친 것이며 조처가 마땅했기 때문일 것입니다. 저 말세의 비난하기를 좋아하는 위인들이 황당무계한 말을 지어 내어 시기질투하는 계교를 부렸지만 덕인에게 어찌 예전의 덕을 손상함이 있겠습니까? 어렸을 때에는 오직 부군을 의지하였는데 지금의 근심이 큰 데 미친듯이 갈 곳을 모르겠습니다. 소자의 애통함

288 부추(負芻) : 땔나무를 등에 진 자란 뜻인데, ≪맹자≫ <이루(離婁) 하>에 "옛날에 심유씨에게 부추의 화가 있었다.(昔沈猶氏有負芻之禍)"라고 한 데서 온 말로, 폭도(暴徒)를 의미하는바, 일설에는 인명(人名)으로 보기도 한다.

289 성문 화재의 …… 되었고 : 성문(城門)에 불이 붙으면 그 옆에 있는 못물을 길어다 불을 끄게 되므로, 그 못에 있던 고기도 재앙을 입는다는 옛말로, 실상 서로 관계가 없을 듯하면서 관계가 있다는 뜻으로 쓰여졌다.

290 백육(百六)의 재액 : 횡액을 만나는 것을 뜻한다. ≪명의고(名義考)≫ 권2 <백육양구(百六陽九)> 조에, "1원(元)에 해당하는 4617년 중에는 아홉 번의 횡액이 있는데, 양액(陽厄) 다섯 번이 한해(旱害)가 되고, 음액(陰厄) 네 번이 수해(水害)가 된다. 처음 원(元)에 들어가는 106년에 액이 있으니, 이전 원의 여기(餘氣)이다. 그러므로 무릇 재이(災異)를 말할 경우에는 혹은 '세제양구(世際陽九)'라고 하기도 하고, 혹은 '백육지회(百六之會)'라고도 한다." 하였다.

291 부군이 …… 섬멸되었습니다 : 정건호가 세상을 떠날 당시 동학운동이 활발하게 전개되던 때였다. 이와 관련하여 갖말에서도 종손을 비롯해서 피해를 입은 듯하나 자세한 것은 알 수가 없다.

이 어찌 끝이 있겠습니까?

오호라! 고희의 수를 누리시어 덕이 아름답지 않은 것이 아니었도다. 약관도 되기 전에 아비를 잃어버린 손자[292]에게 한줄기 실처럼 이어오는 오세 종사의 자리를 맡겼으니 보호하고 성취하게 하는 것은 비록 소자들의 책임이지만 아마도 보이지 않는 중에 선군의 도우심이 있으리니 저승에서도 잊지 못할 바가 반드시 있을 것입니다. 사기(寺基)[293] 한 줄기는 곧 우리 선영(先塋) 구역이니 성대한 모습으로 위에 있는 것은 고조부 고조모 증조부 증조모의 선령이요, 좌우로 나아와 모신 것은 우리 할아버지 형제분이시도다. 여기에서 효도하고 여기에서 우애하기를 아마도 평소와 다름이 없으리니, 그런즉 저승의 즐거움은 인간 세상과 비교하여도 많이 부족하지는 않을 것입니다. 기일이 다가옴에 바람 소리 처창하고 구름이 막막하니 창창한 하늘은 또한 소자의 애통함을 아는 듯합니다. 한 번 길게 부르짖어 곡을 하노니 만고의 긴 밤이로다. 삼가 존령(尊靈)께서는 저의 작은 정성을 헤아려 주십시오. 오호! 슬프도다.

292 약관도 …… 손자 : 정건화가 사망한 1894년에 손자 정재철(鄭在哲, 1883~1934)은 12세였다. 재철의 아버지 정회용은 1889년에 이미 세상을 떠난 상태였다.

293 사기(寺基) : 선영이 있는 사동(寺洞)을 말함.

중부를 대신하여 쓴 백씨 일우부군[294] 제문
代仲父祭伯氏一宇府君文

洙洛已古　사수(泗洙)와 이락(伊洛)의 학문은 이미 오래되었고

冥陶又邈　남명(南冥)과 도산(陶山)의 학문도 아득하니

士不趨正　선비들은 나아가 질정하지 못하고

道裂流俗　도(道)는 분열되어 속되게 변하였습니다.

嗚呼我兄　오호라! 우리 백씨는

生也不時　태어남에 좋은 때를 만나지 못하여

蓄德懷寶　덕을 쌓고 보물을 품고서도

邅迍也宜　머뭇거림은 당연하였습니다.

獜鳳雖寂　기린과 봉황이 비록 적막하지만

鳥獸難羣　새와 짐승 가운데 빼어났습니다.

是以初年　이런 까닭에 초년에는

從事時文　과거의 문장에 종사하셨습니다.

精如鍊金　금을 정련하듯이 하니

動若哀玉　마치 애옥(哀玉)[295]을 울리는 듯하고

---

294 일우부군(一宇府君) : 작자의 아버지 정세용(鄭世容, 1834~1879)을 말한다. 자는 관언(寬彥), 일우(一宇)는 그의 호이다. 어려서부터 학문에 전심하여 성리학에 일가견이 있었으며 효성과 우애가 남달랐다고 한다.

295 애옥(哀玉)을 울리는 듯하고 : '애옥'은 옥이 울리는 소리가 처량하고 맑은 것이다. 두보(杜甫)의 '설십이장 판관이 시를 보내 준 데 대해 삼가 수답(酬答)하다(奉酬薛十二丈判官見贈)'에서 상대방의 시를 칭찬하여 "맑은 글은 애옥을 울리는 듯하고 도를 보는 것은 신형에서 나온 것 같아라.(淸文動哀玉 見道發新硎)" 하였다. 신형(新硎)은 숫돌에서 갓 갈아낸 칼로 능란한 솜씨를 뜻한다.

不事浮誇	과장하는 것을 일삼지 않았으니
累滯場屋	여러 번 과거에 막혔습니다.
道豈在是	도(道)가 어찌 여기에 있으리오?
退求經傳	물러나 경전에서 구하고
沈潛性理	성리(性理)에 잠심(沈潛)하니
對越聖賢	성현을 대하는 듯하였습니다.
學要近理	배움은 이치에 맞음을 중시하고
功加愼獨	공부는 신독(愼獨)을 더하니
所向者大	향하는 것이 크며
所立者卓	수립한 것이 우뚝하였습니다.
朋徒推許	붕우들이 추앙하고
遠近驚駭	원근 선비들이 놀랐으며
斯文宗主	사문의 종주이며
鄕黨準標	향당의 표준이셨습니다.
餘事文章	여사(餘事)인 문장은
佶屈汪洋	어려운 글[296]을 만나도 물결처럼 흘러가니
黙竄細繹	말없이 탐구하고 자세히 풀어내는 것은
左馬虞唐	좌마(左馬)[297]와 요순[虞唐]이셨습니다.
惟理是達	오직 이치는 통달하고자 하였고

296 어려운 글 : 원문의 '길굴(佶屈)'은 길굴오아(佶屈聱牙)의 줄임말이다. 어려워서 읽기 힘든 글을 형용한 말이고, 은반(殷盤)은 ≪서경≫ 상서(商書)의 <반경(盤庚)> 편을 가리키는데, 한유(韓愈)의 <진학해(進學解)>에, "주나라의 고문과 은나라의 반경은 읽기가 아주 어렵다.(周誥殷盤 佶屈聱牙)" 한 데서 온 말이다.

297 좌마(左馬) : ≪춘추좌씨전(春秋左氏傳)≫의 저자 좌구명(左丘明)과 ≪사기(史記)≫의 저자 사마천(司馬遷)을 말한다.

不樂著述	저술은 즐기지 않았으니
蔚然大筆	성대한 필력은
出自心畫	마음에서 나왔습니다.
彝鼎古奇	이정(彝鼎)[298]의 예스럽고 기이한 필법은
王張遺法	왕장(王張)[299]의 남긴 법이니
非欲字好	글씨를 잘 쓰려고 하지 않으시고
卽此是學	바로 글씨가 학(學)이라고 여기셨습니다.[300]
旣篤躬行	이미 독실하게 실천궁행하고
又重才美	또 재주가 좋은 이를 소중히 여기시니
以若所有	가진 것이 이와 같지만
謙退虛無	겸손하게 물러나고 없는 듯이 하였습니다.
誠心求問	성심으로 질문함에
不計遠邇	원근을 가리지 않았으니
廉君于海	바닷가의 염 군에게 묻기도하고
趙兄于洛	강가의 조 형에게 묻기도 했습니다.
世皆危公	세상은 모두 공(公)을 높이지만
公獨不忒	공(公)은 오직 어긋나지 않았고

298 이정(彝鼎) : 종묘(宗廟)에 쓰는 술그릇과 솥으로 큰 공이 있으면 이정(彝鼎)에 그 사실을 새겨 두었다.

299 왕장(王張) : 왕희지(王羲之)와 장욱(張旭). 왕희지(王羲之)는 중국 남북조시대 동진(東晉)의 서예가이자 문신으로 서성(書聖)으로 존경았다. 장욱(張旭)은 중국 당(唐)나라의 서예가로, 술을 좋아하여 취흥이 오르면 필묵을 잡아 초서로 자유분방하게 쓴 것으로 유명하다.

300 글씨를 …… 여기셨다 : "명도(明道) 선생이 글자를 쓸 적에도 매우 공경히 하였는데, 일찍이 사람들에게 말하기를 '내가 글자를 좋게 하려 함이 아니라, 이것이 바로 학(學)이기 때문이다.'라고 하였다.(明道先生作字時甚敬 嘗謂人曰非欲字好 卽此是學)"라는 말이 ≪이정전서(二程全書)≫ 유서(遺書)에 나온다. 명도 선생은 정호(程顥)에 대한 존칭이다.

談經質疑　　경전을 질문하면

終始惟一　　처음부터 끝까지 한결같았습니다.

妬賢嫉能　　어질고 유능한 이를 질투하는 것은

流俗常情　　세속에서 늘 있는 것이지만

事過風定　　일이 지나가고 바람이 잦아드니

莫不歎驚　　탄식하고 놀라지 않는 사람이 없었습니다.

是時公年　　이때 공의 나이

弱冠有奇　　이십여 세인데도 특별하여

堅剛毅重　　굳세고 진중하여

遠大可期　　원대한 뜻을 기약할 수 있었습니다.

何來二豎　　어쩌다가 병마[301]가 찾아와

奄入膏肓　　갑자기 고질병[302]이 되어

床衾十載　　병석에 십 년을 지내면서

是攝是養　　조섭하고 보양하였도다.

針炙藥石　　침과 뜸, 약은

靡不試方　　써보지 않는 것이 없었으나

山茸無補　　산 속 버섯도 도움이 되지 않았고

海鹿欠靈　　바다 표범도 영험한 효용이 없었습니다.

居常症態　　평소 생활할 때 병든 모습은

大化同旋　　죽은 사람[303]의 모습 같았으니

---

301 병마 : 원문의 '이수(二豎)'는 병마(病魔)의 별칭이다. 춘추 시대 진(晉)나라 경공(景公)의 꿈에 병마가 두 아이[二豎]의 모습으로 나타나 고황(膏肓) 사이에 숨는 바람에 끝내 병을 고칠 수 없었다는 고사에서 유래한 것이다. 《춘추좌전(春秋左傳)》 <성공(成公) 10년>

302 고질병 : 원문의 '고황(膏肓)'은 고치기 어려운 병을 이른다. 고(膏)는 가슴 아랫쪽, 황(肓)은 흉부와 복부 사이의 막. 가장 병을 고치기 어려운 부분을 말한다.

秋冬春夏　　춘하추동 사계절에
減劇沈綿　　병세가 이어지셨습니다.
迺知人命　　이에 사람에게 부여된 천명을 아노니
草木非關　　약재가 관여하는 것이 아니었습니다.
心誠求養　　성심으로 양생을 구하더니
我有靈丹　　자신에게 영단이 있다는 것을 알았습니다.
求之伊何　　그것을 구하려면 어찌하여야 하나
內省不愧　　안을 살펴 부끄럽지 않아야 하니
一息尚存　　한 가닥 숨결이 아직 남았으니
此志靡懈　　이 뜻을 게을리 하지 않았습니다.
岡臺夜月　　한강대 야월(夜月)은
千載寒水　　천년 동안 차가운 물에 비치고
武夷春雪　　무이의 춘설(春雪)이
一點洪爐　　뜨거운 화로에 떨어지는 듯하였습니다.[304]
尋推先躅　　조상의 자취를 찾아
繼接前修　　전대의 학문을 이었으니
扁舟鳳淵　　편주를 봉연(鳳淵)[305]에 띄우고

303 죽은 사람 : 원문의 ‘대화(大化)’는 죽음을 뜻한다. ≪열자≫에서 ‘대화(大化)’는 인간이 필연적으로 겪게 되는 네 단계의 큰 변화로, 유아기·청년기·노년기 그리고 죽음을 말한다. ≪열자(列子)≫ <천서(天瑞)>

304 무이의 …… 듯하였습니다 : ≪벽암록(碧岩錄)≫, ≪주자어류(朱子語類)≫ 등에 나오는 “홍로일점설(紅爐一點雪)”에서 유래된 표현이다. 붉게 달아오른 화로 위에 한 점 눈이 녹아 없어지는 것을 비유한 것으로, 도를 깨달아 의혹이 사라짐을 비유하거나, 사욕이나 의혹이 일시에 사라지는 것을 비유하는 데 사용된다.
뜨겁게 타오르는 화로에 떨어진 한 점의 눈을 비유하여 찰나의 깨달음이나 미미한 존재를 나타내는 禪語(선어)입니다.

305 봉연(鳳淵) : 봉비암 아래의 봉비연(鳳飛淵)을 말한다.

小車雲庵　　작은 수레는 운암(雲庵)[306]을 찾으셨습니다.

逍遙吟哢　　소요음영하다가

歸棲岡南　　한강대 남쪽으로 돌아오니

一室蕭然　　온 방이 쓸쓸하고

左書右圖　　좌우에는 도서(圖書)였습니다.

人道誠幾　　인도(人道)와 성기(誠幾)[307]는

陳范張朱　　범준(范浚)[308]이 펼치고 주자(朱子)가 넓혔나니

間以己意　　사이에 자신의 뜻을 넣어서

遂貼于壁　　첩을 만들어 벽에 걸었습니다.

憤不懲憤　　징분(懲憤)하지 못한 것에 발분하고

欲其無欲　　욕심이 없고자 하였으니[309]

事緩行敏　　일은 여유롭지만 행동은 민첩하며

身輕體重　　몸놀림은 경쾌하였고 체모는 진중하셨습니다.

惟玆數語　　오직 이 몇 마디 말은

發擴前聖　　전대 성현을 개발 확충한 것이요

樓山壁立　　누대와 산처럼 우뚝하여

九仞難虧　　아홉 길[310]에서도 무너지지 않았습니다.

---

306 운암(雲庵) : 회연서원 곁이 있었던 망운암(望雲庵)을 말한다.

307 성기(誠幾) : 주돈이(周敦頤)가 지은 ≪통서(通書)≫ <성기덕편(誠幾德篇)>에 "성은 함이 없으나 기에는 선과 악이 있다.(誠無爲 幾善惡)"라는 대목이 있다. 주자(朱子)가 '기'는 정이 발동하여 선과 악이 이로 말미암아 나누어진다고 설명하였다. ≪심경(心經)≫ <성의장(誠意章)>, <계명이기장(鷄鳴而起章)>

308 범준(范浚) : 중국 송(宋) 고종(高宗) 때의 유학자이다. '인도(人道)'는 ≪맹자(孟子)≫의 주(注)에 실린 그의 저작 <심잠(心箴)>의 내용을 의미한다.

309 징분(懲憤)하지 …… 하였으니 : '징분질욕(懲忿窒慾)'은 ≪주역(周易)≫ <손괘(損卦) 대상전(大象傳)>에 보이며, ≪심경≫에 <징분질욕장>이 있다.

310 아홉 길 산 : 공과 덕이 높음을 일컫는 말이다. ≪서경≫ <여오(旅獒)>에 "밤낮으로 부지런

滄海淵然 바다는 연못처럼 고요하고
百川宗歸 온갖 냇물은 종(宗)으로 돌아가니
顧名思義 이름을 돌아보고 뜻을 생각하며
揭于門楣 편액을 문미에 게시하였습니다.
當今之世 지금 세상에서
舍我其誰 나를 버릴 수 있는 사람이 누구인가?
名花十築 이름난 꽃 축대마다 심고
茂草三逕 무성한 풀 삼경(三逕)[311]에 깔렸으니
河南午雲 하남(河南, 정호)의 한낮 구름[312]이요
周庭光風 주자(周子)의 광풍제월(光風霽月)[313]이라
襟胸洒落 가슴이 시원하고
意思淸閒 마음이 한가로웠습니다.
窮通付夢 궁통은 한갓 꿈에 부치고
榮辱浮雲 영욕을 뜬구름으로 여기니
神明所佑 신명이 도와 넉넉히

하지 못한 점이 혹시라도 있지 않게 해야 한다. 자그마한 행동이라도 신중히 하지 않으면 끝내는 큰 덕에 누를 끼칠 것이니, 이는 마치 아홉 길의 산을 만들 적에 한 삼태기의 흙이 부족하여 그 공이 허물어지는 것과 같다.(夙夜 罔或不勤 不矜細行 終累大德 爲山九仞 功虧一簣)"라는 말이 나온다.

311 삼경(三逕) : 은사(隱士)의 뜨락을 가리킨다. 도연명의 <귀거래사(歸去來辭)>에 "세 오솔길이 거칠어졌으나, 솔과 국화는 아직 남아 있네.(三逕就荒 松菊猶存)"라는 표현이 있다.

312 하남의 한낮 구름 : 하남(河南)은 남송의 정호(程顥)를 가리킨다. 정호의 시 <춘일우성(春日偶成)>에서 인용한 것이다. "구름 맑고 가벼운 바람이 부는 한낮에, 꽃 스쳐 버들따라 내를 건너네. 지금 사람들은 내 즐거움 알지 못하고, 어린아이마냥 한가하다 흘깃거리네.(雲淡風輕近午天 傍花隨柳過前川 時人不識余心樂 將謂偸閒學少年)"

313 주자(周子)의 광풍제월(光風霽月) : 군자의 훌륭한 인품을 이르는 말이다. 황정견(黃庭堅)이 ≪산곡집(山谷集)≫에서 주돈이(周敦頤)를 두고 "주무숙은 속이 시원스러워 비가 갠 뒤의 화창한 바람이나 밝은 달과 같다.(胸中灑落 如光風霽月)"라고 하였다.

庶啓來學	후학을 이끌어 주셨습니다.
那知吾道	어찌 알았으랴, 우리 도가
厄窮單閼	묘년[314]에 막힐 줄을
均天下詔	하늘[315]이 조서를 내리심에
少微淪精	소미성(少微星)은 정기를 잃었도다.[316]
大厦柱折	큰 건물에 기둥이 꺾이고
巨溟墻傾	거대한 바다에 담장이 무너지니
□□□□	□□□□□□□□□
顔氏早夭	안연처럼 일찍이 돌아가셨도다.
時耶命耶	시운인가 운명인가
從古如斯	예로부터 이와 같았으니
嗚呼我兄	오호라! 우리 형은
爲之奈何	이를 어찌하리오?
三燧奄過	삼년 상이 문득 지나가고
音容漸遠	목소리와 얼굴이 점점 멀어지니
琴山一麓	금산 한 자락은

314 묘년(卯年) : 원문의 '단알(單閼)'은 고갑자(古甲子)로 묘(卯)에 해당한다. 일우 정세용이 기묘년(己卯年, 1879)에 세상을 떠났기 때문에 이러한 표현을 하였다.

315 균천(均天) : 균천(勻天)이라고도 한다. 아홉 하늘 중의 하나인데, 맨 중앙에 위치한 하늘로 상제(上帝)가 있는 곳을 말한다. ≪여씨춘추(呂氏春秋)≫ <유시(有始)>

316 소미성(少微星)은 …… 잃었구나 : 소미성(少微星)은 처사성(處士星)으로, 소미성이 희미하거나 떨어지면 인간 세상의 처사(處士)가 죽는다고 한다. 진(晉)나라 사부(謝敷)는 자가 경서(慶緖)인데 성품이 맑고 욕심이 없어 벼슬길에 나가지 않고 태평산(太平山)에 10여 년 동안 은거하였다. 하루는 달이 소미성을 범하자 점치는 사람이 "처사가 죽을 것이다."라고 하였는데, 당시 명망이 높았던 대규(戴逵)가 죽을 것이라는 예상과는 달리 사부가 죽었다고 한다. ≪진서(晉書)≫ 권94 <은일열전(隱逸列傳) 사부(謝敷)> 족속이 벼슬하지 않고 죽었기 때문에 이렇게 읊은 것이다.

風霜屢變　풍상에 여러 번 변하였도다.
欒欒二姪　수척한 두 조카[317]는
是公典刑　공의 반듯한 모습이니
衣裳就淡　옷차림은 소박한데
琴韻不成　시운[琴韻]은 아직 이루지 않았습니다.
誰無兄弟　누가 형제가 없는가마는
哀我煢獨　슬퍼하는 내가 홀로 외로우니
腸摧肚割　간장이 끊어지고 배가 갈라지는 듯
哭亦無日　통곡을 하지 않는 날이 없습니다.
辭荒觶薄　조사가 거칠고 올리는 술잔이 부족하니
詎盡情私　어찌 나의 마음을 다하리오?
嗚呼我兄　오호라! 우리 형은
庶鑑于玆　이 마음을 살펴주소서.

317 두 조카 : 일우 정세용의 아들 재설(在卨)과 재기(在夔)를 말한다.

숙부인 진양강씨 제문
祭淑夫人晉陽姜氏文

고 숙부인 진양 강씨는 향년 85세로 밀양의 관아에서 돌아가셨습니다. 손녀 사위 자최인(齊衰人)[318] 서원 정재기는 죄인으로 칩거하여 장례하는 날[319]에도 기어갈 수 없었습니다. 이에 갑신(甲申, 1884, 성재 28세) 9월 신유(辛酉)에 대귀(大歸)[320]하는 날 이틀 전 밤에 제문을 지어 달려가 영전에 곡합니다.

오호라! 세상에 사군자(士君子)라 일컬어지는 사람을 소자가 아노니, 바탕이 아름답고 삼가고 경계하는 자도 있고 학문을 부지런히 하고 허물을 고치는 자도 있고 재주가 민첩하고 널리 베풀기를 힘쓰는 자도 있습니다. 바탕을 갖추었으되 배우지 않으면 잃게 되는 것이 천박하고, 배우고자 하되 바탕이 노둔하면 터득하는 것이 곤고하고, 재주가 뛰어난 자는 높고 먼 곳으로만 달려가게 됩니다. 무릇 이 몇 가지는 참으로 덕을 이룬 큰 선비와 더불어 말할 수 없을 것입니다. 그러나 요즘 인물을 돌아보면, 아득히 도술(道術, 유학) 가운데 하나도 온전히 터득하지 못하면서 오히려 세속에서 군자라고 불리는 데 거리낌이 없습니다. 하물며 부인께서는 부녀로 태어나 훌륭한 바탕을 품부받았지만 이미 여성으로서의 음유(陰柔)에 얽매여 발걸

318 자최인(齊衰人) : 부모를 잃은 자녀, 남편을 잃은 아내, 장자(長子)를 잃은 부모, 조부모나 외조부모를 잃은 손자녀가 입는 복이다. 여기서는 자최부장기(齊衰不杖期)로 1년간 상복을 입지만 지팡이는 짚지 않는 경우에 해당한다.

319 장례하는 날 : '반여(返轝)'는 요여(腰輿)가 돌아오는 날로 풀이된다. 요여(腰輿)는 장례 때 혼백과 신주를 운반하는 자그마한 가마를 이른다.

320 대귀(大歸) : 영원히 간다는 뜻이니, 본문에서는 대상(大祥)을 말하는 것으로 보인다.

음은 문밖에 나온 적이 없었고 눈과 귀는 경전에 머무르지 않았으며 일은 길쌈하는 것에서 벗어나지 않았고, 자질은 아름다워 유순할 뿐이었습니다. 비록 몇 가지 중에 흉내를 내려고 하였더라도 가능하였겠는가? 만약 초연히 타고난 기운은 학문하는 과정을 기다리지 않아도, 세상의 평범한 부녀자들이 바랄 수 없을 뿐만 아니라 오히려 씩씩한 군자라도 미치지 못하는 것이었습니다. 그러니 마땅히 무엇을 기다리며, 마땅히 무엇을 사모하였겠습니까?

소자는 늦은 나이에 존귀한 가문의 사위가 되어 부인 덕행의 시종을 보지 못하고 가만히 보고 느낀 것과 많은 소문으로써 알았을 뿐입니다. 그러하니 바라보면 풍채가 단정하고 고상하였으며, 목소리를 들으면 덕스런 말씀이 간곡하였습니다. 자태는 얼음같이 투명하였고 허리춤의 난초[321]는 화려하였습니다. 팔순의 나이에도 피부는 젊은이와 같았고 듣고 보는 것은 아이와 같았으며 부인의 자질은 참으로 훌륭하였습니다. 지식은 높고 생각은 원만하였으며 바깥으로는 명쾌하였고 안으로는 확고하였습니다.가난하여도 맑게 처신하고 일은 여유롭게 대하였습니다. 수고로움을 드러내지 않았으나 모든 일이 자세하고 치밀하였고, 그 엄격함을 지극히 하지 않았지만 모든 방면에서 정연하고 질서 있었으니, 부인의 재능은 진실로 민첩하였습니다.

정정(貞靜)함은 비록 타고난 덕이었지만 예의(禮義)는 참으로 길러진 것이었고, 하늘 같은 효심을 가졌지만 일찍이 사랑하는 시부모를 여의셨습니다. 제물[322]을 올리며 추모하는 마음을 다하였고 형제 사이에는 사람들이

321 허리춤의 난초 : 원문의 '난패(蘭佩)'는 고결한 행색을 형용할 때 쓰는 말이다. ≪초사(楚辭)≫ <이소경(離騷經)>에 "강리와 벽지를 몸에 걸치고, 가을 난초 엮어 장신구로 삼는다네.(扈江離與辟芷兮 紉秋蘭以爲佩)"라고 하였다.

군말이 없었다. 건곤이 자리를 정해지고, 산택이 기운을 통하였습니다.[323] 사적으로 서로 친압하지 않았으며 사적인 것으로 공적인 것을 해치지 않았습니다. 규중을 법으로 다스리고 빈주(賓主)의 예를 베풀었던 것은 군자의 도를 공경함이었습니다. 아이를 가졌을 때에는 음사(陰邪)를 가까이 하지 않았고 어린 자식에게는 속임이 없음을 보였습니다.[324] 학업이 혹 게으르면 등불 그을음의 흔적[325]으로 경계하였고, 은혜로운 왕명이 거듭 내려오면 담장을 따라 걷는 마음[326]으로 격려하였으니 자손을 교육하는 방법이었습니다. 종족 사이에 처하여서는 친소 일가가 각각 그 마음을 얻었고, 비복(婢僕)을 부림에는 사나운 놈이라도 감히 속이지 못하였습니다.

조종(操縱)하는 권한을 잃지 않았으되 일찍이 성내는 낯빛을 보인 적이

322 제물 : 원문의 '빈번(蘋蘩)'은 마름과 쑥이라는 뜻으로, 귀하지는 않아도 정성껏 올리는 제물(祭物)을 비유할 때 쓰는 표현이다. ≪춘추좌씨전≫ 은공(隱公) 3년에 "진실로 확실한 신의만 있다면 …… 빈번과 온조 같은 변변치 못한 야채와 나물이라도 …… 귀신에게 음식으로 올릴 수가 있고, 왕공에게도 바칠 수가 있는 것이다.(苟有明信 …… 蘋蘩薀藻之菜……可薦於鬼神 可羞於王公)"라는 말이 나온다.

323 건곤이 …… 통하였도다 : ≪주역≫ <설괘전(說卦傳)>에 "하늘과 땅이 제자리를 정하며, 산과 못이 기운을 통한다.(天地定位 山澤通氣)"라고 하였다.

324 어린 …… 보였도다 : ≪예기≫ <곡례(曲禮) 상>에 "어린 자식에게 항상 속임이 없음을 보인다.(幼子常視毋誑)"라는 내용이 있다.

325 등불 그을음의 흔적 : 원문의 '등연지적(燈烟之跡)'은 북송의 재상 범중엄(范仲淹)이 젊어서 주야로 학업을 익히느라 휘장 꼭대기가 촛불의 그을음으로 먹빛이 되었는데(其帳頂如墨色) 그가 귀하게 되자 귀부인이 자손들에게 보여주면서 "너의 아버지가 어렸을 때 부지런히 공부하느라 등불 그을음이 남은 흔적이다.(此汝父少時勤學燈烟跡也.)"라고 했다는 고사를 가리킨다. ≪순정몽구(純正蒙求)≫ 권 상(上) <군실침원순인장묵(君實枕圓純仁帳墨)>

326 담장을 따라 걷는 마음 : 원문의 '순장지덕(循墻之德)'은 벼슬이 높아질수록 겸손한 자세를 보이는 것을 말한다. 공자(孔子)의 선조인 정고보(正考父)의 솥[鼎]에 "대부 때에는 고개를 수그리고, 하경(下卿) 때에는 등을 구부리고, 상경(上卿) 때에는 몸을 굽히고서, 길 한복판을 피해 담장을 따라 빨리 걸어간다면, 아무도 나를 감히 업신여기지 못하리라.(一命而僂 再命而傴 三命而俯 循墻而走 亦莫余敢侮)"라는 내용이 새겨져 있었다고 한다. ≪춘추좌씨전(春秋左氏傳)≫ <소공(昭公) 7년>

없었고, 부인께서 배운 것이 아니었지만 나는 반드시 부인은 배운 분이라 말하겠습니다. 바탕이 아름답고 재주가 민첩하니 배우지 않았다고 해도 또한 믿지 않을 것입니다. 배우지 않았으니, 세상에서 한 가지를 얻어 군자라고 칭송받는 자와 비교하면 차이가 있으니, 이것보다 아래로 저 평범한 세속의 부녀들과 어찌 비교가 되겠습니까? 그러므로 하늘이 보답해 주는 것도 또한 심히 인색하지 않았습니다. 칠순까지 해로하면서 자식 다섯을 두었으니, 집안 가득한 자식은 봉새 아니면 난새였습니다. 벼슬한 자식은 혹 급제하여 지위가 현달한 반열에 오르고, 혹 작은 고을[327] 다스리며 은택이 백성들에게 더하였습니다. 산림에 처한 자식은 혹 덕행으로 향당(鄕黨)에서 칭송을 받았고, 혹 문장으로 동료들의 추앙를 받았습니다. 일가 사람들은 은총과 영화가 겹치매 문체와 바탕이 빛났으니, 먼 시골 사족들은 능히 견줄 수가 없었습니다. 사람들이 모두 복와공(復窩公)의 은택이라고 말하지만, 나는 미처 보지 못하였기에, 생각하자면 부인의 덕이 또한 후손을 넉넉히 윤택하게 하였을 것입니다.

내가 알 수 없는 것이지만, 오직 우리 장인[外舅]은 타고난 자질이 뛰어나셨고, 이른 나이에 벼슬길[328]에 나아가 명성이 자자하였습니다. 바다의 붕새[329]가 장차 길을 나섰다가 회오리 바람에 갑자기 멈추니, 서울에서의

327 작은 고을 : 원문의 '백리(百里)는 작은 고을을 의미한다. ≪맹자≫ <공손추(公孫丑) 상>에 "실제로는 무력을 행사하면서 형식적으로 인의를 가탁하는 자는 패자(覇者)이니, 패자는 반드시 대국을 소유해야 하겠지만, 덕을 위주로 인의를 행하는 이는 왕자(王者)이니, 왕자는 대국을 소유할 필요도 없다. 옛날에 탕왕은 사방 70리의 땅을 가지고 일어났고, 문왕은 100리의 땅을 가지고 일어났다.(以力假仁者覇 覇必有大國 以德行仁者王 王不待大 湯以七十里 文王以百里)"라는 말이 나온다.

328 벼슬길 : 원문의 '통적(通籍)'은 본디 궁문(宮門)의 출입을 허가받은 사람의 성명과 나이 등을 적은 명패(名牌)를 말하는 것으로, 처음 벼슬아치가 된 것을 의미한다.

329 붕새 : ≪장자(莊子)≫ <소요유(逍遙遊)>에 '붕새가 분발하여 9만 리를 날아오른다.(摶扶搖而上者九萬里)'는 말이 있다.

참극은 차마 말할 수 있으리오. 이것은 부인의 노경(老境) 통한이었으니, 그 때 소자와 이야기를 나누면서 눈물 흘리셨으니, 전(傳)에 이른바 '천지가 위대하지만 사람들은 오히려 유감스럽게 여기는 것이 있다'[330]고 한 것이 아니겠습니까?

오호라! 수명이 길지 못한 것은 아니었지만 부인이 돌아가심은 또 집에서가 아니었으니, 또한 세 상주께서는 고생스러운 벼슬길에 결국 별을 이고 가는 사람[331]이 되었습니다. 당신의 덕으로 당신의 향년을 헤아린다면 누리신 향년이 부족하고, 이런 까닭으로 여경(餘慶)[332]이 후손에게 더욱 창대하게 될 것을 알겠습니다. 사랑하되 편애하지 않는 사람이 천하에 드문 법인데 사위를 편애하는 경우는 인정에서 더욱 드문 일이었습니다. 부인께서 소자에게 하신 말씀은 세속 사람들의 사랑과는 달랐으니, 학문을 부지런히 하고 행실은 방정히 하라는 것이었습니다. 사물에 안일하면 주밀(周密)하지 못함을 꾸짖어 주시고 자신감이 지나치면 고집하는 것을 나무라셨습니다. 대저 말씀하실 때 따뜻하게 말씀해 주신 것과 만날 때 기뻐하고 헤어질 때 슬퍼하신 것은, 부인께서 소자에게 기대했던 까닭이 아니었고 소자도 부인께 이것을 바란 것도 아니었습니다.

소자가 불효의 죄가 쌓이고 독한 병이 거듭 걸려서, 연래 뵙고 말씀을 받드는 날이 그렇게 많지는 않았지만, 부인의 아끼시는 마음이 더욱 정성

330 전에 이른바 …… 것이 있다 : ≪중용장구(中庸章句)≫ 제12장에 "하늘과 땅처럼 위대한 것에 대해서도 사람들은 오히려 치우친 점이 있다고 유감스럽게 생각한다.(天地之大也 人猶有所憾)"라는 말이 나온다.

331 별을 이고 가는 사람 : 부모의 부음을 듣고 밤새워 가는 것을 의미한다. 원문의 '대성(戴星)'이란 별이 있을 때 떠남. 아침 일찍이 또는 밤이 되어서 출입함을 이른다.

332 여경(餘慶) : 남에게 좋은 일을 많이 한 보답(報答)으로 뒷날 그의 자손(子孫)이 받는 경사(慶事)이다.

스럽고 소자의 사모하는 마음이 더욱 지극하였습니다. 부인께서 밀양(密陽) 관아로 가신다는 소식을 듣고, 내심 기력이 떨어지지 않았음을 기뻐하였으며, 고향으로 돌아가는 날에 다시 나아가 뵙기를 바랐더니, 이 마음은 끝내 이루어지지 않았습니다. 오호라! 부인께서 가심을 듣고 부인의 영전에 향불을 사르는 자는 슬퍼서 눈물 흘리지 않는 자가 없었습니다. 하물며 이처럼 큰 사랑을 입는 소자는 상(喪) 중[333]에 있는 까닭, 부인의 장삿날에 나아가지도 못합니다.

333 상(喪) 중 : 원문의 포과(布裹)는 베로 싼 각대[布裹角帶]라는 말로 상복의 제도를 말한다.

성재집

제 6 권

외숙 농산선생[1] 장공 제문
祭內舅農山先生張公文

나의 외삼촌 농산 선생 장공께서는 은거하여 수도하시다가 79세 나이에 녹리 침전에서 돌아가시니, 1916년[병진] 10월 신유일입니다. 이에 삼월 신축일에 길마현(吉馬峴) 선조 묘소 곁에 장사 지냈는데, 원근에 사는 인사들이 예로써 전송하였습니다. 장례 하루 전날 저녁에 생질 청주 정재기는 삼가 약간의 제물을 갖추어 제문을 잡고 재배하며 영령 아래에서 통곡하며 말씀드립니다.

오호라. 하늘은 다시 우리 동국을 돕고자 하지 않는 것입니까? 한번 어지럽게 된 운수가 어찌 이 지경에 이르렀습니까? 인륜과 강상이 없어지고 도덕과 질서가 사라지니, 백성들은 통합할 수 없어지고 학문은 향할 곳이 없어졌습니다. 육경의 도가 해와 별처럼 빛나지만, 사람들이 육경의 도(道)를 마치 쓸모없는 예(禮)의 찌꺼기[2]처럼 볼 뿐만 아니라 경례(經禮) 삼백과 곡례(曲禮) 삼천[3]을 일찍이 녹의(綠衣)와 저서(紵絮)[4]보다 못하다고 말하니,

---

1 농산 선생 : 농산(農山) 장승택(張升澤, 1838~1916)이다. 조선 말기 유학자. 자는 희백(羲伯)이고, 호는 농산(農山)이다. 본관은 인동(仁同)이다.

2 예(禮)의 찌꺼기 : 원문의 '청황지단(靑黃之斷)'은 백 년이나 된 나무를 쪼개서 제사용 술동이(犧樽)를 만들고 푸른색과 누런색으로 칠해서 장식하는데 깎여진 나무 찌꺼기는 더러운 도랑 속에 버려지는데, 그 버려진 찌꺼기를 이르는 말이다.

3 경례(經禮) 삼백과 곡례(曲禮) 삼천 : 예(禮)의 대강령의 경례(經禮)와 구체적인 소절목의 곡례(曲禮)를 뜻하는 것으로 예의(禮儀) 일반을 가리키는 말로 쓰였다. ≪예기(禮記)≫ <예기(禮器)>에 "경례가 300가지요, 곡례가 3000가지인데, 그 정신은 하나이다.(經禮三百 曲禮三千 其致一也)"라는 말이 나오고, ≪중용장구≫ 제27장에도 "크고 넉넉하도다. 예의가 300가지요, 위의가 3000가지로다.(優優大哉 禮儀三百 威儀三千)"라는 말이 나온다.

4 녹의(綠衣)와 저서(紵絮) : 천박한 예의와 제도를 말한다. 녹의(綠衣)는 잡색의 옷이므로 종묘에 들어갈 수 없고, 모시솜[紵絮]은 홑겹이므로 추위를 막을 수 없다. 『양자법언(揚子法

또한 심히 한탄스러웠습니다.

대인께서 일어나 크게 하나로 통일하여 참람함을 방비하고, 호선 오악(好善惡惡)의 마음을 보이고 인의(仁義)의 도로써 이끌지 않으셨다면, 하늘에서 나온 불변의 대원(大原)이 거의 바닥에 떨어져 후대에는 징험하여 믿을 것이 없게 되었을 것입니다. 오호라! 지금 세상은 우매하여 그 사람을 알지 못합니다. 선생이 일찍이 이렇게 말씀하셨습니다.

"노나라의 예악[絃誦]으로는 동주(東周)의 치세(治世)로 돌이킬 수 없었지만, 한나라가 이것을 사용해서 사백 년의 공업(功業)을 이루었으며, 민중(閩中)의 도학[5]도 남송의 복으로 이어갈 수 없었지만, 명나라도 이것으로 이백 년의 치세(治世)를 이루었다. 변방의 만학도가 비록 성현의 지극하신 공력을 감히 논의하지는 못하지만, 강론하여 밝히고 읊어서 전수하는 책무는 사양할 수 없다."

이에 오직 절의로 명성을 쌓으려 하지 않으시고, 개연히 유학[斯道]자로 자임하고 고인(古人)의 마음을 전하는 방법[6]을 추구하고, 육경(六經)[7]에 침잠하고, 제자백가서를 두루 섭렵하기를 어릴 때부터 늙을 때까지 부지런히 하셨습니다. 이기(理氣)에 대한 논의는 곧 퇴도(退道) 이황 선생의 가르침을 따랐으며, 고정(考亭) 주희 선생에게 부합함으로써 모든 잘못된 학설을 배척하였습니다. 역(易)에 대한 논의는 곧 분명히 드러난 상수(象數)를 통하여 미묘한

言)』에 '녹의(綠衣)가 300벌이 있더라도 잡색(雜色)이니 이것을 입고 종묘(宗廟)에 들어갈 수 없고, 모시솜이 3천 장이 있더라도 홑겹이니 이것으로 추위를 막을 수 없다.'고 하였다.

5 민중(閩中)의 도학 : 주자의 학문을 말한다.

6 마음을 전하는 방법 : 요(堯)·순(舜)·우(禹)가 서로 전수하던 "인심은 위태롭고 도심은 은미하니 정밀하게 살피고 순일하게 하여야 진실로 중도를 잡을 수 있다.(人心唯危 道心唯微 唯精唯一 允執厥中)"는 16자를 말함. ≪서경(書經)≫ <대우모(大禹謨)>

7 육경(六經) : 춘추 시대(春秋時代)의 여섯 가지 경서. ≪역경(易經)≫, ≪서경(書經)≫, ≪시경(詩經)≫, ≪춘추(春秋)≫, ≪악기(樂記)≫, ≪예기(禮記)≫를 이른다.

성리(性理)를 깊이 탐색함으로써 진퇴(進退), 소장(消長), 길흉(吉凶), 존망(存亡)의 기미를 밝혔습니다. 예(禮)에 대한 논의는 곧 경문(經文)이 빠진 것은 제가(諸家)의 득실을 지극히 궁구하여 마땅한 절문 의칙(節文儀則)에 나아감으로써 의술(醫術), 점술(占術), 병법(兵法), 산수(算數), 곡예(曲藝), 소기(小技)까지 이르러, 지극한 이치를 부치고 반드시 미루어서 두루 통하게 하였습니다. 떨쳐 분발하면 황하(黃河)의 물이 터진 형세가 있었고, 준엄하게 행동하면 우뚝한 절벽과 같았습니다. 넓게 트인 모습은 큰 종이 울리는 듯하였고, 따뜻한 모습은 좋은 옥이 빛나는 것과 같았습니다. 글을 지을 때는 조탁을 일삼지 않았고, 번거롭게 법도에 맞추어 인의의 도에 출입하지 않았습니다. 바다처럼 넓고 땅처럼 두터운 모습은 번종사(樊宗師)[8]와 같았고, 행운유수(行雲流水)하는 모습은 소장공(蘇長公)[9]과 같았고, 우레가 울리고 번개가 치는 듯한 모습은 황몽승(黃夢升)[10]과 같았습니다. 세상에서 재주가 기이하고 뛰어나며 웅위(雄偉)하고 박변(博辯)한 자라고 일컬어지는 자라도 땀을 흘리며 넘어질 듯 쫓아가지만 뒤에 처져서 눈만 휘둥그레 뜨고 바라볼 뿐이었습니다.[11] 그러므로 공과

8 번종사(樊宗師) : 당나라 때의 문인(文人). 글이 매우 기삽(奇澁)하여 당시에 그의 글이 삽체(澁體)로 일컬어졌다.

9 소장공(蘇長公) : 소동파(蘇東坡)의 경칭이다. 소식(蘇軾)이 소순(蘇洵)의 장자인데다 그 문장이 백대(百代)의 으뜸이라고 할 만했기 때문에, 그를 일컬어 장공(長公)이라고 하고 그의 아우 소철(蘇轍)은 소공(少公)이라고 하였다 한다.

10 황몽승(黃夢升) : 998~1039. 이름이 주(注)로, 구양수와 동년 진사이고 황정견의 숙조(叔祖)이다. 황정견은 자기 숙조(叔祖)의 분방한 재기를 몹시 흠모하는 한편으로, 그가 불우하게 생을 마친 데 대해 깊은 동정을 표하였다. 이러한 감정은 그가 지은 <발구양문충공찬칠숙조주부묘지후(跋歐陽文忠公撰七叔祖主簿墓誌後)>에서 드러내었을 뿐만 아니라, <과방성심칠숙조구제(過方城尋七叔祖舊題)>라는 제목의 시에서 더 곡진하게 서술하였다.

11 땀을 흘리며 …… 뿐이었습니다 : ≪장자≫ <전자방(田子方)>에 "안연이 중니에게 묻기를, '부자께서 걸으면 저도 걷고 부자께서 빠르게 걸으면 저도 빠르게 걸으며 부자께서 뛰면 저도 뛰어서 따라갑니다. 그런데 부자께서 먼지도 나지 않을 정도로 빨리 달리면 저는 그저 멍하니 뒤에 처져서 눈만 휘둥그레 뜨고 바라볼 뿐입니다.(夫子奔逸絶塵 而回瞠若乎後矣)' 하였다." 하였다.

같은 이는 아마도 맹자가 이른바, 호걸(豪傑)이 아니겠습니까[12]? 오직 그 임무가 막중하기에 그 기운을 크게 일으키니, 시속(時俗)에 아첨하며 부침(浮沈)하는 것[13]에 골몰하는 자는 싫어하였으며, 분별함이 명확하였으니 말을 길게 하고 몽매하게 따라나서는 자는 싫어하였습니다. 지자(知者)와는 말할 수 있지만 속인(俗人)과는 말하기 어려운 법이니 공의 경우는 어떠하였습니까?

소자는 어리석고 노둔하지만 또한 이 학문에 뜻을 두었습니다. 그러나 거듭 흉사를 만났습니다. 부친께서는 깊은 학문과 독실한 행실이 있었지만 대업을 완수하지 못하셨는데, 저는 부친의 가르침[14]을 받지 못하였으며, 모친의 온화하고 정숙한 자질에도 장수하지 못하시어, 어머니의 훈계도 끊어지게 되었습니다. 부모님을 잃은 슬픔에 병이 더해져 갈팡질팡하는 모습[15]은 약상(弱喪)[16]처럼 돌아갈 줄 모르는 것 같았습니다.

그런데 오직 외삼촌께서 외로운 조카를 애처롭게 여기시고 그 어리석음을 안타깝게 여기시고 그 뜻을 아깝게 여기셨습니다. 매번 찾아올 때마다

12 맹자가 …… 아니겠습니까 : ≪맹자≫ 「진심장」 상에, "문왕을 기다린 후에야 흥기하는 사람은 평범한 백성이다. 만약 호걸한 선비라면 비록 문왕이 없더라도 오히려 흥기한다.(待文王而後興者 凡民也 若夫豪傑之士 雖無文王猶興)"라는 구절이 있다.

13 시속(時俗)에 아첨하며 부침(浮沈)하는 것 : 원문의 '지위(脂韋)'는 기름과 무두질한 가죽이다. 시속(時俗)에 아첨하며 부침(浮沈)하는 것을 비유한 것이다. ≪초사(楚辭)≫ <복거(卜居)>

14 부친의 가르침 : 원문의 '이정지훈(鯉庭之訓)'은 부친의 훈계라는 뜻이다. 공자의 아들 리(鯉)가 뜰을 가로질러 갈 때, 공자가 그를 불러 세우고 시(詩)와 예(禮)를 공부하라고 가르침을 내렸던 고사에서 나왔다. ≪논어(論語)≫ <계씨(季氏)>

15 갈팡질팡하는 모습 : 원문의 '창창(倀倀)'은 어디로 가야 할지 알지 못하는 모습을 형용한 말이다. ≪예기(禮記)≫ <중니연거(仲尼燕居)>에 "예법이 없이 나라를 다스리는 것은 마치 소경이 혼자서 길을 가는 것과 같으니, 창창하여라 과연 어디로 가겠는가.(倀倀乎其何之)"라는 말이 있다.

16 약상(弱喪) : 어려서 집을 떠나 오래도록 타향에서 편안하게 살다 보니 마침내 고향에 돌아갈 줄도 모르게 된 경우를 말한다. ≪장자(莊子)≫ <제물론(齊物論)>에 "삶만을 좋아하는 것이 미혹된 것이 아닌 줄 어찌 알랴. 그리고 죽음을 싫어하는 것 역시 어려서 집을 떠나 돌아갈 줄을 모르는 것이 아니라고 어떻게 단언할 수 있으랴.(予惡乎知說生之非惑邪 予惡乎知惡死之非弱喪而不知歸者邪)"라고 하였다.

저를 이끌어 주시고 인정해 주시면서 '이 아이는 나와 몹시 비슷하구나.'라고 말씀하셨으니, 이는 대개 뜻[志]에 대하여 말하는 것이었고 재주를 말하는 것은 아니었습니다. 만약 재주를 말한 것이었다면 소자가 어찌 감히 외숙과 같기를 바라겠습니까? 다만 그 마음은 지나치게 스스로 가볍게 가지지 않았지만 더욱 스스로 면려하였습니다. 돌아가신 부친과 모친을 섬기는 마음으로 공을 섬기며 큰 어려움을 만나면 대들보처럼 의지하였고, 큰 의심을 해결하려고 하면 시귀(蓍龜)처럼 질정하여 주셨다. 오히려 소자는 이끌어 주시는 힘에 의지하여 노년의 공을 거두려고 했는데, 선생께서 돌아가셨으니 소자는 어떻게 도를 전해 받을 수 있겠습니까?[17] 금년 봄에 찾아뵙고 하루를 묵고 왔는데, 그때 저의 몸은 숙병이 더해져 곧 죽을 사람처럼 숨이 끊어질 듯하였는데, 팔십 노인을 우러러 보니 건강함이 평소와 다름없어서, 저는 가만히 훗날 가르침을 받을 날이 많지 않음은 저 때문이지 공 때문은 아닐 것이라고 생각하였습니다. 그러나 '죽을 꿈[18]은 깨닫지 못하고 하늘의 부름은 갑자기 내려온다'고 누가 말하였단 말입니까?

아! 애통합니다. 공이 생존해 계실 때 나라 사람을 교화하셨으니, 감히 오랑캐의 법을 들어 적용하지 못하였고 유교의 예에 따라 공을 장례하였습니다. 다른 무리[19]들도 공을 사모하여 그들의 법을 버리고 유월장(踰月葬)[20]

17 어떻게 …… 받겠습니까 : 원문의 '하술언(何述焉)'은 자공(子貢)의 말에서 인용한 것이다. 공자가 "나는 말이 없고자 하노라.(予欲無言)" 하니, 자공(子貢)이 "스승님께서 말씀하지 않으시면 저희들이 어떻게 도를 전해 받겠습니까.(子如不言 則小子何述焉)" 하였다. 이에 공자가 "하늘이 무슨 말을 하던가. 사시가 운행하고 만물이 생장하나니, 하늘이 무슨 말을 하던가.(天何言哉 四時行焉 百物生焉 天何言哉)" 하였다. ≪논어(論語)≫ <양화(陽貨)>

18 죽을 꿈 : 원문의 '전영지몽(奠楹之夢)'은 죽음을 미리 예견하는 꿈을 이른다. '꿈속에서 두 기둥 사이에 앉아 제물을 받았다(夢坐奠於兩楹之間)'고 하여 공자의 죽음을 '몽전(夢奠)'이라고 하는데, 『예기』 단궁편에 기록되어 전해지는 공자의 마지막 모습이다.

19 다른 무리 : 당시 일제강점기였기 때문에 일본인을 지칭한 것이다.

20 유월장(踰月葬) : 유가(儒家)에서 죽은 달을 넘겨 다음 달에 장사를 치르는 상례의식을 말

을 허가하였으니, 대개 성대한 덕은 멀리 있어도 이르지 않음이 없으며, 또한 상주들의 효성이 신명(神明)에 닿아 그렇게 되었을 것입니다.

소자는 몸가짐에 요령이 없어서 그림자를 두려워하면 해를 향해 달려갈 수 없음을 알지 못하는 것처럼[21] 명성이 났으나 행실이 부합하지 못합니다. 충신(忠信)하여도 오랑캐[蠻貊]에게 행하기에 부족하였고,[22] 공손한 말[遜言]로도 어지러운 나라에 살기에는 부족하였습니다.[23] 활과 창을 든 무리들이 둘러쌌으니, 그들을 향하여 오직 움직이는 것이라곤 눈치를 보는 것이었습니다. 전전긍긍하며 명사수인 예(羿)와 방몽(逄蒙)의 과녁에 자신을 둔 것과 같이 하신 것은 이때의 피할 수 없는 운명이었으며, 공이 모두 경험한 것이었습니다. 살아서 재앙을 겪는 것이 어찌 죽어서 편안한 것보다 낫겠습니까? 공이 만약 세상에 계셨다면 반드시 나를 가르쳐 여기에 대처하게 하셨을 것입니다. 아득히 들리지 않으니 그리운 마음은 오직 답답할 뿐입니다. 누구와 더불어 말하겠습니까? 한바탕 통곡하니 밤이 길고 깁니다. 오호, 애재라! 신명께서는 흠향하소서.

한다. 갑오경장 이후 7일장이나 9일장을 치르도록 촉구되었으나 사대부 집안에서는 계속 시행되었다.

21 그림자를 …… 못하는 것처럼 : 원문의 '외영(畏影)'은 그림자를 무서워한다는 뜻으로, 자기 그림자를 무서워하여 이를 피하려고 전력 질주하다가 쓰러져 죽은 우자(愚者)의 이야기가 ≪장자≫ <어부(漁父)>에 나온다. 원래는 사리에 어두운 사람이 스스로 소란을 피우는 것을 비유한 말이었으나, 후대에는 세상에 이름이 나서 해를 입을 것을 두려워하여 자신을 감추고자 하는 뜻으로 쓰이게 되었다.

22 충신도 …… 부족하였고 : ≪논어≫ 「위령공」에, "말이 충성되고 미더우며, 행실이 독실하고 공경스러우면 멀리 오랑캐 나라에서도 행할 수 있다(言忠信 行篤敬 雖蠻貊之邦 行矣)"라고 하였다. 여기서는 말이 충신하여도 오랑캐의 나라에서 살 수가 없음을 말하였다.

23 공손한 말 …… 부족하였습니다 : ≪논어≫ 「헌문」에 "나라에 도가 있을 때는 당당하게 말하고 당당하게 행동하지만, 나라에 도가 없을 때는 당당하게 행동하되, 말은 겸손해야 한다.(邦有道 危言危行 邦無道 危行言孫)"라고 하였다. 여기서는 일제강점기로 나라에 도가 없어서 공손한 말로도 살 수 없음을 말하였다.

외숙 장공에게 올리는 제문
祭內舅張公文

오호라! 사람은 부친을 바탕으로 삼고 모친에게 길러지지 않은 이가 없습니다. 어머니의 동기(同氣)가 외숙이니, 외숙과의 친함은 지극합니다. 하물며 소자는 외가에서 성장하며 약관 이전에는 잠시라도 외숙 곁을 떠난 적이 없었습니다. 어려서는 함양하는 은혜를 입었고, 성장하여서도 바르게 인도하는 은혜를 받았으니, 겨울이면 만우실(晩愚室)에서 겨울이면 암어헌(巖於軒)에서 함께 쇄소응대(灑掃應對)를 하며 경전과 역사를 토론하였습니다. 흠모하고 사랑하시는 정성과 교육하고 성취하려는 마음은 보통 외숙과 생질 간의 경우와 견줄 바가 아니었습니다. 불초(不肖)한 저는 하늘에 죄를 지어 거듭 모진 병에 걸려, 믿는 부모님을 잃어버린 후부터 믿을 곳은 오직 외숙이었습니다.

집안 초상, 제 몸의 병환 등 역경(逆境)[24]으로 고달픈 일이 연이어 생겨서, 공에게 자주 나아가 모시지 못하였으며, 이로 말미암아 더욱 그리움이 깊어졌습니다. 금년 봄에 찾아뵙고 물러날 때에는 공께서 울적한 얼굴로 연연한 마음에 차마 보내지 못하시는 모습이 평소보다 더하셨는데, 소자는 완고하고 어리석어 공의 임종이 멀지 않음을 헤아리지 못하고, 그저 사람의 정이란 늙을수록 마음이 약해지는 것으로 생각하였습니다. 다음 해에 다시 나아가 가르침을 받고자 했는데, 어느덧 계절이 세 번이나 바뀌고, 공

24 역경(逆境) : 진박(震剝)은 진괘(震卦)와 박괘(剝卦)를 가리키는데, 모두 좋지 못한 일을 의미한다.

께서는 더 기다려 주지 않으시고 돌아가셨습니다.

오호라! 애통합니다. 온화하신 덕과 정성스런 가르침을 이 세상에서 다시 볼 수 없게 되었습니다. 공은 타고난 자질은 넓고 평탄하시며, 기운은 엄숙하나 얼굴빛은 온화하셨습니다. 가정에서 효도와 공경을 행하시고, 밖에서는 충성과 신의가 두드러졌습니다. 법도로써 스스로 점검하지 않았지만, 거동은 법도에 부합하였으니, 행실이 독실한 선비일지라도 미치지 못하였으며, 문학으로 스스로 자임하지 않았지만 고금을 꿰뚫었으니, 전문가들도 뛰어넘는 사람이 없었습니다.

중구씨(仲舅氏, 둘째 외숙)는 끊어진 학문을 창도하여 간사한 학문을 물리치시니, 우리 유림의 태산북두 같은 존재이시고, 무너진 파도를 이기는 황하의 지주석(砥柱石)과 같으셨습니다. 우뚝하게 한 시대의 종장이 되시니, 공은 중구씨(仲舅氏)와 더불어 매진하셨습니다. 아드님은 재주가 민첩하고 학문은 박학하며, 뜻은 높고 행실을 고결하여, 이미 사문(斯文)의 기대를 모았으니, 공은 실로 남쪽 고을의 선비에게 앞길을 열어 인도하여 주었습니다.

도학을 논하고 궁행실천을 말하면 반드시 공의 집안을 추천하니, 어찌 그 연유가 없겠습니까? 오직 내면으로 온축하였으나 펼치지 않으셨고, 은거하여 드러내지 않으셨으니, 산림에서 늙어 돌아가셨지만 후회하지는 않으셨으니, 시대가 그러하였고 운명이 그러하였으며 또한 공의 성품이 그러하였습니다. 공에게는 무엇이 있었겠습니까? 지금 오랑캐가 중하(中夏)를 어지럽히고 예교(禮敎)를 끊어버림에 죽은 사람은 번번이 내몰려 황폐한 언덕과 끊어진 골짜기, 숲속 귀신들 사이에 들어가서, 도깨비불과 함께 살고 다람쥐 여우와 한 무리가 되는 것을 보건대, 비록 효자 효손이 있더라도 면하지 못할 것이지만, 유독 공께서는 선영으로 돌아가 선조를 모시고 기뻐하고 즐거워함이 평소와 다를 바가 없을 것입니다. 이것은 아마도 하늘이 유덕한 사람을 도우심이니, 충만하신 영령은 이에 유감이 없을 것입니다.

오호라! 글은 말을 다하지 못하고, 곡은 슬픔을 다하지 못합니다. 울음을 삼키고 무릎을 꿇고 아뢰니 눈물이 샘처럼 흐릅니다. 삼가 존령께서는 저의 작은 정성을 굽어 살펴 주시옵소서.

사장 이공[25]에게 올리는 제문

祭査丈李公文

오호라! 사람들이 항상 말하기를, '선한 자에게는 복을 주고, 악한 자에게는 재앙을 준다. 사람들이 능히 그러하지 못하면 반드시 하늘에서 그렇게 한다'고 합니다. 내가 일찍이 이것으로써 공의 지극한 행실과 공이 대우받은 것을 보면 모든 것이 반대가 되는 것은 무엇 때문입니까? 대개 하늘이란 이치인데, 이치는 반드시 기운을 기다려서 운행되니, 기수(氣數)가 돌아오는 것을 이치가 제어하지 못한 것입니까?

삼가 공은 너그러운 덕성을 부여받았고 어질고 효성스런 행실이 돈독하였습니다. 근면 근신으로 집안을 이루었고, 온화한 마음으로 사물을 접하셨습니다. 담장이 쓸쓸하다고 하여 근심하지 않으셨고, 높은 대문 큰 점포가 있다고 하여도 자만하지 않으셨습니다. 정성을 다하여 남들과 교유하되, 옳은 자와 함께 하고 옳지 못한 자라도 포용하지 않음이 없었습니다. 사람들에게 재물을 나눌 적에도 가까운 사람은 그 마음을 얻었고 먼 사람도 이설이 없도록 하셨습니다. 오랑캐[鱗介][26]가 우리들의 의상을 바꾸어도 지키는 것을 변하지 않으셨고, 공리(功利)가 천하에 널리 퍼져도 그 더러운 것을 받지 않으셨습니다. 교목과 같이 우뚝한 집안에 대들보 역할을 하시고, 쏟아지는 시속의 물결에 버티고 서 계셨습니다.

대개 공의 천부적인 독실함과 학문의 힘은 돌아볼 겨를이 없지만 이것

25 사장 이공 : 작자의 장자 광호(光鎬)는 전의 이씨 규의(圭儀)의 딸에게 장가들었으니, 이 제문은 사장 이규의가 세상을 떠났을 때 지은 것이다.

26 오랑캐 : 원문의 '인개(鱗介)'는 남쪽 오랑캐를 부르는 말이다.

은 마땅히 자신에게 복록이 내려지고, 후손에게 경사가 전해질 것이었습니다. 그러나 세상에서 공을 아는 자는 이미 적은데, 하늘이 또 육신을 데려갔습니다. 중년 이후에 아들의 죽음[27]과 딸의 죽음[28]으로 가슴에 못을 박히고 배에 칼로 찔리는 듯한 아픔을 겪으셨으니, 사람으로서 감당할 수 있는 것이 아니었습니다. 그러나 공은 남을 대하여서는 비통한 말씀이나 슬픈 낯빛을 하신 적이 없으시니, 이 또한 남들이 미치기 어려운 것이었습니다. 오호라! 하늘은 선악의 보답을 반드시 내린다고 하는데 과연 어디에 있는가?

양가 선대의 교분을 생각하니, 열 세대가 한 집처럼 지내다가 저의 세대에 이르러 거듭 혼인의 인연을 맺었습니다. 비록 고개 하나를 사이에 두고 자주 찾아뵙지 못했지만, 안부를 묻는 편지는 거의 없는 달이 없었으며, 크고 작은 일 없이 근심과 즐거움을 반드시 함께 하였습니다. 저의 성정이 거칠고 일에 서툰 것에 대하여 공께서는 자신의 근심으로 생각하셨듯이, 공의 손자가 집안을 잘 다스려 문호를 점점 크게 한 것에 대하여 저도 그 기쁨을 즐겁게 여겼습니다. 공은 저에게 취하는 것이 없었지만 저는 공에게 의지하는 것이 컸습니다.

오호라! 늦가을 저의 회갑일에 지팡이 짚고 왕림하셔서 손님과 친구들이 모인 자리의 상석에 자리하셔서 국화주를 가득 드시며 고금에 대해 감상에

---

27 아들의 죽음 : 원문의 '영박지통(嬴博之痛)'은 아들의 죽음을 이르는 말이다. 영박은 춘추시대 제(齊)나라 지명인 영현(嬴縣)과 박현(博縣)으로, 오(吳)나라의 계찰(季札)이 제나라로부터 돌아오다가 아들이 죽어 영현과 박현의 사이에 있는 땅에 장례를 지낸 일이 있다. ≪예기(禮記)≫ <단궁(檀弓)>

28 딸의 죽음 : 원문의 '층봉지루(層峯之淚)'는 딸의 죽음을 이르는 말이다. 당 헌종(唐憲宗) 원화(元和) 14년(819)에 한유가 조주 자사(潮州刺史)로 좌천되고, 그의 가족들도 강제로 조주로 옮길 적에, 병을 앓던 막내딸 한나가 12세의 나이로 도중에 상남(商南)의 층봉역(層峯驛)에서 죽자 도남(道南)의 산 아래에 임시로 묻었다.

젖으시며 사흘 동안 계시다가 돌아가셨습니다. 그때 팔순의 나이에도 정신과 육신이 건강함을 보고, 저의 마음에는 백수의 나이를 기약하기에 어렵지 않다고 생각하여 기쁘고 다행스럽게 여겼습니다. 그런데 얼마 되지 않아 저는 낙상을 당하여 숨이 끊어질 듯이 병상에 있은 지 몇 달이 되었으며, 이어서 공이 신당(新塘)으로부터 병든 몸으로 가마에 실려 집으로 돌아오셨다는 말을 듣고, 서둘러 아이를 보내어 문병하게 하였으나, 목숨이 꺼져가면서도 오히려 저의 병에 대하여 걱정하시기를 그치지 않으셨습니다. 오호라! 저는 어떤 사람이기에 우리 공에게 이런 사랑을 받는지요? 돌아가셨으나 관 앞에 가서 곡하지 못했고, 장례 때에도 묘소에 가지 못하였으니, 저의 병도 또한 정성이 부족한 때문입니다. 감히 존령의 용서를 바라겠습니까? 멀리서 술 한잔 올리니 눈물이 샘처럼 흐릅니다. 오호! 슬프도다.

종조모 공인 송씨[29]에게 올리는 제문
祭從祖母恭人宋氏文

오호라! 태어나면서 자애롭고 어진 성품을 부여받으셨고, 자라면서 문장과 예절의 가르침을 받으셔서, 효도와 우애를 집안에서 실천하셨고, 아끼고 사랑함은 사물에까지 미쳤습니다. 행실을 온전히 하고 덕을 갖추어서 살아서는 온순하고 죽어서 편안하였으니, 이것은 사군자(士君子)에게도 어려운 것이거늘 하물며 부인에게 있어서이겠습니까? 옛날 우리 종왕고(從王考, 종조부) 부군께서는 부여받은 천성이 공손하고 검소하였으며, 부지런하고 삼감으로써 집안을 이루었습니다. 남에게 베풀기를 즐겨하셨지만 의로운 것이 아니면 지푸라기 하나라도 베풀지 않으셨으며, 세상에 나아가기를 구하였으나, 올바른 도가 아니면 높은 벼슬[30]도 돌아보지 않으셨습니다. 자연으로 돌아와 지내시며 칠십 년의 장수를 누리셨으니, 향당에서는 그 덕을 칭송하고 원근의 사람들도 그 의리에 감복하였습니다. 오직 부인의 덕은 군자와 합일되니, 순종하되 어긋나지 않으셨고, 가난하다고 하여 나태하지 않으셨으며, 부유하다고 하여 안일하지 않으셨고, 늙었다고 하여도

29 종조모 공인 송씨 : 정건화(鄭建和, 1826~1894)의 부인으로 공인(恭人) 여산 송씨(礪山宋氏)를 말한다. 부는 송재수(宋載秀)이고, 1825년(순조 25)에 태어나 1905년(고종 9)에 세상을 떠났다. 공인은 조선시대 외명부(外命婦)의 품계 중 하나로, 문무관 정5품·종5품의 부인에게 주어졌다.

30 높은 벼슬 : 원문의 '천사(千駟)'는 4천 마리의 말로서 크게 부유함을 의미한다. ≪논어≫ <계씨(季氏)>에 "제나라 경공은 말 4천 필을 가지고 있었으나, 죽을 때에 그의 덕을 칭송하는 사람이 없었다.(齊景公有馬千駟 死之日 民無德而稱焉)"라고 하였으며, ≪맹자≫ <만장(萬章) 상>에 "이윤(伊尹)은 말 사천 마리가 묶여 있어도 돌아보지 않는(繫馬千駟 弗視也) 그런 사람이었다."는 말이 나온다.

쇠약하지 않으셨습니다.

규문 안에서는 부부 사이가 금슬이 맑은 소리를 내는 것처럼 조화로웠고, 손님과 주인처럼 서로 엄숙하게 공경을 다하였습니다. 시부모님이 즐거워하시고 동서들도 순종하였으며, 종족들도 화목하고 노비들도 기뻐하였습니다. 제례 절차는 더욱 삼갔으며, 자식을 가르침에는 엄격하셨으니, 자손들도 가르침을 따라서 가르침을 잃어버리지 않았으며, 가문은 이를 의지하여 다시 일어서게 되었으며, 이웃들은 이것을 보고 모범으로 삼았습니다. 가난한 자는 그 은혜를 칭송하였고, 멀리 있는 자는 그 어진 행실에 귀의하였으며, 근심 있는 자는 기뻐하였고, 병든 자는 되살아났으며, 어진 자는 권면하였고, 불초한 자는 경계하였습니다. 세상에서 부군[남편]의 덕을 말할 때에는 반드시 부인의 행실이 도움이 되는 것이 있었음을 반드시 말하니, 어찌 그 까닭이 없겠습니까?

무릇 선비는 강직한 자질을 타고나서, 사물을 변화시키며, 강학하여 도를 밝히고 붕우를 통하여 인을 보완합니다. 그러나 말로는 옛사람 옛사람이라고 하면서, 그 행적을 객관적으로 고찰하면 어떤 자는 몸이 말에 미치지 못하고, 말은 행동이 따르지 않으며, 한쪽으로 치우쳤는데도 스스로 깨닫지 못하고, 더욱 심한 경우에는 이익을 보면 자신을 잊어버리고 세력에 따라 부앙(俯仰)하며, 선왕의 가르침을 배반하고 금수(禽獸)의 영역으로 달려가는 자가 세상에 넘쳐나니, 이에 비로소 부인의 타고난 천품이 아름다움을 알겠습니다. 타고난 성품의 강유(剛柔)를 따지지 않고 학문의 힘을 빌리지 않더라도, 세간의 부녀자가 감히 바랄 바가 되지 못할 뿐만 아니라 명색이 선비된 자도 능히 따라가기 어려운 것입니다.

오호라. 맑은 얼음과 하얀 달이 세속의 때를 받지 않음은 부인의 자태와 같고, 그윽한 난초(蘭草)와 향기로운 지초(芝草)가 사랑스럽게 빛남은 부인의 덕과 같습니다. 수놓은 비단옷은 몸에 걸치지 않으시고 갈포 삼베 길쌈을 손에 놓지 않으시니, 부인의 검소함과 부지런함이며, 차라리 아랫사람에게 굽힐지언정 사람 위에 오르려고 하지 않으셨으며, 차라리 자신의 재물을 없앨지언정 차마 남을 상하게 하지 않으셨으니, 부인의 너그러움과 은혜로움입니다. 이러한 까닭에 81세까지 수를 누리시면서 남이 원망하거나 욕하는 말이 귀에 들리지 않았으며, 원근에 있는 사람들의 칭송이 길에 이어졌습니다. 이것으로 종신토록 누릴 영광과 후손들의 복이 무궁할 것입니다.

그러나 이를 어찌하겠습니까? 노년에 당한 일은 유감이 없을 수 없었으니, 불의에 갑오년의 비통한 일[31]을 당하여서는 부군보다 먼저 죽지 못한 것을 항상 한탄하셨습니다. 이전에는 기축년의 참상[32]이 있었고 그 후에는 계묘년의 억울한 일이 있었는데, 그 옛날의 애통함은 오직 부군께서 위로해 주셨지만, 지금의 회한은 누구와 함께 위로하겠습니까? 생각건대, 기운이 깊고 넓으며 이치가 밝게 트여서 설령 못난 부녀자들이 소리를 삼키고 울음을 참는 모습은 하지 않으셨지만 80세 노령의 근력이 자신도 모르게 날마다 쇠잔하여 갔습니다. 오직 조석으로 저 세상으로 가면 이 세상에서의 기쁨을 이어갈 줄로만 여겼습니다. 그런데 불행하게도 세상의 분란을 만나 우리가 살던 집을 버리고 창녕 골짜기 가야산 좌측으로 달아나게 되었으니, 선영을 바라보는 노인의 마음에는 슬픔이 가득하였습니다. 매번 고향의 여러 조카 손자를 만나 말을 하면 목이 메였는데, 눈물을 뿌리면서 말씀하시기를, '내 생전에는 고향 마을에 돌아가지 못할 것 같고, 죽어서는

31 갑오년의 비통한 일 : 종조부 정건화(鄭建和, 1826~1894)의 죽음을 의미한다.
32 기축년의 참상 : 아들 정회용(鄭晦容, 1849~1889)의 죽음을 의미한다.

선영에 묻히지 못할 것 같다. 이 한을 어느 때 풀 수 있겠는가?'라고 하셨습니다. 결국 갑자기 궁벽한 산속 적막한 곳에서 돌아가셨습니다.

오호, 통재라! 오차(五且)[33]는 절터[寺基]와 비록 떨어져 있지만 땅은 성주와 경계이며, 산록은 선조의 무덤이 있는 곳입니다. 귀신은 물처럼 가지 않는 곳이 없으니, 따라와서 기뻐함이 평소와 같지 않겠습니까? 오호라! 소자는 형편없는 사람으로, 어린 나이에 고아가 되어 오직 부인의 사랑을 믿고 믿었는데, 지금은 다 끝났으니 누구를 다시 의지하겠습니까? 막내 종숙께서는 현명하셔서 집안을 잘 이끄시고, 여러 종제들도 영민하여 가업에 힘쓸 것이니, 이는 장차 부인께서 남겨주신 덕을 먹을 것이며 영령께서도 묵묵히 도울 것입니다. 소리 내어 길게 통곡하옵니다. 말은 다했지만 뜻은 다함이 없습니다. 오호라!

33 오차(吾且) : 종조모의 무덤이 있는 산 이름으로 추정된다.

종조모 공인 여산 송씨에게 올리는 제문[34]
祭從祖母恭人礪山宋氏文

오호라! 사람의 복을 말하면 반드시 장수와 부귀를 일컫지만, 장수하되 이름이 없어지지 않는 것이 귀하고 부유하되 베풀기를 잘하는 것이 어려운 줄을 알지 못합니다. 고관[簪纓]은 이것을 통하여 혁혁하게 빛나고, 자손들이 이것을 통하여 대대로 이어가게 됩니다. 대개 덕이 차츰 쌓이고, 경사가 이어지는 것은 한 번의 선행과 한 번의 덕행으로 이루어지는 것이 아닙니다. 저 백발 노인이면서 아이 같은 사람은 살아있는 도적놈[35]이요, 재산이 넘치지만 싫증을 내지 않는 사람은 죄만 쌓이는 집[36]이니, 어떻게 숭상할 수 있겠으며, 어떻게 말할 수 있겠습니까?

생각건대 우리 공인(恭人)의 덕은 군자의 배필이시니, 군자의 덕은 공손과 검소함을 위주로 하고, 공인의 성품은 옷감 짜는 일에 부지런하셨습니다. 군자의 덕은 고을에 칭송을 받으셨고, 공인의 행실은 집안에서 드러나셨습니다. 시부모님을 섬김에는 시부모가 '잘 봉양한다'고 말씀하셨고, 동서들을 대함에는 동서들이 이간하는 말이 없었습니다. 제사를 모심에 그 정성을 다하셨고, 훈육하는 방법은 후손을 넉넉하게 하는 것이었습니다.

34 【원주】: 대신해 지음.

35 살아있는 도적놈 : 원문의 '불사지적(不死之賊)은 ≪논어≫ <헌문(憲問)>에 "어려서 겸손하지 못하고, 자라서는 일컬을 만한 것이 없고, 늙어 가는데 죽지 않으면 도둑이 된다.(幼而不孫弟 長而無述焉 老而不死 是爲賊)"라고 한 말에서 인용한 것이다.

36 죄만 쌓이는 집 : 원문의 '고공지부(辜功之府)는 ≪서경≫ <여형(呂刑)>에 "옥사를 팔아 재물을 얻는 것은 보배가 아니오, 오직 죄짓는 일만 쌓이게 되어 많은 사람의 원망으로 보복당하리라. 오랫동안 오직 형벌을 두려워해야 한다.(獄貨非寶 惟府辜功 報以庶尤 永畏惟罰)"라고 한 말에서 인용한 것이다.

집안의 하인들도 그 은덕을 높이고, 종족들도 그 의로움에 감복하였습니다. 창고에 양식을 저축하여 사람을 기다려 밥을 짓는 것은 친소에 따라 차등이 있었으며, 향년 80세에도 사람들에게 덕을 베푼 것은 원근이 같았습니다. 장수는 그 나이에만 그치는 것이 아니요, 부유함은 교만하지 않는 것[37]에 그치는 것이 아님을 비로소 알았으니, 무릇 이러한 몸가짐은 여사(女士)의 사이에 비교하여도 부끄럽지 않을 뿐만 아니라 강직한 군자들도 미치지 못하는 것이었습니다. 부부가 칠순을 해로하고 자손들도 집안에 가득하니, 청백한 관리로서 아름다운 이름이 부자(父子)에게 이어지고, 손자와 증손자들이 슬하에 가득하니 금옥(金玉)이 쟁쟁하게 울리는 것과 같았습니다. 그러므로 덕행의 결과이며 선행의 보답이라고 누군들 말하지 않겠습니까?

오호라! 천도(天道)가 뒤집히고 화복(禍福)이 이어짐[38]에 만년에는 남편을 잃은 아픔[39]을 안고, 다시 자식을 잃은 눈물[40]을 더하였으니, 여럿의 참담한

37 교만하지 않는 것 : 원문의 '무교(無驕)'는 자공(子貢)과 공자(孔子)의 대화에 나오는 말이다. 자공(子貢)이 공자에게 "가난하면서도 아첨하지 않고, 부유하면서도 교만하지 않는 사람은 어떠합니까?(貧而無諂 富而無驕 何如)"라고 묻자, 공자는 "좋기는 하지만 가난하면서도 즐기며 부유하면서도 예를 좋아하는 것만 못하다.(可也 未若貧而樂 富而好禮者也)"라고 대답하였다. ≪논어(論語)≫ <학이(學而)>

38 화복(禍福)이 이어짐 : 원문의 '의복상수(倚伏相隨)'는 재앙과 행복은 서로 의지하고 따르는 관계를 말한다. 노자(老子)의 ≪도덕경≫ 58장에, "화(禍)는 복(福)의 옆에 기대어 있고, 복은 화(禍) 속에 엎드려 있다.(禍兮福之所倚 福兮禍之所伏)"라는 구절이 있다.

39 남편을 잃은 아픔 : 원문의 성붕지통(城崩之痛)은 성이 무너지는 고통이라는 뜻으로, 남편의 죽음을 맞은 부인의 슬픔을 이르는 말이다. ≪열녀전(列女傳)≫에, 기량(杞梁)의 처가 그 남편이 전사하자 시체를 안고 10일 동안 울고 울었더니 성이 무너졌다 한다. 그리하여 남편이 죽는 것을 붕성지통(崩城之痛)이라고 한다.

40 자식을 잃은 눈물 : 원문의 서하지통(西河之痛)은 자식을 잃은 부모의 아픔. 자식을 먼저 떠나보낸 부모의 아픈 심정을 나타내는 말로 참척(慘慽)을 흔히 쓴다. 공자의 제자 자하(子夏)가 서하(西河)에 살았는데, 아들을 잃게 되자 눈이 멀도록 울었다. ≪예기(禮記)≫ <단궁(檀弓) 상>

죽음은 늘그막에 감당할 수 있는 일이 아니었는데, 하물며 어지러운 세상을 만나 식솔들을 이끌고 위험을 벗어났음에 있어서이겠습니까? 창녕 고을은 비록 고요하고 외진 곳이라 좋다고 말하지만, 노인의 일념은 일찍이 고향에 있지 않은 때가 없었으니, 매번 고향 마을의 여러 손자들을 만날 적마다 눈물로 옷깃을 적시며 소리 내어 오열하였습니다. 아마도 장수를 누리면서 세상이 평안해지고 왜적이 물러나기를 기다려 다시 담장과 집을 수리하고 돌아와 친척들과 기뻐하실 듯하였습니다. 이것은 공인의 소원이요 소자들의 희망이었으나, 어찌하여 암울하게 한번 병석에 들자 돌아보지도 않으시고 멀리 떠나셨습니까? 공인의 덕은 만년에도 보답을 받지 못하였으니, 이와 같다면 하늘의 뜻은 후일에 있다는 것입니까? 소자들은 장차 후일에 보답받는지[41]를 지켜보겠습니다. 오호라! 오차산(五且山) 남쪽이 공인의 유택이니, 생각건대 존령(尊靈)은 이미 넘실넘실 선영 곁에 가셔서 고향 마을을 바라보며 아침저녁으로 따르실 것입니다. 그렇다면 공인의 뜻은 이루셨겠지만 소자의 애통함을 어디에서 풀 수 있겠습니까? 소리 놓아 길게 호곡하니 오장이 모두 찢어집니다. 오호, 애재라!

41 후일에 보답받는지 : 원문의 '좌계(左契)'는 부합하는 증거라는 말이다. 좌계(左契)는 계약을 두 장으로 쪼개어 하나는 좌계(左契)로 하고 하나는 우계로 하였다가, 나중에 마주 붙여 보아 증거로 하는 것으로, 전(轉)하여 약속의 증거를 일컫는 말이다.

장모 숙인 전씨에게 올리는 제문
祭外姑淑人田氏文

오호라! 처음 소자가 처가에 빈객이 되니, 나의 장인 정자공(正字公, 權仁龍)께서 돌아가신 지 10년이 되었습니다. 그 방에 들어온 사람을 보니, 모두 효제의 행실이 순수하고 인의의 드러남이 성대하였습니다. 얼마 후 사람들에게 들으니, '정자공은 뜻이 높고 행동이 고결하며, 정신은 맑고 기상이 빼어나신 분입니다. 바라보면 상서로운 기린이나 봉황과 같이 아득히 뭇 새와 뭇 짐승 중에 홀로 우뚝하시니 이미 과거에 급제하여 조정에서 크게 등용하려고 하였으나 불행하게도 일찍 세상을 떠났다'고 말하였습니다. 부인은 이분의 어진 배필이시니, 공께서 어버이에게 효도하니 부인이 시부모를 모심에 어긋남이 없으셨고, 공께서 형제간에 우애로우니 부인은 동서들과도 격의 없게 지내셨고, 공께서 여러 조카를 자기의 아들과 같이 여기시니 부인도 사사로이 사랑함이 없었습니다. 공이 집안에서 함께 살림을 하면서 부엌을 달리하여도 부인은 사사로이 재물을 모으지 않으셨습니다.

공의 세대가 마칠 때까지 집안의 질서는 정연하여 빈주(賓主)의 자리와 같았으며, 자제들도 그것을 지켰습니다. 은혜를 베풀어 기쁘게 서로 대하고, 문채가 밝게 빛나도록 서로 사랑하는 것은 아마도 공의 행실이 후손에게 영향을 미치기에 충분한 때문이며, 부인의 덕이 도왔기 때문입니다. 오호라! 부인의 행실은 바깥에 드러나지 않지만, 공의 어지심을 보면 부인의 덕을 알 수 있으며, 공은 이미 별세하셨으나, 부인의 덕을 보면 공의 어지심을 상상해 볼 수 있습니다. 그러므로 소자는 미처 공의 얼굴을 뵙지 못했으나 공의 덕을 경모함은 마치 몸소 친히 가르침을 받드는 것과 같았으며,

공을 깊이 사모하기 때문에 부인의 맑은 덕행과 의로운 행실을 보면 더욱 깊이 감복한 바가 있었습니다.

오호라! 하늘이 이미 공에게 이와 같은 덕을 부여하셨으나, 향년을 짧게 하였고, 부인은 80세까지 장수하셨으나 그 자신에게 곤궁한 액운을 더하여, 일찍이 지극한 슬픔을 겪으시고 만년에는 가난한 음식조차도 받지 못하였습니다. 살아서는 그 봉양을 다하지 못하였고 죽어서는 그 장례를 후하게 치르지 못하였으니, 어질고 효도하는 자식들이 용납될 곳이 없을 듯이 슬퍼하였습니다. 하늘은 과연 기약할 수 없는 것이며 이치는 과연 믿을 수 없는 것입니까? 오히려 선행의 보답이 자신에게 그친다면 유한한 것이 되고 후손에게 일어난다면 장차 무궁한 것이 된다는 것입니까? 어진 아드님은 재주가 뛰어나고 학식이 넓으며, 몸은 고단해도 마음은 형통하니, 지금은 배척을 받지만 옛 도를 좋아하는 선비들은 그를 기뻐합니다. 어린 손자는 예쁘고 영리하여 번거롭게 가르치지 않아도 잘 배워서 어진 부형을 둔 것을 즐거워하니,[42] 다른 학문의 유혹에 빠지지 않는다면 소위 훗날에 발현될 것이 틀림없이 기대됩니다. 그러나 소자가 또한 날로 심히 쇠약하여가니 어찌 반드시 그가 공을 세우는 날을 볼 수 있겠습니까?

오호라! 소자는 부인에게 30여 년 간 사랑을 받았으나, 그간 가르침을 받은 날이 많지 않았고, 경신년(1880) 이후에는 나아가 뵙지를 못했습니다. 대개 초상과 질병 끝에 세상의 혼란을 만나 머리를 움추리고 자취를 감추어 인사(人事)를 끊어버린 것이 십수 년에 어느덧 몸은 늙었는데, 부인은 조

42 어진 부형을 둔 것을 즐거워하니 : ≪맹자≫ <이루(離婁) 하>의 "중도를 행하는 사람은 그렇지 못한 사람을 길러 주고, 재주 있는 사람은 그렇지 못한 사람을 길러 주는 법이다. 그러므로 사람들은 어진 부형을 둔 것을 즐거워하는 것이다.(中也養不中 才也養不才 故人樂有賢父兄也)"라는 말을 발췌한 것이다.

금도 기다려 주시지 않았습니다. 그러나 어찌 부인께서 소자를 버리고 소자를 생각하지 않으셨겠습니까? 곧 소자가 부인을 저버린 잘못이 큽니다. 지금에야 여기에 왔으니 선령께서는 반드시 꾸짖어 말씀하실 것입니다.

"죽어서 곡하는 것은 살아서 만나는 것보다 못하고, 상제(祥祭)에 제사 올리는 것은 장례에 영결하는 것보다 못하다. 내가 일찍이 자네의 병을 염려하였지만 그대의 경력(經歷, 과거)을 들으면 괴이함이 없겠는가? 자네는 할 말이 있겠으나, 다만 자네는 선조의 일이 있으면 힘써 서울[京師]로 달려가고 상락(商洛, 상주 낙동)을 건너고 양호(兩湖, 호남과 호서)를 두루 다녔으며, 사랑하는 가족[慈戀]에 관계되면 험한 아림(娥林)도 긴 취령(鷲嶺) 고개도 넘어갈 수 있었지만 오직 나를 방문하는 일은 질병을 핑계하고 세상의 혼란으로 둘러대는가? 자네는 참으로 나를 향한 마음이 있는가? 비록 자네의 내자가 한 번 근친(覲親)을 가도록 할 것인데 우리 모녀의 정을 막은 것이 그대가 아니고 누구란 말인가?"

이러하니 소자의 죄는 참으로 피할 수 없습니다. 만약 다시 풀어서 말씀하시기를, "오직 세 손자가 그 어미를 지극히 염려하는 마음이 있구나. 내가 살아서 그 얼굴을 보았고 내가 죽어서 그 곡소리를 듣는 것은 순서일 것이다. 이것으로 그 어미의 얼굴을 대신할 수 있지만, 대개 그 아비의 잘못이다."라고 하신다면, 이것은 소자가 감히 바랄 수 없는 것입니다.

오호라! 이러한 꾸짖음과 이러한 가르침이 있으리라는 것을 분명히 압니다. 혼령이 지척에 있지만 아득히 들을 수 없으므로 소자가 스스로 돌이켜 묻고 스스로 풀이하여 길게 곡하는 소리에 부쳐, 저승이 참으로 먼 것을 슬퍼합니다.

종숙 정진용[43]에게 올리는 제문

祭從叔晉容文

오호라! 천하의 도는 선악(善惡)뿐이요, 하늘의 보응(報應)은 화복(禍福)뿐입니다. 천도가 어긋나면 보응도 그 바름을 얻지 못하여, 착한 사람도 권선할 수 없게 되고, 악한 자도 징계할 수가 없게 됩니다. 세자(說者, 말 잘하는 사람)가 그 이치를 궁구하여도 깨닫지 못하면, '하늘은 일정하기도 하고 일정하지 않기도 하다'고 말하며, 심한 경우에는 '인간 세상의 군자는 천상세계에서는 소인'[44]이라고 말합니다.

소자가 가만히 생각하건대, 하늘이란 인간이 무시할 수 없는 것이며, 일정함과 일정하지 않음은 천리(天理) 가운데 하나이니, 어찌 호오(好惡)의 상반됨이 마치 얼음과 숯이 다른 것과 같겠습니까? 태사공의 말에, '부귀하였다가 사라진 사람은 무수한데 오직 기개가 있는 비범한 사람만 일컬어진다'고 하였습니다. 그러므로 머리가 허옇게 늙어서도 어린아이 같고 혁혁한 공을 세우려고 치욕을 당하는 것[45]을 아녀자나 젊은이들은 선망하지만

43 정진용 : 1853~1903. 자는 공집(公緝), 호는 귀강(歸岡)으로 정건화(鄭建和)의 둘째 아들이다.

44 인간 세상의 …… 세계에서는 소인 : ≪장자(莊子)≫ <대종사(大宗師)>에 보인다. 자공(子貢)이 공자에게 기인(畸人)에 대하여 물었는데, 공자가 답하기를, "기인은 인간 세상에는 맞지 않으나 하늘과는 짝하는 자이다. 그러므로 하늘의 소인이 인간에 있어서는 군자이고, 인간의 군자가 하늘에 있어서는 소인이 되는 것이다.(畸人者 畸於人而侔於天 故曰 天之小人 人之君子 人之君子 天之小人也)"라고 하였다.

45 머리가 …… 당하는 것 : 유종원(柳宗元)의 <제이중명문(祭李仲明文)>에 같은 표현이 나온다. "그대는 숭고하여 이 세 가지 일에 부끄럽지 않았다. 내가 보건대, 머리가 허옇게 늙어서도 어린아이 같고 혁혁한 공을 세우려고 치욕을 당하는 것은 의자와 지팡이에 바지저고리를 입히고 정복을 입고 흙짐을 지는 것과 같아서, 자신은 비록 넉넉하다고 여기지만 남이 보기에는 부족한 것이다. 그대의 자취가 그 사이에 섞이지 않은 것은 다행이어서,

군자는 그것을 비루하게 여기며, 요절한 안연(顔淵), 가난한 원헌(原憲), 액운을 당한 유하혜(柳下惠)는 가난한 백성들이 지금까지 칭송을 합니다.

대체로 길고 짧음과 궁핍과 현달은 바로 기수(氣數)가 고르지 못한 까닭이니, 군자는 그것을 이치라고 말하지 않습니다. 속담에 '착한 일을 하여 보답을 얻는 것은 그 자신에게 있지 않으면, 그 후손에게 있다.'라고 하였는데, 이러한 까닭에 그 사람의 덕을 보려면 반드시 세대를 지난 후에라야 징험이 되는 것입니다. 우리 집은 시조로부터 수백 년 동안 덕을 쌓은 가문으로 현달하여 세상에 알려진 자손들이 드물고, 근심 걱정과 궁핍 은일로 좌절한 자가 종종 있었습니다. 우리 선고(先考)에 이르러는 선대의 업을 독실하게 하였으나, 부친의 여러 형제들이 또 장수하지 못하였으니, 이것은 하늘이 우리 가문에 보답하여 누리게 하는 복을 닳아 없어지는 부귀로 하지 않으려는 뜻입니까? 두텁게 쌓아둔 복이 일어남에 장차 크게 하려고 늦어지는 것입니까?

삼가 공의 성품은 인자하고 선하였으며, 기운과 도량은 엄숙하고 진중하였습니다. 어버이에게 효도하고, 형제들에게 우애하니, 종족들은 그 화목을 칭찬하고, 향당에서는 그 믿음직한 행실에 감복하였습니다. 비복들도 그의 위엄을 두려워하면서 은혜를 입었습니다. 혼란한 세상 풍파 중에 소임을 받아 일을 처리하였으니, 집안의 형편은 이전보다 줄어들지 않았으며, 세상의 칭송은 부친보다 빛남이 있었습니다. 만년에는 선영 아래에 정자를 지어 자식과 조카들을 위해 공부하는 장소로 하셨습니다. 세상의 높은 벼슬아치 보기를 진흙같이 보았을 뿐만 아니라, 전원에서 즐겁게 사셨으니,

---

마땅히 하례하며 애도하고 노래하며 곡해야 하니, 내가 너무 지나친 것인가?(子之崇高 無媿三事 吾見皤皤而童 赫赫而辱 進襦袴於几杖 負泥塗於冕服 已雖有餘 人視不足 子之跡不混乎其間者幸也 宜賀而吊 宜歌而哭 吾其過乎)"

아마도 부귀는 공의 뜻하는 바가 아니었습니다. 그러나 하늘은 또 그 수명을 길게 허락하지 않으셨으니, 공도 또한 하늘의 보답을 누리지 않으시고 후손들에게 복을 물려주신 것입니까?

오호라! 소자는 공보다 네 살이 적은데, 고아인 제가 오직 공을 우러르며 일에는 의견을 묻지 않는 일이 없었고, 의문에는 질정하지 않는 것이 없었습니다. 공께서도 우매하다고 저를 버리지 않으시며 아침이면 저를 찾아오고 저녁이면 저를 불러서 잠시라도 서로 떨어지려고 하지 않았습니다. 제가 좋다고 하는 것이라도 공께서 안 된다고 말씀하시면, 제가 감히 따르지 않을 수 없었고, 공께서 좋다고 하셔도 제가 안 된다고 말하면 공은 반드시 이것을 다시 살펴보셨습니다. 소자가 큰 허물을 면할 수 있었던 것은 공의 힘이었습니다.

연전에 소자가 시내 서쪽[溪西] 몇 리 떨어진 곳에 이사를 하려고 하니, 공께서 말씀하시기를, '안 된다. 나에게 네가 없어서는 안 되는 것처럼 너도 내가 없어서는 안 되는 것'이라고 하셨습니다. 소자가 마침내 공의 집 가까이 살게 되었으니, 예전보다 오가는 정이 더욱 깊어져 장차 이러한 즐거움이 백 년까지 무궁할 것이라고 여겼는데, 공께서 소자를 버리고 영원히 가실 줄을 누가 알았겠습니까? 융

오호라! 늙으신 모친이 몹시 비통해 하는 마음을 공은 어찌 잊었습니까? 청상(靑孀)의 부인께서는 의지할 곳이 없는데 공은 차마 버리셨습니까? 아들 재봉(在鳳)이는 새로 초례를 치르고 미처 신부를 맞이하여 오는 기쁨도 있기 전이며, 손자 인(獜)[46]이도 진학은 했으나 관례의 모습을 보지 못하였

46 인(獜) : 정원호(鄭源鎬, 1891~1961)로 자는 달부(達夫), 호는 수당(受堂)이다. 인(獜)은 아명인 듯하다.

는데, 이 몇 가지 일들은 하늘도 슬퍼할 일[47]입니다.

오호라! 공께서는 술을 즐기셔서 매번 소자와 술잔을 나누시면서 문득 그 지나친 주량을 경계하셨으나, 둘째 아드님[48]의 참상을 만나면서부터 다시 억지로 절제하지 않으시며, '이 술이 아니면 마음을 달랠 수 없다'고 말씀하셨습니다. 이로 말미암아 식사량도 갑자기 줄어들고, 정신도 점점 무너지셨습니다.

소자는 공을 위해 일찍이 걱정하지 않은 것은 아니었지만 믿는 것은 타고나신 강인한 체질로 장수하는 것에는 문제가 없을 것으로 생각했는데, 한 번의 병으로 석 달 동안 앓으시다가 다시 회생하지 못할 줄을 어찌 알았겠습니까?

오호라! 호산(狐山) 한 기슭이 공의 유택이니, 동쪽으로는 사동(寺洞)이며, 남쪽으로는 부강(富岡)과 이웃합니다. 선령(先靈)께서는 위에 계시는 백형 중형을 기쁘게 모시며 저승에서 기뻐하시는 것은 비록 위로가 될 수 있습니다만, 다만 이 세상에 있는 사람이 더욱 외로워지는 것을 생각하지 않으십니까? 다만 슬퍼하는 두 사촌은 어질고 우수하여 공의 뜻을 계승하고, 공의 일을 이을 것입니다. 하늘이 장차 공에게 보답하지 않은 것을 공의 두 아들에게 보답할 것입니다. 소리 내어 길게 통곡하니 눈물이 강물처럼 쏟아집니다. 오호! 애재라.

47 하늘도 슬퍼할 일 : 원문의 '천수(天瘦)'는 진소유(秦少游)가 기생에게 준 사(詞)에 나오는 "하늘이 도리어 알진댄 하늘 또한 수척하리라.(天還知道 和天也瘦)"라는 시구에서 인용한 말이니, 이 말은 이별의 슬픔을 하늘이 안다면 하늘도 함께 슬퍼해 몸이 수척해질 것이라는 뜻이다.

48 둘째 아드님 : 정재원(鄭在原, 1878~1900)으로 자는 경인(敬仁)이다. 아버지 정진용보다 3년 앞서 세상을 떠났다.

백형[49]에게 올리는 제문
祭伯兄文

오호라! 사랑과 공경은 이(理)이며, 삶과 죽음은 기(氣)입니다. 형태가 이미 달라서 손과 발처럼 다르지만 이치가 막히지 않는 까닭은 몸의 뿌리가 하나이기 때문입니다. 그러나 누군가는 살고 누군가는 죽는 것은 기운이 고르지 못하기 때문입니다. 어릴 때부터 사랑을 알지 못함이 없고, 어른이 되어서는 공경을 알지 못함이 없는 것은 이치가 참으로 그런 것이 아니겠습니까?

하루아침에 생사길이 갈라져 모습을 볼 수 없고 말씀을 듣지 못하게 되었으니, 저는 사랑하는 마음과 공경하는 마음을 드릴 수 있는 곳이 없게 되었습니다. 그런즉 이치가 시행되지 못하는 것은 기운이 그렇게 한 것임을 알겠습니다. 비록 그렇지만 사랑하는 마음은 더욱 간절하고 공경하는 마음은 더욱 깊어집니다. 몽매 간에 언제나 생각하고, 터져 나오는 것은 호곡(號哭)하는 소리입니다. 비록 같은 시간에 사랑과 공경을 베풀지는 못하더라도 천성에서 나온 그 마음은 하늘이 다하여도 미칠 수 없고 평생을 관통해도 쇠락하지 않을 것입니다.

이에 기(氣)는 이(理)의 졸개이며 형이하(形而下)이니, 군자가 구속될 필요가 없지 않겠습니까? 이런 까닭에 아우가 병들면 형은 홀로 편안할 수 없고, 형이 죽으면 아우가 홀로 살 수가 없는 것입니다. 까닭이 없는 즐거움

49 백형 : 작자의 형 정재설(鄭在卨, 1854~1896)을 말한다. 그의 자는 은로(殷老), 호는 노하(老下)다.

은 천하의 왕노릇도 함께 하지 않을 것인데, 생사의 이별을 군자는 '할반(割半)'[50]이라고 하였습니다. 이것은 모두 지극한 사랑의 이치를 형용한 것이니, 천하 고금에 형제가 되어서 진실로 이러한 마음에까지 나아간 자는 과연 몇 사람이나 되겠습니까? 오직 그렇게 할 수 없었기 때문에, 『서경(書經)』「강고(康誥)」에 무왕(武王)이 동생 강숙(康叔)에게 "아우가 천리(天理)를 생각하지 않고 크게 형을 공손하지 않으면 형 역시 자식을 길러주신 슬픔을 생각하지 않아서 크게 동생을 우애하지 않을 것이다. 이런 지경에 이르면 우리 정사하는 사람들에게 죄를 얻지 않더라도 하늘이 우리 백성에게 내려주신 윤리[民彝]가 크게 없어지고 혼란할 것이다."[51]라고 하였습니다. 그러나 오직 능히 그렇게 할 수 있기 때문에 전(傳)에 말하기를 "형에게 마땅하게 하고 아우에게 마땅하게 한 뒤에야 나라 사람을 가르칠 수 있다."[52]라고 한 것입니다. 이것은 성인과 광인(狂人)이 나뉘고, 치세와 난세가 만들어지는 까닭이니 중요하지 않겠습니까? 우리 형제는 학문하는 가정에서 태어나 일찍이 부모님의 가르침[53]을 받았으니, 그 모든 것이 보통 사람들의 사랑과 공경과는 차이나는 것이었습니다. 그러나 아우는 본래 어리석어 형

50 할반(割半) : 반할(半割) 혹은 할반지통(割半之痛)과 같은 말로서, 몸의 반쪽을 베어 내는 고통이라는 뜻인데, 동기(同氣)간의 죽음을 말할 때 흔히 사용하는 표현이다.

51 아우가 …… 혼란할 것이다 : ≪서경(書經)≫「강고(康誥)」에 무왕(武王)이 동생 강숙(康叔)에게 "아우가 천리를 생각하지 않고 형에게 공손하지 않으면 형 역시 부모가 길러 준 정을 생각하지 않아서 우애하지 않을 것이다.(于弟弗念天顯 乃弗克恭厥兄 兄亦不念鞠子哀 大不友于弟)" 하였다.

52 형에게 …… 있다 : ≪대학장구≫ 전9장에 나온다. 원문은, "宜兄宜弟而後 可以教國人"이다.

53 부모님의 가르침 : 원문의 '청전(青氈)'은 선대(先代)로부터 전해진 귀한 유물을 가리키는 말로서, 부모님의 소중한 가르침을 의미한다. 진(晉)나라 왕헌지(王獻之)가 누워 있는 방에 도둑이 들어와서 물건을 모조리 훔쳐 가려 할 적에, 그가 "도둑이여, 그 푸른 모포는 우리 집안의 유물이니, 그것만은 두고 가는 것이 좋겠다.(偸兒 青氈我家舊物 可特置之)"라고 하자, 도둑이 질겁하고 도망쳤다는 고사가 있다. ≪진서(晉書)≫ 권80 <왕희지열전(王羲之列傳)>

의 강건함에 도움을 받았고, 아우는 몸에 병이 많아서 형의 구완에 의지하였습니다. 학업이 부진하여도 마음껏 학문에 노닐게 하셨고, 사무에 서툴렀지만 방법을 보여 주셨습니다. 사람들이 어진 부형이 있음을 즐거워한다는 것은 우리를 말한 것이 아니겠습니까?

오호라! 예전에 우리 선고께서는 사도(斯道, 유학)를 이끌어 밝히시고, 천인의 오묘한 이치를 탐구하고, 성명(性命)의 근원을 탐색하셨으며, 불초 소생에게 성취한 바가 있기를 바라셨습니다. 그러나 하늘이 재앙을 내리시어 선고께서 중도에서 돌아가셨으니, 양육하는 공덕은 형을 버려두고 그 누구라고 하겠습니까? 형은 나보다 다섯 살이 더 많았는데, 건강한 몸은 아우인 제가 따를 바가 아니었습니다. 백형의 평생의 걱정 근심은 병든 아우가 몸을 보전하지 못할까 염려하는 것이었으며 약은 자신의 입에 가까이 하지 않으셨습니다.

백세 장수는 아우가 깊이 바라는 것이었으며 형도 스스로 백 세 이상 살 것이라고 믿으셨는데, 어이하여 여름 가을 사이에 발병하여 넉 달 동안 병석에 계시다가 여러 자식들을 버리시고 떠나신 것입니까? 구휼하지 못한 것은 아우의 못남 때문이니, 일찍이 편작(扁鵲)[54]의 손을 구하지 못하여 하늘이 재앙을 내리는 지경이 되었습니다. 어찌 이와 같은 덕을 지녔는데도 수명은 오십 세에 미치지 못할 수 있습니까? 애통하고 애통합니다. 아우는 이십 년 병을 앓다가 형의 도움으로 온전함을 얻었는데, 하루아침의 병에도 도리어 형을 구제하지 못하였습니다.

생각건대 형은 재주는 민첩하고 행실은 고매하였으며, 덕은 두텁고 도량

54 편작(扁鵲) : 원문의 '진월인(秦越人)'은 전국(戰國) 시대의 뛰어난 의사 편작(扁鵲)의 본 이름이다.

은 넓었습니다. 이른 나이에 배움에 뜻을 두니 명성이 자자하였고, 예리한 능력으로 복잡한 문제를 모두 해결하였습니다. 젊었을 때부터 종족이나 향당에 일이 있으면, 어른과 원로들은 모두 형을 천거하였습니다. 사람들은 크게 될 것이라고 기대하지 않음이 없었는데 세상에 쓰이기도 전에 하늘은 그 수명엔 인색하였습니다. 오호라! 끝이 났습니다. 아는 사람은 서로 조문하며 길에서 같이 눈물을 흘리니, 여기에서 애영(哀榮)[55]이 사람의 마음에 있다는 사실을 볼 수 있음이 지극합니다. 저 회연(檜淵)을 바라보면 당우(堂宇)가 거듭 새로우니 이것은 누구의 힘입니까? 찬란한 선고의 문집으로 우리 도가 다시 밝아졌으니, 이것은 누구의 힘이겠습니까? 임종이 다가올 때 아우의 손을 잡고 말씀하시기를, '글이 여기에 있지 않느냐'고 하셨으니, 진실로 끊이지 않는 정성이 아니면 어떻게 이것을 언급하셨겠습니까? 아우가 어리석고 못나서 감히 뒤를 이어서 완성하였다고 스스로 말하지 못하겠으며, 눈물을 훔쳐가며 책을 검열하여 일을 비로소 마치고 책을 반포하였습니다만 남기신 뜻을 어기지 않았는지를 알지 못하겠습니다.

오호라! 남겨진 조카를 돌봐달라는 부탁을 어찌 감히 소홀히 하겠습니까? 사람됨이 그다지 노둔하지 않으니, 형께서 누리지 않은 하늘의 보답을 이 아이들이 누릴 것이며, 하늘은 말없이 보살펴 주실 것입니다.[56] 정신이 혼미하고 가슴이 막혀 말을 어떻게 해야 할지 모르겠습니다. 소리 내어 길게 통곡하니 천지가 아득합니다. 아! 슬픕니다.

---

55 애영(哀榮) : 애영종시(哀榮終始), 생영사애(生榮死哀)와 같은 말로, 생전이나 사후 모두 영예스럽게 되는 것을 말한다. ≪논어(論語)≫ <자장(子張)>의 "살아서도 영광이요, 죽어서도 애도를 받는다.(其生也榮 其死也哀)"라는 말에서 유래한 것이다.

56 하늘은 …… 것입니다. : 원문의 '음즐(陰騭)'은 하늘이 말없이 보살펴 주는 복을 말한다. ≪서경≫ <홍범(洪範)> 첫머리에 "하늘은 암암리에 백성의 운명을 정해 놓고 그들의 삶을 돕고 화합하게 한다.(惟天陰騭下民 相協厥居)"라는 말이 나온다.

재종제 재봉[57]을 대신하여 그 백부 도사공[58]에게 올리는 제문
代再從弟在鳳祭伯父都事公文

唯我伯父	우리 백부님은
賦德堅剛	부여받은 덕이 굳고 강인하였으며
庭承詩禮	가정에서 시례(詩禮)를 받들어
郁郁其章	그 문장은 빛났습니다.
居家孝友	집에는 효도 우애하고
處世圓方	처세에는 원만하고 반듯하였으며
早捷鄉解	일찍이 향시에 합격하여
遂登上庠	마침내 성균관에 올랐습니다.
吾何求哉	내가 무엇을 구하리오마는
職添金郎	직책은 금랑(金郎)[59]을 더하여
青衫烏帽	푸른 적삼 검은 모자[60]로
閭里增光	마을에 영광을 보태었습니다.
若將有爲	장차 큰일을 이룰 듯이
前途彌長	앞길이 창창하였으니

57 재봉 : 정재봉(鄭在鳳, 1872~1949)은 자가 경소(敬紹), 호는 아산(我山)으로 정진용(鄭晉容)의 맏아들이다.

58 백부 도사공 : 정재봉의 백부 정회용(鄭晦容, 1849~1889)으로 자는 공엽(公燁)이다. 의금부 도사(義禁府都事)를 역임하였다.

59 금랑(金郎) : 금오랑(金吾郎)을 의미하며, 조선 시대에 의금부에 속한 도사(都事)를 이르던 말이다. 주로 젊은 문신들이 이 직책을 맡았으며, 이들의 주요 임무는 정치범이나 중죄인을 심문하고 처리하는 것이었다.

60 푸른 적삼 검은 모자 : 관복을 의미한다.

明后在上	현명한 임금이 위에 있고
百僚其傍	여러 동료들도 곁에 계심으로
囂然虞夏	태평한 우나라 하나라와
彼哉漢唐	저 성대한 한나라 당나라와 같았습니다.
公意則否	공의 뜻이 막히고
親老在堂	노친이 집에 계시므로
終南夜月	종남산 달 밝은 때에
浩然歸裝	호탕하게 짐을 꾸려 돌아오셨습니다.
王父膝下	조부 슬하에서
三棣聯床	삼 형제가 책상에 나란히 공부하고
彩舞班斕	색동옷 입고 춤추며 기쁘게 하니
鶴髮強康	학발의 노친이 강건하였습니다.
廚傳甘旨	맛있는 음식으로 봉양하고
寢適溫凉	잠자리는 편안하게 모시니
非直口體	몸만 봉양한 것이 아니라
承順必當	부모의 뜻도 반드시 순종하였습니다.
行有餘力	효도하고 남은 힘이 있으면
退閱書箱	물러나 공부를 하고
婆娑巾服	춤추는 모습[61]은
岸柳庭篁	언덕의 버들이나 뜰의 대나무 같았습니다.
田疇之事	농사일은
戒以勿荒	거칠어지지 않도록 경계하였으며

61 춤추는 모습 : 파사(婆娑)는 너울너울 춤추는 모양이다.

心無忮求	마음은 시기도 욕심도 없고
遇事周詳	일을 만나면 주도면밀 하셨습니다.
人稱備福	남들은 복을 받은 사람이라고 말하고
天降吉祥	하늘은 길상을 내려주셨으니
將云此樂	장차 이 즐거움은
百歲無疆	백세토록 무궁할 것입니다.
何來二竪	어찌하여 질병이 찾아와
奄入膏肓	문득 불치의 지경에 이르렀습니까?
屠維仲春	기년(己年) 중춘에
天地茫茫	천지가 아득하여졌습니다.
鄉失模楷	고을은 모범을 잃었고
家折棟樑	집안은 동량이 무너졌습니다.
哀哀篤老	애통하고 애통합니다! 늙은이 아픔[62]이
痛纏胸腸	가슴과 창자에 사무치고
青年伯母	젊은 백모님은
孰依孰將	누구를 의지하며 누구와 함께 하리오?
矧余小子	하물며 소자는
質本無良	타고난 바탕이 부족하였지만
賴公訓迪	공을 의지하여 가르침에 나아가
不至猖狂	함부로 날뛰지 않게 되었습니다.
山頹今日	산이 무너지는 오늘[63]

62 늙은이 아픔 : 정회용의 부모인 정건화와 여산 송씨를 말한다. 당시 정건화는 64세, 송씨는 65세였다.

63 산이 무너지는 오늘 : 스승의 죽음을 비유하는 관용어이다.

曷極痛傷	애통한 마음을 어찌 다 말하리오?
呱呱□從	어린 사촌들은
岐嶷非常	영리하여 보통아이들과 다르니
食公不食	공이 남겨준 복을 먹고
門戶其昌	가문은 창성할 것입니다.
幽明雖異	저승과 이승이 비록 다르지만
公豈能忘	공이 어찌 잊겠습니까?
中祥奄居	중상[소상]이 문득 이르니
日月偏忙	세월이 너무 빨리 흘러
堂帷深深	빈소 장막이 깊고 깊으며
奠燭煌煌	올린 촛불도 밝고 밝습니다.
伏讀荒辭	삼가 거친 제문을 읽으니
如見洋洋	뵙는 듯이 눈에 선합니다.
文雖拙陋	글은 비록 졸렬하지만
意則張皇	마음은 크고 크니
伏唯尊靈	삼가 존령께서는
庶歆玆觴	이 술잔을 흠향하시길 바랍니다.

맏형수 유인 재령 이씨[64]에게 올리는 제문
祭伯嫂孺人載寧李氏文

나의 맏형수 유인 재령 이씨는 경진년(1880) 삼월에 돌아가시니 요절이시다. 시동생 서원 정재현(鄭在玄)[65]은 비통한 마음을 이기지 못합니다. 탈상하기 하루 전날 저녁 유월 임인일(壬寅日)에 영전에 제수를 올리고 재배하고 제문을 지어 통곡합니다.

오호라! 효성스러운 유인이 늙으신 저의 모친을 이별하고 여기에 이르렀습니까? 자애로운 유인이 젖먹이 조카를 버리고 여기에 이르렀습니까? 부지런하고 민첩한 유인이 우리 집안의 창망(滄茫)함을 돌아보지 않고 여기에 이르렀습니까? 세상에 태어나 삼십 년에 유인의 행실이 여기에서 그쳤습니까? 우리 집에 들어와서 십오 년에 유인의 복록이 여기에서 그쳤습니까? 이것이 과연 유인의 책임입니까? 병이 좋지 못해서입니까? 구천의 뜻은 알기가 어려운 것입니까?

이제야 알겠습니다. 우리 집안의 운수가 크게 막혀서 재앙이 연이어 생겨난 것입니다. 작년 가을에 우리 선친께서 돌아가시고, 몇 달 지나지 않아 또 우리 유인이 돌아가셨습니다. 운명은 피하기 어렵고, 운수는 달아나기 어려우니 어찌 하늘을 원망하며, 어찌 귀신을 탓하겠습니까? 오호라! 애석

64 재령 이씨 : 작자의 백형 정재설(鄭在卨)의 아내 재령 이씨(1849~1880)를 말한다. 아버지는 인흠(仁欽)으로, 32세로 요절하였다.

65 정재현(鄭在玄) : 원문에 '재현(在玄)'으로 되어 있으나, 제문의 내용으로 보아 작가 정재기임을 알 수 있다. '재현'은 초명일 수 있으나 분명치 않다.

합니다. 어버이 섬김에 반드시 맛있는 음식으로 받드는 것을 효라고 하지 않으며, 자식 교육에 반드시 자애로써 하는 것을 인정이라고 하지 않습니다. 형제 사이에 우애(友愛)하고, 종족 사이에 화목하며, 일을 만나면 넉넉하게 하고, 가난한 살림에도 편안히 여기며, 규문(閨門)이 한가롭고 집집마다 정연하니, 유인의 덕이었습니다.

은혜는 가난한 사람을 구휼하기에 넉넉하였지만 일찍이 남의 부유함을 부러워하지 않으셨고, 뜻은 사람들의 악을 징계하면서도 일찍이 남의 선행을 감추지 않으셨습니다. 일에는 유능하였지만 못난 듯이 처신하셨고 말을 잘 하였지만 침묵을 지키셨습니다. 가을 달처럼 밝으시고 외로운 대나무처럼 빼어나시니, 유인의 정절이었습니다. 일찍이 '독서하고 궁리하는 것은 장부의 일이요, 길쌈하고 베 짜는 것은 여자의 일이다. 내외의 직분이 없으면 집안일은 이루어지지 않는다'고 말씀하시며, 다시 서로 권면하여 아침저녁으로 게으르지 않으셨으니, 유인의 부지런함이었습니다. 무릇 이 몇 가지는 선비들도 어려워하는 것인데, 하물며 유인으로서 이것을 함께 겸비하였습니다. 유인은 백 년 동안 앞에 계시면서 문호가 창대하기를 바랐는데, 어찌하여 한 번의 병으로 갑자기 돌아가셨습니까? 명의 편작(扁鵲)[66]도 재주가 모자랐고, 무당 계함(季咸)[67]도 보탬이 되지 못하였으니, 하늘이 명한 바는 사람이 애써도 어쩔 도리가 없었습니다. 오호라! 끝이 났습니다. 어찌하겠습니까?

66 편작(扁鵲) : 원문의 '월인(越人)'은 전국(戰國) 시대의 뛰어난 의사 편작(扁鵲)의 본이름이다.

67 계함(季咸) : 전설 속의 정(鄭)나라 신무(神巫)의 이름이다. ≪장자(莊子)≫ <응천제(應王帝)>에 "정(鄭)나라에 신무(神巫)가 있는데 계함(季咸)이라 한다. 사람의 사생존망과 화복수요를 알아서 세월의 순일(旬日)을 기약함이 신과 같았다.(鄭有神巫曰季咸 知人之死生存亡 禍福壽夭 期以歲月旬日 若神)"라고 했다.

유인이 병 들었을 때에 문득 '내가 죽으면 어찌되는가' 물었는데, 이는 유인이 죽음을 두려워하여 하신 말씀이 아니라 실로 또한 산 사람을 위해서 하신 말씀이니, 그런즉 유인의 눈은 장차 감지 못할 듯하였습니다. 오호라! 애석합니다. 아들과 딸이 있으니, 세 살과 여섯 살입니다. 여섯 살 아이는 어미가 죽어도 슬퍼할 줄 몰랐으니 참으로 당연합니다. 그러나 어머니를 잃었다는 사람들의 말을 듣고 근심스러운 표정으로 그 말 듣기를 즐거워하지 않았습니다. 마음은 비록 일찍이 밖으로 표현하지는 않았지만 오히려 그 속으로는 전혀 알지 못하는 것이 아님을 볼 수 있었습니다. 세 살 아이는 마땅히 모르는 것 같으나 사람들이 '너의 어미는 어디에 있는가?' 물으면, 아이는 빈소를 가리키며 '여기에 있다'고 말하였습니다. 비록 그 영특함은 기이하게 여길 만하지만 그 말을 듣고 저도 모르게 눈물이 흘렀습니다. 하늘은 어찌 차마 이렇게 하였으며, 귀신은 어찌 차마 이렇게 하였습니까? 저는 이에 대하여 끝내 원망하는 마음이 없을 수 없습니다. 그러나 이 아이는 모두 유인이 세상에 계실 때 남기신 흔적으로, 자못 평범하고 고루하지 않으니, 잘 키운다면 앞으로의 경사가 없지 않을 듯합니다. 이는 곧 하늘이 유인에게 복을 인색하게 한 까닭은 반드시 이 아이들에게 풍부하게 하려고 하였기 때문일 것입니다. 유인께서도 저승에서 묵묵히 도와주시기를 바랍니다.

오호라! 옛날 선고의 숙환에 탕약 달이시기를 십 년 동안 계속하였지만, 참으로 신령이 이르지 않아, 결국 하늘이 무너지는 아픔을 만났습니다. 이는 우리 형제나 며느리들이 평생동안 몹시 한스러워하는 일이었습니다. 삼년상을 아직 마치지 못했는데, 유인이 홀로 모시기 위하여 저승으로 가셨습니다. 아마도 저승의 이치가 이 세상과 다를 바가 없을 것이니, 아침저녁으로 봉양하기를 게을리 하지 않을 것입니다. 참으로 평소에 다하지 못한 효도를 다 펼치고자 함일 것입니다. 이것은 곧 위로될 만하지만, 한탄스러운 것은 늙으신 모친은 누가 함께 공양하며, 여러 세대의 제사는 누구와 함께 지내며, 모든 집안일은 누구와 함께 한단 말입니까? 끝이 났습니다. 끝이 났습니다. 하늘이여, 귀신이여! 죽은 자는 살려내기 어려우니, 만사는 허사가 되었습니다. 이에 술 한잔을 올리니 눈물이 강물처럼 흐릅니다. 우리 형수시여! 강림해 주시기를 바랍니다.

종부 유인 서흥 김씨[68]에게 올리는 제문
祭宗婦孺人瑞興金氏文

오호라! 빙옥(氷玉) 같은 몸에 황하와 태산의 정기가 모였으며, 유순한 덕에 강건한 용기를 함께 타고나셨습니다. 평소 생활에는 조용하게 안채 규방에서 여사(女士)의 도리를 삼가 지키셨으며, 환란을 만나서는 늑대와 호랑이 굴에서도 우뚝하게 서고, 무서운 형벌[69]도 피하지 않으셨습니다. 사람들이 책 속에서 만나도 공경하고 감복하고, 그 이름을 들으면 특별히 사모하는데, 하물며 우리 종택에 있으니 어떠하겠습니까? 하물며 나 자신이 직접 보았으니 어떠하겠습니까? 우부우부(愚夫愚婦)도 보면 놀라서 땀을 흘렸으며, 인인(仁人)과 지사(志士)도 들으면 주먹을 불끈 쥐었으며 적당(賊黨)과 원수(怨讐)도 두려워 복종하였습니다. 모두가 말하기를, '이분의 행실은 정문(旌門)에 드러내어 없어지지 않게 하고, 기록으로 남겨 빛나게 한다면, 사람이 한 번 죽음이 있는데 죽어서도 영광될 것이며, 요절하여도 장수하는 것이니 또 무엇을 한탄하겠습니까.'라고 하였습니다. 오호라! 세상의 도가 쇠퇴하고 윤리 강상이 무너져서, 살기를 욕심내고 죽기를 두려워하며, 의로운 일을 보고도 용기가 없습니다. 천하가 모두 이러한데, 도를 지키고 강상을 세우는 공이 독서하는 군자들에게 있지 않고 규문의 한 여사의 손에서 나왔음을 누가 알겠습니까?

이번 유월의 변고는 하늘이 우리 가문에 내린 벌인데, 이러한 변고가 있

68 서흥 김씨 : 정두호(鄭斗鎬)의 아내 서흥 김씨(1858~1893)로 아버지는 한훤당 김굉필의 후손 김규화(金奎華)이다.

69 무서운 형벌 : 원문의 '정확(鼎鑊)'은 사람을 삶는 가마솥으로 모두 형벌의 도구이다.

지 않았다면 이러한 정렬을 보지 못하였을 것이며, 이런 변고가 있지 않았다면 장차 이미 무너진 강상(綱常)을 부지할 수 없었을 것입니다. 그런즉 하늘의 뜻은 다만 사람의 가정에 화를 주고자 한 것이 아님이 분명합니다. 옛 사람이 말하기를 '목숨을 버리는 것이 어려운 것이 아니라 죽음에 어떻게 대처하느냐가 어렵다'고 하였고, 경전(經典)에서, '칼날은 밟을 수 있어도 중용은 불가능하다'[70]고 하였습니다. 그 참변이 일어난 날에 나를 향해 손을 들어 울면서 하신 비분강개한 말씀과 늠름한 기운은 모두 죽음에 대처하는 의리를 얻지 않음이 없었고 중정(中正)의 도리에 합치되지 않음이 없었습니다. 그런즉 세상에서 한 가지 절의로써 목숨을 버리고 칼날을 밟은 사람과 어떻게 비교할 수 있겠습니까? 위란(危亂) 속에 남편을 구원하였고, 다급한 순간에도 자신의 몸을 깨끗하게 지켰으며, 제기(祭器)를 보호하여 인(仁)을 온전하게 하였습니다. 급박하게 내몰릴 때에 목숨을 던진 것은 의(義)이며, 밀가루 없이도 국수를 만드는 것[71]은 지(智)이며, 스스로 끓는 솥에 몸을 던진 것은 용(勇)이었습니다. 질서 있게 손을 먼저 쓴 후에 다음으로 얼굴을 대하는 모습과 깊이 우려하여 관아(官衙)에 알린 후 관리(官吏)를 보는 모습은 비록 대절(大節)에 임하여 대의(大義)를 다하는 옛날의 성덕군자(成德君子)라도 이것보다 더할 수 없었습니다. 오직 울음을 우는 어린 자식을 남에게 맡기고, 새로 초례한 아들은 끝내 영결하지 못하였습니다. 이것은 인지상정에 잊지 못하는 것이지만 돌아가시는 날에도 돌아봄이 없었

70 칼날은 …… 불가능하다 : ≪중용장구≫ 제9장에 "천하와 나라와 집안을 고르게 다스릴 수도 있으며, 작위와 봉록을 사양할 수도 있으며, 흰 칼날을 밟고 죽을 수도 있지만, 중용의 도는 제대로 밟을 수가 없는 것이다.(天下國家可均也 爵祿可辭也 白刃可蹈也 中庸不可能也)"라는 공자의 말이 나온다.

71 밀가루 …… 만드는 것 : '밀가루가 없는 국수(無麵不托)'라는 말이 있는데, 근본적인 요소가 준비되지 않고서는 어떤 성과를 기대할 수 없다는 의미로 쓰인다. 여기서는 그럼에도 불구하고 국수를 만든다고 하여 이를 지혜에 배당을 시켜 논하였다.

습니다.

지금 이것을 고하고 싶지는 않으나, 위로할 만한 것은 갇혀 있던 군자[남편]가 마침 풀려나서 다시 현철한 부인이 이 가문에 들어와 지킨 절개를 보고 부인의 손과 부인의 영혼을 계승하게 된 것이니, 여기에서 유감이 없을 것입니다. 오호라! 그 몸은 비록 죽었으나 그 기상은 죽지 않았습니다. 모르겠지만, 하늘과 땅 사이에 있는 영령께서는 장차 요대(瑤臺) 위에 훨훨 날아올라 신선 세계에 참여하고 계시거나, 넓고 넓은 묘정(廟庭)에서 선조의 영혼을 모시고 계실 듯합니다. 장차 뜨거운 햇살이나 가을 서리가 되어 맑은 빛을 쏘아내시겠습니까? 유란(幽蘭)이나 영지(靈芝)가 되어 그 향기를 보내시겠습니까? 풍우(風雨)와 우레가 되어 흉악한 무리들을 쓸어 내시겠습니까? 저승에 계신 분을 뵐 수 없으나, 다만 그 남기신 이름은 천지를 다해도 널리 남아있고, 고금을 다하여도 닳아 없어지지 않아서, 천백세 이후라도 모든 사람들이 문경공(文敬公, 김굉필)[72]의 은혜가 전함이 있음을 알게 하고 문목공(文穆公, 정구) 선조의 제사를 받드는 주부로서 부끄러움이 없음을 알게 할 것입니다. 나는 부인에게 또 무슨 유감이 있겠습니까? 오호라!

72 문경공(文敬公) : 문경공(文敬公)은 한훤당 김굉필의 시호이다. 종부 서흥 김씨가 그 후손이기 때문에 이 같이 표현을 하였다.

대계 이승희에게 올리는 제문
祭李大溪文

오호라. 예전에 공이 나라를 떠날 적에 공을 아는 자는 몸을 깨끗하게 하기 위해서라고 여겼고, 모르는 사람은 구차하게 몸을 온전히 하고자 한다고 여겼습니다. 그러나 이 두 가지는 모두 공을 논하기에 부족합니다. 경전에서 '독실하게 믿으면서 배우기를 좋아하고, 죽음으로 선한 도를 선하게 한다.'[73] 라고 하였는데, 대개 독학(篤學)이 아니면 죽음으로 지킬 수 없고, 호학(好學)이 아니면 도를 선하게 할 수 없습니다. 군자의 학문은 이와 같음을 구할 뿐입니다. 공은 타고난 자질이 뛰어나고 슬기로우며, 지기(志氣)가 강건하고 원대하여, 일심으로 수많은 성인 현인들이 서로 전한 법을 궁구하셨고, 온몸으로 오백 년 강상(綱常)의 책무를 맡으셨습니다. 나라가 합병되는 날을 당하여 초야의 선비로서 죽음을 무릅쓸 의(義)가 없다면 조수(鳥獸)와 한 무리가 되는 것보다는 차라리 우리 아버지와 스승의 책을 안고 떠나는 것이 낫다고 여기셨습니다. 살아서는 천하 사람에게 할 말이 있고, 죽어서는 선령에게 돌아가 고하는 것, 이것이 공의 뜻이었습니다.

오호라. 공은 한주(寒洲, 이진상) 옹의 아드님이며, 돈재(遯齋, 이석문) 옹의 손자로서 도학과 절의가 이로부터 공의 집안에 대대로 전해지는 유물이었고, 공은 이에 도학과 절의 두 가지를 다하셨습니다. 공의 재목은 동량(棟樑)이셨고, 기운은 교악(嶠嶽)이시며, 문장은 보불(黼黻)[74]이셨습니다. 마음에

73 독실하게 …… 선하게 한다 : ≪논어≫ <태백(泰伯)>에, "독실하게 믿으면서 배우기를 좋아하고, 죽음으로써 도를 선하게 해야 한다.(篤信好學 守死善道)" 한 데서 나온 말이다.

74 보불(黼黻) : 고대의 예복(禮服)에 놓은 수의 문양 종류인 구장(九章) 가운데 두 가지로서,

새기면서 궁리함에는 노련한 스승의 날카로운 지도[75]에 새롭게 연마한 노력이 드러났으며, 이치를 분석하고 경전을 담론함에는 오동나무 잎이 나누어진 듯하고,[76] 황하나 한수의 둑이 터진 듯하였습니다. 어버이 섬김에 소박한 예절을 유능하다고 하지 않았으며, 오직 조상의 뜻과 사업을 대대로 이어 나가는 일에 힘썼습니다. 남과 허교(許交)함에 조금도[77] 함부로 하지 않았으며, 일을 처리함에 복잡한 일[78]도 모두 해결하셨습니다. 온화하고 평이하면서도 반듯하고 엄중하셨으며, 소탈하면서도 긴밀하셨으니, 이것이 공의 대략입니다.

만약 공에게 세상에 당면한 일에 여러 조치를 시행하게 한다면, 자신의 법을 잃지 않으면서도[79] 알선함이 점점 오묘하여, 제나라는 노나라가 될 수 있고, 노나라는 도가 될 만하여[80] 나라는 안정될 수 있고,[81] 백성들은 도탄

빛나는 문장을 말한다.

75 스승의 날카로운 지도 : 원문의 '고추(古錐)'는 오래된 송곳이니, 스승의 가르침이 날카로움을 말한다.

76 오동나무 잎이 나누어진 듯하고 : 한번 끊어진 것은 다시 잇지 못하는 것처럼 구분이 분명해 짐을 말한 것이다. 당(唐)나라 덕종(德宗) 때 이회광(李懷光)이 반란을 일으켰다가 얼마 뒤에 항복을 청하니, 덕종이 이를 받아들이려고 하였다. 그러자 이필(李泌)이 오동나무 잎을 가져다가 이를 둘로 쪼개어 올리면서 아뢰기를, "이회광은 폐하에 대해서 군신(君臣)의 분수가 나뉘어짐이 이 잎사귀와 같습니다." 하였다

77 조금도 : 원문의 '치수(錙銖)'는 아주 가벼운 무게를 이르는 말로서, '치'와 '수'는 모두 매우 미소한 양의 무게를 나타내는 저울의 단위이다.

78 복잡한 일 : 원문의 '반착(盤錯)'은 뒤얽힌 뿌리와 엉클어진 마디라는 뜻으로, 일이 얼크러져 처리하기가 몹시 힘듦을 이르는 말이다.

79 자신의 법을 잃지 않으면서도 : 자신의 도를 잃지 않는다는 말이다. ≪맹자≫ <공손추(公孫丑) 상>에 "어떤 사람이 증서(曾西)에게 그대와 자로를 비교하면 누가 더 훌륭한지 묻자, 자로는 우리 선자인 증자(曾子)도 두려워한 분이라고 추존(追尊)하였고, 관중과 비교하면 누가 더 훌륭한지 묻자, 패도(霸道)를 행한 관중을 자신과 비교하는 것을 수치스럽게 여겼다."라는 내용이 나오는데, 그 주에 양씨(楊氏)가 자로와 관중을 말 모는 사람에 비교하기를 "자로는 자신이 말 모는 것을 법대로 해서 짐승을 잡지 못한 것이요, 관중은 부정한 방법으로 짐승을 만나서 잡았을 뿐이다.(子路則範我馳驅而不獲者也 管仲之功 詭遇而獲禽耳)" 하였다.

에서 건져낼 수 있었을 것입니다. 그러나 반대로 훌륭한 재주[82]를 감추고 신령한 지혜[83]를 가졌지만, 오랑캐[84]에게 제압되니 비로소 황야로 물러나고 마침내는 홀로 그 인(仁)을 이루셨습니다. 지극히 어려운 날에 하늘이 공을 태어나게 하신 것은 마땅히 그 사이에 의미가 있는 듯하였으나, 나라는 그 힘을 의지하지 않았고 백성들은 그 은택을 입지 못하였습니다. 이것은 누가 그렇게 한 것입니까?

오호라! 신주(神州, 중국)가 침몰되고 말발굽이 횡횡함에 눈을 들어 산하를 둘러보며 개연(慨然)히 어디로 가야 할지 탄식하셨습니다. 그래서 홀로 궐리(闕里)를 지나서 공부자(孔夫子)의 사당에 오르고, 원상(沅湘) 강에 배를 띄워 대부 굴원의 혼을 불렀습니다. 이것은 곧 평생의 뜻과 소원을 이룬 것이니, 지금 천하가 이 지경에 이른 까닭은 공부자의 도가 밝혀지지 않았기 때문이요, 과거의 삼려대부 굴원이 곧 오늘의 자신입니다. 격세의 그리움[85]에 끝없이 탄식하고 통한한 것은 다른 사람이 능히 알 수 있는 것이 아니었습니다. 봉천(奉天, 지금의 심양) 지역은, 땅은 중화이지만 백성은 우리나라 사람

80 제나라는 …… 도가 될 만하여 : 정치와 사회 풍속의 점진적 개선을 통해 이상적인 통치 상태에 도달할 수 있다는 의미로 사용되었다. ≪논어≫ <옹야(雍也)>에, 공자가 "제(齊)나라가 한 번 변하면 노(魯)나라에 이르고, 노(魯)나라가 한 번 변하면 도(道)에 이를 것이다. (齊一變 至於魯 魯一變 至於道)"라고 한 것에 근거한다.

81 나라는 안정될 수 있고 : 원문의 '계우포상(係于苞桑)'은 ≪주역(周易)≫에 이르기를 '망하지나 않을까 망하지나 않을까 하고 노심초사하는 생각이 있어야 무더기로 난 뽕나무에 매어놓은 것처럼 안정될 것이다.(其亡其亡 繫于苞桑)' 하였다.

82 훌륭한 재주 : 원문의 '도룡(屠龍)'은 용을 잡는 재주이다. 주평만(朱泙漫)이 용을 잡는 기술을 지리익(支離益)에게 배우는데 천금의 재산을 다 없애고 3년 만에 기술은 배웠으나 그 기술을 써 볼 곳이 없었다 한다. ≪장자(莊子)≫ <열어구(列禦寇)>

83 신령한 지혜 : 원문의 '시귀(蓍龜)'는 점을 칠 때 쓰는 시초(蓍草)와 거북으로, 믿고 의지할 수 있는 지혜를 비유한다.

84 오랑캐 : 원문의 '견양(犬羊)'은 오랑캐 등 외적을 멸시하여 부르는 칭호이다.

85 격세의 그리움 : 원문의 '광감(曠感)'은 광세지감(曠世之感)의 준말로, 동시대에 태어나지 못해 서로 만나지 못한 데 대한 감회를 말한다.

이 사는 곳입니다. 그러므로 이곳은 자신의 몸을 마칠 수 있었고 자신의 혼백을 의탁할 수 있는 곳이었습니다. 날마다 북방의 학자와 함께 학업을 강론하고, 도학을 논하니 북방의 선비들이 그 덕에 감복하고, 그 의리를 흠모하여 깨우친 사람이 많았습니다. 여기에서 공의 존재가 크고 공의 영향이 먼 것임을 볼 수 있습니다.

이렇게 8, 9년이 지남에 공의 뜻은 더욱 견고하여졌지만 공의 몸은 이미 병들었습니다. 아득하게 한 번 누우시자 멀리 떠나시고 돌아보지 않으셨습니다. 오호통재라. 살아서 그 도리를 다하고 죽어서 그 바름을 얻으셨으니, 공에게는 유감이 없으나 우리 당의 외로움을 어떻게 하며, 뒷사람의 슬픔을 어떻게 합니까?

저는 공과 같은 세대에 태어나고, 같은 우물을 마시며 살았으니, 정의로 보면 한 집안이며, 나이로서는 형으로 섬겼고, 학문으로서는 스승으로 존경했습니다. 비록 먼 변방의 황량한 물가까지 공을 따를 수는 없었으나, 영광전(靈光殿)[86]과 같이 바라보았고, 장성(長城)과 같이 의지하였으니, 만 리되는 거리에도 서로 떨어지지 않았습니다.

공은 이제 세상을 떠나셨으니, 사문(斯文)은 누구와 함께 닦을 것이며, 기강(紀綱)은 누구와 함께 세울 것이며, 이설(異說)은 누구와 함께 물리치겠습니까? 비틀거리며 가는[87] 고달픈 길은 향할 곳이 없으니, 사람의 삶도 또한 괴로운 것입니다. 오호라. 공의 체백(體魄)을 안장할 곳은 공께서 남긴 유언

86 영광전(靈光殿) : 한나라 경제(景帝)의 아들 공왕(恭王)이 세운 궁전으로, 산동성 곡부현(曲阜縣)에 있다. ≪산동통지(山東通志)≫ 권352 <노영광전부(魯靈光殿賦)> 영광전은 홀로 우뚝한 것을 지칭할 때 흔히 빗대어 쓰인다.

87 비틀거리며 가는 : 원문의 '창창(倀倀)'은 어디로 가야 할지 알지 못하는 모습을 형용한 말이다. ≪예기(禮記)≫ <중니연거(仲尼燕居)>에 "예법이 없이 나라를 다스리는 것은 마치 소경이 혼자서 길을 가는 것과 같으니, 창창하여라 과연 어디로 가겠는가.(倀倀乎其何之)"라는 말이 있다.

이 있었으나, 두 아드님이 따르지 않았으니, 영령께서는 용서해 주시겠습니까? 아니면 육신은 돌아왔으나 정신은 돌아오지 않으셨습니까? 저승은 인간 세상과 다르므로, 신령은 물과 같이 양양합니다. 계시는 곳이 옛 도읍[심양]이니 비록 마음에는 부족할 것이지만, 선롱(先壟, 선대의 무덤)을 차마 잊을 수 있겠습니까? 신령이 만약 돌아오지 않으셨다면 말이 길더라도 듣는 것에는 보탬이 되지 않을 것이며, 만일 듣는다면 서로 믿는 마음에 말이 길지 않아도 될 것입니다. 소리 내어 길게 통곡하니 눈물이 강물처럼 쏟아집니다.

참봉 신태중[88]에게 올리는 제문
祭辛參奉泰中文

오호라. 착하다고 해서 반드시 복을 내리지 아니하며, 악하다고 해서 반드시 재앙을 내리지 아니하니, 어진 자가 요절하고, 어질지 못한 자가 도리어 간혹 장수합니다. 이처럼 도리가 역행되는 것이 오래되었습니다. 지금 공께서 돌아가시니 그 슬픔과 탄식을 이기지 못합니다. 대개 사람은 천지의 기운을 부여받아 태어나는데, 기(氣)의 청탁(淸濁)은 고르지 않고, 사람의 현부(賢否)도 다릅니다. 맑은 것은 쉽게 흩어지고, 탁한 것은 오래 지속이 됩니까? 어떤 사람이 말하기를, '하늘이 사람에게 부여함에 호오(好惡)를 반드시 서로 반대로 하니, 사람 세상의 군자는 곧 하늘 세상의 소인'이라고 하니, 그 말이 참으로 그러합니까? 그렇다고 하면 선함을 어떻게 권장하며, 악함을 어떻게 징계하겠습니까?

오호라. 좋은 옥(玉)이 부서지기는 부석돌보다 더 쉽고, 지초 난초의 무성함은 가시나무보다 더 어려운 것입니다. 사물도 오히려 그러하거늘 하물며 사람은 어떠하겠습니까? 공의 굳고 강한 자질과 관대한 도량, 어질고 착한 성품으로 효도와 우애를 근본으로 삼았고 충(忠)과 신(信)을 실천하여 향당에 미루어 궁핍한 자에게 은혜를 베푸셨습니다. 비록 반드시 배움을 통하지 않았지만, 사람들은 공을 배우지 못했다고 말하지 않고, 누구나 공을 장수할 사람이라 하고, 큰 복을 받을 사람이라고 하지 않았습니까? 팔십 노

88 신태중 : 관향은 영산(靈山)으로 이름은 극성(極成)이고, 자가 태중(泰中)이다. 작자의 사돈으로 둘째 아들 건호(健鎬, 1883~1960)의 장인이다.

인이 집에 계시면서 장수하고 건강하신 것에서 공의 효도를 볼 것이며, 두 아이가 부친의 가르침을 받들어 빼어나고 헌걸찬 것에서 공의 어진 덕이 증명되며, 형제가 화목하여 즐거운 것에서 공의 우애가 돈독함을 알 것입니다. 많은 사람의 칭송[89]이 길에서 서로 이어지며, 한번 관직이 내려왔으나 구하지 않으시고 이에 이르렀으니, 공의 실행이 내면에 쌓이고 밖으로 드러난 것이 그러한 것입니다. 만약 공이 장수하게 했다면 자신의 현달과 가문의 번성은 틀림없이 기대할 수 있었으나, 공은 중년에 이르기도 전에 갑자기 돌아가셨습니다.

오호라! 공과 같은 분은 그 맑은 기운을 얻어서 쉽게 흩어진 것이 아니겠습니까? 아니면 세자(說者, 말 잘하는 사람)가 이른바, '하늘의 소인'이라고 한 것이 이것입니까? 학발 노인은 지극한 사랑의 아픔을 안고, 형제[90]는 짝을 잃은 눈물을 뿌리며, 두 아들은 뜰에서 울부짖으며 통곡하고, 뭇사람들은 길에서 탄식하였습니다. 지날 날에 즐거워하고 축하할 만한 것들은 하루아침의 일이요, 근심 걱정하고 애도하고 슬퍼하며 나를 사랑하는 사람이 차마 보고 듣지 못하는 것을, 공께서는 아득히 가서 돌아보시지 않으십니까?

제가 듣기로는, 착한 일을 하여 복을 얻는 자는 그 복이 자신에게 있지 않으면 후대에 있다고 합니다. 지금 두 아들 가운데 큰아들은 집안을 다스리고, 둘째는 학업을 부지런히 하니, 서로 권면하고 매진하기를 게을리하지 않으면 하늘은 장차 공에게 갚지 않은 복을 공의 두 아들에게 보답할

89 많은 사람의 칭송 : 원문의 '중구지비(衆口之碑)'는 백성들의 칭송을 이르는 말이다.
90 형제 : 원문의 '영원(鴒原)'은 형제간의 우애를 뜻하는 말인데, ≪시경≫ <상체(常棣)>에 "저 할미새 들판에서 호들갑 떨듯, 급할 때는 형제들이 서로 돕는 법이라오. 항상 좋은 벗이 있다고 해도, 그저 길게 탄식만 늘어놓을 뿐이라오.(脊令在原 兄弟急難 每有良朋 況也永歎)"라는 말에서 나왔다.

것입니다.

오호라! 생각해보니, 제가 공을 안 것은 십 년인데, 사돈[91]을 맺어 지내며 정은 실로 형제[92]와 같았습니다. 을사년(1905) 봄에 공께서 나의 집을 방문하여 제 자식의 죽음을 위로해 주시고, 저를 청하여 함께 가자고 하여, 제가 공의 집에 갔을 때 병이 따라 생겼는데, 공께서 저를 구원해 주시지 않았다면 저는 거의 위태로웠을 것입니다. 공은 매번 제가 허약한 체질에 몸을 삼가지 못하여 중도에 서로 잃어버릴까 걱정하시고, 이별할 때에는 돌아보고 그리워하셨습니다. 그런데 병 많은 자가 아직 남아 있고, 강건하신 분이 먼저 떠나갈 줄을 어찌 알았겠습니까? 이 또한 사람의 일을 믿지 못하는 것입니다. 끝났습니다. 끝이 났습니다. 강직한 모습에 온화하신 음성은 지금 이 세상에서 다시 접할 수 없습니다. 소리 내어 길게 호곡함에 말은 다했으나 마음은 끝이 없습니다. 오호! 애재라.

91 사돈 : 원문의 '진진(秦晋)'은 혼인을 맺은 두 집 사이의 두터운 정의(情誼)를 일컫는 말이다. 춘추 시대(春秋時代)에 진(秦)나라와 진(晉)나라는 대대로 혼인을 맺었다.

92 형제 : 원문의 '노위(魯衛)'는 형제의 관계를 이른 말이다. ≪논어≫ <자로(子路)>에 "노나라와 위나라의 정사는 형제간이로구나.(魯衛之政 兄弟也)"라는 말이 보인다. 노나라와 위나라가 본래 형제의 나라였는데, 당시에 쇠하고 혼란한 정사도 서로 비슷하였기에 공자가 탄식한 말이다.

장진여[93] 제문
祭張進汝文

오호라! 옛날 선왕께서 군사로 삼한을 통일하심에 예악이 흥하고 이륜(彝倫)이 밝아지게 되었지만, 지금은 삼한 땅 큰 고을이 왜구의 침략으로 한 자의 땅도 보존할 수 없게 되어, 예악이 무너지고 이륜이 끊어졌습니다. 대개 도덕이 융성하면 세상은 다스려지고 도덕이 쇠퇴하면 세상은 어지러워지며, 도덕이 보존되면 나라가 보존되고, 도덕이 없어지면 나라도 망합니다. 무릇 선비는 세상이 다스려지고 융성한 때에는 살고, 어지럽고 망하는 재앙을 만나면 죽고자 하는데, 선비인 자라면 누구인들 그 나라를 바로 세우고 그 몸을 바르게 하려고 하지 않겠습니까? 그런데 그러한 자들이 혹 조정에 있으면서도 그 임금을 버리고, 초야에 있으면서도 오랑캐의 풍속을 따르면서, 예의를 똥과 같이 버리고 도적놈 섬기기를 신명과 같이 하고 있으니, 유독 어찌하여 그런 것입니까? 도덕이 밝지 않기 때문일 것입니다. 지금 이때에 절의(節義)에 죽는 선비가 조정에 두세 명의 대신이 있고, 재야에 한두 명의 유생이 있으니, 이들 모두는 대대로 높은 관직을 이어받아, 나라의 안위를 한 몸에 진 사람으로서, 죽는 도의는 있지만 사는 도의는 없었습니다.

오직 우리 자하(紫下) 장군(張君)은 한미한 집안에 태어나서 누추한 환경

93 장진여 : 장기석(張基奭, 1860~1911)이다. 그는 본관은 옥산(玉山), 자는 진여(進汝/震汝), 호는 자하(紫下)이다. 아버지 장세헌(張世憲)와 어머니 성산 배씨 사이에서 3남 3녀 중 차남으로 태어났다. 출생지는 경상도 성주목 명암방 봉계리이다. 독립운동가로 1977년 건국포장, 1990년 건국훈장 애국장이 추서되었다.

에서 자란 시골의 평범한 포의지사(布衣之士)였습니다. 군은 오랑캐가 나라의 운명을 잡은 것을 분개하며 바치는 세금을 내지 않았고, 준엄한 말이 그들에게 거슬려서 잡혀가게 되었는데, 입에 한 모금의 물도 마시지 않은 지 27일에 죽었으니, 대의(大義)를 힘쓰고 대륜(大倫)을 밝히고 대절(大節)을 세웠다고 하겠습니다.

오호라! 군과 같은 사람은 가히 기상은 추상(秋霜)에 가깝고 밝음은 일월과 다툰다고 할 만합니다. 대저 마음을 오로지 하면 전일하고, 전일하면 정성스럽고, 정성스러우면 돌이나 쇠도 뚫을 수 있습니다. 군은 젊어서 밭을 갈아 힘껏 부모를 봉양하였고 제사를 받들었으며, 중년이 되어서 학문에 힘써 성현의 심법을 궁구하였고, 만년에는 도를 믿고 돈독하게 인(仁)을 구하여 인을 얻었으니, 군과 같은 사람은 독서인의 이름을 저버리지 않았다고 말할 수 있을 것입니다.

과거에 내가 왜놈에게 붙잡혀 갈 적에, 군이 사람들에게 말하기를 "몸을 굽히면 도를 펴는 것을 보지 못할 것이다."[94]라고 하였습니다. 내가 그 말을 듣고, "말이 겸손하니, 군은 행실에 어긋나지 않는구나. 군이 나를 알지 못한다고 해도, 지금 이후에 참으로 나도 군이 얼마나 큰 사람인지 알지 못하겠다고 말하겠다."라고 말하였습니다. 오호라! 사람이 죽으면 슬픈 법인데 그대의 죽음은 영광스럽습니다. 나의 통곡은 군의 죽음을 슬퍼하여 곡

94 몸을 굽히면 …… 못할 것이다 : 이 말은 장기석 자신의 태도이면서 작자의 태도를 함께 말한 것으로, 공자의 가르침에 철저한 것이다. ≪논어≫ <양화(陽貨)> 제1장의 장하주(章下註)에 "양씨(楊氏)가 말하였다. '양웅이 말하기를, 공자가 양화에 대해서는 공경하지 않을 사람을 공경하셨으니, 이는 몸을 굽혀서 도를 펴려고 하신 것이다 라고 하였는데, 공자를 안 자가 아니다. 도 밖에 몸이 따로 없고 몸 밖에 도가 따로 없으니, 몸을 굽히고서 도를 펼 수 있다는 말을 나는 믿지 못하겠다.'(楊氏曰 揚雄謂孔子於陽貨也 敬所不敬 爲詘身以信道 非知孔子者 蓋道外無身 身外無道 身詘矣 而可以信道 吾未之信也)"라고 한 것에서 인용하였다.

하는 것이 아니라 임금과 나라가 함께 망한 것을 애통해 하는 것이며, 군의 죽음을 애도하는 것이 아니라 내가 군을 따르지 못한 것을 스스로 애통해 하는 것입니다. 군자가 말하기를, '송백은 날씨가 차가워진 후에야 시든다'고 말하지만 차가운 지금의 날씨에는 무익하고, '충신은 절의를 다한다'고 하더라도 어지러운 지금 세상에는 무익하니, 다만 크게 슬퍼하며 거듭 이렇게 통곡합니다. 오호! 애재라.

종숙 묵용을 대신하여 성옥 공에게 올리는 제문
代從叔默容祭成公玉文

오호라 하늘이 이미 공에게 순박하고 넉넉한 도량과 굳세고 정직한 기상과 자혜롭고 온량한 덕을 부여하였으니, 마땅히 그 몸은 현달하고 그 후손은 유복하여, 드리운 경사가 무궁할 것입니다. 그런데 도리어 근심과 참상으로 보낸 50여 년 세월에, 집안에 제사를 받들 아이가 없어지고, 자신 또한 장수하지 못하여, 미망인과 며느리 하나가 조석으로 한 방에 차려진 두 빈소 사이에서 부여잡고 곡을 하게 하였습니다. 오호라. 착한 사람이 복을 받지 못한다는 것은 오히려 말할 수 있지만, 어떻게 혹독한 재앙이 이 지경에 이르게 한단 말입니까? 하늘은 과연 믿을 수 없는 것입니까? 아니면 조물주가 덕을 부여하는 것에 온전히 하느라 운명에는 애쓸 겨를이 없는 것입니까?

오직 공의 덕이 사람에게 들어감은 마치 어린아이가 어미를 그리워하듯 하고, 송아지가 어미 따르듯 하니, 공이 살아서는 마을에서 모범이 되고 죽어서는 뭇 사람의 입에 탄식을 자아내게 하였습니다. 옛사람들이 비록 죽을지언정 이름을 길이 남긴다는 것이 이것일 뿐입니다. 하물며 공은 세상의 문장에 능한 사람들과 교유한 것이 많았으니, 반드시 그 덕을 기록하고, 그 묘소에 글을 지어, '덕이 많은 은거 처사 하성(夏城, 창녕)의 성공(成公)'이라 할 것입니다. 이것은 없어지지 않고 전할 것이니, 부귀하게 살다가 죽어서 이름없는 것을 어찌 부러워 할 것입니까?

나[默]는 어리석고 고루하여 공을 잔치하는 자리에서 늦게 알게 되었습니다. 그 온화한 모습과 넓은 도량과 환하게 비치는 광채는 마치 사람들이 난초가 있는 방에 들어간 듯하고, 머리를 검게 하는 명약을 복용하는 듯하였습니다. 나는 마음으로 몰래 흠모하며 스스로 가까이 함이 늦은 것을 애석하게 생각하였고, 공도 또한 나이를 잊고 사귀면서 어리석은 나를 버리지 않았습니다. 혼사로 인하여 더욱 돈독하여졌고, 오직 끝없이 이어지지 못할까 염려하였습니다. 아아! 애통합니다. 제가 자애롭지 못하여 죄가 여식과 사위에게 미치어 요절하게 했으니 하늘의 뜻입니까? 운명입니까? 이후로는 공과 내가 함께 인간 세상에 살 뜻이 없어 얼굴을 대하면 눈물이 앞서고 얼굴을 대하지 않는 날에도 눈물 흘리지 않음이 없었습니다. 공이 나를 대하여, "사람이 세상을 살면서 진실로 즐거운 것이 없습니다. 이 많은 해를 어떻게 살아가겠습니까?"라고 말하였습니다. 내가 살아온 세월이 마흔에 불과하지만 내 여식이 공의 집안에 들어가서 공의 아들이 불행하게 된 것은 그 전후를 말한다면 이루 헤아릴 수 없습니다. 오호라! 이 말은 뼈를 도려내고 창자를 베어내는 것과 같습니다.

공이 이제 떠났으니 부부와 자식 어미의 즐거움을 저승에서 다시 이을 수 있을 것이니, 공은 인간 세상의 슬픔에 반드시 연연하시지 않을 것이지만, 유독 내 딸이 고할 곳이 없음을 생각하지 않겠습니까? 공에게 위로되는 것은 둘째와 막내 두 아드님이 더욱 조심하여 문호를 지키니, 향리 사람들이 지나가며 공께서 살아 계신 듯이 공의 집을 볼 것이라는 점입니다. 그리고 둘째의 장손을 장남의 후사로 잇게 하여 우뚝하게 두각을 나타내었으니, 공에게는 종사(宗祀)를 의탁할 곳이 있게 되었고, 저에게는 외손자[95]를 얻게 되었으며, 공의 집안이 창대하고 내 딸의 만년도 있게 되었습니다. 하

95 외손자 : 원문의 '사화(獅畫)'는 화사지탁(畫獅之託)에서 온 말로 외손자를 얻게 되었음을 말한다. 주자의 외손 황로(黃輅)가 어려서 벽에 그려진 사자 그림을 좋아하였는데, 훗날 주자가 이 그림을 그려 그에게 보내 준 일이 있다.

물며 반드시 이 아이에게 달려 있지 않은 것은 아니지만, 제가 그런 것을 볼 수 있을지 없을지 잘 모르겠습니다. 멀리서 한잔 술을 올리니 눈물이 샘처럼 흐릅니다. 오호! 애재라.

종숙 묵용을 대신하여 그의 장인 성산 이공[96]과 유인 일선 김씨에게 올리는 제문
代從叔默容祭其外舅星山李公孺人一善金氏文

오호라! 처음 내가 처가에 장가들어 사위가 되니, 공과 부인이 돌아가신 지 이미 10년 11년이 되었습니다. 어리석고 둔한 제가 처가에서 설령 하루도 사랑을 얻지 못했으나 집안을 출입할 때마다 저절로 추모하는 마음을 금하지 못한 것이 지금까지 30년이나 되었습니다. 무덤을 이장하기 위해 다시 관을 여는 날에는 모습을 받드는 것과 같고, 경계하는 말씀을 친히 듣는 것 같아서, 세대가 서로 떨어져 있는 줄을 모르고 저승 너머 옛날을 더듬는 감회를 어찌하겠습니까? 오호라! 그 집안에 들어 오면 그 덕을 알 수 있고, 그 후손을 보면 그 어짊을 확인할 수 있으니, 생각건대 공의 덕과 어짊을 제가 친히 보지는 못하여도 이미 아름답게 여겼습니다.

부인의 우뚝한 덕행도 옛날 열부의 모습이 있었으니, 남편이 일찍 세상을 하직함에 따라 죽고자 하였으나 죽지 못하신 것은 뱃속에 유복자가 있었기 때문이었습니다. 출산을 기다렸다가 여러 날 음식을 끊으시고 조용히 돌아가셨으니 그 얼마나 위대한 것입니까? 이때 자녀 3명을 두었는데, 큰 아이는 6, 7세이며, 적은 아이는 겨우 며칠 된 갓난아이여서 목숨을 보존치 못할 것 같았으나, 하늘의 도움으로 옥처럼 난초처럼 자라서 가정을 이루어 즐겁게 살아가니, 자손들이 번성함은 이 어찌 덕과 어짊의 보답이라 하지 않겠습니까? 아드님이 약관의 나이에 성균관에 입학하여 경향 각지에

96 성산 이공 : 정묵용(鄭默容)의 장인으로 관향이 성산(星山)인 이인학(李寅鶴)을 말한다.

명성이 퍼졌으나, 먼 길을 나서려 함에 훌륭한 말이 갑자기 넘어졌으니, 이는 참으로 하늘의 이치를 알기 어려운 것입니다. 욱군(彧君, 처남)이 일찍이 낭(郎) 벼슬에 올랐으나, 다시 승진할 뜻이 없어 물러나 선대의 업을 지키며 그 자손을 가르치니, 어진 집안의 복이 다하지 않은 것이며, 이는 저승에서도 위로가 되고 기쁨이 될 만한 일입니다.

형편없는 제가 첫 사위가 되어 공의 따님과 함께 중년의 나이에 이르러 아들 딸 다섯을 두었으니, 세상살이 사정이 나빴다고는 말할 수 없으나, 혼란한 세상을 만나 서쪽으로 남쪽으로 떠돌며 살며 거처가 일정하지 않았는데, 지금부터 5년 전 겨울에 선영 가까이로 이사를 와서 친지들과 함께 상종하며 지내니 그간의 떠도는 괴로움을 위로할 만하였습니다. 그런데 이제 또 이장하여 먼 곳으로 떨어지고, 제가 이곳에서 오래 머무는 것도 기약할 수 없으니, 인간사의 변화가 이처럼 무궁한 것입니까? 한 잔 술을 공경히 드리오니 애도의 말로써 제 마음을 다하지 못합니다. 삼가 존령이시여, 작은 정성을 살펴주시기를 바랍니다.

족형 재덕을 대신하여 강양 이공에게 올리는 제문
代族兄在德祭江陽李公文

오호라. 하늘이 간혹 강의(剛毅)한 자질을 내렸지만 그 나이에는 인색하기도 하였고, 뛰어난 재주를 내렸지만 운명에는 군색하기도 하였습니다. 그래서 처음에는 세상에 쓰임이 있을 듯하다가 끝내 반드시 곤궁하고 궁색하게 되니, 이처럼 어긋난 이치는 오래된 것입니다.

논자는 자신의 논리를 다하여도 법칙을 얻지 못하고, '인간 세상의 군자는 천상 세계의 소인'[97]이라고 말합니다. 또 '하늘에는 일정함도 있고, 일정하지 않음도 있다'고 하였습니다. 아마도 사람들에게 충격을 주려고 말한 것이니, 하늘과 사람이 어찌 호오(好惡)가 같지 않음이 있겠으며, 일정한 이치가 어찌 일찍이 다름이 있겠습니까? 대개 상(常)이 있으면 반드시 변(變)도 있으며, 군자는 그 상(常)을 논하되 그 변(變)을 논하지 않았을 뿐입니다.

생각건대, 공은 강양(江陽)에서 현저한 성씨이며, 문헌이 대대로 전해진 집안이었습니다. 일찍부터 과거[98] 공부를 일삼아서 명성이 자자하였으니, 재주는 세상에 역할을 하기에 충분하였고, 식견은 옛날을 관통하셨습니다. 그런데 유사(有司)가 알아보지 못하여 여러 번 좌절을 겪었습니다. 그러나 편안하게 감정을 드러내지 않으시고, 이윽고 어지러운 세상을 만나 옷자락을 떨치고 전원으로 돌아오셨습니다. 수초부(遂初賦)[99]를 짓고 스스로 즐거

97 인간 세상의 …… 천상 세계의 소인 : ≪장자(莊子)≫ <대종사(大宗師)>에 보인다.

98 과거 : 원문의 '공거(公車)'는 관리들이 타는 수레라는 뜻으로 관직을 의미한다.

99 수초부(遂初賦) : 초야에서 학문에 전념하기를 희구하는 노래이다. 수초는 벼슬을 떠나 은거하여 처음에 가진 소원을 이루는 것을 말한다. 진(晉)나라 손작(孫綽)이 젊었을 때 허순(許詢)과 함께 세속을 초탈하려는 뜻을 가지고 10여 년 동안 산수 속에 호방하게 살면서

워하셨으며, 능히 비태(否泰)[100]의 원리를 미루어 소장영허(消長盈虛)[101]하는 변화를 물건이 오고 가는 것처럼 가볍게 보셨으니, 이것은 옛 고사에서 찾아도 또한 흔히 얻을 수 있는 것이 아니었습니다. 하늘이 장차 공을 세상에 등용되지 않도록 하신 것은 물러나 향당에 계시면서 후생 소자(小子)들이 가르침을 받도록 하는 뜻이었습니다. 그렇게 지금까지 왔는데, 또 그 수명을 길게 하지 않은 것은 무엇 때문입니까? 지난 번에 소위 상(常)을 논하고 변(變)을 논하지 않은 것은 공에게 유감이 없으니, 사우(士友)들이 서로 조문하고 행인들도 탄식하니, 덕인이 사람들을 감동시킨 것이 깊지 않았다면 능히 이와 같을 수 있겠습니까?

오호, 통재라! 옛날 공이 우리 집안에 장가를 드실 적에 저는 어린 데다가 의지할 곳 없는 고아로, 위의가 중후하고 재주와 학식이 아주 뛰어난 공을 보고, 엄한 스승처럼 우러렀고, 골육처럼 가까이 지냈습니다. 생활할 때는 반드시 곁에 있었고 움직일 때는 언제나 뒤를 따랐습니다. 공께서도 나를 사랑하고 불쌍히 여겨 주시는 것이 또한 친조카와 다름없이 하셨습니다. 내가 분비(憤悱)[102]하기도 전에 나를 일깨워 주셨고, 일깨워 가르쳐 주실 때에는 지극하게 하지 않음이 없었습니다. 어리석고 형편없는 제가 이미 만 가지 가운데 하나라도 본받지 못하고 뜻과 기운이 무너졌는데, 가업도

수초부를 지어 자신의 만족스러운 삶을 서술하였다. ≪세설신어(世說新語)≫ <언어(言語)>

100 비태(否泰) : 비태는 ≪주역≫의 두 괘(卦)의 이름으로 천지가 교감하여 만물이 형통하는 것이 태(泰)이고 천지가 교감하지 않아 만물이 폐색(閉塞)하는 것이 비(否)로 세운의 성쇠를 뜻한다.

101 소장영허(消長盈虛) : 자라고 꺼지며 차고 비는 세상의 모든 변화 양상을 이르는 말이다.

102 분비(憤悱) : 몰라서 분하게 여기고 표현을 못해서 답답하게 여긴다는 뜻으로, ≪논어≫ <술이(述而)>의 "학자가 몰라서 분하게 여기지 않으면 내가 알려 주지를 않고, 표현을 못하여 답답하게 여기지 않으면 내가 틔워 주지를 않는다.(不憤不啓 不悱不發)"라는 공자의 말에서 유래한 것이다.

몰락하여 동분서주하느라고 힘써 붙들고 거둘 겨를이 없었습니다. 이 때문에 십수 년 동안 부지런히 나아가 뵙지 못하였지만, 마음은 잠시라도 떠나지를 않았습니다.

지난 겨울에 문안 인사를 갔을 때 병석에서 건강은 비록 나빠졌지만 말씀하시는 기운은 평상시와 같으셨습니다. 늦게 온 것을 책망하면서도 빨리 돌려보내려 하지 않으셨고, 이별할 적에 아쉬운 정이 평소보다 더하셨습니다. 저의 마음에는 쌓으신 정력(定力)[103]이 지극하므로 병이 재앙이 될 수 없을 것이라고 여겼는데, 다시 찾아뵙기 전에 갑자기 부고를 받을 줄 어찌 생각이나 하였겠습니까? 오호라! 혼탁한 세상을 길이 떠나셨으니 공은 편안하시겠지만, 슬픈 나의 마음은 누구를 좇아서 말하겠습니까? 소리 내어 길게 통곡하니 눈물이 샘처럼 흐릅니다.

103 정력(定力) : 정견(定見)이 있어 흔들리지 않는 힘을 말한다.

어떤 사람을 대신하여 올리는 제문
代或人

오호라. 외숙과 생질의 정은 또한 지극합니다. 무릇 사람은 그 어머니를 사랑할 줄 모르는 자가 없으니, 외숙은 곧 어머니와 같은 기운을 타고난 형제입니다. 그 어머니를 사랑하는 마음을 미루어서 외숙을 사랑한다면 사랑하는 바가 지극하지 않을 수 없습니다.

하물며 소자(小子)는 죄가 많고 불효하여 나이 겨우 십 여세에 갑자기 어머니를 잃게 되었습니다. 이 비통함은 하늘에 닿고 땅에 뻗치어 조금이라도 해소할 만한 곳이 없었는데, 다행하게도 나의 외숙께서 세상에서 사는 곳이 가깝고 마음으로 서로 사랑하여 주었습니다. 집에 오시면 저의 머리를 쓰다듬어 주시며 위로해 주셨으며, 인편을 구하면 편지를 보내 주시면서 가련하게 여기셨습니다. 저를 당신의 아들같이 친하게 여기시고, 갓난 아이같이 보호하셨습니다. 일찍이 서로 한 달을 소식이 끊어진 적이 없고, 하루라도 서로 잊은 적이 없었습니다. 그렇다면 소자가 외숙에게 대함은 남들의 외숙과는 다르지 않습니까? 소자 역시 사람이므로, 저의 체구가 조금씩 자라고 지각이 점점 이루어짐에 그 은혜 가운데 만에 하나라도 보답하려 생각하고 돌아가신 어머니 섬기듯이 외숙을 섬겼습니다.

하지만 뜻밖에 공의 나이 마흔을 넘겨 갑자기 이 지경에 이르렀습니다. 아! 끝이 났습니다. 이것이 과연 공의 운명입니까? 못난 소자의 탓이 무겁지 않습니까? 명확한데도 알 수 없는 것이 이치이며, 어질지만 믿을 수 없는 것이 하늘입니다. 우리 외조부께서 쌓으신 인덕(仁德)으로서도 도리어 이렇게 참담한 지경에 이르렀습니까? 우리 외숙의 순수하고 후덕한 기질로서도 도리어 이렇게 요절하는 수명이 되었습니까?

오호라! 외조부의 초상이 공보다 일 년 뒤인데, 공으로 하여금 한 해를 빌리어 효도를 마치게 하였다면, 외조부께서 살아 계실 때의 역경은 없었을 것이며, 공께서도 저승에서의 유감(遺憾)은 없었을 것입니다. 결국 반대로 되었으니, 이것은 무슨 이치이며, 이것은 무슨 명이란 말입니까?

오호라. 공은 중후(重厚)하고 겸손하신 덕이 있으시고, 기구(崎嶇)하고 촉급하신 생각은 없으셨습니다. 질박하여 꾸밀 수 없는 것은 공의 성품이요, 확실하여 빼앗을 수 없는 것은 공의 뜻이요, 강건하여 굽힐 수 없는 것은 공의 기운이었습니다. 팔순 노인을 봉양하시며 부드러운 목소리와 편안한 낯빛으로 대하시니 공의 효성이요, 난초 같고 옥과 같은 두 아들이 있으니 공의 가르침이 바른 것입니다. 종족에게도 이와 같은 마음으로 대하고, 붕우 간에도 이와 같이 하시며, 향당에서도 이와 같은 마음으로 하시니, '선한 사람이다, 믿을만한 사람이다, 덕이 있는 사람이다.'라고 말하지 않는 이가 없었습니다.

이 소자가 평소에 크게 믿는 것은 하늘이 공에게 보답하고 베푸심이 마땅히 여기에 그치는 것이 아니었습니다. 그러나 마침내 그 수명을 단축하게 한 것은 무엇 때문입니까? 아니면 고인들이 말한 바, 다함이 없는 복을 넉넉히 남겨 자손들에게 돌려주려고 하신 것입니까?

삼종숙 재용에게 올리는 제문
祭三從叔載容文

공자가 말씀하기를, '아침에 도를 들으면 저녁에 죽어도 좋다.'[104]고 하였고, 또 '군자가 죽어서도 그 이름이 일컬어지지 않는 것을 싫어한다.'[105]고 하였습니다. 옛날의 성인은 삶과 죽음, 장수와 요절 때문에 두 마음을 품지 않았으며, 오직 도학(道學)으로 칭송이 들리지 않고, 명성(名聲)이 행적에 걸맞지 않음을 걱정하였습니다.

공은 어려서부터[106] 우리 형제들을 따라 공부하였는데, 그 재주는 민첩하고 그 뜻은 겸손하였습니다. 처음에는 문자에 구두점 찍는 것으로 시작했으나, 이를 마치고 또한 의리의 학문에 마음을 두었으며, 효제(孝悌)를 자신의 일로 삼았으니, 점점 사람들에게 칭찬을 받게 되었습니다. 만약 몇 년을 더 살았다면, 장차 금세 이름도 크게 일컬어졌을 것인데, 불행하게 안연보다 12살 적은 나이에 죽었으니 슬픕니다. 사람들은 모두 공의 단명을 슬퍼하지만, 나는 유독 그의 이름이 일컬어지지 않음을 애석해 하고, 남들은 모두 그의 이름이 일컬어지지 않음을 애석해 하지만, 나는 유독 그의 도(道)가 들리지 않았음을 걱정합니다. 공은 가히 길렀으나 재능을 싹틔우지 못한 사람[107]이라고 하겠습니다. ≪주역(周易)≫에 이르기를 "만물의 시초를

104 아침에 …… 죽어도 좋다 : ≪논어(論語)≫ <이인(里仁)>의 "아침에 도를 들으면 저녁에 죽어도 좋다.(朝聞道 夕死可矣)"라는 공자(孔子)의 말을 인용한 것이다.

105 군자가 죽어서도 그 이름이 일컬어지지 않는 것을 싫어한다 : ≪논어(論語)≫ <위영공(衛靈公)>의 "군자는 죽은 뒤에까지 이름이 알려지지 않는 것을 싫어한다.(君子疾沒世而名不稱焉)"라는 공자의 말을 인용한 것이다.

106 어려서부터 : 원문의 '자지쇄소(自知灑掃)'의 '쇄소(灑掃)'는 소학의 가르침을 의미한다. 소학은 대개 8살 정도에 시작한다.

고찰하여 삶의 원리를 알고, 만물의 마지막을 궁구하여 삶과 죽음의 원리를 안다.[108]라고 하였습니다. 모르겠지만, 공의 육신은 흩어지고 혼령[109]은 위로 올라갔을 것이니, 안연과 복상[110]이 학문을 강론하는 사이로 훨훨 날아올라 그가 평소에 듣지 못했던 도를 듣고, 그가 평소에 배우지 못했던 의리를 배우지 않겠습니까? 이와 같다면, 단명이 아깝다고 말하기에 부족할 뿐만 아니라, 이름이 일컬어지지 않음도 크게 아쉬워할 것이 없을 것입니다. 다만 나를 따라 교유한 사람 가운데 공이 가장 어진 사람이니, 공은 나에게 항렬을 따지지 않았고, 나는 나이를 따지지 않았으며, 문자(文字)와 의리(義理) 이외에는 함부로 아무 쓸모없는 말을 서로 주고받지 않았습니다. 이러한 사람의 이러한 인품은 종족 간에도 드문 것이었습니다. 마땅히 그의 독실한 학문의 뜻은 마땅히 성취한 바가 있을 것이며 나에게 보탬이 될

107 길렀으나 재능을 싹틔우지 못한 사람 : 원문의 '육이불묘(育而不苗)'는 '길렀으나 싹틔우지 못하였다'로 풀이한다. ≪논어≫ <자한(子罕)>에 "싹이 나고는 꽃 피지 못하는 경우도 있고, 꽃은 피었지만 열매를 맺지 못하는 경우도 있다.(苗而不秀者 有矣夫 秀而不實者 有矣夫)"라고 하였는데, 양웅이 자신의 아들 동오(童烏)의 죽음을 슬퍼하며 "길렀으나 싹을 틔우지 못한 경우가 있으니 우리 집의 동오이다!(育而不苗者 吾家之童烏乎)"라고 탄식하였다.

108 만물의 …… 원리를 안다 : ≪주역≫ <계사전(繫辭傳) 상>에 "시작을 근원하고 종말을 돌이켜 궁구한다. 그러므로 사(死)와 생(生)의 이론을 아는 것이다.(原始反終 故知死生之說)"라고 하였다.

109 혼령 : 원문의 '위변자(爲變者)'는 혼령을 의미한다. ≪주자어류(朱子語類)≫ 권63 ≪중용(中庸)≫ 16장의 해설에, "대개 정은 기와 합하여 문득 인과 물을 낳으니 '떠다니는 혼이 변함'이라는 것이 문득 다함이 없습니다.'(蓋精與氣合 便生人物 游魂爲變 便無了)"라고 하였다.

110 안연과 복상 : 원문의 '안복(顔卜)'은 공자의 제자 안연(顔淵)과 복상(卜商)을 말한다. 진(晉)나라 때에 중모 영(中牟令) 소소(蘇韶)가 죽은 뒤에 그 모습이 다시 나타나서 당제(堂弟) 소절(蘇節)에게 말하기를, "안연과 복상이 지금 지하에서 수문랑(修文郎)으로 있다. 수문랑이 모두 여덟인데, 나도 그 직책을 맡게 되었다." 하였다고 한다. 이 내용은 ≪태평어람≫, ≪태평광기≫, ≪사문유취≫ 등에 실려 전하며, ≪퇴계문집고증(退溪文集攷證)≫에도 소개되어 있다. 후세에는 지하랑(地下郎) 또는 수문랑은 문사(文士)의 죽음을 뜻하는 비유로 쓰였다.

것이라고 여겼는데, 하늘의 뜻은 진실로 알 수가 없습니다.

어찌하여 사는 것도 가난하였는데 죽는 것도 그렇게 급한 것입니까? 공이 죽은 이후로 우리 형제는 기운이 하나도 없고, 마음이 우울하고 위축되어 책을 대하여도 생각이 나고 잠자리에 들어도 생각이 나고 의(義)를 보더라도 생각이 나니, 아아! 자나 깨나 외롭고 쓸쓸하여 갈 곳을 알지 못하니, 영원히 떠난 사람도 나를 잊지 못하여 애태우는지 어찌 알겠습니까?

오호라, 하늘이 공의 집에 벌을 내린 것이 가혹함이여! 공의 부친도 불행히 요절하시고, 공의 맏형도 관례도 하기 전에 죽었는데, 공도 이렇게 죽었으니, 늙으신 모친을 누가 봉양하며, 외로운 부인은 누가 위로하겠습니까? 집안이 황량하고 방안도 썰렁하니, 길 가는 사람도 모두 눈물을 흘리며 탄식을 하는데, 하물며 나의 마음은 어찌 차마 눈 뜨고 볼 수 있겠습니까? 공이 죽은 뒤로 소상이 되어 곡을 하고 대상이 되어 제문을 올리니, 제문으로 어찌 그 곡을 다할 수 있으며, 곡을 한들 어찌 그 마음을 다할 수 있겠습니까?

도산서원 통문[111]

通陶山書院文

삼가 사문(斯文, 유학)이 죽고 우리 당(黨)에 재앙이 발생하였습니다. 오산당(吾山堂)[112]이 무너져 건물은 고택의 터에 겨우 새롭게 지었지만 유묵은 전하는 것이 없습니다. 그런데 재앙이 가장 엄중한 상덕사(尙德祠)에까지 미쳐서[113] 우리 영남 인사들이 다시 세상에 얼굴을 들지 못하게 될 줄을 어찌 알았겠습니까? 저희들은 이 소식을 건너 듣고 마음이 심히 애통하고 기운이 몹시 빠진 것이 여러 날이지만, 죄인을 잡았다는 소식을 듣지는 못하였습니다.

오호라! 나라에는 난신(亂臣)이 있고 집안에는 적자(賊子)가 있듯이 사문(斯文)에는 극악한 도적이 있으니, 이 셋은 천하 사람들이 죽여서 버려둘 뿐[114]만 아니라 하늘도 용서하지 않을 것이며 귀신도 몰래 죽일 것입니다. 저 환퇴(桓魋)[115]의 골수와 숙손(叔孫)[116]의 속마음은 오직 흉하고도 험하니

---

111 【원주】: 원변 때 회연을 대표하여 지은 것이다.

112 오산당(吾山堂): 퇴계 이황이 학문을 배우고 후진을 양성했던 곳으로, 청량산에 위치한 청량정사에 딸린 초당이다. '오산(吾山)'은 퇴계가 청량산을 '우리 집안의 산'이라는 의미로 사용한 데서 유래했다.

113 재앙이 …… 상덕사(尙德祠)에까지 미쳐서: 1901년 도산서원 상덕사에서 퇴계 이황의 위패가 도난당하는 사건이 발생했다. 군수가 이 사건을 '만고에 없을 변란'이라고 표현할 정도로 심각하게 받아들였다. 위패는 이듬해인 1902년 2월 28일, 이중벽이라는 사람이 삵실(狸谷)을 지나 월란사 아래쪽 절벽 강변에서 우연히 발견하였으나, 범인은 잡히지 않았다. 일부에서는 이 사건이 1896년과 1907년에 발생한 퇴계 종택 방화 사건과 연관되어 있을 가능성을 제기하기도 했다.

114 죽여서 버려둘 뿐: 원문의 '현륙(顯戮)'은 처형한 뒤에 그 시체를 전시하는 것을 말한다.

115 환퇴(桓魋): 중국 춘추 시대 송(宋)나라 대부(大夫). 공자(孔子)가 송 나라에 가서 제자들과 함께 큰 나무 아래에서 예를 익히고 있는데 환퇴가 공자를 죽이고자 하여 그 나무를

천지 밖으로 달아날 수 있겠습니까?

대의(大義)는 펼치지 않을 수 없고 중대한 원수는 갚지 않을 수 없으니, 위로 조정에 고하고 아래로 방백(方伯)에게 고하여, 그 우두머리를 죽이고 그 무리를 쫓아낼 것이며, 가만두지 않을 것입니다. 저희들은 비록 힘을 다하여 뒤를 따르지 않는 일이 아마도 없을 듯하나, 삼가 유생 2명을 보내어 우선 변고의 처리가 어떠한지를 알고자 합니다. 여러분께서는 헤아려 주십시오.

뽑았다고 한다. ≪사기(史記)≫ 권47 <공자세가(孔子世家)>

116 숙손(叔孫) : 숙손씨는 춘추 시대 노(魯)나라의 제15대 군주인 환공(桓公)의 아들 숙아(叔牙)의 후손으로, 맹손씨(孟孫氏), 계손씨(季孫氏)와 함께 노나라의 실권을 장악한 삼환씨(三桓氏) 중 하나이다. 양호가 이들의 처결을 시도하였으나 실패했고, 공자는 삼환 권력을 약화를 노리며 헌신했으나 실패했다.

경주유림 통문[117]

通慶州儒林文

삼가 도(道)가 드러나고 숨겨지는 것은 하늘에 있고, 일이 흥하고 망하는 것은 사람에게 있습니다. 일에는 도를 수호할 수 있는 것이 있으니, 현자를 높이는 것을 곧 군자들이 천명에만 맡겨두고 성심을 다하지 않는 것은 옳지 못합니다. 귀 고을의 영귀정(咏歸亭)[118]은 곧 우리 자계(紫溪)[119] 부자가 공부하던 곳이니, 아마도 관동(冠童, 어른 아이)과 더불어 바람 쐬고 목욕하는 봄날[120]이 되면 곧 공이 살던 곳은 천리(天理) 유행의 묘용이 가득할 것입니다. 기수에 목욕하고 무우(舞雩)에 바람 쐬던, 요순과 같은 공의 기상은 천 년의 세월이 지나도 한 가지이니, 정자를 짓는 일이 돌아보면 중요하지 않습니까? 불행하게도 선생께서 돌아가신 후 정자는 무너져서 빈 터가 되어, 황량하게 변한 모습[121]을 보고 탄식하던 것이 거의 400년에 가깝습니다. 이것은 어찌 본 손만 다시 짓는 일을 감당해야 하겠습니까? 우리 당(黨)의 인사들이 모두 그 일을 책임져야 할 것입니다.

---

117 【원주】: 영귀정(咏歸亭) 중건 시에 지음.

118 영귀정(咏歸亭) : 회재 이언적이 세운 정자로 경주시 강동면 양동리에 위치한다. 소실된 것을 1778년(정조 2) 후손들이 중건하였고, 1925년에 다시 중건하였다. 현재도 이언적의 후손들이 문회를 여는 곳으로 활용되고 있으며, 전통문화체험도 가끔 열린다.

119 자계(紫溪) : 이언적(李彦迪, 1491~1553). 본관은 여주(驪州), 자는 복고(復古), 호는 회재(晦齋)·자계옹(紫溪翁)이다.

120 바람 쐬고 목욕하는 봄날 : ≪논어(論語)≫ <선진(先進)>에 “늦봄에 봄옷이 만들어지면, 기수에서 목욕하고(浴乎沂) 무우에서 바람 쐰 뒤에 노래하며 돌아오겠다(詠而歸)”는 증점(曾點)의 말이 나오는데, 누대의 이름인 영귀정은 여기에서 인용한 것이다.

121 황량하게 변한 모습 : 원문의 ‘토규연맥(兎葵燕麥)’은 야초(野草)와 야맥(野麥)을 뜻하는 말로써, 이미 사라진 옛 자취를 보고 상심함을 표현하는 말로 쓰인다.

가만히 들으니 올봄 도내 유생들이 경산 단소(景山壇所)[122]에서 모임을 가지고 강당 중건에 대한 논의를 이미 결정하였고, 이어서 이 정자가 수리되지 못한 것에 대하여 그곳을 가리키며 슬프게 탄식하면서, 한 가지로 의사를 모아서 말하기를, "지금 이 모임은 무첨당(無忝堂)[123] 선생으로 인한 일이며, 정자의 복원은 곧 무첨당 선생의 뜻입니다. 그 일을 통하여 공의 뜻을 체득하는 것이니, 어찌 금일 함께 이루어야 할 일이 아니겠습니까?"라고 하였습니다. 아! 인륜 대도가 일어나는 것은 비록 선후가 있지만 타고난 마음은 한가지이며 원근에 차이가 없습니다. 다만 모임 자리가 이미 끝난 후에 일이 잘 진행되었는지에 대하여 듣지 못하였습니다. 혹시 정중하게 여겨 감히 말씀하지 못한 것입니까? 저희들은 의아하게 생각하여, 이에 본당에 모여 함께 아룁니다. 삼가 원하기는 여러분이 온 도내에 통문을 돌려 그 힘에 따라 정성을 다할 수 있도록 하여, 사도(斯道, 유학)를 빛나게 해주신다면 매우 다행이겠습니다.

122 경산단소(景山壇所) : 경주 소재의 '경산단소(景山壇所)'를 말한다. 1905년에 안동 삼계도회소(三溪都會所), 예안 도산서원(陶山書院), 영천향교(榮川鄕校), 안동 병산서원(屛山書院) 등에서 경주 경산단소로 발송된 통문들이 확인된다.

123 무첨당(無忝堂) : 회재(晦齋) 이언적(李彦迪)의 손자 이의윤(李宜潤, 1564~1597)의 호이다. 자는 수연(睟然)이다.

향중 회문[124]

을미(乙未, 1895, 성재 39세) 回鄕中文

삼가, 사설(邪說)을 물리치는 것에는 정학(正學)을 분명히 하는 것보다 좋은 것이 없고, 우리 유도(儒道)를 세우는 것에는 선현(先賢)을 높이는 것보다 좋은 것이 없습니다. 지금 천하가 날로 금수(禽獸)의 세상으로 도도하게 달려가는 것을 봄에, 사람들은 죽음을 각오하는 지사[125]를 그리워하고 선비는 미개한 오랑캐의 나라[126]가 될까 걱정하게 되었습니다. 무릇 유자(儒者)의 의관을 갖춘 자[127]라면 누군들 좋은 곳을 버리고 나쁜 데로 들어가는 아픔[128]이 없겠습니까? 하물며 저희들이 두 선생의 고을에서 생장하여 두 선

124 【원주】: 강당 수리 및 문집 인쇄 시에 지음.

125 죽음을 각오하는 지사 : 원문의 '상원지지(喪元之志)'는 죽음을 각오한 용사를 말한다. 춘추 시대에 제(齊)나라 경공(景公)이 원유(苑囿)를 관리하는 우인(虞人)을 부르면서 예에 어긋나게 하였으므로 우인이 가지 않자 경공이 죽이려고 했는데, 공자가 이를 탄미하여, "지사는 곤궁하게 살다가 죽어서 구학에 버려질 것을 잊지 않고, 용사는 싸우다가 그 머리를 잃을 것을 잊지 않는다.(志士不忘在溝壑 勇士不忘喪其元)"라고 한 데서 온 말이다. ≪맹자(孟子)≫ <등문공(滕文公) 하>

126 미개한 오랑캐의 나라 : 원문의 '피발(被髮)'은 피발좌임(被髮左衽)의 줄임말로서, 오른쪽 옷섶을 왼쪽 옷섶 위로 여미는 오랑캐의 의복 제도를 말한다. ≪논어≫ <헌문(憲問)>에, 공자(孔子)가 관중(管仲)의 공을 찬양하면서 "만약에 관중이 없었더라면 우리들은 머리를 풀고 좌임하는 오랑캐의 신세가 되고 말았을 것이다.(微管仲 吾其被髮左衽矣)"라고 말한 내용이 나온다.

127 유자(儒者)의 의관을 갖춘 자 : 원문의 '장보봉액(章甫縫掖)'은 유자(儒者)를 이른다. ≪예기≫ <유행(儒行)>의 "저는 어려서 노나라에 살 때에는 봉액의 옷을 입었고, 장성하여 송나라에 살 때에는 장보의 관(冠)을 썼습니다.(丘少居魯 衣縫掖之衣 長居宋 冠章甫之冠]"라는 구절에서 유래하였다.

128 좋은 곳을 …… 들어가는 아픔 : 원문의 '하교 입유(下喬入幽)'는 좋은 곳을 버리고 나쁜 데로 들어감을 비유한다. 맹자(孟子)가 "나는 어두운 골짜기에서 나와 교목으로 옮겨 간다는 말은 들었으나 교목에서 내려와 어두운 골짜기로 들어간다는 말은 듣지 못했다.(吾聞出於幽谷 遷于喬木者 未聞下喬木而 入於幽谷者)"라고 하였다. ≪맹자(孟子)≫ <등문공(滕

생의 가르침을 익혔으니, 어찌 도를 강론하여 도와서 지키는 것을 생각하지 않겠습니까?

다만 생각하면, 선사(先師)의 문집은 도(道)를 실은 글이며, 선생의 강당은 강학(講學)의 장소이며, 향약과 학계는 인(仁)을 돕는 의리입니다. 인쇄된 책이 많지 못함에 읽는 자가 적고, 건물이 무너짐에 모일 장소가 없어져서, 강설(講說)은 밝지 못하고 향약은 점점 느슨하여졌습니다. 이와 같으니 사설(邪說)은 무엇으로 물리치며, 정학(正學)은 무엇으로 밝히겠습니까? 이 재화로 이 문집을 인쇄하고 이 강당을 수리하여 이 모임을 돈독히 하는 것이 지금 당장의 가장 급한 일입니다. 그러므로 이에 회중(會中)의 엄격한 논의를 통하여, 향약(鄕約)에 남아 있는 돈 200냥은 강회(講會)에 제공하는 비용으로, 200냥은 선생의 문집을 인쇄하는 비용으로 나누어 지급하기로 하였으며, 또 무흘서숙(武屹書塾) 별보전(別補錢, 특별 보조금) 몇백 냥을 내어서 회연강당(檜淵講堂) 수리에 사용하기로 하였습니다. 마땅히 차례대로 시행할 것이지만 먼저 통문을 돌려 알려드리오니, 바로옵기는, 부디 여러분께서 이상하게 생각하지 마시고 때에 맞추어 일이 이루어지게 해주신다면 매우 다행이겠습니다.

文公) 상>

성호문집간행소 통문[129]

通星湖文集刊所文

삼가 생각건대, 문(文)이란 도를 드러내는 것이니, 사람을 기다린 후에야 전하여지는 것이며, 그 전하여 짐이 멀고 가까움과 드러나고 숨겨짐은 하늘의 뜻입니다. 오직 우리 성호(星湖) 이선생(李先生)[130]은 한강(寒岡) 할아버지와 미수(眉叟) 노인의 학업을 받들어 도산(陶山)과 고정(考亭)[131]의 연원에까지 닿았으니, 학문은 하늘과 사람을 꿰뚫었고, 문장은 육지와 바다에 넉넉하였습니다. 책상자에 간직된 것이 거의 200년 가까이 되었지만 간행하는 일이 크고 소임은 무거워서 간행할 일을 시작하는 사람이 없으므로 우리 당에서 탄식한 지가 오래되었습니다. 그런데 얼마나 다행스러운 일인지, 귀 고을의 여러 군자께서 개연(慨然)히 자기의 일로 자임하고 바야흐로 재목을 구하고 기술자를 모아서 거의 일을 마치는 데에 이르렀으니, 어찌 존경하는 마음을 이길 수 있겠습니까? 혹시 묻고 의논하는 것이 넓지 못하여 권질(卷秩)이 너무 소략하게 된다면 더할 나위 없이 훌륭하고 아름다운 일에 흠이 될까 걱정스럽습니다.

지금 들으니 그 저본(底本)은 수당(修堂)[132]이 교열한 것이며, 그 일은 27

129 【원주】: 밀양, 회연도회(檜淵道會) 시에 지음.

130 성호(星湖) 이선생(李先生) : 이익(李瀷, 1579~1624). 조선 후기의 문신. 본관은 경주(慶州). 자는 형여(泂如), 호는 간옹(艮翁)·옥포(玉浦)이다.

131 고정(考亭) : 주희를 가리키는 말이다. 고정(考亭)은 중국 송나라의 주희(朱熹)가 살았던 곳의 지명으로 복건성(福建省) 건양현(建陽縣) 서남쪽에 있다. 이곳에서 주희는 창주정사(滄洲精舍)를 건립하고 제자를 배출하였는데, 이들을 고정학파(考亭學派)라 하였다.

132 수당(修堂) : 이남규(李南珪, 1855~1907)이다. 조선 말기의 문신이자 독립운동가로 자는 원팔(元八), 호는 수당(修堂) 또는 산좌(汕左)이며, 본관은 한산(韓山)이다. 어린 시절 허전

책이나 된다고 하니,[133] 거장의 손을 거치고 적지 않은 돈을 내어서 영구히 전하고자 도모하는 것은 여러분처럼 지극히 도를 즐기시는 분이 아니라면 이와 같을 수 있겠습니까? 저희들이 마땅히 각자 집으로 돌아가 그 일이 이루어지는 날을 기다리다가 앉아서 그 공을 누릴 것이니, 여러 존위께서 내려주시는 은혜가 큽니다. 이에 글을 지어 고하니 한편으로 여러 존위께 축하드릴 일이며 한편으로 사도(斯道, 유가)의 다행스러운 일이라 생각합니다.

(許傳)의 문하에서 수학했으며, 1939년에 간행된 ≪수당집(修堂集)≫ 8권 4책이 전한다. 그는 1890년 물헌(勿軒) 이명익(李明翊)과 함께 ≪성호문집≫ 50권 27책을 교정·간행하였다.

133 27책이나 된다고 하니 : 퇴로판(退老版) ≪성호선생문집≫을 말한다. 이는 1917년 이익의 후손 이병희(李炳熹)가 밀양에서 간행한 50권 27책의 목판본이다. 이 판본은 이남규(李南珪)가 27책으로 간행한 것이다. 이밖에 모렴당본(慕濂堂本) ≪성호선생전집≫이 있다. 이는 1922년 안희원(安禧遠) 등이 간행한 68권 36책의 목판본이다. 퇴로본에 누락된 내용을 보충하여 간행한 것이다.

지례유림 통문
通知禮儒林文

삼가 위 고을의 섬계(剡溪) 행단(杏壇)[134]은 곧 행정선생(杏亭先生) 정공(鄭公)[135]이 손수 심고 흙을 쌓은 것이며, 이것으로 인하여 호(號)를 삼은 것입니다. 공은 일찍이 우리 한강 선생(寒岡先生)을 좇아서 여기에서 도를 강론하고 여기에서 공부하였으며, 석정(石亭)의 한강대(寒岡臺)[136]와 함께 우뚝하게 서로 마주 보았습니다.

아! 정사(精舍)는 때때로 흥폐(興廢)가 있었지만 우뚝한 백 아름의 나무는 천 년의 세월을 지켜보며 영원히 남아 있은즉, 아직도 후인들이 공의 모습을 상상하고 끝없는 그리움의 정을 가지게 합니다. 그러므로 여러 군자께서 비석을 세워 그 땅을 표시하는 것은 당연한 일이니, 계를 만들어 그 일을 돈독하게 함에 원근에서 그 소식을 들은 자이면 누구인들 좇아 즐겁게 돕지 않겠습니까?

지금 들으니, 귀 고을의 김익성(金翊聲), 김연석(金淵錫) 등이 그 행정(杏亭, 은행나무)이 백촌(白村) 김공(金公)[137] 사당 옆 가까운 곳에 있다고 하여 중의

134 섬계(剡溪) 행단(杏壇) : 경상북도 김천시 대덕면 조룡리에 있는 자연마을이 섬실[剡溪]이다. 섬계에는 거대한 은행나무가 있는데, 김문기(金文起)를 모신 섬계서원이 함께 자리잡고 있다. 그 은행나무는 현재 천연기념물 제300호인 금릉 조룡리 은행나무이다.

135 행정선생(杏亭先生) 정공(鄭公) : 정사용(鄭士鎔, 1564~1608), 서산 정씨(瑞山鄭氏)로 자는 군정(君精) 호는 행정선생(杏亭先生)이며, 관직은 첨중추부사를 지냈다.

136 석정(石亭)의 한강대(寒岡臺) : 한강선생이 행정선생을 찾아와 앉아 쉬었던 바위를 '한강대(寒岡臺)'라고 불렀다. <첨지중추부사 행정 정공 묘갈명 병서(僉知中樞府事杏亭鄭公墓碣銘 幷序)> 석정은 현재 김천시 대덕면 조룡리에 위치한 석곡서당(石谷書堂) 앞에 있었던 정자를 말하며, 이곳 선비들은 한강 정구 선생이 머물던 곳이라며 '한강대'라 칭하고, '한강선생장구지대(寒岡先生杖屨之臺)'라는 비를 세워 기렸다. 현재 정자는 없어졌다.

(衆議)를 어기고 다른 말을 한다고 하니, 인심(人心)을 헤아리기 어려운 것이 심합니다. 남의 재산을 빼앗는 것도 오히려 염치없다고 하는데 하물며 전대 선조들이 노닌 땅에 손수 심은 것임에 있어서이겠습니까? 사당을 건립한 것은 겨우 백 년 전이지만 은행이 오래된 것은 삼백 년이 지났으니, 선후의 현격함이 이와 같은데도 저 두 사람은 이에 감히 온 도내 대중의 눈을 가리고 백 세의 공의(公議)를 속이면서 뻔뻔스럽게도 그것을 자기집 물건이라고 한단 말입니까? 바라옵건대 부디 여러분께서는 그 사람을 성토하고 서둘러 비석을 새겨서, 현산(峴山) 일대가 숙자(叔子)[138]가 노닐던 곳임을 알게 하고, 심양(潯陽)의 오류(五柳)[139]가 여전히 정절공(靖節公, 도연명)[140]의 호임을 알게 한다면 매우 다행이겠습니다.

137 백촌(白村) 김공(金公) : 조선 전기의 문신 김문기(金文起, 1399~1456)를 가리킨다. 자는 여공(汝恭)이요 호는 백촌(白村)이다. 함길도 관찰사, 공조 판서를 지냈다. 세조 2년(1456)에 단종 복위 모의에 가담하였다가 사육신과 함께 처형되었다.

138 숙자(叔子) : 진(晋)의 태수 양호(羊祜, 221~278). 양호는 자가 숙자(叔子)이고 태산 남성(지금의 산동성 비현 서남) 사람이다. 양호는 양양태수(襄陽太守)가 되어 선정을 베풀며 산수를 좋아해 늘 현산(峴山)에 올라 술 마시며 시를 읊었는데, 양호가 죽자 고을 사람들이 현산에 비석을 세우고 사당을 지어 명절에 제사를 드리며 그 비를 바라보는 사람 모두 눈물을 흘렸으므로, 서진(西晋)의 두예(杜預)가 이 현산비(峴山碑)를 타루비(墮淚碑)라 이름 지었다고 한다. ≪진서(晉書)≫ <양호전(羊祜傳)>

139 심양(潯陽)의 오류(五柳) : 도연명(陶淵明, 365~427)이 양자강 중하류에 있는 파양호(鄱陽湖) 서변의 심양(潯陽)에서 태어났다. 오류(五柳)는 도연명의 호이다.

140 정절공(靖節公) : 동진(東晋) 때의 시인 도연명(陶淵明)을 가리킨다. 자는 원량(元亮), 호는 오류선생(五柳先生)이며, 당시 사람들은 그가 죽은 후 정절선생(靖節先生)이라는 시호(諡號)를 붙여주었다.

고촌 배공 수계사 향도 통문[141]

孤村裵公修契事通鄕道文

문(文)은 도를 실어서 전해지고, 일은 때를 기다려 행하여집니다. 참으로 전하여질 만한 것이면 비록 혹은 숨겨지거나 혹은 드러나거나 늦거나 빠르거나 하더라도 마침내 없어지는 것에 이르지 않는 것이니, 대개 때를 기다림이 있어서 그러한 것입니다. 오직 우리 고촌선생(孤村先生) 배공(裵公)[142]은 하늘에서 타고난 성품이 우뚝하신 분으로 선을 즐거워하고 의를 즐기시며, 등암공(藤庵公)[143] 괴재공(愧齋公)[144]을 조상으로 하고 미옹(眉翁)[145] 갈노(葛老)[146]를 스승으로 삼아서, 시례(詩禮)의 가문[147]에서 가르침을 받고 도(道)가

141 【원주】: 완문이 있음.

142 고촌선생(孤村先生) 배공(裵公) : 배정휘(裵正徽, 1645~1709)로 본관은 성산(星山), 자는 미숙(美叔)인데 고촌(孤村)은 그의 호이며, 할아버지가 배상호이다. 저서로는 석인본 ≪고촌선생문집(孤村先生文集)≫ 6권 3책이 있다. 이 책은 1935년 8세손 배정환(裵貞煥)이 편집하여 간행했다.

143 등암공(藤庵公) : 배상룡(裵尙龍, 1574~1655)을 가리킨다. 배상룡은 본관은 성주(星州), 자는 자장(子章), 호는 등암(藤庵)이며, 성주 출신으로 정구(鄭逑)와 장현광(張顯光)의 문인이다.

144 괴재공(愧齋公) : 배상호(裵尙虎, 1594~1632)를 가리킨다. 본관은 성주(星州), 자는 계장(季章), 괴재(愧齋)는 그의 호이다. 성주 출신으로 이조판서(吏曹判書)에 추증되었다. 등암 배상룡의 아우이며, 정구(鄭逑)의 문인이다.

145 미옹(眉翁) : 허목(許穆, 1595~1682). 조선 중기의 학자·정치가이자 서화가이다. 자는 문보(文父)·화보(和甫), 호는 미수(眉叟)·태령노인(台嶺老人)·석호노인(石戶路人), 본관은 양천(陽川)이다. 시호는 문정공(文正公)이다.

146 갈노(葛老) : 이현일(李玄逸, 1627~1704). 본관은 재령(載寧). 자는 익승(翼昇), 호는 갈암(葛庵). 조선후기 사헌부장령, 이조참판, 대사헌 등을 역임한 문신이며 학자이다. 존재(存齋) 이휘일(李徽逸)의 아우이다.

147 시례(詩禮)의 가문 : 유교 경전에 대한 지식과 예의 범절을 대대로 전승해 오는 명문가를 이른 말이다. 공자가 일찍이 홀로 뜰에 서 계셨는데, 아들인 이(鯉)가 종종걸음으로 그 앞을 지나가자, 그를 불러 세워 "시(詩)를 배웠느냐?" 하고 묻고, 또 한 번은 "예(禮)를

있는 사문(師門)에 나아가 질정을 받았으니, 연원의 정통성과 조예의 심오함은 우뚝하게 한 시대의 사표(師表)가 되었습니다.

이미 문과에 급제하여 벼슬길에 올라 조정에 있을 때에는 자신을 돌보지 않고 충성하였으며, 주현(州縣)을 도울 때에는 백성을 걱정하는 마음[148]으로 은혜를 베풀었으며, 쫓겨남을 당하였을 때는 원망하는 마음이 없었습니다. 기사(己巳, 1689)에 곤궁(坤宮, 왕후)께서 변을 당하심[149]에 상소문을 들고 대궐을 향하여 부르짖기를 3일이 지나도록 그치지 않았습니다. 용안(龍顔)을 범함이 있을지언정 은미하게 간함이 없는 신하의 도[150]가 있었으니, 인신(人臣)이 임금을 섬기는 도리를 체득한 것이었습니다. 상(上)께서 심히 진노하시자 동료 신하들이 두려워 떠니, 드디어 그 글을 불태우고, "감히 죽음을 두려워하는 것이 아니라, 부모님이 계시기 때문이며, 이것은 오(吳) 박(朴) 제현들[151]과 행적은 다르지만 그 마음은 한 가지입니다."라고 말하였습니다. 이렇게 바른 도리로써 이끌었지만 용납되지 않자 물러나 고촌(孤村) 산중에 집을 짓고 이것으로 자신의 호를 삼았습니다.

배웠느냐?" 하고 물어서, 이가 시와 예에 관한 가르침을 받은 고사에서 유래한 것이다. ≪논어(論語)≫ <계씨(季氏)>

148 백성을 걱정하는 마음 : 원문의 '여상(如傷)'은 ≪맹자≫ <이루(離婁) 하>에 "문왕은 백성을 볼 때 혹시라도 다칠까 염려하였고, 도를 보고서도 보지 못한 것처럼 여겼다.(文王視民如傷 望道而如未之見)"라는 맹자의 말에서 인용한 것이다.

149 기사(己巳, 1689)에 …… 변을 당하심 : 1689년(숙종 15) 남인(南人)이 희빈장씨의 소생인 원자(元子) 정호(定號) 세자 책봉 문제로 서인(西人)을 몰아내고 재집권한 기사환국(己巳換局)을 말한다. 이 환국의 여파로 인현왕후 민씨는 폐출되고, 장희빈은 정비가 되었다.

150 용안(龍顔)을 …… 신하의 도 : 원문은 '유범무안(有犯無隱)'이다. ≪예기≫ <단궁(檀弓) 상>에 "임금을 섬김에 범안(犯顔)함이 있고 은미하게 간함이 없으며, 좌우로 나아가 봉양함이 일정한 방소가 있으며, 부지런히 일하여 죽음에 이르며, 부모의 삼년상에 비견한다.(事君 有犯而無隱 左右就養有方 服勤至死 方喪三年)"라고 하였다.

151 오(吳) 박(朴) 제현들 : 인현왕후 폐위에 반대하여 박태보(朴泰輔)와 오두인(吳斗寅)을 비롯한 86명의 서인들은 연명 상소를 올렸다. 박태보는 뛰어난 문장으로 상소문을 작성했으며, 오두인은 공주의 시아버지임에도 불구하고 상소의 우두머리 역할을 했다.

향약규범을 만들고 월삭(月朔, 초하룻날)에는 강론하는 자리를 열어 후학을 권장하여 나아오게 하는 것을 자신의 소임으로 삼았습니다. 저술한 시부(詩賦) 잠명(箴銘) 서소(書疏) 잡저(雜著) 등은 모두 당신이 실천한 가운데 나온 것으로 술잔을 잡고 붓을 놀리던 자들이 미칠 수 있는 것이 아니었습니다. 이 묵헌(李默軒) 공[152]이 그 행장을 쓰고 허 문헌(許文憲)[153] 공이 문집의 서문을 썼으니 이것으로 공은 영원할 수 있을 것입니다. 다만 본손의 재력이 부족하여 원고를 상자 속에 보관하고, 판각하여 세상에 베포하지 못한 것이 지금까지 이백 년입니다. 다행스러운 것은 비바람이나 벌레에 훼손되지 않은 것이니, 어찌 전하지 않고 그만 둘 수 있겠습니까?

겸옹(謙翁) 공[154]은 곧 고촌(孤村)의 종형제인데, 은거한 행의(行誼)는 비록 남긴 행적을 얻을 수 없지만, 지어놓은 글은 순수하여 유가의 궤범(軌範)이 될 만하였습니다. 그 가운데 <경자설(敬字說)>과 <가범(家範)> 등의 글에서는 공께서 몸소 경험하고 힘써 노력한 사실을 더욱 잘 볼 수 있습니다. 더불어 교유한 분은 모두 당세의 명사와 석학이었으니, 왕래한 편지와 만사(挽詞) 제문(祭文)을 보면 알 수 있습니다.

아! 한 집에서 두 분 현사가 나란히 훌륭하시니, 비록 출사(出仕)와 은거

---

152 이 묵헌(李默軒) 공 : 이만운(李萬運, 1736~1777)을 가리킨다. 본관은 광주(廣州)로 자는 원춘(元春), 묵헌(默軒)은 그의 호이다. 칠곡(漆谷, 현재의 경상북도 칠곡군)에서 거주했다.

153 허 문헌(許文憲) : 허전(許傳, 1797~1886)을 말한다. 본관은 양천(陽川), 자는 이로(以老), 호는 성재(性齋)이다. 그는 이익(李瀷), 안정복(安鼎福), 황덕길(黃德吉)로 이어지는 기호(畿湖) 남인 학맥을 계승한 인물로, 당대 유림의 종장(宗匠)으로 존경받았다.

154 겸옹(謙翁) 공 : 배석휘(裵錫徽, 1653~1729)를 가리킨다. 본관은 성산(星山), 초명은 배석홍(裵碩虹), 자는 미여(美汝)로 겸옹(謙翁)은 그의 호이다. 할아버지는 등암(藤庵) 배상룡(裵尙龍, 1574~1655)이며, 학행으로 천거되었으나 벼슬길에 나아가지 않았고, 이인좌의 난 때 의병을 일으키기도 했다. 1723년(경종 3)에 ≪가범(家範)≫을 저술했으며, 문집으로 ≪겸옹선생문집(謙翁先生文集)≫ 5권 2책이 있다.

(隱居)의 차이는 있지만 행적이 없어질 수 없는 점에서는 한 가지입니다. 저희들은 본당(本堂)의 모임에서 수계(修契)를 엄중히 논의하고 문집출간을 힘써 도울 계획입니다. 이전에 말한 '일은 가다림이 있는 법'라는 것이 이것을 말한 것이 아니겠습니까? 논의는 이미 정해졌으니, 원근의 동지들과 함께 하고자 하여, 이에 통문을 돌립니다. 여러 군자들은 헤아려 주시기 바랍니다.

≪광주이씨연원록≫[155] 인쇄 반포 시 도내 통문[156]
光州李氏淵源錄印頒時通道內文

옛날 송나라 시절에 여러 현사들이 배출되어, 일대 문명이 일어날 운수을 만나서, 천 년 동안 전하지 못하였던 도통(道統)을 이었으니, 이것이 연원록(淵源錄)이라는 명칭이 이락(伊洛)[157]에서 시작하여 후세에 전해진 유래입니다. 대개 주정장소(周程張邵)[158]가 한 시대에 함께 태어나 계왕개래(繼往開來)[159]한 공은 긴긴 밤에 다시 해가 뜨는 것과 같았지만, 한 사람에게서 온전히 나온 것은 아니었습니다. 이로써 우리 고을 광주이씨(光州李氏)는 효우(孝友)와 학문(學問)을 독실히 하여, 나란히 이름을 날리고 선조의 덕을 계승하여, 3대에 12현이라 칭송받는 것을 본다면 옛날의 경우를 구하여 보아도 많지 않으니, 이것을 기록하지 않을 수 있겠습니까?

삼용 선생(三容先生)[160]의 실덕(實德)과 의행(懿行)은 이미 문목공(文穆公, 정

155 ≪광주이씨연원록≫ : 원제는 ≪광산이씨연원록(光山李氏淵源錄)≫이다. 광산이씨인 이홍기(李弘器)·이홍량(李弘量)·이홍우(李弘宇) 삼 형제 및 이하 4세의 유고(遺稿)를 모아 1908년(융희 2)에 간행한 책이다.

156 【원주】 : 완문이 있음.

157 이락(伊洛) : 이락관민(伊洛關閩)의 줄임말로서, 이락관민(伊洛關閩)은 송대(宋代) 학자 정호(程顥)와 정이(程頤) 장재(張載) 주희(朱熹)가 강학하던 곳을 지칭한다. 이는 이하(伊河), 락은 낙양(洛陽)으로, 정이(程頤)·정호(程顥)가 강학(講學)한 곳이고, 관은 관중(關中)으로 장재(張載)가 살던 곳이며, 민은 주희(朱熹)가 강학하던 곳이다.

158 주정장소(周程張邵) : 주돈이(周敦頤) 정호(程顥) 정이(程頤) 장재(張載) 소옹(邵雍)을 함께 이르는 말이다.

159 계왕개래(繼往開來) : 선현(先賢)의 학통을 이어 후학(後學)의 길을 열어 주는 것이다.

160 삼용선생(三容先生) : 이홍기(李弘器)·이홍량(李弘量)·이홍우(李弘宇) 삼 형제를 말한다. 이들 삼 형제는 유행(儒行)으로 드러나 세상에서 영남의 삼용(三容)이라 불렸다. 이들의 자가 차례대로 백용(伯容), 중용(仲容), 계용(季容)이었기 때문이다. 이들의 문집이 연원록 권1에 실려 있다.

구) 문정공(文正公, 허목)으로부터 우뚝하다는 칭송을 받으셨습니다. 그리고 고탄(高灘)[161]·광거(廣居)[162]·동호(東湖)[163]·슬곡(瑟谷)[164]·양촌(陽村)[165]·낙촌(洛村)[166]·불일(拂日)[167] 등 여러 공들은 안으로는 가정에서 효우(孝友)의 가르침을 받았고, 밖으로는 스승으로부터 도학(道學)을 전수받았습니다. 그리고 후대에 가르침을 전한 자에는 죽오(竹塢)[168]·농암(聾巖)[169]이 있어, 그 가법을 잘 계승하였으니, 아! 성대하였습니다. 그 후손 이씨(李氏) 여러 분들이 장차 12현사의 행적을 한 권의 책으로 엮어서 연원록(淵源錄)이라고 이름을 붙여 선대의 뜻을 체득하고 숨겨진 선대의 행적을 드러내고자 하였습니다. 그러나 일은 중대하나 힘은 모자라서 지금까지 미루어 둔 것이 거의 70년에 이르렀습니다. 지금 후손 여러분들이 세상의 도리가 무너짐을 개탄하고 선대의 행적이 사라질 것을 염려하여 의견을 모으고 재물을 마련하여 활자로 인쇄하는 일을 원근(遠近)의 여러분과 함께 하고자 합니다. 이것은 참으

161 고탄(高灘) : 이홍기의 맏아들 이로(李簬, 1553~1624)를 말한다. 저서 ≪고탄일고(高灘逸稿)≫가 연원록 권2에 실려 있다.

162 광거(廣居) : 이홍기의 둘째 아들 이당(李簹, 1556~1637)을 말한다. 저서 ≪광거재일고(廣居齋逸稿)≫가 연원록 권2에 실려 있다.

163 동호(東湖) : 이홍우 의 아들 이서(李簭, 1566~1651)를 말한다. 저서 ≪동호일고(東湖逸稿)≫가 연원록 권2에 실려 있다.

164 슬곡(瑟谷) : 이홍량의 맏아들 이난귀(李蘭貴, 1584~1644)를 말한다. 저서 ≪슬곡유고(瑟谷逸稿)≫가 연원록 권2에 실려 있다.

165 양촌(陽村) : 이홍량 의 둘째 아들 이난미(李蘭美, 1592~1651)를 말한다. 저서 ≪양촌일고(陽村逸稿)≫가 연원록 권2에 실려 있다.

166 낙촌(洛村) : 이로의 아들 이명룡(李命龍, 1570~1626)을 말한다. 저서 ≪낙촌일고(洛村逸稿)≫가 연원록 권3에 실려 있다.

167 불일(拂日) : 이당의 아들 이명기(李命夔, 1578~1637)를 말한다. 저서 ≪불일헌일고(拂日軒逸稿)≫가 연원록 권3에 실려 있다.

168 죽오(竹塢) : 이서의 아들 이명귀(李命龜, 1606~1636)를 말한다. 저서 ≪죽오일고(竹塢逸稿)≫가 연원록 권3에 실려 있다.

169 농암(聾巖) : 이홍량의 현손 이광언(李光彦, 1620~1698)을 말한다. 저서 ≪농암일고(聾巖逸稿)≫가 연원록 권3에 실려 있다.

로 우리 당의 성대한 거사이니, 저희들은 이웃 고을에 살아서 마땅히 힘을 다하여 도와야 하므로, 감히 도내에 통문을 돌리지 않을 수 없습니다. 바라옵건대, 동실(同室)의 여러 군자께서는 도를 지키는 의리를 가지시고 사문(斯門, 유가)의 대사를 돈독히 해 주신다면 참으로 다행이겠습니다.

돈재 이공 수계사 향도 통문
遯齋李公修契事通鄕道文

삼가, 일이 백 년을 기다린 후에야 시작한 것은 때가 고금의 다름이 있기 때문이 아니니 곧 굴신(屈伸)과 통색(通塞)의 이치가 그러하기 때문입니다. 돈재(遯齋) 이공(李公)[170]은 영묘(英廟) 임오(壬午, 1762)에 뭇 간신들이 임금의 총명을 가림에 화(禍)가 군사(君嗣, 세자)에게 미치게 되었을 때, 공(公)은 무관의 까마득한 하급 관료였지만 의(義)로 항거하고 절개를 다하여 제왕의 위엄이 지척 간에 있으면서 휘녕전의 문을 열어서 간하는 신하를 들어가게 하고, 세손을 업고 그 원통함을 호소하였습니다. 돌을 들어 올려 놓으라는 명령[171]에 바닥에 엎드려 눈물을 흘리면서, "죽을지언정 또한 감히 할 수 없습니다."라고 말하였습니다. 장형(杖刑)을 받았지만 원망이 없었고 쫓겨났지만 후회하지 않았습니다. 아마도 공의 마음은 이미 목숨을 버렸지만 공이 죽지 않은 것은 하늘의 뜻이었습니다. 드디어 통곡하고 전원으로 돌아와 북계(北溪)에 집을 짓고 편액을 돈재(遯齋)라고 하였습니다.

노희객(魯禧客, 노론)이 문밖을 오가는 일이 있어서 드디어 사립문을 철거하고 북쪽으로 내면서 말하기를, "맹세코 이 무리들을 보지 않을 것이다."

170 돈재(遯齋) 이공(李公) : 이석문(李碩文, 1713~1773)을 가리킨다. 이석문은 조선 후기의 무신이다. 본관은 성산, 자는 사실(士實), 호는 돈재(遯齋), 별호는 북비공(北扉公)이다. 1762년 임오화변 당시 사도세자가 영조의 명으로 뒤주에 갇혀 죽게 되자, 세손 산(후일의 정조)을 도와 궐안으로 들어가도록 했다. 1739년(영조 15) 권무과에 급제하여 어모장군 행의금부도사에 이르렀다. 별호 북비공은 그가 집 문을 뜯어 북쪽으로 옮기고 북비(北扉)라 부른 것에서 유래한다. 응와 이원조의 증조부이다. 경상북도 성주 출신이다.

171 돌을 들어 올려놓으라는 명령 : 사도세자를 가둔 궤짝 위에 돌을 들어 그 위에 올리라는 명령이다.

라고 하였으니, 세상에서 '북비가(北扉家)'라는 것이 이것입니다. 홍인한(洪麟漢)[172]의 도당들이 불꽃 같은 기세를 자랑함에 공이 정색하고 말하기를, "그대들은 빙산(氷山)을 보지 못하였는가?"라고 하였습니다. 공의 늠름한 기개는 일찍이 곤궁하고 괴롭다고 하여도 조금도 굽히는 것이 없었으니, 아마도 공의 우뚝하고 뛰어난 자질 때문이었을 것입니다.

비록 무과로 몸을 드러내었지만 자신의 몸가짐과 자식 교육하는 방법은 순수하게 유가의 방법이었습니다. 일찍이 스스로 말하기를, '무괴심(無愧心)' 석 자를 몸에 지니는 부적으로 삼는다고 하였으며, 벼슬은 뜻을 상하게 한다고 자식을 경계하였습니다. 공과 같은 이는 문무(文武)를 겸하였고 진퇴(進退)에 부끄러움이 없는 사람이라고 말할 수 있습니다. 정묘(正廟) 을묘(乙卯, 1795)에 공의 손자를 입시하라 명령하여 "내가 너의 할아버지가 세운 공을 가상히 여기노라"라는 말씀을 하셨으며, 또 재상 채제공(蔡濟恭)을 경연에서 마주하여 "공의 북비(北扉)는 아직도 있는가?"라고 물으셨으니, 이것은 세상에 드문 성은이었습니다.

태상(太上) 기해(己亥, 1899)에 비로소 장조(莊祖)[173]의 사당에 전례(典禮)를 거행하고 이어서 공의 사당에 제사를 드리고 봉사손(奉祀孫)을 기록해 두었습니다. 아! 훌륭합니다. 백 년이 지나지 않아 천도가 막혔다가 다시 통하였고, 인사가 좌절되었다가 다시 펴졌습니다. 이것이 어찌 인력으로 할 수 있는 일이겠습니까? 다만 조정의 포장(褒奬)이 이미 지극하고 사림의 존모

172 홍인한(洪麟漢) : 1722~1776. 사도세자의 비(妃)인 혜경궁 홍씨(惠慶宮 洪氏, 1735~1815)의 숙부, 즉 이복 작은아버지이다. 영조에게 '동궁(東宮, 세손)은 노론, 소론을 알 필요가 없고, 이조판서, 병조판서를 알 필요가 없으며, 조정의 일에 대해서는 더욱 알 필요가 없다'라는 이른바 '삼불필지설(三不必知說)'을 주장하며 세손의 대리청정을 반대했다.

173 장조(莊祖) : 1735~1762. 조선의 왕세자이며 대한제국에서 추존된 황제이다. 그는 영조의 둘째 아들이며, 정조의 아버지로, 흔히 사도세자(思悼世子) 또는 장헌세자(莊獻世子)로 알려져 있다.

(尊慕)가 비교할 수 없을 뿐입니다. 아! 백련암(白蓮庵) 가의 솔숲이 울창하고 산세가 용의 머리가 구불구불 올라가는 듯한 곳이 공의 혼백이 깃들인 곳으로, 길가는 사람이 가리키며 탄식하고, 초동목부가 오히려 훼손하지 말라고 경계하는 곳입니다. 그런데 불행하게도 근래에 투장(偸葬)하는 변고가 사족(士族, 양반) 사이에 일어났으니, 어찌 하늘이 충심(衷心)에 선(善) 불선(不善)이 있는 것이겠습니까? 아니면 사람으로서 학식이 천박하여 공(公)이 공이 되는 까닭을 알지 못하는 것이겠습니까? 이것이 공을 추모하는 계(契) 모임의 논의가 오늘 크게 일어난 이유입니다. 원근의 여러 동지와 함께 의견을 모아 일을 돈독하게 하고자 하니, 삼가 여러분께서는 살펴주시면 매우 다행이겠습니다.

정충렬공[174] 수계 시 도내 통문

鄭忠烈公修契時通道內文

삼가 우리 고을 정 충렬공(鄭忠烈公) 부자의 순절(殉節)은 뜨거운 태양과 가을 서리처럼 의젓하니, 백 세가 지나도록 없어지지 않을 것입니다. 지난 임신(壬申)의 난리[175]에 관서지방이 어지러웠을 때 크고 튼튼한 번진(藩鎭)에 있던 세신(世臣)과 귀족(貴族)들은 함부로 모두 성을 버리고 도망하거나 머리를 숙이고 항복하였는데, 오직 공만은 하읍(下邑)의 낮은 관리로서 대의로 항거하며 칼날을 무릅쓰고 부자 3인이 꾸짖고 굽히지 않다가 죽었습니다.[176] 이로써 관서(關西) 일대는 이 일로 온전할 수 있었고, 해동의 삼강(三綱)은 끊어졌다가 다시 밝게 되었습니다.

오호라! 위대합니다. 조정에서 절의에 높이 포상하는 은전은 당시에 이미 부족함이 없었고, 관서지방의 인사들은 지금까지 사당을 지어 제사를 드리는데, 오직 한스러운 것은, 고향 땅에서 묘각(墓閣)은 세워지지 않았고,

174 정충렬공 : 조선 후기의 무신 정시(鄭蓍, 1768~1811)로 본관은 청주, 자는 덕원(德園), 호는 백우(伯友)이며, 시호는 충렬(忠烈)이다. 한강(寒岡) 정구(鄭逑)의 8세손이며, 아버지는 창파(蒼坡) 정로(鄭魯)이다. 외가인 선산(善山)에서 태어나 성주군 수륜면 수성리 갖말에서 성장했다. 1799년(정조 23) 무과에 급제하여, 1811년(순조 11) 가산군수(嘉山郡守)로 부임했다. 이때 홍경래의 난이 일어나, 반군이 쳐들어와 투항을 강요하자 정시는 아버지 정로와 함께 꾸짖었으며, 결국 반군에 의해 두 다리가 잘리고 양팔이 잘린 채 살해당했다. 아버지 정로 또한 칼에 맞아 순절하였으며, 아우 정질(鄭䥫)은 형과 함께 저항하다가 상처를 입었으나 목숨은 건졌다.

175 임신(壬申)의 난리 : 1811년(순조 11) 홍경래·우군칙(禹君則) 등이 중심이 되어 일으킨 대규모 농민반란인 홍경래(洪景來)의 난을 의미한다. 1811년 12월부터 이듬해 4월까지 약 5개월간에 걸쳐 일어난 반란이므로, 임신(壬申)의 난리라고 하였다.

176 부자 3인이 …… 죽었습니다 : 사실 죽은 사람은 2인으로 정로(鄭魯)와 정시(鄭蓍)이다. 정시의 동생 정질(鄭䥫)은 큰 부상을 당하였으나 목숨은 건졌다.

묘도(墓道)는 오래 경영하였으나 완성하지 못하였습니다. 이것이 어찌 본손만 답답하게 여길 일입니까? 오히려 우리 족당(族黨)이 함께 탄식해야 할 일입니다. 지금 윤리강상이 무너지고 명예와 절개가 쓸어 놓은 듯이 없어진 때에 이날은 참으로 충(忠)을 드러내고 의(義)를 추모하며, 인심을 맑게 하고 세교(世教, 가르침)를 세워야 하는 날입니다. 이에 본당의 회합에서 수계를 엄중히 논의하고 원근의 여러분과 함께 하고자 합니다. 삼가 원하기는 여러분께서 살피셔서 일을 돈독히 해 주시기를 바랍니다.

종중 통문[177]

通宗中文

대저 일족에게 족보가 있는 것은 조상께 제사드리고 소목(昭穆, 차례)을 밝히며, 조상을 추원하고 후손에게 닿기 위한 까닭입니다. 그 의리는 바르며 그 일은 무거우니 완성하는 것도 참으로 어렵지만 계승하는 것도 매우 어렵습니다. 우리 정씨는 상대(上代)로부터 가전(家傳)이 있고 가승(家乘)이 있고 족회도(族會圖)가 있었는데, 순묘(純廟) 정해(丁亥, 1827)에 이르러야 보첩(譜牒)이 완성되어 인쇄되었습니다. 이것이 어찌 완성하는 것의 어려움이 아니겠습니까? 지금은 정해(丁亥, 1827)로부터 80여 년이 지남에 족보에 기록되지 못하고 있는 자가 많아서, 아버지와 할아버지로부터 3, 4세까지 모두 족보에 들어가지 못한 것이 온 종족이 모두 그러합니다. 이것은 아마도 제 종족이 경향 각처에 흩어져 있어서 회합할 길이 없고 재물이 온전하지 못하였기 때문일 것입니다.

간혹 한 사람이 말을 꺼내면 뭇사람들이 호응하지 않았고, 한 집에서 통문을 내면 각 파에서 어긋났습니다. 그래서 그 일이 하지 않을 수 없는 일인 줄은 알지만 아직도 뒤를 이어서 이루는 자가 없었으니, 그 계승하는 것의 어려움을 어떻게 합니까? 그 어려움을 생각하여 해결하기를 도모하지 않는다면[178] 이 족보는 이루어지는 날이 없을 것이니, 선대 어른들이 고심

---

177 【원주】: 기유(1909, 성재 53세), 족보 편찬 시에 지음.

178 그 어려움을 …… 도모하지 않는다면 : ≪서경≫ <군아(君牙)>에 유사한 표현이 나온다. "여름철 무더위에 내리는 빗줄기에도 소민들은 원망하며 겨울철 혹독한 추위에도 소민들은 또한 원망하니, 백성들은 견디기 어렵기 때문이다. 그 어려움을 생각하여 쉽게 되도록 해 줄 것을 도모하면 백성들이 이에 편안해질 것이다.(夏暑雨 小民 惟曰怨咨 冬祁寒 小民

하고 정성을 쏟은 일이 시작은 있고 끝이 없게 될 것입니다. 그러므로 조상을 높이고 종족을 공경하는 의리는 어찌할 것이며, 인심을 다스리고 풍속을 두터이 하는 도는 어찌하겠습니까?

저희들은 개탄을 이기지 못하겠습니다. 이에 서로 옛 족보를 살피면서 탄식하여, "누구 집의 성쇠는 어떠하며, 누구의 생사는 어떠하며, 후손으로 집안의 명성을 떨어뜨리는 자는 몇 명인지, 어느 파 안에서 문호가 발전한 집은 얼마나 되는지 모르겠다"라고 말합니다. 지금에 오히려 아득히 기억하지 못하는데, 하물며 이렇게 또 몇 세대를 내려가면 자손된 자들이 선조의 사적을 알지 못하며 같은 파(派)에 있으면서도 세차(世次)의 높고 낮음을 가리지 못하게 될 것입니다. 이후에 비록 뜻있는 사람이 힘을 다하여 족보를 만들고자 하여도 일은 증거할 수 없고 형세는 이룰 길이 없으니, 어찌 두려워하고 탄식할 만하지 않겠습니까? 이것은 오직 저희들만의 마음이 아니요, 사실은 이륜(彝倫)을 지닌 여러 군자들도 같은 마음일 것입니다.

이에 자리에 모여서 머리를 맞대고 족보 편찬에 대하여 엄중하게 논의하고자 8월 30일에 회연서당에서 대종회를 갖기로 정하고, 이에 통문을 경향 각파에 돌립니다. 바라옵건대 부디 우리 종중의 여러분께서는 주론(主論)이 저기에 있다 여기에 있다 싫어하지 마시고, 길이 가깝다 길이 멀다고 구애하지 마시고 선대의 뜻을 체득하고 선대의 일을 계술(繼述)하는 마음으로 각 파에서는 위의 날짜에 한두 명을 보내어 주셔서 충분히 토의하여 일이 잘 될 수 있도록 해 주시면 다행이겠습니다.

亦惟曰怨咨 厥惟艱哉 思其艱 以圖其易 民乃寧)"라고 하였다.

지례유림 통문
通知禮儒林文

삼가, 역(易)이라는 책은 네 성인[179]을 거쳐서 갖추어지고 정주(程朱)가 나옴으로써 전(傳)[180]이 있게 되고 의(義)[181]가 있게 됨에, 길흉소장(吉凶消長)의 도와 체용(體用) 현미(顯微)의 이치가 찬란하게 드러나게 되었습니다. 그러나 글을 읽는 자는 오히려 그 미묘함에 근심하고 말을 설하는 자는 오히려 혼미하고 헛갈려 길을 잃게 되었습니다. 이것이 괴천 선생(槐泉先生) 박공(朴公)[182]이 전(傳)과 의(義)를 참작하고 제가(諸家)들의 저술을 절충하여 집해(集解) 3편을 지은 까닭입니다. 경연(經筵)에 바쳐 임금의 포상을 받기도 하였습니다.

그런데 같은 세대의 제현들이 영(營)에 올리는 단자[183]가 있게 되었습니다. 이것은 오정(鰲亭) 김공(金公)[184]이 역남 선생(易南先生)이라는 일컬어지면

179 네 성인 : 주역(周易)에서 말하는 사성(四聖)은 복희(伏羲), 주공(周公), 문왕(文王), 공자(孔子)이다. 이들에 의해 주역의 체계가 완성되었다고 본다. 이들은 특히 이(理)를 중심으로 심(心)을 이해하고 마음의 경지를 도학적으로 끌어올리려는 시도를 했던 것으로 본다.

180 전(傳) : 1099년 송대(宋代)의 유학자인 정이천(程伊川)이 ≪역경≫을 주석한 책인 ≪이천역전(伊川易傳)≫을 이른다.

181 의(義) : 주희의 ≪주역본의(周易本義)≫를 이른다.

182 괴천 선생(槐泉先生) 박공(朴公) : 박창우(朴昌宇, 1636~1702)를 말한다. 그의 본관은 밀양, 자는 여인(汝寅), 호는 괴천(槐泉)으로 영천 출신이다. 어린 시절 큰아버지 박돈(朴暾)에게 학문을 배웠으며 경학(經學)과 사서(史書)를 두루 섭렵, 경주부윤이 실시하는 하과(夏課)에 장원으로 뽑히기도 했다. 김방한(金邦翰), 유극배(柳克培) 등과 함께 ≪주역집해(周易集解)≫ 3권을 찬술하여 경연(經筵)에 진상하여 왕의 극찬을 받았다. 이밖에 저서로 ≪괴천문집(槐泉文集)≫ 2권 1책이 있다.

183 영(營)에 올리는 단자 : 당시에도 ≪주역집해(周易集解)≫의 원저자에 대하여 분쟁이 있었던 듯하다.

184 오정(鰲亭) 김공(金公) : 조선 숙종(肅宗) 때의 학자 김방한(金邦翰, 1635~1698). 자는 공점(公漸)이고, 호는 오정(鰲亭)이다. 본관은 경주(慶州)이고, 출신지는 경상남도 울주이다. 향리에 은거한 채 학문 연구와 후진 양성에 힘썼다. 그는 육경과 제자백가에 두루 통달하였으

서 원서(元書, 주역)를 보완한 것이니 후학에게 아름다운 은혜를 끼침이 어떠하였겠습니까? 지금 들으니, 오정(鰲亭)의 후손이 이에 그 선조가 도와서 만든 책을 도리어 그 선조가 저술한 것이라 하고, 방자하게 판각해서 원근에 반질하였다고 합니다.[185] 아! 남의 말을 취하여 자기의 설로 삼는 것은 군자가 경계하는 것입니다. 평범한 말도 오히려 이와 같아야 하거늘, 하물며 일생의 정력을 다하여 만든, 백 세에 전하여 없어지지 않을 글은 얼마나 중요한 문자인데 마치 남의 물건을 자기 집의 보물로 삼는 것처럼 사실을 바꾸어서 거짓으로 자기 것으로 삼는 것에 있어서이겠습니까?

또 들으니 김공(金公)이 지은 것이 원래 한 권의 책이 있었는데, 이름은 비슷하지만 사실은 같지 않은 것으로 그 후손들이 조심스럽게 잃어버리지 않고 잘 간직하고 있었다고 합니다. 그런데 이 반계(李磻溪)[186]가 한 번 전사한 것으로 인해 발문이 잘못되고 말았으니, 어찌하여 선조 찬양의 본의를 생각하지 않는 것입니까? 또 반계(磻溪) 후손이 두 집안 사이에 화해할 방법은 생각하지 않고 도리어 파란을 조장하는 말을 하게 되니, 이것은 반계에게 영광이겠습니까? 저희들은 멀리 살아서 소식이 늦었지만 개탄을 이기지 못하겠습니다. 이에 우러러 고하오니, 부디 여러분께서 그 진위를 밝혀 그 오류를 정정하여 우리 당의 부끄러움을 오래 끼치지 않도록 해 주시기 바랍니다.

나 특히 ≪주역(周易)≫에 밝았다. 문집으로 ≪오정선생문집(鰲亭先生文集)≫이 전한다.

185 오정(鰲亭) 후손이 …… 반질하였다고 합니다 : 이른바 오정(鰲亭) 김공(金公)의 ≪주역집해(周易集解)≫는 1918년 후손 김시준(金時駿)이 간행한 것을 말한다. 그러나 사실 ≪주역집해(周易集解)≫는 괴천 선생(槐泉先生) 박공(朴公)의 저술이며, 김방한은 오정(鰲亭) 김공(金公)이 편찬을 도운 것이라는 입장이다.

186 이 반계(李磻溪) : 원문에는 '潘溪'로 되어 있으나 '磻溪'로 바로잡는다. 반계는 이양오(李養吾, 1737~1811)를 가리킨다. 그는 경상남도 울주 출신으로 본관은 학성, 자는 용호(用浩)인데, 반계(磻溪)는 그의 호이다. 저서로는 ≪반계집(磻溪集)≫ 7권 3책이 있다. ≪주역집해≫의 말미에 이양오(李養吾)와 이소락(李紹洛)의 발문이 있다.

성재집

제 7 권

봉산 이공 유허비명
鳳山李公遺墟碑銘

고을의 서쪽 봉산(鳳山) 아래 연포리(蓮浦里)는 산이 청명하면서 그다지 높지 않고, 물이 맑으면서도 그다지 급하지 않다. 꿈틀거리는 산줄기 반짝거리는 물결은 위아래로 공손하게 읍(揖)하는 모습이다. 고(故) 첨중추부사(僉中樞府事) 봉산(鳳山) 이공(李公)이 이곳에 은거하면서 덕행을 베풀었는데 드러나지 않고 인몰(湮沒)된 지 거의 300년이 지났다. 올해 봄에 공의 후손 호석(昊錫)이 수동(洙東)과 수철(洙澈)을 시켜 공의 행장을 가지고 나에게 와서 말하기를, "지금은 우리 할아버지와 세대가 멀리 떨어져, 다만 후손이 부진하고 조상의 덕이 인멸되어 전하는 것이 없습니다. 가야산의 묘소는 3대가 함께 있는데 그 차례를 잃어버린즉 제단을 만들고 비석을 세웠습니다. 덕을 기록한 것이 명공(名公)의 손에서 나왔지만 세대가 오래 지나서 퇴락하게 되어 다시 지어서 보완하였습니다. 또 우리 할아버지가 일찍이 선대 노 선생의 문하에 출입하였지만, 옛날 행장에 있는 몇 마디 말 이외에는 문헌이 부족합니다. 공은 선생의 후손이니, 원하건대 말을 베풀어 마을에 비석을 세움으로써 불초 후손들이 불명불인(不明不仁)한 죄를 짓게 되는 것을 면하게 해 주시기 바랍니다."라고 하였다. 나는 사양할 수가 없어서 드디어 행장을 살펴서 비명을 지었다.

속언에 말하기를 호안정(胡安定)의 문인은 묻지 않아도 알 수 있다[1]고 한

1 호안정(胡安定)의 …… 알 수 있다 : 안정(安定)은 북송(北宋) 때의 대유학자 호원(胡瑗)을 가리킨다. 그가 호주 교수(湖州教授)로 있을 적에 경술(經術), 치도(治道) 두 서재를 두어 생도들을 각자의 자질에 맞게 가르치며 크게 학풍(學風)을 일으켜 많은 문하생들이 몰려들

것은 그 말과 행동 때문이며, 부자께서 자천(子賤)의 현명함을 칭찬한 것은 그 부형과 사우들이 투텁게 한 도에 근본한 것이다.[2] 지금 공은 강명(剛明)한 자질로 일찍이 공명(功名)에 뜻을 두고 천문 역법을 배우기를 기뻐하고 활쏘기 말타기를 익히다가 하루아침에 초연하게 외물에 더 이상 매이지 않고 내적 수양 공부에 전심하였다. 가난하여도 부귀를 구하지 않고 도를 즐기면서 늙어가는 줄을 몰랐다. 이것이 어찌 근본이 없이 그렇게 되겠는가?

공은 우리 선조 문목공(文穆公, 정구)의 세대에 태어나, 회연서당(檜淵書堂)과는 겨우 일사(一舍, 30리)의 거리에 살았으니, 아마도 함장(函丈, 스승)들 사이에서 일을 주선하고 명을 들으면서 가르침을 받았으며 또 보고 느낀 것이 어찌 적었겠는가? 그리고 책상자에는 행적을 살펴볼 수 있는 글이 본래부터 보존되지 않겠는가? 그런즉 추로지향(鄒魯之鄕)에서 나고 성장하면서 도덕을 갈고 닦은 행적은 이로써 충분히 믿을 수 있다. 공은 부모님을 섬김에는 몸과 마음을 모두 지극히 섬겼으며, 상(喪)을 치름에는 예법과 슬픔을 모두 갖추었고, 제사를 드릴 때에는 저존불망(著存不忘)[3]의 정성을 다하였다. 새벽에 일어나면 세수하고 빗질하고 가묘에 절하고 어버이를 살피는 것이 공의 평소 예절이었으니, 하늘에서 타고난 자질이 독실하고 두터움을

었는데, 모두 행실과 학문이 훌륭하여 묻지 않아도 그 제자임을 알 수 있었다고 한다. ≪언행귀감(言行龜鑑)≫ 권1

2 부자께서 …… 근본한 것이다 : 배공이 부형(父兄)과 사우(師友)들의 유풍(遺風)으로 말미암아 훌륭하게 되었음을 말한 것이다. ≪논어(論語)≫ <공야장(公冶長)>에서 공자가 제자 자천(子賤)을 칭찬하면서, "군자답구나, 이 사람이여! 노나라에 군자가 없었다면 이 사람이 어디에서 이런 덕을 취하였겠는가.(君子哉 若人 魯無君子者 斯焉取斯)"라고 하였다.

3 저존불망(著存不忘) : 귀신이 드러나고 존재하는 것이 마음에 잊히지 않는다는 뜻으로, ≪예기≫ <제의(祭義)>에, "제삿날에 …… 애모(愛慕)함이 극에 이르면 엄연히 존재하는 듯하고, 성각(誠慤)함이 극에 이르면 눈앞에 드러나서, 드러나고 존재하는 것이 마음에 잊히지 않는 법이니, 어떻게 공경하지 않을 수가 있겠는가.(祭之日 …… 致愛則存 致慤則著 著存不忘乎心矣 夫安得不敬乎)"라고 하였다.

볼 수 있다. 사람을 교육할 때에는 반드시 ≪소학(小學)≫으로부터 시작하였고, 자신에게 절실한 것은 ≪근사록(近思錄)≫과 같은 것이 없다고 생각하고, 죽을 때까지 읽기를 멈추지 않았다. ≪중용≫과 ≪대학≫은 의리가 미묘하고 깊으며 규모가 광대하지만 첫 부분에 밝혀 놓은 서문은 간략하고도 이치를 다하였으므로, 매일 반드시 한 편을 암송한 후에 다른 책을 보았다. ≪시경≫과 ≪서경≫에 대해서도 또한 그렇게 하였다. 기타 성현의 격언과 중요한 말 가운데 마음에 계합하는 것이 있으면 반드시 뽑아서 자리의 오른쪽에 써서 붙여 두고 언제나 눈으로 보면서 직접 체득하는 자료로 삼았다. 이것이 공의 공부의 대략이다.

높은 파도에 배가 흔들리는 경우에도 안색이 흔들리지 않았으니, 달관의 경지[4]가 아니면 능히 그럴 수가 있겠는가? “서리 내린 날 무너진 울타리에 홀로 꽃잎을 펼치도다(霜天籬落 獨敷華英)”라고 한 것은 공이 뜻을 국화에 부쳐 읊은 것인데, 곧 여기에서 그 사람에 대하여 생각해 볼 수 있고 그 세상에 대하여 말할 수 있다.

공의 휘는 탁(琢)이요 자는 자옥(自玉)이다. 시조는 휘 능일(能一)이니, 고려 때 삼중대광대부(三重大匡大夫)로 성산군(星山君)에 봉해졌으며, 자손들은 이로 인하여 관향을 삼았다. 증조는 휘 중화(重華)는 한성판관(漢城判官)이요, 조부는 휘 우장(友章)이며, 선고는 휘 사복(司僕)을 지낸 덕웅(德雄)이며,

4 달관의 경지 : 원문의 ‘사달(舍達)’은 ‘사달여사(舍達如斯)’에서 나온 말로, 달관하여 동요함이 없는 정이(程頤)의 모습을 이른 말이다. 정이(程頤)가 부주(涪州)에 배를 타고 귀양갈 때의 고사에서 나온 말이다. 염여퇴(灩澦堆)를 지날 적에 풍랑이 극심하여 배가 전복될 위기에 처하자 배 안의 사람들이 모두 경악하여 어찌할 바를 몰랐으나 정이만은 동요함이 없이 태연자약하였는데, 언덕 위의 어떤 초부(樵夫)가 정이의 그런 모습을 보고는 큰 소리로 “목숨을 버릴 각오를 해서 그런 것인가, 아니면 이치를 통하여 달관해서 그런 것인가?(舍去如斯 達去如斯)”라고 묻기에 정이가 대답하려고 하였으나 배는 이미 떠난 뒤였다는 이야기가 ≪심경부주(心經附註)≫ <정심장(正心章)> 주석에 보인다.

선비는 밀양 박씨(密陽朴氏)이다. 공은 만력(萬曆) 신묘(辛卯, 1591)에 태어났으며 죽은 해는 전해지지 않는다. 수직(壽職)으로 가선대부(嘉善大夫)에 올랐다. 부인은 창녕 성씨(昌寧成氏) 부(富)의 딸이다. 아들 하나를 낳았으니, 참의(參議)인 욱발(郁發)이다. 참의(參議)는 아들 넷을 낳았으니, 훈련판관(訓鍊判官)인 결핵(結核), 영핵(永核), 가선대부(嘉善大夫)인 원핵(元核), 성핵(成核)이며, 두 딸은 서치원(徐致遠) 구두성(具斗星)에게 시집갔다. 나머지는 기록하지 않는다.

오호라. 공은 아름다운 품성을 타고나서 이미 도를 듣고 일찍이 또 이와 같이 힘써 실천한 것이 오래되었다. 그러므로 기록할 만한 덕과 기록할 만한 행적이 마땅히 이 정도에 그치지 않을 것인데 불행하게도 재앙을 겪어서 기록이 남지 않았다. 세대가 내려올수록 목소리는 더욱 가라앉으니, 아깝도다. 없어지지 않고 남은 것은 후손된 자들이 힘을 다하여 전하려고 하지 않을 수 있겠는가? 이것이 이씨 후손들이 서둘러 유허지에 비를 세우고자 나에게 글을 부탁하는 까닭이다. 명(銘)하여 말한다.

丹穴有鳥　단혈에 봉황이 있으니
羞與凡羽而翶翶　평범한 새들과 어울리기 부끄러워 높이 날았고
秋水有花　가을 물가에 꽃이 있으니
肯向百卉而爭榮　기꺼이 온갖 꽃들과 빛을 다투었다네
是宜君子之居　이곳은 군자의 거처로 마땅하니
百世之下過者　백세 후에 지나는 자는
想聞其德馨香　아마도 덕의 향기를 맡을 것이네

모암 조공 효행비명
慕庵曺公孝行碑銘

자식의 직분을 다하는 것을 효(孝)라고 말하고, 사물을 감동하게 하는 것을 성(誠)이라고 말한다. 효(孝)는 참으로 우리 직분 안의 일이나, 성(誠)이 사물에 이르러 감동하게 한다는 것은 무엇인가? 경(經)에 "효는 하늘의 법칙이고 땅의 의리이며 백성의 길이다."[5]라고 하였으니, 사람으로서 사람의 길을 다한다면 사물도 나와 함께 할 것이다. 다른 종류이면서도 천지의 성품을 함께 얻은 것은 참으로 서로 감응하는 이치가 있다. 하물며 수달이 물고기를 제사한 것[6]은 선조의 은혜에 보답한 것이고, 종이(宗彝)에 호랑이를 그린 것은 그 효를 취한 것이니,[7] 두 사물이 감응한 것이 어찌 더욱 분명하지 않은가?

내가 모암처사(慕庵處士) 조공(曺公)의 일에 대하여 그 자취를 보니 그 행실을 믿게 되었다. 공은 창산인(昌山人)이다. 휘는 계은(啓殷)이며 자는 선여(善汝)이다. 어릴 때부터 지극한 성품을 가지고 있었다. 양친을 섬김에 사랑과 공경을 다하였다. 몸을 받들고 뜻을 받들기를 오직 부모께서 편안하시

5　효는 …… 길이다 : ≪효경≫ <삼재(三才)>에 "효는 하늘의 법칙이고 땅의 도리이다.(夫孝天之經也 地之義也)"라고 하였다. 또 ≪춘추좌씨전(春秋左氏傳)≫ <소공(昭公) 25년>에 "대저 예라는 것은 하늘의 떳떳한 도이고, 땅의 후한 덕이며, 사람이 행하는 길이다.(夫禮天之經也 地之義也 民之行也)"라고 하였다.

6　수달이 물고기를 제사한 것 : 수달이 식량을 비축하기 위하여 물고기를 많이 잡아 늘어놓는 것이 마치 제사를 드리는 것과 같다는 데에서 나온 말로, ≪예기≫ <왕제(王制)>에, "수달이 물고기를 제사 지낸다는 절기가 지난 뒤에야 산지기가 못에 통발을 설치한다.(獺祭魚然後虞人入澤梁)"는 말이 보인다.

7　종묘의 제기에 …… 취한 것이니 : 원문의 '종이(宗彝)'는 천자의 면복(冕服)에 그려진 12가지 문양 가운데 하나로, 종묘의 그릇이라는 뜻이다. 종이(宗彝)의 그림에 호랑이와 긴꼬리 원숭이[蜼]가 그려져 있는데, ≪서경(書經)≫ <우서(虞書)> 주에 '종이(宗彝)는 호유(虎蜼)이니 그 효를 취함이다.(宗彝 虎蜼 取其孝也)'라는 하였다.

기를 힘썼다. 병에는 근심을 다하여 밤낮으로 게을리하지 않았으며, 상(喪)에는 슬픔을 다하여 시묘까지 마쳤다. 무진(戊辰, 1868)에 아버지가 여든한 살 늙은이의 기력으로 다섯 달 설사병을 앓으셨는데, 약도 효험이 없어서, 편작(扁鵲)[8]이 와서 바라보기만 하고서도 가망이 없다고 여겨 멀리 달아날 지경이 되었다. 공의 옷은 띠를 풀지 않았고 발걸음은 바르게 걷지 못하였다. 달고도 부드러운 음식과 탕약을 자신의 힘을 다하여 봉양하였고 대변을 맛보아 병의 경과를 살폈다. 설사가 잦아지자 엉덩이가 짓물러서 비록 가는 솜도 가까이 댈 수 없었는데 공은 문득 혀로 핥아 내었다.

이렇게 한 것이 한 달 여가 되었을 때, 아버지가 하루는 물고기를 먹고 싶다고 하였는데, 계절이 한겨울에 얼음이 굳게 얼은 때였다. 공은 개울가를 오르내리며 하루 종일 울부짖었다. 날이 저물 때 하류에 얼음이 깨어지는 소리가 들렸는데 얼음이 깨어진 곳을 따라 손을 더듬어 두 마리의 큰 물고기를 얻었다. 집으로 돌아감에 한밤중이 지나려 하고 집은 아직 멀었는데, 한 모퉁이를 지나니 호랑이가 길을 막고 으르렁거리며 앞으로 덮치려 했다. 공이 사납게 소리 질러 말하기를, "물고기를 얻어 밤길을 가서 장차 병든 우리 아버지께 드리려고 하는데 네가 만약 그것을 안다면 나를 위하여 잠시 피하여라. 옛날 한나라 때 새끼를 업고 강을 건넌 일이 있었으니, 천륜의 의리를 너도 알지 않느냐?[9]"라고 하였다. 호랑이가 이에 어슬렁

8 편작(扁鵲) : 명의(名醫)를 이른다. 편작은 전국 시대(戰國時代) 정(鄭)나라 사람으로, 성은 진(秦) 이름은 월인(越人). 장상군(長桑君)에게 의술을 배워, 병을 다스리되 진맥(診脈)을 하면 사람의 오장(五臟)을 환히 들여다 보았다고 한다. ≪사기(史記)≫ 105권 <편작열전(扁鵲列傳)>

9 옛날 한나라 …… 알지 않느냐 : ≪자치통감강목(資治通鑑綱目)≫ 광무제(光武帝) 병인년(丙午年, A.D. 46) 조에, 유곤(劉琨)이 홍농 태수(弘農太守)가 되었는데 범이 모두 새끼를 데리고 강을 건너가니, 황제가 듣고 신기하게 여겨 불러들여 광록훈(光祿勳)을 삼았다는 기록이 있다.

거리며 옆으로 비켰으며, 두 눈의 안광(眼光)이 마치 촛불을 켠 듯이 밝아서 밤길을 끝까지 도왔다. 돌아와서 물고기를 드리니 아버지의 병환이 회복되고 몸도 차츰 건강해졌다. 이로부터 5년을 더 살았으니, 기이한 일이다. 정성이 지극하지 않으면 이와 같을 수 있겠는가? 고을의 인사들이 그 일을 천거하여 집정공(執政公)[10]에 알리려 하였으나, 뜻을 이루지 못하고 말았다.

지금 공이 돌아가신 지 20여 년이 되었는데, 맏아들 기문(基文)이 오래되면 없어질까 걱정하여 공이 살던 곳에 비석을 세우려고 하니, 또한 효자이다. 아들 석영(錫永)을 시켜 지어 놓은 가장(家狀)을 가지고 와서 나에게 비석의 명문을 부탁하였다. 오호라! 공처럼 반듯한 행실은 옛날에도 몇 손가락에 들 것이다. 대변을 맛보아서 병세를 살피는 것은 유검루(庾黔婁)[11]와 같고, 얼음 속에서 고기가 뛰어 오른 것은 왕상(王祥)[12]과 같고, 두려워하지 않고 당황하지 않는 것은 은도(殷陶)[13]와 같다. 유검루(庾黔婁)와 왕상(王祥)은 주자를 기다려 소학에 기록되었고, 은도(殷陶)는 도정절공(陶靖節公)을 기다려 5효자와 나란히 서게 되었다. 지금 세상에서 다시 대인(大人, 부친) 선생이 계시고 그대 두 사람이 공을 위하여 비를 세우려 도모하니, 내가 참으

10 집정공(執政公) : 정무를 맡아보는 것 또는 그 직책이나 직명을 의미한다.

11 유검루(庾黔婁) : 남조 양(梁)의 효자이다. 부친이 병들자 자신의 목숨을 대신 바치겠다고 기도했는가 하면, 병의 증세를 살피기 위해 부친의 대변을 맛보기도 하였다. 또 부친이 죽자 예법을 초과하여 여묘살이를 하며 극진히 거상(居喪)하였다. ≪양서(梁書)≫ <열전(列傳) 41> 효행전 '유검루(庾黔婁)'

12 왕상(王祥) : 184~268. 삼국 시대 위(魏)나라 말 서진(西晉) 초 낭야(琅邪) 임기(臨沂) 사람. 자는 휴징(休徵)이다. 성품이 지효(至孝)하여 계모(繼母)가 한겨울에 생어(生魚)를 원하자 곧 강으로 가서 옷을 벗고 얼음 위에 누워 얼음을 녹여 고기를 잡으려고 하니 두 마리의 잉어(鯉魚)가 뛰어 나와 잡아 드렸다고 한다. ≪진서(晉書)≫ 33권 <왕상전(王祥傳)>

13 은도(殷陶) : 도연명이 지은 <서인효전찬(庶人孝傳贊)>에 "은도(殷陶)는 여남(汝南) 사람으로 나이 열두 살에 부친상을 당하였는데 마침 큰 뱀이 집의 문에 가로누워 있었다. 이에 친척들이 모두 위험하다고 자리를 피하라 하였으나 그는 아버지의 영구(靈柩)가 있으므로 피할 수 없다 하면서 더욱 크게 슬피 울었다." 하는 기록이 있다.

로 거절하지 못하였다. 우선 가장을 살펴보고 발췌하여 기록함으로써 자손의 부탁에 대하며, 또한 훗날 입언군자(立言君子)의 질정을 기다린다.

창산 조씨(昌山曺氏)는 신라 태사(太師) 창성군(昌城君) 휘 계룡(繼龍)을 시조로 한다. 이로부터 대대로 이름난 신하 높은 관리들이 끊이지 않았다. 고려에서는 평장(平章)이 여덟이요 소감(少監)이 여섯이었다. 본 왕조에 들어서는 봉군(封君)을 받은 자 두 분이 있으니, 휘 응인(應仁) 호 도촌(陶村)과 휘 정립(挺立) 호 오계(梧溪)이다. 두 분은 모두 덕행(德行)과 명절(名節)로써 칭송을 받았으며, 공에게는 8세조 7세조가 된다. 증조는 휘 한태(漢泰)이니 한성부 좌윤(漢城府左尹)에 주증되었다. 조부는 휘 명우(明佑)이니 중추부사(中樞府事)이다. 선고는 휘 의원(義源) 호 농와(農窩)이며, 선비는 밀성 변씨(密城卞氏) 춘정(春亭) 휘 계량(季良)의 후손인 필화(弼和)의 딸이다. 공은 순묘(純廟) 기축(己丑, 1805) 3월 24일 강양(江陽, 합천)의 압호리(鴨湖里) 집에서 태어났다. 향년 64세로 태상(太上) 무진(戊辰, 1868)[14] 8월 26일에 죽었다. 묘는 상령(相嶺) 서쪽 상곡(上谷) 자좌(子坐) 언덕에 있다.

부인은 동래 정씨(東萊鄭氏) 동평군(東平君) 선경(善慶)의 후손 효언(孝彦)의 딸이다. 남편의 뜻에 잘 순종하였고 시부모를 효성스럽게 봉양하였다. 공보다 17년 후에 죽었으며, 묘는 모 골[某谷] 모 좌(某坐)에 있다. 아들은 셋이니, 장남은 곧 기문(基文)이며, 다음은 욱문(郁文)과 위문(渭文)이며, 딸은 하나인데 배문의(裵文懿)에게 시집갔다. 손자 이하는 기록하지 않는다.

공은 타고난 천품이 비범하였다. 아이 때에 놀이를 할 때에도 진퇴에 법도가 있었고 사람을 대하는 것을 공손하게 하였다. 마음으로부터 우러난 우애[15]로 두 형에게 돈독하게 대하니, 종족이 칭찬하고 공의 화목(和睦)과

14 무진(戊辰, 1868) : 원문에는 임진(壬辰)으로 되어 있으나 무진(戊辰)의 오기이다. 향년 64세로 추정한 간지이다.

신의(信義)는 향당에서 유명하였다. 이것은 모두 효를 미루어 나간 것이다.

명(銘)하여 말한다.

卓哉曹公　　우뚝하도다. 조공이여
行篤百源　　백행의 근원[효]을 독실히 하는도다.
誠之自我　　정성스러움은 나로부터 시작하여
迺通于天　　이에 하늘에 통하였도다.
親疾在床　　부친이 병상에 있을 때
有求無緣　　물고기를 구할 방법이 없었도다.
不網不釣　　그물질도 하지 못하고 낚시질도 하지 못하였는데
河伯呈鮮　　하백(河伯, 물의 신)이 고기를 주었도다.
不惑不懼　　당황하지도 않고 두려워하지도 않으니
山君導前　　산군(山君, 호랑이)가 앞길을 인도하였도다.
歸報于庭　　집에 돌아가 드리니
虎去魚全　　호랑이는 가고 물고기는 완전하였도다.
親之嘗之　　직접 대변을 맛보며 간병하니
以康以年　　건강하여 몇 년을 더 사셨도다.
誰其使之　　누가 그렇게 하였나
匪力伊神　　저 신령의 힘이 아닌가?
用表厥居　　살던 곳에 비석을 세워서
永世之傳　　영원히 전하도다.

15 마음으로부터 우러난 우애 : 원문의 '인심지우(因心則友)'는 ≪시경(詩經)≫ <황의(皇矣)>의 "오직 이분 왕계가 마음으로부터 우애하여(維此王季 因心則友)"라는 구절에서 인용한 말이다.

익암선생 이공 묘갈명
嗌庵先生李公墓碣銘

외재(畏齋) 이 선생(李先生)[16]은 사상(泗上, 정구)의 학문을 전수받아 취령(鷲嶺) 남쪽에서 도를 강론하시니 이 스승의 문하를 지나간 자에는 익암(嗌庵) 휘 도보(道輔)가 있다. 선생은 아름다운 자질을 타고 나서 부모와 스승의 가르침을 받들어 실천함이 이미 독실하고 내면을 기름이 더욱 두터웠다. 대개 선생은 곧 정문(程門)의 유양(游楊)[17]이니, 공은 서산(西山)에게 구봉(九峯)이 있는 것[18]이라고 말할 수 있다. 공은 본래 아이 때부터 행동거지에 법도가 있어서 사람들이 대인동자(大人童子, 애어른)이라고 불렀다. 할아버지 참판공(參判公)이 머리를 어루만지며 말하기를, "백옥같은 자질은 물들여도 검어지지 않을 것이다."[19]라고 하였고, 대인공(大人公, 부친)은 공의 흰 눈썹

16 외재(畏齋) 이 선생(李先生) : 이후경(李厚慶, 1558~1630)을 지칭한다. 본관은 벽진(碧珍)이며, 자는 여무(汝懋), 호는 외재(畏齋)이다. 그는 한강(寒岡) 정구(鄭逑)의 문하에서 수학하였으며, 광해군 때 이시발(李時發)과 김우옹(金宇顒)의 천거로 세자익위사세마(世子翊衛司洗馬)에 임명되었으나 사퇴했다. 저서로는 ≪외재집≫이 있다.

17 유양(游楊) : 정문사선생(程門四先生)의 한 명으로 일컬어지는 유작(游酢, 1053~1123)과 양시(楊時, 1053~1135)를 아울러 부른 말이다. 유작의 자는 정부(定夫), 호는 광평(廣平), 시호는 문숙(文肅)이며 건양(建陽) 사람이다. 양시는 자는 중립(中立), 호는 구산(龜山), 시호는 문정(文靖)이며 검남(劍南) 사람이다. 그의 학문은 나종언(羅從彦)과 이통(李侗) 등을 거쳐 주자에게로 이어져 이학(理學)의 형성과 발전에 중요한 영향을 끼쳤다.

18 서산(西山)에게 구봉(九峯)이 있는 것 : 서산은 송나라 때 학자인 채원정(蔡元定)의 호이고 구봉은 채침(蔡沈)의 호이다. 두 사람은 부자간으로 모두 주자에게 수학하여 학문의 경지가 높았는데, 서산은 당시 사람들이 잘 모르는 홍범(洪範)의 수(數)에 대하여 홀로 깨닫고 있었으나 미처 논저(論著)하지 못하자 "나의 뒤를 이어 학설을 완성시킬 사람은 나의 아들일 것이다."라고 하였고, 주자 역시 노년에 ≪서경집전(書經集傳)≫을 쓰다가 완성하지 못하자 제자인 채침에게 부탁하였다. ≪송사(宋史)≫ 권434 <유림열전(儒林列傳) 채원정(蔡元定), 채침(蔡沈)>

19 물들여도 검어지지 않을 것이다 : 나쁜 것에 물들지 않을 것이라는 뜻이다. ≪논어(論

을 가리키며, “참으로 우리 집안의 백미랑(伯眉郎)이로다.”라고 하였다. 열다섯에 대인공(大人公)을 따라가서 우리 선조 문목공(文穆公) 선생을 백매원(百梅園)에서 뵈니, 선생께서 함께 이야기하고 기특하게 여겨서 “그 아비의 아들이 이렇게도 자질이 훌륭하구나.”[20]라고 하셨다.

어려서 변란을 만나 달아나 피신하였고, 열두 살에 처음으로 배움을 받으니 문사(文辭)가 날로 발전하여 동급생 중에는 따라올 자가 없었다. 일찍이 스승에게 나아가 내면 수양 공부에 전심하여 날마다 성리서(性理書)를 취하여 정밀하게 연구하고 깊이 생각하니, 어쩔 수 없이 ≪중용(中庸)≫과 ≪대학(大學)≫에 더욱 깊이 연구하게 되었다. 외재(畏齋) 선생이 일찍이 말하기를, “두 경서 공부는 내가 공보다 못하다.” 하고 묻는 자가 있으면 반드시 공에게 명령하여 대답하게 하였다. 옛 성현의 가언(嘉言)과 선행(善行) 가운데 자신에게 요긴한 것을 뽑아서 아침저녁으로 외우기를 일찍이 게을리하지 않았다. 이것이 공의 학문이 나아간 바이다. 부모를 섬김[21]에 기쁨을 다하였고 병이 들었을 때에는 옷을 바꾸어 입지 않았고, 변을 맛봄으로써 차도를 살폈고, 상을 당해서는 이척(易慽)의 도[22]를 극진히 하였으며, 상이 끝날 때까지 거친 밥[23]을 먹었으며, 제사를 지낼 때 산재(散齋)와 치재(致

語)≫ <양화(陽貨)>에 “갈아도 끄떡없으니 굳건하지 아니한가. 물들여도 여전하니 결백하다고 해야 하지 않겠는가.(不曰堅乎 磨而不磷 不曰白乎 涅而不緇)”라고 하였다.

20 그 아비의 …… 훌륭하구나 : 외재 이후경(李厚慶, 1558~1630)과 익암 이도보(李道輔, 1587~1651)는 부자 관계이다. 이 때문에 이렇게 말하였다.

21 부모를 섬김 : 원문의 ‘색양(色養)’은 자식이 낯빛을 화기롭게 하여 부모를 봉양하는 것, 혹은 자식이 부모의 안색을 살피면서 봉양하는 것을 말한다. 자하(子夏)가 효(孝)에 대해서 물었을 때, 공자가 ‘색난(色難)’이라고 대답한 데에서 나온 말로, 자식이 즐거운 얼굴색으로 부모를 봉양하는 것이 어렵다는 해설과 부모의 안색을 잘 살펴서 봉양을 잘 하는 것이 어렵다는 해설이 있다. ≪논어(論語) <위정(爲政)>

22 이척(易慽)의 도 : 형식적으로나 내용적으로 모두 훌륭하게 상례를 치르는 것을 말한다. ≪논어≫ <팔일(八佾)>에 “상례는 형식적으로 잘하기보다는 차라리 슬퍼하는 마음이 가득해야 한다.(喪 與其易也 寧戚)”라고 하였다.

齋)는 반드시 정성스럽게 하고, 제사 음식은 직접 점검하였다. 자식을 훈육함에는 반드시 먼저 소학을 읽도록 하여 쇄소응대(灑掃應對)의 예절을 알고 애경(愛敬)의 의리를 밝혀서 외도(外道)로 달려가거나 단계를 뛰어넘지 않도록 하였다.

일찍이 말하기를, "사람에게 인(仁)이란 음식을 먹지 않을 수 없는 것과 같다."라고 하였다. 인(仁)을 하는 것은 자기에게 달려있으니 우리 성품을 다하는 것이 곧 이것이다. 사람 대하기를 성(誠)으로써 하고, 아랫사람 거느리기를 너그러움으로써 하고, 비록 비천한 자라도 일찍이 오만하거나 태만하게 대하지 않고, 거기에 더하여 사람에게 선한 일이 있으면 드러내지 못할까 걱정하고 선하지 못한 일이 있으면 일찍이 곧바로 배척하지 않음이 없었으며, 훌륭한 점을 칭찬할 때에는 길게 하고 나쁜 점을 비평할 때는 짧게 하였다.[24] 그러므로 사람이 현명한 사람이거나 불초한 사람이거나 모두 그에게 기쁜 마음을 얻었다. 약관(弱冠, 20세)에 과거 공부를 하여 26세에 사마시에 합격하였다. 이로부터 명성을 크게 떨쳤으나 마침내 동위(東圍)의 시험[25]에 낙방하였다. 이것은 대개 그의 성품에 이것을 달갑게 여기지 않았기 때문이었다.

정묘호란(丁卯胡亂, 1627)에 임금이 강화도로 행차를 가심에 선공(先公, 부친)이 호종하고 공(公)이 의병을 일으켜 군대를 달려갈 때, 명령을 듣지 않

23 소사(疏食) : 원문의 '소사(疏食)'는 상주가 거상 중에 고기류를 먹지 않는 것을 말한다. ≪예기(禮記)≫ <상대기(喪大記)>에 "장사 지낸 뒤 주인은 거친 밥을 먹고 물을 마시며 채소와 과일을 먹지 않는다.(旣葬 主人疏食水飮 不食菜果)"라고 한 말을 인용한 것이다.

24 훌륭한 점을 …… 짧게 하였다 : ≪춘추공양전(春秋公羊傳)≫ 소공(昭公) 20년에 ""훌륭한 점을 칭찬할 때는 길게 하고 나쁜 점을 비평할 때는 짧게 한다.(善善長 惡惡短)"라고 했다.

25 동위(東闈)의 시험 : 과거 시험장은 극위문(棘圍門)이라고 한다. 이는 외부와 차단된 공간에서 시험이 진행되었음을 의미한다. 여기서는 대과를 말한다.

는 병졸 둘의 목을 베니, 무리들이 모두 두려워 복종하였다. 겨울에 선공(先公)을 따라 음성(陰城) 임지에 갔는데 시속에 따라 다스리는 것이 많았으므로 공이 기준을 세웠다.[26] 공(公)은 비록 당시에 쓰이지는 못하였지만 그의 쌓은 능력을 알 수 있다. 정축(丁丑)년에는 유일(遺逸)로서 제릉참봉(齊陵參奉)에 제수되었으나 부임하지 않았다. 작은 재사를 짓고 익암(益庵)이라고 편액을 달고, 또 옥산재(玉山齋)를 짓고 지내면서 생을 마쳤다. 당형(堂兄, 종형)인 복재공(復齋公),[27] 간송당(澗松堂) 조공(趙公)[28]과 함께 지팡이 짚고 짚신 신고서 서로 따라 노닐었다.

공의 자는 익지(益之) 호는 익암(益庵)이다. 이씨(李氏)는 벽진(碧珍)의 대성(大姓)이다. 시조 휘 총(悤)은 신라말에 큰 공을 세웠으며, 자손들이 혁혁한 벼슬을 하였다. 본조에 들어서는 휘 약동(約東)이 있으니, 시호는 평정공(平靖公)이요, 문장과 행의(行義)로 세상의 칭송을 받았다. 휘 승원(承元)을 낳았으니, 통정대부(通政大夫) 선전관(宣傳官)이요, 공에게는 고조부가 된다. 증조는 휘 유온(有溫)이니, 통정대부(通政大夫) 이천부사(利川府使)이다. 조부는 휘 엄(儼)이니 호조참판(戶曹參判)에 증직되었다. 선고는 휘 후경(厚慶)이니, 병조참의(兵曹參議)에 추증된 분으로 곧 외재선생(畏齋先生)이다. 선비는 현풍곽씨(玄風郭氏) 예곡선생(禮谷先生) 일(赾)의 딸과 성주 김씨(星州金氏) 훈련봉

26 기준을 세웠다 : 원문의 '찬획(贊畫)'은 기준을 세워서 이끌다는 의미이다.

27 복재공(復齋公) : 복재(復齋) 이도자(李道孜, 1559~1642)를 말한다. 본관은 벽진(碧珍), 자는 지지(至之), 호는 복재(復齋) 혹은 양심헌(養心軒)이다. 정구(鄭逑)의 문인으로 회연과 무흘에서 심학과 예학을 강론하였다. 저서로는 ≪복재집(復齋集)≫ 2권이 있다. 덕봉서원(德峰書院)에 제향되었다.

28 간송당(澗松堂) 조공(趙公) : 조임도(趙任道, 1585~1664)를 말한다. 그의 본관은 함안(咸安), 자는 덕용(德勇) 혹은 치원(致遠), 호는 간송(澗松)이다. 경상남도 함안군 출신으로, 8세 때 임진왜란, 14세 때 정유재란을 겪으며 여러 지역으로 피난하였으며, 1607년 초봄에 용화산 아래 뱃놀이에 참여, 한강 정구, 여헌 장현광 등 당대 석학들과 교류하였다. 저서로는 ≪간송집(澗松集)≫ 7권 4책이 있다.

사(訓鍊奉事) 영성(永成)의 딸이다. 공은 곽씨(郭氏)의 소생으로, 만력(萬曆) 정해(丁亥, 1587)에 태어나 신묘(辛卯, 1651)에 죽었으니, 향년 65세였다. 묘는 옥산재(玉山齋) 앞 산기슭 갑좌(甲坐) 언덕에 있다. 부인은 의인 안씨(宜人安氏) 뇌곡공(磊谷公) 극가(克家)의 딸이니, 6남 2녀를 낳았다. 아들은 수(洙)·부(溥)·전(瀍)·염(濂)·순(洵)·영(泳)이며 딸은 허빈(許瀕)과 검열(檢閱) 강교년(康喬年)에게 시집갔다. 수(洙)의 아들은 시장(是樟)과 시재(是梓)이며, 딸은 어준경(魚俊卿)·이경번(李景蕃)·이시익(李是益)에게 시집갔다. 부(溥)의 아들은 시모(是模)이며, 딸은 진사 김기정(金氣正)에게 시집갔다. 전(瀍)의 아들은 시식(是栻)과 시두(是杜)이다. 염(濂)의 아들은 시표(是杓)·시건(是楗)·시권(是權)·시격(是格)이다. 순(洵)의 아들은 시매(是梅)이며 딸은 이두장(李杜章)·허재(許梓)·강원재(姜遠載)·송덕린(宋德麟)에게 시집갔다. 영(泳)의 아들은 시헌(是櫶)·부호군(副護軍) 시운(是檼)·시의(是檥)·주부 시학(是欅)이며, 딸은 부사(府使) 손석기(孫碩基)에게 시집갔다. 허빈(許瀕)의 아들은 시창(時昌)과 시형(時亨)이며, 딸은 신석문(辛碩文)에게 시집갔다. 강교년(康喬年)은 후사가 없다. 증손 현손 이하는 다 기록하지 못한다.

하루는 공의 여러 후손들이 모씨를 시켜서 편지를 전하여 말하기를, "지금 우리 선조가 돌아가신 지 수백 년인데, 무덤에 비석이 없어 당시에 드러내지 못한 지극한 행실과 아름다운 덕이 또한 장차 전하는 자가 없어서 없어지려 합니다. 지금 돌을 깎아 감히 당신을 번거롭게 하려고 합니다. 당신은 문목 선생(文穆先生, 한강 정구)의 후예가 아니십니까?"라고 하였다. 이에 어떻게 차마 사양하겠는가? 드디어 가장(家狀)을 살피고 그 대략을 모아서 말하였다. 명(銘)은 다음과 같다.

翼翼畏翁	우뚝한 외재(畏齋)공은

百世之則	백 세의 법이로다.
庭有肖嗣	가정에 훌륭한 후사가 있으니
玉質而琢	백옥 자질을 갈고 닦았도다.
道接淵泗	도는 회연(檜淵, 정구)에 닿아있고
業精曾思	학업은 ≪대학≫과 ≪중용≫[29]에 정묘했네.
有蘊不施	쌓은 학문을 펴지 못하였으니
吁嗟命矣	아! 천명이도다.
玉山之陽	옥산의 남쪽에
有崇四尺	4척 무덤이 있으니
哲人之藏	철인이 잠든 곳이라
過者必式	과객은 반드시 공경하리라.

29 대학과 중용 : 원문의 '증사(曾思)'는 증자(曾子)와 자사(子思)를 지칭하는 말로, 곧 대학과 중용을 의미한다.

부지암 배공 묘갈명
不知庵裵公墓碣銘

우리 고을에 독행군자(篤行君子)가 있으니 부지암(不知庵) 배공(裵公)이다. 공(公)은 자연 속에서 70년을 살다가 죽었으니, 대개 남이 알아주기를 바라지 않았을 뿐만 아니라 남이 알아주는 것을 원하지도 않았다. 정재(定齋) 류공(柳公)[30]은 덕이 높은 분으로 사람을 추허(推許)하는 예가 드물었는데, 공을 보고 서로 아는 것이 늦음을 탄식하고 그의 호(號)대로 실천함을 칭찬하였다. 해창(海蒼) 강공(姜公)과 상서(尙書) 한공(韓公)은 고아한 식견에 진중하고 정직한데 공을 만남에 문득 관사(館舍)를 비우고 자리를 마련하여 자신을 낮추어 예대(禮待)하였다. 고향에 있는 우리 집안의 대부(大父) 진암(進庵)[31]과 고헌옹(顧軒翁)[32]은 공을 인정함이 더욱 깊었다. 여기에서 공을 알 만한 사실을 볼 수 있는데, 저 부지(不知)의 알지 못한다는 것은 공에게 무슨 뜻이 있는가?

나[在夔]는 만생말학(晩生末學)으로서 공의 얼굴을 뵙고 공의 훈도를 받지 못하였으니, 또한 공을 알지 못하는 사람이다. 어느날 공의 족손 상우(相禹)

30 정재(定齋) 류공(柳公) : 정재(定齋) 류치명(柳致明, 1777~1861)을 가리킨다. 그의 본관은 전주(全州), 자는 성백(誠伯), 호는 정재(定齋)이다. 퇴계 이황, 학봉 김성일, 대산 이상정 등의 학맥을 계승하여 19세기 영남 성리학 발전에 크게 기여한 인물로 평가받는다. 저서로는 ≪주절휘요(朱節彙要)≫, ≪예의총화(禮疑總話)≫, ≪가례집해(家禮輯解)≫ 등이 있으며, 문집으로 ≪정재집(定齋集)≫ 27책이 남아있다.

31 진암(進庵) : 정교(鄭墧, 1799~1879)를 가리킨다. 19세기 성주를 중심으로 활동한 학자이자 문신이다. 본관은 청주(淸州), 자는 중교(仲喬), 호는 진암(進庵) 또는 하하재(下下齋)이다. 본관은 청주(淸州)이다. 저서는 ≪진암선생문집(進菴先生文集)≫ 8권 4책이 있다.

32 고헌옹(顧軒翁) : 정래석(鄭來錫, 1808~1893)을 가리킨다. 본관은 청주(淸州), 자는 치인(致仁), 호는 고헌(顧軒)이다. 저서로는 ≪고헌집(顧軒集)≫ 8권 4책이 전한다.

씨가 공의 유사를 적어서 편지로 나에게 묘도문을 부탁한다면서 말하기를, "석재는 이미 마련하였습니다. 아! 장차 공께 길이 남을 글을 받고자 합니다."라고 하였다. 응하지 않고, 세상의 입언군자(立言君子)에게 구하도록 하였지만 반드시 어리석은 나를 고집하니, 이것은 또한 공이 암자의 이름을 부지(不知)라고 지은 뜻이 아니겠는가?

삼가 살피니, 공의 휘는 석일(錫一) 자는 문서(文瑞)이며, 배씨(裵氏) 가계는 성산(星山)에서 나왔다. 시조는 휘 인경(仁慶)인데 흥안군(興安君)에 봉해졌다. 본 왕조에 들어서는 휘 치(絺)는 청백리(淸白吏)로 이름났다. 5세를 내려와 휘 덕문(德文)이 있으니 문과급제를 하였고 이조판서(吏曹判書)에 추증되었다. 설(楔)을 낳으니 병조판서(兵曹判書)에 추증되었다. 이분이 휘 상호(尙虎)를 낳았으니 진사로, 이조판서(吏曹判書)에 추증되었으며, 호는 괴재(愧齋)[33]이며 백씨 등암공(藤庵公)[34]과 우리 선조 문목공(文穆公, 한강 정구)의 문하에서 수학하였으며, 함께 도천서원(道川書院)에 제향되었다. 공에게는 7세조가 된다. 증조는 휘 욱소(旭紹)이며, 조부는 휘 만섭(萬燮)이며, 선고는 휘 용수(龍壽)이니, 모두 문학과 효우(孝友)로 칭송받았다. 선비는 야성 송씨(冶城宋氏) 우의정 렴(濂)의 후손인 겸진(謙鎭)의 딸이다. 순묘(純廟) 계유(癸酉, 1813) 3월 26일에 공을 낳았다. 공은 성품이 따뜻하고 기질이 빼어났다. 뜻은 고결하고 행실은 방정하였다. 집안이 가난하여 자주 끼니를 잇지 못하였으나 처신이 편안하였다. 일찍이 과거 공부를 그만두고 오로지 내면을

33 괴재(愧齋) : 배상호(裵尙虎). 본관은 성주(星州). 자는 계장(季章). 호는 괴재(愧齋). 성주 출신. 진사로, 이조판서(吏曹判書)에 추증되었다. 등암 배상룡의 아우이며, 정구(鄭逑)의 문인이다.

34 등암공(藤庵公) : 배상룡(裵尙龍, 1574~1655). 본관은 성주(星州). 자는 자장(子章), 호는 등암(藤庵). 성주 출신. 할아버지는 사재감정(司宰監正) 배덕문(裵德文)이고, 아버지는 영남수군절도사 배설(裵楔)이다. 정구(鄭逑)와 장현광(張顯光)의 문인이다.

향한 공부에 전념하였다. 문사(文辭)는 평범하고 담담하며 필법은 정묘하고 반듯하였다. 대개 여가의 일은 어진 선조를 드러내고 높이는 일에 더욱 독실하게 하였으니, 선대의 문집을 인쇄하여 반질하고 서원을 규획(規劃, 관리)하는 것에 마음과 힘을 다하였다. 일찍이 선대의 일로 서울에 4년을 머물 때 한 번도 권문세가에 발걸음을 하지 않았고 성재(性齋) 허 문헌공(許文憲公)[35]을 좇아 노닐었으며, 벼슬살이를 권함이 있으면 학문이 부족하다고 말하였다. 양 대에 걸쳐 추증의 은전을 받자 나의 뜻을 이루었다고 말하고 드디어 호탕하게 남쪽으로 내려와서 문을 걸고 고상한 경지에 노닐면서 생을 마쳤다. 향년 76세이며, 묘소는 옛날에는 주(州)이 북쪽 지남동(指南洞)에 있었는데 지금은 이장을 하여 전인(全仁) 성남(城南)[36] 해좌(亥坐) 언덕에 있다. 부인은 김해 김씨(金海金氏) 상탄(尙坦)의 딸과 상산 김씨(商山金氏) 형탁(亨鐸)의 딸이다. 3남 2녀를 낳았으니, 아들은 하순(夏淳)·응순(應淳)·운홍(運洪, 출계함)이며 사위는 이병주(李炳周)·도인모(都仁模)이다. 하순(夏淳)의 아들은 상목(相穆)·상재(相在)·상현(相賢)이며 딸은 이낙승(李洛承)에게 시집갔다. 응순(應淳)의 아들은 상정(相鼎, 출계함)·상근(相根)·상영(相英)·상갑(相甲)이며 딸은 유상수(劉尙壽)에게 시집갔다. 운홍(運洪)의 아들은 상칠(相七)·상렬(相烈)이며 사위는 이재명(李在明)·이원후(李元厚)이다. 내외 손자 증손 현손은 남녀 30여 명인데 다 기록하지 못한다. 명(銘)하여 말한다.

35 성재(性齋) 허 문헌공(許文憲公) : 허전(許傳, 1797~1886)을 가리킨다. 본관은 양천(陽川), 자는 이로(以老), 호는 성재(性齋)이며, 문헌공은 그의 시호이다. 기호 남인 학맥을 계승하여 당대 유림의 종장으로 추앙받았으며, 실심(實心)·실정(實政)을 강조하며 현실에 기반한 개혁안을 제시했다. 저서로는 ≪성재집(性齋集)≫ 44권 22책이 있다.

36 전인(全仁) 성남(城南) : 묘소를 처음에는 성주군 성주읍 금산리 지남동(指南洞) 선영 왼쪽 산록에 있었으나, 이후 성주군 대가면 도남리 전인(全仁) 성남(城南)으로 이장하였다.

質之慤	질정하는 것이 정성스럽고
學之博	배운 것이 넓었고
守之確	지킨 것이 굳었도다.
嗚呼	오호라!
可以藏	간직할 만하고
可以光	빛날 만하고
可以昌	창성할 만하도다.

덕은 여공 묘갈명
德隱呂公墓碣銘

의춘(宜春, 의령)의 남쪽에 대덕산(大德山)이라는 산이 있는데 우뚝하고 넓게 트인 모습이 마치 덕이 있는 정인군자(正人君子)와 같았다. 그곳에 살면서 산의 빼어난 영기(靈氣)를 체득하고 우뚝한 기상을 가지고 세상을 경륜할 뜻을 품으며 물고기 잡고 나무하는 즐거움을 좋아하면서 의젓이 한 지방의 추앙을 받는 이가 덕은(德隱) 여공(呂公)이 바로 그분이다. 타고난 자품이 호방하여 지기(志氣)가 짝할 무리가 없었다. 일찍이 공명을 세우기에 분발하여 어려서부터 과거공부를 한다고 이름이 났었으며, 간간이 병법을 논하기를 즐거워하였다. 이미 여러 번 낙방하고 난처함이 더욱 심해진 후에야 우리 유가의 사업은 애초에 여기에 있지 않음을 알고 되돌려서 육경에서 구하였다.

류 정재(柳定齋) 선생[37]이 평상(坪上)에서 도(道)를 강론한다는 말을 듣고 가서 선생으로 따르니, '학문에 잠심하며[潛心問學] 의리를 함양하라[義理滋養]' 등의 말을 직접 써서 주면서 권면하였다. 물러나 가슴에 새기며 부지런히 노력하고 오가며 질문하니, 여러 번 사문의 격려를 받았다. 성품은 지극히 효성스럽고 우애가 있어 부모를 섬김에 사랑하는 마음과 공경하는 마음을 모두 지극히 하였다. 약관(弱冠, 20세)에 부모의 상을 당함에 거상(居喪)을 잘한다고 소문이 났으며, 제사는 반드시 살아계실 때처럼 정성을 다하

37 류 정재(柳定齋) 선생 : 류치명(柳致明, 1777~1861)을 가리킨다. 경상북도 안동 출신. 본관은 전주(全州), 자는 성백(誠伯), 호는 정재(定齋). 조선후기 대사간, 한성좌윤, 병조참판 등을 역임한 문신 학자이다.

였다. 두 형님을 모심에는 부모를 섬기듯이 하여 무릇 일이 있으면 자신이 먼저 수고하여 형의 마음을 편안하게 했다. 만년에 이르러 백씨가 성주 합천 사이에 나누어 살게 되었는데, 공이 아들을 보내어 대신하며 살피게 하였으며, 백 리 길이었지만 일찍이 오래 거르는 일은 없었다. 사람을 가르치는 것에 더욱 힘쓰시니 효제(孝悌)를 근본으로 삼고 충신(忠信)을 중심으로 삼았다. 선하지 못한 사람이 있으면 간절하게 꾸짖고 일찍이 말과 얼굴빛을 꾸미지 않았다. 선한 자는 권하고 못난 자는 벌주었다.

학업을 일으키고 풍속을 선하게 하는 것에는 현인을 높이는 것만 같은 것이 없으니 즉시 군의 동쪽 미연(嵋淵)에 허 문정(許文正) 선생[38]의 서원을 세우고 향리 자제들과 함께 봄 가을에 예를 배우고 월 초하루에 강의 자리를 마련하니, 고을의 풍속이 크게 변하였다. 당시에 유학[斯文]을 크게 도운 공이 인정되었다. 집이 가난하였으나 베풀기를 즐거워하였다. 무릇 의리에 마땅한 일이라면 재물의 유무를 헤아리지 않고 마음을 다하여 마련하였다. 만년에 대덕산(大德山) 아래 집을 짓고 노닐며 늙음을 마쳤다. 사귄 사람은 모두 당세의 뛰어난 선비였으니, 허성재(許性齋)[39] 이응와(李凝窩)[40] 이긍암(李肯菴)[41] 권이재(權頤齋)[42] 이암후(李岩后)[43] 최해암(崔海庵)이 교의가 두터운

38 허 문정(許文正) 선생 : 허목(許穆, 1595~1682)을 가리킨다. 자는 문보(文父) 혹은 화보(和甫), 호는 미수(眉叟)·태령노인(台嶺老人)·석호노인(石戶路人), 본관은 양천(陽川)이다. 시호는 문정공(文正公)이다. 송시열과 예학(禮學)에 대해 논쟁한 남인의 핵심이자 남인이 청남(淸南)과 탁남(濁南)으로 분립되었을 때는 청남의 영수로서, 조선후기 정계와 사상계를 이끌어간 인물이다.

39 허성재(許性齋) : 허전(許傳, 1797~1886)를 말한다. 본관은 양천(陽川), 자는 이로(而老), 호는 성재(性齋), 시호 문헌(文憲)이다. 춘추관기사관, 우부승지, 병조참의 등을 역임한 문신이다.

40 이응와(李凝窩) : 이원조(李源祚, 1792~1871)를 말한다. 본관은 성산(星山), 자는 주현(周賢), 호는 응와(凝窩), 시호는 정헌(定憲)이다. 경주부윤, 대사간, 공조판서 등을 역임한 문신이다.

41 이긍암(李肯菴) : 이돈우(李敦禹, 1807~1884)로, 대산 이상정의 현손이다. 본관은 한산(韓

분이다.

공은 성산인(星山人)으로 휘 대표(大驃) 자 순여(順汝)이며 덕은(德隱)이 호이다. 시조는 휘 양유(良裕)이니 고려말 삼중대광(三重大匡)의 관직을 지냈다. 본 왕조에 들어서는 휘 희림(希臨)[44]이 있으니, 일사(逸士)로서 지평(持平)을 지냈으며 호는 원정(圓亭)이며 천곡사(川谷祠)에 제향되었다. 휘 침(沈)은 증참의(贈參議)니, 우리 선조 문목공(文穆公, 한강 정구)께서 그의 묘지명을 지었다. 휘 망거(望擧)는 은거하신 분으로 행의(行義)가 있었으니, 공의 5세조이다. 증조는 휘 제광(齊光)이며 조부는 휘 선일(宣一)이니, 호가 소미(少眉)이며, 어질고 문장을 잘하였다. 선고는 휘 문행(文行)이며 선비는 은진 임씨(恩津林氏) 양직(養直)의 딸이다. 공은 순묘(純廟) 임술(壬戌, 1802)에 태어나 태상(太上) 기사(己巳, 1869)에 죽으니, 향년 68세이다. 묘는 산의 역곡(役谷) 을좌(乙坐) 소미공(少眉公) 무덤 아래에 있다. 부인 교하 노씨(交河盧氏) 관진(寬鎭)의 딸은 아들 하나 학회(鶴會)를 두었다. 부인 벽진 이씨(碧珍李氏) 기덕(基德)의 딸은 4남 붕회(鵬會)[출계함]·원회(鵷會)·우회(羽會)[출계함]·홍회(鴻會)을

山), 자는 시능(始能), 호는 긍암(肯庵)이다. 대산 이상정의 현손이며, 정재(定齋) 유치명(柳致明)의 문인이다. 1850년(철종 1)에 문과에 급제하여, 형조 참의와 이조 참판 등을 역임하였다. 저서에 ≪긍암집(肯庵集)≫이 있다.

42 권이재(權頤齋) : 권연하(權璉夏, 1813~1896)로, 본관은 안동(安東), 자는 가기(可器), 호는 이재(頤齋)이다. 유치명의 문인이다. 천거로 벼슬에 제수되었지만 출사하지 않았다. 저서로는 ≪이재집≫이 있다.

43 이암후(李岩后) : 이만각(李晩慤, 1815~1874)으로, 본관은 진성(眞城), 자는 근휴(謹休), 또 다른 호는 신암(愼庵)이다. 이휘운(李彙運)의 아들이며, 정재(定齋) 유치명(柳致明)의 문인이다. 1865년(고종 2)에 박규수(朴珪壽)의 추천으로 선공감 가감역에 임명되었으나 부임하지 않은 채 후진 양성에 전력하였다. 성리학에 조예가 깊어 이황(李滉)과 기대승(奇大升) 간에 있었던 사칠이기론(四七理氣論)을 발전시켰다. 저서로는 ≪암후유기(巖后類記)≫, ≪신암집(愼庵集)≫이 있다.

44 희림(希臨) : 여희림(呂希臨, 1481~1553)의 본관은 성산(星山), 자는 천지(天之), 호는 원정(圓亭)이다. 천곡사(川谷祠)에 제향되었으며, 그의 사적 등을 수록한 ≪원정실기(圓亭實紀)≫가 있다.

두었고 2녀는 이근조(李根祚)·이운형(李雲衡)에게 시집갔다. 학회(鶴會)의 아들은 세연(世淵)·호연(浩淵)·징연(澄淵)[출계함]이다. 붕회(鵬會)의 아들은 용연(龍淵)·한연(漢淵)·위연(渭淵)·수연(洙淵)·해연(海淵)이며 딸은 오□(吳□)에게 시집갔다. 원회(鵷會)는 아들 형연(瀅淵)·왕연(汪淵)·강연(江淵)을 두었고 사위는 이만희(李萬熙)·송종렬(宋鍾烈)·이만화(李晩和)이다. 우회(羽會)는 아들 규연(圭淵)과 창연(昌淵)을 두었고, 홍회(鴻會)는 양자 징연(澄淵)을 두었다. 증손은 어리다.

오호라! 나는 공의 얼굴을 뵙지는 못하였지만, 공의 덕을 들은 것은 오래되었다. 비록 얽매이지 않는 호방한 성격이었지만 전긍임리(戰兢臨履)[45]의 학문으로 구제하고, 도를 갖춘 스승 문하에 나아가 질정하고, 정직하고 성실한 벗에게 도움을 받아, 참되게 쌓아 가고 오래도록 노력하여[46] 엄격하고 사나운 것이 화평하게 되고 교만하던 것이 순수하게 변하여 그 빛나는 덕에는 문채가 있게 되었다. 공과 같은 분은 타고난 기질을 변화시킨 분이라고 할 수 있을 것이다. 우회(羽會)가 일찍이 나를 좇아서 노닐다가, 하루는 공의 행장을 가져와서 나에게 부탁하며, "옛날 문목공(文穆公)이 일찍이 우리 선조 2대의 묘비명을 지어주셨는데, 지금 선친의 묘소에 당신이 어찌 무심할 수 있겠습니까?"라고 말하기에 거절할 수 없어서 지었다. 명(銘)하여 말하였다.

---

45 전긍임리(戰兢臨履) : 조심스러운 마음으로 매사를 신중히 처리하는 것을 말한다. ≪시경≫ <소아(小雅) 소민(小旻)>의 "전전긍긍하여 심연에 임하듯 얇은 얼음을 밟듯 한다.(戰戰兢兢 如臨深淵 如履薄氷)"라는 말에서 나온 것이다.

46 참되게 …… 노력하여 : 원문의 '진적력구(眞積力久)'는 ≪순자(荀子)≫ <권학(勸學)>에 "참되게 쌓아 가며 오래도록 노력하면 학문의 길에 들어서게 되는데, 학문이란 죽음에 이른 뒤에야 그만두는 것이다.(眞積力久則入 學至乎沒而後止也)"라는 말에서 가져온 것이다.

德之山巖巖兮	대덕산이 높고 높음이여
公稟其精	공이 그 정기를 타고 나셨고
山之谷隱隱兮	대덕산의 골짜기 깊고 깊음이여!
公藏其靈	공이 그 신령함을 간직하였도다.
一時之屈兮	한 때의 좌절이여
萬歲之寧	만세의 안녕이로다.

가선대부 동지중추부사 행해미현감 옥산장공 묘갈명
嘉善大夫同知中樞府事行海美縣監玉山張公墓碣銘

오호라! 이것은 고 동지중추부사(同知中樞府事) 옥산(玉山) 장공(張公)[47]의 묘이다. 지금 공이 돌아가신 지 70여 년에 비로소 명(銘)을 하니, 그것 또한 때를 기다려 그런 것인가? 공은 우리 선비(先妣)의 증조부이다. 하루는 내형(內兄, 이종사촌) 상기(相岐) 씨가 아들 수희(洙熙)를 보내어 농산 선생(農山先生)[48]이 지은 가장(家狀) 한 통과 편지를 전하면서, "비석은 이미 마련되었다. 이 일은 친함이 중한 자가 아니면 그 사실을 수습하여 오래 전할 수 없다. 그대가 그것을 생각하여 달라."라고 말하였다.

삼가 살피건대, 공의 휘는 언극(彦極), 자는 사광(士光)이다. 고려 상장군 금용(金用)[49]을 시조로 한다. 중간에 휘 안세(安世)가 있으니, 시호는 충정(忠貞)이며, 두문동(杜門洞)[50] 제현과 이름을 나란히 한다. 6세 휘 잠(潛)은 진사로서 호는 죽정(竹亭)인데, 조정암(趙靜庵)의 문하에 수학하였으며, 사림에서 사당을 마련하여 높였다. 증조부는 휘 취진(就辰)이니 사복정(司僕正)으로 추

47 옥산(玉山) 장공(張公) : 장언극(張彦極, 1764~1847)을 가리킨다. ≪각사등록(各司謄錄)≫에, '해미진 좌영장(海美鎭左營將) 장언극(張彦極) …… 도둑을 단속하는 방책과 백성을 다스리는 정사를 성실하고 근면하게 해 나가 백성의 칭송이 자자하고, 아랫사람을 부리는 것이 엄명(嚴明)해서 군교(軍校)와 나졸(羅卒)은 멋대로 농간을 부리는 습속이 없고, 형찰(詗察)을 치밀하게 해서 마을에는 과연 소란을 일으키는 폐단이 없습니다.'라는 기록이 있다.

48 농산 선생(農山先生) : 장승택(張升澤, 1838~1916)을 가리킨다. 자는 희백(羲伯), 호는 농산(農山), 본관은 인동(仁同)이다. 장복추의 문인이다.

49 금용(金用) : 고려시대 삼중대광(三重大匡)과 신호위 상장군(神虎衛上將軍)을 지낸 장금용(張金用)을 이른다.

50 두문동(杜門洞) : 고려의 유신들이 새 조정인 조선에 반대하여 벼슬살이를 거부하고 은거하였던 마을이다.

증되었다. 조부는 휘 태일(台一)이니 승지(承旨)로 추증되었다. 선고는 휘 성한(成漢)이니, 부사를 지냈으며 참판(參判)으로 추증되었다. 선비는 초계 정씨(草溪鄭氏) 익무(翊武)의 딸이다. 영묘(英廟) 갑신(甲申, 1764)에 공을 낳았다.

공은 풍모가 단단하고 기품이 웅혼하여, 낙락(落落)한 대절(大節)을 가진 듯하였다. 의로움을 좋아하고 간사함을 싫어하니, 스스로 천성이 그러하였다. 갑진(甲辰, 1784)에 과거에 급제하고, 무신(戊申, 1788)에 무겸선전관(武兼宣傳官)[51]을 제수받고 비변랑(備邊郎)으로 승진하고, 주부(主簿) 도사(都事) 점정(僉正) 경력(經歷) 좌랑(佐郎) 감찰(監察)을 거쳤다. 계해(癸亥, 1803)에 참판공[부친]의 상을 당하여 상기(喪期)를 마치고 내금장(內禁將)을 제수받았다. 외직으로 나가서는 2년 간 영중(嶺中, 경상도)의 영장(營將)이 되었다가 강화(江華)의 영장(營將)으로 옮겼다. 뒤에 해미(海美) 영장(營將)을 제수받고 진주(晉州)의 두 영(營)으로 옮겼다. 이것이 공이 거쳐간 이력의 대략이다. 그의 치적을 말한다면, 영영(嶺營)에 있을 때 사나운 놈들이 공의 모습을 보고 도망갔으며, 해미(海美)에서는 조경조(趙京兆)이 고사처럼 투서함의 방법을 사용하여 간사한 무리를 멈추게 하고 백성들은 생업을 편안하게 하였으니, 거사비(去思碑)가 있다. 강화(江華)에서는 정족산성(鼎足山城)을 수리함에 일은 컸지만 백성들은 수고롭지 않고 아전들은 편하게 하였으니 판(板)에 공로가 기록되어 있다.

그의 기개로 말한다면, 임신(壬申, 1812)년 해서 도적의 변란[52]에 류상조(柳相祚)[53] 공이 정벌의 명령을 받음에 공이 그의 부장[副帥]이 되어 즉시 명령

51 무겸선전관(武兼宣傳官) : 무신으로서 선전관을 겸임하는 것을 이른다.

52 임신년 해서 도적의 변란 : 1812년 홍경래(洪景來)의 난을 말한다. 평안도 지역에 대한 차별 대우, 세도 정치의 폐단, 삼정의 문란 등으로 인해 평안도민의 불만으로 1811년 12월부터 1812년 4월까지 전개되었다.

53 류상조(柳相祚) : 1763~1838. 조선 순조(純祖)~헌종(憲宗) 때의 문신. 본관은 풍산(豊山),

을 듣지 않는 군리(軍吏)를 목베고 군대를 분발하게 하여 새벽부터 밤까지 빨리 달려가서 적의 보루 5리에 닿았을 때, 포도대장 서춘보(徐春輔)가 승리했다는 소식을 듣고, 탄식하여 말하기를, "성을 무너뜨리고 목을 잘라 바치기를 나의 손으로 하지 못하여 한스럽다."라고 하였다.

그의 바른 도로써 말한다면, 벼슬길에 나아간 초기에 권귀(權貴)의 눈에 거슬려서 오래 막혀 좋지 못하였다. 그가 진주에 있을 때 목사 홍(洪)이 세력을 끼고 방자하게 행동하므로 공이 법을 집행함에 조금도 용서함이 없어서, 홍(洪)에게 명령하여 육단(肉袒)[54] 사죄하게 하고, 이에 벼슬을 버리고 돌아갔다. 부(府)의 아전이 은밀히 고하기를, 뇌물로 용천검(龍泉劍)을 쓰면 화해할 수 있을 것 같다고 함에 공이 정색을 하고 물리치니, 이로부터 다시 말을 내지 않았다. 후에 가의대부(嘉義大夫)에 오르니, 성은(聖恩)이 3대까지 미쳤다. 향년 84세에 침소에서 죽었으니, 곧 헌종(憲宗) 정미(丁未, 1847) 4월 19일이다. 부(府)의 서쪽 길마(吉馬) 고개 해좌(亥坐) 언덕에 장례지냈다. 부인 정부인(貞夫人) 함안 박씨(咸安朴氏)는 수경(守慶)의 딸이니, 묘는 군의 북쪽 증동(甑洞) 축좌(丑坐)에 있다. 여산 송씨(礪山宋氏)는 두주(斗柱)의 딸이고, 묘는 왕령(旺嶺) 감좌(坎坐)에 있으니, 길현(吉峴) 북쪽이다. 두 분 모두 자식이 없어서 형의 아들 두빈(斗斌)을 후사로 삼았으니, 두빈(斗斌)은 절제사(節制使)이다. 측실에게 난 아들은 두원(斗元)·두찬(斗燦)과 위장(衛將)인 두현(斗顯)이다. 절제사(節制使)의 아들은 주부(主簿)인 유량(有良)과 유룡(有龍)이다. 서자에는 유효(有孝)·유춘(有春)이 있다. 딸은 이위상(李渭相)에게 시집갔다.

도사(都事)를 지낸 유종춘(柳宗春)의 아들, 1794년(정조 18)에 알성시(謁聖試) 문과(文科)에 급제하여 이조 참판(吏曹參判)과 사헌부 대사헌(司憲府大司憲) 등을 지냈다.

54 육단(肉袒) : 윗옷을 벗어 몸을 드러내는 것을 의미하며, 고대 중국에서 공경이나 황공함을 나타내는 행위로 제사나 사죄할 때 사용되었다.

주부(主簿)의 아들은 부위(副尉)인 주익(周翼), 농산선생(農山先生)이라고 일컬어지는 학자 승택(升澤)과 규택(奎澤)이 있으며, 딸은 나의 부친인 정세용(鄭世容)과 윤택규(尹宅逵)에게 시집갔다. 유룡(有龍)의 아들에는 우익(宇翼)과 진택(震澤)이 있고, 유효(有孝)의 아들에는 기택(驥澤)이 있고, 딸은 박래우(朴來羽)에게 시집갔다. 부위(副尉)의 아들은 현감(縣監)인 상기(相岐)가 있다. 나머지는 다 기록하지 못한다.

오호라! 공은 효심으로 거상(居喪)한 것이 소문나고 충심으로 임금을 섬김 것이 두드러졌으며, 바른 행실로 세상에 살았으므로 하급 동료에게 곤고(困苦)하였고 쇠잔한 성에서 막혔도다. 속에 품은 이기(利器)는 마침내 세상에 쓰이지 못한 것은 바른 도를 수용하지 못한 까닭이니, 공은 어찌 아쉬워하겠는가? 명(銘)하여 말한다.

赳赳我公　　씩씩한 우리 공은
嶽宿其精　　큰 산의 정기를 타고났도다.
誰之不如　　누군들 공이 그만 못하였으랴만
而不公卿　　공은 공경이 되지 못하였도다.
噫彼譖人　　아! 저 참소하는 사람은
有舌如刀　　혀가 칼날 같았도다.
小人君子　　소인과 군자가
迭爲長消　　번갈아 소장(消長)하니
乃卷而懷　　이에 뜻을 펴지 않은 채 숨기고
九旬康强　　구순까지 건강하게 사셨도다.
不食厥德　　그 덕의 보답을 누리지 못하였으니[55]
必世而昌　　반드시 대대로 창성하리리라.

甪山之南	녹산의 남쪽에
有崇四尺	4척 무덤이 높이 있으니
我銘斯石	내가 빗돌에 명을 새겨
永垂千億	천억만 년 길이 전하도다.

55 그 덕의 …… 못하였으니 : 공의 덕이 당대에 보답을 받지 못하였음을 이르는 말이다. ≪주역(周易)≫ 박괘(剝卦)에 '석과불식(碩果不食)'이란 말이 있는데, 과실 나무에 달린 가장 큰 과실은 따먹지 않고 두어 다시 후대의 종자로 쓰이는 것을 말한다.

증가선대부 공조참판 초계정공 묘갈명
贈嘉善大夫工曹參判草溪鄭公墓碣銘

내가 들으니 진양(晉陽)에는 독실한 행실로 근본에 힘쓰는 선비가 많다고 하지만 숨겨져 드러나지 않은 자도 종종 있다. 지금 살펴보건대 증참판공(贈參判公) 기조(基兆)도 그 중의 한 사람이다. 공은 천성이 지극히 효성스러웠다. 7세에 아버지 상을 당하여 곡하고 슬퍼하기를 게을리 하지 않으니, 보는 자가 기이하게 여겼다. 어머니를 섬김에 일찍이 사랑함이 공경함을 넘어서자[56] 어머니가 성내며 기뻐하지 않았다. 공은 곧 가시나무 매를 등에 지고[57] 죄를 청하였으며, 말 기운과 낯빛이 가라앉지 않으면 감히 물러나지 않았다. 어머니의 상을 당함에 공은 겨우 10세였는데 슬퍼함이 마치 성인과 같았다. 상례를 갖춤이 지극하였다. 영락한 고아에게 오직 어린 누이 하나가 있어서 함께 백부와 숙부의 집에 의지하였다. 상사(喪事)를 겪은 나머

56 사랑이 공경함을 넘어서자 : 원문의 '애유어경(愛逾於敬)'은 ≪논어(論語)≫ <위정(爲政)> 7장의 주에 나오는 표현이다. "호씨가 말하였다. '세속에서 부모를 섬김에 있어 봉양만 잘하면 족하다고 여겨 은혜에 친압하고 사랑을 믿어서, 점점 불경으로 흐르면 작은 잘못이 아님을 알지 못한다. 자유(子游)는 성문(聖門)의 고제(高弟)이니, 반드시 이에 이르지는 않았을 것이나, 성인은 다만 그 사랑이 공경보다 지나칠까 두려워하셨다. 그러므로 이것으로 깊이 경계하여 일깨우신 것이다.'(胡氏曰 世俗事親 能養足矣 狎恩恃愛 而不知其漸流於不敬 則非小失也 子游 聖門高弟 未必至此 聖人直恐其愛踰於敬 故 以是深警發之也)"

57 가시나무 매를 등에 지고 : 원문의 '부형(負荊)'은 가시나무 매를 등에 진다는 뜻이다. 전국시대 조(趙)나라의 인상여(藺相如)가 재상(宰相)에 임명되었을 때, 장군 염파(廉頗)가 승복하지 않고 화를 내면서 인상여를 만나기만 하면 모욕을 가하려고 계속 시도하다가, 국가의 일을 우선하고 사감(私憾)은 뒤로 돌린다는 인상여의 말에 감복하여, 윗옷 한쪽을 벗고 가시나무 매를 등에 지고는 빈객(賓客)의 주선으로 인상여를 찾아가서 정중히 사과하며 문경지교(刎頸之交)를 맺었던 고사에서 나온 것이다. ≪사기(史記)≫ 권81 <염파인상여열전(廉頗藺相如列傳)>

지 가업이 텅 비었다. 스물에 비로소 관례를 하고 아내를 두었는데, 오릉(於陵)에 머물면서 부인에게 "우리 조씨 가문은 하늘이 불쌍히 여기지 않으셔서 변고를 당함이 마치 서리에 시든 갈대와 같다. 분발하지 않으면 떨쳐 일어날 수 없다. 그 도는 각자의 직분에 있으니, 그 직분이란 것은 서로 힘쓰는 것이다."라고 말하였다. 부인이 이 말로 말미암아 정성스럽고도 부지런히 내조하니, 마침내 풍요롭게 된 것에는 그 도움이 많았다.

진강(晉江, 진주)은 남쪽 지방의 큰 도시이다. 백 가지 물품이 거래되니 사물이 풍부하고 사람들이 많았다. 공이 화려한 중에 살면서도 조금도 부러워하는 마음이 없었다. 오직 제사를 받들고 빈객을 대접하고 자식과 조카들을 훈육함에 힘쓸 뿐이었으니 모두 그의 성품이었다. 일찍이 자손들을 경계하여, "효를 지극히 하면 마땅히 부귀를 누리고 선을 지극히 하면 마땅히 복록을 이룰 것이다."라고 자상하게 말씀하시며 고금의 사례를 들어서 증명하였다. 공의 병이 위급하게 되자 장손 형시(炯時)가 그때 마음이 충동되어 급히 제부(諸父)에게 달려가 고하고 함께 손가락을 베어 피를 조금씩 입에 흐르게 하니, 이미 끊어진 목숨이 반일이 지나서 돌아왔다. 이것은 평소 의방(義方)[58]의 힘이 친히 몸으로 드러난 것이다. 선을 행하면 보답을 받는다는 것이 어찌 거짓이겠는가? 공이 어리고 가난했을 때 족인(族人)이 선영(先塋)이 있는 산을 팔려는 일이 있었다. 공이, '이것은 다른 사람에게 줄 수 없다'라고 말하고, 드디어 힘을 다하여 돈을 마련하여 곧장 매입하고 관리하였다. 조상을 추모하는 정성이 어릴 때부터 이미 그러하였으니 이는 모두 전할 만한 것이다.

공의 자는 내선(乃善)이며 초계인(草溪人)이다. 광유후(光儒侯) 홍문공(弘文

58 의방(義方) : 의방지훈(義方之訓)으로, 집안에서 덕의에 알맞은 교훈을 하는 것을 말한다.

公) 휘 배걸(倍傑)이 시조이다. 증조는 통정(通政)을 지낸 휘 재송(再松)이며 조부는 도정(都正)을 지낸 휘 도묵(道默)이며, 선고(先考)는 가선(嘉善)을 지낸 휘 차검(次儉)이며, 선비(先妣)는 청주 한씨(淸州韓氏)이다. 공은 순묘(純廟) 갑자(甲子, 1804)에 태어나 향년 74세에 태상(太上) 정축(丁丑, 1877) 1월 그믐날 죽었다. 후에 공조참판(工曹參判)에 추증되었다. 묘는 광양군(光陽郡) 다압면(多鴨面) 직금천(織錦川) 위 옹녀봉(玉女峯) 갑좌(甲坐) 언덕에 있다. 부인은 진양 강씨(晉陽姜氏)이니 공보다 4년 먼저 죽었다. 묘는 합장하였다. 두 아들을 낳았으니, 증공판(贈工判) 현식(顯植)과 현창(顯昌)이다. 현식(顯植)의 아들은 의관(議官) 형시(炯時)이며 현창(顯昌)의 아들은 중시(中時)와 재시(在時)이다. 형시(炯時)의 아들은 호선(鎬善)과 호덕(鎬德)이며, 중시(中時)의 아들은 호언(鎬彦)이며, 재시(在時)의 아들은 호성(鎬成)·호량(鎬良)·호진(鎬珍)·호균(鎬均)이다. 호선(鎬善)의 아들은 장식(章湜)·창식(彰湜)·용식(溶湜)이다.

오호라! 옛날 공부자(孔夫子, 공자)가 민자건(閔子騫)의 효를 칭찬하여 말하기를, '그의 부모 형제가 그를 칭찬하는 말에 남들이 이간을 하지 못하도다.'[59]라고 하였으니, 정성을 다한다면 사람들도 저절로 믿는 법이다. 효의 실상에 어찌 반드시 맹종(孟宗)의 설순(雪筍)과 왕상(王祥)의 빙리(氷鯉)[60]와 같이 비상하고도 기이한 일이 있은 연후에야 효라고 말하겠는가? 공이 부모를 섬김에 효자의 직분을 다하고 조상을 받듦에 추원하는 정성을 지극히

59 그의 부모 …… 못하도다 : ≪논어(論語)≫ <선진(先進)>에 민자건의 효를 칭찬하는 말이 나온다. 공자가 이르기를 "효성스럽다, 민자건이여. 그의 부모 형제가 그를 칭찬하는 말에 남들이 이간을 하지 못하도다.(孝哉閔子騫 人不間於其父母昆弟之言)"라고 하였다.

60 맹종(孟宗)의 …… 빙리(氷鯉) : 맹종(孟宗)은 병이 위중한 어머니가 한겨울에 죽순을 먹고 싶어 하자 대숲에 들어가 슬피 울었는데 죽순이 돋아났다고 하며, 왕상(王祥)은 계모 주씨(朱氏)가 겨울에 생선을 먹고 싶어 하자 옷을 벗고 얼음을 깨고 물에 들어가 고기를 잡으려 하였는데 홀연히 얼음이 풀리며 잉어 두 마리가 뛰어올랐다고 하니, 모두 효성이 지극함을 말한다. ≪오륜행실도(五倫行實圖)≫ <효자(孝子)>

하는 것은 비록 매우 행하기 어려운 일은 아니었지만 사람마다 할 수 있는 일은 아니었다. 그 문호가 점점 커지고, 자손들이 번성한 것을 본다면 하늘이 감응하는 것이 어찌 밝고 밝지 아니한가? 형시(炯時)가 지금 묘도에 비석을 세우기 위하여 그의 아들 호선(鎬善)을 시켜 삼백 리를 건너와서 만나서 나에게 명(銘)을 부탁하였다. 나는 여러 번 거절하였으나 그 부탁이 더욱 간절하므로 드디어 가장을 살펴서 비문을 지었다. 명(銘)하여 말하였다.

行篤於源	행실은 근원에 독실하였고
業成于勤	가업은 부지런함으로 이루었도다.
惟其積之累	오직 그 쌓은 것이 높고
而基之厚	닦은 터전이 두터우니
是以	이런 까닭에
以裕厥身	그 몸은 유복하고
而昌厥後	그 후손은 창대하도다.

증자헌대부 공조판서 초계정공 묘갈명
贈資憲大夫工曹判書草溪鄭公墓碣銘

공의 휘는 현식(顯植), 자는 순여(舜汝)로, 가계는 초계(草溪)에서 나왔으며, 광유후(光儒侯) 홍문공(弘文公) 휘 배걸(倍傑)이 시조가 된다. 증조는 도정(都正)을 지낸 휘 도묵(道默)이며, 조부는 가선대부(嘉善大夫)인 휘 차검(次儉)이며, 선고(先考)는 증참판(贈參判)인 휘 기조(基兆)이며 선비(先妣)는 증정부인(贈貞夫人) 진양 강씨(晉陽姜氏)이니. 순조(純祖) 신묘(辛卯, 1831) 8월 11일에 공을 낳았다. 공은 어려서부터 성품이 지극하였다. 자라서는 가정에서 가르침[61]을 받아 부모를 섬기기를 기쁘게 하고 어버이 마음을 기쁘게 하기를 힘썼다. 바야흐로 병이 위독하여짐에 아우 현창(顯昌)과 아들 형시(炯時)와 함께 동시에 손가락을 잘라 피를 떨어뜨려 반일 동안 목숨을 연장하였다. 거상(居喪)을 함[62]에는 오로지 예법을 따랐으므로 향당에서 모두 공의 효성을 칭송하였다. 성품은 베풀기를 좋아하여 궁핍한 사람에게는 반드시 구휼함에 친소의 구분이 없었다. 의로운 일을 함에는 용감하여 이치에 합당하면 떨쳐 일어나 곧장 앞으로 나아감에 거리낌이 없었다. 선하지 못한 사람을 보면 마치 자신이 더렵혀질 듯이 싫어하고, 부모에게 불순한 자는 꾸짖기를 개돼지보다 못하다고 하였다. 무릇 자신을 단속하고 사람을 접하거나, 집을 다스리고 자식을 훈육하는 것 모두가 효심을 미루어 간 것이었다.

61 가르침 : 원문의 '유염(擩染)'은 보고 들어 몸에 젖어 들다는 의미로 스승이나 가정에서 좋은 행실을 이어받는 것을 말한다.

62 거상(居喪)을 함 : 원문의 '이척(易慽)'은 형식적으로나 내용적으로 모두 훌륭하게 상례를 치르는 것을 말한다. ≪논어≫ <팔일(八佾)>에 "상례는 형식적으로 잘하기보다는 차라리 슬퍼하는 마음이 가득해야 한다.(喪 與其易也 寧戚)"라고 하였다.

태상(太上) 신묘(辛卯, 1891) 3월 21일에 죽으니, 향년 61세였다. 후에 자헌대부(資憲大夫) 공조판서(工曹判書)에 추증되었다. 묘소는 광양군(光陽郡) 다압면(多鴨面) 상죽천(上竹川) 관봉(鸛峯) 아래 신좌(申坐) 언덕에 있다. 부인은 증정부인(贈貞夫人) 영산 신씨(靈山辛氏)이니, 공과 같은 해에 태어나 공이 죽은 지 17년 후에 죽었으니, 곧 정미(丁未 1907) 4월 25일이다. 공의 왼쪽에 합장하였다. 아들은 하나이니, 의관(議官)인 형시(炯時)이다. 의관(議官)이 호선(鎬善)과 호덕(鎬德)을 낳았다. 호선(鎬善)의 아들은 장식(章湜)·창식(彰湜)·용식(溶湜)이다. 나머지는 이미 참판공묘비에 새겨져 있다.

호선(鎬善)이 다시 나아와서 말하였다. "우리 증조부의 깊은 덕은 공께 의지하여 드러내었으니 저희 형제의 소원을 이루었습니다. 그렇지만 조부의 아름다운 덕행도 없어져서는 안될 것입니다. 번거롭지만 공께서는 부디 마지막으로 은혜를 내려주십시오." 내가 말하였다. "한 사람이 양세(兩世)의 묘지명을 쓰는 것은 비록 입언(立言) 군자라도 감당할 수 없는 것인데, 하물며 부족한 내가 할 수 있겠는가?" 굳이 사양하였으나 그 부탁이 더욱 간절하여 결국 그 가장(家狀)을 모아서 그 대략을 말하였다. 명(銘)하여 말한다.

事親有道　　부모를 섬김에 도가 있으니
其難在色　　어려움은 낯빛에 있도다.
載婉載愉　　예쁘고 기쁜 낯빛으로
公惟不忒　　공은 오직 어긋남이 없었도다.
推之錫類　　효심[63]을 미루어 가니

63 효심 : 원문의 '석류(錫類)'는 길이 복을 받을 사람이라는 뜻으로 효자를 가리킨다. ≪시경≫ <대아(大雅)> 기취(旣醉)의 "효자의 효도 다함이 없는지라, 영원히 복을 받으리로다.(孝子不匱 永錫爾類)"라는 말에서 나온 것이다.

獲報于天　　하늘이 보답하리로다.

王槐鬱鬱　　왕씨(王氏)의 회나무[64]는 울울창창하고

謝鳳翩翩　　사씨(謝氏)의 봉모(鳳毛)[65]는 날아갈 듯하도다.

屹屹鸛峯　　높고 높은 관봉에는

孝子之阡　　효자의 무덤이 있도다.

有顯斯刻　　여기에 글을 새겨

永世其傳　　길이 전하도다.

64 왕씨(王氏)의 회나무 : 원문의 왕괴(王槐)는 왕우(王祐)의 집 홰나무 세 그루를 의미한다. 송(宋)나라 태종(太宗) 때 병부 시랑을 지낸 왕우(王祐)가 자기 집 뜰에 홰나무[槐] 세 그루를 심고, 자기 자손 중에 반드시 삼공(三公)에 오를 자가 있을 것이라고 하였는데, 뒤에 그의 아들 왕단(王旦)이 진종(眞宗) 때 정승이 되었다. ≪고문진보(古文眞寶)≫ 후집(後集) 권8 <삼괴당명(三槐堂銘)>. 흔히 재상을 지낸 가문을 일컫는 말로 쓰인다.

65 사씨(謝氏)의 봉모(鳳毛) : 원문의 사봉(謝鳳)은 사씨(謝氏) 집의 훌륭한 후손이니, 부조(父祖)를 잘 닮은 훌륭한 자손을 비유한 말이다. 남제(南齊) 시대 왕모(王母) 은 숙의(殷淑儀)가 죽었을 때 사령운(謝靈運)의 손자인 사초종(謝超宗)이 그 뇌사(誄詞)를 지어 올리자, 제(帝)가 그 글을 보고는 대단히 탄상(歎賞)하여 이르기를, "초종은 남달리 봉모가 있어, 영운이 다시 나온 듯하다.(超宗殊有鳳毛 恐靈運復出)" 했던 데서 온 말이다. ≪남제서(南齊書)≫ 권36 <사초종열전(謝超宗列傳)>

종조고 통사랑 행동몽교관부군 묘갈
從祖考通仕郎行童蒙教官府君墓碣

부군의 휘는 건화(建和)이며 자는 치극(致極)이다. 우리 정씨 가계는 청주(淸州)에서 나와서 옛날부터 대성(大姓)으로 불리었다. 중세에 한강(寒岡)선생 문목공(文穆公) 휘 구(逑)가 있으니, 도산의 적통을 이어 동방이학(東方理學)의 종장이 된 분으로, 부군에게는 11세조가 된다. 5세조 휘 동리(東里)는 신창현감(新昌縣監)이며, 고조 휘 지복(之復)은 통덕랑(通德郎)이며, 증조 휘 위(煒) 호 지애(芝厓)는 포의(布衣)로서 세 번 소명을 받고 온릉참봉(溫陵參奉)을 제수받았으나 나아가지 않았다. 조부는 휘 용석(龍錫)이며 부친은 휘 하영(夏永)이며 비(妣)는 평산 신씨(平山申氏) 휘 기(岐)의 딸이다. 계비(繼妣)는 완산 최씨(完山崔氏) 휘 정우(廷羽) 딸이다. 생부는 휘 보영(輔永)이며 비(妣)는 영천 최씨(永川崔氏) 휘 주헌(柱憲)의 딸이니, 곧 나의 증조모이다. 순묘(純廟) 병술(丙戌, 1826) 4월 16일에 부군을 낳으셨다.

부군은 어려서부터 효심과 우애가 독실하였다. 어른이 되어서는 백부의 후사가 되어 양쪽 부모를 모심에 사랑과 공경을 다하였다. 성품이 깊고 무겁고 공손하고 검약하였으니, 오직 입에 이로운 것과 옷이 아름다운 것을 미워하였다. 사람들의 선함을 보면 기쁜 빛이 얼굴에 움직였고 오직 선양하지 못할까 걱정하였다. 사람들에게 베풀기를 즐기는 것은 원근이 없었다. 이 모든 것은 사람들의 환심(懽心)을 얻는 것이었다. 당저(當宁)[66] 갑술(甲戌, 1874)에 생원시에 입격하여 상사(庠舍, 향교)에 10년을 있었으나 나아감

66 당저(當宁) : 현 임금을 가리키는 말이다.

에 급급하지 않았다. 계미(癸未, 1883) 겨울에 선대의 일[先事]로 다시 서울에 들어가 갑신(甲申, 1884) 봄에 동몽교관(童蒙教官)을 제수받았다. 드디어 호탕하게 귀거래사(歸去來辭)를 읊으니, 서울 사대부 가운데 화답하고 서문을 지은 자가 수백 명이었다. 이로부터 임천에 자취를 감추고 명예의 굴레를 끊고 족조 고헌(顧軒, 정래석) 선생의 문하에 왕래하며, 날마다 회연(檜淵)의 천석(川石)에서 노닐며 질문을 많이 하였다. 갑오(甲午, 1894) 7월 6일 돌아가시니 향년 69세였다. 석 달을 넘겨 사기동(寺基洞) 갑좌(甲坐) 언덕 선조의 무덤 아래 장례지냈다. 공인(恭人)은 여산 송씨(礪山宋氏) 학생부군 재수(載秀)의 딸이니, 군자와 덕과 합치하였고 규문은 법도가 있었다. 공인(恭人)이 돌아가시면 부군(府君)이 묘소 동쪽 언덕을 훗날 계획으로 삼았다.

자식은 아들이 셋인데 회용(晦容)은 의금부도사(義禁府都事)로서 부군(府君)보다 먼저 죽었다. 다음은 진용(晋容)과 대용(大容)이다. 회용(晦容)의 아들은 재철(在哲)이고, 진용(晋容)은 아들이 셋이니, 재봉(在鳳)과 재원(在元)에 한 아들은 어리다. 딸은 셋이니, 맏이는 김희철(金熙喆)에게 시집갔으며, 둘은 어리다. 대용(大容)은 아들 둘에 딸이 하나인데 모두 어리다. 나의 부친은 부군에게 장질(長姪)이 되니, 독실하게 배우고 힘써 실천하였지만 중도에 불초자를 버리고 떠나셨다. 부군께서 불초를 아끼시는 것이 여러 아들 조카들보다 더한 것은 아마도 선대의 가업을 실추하지 않기를 바라기 때문일 것이다. 노둔하여 성취한 것이 없는데 부군께서 또 세상을 버리시니, 오호! 슬프도다.

죽파 이공 묘지명
竹坡李公墓誌銘

어느날 이상연(李祥演) 군이 강양(江陽, 합천)으로부터 가장(家狀) 한 통을 가지고 와서 대인(大人, 부친)의 말을 전하였다. "이것은 우리 선친 죽파공(竹坡公)의 사적입니다. 부친은 과거 공부에 일생의 힘을 축적하여 여러 번 과거 시험에 응시하였으나 여러 번 유사(有司)에 의하여 좌절되었다. 만년에 오도산(吾道山) 남쪽에 집을 짓고 자제를 가르치고 후학을 훈도함으로써 일생을 마쳤다. 세상사람들은 다만 공이 시문(時文, 과거의 문장)의 재주가 있음을 알 뿐이며, 실행에 뿌리를 둔 것이 있음을 알지 못한다. 불초자는 시간이 오래 가면 장차 없어질까 걱정되니, 한스러움이 끝이 없습니다. 두루 여러 석사(碩士)를 뵙고 이미 그 행적의 글을 마련하였으므로 그 행적을 후세에 증거할 수 있고 문집을 만들어 널리 전하게 되었습니다. 또 묘도에 새긴 글은 있으나 오직 묘지문(墓誌文)이 없으니, 그대에게 부탁합니다." 내가 말하였다. "여러 군자의 말이 이미 공을 길이 전하기에 충분하고, 또 나는 글에 능하지 못한 사람이니 어찌 군말을 하겠습니까?" 누차 사양하였으나 그 부탁이 더욱 간절하여 드디어 가장(家狀)을 살펴보고 차례대로 찬술하였다.

공의 휘는 한철(漢喆), 자는 숙여(叔汝), 호는 죽파(竹坡)이다. 태어나면서부터 총명하여 배움을 시작함에 재지(才知)는 독서를 하면 문득 글을 지을 줄 알았으며, 시를 지음에 이미 사람을 감동시키는 말이 있었다. 그 말에, '부모는 천지와 같으니, 어버이를 어버이로 받드는 것에는 고금이 없다'고 하였으니 이것이 7세에 지은 것이다. 성장하여서는 널리 배우고 정확히 기억하여 육경(六經)에 조예가 깊고 제자서(諸子書)에 두루 통했다. 한 번 보면 열 줄이 함께 내려가고 문득 글을 잊지 않았다. 날로 명성이 크게 남에 과거 공부를 함에 지극히 법도가 있는 모습은 금옥(金玉)이 울리는 듯 풍우(風雨)가 달리는 듯하였다. 매번 과장에 들어갈 때에는 종이를 든 종자(從者)가 둘러 서 있으면, 공이 좌우로 수응하여 경각(頃刻)에 수십 편 글을 씀에 급제할 글이 종종 있었으나 공은 끝내 낙방하였다. 이에 운명이 있다고 말하고 돌아갔다.

향리의 선비들과 산수 간에 노닐면서 간혹 시를 읊조리며 답답한 마음을 펼치고 향교에 들어가 학문을 강론하여 무너진 풍속을 일으켰다. 함께 교유한 사람은 모두 한 시대의 현명하고 통달한 선비였다. 일찍이 홍매산(洪梅山)[67] 이정헌(李定軒)[68]과 이기설(理氣說)을 주고 받았고, 낙파(洛坡)[69] 류상공(柳相公) 사이에 치안(治安) 방책에 의견을 주고 받았다. 불행하게도 편지는 전하지 않지만 공의 마음이 있는 곳을 알 수 있다.

성품이 본래 효성스럽고 우애로워서 양친을 섬김에 사랑과 공경을 모두 지극히 했다. 거상(居喪)을 잘하였고, 슬퍼함이 정도에 지나쳤다. 날마다 반드시 백형의 안부를 여쭈었고 재산을 나누어 두 아우에게 고르게 나누었다. 아들과 조카들을 가르쳐 조금도 방심하지 않도록 말하기를, "사물은 각각 직분이 있으니, 사람으로 생업을 일삼지 않는다면 일찍이 곤충이나 초목보다 못하다."고 하였다. 사숙(私塾)에 학도들이 언제나 가득 찼으며, 각

67 홍매산(洪梅山) : 매산은 홍직필(洪直弼, 1776~1852)의 호이다. 본관은 남양(南陽)이요, 자는 백응(伯應)이다. 육경(六經)은 물론 제자백가 등에 통달하였고, 문장도 특출하였다. 문집에 ≪매산집(梅山集)≫이 있다.

68 이정헌(李定軒) : 이종상(李鍾祥, 1799~1870)으로, 본관은 여주(驪州)이며, 호가 정헌이다. 진사시에 합격한 뒤, 한성부 판관, 용궁 현감, 강원도 도사 등을 역임하였다. 성리학을 깊이 연구하였고 서양 학문이 국내에 번지자 이를 근심하고 사설(邪說)을 금지해야 한다고 주장하였다. 사헌부대사헌 겸 성균관좨주에 추증되었고, 저서로 ≪정헌집(定軒集)≫이 있다.

69 낙파(洛坡) : 류후조(柳厚祚, 1798~1876)이다. 조선 말기의 문신으로 본관은 풍산(豐山), 자는 재가(載可), 호는 매산(梅山)·낙파(洛坡)·영매(嶺梅), 시호는 문헌(文憲)이다. 흥선대원군(興宣大院君)의 남인계 인사 중용책에 따라 벼슬이 좌의정에 이르렀다.

자의 재질에 따라 자상하게 지도하니, 성취하는 학도가 많았다. 새벽에 일어나 세수하고 빗질하기를 병이 심하지 않으면 그만두지 않았으며, 자신의 생활은 검약하였지만 찾아오는 손님과 친구들에게 베풀기를 좋아하였다. 손님의 수레가 골목에 넘쳤지만 푸대접하는 일[70]이 일찍이 없었다. 흉년이 든 해에는 고을에 사는 이웃들이 공에게 의지하여 산 자가 매우 많았다. 현우(賢愚)를 가리지 않고 반드시 다정하게 대하였다. 그러나 좋아하고 미워하는 의리는 일찍이 그 사이에 엄하지 않음이 없었다. 그러므로 선한 것은 권면하고 악한 것은 벌주었다. 지은 글에는 시문(時文) 이외에 수창(酬唱)한 시가 많았지만 자제들이 모으는 것을 허락하지 않았다. 그러므로 약간의 글만 남아 있다. 만년에 봉곡(鳳谷)에서 천곡(泉谷)으로 이사하였고, 1년 후에 침소에서 돌아가셨다.

오호라! 세대가 내려옴에 글도 내려와, 시문(時文)에 미쳐서는 나올수록 문체가 더욱 낮아졌다. 옛 것을 좋아하는 선비들은 달갑게 여기지 않음이 많았다. 그러나 당세에는 벼슬길에 나아가려면 이것이 아니면 방법이 없으니 입신에 뜻을 둔 자는 어쩌면 그만 둘 수 없는 것이었다. 공의 내적 품행이 이와 같이 순정함을 갖추었고, 나라를 걱정하는 마음은 일찍이 초야에서도 끊이지 않았다. 공이 이렇게 하였는데, 그 뜻이 어찌 한 시대에 자랑하고 자신의 몸을 영화롭게 하는 것에 이었겠는가? 문장을 짓는 경지가 지극하여 사람들이 회자한즉 그의 재능이 표현마다 적절하지 않음이 없음을 볼 수 있다. 세상이 이것으로 공을 논하는 것은 오히려 말단을 논하다는 것이다.

이 씨(李氏)는 성산(星山)을 본관으로 하고, 농서공(隴西公) 휘 장경(長庚)을

70 푸대접하는 일 : 원문의 '건후(乾餱)'는 마른밥, 맨밥이라고도 한다. 성의가 없는 차림을 의미한다. ≪시경≫ <소아(小雅) 벌목(伐木)>에, "사람들이 덕을 잃는 것은 말린 밥 때문에 생긴 허물이다.(民之失德 乾餱以愆)]" 하였다.

비조(鼻祖)로 한다. 4세를 내려와 휘 숭인(崇仁)이 있으니, 문장과 절의가 고려말에 현저하였다. 세상에서는 도은선생(陶隱先生)이라고 일컬었다. 또 10세를 내려와 휘 정환(正桓)은 가선대부(嘉善大夫)로서 진해(鎭海) 신안(新安)으로 이사하였으니, 공에게는 6세조가 된다. 증조는 휘 수문(秀文)이며, 조부는 휘 지성(枝成)이며, 부친은 휘 동간(東幹)으로 문행(文行)이 있었다. 진해에서 합천(陜川) 봉곡(鳳谷)으로 이사하고, 이에 호를 봉암(鳳庵)이라고 하였다. 모친은 진양 강씨(晉陽姜氏) 신백(信伯)의 딸이다. 공은 순묘(純廟) 기사(己巳, 1809) 10월 8일에 태어나 태상(太上, 고종) 무인(戊寅, 1878) 7월 24일에 죽으니, 향년 70세였다. 이듬해 3월 모일에 군의 남쪽 대목면(大目面) 이곡(狸谷) 미좌(未坐) 언덕에 장례지냈다. 모인 자가 수백 명이었다. 부인은 달성 배씨(達城裵氏) 경찬(景纘)의 딸로서, 딸 한 명을 낳았으니 김상묵(金相默)에게 시집갔다. 부인은 창녕 조씨(昌寧曺氏) 창일(昌一)의 딸로서, 정숙하고 내간 규범이 있었다. 2남 1녀를 두었으니, 아들은 진사 대형(大馨)과 석표(錫豹)이며 딸은 주경석(周慶錫)에게 시집갔다. 대형(大馨)은 4남을 두었으니, 응연(應演)과 석표(錫豹)의 후사로 출계한 의관(議官) 태연(泰演)과 의관(議官) 복연(復演)과 참봉인 상연(祥演)이며, 딸은 조상순(曺尙淳)과 이호섭(李顥燮)에게 시집갔다. 명(銘)하여 말한다.

爛然錦繡之章	비단처럼 빛나는 문장을
而不售者命也	팔지 않은 것은 천명이요
斂之山澤之間	산택 사이로 수렴해 들어가
而自樂者性也	스스로 즐긴 것은 성품이로다.
銘其德而納諸竁	그 덕행을 새겨 무덤 속에 들이니
不朽而存者永也	썩지 않고 영원히 남으리라.

인암 이공 묘지명
忍庵李公墓誌銘

어느날 이수철(李洙澈) 군과 그의 종제 수영(洙英) 군이 가장(家狀) 한 부를 안고 와서, 그의 형 수룡(洙龍)의 말을 전하며, "이것은 우리 할아버지의 전체적인 행적인데, 수철(洙澈)이 편찬한 것입니다. 어찌 감히 한 마디라도 속여서 불효의 죄를 무겁게 하겠습니까? 우리 할아버지가 평소 일은 가정을 벗어나지 않았으며 행적은 고을에 드러나지 않았으므로 세상은 참으로 알지 못하였지만 불초 자식들이 삼가 오늘에 이르기까지 자포자기로 돌아감을 면하게 하였으니 조그마한 것이라도 모두 조상의 덕이 끼친 힘입니다. 또 어찌 감히 잊겠습니까? 묘소에 명을 새겨 후세 자손들이 우리 가문의 기업에 근본이 있음을 알게 하고자 합니다. 원컨대 어르신께서는 은혜를 베풀어 주십시오."라고 하였다. 나는 수철(洙澈)이 단정한 선비임을 안다. 무릇 말하는 것은 반드시 믿을 수 있다. 드디어 가장(家狀)을 살펴보고 차례대로 찬술하였다.

공의 휘는 병주(炳周)이고 자는 한서(漢瑞)이며 자호는 인암(忍庵)이다. 시조는 휘 능일(能一)이니 고려(高麗) 삼중대광(三重大匡)으로 성산군(星山君)에 봉해졌다. 본조에 들어서 휘 탁(琢)이 있으니 호는 봉산(鳳山)이요 관직은 첨중추(僉中樞)를 지냈고 학행(學行)으로 칭송받았다. 증조는 휘 광주(光珠), 조부는 휘 보인(輔仁), 부친은 동욱(東旭)이니 도정(都正)[71]을 지냈다. 모친은 사

71 도정(都正) : 조선시대 때 종친부(宗親府)·돈령부(敦寧府)·훈련원(訓練院)의 정3품 벼슬. 당상관이다.

인(士人) 공인규(孔寅奎)의 딸이니, 헌종(憲宗) 임인(壬寅, 1842)에 공을 낳았다. 공은 어려서부터 조용하고 말과 웃음이 적었다. 도정공(都正公, 부친)이 매우 사랑했다. 일찍이 아이들과 시냇가에서 놀다가 한 아이가 물에 빠짐에 친구들이 모두 흩어졌지만 공만 애써 건져주었다. 마침 어찌하여 혼자 달아나지 않았는가 물으니 대답하기를 차마 갈 수가 없었다고 하므로 듣는 사람들이 경탄하였다.

도정공(都正公, 부친)은 성품이 화훼(花卉)를 사랑하여 꽃을 손수 정원 가득히 심어두었다. 공이 우연히 닭과 개를 좇다가 개가 꽃밭에 들어가 가지를 여럿 꺾고 상하게 하자, 즉시 울면서 자책하여 말하기를, "부친께서 아끼시는 것을 자식이 상하게 했으니, 자식의 도리가 손상되었다."라 하고, 이어서 문밖에서 대죄하면서 오래도록 떠나지 않았다. 도정공(都正公)이 그 뜻을 가상히 여겨서 그 일로 질책하지 않았다. 자라서 배움에 나아감에 집이 가난하여 학비가 없었다. 처가[甥館]에서 학업을 익히더니, 하루는 슬프게 탄식하여 말하기를, "독서는 장차 몸으로 실천하기 위함이며, 행실은 효제(孝悌)를 근본으로 한다. 지금 부모님이 늙고 끼니를 잇지 못하시니, 어느 겨를에 학문(學文)[72]을 하겠는가?"라고 하고, 드디어 돌아가서 밭을 일구며 봉양하였다. 맛있는 음식과 약은 일찍이 끊어짐이 없었다. 부친의 상을 만남에 슬퍼함이 예법을 넘어, 노년에는 보는 시력이 어두워졌다. 일찍이 장공(張公)의 백인(百忍)[73]의 뜻을 취하여 사는 집에 편액을 걸었다. 자손에게

72 학문(學文) : 원문의 '여력지공(餘力之工)'은 학문을 의미한다. 자신의 직분을 행하고 나서 "여력이 있으면 글을 배운다.(行有餘力 則以學文)"라는 공자의 말이 ≪논어≫ <학이(學而)>에 나온다.

73 백인(百忍) : 당(唐) 나라 때 9대(代)를 동거(同居)하며 화목하게 사는 장공예(張公藝)의 집을 덕종(德宗)이 친히 찾아가 그 비결을 물으니, 그가 지필(紙筆)을 청한 뒤 참을 인(忍) 자를 일백여 번 썼다는 '백인성금(百忍成金)'의 고사가 전한다. ≪구당서(舊唐書)≫ <효우전(孝友傳) 장공예(張公藝)>

경계하여 말하기를, “이것은 내가 일생 동안 받아서 사용하여도 다하지 않은 것이다. 어찌 유독 지금 사람이 옛사람에 미치지 못하겠는가? 너희들은 힘써 노력하여라.”라고 하였고, 또 말하기를, “주부자(朱夫子)의 ‘세월은 흐르는 물과 같고, 의리는 미루어 찾기가 어렵다’는 가르침[74]은 천년 후 게으른 후학을 일깨우기에 충분하다. 내가 일찍이 노력하였으나 끝내 성취한 것이 없다. 너희들은 경계하여라.”라고 하였다.

또 말하기를, “고인이 이르기를 학문에 힘쓰려면 스승 구하기를 힘쓰는 것보다 나은 것이 없다. 근래에 장 사미헌(張四未軒)[75]과 이 한주(李寒洲)[76] 몇몇 군자는 우리 당의 희망이다. 나는 세상에 매여 문하에 나아가 종사하기를 청하지 못한 것이 한이 된다. 너희들은 훗날 가서 스승으로 섬겨라.”라고 하였다. 공이 의로운 방도로써 가르치는 것이 흔히 이러한 것이었다. 어떤 사람이 몸가짐의 요점을 물었는데, 공은 ‘무실(務實)에 있다’고 하였다. 그 사람이 처음에는 매우 쉽게 여겼으나, 공이 수신(修身), 처가(處家), 여인(與人), 접물(接物) 하나하나가 거기에서 나오는 것을 보고 난 연후에야 비로소 편안하게 사는 것에 감복하였다. 시는 다음과 같다.

74 세월은 …… 가르침 : ≪회암집(晦菴集)≫ 권33 <답여백공(答呂伯恭)>에 “공부는 중간에 끊어지기 쉽고, 의리는 미루어 찾기 어려운데, 세월은 물처럼 흘러가니 매우 걱정되고 두렵다. 이를 어쩌면 좋단 말인가.(功夫易間斷 義理難推尋 而歲月如流 甚可憂懼 奈何奈何)”라는 말이 나온다. 백공은 주희의 벗인 동래(東萊) 여조겸(呂祖謙)의 자이다.

75 장 사미헌(張四未軒) : 장복추(張福樞, 1815~1900)를 말한다. 그는 영남의 삼학자(三學者) 및 삼징사(三徵士) 중 한 명으로 꼽힌다. 본관은 인동(仁洞), 자는 경하(景遐), 호는 사미헌(四未軒) 또는 녹리산인(甪里山人)이다. 저서로는 ≪사미헌집(四未軒集)≫ 11권 6책이 있다.

76 이 한주(李寒洲) : 이진상(李震相, 1818~1886)을 말한다. 그는 경상북도 성주 출신의 대표적인 성리학자이다. 본관은 성산(星山), 자는 여뢰(汝雷), 호는 한주(寒洲)이다. 그의 학문적 깊이와 사상은 ‘한주학파(寒洲學派)’를 형성하는 기반이 되었다. 저서로는 ≪한주집(寒洲集)≫ 49권 25책과 ≪이학종요(理學綜要)≫ 22편 10책, ≪사례집요(四禮輯要)≫ 16편 9책, ≪묘충록≫ 2책 등이 있다.

我有烟霞志	나는 연하(烟霞)에 노닐 뜻을 가져
斂迹龍岡幽	자취를 용강(龍岡) 깊은 곳에 감추었네.
飢採岸上薇	배고프면 언덕 위 고사리 캐고
渴飮寒泉流	목마르면 차가운 샘물 마시네.
歸來撫枯桐	돌아와 거문고[77] 어루만지고
風月共逍遊	풍월에 함께 소요하네.
富貴非素計	부귀는 본래 나의 뜻이 아니니
簞瓢不足羞	단사표음도 부끄럽지 않네.
荏苒老窮廬	그럭저럭 외진 초막에서 늙어가니
白雪紛交頭	흰 눈발은 분분하게 머리에 내리네.
浮生只如此	뜬구름 같은 인생 다만 이와 같으니
永言更何求	길이 다시 무엇을 구하겠는가?
但有兒若孫	다만 아들 손자가 있어
耕讀慰此愁	밭 갈고 글 읽으며 이 마음을 위로하네.

공의 청렴하고 그윽한 정취는 여기에서 볼 수 있다. 태상(太上, 고종) 을사(乙巳, 1905) 5월 29일 돌아가시니, 향년 64세이다. 묘소는 현의 북쪽 분전동(粉田洞) 백씨의 무덤 아래 정좌(丁坐) 언덕이다. 부인은 능주 구씨(綾州具氏) 익조(翼祚)의 딸로서 어진 행실이 있었는데 공보다 10년 먼저 죽었다. 아들은 셋인데, 영석(永錫) 명석(明錫) 호석(昊錫)이다. 호석은 백형의 후사로 출계하였다. 영석(永錫)의 아들은 수룡(洙龍)과 수철(洙哲)이며 딸은 도원환(都元煥)에게 시집 갔다. 명석(明錫)의 아들은 수기(洙杞)이며 딸은 백남도(白

77 거문고 : 원문의 '고동(枯桐)'은 오동나무로 만든 거문고를 가리킨다.

南道)에게 시집 갔다. 호석(昊錫)의 아들은 수영(洙英)이며 사위는 송수근(宋壽根)이다.

오호라! 공의 뜻과 행실에 학문의 공을 더하였다면 그 건립한 것이 누군들 그만 못하였으랴. 그러나 그의 겨를 할 수 없는 그의 여력을 돌아보건대 공자께서 말씀하신, '겉치레로 흐르는 것보다는 차라리 질박함이 낫다'[78]는 말은 공을 이르는 것이다. 명(銘)은 다음과 같다.

本之以孝悌	효제(孝悌)를 근본으로 삼고
行之以誠慤	성각(誠慤)을 실천하니
允迪于玆	참으로 여기에 나아감에
何必讀書	어찌 독서가 필요하리오?
然後爲學	그런 후에 학문을 하였도다.
有不吾信	나를 믿지 못하겠거든
請視此刻	이 비석을 보아라.

78 겉치레로 …… 낫다 : ≪논어≫ <옹야(雍也)>에, "바탕이 문채를 압도하면 촌스럽게 되고, 문채가 바탕을 압도하면 겉치레로 흐르게 되나니, 문채와 바탕이 조화를 이룬 뒤에야 군자라고 할 수 있다.(質勝文則野 文勝質則史 文質彬彬然後君子)" 하였는데, 그 주에 귀산(龜山) 양시(楊時, 1053~1135)가 말하기를 "비록 문채가 있더라도 어디에다 베풀겠는가. 그렇다면 겉치레로 흐르는 것보다는 차라리 질박함이 낫다.]"라고 하였다.

도포 황공 유사
桃圃黃公遺事

공은 어려서부터 도를 구하는 뜻을 가지고 사자소학(四子小學)[79]이 아니면 읽지 않았고, 어른이 되어서는 성리서(性理書)에 더욱 잠심(潛心)하면서, 살피고 힘써 실천했다. 일찍이 말하기를, '차라리 성인을 배우되 이르지 못하더라도 작은 성취에 안주하고자 하지는 않겠다'라고 하였다. 그 학문은 반드시 주자와 퇴계를 기준으로 삼고, 벽에는 무이도(武夷圖)와 성학십도(聖學十圖)를 걸어두고 아침저녁으로 보면서 반성하도록 하였다. 저술한 것은 '성정론(性情論)', '이기변(理氣辨)', '순명잠(順命箴)', '극기시(克己詩)', '심학(心學)', '상제(喪祭)' 등으로, 옛날의 성현을 잇고 후인을 열어주는 것이었다. 윤리강상에 더욱 독실하여 또, '삼강찬(三綱贊)', '열상평(列相評)', '훈도문(訓導文)', '읍지(邑誌) 서(序)' 등 모두 세교(世敎)를 붙들어 세우고 사람의 마음을 선하게 하는 것이었다. 고을 사람들이 사모하니, 선한 자는 권면하고 악한 자는 교화되었으며, 풍속은 예교(禮敎)를 중시하고 선비는 정학(正學)으로 달려갔다. 지금 빛나는 문헌의 고을이 된 것은 모두 공의 힘이니, 이것이 공께서 쌓은 학문의 대략적인 내용이다.

그의 효심을 말한다면 나이 일흔에 부친의 병환을 만났는데 공도 여역(癘疫, 전염병)을 만나 거의 인사불성인데도 탕약은 반드시 친히 올리고, 밤이면 하늘에 기도하기를 자신의 목숨으로 대신하기를 원하였다. 대변을 맛

79 사자소학(四子小學) : ≪대학(大學)≫, ≪논어(論語)≫, ≪맹자(孟子)≫, ≪중용(中庸)≫과 ≪소학(小學)≫을 말한다.

보아서 병증을 살피고, 손가락 피를 입에 흘려 마침내 3년[80] 수명을 연장하였다. 장례 예절은 오로지 ≪가례≫를 준수하고 묘소 아래 집을 지어 삼 년을 마쳤다. 할아버지와 모부인을 섬김에는 그 직분을 더욱 공경하였으며, 어머니 상을 당해서 상중의 예절은 이전 때와 같이 하였다. 제사를 받들 때에는 살아계실 때처럼 정성을 다하였고, 봄 가을 성묘할 때에 비록 비바람이 불거나 추위나 더위가 심하여도 반드시 세수하고 머리 빗고 몸소 참여하였다. 의전(義田)[81]을 두어 친족의 화목을 다하였으며, 세보(世譜)를 편찬하여 근본이 나온 유래를 밝혔다. 이것이 집안과 고을에서 현저한 공의 독실한 행실이었다.

몸은 비록 포의(布衣, 韋布)의 신분이지만 충군애국(忠君愛國)의 성심은 강호에서도 늘 잊지 않았으니, 경사스러운 날을 만나면 북쪽을 바라보며 축수(祝壽)하였으며, 방상(方喪)[82]을 만나면 삼 년 동안 소식(素食)을 하였으며, 사면(赦免) 조서 소식을 들으면 감축하여 시를 지었다. 일찍이 명나라 고사를 한탄하면서 스스로 호(號)를 모명자(慕明子)라고 하고, 사운(四韻)[83]과 절구(絶句) 각 1수를 지어 불만스러운 뜻을 나타내었다. 만약 공을 그때에 만났다면 공의 탁월한 충절(忠節)은 어찌 그때 여러 공(公)들만 오로지 동방(東方)에서 아름다운 분이라고 하겠는가? 오호라! 이와 같은 학문과 행실을 당세에 펴지 못하고 임천에서 끝내 늙었으니 어찌 운명이 아니겠는가?

지난 을묘(乙卯, 1855) 여름에 수령 이면주(李冕周)가 공을 행의(行義)로 도백(道伯)에게 천거하니, 도백(道伯)은 그 행실에 감동하여 특별히 쌀과 고기

80 【원주】: 원본에는 년(年)이 월(月)로 되어 있음.
81 의전(義田) : 가난한 일가를 위해 마련한 땅이다.
82 방상(方喪) : 임금의 상을 당했을 때 부모상을 당한 경우에 견주어 참최 삼년(斬衰三年)으로 복을 입는 것을 말한다. ≪예기(禮記)≫ <단궁(檀弓)>
83 사운(四韻) : 운자(韻字)가 4개인 율시를 가리킨다.

를 보내어 위로하고, 계문(啓文)을 적어 올리고자 했으나, 공은 편지를 보내어 자신을 탄핵하는 일로 인하여 마침내 그만두었다. 더욱더 공의 덕이 성대하고 칠조개(漆彫開)의 대의[84]에 체득함이 있음을 볼 수 있다.

84 칠조개(漆彫開)의 대의 : ≪논어(論語)≫의 공자(孔子)가 칠조개에게 벼슬을 권한 장(章)에 대하여 주자의 ≪집주(集註)≫에 이르기를, "정자가 말하였다. '칠조개가 이미 대의를 보았다. 그러므로 부자께서 기뻐하신 것이다.'(程子曰 漆雕開已見大意 故夫子說之)"라고 하였다. 이는 ≪논어(論語)≫ <공야장(公冶長)>에 보이는 내용으로, 공자가 제자 칠조개(漆雕開)에게 벼슬을 하도록 권하자 칠조개가 대답하기를, "저는 벼슬하는 것에 대해 아직 자신할 수 없습니다.(吾斯之未能信)"라고 하였는데 공자가 기뻐하였다.

야암 박공 행록
倻庵朴公行錄

박 씨(朴氏)는 동국의 대성이다. 순천(順天)을 관향으로 하는 자는 참으로 번성하였다. 덕업(德業)과 문장(文章)이 빛나며 성대한 사필(史筆)이 끊이지 않았다. 그러나 깊은 산속에 은둔한 선비와 같은 분은 이름과 행실을 닦았지만 이름이 없어져 일컬어지지 않으니, 태사공이 이른 것과 같은 분[85]은 곧 우리 고을의 야암(倻庵) 박 공(朴公)이시다.

공의 휘는 세엽(世燁)이요 자(字)는 수만(守萬)이다. 고려 개국공신 삼중대광(三重大匡) 휘 영규(英規)가 시조이다. 그 후손 휘 천상(天祥)이 곧 공양왕(恭讓王)의 장인[外舅]으로 평양군(平陽君)에 봉해졌다. 포은(圃隱) 정 선생(鄭先生)과 죽음의 의리를 함께 하였으며, 휘 가권(可權)을 낳았다. 휘 가권(可權)은 가선대부(嘉善大夫) 개성판윤(開城判尹)이며, 휘 유성(柳星)을 낳았다. 휘 유성(柳星)은 본조에 들어서 청백리(淸白吏)를 지낸 분이며, 휘 신손(信孫)을 낳았다. 휘 신손(信孫)은 효렴(孝廉)으로 주부에 천거되었다. 휘 신손(信孫)은 휘 문유(文儒)를 낳았고, 휘 문유(文儒)는 진사로 휘 붕거(鵬擧)를 낳았다. 휘 붕거(鵬擧)는 진사였다. 그때 요승 형(熒)이 주상을 현혹케 함에, 공의(公議)를 들어 벌할 것을 청하는 글 올리기를 여덟 번에 이르니 조정과 재야가

85 태사공이 이른 것과 같은 분 : ≪사기≫ 권61 <백이열전(伯夷列傳)>에서 사마천(司馬遷)이 "백이·숙제는 현인이지만 공자를 통해서 더욱 이름이 드러나게 되었다. …… 여염(閭閻)의 일반 백성이 행실을 닦아 이름을 세우고자 하나 청운의 선비 힘을 빌리지 못한다면 어찌 이름을 후세에 전할 수 있으랴?(夷叔齊雖賢 得夫子而名益彰 …… 閭巷之人欲砥行立名者 非附靑雲之士 惡能施于後世哉)라고 한 말을 인용한 것이다. 야암(倻庵)이 행록을 통하여 후세에 밝게 전해질 수 있게 되었다는 의미이다.

숙연하였다. 휘 광준(光俊)을 낳으니, 휘 광준(光俊)은 공조참판에 추증되었으며, 임진년에는 삼종 조카와 함께 의병을 일으켜 도적을 토벌하는 공이 있었다. 휘 자의(子儀)를 낳으니, 휘 자의(子儀)는 공조참의로 추증되고, 호는 심경당(心敬堂)이다. 휘 동립(東立)을 낳으니, 휘 동립(東立)은 봉정대부(奉正大夫) 제용감정(濟用監正)인데, 문학(文學)으로 사림의 추앙을 받았으니, 이분이 공의 육대조 할아버지이다. 증조는 휘 유경(有慶)이며, 조부는 휘 태체(太諟)이다. 부친은 휘 홍주(弘柱)이요, 모친은 고령 김씨(高靈金氏) 원석(元錫)의 따님으로, 송암(松庵) 면(沔)의 후손인데, 계유(癸酉, 1813) 3월 15일에 태어났다.

공의 성품은 지극히 효성스러웠다. 어릴 때부터 부모를 섬김에 어김이 없고 또 활달하여 사람을 거느림에 법도가 있었으므로 향리에서 그를 칭송하였다. 학문에 나아감에 게으르지 않고 부지런했다. 오로지 향상공부[86]에만 전념하였다. 일찍이 가야산 남쪽에 집을 짓고 야암(倻庵)이라고 편액을 걸고, 날마다 동지들과 강론하였다. 그 가운데 깊이 나아가고 스스로 체득한 묘리는 사람들이 알지 못하는 것이었다. 향년 61세에 돌아가시니 곧 계유(癸酉, 1873) 10월 5일이었다. 11월 소야면 고탄리 뇌성동 경방(庚方, 서남)을 등진 언덕에 장사 지냈다. 부인은 화성 이씨(華城李氏) 백춘(白春)의 따님으로, 부덕(婦德)이 있었다. 두 아들을 두었으니, 희징(希徵)과 희중(希重)인데 희중(希重)은 출계(出系)하였다. 희징(希徵)의 아들 한성(漢成)은 호가 농와(農窩)로 후사가 없어서 재종제 한기(漢基)의 아들 해붕(海鵬)을 데려와서 아들로 삼았다. 해붕(海鵬)의 아들은 취동(聚東)·환동(煥東)·섬동(暹東)이며, 오봉순(吳鳳淳)·이경환(李璟煥)·정재융(鄭在融)·정건호(鄭健鎬)는 사위이다. 취동(聚

86 향상공부 : 성리학에서 심성을 함양하는 공부를 의미한다.

東)의 아들은 노수(魯洙)와 노상(魯庠)이며, 환동(煥東)의 아들은 노린(魯麟)과 노언(魯彦)이며, 섬동(暹東)의 아들은 노주(魯柱)이다.

오호라! 난초가 깊은 산에 살면서 뭇 화초와 섞이지 않는 것은 그 향기가 빛나기 때문이며, 진주가 깊은 물에 잠겨서 조개와 섞이지 않는 것은 광채가 화려하기 때문이다. 선비가 쌓은 학덕을 세상에 드러내지 않고 암혈(巖穴)에서 늙어 죽음으로써 초목과 함께 돌아간 것은 또한 유독 어찌하여 그러한 것이겠는가?

하루는 해붕(海鵬)이 공의 유사 한 통을 지어서 그 아들 환동(煥東)을 보내어 나에게 논찬(論譔)을 부탁하였다. 대개 공의 훌륭한 행적은 없어져서는 안 되는 것이다. 그러나 내가 어찌 감당할 것인가? 우선 들은 것을 기록하여 자손의 부탁에 대하며, 또 입언(立言)할 사람이 선택하여 취하도록 할 따름이다.

부록

제문

내종 옥산(玉山) 장상기(張相岐)

유세차 기미(己未) 3월 초 9일 신묘(辛卯)에 나의 표종(表從, 고종사촌) 성재(省齋) 정 처사(鄭處士)의 부음을 듣고 내종(內從, 외사촌) 옥산(玉山) 장상기(張相岐)는 이미 빈소에 곡을 하고, 이듬해 1월 초 5일에 제물을 갖추어 객계(客階)로 나아와 곡을 하고 제문으로 흠향하기를 권합니다.

오호라! 늙어서 죽는 것은 당연한 일이거니와 어찌하여 슬프고 슬픈 것입니까? 성재 처사는 63년의 수를 누렸으니 늙지 않았다고 말할 수 없는데, 지금 내가 성재 처사의 죽음을 조문함에, 슬픔은 오히려 오열하고 목이 메어도 부족하고 애통하지 않을 수 없는 것은 무엇 때문이겠습니까? 다만 천녕(天寧)의 마음[1]과 교칠(膠漆)의 옛정[2] 때문만은 아닙니다.

오호라! 우리 성재는 문목(文穆) 노선생의 가문에서 태어나셨으니, 좋은 옥(玉)처럼 윤기 나고 단단함은 타고난 바탕이었고, 불꽃처럼 밝고도 범할 수 없음은 성품이었습니다. 옹초(滃澯)[3]를 분별함에 조금도 바꾸지 않으니

1 천녕(天寧)의 마음 : 인척 관계로 맺어진 것을 말한다.

2 교칠(膠漆)의 옛정 : 관계가 서로 굳음을 말한다. 교칠은 아교와 옻칠인데, 아교로 붙이면 떨어지지 않고 옻으로 칠을 하면 역시 떨어지지 않으므로 돈독하고 굳은 우정을 비유할 때 흔히 '교칠지교(膠漆之交)'라고 한다. 후한(後漢) 때 진중(陳重)과 뇌의(雷義)는 우의가 매우 두터웠는데, 세상 사람들이 "아교와 칠을 두고 견고하다 하지만 뇌의와 진중의 사귐만은 못하리라.(膠漆自謂堅 不如雷與陳)" 한 데서 유래하였다. ≪후한서(後漢書)≫ <진중뇌의전(陳重雷義傳)>

3 옹초(滃澯)를 분별함 : 사실을 자세히 분별하였다는 말이다. 원문의 '옹초(滃澯)'는 옹수(灉

몸가짐이 고고하기 때문이었으며, 긍경(肯綮)[4]을 갈라냄에 칼날이 무뎌지지 않았으니 일에 대응함이 명쾌하기 때문이었습니다. ≪심경발휘(心經發揮)≫[5]에 뿌리를 두었고, ≪오선생예설(五先生禮說)≫[6]에 침잠하였으니, 학문이 순정하고 조예는 밝고도 넓었습니다. 아첨하는 자[7]들은 간혹 형의 엄격함을 병으로 여겼고 방탕하는 자들은 간혹 형의 견개(狷介)[8]함을 미워하였습니다. 때마침 도량이 알려져 등용되지 못하였지만 성재 처사에게 무슨 해가 있겠습니까?

나라가 망해감에 도학[道術]은 먼저 찢어지고, 사람마다 헐뜯어 다투는데, 근년에 우리 당(黨)의 원로 덕인들이 차례로 돌아가셨으니, 덕인을 찾아서 학업을 묻는 후생들은 반드시 우리 성재 처사를 말하고, 깊은 뜻을 밝히고 은미한 것을 드러낸 선배[9]들도 반드시 우리 성재 처사를 언급하였습니

水)와 초수(濋水)를 말한다. 옹수는 황하가 넘쳐서 생긴 물이고, 초수는 제수(濟水)가 넘쳐서 생긴 물이다. 모두 큰 물이 넘쳐서 생긴 작은 물의 이름이 되었다. ≪서경≫ <우공(禹貢)>에 "옹수(灉水)와 저수(沮水)가 모여 함께 흐른다.(灉沮會同)" 하였다.

4 긍경(肯綮) : 사물의 핵심이나 관건이 되는 부분의 비유. 긍(肯)은 뼈에 붙은 살을 가리키고, 경(綮)는 뼈와 살이 이어진 곳을 가리킨다. ≪장자(莊子)≫ <양생주(養生主)>에, 소를 잡는 포정(庖丁)은 자연의 순리에 따라 칼을 쓰는 기술이 워낙 뛰어나, 소의 뼈와 살이 서로 얽혀 있는 곳에 칼질을 하면서 한 번도 칼이 걸린 적이 없었고, 또한 칼을 워낙 잘 써서 19년 동안에 걸쳐 수천 마리의 소를 잡고도 칼날이 마치 숫돌에 막 간 것처럼 멀끔했다는 데서 온 말로, 뛰어난 재능을 의미한다

5 심경발휘(心經發揮) : 조선 선조(宣祖) 때의 문신·학자인 정구(鄭逑)가 지은 책. 송(宋) 나라 때의 진덕수(眞德秀)가 편찬한 ≪심경心經)≫의 미진한 점을 보완하고 부록을 더하여 수록하였다.

6 오선생예설(五先生禮說) : 정구가 송나라의 성리학자인 정호(程顥), 정이(程頤), 사마광(司馬光), 장재(張載), 주희(朱熹)의 예설(禮說)을 모아 만든 책이다.

7 아첨하는 자 : 원문의 '지위(脂韋)'는 기름과 무두질한 가죽으로 부드럽고 유연한데 흔히 지조없이 남들에게 영합하며 아첨하는 사람들을 비유하는 말로 쓰인다. ≪초사(楚辭)≫ <복거(卜居)>

8 견개(狷介) : 고집이 세고 지조가 굳음을 말한다.

9 깊은 뜻을 …… 드러낸 선배 : ≪주역≫ <계사전 하(繫辭傳下)>에 나오는 말로 "역은 지난 것을 드러내고 올 것을 보여 주며, 은미한 것을 드러내고 숨겨진 것을 밝혀 준다.(夫易

다. 만약 하늘이 천수를 더해주었다면 선정(先正) 이래 물려받은 가문의 전통[10]은 쇠퇴하지 않았을 것이며 학문은 일으켜 크게 밝아졌을 것이겠지만, 이제는 끝났습니다. 이제는 끝났습니다.

군(君)이 일찍이 눈물을 쏟으며 나에게 말하였습니다. 우리 선친 일우(一宇, 정세용) 선생은, 자고(子皐)[11]의 효성과 안연(顔淵)의 호학(好學)하는 성품을 가졌으나 수명은 마흔 다섯에 그쳤으며, 우리 선형 처사 부군은, 문행(文行, 학문과 덕행)의 명망이 있었고, 간고(幹蠱)[12]의 칭송이 있었으나 수명이 또 마흔 다섯에 그쳤으니, 이에 너무도 못난 나를 돌아보면, 어찌 포류(蒲柳)의 몸[13]이 어찌 먼저 시들지 않습니까? 이 말은 아마도 부형께서 일찍 돌아가심을 슬퍼하고 다하지 못한 뜻과 다하지 못한 유업이 자신에게 지워짐에 매순간[14] 부지런히 힘쓰기를 그칠 수 없는 마음의 표현일 것이었습니다. 이로써 말한다면, 이순(耳順)을 지나 또 모기(耄期)[15]를 앞에 두었으니, 계술(繼

彰往而察來 而微顯闡幽)"라고 하였다.

10 가문의 전통 : 원문의 '전신(傳薪)'은 가문의 전통을 이을 훌륭한 자손이 있다는 말이다. ≪장자(莊子)≫ <양생주(養生主)>에 "손가락이 장작 지피는 일을 다 하면, 불은 번져서 결코 꺼질 줄을 알지 못한다.(指窮於爲薪 火傳也 不知其盡也)"라고 하였다.

11 자고(子皐) : B.C. 521~393. 춘추시대 제(齊)나라 사람으로, 공자의 제자이다. 이름은 고시(高柴)이고, 자는 자고(子皐)이다. 천성이 효성스러워 거상(居喪)을 잘하였고, 정사(政事)에 재능이 있었다고 한다. ≪예기(禮記)≫ <단궁 상(檀弓上)>·≪사기(史記)≫ <중니제자열전(仲尼弟子列傳)>

12 간고(幹蠱) : '간고지자(幹蠱之子)'로 부모의 부족함을 보상하는 재능 있는 훌륭한 아들이라는 뜻이다. ≪주역≫ <고괘(蠱卦)> 초륙(初六)에 "아버지의 일을 주관함이니, 훌륭한 아들이 있으면 아버지가 허물이 없으리니, 위태롭게 여겨야 끝내 길하리라.(幹父之蠱 有子考无咎 厲 終吉)" 하였다.

13 포류(蒲柳)의 몸 : 부들과 버드나무로 사람의 체질이 약함을 비유하는 말이다.

14 매순간 : 원문의 '식식(食息)'은 '매 순간'의 뜻이다. 남송(南宋)의 학자 섭적(葉適)이 지은 <수옥보하표(受玉寶賀表)>의 "황제 폐하께서는 고인을 스승 삼아 자신을 다스리고 선조를 받들어 유업을 이으시니 어찌 잠시인들 선조의 가업을 보존하지 않으시며 남기신 유훈을 게을리하시겠습니까.(皇帝陛下師古以治身 奉先而纘服 何食息不存於祖業 曾斯須敢怠於孫謀)"라는 구절에서 나온 말이다.

述)의 크고 작은 사업은 반드시 효사(孝思)의 무궁함에는 부족함이 있을 것이었습니다. 지금 호미춘빙(虎尾春氷)[16]의 시기에 놀라운 일이 날마다 일어나 의리를 강론할 곳이 없을 뿐만 아니라 칠 척의 육신[17]도 보존할 수 없게 되었으니, 그러니 우리들은 죽은 사람보다 못한 지가 오래입니다. 이런 까닭에 군(君)의 죽음을 조문할 겨를이 없으며, 우리 산 자를 위하여 통곡하여야 할 것입니다.

오호라! 우리 성재 처사가 옛날 분명하고 확연(確然)한 것은 바람이 불면 구름이 흩어지는 듯한 삶을 살려 하지 않으시고, 돌아가서 부형과 스승을 모시고, 예(禮)와 의(義)를 강론하고 도(道)와 덕(德)을 담론하기 위함이 아니었습니까? 아니면 수양(睢陽)의 사나움[18]으로 요망한 기운을 쓸어버리고 우주를 청정하게 하려 함이었습니까? 아득하여 알 수가 없습니다. 한 번 통곡하고 두 번 통곡하고 세 번 통곡하며, 영결하고 영결합니다.

오호! 슬프도다. 상향(尙饗).

15 모기(耄期) : 모(耄)는 70세, 혹은 8,90세를 이르는 말로, 나이가 많음을 말한다.

16 호미춘빙(虎尾春氷) : 범의 꼬리를 밟고 녹는 봄 얼음을 밟는다는 뜻으로, 매우 조심해야 함을 말한다.

17 육신 : 원문 '항간(恒幹)'은 육체 또는 몸을 가리킨다. ≪초사(楚辭)≫ <초혼(招魂)>에, "혼이여 돌아오라, 당신의 육체를 떠나 어찌하여 사방으로 헤매는가?(魂兮歸來 去君之恒幹 何爲乎四方些)"이라 하였다.

18 수양(睢陽)의 사나움 : 당(唐)나라 현종(玄宗) 천보(天寶) 14년(755)에 안녹산(安祿山)이 어양(漁陽)에서 반란을 일으켜 장안을 향해 파죽지세(破竹之勢)로 밀려올 때, 장순(張巡)과 허원(許遠) 두 장수가 수양(睢陽)에서 이들을 맞아 싸우다가 장렬하게 전사하였다.

또

재종제 옥산(玉山) 장상필(張相弼)

유세차 기미(己未, 1919) 4월 10일 신유(辛酉)는 곧 저의 표형님(表兄主, 고종형님) 성재 처사 서원(西原) 정공(鄭公)의 장렛날입니다. 3일 전 무오(戊午) 일에 내종(內從, 외사촌) 동생 장상필(張相弼)이 삼가 변변찮은 제물을 갖추고, 제문을 지어 빈소에서 영결하여 고합니다.

오호라! 세상의 도가 변한 지가 오래되었으니, 인물이 태어남도 그것을 따라 날로 쇠퇴하여졌습니다. 그 가운데 청명하고 영특함이 무리들보다 빼어난 자가 천백 가운데 겨우 하나가 있으니, 그 존재는 마치 촛불을 걸어 둔 것과 같아서 어두운 길[19]에 사람을 인도하고, 그 죽음은 마치 석과(碩果)[20]가 떨어진 것과 같아서 세상 사람들이 어둠 속[21]에 살게 되었습니다. 그런즉 오늘 공의 죽음에 곡을 하는 것은 어찌 다만 천녕(天寧)의 친함일 뿐이겠습니까?

---

19 어두운 길 : 원문의 '치적(埴擿)'은 '적식(擿埴)'을 의미한다. 적식(擿埴)은 맹인(盲人)이 지팡이로 땅을 짚으면서 어렵게 길을 찾는 것을 말한다. 양웅의 ≪법언(法言)≫ <수신편(修身篇)>에 "맹인이 지팡이로 땅을 짚으면서 길을 찾아다니는 것과 같을 뿐이다.(素擿埴索塗 冥行而已)"라고 한 말에서 유래하였다.

20 석과(碩果) : 과일 나무의 높은 가지 끝에 사람들이 따 먹지 못하여 겨우 달려 있는 한 개의 큰 과일로서, 종자가 되어 다시 훗날을 기약할 수 있다는 점에서 어지러운 세상에서도 큰 덕을 지닌 채 소인들에게 해를 당하지 않고 있는 군자를 지칭할 때 많이 쓰인다. ≪주역(周易)≫ <박괘(剝卦)>의 "큰 과일이 먹히지 않았다.(碩果不食)"에서 온 말이다.

21 어둠 속 : 원문의 '순곤(純坤)'은 양기(陽氣)가 조금도 없는 세상을 가리킨다.

오호라! 옛날 우리 고모께서 친정오셨을 때 공의 나이는 겨우 초츤(髫齔)[22]으로, 저보다는 한 살이 높았습니다. 놀면 반드시 같은 곳에서 놀고, 대나무를 잘라 말놀이를 하였으며, 들어오면 반드시 함께 공부하고, 전쟁놀이도 함께 하였습니다.[23] 마치 사지(四肢)와 몸이 서로 따르는 듯하고, 몸과 그림자가 떨어지지 않는 것과 같아서 동당(同堂, 한 집안)의 형제들과 차이가 없었습니다. 어려서는 서로 사랑하되 마치 본래부터 있었던 듯하였고, 장성하여 서로 의지하되 항상 변함없다고 말하였고 늙어서는 서로 그리워하지만 날은 점점 짧아지고 만남은 참으로 줄어들어, 예전에 이른바 원래 있었고 언제나 있을 것이라는 말은 점점 믿을 수 없게 되었습니다. 이제 달연(怛然)히 놀라고 초연(悄然)히 슬퍼집니다.

그러나 타고난 자질을 비교하면 공은 저보다 나으시고 받은 기운을 본다면 저는 공보다 못합니다. 언제나 (오래 살지) 믿을 수 없다고 하는 말은 저에게 있었으며 공에게 있지는 않았습니다. 그런데 공께서 조금 더 살지 않으시고 저를 버리고 먼저 가실 줄을 누가 알았겠습니까?

오호라! 공은 선정(先正)의 가문에 태어나셔서 소탈하고 꿋꿋한 자질은 교유(矯揉)의 방도로써 도왔으며, 강개(剛介)한 성품은 온화[溫潤]한 행실로써 구제하였으며, 높고도 밝은 재주는 넉넉한 공부로 확충하였습니다. 의리(義利)를 구분함은 숫돌에 간 구도(歐刀)[24]와 같고 문사(文詞)의 민첩함은 판자 위를 달리는 요환(遼丸)[25]과 같고 율기(律己, 몸가짐)의 깨끗함은 얼음을

22 초츤(髫齔) : 머리를 뒤로 늘어뜨리고 이를 갈 무렵의 7~8세 어린아이를 말한다.

23 전쟁놀이도 …… 하였습니다 : 원문의 '분참도아(分塹塗鵝)'는 해자를 메우고 아차(鵝車)를 그린다는 뜻으로 여기서는 전쟁놀이를 말한다.

24 구도(歐刀) : 죄인의 목을 베는 칼이다.

25 요환(遼丸) : 요환(僚丸). 요(僚)는 춘추 시대 탄환을 잘 던진 웅의료(熊宜僚)이다. 요환(僚丸)은 시남의료(市南宜僚)의 공놀이를 줄인 말인데, 억지로 배우지 않고서도 그 묘리(妙

담은 옥호(玉壺)와 같고, 효인(斅人, 가르침)의 빛남은 눈의 막을 벗겨내는 금비(金篦)[26]와 같았습니다. 나이가 덕과 함께 높아지고 중망은 실질과 부합함에 미쳐 울연(蔚然)히 우리 당의 표준이 되시고, 온 영남의 영광이 되셨습니다. 비록 전해오는 가학으로 말미암았지만, 아름다운 자품을 체득한 것은 참으로 태반이 넘었습니다. 쌓은 능력을 펼칠 기회를 만났다면 어진 덕은 사람을 지키기에 충분하고 교화는 풍속을 바르게 할 수 있었을 것이었습니다. 그러나 결국 가난한 선비로 늙어가며, 거들먹거리는 이들과는 함께 하지 않았으니, 이것은 상론자(尙論者)[27]들이 유감으로 여기는 것이었습니다. 그러나 다만 때를 만나지 못한 까닭에 학문을 연구하여 이루었고, 가업을 성취하여 온전히 하였습니다. 저 남이 귀하게 한 것[28]을, 어찌 우리 성재공과 비교할 수 있겠습니까?

오호라! 슬픕니다. 곤고함[29]을 헤아리지 못하고 동방의 전장(典章)이 진흙탕 속으로 빠져들어가니, 처량한 여생이 살 만한 곳이 없어졌습니다. 공은

理)를 터득함을 이른다. ≪장자(莊子)≫ <서무귀(徐无鬼)>에 "시남의료가 두 손으로 공놀이를 하며[弄丸] 신기(神技)를 발휘함으로써 두 집안의 갈등을 해소시켰다."는 이야기가 있다.

26 금비(金篦) : 금으로 만든 빗치개로, 본디 고대(古代) 인도(印度)의 의사(醫師)가 맹인(盲人)의 안막(眼膜)을 제거해 주는 도구였는데, 전하여 후세에 불가(佛家)에서 중생(衆生)들의 눈을 가리고 있는 무지(無智)의 막(膜)을 금비로 제거해 준다고 한 데서 온 말이다.

27 상론자(尙論者) : 고인의 언행과 인격을 논하는 자를 말한다.

28 남이 귀하게 한 것 : 스스로 노력하여 귀하게 된 것이 아니라 남이 부여하여 귀하게 된 것을 이른다. 원문의 '조맹(趙孟)'은 춘추 시대 진(晉)나라 권신(權臣)인 조돈(趙盾)과 그 직계 후손들을 이르는데, 조씨는 당시에 권력이 막강하여 작록(爵祿)을 자기 마음대로 사람들에게 주고 뺏고 했었다. ≪맹자≫ <고자 상>에 "귀하고자 함은 사람의 똑같은 마음이니, 사람마다 자기에게 귀함이 있건마는 생각하지 않아서 모를 뿐이다. 남이 귀하게 해준 것은 양귀(良貴)가 아니니, 조맹이 귀하게 해준 것을 조맹이 능히 천하게 할 수 있다.(欲貴者 人之同心也 人人有貴於己者 弗思耳 人之所貴者 非良貴也 趙孟之所貴 趙孟能賤之)"라고 보인다.

29 곤고함 : 원문의 '도현(倒懸)'은 곤고(困苦)의 심함을 이른 말이다. ≪맹자(孟子)≫에 "백성이 즐거워함이 거꾸로 매달린 것을 끌러버린 것과 같다.(民之悅之 猶解倒懸)" 하였다.

이때에 혼탁한 세상을 훌쩍 벗어남[30]은 마치 지인(至人)이 신선이 되어 올라가는 듯합니다. 오늘의 통곡은 다만 공을 위하여 애통해 하는 것뿐만 아니라 사실은 나 자신을 슬퍼하기에 겨를이 없습니다. 영령께서 만약 지각이 있어 산 자를 굽어 슬퍼하신다면 또한 능히 산 자가 공을 슬퍼하는 마음과 같지 않겠습니까? 어찌하여 옛날처럼 재미있는 말 한마디 없습니까? 유명(幽明)의 일이 다하였으니 우리 형을 다시 볼 수 없습니다. 눈물이 샘솟듯 흘리며 영원히 이별합니다.

오호! 슬프도다. 상향(尙饗).

30 훌쩍 벗어남 : 원문의 '탈사(脫屣)'는 헌 신발을 벗어버린다는 말이다. 순(舜) 임금은 천자의 지위도 헌 신발 버리듯 할 것[猶棄敝蹝]이라는 말이 ≪맹자≫ <진심(盡心) 상>에 나오고, 한 무제(漢武帝)는 신선이 되기 위해 처자를 버리는 것을 신발을 벗듯 할 것[如脫屣]이라는 말이 ≪사기≫ 권12 <효무본기(孝武本紀)>에 나온다.

또

광주(廣州) 안진원(安鎭遠) 등

유세차 기미(己未, 1919) 4월 임자(壬子) 10일 신유(辛酉)는 광주(廣州) 안진원(安鎭遠), 안수원(安壽遠), 안양원(安揚遠) 등이 삼가 족자(族子, 집안 자제) 종률(鍾律)을 보내어 성재 처사 정공의 영안에 제문으로 조문합니다.

嗚乎	오호라!
粤昔寒岡	옛날 한강이
倡道南服	남방의 도를 이끌어 주심에
遺教藹然	남기신 가르침이 왕성하여
百世不泐	백 세가 지나도록 없어지지 않았습니다.
公起古宅	공은 그 고택에서 태어났으니
天賦孔穀	하늘의 큰 복록을 받았습니다.
匪蘭斯馨	난(蘭)이 아니지만 이렇게 향기롭고
匪玉斯潔	옥(玉)이 아니지만 이렇게 정결하였습니다.
蚤入詞苑	일찍이 문단에 들어가
馳譽鄉國	고을에 명성을 날리셨지만
公車恥眩	관직에 나아가는 것을 꺼려
向裏着脚	발걸음을 안으로 하였습니다.
皇祖有訓	선조의 가르침을

于典于則　　모범 삼고 법 삼았습니다.
寢囈食嚥　　잠을 잘 때나 밥을 먹을 때나
趨繩步墨　　모든 걸음이 법에 맞았습니다.
武屹春深　　무흘에 봄이 깊고
檜淵月白　　회연에 달이 밝을 때
東南衿佩　　동남(東南, 영남)의 선비들
濟濟坌集　　성대하게 운집하면,
公作元帥　　공은 대장군이 되어
左斧右鉞　　좌우로 부월(斧鉞)을 들고,
辨析義理　　의리를 판별함에
海滾河決　　바닷물이 넓은 듯 황하가 터진 듯하였습니다.
丁時艱險　　어려운 시대를 만나
國社已屋　　나라가 이미 망하였고
邪詖交蹠　　삿된 이단이 번갈아 오르고
仁義閉舌　　인의(仁義)는 입을 닫았습니다.
公奮隻掌　　공은 홀로 분투하여
深懷轉斡　　깊은 생각으로 일을 처리하고
文以告徒　　글로써 무리들에게 알림이
亦其烈烈　　또한 열렬(烈烈)하였습니다.
昊天孔昭　　밝고 밝은 하늘이시여!
曷云能復　　어떻게 되돌릴 수 있겠습니까?
迨將悔禍　　장차 재앙을 거두려 하시는데
公遽不淑　　공은 갑자기 돌아가셨으니,
善者誰勸　　선한 자는 누가 권면하며

惡者何懼	악한 자는 누구를 두려워하겠습니까?
顧余無狀	보잘 것 없는 저를 돌아보시고
先契甚篤	선대의 계의가 매우 두터워서
煌煌巨筆	빛나는 글로써
光我先蹟	우리 선조의 자취를 빛내어 주셨습니다.
山川有間	산천이 막혀
音問相闊	소식을 전함이 드물었지만
心路源源	마음 길은 끊이지 않아
宛若合席	완연히 자리를 함께 한 듯하였는데,
冥冥厚土	깊고 깊은 땅 속으로
遽閉碩德	갑자기 석덕(碩德)을 가두셨습니다.
公實厭溷	공은 참으로 혼탁한 세상을 싫어하셨으나,
後死其慽	뒤에 죽는 자들은 슬퍼합니다.
緘辭百里	백 리 밖에서 제문을 쓰려니
感淚交臆	눈물이 가슴에서 솟구칩니다.
惟公有靈	공의 영령이시여!
庶我其格	우리들에게 임하십시오.
嗚乎哀哉	오호라! 슬프도다.
尚饗	상향.

또

재종형 정재교(鄭在敎)

나의 종제 성재(省齋) 처사가 천수를 누리고 침실에서 돌아가시고, 다음 달 하 4월 상순 신유(辛酉)에 대기동(大基洞) 선영 옆으로 길이 돌아가려 함에, 재종형 재교(在敎)가 글을 잡고 통곡하며 영전에 영결합니다.

오호라! 군(君)은 나보다 세 살이 적으시니 이치로는 마땅히 내가 먼저 죽어서 군(君)이 나를 위하여 곡을 하여야 할 것인데 어찌하여 내가 도리어 군을 위하여 곡을 하게 합니까? 군도 나이 예순세 살이니 장수하였다고 말할 수는 없지만 또한 요절하였다고 말할 수 없을 것입니다. 그러니 내가 어찌 반드시 깊이 슬퍼하고 길이 탄식하여 나의 간장을 상하게 하겠습니까? 그러나 군은 우리 가문의 대들보로서 하루라도 군이 없을 수 없는데, 군이 길이 가버린 지 벌써 한 달이 되었으니, 스스로 마음 속 깊은 슬픔을 한 번 쏟아내지 않을 수 없습니다.

군은 본래 기량을 갖추었으니, 지혜가 정명(精明)하여 일을 사려 깊게 하였으며, 이익과 의리의 갈라짐을 잘 풀이하여 굳게 지켰으며, 남이 보지 못하는 것을 먼저 보았으니, 일이 끝난 후에 보면 오직 군이 이러하였습니다. 그러므로 집에 의심스러운 일이 있으면 반드시 나아가 자문을 구하였고, 문중에 큰일이 있으면 반드시 일을 맡겼으며, 향리에 어려운 일이 있으면 모두 성재를 말하였습니다. 어떻게 평소에 중시됨이 이런 경우가 있을 수 있겠습니까?

군이 타고난 재주는 두루 밝고 성품은 또한 배우기를 즐겨하여 사자(四子)의 책[31]에서 학문의 맛을 보았고 우하(虞夏)의 책[32]에서 학문의 골수를 얻었습니다. 사장(詞章)을 할 때에는 조탁하지 않고 과장하지 않아서 전중(典重)하고 자세히 들어맞았으니, 백 근의 무게가 있었습니다. 마음은 명백하고 경개(耿介)하여 외물의 이해(利害)에 지조를 바꾸지 않았으며, 위선 사업에 정성을 다하여 현사를 속이고 근거 없는 말을 지어내는 자는 감히 농간을 벌일 수 없게 하였습니다. 대중들이 나아가는 곳을 잘 살피고 평의(平議)를 고사한 것은 치욕을 멀리한 까닭이었습니다.

술을 좋아하되 일찍이 취하여 위의를 잃는 데에 이르지 않았으며, 한가롭게 정양할 때에는 밖으로 다니기를 기뻐하지 않았습니다. 살아서 멀리한 것은 그 이름이 먼저 알려진 것이었으며, 안원(顔原)[33]의 가난이 있었지만 궁핍하고 곤궁한 모습은 없었으니, 이것은 모두 부러워하고 본받고자 하지만 할 수 없는 것이었습니다. 나는 외람되게도 과거를 하였으나 글이 없어서 사람들을 위하여 글을 지으면 반드시 군에게 나아가 고쳤습니다. 촌수로는 종형제이지만 교의로는 사우(師友)를 겸하였으며, 나에게는 대를 이을 자식이 없어 군의 자식을 양자로 들였으니, 군에게는 끊어진 대를 이어주는 의리가 있었으니, 인정으로는 친 골육과 같았습니다.

31 사자(四子)의 책 : 공자(孔子), 증자(曾子), 자사(子思), 맹자(孟子)의 언행록이라 할 ≪논어(論語)≫, ≪대학(大學)≫, ≪중용(中庸)≫, ≪맹자(孟子)≫를 가리킨다.

32 우하(虞夏)의 책 : 서전(書傳)을 가리킨다.

33 안원(顔原) : 가난 속에서도 도를 즐기며 학문에 매진했던 안연(顔淵)과 원헌(原憲)을 말한다. 안연은 공자의 제자로 누항에서 살면서 안빈낙도하였다. ≪논어(論語)≫ <옹야(雍也)> 원헌은 춘추 시대 노(魯)나라 자사(子思)인데, 공자의 제자이다. 원헌은 공자가 죽은 뒤에 궁벽한 시골로 들어가 지게문을 쑥대로 엮어서 달고 지붕을 생초(生草)로 이어 놓고 살았다. 그는 "나는 들으니, 재물이 없는 자를 가난하다 말하고 도를 배우고서도 능히 행하지 못하는 자를 병들었다고 말한다 하였습니다. 나는 가난한 것이지 병든 것은 아닙니다."라고 하였다. ≪예기(禮記)≫ <단궁 하(檀弓下)>

나라가 망한 이후[34] 더욱 스스로를 숨겨 멀리서 온 자가 날마다 많아졌으니, 참으로 마음에 담아 두지 않는 것이 이와 같았습니다. 군이 일찍이 나에게 말하기를, 우리 집은 누대로 장수하지 못하였고, 우리 죽은 아들, 아버지, 형님이 모두 마흔 여섯에 돌아가셨지만, 지금 나는 이미 육순이 넘었으니 지금부터 또 몇 년을 살 수 있다면 선친이 다하지 못한 가업을 다시 이룰 수 있을 듯하다고 하였는데, 뜻은 있었지만 마침내 그 몇 년을 더 살지 못할 줄을 생각하지 못하였습니다. 부자께서 이미 늙어서 몇 년을 더 빌리고 싶다고 하신 말씀은 곧 군이 조금의 시간을 원하였던 그런 것은 아니었겠습니까?

근년 이래로 윗항렬의 어른은 모두 돌아가시고 다만 우리 종숙질 몇 명이 밤낮으로 서로 따르며 문주(文酒, 시회)로 작은 모임을 하고 시부(詩賦)를 평하였는데, 비록 논하던 것이 간혹 아주 분분하여도 함께 평온하게 끝이 났습니다. 오창(五蒼)의 풍경 속에서 시를 읊고 비봉(飛鳳)의 단(壇)[35]에서 노닐면서 일찍이 조금도 떨어진 적이 없었는데, 군이 떠나간 후로 춘산의 붉은 꽃들이 피었다가 모두 떨어져도 문을 나서 한 번 보려고 하지 않았고, 이웃에서 술을 보내와도 서둘러 사람들과 술을 마시려 하지 않았습니다. 무료하게 혼자 앉았다가 외롭고도 쓸쓸하게 동네 어귀로 걸어 나가 서성이다가 우두커니 서서 군이 살던 집을 이윽히 바라보다가 날이 저물면 돌아왔습니다. 이 생은 살아 있는 동안은 모두 오늘과 같을 것입니다.

오호라! 돌아간 사람은 모두 잊을 테지만 세상에 남은 사람은 이 마음을 어찌하겠습니까? 잊은 사람은 그만이지만 잊지 못한 사람은 어떻게 살아

34 나라가 망한 이후 : 원문의 '육침(陸沈)'은 육지에 물이 없는데도 빠졌다는 말로, 나라가 망하거나 현인이 은거함을 비유하는 말이다.

35 비봉(飛鳳)의 단(壇) : 봉비암(鳳飛巖)을 가리키는 말이다.

갑니까? 하물며 외세의 말발굽이 어지러운 지금 때를 만나지 못한 탄식은 평소에 함께 하던 것이었는데, 군은 문득 기미를 보아서[36] 먼저 가버렸으니, 나도 장차 차비를 하여[37] 아득한 저승의 물가에서 함께 노닐고자 합니다. 가장 한스러운 일은 내가 안수파(安守坡)[38]의 반장(返葬)에 조문을 갔다가 돌아오는 길에 하산(夏山, 창녕)에서 부고를 전하는 사람[39]을 만나고, 길을 재촉하여 와보니 이미 군을 염습하고 성복(成服)하였습니다. 어찌하여 조금 기다렸다가 내 손으로 염습하지 못하였습니까? 오늘 무덤에서 가서 관(棺)에 기대어 통곡하는 것이 어찌 주검을 어루만지며 조문하는 것만 같겠습니까?

오호라! 슬프도다. 상향(尙饗).

36 기미를 보아서 : 원문의 '색거(色擧)'는 색사거의(色斯擧矣)의 준말로, 사람이 어떤 기미를 보고서 신속하게 행동을 취해 자신의 안전을 도모하는 것을 말한다. ≪논어≫ <향당(鄕黨)>의 "새가 사람의 기색이 좋지 않은 것을 보면 날아올라 빙빙 돌며 살펴보고 나서 내려앉는다.(色斯擧矣 翔而後集)"라는 말에서 유래한 것이다.

37 차비를 하여 : 원문의 '고말(膏秣)'은 길을 떠날 차비를 하는 것을 비유하는 말이다. 한유(韓愈)의 <송이원귀반곡(送李愿歸盤谷)>에 "내 수레에 기름 치고 나의 말에 꼴을 먹여.(膏吾車兮 秣吾馬)"라는 구절이 있다.

38 안수파(安守坡) : 안효제(安孝濟, 1850~1916)를 가리킨다. 본관은 탐진(耽津), 자는 순중(舜仲), 호는 수파(守坡)이며, 경상남도 의령 출신이다. 1910년 한일병합 후, 일제가 은사금을 지급하며 회유하려 했으나 이를 거부했고, 이로 인해 창녕경찰서에 구금되기도 했다. 이후 만주로 망명해 조국의 독립을 위해 활동하다가 그곳에서 생을 마감했다.

39 부고를 전하는 사람 : 원문의 '난사(蘭使)'는 부고를 전하는 사람이다. '난보(蘭報)'는 '경란지보(耿蘭之報)'의 준말로, '부고(訃告)'라는 뜻으로 쓰인다. 한유(韓愈)의 조카인 한노성(韓老成)의 죽음을 집안의 하인인 경란(耿蘭)이 한유에게 전해 준 데에서 유래한 말이다. ≪한창려문집(韓昌黎文集)≫ 권23 <제십이랑문(祭十二郞文)>

또

삼종제(三從弟) 정재직(鄭在稷)

유세차 기미(己未, 1919) 계미(癸未)월 초9일 신묘(辛卯)는 우리 삼종형 성재(省齋) 선생 처사부군께서 세상을 싫어하여 멀리 떠나신 날이며, 그 후 한 달 지난 4월 임자(壬子)월 상순(上旬) 신유(辛酉)는 대기동 경좌(庚坐) 선영으로 길이 돌아 가시는 날이니, 삼종제 문인(門人) 재직(在稷)이 제문을 잡고 통곡하며 영구 앞에서 영결합니다.

≪전(傳)≫에 이르기를, '사람은 세 분을 똑같이 섬겨야 한다'[40]고 하였으니, 부모님이 낳아주셨으니 하늘처럼 한량없는 은덕을 알았으며, 임금님이 먹여주셨으니 벼슬에 진퇴경중(進退輕重)의 의리를 지켰으며 스승님이 가르쳐주셨으니 금수(禽獸)를 면하고 도의(道義)로 나아가는 방도를 얻었습니다. 저[在稷]는 어려서부터 형님의 문하에서 가르침을 받아서 둔하고 막힌 곳을 연마해주시고 미혹되고 어두운 곳을 열어주시니, 어리석음을 일깨워 이끌어 주심에, 어로(魚魯)를 겨우 구분하게 되었다가[41] 점차 구두(口讀)를 붙이고 훈고(訓詁)의 문장을 읽게 된 것은 모두 형님께서 가르침을 내리신 것입

40 사람은 세 분을 똑같이 섬겨야 한다 : 임금과 스승과 어버이의 은혜는 같다는 뜻의 '군사부일체(軍師父一體)'의 도리를 말한 것이다. ≪국어(國語)≫ <진책(晉策)> 권1에, "사람은 세 분의 은혜로 살게 마련이니, 그분들을 똑같이 섬겨야 한다. 어버이는 낳아 주신 분이고, 스승은 가르쳐 주시는 분이고, 임금님은 먹여 주시는 분이니, …… 똑같이 섬겨야 하는 것이다.(民生于三事之如一 父生之 師教之 君息之 …… 故壹事之)"라는 말이 나온다.

41 어로(魚魯)를 …… 되었다가 : 겨우 무식함을 면하게 됨을 말한다. 어로불변(魚魯不辨)은 어(魚) 자와 노(魯) 자를 분간 못할 정도로 무식하다는 뜻이다.

니다.

그러나 소제는 재주가 둔하고 노망 멸렬(鹵莽滅裂)[42]하여 이미 세 모퉁이[43]를 돌이켜 알지 못하였는데, 하물며 하나를 듣고 두 가지를 알았겠습니까? 그러므로 늘 자리만 지키면서도 조금도 나아짐이 없었는데,

형님께서는 불설(不屑)의 가르침[44]으로 대하지 않으시고, 언제나 당신 곁에 두시고 순순(諄諄)하고 권권(眷眷)하게 거듭거듭 고금을 들어 설명해 주셨으며, 설령 쉽게 알 수 있는 것도 반복하여 깨우쳐 주셨습니다. 얼굴을 마주하고 손을 끌어 가르치시기를[45] 게으르지도 않으시고 엽등(躐等)하지도 않으셨습니다. 사람들은 어진 부형이 있는 것을 즐거워한다고 하였는데,[46] 저[在稷]는 형님을 형으로 삼았으니, 그 즐거움은 더이상 즐거울 수 없었고, 형님을 스승으로 삼았으니, 어짐은 더이상 어질 수 없었습니다. 이렇게 어진 형 어진 스승을 두었으니, 믿는 바가 있어서 두려워하지 않았습니다.[47]

42 노망 멸렬(鹵莽滅裂) : 소루하고 흩어진 것을 이른다.

43 세 모퉁이 : ≪논어≫ <술이(述而)> 편에서, '네모로 된 것을 한 모서리만을 들어 말하여도 듣는 자는 이를 미루어 세 모서리를 안다는 뜻'으로 '삼우(三隅)'를 들었으니, 하나를 보면 나머지 이치를 유추해서 알 수 있다는 뜻이다.

44 불설(不屑)의 가르침 : 가르치는 것을 탐탁지 않게 여김으로써 도리어 그 사람에게 교훈을 주는 것을 말한다. ≪맹자≫ <고자 하(告子下)>에, "가르치는 방법은 여러 가지인데, 내가 가르치는 것을 탐탁지 않게 여기는 것도 가르치는 방법이다.(教亦多術矣 予不屑之教誨也者 是亦教誨之而已矣)" 하였다. 여기서는 성재공이 자신을 멀리하지 않았음을 표현한 것이다.

45 얼굴을 마주하고 손을 끌어 가르치시기를 : 원문의 '면명제수(面命提手)'는 '이제면명(耳提面命)'과 의미가 같은 말이다. 이제면명(耳提面命)은 남의 귀를 끌어당겨서 알아듣게 직접 가르침. 곧 친절하게 가르침을 형용하는 말이다.

46 사람들은 …… 하였는데 : ≪맹자≫ <이루 하(離婁下)>의 "중도를 행하는 사람은 그렇지 못한 사람을 길러 주고, 재주 있는 사람은 그렇지 못한 사람을 길러 주는 법이다. 그러므로 사람들은 어진 부형을 둔 것을 즐거워하는 것이다.(中也養不中 才也養不才 故人樂有賢父兄也)"라는 하였다.

47 믿는 바가 …… 않았습니다 : 소식(蘇軾)이 구양수(歐陽脩, 1007~1072)의 제문에서 "아, 슬픕니다. 공이 세상에 사신 세월이 66년입니다. 그동안 백성들은 자신을 보살펴주는 부모

스스로 백 년이 하루 같을 것이라고 여겼는데, 오호라! 우리 형님이 갑자기 소제들을 버리고 돌아가셨으니, 지금부터는 아득하게 마치 천지가 깜깜하게 막혀 헤매는 듯하고,[48] 강물 한가운데 뜬 배가 돛줄이 끊어진 듯하고, 깊은 골짜기를 두루 가는데, 날이 저물어 밤이 되고, 어둠에 잠겨 방향을 알지 못하니, 어느 곳이 머물겠습니까? 일이 있으면 누가 다시 이끌어 줄 것이며 의문이 있으면 누구에게 질문하겠습니까? 소제는 오늘 어진 형과 어진 스승을 일시에 모두 잃었으니, 비록 슬퍼하지 않으려 해도 슬프지 않을 수 없습니다. 한 번 길게 호곡하니 눈물이 샘물처럼 솟아납니다.

오호라! 슬픕니다. 상향(尙饗).

가 있었고 국가에는 의심스러운 일이 있을 경우 자문하는 시초점과 거북점이 있었고 사문(斯文)에는 전함이 있고 배우는 자들은 스승이 있었으며, 군자들은 믿는 바가 있어 두려워하지 않고 소인들은 두려워하는 바가 있어 나쁜 짓을 하지 못했으니, 비유하면 큰 냇물과 높은 산악이 비록 그 움직임을 보지 못하나 공과 이익이 물건에 미치는 것을 이루 다 세어 두루 알 수 없는 것과 같았습니다.(嗚乎哀哉 公之生於世 六十有六年 民有父母 國有蓍龜 斯文有傳 學者有師 君子有所恃而不恐 小人有所畏而不爲 譬如大川喬嶽 雖不見其運動 而功利之及於物者 蓋不可以數計而周知)"라고 하였으므로 말한 것이다. ≪동파집(東坡集) 권63 제구양문충공문(祭歐陽文忠公文)≫

48 깜깜하게 막혀 헤매는 듯하고 : 원문의 '적식(擿埴)'은 맹인(盲人)이 지팡이로 땅을 짚으면서 어렵게 길을 찾는 것을 말한다. 양웅의 ≪법언(法言)≫ <수신편(修身篇)>에 "맹인이 지팡이로 땅을 짚으면서 길을 찾아다니는 것과 같을 뿐이다.(擿埴索塗 冥行而已)"라고 한 말에서 유래하였다.

또

조카 정종호(鄭宗鎬)

유세차 기미(己未) 3월 초9일 신묘(辛卯)는 성재(省齋) 선생이 지산(芝山) 옛집에서 병으로 돌아가신 날이며, 한 달 후 신유(辛酉)는 대기동(大基洞) 선산 기슭으로 길이 돌아가시는 날입니다. 영결함에 종자(從子) 종호(宗鎬)는 포 하나 술 한 잔으로 재배하고 영연(靈筵) 앞에서 슬픔을 쏟아냅니다.

오호라! 하늘이 우리 집안에 부군을 내시고도 고질병[49]을 일찍부터 앓게 하시고, 곤궁으로 누항(陋巷)에 살게 하시고, 연령도 또한 장수하지 못하게 하신 것은 어찌된 것입니까? 대개 도(道)가 장차 행해지는 것도 명이며, 도(道)가 장차 폐해지는 것도 명이니,[50] 명(命)이 하늘에 있다면 또한 어쩔 수 없는 것입니까?

아니면 사문(斯文)이 복이 없는 것입니까? 가문의 복이 없는 것입니까? 어찌 혼탁한 세상을 싫어하여, 자신을 정결하게 하고자 떠나신 것이겠습니까? 천하의 의리가 무궁한데, 그 의리를 절충하여 불편불의(不偏不倚)한 자가 옛날부터 몇 사람이나 되겠습니까? 우주의 대변란을 목도하시고 홀연

49 고질병 : 원문의 '정질(貞疾)'은 쉽게 낫지 않는 난치병(難治病)이란 뜻으로, ≪주역≫ <예괘(豫卦)> 육오 효사에 "정한 질이 오래도록 죽지 않는다.(貞疾 恒不死)" 하였다. 성재공이 병약한 체질을 타고난 것을 이르는 말이다.

50 도(道)가 장차 …… 명이니 : ≪논어≫ <헌문(憲問)>의 "도가 장차 행해지는 것도 명이며, 도가 장차 폐해지는 것도 명이니, 공백료 그 자가 명을 어떻게 하겠는가.(道之將行也與 命也 道之將廢也與 命也 公伯寮其如命何)"라는 공자(孔子)의 말을 인용한 것이다.

히 살지 않으려 하셨으니, 무릇 떳떳한 본성을 가진 자라면 누군들 이와 같지 않겠습니까?

그러나 저는 나라와 집안을 고르게 할 수 있는 직위도 없고 또 흰 칼날을 밟을 수 있는 의리(義理)도 없으니,[51] 산림에서 경전을 잡고, 천고를 벗하고, 성현의 글을 읊지만, 조국의 정신을 잃지 않는 사람은 지금 세상에 몇 명이나 되겠습니까? 믿음직한 신의와 깊은 학문, 넓은 도량과 우람한 기운, 굳은 지조와 강직한 성품이 지덕(知德)이 있고 말에 능한 자의 글과 세합(世合)하여 부드러움은 따뜻함을 얻고, 곧음은 두려움을 얻고, 맑음은 간명함을 얻어, 완고한 자는 겸손한 자로 교화되고, 나약한 자는 자립하는 자로 교화되고, 사나운 자는 두려워하는 자로 교화되고, 현인은 공(公)과 함께 선(善)을 행하기를 즐거워하였으니, 이것은 모두 부군의 덕화(德化)가 미친 것이었습니다.

오호라! 우리 집안이 하늘의 구휼을 받지 못한 지가 오래되었습니다. 우리 할아버지[52]는 보불(黼黻)[53] 완염(琬琰)[54]의 문장과 혼연한 천리(天理)의 자질을 갖추었으나, 연세 애년(艾年, 50)이 되기도 전에 세상을 등졌으니, 지금까지도 사람이 슬프게 여기는 일입니다. 선친[55]께서도 45세의 나이로 병신

51 나라와 …… 없으니 : ≪중용장구≫ 제9장에 "천하와 나라와 집안을 고르게 할 수도 있으며, 작위와 봉록을 사양할 수도 있으며, 흰 칼날을 밟고 죽을 수도 있지만, 중용의 도는 제대로 밟을 수가 없는 것이다.(天下國家可均也 爵祿可辭也 白刃可蹈也 中庸不可能也)"라는 공자의 말이 나온다.

52 할아버지 : 성재의 부친인 일우(一宇) 정세용(鄭世容)을 가리킨다.

53 보불(黼黻) : 임금이 예복으로 입는 곤룡포에 놓은 수이다. 보는 흰 빛깔과 검은 빛깔로 자루 없는 도끼 모양을, 불은 검은 빛깔과 푸른 빛깔로 아(亞) 자 모양을, 문은 푸른 빛깔과 붉은 빛깔로, 장은 붉은 빛깔과 흰 빛깔로 수놓은 것이다. 여기에서는 아름다운 문장을 말한다.

54 완염(琬琰) : 옛날 주(周)나라 묘당(廟堂)의 서쪽 행랑에 비치했던 보옥(寶玉)을 말한다.

55 선친 : 성재의 형님인 정재설(鄭在卨)을 가리킨다.

(丙申, 1896)에 갑자기 저를 버리고 가셨는데, 그 때 소자의 나이 겨우 약관(弱冠)이었습니다. 염염(冉冉)[56]히 십수 년간 한 달 30일 하루라도 부모를 잃은 슬픔이 없었던 날이 없었습니다. 그러나 오히려 위로가 되는 것은 부군께서 계신 것이었습니다.

중부(仲父)와 나의 부친은 하나이니, 선친을 모시는 것처럼 바꾸어 모셨으며, 부군께서 보호하시고 구휼하시는 것도 또한 조카가 아니라 아들처럼 사랑해 주셨습니다. 병신(丙申, 1896)의 슬픔[57]을 당했을 때에는 오히려 믿을 곳이 있었지만 오늘의 곡(哭)에는 장차 누구를 믿고, 누구를 대신하겠습니까?

오호라! 학문에 발전이 없으면 눈물로써 경계하시고 집안이 흔들릴 때에는 조절하여 지휘하셨습니다. 일찍이 말씀하시기를, '문학은 참으로 우리집에서 대대로 내려오는 보물이며, 가난은 곧 선비의 일상이니, 어찌 상심하겠는가?'라고 하시고, 소자가 멀리 나가기를 좋아하여, 혹 서울[京都]나 대구[句城]에서 열흘이 지나 한 달이 되면, 부군께서 말씀하시기를, '지금의 행적을 부질없이 다른 풍조에 쉽게 물들지 않도록 하여라. 너는 4대 종손[58]의 몸이니, 봉선(奉先)은 어찌할 것이며, 제가(齊家)는 어찌하겠느냐?'라고 하셨는데, 3,4년 이래 소자가 말만 하면 꺼리는 일을 건드리고,[59] 움직이기만 하면 구설을 더하였으니, 기구한 이 운수를 어찌하겠습니까? 그런데 부

56 염염(冉冉) : 떠가는 모양.

57 병신(丙申, 1896)의 슬픔 : 부친의 죽음을 가리킨다.

58 종손 : 원문의 '주창(主鬯)'이니 종묘의 제기(祭器)를 맡은 사람. 곧 맏아들을 일컫는 말이다.

59 말만 …… 건드리고 : 한유(韓愈)의 <송궁문(送窮文)>에 "손을 비틀어서 국그릇을 엎게 만들고, 목을 굴려서 남이 꺼리는 일을 들추어내게 하기도 한다.(捩手覆羹 轉喉觸諱)"는 말이 나온다.

군의 정대한 말씀과 대중의 중망이 없었다면 저는 칠척(七尺) 조그마한 몸을 천지간에 거의 지킬 수 없었을 것입니다.

오호라! 기호(圻湖, 경기 충청)를 오가며 요망한 무리를 몰아내니[60] 국도(國都, 서울)는 안정되고 선친의 문집이 완전하여졌으며, 자질(子姪)의 관송(官訟)을 변론하니, 치도(緇徒 중)가 달아나고 유숙(儒塾)이 보존되었습니다. 선친의 글과 시가 상자[巾衍]에 남아있는데, 비록 농산(農山) 어른[61]의 교정을 거쳤지만, 행장 한 통도 살아계실 때 받을 겨를이 없었던 것이 참으로 소자들이 무궁하게 아쉬워하는 부분입니다. 부모님 묘소를 해친 도적놈 머리를 베지 못하고 지척 거리에서 편안히 쉬는 것도 허용하고 있으니, 훗날 수치를 씻을 날이 있더라도 또한 어떻게 부군의 영전에 고하겠습니까?

오호라! 부군께서는 묵은 병이 여러 해 이어졌으나, 오히려 집안에서도 지팡이 짚고 다니시며, 밥을 올리는 것, 경전을 논하는 것, 손님을 대하는 일은 일찍이 모두 물리치지 않으셨으므로, 시자가 위중하다고 여기지 않았고, 부군께서도 나을 길이 있다고 말씀하셨습니다. 그런데 어찌하여 두 아이놈[62]이 하룻밤 사이에 포악한 일을 저질렀으니, 처음에는 꿈인 듯, 바보가 된 듯하다가, 마침내 말도 나오지 않다가, 정신도 혼미하여졌습니다. 그때 부군께서 병이 심해지자 동생 광호을 보내어 불렀는데, 소자는 잠이 깨지 못하여,

60 기호를 오가며 요망한 무리를 몰아내니 : 한려시비(寒旅是非)를 해결하기 위하여 태학을 찾아간 행적을 말한다. 태학일기에 상세히 알 수 있다.

61 농산(農山) 어른 : 농산(農山) 장승택(張升澤, 1838~1916)을 말한다. 자는 의백(義伯), 호는 농산(農山), 본관은 옥산(玉山)이다.

62 두 아이놈 : 원문의 '이수(二豎)'는 병마(病魔)의 별칭이다. 춘추 시대 진(晉)나라 경공(景公)의 꿈에 병마가 두 아이[二豎]의 모습으로 나타나 고황(膏肓) 사이에 숨는 바람에 끝내 병을 고칠 수 없었다는 고사에서 유래한 것이다. ≪춘추좌전(春秋左傳)≫ <성공(成公)> 10년

다음날 아침 문안을 여쭈러 갔더니, 부군의 주검[63]이 이미 차가웠습니다.

오호라! 사람을 시켜 불렀다면 부군께서 남길 말씀이 있었음을 알 수 있습니다. 부군께서 조금만 더 계셨더라면 소자의 마음에 묘소[丘陵]에 호소할 것이 있었을 것입니다. 그러나 영원히 이별하고 말았으니 어찌 평생의 지극한 한으로 남지 않겠습니까? 왜놈[64]들의 문서가 고복(皐復)[65] 후에 다시 오고 행정적인 조사는 벽용(擗踊)[66]하는 중에 받았습니다. 부군께서는 아마도 속으로 이해하시고 소제(掃除)할 방도를 생각하였을 것입니다. 구천 아래에 인간 세상과 같은 곳이 있습니까? 할아버지께서 위에 계시고, 선친께서 곁에 계신다면, 넘치는 즐거움으로 이 생에서 다하지 못한 유업을 이을 수 있을 것입니다. 서로 돌아보는 사이에 혹시 소자들에 대하여 말이 미친다면 어찌 이렇게 말하지 않겠습니까?

종호(宗鎬)는 뜻이 크고 행실은 스스로를 돌아보고, 광호(光鎬)와 건호(健鎬)는 간혹 우직하게 스스로 신념을 지켜 간혹 배우기는 하지만 성취가 없다고 하실 것입니다. 낭환(琅環)[67]이 세상에서 드물게 된 것이 오래되었으나, 선영 곁에 무덤 하나 정했으니, 감히 영원히 갈 땅이라고 감히 말할 수는 없지만, 재앙의 그물을 면했으니 다행입니다. 울적한 마음 가득하여 물

63 주검 : 원문의 '광속(纊屬)'은 '속광(屬纊)'으로, 임종(臨終) 때에 광(纊, 햇솜)을 입과 코에 대어 숨이 끊어졌는지의 여부를 알아보는 일을 말한다.

64 왜놈 : 원문의 '훼복(卉服)'은 섬 오랑캐, 즉 왜노(倭奴)를 말한다. ≪서경(書經)≫ <우공(禹貢)>에 "도이훼복(島夷卉服)"이라 하였다.

65 고복(皐復) : 죽은 사람의 혼을 부르는 초혼(招魂) 의식으로, 사람이 죽고 대여섯 시간 뒤에 죽은 이가 입던 옷을 가지고 지붕에 올라간 다음 양손으로 옷을 펼쳐 들고 죽은 사람의 혼을 불러들이기 위해 북쪽을 향하여 '아무 동네 아무개 복(復)'이라고 세 번 부르는 것을 말한다.

66 벽용(擗踊) : 극도로 슬픈 나머지 가슴을 치고 발을 굴러 뛰는 것을 말한다. ≪효경(孝經)≫ <상친(喪親)>에 "벽용하며 곡읍을 하고, 슬퍼하며 보내 드린다.(擗踊哭泣 哀而送之)"라는 말이 나온다.

67 낭환(琅環) : 전설상의 신선이 사는 곳이다. '琅嬛' 또는 '瑯寰'이라고도 쓴다.

러나 약간 기약된 날을 기다리다가 내일 새벽이면 영구가 발인을 하게 되니, 하늘을 어찌하겠습니까? 운명을 어찌하겠습니까?

오호! 슬픕니다. 상향(尙饗).

또

재종질 정원호(鄭源鎬)

유세차 기미(己未, 1919) 4월 신유(辛酉)는 우리 재종숙부 성재(省齋) 부군이 대기동(大基洞) 경좌(庚坐) 언덕으로 길이 돌아가시는 날입니다. 전날 경신(庚申) 저녁에 재종질 원호(源鎬)가 간소한 제물을 갖추고 보잘것없는 글로 영상(靈床) 아래에서 재배 통곡합니다.

오호라! 선생께서는 이 세상에 다시 뜻이 없어진 것입니까? 사람이 사물과 다른 까닭은 사람의 도리를 행하는 것에 지나지 않으니, 도(道)를 닦지 않으면 사유(四維)[68]가 끊어지고 오전(五典)[69]이 무너져서 모든 백성들이 금수(禽獸)가 되고 중화가 이적(夷狄)이 될 것이며, 천도가 행하지 못하면 재생(災眚, 재앙)이 날마다 일어나 난신적자(亂臣賊子)가 천하 후세에 발자취를 이을 것이며, 백성들은 손발을 둘 곳이 없어질 것입니다.

그러므로 성왕(聖王)께서 일어나 군주(君主)가 되고, 스승이 되어 만세의 법이 되어, 천하에 부자(父子) 군신(君臣) 부부(夫婦) 형제(兄弟)가 정(定)해지고, 교화가 시행되고, 예악이 서게 되었습니다. 이것이 성신(聖神)께서 예악을 제정한 본의[70]입니다. 세대가 오래되어 사람이 죽고, 경전은 흩어지고,

68 사유(四維) : 예(禮 : 예절), 의(義 : 법도) 염(廉 : 염치), 치(恥 : 부끄러움)의 네 가지를 가리키는 말이다.

69 오전(五典) : 오륜(五倫)과 같은 말이다.

70 예악을 제정한 본의 : 원문의 '제작(制作)'은 예법을 제정하고 음악을 짓는다는 뜻의 제례작악(制禮作樂)의 준말로, ≪예기≫ <명당위(明堂位)>에 "주공께서 예법을 제정하고 음악

교화가 느슨하여졌으니, 향리에는 글하는 선비[71]도 모두 없어지고 겨우 조금만 남아 있을 따름입니다. 재주있는 호걸은 과격하지만 돌이키지 못하고 지식이 얕은 자는 가라앉아서 떨쳐 일어나지 못하였습니다.

이에 부군께서 우리 선정(先正)의 가문에서 굴기(崛起)하여 예의(禮儀) 도수(度數, 법절) 가운데 마음껏 노니시고, 가정에서 보고 듣는 가운데 몸에 깊이 물들었으니, 효제(孝悌)는 참으로 언제나 다반(茶飯)과 같았으며, 문학은 본래 즐겨 먹는 추환(芻豢)[72]과 같았습니다. 위의(威儀)로 말한다면 큰 띠에다 심의 차림으로 옷자락을 여미고[73] 걸어가실 때의 모습은 엄숙하고 행동은 온화하였으며, 논의(論議)로 말한다면 군자와 소인의 사정(邪正)을 분별할 때 잘못을 숨겨 주고 잘한 점을 드러내었습니다.[74] 선조의 일로 기호(圻湖, 경기 충청)를 오가며 죄를 성토하여 명분을 바로잡았으며, 자손들에게 학문을 권하기를 아침저녁으로 반복하시고, 깨우치기를 기약하여 게으르지 않으셨습니다. 재주는 국가를 경영하기에 충분하였고 문장은 임금을 보필하기에 충분하였습니다.

을 지으며 도량형을 반포하자 천하가 크게 복종하였다." 하였다. 여기서는 나라의 제도를 정비하여 교화를 새로 펴는 것을 말한다

71 글하는 선비 : 원문의 '조고(操觚)'는 붓을 잡고 시문(詩文)을 짓는다는 뜻이다. 진(晉)나라 육기(陸機)의 <문부(文賦)>에 "혹은 고(觚)를 잡고 빨리 짓는가 하면, 혹은 호(毫)를 잡고 더디게 짓기도 한다.(或操觚以率爾 或含毫而邈然)" 하였고, 그 주에 "고는 나무인데, 옛날 사람들이 그것으로 붓을 삼았다." 하였다. ≪육신주문선(六臣註文選)≫ 권17.

72 추환(芻豢) : 소, 돼지와 같은 가축의 고기를 말한다. 맛있는 음식을 즐기듯 경전에 심취함을 말한다. ≪맹자≫ <고자 상(告子上)>에서 "의리가 내 마음에 기쁜 것이 고기가 내 입에 맛있는 것과 같다.(義理之悅我心 猶芻豢之悅我口)"라고 하였다.

73 옷자락을 여미고 : 원문의 '첨여(襜如)'는 ≪논어(論語)≫ <향당편(鄉黨篇)>에, "공자(孔子)는 임금이 불러서 빈객(賓客)을 접대하게 될 경우에는 옷 앞 뒷자락을 단정하게 하였다.(衣前後襜如也)"라고 하였다.

74 잘못을 …… 드러내었습니다 : 순 임금이 "남의 잘못을 숨겨 주고 잘한 점을 치켜세웠다.(隱惡而揚善)"는 말이 ≪중용장구≫ 제6장에 나온다.

그러나 명수(命數)와 시운(時運)이 어긋나 쌓은 능력을 시험하지 못하시고 동강(東岡) 언덕으로 물러나시어 괄구헌(刮舊軒)을 지으셨습니다. 자신의 도를 굽혀 스스로 자랑하는 것이 도를 즐기며 늙음을 잊는 것과 어찌 같겠습니까? 성실하고 부지런히 살아가신 63년 세월 동안에 덕이 살찌고 학문이 넓어졌으며, 집안에 교화가 젖어들고 향리에 신망을 얻음으로, 명성이 전도(道)에 무거웠습니다.

이에 학생들은 스승으로 섬겼고 노인들은 신뢰하였으며, 가까이 있는 자는 감동하였고 멀리 있는 자는 그리워하였으며, 어진 자는 함께 선을 행하기를 즐거워하고 어질지 못한 자는 두려워서 꺼리지 않을 수 없었습니다. 이것은 모두 당세의 귀와 눈이 있는 자라면 모두 함께 기억하고 있는 것이니, 소자가 좋아서 아부하는 것이 아닙니다.

오호라! 공에게 소자는 다만 가까운 친척일 뿐만이 아니었습니다. 그런데 평생을 일관하여 연마하지 못한 것은 무엇 때문이었습니까? 소자는 이미 어렸을 때부터 우리 공께서 당세의 대인 군자임을 알고, 책상자를 지고 따랐습니다. 공께서는 재주 없다고 버리지 않으시고 저를 문생 제자들의 줄에 받아 주시고, 십수 년간 사랑을 주시기를 자식과 같이 하였으며, 가르침이 골수에 젖게 하여, 어리석은 저를 놀라게 하셨습니다. 비록 성취한 것이 없었지만, 어찌 스승님의 힘[75]이 독실하지 못하여 그렇겠습니까? 소자는 갑인(甲寅, 1914) 이래로 집이 어려워져 가르침을 받을 수 없게 된 것이

75 스승님의 힘 : 원문의 '오두(烏頭)'는 독성이 강하여 약효가 좋은 약재로서, 제자의 모범이 되는 스승을 비유할 때 흔히 쓰는 말이다. 송(宋)나라의 학자 사양좌(謝良佐)가 스승 정호(程顥)를 하직하고 돌아가면서 말하기를, "우리들이 조석으로 선생을 따라 행실을 보면 배우고 말씀을 들으면 기억하였으니, 비유하자면 사람이 오두를 복용하는 것과 같다. 그것을 복용할 때는 얼굴에 윤기가 나고 근력이 강성하지만 갑자기 오두의 힘이 없어지면 장차 어찌될 것인가." 하였다. ≪송원학안(宋元學案)≫ 권24 <상채학안(上蔡學案)>

여러 해입니다. 지난 가을에 공께서 소자에게 말씀하시기를, "옛 일은 생각하지 말아라. 옛날 종숙 부군이 세상에 살아계실 때에는 너를 얼마나 귀한 보화로 여겼는데, 너는 나의 문하에 있으면서도 공부를 하지 않은 것은 무엇 때문인가?"라고 하셨습니다.

소자가 제 방으로 돌아와서 혼잣말을 반복하여 말하기를, "이것이 선생의 가르침이로다. 사람으로 배우지 않으면 시들어 떨어지는 때가 오면 어찌하겠는가? 내가 장차 나의 도구를 갈고 닦아 장차 그 때를 기다리겠노라."라고 하였는데, 누가 알았겠습니까? 이 생각은 이루지 못하고 대들보가 갑자기 무너졌습니다. 저에게 죄가 있으니, 그 죄는 혹독한 벌을 받아야 할 것입니다. 아득한 창천이시여, 이 사람은 어떤 사람입니까? 태산이 무너졌으니 나는 장차 누구를 본받으며, 천지가 어두워졌으니 나는 어디로 돌아가야 합니까?

오호 통재라! 소자는 장차 공의 영을 어떻게 위로하겠습니까? 혹시 세속의 일을 던져 버리고 학문으로 머리를 돌려, 겨우 5푼 7푼 공부에라도 이르면, 선생의 영은 양양하게 오르내리며 말씀하시기를, '네가 종숙의 바람을 체득하였으니, 나의 영혼이 위로된다'고 하시겠습니까? 천고에 어느 곳에서 전날의 가르침을 다시 잇는 일이 있겠습니까? 눈물이 강물처럼 흐릅니다. 말은 다하였으나 슬픔은 끝이 없습니다.

오호, 애재라! 오호 통재라! 상향(尙饗).

또

사위 성산(星山) 이기승(李基承)

유세차 기미(己未, 1919) 4월 임자삭(壬子朔) 신유일(辛酉日)은 곧 저의 외구(外舅, 장인) 성재 처사 청주(淸州) 정공(鄭公)의 장렛날입니다. 이틀 전인 기미(己未)에 사위 성산(星山) 이기승(李基承)이 제물을 갖추어 영상(靈床) 아래에 재배하고 통곡합니다.

오호라! 소자가 헌하(軒下, 어른)의 사위[76]가 된 지 10년이 되지 않았는데, 사모하는 마음이 참으로 부족하여 가르침을 받든 것이 또한 일 년에 한 번에 그쳤습니다. 부군의 숨겨진 덕(德)과 지극한 행실은 소자가 감히 열에 한둘도 되지 않지만, 동정어묵(動靜語默) 사이에 얻은 것도 적지 않았습니다.

오호라! 우리 공은 문목(文穆) 선생의 후손이요, 지애(芝厓) 어른의 현손으로, 강명(剛明)하고 과의(果毅)한 자질과 자상하고 화평한 성품을 타고나셨으며, 천하의 모든 책을 두루 보시고 천하의 의리를 다하셨습니다. 효(孝)는 석류(錫類)[77]라고 할 만하고 인(仁)은 물건도 감동시킬 만하였고 신(信)은 대중이 믿을 만하였습니다. 사물을 접할 때에는 부드럽기가 봄바람이 손에

76 사위 : 원문의 '위금(委禽)'은 사위가 되었다는 말. 금(禽)은 기러기이니, 혼례(婚禮)에 납채(納采)로 쓴다.

77 석류(錫類) : 길이 복을 받을 사람이라는 뜻으로 효자를 가리키는데, ≪시경≫ <대아(大雅)> 기취(旣醉)의 "효자의 효도 다함이 없는지라, 영원히 복을 받으리로다.(孝子不匱 永錫爾類)"라는 말에서 나온 것이다.

잡히는 듯하였지만, 의리와 이욕[78]을 변별할 때에는 칼날이 대나무를 쪼개 듯이 꺾이지 않았습니다. 육순에 이르기까지 물가에 임한 듯 엷은 얼음을 밟는 듯 조심하며[79] 연잎으로 옷을 삼아 포의(布衣)[80]로 사시면서, 살아서 천명에 순종하고 돌아가심에 편안하니, 돌아보면 무슨 유감이 있겠습니까? 다만 소자의 애통함이 오랠수록 더욱 그치지 않는 것은, 오호라! 우리 공이 태어나면서부터 큰 일을 할 포부를 지니셨으며, 재목은 중임을 맡을 그릇으로, 만약 큰길[81]로 달려가 조정의 의표(儀表)[82]가 될 것 같았는데, 마침내 문채나는 그 몸[83]으로 품은 뜻을 펼치는 일을 할 수 없게 되자, 아! 세상의 도리가 험악하여 산림에서 은거하려던 뜻[84]을 실천하였으니, 그 뜻이 꺾인

78 의미와 이욕 : 원문의 '웅어(熊魚)'는 곰 발바닥 요리와 생선 요리라는 뜻으로, 의리와 이욕을 비유하는 말로 쓰인다. ≪맹자≫ <고자 상(告子上)>의 "생선 요리도 내가 원하는 것이요, 곰 발바닥 요리도 내가 원하는 것이다. 그러나 두 가지를 동시에 얻을 수 없다면, 나는 생선을 버리고 곰 발바닥을 택하겠다. 삶도 내가 원하는 것이요, 의리도 내가 원하는 것이다. 그러나 두 가지를 동시에 얻을 수 없다면, 나는 삶을 버리고 의리를 택하겠다.(魚我所欲也 熊掌亦我所欲也 二者不可得兼 舍魚而取熊掌者也 生亦我所欲也 義亦我所欲也 二者不可得兼 舍生而取義者也)"라는 말에서 나왔다.

79 물가에 …… 조심하며 : 원문의 '임리(臨履)'는 조심하고 신중하다는 뜻. ≪시경≫ <소민(小旻)>에, "두려워하고 경계하기를 깊은 못에 다다른 것같이 하고, 살얼음을 밟는 것같이 하라.(如臨深淵 如履薄氷)" 한 데서 온 말이다.

80 포의(布衣) : 원문의 '기하(芰荷)'는 연잎 옷이니, 은자의 옷을 가리킨다. ≪초사(楚辭)≫ <이소(離騷)>에, "기하(芰荷)를 마름질하여 저고리를 짓고, 부용을 모아서 치마를 짓네.(製芰荷以爲衣兮 集芙蓉以爲裳)"라는 하였다.

81 큰길 : 원문의 '구달지규(九達之逵)'는 아홉 대의 수레가 나란히 갈 수 있는 길이다.

82 의표(儀表) : 원문의 '우의(羽儀)'는 조정의 의표(儀表)가 된다는 말이다. ≪주역(周易)≫ <점(漸)괘>에 '홍점우륙 기우가용위의길(鴻漸于陸其羽可用爲儀吉)'이라 하였다.

83 문채나는 그 몸 : 원문의 '보불(黼黻)'은 '보불 문장(黼黻文章)'으로, 임금이 예복으로 입는 곤룡포에 놓은 여러 가지 모양의 수를 가리키는 말로, 문채나는 모양을 이른다. 보(黼)는 흰 빛깔과 검은 빛깔로 자루 없는 도끼 모양을, 불(黻)은 검은 빛깔과 푸른 빛깔로 아(亞)자 모양을, 문(文)은 푸른 빛깔과 붉은 빛깔로, 장(章)은 붉은 빛깔과 흰 빛깔로 수놓은 것이다.

84 은거하려던 뜻 : 원문의 '초복(初服)'은 조복(朝服)의 반대말로 출사(出仕)하기 전에 입던 옷이니, 벼슬을 그만두고 은거함을 뜻하는 말로 잘 쓰인다. 굴원(屈原)의 <이소(離騷)>에 "나아갔으나 이미 들어가지 못하고 허물만 입었으니, 물러나 다시 나의 초복을 손질하리.

것을 슬퍼하는 까닭입니다.

발군의 자질과 탁월한 심력(心力)은 백수[85]를 누리실 것이라고 여겼는데 겨우 이순(耳順, 60세)을 겨우 넘어, 이름난 의원들[86]이 급히 달려갔으니, 그 수명이 짧았던 것입니다. 또한 지금은 풍파가 갑자기 일어나 강산(江山)을 변하게 하여 우리의 법도를 구속하고 우리의 의상을 금수(禽獸)로 만들어버렸으니, 선비들은 어두운 길을 더듬으며, 큰길[官路]를 버리고 갈림길에 서 있을 때에, 이에 한 줄기 햇빛을 붙잡아 세우는 분은 천 오라기 백발이었습니다. 철인(哲人)의 생사에 따라 세도(世道)의 경중(輕重)이 달라지니, 소자들이 어떻게 애통하여 통곡하지 않을 수 있겠습니까?

오호라! 이것은 모두 하늘의 뜻이니 우리 공이 하늘을 어찌하겠습니까? 세상에 펼치지 못한 덕으로 자신에게 베풀고 집안을 다스림에, 조리가 정연하여 집안에는 세 형제가 나란히 늘어서고 문전에는 제자들이 가득하였습니다. 우리 공이 중도(中道)에 자리하여 우리들 경서(經書)와 사서(史書)를 가르침에 크게는 천인(天人) 성명(性命)으로부터 작게는 작은 곤충에 이르기까지 범위를 포괄하지 않음이 없으셨습니다. 무너진 사문을 일으키시고 후세를 위하여 씨앗을 뿌리셨으니, 공의 뜻은 여기에서 펼쳐지고, 공의 자취는 여기에서 장수를 누리신 것입니다. 몽수(蒙叟)[87]의 달관으로 미루어 본다

연잎을 마름질해 저고리를 만들고, 부용을 모아서 치마를 만들도다.(進不入以離尤兮 退將復脩吾初服 製芰荷以爲衣兮 集芙蓉以爲裳)" 하였다.

85 백수 : 원문의 '기이(期頤)'는 100세를 말한다. ≪예기≫ <곡례 상(曲禮上)>에 "백 년은 인간이 살 수 있는 최고의 수명이니, 자손들은 최대한으로 봉양을 해야 마땅하다.(百年曰期 頤)"라는 말이 나온다.

86 의원들 : 원문의 '유편(兪扁)'은 고대의 명의(名醫)였던 유부(兪跗)와 편작(扁鵲)의 병칭으로, 여기서는 의원을 빗대서 한 말이다.

87 몽수(蒙叟) : 장주(莊周)를 가리킨다. 그는 원래 초나라 몽현(蒙縣, 지금의 하남성 상구의 동쪽) 출신이었기 때문에 붙여진 이름이다. 원문에는 '몽수(蒙守)'로 되어 있으나 '몽수(蒙叟)'의 오기이다.

면 구구한 인간 세상의 생사는 슬퍼할 것이 못되는 것이 아닙니까?

공께서 저를 사랑하심은 우박(雨雹)이 아니라 주옥(珠玉) 같이 하셨습니다. 거의 바로 가르치시기를, 한편으로 꾸짖으시고 한편으로 격려하며 둔한 말에 채찍을 더하셨으니 어찌하여 정문(頂門)에 일침(一針)이 들어가지 않겠습니까? 이제 조금 깨달음이 생겨 감히 가르침을 마음에 새겼는데,[88] 봄에 문안을 갔을 때에 병세가 조금 차도가 있으므로 평생 앞에서 믿고 의지할 곳이 있으리라 여겼는데, 오호라! 이것은 곧 천고의 변고입니다. 부음을 듣고 곧장 달려 갔지만 생사의 길이 막혔으니 이 하늘 어느 곳에서 다시 말씀을 들을 수 있겠습니까?

만약 공께서 계신다면 반드시 '너희들은 이리 오너라' 하시며 손을 잡고 등을 어루만지며 말씀은 온화하게 하시고, 안색은 기쁜 모습이었을 텐데, 지금은 끝입니다. 하늘은 어찌하여 그렇게 하셨습니까? 이제부터는 소자가 학문에 잠심(潛心)하고 실천할 수 없게 되었습니다. 과거의 어리석음을 깨닫고 미래의 학문을 성취하여 끝내 하류로 떨어지지 않는다면, 공의 기대와 바람을 조금이라도 잇는 것입니까? 바라옵건대 존령께서는 살펴 임하여 주십시오.

오호, 애재라! 상향(尙饗).

88 마음에 새겼는데 : 가르침을 체득한 것을 말한다. ≪논어≫ <위령공(衛靈公)>에, 자장(子張)이 공자의 가르침을 듣고는 그 말을 잊지 않기 위해 큰 띠에 써서 기록하였다[書諸紳]는 말이 나온다.

또

손제(損弟) 여강(驪江) 이병희(李炳憙)

유세차 기미(己未, 1919) 3월 9일은 고 성재(省齋) 처사 서원(西原) 정공(鄭公)이 병으로 침소에서 돌아가신 날이니, 빈소를 차리고 장례를 치름에 손제(損弟) 여강(驪江) 이병희(李炳憙)는 병으로 가서 영결하지 못하고, 다음해 경신(庚申, 1920) 정월 15일 임술(壬戌)에야 아들 재형(載衡)을 보내어 삼가 포(脯)와 과일, 술 한 잔을 갖추어 영연(靈筵)에 재배하고 곡합니다.

오호라! 삼가 우리 문목(文穆) 선생은 참으로 백세의 스승이었으니, 남기신 유풍(遺風)과 여운(餘韻)은 아직도 감흥을 일으키기에 넉넉하니, 선생의 글을 읽고 선생의 도를 높이는 자가 지금도 그리워하고 흠모하는 마음이 줄어들지 않는데, 하물며 가학(家學)의 연원이 걸출한 후손들[89] 면면이 이어져 궁인(弓人) 야장(冶匠)의 자제가 갖옷과 키를 잘 만들듯이[90] 세업을 훌륭

89 걸출한 후손들 : 원문의 '혁엽(赫葉)'은 '혁엽(奕葉)'과 같은 말로, 두보의 시에 "선리의 서린 뿌리 크기도 하여, 걸출한 후손들 대대로 빛났어라.(仙李蟠根大 猗蘭奕葉光)"라는 구절이 있다. ≪두소릉시집(杜少陵詩集)≫ 권2 <동일낙성북알현원황제묘(冬日洛城北謁玄元皇帝廟)>

90 궁인(弓人) …… 만들듯이 : 원문의 '궁야(弓冶)'와 '기구(箕裘)'는 모두 세업(世業)을 계승한다는 말이다. ≪예기(禮記)≫ 학기(學記)에, "훌륭한 야공(冶工)의 아들은 그 아버지가 하는 일을 보고 배워 반드시 갖옷[裘]을 만들 줄 알고, 활을 만드는 궁인(弓人)의 아들은 그 아버지가 하는 일을 보고 배워 반드시 키[箕]를 만들 줄 안다.(良冶之子 必學爲裘 良弓之子 必學爲箕)" 하였고, 그 주에, "풀무를 잘하는 집에서는 그 아들들이 항상 그 아비가 쇠붙이를 주워모아 부어서 완전한 그릇을 만드는 것을 보았기 때문에 짐승의 피물을 주워모아 완전한 갖옷을 만들게 되고, 활을 잘 만드는 집안에서는 그 아들들이 항상 그 아버지가 근각(筋角)을 조화하여 휘어서 활을 만들었기 때문이 버드나무를 휘어서 키를 만들게

하게 계승한 후손임에랴.

공은 문헌세가(文獻世家)에서 태어나 크고 특이한 자질을 타고났으니, 모습은 온화하고 뜻은 굳건하고, 말은 공손하고 행동은 엄정하였으며, 학문은 박학하여 고금을 통찰하고 지조는 확고하여 험이(險夷)에도 한결같았습니다. 선생의 재주와 덕성은 참으로 세상에 나가서 펼치면 반드시 어려운 문제[91]도 능숙하게 처리하여 합당하지 않은 것이 없었습니다. 돌아보면 곧 불행한 시기에 태어나 모습을 거두고 자취를 감추어 가파른 바위 아래에서 그리고 적막한 물가에서 노닐다가 마침내 돌아가셨습니다.

선생의 곤궁함은 명(命)이 좋지 못한 때문입니까? 자신을 숨기는 것은 때가 좋지 못한 때문입니까? 이른바 때와 명은 누가 그것을 주관하는 것입니까? 비록 그렇지만 만약 공이 벼슬길로 나아갔더라도 때를 만나지 못하였다면 결코 득실을 고민하는 천한 사람과 함께 조정에서 어깨를 나란히 할 수 없었을 것입니다.

불의한 부귀 보기를 썩은 쥐와 빛나는 희생[繡犧]뿐만이 아니었을 것입니다. 그러므로 비록 곤궁하여 아래에 있어도 의연히 스스로 지조를 지키고 세상이 뒤집어지고 거친 풍조가 휩쓸어도 확고하여 그 뜻을 옮기지 않았으며 온 세상이 혼탁하고 더러운 것이 뒤섞여도 교교하여 검게 물들지 않았습니다[92]

된다." 하였다.

91 어려운 문제 : 원문의 '긍경(肯綮)'은 뼈와 근육이 한데 엉켜서 칼을 대기가 어려운 부위로, 사물의 급소와 요처이다. ≪장자(莊子)≫ <양생주(養生主)>에 "소의 관절 사이에는 빈틈이 있고 나의 칼날은 두께가 없으니, 두께가 없는 그 칼을 빈틈이 있는 관절 사이에 집어넣으면, 그 공간이 넓고 넓어 칼을 놀릴 때 반드시 여유가 있게 마련이다. 따라서 근육과 뼈가 엉켜 있는 복잡한 부위에도 칼날이 다쳐 본 적이 없는데, 더구나 큰 뼈와 같은 것이겠는가."라는 백정의 말이 있다.

92 검게 물들지 않았습니다 : 원문의 '불치(不緇)'는 신념을 변치 않고 고수한다는 말이다.

정호(鼎湖)에서 용이 날아오르고 활과 검(劍)이 떨어지자,[93] 팔도가 슬프게 통곡하여 대한(大韓)을 그리워한 것[94]에서 사람들의 마음에 이륜(彝倫)이 있음을 볼 수 있고, 저들이 이에 사나운 이리와 호랑이처럼

에워싸서 노려보고 곁에서 엿봄에 형틀과 주리가 길마다 서로 이어져 움직이면 번번이 형벌을 받으니 공은 이러한 때를 만나 분함을 머금고 애통함을 품고 갑자기 병으로 길이 떠나셨으니, 이것을 자신의 몸을 깨끗이 지켜 온전한 몸으로 돌아가시는 것[95]이라고 말할 수 있을 것입니다. 이것은 형벌을 받는 치욕을 당하면서도 구차하게 목숨을 연장하는 것과는 하늘과 땅의 차이일 뿐만 아니니, 공의 죽음을 또한 어찌 슬퍼하리오?

아! 어리석은 제[憙]가 정의(情誼)를 맺은 지 지금까지 십 년 가까운 세월에 고갈[苽葛][96]처럼 따르기를 소원하고 봉마(蓬麻)[97]처럼 서로 의지하였습니

≪논어≫ <양화(陽貨)>에 "아무리 갈아도 얇아지지 않으니, 견고하다고 해야 하지 않겠는가. 아무리 물을 들여도 검어지지 않으니, 결백하다고 해야 하지 않겠는가.(不曰堅乎 磨而不磷 不曰白乎 涅而不緇)"라는 공자의 말이 나온다.

93 정호(鼎湖)에서 …… 떨어지자 : 원문의 '정호용비(鼎湖龍飛)'는 정호에서 용이 하늘로 올라가는 것으로, 제왕의 죽음을 뜻한다. 여기서는 고종(高宗)의 승하(昇遐)를 뜻한다. 전설상의 제왕인 황제(黃帝)가 형산(荊山) 아래에서 솥[鼎]을 주조하여 완성하자 하늘에서 용이 내려와 황제를 태우고 승천하였는데, 이때 신하와 후궁 70여 명이 용을 타고 함께 하늘로 올라가고 나머지 사람들은 용의 수염을 잡으니 수염이 뽑혀 떨어지면서 황제의 활과 검(劍)이 함께 떨어졌다. 이에 남은 백성들은 그 활과 검을 끌어안고 우러러 하늘을 바라보았다. 이로 인하여 후대에 이곳을 정호(鼎湖)라 불렀다. ≪사기(史記)≫ 권28 <봉선서(封禪書)>

94 대한(大韓)을 그리워한 것 : 원문의 '사한(思漢)'은 왕망(王莽)이 찬탈하여 한(漢)나라를 멸망시키자 백성들이 한나라를 그리워했던 것을 말한다. 여기에서는 망한 대한제국을 그리워함을 말한다.

95 온전한 몸으로 돌아가시는 것 : 증자(曾子)의 제자인 악정자춘(樂正子春)이 "부모가 온전하게 낳아 주셨으니 자식이 온전히 보전하여 돌아가야 효라 이를 수 있다. 그 몸을 훼손하지 않으며 그 몸을 욕되게 하지 않아야 온전히 보전했다고 할 수 있다.(父母全而生之 子全而歸之 可謂孝矣 不虧其體 不辱其身 可謂全矣)"라고 하였다.

96 고갈[苽葛] : 줄풀과 칡으로 서로 얽혀 함께하는 관계이다. 경우에 따라서는 인척관계를 비유하기도 한다.

다. 중간에 비록 참척(慘慽)[98]한 슬픔을 당하고 세상의 풍상(風霜)을 여러 번 겪었지만 은혜 베푸시기를 그치지 않았으니, 함께 세한고절(歲寒苦節)[99]로 기약했기 때문이었습니다. 뜻밖에도 우리 당이 날로 외로워지고 사문(斯文)이 갑자기 무너졌으니 이렇게 뒤에 남은 한 늙은이는 아득히[100] 길을 잃고 탄식합니다.

오호라! 무덤에 풀이 묵고[101] 새로 해가 바뀌었는데, 나도 병이 들고 기운도 점점 빠져서 예를 행할 근력이 없어 생추(生芻) 한 다발[102]로 곡을 하는 것이 이렇게도 늦었습니다. 다만 아이를 보내어 마음을 전하니 눈물이 흘러 얼굴을 적십니다. 존령께서 계신다면 나의 잔을 흠향하여 주십시오.

상향(尙饗).

---

97 봉마(蓬麻) : 함께 있으면 자연히 바르게 되는 친구를 말한다. “쑥이 삼대 밭에 나면 붙잡아 주지 않아도 곧아진다.(蓬生麻中 不扶而直)”는 말에서 나온 것이다. ≪순자(荀子)≫ <권학(勸學)>

98 참척(慘慽) : 아들이나 딸이 부모보다 먼저 죽음을 말한다.

99 세한고절(歲寒苦節) : ≪논어≫ <자한(子罕)>에 공자가 “날씨가 추워진 뒤에야 소나무와 잣나무가 늦게 시듦을 안다.(歲寒然後 知松栢之後彫也)”라고 하였다.

100 아득히 : 원문의 ‘창창(倀倀)’은 어디로 가야 할지 알지 못하는 모습을 형용한 말이다. ≪예기(禮記)≫ <중니연거(仲尼燕居)>에 “예법이 없이 나라를 다스리는 것은 마치 소경이 혼자서 길을 가는 것과 같으니, 창창하여라 과연 어디로 가겠는가.(倀倀乎其何之)”라는 말이 있다.

101 무덤에 풀이 묵고 : 벗의 죽음에 문상이 늦었음을 이른다. ≪예기≫ <단궁 상(檀弓上)>에 “벗의 무덤은 1년이 넘어 풀이 묵으면 곡하지 않는다.(朋友之墓 有宿草而不哭焉)”라고 한 데서 유래하였다.

102 생추(生芻) 한 다발 : 조촐한 예물로 조문하는 일을 말한다. 후한(後漢)의 고사(高士) 서치(徐穉)가 배낭을 메고 각지를 유력하다가 누가 죽거나 상을 당하면 도보로 먼 길을 찾아가서 제사를 올린 뒤에 곧장 떠나갔으므로 그가 누구인지 상주도 몰랐다고 한다. 그런데 곽태(郭太)가 모친상을 당했을 적에 누군가가 그의 여막 앞에 생추(生蒭) 한 묶음을 놔두고 떠났으므로 사람들이 괴이하게 여기자, 곽태가 “필시 남주(南州)의 고사 서유자(徐孺子)일 것이다. ≪시경≫ <백구(白駒)>에 이르지 않았던가, ‘망아지에게 먹이는 싱싱한 풀 한 다발, 그 사람 백옥처럼 아름다운 분.(生芻一束 其人如玉)’이라고. 하지만 나의 덕이 어떻게 이것을 감당할 수 있겠는가.”라고 탄식한 고사가 전한다. 유자(孺子)는 서치의 자이다. ≪후한서(後漢書)≫ 권53 <서치열전(徐穉列傳)>

또[103]

사제(査弟) 이전희(李銓熙)

유세차 경신(庚申, 1920) 3월 정미(丁未) 초9일 을묘(乙卯)는 곧 우리 사형(査兄) 성재(省齋) 정공(鄭公) 중상일(中祥日)이니, 전날 갑인(甲寅) 저녁에 사제(査弟) 이전희(李銓熙)가 마장(魔障, 뜻밖의 일)으로 직접 오지 못하고, 아들 기승(基承)을 보내어 영상(靈床) 아래에 곡하고 고합니다.

오호라! 뜬구름같은 인생은 과연 한바탕 꿈입니다. 처음 공과 함께 백매원(百梅園)에서 봄을 즐기고

가야산 산빛과 물소리 가운데 술을 마실 때에는 그 사귐이 매우 기쁘고도 친밀하여 관중 포숙의 사귐과 같았습니다. 또 만년에는 반양(潘楊)[104]의 정의를 맺어 좋은 인연이 옛날보다 더욱 깊어졌습니다. 나는 어리석은 아들이 공의 가르침[105] 중에 성취하기를 바랐으며, 공도 또한 나에게 총맥((蔥麥)의 즐거움[106]을 함께 하기를 길이 기약하였습니다. 흰 머리 노년을 서로

103 이하는 소상(小祥) 때의 제문이다.

104 반양(潘楊) : 진(晋)나라 반악(潘岳)의 아내는 양중무(楊仲武)의 고모(姑母)이므로 대대로 친의가 화목하였다. 그래서 맹호연(孟浩然)은, "반양(潘楊)의 세호(世好)를 맺게 되었다.(並爲結潘楊好)"라는 시가 있는데, 세상에 좋은 인척간을 반양이라 칭한다. 성재의 따님이 시집갔다.

105 가르침 : 원문의 '노비(爐鞴)'는 풀무를 말한다.

106 총맥(蔥麥)의 즐거움 : 가난하지만 인정이 넘치는 사돈 관계를 말한다. 일설에 회옹(晦翁)이 일찍이 사위 채침(蔡沈)을 찾아갔다가 만나지 못했는데 채침의 아내인 딸이 파 끓인 국물에다 보리밥을 내오면서 너무 조촐하다고 말하자 회옹이 총맥시(蔥麥詩)를 지어 위로했다고 한다. 그러나 ≪송시기사(宋詩記事)≫에는 이 시가 <덕흥현 섭원개의 집에 들렀다

도우며 여생의 풍우는 나를 구해주겠노라고 말씀하시더니, 지금 갑자기 이렇게 되셨습니까? 지난 일은 모두 꿈이며, 죽어서 아득히 기억하지 못하는 것도 한 바탕 황량(黃粱)의 꿈[107]이니 내가 사는 것도 꿈이며 공이 죽은 것도 꿈입니다. 그러므로 내가 공을 슬퍼하는 것은 어찌 꿈 속에서 꿈을 말하는 것이 아니겠습니까?

오호라! 따뜻하고 아정(雅正)하신 위의와 씩씩하고 밝으신 기운과 과감하게 결단하는 용기와 자세하고 치밀한 학문은 어디에서 공과 같은 분을 만나겠습니까? 일상의 언행에는 본래 법도가 있으시고 말을 하면 문장이 되었으니 아름다운 금옥(金玉)이었습니다. 이러한 사람을 어느 곳에서 다시 얻겠습니까?

오호라! 세상은 모두 훤린(楦麟)[108]과 치랍(梔蠟)[109]이니, 서로 길고 짧음을 다투면서 모두 남의 스승이 되기를 좋아하지만 공은 오직 거두어 스스로

가 우연히 짓다(過德興縣葉元愷家偶題)>라는 제목으로 소개되고 있다. 그 전문은 다음과 같다. "파국과 보리밥은 잘 어울리니, 파는 단전을 따습게 하고 밥은 허기를 달래 주네. 학자의 풍미가 박하다 하지 말게, 이웃집엔 아직 밥 짓는 연기조차 오르지 않네.(葱湯麥飯兩相宜 葱暖丹田飯療飢 莫道儒家風味薄 隔鄰猶有未炊時)"

107 황량(黃粱)의 꿈 : 노생(盧生)이 도사(道士) 여옹(呂翁)의 베개를 베고 잠을 자는 동안 한평생의 부귀영화를 한껏 누렸는데, 잠을 깨고 보니 아직도 메조밥[黃粱]이 덜 되었더라는 꿈 이야기로, 인간 세상의 영욕(榮辱)이 한바탕 꿈처럼 부질없음을 가리킨다.

108 훤린(楦麟) : 훤기린(楦麒麟) 또는 기린훤(麒麟楦)으로, 외부는 그럴싸하고 능력이 없는 사람을 비유한 말이다. 당나라 사람들이 연극을 할 때 당나귀 위에 기린 모양의 외형을 덧씌운 다음 아름답게 장식하여 세워두었는데, 이것이 기린훤이다. 그래서 양형(楊炯)이 바른 말을 하지 못하고 정사에 도움도 되지 않은 무능한 관리들을 향해 '기린훤'이라고 불렀다. 어떤 이가 그 까닭을 묻자 "지금 기린인 체하는 자들이 겉모양은 그럴싸하지만 막상 꺼풀을 벗겨보면 그냥 당나귀일 뿐이다."라는 요지로 대답하였다. ≪조야첨재(朝野僉載)≫

109 치랍(梔蠟) : 치자(梔子)와 밀랍(蜜蠟)의 병칭으로, 표면을 중시하고 실질을 가벼이 하는 것을 비유한다. ≪유하동집(柳河東集)≫ 권20 <편고(鞭賈)>에 어떤 부자가 5만금을 주고 빛이 누런 광택 나는 좋은 채찍[鞭]을 샀는데, 끓인 물에 빨고 보니 광택도 없어지고 빛도 흰지라 그제서야 누런빛은 치자[梔] 물을 들인 것이며 광택은 납(蠟)으로 문지른 것임을 알았다는 이야기가 나온다.

감추고 일찍이 사문(斯文)의 일을 자임하지 않았습니다. 그러나 또한 세상에서 명예를 사는 자들을 책려(策勵)함에 공의 의견은 오히려 없어지지 않았으며, 영남의 덕망있는 인사를 두루 헤아리면 공을 먼저 손에 꼽았습니다.

지금 갑자기 이렇게 되었으니, 공의 집에는 대들보가 꺾어진 것일 뿐만 아니라 사우(士友)와 후생 학자에게는 눈먼 맹인의 지팡이[110]처럼 돌아갈 곳이 없어진 것입니다. 일찍이 공을 알지 못했던 종들과 우부우부(愚夫愚婦)에 이르기까지도 또한 소식을 듣고 조상하여 '사문(斯文)이 망했다'고 말합니다.

오호라! 공은 이 세상에서 등뼈[111]와 같은 분이었는데 과연 이렇게 되었단 말입니까? 하물며 나에게 사적인 관계로 말한다면 하루라도 공이 없을 수 없습니다. 대신 죽고자 하여도[112] 죽을 길이 없으니, 죽지 못하여 남은 날은 모두 공을 그리워하는 날일 것입니다. 세월이 멈추지 않고 흘러 이때가 문득 닥쳐왔으니

---

110 눈먼 맹인의 지팡이 : 원문의 '적치(擿埴)'는 맹인(盲人)이 지팡이로 땅을 짚으면서 어렵게 길을 찾는 것을 말한다. 양웅의 ≪법언(法言)≫ <수신편(修身篇)>에 "맹인이 지팡이로 땅을 짚으면서 길을 찾아다니는 것과 같을 뿐이다.(素擿埴索塗 冥行而已)"라고 한 말에서 유래하였다.

111 등뼈 : 원문 '척량(脊梁)'은 등골뼈로, 그 뼈가 전신을 지탱하는 역할을 함이 마치 집에 들보가 있는 것과 같다고 해서 일컫는 말이다. '등뼈 꼿꼿이 편 사람'은 ≪논어≫ <태백(泰伯)>에서 증자(曾子)가 "선비는 도량이 넓고 뜻이 굳세지 않으면 안 되니 책임이 무겁고 길이 멀기 때문이다.(士不可以不弘毅 任重而道遠)"라고 하였는데, 이에 대해 정자(程子)가 "무거운 짐은 반드시 등뼈를 꼿꼿이 편 사나이라야 질 수가 있다.(重擔子 須是硬脊梁漢 方擔得)"라고 한 데서 온 말이다. ≪이정전서(二程遺書)≫ 권3 <사현도기억평일어(謝顯道記憶平日語)>

112 대신 죽고자 하여도 : 원문 '속백(贖百)'은 자기가 대신 죽기를 간절히 바란다는 말이다. ≪시경≫ <진풍(秦風) 황조(黃鳥)>에 "저 푸른 하늘이여, 우리 훌륭한 사람을 죽이도다. 만일 바꿀 수 있을진댄, 사람마다 그 몸을 백번이라도 바치리.(彼蒼者天 殲我良人 如可贖兮 人百其身)"라고 하였다.

인정으로는 언선(彦先)[113]의 거문고를 마땅히 다시 타서 나의 슬픔을 쏟아내어야 할 것이지만, 며느리가 병이 있음을 공이 잘 알 것인데, 지난 해부터 하루 하루 심해졌습니다. 공도 막내를 사랑하고 나도 막내를 사랑하니, 애 타고 마음 졸임은 보통의 며느리와 비교할 수 있는 것이 아닙니다. 백방으로 약을 써서 이제 조금 효과가 나타나니 내가 어찌 그렇게 한 것이겠습니까? 이것은 공의 영령이 말없이 도우셔서 그 소생이 멀지 않음을 점칠 수 있게 된 것입니다. 그러나 병자를 돌보는 일로 내가 잠시라도 떠날 수 없어서 아이를 보내어 대신 조문하고 한 잔 술을 올립니다.

지난 날에는 서로 술잔을 주고 받았으나 지금은 어찌 그렇게 할 수 있겠습니까? 나의 머리카락이 서리를 맞은 듯하여, 죽을 날이 머지 않았으니, 비록 손을 잡고 오늘의 아픈 마음을 다시 말할 줄을 알지만 생각하면 생각할수록 재가 됩니다. 하지만 위로가 되는 것은 모든 상주들이 반듯하여 집안 명성에 힘입어 굳고 수려한 것입니다. 무릇 내가 올린 말씀을 영령께서 미루어 아실 것입니다.

오호, 애재라! 상향(尙饗).

113 언선(彦先) : 진(晉)나라 사람 하순(賀循)의 자(字)이다. 박학(博學)하고 통례(通禮)하였으며 언행(言行)과 진지(進止)에 반드시 예로써 사양하였다. 조정(朝廷)에서 의심나거나 막힐 때 모두 하순에게 물으면 그는 경례(經禮)에 의거하여 대답하여 당세(當世)의 유종(儒宗)이 되었다. ≪진서(晉書)≫ 권68 <하순전(賀循傳)>

또

처남 영가(永嘉) 권상행(權相行)

유세차 기미(己未, 1919) 3월 초9일은 우리 자형 성재(省齋) 선생 서원(西原) 정공(鄭公)께서 손발을 보이시며 몸을 온전히 지키시고 제향(帝鄕)으로 돌아가신 날이니 향방(鄕邦)이 모두 슬퍼하였으며, 다음 달 4월 상순에는 예로써 장례함에 전 도의 인사들이 그 일을 맡았으나, 부제(婦弟) 영가(永嘉, 안동) 권상행(權相行)이 병으로 가서 문상하지 못하였으니, 흰 수레 흰 말의 고사[114]는 또 고인에게 부끄럽습니다. 이에 경신(庚申, 1920) 3월 모일에 부끄러움을 무릅쓰고 영연(靈筵) 아래 와서 곡하고 고합니다.

오호라! 금계(金溪)[115]도 고인 되었고 사미헌(四未軒)[116]도 돌아가셨는데,

114 흰 수레 흰 말의 고사 : 절친한 사이의 문상을 말한다. 후한(後漢) 때의 사람 범식(范式)은 장소(張劭)와 절친한 사이였고 서로 신의가 돈독하였다. 범식의 자(字)는 거경(巨卿)이고, 장소의 자는 원백(元伯)이다. 원백이 병이 들었을 때에 친한 친구 두 사람이 밤낮으로 곁에서 간호하였는데, 원백이 죽을 때에 탄식하기를, "내가 나의 사우(死友)를 보지 못하고 죽는 게 한스럽다." 하였다. 친구가 말하기를, "우리가 마음을 다하여 그대 곁에 있는데 우리가 사우가 아니겠는가. 다시 누구를 찾는가?" 하니, 원백이 답하기를, "그대들은 나의 생우(生友)일 뿐이다. 범거경(范巨卿)이 나의 사우이다." 하였다. 원백이 죽은 뒤 거경의 꿈에 원백이 나타나서, 아무 날에 죽어서 아무 날에 저승으로 간다고 일러 주었다. 거경은 상복을 입고 장례 날짜에 늦지 않으려고 경황없이 달려갔다. 그 즈음에 원백의 상여가 묘소에 이르렀는데 하관(下棺)을 하려 하자 상여가 움직이지를 않았다. 얼마 뒤 거경이 흰 수레에 흰 말을 몰고 달려와서 원백의 영구 앞에서 조문하기를, "원백이여, 이제 떠나시게나. 죽음과 삶의 길은 다르니, 이것으로 영영 이별이구나." 하면서 상여 끈을 잡고 이끄니 그제서야 비로소 상여가 움직였다. ≪후한서(後漢書)≫ 권81 <독행열전(獨行列傳)>

115 금계(金溪) : 안동의 금계(金溪)로 서산(西山) 김흥락(金興洛, 1827~1899)을 지칭한다. 본관은 의성(義城). 자는 계맹(繼孟), 호는 서산(西山). 안동 출신. 김성일(金誠一)의 주손(冑

또 우리 고헌(顧軒)[117]을 조문하는도다 운운하던 것이 공이 편지였는데, 만구(晩求)[118]도 돌아가시고, 농산(農山)[119]도 돌아가셨는데 또 우리 성재를 조문하니, 오늘 남은 사람을 위하여 마땅히 어떤 마음을 가져야 하겠습니까? 살아서 고인과 한 무리가 되었고 죽어서 조화와 이웃이 된 것을 사람들은 참으로 알지 못하였습니다. 이치도 또한 그 미묘함을 자세히 드러내지 못하면 장차 큰 소리로 자신이 백번 대신 죽더라도[120] 뭇 귀신을 꾸짖어 말하였습니다.

"우선 이것은 그냥 두고, 청컨대 그 연원을 거슬러 올라가 보라. 성인 공자(孔子)께서 지으시고, 유하(遊夏)[121]가 찬술(贊述)한 인의(仁義)의 가르침은

孫). 아버지는 능주목사(綾州牧使) 김진화(金鎭華)이며, 어머니는 이원상(李元祥)의 딸이다. 유치명(柳致明)의 문인이다.

116 사미헌(四未軒) : 장복추(張福樞, 1815~1900). 경상북도 예천 출신. 본관은 인동(仁洞). 자는 경하(景遐), 호는 사미헌(四未軒). 여헌(旅軒) 장현광(張顯光)의 8대손이다. 19세기 후반의 정치·사상적인 격변기를 살아가면서 폭넓은 저술 활동으로 후배 유학자들에게 많은 영향을 미쳤던 영남의 손꼽히는 재야 유학자였다.

117 고헌(顧軒) : 정내석(鄭來錫, 1808~1893). 조선 후기 유학자. 자는 치인(致仁)이고, 호는 고헌(顧軒)이다. 본관은 청주(淸州)이고, 출신지는 경상북도 성주(星州)이다.

118 만구(晩求) : 이종기(李種杞, 1837~1902) 조선 후기의 학자. 본관은 전의(全義). 자는 기여(器汝), 호는 만구(晩求)·다원거사(茶園居士). 그의 학문은 가학(家學)을 통해 심화시켰으며 정재(定齋) 유치명(柳致明)과 대산(大山) 이상정(李象靖)의 학문을 사사(師事) 받았으며, 퇴계(退溪) 이황(李滉)의 이기설(理氣說)을 수용하고, 이(理)와 기(氣)에 치우친 이론의 획일화에 반발하는 개방적인 태도를 보였다.

119 농산(農山) : 장승택(張升澤, 1838~1916). 조선 말기 유학자. 자는 희백(羲伯)이고, 호는 농산(農山)이다. 본관은 인동(仁同)이다. 사미헌(四未軒) 장복추(張福樞)의 문하에서 수학하였다.

120 자신이 백 번 대신 죽더라도 : 원문의 '속백신(贖百身)'은 자신의 몸이 백 번이라도 대신 죽겠다는 말이다. ≪시경≫ <진풍(秦風) 황조(黃鳥)>는 진 목공(秦穆公)의 순장(旬葬)에 자거씨(子車氏)의 세 아들이 희생되는 것을 서글펴한 내용인데, 여기에 "저 푸른 하늘이여! 우리의 훌륭한 사람을 죽이도다. 만일 대신할 수 있다면 사람마다 모두 자기 몸을 백 번이라도 바치겠다.(彼蒼者天 殲我良人 如可贖兮 人百其身)"라는 구절이 있는바, 이를 원용한 것이다.

121 유하(遊夏) : 공자(孔子)의 제자인 자유(子游)와 자하(子夏)를 가리키는데, 이들은 특히 문학(文學)에 뛰어났다.

전국(戰國)의 시기[122]에 멈추었으며, 낙민(洛閩)[123]에서 흥기하여 주정주(周程朱)[124]가 낳은 성리학은 원명(元明)의 시기에 쇠퇴하였다. 가동(賈董),[125] 유양(劉楊),[126] 한구(韓歐),[127]가 죽자 고문(古文)이 식었으며 왕채(王蔡)[128]가 떠나자 필진이 어지러워졌다."

우리 대한이 망하자 여러 원로 선생이 돌아가시고, 망망한 천지에 눈을 들어 보아도 사람이 없게 되었습니다. 다만 이때 우리 공께서 구택(舊宅)에서 태어나시어 새로운 문물이 성행하는 시대를 마음 아파하시다가 애통하게 돌아가셨으니, 오호! 슬픕니다. 소원은 공성(孔聖)을 배우는 것이요, 학문은 정주(程朱)[129]의 학문이며 문장은 반마(班馬)[130]의 대열에 들며 글씨는 미옹(米翁)[131]이 웃을 정도였으니, 학문은 여러 노 선생을 이었습니다. 가계는 회연(檜淵)의 부자(夫子)를 계승하였으니, 저 가정에서의 학문을 근원으로 삼아서 먼 길을 나서서 못난 선비들[132]을 능가하여 곤역(閫域, 한양)에서 마

122 전국(戰國)의 시기 : 전란을 겪은 송대(宋代)를 가리킨다.

123 낙민(洛閩) : 낙민지학(洛閩之學)을 말한다. 이는 정주학(程朱學)을 달리 이르는 말로, 그 중심인물인 정호(程顥)와 정이(程頤)는 낙양(洛陽) 사람이고 주희(朱熹)는 민중(閩中) 사람인 데서 유래하였다.

124 주정주(周程朱) : 주돈이(周敦頤), 정호(程顥), 정이(程頤), 주희(朱熹)를 일컫는 말이다.

125 가동(賈董) : 한나라의 유학자(儒學者) 가의(賈誼)와 동중서(董仲舒)를 말한다.

126 유양(劉楊) : 미상.

127 한구(韓歐) : 당송팔가(唐宋八家)의 대표적 인물인 한유(韓愈)와 구양수(歐陽脩)를 말한다.

128 왕채(王蔡) : 송(宋)나라 왕안석(王安石)과 채경(蔡京)을 말한다.

129 정주(程朱) : 정호(程顥), 정이(程頤), 주희(朱熹) 계통의 학문으로, 정주학(程朱學), 송학(宋學)이라고도 한다.

130 반마(班馬) : 역사가요 문학가인 전한(前漢)의 사마천(司馬遷)과 후한(後漢)의 반고(班固)의 병칭이다.

131 미옹(米翁) : 송(宋) 나라 미불(米芾)과 청(淸) 나라 옹방강(翁方綱)의 병칭이다. 미불(米芾)은 서화(書畫)에 뛰어나 남화(南畫)의 조종(祖宗)으로 일컬어진다. 옹방강(翁方綱)은 금석(金石)·보록(譜錄)·서화(書畫)·사장(詞章)의 학에 정진하였으며, 그의 서법(書法)은 당시 천하제일이었다고 한다.

음껏 노닐 때에, 인의(仁義)를 일으킴이 거침없었고 도덕(道德)의 근원을 다 하였으니, 문목공(文穆公, 정구) 이후 우뚝하게 또 일대의 위인이었습니다.

제가 본 공의 모습이 어느 누구와 다르겠습니까마는 겸손함은 말이 입에서 나오지 못하는 듯이 하였고,[133] 온화함은 봄바람[134]과 같았습니다. 시학(時學)을 좇아다니지 않으시고 입에 올리지도 않으셨습니다. 저 경궤곡권(擎跪曲拳)[135]하는 자와 사납게 노려보는 자와 함께 같은 날 말을 함에 엄연히 생각은 믿음직하고 절개는 지극하여, 무리를 판별하고 나누시며 조목을 분석하고 풀이하여 내면에 쌓인 것이 외면으로 드러나니 맹분(孟賁)과 오확(烏獲)[136] 같은 걸출한 인물을 잃게 되었습니다. 논쟁을 풀어낸 힘은 또 어찌 그렇게도 굉박(宏博)하던가요?

무인[戊寅, 1878] 겨울에 우리집에 사위가 되었을 때 공의 나이는 약관 남짓[22세]으로, 저의 나이는 겨우 성동(成童, 15세)이었습니다. 그때에는 제법 민첩하였지만 성취함이 없었고 제법 박학하였지만 법도가 없었으며, 거동마다 당대의 문자를 말하였지만 가슴에는 계야(季野)[137]의 안목이 없어서

132 못난 선비들 : 원문의 '비강(粃糠)'은 겨와 쭉정이로 미천하고 쓸모없는 물건을 비유한다.
133 겸손함은 …… 듯하였고 : 주공(周公)이 부친 문왕(文王)을 섬길 때에 너무도 공손하여 "몸은 옷을 가누지 못할 듯하고, 말은 입 밖에 나오지 못할 듯했다.(身若不勝衣 言若不出口)"라고 하였다. ≪회남자(淮南子)≫ <범론훈(氾論訓)>
134 봄바람 : 원문의 '춘인(春氤)'은 선생의 따뜻한 기운을 말한다. 주희의 ≪이락연원록(伊洛淵源錄)≫ 권4에 "주공섬(朱公掞)이 여주(汝州)에 가서 명도(明道) 선생을 만나 보고 돌아와서는 사람들에게 말하기를 '내가 한 달 동안이나 봄바람 속에 앉아 있었다.[某在春風中坐了一月]'라고 했다."는 말이 실려 있다.
135 경궤곡권(擎跪曲拳) : 공손한 예의를 말한다. ≪장자(莊子)≫ <인간세(人間世)>에 "손을 높이 들어 무릎을 꿇고 몸을 굽혀서 절을 하는 것은 신하로서의 예의이다.[擎跪曲拳 人臣之禮也]"라고 하였다.
136 맹분(孟賁)과 오확(烏獲) : 남다른 기량을 가진 사람을 비유한 말로 쓰였다. 맹분은 옛날 위(衛)나라의 장사(壯士)이고, 오확은 진(秦)나라 무왕(武王) 때의 장사이다. ≪한서(漢書)≫ 권57하 <사마상여전(司馬相如傳)>에 "힘은 오확이요, 날래기는 경기(慶忌)요, 용맹은 맹(孟)과 육(育)이라네."라고 하였다.

최도(崔塗)[138]와 같은 경우에 지극히 당연하다고 여긴 것을 공은 웃으며 거절하시고 매우 좋다고 여긴 것을 공은 인정하지 않으셨습니다. 심지어 백 가지 천 가지를 들어도 결국 또한 취할 것이 없었습니다. 여기에서 망연자실하던 중에 처음으로 이전에 축적한 공부가 모두 허공의 꽃이었으며, 학문의 세계에는 본래부터 초범(峭帆)의 구지(仇池)[139]가 있으니, 오석(烏石)[140]은 범부(凡夫)가 엿볼 수 있는 것이 아니었음을 비로소 알았습니다. 문자가 오히려 그러한데 하물며 도리(道理)는 어떠하겠습니까? 드디어 부패하고 용렬한 것을 도려내고 풍표(風標)를 우러르며 오늘까지 이르렀으니, 아! 이것은 공의 베푼 은혜였습니다.

다음 해 오추(梧秋, 7월)에 공이 상고(喪故)[141]를 당하여 내가 그 때 문상을 갔을 때 피눈물을 머금고 말씀이 없으시더니 마지막에 '책을 읽지 않는 것이 가장 고민'이라고 말씀하였습니다. 그리고 나의 본생 부모의 상을 당했을 때 또 편지를 보내어 말씀하시기를, '집사(執事)는 참으로 재주는 넘치지만 기운은 부족하므로, 상고(喪故) 때문에 혹시 재주도 함께 잃을까 걱정스럽다'고 말씀하셨습니다. 서안에서 거듭 읽으니, 모두 고마우신 말씀이었습니다. 아마도 말을 돌려 저의 처소로 오신 것이 열 번도 되지 않지만 전후

---

137 계야(季野) : 진(晉) 나라 때 명신(名臣) 저부(褚裒)의 자(字)이다. 젊어서부터 고상(高尚)한 운치가 있어, 환이(桓彝)의 말에 "계야는 가슴속에 춘추(春秋)의 의리가 있다." 하였다. ≪진서(晉書)≫ 권93 <저부전(褚裒傳)>

138 최도(崔塗) : 만당(晩唐) 시기 강남(江南) 출신의 시인이다.

139 구지(仇池) : 속세를 벗어난 별세계를 이른다. 소동파(蘇東坡)의 <화도도화원(和陶桃花源)> 시의 서문에, 소동파가 영주(潁州)에 있을 때 꿈속에서 한 관부(官府)에 갔었는데 사람들은 세상과 다름이 없었으나 산천의 경치가 맑고 그윽하여 즐길 만하였는바, 머리를 들어 쳐다보니 현판에 구지(仇池)라는 글씨가 씌어 있었다고 하였다. 감숙성(甘肅省) 성현(成縣)의 서쪽에 있는 산 이름인데, 산 위에 연못이 있기 때문에 붙여진 이름이다.

140 오석(烏石) : 검은 돌이니, 검은 대리석에 새겨진 글을 말한다.

141 상고(喪故) : 성재공의 선친 일우공의 상을 말한다.

로 보낸 편지는 무려 수백 번에, 모두 금옥(金玉) 같은 글이었습니다. 도덕과 의리로써 권장하고 가난과 병을 조심하라 하셨으니 다만 절후에 따른 의례에 그치는 것이 아니었으니, 지금도 오히려 역력합니다.

동방(洞房)의 맑은 밤과 꽃핀 시내의 시사(詩社)에서 옷깃을 떨쳐 서로 좇으며 따뜻하게 적셔주며 함양하여 더해주셨으니, 천지간에 우리들과 같은 지기(知己)는 알지 못합니다. 갑신(甲申, 1884, 성재28) 이후에 공의 행차가 드물어 그 사이 30년 동안 멀리 떨어짐이 마치 새벽 별빛이 멀리 바라보는 것과 같았습니다.[142] 선비(先妣)의 상고(喪故)에 제물을 갖추어 문상을 와서 글 가운데 하신 말씀은 '우리 아이들이 다른 길로 가지 않기를 바란다'는 것이었습니다. 이것은 거의 평소 주신 깊은 사랑을 어리석은 아이에게 깊이 미루어간 것이며, 신명께 고한 것이 아니었겠습니까?

이후로는 단산(丹山)에 공께서 다녀간 행적이 없으시고, 내가 나아간 것도 몇 번에 지나지 않습니다. 녹리(甪里)[143]의 장례로 공의 처소에 달려가 보니 말재갈 울리며 뭇 난옥(蘭玉, 인재)들이 앞뒤를 둘러 있었습니다. 그때 공의 머리카락은 이미 백학처럼 하얀데, 공은 굳이 말을 머물게 하시며 며칠을 주장(周章, 주선)하다가 내가 청성(靑城)을 건너 돌아오는 길에 겨우 하루를 머물렀지만, 눈을 밟으며 헤어져 신당(新塘)으로 갈 때에는 슬픈 안색이 있는 듯하였습니다.

142 새벽 …… 같았습니다 : 당(唐)나라 시인 유우석(劉禹錫)의 <송장관부거시서(送張盥赴擧詩序)>에 "옛날에 함께 급제했던 벗들과 어울려 노닐 적에는 말고삐를 나란히 하고서 마치 병풍처럼 대로(大路)를 휩쓸고 돌아다녔는데, 지금 와서는 마냥 쓸쓸하기가 새벽 별빛이 서로들 멀리서 바라보는 것 같기만 하다.(今來落落 如晨星之相望)"는 표현이 있다.

143 녹리(甪里) : 경상북도 칠곡군 기산면에 있는 마을인데 인동 장씨(仁同張氏)의 세거지로, 각산(角山)이라 부르기도 한다. 장복추(張福樞, 1815~1900)를 가리켜 녹리선생이라고 부른다. 장복추(張福樞)는 자가 경하(景遐)이고 호는 사미헌(四未軒), 또는 녹리산인(甪里山人)이며 본관은 인동(仁同) 옥산(玉山)이다.

다음해 화갑(華甲, 61세)에는 조카가 편지를 보냈는데 다만 우리의 얼굴을 보지 못했을 뿐만 아니라, 또한 이별의 한계가 이미 정해져 있는 기왕의 일로 이 생의 마지막 곡조가 되었단 말입니까? 지난 봄 용정(龍亭)에 사문(斯文)의 일이 있어 7일에 돌아왔는데, 공의 부고가 서안에 놓였고 난사(蘭使, 부고를 전한 사람)는 이미 돌아갔습니다. 이미 병환을 자세히 묻지도 못하였고 또 예법대로 문상을 하지도 못하였습니다. 나의 가난이 마음 아프니, 강개한 마음을 어찌 말로 다하겠습니까? 우편으로 부친 편지는 장례를 지낸 달을 지나서야 받았으니 여러 집사[상주]는 이미 저를 형편없는 사람으로 알 것입니다. 특별히 힘을 다하여 훗날 잘못을 갚고자 하였으나, 몸가짐이 신중하지 못하여 마루에서 내려오다가 어깨를 다쳐 석 달 여름 내내 지루하게 자리에서 뒤척였습니다. 먼지 바람이 눈에 넘치고 또 먼 길 갈 겨를도 없었습니다.

아! 중상(中祥, 소상)이 이미 지나고 무덤이 풀이 다시 푸르러졌으니 우리 누이가 천대(泉臺)를 향하여 애가 끊어지도록 슬퍼하였으니 비록 나에게 길신[行神][144]이 있다면 아마도 용서해 주시겠지요. 이 슬픔은 견디기 어려워서 말을 하지 않은 지가 오래되었습니다. 한스러운 것은 대가에서 태어나시고 하늘같은 안목을 가지고도 영남을 제패하지 못하고 문단에 스승[145]이 되지 못하고 심심(沁沁)하고 답답하게 계신 것[146]이 한 것이 첫째이며, 때를

144 길신 : 원문의 '행신(行神)'은 길을 관장하는 신이다. 서릉씨(西陵氏)의 딸로 황제(黃帝)의 원비(元妃)인 누조(嫘祖)는 멀리 나가서 놀기를 좋아하다가 길에서 죽었으므로, 후세 사람들이 길의 신[行神]으로 높여 제(祭)를 지냈다.

145 스승 : 원문의 '고비(皐比)'는 호랑이 가죽인데, 옛날에는 스승이 호랑이 가죽을 깔고 앉아 강학(講學)하였으므로 강석(講席)의 의미로 쓰인다.

146 답답하게 계신 것 : 원문의 '예예(泄泄)'는 게으르고 느슨하며 기뻐하여 따르는 것을 말하는데, 맹자는 임금을 섬김에 의가 없고 진퇴에 예가 없으며 말만 하면 선왕의 도를 비방하는 사람이 이에 해당한다고 하였다. ≪맹자(孟子)≫ <이루 상(離婁上)>

만나지 못함을 원망하며 애통해하는 것이 너무 심하여 드디어 적막한 데에 이르러 몸을 상하는 것이 둘째입니다. 이것 외의 것은 장황하니, 지리한 것을 넘어가더라도 장차 이 두 가지 한으로 천지는 늙고 황폐하여졌습니다.

오호! 슬픕니다. 이로부터 세상에는 다시 지음(知音)이 끊어졌습니다. 삼가 존령은 강림하여 흠향하옵소서.

또

사하생 성산(星山) 이기정(李基定)

유세차 경신(庚申, 1920) 3월 정미(丁未) 초9일 을묘(乙卯)는 곧 고 성재(省齋) 선생 청주(淸州) 정공(鄭公)의 중상일(中祥日)이니, 전날 저녁 갑인(甲寅)에 사하생(査下生) 성산(星山) 이기정(李基定)이 보잘것없는 제수로 제문을 지어 영연(靈筵) 아래 재배 통곡하고 고합니다.

오호라! 덮치는 파도가 하늘에 넘치는데 기둥 하나만 믿음직하고, 옛 도읍이 쓰러졌는데 홀로 전각 하나만 홀로 우뚝하였는데, 공은 어찌 이때를 당하여 그만둘 수 있단 말입니다. 하늘이 우리 공을 내심으로 아마도 장차 이 세상을 밝게 변화시키고 사문(斯文)을 넓게 개척하려 함이 있었을 것입니다. 산하(山河)가 만물을 이루고 성숙하게 하는 때[147]에 아울러 고가(故家) 살림[148]을 이어받아, 강명(剛明)하고 정창(精暢)한 재주와, 넓고도 종합적인 견해와, 반듯하게 일을 처리하는 밝음과, 텅빈 마음으로 사물에 응하는 넓

147 만물을 이루고 성숙하게 하는 때 : 원문 '정독(亭毒)'의 '정(亭)'은 '성(成)', '독(毒)'은 '숙(熟)'의 뜻으로 쓰였다. ≪노자(老子)≫ 제51장에 도(道)가 만물을 낳고 덕(德)이 길러줌을 표현한 "도가 낳고 덕이 기르니, 키우고 기르고 이루고 익히고 먹이고 덮어준다.(道生之 德畜之 長之育之 亭之毒之 養之覆之)"라는 말에서 '亭之毒之'가 어떤 본에는 '成之熟之'로 되어 있고, 중국 근대의 고형(高亨, 1900~1986)은 ≪노자정고(老子正詁)≫에서 '亭'과 '成', '毒'과 '熟'은 모두 고음(古音)이 같아 통용한 글자라고 하였다.

148 살림 : 원문의 '신대(薪大)'는 '신수(薪水)'의 오기로, 땔나무를 하고 물을 긷는 것을 말한다. 도잠(陶潛)의 편지에 "지금 이 힘을 보태어 네가 땔나무를 하고 물을 긷는 수고를 돕겠다.(遣此一力 助汝薪水之勞)"라고 한 데서 나온 말이다. ≪남사(南史)≫ <은일전 상(隱逸傳上)> 도잠(陶潛)

은 사고를 겸비하였습니다. 외면의 충만함은 부드럽고도 굳센 옥[149]과 같고, 사부(詞賦)의 빛남은 찬란하게 빛나는 봄철의 나무가 어우러진 것과 같았습니다. 성대(盛代)에 일찍이 생황(笙簧)을 연주하지 못하고 생을 마쳤으니, 금화(金華)[150] 차가운 자리에 세월이 번개처럼 흐르는 것은 무엇 때문입니까? 하늘의 뜻이 참으로 어긋났습니다.

오호라! 우리 동국의 학문이 도산(陶山)에서 집성되었다가 선조 문목선생(文穆先生)께서 적전(嫡傳)을 얻으셨으니, 대개 안으로 세업(世業)[151]을 계승하고 성현의 학문[152]에 마음을 두어, 경(敬)과 의(義)를 모두 몸소 실천하시고 서책에서 깊은 뜻을 자세히 궁리하였습니다. 응연(凝然)히 심군(心君)이 주재함이 있었고, 지체없이 물욕(物欲)은 몰아 내었습니다. 구이(口耳)[153]의 속

---

149 부드럽고도 굳센 옥 : 원문의 '온율(溫栗)'은 온화하면서도 굳세다는 말이다. ≪예기≫ <빙의(聘義)>에 "군자의 덕을 옥에 견준다. 온윤하면서 광택이 있음은 인이고, 진밀하면서 굳센 것은 지이다.(君子比德於玉焉 溫潤而澤 仁也 縝密而栗 知也)"라고 하였다.

150 금화(金華) : 금화는 적송자(赤松子) 황초평(黃初平)이 도를 얻었다는 산으로, 정상에 신선의 석실(石室)이 있다고 한다. 본문에서는 고인이 된 성재의 빈소를 말한다. ≪신선전(神仙傳)≫ 황초평(黃初平) 조에 보면, 황초평(黃初平)은 단계(丹溪) 사람으로 열다섯 살에 양을 치다가 도사(道士)를 따라 금화산(金華山) 석실(石室)로 가서 수도(修道)하였는데, 그 후 40년 만에 그 형 초기(初起)가 수소문 끝에 그를 찾아가 만났더니 양은 보이지 않고 흰 돌들만 있었으므로, 초평이 "양들은 일어나라."고 소리치자, 흰 돌들이 모두 수만 마리의 양으로 변했다고 한다.

151 세업(世業) : 원문의 '궁야(弓冶)는 세업(世業)을 계승한다는 말이다. ≪예기(禮記)≫ <학기(學記)>에, "풀무를 잘하는 사람의 아들이 반드시 갖옷 만드는 것을 배우게 되고, 활을 잘 만드는 사람의 아들이 반드시 키를 만드는 것을 배우게 된다.(良冶之子 必學爲裘 良弓之子 必學爲箕)"라고 하였고, 그 주에, "풀무를 잘하는 집에서는 그 아들들이 항상 그 아비가 쇠붙이를 주워모아 부어서 완전한 그릇을 만드는 것을 보았기 때문에 짐승의 피물을 주워모아 완전한 갖옷을 만들게 되고, 활을 잘 만드는 집안에서는 그 아들들이 항상 그 아버지가 근각(筋角)을 조화하여 휘어서 활을 만들었기 때문이 버드나무를 휘어서 키를 만들게 된다." 하였다.

152 성현의 학문 : 원문의 '소광(昭曠)'은 성인의 학문을 이른 말이다. 소(昭)는 명(明), 광(曠)은 광(廣)과 같은 뜻으로, 명백(明白) 광대(廣大)한 것을 말한다.

153 구이(口耳) : 구이지학(口耳之學)으로, 배운 것을 그대로 남에게 옮길 뿐 자신에게 아무런 도움이 되지 않는 천박한 학문이다. ≪순자(荀子)≫ <권학(勸學)>에 "소인의 학문은 귀로

학(俗學)을 거짓으로 여기시고 문장에 오로지 힘쓰는 일[154]에도 공은 모두 초연하였습니다. 이에 나이가 점점 높아질수록 덕도 점점 높아졌으며, 참으로 날이 쌓일수록 명성은 더욱 밝게 드러났으니, 샘물로는 차가운 열천(冽泉)이요, 난초로는 저절로 향기로운 난초였습니다.

문밖은 어찌된 세상인지 생각건대, 다만 길이 달아나지 못한 일민(逸民)이요 땅 잃은 수양(首陽)의 처지입니다. 고인(古人)이 세속의 병을 탓하며 스스로 시주(詩酒)에 섞여 들어간 것은 반드시 명성을 위한 것은 아니었을 것입니다. 가르침은 훌륭한 방도에 맞게 하셨으며, 다만 성리(性理) 규승(規繩)의 가운데 날마다 부지런히 노력하여 후생들이 사모하여 공의 풍의를 바라봄이 있게 하시고, 향성(鄕省, 지역)이 본받아 충심(衷心)을 바치게 하셨습니다. 이것이 우리 성재선생(省齋先生)께서 일찍부터 스스로 뜻을 세우시고 만년의 절의가 더욱 높으신 까닭입니다.

오호라! 삶을 버리고 취한 것은 의(義)이며, 늙을 때까지 근심한 것은 나라이니, 그것은 천충(天衷)과 민이(民彝)에 관계된 것이며 오도(吾道) 선비들의 책무에 지극한 것이었습니다. 차라리 불측한 변고를 당할지언정 감히 침묵할 수 없었으니 충성스러운 한 폭 글[155]이 공에게는 유감이 되지 않았을 것입니다. 재앙이 발생하자 바쁘게 돌아가셨으니, 그 시각에는 이 집안 사람들에게 알리지도 않으셨습니다. 말씀하시지는 않았으나 그 뜻한 바는 소태부(蕭太傅)[156]처럼, 구차하게 살기를 구하지 않으시고, 곧바로 자신의

들어왔다가 곧장 입으로 나간다.(小人之學也 入乎耳出乎口)"라고 하였다.

154 문장에 오로지 힘쓰는 일 : 원문의 '조회(藻繪)'는 채색(彩色)과 회화(繪畫)의 의미로, 문장을 꾸미기를 힘쓰는 것을 의미한다.

155 충성스러운 한 폭 글 : 이는 사림들이 조선의 독립을 호소하기 위해 보낸 파리장서를 의미한다. 여기에 서명한 작자는 이 일로 성주경찰서에서 호출하자 이를 거부하고 자결 순국한다. 파리장서운동과 관련된 최초의 순국자이다.

목숨을 끊어 오랑캐들에게 욕을 당하기보다는 차라리 우리들이 편안히 여기는 일을 실천한 것이 아니겠습니까?

오호라! 소자가 처음 체포되었을 때 공의 불행을 듣고 다섯 달 동안 대구[達丘] 감옥에서 심한 고초를 겪어 스스로 견디지 못할 지경으로 인하여 사람의 도리가 위축되었습니다. 죽지 않고 살아서 돌아옴을 어찌 알았으리오. 공의 영령[遺靈]이 아니었다면 이렇게 도움을 받아 이렇게 고마운 줄을 어찌 알았겠습니까? 그러나 이제 만사가 끝났습니다. 황량한 집에 게으르게 물러앉아, 겨우 성명(性命)을 보전하고 있으니,

전인의 말을 암송하며 마음은 바닥으로 떨어졌습니다.

가만히 생각건대, 공은 죽음에서 살아오기 어렵고 세상의 도는 더욱 기울어지고 말았으니, 다만 옛날의 큰 은혜를 뼈에 새겨 깊이 기억할 뿐입니다. 술자리에 모시고 몇 번이나 봄바람 속에 앉았던 것과 학술(學術)을 가려 뽑아 보여주신 것, 그리고 선조의 일을 용기 내어 베풀어 주신 것 등 그 간곡함이 제가 창포김치를 좋아하는 듯[157]이 두루 미쳤습니다.

오호라. 공의 정령(精靈)이 사물로 떨어져 흩어지지 않았다면 아마도 돌아가서 선고를 모시고 길이 백매원(百梅園) 회연 물가에 길이 둘러앉아 계시거나, 혹은 열성(列星)에 참여하여 영지(靈芝)를 생산하시거나 바람을 타고 우레를 몰아 고국을 내려보며 오로지 탄식하실 것입니다. 아! 이것은 공이 이 세상에서 편안히 하지 못한 것을 이제야 뜻대로 하시는 것입니다. 소자가 평소에 받은 사랑을 어느 날에 다시 좇을 수 있겠습니까? 한 번 통곡

156 소태부(蕭太傅) : 한 선제(漢宣帝) 때 사림인 소망지(蕭望之)를 가리킴. 벼슬이 태자 태부(太子太傅)였는데 끝에 가서 홍공(弘恭)과 석현(石顯)의 무함을 받자 스스로 독약을 먹고 자살했음.

157 창포김치를 좋아하는 듯 : 원문의 '잠기(歜嗜)'는 창잠(昌歜, 창포김치)를 즐긴다는 말이다. 주(周) 문왕이 창포로 만든 김치를 좋아했다고 한다.

하고 다시 통곡함에 눈물이 흘러넘칩니다. 스스로 알지 못하거니와 영령께서 만약 아신다면 흠향하소서.

오호! 슬픕니다. 상향(尙饗).

또

생질 옥산(玉山) 장준승(張浚升)

유세차 경신(庚申, 1920) 3월 초9일 을묘(乙卯)는 곧 우리 외숙[內舅] 성재(省齋) 선생 청주(淸州) 정공(鄭公)의 중상일(中祥日)이니, 전날 저녁 갑인(甲寅)에 생질(甥姪) 옥산(玉山) 장준승(張浚升)이 보잘것없는 제수를 갖추어 영연(靈筵) 아래 재배 통곡하고 고합니다.

오호라! 소자는 참으로 식견이 얕고 졸렬하여 우리 외숙께서 가지신 것 만분의 일이라도 엿보기에 부족하지만, 평소에 사람들이 모두 본 행적을 소자도 일찍이 보았습니다. 그런즉 강명(剛明)하고 정수(精粹)한 기운과 금옥(金玉)과 같고 난설(蘭雪)과 같은 모습은 외숙의 타고난 자질이었으며, 단중(端重)하고 간이(簡易)한 덕과 내외를 곧고 반듯하게 하는 공부[158]는 외숙께서 독실하게 스스로 함양하신 것이었습니다.

옛 성현의 글을 읽고 옛 성현의 법을 따르며 전전긍긍(戰戰兢兢) 조심하여[159] 간곡함을 마지 않는 것은 또한 외숙께서 몸과 마음을 수렴(收斂)하는 뜻이었습니다. 집에서는 인의(仁義)를 실천하시고, 종중(宗中)에는 돈목(敦睦)

158 내외를 곧고 반듯하게 하는 공부 : 경의(敬義)을 닦음을 이르는 말이다. ≪주역≫ <곤괘(坤卦)> 문언(文言) 육이효(六二爻)에, “군자는 경으로써 안을 정당하게 하고, 의로써 밖을 방정하게 한다.(君子 敬以直內 義以方外)”는 말이 나온다.

159 조심하여 : 원문의 ‘임리(臨履)는 ≪시경(詩經)≫ <소아(小雅) 소민(小旻)>의 “전전긍긍하여 심연에 임하듯 얇은 얼음을 밟듯 한다.(戰戰兢兢 如臨深淵 如履薄氷)”라는 말에서 인용한 것이다. 조심스러운 마음으로 매사를 신중히 처리하는 것을 말한다.

을 주장하시고, 사람을 대함에는 반드시 공경하여 예를 지키시고, 사람을 가르침에는 반드시 자상하게 정성을 다하시고, 향당을 출입함에는 미쳐서는 사우(士友)들 사이에 시의적절한 모습이 넉넉하였으나 군자의 법도에 어긋남은 없었으며, 시비사정(是非邪正)를 가리는 일이 있으면 자세히 분석하여 사론(邪論)을 깨뜨리고 오로지 성리(性理)의 가르침을 따랐으며 털끝만큼도 그릇됨을 용납하지 않으셨습니다. 우리 외숙의 학식과 사려가 밝음은 이(理)와 의(義)의 정수를 체득함에 있으니, 또한 어떻게 이와 같을 수 있습니까?

아! 세상이 한 번 뒤집혀서 우리나라가 침몰하였으니 하늘과 땅이 뒤집히는 때를 만나 한 시대의 지사들이 각자 의로움을 지키는 방법을 생각함에, 외숙도 곧 때묻지 않은 몸을 거두어 한강대 오래된 마을에서 두문불출하였으니, 더욱 매서운 정신을 지키면서 날마다 경전 공부에 마음을 노닐고, 옛 가업을 부지런히 힘쓰면서 늙음이 이르는 것을 알지 못하였습니다. 향당에서는 의지하고 사림에서는 우러르며 안팎의 문족(門族)은 원근친소를 불문하고 모두 화산(華山)과 북두(北斗)처럼 받들었습니다. 의리를 풀기 어려운 곳은 반드시 질문하시고 익숙하지 않은 글은 반드시 비평하여 주셨습니다. 어두운 거리의 등불이요 나침반이었으니, 사도(斯道)를 보위함이 과연 얼마이겠습니까?

오호라! 소자가 외숙을 의지하고 우러르는 마음은 다른 숙질 사이와는 다릅니다. 소자는 하늘이 돕지 않아 약관에 선군(先君)께서 돌아가시고 다음 해에 자모(慈母)께서 세상을 버리셨으니, 부모 잃은 애통한 슬픔[160]에 누

160 부모 잃은 애통한 슬픔 : 원문의 '풍수(風樹)'는 '풍수지탄(風樹之嘆)'을 말한다. 공자(孔子)가 주(周)나라 구오자(丘吾子)에게 슬피 통곡하는 이유를 묻자, "나무가 조용하고자 하나 바람이 그치지 않고, 자식이 봉양하고자 하나 어버이가 기다려 주시지 않는다. 한번 가면

구를 믿고 누구를 의지하겠습니까? 아득히 생각건대 오직 외숙만을 의지하였습니다. 그러나 소자는 너무나 불민(不敏)하고 또 세상일에 매여 비록 매일 외숙[161]께 나아가지 못하였지만 일심으로 그리워하는 마음은 어찌 일찍이 잠깐이라도 풀어졌겠습니까? 마음속으로는 만약 한가로운 시간을 얻게 된다면 계시는 곳으로 조용히 나아가 모시면서 혹시라도 어리석음을 깨치고 답답한 사람[162]에서 벗어나게 되기를 바랐습니다.

오호라! 소자가 복이 없는 것입니까? 향당이 선함(善)을 잃은 것입니까? 하늘이 남겨 두려 하지 않으신 것[163]입니까? 외숙의 향년은 겨우 63세에 그쳤으니, 이것이 과연 '인자(仁者)는 반드시 장수한다'는 말입니까? 수삼년 사이에 비록 일찍이 숙병으로 걱정하지 않은 것은 아니지만 섭양(攝養)에 법도가 있고 신명(神明)이 도우셔서 병이 날로 더욱 줄어들고 도체(道體)가 날로 더해가니, 형통하면 백 살까지 무병하리라 생각하였습니다. 병환 소식을 받지도 못했는데 부고가 갑자기 이를 줄 어찌 알았겠습니까? 헤매는 우리 살아남은 자들은 의지할 곳도 없고 우러를 곳도 없는 슬픔이 어찌 오늘 더욱 깊어져 영원히 그리워하지 않겠습니까? 소자의 슬픔과 애통함을

오지 않는 것은 세월이요, 다시 뵐 수 없는 것은 어버이이다.(夫樹欲靜而風不停 子欲養而親不待 往而不來者年也 不可再見者親也)"라고 대답하고는 강물에 몸을 던져 죽었다는 '풍수지탄(風樹之歎)'의 고사가 있다. ≪공자가어(孔子家語)≫ <치사(致思)>

161 외숙 : 원문의 '헌병(軒屛)'은 마루의 난간과 방 안에 둘러친 병풍이라는 뜻으로, 어른의 가까운 곁을 이르는 말이니, 외숙인 성재를 말함이다.

162 답답한 사람 : 원문의 '면장지인(面牆之人)은 담장을 마주하고 선 것처럼 앞이 캄캄하고 답답한 사람을 가리킨다. 공자가 아들 백어(伯魚)에게 "너는 ≪시경≫의 <주남(周南)>과 <소남(召南)>을 배웠느냐? 사람으로서 <주남>과 <소남>을 배우지 않으면 바로 담장을 마주하고 선 것과 같다." 한 것에서 유래하였다. ≪논어(論語)≫ <양화(陽貨)>

163 하늘이 …… 것 : 원문의 '천불은유(天不憖遺)'는 하늘이 국가를 위해서 원로를 이 세상에 남겨 두려 하지 않는다는 말인데, ≪시경≫ <소아(小雅) 시월지교(十月之交)>의 "원로 한 분을 아껴 남겨 두어서 우리 임금을 지키게 하지 않는구나.(不憖遺一老 俾守我王)"라는 말에서 유래한 것이다.

또한 오늘 어떻게 하겠습니까? 세월은 빠르게 흘러 소상이 문득 다가왔는데 모습은 점점 아득하여지고 말씀은 받들 수 없으니 이생 어느 곳에서 다시 우리 외숙을 모실 수 있겠습니까?

오호라! 소자는 글은 이 마음을 다하기에 부족하고 소자의 통곡은 소자의 슬픔을 다할 수 없습니다. 삼가 외숙의 양양한 신령께서는 소자의 마음을 살피시고 강림하여 흠향하소서.

오호, 애재라! 상향(尙饗).

또

시생 성산(星山) 이재원(李在瑗)

유세차 경신(庚申, 1920) 3월 정미(丁未) 초9일 을묘(乙卯)는 곧 성재(省齋) 선생 청주(淸州) 정공(鄭公) 중상일(中祥日)이니, 하루 전날 저녁 갑인(甲寅)에 시생(侍生) 성산(星山) 이재원(李在瑗)이 삼가 제물을 조금 갖추어 영상(靈床)에 분향 재배하고 고합니다.

嗚乎先生	오호라! 선생은
名門之世	대대로 내려오는 명문가(名門家)의
法家之模	모범이 되는 가문에서
貌豊而晳	모습은 넉넉하고 밝았으며
性韋而弧	성품은 부드럽고 원만하였으며
篤古邃學	옛 학문을 독실하고도 깊숙히 천착하니
益堅桑楡	늙을수록 더욱 뜻이 굳었습니다.
省察存養	자신을 성찰하고 존심양성(存心養性)[164]하니
雍容外敷	온화한 성품은 밖으로 펼쳐지고
釋明義理	의리(義理)를 밝게 풀이하니

164 존심양성(存心養性) : 본래의 순수한 마음을 보존하고 본성을 배양한다는 말이다. ≪맹자(孟子)≫ <진심장 상(盡心章上)>에 "마음을 보존하고 본성을 배양하는 것이 하늘을 섬기는 것이 된다"라고 하였다.

如節剖符	마치 부절(符節)이 합하는 듯하였으며
而顧言行	말이 행동을 돌아봄이
如物稱銖	마치 저울처럼 정확하였으며
動遵繩尺	법도를 따르는 움직임은
毋敢或逾	감히 어김이 없었습니다.
儼然冠服	엄숙하게 관과 복장을 갖추고
乃勤持軀	이에 몸가짐을 부지런히 하였습니다.
淵源有自	연원이 본래부터 있어
賢祖嘉謨	어진 선조께서 훌륭한 가르침을 내리시고
麗澤其資	그 자질을 붕우들과 연마하고
農翁大鑪	농옹(農翁)[165]께서 크게 단련하였습니다.
蹄跡混馳	말발굽이 어지럽게 달려가고
世路崎嶇	세상길이 기구하여
琨抱美璞	아름다운 옥을 품었으나
世莫其需	세상에 쓰임을 받지 못하였습니다.
匱彼林泉	저 임천(林泉)에 은거하여
琴書自娛	금서(琴書)를 스스로 즐기면서
薖軸弗諼	현인이 거닐던 곳[166] 잊지 않으니[167]

165 농옹(農翁) : 농산(農山) 장승택(張升澤, 1838~1916)을 말한다.

166 현인이 거닐던 곳 : 원문의 과축(薖軸)은 현인이 은거하는 곳을 말한다. ≪시경(詩經)≫ <위풍(衛風) 고반(考槃)>에 "고반이 언덕에 있으니, 석인의 마음이 넉넉하도다. …… 고반이 높은 언덕에 있으니, 석인이 한가로이 서성이도다.(考槃在阿 碩人之薖 …… 考槃在陸 碩人之軸)"라고 한 데에서 나온 말이다.

167 잊지 않으니 : 원문의 '불훤(弗諼)'은 ≪시경(詩經)≫ <위풍(衛風) 고반(考槃)>의 한 부분인 '영시불훤(永矢弗諼)'을 인용한 것이다. 여기에서 "고반이 시냇가에 있으니 훌륭한 분이 태연히 거처하네. 홀로 잠을 자고 깨어 길이 잊지 않으려 맹세하네.(考槃在澗 碩人之寬

鳳飛之堣　그것은 봉비암 모퉁이였습니다.

其浴風兮　목욕하고 바람 쏘이기에

不遠沂雩　기수(沂水)와 무우(舞雩)가 멀지 않았으니[168]

詩禮牖後　시례 학문을 후학에게 열어주심에

鳳峙魁梧　높은 오동나무에 봉황이 우뚝하였습니다.[169]

勘篆焉烏　언(焉)과 오(烏)를 헤아려 가리시고[170]

安我性命　성명을 편안하게 하셨으며

不改顔瓠　안빈(安貧)과 불사(不仕)를 바꾸지 않으셨습니다.

有時激昂　때때로 격앙하여

歎世瑟竽　세상을 탄식하여 거문고와 피리를 연주하셨으며

言論正直　말씀이 바르고 곧아서

不使含糊　어지럽게 꾸미지 않았으니

人皆悅服　사람들이 모두 기뻐하며 따르며

矜式于于　삼가 본받음이 많았습니다.

海內洶洶　사해에 거친 물결이 일어나

龍御大徂　임금께서 돌아가셨는데

一緘義書　의서(義書, 파리장서) 한 통에

章甫從跗　선비[章甫]들이 발을 잇고

獨寂寤言 永矢弗諼)" 하였다.

168 목욕하고 …… 않도다 : ≪논어(論語)≫ <선진(先進)>에 "늦봄에 봄옷이 만들어지면, 기수(沂水)에서 목욕하고[浴乎沂] 무우(舞雩)에서 바람 쐰 뒤에 노래하며 돌아오겠다[詠而歸]"는 증점(曾點)의 말에서 취해온 것이다.

169 우뚝한 봉황 : 원문의 '봉치(鳳峙)'는 난상 봉치(鸞翔鳳峙)를 말함이니, 난새가 날고 봉황이 우뚝 선다는 뜻으로, 훌륭한 인재들이 한데 모인 것을 비유한 말이다.

170 글을 물어 …… 있었도다. : 글을 정확하게 읽고 이해할 수 있었다는 말이다.

文以輪省　글을 도내에 돌렸습니다.

無人揚揄　앞장 서는 사람이 없어

瑗也宋友　저와 친구 송(宋)이

往謁軒㡯　가서 공을 뵈었는데

公在床褥　공은 병중에 계시므로

亦難搆圖　또한 도모하기에 어려워

遽爾辭歸　급하게 하직하고 돌아와서

每嘗鬱紆　항상 마음이 답답하였는데

曾未廿日　이십 일도 지나지 않아서

蘭音忽鳴　부음이 문득 들렸습니다.

適以家喪　마침 집안에 상이 있어

不遑匐匍　기어가 조문할 겨를도 없었고

襄期相値　장례 시기가 서로 겹쳐

又未歌虞　또 우빈곡(虞殯曲)[171]도 부르지 못하고

客歲仲秋　지난해 중추에

始往束芻　비로소 가서 조문[172]하였습니다.

今此重來　지금 이렇게 다시 찾아왔으니

歲遷節殊　해도 바뀌고 계절도 바뀌었습니다.

---

171 우빈곡(虞殯曲) : 장사를 치를 적에 상여를 떠나보내면서 부르는 노래이다. ≪춘추좌씨전≫ 애공(哀公) 11년 조에 "공손하(公孫夏)가 그의 문도들에게 명하여 우빈(虞殯)을 노래하게 했다."라고 하였는데, 이에 대한 두우(杜佑)의 주에 이르기를 "우빈은 송장(送葬)하는 가곡(歌曲)이다."라고 하였다.

172 조문 : 원문의 '속추(束芻)'는 소박한 제물을 말한다. 후한(後漢)의 서치(徐穉)는 자가 유자(孺子)로 남주(南州)의 고사(高士)라 일컬어졌는데, 매우 가난하여 곽임종(郭林宗)의 어머니 상(喪)에 조문하러 가서 풀 한 다발을 집 앞에 두고 상주(喪主)를 보지 않은 채 갔다 한다. ≪후한서(後漢書)≫ 권53 <서치열전(徐穉列傳)>

謦咳莫承	가르침을 받들 수 없으니
堪可長吁	긴 탄식을 견딜 수 없습니다.
伏惟尊靈	삼가 존령께서는
庶歆我酤	저의 술 한잔을 흠향하소서.
嗚乎哀哉	오호 애재라!
尚饗	상향.

또

삼종제 정재면(鄭在冕)

유세차 경신(庚申, 1920) 3월 정미(丁未) 초9일 을묘(乙卯)는 곧 우리 성재(省齋) 처사공의 중상일(中祥日)이니, 전날 저녁 갑인(甲寅)에 삼종제(三從弟) 재면(在冕)이 삼가 보잘것없는 제물로 영연(靈筵) 아래 재배 통곡하며 고합니다.

오호라! 선철(先哲)이 이르시기를, 아득히 선비들의 추향(趨向)이 바름을 잃고 대도(大道)가 진작되지 못한 지 오래라고 하시니, 옛 가르침을 믿고 행실을 독실히 하여 사학(斯學)이 다시 밝아지기를 기약할 자가

지금 세상에 과연 몇 사람이리오. 다만 우리 부군(府君)이 곧 그 사람일 것입니다. 그런즉 하늘이 부군을 이 세상에 내리심은 어찌 우연이겠습니까?

태어남에 고명(高明) 강직(剛直)한 성품을 받으시고 성장함에 가정에서 의방(義方)의 가르침을 받았습니다. 규구(規矩, 법도)를 따르고, 성(誠)과 경(敬)으로 아울러 나아감은 반듯한 몸가짐이었으며, 사학(邪學)을 물리치고 의(義)와 이(利)를 분명하게 구분함은 올바른 논의(論議)였으며 백가(百家)를 섭렵(涉獵)하고 경전(經傳)을 절충(折衷)함은 박학한 문사(文辭)였으며 세상일에 마음을 끊고 시대 변화에 몸을 맡기지 않은 것은 스스로 지키는 지조였으며, 달래고 꾸짖으며 반드시 깨닫게 하신 것은 사람을 가르치는 법이었으며, 심의(深衣)와 대대(大帶)로 종일 단정하게 앉아서 바라보면 의젓하고 다

가가면 온화한 것은 겉으로 드러난 위의(威儀)였습니다.

그것을 안으로 베풀면 가도(家道)가 바르게 되었고 온 종중이 시귀(蓍龜)처럼 믿었으며, 그것을 밖으로 행하면 고을의 풍속이 교화되고 사림이 태산북두처럼 우러르며, 그것으로 시비를 판별하면 현사를 속이는 무리들은 풍의를 보고 도망갔습니다. 찬연한 선집(先集)과 오도(吾道)의 의구함은 모두 당세의 이목이 기억하는 것이니, 소자가 아첨하는 것이 아닙니다.

나라가 망한 날[173]에 초야로 물러나 오직 의(義)로써 항거하여 굽힐 수 없는 의기를 보이시며 이로부터 더욱 몸을 숨기시고 문달(聞達)을 구하지 않으셨습니다. 산림에서 경전을 잡고 잠심(潛心)하여 상제를 대하는 듯이 하였습니다.[174] 개연히 개왕계래(開往繼來)[175]하고 인륜강상(人倫綱常)을 세우는 것을 자신의 소임으로 삼았습니다. 이에 학업을 청하고 질정하는 학자는 의지하여 돌아갈 곳을 알아서 잘못된 길로 가는 일을 면하였으며, 선조의 영광을 드러내고자 하는 원근의 사람들은 공의 힘에 의지하여 보존하게 되었으니, 거의 성현의 도가 장차 부군(府君)의 몸에서 다시 밝아질 듯하였습니다. 이전에 "하늘이 부군을 세상에 내리심은 어찌 우연이겠는가"라고 말한 것은 이것으로 징험할 수 있는 것입니다.

백수를 축원하는 것은 현우(賢愚)가 한 가지였으나, 오호라! 지난해는 어떤 해였습니까? 존주(尊周)의 대의는 본래 이륜(彝倫)이 있는 자라면 한 가

173 나라가 망한 날 : 원문의 '육침(陸沈)'은 육지에 물이 없는데도 빠졌다는 말로, 국토가 적의 수중에 떨어진 것을 비유한다.

174 잠심(潛心)하여 …… 듯이 하였습니다 : 주자(朱子)의 <경재잠(敬齋箴)>에 "그 의관을 바르게 하고 그 시선을 존엄하게 하며 마음을 고요히 가라앉혀 거처하고 상제를 대하는 듯 경건한 자세를 가져라.(正其衣冠 尊其瞻視 潛心以居 對越上帝)" 하였다.

175 개왕계래(開往繼來) : '개왕성계래학(開往聖繼來學)'을 말하는 것으로, 이전 성인의 학문을 열고 후대 학문을 이어 준다는 말이다.

지인데 청류의 재액[176]은 이때와 같은 적이 없었음에, 부군(府君)의 화는 이미 조석지간(朝夕之間)에 있었으니 보는 자는 공을 위하여 근심하고 두려워하지 않음이 없었습니다. 다만 강개한 의기는 말과 얼굴빛에 조용히 나타났으니, 어찌 알았으리오? 구인장이 겨우 도착하자

전영(奠楹)하는 꿈[177]이 갑자기 죽음을 재촉하였습니까? 숙환(宿患)이 오래 되었기 때문이라고 한다면 이때는 정상으로 회복되어 기력이 오히려 건강하였으니, 이것은 곧 부군(府君)의 마음에, 구차하게 목숨을 구걸하여 오랑캐의 감옥에서 욕을 받는 것보다는 차라리 죽어서 온전한 몸으로 돌아가는 것[178]을 편안하게 여기는 것이 나으리라 생각하여 스스로 결행하여 그 몸을 깨끗하게 지키신 것입니다. 그러므로 향당(鄕黨)이 공의 선견지명(先見之明)과 충효양전(忠孝兩全)에 모두 감복하였으니, 부군(府君)에게는 영광이었지만, 어두운 거리의 불이 갑자기 꺼졌으니, 소자와 같은 후생들은 어두운 거리를 헤매며 갈 곳을 알지 못하고, 한 줄기 우리의 도맥(道脉)이 일어서려고 하다가 곧바로 추락하였으니, 어찌하겠습니까? 이것이 제가 조문하기에 겨를이 없는 까닭입니다.

소자가 어릴 때 부군의 문하에 책상자를 지고 왔을 때, 부군께서는 제가

176 청류의 재액 : 청류 백마(淸流白馬)의 화를 말한다. 당 소종(唐昭宗) 때 강직한 선비들이 정직한 이론으로 위정자를 비난 공격하자 그들을 백마역(白馬驛)에서 다 죽여, 황하(黃河)에 던져 넣으면서 "이들은 청류이니 영구히 탁류로 만들어야 한다."고 한 사화를 말함. ≪당서(唐書)≫ <배추전(裵樞傳)>

177 전영(奠楹)하는 꿈 : 훌륭한 사람의 죽음을 가리킨다. 공자가 '두 기둥 사이에 앉아 제수를 받는 꿈을 꾸고(夢坐奠於兩楹之間)' 얼마 뒤에 죽은 고사에서 유래한다. ≪예기(禮記)≫ <단궁 상(檀弓上)>

178 온전한 몸으로 돌아가는 것 : 원문의 '전귀(全歸)'는 생전에 신체에 손상을 끼치지 않고 자신을 욕되게 하지 않고 죽는 것이다. 증자(曾子)의 제자인 악정자춘(樂正子春)이 "하늘이 낳고 땅이 기르는 것 중에 사람보다 귀한 것이 없으니 '부모가 온전히 낳아 주셨으면 자식이 온전히 지켜 돌아가야(全以生之 全以歸之)' 효(孝)라 할 수 있다." 하였다. ≪예기(禮記)≫ <제의(祭義)>

어리석다고 버리지 않으시고 가르치고 인도하기를 정성스럽게 하셨으니, 친동생을 돌보심과 다름이 없었습니다. 일찍이 말씀하시기를, "우리 집은 문헌(文獻)[179]이 대대로 전하므로 온 세상이 추앙하는데 너희들의 세대에 이르러 끊어진다면 경계하지 않을 수 있겠느냐?"라고 하셨습니다. 못난 소자가 비록 가르침의 만 분의 일이라도 본받을 수 없었지만 믿는 것은 오직 부군께서 천백 년을 하루 같이 계신 것이었는데 지금은 끝났습니다. 큰 건물에 동량(棟樑)이 꺾이고 큰 배에 노[楫]가 부러졌으니, 소자는 누구를 의지하며 사문은 어디에 의탁하겠습니까?

오호라! 소자는 죄가 많고 불우(不友)[180]하여 부군(府君)을 잃은 눈물이 마르기도 전에 또 성 자씨(成姊氏)[181]의 상(喪)을 당하여 늙으신 북당(北堂, 모친)께서 오래된 울화가 다시 심해졌음에, 부군(府君)께서 계시지 않으니 우러러 위로할 자 누가 있겠습니까? 근래에 송산(松山) 기슭에 작은 정자를 지어 우리 가군(家君, 부친)의 만년 생활하실 곳으로 삼았는데 부군(府君)께서 계시지 않으니 함께 즐거워할 자 누가 있겠습니까? 이것이 공을 슬퍼하기에 겨를이 없는 까닭입니다.

오호라! 지난해 혹심한 재액이 아직도 이렇게 다하지 않았으니 사촌조카가 마침내 화망(禍網)을 피하지 못하고 아홉 달 감옥에 갇혀[182] 끝없는 고초

179 문헌(文獻) : 전적과 현자이다. ≪논어≫ <팔일(八佾)>에 "문헌이 부족하기 때문이니"라고 하였는데, 주희(朱熹)의 주에서 "문(文)은 전적(典籍)이고 헌(獻)은 현자(賢者)이다."라고 하였다.

180 불우(不友) : 형제간에 우애하지 않는 것을 말한다.

181 성 자씨(成姊氏) : 성씨(成氏) 가문에 시집간 누이를 의미한다.

182 감옥에 갇혀 : 원문의 '남관(南冠)'은 '남관초수(南冠楚囚)'로, 포로의 신세를 말한다. ≪좌씨(左氏)≫ <성구(成九)>에 "진후(晉侯)가 '남관(南冠)을 쓰고 포로가 된 사람은 누구냐?' 고 묻자, 유사(有司)가 '정(鄭) 나라 사람이 바친 초(楚) 나라 죄수입니다.' 하고 대답하였다."라고 하였다.

를 심하게 당하다가 얼마 전에 겨우 집으로 돌아왔습니다. 알지 못하거니와 양양하신 신령은 어두운 가운데 오르내리시며 '나에게도 훌륭한 조카가 있다'고 여기시겠습니까? 아니면 상제[瑤臺]께 호소하여 은하수를 기울여 옛 나라를 씻어주시렵니까? 함장(函丈)의 자리는 의구하고 손때는 아직도 남았는데 지척에 있는 영연(靈筵)은 삶과 죽음으로 영원히 떨어졌습니다. 쟁쟁하게 귀에 들리는 듯한 말씀은 들을 길이 없고 어렴풋이 눈에 보이는 듯한 모습은 뵐 길이 없으니, 이생은 어느 곳에서 다시 가르침을 받들 수 있겠습니까? 한 바탕 긴 통곡 소리에 하늘과 땅이 찢어집니다.

오호, 애재라! 상향(尙饗).

또

재종질 정세호(鄭世鎬)

유세차 경신(庚申, 1920) 3월 정미(丁未) 초9일 을묘(乙卯)는 곧 우리 재종숙부(再從叔父) 성재(省齋) 선생의 중상일(中祥日)이니, 전날 저녁 갑인(甲寅)에 재종질(再從姪) 세호(世鎬)가 삼가 보잘것없는 제물을 갖추어 영연(靈筵) 아래 재배 통곡하며 고합니다.

오호 애재라! 부군(府君)께서 세상에 사신 육십삼 년 동안 고학을 배우고 금세에 처하기에 오직 날마다 부지런히 힘써서[183] 선철(先哲)을 본받으시고 후학을 깨우치셨으니, 향당(鄕黨)이 경앙(景仰)하고 사우(士友)가 의지하였습니다. 그러므로 말하지 않아도 완고한 사람이 두려워 복종하였고, 힘쓰지 않아도 이단은 물러나 움츠렸으니, 지조는 더욱 굳었으며 의리는 밝게 판별하였다고 누구인들 말하지 않겠습니까? 빛나는 거동[184]은 옥이 묻힘에 산이 빛나는 듯하고,[185] 씩씩한 기개는 돌이 눌러도 죽순이 스스로 나오는

183 오직 …… 힘써서 : 원문의 '건건(乾乾)'은 군자가 부지런히 힘쓰는 모양이다. ≪주역≫ <건괘(乾卦)> 구삼(九三) 효사(爻辭)의 "군자가 해가 지도록 건실한 자세를 유지하고, 해가 지면 또 두려워하는 마음으로 조심하면 비록 위태로운 지경을 당할지라도 허물이 없게 될 것이다.(君子 終日乾乾 夕惕若 厲無咎)"라는 말을 발췌한 것이다.

184 빛나는 거동 : 원문의 '수앙(粹盎)'은 '수면앙배(粹面盎背)'의 줄임말로서, 얼굴에 윤택하게 드러나고 등에 가득 차 넘친다는 말이니, 군자의 내면에 축적된 것들이 넘쳐서 몸으로 드러난 것을 뜻한다. ≪맹자(孟子)≫ <진심 상(盡心上)>에 "군자의 본성은 인의예지가 마음속에 뿌리하여, 그 드러나는 빛이 얼굴에 윤택하게 나타나고 등에 가득하게 나타난다.(君子所性 仁義禮智根於心 其生色也 睟然見於面 盎於背)" 하였다.

185 옥이 …… 듯하고 : 내면에 실제로 선이 쌓여 있으면 겉으로 드러난다는 의미이다. ≪순

듯하였으니, 학문에 연원이 있고 일에 임하여 두려움이 없다고 누군인들 알지 못하겠습니까? 살아서는 선현의 가르침을 익히시고 죽어서는 하늘에 부끄럽지 않으셨습니다. 연세는 이순(耳順)을 넘겼으니 인자(仁者)는 장수한다고 어찌 말하지 않겠으며, 명성이 성밖까지 들렸으니 또한 의롭고 용기 있음을 볼 수 있다고 어찌 말하지 않겠습니까?

오호라! 부군(府君)의 존망(存亡)은 우리 가문의 성쇠만 걸린 것이 아니니, 또한 사문이 몹시 애석해하는 것입니다. 소자의 뼈에 사무치는 지극한 슬픔은 날이 갈수록 잊을 수 없습니다. 부군(府君)을 섬긴 십여 년에 등에 가시를 진 것처럼[186] 귀를 당겨 경계하시며 친자식과 한가지로 대하시고, 가르침을 게을리 하지 않으셨습니다. 저의 졸렬한 자질과 고삐 풀린 모습[187]은 울타리에 버려진 물건[188]으로 취급할 것이 마땅하지만 인도함이 더욱 독실하여 철석(鐵石)을 황금으로 만들고자 하였으니,[189] 몽매하고 못난 제가 삼가고 경계하는 데에 겨우 들게 되었습니다.

오호라! 돌아가신 해[190]의 봄은 세도(世道)가 창궐(猖獗)하고 근거없는 의

자≫ <권학(勸學)>에 "옥이 산에 있으므로 초목이 윤택하고, 구슬이 못에서 나기 때문에 언덕이 마르지 않는다.(玉在山而草木潤 淵生珠而崖不枯)"라는 글이 나온다.

186 등에 가시를 진 것처럼 : 원문의 '망배(芒背)는 등에 가시를 진 것처럼 마음이 몹시 불안한 모양을 말한다.

187 고삐 풀린 모습 : 원문의 '봉가(覂駕)'는 '범가(泛駕)'와 같은 말로, 말이 사나워서 멍에를 벗어난다는 뜻이데, 남의 구속을 받지 않는 모습을 형용한 말이다.

188 울타리에 버려진 물건 : 원문의 '파리기물(笆籬棄物)'은 '파리변물(笆籬邊物)'의 오기이다. 울타리 가에 있는 물건이란 뜻으로, 쓸모없는 물건을 이르는 말이다.

189 철석(鐵石)을 …… 하셨습니다 : 원문의 '점철성연(點鐵成鉛)'은 '점철성금(點鐵成金)'과 같은 말로, 선가에서 철석(鐵石)을 점화(點化)하여 황금으로 만든다는 데서 온 말이다. ≪전등록(傳燈錄)≫에서 "환단 한 알을 가지면 무쇠를 점화하여 황금으로 만들 수 있고, 진리의 말 한마디는 범인을 점화하여 성인으로 만들 수 있다.(還丹一粒 點鐵成金 至理一言 點凡成聖)"라고 하였다. ≪경덕전등록(景德傳燈錄)≫ <영조선사(靈照禪師)>

190 돌아가신 해 : 원문의 '역책(易簀)'은 스승이나 현인의 죽음을 가리키는 말이다. 책(簀)은 와상(臥床)의 깔개로서 증자(曾子)가 병환 중에 대부(大夫)의 신분에 걸맞은 화려한 깔개

논이 연이어 일어남에 소자는 마음이 가볍고 성질이 메말라서 진퇴와 동정이 법도에 맞지 못하였는데 부군께서 꾸짖어 말씀하시기를, "너는 지금 나이 열일곱인데 위험한 상황이 출몰함에 지켜야 할 것을 알지 못하니, 너는 장차 무엇이 되려는가? 부모가 안에 계시고 스승과 벗이 밖에 있으니 처신을 전전긍긍하고 마음가짐을 조심하고 삼가라. 이것이 길러주신 부모의 마음에 어긋나지 않는 것이요 또한 이끌어주신 스승의 노력을 배반하지 않는 것이니, 하물며 또한 삼군을 거느리는 용기와 사나운 호랑이를 때려잡는 기개는 옛 군자들이 누르는 것이었다. 아! 너의 좁은 소견을 경계하고 신중하여라."라고 하였습니다. 소자가 귀를 기울여 마음에 새겨 돌아와서 서책을 대하며 문자[191]를 조금 분별하게 되었으니, 참으로 부군(府君)게서 평소에 지극히 보살피고 사랑하신 결과였습니다.

세월이 도환(跳丸)[192]처럼 흘러 문득 해가 바뀌었는데 종중(宗中)과 향당(鄕黨)이 의지하고 우러르는 곳은 어느 곳이 방불하며 말세의 소란함은 누가 물리칠 수 있습니까? 부군(府君)을 잃은 소자의 아픔은[193] 글로써 다할 수 없으니, 만사가 끝났습니다. 한 바탕 긴 통곡에 눈물이 샘처럼 솟습니

를 깔고 있었는데, 임종(臨終)할 당시 자신의 분수에 맞지 않는다고 하여 제자들로 하여금 깔개를 바꾸게 하고 죽은 데서 유래하였다. ≪예기(禮記)≫ <단궁 상(檀弓上)>

191 문자 : 원문의 '노어(魯魚)'는 본디 형태가 유사한 '노(魯)' 자와 '어(魚)' 자를 혼동한다는 말이다

192 도환(跳丸) : 여러 개의 둥근 물체를 연속으로 던졌다가 받는 잡기의 일종으로, 세월이 빨리 흘러가는 것을 비유한다. 당나라 한유(韓愈)의 <추회(秋懷)> 11수 가운데 아홉째 수에 "시름 속에 세월을 보내노라니, 해와 달이 마치 도환과도 같도다.(憂愁費晷景 日月如跳丸)"라고 하였다. ≪전당시(全唐詩)≫ 권336 <추회시(秋懷詩)>

193 부군(府君)을 …… 아픔은 : 원문 '산량지통(山梁之慟)'은 스승이나 훌륭한 사람의 죽음을 슬퍼한다는 말이다. 공자(孔子)가 아침 일찍 일어나 뒷짐을 지고 지팡이를 끌고 문 앞에 한가로이 노닐며 노래하기를, "태산이 무너지고 대들보가 부러지고 철인(哲人)이 죽겠구나.(泰山其頹乎 梁木其摧乎 哲人其萎乎)"라고 하더니, 그 후 곧 세상을 떠났다. ≪예기(禮記)≫ <단궁 상(檀弓上)>

다. 영령께서 계신다면 저의 작은 정성을 살피소서.

오호, 애재라! 상향(尙饗).

또[194]

시교생 거창(居昌) 신태성(愼台晟)

고(故) 처사 성재(省齋) 정공(鄭公)은 기미(己未, 1919) 3월 초9일 본가 침소에서 고종(考終)하시고 두 해 다음 신유(辛酉, 1921) 2월에 시교생(侍敎生) 거창(居昌) 신태성(愼台晟)이 한 잔 술과 몇 가지 과일을 마련하여 영궤(靈几)에 드리고 제문으로 고합니다.

嗚乎我公	오호라 우리 공은
金玉之資	금옥(金玉)의 자질과
奎壁之精	규벽(奎璧)[195]의 정기를 타고 나시어
德宇粹盎	덕우(德宇, 모습)는 수앙(粹盎)[196]하시고
律度以正	율도(律度, 행동)는 방정(方正)하셨습니다.
究覽詩禮	시례(詩禮, 학문)를 깊이 보시고

194 이하는 대상(大祥) 때의 제문이다.

195 규벽(奎璧) : 28수(宿)에 속하는 규수(奎宿)와 벽수(璧宿)의 병칭으로, 옛날에 문운(文運)을 주관한다고 여겼다.

196 수앙(粹盎) : '수앙(睟盎)'과 같은 말로, 곧 군자의 내면에 축적된 것들이 윤택하게 얼굴에 드러나고 등에 가득 넘치는 것을 뜻하는 '수면앙배(睟面盎背)'의 준말이다. ≪맹자(孟子)≫ <진심 상(盡心上)>에 "군자의 본성은 인의예지가 마음속에 뿌리 하여 그 얼굴빛에 나타남이 수연히 얼굴에 나타나고 등에 가득 넘치며, 사체에 베풀어져 사체가 굳이 말하지 않아도 저절로 깨달아 행해진다.(君子所性 仁義禮智根於心 其生色也 睟然見於面 盎於背 施於四體 四體不言而喩)"라고 하였다. '수연(睟然)'은 청화(淸和)하고 윤택(潤澤)한 모양이다

博涉經史　경사(經史)를 널리 섭렵하셨습니다.

傳家孝友　집안에 전하는 것은 효우(孝友)였으며

接人恭敬　사람을 대함은 공경(恭敬)으로 하였습니다.

善善同就　선을 좋아하여 함께 나아갔으며

惡惡探湯　악을 미워하여 끓는 물에 데인 듯하였습니다.

信義篤行　신의(信義)와 독행(篤行)은

士流咸服　사류들이 모두 감복하는 것이었습니다.

介石貞操　바위처럼 굳은 정조(貞操)[197]는

風霜莫瀆　풍상도 더럽히지 못하였습니다.

昔我先君　옛날 우리 선친께서

相得益求　서로 익우(益友)를 구하여

伽雲伽樹　가야산의 구름과 나무 속에

襟韻交孚　마음을 나누고자

爰有搆亭　이에 정자를 지어

揭以日新　일신(日新)이라는 편액을 걸고

文以記之　기문을 기록하고

遺我世珍　우리에게 대를 물릴 보배를 남기셨습니다.

自是無狀　본래부터 변변치 못한 제가

踵門摳衣　문하로 달려가 수학하고[198]

盤旋林泉　자연[林泉] 속에 노닐었으며

197 바위처럼 굳은 정조(貞操) : 바위처럼 확고부동한 마음을 말한다. 《주역》 <예괘(豫卦)> 육이(六二)에 "견고함이 돌과 같아서, 과거의 잘못을 하루가 지나지 않아 제거해 버리나니, 정하고 길하니라.(介于石 不終日 貞吉)"라고 하였다.

198 수학하고 : 원문의 '구의(摳衣)'는 제자가 선생의 앞에 들어갈 때에는 긴 옷자락을 걷고 조심히 들어간다는 뜻이다.

高闢門扉	사립문을 크게 열어
叩承後訓	가르침을 받들어 후학을 가르쳤습니다.
擬冀百年	백 년을 장수하시기를 바랐는데
那意一夕	하루 저녁에
遽至斯焉	갑자기 여기에 이를 줄을 어찌 알았겠습니까?
旣未候愆	이미 병문안을 여쭈지도 못하였고
亦未凭樞[199]	또한 장례에도 참석하지 못하였으니
辜負良深	은혜를 저버림이 참으로 깊어서
余懷之吁	저의 마음이 너무나 슬픕니다.
想應泉壤	아마 마땅히 구천에서도
有同人世	인간 세상과 같음이 있을 것이니
與吾先子	우리 선친과 함께
從遊摻袂	소매를 잡고 노닐고 계시겠지요?
如問家事	집안 일을 물으시면
子遺雖存	외아들이 비록 있지만
先志未效	선인의 뜻을 깨닫지 못하여
日夜憂勤	밤낮으로 근심하고 있다고 할 것입니다.
于嗟日月	아! 세월이 빨리 흘러
奄迫二期	갑자기 대상일이 닥쳤습니다.
幽明杳邈	유명(幽明)이 아득하니
典刑依俙	전형(典刑, 모습)이 어렴풋합니다.
士失規範	사류들은 본받을 곳을 잃고

199 樞 : '柩'의 오기로 추정된다.

鄕無齒德	향당에는 유덕한 원로가 없습니다.
來哭筵前	영연 앞에 와서 곡하며
泂酌以酹	맑은 술[200] 한 잔 올립니다.
已矣儒林	끝입니다. 유림(儒林)은
自玆益瘁	이로부터 더욱 여윌 것입니다.
嗚乎尙饗	오호라! 상향.

200 맑은 술 : 원문의 '형작(泂酌)'은 소박하지만 정성껏 차린 제수를 뜻한다. ≪시경≫ <형작>에 "저 길가에 괸 물을 멀리 떠다가, 저기서 떠내 여기에 붓는 정성만 지극하다면, 제사에 올릴 밥도 만들 수 있으리라.(泂酌彼行潦 挹彼注玆 可以餴饎)"라고 하였다.

또

재종제 정재봉(鄭在鳳)

유세차 신유(辛酉, 1921) 3월 초9일 기유(己酉)는 곧 우리 성재부군(省齋府君) 대상일[琴祥日]입니다. 재종제(再從弟) 재봉(在鳳)이 삼가 거친 글 변변찮은 음식으로 영상(靈床)을 거두는 자리에서 재배하고 곡하며 고합니다.

오호라! 도(道)는 하늘과 땅 사이에 있어서 잠시라도 떠날 수 없는 것이니 도(道)가 문장에 드러나고 도(道)를 마음에 간직하고 도(道)를 일에 베풀었으며 도(道)를 얻어서 함께 선(善)하게 하고[201] 도(道) 아래에 그 몸을 두었으며 고금(古今)이 다르다 하여 법을 다르게 하지 않으시고 이험(夷險)에 따라 뜻을 바꾸지 않았으니, 이것은 그 자리에서 따라 충실히 행한 것[202]입니다. 그러므로 액궁(厄窮) 중에서도 도를 즐거워하며 고민하지 않는 뜻이 있었으며 처세함에는 풍속을 바로잡아 명예를 구하는 마음이 없었습니다. 의리(義理)의 관건(關鍵)에 이르는 것은 삼군의 장수를 빼앗는 것보다 어려운 것[203]이니, 책 속에 있으면 사랑하고 사모하며, 이역(異域)에 있으면 찾아가

201 함께 선(善)하게 하고 : 원문의 '겸선(兼善)'은 ≪맹자≫ <진심 상(盡心上)>에 "궁하면 홀로 그 자신을 닦아 선하게 하고, 현달하면 천하 사람을 함께 선하게 한다.(窮則獨善其身 達則兼善天下)"라고 한 데서 나온 말이다.

202 그 자리에서 따라 충실히 행한 것 : 원문의 '소위이행(素位而行)'은 자신이 처한 환경을 순리대로 받아들임을 말하는 것으로, ≪중용장구(中庸章句)≫ 제14장에 "군자는 현재의 위치에 따라 행하고, 그 밖의 것을 원하지 않는다.(君子素其位而行 不願乎其外)" 하였다.

203 삼군의 …… 어려웠습니다 : ≪논어≫ <자한(子罕)>에 "삼군을 거느리는 장수(將帥)는 빼

서 좇는데, 하물며 지친(至親)의 관계임에랴? 하물며 오십 년을 섬긴 처지임에랴?

오호라! 온온(溫溫)[204]한 덕기(德器)의 넉넉함과 물물(勿勿)[205]한 학문(學問)의 정성스러움과 뇌뢰(磊磊)[206]한 벽립(壁立)의 기상과 측측(惻惻)[207]한 공감[感念]의 마음은 완부(頑夫)는 교화시킬 수 있고 학자(學者)는 감복시킬 수 있고 자제(子弟)는 추앙할 만하고 시정[鄕井]은 본받을 만하고 나라[邦國]는 칭송하는 말이 있을 만하였습니다. 소자는 자질이 낮아서 비록 학문을 성취할 수는 없었지만 선석사에서 겨울부터 봄까지의 기간과 회연서원에서 읍양진퇴(揖讓進退)[208]하던 시절에 작작(綽綽)[209]한 가르침[眷誨]의 깊이와 견식[觀光][210]의 광대함으로 형님[兄長]이 아니라 부모처럼 섬겼으며 친척[至情]이 아니라 스승으로 받들었습니다. 백세(百世)가 지나도록 앞에서 우러를 수

앗을 수 있으나, 필부의 뜻은 빼앗을 수 없다.(三軍可奪帥也 匹夫不可奪志也)"라고 한 데에서 온 말이다.

204 온온(溫溫) : 인품이 온화함을 이르는 말이다. ≪시경≫ <억(抑)>에 "온순하고 온순한 공손한 사람은 오직 덕의 기반이어라.(溫溫恭人 維德之基)" 하였다.

205 물물(勿勿) : 급히 서둘러 부지런히 힘쓴다는 뜻이다. ≪예기≫ <예기(禮器)>의 "물물히 흠향하고자 하는 것이다.(勿勿乎其欲其饗之也)"라고 하였는데, 정현의 주에 또 "정성을 들이고 사랑하는 모양이다.(慤愛之貌)"라고 하였고, 진호의 주에는 "물물은 절절(切切)과 같다."고 하였다.

206 뇌뢰(磊磊) : 뇌뢰낙락(磊磊落落). 뜻이 고상하고 원대하여 잔다란 일에 구애받지 않는 것을 말한다. ≪진서(晉書)≫ <석륵재기(石勒載記)>에 "대장부의 행사는 의당 뇌뢰낙락하여 마치 일월처럼 명백해야 한다.(大丈夫行事 當磊磊落落 如日月皎然)"라고 하였다.

207 측측(惻惻) : 몹시 측은히 여기는 마음이다.

208 읍양진퇴(揖讓進退) : 선비들이 예절을 익힐 때에 읍(揖)하고 나아가며[進] 사양(辭讓)하고 물러가는[退] 것이니, 예를 들면 향음주례(鄕飮酒禮)나 상읍례(相揖禮)와 같은 것이다.

209 작작(綽綽) : 넉넉하고 여유있는 모양이다. ≪시경≫ <각궁(角弓)>에 "이 착한 형제는 넉넉하여 여유가 있거늘, 착하지 못한 형제는 서로들 병이 되도다.(此令兄弟 綽綽有裕 不令兄弟 交相爲瘉)"라는 말이 나온다.

210 견식 : 원문의 '관광(觀光)'은 ≪주역≫ <관괘(觀卦)> 육사(六四)에 "나라의 휘황찬란한 빛을 봄이니, 왕에게 나아가 손님이 되는 것이 이롭다.)觀國之光 利用賓于王)"라는 말에서 나온 것으로, 선진 문물을 접하여 견식을 넓힌다는 의미로 쓰인다.

있을 것이라 생각하였는데 대지가 진동하니 하늘의 뜻을 알겠습니다. 낙토(樂土)[211]는 경관(京觀)[212]에서 이루어지는 것이니 공(公)은 도(道)와 더불어 순절하였습니다. 오호라! 공(公)이 공(公)이 되는 것은 곧 훌륭함이니 뒤에 남은 자가 할 수 없는 일입니다.

오호, 애재라! 상향.

211 낙토(樂土) : 원문에서는 '樂土'로 되어 있으니, '樂土'의 오기로 판단된다.

212 경관(京觀) : 죽음을 뜻하는 말. 고대 중국에서 전쟁에 승리한 사람들이 전공(戰功)을 과시하기 위해 적군의 시신들을 모아 봉토를 높이 쌓아 만든 무덤을 말한다. ≪춘추좌씨전(春秋左氏傳)≫ <선공(宣公)> 12년에 "임금께서는 어찌하여 무군(武軍)을 쌓아 진나라의 시체를 거두어 경관(京觀)을 만들지 않습니까?(君盍築武軍 而收晉尸以爲京觀)"라고 하였다.

또

족손 정기락(鄭基洛)

유세차 신유(辛酉, 1921) 3월 신축삭(辛丑朔) 초9일 기유(己酉)는 곧 우리 성재부군(省齋府君) 대상일[終祥日]입니다. 하루 전 무신(戊申) 저녁에 족손(族孫) 기락(基洛)이 삼가 변변찮은 제수와 거친 제문을 갖추어 영상(靈床)을 거두는 자리에서 재배 통곡하고 고합니다.

嗚乎哀哉　　오호 애재라
我祖源遠　　우리 조상은 연원이 머니
孰溯其流　　누가 그 원류를 거슬러 올라가겠습니까?
綿綿我宗　　면면히 이어진 우리 종족(宗族)이
有同擿埴　　어두운 길 헤매는 맹인[213]과 같았는데
公迺克生　　공이 이에 태어나셨으니
若天所相　　하늘이 돕는 듯하였습니다.
幼時屹如　　어릴 때부터 산처럼 우뚝하여
默契思傳　　가만히 ≪중용≫[214]에 계합(契合)하였으며

213 어두운 길 헤매는 맹인 : 원문의 적식(擿埴)은 맹인(盲人)이 지팡이로 땅을 짚으면서 어렵게 길을 찾는 것을 말한다. 양웅의 ≪법언(法言)≫ <수신편(修身篇)>에 "맹인이 지팡이로 땅을 짚으면서 길을 찾아다니는 것과 같을 뿐이다.(素擿埴索塗 冥行而已)"라고 한 말에서 유래하였다.

214 ≪중용≫ : 원문의 '사전(思傳)'은 공자의 손자인 자사(子思)가 지은 책이라는 뜻으로 ≪중

沈潛四字	사자(四字, 사서)에 침잠하시니
理亦賦焉	이치 또한 부여받았습니다.[215]
盖公志學	대개 공이 학문에 뜻을 둠에
不蹈不鑿	가는 곳마다 천착하지 않음이 없었고
退修于躬	물러나 몸을 수양하고
時復就正	때때로 다시 스승께 나아갔습니다.
門有丈德	문중에 덕망 있는 어른이 계셨으니
隨處鱣堂	가는 곳마다 배움 자리[216]였습니다.
芝翁典型	지애옹(芝厓翁)께서 전형(典型)을 보이시고
顧軒啓迪	고헌옹(顧軒翁)께서 길을 열어주셨습니다.
無微不達	은미하다고 하여 이르지 못한 것이 없으며
無遠不適	멀다고 하여 가지 않은 것이 없었습니다.
夙齋軒扃	숙야재(夙夜齋)에서 빗장을 걸고
巾衣坐古	의관을 갖추어 고당에 앉으니
月明射楹	달이 밝게 기둥에 비치고
風清拂帷	바람은 맑게 휘장을 흔들었습니다.
載彈載讀	악기를 타고 책을 읽으니

용(中庸)≫을 말한다.

215 이치 또한 부여받았습니다 : 원문의 '이역부언(理亦賦焉)'은 중용의 "하늘이 명하여 준 것을 성이라 한다.(天命之謂性)"의 집주에 나오는 표현으로, "기로 형체를 이루고 이 또한 부여하였다.(氣以成形 理亦賦焉)"라고 하였다.

216 배움 자리 : 원문의 '전당(鱣堂)'은 학문을 강론하는 강당으로, 여기서는 스승을 뜻한다. 한(漢)나라 때 양진(楊震)은 학문이 뛰어났으나 여러 차례 소명(召命)에 응하지 않고 있었는데, 새가 전어(鱣魚) 세 마리를 물고 날아와 강당 앞에서 머리를 조아리는 형상을 하였다. 이를 보고 사람들이 "전어는 대부(大夫)들이 입는 옷의 무늬이고, 세 마리는 삼태(三台)의 조짐이다."라고 하였는데, 그 뒤에 양진이 태위(太尉)에 올랐다. ≪후한서(後漢書)≫ <양진열전(楊震列傳)>

琴書滿架　　거문고와 서책이 서가에 가득하였습니다.

見者怡然　　뵙는 사람마다 기뻐하고

廉頑立懦　　완악한 자는 청렴해지고 나약한 자는 뜻을 세웠습니다.[217]

探頤之深　　이치를 탐구함이 깊고

造詣之篤　　학문의 조예가 돈독하였습니다.

豈惟想象　　어찌 상상하였겠습니까?

直窺閫域　　높은 경지를 곧바로 엿볼 줄을

不謂駭機　　놀랄 일이 아니었습니다.

上累寒旅　　위로 한려시비(寒旅是非)[218]의 문제는

公自擔夯　　공(公)이 스스로 짐을 져서

獲伸物議　　논란[物議]를 해결하였습니다.

蓋公一生　　대개 공의 일생은

有如皦日　　밝은 해와 같았습니다.

學傳家庭　　학문은 가학을 전하였으며

名著鄉國　　명성은 고을과 나라에 드러났습니다.

海酋跳梁　　섬나라 오랑캐가 날뛰어

吾東天拯　　우리 동국을 하늘이 건지려 하여도

有手莫援　　도움의 손길이 없으니

一絲支木　　끈 하나로 나무를 지탱하는 듯하였습니다.

憂時之淚　　시대를 근심하는 눈물을

---

217 완악한 …… 세웠습니다. : 원문의 '염완입나(廉頑立懦)'는 맹자가 "백이(伯夷)의 풍도를 들은 자는, 완악한 지아비는 청렴해지고 나약한 지아비는 입지(立志)하게 된다."라고 한 말을 축약한 것이다. ≪맹자(孟子)≫ <만장 하(萬章下)>

218 한려시비(寒旅是非) : 한강(寒岡) 정구(鄭逑)와 여헌(旅軒) 장현광(張顯光)의 관계에 대한 시비를 말한다.

種種巖穴	자주 암혈에서 흘렸습니다.
公迺晦迹	공이 이에 자취를 감추어
謀身是潔	자신을 깨끗이 하고자 하였습니다.
睠焉伽川	대가천을 돌아보시고
性靈陶寫	성령(性靈)을 도야하시고[219]
志存熙皞	뜻은 태평함[220]에 두시고
夢想淸渭	꿈 속에서도 맑은 위수(渭水)[221]를 생각하였습니다.
寧沒邱瀆	차라리 골짜기에서 죽을지언정
恥售一藝	한 가지 재주를 파는 것을 부끄러워하셨습니다.
濁世滔滔	혼탁한 세상이 도도하게 흘러가고
啾蛙迭興	요란한 소인배들[222] 번갈아 일어나서
謂蘭不馨	난초는 향기가 없다고 말하고
謂玉不粹	옥은 순수하지 않다고 말하니
奚但孤詬	어찌 다만 홀로 꾸짖겠습니까?

219 도야하시고 : 원문의 ‘도사(陶寫)’는 성정(情性)을 기쁘게 하여 근심을 잊는 것을 말한다.

220 태평함 : 원문의 ‘희호(熙皞)’는 희희호호(熙熙皞皞)의 약칭으로, 화락(和樂)하고 자득(自得)한 모양을 말하는데, 즉 태평성대를 의미한다. ≪노자(老子)≫ 제20장에 “세속의 중인들은 희희하여 마치 푸짐한 잔칫상을 받은 듯, 따뜻한 봄날 높은 누대에 올라서 사방을 조망한 듯 즐거워한다.(衆人熙熙 如享太牢 如登春臺)”라고 하였고, ≪맹자(孟子)≫ <진심상(盡心上)>에 “성왕의 백성은 호호한 듯하느니라.(王者之民 皞皞如也)”라고 하였다.

221 맑은 위수(渭水) : 위수(渭水)는 장안(長安)의 부근에 있는 강의 이름이기 때문에, 우리나라에서 한강(漢江)의 별칭으로 흔히 써 왔다. 참고로 두보(杜甫)의 <봉증위좌승장(奉贈韋左丞丈)> 시에 “아직도 종남산을 못 잊어 하며, 머리 돌려 맑은 위수 바라본다오.(尙憐終南山 回首淸渭濱)”라는 구절이 나온다. ≪두소릉시집(杜少陵詩集)≫ 권1 참고로 서안(西安) 부근의 합수되는 큰 강물에 위수(渭水)와 경수(涇水)가 있는데, 위수에는 맑은 물이 흐르고 경수에는 탁한 물이 흘러서 옛날부터 청위탁경(淸渭濁涇)이라고 일컬었다.

222 요란한 소인배들 : 원문의 ‘추와(啾蛙)’는 요란한 개구리 소리라는 말이니, 식견이나 의론이 비루한 무리를 말한다.

亦且衆怪　　또한 대중도 이상하게 여겼습니다.

昔我先人　　옛날 우리 선친과는

事契最深　　계의(契誼)가 가장 깊어

胥勉交奬　　서로 면려하고 서로 장려하여

恐墜先蔭　　선인의 음덕을 실추시킬까 두려워하셨습니다.

莪淚廿載　　육아(蓼莪)의 눈물[223] 흘린 이십 년에

幼不知託　　어려서 의탁할 곳을 알지 못하던 때에

帲幪之施　　감싸주시던 은혜[224]를

感鐫後嗣　　고마움을 후손들이 마음에 새겼습니다.

擬辦一篋　　한 상자의 글로 문집을 만들려고[225]

重承垂允　　거듭 허락을 받았는데

吾門不祿　　우리집이 복이 없어

德星遽隕　　덕성(德星)[226]이 갑자기 떨어졌습니다.

嗚乎哀哉　　오호, 애재라!

胤嗣克肖　　후사가 훌륭하니

223 육아(蓼莪)의 눈물 : 돌아가신 부모님을 생각하면서 흘리는 눈물이다. ≪시경(詩經)≫ <육아(蓼莪)>

224 감싸 주시던 은혜 : 원문의 '병몽(帲幪)'은 비바람을 가리고 덮어 주는 장막으로, 둘러치는 것을 병(帲), 위를 가리는 것을 몽(幪)이라 한다. 한(漢)나라 양웅(揚雄)의 ≪법언(法言)≫에 "우레와 바람, 세찬 폭우가 온 뒤에야 큰 집이 감싸 주는 장막이 됨을 안다.(震風陵雨然後知廈屋之爲帲幪也)"라고 보이는데, 후세에서는 비호해주는 스승을 가리키는 말로 쓰인다.

225 한 상자의 글로 문집을 만들려고 : 선친의 문집을 마련하려고 노력하는 것을 의미한다.

226 덕성(德星) : 별 이름인데, 혹은 경성(景星)으로 일컫기도 하는바, 전하여 도덕이 있는 사람을 비유한다. 후한 때 진식(陳寔)이 일찍이 자질(子姪)들을 데리고 함께 순숙(荀淑)의 집에 가서 토론을 하는데, 이때 덕성이 한자리에 모였으므로, 태사(太史)가 아뢰기를 "오백 리 안에 반드시 현인이 모였을 것이다.(五百里內有賢人聚)"라고 했던 데서 온 말이다. ≪세설신어(世說新語)≫ <덕행(德行)>

承家用譽	가문을 계승하여 칭송을 받을 것입니다.
蔡家伯靜	채가(蔡家)의 백정(伯靜)[227]에게
朱庭授之	주자께서 가르침을 주신 것처럼
爲賀燾后	훌륭한 후손들이
式紹罔墜	본받아 계승하고 실추함이 없을 것이며
賓朋咸集	손님과 벗들이 모두 모여들 것입니다.
終祥奄屆	종상일이 문득 이르러
失聲傷痛	목놓아 통곡하니
山日晝黝	산중의 해는 낮인데도 어둡습니다.
有事莫質	일이 있어도 여쭙지 못하고
有尤誰誨	허물이 있어도 누가 가르쳐주겠습니까?
祇薦心香	삼가 심향(心香)을 올리니
五內如燬	오장이 타는 듯합니다.
嗚乎哀哉	오호, 애재라!
尙饗	상향.

227 백정(伯靜) : 송(宋)나라 때의 대학자(大學者) 채원정(蔡元定)의 맏아들 채연(蔡淵, 1156~1236)의 자이다. 호는 절재(節齋)이다.

또

손서 최목영(崔穆永)

유세차 신유(辛酉, 1921) 3월 신축삭(辛丑朔) 초9일 기유(己酉)는 곧 우리 대구(大舅) 성재(省齋) 정공(鄭公) 종상일(終祥日)이니, 전날 무신(戊申) 저녁에 손서(孫壻) 경주(慶州) 최목영(崔穆永)이 몇 줄 제문을 엮어 이제 거두려는 영연 아래 재배 통곡하고 고합니다.

오호라! 제[목영]가 일찍이 부형을 모실 때 가만히 들으니 공리(孔李)의 계의(契誼)[228]는 우리와 공의 집과 같은 집이 없었습니다. 또 세간의 품평[229]은

228 공리(孔李)의 계의(契誼) : 두 집안이 서로 친하게 지내는 것을 말한다. 공리(孔李)는 공융(孔融)과 이응(李膺)을 말하는데, 공융은 후한(後漢)의 헌제(獻帝)때 북해상(北海相)을 지내고, 뒤에 조조(曹操)에게 피살되었으며, 이응은 후한의 환제(桓帝)·영제(靈帝) 때의 명신으로, 영제 때 두무(竇武)와 함께 환관(宦官)을 숙청하려다가 도리어 피살되었다. 공융은 어려서부터 특이한 재주가 있었다. 나이 10세에 아버지를 따라 서울에 가서 당시 고사(高士)로 이름난 하남 윤(河南尹) 이응(李膺)을 찾아가서 자신을 통가(通家 선조 때부터 친하게 지내던 사이)의 자제라고 소개하였다. 그러자 이응이 묻기를, "그대의 조부가 나와 친구의 정이 있는가?" 하고 물으니, 공융은 "그렇습니다. 우리 선조 공자는 당신의 선조 이노군(李老君 노자(老子)과 덕도 같고 의(義)도 비슷하여 서로 사우(師友)가 되었으니, 나 공융과 당신은 누대 통가입니다." 하여 좌중을 감탄시켰다. ≪후한서(後漢書)≫ 권70 <공융전(孔融傳)> 이 일이 있은 뒤부터 두 집안이 서로 친하게 지내는 것을 공리지호(孔李之好)라 일컬었다.

229 세간의 품평 : 원문의 '여남지론(汝南之論)'은 공평한 당대의 평가를 말한다. 후한의 허소(許劭)는 젊어서부터 명절(名節)을 지니고 곽태(郭泰)와 친하게 지내면서 사람을 잘 알아본다는 명성을 함께 얻었다. 그리고 종형(從兄)인 허정(許靖)과 더불어 달이 새로 바뀔 때마다 향리의 인물들에 대해서 품평을 다시 하곤 하였는데, 그 뒤로 여남(汝南)에 월단평(月旦評)의 풍속이 생겼다고 한다. ≪후한서(後漢書)≫ 권68 <허소열전(許劭列傳)>

말세[叔世]의 덕있는 원로로 반드시 공을 첫손가락에 꼽았습니다. 비록 못난 소자가 공의 풍의(風儀) 아래로 달려가 옛날의 계의(契誼)를 말씀드리고 가르침을 받들려고 생각하였습니다. 얼마 후 깨진 기와 조각[230] 같은 제가 외람되게도 얼음처럼 맑은 공의 문하에 들어 다행스럽게도 옛날부터 가진 소원을 지금에야 이루었습니다. 그러나 돌아봄에 소자가 복이 없어 공께서 먼저 세상을 떠나셨으니, 유덕하신 모습을 장차 어디에서 뵙겠으며 도학 높으신 가르침을 장차 어디에서 받들겠습니까?

세월이 전광석화 같아서 금상(琴祥, 대상)이 갑자기 다가와 내일이면 장차 연궤(筵几)를 거두려 하니, 아울러 추모하는 마음도 다시 이 세상에서 방불할 수 없을 것입니다. 제 마음의 슬픔은 어찌 끝이 있겠습니까? 감히 맑은 술 한 잔을 올리오니 만사는 오늘 저녁에 끝났습니다. 오호통재라! 상향.

230 깨진 기와 조각 : 원문의 '와력(瓦礫)'은 부서진 기와 조각과 벽돌 조각을 말하는데, 가치 없는 물건을 비유하는 말로 쓰인다.

만사
輓詞

세제 배상우(裵相禹)

嗟我省齋子	아! 우리 성재 선생이여!
壽胡遽至斯	수명은 어찌 갑자기 여기에 이르렀나
順三仁不稱	이순(耳順)에 삼 년은 인자(仁者)에게 어울리지 않으니
陽九運從知	시운이 양구(陽九)임을 따라서 알겠도다.
禮樂已崩壞	예악은 이미 무너졌으니
綱常孰攝維	강상은 누가 잡아주나.
嶠南淑氣索	영남에는 맑은 기운 쓸쓸하니
吾黨哲人萎	우리 당 철인이 돌아가셨네.
大祖遺賢範	조상이 어진 법을 남기셨으니
名門拔萃姿	명문가의 뛰어난 모습이네.
文章資學問	문장은 학문이 바탕이 되었고
德行進修治	덕행은 수기치인으로 나아갔네.
剛明天所稟	강명함은 하늘이 내리신 것이며
貞操世難移	곧은 지조는 세상이 옮기기 어려운 것이었네.
淵屹重論議	회연과 무흘은 논의를 소중히 여겼고
鄕邦倚準規	향리와 방국은 모범으로 의지했네.
光韜藏櫝玉	빛을 감추고 상자 속에 옥을 간직하니
村老樹堂椅	촌 늙은이는 당당한 의나무를 심었네.[231]

不慍眞君子　성 내지 않으니 참다운 군자였고
要求是俗兒　찾는 것은 시속의 아이들이었네.
趨庭看寶樹　뜰에 나아가니 보배로운 나무를 보겠고
呈瑞秀靈芝　서기가 드러나니 영지가 빼어났네.

嗟我省齋子　아! 우리 성재 선생이여!
先歸哭我誰　먼저 돌아가셨으니, 나를 조곡해 줄 사람은 누가인가?
吾無挾長意　나는 나이가 많다고 으시대지 않았지만
子實事兄期　그대는 참으로 형으로 섬기기를 기약했네.
恒畏切偲友　언제나 절절시시(切切偲偲)[232]하는 붕우로 두려워하였고
多欽警飭師　경책하는 스승처럼 공경함이 많았네.
周程世厚誼　주자와 정자처럼 세의가 두터웠고
建婺居相宜　건녕과 무원처럼 사는 곳이 서로 마땅하였네.
執熱爽襟抱　뜨거운 것 잡았을 때[233]면 시원한 마음으로 품어주었으며
釋氷開晦疑　얼음이 풀리듯 의심을 열어주었네.
蔬通薑烈桂　푸성귀는 매운 생강 계피[234]와 서로 통하였고

231 의나무를 심었네 : ≪시경≫ <정지방중(定之方中)>에, "개암나무와 밤나무를 심고, 의나무와 오동나무와 가래나무와 옻나무를 심으니, 장차 이것을 베어서 거문고와 비파를 만들 것이리라.(樹之榛栗 椅桐梓漆 爰伐琴瑟)"라고 하였는데, 이 시는 위(衛)나라 문공(文公)이 나라를 중흥하면서 제도에 맞게 하여 나라가 부강해지므로, 백성들이 기뻐서 읊은 것이다.

232 절절시시(切切偲偲) : 붕우 간에 서로 권면하는 모습을 형용한 말이다. ≪논어≫ <자로(子路)>에 "자로가 '어떠하여야 선비라 이를 만합니까?' 하고 묻자, 공자가 대답하기를 '붕우 간에는 간절하고 자상히 권면하며, 형제간에는 화락하여야 한다.(朋友 切切偲偲 兄弟 怡怡)' 하였다."라고 하였다.

233 뜨거운 것 잡았을 때 : 급한 일을 당하였을 때를 말한다. ≪시경≫ <상유(桑柔)>에 "뜨거운 물건을 손에 쥐고서, 얼른 물에다 씻지 않을 사람이 있겠는가.(誰能執熱 逝不以濯)"라는 말이 나온다.

234 생강 계피 : 생강과 계피는 매운 맛으로, 성재의 인품을 표현한 말이다.

芥傍琳琅侈	겨자는 분에 넘치게 주옥 곁에 있었네.
四十年心契	사십 년 우의는
尋常處則儀	언제나 법에 맞게 처신하였네.
黃梅淸酌別	매실이 익을 때 맑은 술로써 이별하니
白首虞謳思	흰 머리로 상여노래 부르네.
恍若前生夢	몽롱하기가 마치 전생의 꿈인 듯
悵然後死悲	창연히 남은 자가 슬퍼하네.
何慽塵寰苦	고생스러운 이승은 얼마나 슬픈지
願長泉下隨	영원히 저승으로 따라가길 바라네.
芳草岡雲裏	방초 피어난 산 구름 속에서
臨風灑漣洏	바람 맞으며 눈물 흘리네.

또

족종(族從) 정은석(鄭恩錫)

上繩岡祖赫	위로 혁혁한 한강 선조를 이어
累世儒閥闢	대대로 유가의 이름난 가문이었네.
芝翁傳薪火	지옹[235]이 불씨를 전하였고
一宇遵繩尺	일우[236]가 법을 좇았었네.
惟公穎悟質	공은 영민한 자질에
繼志愈硬脊	뜻을 계술함에 등을 더욱 꼿꼿이 세웠네.[237]
飭身守謹拙	몸가짐은 겸손함을 지키고
談經探奧賾	경서는 깊은 의미를 찾았네.
閉戶從吾好	문을 잠그고 내 좋아하는 것 좇으며
啖蔗是方策	감자(甘蔗)를 씹는 방법을 공부의 방책[238]으로 삼아

235 지옹 : 성재의 오세조(五世祖) 정위(鄭煒)의 호가 지애(芝厓)이다.

236 일우 : 성재의 부친 정세용(鄭世容)의 호이다.

237 등을 더욱 꼿꼿이 세웠네 : 뜻을 더욱 강직하게 지키는 사람을 말한다. ≪논어≫ <태백(泰伯)>에서 증자(曾子)가 "선비는 도량이 넓고 뜻이 굳세지 않으면 안 되니 책임이 무겁고 길이 멀기 때문이다.(士不可以不弘毅 任重而道遠)"라고 하였는데, 이에 대해 정자(程子)가 "무거운 짐은 반드시 등뼈를 꼿꼿이 편 사나이라야 질 수가 있다.(重擔子 須是硬脊梁漢方擔得)"라고 한 데서 온 말이다. ≪이정유서(二程遺書)≫ 권3, <사현도기억평일어(謝顯道記憶平日語)>

238 감자(甘蔗) …… 방책 : 감자는 사탕수수를 말하는데, 진(晉) 나라 때 고개지(顧愷之)가 이 사탕수수를 꼬리부터 먹으므로 어떤 사람이 그 까닭을 물으니 고개지가 대답하기를 "점점 맛이 더 좋은 부분으로 들어가기 위해서이다."고 한 데서 온 말이다. ≪진서(晉書)≫ 권92.

曲盡致精微　곡진한 공부는 정밀함을 이루었네.

文章織布帛　문장은 비단을 짠 듯하고

憂世不憂貧　세상을 근심하고 가난을 근심하지 않았네.

鳳何爭鴟嚇　봉황이 어찌 올빼미와 다툴까?

特立不撓奪　우뚝하여 흔들 수도 빼앗을 수도 없네.

可詡大氣魄　큰 기백은 자랑할 만하지만

擧趾終不輕　행동은 끝내 가볍지 않았네.

門外狂濤汐　문밖 세상은 광란이 일어나고

正路弟長塞　바른 길은 다만 길이 막혔도다.

冥行埴其擿　어두운 길에 갈팡질팡하는데[239]

此生繄不辰　이 생은 아! 때를 만나지 못하였도다.

巖居志自適　암혈에 살면서 뜻은 유유자적하였고

教子莫如經　자식 교육은 경서보다 좋은 것이 없었네.

携朋或理屐　붕우의 손 이끌며 다니면서

談論灌醍醐　나누는 이야기는 제호(醍醐)[240]로 흘러갔네.

志操透金石　지조는 금석을 꿰뚫을 만하였고

我愚公所悶　나의 어리석음은 공이 고민하는 것이었네.

開口披肝膈　입을 열면 속마음 드러내니

那有白圭玷　어찌 옥에 티가 있을까?

---

239 어두운 …… 갈팡질팡하는데 : 양웅(揚雄)의 ≪법언(法言)≫ <수신(修身)>에, 공자의 도를 배우지 않으면 정신이 침체되어 "맹인이 지팡이로 더듬어 길을 찾아다니는 것 같을 뿐이다.(素擿埴索塗 冥行而已)"라고 한 데서 온 말로, 올바른 도리를 모르고 억측으로 행동한다는 의미이다.

240 제호(醍醐) : 최고급 수준으로 정제하여 가공한 유제(乳製) 식료품. 정수(精髓)라는 의미로 사용한 말이다.

娓娓譚古昔	재미있게 옛날을 이야기하며
芝庄携樽日	지촌[芝庄]에서 술잔 잡던 날이었네.
檜院挑燈夕	회연서원에 등불 심지 돋우던 저녁이
及此同衰暮	이렇게 함께 늙은 시절이 되었네.
愛彼緇衣蓆	저 치의(緇衣)의 넉넉함[241]을 사랑하고
一疾鵲殫技	오직 까치[242]가 재주를 부리는 것을 미워하였네.
乘箕何太迫	기성을 타고 가는 것[243]이 어찌 그렇게 급하였나
公今潔身歸	공은 지금 깨끗한 몸으로 돌아가셨도다.
孰不歎且惜	누구인들 탄식하고 애석해하지 않으리오
隻手能回瀾	혼자 물결을 되돌릴 수 있으리오?
商山已陳跡	상산은 이미 오래된 곳이 되었네.
亂繩將難治	어지러운 실타래는 다스리기 어려웠으니
屹齋瓦礫積	무흘재사에는 부서진 기와조각[244]만 쌓였네.
公在有所恃	공은 우리들이 믿는 분이었는데

241 치의(緇衣)의 넉넉함 : ≪시경≫ <치의(緇衣)>는 현자(賢者)를 좋아하여 검은 옷, 즉 치의를 만들어 주고 음식을 대접한다는 내용을 읊은 시이다. 그 시에 "치의의 잘 맞음이여, 해지면 내가 다시 만들어 주리라.……치의의 좋음이여, 해지면 내가 다시 만들어 주리라.……치의의 넉넉함이여, 해지면 내가 다시 만들어 주리라.(緇衣之宜兮 敝予又改爲兮……緇衣之好兮 敝予又改造兮……緇衣之蓆兮 敝予又改作兮)" 하였다.

242 까지 : 까치는 백성을 괴롭히는 관리를 비유한 말이다. 후한(後漢) 환제(桓帝) 때 촉군 태수(蜀郡太守) 이성(李盛)이 재물을 탐내 세금을 무겁게 부과하자, 백성들이 풍자하기를 "까치가 어째서 시끄럽게 지저귀나 했더니, 관리가 와서 문 앞에 서 있네. 옷을 걸치고 문에 나가 물어봤더니, 돈을 벌고 싶다면서 공문을 내미네.(盧鵲何諠諠 有吏來在門 披衣出門應 府記欲得錢)"라고 했다는 고사가 전한다. ≪화양국지(華陽國志)≫ <파지(巴志)>

243 기성(箕星)을 타고 가는 것 : 죽음을 의미한다. 은(殷)나라 재상(宰相) 부열(傅說)은 죽은 뒤에 기성(箕星)을 타고 하늘에 올랐다 한다.

244 부서진 기와조각 : 원문의 '와력(瓦礫)'은 부서진 기와나 벽돌 조각으로, 쓸모없거나 하찮은 사람을 비유하는데, 여기에서는 성재공이 돌아가신 후 쓸쓸해진 무흘정사를 말한다.

今焉車無軛	지금은 오가는 수레 없고
日暮道窮時	해 저물고 길은 아득한 때
俾我行跛躄	나의 걸음 비틀거리게 하네.
遐擧修文否	멀리 수문랑[245]에 뽑히셨는지
欻然歸窀穸	홀쩍 저승으로 돌아가셨네.
旌翣去何之	명정과 삽선은 어디로 가는가
青烏卜幽宅	청오(青烏)[246]가 유택을 잡았네.

245 수문랑 : 지하의 수문랑이 되었다고 함은 문사(文士)의 죽음을 뜻한다. 진(晉)나라 때에 중모 영(中牟令) 소소(蘇韶)가 죽은 뒤에 그 모습이 다시 나타나서 당제(堂弟) 소절(蘇節)에게 말하기를, "안연(顏淵)과 복상(卜商)이 지금 지하에서 수문랑(修文郎)으로 있다. 수문랑이 모두 여덟인데, 나도 그 직책을 맡게 되었다." 하였다고 한다. ≪태평어람≫, ≪태평광기≫, ≪사문유취≫

246 청오(青烏) : ≪금낭(錦囊)≫과 함께 대표적인 풍수지리서로 꼽히는 책 이름인데, 지관(地官)의 뜻으로도 쓰인다.

또, 서문 있음

세제 이현창(李鉉昌)

오호라! 현창은 형편없는 사람으로 세상과 어울리지 못하고[247] 따뜻한 바람 맑은 날씨에도 문을 닫고 자포자기하였는데 오직 공만은 저를 버리지 않으셨습니다. 생각이 나면 찾고 의심나는 것이 있으면 질의한 것이 어언 40년입니다. 저의 가난과 병을 불쌍히 여기시고 공부를 권장하셨으니, 고인이 이른바, 이우보인(以友輔仁)이란 것이었습니다. 길이 스스로 절절시시(切切偲偲)[248]하여 허물을 줄이는 붕우가 되기를 기약하였는데, 이 날이 올 줄을 누가 알았으리오! 다시 한 번 만날 기약도 없이 나를 떠나셨는가? 아! 무흘의 야유는 결국 지키지 못할 약속이 되었네. 회연의 모임에는 누구와 더불어 강론할까? 순수한 유학자의 기풍과 덕스러운 장자의 모습은 이 세상에서 다시는 일어나지 못할 것이다. 나의 그리움은 길이 어디로 가자 하는가? 지금 돌아감에 말이 없고자 하지만 없을 수 없어서 억지로 부족한 글을 급히 쓴다.

---

247 세상과 어울리지 못하고 : 원문의 '과해(寡諧)'는 세상과 잘 어울려서 무난하게 살아가지 못하는 것을 말한다. 도잠(陶潛)의 시에 "부로의 말에 깊이 감사하면서도, 타고난 기질이 세상과 잘 어울리지 못하는 걸.(深感父老言 稟氣寡所諧)"이라는 말이 나온다. ≪도연명집(陶淵明集)≫ 권3, <음주(飮酒)>

248 절절시시(切切偲偲) : 붕우 간에 서로 권면하는 모습을 형용한 말이다. ≪논어≫ <자로(子路)>에 "자로가 '어떠하여야 선비라 이를 만합니까?' 하고 묻자, 공자가 대답하기를 '붕우 간에는 간절하고 자상히 권면하며, 형제간에는 화락하여야 한다.(朋友 切切偲偲 兄弟 怡怡)' 하였다."라고 하였다.

瞻望芝上室	지상실(芝上室)을 우러러 보니
涕淚却滂沱	눈물 오히려 터져 나오네.
大基一片土	넓은 세상 좁은 땅에
忽峙哲人窠	문득 철인의 집이 솟아 있네.
若公豈易得	공과 같은 분을 어찌 쉽게 만날까?
溫雅玉如磋	온아한 모습은 깎아 놓은 옥과 같네.
高行襲詩禮	고상한 행실은 시와 예를 익히고
精光加刮劘	빛나는 정채에 절차탁마를 더하였네.
嗟嗟誰與儔	아! 누구와 더불어 짝하리오?
牖後自謂荷	후학을 깨우쳐도 스스로는 고맙다고 하네.
耿介吾常慕	경개한 기개는 우리들이 언제나 사모하는 것이고
果剛衆所哦	과감한 성격은 무리들이 놀라는 것이었네.
奧我弱冠時	지난날 우리들이 약관의 나이였을 때
悅乎共講磨	함께 강마하는 것을 기뻐하였네.
志同連世好	뜻이 같으니 대대로 우의가 좋았고
結交異凡他	교우 관계는 평범한 사람들과 달랐네.
訪雪晴川夜	눈 온 날 밤이면 청천(晴川)을 찾아가고
賞花武屹阿	꽃이 피면 무흘의 언덕에서 감상하였네.
疇昔待期志	옛날에는 기약한 뜻을 기다려
靑雲手可摩	청운은 손에 닿을 듯하였네.
命道誠難必	운명은 참으로 기필(期必)하기 어렵고
經紀漸蹉跎	경륜과 기강은 점점 무너졌네.
同病相憐地	동병상련의 처지에
笑眠鬚已皤	웃으며 보니 머리카락은 이미 하얗게 변하였네.

相下團圓席	서로 공경하여 자리가 단란하고
討論蘇宿疴	함께 토론하니 묵은 병이 낫는 듯하였네.
邇爲世累因	근래 세상 일로 인하여
流播路轗軻	떠도는 길 더욱 힘들어졌네.
虛舟失所泊	빈 배는 머물 곳을 잃어버리고
無楫渡江波	강물 건널 사공이 없었네.
意中人已遠	마음 속에는 인간 세상은 이미 멀어지고
好事實多魔	좋은 일에는 참으로 마(魔)가 많았네.
坐瘢違執紼	종기가 나서 상여를 따르지 못하였으니
悲歎又如何	슬픔을 또 어찌하리오?
日窮絃且斷	날은 다하고 줄도 끊어졌는데
山水但洋峨	다만 산은 높고 물은 넓구나.

또

족종 정철화(鄭轍和)

玉溫金精雪月襟	옥처럼 온화하고 금처럼 단단하고 눈과 달처럼 순수한 마음을
肩儕自少已心欽	어릴 때부터 어깨 나란히 하며 마음으로 우러렀네.
文章志業垂襄大	문장과 지업을 크게 드리우니
冠帶門庭會若林	뜰에는 관대를 갖춘 하생들 마치 무성한 숲과 같았네.[249]

生丁百六恨無窮	살아서는 액운[250]을 만나 한스러움이 끝이 없으니
蘊蓄猷謨卷在中	쌓은 능력은 모두 책 속에 있었네.
今行薄試閻邏國	지금 염라국에 가서 시험해 볼 것이니
三五至治預有功	삼황오제의 공이 있음을 미리 알겠네.

瞻望省齋淚滿瞳	성재공을 우러르니 눈물이 눈에 가득하고
如狂如慽復如聾	미친 듯 슬퍼하는 듯 귀머거리인 듯하네.

249 마치 숲과 같았네 : 원문의 '약림(若林)'은 무성한 모양이다. ≪서경(書經)≫ 무성(武成)에 "갑자일 동틀녘에 주왕(紂王)이 수풀처럼 뻗친 군대를 이끌고 나와 목야에 진을 쳤다.(甲子昧爽 受率其旅若林 會于牧野)" 하였다. 목야는 주 무왕(周武王)이 주왕(紂王)의 군대와 결전을 벌여 승리를 거둔 곳이다.

250 액운 : 원문의 백륙(百六)은 액운(厄運). 액회(厄會). 도서(道書)에 '천액(天厄)은 양구(陽九)라 하고 지액(地厄)은 백륙이라 이른다.'고 했음. <한서(漢書) 곡영전(谷永傳)>

數曲薤歌腸斷盡　만가[251] 몇 곡에 애가 끊어지니
千秋何日更相逢　긴 세월 어느 날에 다시 만날 수 있을까?

251 만가 : 원문의 '해가(薤歌)'는 만가(挽歌)이다. 해(薤)는 부추 종류인데 사람의 목숨이 부추 잎에 맺힌 이슬처럼 쉽게 소멸된다는 뜻에서 나온 말이다.

또

세제 배광순(裵光淳)

淑季眞儒出	말세에 진유(眞儒)가 출현하여
省躬六十年	자신을 살피기를 육십 년이었네.
門程開九曲	문 앞 길은 구곡으로 열렸고
經術貫千篇	경술(經術, 학문)은 천 편을 꿰뚫었네.
志定無求外	뜻이 정해짐에 다른 것을 구하지 않았고
命窮不怨天	명은 궁색하여도 하늘을 원망하지 않았네.
斯文從此晦	사문은 이로써 어두워졌으니
老涙自泫然	늙은이는 눈물이 저절로 흐르네.

또

척종(戚從) 최우동(崔羽東)

鳳飛巖上昌平里　봉비암 위 창평 마을에
文穆先生有肖孫　문목(文穆) 선생의 후손이 있었네.
灑落衿期淵共廓　시원한 흉금은 못처럼 넓게 트였고
淳眞儀範玉如溫　순수한 의범은 옥처럼 따스했네.
講明利義功邪辨　의(義)와 이(利)를 밝히고 공(功)과 사(邪)를 분별하고
玩頤天人性命源　천인(天人)과 성명(性命)의 근원을 탐색하였네.
斁絶倫綱今世界　인륜강상이 무너진 지금 세상에
嗟乎公沒有誰援　아! 공이 돌아가시니 누가 구원할까?

또

향하생(鄕下生) 송호익(宋昈翼)

文穆家中又降公　문목공 집안에 또 공을 내리셨으니
簪纓翰墨冠吾東　벼슬과 문장이 우리 동방에 으뜸이었네.
詩禮不墜先人業　선조의 유업인 시례(詩禮)를 실추시키지 않았으니
簞葦何妨自己窮　단출한 밥그릇과 조촐한 초가집쯤이 무슨 대수리오?
憂憤傷時仍得病　시대를 근심하고 괴로워하다가 이에 병을 얻어
經綸違世摠成空　경륜도 세상과 어긋나 모두 부질없이 되었네.
九原今日誰能作　지금 구천 땅에 누가 다시 그런 인물이 나겠소?
說與省翁意思通　성옹과 함께 말하고 의사가 통한다네.

또

시하생(侍下生) 송홍눌(宋鴻訥)

燦燦靈芝元有種	빛나고 빛나는 영지는 원래부터 그 종자가 있으며
溫溫良玉自無疵	매끈하고 매끈한 좋은 옥은 원래 흠이 없는 것.
縱云姿性由天美	자질과 성품은 하늘에서 타고난 것이라고 말하지만
未信詞章本地奇	글솜씨가 본래부터 뛰어났다고는 믿지 못하겠네.
文穆家中曾襲訓	문목공 집안에서 일찍이 가르침을 받았고
陶山院裏更觀規	도산서원에서 모범을 보이셨네.
褚皮自在論人處	사람을 논할 때에는 저부(褚裒)처럼 분명히 하였고[252]
阮眼何妨傲物時	무시할 때는 때는 완적(阮籍)의 흰 눈자위[253]가 무슨 문제이리오?
學到明誠分白直	배움은 명성(明誠)을 이르고, 구분함은 명백하고 강직하여

252 저부처럼 분명하였고 : 원문의 '저피(褚皮)'는 저부(褚裒)의 속마음을 말한다. 진(晉)나라 때 공신(功臣)으로 벼슬이 정토 대도독(征討大都督)에 이른 저부(褚裒)가 소년 시절에 입으로는 남의 선악을 말하지 않으면서 마음속으로는 정확하게 포폄을 가하였으므로, 이를 두고 대신(大臣) 환이(桓彝)가 일찍이 말하기를 "계야(季野)는 피부 속에 ≪춘추≫의 의리가 있다.(季野有皮裏陽秋)"라고 했던 데서 '피리양추(皮裏陽秋)'라는 말이 유래한다. 이는 겉으로는 표현하지 않지만 마음속으로는 시비를 가려 포폄(褒貶)을 가하는 것을 이른다. 계야는 저부의 자이다. ≪진서(晉書)≫ 권93, <저부열전(褚裒列傳)>

253 완적의 흰 눈자위 : 삼국 시대 위(魏)나라 완적(阮籍)이 속된 사람을 만나면 백안(白眼) 즉 흰 눈자위를 드러내어 경멸하는 뜻을 보이고, 의기투합하는 사람을 만나면 청안 즉 검은 눈동자로 대하여 반가운 뜻을 드러낸 고사가 전한다. ≪세설신어(世說新語)≫, <간오(簡傲)>

辨爭是非判黃雌　시비의 다툼에는 자황(雌黃)[254]으로 판별하여 주었네.

吳亭擧目周仁歎　오나라 신정(新亭)[255]에서 눈을 들어보던 주백인(周伯仁)[256]처럼 탄식하고

楚澤行吟屈子悲　초나라 못 가에서 읊조리던 굴원(屈原)[257]처럼 슬퍼하였네.

素志難成身已死　본래 가진 뜻은 이루기 어려웠고 몸은 이미 죽었으니

今行不獨哭吾私　지금 가시는 길은 외롭지 않도록 통곡하는 나의 마음이네.

---

254 자황(雌黃) : 자황(雌黃) 칠로 서적을 교정하거나 방점을 찍는다는 뜻이다.

255 신정(新亭) : 서진(西晉)이 멸망한 뒤에 강남(江南)으로 도망친 사대부들이 연회를 베풀다가 "풍경은 특별히 다를 바가 없다마는, 산하는 어쩌면 이다지도 틀리단 말인가.(風景不殊正自有山河之異)"라고 탄식하면서 눈물을 흘렸다는 정자 이름이다. ≪세설신어(世說新語)≫, <언어(言語)>

256 주백인(周伯仁) : 이백(李白)의 시 금릉신정(金陵新亭)이란 시에 '눈을 들어 바라보니 산하가 옛날과 달라 유독 주의(周顗)의 마음 서글프게 하였네.(擧目山河異 偏傷周顗情)'라는 시구가 보인다. 주의(周顗)는 양진(兩晉) 시기의 여남(汝南) 안성(安成) 사람으로 자는 백인(伯仁)이다. 여기에서는 나라를 잃은 성재의 심정을 주백인에게 의탁한 것이다.

257 굴원(屈原) : 초나라의 대신이자 애국 시인이다. 초나라의 국세가 기울어가고 조정에는 간신들만 득세하는 상황을 한탄하고 슬퍼하다가 멱라수(汨羅水)에 몸을 던져 자살하였다. 여기에서는 나라를 위하여 스스로 목숨을 끊은 성재를 굴원에 비유한 것이다.

또

시하생(侍下生) 이기원(李基元)

寒岡臺屹鎭中州　한강대 가운데 우뚝하게 자리하니
九曲長溪始放流　무흘구곡 긴 시내는 비로소 흘러내렸네.
欲泝那間奇絶處　그 기이한 절경으로 거슬러 올라가려니
也知伊洛一源頭　이락(伊洛)[258]과 근원이 하나임을 알겠도다.

厓翁繼世久猶赫　지애(芝厓)[259] 노인은 대대로 이어져 오래도록 빛나셨고
公出其庭是鳳毛　공은 그 가문에서 나셨으니, 바로 봉미(鳳尾)[260]였네.
念念先徽誠力盡　선대의 업적을 늘 생각하며 정성을 다하였고
披來心膽動群曹　진심을 펼쳐 여러 사람의 마음을 감동하게 하였소.

七旬巖下身全老　칠순의 나이로 암하에서 몸은 온전히 늙었고
德與年齊輿望高　덕은 나이와 함께 높아 세상의 기대도 컸네.
名利滔滔多事客　명예와 이익이 넘치는 세상 속 바쁜 나그네는
也應百世聞風逃　백 세가 지나도록 소문을 듣고 모두 떠났으리라.

258 이락(伊洛) : 정호(程顥)와 정이(程頤) 형제가 강학하던 이천(伊川)과 낙양(洛陽)으로 후대에 송대 성리학을 뜻하는 말로 쓰였다.
259 지애(芝厓) : 정위(鄭煒, 1740~1811). 조선 후기의 학자로 이상정(李象靖)과 최흥원(崔興遠)을 사사하였다. 성재공의 오대조(五代祖)이다.
260 봉미(鳳尾) : 봉황의 꼬리. 봉황의 후손이라는 의미이다.

晩生同井識公榮	후생이 같은 동리에서 영광스럽게도 공을 알아서
講舊論今契不輕	고금을 강론하던 계의는 가볍지 않았네.
憶我曾年風木日	내가 일찍이 부모를 사별한 날을 기억하노니
悲歌執紼淚千行	상여노래 부르며 상엿줄 잡고 천 갈래 눈물 흐르네.

小子今來拜寢門	소자가 지금에야 빈소에 절 올리니
九原難作哭聲呑	구천에서 일어날 수 없음에 울음 삼키네.
疇復主盟存我道	과거에는 거듭 맹주가 되어 우리 도리를 지켰었으나
鄕風日薄衆昏昏	향리의 풍속은 날로 경박하여지고 사람들은 어두워졌네.

또

향소제(鄕少弟) 이규희(李圭熙)

四月伽耶北	사월 가야산 북쪽에
省翁柰上仙	성재 노인이 어찌하여 선계로 떠나셨나?
琴淸百結礶[261]	거문고 청아한 소리는 백결선생 방아노래 같고
蘭秀三家春	난초 빼어난 모습은 삼가(三家)의 봄과 같았네.
報國忠無路	나라의 은혜 갚고자 하여도 충성할 길이 없었고
承先學有眞	선대를 계승함에 학문은 진수를 얻었네.
九原風靜界	구천은 바람 고요한 세상에[262]
甘作舊王民	기꺼이 옛 왕가의 백성이 될 것이네.

261 礶 : '碓'의 오기로 판단된다.

262 구천은 바람 고요한 세상 : 풍수지탄이 없을 것이라는 의미로서, 돌아가신 부모를 다시 만나 효를 이어갈 것이라는 말이다.

또

세하생(世下生) 이달규(李達奎)

奎星精彩聚吾東　정채 나는 규성(奎星)[263]이 우리 동방에 모였으니
公又新安秉筆公　공은 또한 신안(新安, 성주)의 문사였네.
文穆家中傳懿範　문목공 집안에 의범(懿範)을 전수받고
芝厓翁後襲餘風　지애 노옹의 여풍을 이으셨네.
富貴不淫心定固　부귀도 음탕하게 못하니[264] 마음은 굳었으며
是非能判辯馳雄　시비는 능히 판별하고 말씀은 씩씩했네.
奕緣世誼兼承誨　누대의 우의를 이어가고 아울러 가르침도 받았는데
違紼佳城淚滿瞳　장지의 상엿줄도 잡지 못하니 눈에는 눈물만 가득하네.

263 규성(奎星) : 문성(文星)으로, 문장(文章)과 문운(文運)을 주관한다고 한다.

264 부귀가 …… 못하니 : ≪맹자≫ <등문공 하>에 "뜻을 얻으면 백성들과 함께 도를 행하고 뜻을 얻지 못하면 홀로 그 도를 행하여, 부귀가 마음을 방탕하게 하지 못하며 빈천이 절개를 옮기지 못하며 위무가 지조를 굽히지 못하니, 이를 대장부라 이른다.(得志與民由之 不得志獨行其道 富貴不能淫 貧賤不能移 威武不能屈 此之謂大丈夫)"라고 하였다.

또

시생(侍生) 김영진(金永振)

象王東畔隱高人	상왕산[265] 동쪽 언덕에 고인이 은거하시니
榮達無求六十春	영달을 바라지 않은 육십 해의 세월이었네.
寒老家風終不寂	한강 선생 가풍이 끝내 적막하지 않았으니
鳳巖雲物逈超塵	봉비암 경관이 진세를 멀리 벗어났도다.
洛下諸生如斗仰	영남의 모든 선비들 북두처럼 우러르니
滄洲吾道潑源眞	창주(滄洲)[266]의 도학 원류가 솟아났도다.
堪歎詞林摧折處	문단이 무너진 탄식은 감히 이겨내기 어려워
巾裳執紼淚盈津	옷 갖추고 상엿줄 잡으니 나루에 눈물이 가득하네.

265 상왕산 : 가야산의 별칭이다.
266 창주(滄洲) : 주자의 호이다. 주자는 창주에 정사를 짓고 호를 창주라고 하였다.

또

후학(後學) 이일화(李一和)

昔在芝山日	옛날 지산(芝山, 지촌)에 계시던 날
頻拜座上春	봄바람처럼 따스한 공을 자주 뵈었었네.
履素忘秦祿	평소 행실은 진나라 녹봉[267]을 생각하지 않았고
知天樂憲貧	천명을 알고 원헌(原憲)의 가난[268]에도 도를 즐거워할 줄 알았네.
寒疾那爲祟	한질(寒疾) 따위가 어찌 빌미가 되었는가?
良醫亦不神	훌륭한 의사도 신이 아니었네.
痛哭斯文淚	슬프게 통곡하는 사문의 눈물이여!
難堪一夢晨	한바탕 꿈같은 이별은 견디기 어려워라.

267 진나라 녹봉 : 원문의 '진록(秦祿)'은 진나라의 녹봉이니, 오랑캐의 녹봉이라는 의미로 짐작된다.

268 원헌(原憲)의 가난 : 원헌(原憲)은 춘추 시대 노나라 사람으로 자는 자사(子思) 또는 원사(原思)이며 공자의 제자이다. 너무 가난하여 토담집에 거적을 치고 깨진 독으로 구멍을 내서 바라지 문으로 삼았는데, 지붕이 새어 축축한 방에서 바르게 앉아 금슬(琴瑟)을 연주하였다 한다. 어느 날 자공(子貢)이 좋은 수레를 타고 화려한 차림을 하고서 원헌을 찾아오자, 원헌이 지팡이를 짚고 문에 나와 맞이하였다. 이에 자공이 "아, 선생은 어찌하여 이렇게 병이 들었습니까?"라고 하자, 원헌이 답하기를 "나는 듣건대 재물이 없는 것을 가난이라 하고, 배우고서도 그대로 실행하지 못하는 것을 병이라 한다 하였소. 지금 나는 가난한 것이지 병든 것이 아니라오.(憲聞之 無財謂之貧 學而不能行謂之病 今憲貧也 非病也)"라고 하니, 자공이 부끄러운 기색을 띠었다고 한다. ≪장자(莊子)≫ <양왕(讓王)>

六十年來業　　육십 년 닦은 학문은
堪嗟一布衣　　포의한사의 삶이 안타까웠네.
經綸窮裏大　　경륜은 가난 가운데 위대하였고
義利戰頭肥　　의리는 싸움 앞에서 넉넉하였네.
主敬無他適　　경(敬)을 지킴에 마음은 달아나지 않았고[269]
存誠絶四非　　성(誠)을 보존함[270]에 네 가지 비례(非禮)[271]를 끊었네.
哲人今已矣　　철인(哲人)이 지금 돌아가셨으니
后學更安歸　　후학들은 다시 어디로 돌아가야 하는가?

---

269 경(敬)을 …… 않았고 : 원문의 '주경(主敬)'은 지경(持敬)과 같은 말로서, 마음이 주일무적(主一無適)한 상태를 경(敬)의 상태라고 한다. ≪대학혹문(大學或問)≫ 경(經) 1장에, 경(敬)을 또 어떻게 공부해야 하는지 물은 데 대한 주희의 대답에 "정자는 이것에 대하여 일찍이 '주일무적(主一無適)'으로 말하였고, 또 일찍이 '정제엄숙(整齊嚴肅)'으로 말하였다.(程子於此 嘗以主一無適言之矣 嘗以整齊嚴肅言之矣)"라고 하였다.

270 성(誠)을 보존함 : 원문의 '존성(存誠)'은 ≪주역≫ 건괘(乾卦) 문언(文言)에, "사특함을 막아 그 성을 보존한다.(閑邪存其誠)"라는 말에서 인용한 것이다. 성(誠)은 진실무망(眞實無妄)한 마음의 본연의 상태이다.

271 네 가지 비례(非禮) : 원문의 '사비(四非)'는 예(禮)가 아닐 경우에는 시청언동(視聽言動)을 하지 말라는 의미이다. ≪논어(論語)≫ <안연(顔淵)>에 "공자가 말하기를, '자기를 억제하여 언어 행동으로 하여금 예에 합치하도록 하는 것이 인(仁)을 한 것이다.'라고 하니, 안연이 그 조목에 대해 묻자, 공자가 말하기를, '예가 아니면 보지 말고, 예가 아니면 듣지 말고, 예가 아니면 말하지 말고, 예가 아니면 행동하지 말라.'"고 하였다.

또

시생(侍生) 이병희(李秉熙)

寒爺嫡鉢降賢孫　한강 노인 적통 의발 내려받은 어진 자손
老檜深深尙有村　늙은 회나무 깊고 깊은 곳에 아직도 그 마을이 있네.
屈指南中誰得似　영남에 손꼽히는 집안에 누가 이만할 수 있을까?
長時炳燭破昏昏　오랜 시간 등불 켜고 어둠을 물리쳤네.

巷裏簞瓢六十年　단표누항의 육십 평생
進修涵泳樂吾天　진덕수업(進德修業)[272] 우유함영(優遊涵泳)[273]으로 천명을 즐거워하였네.
政當叔世窮陰日　참으로 말세를 만나서 궁색하고 어두운 날에
隻手扶陽祗自憐　홀로 양의 기운 부여잡은 모습 다만 스스로 가련하구나.

天兮曾不偶生公　하늘은 일찍이 불우한 시절에 공을 내셔서
胡乃栖栖老死窮　어찌하여 허둥지둥 늙어 죽을 때까지 곤궁하게 하셨는가?

272 진덕수업(進德修業) : 원문의 '진수(進修)'는 진덕수업(進德修業)의 줄임말이다. ≪역경(易經)≫의 건괘(乾卦) 문언(文言)에 "군자는 덕을 진취시키고 학업을 닦나니, 충과 신이 덕을 진취시키는 것이요, 말을 함에 있어서 그 성실함을 세움이 학업을 보유(保有)하는 것이다.(君子進德修業 忠信 所以進德也 修辭立其誠 所以居業也)" 하였다.

273 우유함영(優遊涵泳) : 조급히 서둘지 않고 여유 있게 한가로이 오래도록 탐구하여 자기 몸에 배어들면서 완전히 내 몸의 일부가 되게 하는 것을 말한다.

也識令名無盡處　알겠도다. 아름다운 명성 끝없는 곳을
遺文何幸在箱中　남긴 글은 얼마나 다행인지, 책상자에 남았네.

農翁溪叟盡成邱　농산(農山)[274] 노옹 대계(大溪)[275] 어른 모두 돌아가셨으니
公在于時不可無　공은 지금 없어서는 안되는 분이었네.
縱被同聲相感應　비록 동성상응(同聲相應)[276]하는 은혜를 입었지만
奈何吾黨學榛蕪　우리 유림의 학문이 황폐해짐을 어찌하리오?

憫我愚蒙苦未開　참으로 깨닫지 못하는 나의 어리석음을 불쌍히 여겨
警函珍重幾時回　진중하게 경계하고 길러줌이 몇 번이었나?
細推孤負恩情事　자세히 일러주신 그 고마운 일들을 저버렸으니
溅淚重泉可盡哀　구천(九泉)을 향하여 흘리는 눈물이 슬픔을 다할 수 있을까?

此哭異人人不知　이 울음의 특별함을 사람들은 알지 못하리니
韓聲韓膽哭吾私　대한의 소리와 용기가 내 마음 속에 울고 있네.

274 농산(農山) : 장승택(張升澤, 1838~1916)을 말한다. 자는 의백(義伯), 호는 농산(農山), 본관은 옥산(玉山)이다. 장유량(張有良)의 아들, 사미헌(四未軒) 장복추(張福樞, 1815~1900)의 문인이다.

275 대계(大溪) : 이승희(李承熙, 1847~1916)를 말한다. 자는 계도(啓道), 호는 대계(大溪)·강재(剛齋)·한계(韓溪), 본관은 성산(星山)이다. 일명은 대하(大夏)이다. 아버지는 이진상(李震相)이다. 1905년에 을사늑약이 체결되자 을사오적의 처형과 조약의 파기를 요청하는 상소를 올려, 그해 12월 대구 경찰서에 구금되었다가 이듬해 4월 석방되었다. 1908년에 블라디보스토크로 망명하여 이상설(李相卨)·유인석(柳麟錫) 등과 함께 독립운동을 전개했다. 저서로는 ≪한계유고(韓溪遺稿)≫와 ≪대계집(大溪集)≫ 등이 있다.

276 동성상응(同聲相應) : 의기투합(意氣投合)과 같은 뜻으로, ≪주역≫ 건괘(乾卦) 문언(文言) 구오(九五)에 "같은 소리끼리는 서로 응하고, 같은 기운끼리는 서로 찾게 마련이다.(同聲相應 同氣相求)"라고 한 데서 온 말이다.

餘生磈磊胸中事　남은 생애 가슴 속 울분을
更向人間說與誰　다시 세상에 누구와 함께 이야기할 수 있을까?

또

증손서 노인석(盧寅錫)

先師古閥有賢孫	선대의 스승 오랜 문벌에 현손이 있으니
珠采滄溟玉采崐	넓은 바다에 얻은 여의주며 곤륜산에서 캔 옥이로다.
檜院梅園承奉地	회연서원 백매원 가르침을 받드는 곳에
彬彬多士滿衡門	빛나는 선비들 형문에 가득하였네.
委禽公宅已多年	공의 집안에 장가든 지 이미 여러 해
痛下頂針祛舊痊	따끔한 정문일침(頂門一針)에 묵은 병이 나았도다.
坐了春風難更侍	봄바람 이는 자리를 다시 모시기 어려우니
鳳飛巖下久迍邅	봉비암 아래에서 오래 머뭇거리네.
珠家玉實滿庭春	집안의 가보 주옥이 뜰에 가득한 봄날
荳荳苽苽可質神	종두득두(種豆得豆) 인과로 신명을 질정할 수 있었네.
密付單傳知在此	은밀히 전한 것이 여기에 있음을 알았으니
因緣出入不孤隣	인연따라 출입함에 덕이 있어 외롭지 않았네.

또

삼종제 정재직(鄭在稷)

鳳岳秀明間氣鍾　봉악[봉비암] 맑은 기운 모이어
天姿純粹德容雍　타고난 자질은 순수하고 모습은 온화했네.
敬承寒祖芝爺緖　한강 선조와 지애 어른의 가르침을 계승하여
剩作斯文道義宗　넉넉히 사문 도의(道義)의 종장이 되었네.

新新刮舊一茅廬　새롭게 일신하고 구습을 제거하는 초가집 하나
安我簞瓢樂只且　단표누항에 도를 즐길 뿐이었네.
廻彼狂瀾砥柱屹　저 미친 물결 돌아가는 중에 우뚝한 지주석
三千多士學吾書　수많은 선비들이 우리 경전을 배우도다.

常平苦欲晦名譽　평소에도 명예 숨기기를 몹시 원하더니
寧訥文辭行有餘　차라리 어눌하게 여력으로 문사를 행하였네.[277]
昕夕精思兼力踐　아침 저녁 깊이 생각하고 힘써 실천하였으니
後千載下見橫渠　천 년 뒤의 세상에서 횡거선생[278]을 다시 보겠네.

277 여력으로 문사를 행하였네 : 효제(孝悌)를 다한 후에 글공부를 하였다는 뜻이다. ≪논어≫ <학이(學而)>에 "제자가 들어가서는 효도하고 나가서는 공손하며, 행실을 삼가고 말을 성실하게 하며, 널리 사람들을 사랑하되 인한 이를 친히 해야 하니, 이것을 행하고 여력이 있으면 글을 배워야 한다.(弟子入則孝 出則弟 謹而信 汎愛衆 而親仁 行有餘力 則以學文)"라고 한 공자의 말을 취하여 '행학'이란 이름을 지었다는 것이다.

伽山一角哭重頹	가야산 한 모서리가 다시 무너지니
自是吾門氣數摧	이로부터 우리 가문에 운수가 꺾였도다.
擿埴冥行迷的路	어두운 길을 방황하니 바른 길을 잃었고
儒林從此失蓍龜	우리 유림은 이로부터 원로[279]를 잃었도다.
承誨曾從髫齔時	일찍이 가르침을 받기 시작하던 다박머리 때
提撕晨夕視親兒	아침 저녁 끌어주던 것이 친자식 같았었네.
憶昔春風和氣席	그 옛날 봄바람처럼 따스한 강의 자리 기억하니
呑聲不覺淚漣洏	울음 삼키나 나도 모르게 눈물이 하염없이 흐르네.

278 횡거선생 : 장횡거(張橫渠) 중국 북송시대의 유교 철학자. 이름은 재(載). 관중(關中) 협서(陝西) 출신이다. 도학의 창시자의 하나로 되어 있지만, 기(氣)철학자로서 후세에 지대한 영향을 끼쳤다.

279 원로 : 원문의 '시귀(蓍龜)'는 운명을 점칠 때 쓰이는 시초(蓍草)와 거북이 등껍질인 귀갑(龜甲)을 말한다. 그 점괘가 운명을 좌우하기 때문에 매우 중요하였는데, 바로 이러한 구실을 하는 국가의 원로 대신(元老大臣)을 비유하기도 한다.

또

시교생(侍敎生) 이종래(李鍾來)

鍾得伽倻氣	가야산 정기를 모아
吾公善養眞	우리 공은 본성을 잘 기르셨네.
踈財金似芥	재물이 부족하여도 돈을 초개처럼 보았고
持敬鏡無塵	경을 지켜[280] 마음 거울에는 티끌이 없었네.
文穆先生宅	한강 선생 가문의 후손이요
農山函下人	농산(農山)[281] 함장의 훌륭한 제자였네.
如何天不慭	어찌하여 하늘은 공은 남겨두지 않으셨나[282]
辰夢柰今辰	진몽(辰夢)[283]이 어찌하여 지금이란 말인가?

280 경을 지켜 : 원문의 '지경(持敬)'은 '경(敬)의 상태를 유지함을 말한다. 마음이 주일무적(主一無適)한 상태를 '경(敬)'의 상태라고 한다. ≪주역≫ 곤괘(坤卦) 문언(文言) 육이효(六二爻)에, "직(直)은 정(正)을 의미하고, 방(方)은 의(義)를 의미한다. 따라서 군자는 경으로써 안을 정당하게 하고, 의로써 밖을 방정하게 한다.(君子 敬以直內 義以方外)"는 말이 나온다.

281 농산(農山) : 장승택(張升澤, 1838~1916)을 말한다.

282 어찌하여 …… 않으셨나 : 하늘이 원로를 이 세상에 남겨 두려 하지 않는다고 한탄하는 것을 말한다. ≪시경≫ <소아(小雅) 시월지교(十月之交)>에 "원로 한 분을 아껴 남겨 두어서 우리 임금을 지키게 하지 않는구나.(不慭遺一老 俾守我王)"라는 말이 나온다. 또 공자(孔子)가 죽었을 때에 노나라 애공(哀公)이 내린 조사에도 "하늘이 나를 불쌍히 여기지 않는구나. 나라의 원로를 조금 더 세상에 있게 하여 나 한 사람을 도와 임금 자리에 있게 하지 않는구나.(旻天不弔 不慭遺一老 俾屏余一人以在位)"라고 탄식한 구절이 있다. ≪춘추좌전(春秋左氏傳)≫ 애공(哀公) 16년.

283 진몽(辰夢) : 문사의 죽음을 이르는 말로서, 한나라 정현(鄭玄)의 죽음과 관련된 고사에서 나온 말이다. 후한의 정현이 병으로 관직을 그만두고 집에 돌아와 지내는데 하루는 꿈에 공자가 나타나 "일어나라. 일어나라. 올해는 진년(辰年)이고 내년은 사년(巳年)이다."라고

또

추생(鯫生) 김화영(金華永)

文穆雲孫又是賢　문목공의 운손이 바로 이 사람이니
剛明淳樸自然天　강명하고 순박함은 저절로 타고난 것이었네.
一生行己無纖罅　한 평생 행실은 조금도 흠이 없으니
衣鉢家庭有嫡傳　가문의 의발은 적손에게 전해졌네.

榮名非惡力難求　영광과 명예는 싫지는 않지만 힘으로 구하기 어려운 것
斷念關柴初服修　생각 끊고 대문 잠그고 처음 먹은 마음[284]으로 학문을 닦으셨네.
案積遺經肩背竦　서안에 쌓인 경전에 어깨와 등 꼿꼿하던 그 모습
方知正路可追由　바른 길을 따라 갈 줄을 이제야 알겠도다!

碩人邁軸碧山隈　큰 선비 소요하는 곳[285]은 푸른 산 모퉁이요

했다. 이에 정현이 참술(讖術)로 맞추어보고 자신의 목숨이 다할 줄 알았는데, 과연 그해 6월에 병으로 죽었다 한다. ≪후한서(後漢書)≫ 권65, <정현열전(鄭玄列傳)> 성재는 1919년 기미(己未)에 세상을 떠났으니, 용의 해가 아니다.

284 처음 먹은 마음 : 굴원(屈原)의 ≪이소경(離騷經)≫에 "나아가도 들어가지 못한 채 허물만 입게 되었으니, 물러나 이젠 다시 내 처음 뜻을 행하리라.(進不入以離尤兮 退將復修吾初服)"라는 말이 나온다.

285 큰 선비 소요하는 곳 : 석인과축(碩人邁軸)은 ≪시경≫ <위풍(衛風) 고반(考槃)>의 "숨어 살 집이 언덕에 있으니, 큰 선비의 마음이 넉넉하도다.(考槃在阿 碩人之邁)"라는 말과 "숨

仰齅春風舊百梅　우러러 춘풍에 그 옛날 백매원의 매화 향기를 맡도다.
深壑豫章千尺秀　깊은 골짜기의 예장나무[286] 높이가 천 척이나
未逢匠石孰稱材　장인을 만나지 못하였으니 누가 재목이라 말할까?

銘石揭堂筆不慳　비명 편액의 글을 아끼지 않았으니
片言到處盡生顔　도처의 남긴 말씀은 모두 빛이 나네.
典衡草誥何難有　문장을 뽑는다면 무슨 어려움이 있으리오?
合置金鑾玉署班　금란[287] 옥당[288]의 반열에 둠이 마땅할 것이네.

皇京已毁復無期　나라가 이미 망하여 다시 기약이 없었으니
義實靡甘受彼治　의리는 참으로 저들의 통치를 달갑게 여기지 않으셨네.
寧合不知心所快　차라리 마음이 유쾌한 곳을 몰랐으면 좋았을 텐데
嫠憂成病竟難醫　나라 걱정[289]이 병이 되어 마침내 고치기 어려웠네.

어 살 집이 고원에 있으니, 큰 선비가 소요하는 곳이로다.(考槃在陸 碩人之軸)"라는 말을 압축한 것으로, 산림에 은거하며 안빈낙도(安貧樂道)하는 은사(隱士)의 생활을 비유한 것이다.

286 예장(豫章)나무 : 녹나무[장목樟木]의 일종. 두보(杜甫)의 시 <증촉승염구사형贈蜀僧閭丘師兄>에 "예장 나무가 해와 달을 끼고 있듯 그대의 할아버지 균(均)과 내 조부 심언(審言)께서는 큰 재목이셨으니, 세월 오래 되어 뿌리 깊듯 우리들 자손 있도다.(豫章夾日月 歲久空深根)"라는 구절이 있다.

287 금란(金鑾) : 금란전(金鑾殿)의 준말로, 당 덕종(唐德宗) 때 금란파(金鑾坡) 위에 세웠기 때문에 붙여진 이름인데, 보통은 관각을 가리킨다. 관각은 문신(文臣)들이 있는 관청을 일컫는 말이다. 우리 나라의 경우, 경연청(經筵廳) 춘추관(春秋館) 승문원(承文院) 성균관(成均館) 홍문관(弘文館) 예문관(藝文館) 규장각(奎章閣) 등을 가리킨다.

288 옥당(玉堂) : 홍문관의 별칭으로 옥서(玉署)라고도 한다.

289 나라 걱정 : 원문의 '이우(嫠憂)'는 과부의 걱정이라는 말로, 자신의 사사로운 일은 잊고서 나라를 걱정하는 마음을 말한다. ≪춘추좌씨전(春秋左氏傳)≫ 소공(昭公) 24년 조의 "과부가 베 짜는 북실이 끊어질 것은 걱정하지 않고 천자의 나라인 주나라가 망할 것을 걱정한다는 말이 있는데, 이는 그 재앙이 자기에게도 미칠 것이라고 여겨서이다.(嫠不恤其緯 而憂宗周之隕 爲將及焉)"라는 말에서 유래한 것이다.

偏愛鯫生枉叩扉　문하를 찾은 못난 저를 특별히 사랑하셔서
至今邱壑有精輝　지금까지 골짜기에 아름다운 정채가 있도다.
岱遊旋啓追仙馭　저승길[290] 문득 열려 신선을 따라 가시니
一作驢鳴淚濕衣　한 번 만사[291]를 지으니 눈물이 옷을 적시네.

290 저승길 : 원문의 '대유(岱遊)는 대종(岱宗)에 유람 간다는 말로서, 죽음을 의미한다. 대종은 태산(泰山)을 가리키는데, 원래 대종은 천제(天帝)의 손자 이름으로 인간의 혼(魂)을 주관하는 인물이니, 결국 '태산에 유람을 간다'는 것은 대종의 부름을 받아 가는 것으로 죽음을 의미한다. 삼국 시대 건안칠자(建安七子) 중 한 사람인 유정(劉楨)이 쓴 <증오관중랑장(贈五官中郎將)>의 "대종에 유람 가서 다시는 친구를 못 볼까 늘 두렵다.(常恐遊岱宗 不復見故人)"라는 구절에서 온 것인데, 유정이 병들어 위독할 때 자신의 죽음을 걱정하여 한 말이다. ≪문선(文選)≫ 권23, <증답(贈答)>

291 만사 : 원문의 '노명(驢鳴)'은 나귀가 우는 소리라는 말로써, 좋지 못한 글을 말한다. 남북조 시대의 문인인 유신(庾信)이 남조(南朝)에서 북방으로 왔을 때에, 온자승(溫子升)이 지은 <한산사비(韓山寺碑)>를 매우 좋아하였다. 어떤 이가 북방에 대해 묻자 유신이 말하기를 "오직 한산의 한 조각 비석만 더불어 말할 만하고, 나머지는 나귀가 울고 개가 짖는 것에 불과하다.(惟韓山一片石堪與語 餘若驢鳴犬吠耳)"라고 답하였다. ≪고금사문유취(古今事文類聚)≫ 별집 권13, <한산사비(韓山寺碑)> 여기에서는 본인의 만사를 겸사로 말한 것이다.

또

족종 정원영(鄭遠永)

中州交蹄跡	중주는 말발굽 자국이 어지럽고
正路生荊棘	바른 길에는 가시가 돋았네.
網羅今世界	그물에 걸린 지금 세상은[292]
進退維山谷	진퇴유곡 세상이네.
渡河亡維楫	강을 건너려니 노가 없어
隔岸副手招	강 건너 다만 손 흔들어 불러보네.
狂瀾誰能廻	미친 물결을 누가 되돌리겠는가?
昌黎今寂寥	창려(昌黎)[293]는 지금 적막하네.
吾家有一士	우리 집안에 선비 한 사람 있으니
可當當世豪	당대의 호걸이라 할 만했네.
素地施繪事	본래 바탕을 갖추기를 힘썼으니[294]

292 그물에 …… 세상은 : 원문의 '망라(網羅)'는 땅과 하늘에 그물이 가득 깔렸다는 지망천라(地網天羅)의 준말로, 꼼짝달싹할 수 없는 상황을 비유하는 말이다.

293 창려(昌黎) : 한유(韓愈)를 일컫는 말이다. 중국 당(唐)나라의 문장가·사상가. 자는 퇴지(退之). 창려(昌黎) 사람이다. 한유의 증조가 창려(昌黎)로부터 하양(河陽)으로 옮겨왔으므로 한유를 창려인(昌黎人)으로 말한다. 이 글에서는 시대의 흐름을 바꿀 만한 능력을 가진 창려와 같은 인물이 없다는 말이다.

294 본래 …… 힘썼으니 : 원문의 '회사(繪事)'는 '회사후소(繪事後素)'의 줄임말로서, ≪논어(論語)≫ 팔일(八佾)에 "그림을 그려 문체를 이루는 일은 하얀 바탕의 비단이 마련된 뒤에야 가능한 것이다.(繪事後素)"라는 공자의 말이 실려 있다. 이는 곧 본연의 질박함이 먼저이고 예(禮)의 문식(文飾)은 나중 일이라는 것을 의미한다.

丹穴無凡毛　단혈(丹穴)에는 못난 새끼가 없었네.[295]

岡祖爲世式　한강 할아버지는 대대로 법이 되시고

厓翁垂家則　지애 어른은 집안의 법을 내리셨네.

痛失賢父訓　애통하게도 어진 부친의 가르침을 잃고

早從良師學　일찍이 훌륭하신 스승을 좇아 수학하였네.

弓箕傳以襲　가학(家學)[296]을 전수 받아

玻瓈加之琢　파려(玻瓈)[297]에 조탁(彫琢)을 더하였네.

門楣揭省字　문 위에 성재로 편액하고

守約持之誠　지키는 것은 요체이며[298] 지니는 것은 성(誠)이었네.

嗜書如嗜炙　글을 즐거워하기를 마치 고기를 즐기는 듯이 하였고

好善如好生　선을 좋아하기를 마치 살기를 좋아하는 듯이 하였네.

稟來齊魯性　제로(齊魯)의 성품[299]을 타고나시고

得此梁楚聲　양초(梁楚)의 명성[300]을 얻으셨네.

---

295 단혈(丹穴)에는 …… 없었네 : ≪산해경(山海經)≫에 의하면, 단혈(丹穴)은 전설상의 산 이름으로, 이곳에 오색 영롱한 봉황새가 산다고 한다. 당(唐) 두보(杜甫)의 <송중표질왕례평사사남해(送重表侄王砅評事使南海)> 시에 "봉황 새끼에는 범상한 깃털 없으니, 오색이 어찌 너희들이 아니겠느냐.(鳳雛無凡毛 五色非爾曹)"라고 하였다.

296 가학(家學) : 원문의 '궁기지학(弓箕之學)'은 조상의 세업(世業)을 계승하는 일이나, 가학을 가리킨다. ≪예기(禮記)≫ <학기(學記)>에 "활을 잘 다루는 자의 아들은 키를 잘 만들게 되고, 쇠를 잘 불리는 자의 아들은 갖옷을 잘 만들게 된다.(良弓之子 善爲箕 良冶之子 善爲裘)"라고 한 말에서 나왔다.

297 파려(玻瓈) : 칠보(七寶)의 하나이다. 성재의 천품이 뛰어남을 이르는 말이다.

298 지키는 것은 요체이며 : 원문의 '수약(守約)'은 여러 가지 도(道) 가운데 핵심을 얻는 것이다. ≪맹자≫ <공손추 상(公孫丑上)>에 "맹시사의 지킴은 기이니 또 증자의 지킴이 요약됨만 못하다.(孟施舍之守氣 又不如曾子之守約也)"라고 하였다. 주희(朱熹)는 집주(集註)에서 "약은 요이다.(約 要也)"라고 하였다. 맹시사는 역전(力戰)의 용사(勇士)인데, 맹자(孟子)가 그의 용기에 대해서 서술한 뒤에, 증자와 비교하여 평한 내용이다.

299 제로의 성품 : 제로(齊魯)는 문교(文教)가 흥성한 제나라와 노나라를 말한다. 성재가 학문을 좋아하는 성품을 타고난 것을 말한다.

300 양초(梁楚)의 명성 : 양초(梁楚)는 한(漢)나라 때의 지방 이름이다. ≪사기(史記)≫ <계포

博奕猶末技	바둑 장기는 오히려 하찮은 재주로 여기시고
淡然無所好	담연히 좋아함이 없으셨네.
於書不喜詩	글은 시를 좋아하지 않으셨지만
作則辭理到	지으시면 글의 이치가 드러났네.
室靜常對案	방이 고요하면 언제나 서안을 마주하고
客至每進酌	객이 오면 언제나 술잔을 드렸네.
醉興陶陶席	취흥 도도한 자리에서는
淋漓好酬酌	통쾌하게 술잔을 주고 받기 좋아했네.
其志嘐嘐然	그 뜻이 크고 컸으니
其非古人歟	그가 바로 고인이 아닌가?
㝡惡便佞者	교묘하게 아첨하는 자를 가장 싫어하여
視之如籧蒢	마치 병신[301]처럼 보았으며
偏好篤厚人	독실하고 돈후한 사람을 유독 좋아하여
愛之若瓊琚	마치 보옥처럼 사랑하셨네.
富貴非素志	부귀는 본래 바라는 것이 아니었으니
淪落終何艴	영락하여도 끝내 어찌 화를 내겠는가?
宅志堅且礭	가진 뜻은 굳고도 분명하였으니
威武不能屈	무서운 위세도 꺾을 수 없었네.

열전(季布列傳)>에, 조구(曹丘)가 계포(季布)에게, "초인(楚人)의 말에, 황금 1백 근을 얻는 것이 계포에게 한 번 승낙을 얻는 것만 못하다고 하니, 족하(足下)는 어떻게 양초 지방에서 이런 명성(名聲)을 얻었습니까?"라고 한 데에서 온 말이다. 여기에서는 성재가 주위의 문사들에게 인정을 크게 받았음을 말한다.

301 병신 : 원문의 '거저(籧蒢)'는 가슴이 앞으로 튀어나와 몸을 굽히지 못하는 몹쓸 병이나 이를 앓고 있는 기형(奇形)의 사람을 이른다. ≪시경≫ <패풍(邶風) 신대(新臺)>에 "편안하고 다정한 사람을 구했는데 거저가 적지 않도다.(燕婉之求 籧蒢不鮮)"라고 보이는데, '籧篨'로도 쓴다.

見善心如渴　선을 보면 마음은 마치 목마른 사람 같았고
辨理辭不絀　이치를 분별함에는 말이 막히지 않았네.
就義不避死　의로운 일에는 죽음을 피하지 않았으니
抗直可伏鑕　강직함은 형틀이 굴복시킬 수 있었으리오?
卷懷臥東岡　뜻을 거두어[302] 동강에 누웠으니
不得大施爲　능력을 크게 펼칠 수가 없었네.
屹立頹波柱　덮치는 물결 속에 우뚝 선 지주석과 같았으니
維恃鎭世危　오직 위태로운 세상을 진압할 것을 믿었었네.
蹄跡縱難驅　말발굽 자취가 비록 어지러워도
荊棘庶可除　형극을 모두 없앨 수 있을 것이었네.
玉京修文乏　옥황상제께서 수문랑[303]의 자리가 비었던지
一夜奪之去　하룻밤에 빼앗아 가버렸네.
如何拔其尤　어찌하여 그 훌륭한 인물을 뽑아가셨나
吾黨寂若空　우리 당이 적막하고 쓸쓸하여졌네.
若與死相期　함께 죽자고 서로 약속하였는데
溘先是眞雄　갑자기 먼저 돌아가셨으니 참으로 영웅이었네.
當此危惧日　이렇게 위태롭고 무서운 날을 만나서
明哲保一身　명철함으로 한 몸을 지키셨네.
固守平生志　평소의 뜻을 굳게 지켜

302 뜻을 거두어 : 원문의 '권회(卷懷)'는 ≪논어≫ <위령공(衛靈公)>의 "군자답다, 거백옥이여. 나라에 도가 있으면 벼슬하고, 나라에 도가 없으면 거두어 감추어 두는구나.(君子哉蘧伯玉 邦有道則仕 邦無道則可卷而懷之)"라는 말에서 인용한 것이다.

303 수문랑 : 성재공이 죽어서 명부(冥府)의 지하수문랑(地下修文郎)이 되어 문장을 엮을 것이라는 말이다. 수문랑은 염라대왕의 보좌관이라는 뜻이다. 진(晉)나라 소소(蘇韶)가 명부에 가서, 염라대왕의 수문랑이 된 안연(顔淵)과 자하(子夏)를 보고 왔다는 설화를 원용한 것이다. ≪태평광기(太平廣記)≫ 권319, <소소(蘇韶)>

嬴作大韓民	훌륭한 대한의 백성이 되셨네.
任他子號父	그냥 그 아들이 아비라고 부르고
樂此弟從兄	즐거이 이 아우가 형을 따랐네.
視死如歸去	죽는 것을 처음으로 돌아가는 것처럼 보셨으니
頣解目應瞑	턱을 늘어뜨리고 눈은 응당 감으셨네.
英靈無餘憾	영령은 유감이 없을 것인데
吾何長慽慽	나는 어찌하여 내내 슬프기만 한가?
在昔一宇公	옛날 일우공은
日用皆中的	일상의 거동이 모두 도리에 맞으셨는데
與吾先君子	우리 돌아가신 부친과는
志同心相迪	뜻도 같고 마음도 서로 맞으셨네.
車屐鳥面慣	새도 낯이 익을 만큼 오갔으며
書牘蠅頭細	편지글은 파리 머리처럼 가늘게 쓰시었네.[304]
吾儕俱不祿	우리들은 모두 녹을 얻지 못하였고[305]
風樹泣早歲	어린 나이에 풍수지탄(風樹之歎)의 눈물을 흘렸네.
族誼兼先契	친족의 정의에 선대의 계의를 아울러서
至死誓無替	죽도록 변하지 말자고 맹서했었네.
非無諸族家	여러 일가의 집이 없지 않았지만
去必於子宿	가면 반드시 그대 집에 묵었고
有憂相嘖舌	근심스러운 일이 있으면 서로 혀를 찼고

304 편지글은 …… 쓰시었네 : 원문의 '승두세(蠅頭細)는 파리 대가리만큼 잔글씨로 쓴 서신(書信)을 말한다. 육유(陸游)의 <서감(書感)> 시에 의하면 "어찌 알았으랴 죽을 날 가까운 백발 늙은이가, 아직껏 파리 대가리만큼 잔글자를 읽을 줄을.(豈知鶴髮殘年叟 猶讀蠅頭細字書)"이라고 하였다.

305 녹을 얻지 못하였고 : 복을 받지 못하였다는 뜻이다.

有議共披腹	의논할 일이 있으면 함께 속을 열었네.
年齡八飯間	나이는 차이가 적지만[306]
剛柔萬斤懸	강유(剛柔)는 만 근이나 차이가 났네.
此理誠難測	이 이치는 참으로 헤아리기 어려우니
少剛先化仙	소강(少剛, 성재를 의미함)은 먼저 죽어 신선이 되었네.
觸目皆陳跡	보이는 것마다 모두 지난 자취인데
何必更逐逐	어찌 반드시 그렇게 바쁘게 가야만 하셨는가?
猶有子姪輩	오히려 조카들 있어
遹追猶可屬	선조의 도[307]를 오히려 맡길 만하네
淵齋與屹菴	회연서원와 무흘정사는
無柰更翻局	어쩔 수 없이 다시 뒤집어졌네.
樑摧棟又折	들보는 내려앉고 기둥도 꺾였으니
荒凉大祖躅	선조의 발자취가 황량하게 되었구나
嗚乎已焉哉	오호라. 끝이로다!
倛人催先驅	상두꾼이 앞서 재촉하는구나.
凄凉大谷裏	처량한 대곡(大谷)에
愁聽鳴鷓鴣	근심스레 자고새의 울음소리 들리고
多士會如林	빽빽하게 모인 많은 선비들
一齊號嗚乎	일제히 호곡하며 울었다네.

306 나이는 차이가 적지만 : 원문의 '팔반간(八飯間)'은 두 사람의 나이 차이가 적음을 이르는 것으로 이해된다.

307 선조의 도 : 원문의 '휴추(遹追)'는 ≪시경≫ <문왕유성(文王有聲)>에 "성을 쌓되 도랑은 그대로 따르고 풍읍을 만들되 그 성에 걸맞게 하시니, 그 욕심을 빨리 이루려는 게 아니라 선인의 뜻에 따라 효를 오게 하는 것이다.(築城伊淢 作豐伊匹 匪棘其欲 遹追來孝)"에서 인용한 말로서, 선조의 도를 이루는 것을 말한다.

또

시생(侍生) 심종환(沈鍾煥)

武屹山中老檜青	무흘 산중에 늙은 회나무 푸르니
歲寒經燭照林扃	추운 겨울에도 경전 읽는 촛불이 문을 비추었네.
岡翁正脈垂家學	한강 선생의 정맥은 가학으로 내려오고
芝老遺謨有典型	지애 선생의 가르침은 전범이 되었네.
光霽襟懷無點滯	시원스러운 흉금은 한 점 막힘이 없었고
瑚璉丘壑抱孤熒	고상한 인품[308]은 골짜기에서 외롭게 빛났네.
如今百六斯文淚	지금과 같은 난세[309]에 사문이 눈물 지으니
萬斛秋波咽暮汀	만 섬 가을 물결이 저녁 물가에서 흐느끼네.

308 고상한 인품 : 원문의 '호련(瑚璉)'은 곡식을 담아 종묘의 제사에 쓰는 그릇으로, 인품이 고상한 것을 비유한 것이다. ≪논어(論語)≫ <공양장(公冶長)> 집주

309 난세 : 원문의 '백육(百六)'은 재액(災厄)의 연수(年數)로 난세(亂世)를 의미한다. 106년 만에 세상에 액운(厄運)이 온다는 말이다

또

시생(侍生) 심학환(沈鶴煥)

嶠右鄭夫子	영남 우도 정 선생은
淵源有自來	내려온 연원이 있었네.
陶冥秋月色	퇴계 남명의 가을 달빛[310]이
照滴寒岡臺	한강대에 비치었네.
崖顧緖業壯	지애[311] 고헌[312]의 서업이 장하니
氣脈好胎胚	기맥이 싹트기에 좋았네.
今日檜淵宅	오늘날 회연의 집안에
遺芬抵百梅	남기신 덕이 백매원까지 닿았네.
我公承踵武	우리 공께서는 선조의 업적을 이어받아

310 가을 달빛 : 원문의 '추월(秋月)'은 빙호추월(氷壺秋月)에서 인용한 말로서, 고귀한 인품을 형용한 말이다. 등적(鄧迪)이 주자(朱子)의 스승 연평(延平) 이통(李侗)의 인품을 말하면서 "마치 빙호추월과 같아 티없이 맑고 깨끗하니 우리들이 미칠 수 없다." 하였는데, 이때 '빙호추월(氷壺秋月)'은 얼음으로 된 호로병에 맑은 가을 달이 담긴 것으로, 고결한 인품을 형용한 말이다.

311 지애(芝厓) : 성재의 오세조(五世祖) 정위(鄭煒)를 이른다.

312 고헌(顧軒) : 정내석(鄭來錫, 1808~1893)이다. 본관은 청주(淸州), 자는 치인(致仁)으로 호가 고헌(顧軒)이다. 가문의 학문을 계승하여 어려서부터 학문에 매진하였으며, 배운 것을 실천하도록 스스로 힘쓰고 노력하였다. 한강의 ≪심경발휘(心經發揮)≫를 깊이 연구하였으며 경학에도 많은 관심을 기울였다.

繩尺爲心裁	법도와 원칙을 마음에 새기셨네.
鸑鷟明時瑞	악족(鸑鷟)[313]은 밝은 시대의 상서였고
棟樑大厦材	재목은 큰 건물의 동량이었네.
命數終何乖	운수가 끝내 어찌 어긋나서
桑瀾亦可哀	세월의 물결도 애달프네.
淳儀無復仰	순후한 모습 다시 우러를 길 없으니
白日慟哭回	밝은 낮에 통곡하며 돌아보네.

313 악족(鸑鷟) : 왕업(王業)을 이루게 될 때 나타난다는 봉황새의 일종. ≪국어(國語)≫ 주어 상(周語上)에 "주(周) 나라가 흥할 때에 악족이 기산(岐山)에서 울었다." 하였다.

또, 서문 있음

지상제(地上弟) 여태회(呂泰會)

처사 서원(西原) 성재(省齋) 정공(鄭公)은 단아하고 깨끗한 군자이다. 일찍이 과거공부를 버리고 뜻을 독실히 하여 근리(近裏)[314]의 학문을 하였다. 몸을 단속하기를 삼가 법도에 맞게 하고 말을 하기를 반드시 행실에 맞게 하였다. 글을 짓는 자리에서는 조용하고 단아하였으며 의리를 분석하는 자리에서는 주장을 굽히지 않았으니, 이것은 공의 뛰어난 점이며 사람들이 모두 아름답게 여기는 것이었다.

내가 일찍이 선생의 집에 손님으로 나아가서 가끔 새로운 말과 문장에 대하여 말하면 공은 유독 침묵하고 앉아 있었다. 내가 이상하게 여겨 그 까닭을 물어보니 공은 문득 옷깃을 여미고 말하기를, "내가 갑을(甲乙)의 해 이후부터 서양 오랑캐[315]에 대한 말은 한 번도 일찍이 입에 올리지 않았다."라고 하였으니, 그가 지키는 지조와 개탄하는 마음의 일단을 또한 볼 수 있다. 저 액운의 날을 만나 저녁에 건강하던 몸이 다음날 아침에 갑자기

314 근리(近裏) : 편벽근리(鞭辟近裏). 자기 내면의 맨 밑바닥까지 깊이 파고들어 정밀하게 분석하고 연구하는 것을 말한다. ≪근사록(近思錄)≫ <위학(爲學)>에 "학문이란 단지 채찍질하여 내면으로 접근해서 자기 몸에 붙게 하는 것일 뿐이다. 그러므로 간절히 묻고 가까이 생각하면 인이 그 가운데에 있다.(學只要鞭辟近裏 著己而已 故切問而近思 則仁在其中矣)"라는 정명도(程明道)의 말이 나온다.

315 서양 오랑캐 : 원문의 '주리(侏離)'는 서방(西方)의 악(樂)을 말한다. 원래 동서남북 사방에 대한 악(樂)이 있었는데, 동방은 말(靺), 남방은 임(任), 북방은 금(禁), 서방은 주리로 되어 있다. ≪주례(周禮)≫ 권24, <사이지악(四夷之樂)>

죽었으니, 혹자는 '하늘이 그의 강직하고 고결한 성품이 혼탁한 세속에 욕을 당할 것을 애석하게 여겨 급병에 걸리게 하신 것인가? 아니면 소태부(蕭太傳)의 강직함[316]으로 구차하게 살기를 구하지 않고 일찍 스스로 운명을 결단한 것이 아닌가?' 한다. 세상에 혹시 자황(雌黃)[317]이 있다고 하더라도 나는 오직 과거의 일로 여기지만, 입으로 서양 오랑캐의 풍속을 말하지 않은 것은 곧 오늘날의 의를 취하는 용기이다. 이것이 어찌 언행이 상합부절한 것이 아니겠는가? 평소 건장한 모습은 우뚝한 영광전(靈光殿)[318] 정도에 그치지 않았는데, 지금 갑자기 이렇게 되었으니 애통한 마음을 어찌하랴. 삼가 슬픈 노래 한 수를 지어 평소의 마음을 간단히 펼치니, 영령께서는 아시겠지.

淸雅堅貞得性眞　청아하고 굳고 바른 천성을 지닌 이는
寒爺古宅有斯人　한강 고택의 이 사람이네.
泉石臨門輸素趣　문 앞의 자연은 맑은 정취 실어 보내고
圖書滿案樂吾貧　서안에 가득한 도서는 우리 가난에도 즐거웠네.

316 소태부(蕭太傳)의 강직함 : 소태부는 소망지(蕭望之)를 이른다. 소망지(蕭望之)는 한(漢)나라 난릉(蘭陵)사람. 자는 장천(長倩), 벼슬은 태자 태부(太子太傅). 선제(宣帝) 때 유조(遺詔)를 받아 정사(政事)를 돕고 상서(尙書)의 일을 보았으며 원제(元帝)가 즉위하자 소망지가 중서(中書)에 사인(士人)을 써야 한다고 상주한 일을 계기로 환관인 홍공(弘恭)과 석현(石顯)에게 미움을 받고 모함을 당한 나머지 하옥되었다가 결국에는 독약을 마시고 자결하였다. ≪한서(漢書)≫ 권78, <소망지전(蕭望之傳)>

317 자황(雌黃) : 도가(道家)에서 먹는 여덟 가지 선약(仙藥)인 팔석(八石) 가운데 하나이다. 팔석은 주사(朱砂), 웅황(雄黃), 공청, 유황(硫黃), 운모(雲母), 융염(戎鹽), 초석(硝石), 자황(雌黃)이다.

318 영광전(靈光殿) : 마지막 남은 원로를 비유하는 말이다. 영광전(靈光殿)은 한(漢)나라 궁전 이름인데, 한 경제(漢景帝)의 아들 노 공왕(魯恭王)이 많은 궁전을 세웠으나, 오랜 세월이 흘러 한나라의 국력이 쇠약해지자 도적의 침해로 인해 다 무너지고 영광전만 남게 되었다고 한다. ≪문선(文選)≫ 권11, <노영광전부(魯靈光殿賦)>

白首只知明義理　흰 머리에 다만 의리를 밝힐 줄만 알았으며

丹心自保不淄磷　스스로 붉은 마음 보존하며 변하지 않으셨네.[319]

潔身長往公何憾　몸을 더럽히지 않고 멀리 가셨으니 공에게는 무슨 유감이 있으리오.

堪歎斯文日益淪　다만 사문이 날로 더욱 타락할까 탄식할 뿐이네.

---

319 변하지 않았네 : 원문의 '불치린(不淄磷)'은 물들지도 않고 갈려지지도 않는다는 말이니, 심지(心志)가 지극히 견고하고 결백해서 주위 환경에 결코 영향을 받지 않았다는 말이다. ≪논어≫ <양화(陽貨)>에 "굳다고 말하지 않던가? 갈아도 갈려지지 않는다. 희다고 말하지 않던가? 검은 물을 들여도 물들지 않는다.(不曰堅乎 磨而不磷 不曰白乎 涅而不緇)"라고 하였다.

또

척종(戚從) 송준필(宋浚弼)

百厄南冠返舊儂　백륙회(百六會)의 운세[320]에 죄수[321]는 옛날로 돌아오고
芝山東望淚龍鍾　지산 동쪽을 바라보며 힘없이 눈물짓는다.[322]
吾人大服公先見　우리들이 공의 선견지명에 크게 감복하였으니
愚智相懸定幾重　어리석음과 지혜로움의 차이는 참으로 얼마나 많았던가!

夫子文章響大東　부자는 문장으로 동쪽 나라에 울렸으며
芝翁重得一枝紅　지애 선조는 한 가지 붉은 꽃을 다시 얻으셨네.
淵源不出門庭外　학문의 연원이 가문을 벗어나지 않았으니
薰襲長存道義中　가르침은 길이 도의(道義) 가운데 있었네.

荷衣不許著纖塵　연잎 옷[323]에는 세상 먼지를 허락하지 않으시고

320 백륙회(百六會)의 운세 : 액운(厄運)을 말한다. 4천 5백 년인 1원(元) 중에 다섯 번의 양액(陽厄)과 네 번의 음액(陰厄)이 찾아오는데, 양액이 1백 6년마다 있게 되므로 백륙회라 한다고 한다. ≪한서(漢書)≫ <율력지상(律歷志上)>

321 죄수 : 원문의 '남관(南冠)은 감옥에 갇힌 죄수를 말한다. ≪좌전(左傳)≫ 성공(成公) 9년 조에, "진후(晉侯)가 군부(軍府)를 순시하다가 종의(鍾儀)를 보고서 유사(有司)에게 묻기를, '남관(南冠)을 쓴 채 묶여 있는 자가 누구냐?' 하니, 유사가 대답하기를, '정인(鄭人)이 잡아 바친 초수(楚囚)입니다.' 하였다."라고 하였다. 남관(南冠)은 초(楚) 나라의 관을 말한다. 그래서 후세에 수인(囚人)을 들어 남관이라 칭하게 되었다.

322 힘없이 눈물짓는다 : 원문의 '용종(龍鍾)'은 대나무 이름이면서, 사람이 늙어서 대나무 가지와 잎이 스스로 주체하지 못하고 흔들리는 것과 같은 모습을 형용한 말이다.

閉戶端居六十春　문 걸고 육십 평생 단정하게 사셨네.
深谷芝蘭還有馥　깊은 골짜기 지란(芝蘭)에 다시 향기 있으니
蓬門時過乞文人　사립문에는 때때로 글을 구하는 사람이 지나네.

儒風晴檜一何輕　유풍이 맑은 회연은 오직 어찌 가벼우랴!
比附餘光擬共明　남기신 가르침에 붙어 함께 밝아지고자 하였네.
歲暮桑溟人已遠　저무는 해 세월이 흘러 사람도 이미 멀어지니
公私愴恨兩難平　공사 간 모두 처창한 마음 가라앉히기 어려워라!

人道胡逢蔡默賢　인도(人道)는 어찌하여 채가의 중묵(仲默)[324]을 만나
故家休蔭尚綿綿　고가의 훌륭한 유덕 아직도 면면히 내려오네.
孤畸老戚期相仗　외롭고 늙은 척종인 나는 서로 의지하여
經卷他年庶往還　경서로 훗날에도 왕래하기를 기약하였었네.

323 연잎 옷 : 하의(荷衣) : 숨어 지내는 은자의 옷을 상징한다. 굴원의 <이소(離騷)>에 "연꽃을 잘라 윗도리를 해 입고, 부용 잎 모아 치마를 만들었네.(製芰荷以爲衣兮 集芙蓉以爲裳)"라고 하였다.

324 채가의 중묵(仲默) : 중묵(仲默)은 주희의 제자인 채침(蔡沈, 1167~1230)의 자인데, 그가 주희의 뜻을 이어 ≪서경≫의 주석서인 ≪서집전(書集傳)≫을 찬술하였다. 채침(蔡沈)은 송나라 건양인으로, 자는 중묵, 호는 구봉선생(九峯先生)이다. 채원정의 둘째 아들이고, 주자의 문인이다. 여기에서는 성재가 서전을 중시하여 읽었음을 말한다.

또

세하생(世下生) 감제현(甘濟鉉)

寒岡夫子有眞銓	한강 선생의 참다운 가르침이 있었으니
儒雅彬彬又挺賢	선비다운 모습은 빛나고 또 뛰어났네.
寸心不負侯中的	마음은 정곡을 벗어나지 않았고
隻手常思障百川	홀로 언제나 백천(百川)의 흐름 막기를 고심했네.[325]
先生筆力如山重	선생의 필력은 산처럼 무거우니
吾祖文華永世傳	우리 할아버지 글이 영원히 전하겠네.
痛矣新安虛丈德	애통하도다. 신안[성주]에는 덕 있는 어른이 계시지 않으니
龍蛇災厄奈今年	용사의 재액[326]이 어찌하여 올해인가?

325 백천(百川)의 흐름 막기를 고심했네 : 한유(韓愈)의 <진학해(進學解)>에 "온갖 시내의 흐름을 막아 동쪽으로 흐르게 하고, 이미 무너진 상태에서 미친 듯 흘러가는 물결을 되돌렸다.(障百川而東之 廻狂瀾於旣倒)" 하였다. 이는 난무하는 이설(異說)을 막아 정도로 돌아가게 했다는 뜻이다.

326 용사의 재액 : 현인의 죽음을 이르는 말이다. 후한(後漢)의 정현(鄭玄)이 만년에 병이 들어 벼슬에서 물러나 집에 돌아와 지냈는데, 하루는 꿈에 공자(孔子)가 나타나 "일어나라, 일어나라. 올해는 용의 해이고 내년은 뱀의 해이다."라고 하였다. 정현은 꿈에서 깨어나 참언(讖言)으로 맞추어 보고는 자신의 천명이 다했음을 알았으며, 그해에 죽었다. 그 뒤 용사(龍蛇)에 해당하는 진년(辰年)과 사년(巳年)은 현인(賢人)에게 불행이 닥치는 흉년으로 일컬어졌다. ≪후산서(後漢書)≫ 권35, <정현열전(鄭玄列傳)>

또

사하생(査下生) 이기정(李基定)

烈風驟雨暗長天　암울한 하늘에 열풍이 불고 소나기 퍼붓더니
燕獄聞公去作仙　투옥[327]될 것을 들으시고 신선이 되어 떠나셨네.
世外傷心多繫恨　세상 밖에서 상심하여 한을 가짐이 많으리니
儒林家國摠茫然　유림과 국가는 모두 망연하네.

貞金如質玉如磨　쇠처럼 단단한 본질에 옥처럼 연마하였고
秉志剛明絶倚阿　뜻을 굳게 지키며 밝아 전혀 치우침이 없었네.
不作區區文字計　비록 사소한 문자 공부에 얽매이지는 않았지만
閒中味玩得來多　한가할 때면 맛과 멋을 즐기러 찾기도 하였네.

紛狂赤子叫天衷　미친 듯이 하늘에 울부짖는 자식들이며
慘澹儒紳禍網中　재앙에 걸린 참담한 선비 양반들.
也識蕭公慙苟活　이제야 알겠네, 소공(蕭公)[328]이 구차스럽게 사는 것을

327 투옥 : 원문의 '연옥(燕獄)'은 송(宋) 나라 충신 문천상(文天祥)이 원(元) 나라 장수 장홍범(張弘範)에게 사로잡혀 3년 동안 연(燕) 나라에 구류된 것을 말한다. 덕우(德祐) 초에 원(元)나라가 침입해 오자 가산(家産)을 털어 군사를 일으켜 근왕(勤王)하여 신국공(信國公)에 봉해졌고, 그 후 원나라 장군 장홍범(張弘範)에게 패하여 3년 동안 연옥(燕獄)에 수감되었으나 끝내 굴복하지 않고 죽음을 당하였다. ≪송사(宋史)≫ 권418, <문천상열전(文天祥列傳)>

328 소공(蕭公) : 소공은 소망지(蕭望之)를 이른다. 소망지(蕭望之)는 한(漢)나라 난릉(蘭陵)사

부끄러워했음을

誰將微際賞危忠 그 누가 은미한 때에 위급함을 알아 보는 충심을 가질까?

團和頻接又鱗翔 자주 만나 단란했고 또 편지[329]도 주고 받았고

蘊結誠心欲說長 성심을 마음에 온축하여 길이 말을 나누고자 하였었네.

萬死歸來江上路 겨우 살아서 돌아오는 강가 길에서

芝岺回首淚滂滂 지촌 고개로 머리 돌리니 눈물이 쏟아지네.

람. 자는 장천(長倩), 벼슬은 태자 태부(太子太傅). 선제(宣帝) 때 유조(遺詔)를 받아 정사(政事)를 돕고 상서(尙書)의 일을 보았으며 원제(元帝)가 즉위하자 소망지가 중서(中書)에 사인(士人)을 써야 한다고 상주한 일을 계기로 환관인 홍공(弘恭)과 석현(石顯)에게 미움을 받고 모함을 당한 나머지 하옥되었다가 결국에는 독약을 마시고 자결하였다. ≪한서(漢書)≫ 권78, <소망지전(蕭望之傳)>

329 편지 : 원문의 '인상(鱗翔)'은 잉어와 기러기를 가리키는데, 편지를 전해 주는 매개물의 의미로 널리 사용된다. 인우(鱗羽)라고도 한다.

또

하생(下生) 장용환(張龍煥)

子諒剛明豈第儀 자애롭고 성실하며 씩씩하고 밝은 것이 어찌 겉모습이랴!
大家繩尺自來知 대가의 법도는 본래부터 그러함을 알았으리라.
旁人有不吾言信 주위 사람들이 나의 말을 믿지 못하거든
請看當年省字楣 청컨대 당년에 성재 편액 걸어둔 것을 보게나.

靈芝村閴水清漪 신령한 지촌은 고요하고 물은 맑게 잔잔한데
一日觀魚一日詩 하루 물고기를 구경하고 하루는 시를 지었네.
誰識逍遙風詠地 소요하며 풍월을 읊던 곳을 다른 누가 알리오?
靜中時復理玄機 고요한 가운데 때때로 현묘한 이치를 궁리하였네.

清流罹禍㝡今時 최근에 청렴한 선비들 재앙에 걸리더니
蕪獄南冠在在比 감옥에 갇히는 일[330]이 곳곳에 이어졌네.
汚禁將行仙已駕 몸을 더럽히게 될 때 이미 신선이 되어 떠났으니

330 감옥에 갇히는 일 : 원문의 '남관(南冠)'은 감옥에 갇힌 죄수를 말한다. ≪좌전(左傳)≫ 성공(成公) 9년조에, "진후(晉侯)가 군부(軍府)를 순시하다가 종의(鍾儀)를 보고서 유사(有司)에게 묻기를, '남관(南冠)을 쓴 채 묶여 있는 자가 누구냐?' 하니, 유사가 대답하기를, '정인(鄭人)이 잡아 바친 초수(楚囚)입니다.' 하였다."라고 하였다. 남관(南冠)은 초(楚) 나라의 관을 말한다. 그래서 후세에 수인(囚人)을 들어 남관이라 칭하게 되었다.

士林爭道兩全之　사림이 도리를 다툼에 둘 모두 온전하게 하였네.[331]

嶺藪蒼凉夕氣生　저녁 기운이 일어나니 영남 유림이 쓸쓸하고

寰區回首若爲情　세상도 고개 돌리니 마음이 있는 듯하네.

惟有門前書帶草　다만 문 앞 서대초(書帶草)[332]는

至今猶記舊康成　지금까지 정강성(鄭康成)[333]을 기억하네.

---

331 둘 모두 온전하게 하였네 : 두 가지는 성재가 나라에 대한 충의 도리를 다하면서 자신의 몸을 더럽히지 않는 효의 도리를 함께 다한 것을 말한다.

332 서대초(書帶草) : 한(漢) 나라 정현(鄭玄)의 문인들이 책을 묶었다는 풀 이름이다. 한나라 때 학자인 정현(鄭玄)은 자가 강성(康成)인데 그가 불기산(不其山)에서 학생을 가르칠 때 그 산 아래 염교[薤]를 닮은 풀이 자라서 잎의 길이가 1척(尺)이 넘고 특이하게 질겼다. 그래서 그 지방 사람들이 강성서대(康成書帶)라 불렀다. ≪태평어람(太平御覽)≫ 권944. 참고로 소식(蘇軾)의 시에 "뜰아래 이미 서대초가 생겼으니, 사군은 아마도 정강성인가 보오.(庭下已生書帶草 使君疑是鄭康成)"라는 구절이 있다. ≪소동파시집(蘇東坡詩集)≫ 권14, <서헌(書軒)>

333 정강성(鄭康成) : 강성(康成)은 정현(鄭玄)의 자(字)이다. 정현은 후한의 학자로, 북해(北海) 고밀(高密) 출신이다. 향색부(鄕嗇夫)라는 지방의 말단관리로 있었으나, 낙양에 올라가 태학(太學)에 입학하였다. 마융(馬融) 등에게 배운 뒤 40세가 넘어서 귀향하였다. 44세에 '당고(黨錮)의 화'를 입고, 집안에 칩거하여 연구와 저술에 몰두하였다. 평생을 학문에 바쳐 수천 명의 제자를 거느리는 일대 학파를 형성하였다. 훈고학(訓詁學)·경학(經學)의 시조로 추앙받는 인물이다. ≪주역(周易)≫, ≪상서(尙書)≫, ≪모시(毛詩)≫, ≪주례(周禮)≫, ≪의례(儀禮)≫, ≪예기(禮記)≫, ≪논어(論語)≫, ≪효경(孝經)≫ 등을 주석하였다.

또

재세제(在世弟) 허채(許採)

武屹山高千萬仞　무흘의 산이 높아 천 길 만 길이니,

岡爺道德與之齊　한강 선생 도덕과 나란하네.

復有芝翁志尙高　다시 지애 선생이 있어 뜻이 높았으나

不赴旌招臥田畦　조정의 부름이 없어 전원에서 사셨네.

近世師表滄海子　근세의 사표가 되신 창해자(滄海子)[334]는

行篤壽嗇令人悲　행실이 독실하였으나 천수가 인색하여 사람을 슬프게 하였네.

第二房有省齋叟　둘째 아들이었던 성재 노인은

孝悌溫仁近道資　효도하고 공손하며 어진 성품은 도에 가까웠네.

終歲自甘守株木　죽을 때까지 스스로 수주인(守株人)[335]을 감수하였으나

遭世淪喪志未施　도덕이 무너지는 시대를 만나 뜻을 펼치지 못하였네.

見義必爲言出信　의(義)를 보면 반드시 행하였고 말을 내면 믿음이 있었

334 창해자(滄海子) : 성재의 부친인 정세용(鄭世容, 1834~1879)을 말한다. 어릴 때부터 놀기를 좋아하지 않았고, 오로지 향학을 위해 애썼다. 자라서는 성리학에 힘썼으며 특히 효우로 출천하였다. 성재는 그의 둘째 아들이다. 이 때문에 '제이방(第二房)'이라는 말로 이어진다.

335 수주인(守株人) : 수주대토(守株待兎)하는 사람이니, 고지식하여 임기응변을 할 줄 모른다는 말이다. 송(松)나라 사람이 밭갈이를 하는데 토끼가 놀라 달아나다가 밭 가운데 있는 나무를 들이받고 목이 부러져 죽으니 그 사람은 밭갈이를 팽개치고 나무만 지키고 있었다는 고사에서 연유함. ≪한비자(韓非子)≫

	으니,
所以山南望實隆	그러므로 영남에서 중망이 참으로 높았네.
發爲文辭簡而古	글을 지으면 간략하고 예스러워서
得之咸欲垂無窮	그 글을 얻으면 모두 무궁하게 전하고자 하였네.
遠邇章甫方宗仰	원근의 선비들 가장 우러렀는데
一朝忽驚書帷空	하루 아침에 서재가 비었음에 깜짝 놀랐었네.
白首西望涕如雨	흰 머리에 서쪽을 바라보니 눈물이 비처럼 쏟아지고
宇內益覺寡朋儔	세상에 친구 없음을 더욱 알겠네.
通家誼兼先契重	집안의 정의와 선대의 계의가 깊고,
因緣辱知四十秋	서로 알게 된 인연이 사십 년이네.
父書未刊公嘗恨	부친 문집 간행하지 못해서 공은 일찍이 한탄하였는데
而今孰與同志謀	이제는 누구와 함께 도모할까?
從此意倦伽倻路	이로부터 가야로 가는 마음은 게을러지리니
尺琴絃斷江雲愁	거문고 줄이 끊어지니, 강 구름만 바라보아도 근심스럽네.
此世蛻濁公何恫	혼탁한 이 세상을 벗어났으니 공은 얼마나 애통하였으랴!
秪令後死還慚躬	다만 살아있는 사람을 도리어 부끄럽게 하네.

또, 서문 있음

기세우(寄世友) 최학길(崔鶴吉)

백이[336]가 서산에서 굶어 죽으니 서산이 더욱 높아졌고 중련(仲連)이 동해에 빠지니[337] 동해가 더욱 깊어졌다. 지금 우리 성재 공이 호연한 기상은 산처럼 높고 바다처럼 깊지 않은가? 오호라! 용문(龍門)의 풀[338]은 이미 묵었는데 아직도 예장(豫章)의 문상[339]이 빠졌다. 육십 년 관중 포숙의 정의는 과연 어디에 있는가? 장송가 한 소절로 간략하게 나의 깊은 정성을 간략하게나마 전한다.

---

336 백이(伯夷) : 백이·숙제(伯夷叔齊)는 중국 주(周)나라의 전설적인 형제성인(兄弟聖人)이다. 주나라 무왕이 은나라 주왕을 멸하자 신하가 천자를 토벌한다고 반대하며 주나라의 곡식을 먹기를 거부하고 서우양산에서 굶어 죽었다.

337 중련(仲連)이 동해에 빠지니 : 노중련(魯仲連)은 전국 시대(戰國時代) 제(齊)나라 사람으로, 절개가 매우 높았다. 당시 조(趙)나라가 진(秦)나라의 공격을 받아 사태가 위급하자, 위(魏)나라에서 신원연(新垣衍)이란 변사(辯士)를 조나라로 보내어, 진나라를 황제로 섬겨 진군(秦軍)이 스스로 철수토록 하라고 조왕(趙王)을 설득하였다. 이 말을 들은 노중련은 신원연에게 "저 진나라는 예의를 무시하는 나라이니, 만약 진나라가 황제가 된다면 나는 동해에 빠져 죽을지언정[蹈東海而死] 저 진나라의 백성은 되지 않겠다."라고 하며, 진나라를 황제로 섬기는 일을 막았다. ≪사기(史記)≫ 권83, <노중련열전(魯仲連列傳)>

338 용문(龍門)의 풀 : 영웅이나 훌륭한 인물이 세상을 떠나 용문(龍門)의 풀이 사라졌음을 비유적으로 표현한 것이다.

339 예장(豫章)의 문상 : 예장(豫章)은 후한 때 서치(徐穉)의 고향이니, 서치를 지칭하는 말이다. 서치가 먼 곳으로 문상(問喪)하러 갈 때 술을 솜에 적시고 구운 닭을 싸 가지고 갔다. 묘소 앞에 이르러 솜을 물에 적셔 다시 술을 만들고 닭을 차려 제를 올린 뒤 떠났다. 이것이 척계지서(隻鷄漬絮)의 고사이다. ≪후산서(後漢書)≫ 권53, <서치열전(徐穉列傳)>

寒岡夫子又孫賢	한강 선생에 또 어진 후손이 이어진 것은
忠孝家風所受然	충효 가풍을 받아서 그러한 것이리라.
千仞巨巖飛鳳下	천 길 거대한 바위 봉황이 날아 내려 온 듯
一般高義判熊先	이러한 높은 의기, 웅어(熊魚)[340]를 먼저 판별하였네.
枝村夜月論心地	지촌(枝村) 달밤은 마음을 논하는 곳이요
甪里春風講道筵	녹리(甪里) 봄바람은 도를 강하는 자리였네.
誰死誰生生愧死	누가 죽었으며 누가 살았는가? 살아도 죽은 이에게 부끄러우니
將何面目對重泉	장차 무슨 면목으로 구천에서 마주할까?

340 웅어(熊魚) : 맹자가 "생선도 내가 바라는 바이고, 웅장(熊掌)도 내가 바라는 바이지만, 이 둘을 다 가질 수 없다면 생선을 버리고 웅장을 취하리라. 삶도 내가 바라는 바이고 의(義)도 내가 바라는 바이지만 이 둘을 다 가질 수 없다면 삶을 버리고 의를 취하겠다." 한 대목을 차용하였다. ≪맹자(孟子)≫ <고자상(告子上)>

또

족종(族從) 정대용(鄭大容)

有卓天姿一宇翁	우뚝한 자질을 타고난 일우(一宇) 옹께서
章章遺範發群蒙	빛나는 유범으로 뭇 어리석음을 깨우쳐 주셨네.
醴泉源遠靈芝産	예천(醴泉) 연원이 멀리 이어지고 영험한 지초가 나니
公是公家繼述功	공이 공의 집 계술하는 공을 이루었네.

淸標高議鳳翶翔	맑은 품격 고상한 말씀은 봉황이 나는 듯하였지만
韞櫝羞珍不願商	간직한 보옥[341]은 팔기를 원하지 않으셨네.
發揮家學淵源正	가학의 바른 연원을 선양하니
大祖徽音厥有光	조상의 훌륭한 덕음이 빛나도다.

山林宗社義相均	산림에서나 종묘사직에서나 의(義)가 서로 공평하였으며
名渡鯨波道殉身	명성은 큰 파도를 넘었고, 도는 나라를 위하여 순절하였네.
觀光非置三年久	경관은 삼 년을 두고 오래 지속되지 않지만
宣也何曾不學人	선양하는 일을 어찌 배움이 없는 사람이 할 수 있겠는가?

341 간직한 보옥 : 원문의 '온독(韞櫝)'은 자신이 축적한 능력을 의미한다. 공자의 제자 자공이 "여기에 아름다운 옥이 있다고 할 때, 이것을 상자 속에 그냥 보관해 두어야 합니까, 아니면 좋은 값을 받고 팔아야 합니까?(有美玉於斯 韞櫝而藏諸 求善賈而沽諸)" 하고 묻자, 공자가 "팔아야지, 팔아야 되고말고. 나 역시 제값을 주고 살 사람을 기다리고 있다.(沽之哉 沽之哉 我待賈者也)"고 대답하였다. ≪논어(論語)≫ <자한(子罕)>

또

시생(侍生) 이수인(李洙仁)

賢材每擢鄧林中	훌륭한 재목은 초야[342]에서도 언제나 우뚝하니
先正遺門見我公	선정의 가문에 우리 성재공을 보았네.
青箱世學王家業	청상(青箱)의 가학[343] 왕씨 집안의 학문이고
白玉輝光謝樹風	백옥의 광휘는 사가보수(謝家寶樹)[344]의 풍모였네.
詎見薙氛逾紫塞	변경[345]을 넘어오는 요사한 기운을 어찌 보리오
寧携華佩造玄穹	차라리 패옥 소리 울리며 하늘로 올라 가셨네.

342 초야 : 원문의 '등림(鄧林)'은 신선이 산다는 숲으로, 한적한 초야를 가리킨다. 옛날에 과부(夸父)가 해를 쫓아 달려서 해가 들어가려 할 즈음에 목이 말라 하수(河水)와 위수(渭水)를 마셨는데도 부족하여 대택(大澤)의 물을 마시려고 하였는데 도중에 목이 말라서 죽고, 버려진 그의 지팡이가 화(化)하여 등림이 되었다고 한다. ≪산해경(山海經)≫ 권8, <해외북경(海外北經)>

343 청상(青箱)의 가학 : 청상(青箱)은 집안 대대로 전해지는 학문을 말한다. 남조(南朝) 송(宋)나라 때 왕준지(王准之)의 집은 대대로 강좌(江左)의 옛일을 잘 알아서, 이를 기록하여 푸른 상자에 넣어 두었으므로, 세상 사람들이 이를 일러 '왕씨(王氏)의 청상학(青箱學)'이라고 했던 데서 온 말이다. ≪송서(宋書)≫ 권60, <왕준지열전(王准之列傳)>

344 사가보수(謝家寶樹) : 사씨 집안의 훌륭한 자제라는 뜻이다. 진(晉)나라 때 태부(太傅)를 지낸 사안(謝安)의 집안에 자질이 우수한 자제가 많았다고 하여 사가보수(謝家寶樹), 보수생정(寶樹生庭) 등의 성어(成語)가 생겼다. 사안이 여러 자제에게 "왜 사람들은 모두 자기의 자제가 출중하기를 바라는가?" 하고 묻자, 조카 사현(謝玄)이 "이것은 마치 지란(芝蘭)과 옥수(玉樹)가 자기 집 정원에서 자라나기를 바라는 것과 같습니다."라고 한 것에서 유래하였다. ≪진서(晉書)≫ 권79, <사현열전(謝玄列傳)>

345 변경 : 원문의 '자새(紫塞)'는 변방의 성을 뜻한다. 진(秦)나라가 만리장성을 쌓을 때 그 흙이 모두 자색(紫色)이었고 한(漢)나라 변새(邊塞)의 성도 그 흙이 자색이었기 때문에 생긴 단어이다.

歎息山南窮灝氣　영남에 맑은 기운[346]이 다하였음을 탄식하니
後生何處警顓蒙　후생들은 어느 곳에서 어리석음을 깨우칠까?

憶昔叨親杖几傍　옛날 외람되게도 어르신께 나아간 날을 기억하면
褁中藏得炳然光　마음 속에 간직하여 얻은 것이 불꽃처럼 빛나네.
淵齋講會周旋席　회연 강회를 주선하는 자리는
武屹春風暢敍場　무흘 춘풍이 화창한 자리였네.
謹飭規模隨處見　신칙하는 법도는 어디서나 보이셨고
當陽論議辨誣詳　시비를 가리는 변무는 자세히 하셨네.
邇來俗學多競躁　이로부터 시속의 학자들은 다툼어 달려갔으나
獨守吾玄做括囊　오히려 우리 본성을 지키면서 주머니를 묶으셨네.

晩風今日上虛堂　만년의 풍모는 오늘 하늘로 올라가셨지만
古迹依然起感傷　옛 자취는 그대로 있어 슬픈 감회 일어나네.
微微細語風生竹　대바람 소리는 희미하게 들리는 말씀인 듯하고
了了清神月在梁　들보의 달빛은 또렷하게 비치는 정신인 듯하네.
一生景仰藏心曲　한평생 우러르며 마음속 깊이 간직하니
七分儀形照眼眶　공의 초상이 눈동자에 어리네.
憑軒欲賦了翁事　난간에 기대어 어른의 일을 읊으려고 하니
不害蘇君且藏香　소군(蘇君)[347]처럼 또한 향기를 감추어도 무방하리라.

---

346 맑은 기운 : 원문의 '호기(灝氣)'는 천지의 정대(正大)하고 강직(剛直)한 기운을 말한다.
347 소군(蘇君) : 신선을 가리키는 말이다. 한 문제(漢文帝) 때 계양군(桂陽郡)에 살던 소선공(蘇仙公)이 학을 타고 날아갔는데, 오랜 세월이 흐른 뒤에 읍성의 누대에 학이 날아와 앉았다. 어떤 사람이 학을 향해 탄알을 쏘자 학이 누대의 판자를 발톱으로 할퀴었는데, 그 자국이 "성곽은 그대론데 사람은 달라졌네. 삼백 갑자 지나서 돌아왔으니, 내가 소군이거늘

또

세제(世弟) 노상직(盧相稷)

新安多傑士　　성주에는 뛰어난 선비 많으니
文穆有遺謨　　문목공 끼치신 가르침이네.
心法恒存省　　심법은 언제나 존성(存省)[348]에 두었고
詞華早發敷　　문장은 일찍이 드러났네.
邃知通九典　　학문은 구전에 통하였고
片語敵千夫　　말씀은 천 사람을 대적하였네.
終始無求忮　　시종 욕심도 투기도 없었으니
何曾世與拘　　어찌 일찍이 세상일에 구애됨이 있겠는가?

戚聯十世密　　대대로 인척을 맺어 가깝더니
結媾更慇懃　　혼사를 맺어 다시 은근하였네.
縱有賢愚異　　비록 현우의 차이는 있지만
堪爲蛩巨群　　공거(蛩蚷)[349]의 관계가 될 만하였네.

어찌하여 탄알 쏘나.(城郭是 人民非 三百甲子一來歸 吾是蘇君 彈何爲)"라고 쓴 것처럼 보였다고 한다. ≪신선전(神仙傳)≫ <소선공(蘇仙公)>

348 존성(存省) : 존양(存養)·성찰(省察)의 준말로, 본성을 함양하고 마음에서 일어나는 선악(善惡)의 기미를 살핀다는 뜻이다.

349 공거(蛩蚷) : 항상 함께 지내며 서로 의지하는 관계를 말한다. 거공(駏蛩)이라고도 하는데, 거허(駏虛)와 공공(蛩蛩)이라는 두 짐승의 이름으로 보기도 하고, 공공거허(蛩蛩駏虛)라는 한 짐승의 이름으로 보기도 한다. ≪공총자(孔叢子)≫에 의하면, 궐(蟨)이라는 짐승은 다

竝驅沙伐曉　　상주[350]의 새벽을 함께 말달리고
共宿伽倻雲　　가야산 구름 속에서 함께 묵었네.
後死悲何極　　남은 사람은 슬픔이 너무나 지극하여
摩挲舊篋文　　묵은 글상자를 어루만지네.

리가 짧아 잘 달리지 못하는데, 궐은 감초(甘草)를 얻으면 씹어서 공공거허에게 주고, 공공거허는 사람이 가까이 오면 궐을 업고 도망한다고 한다.

350 상주 : 원문의 '사벌(沙伐)'은 지금의 경북 상주(尙州)이다.

또

세제(世弟) 김희주(金熙湗)

飛鳳千年降檜川　천 년 전 날아갔던 봉황이 회연 시냇가에 내려왔으니
蒼然峭壁蘸深淵　푸르게 높은 벼랑이 깊은 못에 잠겼네.
東南過客高山仰　영남을 지나는 나그네는 높은 산처럼 우러르니
岡老雲孫克繼賢　한강 선생의 후손이 훌륭하게 선조를 이었네.

儒壇揚幟倚前兵　유단의 기치 휘날리며 군대의 앞자리에 서니
匣裏文鋒鳴不平　간직한 문장의 기세는 평범하지 않았네.
門外靜看書帶翠　문밖 푸른 서대초(書帶草)[351]를 고요히 보노니
布衣名重鄭康成　포의의 명성이 정강성처럼 무거웠네.

吾道亡時國亦亡　우리 도가 망할 때에 나라도 망했으나
野人葵藿尚傾陽　야인은 해바라기처럼 아직도 해를 향해 기울었네.
腔忠未泄身先死　가슴 속 충의는 줄어들지 않아 몸이 먼저 죽었으니
鳥獸門前謾叫狂　금수가 문 앞에서 함부로 소리치게 되었네.

351 서대초(書帶草) : 학문에 정진하였음을 비유적으로 나타내는 말이다. 서대초는 한(漢) 나라 정현(鄭玄)의 문인들이 책을 묶었다는 풀 이름이다. 한나라 때 학자인 정현(鄭玄)은 자가 강성(康成)인데 그가 불기산(不其山)에서 학생을 가르칠 때 그 산 아래 염교[薤]를 닮은 풀이 자라서 잎의 길이가 1척(尺)이 넘고 특이하게 질겼다. 그래서 그 지방 사람들이 강성서대(康成書帶)라 불렀다. ≪태평어람(太平御覽)≫ 권944.

百梅園裏一樽深　백매원에서 오래 술잔 기울이며
愧負從容討兩心　조용히 두 마음 헤아리던 때를 부끄럽게도 저버렸네.
病裏忽驚三燧改　병 중에 문득 삼 년이 지났음에 놀라니
落花春雨夜淋淋　꽃 지고 부슬부슬 봄비 내리는 밤.

또

지상제(地上弟) 이덕후(李德厚)

吾生竟不辰	우리들은 끝내 때를 만나지 못하고
哭盡有爲人	재주는 다하였음을 통곡하네.
家學淵源正	가학의 연원이 바르고
天姿氣稟眞	타고난 자질은 참되었네.
六旬林下老	예순 해 산림에서 늙어가며
千聖卷中親	수많은 성현의 책을 가까이 하였네.
却賀同情日	우리들 마음이 같은 날에
求仁庶得仁	인(仁)을 구하여 인(仁)을 얻었음을 오히려 축하하네.

중부 성재부군 유사
仲父省齋府君遺事

정종호(鄭宗鎬)[352]

부군의 휘는 재기(在虁), 자는 성노(成老), 호는 성재(省齋)이다. 우리 정씨(鄭氏)의 세계(世系)는 서원(西原)[353]에서 나와서, 고려조에 대대로 벼슬하였으니, 문정공(文靖公) 이 목은(李牧隱)이 가전(家傳)을 지었는데 대성(大姓)이라고 한 것이 이것이다. 선대에 휘 의(顗)[354]가 서경(西京, 송도)의 반적 최광수(崔光秀)을 찍어내고 대장군에 천거되었으며, 또 필현보(畢玄甫)[355]를 선유(宣諭)하다가 협박에 굽히지 않고 절의를 지키다 돌아가시어 상장군(上將軍)

352 정종호(鄭宗鎬) : 1875~1956. 본관은 청주(淸州), 자는 한조(漢朝), 호는 뇌헌(磊軒)이다. 아버지는 재설(在卨)로 작자의 조카이다. 1919년 3월 중순경 장석영(張錫英)이 쓴 파리장서를 윤상태에게 전달하였는데, 윤상태가 검거되자 같은 해 7월 31일 일경에게 체포되어 옥고를 치루었다. 1992년에 대통령표창을 추서 받았다. 저서로는 『뇌헌집(磊軒集)』 12권 2책이 있다.

353 서원(西原) : 청주(淸州)를 말한다. ≪신증동국여지승람≫ 권15 <충청도 청주목>에, "청주는 본래 백제의 상당현(上黨縣)이었는데, 신라 신문왕(神文王) 때에 서원소경(西原小京)을 두었다가 경덕왕(景德王) 때에 서원경(西原京)으로 승격하였고, 고려 태조 때에 청주로 고쳤다."라고 하였다.

354 의(顗) : 정의(鄭顗)를 말한다. 1217년(고종 4) 그가 분대 녹사(分臺錄事)로 있을 때 지금의 평양인 서경(西京)에서 고향 친구인 최광수(崔光秀)가 반란을 일으키려 하자, 교위(校尉)로 있던 김억(金億), 백유(白儒), 필현보(畢玄甫), 신죽(申竹) 등 10여 명을 이끌고서 소매 속에 도끼를 감추고 최광수를 찾아가 이야기를 나누다가 갑자기 그의 일당 8명을 죽이고 위급한 상황을 안정시켰다. 그 공으로 섭중랑장(攝中郎將)에 특진되었고 뒤에 상장군에 이르렀다. ≪고려사(高麗史)≫ 권121 <충의열전(忠義列傳) 정의(鄭顗)>

355 필현보(畢玄甫) : ?~1233. 원래 정의(鄭顗)의 부하로 최광수의 난을 함께 평정한 인물이다. 그러던 그가 1233년 반란을 일으켜 서경을 탈취하였는데, 이때 정의가 그를 설득하러 갔으나 도리어 죽임을 당하였다.

에 추증되었으니,[356] 이분이 비조(鼻祖)가 된다.

이분이 어사(御史) 증우복야(贈右僕射) 휘 현(儇)을 낳으시고, 복야공이 찬성사(贊成事) 장경공(章敬公) 휘 해(瑎)를 낳으시고, 장경공이 중대광(重大匡)[357] 청하군(淸河君) 휘 책(幘)을 낳으시고, 청하군이 좌간의(左諫議) 문하시중(門下侍中) 청하부원군(淸河府院君) 설곡 선생(雪谷先生) 휘 보(誧)를 낳으시고, 설곡 선생이 진현관 대제학(進賢舘大提學) 청원군(淸原君) 증좌정승(贈左政承) 문간공(文簡公) 원재 선생(圓齋先生) 휘 추(樞)를 낳으시고, 원재 선생이 본조의 개국공신 정당문학(政堂文學) 서원군(西原君) 문민공(文愍公) 복재 선생(復齋先生) 휘 총(摠)을 낳으시고, 복재 선생이 복호군(卜護軍) 휘 효충(孝忠)을 낳으시고, 상장군이 집의(執義) 옥경(沃卿)을 낳으시고, 집의가 철산군수(鐵山郡守) 증이판(贈吏判) 휘 윤증(胤曾)을 낳으시고, 이판(吏判)이 감찰(監察) 증좌승지(贈左承旨) 휘 응상(應祥)을 낳으시고, 승지공이 명신재(明愼齋) 증이판(贈吏判) 휘 사중(思中)을 낳으시고, 명신재(明愼齋)는 아들 문목공(文穆公)을 두었으니 휘는 구(逑)요, 세상에서는 한강 선생(寒岡先生)이라고 불렀다. 한강 선생이 문도사(文都事) 만오(晩悟) 휘 장(樟)을 낳으시고, 만오 선생이 승의랑(承義郞) 휘 유희(惟熙)를 낳으셨는데, 문목공의 승중상(承重喪)을 당하여 상례를 견디지 못하고 세상을 떠나심에, 막내 동생 휘 유도(惟燾)의 장남인 찰방(察訪) 휘 창지(昌址)를 아들로 삼으셨다. 삼대를 내려와 휘 동리(東里)는

356 필현보(畢玄甫)를 …… 추증되었으니 : 고려가 강화(江華)로 도읍을 옮긴 다음 해인 1233년에 필현보(畢玄甫)가 서경에서 배반하니, 조정에서 정의를 보내어 선유(宣諭)하게 하였다. 정의가 대동강에 이르니, 종자(從者)가 서둘러 들어가지 말기를 청하자 정의가 분연히 말하기를 "왕명을 받고 나왔으니 어찌 감히 조금이라도 지체하겠는가." 하였다. 필현보를 만나자, 필현보는 정의를 얻는 것을 기뻐하여 그를 주장(主將)으로 삼으려고 한편으로는 달래고 한편으로는 협박하였으나, 정의는 끝내 굴복하지 않다가 해를 당하였다. ≪동국여지지≫ 권9 <평안도>

357 중대광(重大匡) : 고려(高麗) 시대(時代)에 둔 종일품(從一品)의 문관(文官) 품계(品階).

현감(縣監)을 지냈다. 또 2대를 내려와 지애(芝厓) 휘 위(煒)는 부군에게는 5대조가 된다. 증조 낙래재(樂來齋) 휘 보영(輔永), 조부 무호당(無號堂) 휘 민화(民和)는 모두 은일(隱逸)로서 벼슬하지 않았다.

선고 일우(一宇) 휘 세용(世容)은 유림의 중망이 있었으며, 선비 옥산장씨(玉山張氏)는 주부(主簿) 유량(有良)의 딸이며, 죽정(竹亭) 잠(潛)[358]의 후손이다. 철묘(哲廟) 정사(丁巳, 1857) 9월 11일에 지촌(枝村) 옛집에서 부군을 낳으시니, 용의가 화락하고 총명함이 뛰어났다. 다섯 살에 낙래공(樂來公) 무릎에서 숫자와 방위의 이름과 사해 신의 이름을 외우니,[359] 보는 사람들이 기이하게 여겼다. 일곱 살에 ≪십구사(十九史)≫[360]를 읽었는데, 이때 일우공(一宇公)의 교수법에 요령이 있어 족당의 신진들이 거의 모두 수업을 청하였다. 그러나 비록 재주와 총기가 있더라도 어린아이는 하루 공부를 반드시 스무 줄을 한도로 삼으시고 익숙하게 읽고 자세하게 음미하는 것에 힘쓰게 하였다. 부군께서는 언제나 배우는 것이 당신의 재주에 충분하지 못함을 근심하여 간혹 어른이 밖으로 나가고 계시지 않으면 반드시 같은 무리 가운데 ≪논어≫와 ≪맹자≫를 읽는 자를 데려와서 가르쳐 주도록 했다.

또 간혹 소란을 피우거나 법도를 어긴 자를 제지하고 벌하기도 하였다. 부군의 나이 겨우 열 한 두 세 살이었을 때 읽은 책이 ≪한사(漢史)≫ 5, 6책이었다. 경오(庚午, 1870)년에 일우공(一宇公)이 할머니 최씨(崔氏)의 승중상

358 죽정(竹亭) : 장잠(張潛 1497~1552)의 호이다. 여헌의 족조(族祖)로 자(字)가 호원(浩源)이다.

359 다섯 살에 …… 외우니 : ≪예기(禮記)≫ <내칙(內則)>에, "6세가 되면 숫자와 방위의 이름을 가르친다.(六年 敎之數與方名)"라고 하였으나 성재 정재기가 다섯 살에 숫자와 방위를 외운 것은 그의 총명이 뛰어났음을 나타내는 말이다.

360 ≪십구사(十九史)≫ : 중국에서 ≪십팔사(十八史)≫에 ≪원사(元史)≫를 더한 열아홉 가지의 사서(史書)를 가리킨다.

(承重喪)을 당하셨을 때 일우공(一宇公)이 여러 해 앓는 고질병이 있으셨는데 부군과 백씨께서 부친을 봉양하는 일에는 시탕을 부지런히 하시고, 곡하고 제사 지내는 일에는 조석으로 의례를 지키시니, 조문하는 사람들이 모두 말하기를, "이것이 이른바 금옥(金玉)과 같은 형제라고 말하는 것이다."라고 하였다.

신미(辛未, 1871)에 책을 지고 외가[361]에 가서 외삼촌 농산 선생(農山先生)[362]에게 ≪중용≫과 ≪대학≫을 수학하였는데, 얼마 안 되어 문리가 크게 트이고 의사가 한층 생겨나서 시를 읊조리는 데는 역량이 고상하고 고풍스러웠으며 논변에는 제도가 삼엄하였다. 부귀를 티끌처럼 보는 용기와 빈천에도 바꾸지 않는 지조는 이미 어릴 때부터 그러하였다.

일찍이 일우(一宇) 옹께 말씀을 드리기를, "지금 세상에서 벼슬에 나아가는 길은 과거시험장의 시문(時文)이 아니면 길이 없는데, 3분의 1의 시간을 허비하여도 되겠습니까?" 일우 옹이 말씀하시기를, "대저 과거 공부는 유자의 실지(實地)는 아니다. 만약 한결같이 잘 해나간다면 어찌 뜻을 잃겠느냐? 그러나 이미 나라에서 제도를 만들어 선비를 뽑는 한 가지 방법으로 글 짓는 재주를 시험하고 있으니, 소년 시절에 학문을 넓히는 한 가지로 해가 되지는 않을 것이다."라고 하셨다. 이에 고을의 이웃 학반(學伴) 5, 6명과 함께 숙야재(夙夜齋)에서 시험 삼아 문예(文藝)를 익혔으며, 간혹 족조 고헌옹(顧軒翁)[363]께 평가를 받았다. 어르신께서 시고에 대하여 포폄하는 글을

361 외가 : 원문은 위양(渭陽)으로 되어 있다. ≪시경(詩經)≫ 진풍(秦風)의 <위양(渭陽)>이라는 시에서, 진(秦)나라 강공(康公)이 그의 외삼촌인 진(晉)나라 공자 중이(重耳)를 위수 북쪽에서 전송하며, 외삼촌을 보내는 아쉬움과 어머니에 대한 그리움을 노래하였다. 훗날 이 고사에서 유래하여 외가를 지칭하는 은유적인 표현으로 위양(渭陽)이 사용되었다.

362 농산 선생(農山先生) : 장승택(張升澤, 1838~1916)이다. 본관은 인동(仁同), 자는 희백(羲伯), 호는 농산(農山)으로 경상북도 칠곡군 기산면 각산리 출신이다. 조선 말기 유학자로 사림의 추중을 받았고, 1912년 뇌양정사(磊陽精舍)를 건립하여 후진 양성에 힘썼다.

적으셨는데, 종이 뒷면에 말하기를, "여기에 관각(館閣)의 수법[364]이 있다." 라고 하였다.

기묘(己卯, 1879)에 일우 옹의 상을 당하여 형식과 마음[365]을 모두 예법에 맞게 하였다. 장례하는 달이 되어 일족의 선대 묘소 매우 가까운 곳에 산소 자리를 잡았는데, 자못 지난(持難)[366]한 일이 있었다. 부군께서 백씨를 모시고 쇠약한 몸을 이끌고 애걸하였다. 하룻길을 아침에 갔다가 저녁에 돌아오기를 무릇 세 차례나 하니, 족인이 말하기를, "얼굴이 슬픔으로 검어지고[367] 섶처럼 말라서 실의한 모습은 사람으로 하여금 감동을 시키기에 충분하다."라고 하며 마침내 허락하였다.

계미(癸未, 1883)에 선비 장씨의 상을 당하여 곡하고 가슴을 치며 붙잡고 부르짖기를 이전에 부군을 잃었을 때와 같이 하였다. 또한 역병으로 병져 누웠는데, 누우면 번번이 혼곤히 인사불성이 되어 알아듣지 못하는 소리를 하는 가운데에도 절반은 슬프게 통곡을 상황이었다. 그리고 간혹 성내어 꾸짖어 말하기를, "어머니가 돌아가셨는데 몸이 쇠하지 않으니 어찌 이런

363 고헌옹(顧軒翁) : 정래석(鄭來錫, 1808~1893)이다. 본관은 청주, 자는 치인(致仁), 호는 고헌(顧軒)이다. 성주 출신의 유학자로서, 한강(寒岡) 정구(鄭逑)의 후손이다. 저서로는 ≪고헌선생문집(顧軒先生文集)≫ 8권 4책이 있다.

364 관각(館閣)의 수법 : 수문(修文)의 관직을 통칭하는 말이다. 관각문학은 조선시대 관각인 홍문관(弘文館)·예문관(藝文館) 등에서 제작된 한문 문장이다. 당·송 고문을 존중하며 전아한 수사와 유창한 서술이 특징이다. 장식미에 치중하여 변려문이 쓰이기도 한다.

365 형식과 마음 : 원문은 '이이척(易而戚)'으로, 이(易)는 형식에 치중한 것을, 척(戚)은 슬픔을 가리키는 말이다. ≪논어≫ <팔일(八佾)>에 임방(林放)이 예(禮)의 근본을 묻자, 공자가 대답하기를 "예는 사치하기보다는 차라리 검소한 것이 낫고, 상은 형식적으로 잘 치르기보다는 차라리 슬퍼하는 것이 낫다.(禮與其奢也寧儉 喪與其易也寧戚)"라고 한 말에서 유래하였다.

366 지난(持難) : 어렵게 여겨 망설이며 결정하지 못하는 것을 말한다. 여기에서는 산소 자리에 대한 허락을 얻지 못함을 이른 말이다.

367 얼굴이 …… 검어지고 : 원문의 '심묵(深墨)'은 자식이 부모의 죽음을 몹시 슬퍼한 나머지 몸이 수척해지고 얼굴이 검어진 것을 뜻하니, 부모의 죽음을 애통해하는 모습이다.

이치가 있는가?"라고 하였다. 이렇게 수십 일이 지나자 역병의 기세가 물러나고 제법 정신을 찾아서 말하기를, "초종(初終)[368]도 마치지 못한 아이가 고깃국으로 살아나기를 구하였다니, 그 죄가 만 번 죽는 것이 합당하다."라고 하며, 이후로는 다시 고기로 조리한 음식[369]을 가까이 하지 않았다.

상복을 벗고 백씨 부군에게 말하기를, "우리 형제는 학문이 있는 집에서 태어나서 죄악이 무겁고도 지극하여 화가 부모에까지 미쳤으니, 독서하여 입신양명하지 않는다면 어떻게 다하지 못한 효도를 할 수 있겠습니까? 그러나 집에서 밥을 먹으며 일을 하고 있으니 공부에만 오로지 힘쓸 수가 없습니다. 바라건대 조용한 곳을 찾아서 정신을 가다듬으며 공부를 해도 되겠습니까?"라고 하니, 백씨 부군께서 말씀하시기를, "이것이 나의 뜻이다. 가족들의 생계는 내가 있으니 네가 좋을 대로 하여 집안의 명성을 떨어뜨리지 않도록 해라."라고 하였다.

을유(乙酉, 1885)년 겨울에 부군께서 5, 7명의 관동(冠童)과 함께 일요암(日曜庵)[370]에 들어가, ≪상서(尙書)≫에서 의문이 나는 조목 수십 개를 적어서 고옹(顧翁, 정래석)께 서신으로 여쭈니 고옹이 답장하면서 격려하여 말하기를, "이 사람이 참으로 우리 집안의 천리마 새끼로다."라고 하였다.

병술(丙戌, 1886)과 정해(丁亥, 1887)에 모두 선석사(禪石寺)[371]에 있었는데,

---

368 초종(初終) : 사람이 병이 위독하여 숨을 거두기 직전부터 죽은 뒤 부고를 내기까지의 절차이다.

369 고기로 조리한 음식 : 원문의 '추환(芻豢)'은 풀을 먹는 마소나 곡식을 먹는 개·돼지 따위를 가리키는 말이다.

370 일요암(日曜庵) : 성주군 수륜면 백운리에 위치한 이 암자는 가야산 자락에 자리 잡고 있었으며, 백운동 주차장에서 약 1.2km 떨어진 곳인 용기골 등산로에 위치한다. 현재 터만 남아 있다.

371 선석사(禪石寺) : 경상북도 성주군 월항면 선석산(禪石山) 기슭에 위치한 사찰로, 대한불교조계종 제9교구 본사인 동화사의 말사이다. 본문에는 선석사(禪釋寺)로 되어 있으나 바로잡는다.

듣고서 따르는 자가 장진규(張鎭奎) 군·매서(妹婿) 장창현(張昌鉉)·서생 이수근(李壽根)·재종제 재선(在善)과 재봉(在鳳)이었다. 대개 부군의 학문은 백가의 글을 섭렵하지 않은 것이 없었지만 반드시 사서를 근본으로 삼고, ≪서전(書傳)≫을 궁극의 법으로 삼아서 중년과 만년 이후 대략 10여 년에 읽고 외우는 것은 오로지 ≪서전≫에 있었다. 그래서 문장으로 표현해 지으면 창연(蒼然)히 옛 작가의 체제가 있었으니, 화려한 문체를 숭상하는 당시의 사람도 간혹 외우고 서로 전하였다.

부군의 <독서잠(讀書箴)>은 이러하다.

戒之哉	경계할지어다!
勿怠勿放	게으르지 말고 방심하지 말라.
怠則心昏	게으르면 마음이 혼미해지고
放則情蕩	방심하면 정이 방탕해진다.
莫歎才魯	재주가 둔한 것을 한탄하지 말고
患志不篤	뜻이 돈독하지 못한 것을 근심하라.
昔者子輿	옛날에 자여(子輿)[372]는
竟以魯得	마침내 노둔함으로써 터득하였네.
矧兹讀書	하물며 이 독서란
不待聰明	총명함을 기다리지 않아도 되니
心誠求之	마음으로 정성껏 구한다면
何患不成	어찌 이루지 못할까를 근심하랴!
蒙養不端	어려서 기름이 바르지 못하면

372 자여(子輿) : 공자의 제자인 증삼(曾參, B.C. 505~436)의 자이다.

長益浮靡　　자라서는 더욱 경박해지고

少時不讀　　젊은 시절 책 읽지 않으면

老大悔追　　늙어서 후회가 따르게 된다.

勗哉小子　　힘쓸지어다, 소자여!

念茲在茲　　이것을 생각하고 이것을 간직하라.

非予冲言　　나의 빈 말이 아니라

先哲遺題　　선철이 남기신 글이니라.

또 <서첨명(書籤銘)>은 이러하다.

斐然爾文　　빛나도다, 너의 문채여!

純乎爾質　　순수하도다, 너의 바탕이여!

堅剛潔白　　굳세고 결백함은

君子之德　　군자의 덕이로다.

不由切磋　　절차탁마하지 않으면

斯焉取斯　　어디에서 이 덕을 취할까!

嗟哉學子　　아, 배우는 이여!

用此求之　　이로써 덕을 구하라.

또 <수신제가치국평천하찬[修齊治平贊]>은 이러하다.

家有主翁　　집에 주인이 있으면

門戶整潔　　문호가 단정하고 깨끗하니

玉由琢磨　　옥은 갈고 닦아야 하고

弓乃奠發	활은 안정되어야 쏠 수 있다네.
肆古哲王	옛날의 현철한 선왕들은
修身爲本	수신으로 근본을 삼았다네.
操約施博	간략함을 잡아서 널리 베풀었고
自邇而遠	가까운 데로부터 먼 데까지 나아갔네.
家國雖衆	가정과 국가가 비록 많지만
措之則是	마음 둘 것은 이것뿐이며
天下雖大	천하가 비록 크지만
達之無二	도달하는 것은 둘이 아니라네.
明明聖謨	밝고 밝은 성인의 가르침
斯學之大	이 배움이 위대하니
謂予不信	나에게 믿지 못하겠다 말한다면
請視三代	청컨대 삼대(三代)를 보시게.

위 세 글을 항상 눈에 띄는 곳에 걸어두고 독서하면서 몸이 피곤하면 간혹 씩씩하게 한 번 암송하여 자신을 경계하였다. 이윽고 마음을 바꾸어 말하기를, "다만 부지런히 읽는 것을 일삼을 줄만 알고 인심(人心)과 도심(道心)을 분별하지 못하는 자는 글 만하는 사람일 뿐이니 또한 비루하지 않은가?"라고 하였다. 이윽고 말하기를, "사람에게는 마음 한 개가 있으니 인의예지(仁義禮智)를 통하여 발현하면 천지와 더불어 참여할 수 있고, 성색취미(聲色臭味)를 통하여 발현하면 금수와 가깝게 될 것이다. 사람이 이 두 가지가 마음에서 발현되는 것을 보고서도 스스로 수양하는 것을 꺼려서 편안하고, 즐거운 것에 안주하고 정욕을 따라서 천리를 제거하는 풍조가 천하에 넘쳐난다. 대성(大聖)이신 순(舜)임금께서는 후세 사람들에게 이러한 근심이

있을까를 걱정하여 선위할 때 간곡하게 경계의 말을 고한 것이 '위미정일(危微精一)' 16자[373]를 벗어나지 않았다. 형기(形氣)에서 발현한 것을 이름하여 인심(人心)이라 하고, 성명(性命)에 근원한 것을 이름하여 도심(道心)이라 한다. 사람은 이 두 가지가 서로 만나는 자리에서 양단을 갈라, 한 가지는 힘써 극복해 다스려야 하고, 나머지 한 가지는 명심해서 굳게 지켜야 한다. 이렇게 하면 위태로운 것은 안정되고 은미한 것은 드러나서 마음에 뒤섞이지 않아 비로소 인심(人心)과 도심(道心)의 구분이 하늘과 땅의 거리만큼 명백해질 것이다. 그러면 우리 부자(夫子, 공자)의 극기복례(克己復禮)[374]와 추맹씨(鄒孟氏, 맹자)의 과욕존심(寡欲存心)[375]은 전후의 한 법도로 조술하여 서로 계승하게 될 것이다. 이것이 만세 심학(心學)의 근원이 된 까닭이다.

비록 그렇지만 사람에게는 이 몸이 있으므로 인심(人心)이 없을 수 없다. 반대로 또한 성(性)이 있으므로 도심(道心)이 없을 수 없다. 참으로 인심을 도심의 절제를 받게 하여, 마치 병졸이 장수의 명령을 받고 자제가 부형를 따르듯이 한다면 인심이 어찌 일찍이 나쁜 것이겠는가? 이것이 주자(朱子)께서 ≪중용(中庸)≫에서 인심과 도심을 함께 말씀하신 까닭이다. 또한 합하여 말씀하시기를, 배 고프면 먹고 싶고 목 마르면 마시고 싶은 것은 인심

373 위미정일(危微精一) 16자 : ≪서경(書經)≫ <대우모(大禹謨)>에 나오는 바 "인심은 위태하고 도심은 은미하니, 오직 정밀하고 일관되게 하여 그 중도(中道)를 진실로 잡아야 한다.(人心惟危 道心惟微 惟精惟一 允執厥中)"라는 16자를 압축해서 말한 것이다. 주희(朱熹) 등 송유(宋儒)가 이것을 요(堯)·순(舜)·우(禹) 세 성인이 서로 도통(道統)을 주고받은 십육자심전(十六字心傳)이라고 강조한 뒤로부터, 개인의 도덕 수양과 치국의 원리로 숭상되어 왔다.

374 극기복례(克己復禮) : 안연(顔淵)이 인(仁)을 묻자, 공자가 대답해 준 말이다. ≪논어≫ <안연(顔淵)>에 "극기복례(克己復禮)가 바로 인(仁)이다. 하루라도 극기복례를 할 수 있게 되면, 온 천하 사람들이 그 인에 귀의할 것이다.(天下歸仁焉)" 하였다.

375 과욕존심(寡欲存心) : 욕심을 줄이고 선한 마음을 보존한다는 뜻으로 "인욕을 막고 천리를 보존한다.(遏人慾存天理)"는 것과 상통한다.

(人心)이요, 마시고 먹는 것에 있어 바름을 얻는 것은 도심(道心)이라고 하셨으며, 또 인심(人心)은 본래 제거할 수 없는 것이라고 하고, 또 도심(道心)과 인심(人心)의 이치에서, 사람으로 하여금 인심을 제거하지 않고 이른바 도심만을 구하게 한다면 이것은 자신의 몸을 깨끗이 하기 위하여 윤리강상을 어지럽히는 자[376]가 하는 행위와 같을 것이라고 하였다.

대개 지극히 위태로운 것이 인심(人心)이지만 없을 수 없는 것 또한 인심(人心)이며, 지극히 은미한 것이 도심(道心)이지만 가릴 수 없는 것 또한 도심(道心)이다. 하나의 마음에서 두 가지가 나누어지고, 두 가지인데 서로 돕는 공이 있다. 나누지 않는다면 두 가지의 실상을 볼 수 없고, 합하지 않는다면 동행의 묘용을 알 수 없다. 군자는 여기에 미루어 마땅히 경(敬)으로 내면을 바르게 하고 장(莊)으로 스스로를 지니고 기미를 살펴서 터럭만한 사이에도 공사(公私)와 사정(邪正)의 나뉨을 분별한다. 인심에 있어서는 항상 거두어 돌이킬 것을 생각하고 도심에 있어서는 감히 놓아 떠나지 않도록 해야 한다. 이렇게 되면 인심의 발현에서 도체(道體)의 유행(流行, 작용)을 보게 될 것이다. 그렇다면 어떻게 하면 그 바름을 얻겠는가? 단사두갱(簞食豆羹)[377]이라도 주고받음을 분명히 한다면 음식이 바른 것이요, 금슬종고(琴瑟鍾鼓)[378]이라도 자리 정함을 신중히 한다면 남녀가 바른 것이요, 허물 듣

376 자신의 …… 어지럽히는 자 : 자기 한 몸 깨끗하게 하고자 윤리를 어지럽히는 사람을 말한다. ≪논어≫ 미자(微子)에, "자로가 말하기를, '벼슬하지 않는 것은 의(義)가 없으니, 장유(長幼)의 예절을 폐할 수가 없거늘 군신(君臣)의 의를 어떻게 폐할 수가 있겠는가. 이는 자신의 몸을 깨끗하게 하기 위하여 큰 윤리를 어지럽히는 것(潔身亂倫)이다.' 하였다."라고 하였다.

377 단사두갱(簞食豆羹) : 일단사일두갱(一簞食一豆羹)을 이름. 즉 대나무로 만든 밥그릇 하나에 담은 밥과 제기(祭器) 하나에 담은 국이라는 뜻으로, 소량의 음식을 말함.

378 금슬종고(琴瑟鍾鼓) : 거문고와 비파, 종과 북이다. 부부의 화락한 관계를 금슬에 비유한다.

기를 기뻐하기를 자로(子路)처럼 한다면[379] 기쁨이 바름을 얻은 것이요, 화를 옮기지 않음을 안연(顔淵)처럼 한다면[380] 성냄이 바름을 얻은 것이다. 이를 제외하고 인욕(人欲)과 천리(天理)가 서로 위배되지 않았다고 말한다면 나는 그것을 믿지 않겠다는 등의 말씀을 하였다.

부군의 논설은 줄기는 곧으셨고 설명은 평범하였다. 성현들의 책은 모두 구절마다 의미를 부쳤으니 일찍이 가볍게 눈으로 보고 지나지 않으셨다. 그러므로 비록 학문이 높은 숙유(宿儒)라도 자주 지적을 받았던 것이다. 일찍이 또 개탄하시며 말하기를, "글은 도를 싣는 그릇이요, 독서는 도를 싣는 도구인데, 마음으로는 체득하지 않고 몸으로는 실행하지 않으니 오히려 읽지 않는 것과 같다. 어찌 기질을 변화시킬 것을 생각하지 않는단 말인가?"라고 하시고, 마침내 문미에 쓰기를 '괄구습(刮舊習)'이라고 하였으니, 설 문청(薛文淸)의 신주(辰州) 탄식에서 취한 것이다.[381] 또 쓰기를, '청순계(聽舜鷄)'라고 하였으니, 맹자가 이른 바 '부지런히 선행을 한다'에서 취한 것이다.[382]

---

379 허물 …… 한다면 : ≪맹자≫ <공손추 상(公孫丑上)>에 "자로는 사람들이 그에게 허물이 있음을 말해 주면 기뻐하였다.(子路人告之以有過則喜)"라고 하였다.

380 화를 …… 한다면 : 공자가 안연을 평가한 말이다. ≪논어≫ <옹야(雍也)>에 "안회(顔回)라는 자가 학문을 좋아하였다. 그는 다른 사람에게 화풀이를 하지 않고, 같은 잘못을 다시 범하지 않았다. 그런데 불행히도 수명이 짧아서 죽고 말았다. 지금은 그와 같은 자가 없다. 나는 그처럼 학문을 좋아한 사람이 있다는 말을 아직 듣지 못하였다.(有顔回者好學 不遷怒 不貳過 不幸短命死矣 今也則亡 未聞好學者也)"라고 하였다.

381 설 문청(薛文淸)의 …… 것이다 : 문청(文淸)은 설선(薛瑄, 1392~1464)의 시호. 자는 덕온(德溫), 호는 경헌(敬軒). 명(明)의 하진(河津) 사람이며, 경제(景帝) 때 예부 우시랑(禮部右侍郎)을 지냈다. 설선의 학문은 한결같이 정주(程朱)를 종주(宗主)로 삼았는데 그의 저술 ≪독서록(讀書錄)≫은 널리 읽혔다. 정덕(正德, 1505~1521) 5년 12월 2일 설 문청(薛文淸)이 신주분사(辰州分司)에 있을 때 자기의 덕이 크게 진취하지 못하는 까닭은 바로 옛 버릇에 얽매여 벗어나지 못함이라 생각하고 탄식한 일이 있다. ≪명유학안(名儒學案)≫ <하동학안(河東學案)>

382 맹자가 …… 것이다 : ≪맹자≫ <진심 상(盡心上)>에 "새벽에 닭이 울자마자 일어나서 부

학자들을 깨우쳐 말하기를, 사람이 훌륭한 일을 할 수 없는 것은 언제나 옛것을 그대로 답습하고 잘못된 묵은 습성을 없애지 못하기 때문이다. 마땅히 성품을 바꾸고자 하면 고생을 참고 결단코 실행해야 한다. 그러나 그것을 실행할 때에 방법이나 이유가 혹시 진선(眞善)하지 못하면 오래도록 하더라도 변하지 않을 수 없다. 그러므로 자기의 악을 다스리기를 설문청(薛文淸)처럼 하기를 스스로 기약하고,[383] 인심이 맑고 투명하기가 맑은 새벽과 같으므로 다른 사람에게 취하여 선을 행하는 것은 반드시 대순(大舜)을 사표로 삼아야 한다.[384] 그러나 나는 본래 소홀하고 게으른 것이 습관이 되어 과연 처음부터 끝까지 변하지 않을는지 모르겠다. 스스로 심의(深衣)에 큰 띠를 띠고 높은 관모에 방리(方履 모난 신)를 신고[385] 계셨던 것은 성대한 위의를 드러낼 수 있기 때문이었다.

무술(戊戌, 1898)년에 남산씨(南山氏)[386]가 ≪한강선생속집(寒岡先生續集)≫의 구조문목(九條問目)과 ≪한강선생언행록(寒岡先生言行錄)≫의 경연설(經筵說)에 관한 일로 통문을 여러 번 보내왔는데, 그 논의가 사실과 어긋나고

지런히 선행을 힘쓰는 자는 순 임금의 무리요, 새벽에 닭이 울자마자 일어나서 부지런히 이익을 구하는 자는 도척(盜蹠)의 무리이다. 순 임금과 도척의 구분을 알고 싶다면 그것은 다름이 아니라 단지 이익을 탐하고 선행을 좋아하는 그 사이에 있을 뿐이다.(雞鳴而起 孳孳爲善者 舜之徒也 雞鳴而起 孳孳爲利者 跖之徒也 欲知舜與跖之分 無他 利與善之間也)"라고 한 데서 온 말이다.

383 자기의 악을 …… 스스로 기약하고 : 설선(薛瑄)이 신주(辰州)에서 '자기의 덕이 크게 진취하지 못하는 까닭은 바로 옛 버릇에 얽매여 벗어나지 못함이라 생각하고 탄식한 일'을 염두에 둔 발언이다.

384 인심이 맑고 …… 사표로 삼아야 한다 : ≪맹자≫ <진심 상(盡心上)>의 '새벽에 닭이 울자마자 일어나서 부지런히 선행을 힘쓰는 자는 순 임금의 무리'를 염두에 둔 발언이다.

385 심의에다 …… 신는 것 : 전통적인 유가의 복식을 따르는 것을 말한다.

386 남산씨(南山氏) : 여헌 장현광의 후손을 말한다. 장현광의 출생지가 인동현 인선방(仁善坊)의 남산(南山)이었다. 현재 경상북도 구미시 인동동에 해당한다. 이곳에 사는 인동 장씨를 남산파(南山派)라고 한다.

과장된 것이었다. 부군께서 말씀하시기를, “시비(是非)에 투신할 것이다. 자연 속에 사는 것은 내가 즐거워하는 것이 아니다. 그러나 이 논의를 힘써 분변하는 것은, 다만 우리 10세 선대가 굳게 잡아온 의(義)를 지키는 일일 뿐만이 아니니, 화(禍)가 선조의 문집에까지 미치게 되니 어찌하겠는가? 이에 말 한 필에 종 하나를 데리고 먼저 도산(陶山)에 이르러 사문을 속이고 핍박한 죄를 밝히고, 다음으로 연산(連山)·회덕(懷德)을 거쳐 태학(太學)으로 향하였다. 가는 곳마다 격문을 전하고 크게 이기고 돌아왔다. 이어서 도회(道會)를 상산(商山, 상주) 향교에서 열어 연산(連山)·회덕(懷德)·성균관(成均館)의 글을 보이고 세 곳을 지나온 이력으로써 알렸다. 듣는 자는 기뻐서 박수치지 않는 자가 없었다. 드디어 남산씨(南山氏)에게 그 조목에 대하여 벌하고 마쳤다. 그후로 경쟁하며 좇아다니는 것을 끊으시고 할 일 없는 사람들의 방문도 금하시며 고요하게 괄구습헌(括舊習軒)에 거처하면서 주자서(朱子書)를 읽는 것으로 하루의 일과를 삼으셨다. 무릇 향당이나 종중에 시비[387]가 있으면 모두 나아와서 질문하였다.

기미(己未, 1919)에 나라에 대상(大喪)이 있어 인산(因山, 장례)하는 즈음에 온 누리에 소요가 일어났는데, 부군께서 일찍이 호남 영남의 선비 100여 명과 더불어 파리회의에 편지를 보내어 지름길로 나라의 독립을 구하였다. 그런데 이 일이 발각됨에 경찰서에서 부르는 전갈이 있자 핑계를 대며 거절할 수 없었다. 가지 않는다면 심문하는 자리에 재앙이 커질 것이니, 부군께서 말씀하시기를, “왜적의 감옥[388]에서 자진하는 것보다 온전한 몸으로

387 시비 : 원문의 ‘자황(雌黃)’은 유황(硫黃)과 비소(砒素)를 혼합하여 만든 안료(顔料)로, 옛날에 황지(黃紙)에 글씨를 쓰다가 잘못 썼을 경우에 이것을 사용해서 글자를 지우고 그 위에 다시 썼는데, 전하여 글을 고치고 비평하거나 비판하는 것을 비유한다. 여기에서는 시비가 있는 경우를 말한다.

388 감옥 : 원문의 ‘폐안(狴犴)’은 감옥을 뜻한다. 양용수(楊用修)의 ≪단연록(丹鉛錄)≫에 “용

돌아가는 것[389]이 낫지 않겠는가?"라고 하셨다. 다음날 새벽에 부군께서 가슴이 답답한 증상이 있고, 조금 있다가 문득 입을 다물고 의식이 없더니 대략 두 시 경에 편안히 돌아가셨다. 이해 3월 초9일 사시(巳時, 오전 10시 전후)였다.

사는 곳 뒷편 산기슭 대기동(大基洞) 경좌(庚座) 언덕에 장사지냈다. 만사(輓詞)와 뇌사(誄詞)를 지은 자가 수백 인이 모두 사문(斯文, 유림)으로 조문하였다. 이름하여 성재 선생(省齋先生)이라 하고, 각자 수십 문(文, 금전)으로 계를 만들고 계안(契案)에 적기를 '정의(正誼)라고 하였으니, 부군께서 이익을 도모하지 않은 까닭이었다.

배위 안동 권씨(安東權氏)는 문과에 급제를 한 용국(龍國)의 따님이며 충강공 도(忠康公濤)의 후손으로 유순하고 유덕하였다. 자식에는 아들이 셋이니, 장남은 광호(光鎬)이고 차자는 건호(健鎬)와 경호(經鎬)인데 모두 출계(出係)하였으며, 딸은 성산(星山) 이기승(李基承)에게 시집갔다. 광호(光鎬)의 아들은 원(源)과 염(濂)이며, 딸은 옥산(玉山) 장익진(張翼珍)과 옥산(玉山) 장한규(張漢圭)의 아내이다. 건호(健鎬)의 아들은 보(溥)와 연(淵)과 환(渙)이며, 딸은 경주(慶州) 최목영(崔穆永), 파평(坡平) 윤천수(尹芊洙), 영천(永川) 최수동(崔守東)의 아내이다. 경호(經鎬)의 아들은 택락(宅洛)과 준(準)이다. 이기승(李基承)의 아들은 한석(漢錫), 영석(英錫), 종석(鍾錫)이며, 딸은 이원강(李源康)의 아내이다.

의 새끼 가운데 넷째는 폐안(狴犴)으로 형상이 범 같은데 옥문(獄門)에 서 있다."라고 한 기록이 있다.

389 온전한 몸으로 돌아가는 것 : 원문의 '전귀(全歸)'는 몸을 잘 보존하여 생전에 신체에 손상을 끼치지 않고 죽는 효를 이른 말이다. 증자(曾子)의 제자 악정자춘(樂正子春)이 "부모가 온전히 낳아 주셨으니, 자식이 온전하게 돌아가야만 효도라 할 것이다.(父母全而生之 子全而歸之 可謂孝矣)"라고 한 데서 유래하였다. ≪예기(禮記)≫ <제의(祭義)>

오호라! 세상의 이름난 선비로 성대한 재주와 덕이 부군보다 뛰어난 자가 혹시 있더라도 의리가 삼엄한 때에 이르러 의심스러운 것의 사(邪)와 정(邪)을 판별함은 부군 외에 내가 본 것이 많지 않으며, 독실하게 배우고 애써 노력하는 모습과 부지런하고 절제하는 생활은 부군보다 뛰어난 자가 혹시 있더라도 참으로 곤궁해도 이익을 도모하지 않고 환란 중에서도 염치를 높이는 것에 이르러서는 부군 외에 내가 본 것은 많지 않다. 그러므로 그 기상은 단정하고 밝고 방정하고 곧아서 예법을 베푸는 자리에는 심의(深衣)를 입고 큰 띠를 두르시고 옷깃을 가지런히 하셨으며,[390] 그 논의가 평이하고 순하며 이치대로 풀어서 변고를 밝게 분별할 때는 대중의 의혹이 시원하게 문득 풀렸다.

뜻이 안정되었으므로 비록 급박한 자리에 있더라도 말씀과 낯빛이 편안하셨고, 정신이 맑았으므로 사람들의 비방을 당하여도 선악에 어지럽지 않으셨다. 사람을 대함에 온화함을 위주로 하시고, 몸을 낮추어 자신의 덕을 기르시고,[391] 아래 사람을 부림에 은혜롭게 하시고, 엄하지만 미워하지는 않으셨다. 자식과 조카에게 잘못이 있으면 이치로 깨우쳐서 스스로 새롭게 할 수 있도록 하였고 문중의 시비에는 정성으로 움직여서 스스로 뉘우치게 하셨다.

제사를 드릴 때에는 반드시 살아계실 때처럼 하기를 반드시 지켰고, 부모님 섬길 때는 기간(幾諫)[392]을 법로 삼으셨다. 백씨공과는 우애가 독실하

390 옷깃을 가지런히 하셨으며 : ≪논어(論語)≫ 향당편(鄕黨篇)에, "공자(孔子)는 임금이 불러서 빈객(賓客)을 접대하게 될 경우에는 옷 앞 뒷자락을 단정하게 하였다.(衣前後襜如也)"라고 하였다.

391 몸을 …… 기르시고 : ≪주역≫ <겸괘(謙卦)> 초육(初六) 상(象)에 "겸손한 군자는 몸을 낮추어 자신의 덕을 기른다.(謙謙君子 卑以自牧也)"라는 말이 나온다.

392 기간(幾諫) : 부모가 잘못이 있을 때 즐거운 안색과 부드러운 말로 간(諫)하는 것이다. 공자

고 지극해서 함께 당세의 칭송을 얻었다. 갑자기 중도에 백씨공을 잃고 몸의 반쪽이 떨어져 나간 듯한 애통한 마음[393]은 거의 세상에 뜻이 없는 듯하였다. 형을 생각하며[394] 슬픔으로 통곡하다가 그것이 병이 되어 초췌하게 된 것이 또한 여러 해였다.

그러나 선조와 연결된 일이면 비록 무더위 속의 천릿길이라도 노력을 꺼리지 않았고, 의리가 중요한 곳[395]에 있으면 비록 밤이 새고 밥을 먹은지 오래 되었어도 반드시 그 귀결처를 궁리하였다. 서안 위에는 ≪심경발휘(心經發揮)≫ 한 부를 두고 언제나 펼쳐보고 손에서 놓지 않으시며 말씀하시기를, "우리 집안의 심학(心學)은 이 책에 있을 뿐이다. 저 환란에 처하여 의리를 버리고, 이해에 임하여 뜻을 바꾸어 결국 한평생의 정력을 파괴하는 까닭은 누군들 자신의 학술에 차례가 없고 지혜가 밝지 못하게 때문에 불러온 결과가 아니겠는가? 성현이 만 가지 변화에 수응하고 이험(夷險)에 한 결같은 것은 다만 의리를 보기 때문이다. 바야흐로 마음에서 선악이 서로 다툴 때 지공무사(至公無私)하고, 이익을 생각하면서도 의를 실천하는 데 이르지 못하는 것이 없는 것은 드물다. 그리하여 모름지기 이 책을 중요하게 여기고 이 책으로 함양하여, 성현께서 마음을 설명하신 것을 문득 친히 받은 지결(旨訣)로 삼아, 우리 연원 있는 집안의 학문으로 보아야 할 것이다."

가 "부모를 섬기되 기간(幾諫)할 것이니, 부모의 뜻이 자기 말을 따라 주지 않는 것을 보고도 더욱 공경하여 뜻을 어기지 않고 수고로워도 원망하지 않아야 한다." 하였다. ≪논어(論語)≫ <이인(里仁)>

393 몸의 …… 마음 : 원문의 '할반(割半)'은 몸의 반쪽을 베어 내는 고통이라는 뜻인데, 동기(同氣)간의 죽음을 말할 때 흔히 사용하는 표현이다.

394 형을 생각하며 : 원문의 '공회(孔懷)'는 ≪시경≫ <상체(常棣)>에 "사상(死喪)의 두려운 일에 형제가 서로 생각하며, 시신이 쌓인 원습에서 형제가 서로 찾느니라.(死喪之威 兄弟孔懷 原隰裒矣 兄弟求矣)"라 한 데서 온 말이다.

395 중요한 곳 : 원문의 '긍경(肯綮)'은 힘줄과 뼈가 결합한 곳을 말한 것으로, 사물의 핵심이나 관건이 되는 부분의 비유한 것이다.

라고 하셨다.

경술(庚戌, 1905)년에 망국의 소식을 들으시고, 아! 길이 탄식하며 말씀하시기를, "시골 사람이 묘당(廟堂)에 비하여 완급은 비록 다르지만 의리는 하나이다."라고 하셨고, 집안 사람이 묘적(墓籍)을 신고하라는 명령[396]에 나아가면 소리를 지르며 손을 저어 막으시고, 자식이나 조카들이 신학문에 물들면 눈물을 흘리면서 깨우치게 하셨다. 문밖에 한 걸음도 나가지 않으시고 십 년을 한 자리에서 문을 닫고 서안(書案)을 반듯이 하여, 심지어 미망인으로 살기를 스스로 맹세하였다. 이윽고 방정학(方正學)[397]처럼 욕을 당하시고 마침내 소망지(蕭望之)[398]처럼 목숨을 다하셨다.

아! 우리 부군의 맑고 굳세고 청렴하고 겸손하신 절개와 천명에 순종하고 도리를 따르는 의리는 오히려 고인에게 부끄러움이 없으며 또한 후세에 모범이 될 수 있을 것이다. 내[종호]가 태어남이 늦어서 부군의 젊은 날을 기록하지는 못하였지만, 간혹 장로의 말씀을 듣고 생각하기도 하고, 간혹 집에서 모시고 배울 때에 목격하기도 하였다. 그러나 오히려 열에 한둘이다.

부군께서 세상을 버리신 지 지금 26년이 되었는데, 힘써 당일의 일을 헤

396 묘적(墓籍)을 신고하라는 명령 : 일제 강점기 일제의 정책 가운데 하나로, 묘지를 묘지 장부에 등록하도록 강제하는 명령을 말한다.

397 방정학(方正學) : 방효유(方孝孺, 1357~1402)로, 자는 희직(希直) 또는 희고(希古), 호는 손지(遜志) 혹은 정학(正學)이다. 서재 손지재를 촉헌왕(蜀獻王)이 정학재(正學齋)로 고쳤으므로, 세상에서 정학 선생(正學先生)이라 불렀다. 명나라 초기의 중신이다. 영락제(永樂帝)가 황위를 찬탈하고 그에게 조서를 쓰라고 명하였는데 거부하였다. 이로 인해 일족이 전원 극형에 처해졌다. 여기에서는 성재 정재기가 파리장서에 참여함으로써 경찰서의 호출을 받은 것을 말한다.

398 소망지(蕭望之) : 한 선제(漢宣帝) 때 태자태부(太子太傅)로 선제가 위독했을 때 유조(遺詔)를 받아 정사를 총괄하였고, 원제(元帝)가 즉위한 뒤에도 국사를 광정(匡正)한 것이 많았으나, 뒤에 환관인 홍공(弘恭)·석현(石顯) 등의 모함으로 인하여 끝내 자살하고 말았다. 여기에서는 성재 정재기가 스스로 자결 순국한 것을 말한다.

아리면 아득히 벽 너머로 거문고 소리를 듣는 듯하다. 그런즉 하물며 나보다 늦게 태어난 사람은 어떠하겠는가? 시간이 오랠수록 더욱 민멸(泯滅)될 것이 두려워서 드디어 참람되게도 유사(有事) 한 통을 엮고, 삼가 후세의 입언군자(立言君子)의 말씀을 기다린다.

사종형 성재공 묘도비명
四從兄省齋公墓道碑銘

정재화(鄭在華)[399]

선비가 곤궁을 견디면서 학문에 힘쓰는 까닭은 장차 마음을 깊이 탐구하고 행실을 통제해 그 도(道)를 닦기 위해서다. 이 도는 세상에 나아간다고 해서 반드시 행해지는 것도 아니고, 또한 초야에서 외롭게 절개를 지킨다고 해서 반드시 행해지지 않는 것도 아니다. 도(道)에는 도(道)로써 죽는 도리도 있고 몸으로써 죽는 도리도 있는데, 몸으로써 죽는 도리가 도(道)로써 죽는 도리보다 더욱 어렵지 않겠는가?

내가 어릴 때에 사종(四從, 10촌) 형 성재(省齋, 정재기) 공의 문하에서 ≪한사(漢史), 한서≫를 읽었는데, 소 태부(蕭太傅)[400] 망지(望之)가 '늙어서 감옥에 들어가 구차하게 살아남기를 구하는 것은 또한 비루하지 않은가'라고 한 대목에 이르러서 공이 거듭 강개해서 탄식해 마지않는 것을 보았다.

얼마 후 상황(上皇, 고종 황제)의 기미년(己未年, 1919) 인산(因山, 장례식) 때에

399 정재화(鄭在華) : 1905~1978. 본관은 청주(淸州), 자(字)는 자실(子實), 호는 후산(厚山)이다. 아버지는 정복용(鄭福容)이고 어머니는 서흥 김씨(瑞興金氏)이다. 작자의 사종제이자 문하생으로 그로부터 ≪한사(漢史)≫ 등을 배웠다. 책상 위에는 항상 선조 정구(鄭逑)가 편찬한 ≪심경발휘(心經發揮)≫를 두고 학문의 근원으로 삼았고, 예학을 중시하여 위로는 ≪의례(儀禮)≫로부터 아래로는 우리나라 예서에 이르기까지 두루 수집하여 읽었다. 저서로는 ≪후산졸언(厚山拙言)≫ 5책과 ≪부위장자복해(父爲長子服解)≫ 1책이 전한다.

400 소 태부(蕭太傅) : 한(漢)나라 선제(宣帝) 때 태자태부(太子太傅)를 지낸 소광(蕭廣)이다. 망지(望之)는 그의 자다. 그는 선제가 위독했을 때 유조(遺詔)를 받아 정사를 총괄했고, 원제(元帝)가 즉위한 뒤에도 국사를 광정(匡正)한 것이 많았으나, 뒤에 환관인 홍공(弘恭)·석현(石顯) 등의 모함으로 인해 자결했다. ≪한서(漢書)≫ 권78.

온 나라가 술렁거리며 떠들썩했다. 공은 일찍이 영남과 호남의 많은 선비들 100여 명과 함께 파리 대회(巴里大會)에 편지를 보내어 곧바로 나라의 독립을 청원했다. 이에 이르러 일이 발각되어 경찰서에서 출두(出頭)하라는 통보가 있자 공이 말하기를, "내가 만약 소환에 응하면 전후로 죄(罪)를 추궁해 그만두지 않을 것이다. 짐승들의 감옥에서 자진(自盡)하느니보다는 내 몸을 온전히 해서 죽는 것이 더 낫지 않겠는가?"라고 했는데, 다음 날 아침에 어지럽고 피곤한 증세가 있더니 조금 있다가 편안히 서거하셨다.

조카 뇌헌(磊軒, 정종호) 공이 공(公)의 유사(遺事)에 찬술(撰述)해 이르기를, "경술년(庚戌年, 1910)에 나라가 망했다는 소식을 듣고 말하기를, '초야(草野)와 묘당(廟堂)은 완급(緩急)은 비록 서로 다르지만 그 의리는 하나다'라고 했고, 또 말하기를, '바야흐로 학문을 바르게 닦았는데도 치욕을 만나면 마침내 소망지(蕭望之)의 죽음을 이룰 것이다'라고 했다. 일찍이, '그 신체를 훼손하지 않고 죽는 것이 온전히 돌아가는 것인가, 그 몸을 욕되게 하지 않고 죽는 것이 온전히 돌아가는 것인가를 논했는데, 두 가지를 함께 할 수 없다면 누가 그 몸을 욕되게 하지 않는 것이라고 하지 않겠는가?'라 했다"라고 했다. 그러니, 내가 공의 탄식을 보았던 것과, 뇌헌(磊軒) 공이 공(公)의 사실(實事)을 기록한 것과, 공이 조용히 자처한 것이, 진실로 평소에 이미 강론해 결정했던 것이니, 마디마디 서로 부합한다고 할 수 있겠다.

당일에 본가에서 숨기고 꺼렸던 것은 무슨 뜻인가? 오랑캐들의 형벌이 매우 가혹해 그 앙화(殃禍)가 시신에까지 미칠까 두려워했기 때문이다. 아! 소망지(蕭望之)의 일은 소인들에게 속임을 당한 것이어서 오히려 죽을 만한 의리가 있었지만, 선생이 독립을 청원한 일은 나라를 위한 것이었다. 지금 소미(小微) 강씨(江氏)[401]가 다시 나와서 대한(大韓)의 역사를 편찬한다면 어찌 선생의 대의를 망지(望之)보다 무겁게 하지 않았겠는가!

지금 대한의 국호를 이미 회복했는데, 누가 공의 파리 장서의 근원에서 비롯한 힘이 없다고 하겠는가? 비록 그러하나 이 어찌 근본한 바가 없이도 그렇게 되었겠는가? 공은 다섯 살 때부터 숫자와 방향의 이름과 사해(四海) 신(神)의 이름을 능히 외웠는데, 보는 사람들이 모두 그 총명함을 기특하게 여기고 사랑했다. 일곱 살에 부친인 일우(一宇, 정세용)[402] 공에게 ≪십구사략(十九史略)≫을 배웠는데, 반드시 10여 줄로 제한을 하니 공이 항상 그 재주에 충족되지 못함을 고민했다. 외삼촌인 장농산(張農山, 장승택)[403] 공에게서 ≪중용(中庸)≫과 ≪대학(大學)≫을 배웠는데 난해한 곳을 질문할 때 논변하는 것이 매우 적절했다. 시문(時文, 과거 문장)을 짓는 법은 족조(族祖)인 고헌(顧軒, 정내석)[404] 공에게 배웠는데, 공이 시고(詩稿)를 쓰면 등 뒤에서 말하기를, "여기에는 관각(館閣)의 수법이 있다"라고 했으니, 이것은 공이 어릴 때부터 조예(造詣)를 갖추고 있었다는 것이다.

기묘년(己卯年, 1879)에 아버지의 상을 만났는데, 산을 가진 집안 어른에게 금지당하는 지경에 이르렀다. 이에 공이 큰형님을 모시고 아침에 찾아가서 저녁에 돌아오면서 사흘 동안이나 애걸하니 족친이 이르기를, "얼굴에 깊이 그늘이 져 있고 나뭇가지처럼 말라서 기운 빠진 모습이 족히 사람을 감

401 소미 강씨(小微江氏) : 송(宋)나라의 학자인 소미 선생(小微先生) 강지(江贄)를 가리킨다. 그는 사마광(司馬光)의 편년체 역사서인 ≪자치통감(資治通鑑)≫ 294권을 ≪통감절요(通鑑節要)≫ 50권으로 요약했다.

402 일우(一宇) : 정세용(鄭世容, 1834~1879). 본관은 청주, 자는 관언(寬彦), 호는 일우(一宇)다. 벼슬에 나아가지 않고 성리학에 침잠했다.

403 장농산(張農山) : 장승택(張升澤, 1838~1916). 본관은 인동(仁同), 자는 희백(羲伯)으로 호가 농산(農山)이다. 아버지는 주부(主簿)를 지낸 장유량(張有良)이며, 사미헌(四未軒) 장복추(張福樞)의 문하에서 수학했다.

404 고헌(顧軒) : 정내석(鄭來錫, 1808~1893). 본관은 청주(淸州), 자는 치인(致仁)으로 호가 고헌(顧軒)이다. 가문의 학문을 계승해 어려서부터 학문에 매진했으며, 배운 것을 실천하도록 스스로 힘쓰고 노력했다. 한강의 ≪심경발휘(心經發揮)≫를 깊이 연구했으며 경학에도 많은 관심을 기울였다.

동시킨다"라고 하면서 드디어 허락했다.

계미년(癸未年, 1883)에 어머니 장씨(張氏)의 초상을 만나 초종(初終) 장례를 마치지도 않았는데 또 돌림병에 걸려서 정신이 혼미해 헛소리를 하는 가운데서도 간혹 성이 나서 소리 지르기를, "어머니가 돌아가셨는데도 몸이 쇠약하지 않으니, 어찌 이런 이치가 있는가?"라고 했고, 병 기운이 물러가자 조금 정신을 차리고 말하기를, "초종(初終) 장례를 마치지 못한 아이가 고깃국을 먹고 살기를 구했으니 그 죄가 만 번 죽어 마땅하다"라고 하면서 다시는 고기가 든 음식을 가까이하지 않았다. 대저 공이 행한 효도는 지극한 정성과 애통함에서 나온 것으로써 억지로 애써서 행하는 사람이 비슷하게 할 수 있는 것이 아니다.

복(服)을 마치고 산사(山寺)의 한적한 곳에서 학업을 한 것이 또한 몇 년이나 되었다. 공은 ≪상서(商書), 서경≫에 마음을 두고 공부한 것이 대개 오래되었는데, 글을 지음에 우하(虞夏)의 경전[405]에서 힘을 얻은 것이 많았기 때문에 세상에서 화려한 문장을 숭상하는 자들이 간혹 외워서 전하기도 했다.

이에 잠명(箴銘)을 지어서 좌우에 걸어 두었다.

<독서잠(讀書箴)>은 이러하다.

戒之哉　　경계할지어다!
勿怠勿放　　게으르지 말고 방심하지 말라.
怠則心昏　　게으르면 마음이 혼미해지고
放則情蕩　　방심하면 정이 방탕해진다.

405 우하(虞夏)의 경전 : <우서(虞書)>와 <하서(夏書)>이니, 곧 ≪서경(書經)≫을 말한다.

莫歎才魯　재주가 둔한 것을 한탄하지 말고
患志不篤　뜻이 돈독하지 못한 것을 근심하라.
昔者子輿　옛날에 자여(子輿)[406]는
竟以魯得　마침내 노둔함으로써 터득하였네.
矧茲讀書　하물며 이 독서란
不待聰明　총명함을 기다리지 않아도 되니
心誠求之　마음으로 정성껏 구한다면
何患不成　어찌 이루지 못할까를 근심하랴.
蒙養不端　어려서 기름이 바르지 못하면
長益浮靡　자라서는 더욱 경박해지고
少時不讀　젊은 시절 책 읽지 않으면
老大悔追　늙어서 후회가 따르게 된다.
勗哉小子　힘쓸지어다, 소자여!
念茲在茲　이것을 생각하고 이것을 간직하라.
非予冲言　나의 빈 말이 아니라
先哲遺題　선철이 남기신 글이니라.

<수신제가치국평천하찬[修齊治平贊]>은 이러하다.

家有主翁　집에 주인이 있으면
門戶整潔　문호가 단정하고 깨끗하니
玉由琢磨　옥은 갈고 닦아야 하고

406 자여(子輿) : 공자의 제자인 증삼(曾參, B.C. 505~436)의 자이다.

弓乃奠發　　활은 안정되어야 쏠 수 있다네.
肆古哲王　　옛날의 현철한 선왕들은
修身爲本　　수신으로 근본을 삼았다네.
操約施博　　간략함을 잡아서 널리 베풀었고
自邇而遠　　가까운 데로부터 먼 데까지 나아갔네.
家國雖衆　　가정과 국가가 비록 많지만
措之則是　　마음 둘 것은 이것뿐이며
天下雖大　　천하가 비록 크지만
達之無二　　도달하는 것은 둘이 아니라네.
明明聖謨　　밝고 밝은 성인의 가르침
斯學之大　　이 배움이 위대하니
謂予不信　　나에게 믿지 못하겠다 말한다면
請視三代　　청컨대 삼대(三代)를 보시게.

공은 독서하다가 몸이 피곤해지면 이것을 한 번 크게 외우고 스스로를 경계했다. 드디어 그 문미(門楣)에 써서 붙이기를 '괄구습(刮舊習, 묵은 습관을 벗겨 내다)'이라 했고, 또 '청순계(聽舜鷄, 순임금의 닭소리를 듣다)'라고 했다. 공부하는 이들을 깨우쳐 말하기를, "사람이 큰일을 하지 못하는 것은 항상 예전의 것을 그대로 답습해 묵은 습관을 제거하지 못하기 때문이다. 마땅히 혁신해 괴로움을 견디며 단연코 결행해야 한다"라고 했다. '괄구습(刮舊習)'은 설문청공(薛文淸公)의 신주(辰州)의 탄식[407]에서 취한 것이고, '청순계

407 설문청공(薛文淸公)의 신주(辰州)의 탄식 : 설선(薛瑄)은 중국 명(明)나라의 학자이며 정치인으로 자는 덕온(德溫), 호는 경헌(敬軒), 시호(諡號)는 문청(文淸)이다. 그가 신주 분사(辰州分司, 어사대의 분국)에 있을 때에 자신의 덕이 크게 진취하지 못하는 것은 옛 버릇에

(聽舜鷄)'는 ≪맹자(孟子)≫에서 이른바 '자자위선(孜孜爲善)'[408]에서 취한 것이다.

또 일찍이 인심(人心)과 도심(道心)을 논했는데, 사람은 형체가 있으므로 인심(人心)이 없을 수 없고, 또한 오히려 이 본성(本性)이 있으므로 도심(道心)이 없을 수 없으니, 도심으로 능히 인심을 다스리면 인심이 바로 도심이라고 여겼으니, 마침내 주자(朱子)와 합일(合一)하는 의론에 귀결했다.

만년에는 손에 ≪심경발휘(心經發揮)≫ 한 권을 잡고 놓지 않으면서 말하기를, "성현이 수많은 변화에 대응하고 평탄(平坦)과 험난(險難)을 하나로 여기는 것은 오직 의리로써 볼 뿐이기 때문이다. 모름지기 이 글에서 긴요한 곳을 보고 이 글에서 함양한다면, 곧 성현들이 마음을 설명한 지결(旨訣)을 곧장 몸소 받드는 것이니, 어찌 우리 가학(家學)의 연원이 아니겠는가?"라고 했다.

나라가 망한 후 세상에 뜻을 두지 않고 문을 닫은 지 십 년에 미망인(未亡人, 나라가 망할 때 죽지 못한 사람)으로서 스스로 맹세했다. 마침내 기미년(1919) 삼월(三月) 초구일(初九日)에 스스로 목숨을 끊었다. 공(公)의 이름은 재기(在夔)이고 자(字)는 성로(成老)다. 평생 동안 안으로 마음이 안정되어 있었으므로 일과 행동에 드러난 것이 구차한 형세가 없었고, 밖으로 행실이 방정했으므로 사물을 접하고 변화에 대처함에 선과 악[淑慝]이 저절로 드러났다. 선을 좋아하는 것이 정성스러웠기 때문에 어진 사람이 믿었고, 악을

얽매여서 벗어나지 못하기 때문이라고 생각하고 구습을 제거하는 데 온 힘을 기울였다.

408 자자위선(孜孜爲善) : ≪맹자≫ <진심 상>에, "닭이 울면 일어나 부지런히 선을 행하는 사람은 순임금과 같은 부류의 사람이고, 닭이 울면 일어나 부지런히 이익을 추구하는 사람은 도척과 같은 부류의 사람이다. 순임금과 도척의 차이는 다른 것이 아니라, 이익을 추구하는가 선을 추구하는가의 차이다(雞鳴而起, 孳孳爲善者, 舜之徒也, 雞鳴而起, 孳孳爲利者, 蹠之徒也. 欲知舜與蹠之分, 無他, 利與善之間也)"라고 했다.

미워하는 것이 너무 심한 데까지 이르지 않았으므로 불초(不肖)한 자가 감동해 다가왔다. 조상을 위하는 정성은 어려움과 괴로움을 꺼리지 않고 힘써 행했고, 분수를 편안히 여기는 도리로 영달(榮達)을 구하지 않고 스스로를 다스렸다. 그래서 세상에 살아 계시던 날에 안팎의 친한 이들이나 소원한 이들이나 모두가 개결(介潔)한 군자로 흠복(欽服)했다.

그러므로 유사(遺事)에서 기록한 대로, "세상에 선비로 이름이 있는 이로서 그 재주와 그 덕행의 성대함이 부군(府君)보다 나은 자가 혹시 있다 하더라도, 의리가 삼엄할 즈음에 의심스러운 거짓과 바름을 분변하는 것은 부군(府君) 이외에 내가 본 것이 많지 않으며, 학문에 독실하고 괴로이 공부한 실상과 몸을 삼가고 행실을 통제하는 근실함이 부군보다 나은 자가 혹시 있다 하더라도, 곤궁함을 견디며 이익을 도모하지 않고 환란을 당해서도 염치를 숭상하는 데 이르러서는 부군(府君) 이외에 내가 많이 보지 못했다"라고 한 것은 아첨이 아니라 실로 진실한 말에 가까운 것이다.

공은 정사년(丁巳年, 1857)에 태어나서 기미년(己未年, 1919)에 돌아가셨으니 향년이 63세였다. 관아 남쪽 대기동(大基洞)의 선영(先塋) 곁 경좌(庚坐) 언덕에 장사 지내니, 만장(挽章)과 뇌문(誄文)을 잡고 곡하는 이가 여러 고을에서 왔다. 유고(遺稿)가 있어서 집안에 간직되어 있다.

부인은 안동 권씨(安東權氏)이니 충강공(忠康公) 도(濤)의 후손이며 문과에 급제한 용국(龍國)의 따님이다. 아들이 셋이니 장남은 광호(光鎬)이며, 그다음은 건호(健鎬)와 경호(經鎬)로 모두 출계했다. 딸은 성산(星山) 이기승(李基承)에게 시집갔다. 광호의 아들은 원(源)과 염(濂)이며 딸은 옥산(玉山) 장태진(張泰軫)과 옥산(玉山) 장한규(張漢奎)에게 시집갔다. 건호(健鎬)의 아들은 보(溥)와 연(淵)과 환(渙)이며 딸은 경주(慶州) 최목영(崔穆永)과 파평(坡平) 윤천수(尹芊洙)와 영천(永川) 최수동(崔守東)에게 시집갔다. 경호(經鎬)의 아들은 택락(宅洛)과 준(準)이다. 이기승(李基承)의 아들은 한석(漢錫)·영석(英錫)·종석(鍾錫)이며, 딸은 진성(眞城) 이강원(李康源)에게 시집갔다.

우리 정씨(鄭氏)는 대대로 고려에 벼슬했는데, 이목은(李牧隱, 이색)이 우리 집안의 전기(傳記)를 쓸 때에 서원 대성(西原大姓)이라고 말한 것이 이것이다. 휘(諱) 의(顗, ?~1233)는 서경(西京, 평양)의 반적 최광수(崔光秀)[409]를 베어서 상장군(上將軍)에 천거되었으니 이분이 비조(鼻祖)다. 휘(諱) 해(瑎, 1254~1305)는 시호(諡號)가 장경(章敬)이다. 휘(諱) 책(幘, 1271~1328)은 청하군(淸河君)이다. 휘(諱) 보(誧, 1309~1345)[410]는 청하부원군(淸河府院君)으로 호는 설곡(雪谷)이다. 휘(諱) 추(樞, 1333~1382)는 진현관 대제학(進賢館大提學)으로 시호(諡號)가 문간(文簡)이며 호는 원재(圓齋)다. 조선조에 들어와 휘(諱) 총(摠, 1358~1397)은 시호(諡號)가 문민(文愍)이고 호는 복재(復齋)다. 문목공(文穆公) 한강 선생(寒岡先生)은 동방 도학(東方道學) 종사(宗師)의 적통(嫡統)을 이었다. 징사(徵士)인 지애(芝厓) 휘(諱) 위(煒, 1740~1811)는 공의 오세조(五世祖)다. 증조(曾祖)는 휘(諱) 보영(輔永, 1797~1867)이며, 조부는 휘(諱) 민화(民和, 1816~1855)다. 부친은 휘(諱) 세용(世容, 1834~1879)이니 유림의 중망(重望)이 있었다. 모친은 옥산 장씨(玉山張氏)이니 주부(主簿) 유량(有良)의 따님으로 죽정(竹亭) 잠(潛)의 후손이다.

---

409 최광수(崔光秀, ?~1217) : 고려 고종(高宗) 때의 무신이자 역적. 거란군 진압을 위해 파견된 상장군 최유공(崔兪恭)의 휘하에 있다가 고구려 부흥을 표방해 반란을 일으켰으나 정의(鄭顗) 등에 의해 진압되었다.

410 보(誧) : 학계에서는 '포'로 읽으나, 청주정씨 집안에서는 오랫동안 '보'로 읽어 왔다. 정보의 관향은 청주, 자는 중부(仲孚), 호는 설곡(雪谷)이다. 최해(崔瀣)의 문인으로 이곡(李穀) 등과 사귀며 시문과 글씨에 뛰어난 재질을 보였다. 시집으로 ≪설곡시고(雪谷詩藁)≫가 전하고 있는데, 이색(李穡)은 <설곡시고서(雪谷詩藁序)>에서 그의 시를 "맑아도 고고(苦孤)하지 않고, 화려해도 음탕하지 않아, 사기(辭氣)가 우아하고 심원하여 저속한 글자를 하나도 쓰지 않았다."라고 평가한 바 있다.

처음에 공은 아들이 셋이었는데 맏이는 오래 살지 못했다. 둘째는 말년에 병으로 누워 있었는데 내가 일찍이 가서 문병을 하니, 막내가 곁에 있다가 둘째 형을 부르면서 나를 돌아보고 말하기를, “돌아가신 부친의 뒷일을 많이 갖추지 못했으니, 행장의 글을 다른 사람에게서는 구할 수가 없다”라고 했다. 내가 감히 할 수 없다며 굳이 사양을 하니 두 분의 부탁이 더욱 간절해 부득이 뒤에 가서 보자며 청탁을 미루어 두었다.

지금 두 분이 모두 돌아가시고 나 또한 늙어서 머리털이 하얗게 되었다. 살았을 때와 죽은 후의 부탁을 감히 잊지 못하고, 또 둘째 손자 염(濂)이 묘도(墓道)의 글을 굳이 요청해 그치지 않았다. 스스로 생각하매 나는 8세에 공의 문하에 입학해 16세에 이르러 그쳤으니, 8년 사이에 인정과 격려를 받은 것이 매우 두터웠다. 그러나 행장과 묘도문(墓道文)이 한 사람의 손에서 같이 나올 수가 없으므로, 삼가 뇌헌(磊軒) 공이 지은 행장(行狀)에 의거하고 다시 내가 아는 바를 첨가해 위와 같이 차례대로 서술해서 염(濂)의 요청에 갈음하니, 두 분이 저승에서라도 아신다면 용서해 주실 것인가?

이어서 다음과 같이 명(銘)한다.

智之明也	지혜는 명철했고
學之精也	학문은 정밀했으며
行之成也	행실은 완성되었네.
乞國當日	독립을 청원하던 날에
成敗豈必	성패를 어찌 기필했겠는가마는
義獨專壹	의리는 홀로 전일했네.
事雖已覆	일은 비록 실패했으나
士不可戮	선비를 죽일 수는 없으니

曷辱自速	어찌 치욕을 스스로 부르리오?
餘無可希	나머지는 바랄 것도 없으니
一死全歸	한 번 죽어 온전히 돌아가서
成仁不違	인을 이룬 것에 어긋남이 없었네.
最傷千秋	천추에 가장 가슴 아픈 것은
時亂何讎	시대가 어지러워 누구를 탓할 수도 없고
人才躪蹂	인재가 유린된 것이라네.
公心正直	공의 마음은 바르고 곧았으니
奈生胡國	어찌 오랑캐의 나라에 태어난 것만이
志士之衋	지사의 슬픔이리오!

성재(省齋) 정재기(鄭在夔)의 학문과 가문 의식

정우락(鄭羽洛)

1. 머리말

성재(省齋) 정재기(鄭在夔, 1857~1919)는 누구인가? 이 질문은 간단히 답할 수 있는 문제가 아니다. 그의 시대는 어떠한 시대였으며, 이에 대하여 그는 어떤 생각을 갖고 실천하였는가 하는 문제를 심각하게 따져볼 때, 비로소 이에 대한 해답의 실마리를 찾을 수 있기 때문이다. 이를 '상황과 반응의 논리'에 적용할 수 있다. 여기서 '상황'은 역사적 상황을 말하며, '반응'은 역사적 상황에 대한 작자의 반응을 가리킨다. 이 상황과 반응의 논리는 작자의 세계 인식과 이에 따른 실천 양상을 살펴보는 데 매우 유효하다. 반응에 대한 구체적인 상황을 따지는 것은 본고에서 앞으로 논의해야 할 부분이다. 먼저 시대적 상황과 작품의 규모부터 제시해보자.

성재의 시대는 크게 세 가지의 흐름을 지닌다. 첫째는 조선의 쇠퇴와 외세의 침입(1857~1876)이 본격화된 시기이다. 이 시기는 조선 후기의 정치·사회적 혼란과 함께 서구 열강과 일본의 침입이 본격화되었다. 1866년 병인양요와 1871년 신미양요가 프랑스와 미국의 침입으로 발생하였고, 1876년 강화도조약이 체결되면서 조선은 강제로 문호를 개방하였으며, 이로 인해 외세의 경제·군사적 간섭이 심화되었다. 이러한 상황에서 조선 정부는 외세의 침입과 통상 요구에 맞서 전국 각지에 척화비(斥和碑)를 세워 통상 수교 거부와 쇄국정책을 공식적으로 표방하기도 했다.

둘째는 근대화 시도와 조선의 내적 변화(1876~1905)가 진행되던 시기이다. 강화도조약 이후 개화파와 보수 세력 간의 갈등이 심화되었고, 1882년 임오군란에서는 군대 내의 대립이 드러났다. 이어 1884년 갑신정변과 같은 급진적인 개혁 시도가 있었으며, 1894년 갑오개혁 등 근대화를 위한 노력도 이어졌다. 그러나 일본, 청나라, 러시아 등 열강의 이해관계가 얽히면서 대부분의 개혁은 실패하거나 제약을 받을 수밖에 없었다. 특히 임오군란 직후, 청나라 군대는 대원군을 강제로 체포해 톈진(天津)으로 압송한 뒤 바오딩부(保定府)에 유폐하기도 했다. 또한 1895년 을미사변에서는 명성황후가 일본 세력에 의해 시해되었고, 이에 충격을 받은 고종은 1897년 대한제국을 선포하며 자주권 회복을 꾀했다.

셋째는 일제의 침탈과 민족 저항(1905~1919) 운동이 활발하게 일어났던 시기이다. 1905년 을사늑약으로 일본은 대한제국의 외교권을 박탈하고, 1907년 고종의 퇴위와 군대 해산을 통해 실질적인 지배권을 강화하였다. 1910년 한일병합조약으로 조선은 완전히 일본에 병합되어 식민 지배가 시작되었으며, 이에 대한 저항으로 1919년에는 비폭력으로 독립을 선언한 거족적 시민 저항 운동인 3.1 운동이 일어났다. 또한 제1차 세계대전 이후 열린 파리강화회의에 한국의 독립을 간절히 호소하는 장문의 독립 청원서를 보내어 외교적 수단으로 독립을 호소한 파리장서운동도 전개되었다. 성재는 파리장서에 서명한 인물로, 이와 관련하여 희생된 최초이자 유일한 순국자이다.

근대전환기를 맞아 조선 지식인들의 대응 방식은 다양한 스펙트럼을 가질 수밖에 없었다. 이들은 성리학적 세계관에 입각한 전통의 '계승'과 새로운 문화의 유입에 따른 '변화'라는 두 축 사이에서 고뇌하였다. 일제 침략이라는 국가적 위기에 봉착했을 때 지식인의 현실 대응은 다양한 유형으로 나타나기 마련이다. 의병을 일으켜 저항한 거의형(擧義型, 류인석 등), 망국에 따라 자결한 순절형(殉節型, 황현 등), 현실을 떠나 초야에 숨어 살았던 은거형(隱居型, 전우 등), 전통 유학의 틀을 깨고 교육 활동 등을 통해 독립운동을 추구한 혁신형(革新型, 이상룡 등), 신문물을 수용하며 적극적으로 근대화를 추진한 개화형(開化型, 김옥균 등), 친일 행위로 자신의 재산과 명예를 지키고자 한 변절형(變節型, 이완용 등) 등이 대표적이다.

성재는 당초 과거 공부를 하면서 현실 정치에 참여하고자 하였으나, 유가적 출처관에 따라 부조리한 현실 정치에 나아가지 않고 마침내 초야에 숨어 지냈으니 기본적으로 '은거형'에 속한다. 또한 파리장서운동에 참여하여 그 장서에 서명하였고, 이것이 발각되어 성주경찰서로부터 출두 명령을 받자 거부하며 음독 자결로 맞섰다는 점에서 '순절형'에 해당한다. 그러나 이러한 단순한 구분만으로 그의 사상과 고뇌를 모두 파악했다고 말할 수는 없다. 그의 시대적 고민과 실천 양상은 7권으로 구성된 미간행 필사본 문집인 ≪성재집(省齋集)≫에 고스란히 담겨 있다. 이를 문체별로 정리해 보면 대체로 다음과 같다.

문체별	시(詩)	서(書)	잡저(雜著)	서(序)	발(跋)	기(記)	논(論)	잠명(箴銘)
작품 수	28제 70수	187편	6편	5편	8편	3편	1편	3편
문체별	찬(贊)	상량문(上梁文)	축문(祝文)	제문(祭文)	통문(通文)	비명(碑銘)	행록(行錄)	유사(遺事)
작품 수	1편	5편	2편	25편	11편	11편	1편	1편

정통 성리학자들이 대체로 그러하듯이 성재의 경우도 시작(詩作)에 잠심하지 않았다. 이보다는 집안 사람들의 안부나 시대·학문적 문제의식이 담긴 서간문인 서(書)가 압도적으로 많다. 이러한 측면을 고려할 때, 성재는 문학적 창작을 일삼는 문인이라기보다 보다, 수양과 학문을 통해 유가의 군자적 삶을 지향했던 전형적인 학자였다는 것을 알 수 있다. 이는 그의 문체와 그에 따른 작품의 규모를 통해 바로 확인할 수 있다. 또한 <통도산서원문(通陶山書院文)> 등 통문이 11편으로 다수를 차지한다. 통문이 문중이나 사림 등에서 공동의 관심사나 사실을 공론화하거나 소속원들에게 통지하기 위해 작성·유통되던 문서라는 점을 감안할 때, 지역사회에서 성재가 어떤 역할을 담당하였던가 하는 문제를 바로 알게 된다.

아울러, 6편의 잡저(雜著)를 주목할 필요가 있다. 여기에는 <제권갑(題卷匣)>과 <춘첩(春帖)> 등 학문을 위해 자신의 마음을 다잡는 잠명류의 글도 있기는 하지만, 어떤 책을 읽으며 공부하였는가를 알게 하는 <선석일기(禪石日記)>(1886), 의리정신에 바탕하여 한려시비(寒旅是非)를 해결하기 위해 온갖 어려움을 무릅쓰면서 도산서원과 성균관을 오갔던 <도산일기(陶山日記)>(1898)와 <태학일기(太學日記)>(1898), 향산(響山) 이만도(李晚燾, 1842~1910)와 ≪대학(大學)≫ <정심장(正心章)>의 존양(存養) 문제를 두고 논쟁을 벌였던 <행전문답(杏田問答)>(1900)이 실려 있어, 그의 세계지향과 학문성향을 압축적으로 보여준다는 측면에서 주목할만하다.

이밖에도 성재의 업적으로, 문집에는 포함되어 있지 않지만 숭조정신(崇祖精神)에 입각해 편찬한 ≪한강선생문인록(寒岡先生門人錄)≫(1910년경)과 ≪한강선생봉산욕행록(寒岡先生蓬山浴行錄)≫(1912)을 들지 않을 수 없다. 앞의 자료는 지애(芝厓) 정위(鄭煒, 1740~1811)가 170여 명의 한강 문인록을 편집한 이후, 성재가 이를 이어받아 60명을 추가하여 도합 230인 규모로 편성한 것이다. 뒤의 자료는 선조 한강이 신병 치료를 위해 제자들과 함께 동래로 온천욕을 다녀온 과정을 기록한 일기체 산문으로, ≪석담집(石潭集)≫을 기반으로 하여 다른 자료를 참고해 정본화한 것이다.[1] 두 자료는 성재가 한강학의 외연 확대를 위해 노력했음을 보여주는 증거이다.

필사본 ≪성재집≫에 나타난 문체별 작품은 성재가 직접 창작한 것이고, ≪한강선생문인록≫과 ≪한강선생봉산욕행록≫은 성재가 다른 자료를 참고해 편집한 것이다. 이들은 모두 성재의 손을 거쳤으므로 성재에 의한 작품이라고 하겠다. 성재 관련 자료는 이 밖에도 그가 세상을 떠난 후 그를 기리기 위해 만들어진 자료들이 존재한다. 대표적인 것으로 제문 41편, 만사 148수를 비롯하여 유사(遺事, 정종호), 묘도비명(墓道碑銘, 정재화) 등이 있다. 제문과 만사에서는 그의 학문관과 시대인식, 순국의 의미와 인간적 면모 등이 두루 제시되어 있고, 유사와 묘도비명에는 그의 일대기가 간결하게 요약되어 있다. 이들 자료 역시 성재를 이해하는 데 긴요한 역할을 한다.

이 글은 성재의 삶과 학문, 현실 인식과 가문 의식을 살피기 위해 기획되었다. 성재에 대한 포괄적인 논의라 할 것인데, 이는 성재 학문에 대한 최초의 논의이기도 하지만, 이 글이 국역 ≪성재집≫을 발간함에 따른 해제 역할도 동시에 담당할 수 있도록 하기 위한 조처다. 이를 통해 우리는 성재가 지니고 있었던 학문 정신과 그 실천에 관한 역사적 실체가 밝혀지기를 기대한다. 그가 당대를 어떻게 인식하였는지, 그리고 이와 관련하여 어떠한 실천을 하였는지를 살펴볼 것이다. 역사가 지속과 변화의 과정 속

1 정우락, 「<봉산욕행록>의 문화론적 독해」, ≪한강학의 생성공간과 한강학파의 성장≫, 역락, 2022, 468~168쪽 참조.

에 작동하는 것이라면, 그는 이에 대해 어떤 문제의식을 가졌는가. 또한 이 과정에서 내린 그의 '순국'이 지니는 의미는 무엇인가. 이 논의는 이러한 질문들에 대한 해답의 실마리를 찾기 위한 것이기도 하다.

2. 성재의 전환기적 삶과 학문

1) 삶의 특징

성재(省齋)의 본관은 청주(淸州, 고호 西原), 휘는 재기(在夔), 자는 성노(成老)로, 성재는 그의 호이다. 1857년(철종 8) 음력 9월 21일 경상북도 성주군 수륜면 수성 2리 지촌(枝村, 갖말)에서 태어났다. 이 마을은 한강(寒岡) 정구(鄭逑, 1543~1620)의 적장자들이 대를 이어오면서 한강을 불천위로 모시는 집성촌으로, 성재는 한강의 13대손이다. 아버지는 일우(一宇) 정세용(鄭世容, 1834~1879)으로 유림의 중망이 있었고, 어머니는 옥산 장씨(玉山張氏)로 농산(農山) 장승택(張升澤, 1838~1916)의 자씨(姊氏)이다. 성재는 이들 사이에서 2남 1녀 중 둘째로 태어났다. 족보에서는, "천성이 고결하고 근엄하였으며 또한 화아(和雅)를 겸비하여 후진을 지도함에 배우는 자들이 존경하며 따랐다."[2] 라고 적고 있다.

성재의 삶에 대한 기록은 조카인 뇌헌(磊軒) 정종호(鄭宗鎬, 1875~1956)가 쓴 <중부 성재부군 유사(仲父省齋府君遺事)>[3]와 4종제 후산(厚山) 정재화(鄭在華, 1905~1978)가 쓴 <사종형 성재공 묘도비명(四從兄省齋公墓道碑銘)>[4]이 대표

2 淸州鄭氏文穆公派世譜刊行委員會, 《淸州鄭氏文穆公派世譜》, 大譜社, 2001, 192쪽, "天性高潔謹嚴, 又兼和雅, 導率後進, 學者敬服."

3 鄭宗鎬, 《磊軒集》 권12, <仲父省齋府君遺事>

4 鄭在華, 《厚山拙言》 권4, <四從兄省齋公墓道碑銘>

적이다. 이 두 글에는 성재의 가계를 비롯하여, 5세 때 ≪십구사략(十九史略)≫을 읽으면서 시작된 학문의 여정, 유가 수양론을 바탕으로 한 삶의 자세, 심학(心學)을 바탕으로 한 사상 경향, 선조의 학문인 한강학을 수호하기 위한 다양한 노력, 그리고 파리장서운동을 중심으로 한 독립운동 등이 두루 제시되어 있다. 이 두 자료를 참고하여 성재 삶의 특징 몇 가지를 검토하기로 한다.

첫째, 대학자 한강 정구의 13대손이었다는 점이다. 한강은 청주 정씨로, 고려 중랑장(中郎將) 극경(克卿)을 시조로 한다. 효문(孝文) → 의(顗) → 현(儇) → 해(瑎) → 책(幘) → 보(誧) 등을 거치면서 15대로 내려와 한강 구(逑)가 탄생한다. 성재는 그의 13대손이다. 한강은 퇴계학과 남명학을 발전적으로 계승하면서 이른바 한강학파를 이룩한다. 그의 학문적 성취는 조선 유학사에서 뚜렷한 자취를 남겼다. 특히 ≪심경발휘(心經發揮)≫를 중심으로 한 심학과 ≪오선생예설분류(五先生禮說分類)≫를 중심으로 한 예학, 그리고 ≪함주지(咸州誌)≫를 중심으로 한 지지학(地誌學)은 그의 학문적 근간을 이룩한다. 성재는 일생동안 자신이 한강의 후예라는 것에 커다란 자부심을 가졌다.

성재가 한강의 후손이라는 사실은 후술할 그의 학문 정신은 물론이고 가문 의식과도 직결된다. 이 때문에 내종 장상기(張相岐)는, "우리 성재는 문목(文穆) 노선생의 가문에서 태어나셨으니, 좋은 옥(玉)처럼 윤기 나고 단단함은 타고난 바탕이었고, 불꽃처럼 밝고도 범할 수 없음은 성품이었습니다."[5]라고 하였고, 재종형 정재교(鄭在教)는, "군은 우리 가문의 대들보로서

5 張相岐, <祭文>(≪省齋集≫ 부록), "吾省齋, 生於文穆老先生之家, 良玉之溫潤而栗然者, 其稟質也, 烈火之精明而不可犯者, 其性度也."

하루라도 군이 없을 수 없다."[6]라고 하였다. 그리고 4종제 정재용(鄭在鏞)은, "이후로 문중에 일이 있으면 주장할 사람이 없고 경영할 사람도 없으니, 사람들이 우리 마을에는 사람이 없다고 하는 말도 참으로 당연합니다."[7]라고 하는 등 그가 한강 가문을 부식(扶植)하기 위해 노력하였던 점을 특기하였다. 이러한 사실은 제문이나 만사에서 보편적으로 나타나는 바, 성재 내면에 효심이 깊게 작동한 결과라 할 수 있다.[8]

둘째, 지병이 평생 그를 따라다니며 괴롭혔다는 점이다. 성재는 선천적으로 신체가 강건하지는 못했던 것 같다. 그의 건강 상태는 편지나 일기에 두루 나타난다. <여권정언장(與權正言丈)>(1881, 25세)에서는 "마흔 첩이나 되는 약을 복용하고 있을 뿐입니다."[9]라고 하였고, <답이승기(答李基承)>(1915, 59세)에서는 "이 늙은이는 오래된 담기(痰氣, 가래)도 낫지 않고 손가락 부종(浮腫)으로 밤새도록 아파서 눈을 붙일 수가 없게 된 지 여러 날이 되었네. 어찌 늙은이가 견딜 수 있는 일이겠는가?"[10]라고 하였다. 또한 <여조명문(與曺命文)>에서는 "여러 병증이 번갈아 일어나고, 눈은 어두워서 사물을 볼 수도 없고, 설사는 횟수를 헤아릴 수도 없습니다. 게다가 황달 증세로 거의 스스로를 지탱하지 못한 지가 여러 달이 되었습니다."[11]라고 하는 등 허다

6 鄭在敎, <祭文>(≪省齋集≫ 부록), "君, 於我家有棟樑之重, 不可一日無君."

7 鄭在鏞, <祭文>(≪省齋集≫ 부록), "自後, 宗有事主張之無其人, 經理之無其人, 人之稱我里無人者, 固其宜矣."

8 성재는 1879년 아버지상을 만났을 때 묏자리를 구하기 위해서 족친을 감동시킨 일이나, 1883년 어머니 장씨의 초상 때 돌림병으로 정신이 혼미한 가운데서도 스스로를 꾸짖었다고 한다. 이를 들어 정재화는 <四從兄省齋公墓道碑銘>에서, "대저 공이 행한 효도는 지극한 정성과 애통함에서 나온 것으로써 억지로 애써서 행하는 사람이 비슷하게 할 수 있는 것이 아니다."라고 하였다.

9 鄭在夔, ≪省齋集≫ 권2, <與權正言丈>, "方服四十貼藥耳."

10 鄭在夔, ≪省齋集≫ 권4, <答李基承>, "翁宿痰未祛, 指腫又作, 終夜疼痛, 不交睫者數日, 豈老者可堪事耶?"

11 鄭在夔, ≪省齋集≫ 권2, <與曺命文>, "諸症迭作, 目昏不能視物, 泄痢不計度數重之, 以

한 자신의 질병과 관련된 발언을 하고 있다.

성재는 특히 두통으로 고생을 하였다. <선석일기(禪石日記)>(1886, 30세) 3월 3일 조에서는 "승려가 나와서 맞이하고 이어서 저녁밥을 내어왔다. 두통 때문에 밤이 새도록 앓았다."[12]라고 하였고, <태학일기(太學日記)>(1898, 42세) 6월 8일 조에서는 "두통이 아직 아직 멈추지 않았으나 식후에 억지로 일어나 두건을 씻고 출발하였다."[13]라고 하였다. 그리고 7월 18일 조에는 "해가 아직 저물지 않았으나, 두통이 크게 생겨 다시 다른 곳으로 갈 수가 없었다."[14]라고 하였으며, 7월 30일 조에서는 "밤부터 오한과 두통이 있었다. 낮에 억지로 일어나 망건을 쓰고 세수하였다."[15]라고 하였다. 이러한 자료에서 볼 수 있듯이 두통에 대한 언급은 특별히 많다. 성재는 이렇게 두통으로 괴로워하면서도 강한 신념을 갖고 자신에게 부여된 소임을 다하고자 했다.

셋째, 젊은 시절 과거 공부를 하면서 발신하고자 했다는 점이다. 성재는 스스로 "지금 세상에서 벼슬에 나아가는 길은 과거시험장의 시문(時文)이 아니면 길이 없다."[16]라고 하면서, 함께 공부할 수 있는 친구 5, 6명과 함께 숙야재(夙夜齋)에서 문예(文藝)를 익혔고, 다시 족조 고헌(顧軒) 정래석(鄭來錫, 1808~1893)에게 평가를 받았다고 한다. 고헌은 성재의 시고(詩稿)에 대하여 평가하며, "여기에 관각(館閣)의 수법이 있다."[17]라고 하였다. 성재가 이렇게

疸症殆不可支吾者, 數月矣."

12 鄭在夔, ≪省齋集≫ 권4, <禪石日記>, "僧徒出迎, 繼進夕飯. 以頭痛, 終夜呌苦."

13 鄭在夔, ≪省齋集≫ 권4, <太學日記>, "頭痛猶不止, 食後强起, 巾洗而發."

14 鄭在夔, ≪省齋集≫ 권4, <太學日記>, "日猶未暮, 而頭痛大作, 不能更進他處."

15 鄭在夔, ≪省齋集≫ 권4, <太學日記>, "自夜惡寒頭痛, 日中强起巾洗."

16 鄭宗鎬, ≪磊軒集≫ 권12, <仲父省齋府君遺事>, "當世仕進之路, 非場屋時文則無由."

17 鄭宗鎬, ≪磊軒集≫ 권12, <仲父省齋府君遺事>, "翁, 遂褒題於詩稿, 紙背曰, 此有舘閣手法者乎!"

시문을 익히며 과거 공부에 열중했던 것은, 이것이 유자의 실지는 아니지만 나라에서 글짓는 재주로 관리를 뽑으니 어쩔 수 없는 일이라 생각했기 때문이다. 벼슬길에 나아가 가문을 일으키고자 하는 욕망이 작동하였음은 물론이다.

그러나 성재는 시문에 열중하면서도 끊임없이 성학(聖學)을 추구했다. 이는 아버지 정세용이 "대저 과거 공부는 유자의 실지(實地)는 아니다. 만약 한결같이 잘해 나간다면 어찌 뜻을 잃겠느냐?"[18]라는 말에 힘입은 바 컸다. 이 때문에 성재는, 선조의 강학처인 숙야재(夙夜齋)를 비롯하여 인근의 산사인 일요암(日曜庵)과 선석사(禪石寺) 등에서 과거 공부를 하면서도 끊임없이 성학에 매진하였다. 후기로 갈수록 성학에 더욱 치중하였는데, 과거를 통해 관리가 되는 것이 당대로서는 무의미하다고 판단하였기 때문이다. 이 같은 성재의 생각은 그의 아들 광호에게 보낸 편지에서도 분명히 읽힌다. 즉, "시문(時文)은 옛것이 아니며 또한 오늘날의 쓰임에도 적절하지 않으니, 여기에 힘쓸 필요가 없다는 것은 뜻있는 선비라면 알 것이다. 그러나 어찌하여 강구(講究)하는 공부를 고인(古人)이 스스로 성인되기를 기약하는 것에 오로지 힘쓰지 않고, 이런 하류에 빠지는 것을 달갑게 여기느냐?"[19]라고 한 것이 그것이다.

넷째, 정치 현실에 대해 매우 적극적인 자세를 취하고 있다는 점이다. 성재가 활동했던 시대의 한국사는 유례를 찾아보기 어려울 만큼 혼란스러웠다. 조선 왕조가 쇠퇴하고 근대 국가로의 전환을 시도하다가, 조선은 결국

18 鄭宗鎬, ≪磊軒集≫ 권12, <仲父省齋府君遺事>, "大抵擧業, 非儒者實地. 若一向好着, 柰喪志何?"

19 鄭在夔, ≪省齋集≫ 권4, <寄光鎬>, "時文非古也, 而又不適於時用, 此之不必用力, 不待有志者而後, 然何不專力於講究之工, 以古人自期, 而甘於此下流也."

일제의 식민지로 전락한 후 다시 독립운동이 본격화되는 과정을 포함하고 있기 때문이다. 고종이 즉위하고 대원군이 개혁을 시도했을 때 성재는 청소년기였고, 강화도조약으로 개항이 시도될 때는 청년기였으며, 동학농민운동·을미사변·을사늑약·한일합병 등이 일어났을 때는 장년기였다, 그리고 노년기에 접어들자 3.1운동과 파리장서운동이 전개되었다.

특히 성재의 장·노년기를 주목할 필요가 있다. 1905년 11월 을사늑약이 체결되었다는 소식을 듣고, 한계(韓溪) 이승희(李承熙, 1847~1916) 등 영남 유림 300여 명이 상경하여 <청주적신파늑약소(請誅賊臣罷勒約疏)>를 올렸는데, 이때 성재는 을사오적의 처단과 을사늑약의 파기를 요청하는 이 상소문에 서명하였다. 공산(恭山) 송준필(宋浚弼, 1869~1944)이 독립의 정당성을 도내에 알리기 위해 작성한 <통고국내문(通告國內文)>에서도 조카 정종호(鄭宗鎬)와 함께 서명하였다. 더욱이 면우(俛宇) 곽종석(郭鍾錫, 1846~1919) 등 함께 한국 독립을 청원하는 파리장서에 137인의 서명자 가운데 한 사람으로 참여하였고, 이와 관련하여 순국하였다.

성재 삶의 특징으로는 대학자 한강 정구의 13대손이었다는 점, 지병이 평생 그를 따라다니며 괴롭혔다는 점, 젊은 시절 과거를 통해 발신하고자 했다는 점, 정치 현실에 대해 매우 적극적인 자세를 취하고 있었다던 점 등을 들 수 있다. 한강의 후손이라는 것은 그에게 강한 자부심을 심어주었고, 평생 따라다녔던 지병은 그를 더욱 단련시키는 역할을 했다. 그리고 과거 공부를 통한 문장 수련과 위기의 현실을 외면하지 않는 선비 정신을 두루 갖추고 있었던 것으로 보인다. 성재 삶에 나타난 이러한 특징은 학문과 절의를 함께 중시했기 때문에 가능했다. 즉 개인적 영달이나 안일을 거부하고, 국가적 위기 속에서 목숨으로 자신의 신념을 지켜가고자 했던 것이다.

2) 학문 성격

성재의 학문태도는 매우 진지하였다. 이는 <권독잠(勸讀箴)>·<서첨명(書籤銘)>·<격치성정명(格致誠正銘)> 등의 잠명류 잘 나타난다. 이러한 글을 눈에 항상 띄는 곳에 걸어두고 그 스스로를 경계하였기 때문이다. 성재는 이러한 글들을 성재가 20세 전후에 쓴 것으로 보이는데, <권독잠>에서는 "젊은 시절 책 읽지 않으면 늙어서 후회가 따르게 된다."[20]라고 하였고, <서첨명>에서는 "굳세고 결백함은 군자의 덕"[21]을 제시하며 이를 갖추기 위해 노력해야 한다고 하였으며, <격치성정명>에서는 "마음에서 생기는 생각은 좋은 것도 있고 나쁜 것도 있으니 여러 번 살피고 정성스럽게 하기를 미인을 좋아하고 악취를 싫어하듯 해야 한다."[22]라고 하였다.

또한 성재는 문미에 '괄구습(刮舊習)'과 '청순계(聽舜鷄)'를 걸어두고 스스로를 성찰하며 혁신하고자 했다. '괄구습'은 묵은 습관을 벗겨낸다는 뜻이고, '청순계'는 순임금의 닭 우는 소리를 듣는다는 말이다. 그의 호 '성재(省齋)'는 이러한 태도를 가장 간명하게 보여주는 대표적 사례이다. 이와 관련하여 문인 정재화는 성재의 묘도비명에서 "사람이 큰일을 하지 못하는 것은 항상 옛것을 그대로 답습해 묵은 습관을 제거하지 못하기 때문이다. 마땅히 혁신하여 괴로움을 견디며 단연코 결행해야 한다."[23]라는 성재의 말을 전하기도 했다. 이제 그 학문의 구체적 양상을 몇 갈래로 나누어 살펴보기로 한다.

---

20 鄭在夔, ≪省齋集≫ 권5, <勸讀箴>, "少時不讀, 老大悔追."
21 鄭在夔, ≪省齋集≫ 권5, <書籤銘>, "堅剛潔白, 君子之德."
22 鄭在夔, ≪省齋集≫ 권5, <格致誠正銘>, "念慮之發, 有好有惡. 屢省乃誠, 如色如臭."
23 鄭在華, ≪厚山拙言≫ 권4, <四從兄省齋公墓道碑銘>, "人不能有爲, 常因循蹈襲, 由舊習未去也. 所當革新, 耐苦斷然行之."

첫째, 성재의 학통은 한강학을 계승하는 측면에서 이루어졌다. 성재가 공부를 시작한 것은 다섯 살 전후로 보인다. 다섯 살 무렵 증조부 낙래(樂來) 정보영(鄭輔永, 1797~1867)의 무릎에서 숫자와 방위 및 사방 신의 이름을 외우는 것이 확인되기 때문이다. 이후 일곱 살에 아버지 일우(一宇) 정세용(鄭世容, 1834~1879)으로부터 ≪십구사략(十九史略)≫을 읽었고, 이후 ≪논어≫와 ≪맹자≫ 등 사서 공부로 나아갔다. ≪중용≫과 ≪대학≫은 열다섯 살 때 외삼촌 농산(農山) 장승택(張升澤, 1838~1916)에게 나아가 배운다. 이때부터 구체적인 학문의 세계로 들어가게 되었으며, 이후 숙야재에서 고헌(顧軒) 정래석(鄭來錫, 1808~1893)을 통해 과거를 위한 문장인 시문(時文)을 공부하고 ≪서경(書經)≫의 난해한 부분을 질의하기도 했다. 이로써 그의 학문은 더욱 심화·확대되었다. 고헌은 그를 격려하면서, "이 사람은 참으로 우리 집안의 천리마로다."[24]라며 극찬하였다고 한다.

성재는 13대조 한강과 5대조 지애 정위를 특별히 존모하였다. 지애를 이어 선조 한강의 문인록을 편집한 사실에서 이를 확인할 수 있다. 이 때문에 이기홍(李基洪)은, "한강 어른을 조술하시고, 지애 어른의 뒤를 이으시며, 일찍이 고헌 선생께 의탁하시고, 일우 부친의 가르침에 나아갔으니, 이것은 땅의 자리이다."[25]라고 요약하였고, 이재원(李在瑗)은 여기에 장승택을 더하여, "연원이 본래부터 있어 어진 선조께서 훌륭한 가르침을 내리시고, 그 자질을 붕우들과 연마하고 농옹(農翁, 장승택)께서 크게 단련하셨다."[26]라고 평가하였다. 이렇게 보면 성재의 학통은 퇴계학과 남명학이 한강학으로 이

24 鄭宗鎬, ≪磊軒集≫ 권12, <仲父省齋府君遺事>, "此誠吾家之千里駒也."

25 李基洪, <祭文>(≪省齋集≫ 부록), "祖述寒爺, 承武芝翁, 早托顧軒, 趨一宇庭, 此則地位也."

26 李在瑗, <祭文>(≪省齋集≫ 부록), "淵源有自, 賢祖嘉謨, 麗澤其資, 農翁大鑪."

어지고, 이것이 지애 정위와 고헌 정래석으로 이어지는 하나의 맥락과 여헌 장현광에서 사미헌 장복추와 농산 장승택으로 이어지는 또 하나의 맥락이 교차하는 지점에 놓여있다고 하겠다.

둘째, 성재는 심학을 가학 전통으로 삼고 공부에 매진하였다. 일찍이 그는 서안 위에 한강의 ≪심경발휘(心經發揮)≫ 한 부를 두고 언제나 펼쳐보고 손에서 놓지 않고, 우리 집안의 심학(心學)은 이 책에 있을 뿐이라고 하면서, "성현이 만 가지 변화에 수응하고 평탄함과 험난함에 한결같은 것은 다만 의리를 보기 때문이다. 바야흐로 마음에서 선악이 서로 다툴 때 지공무사(至公無私)하고, 이익을 생각하면서도 의를 실천하지 못하는 경우가 드문 것은 이러한 까닭이다. 그러므로 모름지기 이 책을 중요하게 여기고 이 책으로 함양하여, 성현께서 마음을 해설하신 것을 곧바로 친히 받은 요체로 삼아야 한다. 우리 연원가(淵源家)의 학문으로 보아야 할 것이다."[27]라고 하였다.

성재가 <인심변시도심론(人心便是道心論)>을 쓴 이유도 심학을 밝히기 위함이었다. 그는 이 글에서 인심(人心)과 도심(道心)을 구분하였다. 즉, 인심은 형기(形氣)에서 발현하는 것으로 성색취미(聲色臭味)를 통해 나타나면 금수와 가까워질 위험성이 있다고 했고, 도심(道心)은 성명(性命)에 근원하는 것으로 인의예지(仁義禮智)를 통해 드러나며 천지와 더불어 교감할 수 있게 한다고 했다. 따라서 인심은 극복하고 다스려야 하며 도심은 명심하여 굳게 지켜야 한다고 강조하였다. 그는 ≪서경≫「대우모」편에 나타나는 "人心惟危, 道心惟微, 惟精惟一, 允執厥中."이라는 16자 심결(心訣)을 심학의 근

27 鄭宗鎬, ≪磊軒集≫ 권12, <仲父省齋府君遺事>, "聖賢所以應酬萬變夷險一致者, 惟義是視而已. 方心之善惡交戰之際, 不以至公無私, 不至於認利爲義者鮮矣. 故, 須喫緊於此書, 涵養於此書, 將聖賢說心, 便作親承旨訣, 看是吾淵源家學也."

본 원리로 보았는데, 이는 주자 심학의 요체이자 선조 한강을 비롯한 조선의 성리학자들이 수양론의 핵심 개념으로 삼았던 것이다. 여원회(呂源會)가 성재를 두고 "성인의 심학을 공부함은 누가 공과 같을까? 사문의 도학을 계승함에는 그 충심을 얻었네."[28]라고 한 것도 이 같은 맥락에서 한 발언이다.

셋째, 성재는 ≪서경≫에 바탕 한 선진 고문의 문체적 특성을 이룩하였다. 성재가 다양한 경전을 섭렵하면서도 특히 ≪서경(書經)≫에 정통하였다. 그의 ≪서경≫ 공부는 서른 살 전후에 본격화되었는데, 이는 <선석일기(禪石日記)>에 자세히 기록되어 있다. 이를 두고 정종호는, "대개 부군의 학문은 백가의 글 가운데 섭렵하지 않은 것이 없었으나 반드시 사서를 근본으로 삼았고, ≪서전(書傳)≫을 궁극의 법으로 삼았다. 그러므로 중년과 만년 이후 대략 10여 년 동안 읽고 외우는 것은 오로지 ≪서전≫뿐이었다. 그리하여 문장으로 표현하면 창연(蒼然)히 옛 작가의 체제가 있었으니, 화려한 문체를 숭상하던 당시의 사람들초차 간혹 외우고 서로 전하였다."[29]라고 하였다.

성재는 ≪서경≫을 읽다가 난해한 부분이 나오면 고헌 정래석에게 질문하였다. <상족조고헌옹(上族祖顧軒翁)>에서 그는, "이 책은 삼대(三代)의 선왕이 바른 도(道)로써 세상을 다스린 사례를 기록한 것인데, 제가 선대 성왕(聖王)들께서 주고받은 치란흥망(治亂興亡)의 연유를 살피지 못하고 다만 문사(文辭)에만 마음을 기울이다 보니 이해하기 어려워 헤매고 있습니다."[30]

28 呂源會, <輓詞>(≪省齋集≫ 부록), "聖學心工孰似公, 繼承斯道得其衷."

29 鄭宗鎬, ≪磊軒集≫ 권12, <仲父省齋府君遺事>, "盖府君之學, 於百家之文, 莫不涉躐, 必以四子書爲根基, 書傳爲究竟法, 至中晩以後, 凡十餘年誦讀, 專在於書, 故著而爲文, 蒼然有古作家體裁, 時之尙詞彩者, 或誦而相傳也."

30 鄭在夔, ≪省齋集≫ 권2, <上族祖顧軒>, "是書也, 三代之所以直道而治者也. 不察先聖王

라고 하면서, 편지 말미에 <녹의(錄疑)>를 따로 두어 27조의 문목을 정리하였다. “≪홍범(洪範)≫의 ‘제내진노(帝乃震怒)’와 ‘천내사우(天乃錫禹)’에서, ‘제(帝)’라고도 하고 ‘천(天)’이라고도 하니, 이것은 호문(互文)입니까? 진노한다는 것은 곧 주재(主宰)을 가리켜 말한 것이고, 내린다는 것은 이(理)를 두고 말한 것이라면 그 또한 뜻이 있는 것입니까?”[31]라는 등의 질문이 그것이다.

넷째, 성재는 의리론(義理論)에 입각한 실천 정신에 투철하였다. 성재의 학문은 기본적으로 위기지학(爲己之學)을 근간으로 한 의리론에 문제의식을 두었으며, 실천은 이를 바탕으로 이루어졌다. 그는 “글은 도를 싣는 그릇이요, 독서는 도를 싣는 도구인데, 마음으로 체득하지 않고 몸으로 실행하지 않으면 오히려 읽지 않는 것과 다르지 않다. 어찌 기질을 변화시킬 것을 생각하지 않는단 말인가?”[32]라고 하였다. 이를 통해 글쓰기와 독서가 단순한 지식 습득을 넘어 ‘위기지학’과 ‘의리론’, 그리고 ‘실천 정신’이 결합되어 있음을 보였다. 또한 한려시비(寒旅是非)를 해결하는 과정에서, 의리를 시종 강조한 것도 모두 같은 이유에서였다.[33]

성재의 의리론은 실천으로 나아가기 위한 판단의 기준으로 기능하였다. <수제치평찬(修齊治平贊)>에서, “옛날의 현철한 선왕들은 수신으로 근본을 삼았다. 간략함을 취하여 널리 베풀고, 가까운 곳에서부터 멀리 나아갔다. 가정과 국가가 비록 많지만 마음 둘 것은 이것뿐이며, 천하가 비록 크지만,

---

傳受治亂興亡之所以, 而只令馳心於文辭, 渾渾佶屈之間.”

31 鄭在夔, ≪省齋集≫ 권2, <上族祖顧軒翁·錄疑>, “洪範, 帝乃震怒, 至天乃錫禹 曰帝曰天, 互文歟? 於震怒, 則以主宰言, 於錫之, 則以理言, 亦有其義歟?”

32 鄭宗鎬, ≪磊軒集≫ 권12, <仲父省齋府君遺事>, “文者, 載道之器也, 讀者, 載道之具, 而心不體身不行, 猶不讀也, 盍思所以變化氣質者乎?”

33 鄭在夔, ≪省齋集≫ 권4, <太學日記> 2월 12일 조, <太學日記> 7월 8일 조 등 참조.

도달하는 바는 둘이 아니다."[34]라고 한 것에서 이를 확인할 수 있다. 이 같은 생각에 기반하여 그는 사회적 실천으로 나아갔다. 1905년 을사늑약 체결 시 연명 상소에 참여한 것이나, <국내통고문>과 <파리장서>에 서명한 것 등이 모두 여기에 해당한다. 이는 성리학적 의리론을 몸소 실천한 것이자, 조선 후기의 척사위정(斥邪衛正) 사상을 구현한 대표적인 사례이다.

성재의 학문적 성격은 한강학을 계승하는 측면에서 학통을 확보하고 있는 점, 심학을 가학 전통으로 삼고 공부에 매진한 점, ≪서경≫에 바탕 한 선진 고문의 문체적 특성을 이룩한 점, 의리론에 입각한 실천 정신에 투철했던 점 등을 들 수 있다. 이것은 그의 학문이 19세기 말 조선 성리학의 집약체로서, 한강학의 심학 전통을 계승하면서도 격변하는 시대 상황에 의리로 대응한 실천적 성향을 갖는다는 것을 의미한다. 여기에서 우리는 성재의 학문이 단순한 이론적 탐구를 넘어 인격 수양과 함께, 의리를 기준으로 명확한 판단을 내리고, 여기에 근거하여 사회적 실천으로 나아갔던 사실을 알 수 있다.

3. 성재의 현실 인식과 가문 의식

1) 위정척사적 현실 인식

위정척사(衛正斥邪)는 '올바른 것을 지키고, 사악한 것을 배척한다'는 뜻이다. 특히 19세기 말 조선 말기의 유교적 전통 질서를 수호하고 서양 문물과 천주교·개신교 등 이단 사상 및 근대적 사상·제도를 거부하려는 보수

34 鄭在夔, ≪省齋集≫ 권5, <修齊治平贊>, "肆古哲王, 修身爲本. 操約施博, 自邇而遠. 家國雖衆, 措之則是. 天下雖大, 達之無二."

적, 반개화(反開化) 사상을 가리킨다. 이 운동은 배타적이고 폐쇄적인 세계관을 가졌다는 비판받기도 하지만, 외세에 대한 자주적 저항의 의지를 상징하며, 일제강점기 유림 독립운동의 사상적 토대가 되었다. 을사늑약과 경술국치를 거치면서 나라까지 망하게 되는 것을 목도한 전통 유림이었던 성재 역시 이러한 사상적 토대 위에서 당대를 인식하고 비판했다. 그 구체상을 몇 가지로 나누어 살펴보기로 한다.

첫째, 성재는 현실에 대한 강한 위기의식을 지니고 있었다. 당시 조선은 이익 사회로 접어들면서 전통적인 도의는 무너지고, 이에 따라 의관 제도도 바뀌어갔다. 이러한 사실은 여태회(呂泰會)에게 보낸 편지에서, "지금 공리(功利)가 유행하고 도의(道義)는 망실되었으며, 오랑캐가 많아지고 우리의 의복마저 바뀌어 가고 있습니다."[35]라고 한 발언에서 간명하게 나타난다. 여기에 더하여 경술국치로 일본에 나라까지 빼앗기게 되었다. 이에 성재는 비통한 심정으로 장상기(張相岐)에게 편지하여, "동국의 영토가 모두 오랑캐의 차지로 들어갔으니 어찌 산야(山野)를 따져서 선택할 수 있겠습니까? 비록 이것을 얻더라도 저것을 잃게 될 것이니, 망한 나라에 보탬이 없습니다."[36]라고 하면서 어찌할 수 없는 처지를 탄식하기도 했다. 다음 자료도 마찬가지로 읽힌다.

> 6,7년 소식이 막혔는데, 그 허물이 누구에게 있는지 말할 수 없지만, 말하자면 서글픈 마음만 더해갑니다. 우리들은 평생 도의로써 서로 기약하였지만, 지금 세상은 어지러움이 극도에 달하여 종묘사직은 장차 무너져가고 오랑캐의 포로가 될 재앙이 또 닥쳤습니다. 군자께서도 반드시 이러한 상

35 鄭在夔, ≪省齋集≫ 권2, <答呂致若泰會>, "今功利行而道義亡, 鱗介盛而衣裳易."

36 鄭在夔, ≪省齋集≫ 권2, <答內兄張鎭海相岐>, "東疆域盡入於戎虜之籍, 夫何論山野之可擇, 設或有此得而彼失, 無補於亡國."

> 황에 계셨을 것이기 때문에 제가 한 마디의 가르침도 얻을 길이 없었습니다. 목을 빼고 그리워한 것은 다만 오래 소식이 막혔기 때문만은 아닙니다.[37]

위는 노상익(盧相益, 1849~1941)과 노상직(盧相稷, 1855~1931) 형제에게 보낸 편지의 일부이다. 이 두 형제는 성재와 밀접하게 교유했던 사람으로, 만주 지역을 중심으로 한인 공동체를 만드는 등 일제강점기 독립운동을 적극 전개했던 인물이다. 특히 노상익의 딸은 큰 집 조카인 정종호의 아내이기도 했다. 위의 자료에서 보듯이 성재는 당시를 '어지러움이 극도에 달하여 종묘사직은 장차 무너져가고 오랑캐의 포로가 될 재앙이 또 닥친 시대'라며 극도로 고조된 위기 의식을 표출하였다. 여기서 더욱 나아가 그 스스로 사람이지만 짐승과 다름이 없다면서, "오랑캐의 조정[虜庭]이 지척이니 여러 가지 일에 구속을 받아 비록 스스로 죽기를 도모할 수는 없지만 이 몸뚱아리를 굶주린 호랑이에게 던져준 지가 오래되었습니다."[38]라고 하기도 했다.

둘째, 성재는 전통 성리학적 세계관에 입각하여 현실이 재건되어야 한다고 보았다. 그는 외세와 서양 문물에 대한 강한 배격과 함께 내적 도덕성 회복을 통해 나라의 자주와 안정이 보장되어야 한다고 보았다. 이러한 생각은 19세기 말 조선이 서구와 일본 제국주의에 직면한 역사적 위기 상황에서 위정척사파들이 일반적으로 지니고 있었던 생각이기도 하다. 성재는 권상락(權相洛)에게, "대도(大道)는 어두워지고 사설(邪說)이 일어나며, 서쪽

37 鄭在夔, ≪省齋集≫ 권2, <與盧致三致八相稷>, "六七年阻闊, 勿論其咎在誰, 言之, 徒增悽悵. 吾輩平生, 以道義相期, 方世亂極矣, 宗社將墟, 俘虜之禍, 且至君子其必有以處此矣, 而無有得一言, 指告引領瞻仰, 不但阻積以也."

38 鄭在夔, ≪省齋集≫ 권4, <答李德夫載衡>, "虜庭咫尺, 種種見捉, 縱不能自辦於死, 持此身, 與之餒虎久矣."

오랑캐 무리는 도리를 배반하고 진실을 어지럽히고 있습니다. 천하에 도도하게 흐르는 저것을 장차 어찌 바꾸려 하십니까?"[39]라고 한 데서 이러한 생각을 확인할 수 있다. 다음 자료 역시 같은 맥락에서 읽힌다.

> 삼가, 사설(邪說)을 물리치는 것에는 정학(正學)을 분명히 하는 것보다 좋은 것이 없고, 우리 유도(儒道)를 세우는 것에는 선현(先賢)을 높이는 것보다 좋은 것이 없습니다. 지금 천하가 날로 금수(禽獸)의 세상으로 도도하게 달려가는 것을 보고, 사람들은 죽음을 각오하는 지사를 그리워하고 선비는 미개한 오랑캐의 나라가 될까 걱정하게 되었습니다. 무릇 유자(儒者)의 의관을 갖춘 자라면 누군들 좋은 곳을 버리고 나쁜 데로 들어가는 아픔이 없겠습니까?[40]

이 글은 <회향중문(回鄕中文)>의 일부로 사설을 물리쳐서 유도를 세워야 한다고 했다. 그 방법은 바로 선현을 높이는 일이라 했다. 선사 한강의 문집은 도(道)를 담은 글이며, 선생의 강당은 강학(講學)의 터전이고, 향약과 학계는 인(仁)을 돕는 의리이므로, 이와 관련된 일을 함께 하자고 했다. '사설(邪說)이 불처럼 일어나고 고속(古俗)이 무너진 시대'[41]에 선현을 높이는 일은 무엇보다 중요하다고 본 것이다. 성재의 생각이 이러하였으므로, 그가 세상을 떠나자 이민후(李敏厚)는 그를 특별히 기리며, "육주(六洲)가 뒤집히고 뭇 사설이 요란하여 우리의 도는 위태로워 부지할 수 없을 듯하였네.

39 鄭在虁, ≪省齋集≫ 권2, <與權禹若相洛>, "大道晦而邪說作, 西夷一種背理而亂眞, 滔滔者天下, 彼將以易之?"

40 鄭在虁, ≪省齋集≫ 권6, <回鄕中文>, "伏以, 闢邪說, 無如明正學, 扶吾道, 莫若尊先賢, 見今天下, 滔滔日趨於禽獸之域, 人懷喪元之志, 士有被髮之思. 凡爲章甫縫腋之類, 孰無下喬入幽之痛?"

41 鄭在虁, ≪省齋集≫ 권2, <與權密陽丈>, "邪說方熾, 古俗頹敗."

하루저녁에 홀연히 이 세상을 버리시니, 아! 공의 맑은 지조를 누가 알리오?"[42]라고 하면서 성재가 살아있을 때의 역할을 기억하였다.

셋째, 성재는 서양의 신학문을 적극적으로 비판하였다. 이것은 앞서 언급한 성리학적 세계관에 입각한 사회 재건과 긴밀하게 결부되어 있다. 도학의 융성과 신학문의 발전은 양립할 수 없는 것이기 때문이다. 성재는 일찍이 <여권밀양장(與權密陽丈)>에서, "세상도 끝이 났습니다. 신학문이 불처럼 일어나고 옛 도학은 망했으니 어느 겨를에 제 한 몸을 걱정하겠습니까?"[43]라고 했다. 여태회(呂泰會)의 전언에 의하면, 그가 혹시 서학과 관련된 말을 하면 성재는 아예 입을 닫고 아무 말도 하지 않았다고 한다.[44] ≪성재집≫에는 서양의 신학문에 대한 비판이 여러 형태로 나타나 있다. 다음 자료도 그 가운데 하나이다.

> 저는 가는 세월을 아쉬워 하지만 세월은 더욱 멀리 달아나고 병을 돌보지만 병은 더욱 깊어갑니다. 배움은 이르지 못한데 육신은 시들어 떨어지니 저 자신을 불쌍히 여기기에도 부족합니다. 윤리강상이 끊어지고 종묘사직이 장차 황폐해져 가는 때에 이르러, 초야에 사는 몸으로서 피를 뒤집어쓰고 눈물을 삼키며 싸우지 않는 것도 되지 않는 일인데, 가장 통탄스러운 것은 근세의 어떤 인사들은 겉으로는 존화양이(尊華攘夷)의 명분을 내세우지만 종종 그들의 자제에게는 서양의 학문을 하게 하여 자신을 온전히 하는 계책으로 삼습니다. 그 죄악을 따지면 어찌 모두 을사오적의 아래에 있다 하겠습니까?[45]

42 李敏厚, <輓詞>(≪省齋集≫ 부록), "六州翻蕩鬧群詖, 吾道孤危若不支. 一夕遽然斯世厭, 嗟公雅操有誰知."

43 鄭在夔, ≪省齋集≫ 권2, <與權密陽丈>, "世亦休矣! 新學熾古道亡, 何暇爲一身憂乎哉?"

44 呂泰會, <輓詞>(≪省齋集≫ 附錄≫) 幷序 참조.

45 鄭在夔, ≪省齋集≫ 권2, <上內舅農山先生>, "在夔, 惜年而年愈邁, 養病而病益深. 學之不至, 身之枯落, 不足自恤. 至於倫綱斁絶, 宗社將墟, 則不可以身居草野, 而不爲之沫血飮

외삼촌이자 스승인 농산 장승택(張升澤)에게 보낸 편지의 일부이다. 그는 이 편지에서 서양 학문에 대하는 선비들의 이중적 태도를 꼬집었다. 즉 밖으로는 존화양이의 명분을 내세우면서도 정작 그들의 자제에게는 서양 학문을 익히도록 하고 있으니, 이는 그 죄가 을사오적의 아래에 있지 않다고 했다. 이러한 현상은 사실 성재 주변에서도 서서히 일어나고 있었다. 이 때문에 정종호는 "자식이나 조카들이 신학문에 물들면 눈물을 흘리면서 타이르곤 하였다."[46]라고 하였고, 사위 이기승(李基承)에게 보내는 편지에서는, "지금 고가(古家) 자제들을 보니, 자주 옛 학문을 싫어하고 신학문을 즐겨하니, 참으로 뜻을 굳게 세운 자가 아니면 세속에 물들지 않은 자가 드물 것이네. 부디 경계하고 힘쓰시게."[47]라고 하였다. 이처럼 서양 신학문을 배격할 것을 당부하였던 것이다.

이상에서 보듯이 성재는 현실에 대한 위정척사적 태도를 견지하고 있었다. 그는 자기 시대를 사설(邪說)이 횡행하고 도의(道義)가 사라진 시대로 규정하였다. 이에 따라 그는 현실에 대한 강한 위기의식을 지니는 한편, 전통적인 성리학적 세계관에 입각하여 무너진 현실을 재건하고, 또 다른 한편으로는 밀려드는 서양의 신학문을 강력하게 배격해야 한다고 생각했다. 물론 성재의 이러한 자세는 변화하는 시대와 세계 질서에 능동적으로 적응하지 못한 한계를 지닌다. 그러나 동시에 외세의 침탈과 국가적 위기 상황 속에서 자주성·민족성·국가 정체성을 지키려는 정신적 저항운동으로 기능하

泣, 最可痛恨者, 近世一種人, 外托尊攘之名, 而種種使其子弟, 爲鴃舌之學, 以圖全軀之計究, 厥罪惡, 豈盡在五賊之下哉?"

46 鄭宗鎬, ≪磊軒集≫ 권12, <仲父省齋府君遺事>, "子侄, 染跡於新學之科, 則涕泣而曉諭之."

47 鄭在夔, ≪省齋集≫ 권4, <答女婿李基承>, "今古家子弟, 往往厭舊學, 而樂新語, 苟非立志之篤, 鮮不爲流俗所染, 戒之勉之."

였다. 성재의 독립운동과 순국은 바로 이러한 맥락 속에서 이해할 수 있다.

2) 한강학의 수호와 계승

성재는 선조의 학문인 한강학을 수호하고 이를 계승하는 데 일생을 바쳤다고 해도 과언이 아니다. 안으로는 종손과 함께 지촌(枝村, 갖말)의 불천위 종가를 지키며 숙야재(夙夜齋)·회연서원(檜淵書院)·무흘정사(武屹精舍) 등 한강 유적지를 중심으로 한 위선 사업을 꾸준히 추진해 나갔다. 밖으로는 지역사회를 중심으로 한강의 급문(及門) 집안과 연대하며 한강학의 외연을 확장하는 한편, 이 과정에서 한려시비(寒旅是非)가 발생하였을 때는 이를 해결하기 위하여 동분서주하였다. 25세의 청년기에 마흔 첩이나 되는 약을 먹을 만큼 건강에 심각한 문제가 있었음에도 불구하고 그는 이를 참아내면서 한강학 발전에 있는 힘을 다했다. 이 절에서는 성재의 이러한 점을 구체적으로 살펴보기로 한다.

첫째, 성재는 한려시비를 바로잡기 위한 혼신의 노력을 기울였다. 한려시비는 한강 계열과 그의 질서이자 문인인 여헌 계열이 학맥과 학풍을 두고 벌이는 유림 내의 논쟁을 말한다. 이 논쟁은 여러 차례 발행하였는데, 성재가 활동하였던 1898년(광무 2)년에는 인동 장씨 남산파가 ≪한강선생속집(寒岡先生續集)≫의 구조문목(九條問目)과 ≪한강선생언행록(寒岡先生言行錄)≫의 경연설(經筵說)에 관한 일을 문제삼으며 통문을 보내왔다.[48] 이에 성재는 말 한 필에 종 한 명을 데리고 도산서원(陶山書院)으로 가서 사문을 속이고

48 이보다 앞서 1848년(헌종 14)에는 장씨(張氏) 수십 명이 회연서원 안으로 들어와 관련 목판을 훼판하기도 했다. 이에 대하여 상주 사람 강시보(姜時甫)는, "지난 밤에 장씨(張氏) 댁 사람 수십 명이 서원 안으로 돌입하여 목판을 부수고 외양간으로 가서 여러 마리 말에게 곡식 한 섬을 다 먹였습니다."라는 종의 말을 전했다. <도산일기> 1898년 2월 1일자 참조.

핍박한 죄를 밝혔다. 그리고 연산(連山)·회덕(懷德)을 거쳐 서울 성균관(成均館)에 가서 당시 관장이었던 신두선(申斗善)을 설득하여 통문을 받아냈다. 이어 상주 향교의 도회에서 이 문제를 의제로 올려 인정을 이끌어냈다. 이 과정이 <도산일기>와 <태학일기>에 자세하게 기록되어 있다. 다음은 <태학일기>의 일부이다.

> 그대의 언변을 들으니 내 마음이 몹시 기쁩니다. 지난 일을 생각함에, 계미년(癸未年, 1883)에 승무(陞廡)를 요청하던 날 종대부(從大父) 교관(敎官) 어른과 함께 시종 주선한 사람은 나와 명윤 대감 두 사람이었습니다. 내가 상소 초안을 지었는데, 그 글에 '동방의 도학은 문순공 신(臣) 이(李, 이황) 모에서 대성하였고, 한번 전하여 문목공 신(臣) 정(鄭, 정구) 모가 되고, 두 번 전하여 문강공 신(臣) 장(張, 장현광) 모가 되었다'는 등의 말을 한 부분이 있습니다. 장씨가 일찍이 그때에는 한마디 말도 없다가 지금에서야 이같이 하니, 전후로 무슨 마음입니까?[49]

울산부사 안종덕(安鍾德, 1841~1907)의 말이다. 이에 따르면 승무 초안에 '퇴계 → 한강 → 여헌'의 사승 관계를 언급하였다고 한다. 성재는 이를 인용하면서 여헌은 선조 한강의 제자라는 것이 승무 상소를 통해 공식화되었고, 당시 장씨들도 인정한 일이었다는 했다. 그 자리에는 "한 사람의 성노(成老)가 여러 장씨를 감당할 만합니다."[50]라고 하며 성재를 칭찬해 마지 않았던 승선(承宣) 이명윤(李明允)도 있었다. 이러한 과정을 거치면서 서반수

49 鄭在夔, ≪省齋集≫ 권4, <太學日記>, "聽子言論, 吾心甚喜. 念昔, 癸未請廳廡之日, 與從大父敎官丈, 始終周旋者, 吾與明允二人也. 我搆出疏草, 有曰, 吾東道學大成於文純公臣李, 一傳而爲文穆公臣鄭, 再傳而爲文康公臣張云云, 而張氏曾無一言於其時, 今日之爲此前後, 何心也?"

50 鄭在夔, ≪省齋集≫ 권4, <太學日記>, "一成老 可以當諸張."

(西班首) 이수봉(李秀鳳)에 의해 통문의 초안이 작성되었고, 이 통문은 도산 서원에서 작성한 다른 글들과 함께 상주 도회에서 안건으로 상정되어 한려의 사실을 바로잡았다.[51] 정종호는 여기에 대하여 "듣는 자는 기뻐서 박수치지 않는 자가 없었다. 드디어 남산씨(南山氏)에게 그 조목에 대하여 벌하고 마쳤다."[52]라고 기록하였다.

둘째, 성재는 서적 발간을 통해 한강학을 확장하고 발전시켰다. 그는 선조 한강에 대한 강한 자부심을 갖고 있었다. 이 때문에 지애 정위의 사업을 이어받아 한강학을 확장하고 발전시키기 위하여 많은 노력을 기울였다. 우선 한강의 문인록을 개편하는 일부터 시작했다. ≪회연급문제현록≫「범례」에 따르면, 지애가 당초의 문인록을 보완하여 170여 인으로 편성하였고, 성재는 여기에 60여 인을 더하여 230인 규모로 완성하였다.[53] 여기서 나아가 그는 이윤우(李潤雨)가 1617년 한강의 동래 온천 여행 과정을 기록한 ≪봉산욕행록≫를 개편하여, 회연활판(檜淵活版)으로 ≪한강선생봉산욕행록≫을 편찬하였다. 1912년의 일이다. 다음은 이 책 발문의 일부이다.

> 몇 년 전에 ≪석담집(石潭集)≫ 가운데서 처음으로 한 판본을 얻었고, 근래 또 초고 1책이 응천(凝川) 노 학사(盧學士, 盧相稷)의 집에서 와서, 앞의 판본과 비교해 보니 서로 자세한 것과 소략한 것이 있었으며, 또 글

51 이와 함께 1900년 향산(響山) 이만도(李晩燾)를 찾아가 ≪대학(大學)≫ <정심장(正心章)>을 두고 벌인 논쟁도 주목된다. 향산은 여기에 존양(存養)이 존재한다고 보았고, 성재는 그렇지 않다고 하면서 맞섰다. 이는 여헌이 한강에 질문한 이른바 구조문목(九條問目)과 관련되는 것이다. 성재와 향산의 논쟁은 <행전문답>에 자세하다. 성재로서는 선조의 일이기 때문에 한 치의 양보도 허락되지 않는 주제였다.

52 鄭宗鎬, ≪磊軒集≫ 권12, <仲父省齋府君遺事>, "聞者莫不欣抃, 遂罰其目於南山而罷."

53 계명대학교 동산도서관 소장본 ≪한강선생문인록≫이 이것으로 보인다. 1910년경에 편집한 필사본이며, 중복된 사람이 한 명 있고, 미수 허목이 가장 먼저 나오며, 여헌 장현광은 제외되어 있다.

> 자도 간혹 같은 것과 다른 것이 없지 않았다. 이에 오래 갈수록 더욱 와전될까 두려워서, 두 판본을 참고하여 소략한 것은 자세하게 하고 같은 부분은 취하였으며, 서로 다른 부분은 남겨두어 정본(定本)을 만들어 활판으로 인쇄하였다. 이 책을 보는 원근의 동지들은 숙연히 마치 제자(諸子)의 뒤를 따라 스승님의 자리에 오르는 듯하여, 스스로 세대가 떨어진 것을 알지 못하게 될 것이다. 하물며 기록에 오른 제현(諸賢)의 후손들이야 어찌 더욱 이 글에서 모습을 생각하고 느껴 사모하지 않겠는가![54]

여기서 보듯이 성재는 ≪석담집≫과 노상직의 집에서 전해오던 ≪봉산욕행록≫을 비교하며 정본을 만들었다. 편집의 기본 방향은 선조와 관련된 사실을 조금도 빠뜨리지 않고 기록으로 남기는 데 있었다. 이에 따라 지역 간 거리뿐만 아니라, 시침과 복약의 횟수, 목욕의 횟수 등도 상세히 기록하였다. 더욱이 이 기록에는 320여 명의 인물이 등장하는데, 길에서 만난 다수의 지방관들도 있지만 수많은 문인들이 등장한다. 이로 보아 성재가 편찬한 ≪한강선생봉산욕행록≫은 사실상 새로운 형태의 문인록이라 해도 과언이 아니다. 나아가 이 기록은 한강을 중심으로 한 사림의 결속과 연대를 보여주는 자료이기도 하다. '기록에 오른 제현의 후손'을 언급한 점에서 이러한 결속과 연대는 시간적으로 지속되어 한강학이 더욱 발전할 수 있기를 기대했다.

셋째, 성재는 다양한 위선사업을 진행하였다. 그는 생활의 터전인 지촌을 중심으로 창평산 기슭의 숙야재, 양정의 회연서당, 수도산으로 뻗은 무

54 鄭在夔, ≪省齋集≫ 권5, <先祖浴行錄跋>, "頃年, 始得一本於石潭集中, 近又草藁一冊, 來自凝川盧學士家, 比前本互有詳略, 且字書或不無異同. 是懼夫愈久而愈致其訛也, 遂參考兩本, 因略以致詳取同, 而存異著爲定本, 付著活印. 遠邇同志之覽是錄者, 肅然, 若追諸子之後, 而登函丈之席, 不自知世之相後. 況爲載錄諸賢之後裔者, 尤豈不想像感慕於斯篇也哉!"

흘구곡 등에 특별한 관심을 갖고 위선사업을 추진하였다. 그 가운데서도 회연서당은 그가 가장 아끼고 사랑한 장소였다. 회연서당에서 여러 벗들과 노닐며, <회연서당제우창수(檜淵書堂諸友唱酬)> 10수를 지은 것에서도 이러한 사실이 잘 나타난다. 또한 향중의 여러 사람들에게 통문을 돌려 향약(鄕約)에 남아 있는 돈으로 ≪한강집≫을 새로 발간하고, 강회를 정비하며, 강당을 수리하자고 한 것도 위선사업의 일환이었다. 아울러 무흘구곡 제4곡인 입암(立巖)을 둘러싸고 벌어진 시비에 적극 개입한 것도 맥락을 같이 한다. 문중을 대신해 작성한 다음 자료를 보자.

> 청휘 옹(晴暉翁, 李承)이 집을 지은 시냇가 언덕은 우리 선조께서 노닐던 구곡(九曲)이니, 모두 양가의 자손이 마땅히 지켜야 할 곳입니다. 그러니 여러 집사께서 갑자기 글자를 새겨 마치 자기 집 물건처럼 독차지하려 하시니 어찌 다툼이 일어날 일이 아니겠습니까? 이것은 저희들이 이전에 편지를 드리고 그 후에 통문을 보냈듯이, 만귀정(晩歸亭)에서 의논을 시작하여 회연(檜淵)에서 숙의하면서 확정하는 등 논의를 멈추지 않고 지속하였습니다. 다만 생각건대, 다툼에서 이기려고 애쓰는 것은 선대의 우의를 닦는 것보다 못하며, 길고 짧음을 비교하는 것은 선조의 뜻을 체득하는 것이 아닙니다. 그러니 어찌하여 반드시 이미 새긴 글자를 깎아내는 것이 어렵다는 이유로 끝내 고집스러운 견해를 고수하시고 좋은 관계를 유지하는 길을 생각하지 않으시겠습니까?[55]

1918년, 성재가 62세 되던 해에 청휘당(晴暉堂) 이승(李承, 1552~1598)의 후

55 鄭在夔, ≪省齋集≫ 권3, <與白洞李氏門中>, “晴暉翁之結屋溪岸, 吾先祖之藏修九曲, 俱是兩家子孫之所當保守, 則僉執事, 遽然刻字, 有若專之爲自家件物者, 豈非爭端之所自起耶? 此鄙等, 所以前有書而後有通, 發論於晩亭, 而爛確於檜淵, 不自知止者也. 第念, 務求勝, 不如修先誼, 較短長, 不是體先志, 則何必以旣刻之難削, 終守固執之見, 而不念保好之道哉!”

손들이 무흘구곡 제4곡인 입암에, 그들의 선조 이승의 유허라며 "晴暉堂李先生遺墟"라 새겼다. 이로 인해 양가 사이에 시비가 발생하였다. 성재는 이 유적은 두 집안이 공동으로 지켜가야 하는 것인데, 굳이 이를 돌에 새김으로써 자기 집 물건인 것처럼 독차지하는 것은 옳지 않다고 했다. 또한 새긴 것을 깎아내고 우의를 회복하자고 제안했다. 이어 성재는 뒷사람들이 입암을 바라보면서 '저 우뚝한 입석(立石)은 구곡의 하나이며, 시냇가 소쇄(瀟灑)한 곳은 정자의 옛터'[56]라고 이야기하면서 두 선인들을 함께 기리는 것이야말로 두 집안은 물론이고 유가 전체로 봐서도 큰 다행이라 생각했다. 이는 성재의 위선 사업이 그의 선조 한강을 위한 것이기도 하지만, 결국 유가 전체로 확대되고 있었음을 의미한다.

요컨대 한강학의 수호와 계승은 성재의 일생 중 가장 중요한 과업 가운데 하나였다. 이 때문에 그는 한려시비가 발생했을 때 최선을 다해 이를 해결하기 위해 노력하였고, 서적 발간을 통해 한강학을 확장·발전시키는 일에 매진하였으며, 또한 선조 한강을 위하여 다양한 위선 사업을 추진하였다. 성재의 이러한 활동은 건강에 다소 문제가 있었음에도 불구하고 한강학을 발전시키기 위해 그 자신 혼신의 힘을 다한 모습을 보여주기에 주목할만 하다. 안으로는 종손과 함께 불천위 종가를 지켰고, 밖으로는 지역사회 및 한강의 급문 집안과 연대하면서 한강학을 발전시키는 데 일생을 바쳤다. 성재의 이러한 노력은 전통사회의 종말을 위선사업을 통해 극복해보고자 하는 전통주의 지식인의 고뇌가 스며 있어, 그 의미가 더욱 크다고 하겠다.

56 鄭在夔, ≪省齋集≫ 권3, <與白洞李氏門中>, "彼屹然壁立者, 曲之次序也, 臨溪蕭灑者, 亭之舊址也."

4. 성재 학문 정신의 실천성

1900년을 전후한 성재의 시대는 산업·사회 구조 변화, 제국주의적 국제 질서, 근대적 사상과 제도의 확산, 각국의 개혁·개화와 식민지화 등이 뒤섞인 그야말로 대격변기였다. 한국에서는 광무개혁과 외세 압박 등 근대 전환과 독립 투쟁이 동시에 전개된 특별한 시대였다. 이러한 시대를 맞아 전통 유학자였던 성재는 한국 유학사 혹은 지성사에서 심학과 예학, 그리고 지지학에 커다란 족적을 남긴 한강의 후손으로서 자부심이 남달랐다. 앞서 살펴본 성재 삶의 특징과 학문적 성격 등에서도 이러한 점이 잘 나타난다. 그렇다면 성재의 학문 정신이 그의 실천성과 어떻게 결부되어 있는가 하는 것이 궁금하다. 이는 곧 그의 순국이 지닌 의미와 직결되기 때문에 특별한 관심의 대상이 된다.

우선 성재 학문이 의리론에 기초해 있다는 것을 다시 주목할 필요가 있다. 의리론은 인간이 마땅히 지켜가야 할 도리, 그리고 이를 뒷받침하는 근본 원리를 함께 중시한다. 여기서의 '의(義)'는 올바름과 마땅함, 상황에 맞는 당위적 규범을 뜻하고, '이(理)'는 천리(天理)로 상징되는 보편적 이치, 즉 도덕 법칙을 뜻한다. 이런 의미에서 의리론은 자연스럽게 도덕적 행위의 실천성과 이에 대한 사상적 근거를 아우르게 된다. 우리는 이 지점에서 성재 사상의 주리적(主理的) 측면을 우선적으로 고려할 필요가 있다. 이는 성재가 지역적으로 한주학파의 자장 속에 있었기 때문에 나타난 지극히 자연스러운 현상이다. 그의 사위를 한계에 살았던 성산인(星山人) 이기승(李基承)으로 본 사실 역시 같은 맥락에서 이해된다. 다음 자료를 보자.

명덕주리(明德主理)에 대한 학설은 저도 어찌 일찍이 그렇지 않다고

> 생각하였겠습니까? 다만 주리(主理)라고 이르는 것은 이(理)가 주(主)가 될 뿐이고 기(氣)가 없다고 말하는 것은 아닙니다. 보내온 글에 따르면, 대개 상수지의(相須之義)의 논에서 '허령(虛靈)'은 이(理)와 기(氣)가 묘하게 결합하여 이루어진 것이며, 명덕(明德)의 설명에서 '허령(虛靈)'은, 곧 이것은 본래 밝은 체단(體段)을 말하는 것으로 기(氣)와 함께 말할 필요가 없는 것이라고 하였습니다. '허령(虛靈)'은 하나일 따름인데 잘라서 두 개의 뜻으로 보는 것은 무엇 때문입니까? 본래 밝은 체(體)는 묘합(妙合)하여 이루어졌다고 할 수 없습니다.[57]

송인집(宋寅輯)에게 답변한 <답송윤화인집(答宋允和寅輯)>의 일부이다. 성재는 여기서 분명히 '주리(主理)라고 이르는 것은 이(理)가 주(主)가 될 뿐이고 기(氣)가 없다고 말하는 것은 아니다'라고 하면서 주리론의 핵심 원리를 보여준다. 리가 기의 주재자 역할을 한다는 핵심 명제와 부합하기 때문이다. 명덕(明德)을 '본래 밝은 체단(體段)'이라고 표현한 것 역시 주리론적 명덕 이해를 반영한 것이다. 조선의 주리론자들이 명덕을 이(理)의 본체적 성격으로 파악했다는 점을 고려할 때, 성재는 분명한 주리론자였다. 또한 그는 '본래 밝은 체(體)는 묘합(妙合)하여 이루어졌다고 할 수 없다"라고 하여 주리론의 핵심인 리의 자발적 실현성을 보여준다. 결국 성재는 이(理)를 단순한 정적 원리가 아닌 자기 운동성과 자기 발현성을 가진 능동적 존재로 파악했던 것이다.

성재가 주리론에 바탕하여 궁극적으로 추구한 것은 수양론에 의한 성학(聖學)이다. 그는 수양론의 핵심을 경의(敬義)로 보았다. 이 때문에 그는 송

57 鄭在夔, ≪省齋集≫ 권4, <答宋允和寅輯>, "明德主理之說, 愚亦何嘗以爲不然哉? 但主理云者, 理爲之主耳, 非謂無氣也. 來說云, 槩論相須之義, 則虛靈是理氣妙合而成者, 而就明德上論虛靈, 則是說本明之體段, 不須幷言. 其氣虛靈一而已, 而截作二意看何也? 本明之體, 未可以言妙合而成乎."

수근(宋壽根)에게, "경(敬)은 성학(聖學) 시종의 요체이며 상하를 꿰뚫고 동정(動靜)에 일관하는 것으로서, 예로부터 성현이 자신을 수양하고 타인을 교육함에 이를 버리고 다른 것을 구한 자가 없었습니다."[58]라고 하면서 경의 4개 조목, 즉 주일무적(主一無適), 정제엄숙(整齊嚴肅), 성성법(惺惺法), 정제엄숙(整齊嚴肅)을 제시하였다. 이러한 경공부를 통해 그는 행동을 결단하는 의(義)로 나아가고자 했으며, 그의 의리론은 바로 이러한 과정에서 형성되어 성학의 핵심을 이루었다.

성재의 위정척사적 현실 인식 태도 역시 의리론과 관련이 있다. 조선의 대표적인 주리론자 이진상(李震相), 그의 아들이자 위정척사론자였던 이승희(李承熙)에게 편지하여, "우리 도(道)의 한 줄기 명맥이 오히려 부자(夫子, 이진상)의 집에 있고, 형은 넉넉히 그 문에 들고 그 당에 올라 성대한 종묘(宗廟)와 백관(百官)을 우러러보는 분이시니, 일을 잘 완수할 수 있을 것입니다."[59]라고 한 것도 같은 맥락에서 이해된다. 잘 알려진 것처럼 한주학파는 독립운동에 적극적이었다. 곽종석과 장석영 등 파리장서 운동은 말할 것도 없고, 이승희는 국외로 망명하여 독립운동을 전개하였고, 이승희의 아들 이기인(李基仁)과 이기원(李基元)도 북만주를 중심으로 독립운동을 이어갔다. 성재는 바로 이러한 분위기 속에서 파리장서 서명을 통해 독립운동에 적극적으로 가담하였던 것이다.

성재가 한리시비가 발생하였을 때 한강학을 수호하고자 한 것도 결국은 그의 의리론에 의한 것이었다. 가령 <태학일기> 7월 7일 조에 성균관장 신

58 鄭在夔, ≪省齋集≫ 권4, <答宋康叔壽根>, "敬爲聖學始終之要, 而撤上下貫動靜, 從古聖賢之修己教人, 未有捨此而他求者."

59 鄭在夔, ≪省齋集≫ 권2, <與李啓道承熙>, "吾道一線之脈, 猶有存於夫子之宅, 而兄能入其門升其堂, 仰瞻宗廟百官之盛, 可謂能事畢矣."

두선이 한려 문제로 회의를 열었을 때, 서반수 이수봉(李秀鳳)이, "저는 한강선생에 대하여 높이고 보위하려는 정성이 더욱 각별합니다. 이전에 충주에 있을 때 운곡서원(雲谷書院)의 서원 땅을 찾는 일에 앞장서서 시작하고 힘을 쓴 것이 오래되었습니다."[60]라고 하자, 성재가 "현인을 존숭하는 의리는 누구인들 감복하지 않겠습니까마는, 후손된 자로서 더욱 감사합니다."[61]라고 한 데서 이러한 사실을 확인할 수 있다. 즉 '현인을 존숭하는 의리'에는 어떤 사사로움도 개입할 수 없기 때문이었다. 다음 자료를 보자.

> 주인이 말했다. "공부자(孔夫子) 말씀에 '나는 대중을 따르겠다'고 하셨으니, 모든 일이 또한 그러하거늘, 하물며 일이 선현과 관계되고 의리에 관계된 것에 있어서겠습니까?" 내가 말했다. "공부자께서 또한 이르기를 '여러 사람이 미워하더라도 반드시 살펴보고 좋아하더라도 반드시 살펴본다'고 하셨으니, 오직 의리를 헤아림이 어떠한가에 달려 있습니다." 주인이 말했다. "참으로 그러하고 그러합니다."[62]

<태학일기> 7월 8일 조의 일부이다. 성균관장 신두선이 여러 문적을 살피면서 성균관에서 한려의 일을 논하고, 동반수 이의덕(李宜德)을 찾아가 위와 같은 대화를 나눈다. 이들의 대화에는 공자의 경우를 예로 들며, 중요한 것은 오직 '의리'가 어떠한가를 살펴야 한다고 했다. 성재는 한려시비로 다양한 사람들과 이야기를 나누면서 각 요소마다 이 의리의 문제를 제기하였다. 그 스스로 말하였듯이, 의리가 있는 곳에 구구하게 사적인 혐의로 피

60 鄭在虁, ≪省齋集≫ 권4, <太學日記>, "吾於寒岡先生, 尊衛之誠, 尤有別焉. 前在忠州時, 以雲谷書院, 院土推覔事, 首創而用力者, 久矣."

61 鄭在虁, ≪省齋集≫ 권4, <太學日記>, "尊賢之義, 人孰不服, 而爲後孫者, 尤用感鐫."

62 鄭在虁, ≪省齋集≫ 권4, <太學日記>, "主人曰, 夫子嘗言曰, 吾從衆, 凡事且然, 況事係先賢而義理所在乎? 余曰, 子亦云, 衆好惡而必察, 則惟在度義之如何. 主人曰, 誠然誠然."

할 수는 없기 때문이었다.[63] 이러한 까닭에 이기승(李基承)은 제문에서, “사물을 접할 때에는 부드럽기가 봄바람이 손에 잡히는 듯하였지만, 의리와 이욕을 변별할 때는 칼날이 대나무를 쪼개듯이 꺾이지 않았습니다.”[64]라고 할 수 있었던 것이다.

우리는 여기서 성재의 순국을 다시 생각하지 않을 수 없다. 성재에게는 한편으로 성주지역의 학문풍토와 현실 대응이라 할 수 있는 한주학파의 주리적 현실인식이, 다른 한편으로는 선악의 구분에서는 칼날이 대나무를 쪼개듯 분명한 의리론이 작동하였다. 김화영(金華永)이, “나라가 이미 망하여 다시 기약이 없었으니, 의리는 참으로 저들의 통치를 달갑게 여기지 않으셨다.”[65]라며 만사를 통해 발언했던 사실도 바로 이러한 맥락에서 이해된다. 성재는 의리를 표상하는 대표적인 역사 인물로 소망지(蕭望之, B.C. 114~47)를 들었다. 그는 한(漢)나라 난릉(蘭陵)사람으로 원제(元帝)가 즉위하자 중서(中書)에 사인(士人)을 등용해야 한다고 상주하였다가, 환관인 홍공(弘恭)과 석현(石顯)에게 미움을 받고 모함을 당해 하옥되었고, 결국 독약을 마시고 옥중에서 자결한 인물이다. 이와 관련하여 정재화는 <사종형 성재공 묘도비명(四從兄省齋公墓道碑銘)>에서 다음과 같은 의미심장한 말을 남긴다.

> 내가 어릴 때 사종(四從) 형 성재(省齋) 공의 문하에서 ≪한사(漢史)≫를 읽었는데, 소 태부(蕭太傅) 망지(望之)가 ‘늙어서 감옥에 들어가 구차하게 살아남기를 구하는 것은 또한 비루하지 않은가’라고 한 대목에 이르러서 공이 거듭 강개해서 탄식해 마지않는 것을 보았다. 얼마 후 상황(上

63 鄭在夔, ≪省齋集≫ 권4, <太學日記> 7월 22일 조 참조.

64 李基承, <祭文>(≪省齋集≫ 부록), “接物, 藹然乎春風可掬, 而至若熊魚之辨, 不挫不撓, 如刃迎竹.”

65 金華永, <輓詞>(≪省齋集≫ 부록), “皇京已睽復無期, 義實靡甘受彼治.”

皇, 고종 황제)의 기미년(己未年, 1919) 인산(因山, 장례식) 때에 온 나라가 술렁거리며 떠들썩했다. 공은 일찍이 영남과 호남의 많은 선비들 100여 명과 함께 파리 대회(巴里大會)에 편지를 보내어 곧바로 나라의 독립을 청원했다. 이에 이르러 일이 발각되어 경찰서에서 출두(出頭)하라는 통보가 있자 공이 말하기를, "내가 만약 소환에 응하면 전후로 죄(罪)를 추궁해 그만두지 않을 것이다. 짐승들의 감옥에서 자진(自盡)하느니보다는 내 몸을 온전히 해서 죽는 것이 더 낫지 않겠는가?"라고 했는데, 다음 날 아침에 어지럽고 피곤한 증세가 있더니 조금 있다가 편안히 서거하셨다.[66]

위의 글을 통해 우리는 성재가 평소 소망지의 의리정신을 가슴 깊이 새기고 있었던 사실을 알 수 있다. 이는 정재화가 그에게서 ≪한서≫를 배울 때 소망지의 투옥과 자결 대목에서 '거듭 강개하며 탄식해 마지않는 모습'을 보았다고 증언하고 있기 때문이다. 이후 3.1운동과 파리장서운동이 있었고, 성재가 파리장서에 서명한 일로 경찰서로부터 출두를 요구받자 그는 마침내 자정 순국하였다. 성재는 의리에 따라 소망지의 예에 따라 감옥에서 자진할 수도 있으나, 몸을 온전히 하여 집에서 자정하는 길을 선택했다. 이를 두고 이기정(李基定)은, "소 태부(蕭太傅)처럼, 구차하게 살기를 구하지 않으시고, 곧바로 자신의 목숨을 끊어 오랑캐들에게 욕을 당하기보다는 차라리 우리들이 편안히 여기는 일을 실천한 것이 아니겠습니까?"[67]라면서 그의 죽음을 애도해 마지않았다.

66 鄭在華, ≪厚山拙言≫ 권4, <四從兄省齋公墓道碑銘>, "余幼時, 受讀漢史於四從兄省齋公, 見公至蕭太傅望之之老入牢獄, 苟求生活, 不亦鄙乎之篇, 而未嘗不三復慨歎也. 旣而逮上皇己未之因山也, 域中騷擾, 公曾與湖嶺多士百餘人, 折書於巴里大會, 間道而乞國矣. 至是事覺, 自警署有招對之報, 公曰, 余若應召, 前後討罪, 在所不已, 與其自盡於異類狴犴, 曷若全歸之爲愈也. 翌晨, 有煩懣之症, 頃之恬然而逝."

67 李基定, <祭文>(≪省齋集≫ 부록), "蕭太傅之不求苟活, 直斷自血臆, 與其身辱於俘虜, 幸吾所安之爲得耶?"

요컨대, 성재는 1900년 전후의 격동기 속에서 한강의 가학적 전통을 계승하는 한편, 성주지역 한주학파의 주리론에 입각한 이(理)의 능동성과 의리의 우위를 강조하며 위정척사적 태도로 현실인식을 예각화하였다. 그의 위정척사적 현실 비판과 파리장서운동은 바로 여기에 근거한 것이었다. 특히 소망지의 의리정신은 그에게 많은 공감을 주었으며, 이를 통해 성재가 사사로운 이익보다 '의리'를 최우선 가치로 삼았음을 알 수 있다. 이것은 성재가 파리장서 서명자로서 성주경찰서의 출두를 거부하고, 감옥에서의 치욕을 당하기보다 자정 순국의 길을 택한 사실로 나타난다. 그의 학문적 신념과 의리론적 삶은 국난을 맞아 목숨을 걸고 실천할 수 있었던 가장 중요한 원인이었음을 보여준다.

5. 맺음말

본 논의는 성재 정재기(1857~1919)의 삶과 학문적 성격, 현실 인식과 가문 의식, 학문 정신의 실천성 등을 두루 살핀 것이다. 우리의 논의는 성재 시대의 상황과 그의 삶에 대한 특징으로부터 시작했다. 성재의 삶은 조선의 쇠퇴와 개항, 급격한 근대화 시도와 실패, 일제의 침탈과 식민지화라는 대격변기 속에 있었다. 그는 한강 정구의 13대손으로 가학으로서의 한강학적 전통을 지켜나갔다. 지병 속에서도 학문과 수양에 전념하였으며, 젊은 시절에는 과거 공부를 통해 입신하고자 하였으나 점차 성학(聖學)과 의리론을 중시하는 견고한 선비의 삶을 선택했다. 초야에 묻혀사는 선비의 길을 걸으면서도, 을사늑약 반대 운동과 파리장서 운동에 적극 참여하였다.

다음으로 성재 학문의 성격과 현실 인식에 대하여 살펴보았다. 성재의 학문은 한강학의 계승하는 가학적 바탕 위에 심학(心學)과 의리론에 중심을 두었으며, ≪서경≫ 연구를 통해 고문의 문풍을 유지하고 위기지학적 실천을 중시하였다. 그는 유가적 수양론과 '의리'를 절대적 가치로 삼아 이를 실천하고자 노력하였고, 위정척사적 현실 인식 아래에서 서양의 신학문과 개화 사상을 거부하면서 전통적인 성리학 질서를 수호하고자 했다. 국가적 혼란과 일제의 식민 지배 속에서 성재는 전통 유학자의 도학적 입장을 통해 도의 회복과 자주성 수호를 현실 재건의 기초로 삼았다.

마지막으로 성재의 실천 정신과 순국의 의미를 논의하였다. 성재는 의리론에 근거해 삶과 학문을 일치시키고자 했으며, 한려시비를 해결하거나 한강 유적을 보수하고 학통을 정리하는 등 의리 실현에 힘썼다. 그의 위정척사적 태도와 파리장서운동 참여는 이러한 실천 정신의 연장선이며, 결국 경찰 출두 명령을 거부하고 자결을 선택한 것은 개인의 안위를 넘어 민족적 의리와 도학적 신념을 지키기 위한 것이었다. 따라서 그의 삶과 죽음은 유학적 학문정신이 어떻게 현실 속에서 실천될 수 있는지를 보여주는 대표적인 사례로 평가된다. 우리는 여기서 사종제이자 문인 정재화의 다음과 같은 묘도비명을 상기할 필요가 있다.

智之明也　지혜는 명철했고
學之精也　학문은 정밀했으며
行之成也　행실은 완성되었네.
乞國當日　독립을 청원하던 날에
成敗豈必　성패를 어찌 기필했겠는가마는
義獨專壹　의리는 홀로 전일했네.
事雖已覆　일은 비록 실패했으나
士不可戮　선비를 죽일 수는 없으니
曷辱自速　어찌 치욕을 스스로 부르리오?

餘無可希　나머지는 바랄 것도 없으니
一死全歸　한 번 죽어 온전히 돌아가서
成仁不違　인을 이룬 것에 어긋남이 없었네.
最傷千秋　천추에 가장 가슴 아픈 것은
時亂何讎　시대가 어지러워 누구를 탓할 수도 없고
人才躪蹂　인재가 유린된 것이라네.
公心正直　공의 마음은 바르고 곧았으니
奈生胡國　어찌 오랑캐의 나라에 태어난 것만이
志士之盡　지사의 슬픔이리오![68]

정재화 역시 성재의 죽음이 성패를 따지지 않고 옳은 일이면 실천하는 의리론과 관련이 있다고 보았다. 그리고 성재의 죽음을 살신성인(殺身成仁), 즉 자신을 죽여 인(仁)을 이룬 것이라 했다. 이는 성재의 마음이 바르고 곧기 때문이었는데, 이 역시 의리론과 결부된 것이었다. 따라서 그의 순국은 단순한 개인적 희생을 넘어, 의리와 도학적 신념에 따른 국가와 민족에 대한 충절의 마지막 표현이라 할 수 있다. 성재는 은거형과 절의형 사이에 존재한 그의 삶은 가학 전통인 심학과 의리론을 중심으로 한 학문 전통을 이어가면서도, 시대적 위기 속에서 전통 수호와 민족 독립이라는 두 과제를 동시에 실천한 독특한 '전환기적 지식인상'을 유감없이 보여주었다. 이러한 점에서 성재의 삶에 대한 역사적 중요성과 학문·윤리적 가치는 앞으로 더욱 정밀하게 논의해야 할 중요한 과제라 하지 않을 수 없다.

68　鄭在華, ≪厚山拙言≫ 권4, <四從兄省齋公墓道碑銘>

지은이 소개

정재기(鄭在夔, 1857~1919) 본관 청주(淸州), 자 성노(成老), 호 성재(省齋). 한강 정구의 13대손으로 성주 갖말에서 태어나 족조 정래석(鄭來錫)과 외숙 장승택(張升澤)에게 수학하였다. 1905년 을사늑약 때 영남 유림 300여 명과 함께 <청주적신파늑약소(請誅賊臣罷勒約疏)> 연명 상소에 참여했고, 1919년 3·1운동 이후 곽종석(郭鍾錫)·장석영(張錫英) 등과 함께 파리 강화 회의에 제출된 파리장서에 대표 유림으로 서명하였다. 이 사건이 발각되자 성재는 성주경찰서 소환을 거부하고, 의리정신(義理精神)에 입각하여 1919년 3월 9일 자결 순국하였다. 그는 파리 장서 운동 관련자 중 유일한 자결 순국자였다. 1983년 대통령 표창, 1991년 건국훈장 애족장이 추서되고, 묘소는 2009년 성주에서 국립대전현충원으로 이장되었다.

옮긴이 소개

정우락(鄭羽洛) 경상북도 성주에서 태어나 경북대학교 인문대학 국어국문학과를 졸업하고 같은 대학의 대학원에서 문학박사학위를 받았다. 현재 경북대학교 국어국문학과 교수로 재직하고 있으며, 중국 북경대학 방문학자, 경북대학교 영남문화연구원장, 경북대학교 도서관장, 경상북도 문화재위원을 역임하였다. 주로 한국문학사상에 대하여 연구하고 있다. 저역서로는 『남명문학의 철학적 접근』(1998), 『남명학의 생성공간-용처럼 나타나고 우레처럼 소리쳐라』(2014), 『남명학파의 문학적 상상력』(2009), 『모순의 힘-한국문학과 물에 관한 상상력』(2019), 『국역 흑산일록-대구감옥 127일, 그 고난의 기록』(2019), 『국역 후산졸언』(2020), 『영남 한문학과 물의 문화학』(2022), 『국역 신당일록』(2024) 등 다수가 있다.

전일주(田日周) 경상북도 포항에서 태어나 영남대학교 사범대학 한문교육과를 졸업하고 같은 대학의 대학원에서 문학박사학위를 받았다. 현재 영남금석문탁본회장과 경상북도 문화재전문위원, 대구경북서예가협회 이사를 하고 있다. 주로 한국금석문을 연구하며, 금석문탁본과 선현들의 간찰을 탈초하고 있다. 저역서로는 『한국한자자전연구』(2003), 『퇴계 이황 아들에게 편지를 쓰다』(공역, 2008), 『국역 인악대사문집』(공역, 2009), 『국역 가서-퇴계선생 편지』(공역, 2011), 『청도의 금석문』(2011), 『성주의 금석문 탁본집』(2011), 『대구광역시 소재 조선시대의 송덕비』(2017), 『달성의 금석문 Ⅰ, Ⅱ』(2020), 『경산의 근대서화가 희재 황기식』(2021) 등 다수가 있다.

구본섭(具本燮) 대구광역시 달성군에서 태어나 경북대학교 인문대학 국어국문학과를 졸업하고 같은 대학의 대학원에서 문학석사학위를 받았다. 주로 고전문학과 경학에 대하여 관심을 갖고 공부하고 있다. 역서로는 『인백당선생일고』(공역, 2006), 『매향유회』(공역, 2007), 『인악대사문집』(공역, 2009), 『국채보상운동기록물』(공역, 2017~2022), 『동유기실』(공역, 2023) 등 다수가 있다.

국역 성재집 省齋集

초판 인쇄 2025년 10월 20일
초판 발행 2025년 10월 30일

지은이 정재기(鄭在夔)
옮긴이 정우락 · 전일주 · 구본섭
펴낸이 이대현

편　집 이태곤 · 권분옥 · 임애정 · 강윤경
디자인 안혜진 · 최선주 · 김다윤
마케팅 박태훈

펴낸곳 도서출판 역락
주　소 서울시 서초구 동광로 46길 6-6(반포동 문창빌딩 2F)
전　화 02-3409-2060(편집부), 2058(영업부)
팩　스 02-3409-2059
등　록 1999년 4월 19일 제303-2002-000014호
이메일 youkrack@hanmail.net

ISBN 979-11-7396-383-4 93810